고려인이 주석한 두목의 시집

번천문집협주樊川文集夾注

번천문집협주

樊川文集夾注

고려인이

주석한

두목의 시집

두목 지음

고려인 협주

이남종·김창환·임도현 역해

역락

머리말

이 책은 당나라 시인 두목(杜牧, 803~852)의 부(賦)와 시를 역해한 것으로, 부 3편과 시 361제 392수가 수록되어 있다. 이번 역해의 대상인 ≪번천문집협주(樊川文集夾註)≫는 13세기 무렵 고려인이 두목의 부와 시에 협주(夾註)를 붙인 책으로, 명실상부 두목 시에 대한 최초의 주석서이다. 이번 번역에서는 규장각에 소장된 1416년 공산(公山) 간행본과 1436년 금산(錦山) 간행본을 저본으로 삼았다.

원래 ≪번천문집≫은 두목이 죽은 뒤 그의 생질인 배연한(裵延翰)에 의해서 20권으로 출간되었다. 하지만 지금 이 책은 남아 있지 않고 다만 송나라 희녕(熙寧) 연간(1068-1077)의 책을 명대 가정(嘉靖) 연간(1522-1566)에 복각한 것이 남아 있다. 이외에 송나라 전계(田槩)가 두목의 시 61수를 수록한 ≪번천별집(樊川別集)≫ 1권을 출간했으며, 북송 때 두목의 시 124수를 수록한 ≪번천외집(樊川外集)≫ 1권이 편찬자 미상으로 출간되었다.

규장각 소장 ≪번천문집협주≫는 배연한이 간행한 20권 중 부와 시가 수록된 앞의 4권과 ≪번천외집≫의 시에 대해 주석을 가한 것이다. 서적의 명칭은 비록 문집이지만 결국은 부와 시만 수록한 셈이다. 이 책은 두목의 시에 대해 현존하는 가장 이른 시기의 주석서로서, 시의 원문을 통해서 원래 ≪번천문집≫의 면모를 확인할 수 있을 뿐만 아니라 주석을 통해서 많은 일서(逸書)의 존재와 내용을 파악할 수 있기 때문에 문헌학적으로 가치가 매우 높다. 또한 원문의 정확성과 주석의 적절성도 뛰어나 두목 시를 이해하는 데 큰 도움이 된다.

두목은 자가 목지(牧之)이고 호는 번천거사(樊川居士)이며 경조(京兆) 만년(萬年) 사람이다. 그는 당나라의 걸출한 시인이자 산문가로, 재상을 지낸 두우(杜佑)의 손자이고 두종욱(杜從郁)의 아들이다. 문종(文宗) 태화(太和) 2년(828) 26세 때 진사에 급제했으며 홍문관교서랑(弘文館校書郎)에 임명되었다. 후에 회남절도사(淮南節度使) 우승유(牛僧孺)의 막부에서 일했으며, 궁궐로 돌아와 사관수찬(史館修撰), 사훈원외랑(司勳員外郎) 등을 역임했지만 우이당쟁(牛李黨爭)으로 인해 지방관으로 물러나 황주자사(黃州刺史), 지주자사(池州刺史), 목주자사(睦州刺史) 등을 역임했다. 다시 궁궐로 돌아와 관직이 중서사인(中書舍人)까지 올랐으며, 만년에는 장안 남쪽의 번천에 별장을 짓고 한가한 생활을 즐기다가 병으로 죽었다.

두목은 시가 창작에서 뛰어난 업적을 많이 남겼는데 두보(杜甫)와 구별하여 소두(小杜)라고 불렸으며 이백과 두보가 병칭되듯이 이상은(李商隱)과 병칭하여 소이두(小李杜)라 불렸다. 두목의 고시는 두보와 한유의 영향을 많이 받았는데 제재가 광범위하고 필력이 굳세다. 만당 시인들이 고시를 많이 짓지 않은 반면에 두목은 장편서사시나 장편서정시를 많이 지었다. 기녀의 이야기를 적은 장편고시 <장호호를 읊은 시(張好好詩)>와 <두추 아가씨를 읊은 시(杜秋娘詩)>는 당시 인구에 회자했으며 여러 문학 장르로 번안되기도 했다. 두목의 근체시는 시율이 엄정하고 문사가 청려했으며 특히 비흥(比興)의 수법으로 기탁하는 작품이 많다. 당시 유행하던 원진, 백거이의 시풍을 모방하지 않고 독자적인 풍격을 형성하여 굳센 기상 속에 유화한 흥취를 어우러지게 표현했다. 그의 칠언절구는 특히 우수하다고 칭송받고 있다.

두목의 시는 역사적인 사실을 제재로 한 것이 많다. 두보가 시사(詩史)로 일컬어지는 이유는 당시의 역사 사실을 두보의 시로 보충할 수 있다는 것인데, 두목의 시 역시 그러한 기능을 하고 있다. <이감을 읊은 시(李甘詩)>, <옛날 문황제를 섬긴 일을 읊은 32운의 시(昔事文皇帝三十二韻)>, <감회를 읊은 시 1수(感懷詩一首)> 등에서는 당시 정치 상황에 대해 자세히 기록하면서 혼란한 정세 속에서 올바른 길을 모색하기 위한 고민을 표출했다. 그리고 <아방궁을 읊은 부(阿房宮賦)>, <화청궁을 읊은 시 30운(華淸宮三十韻)> 등과 같은 작품에서는 당나라 현종의 실정을 비판했는데, 이로써 당시 황제가 지녀야 할 태도에 대해 권계의 역할을 하기도 했다. 또한 고대의 여러 역사적인 사실을 짤막하게 반추하면서 당시 역사에 대한 자신의 견해를 예리하게 드러낸 작품들도 있으니, <낙유원에 오르다(登樂遊原)>, <오강정에 쓰다(題烏江亭)>, <진회에 정박하다(泊秦淮)> 등을 들 수 있다.

두목의 시에는 또한 여인의 정감을 노래한 것이 많다. 두목이 젊었을 때 향락을 일삼았던 경력을 차치하고라도 많은 여인과 교유가 있었기에 그들과의 정감을 읊은 시가 유달리 많다. 때로는 여인을 화자로 내세워 그들의 심정을 직접 토로하기도 했고, 때로는 그들에게 주는 형식으로 해서 자신의 심사를 솔직히 드러내기도 했다. 미사여구를 사용하지 않고 담박하게 표현했기에 그 진정성을 느낄 수 있다.

두목이 살아 있을 당시는 우이당쟁 등으로 인해 조정에서 관직 생활하는 것이 쉬운 일은 아니었다. 더구나 동생의 병으로 인해 경제적인 어려움을 겪었기에 관직 생활에 있어 두목의 근심은 가중되었다. 이러한 상황에서 두목은 자의 반 타의 반으로 지방 관직을 많이 했으며, 중앙 관직으로 올라가는 것에 대해 심적으로 많은 부담을 가지고 있었다. 때로는 혼란한 정국을 타개하기 위해 일익을 담당하고자 하는 포부를 펼치기도 하지만, 대체로 관직을 그만두고 고향으로 돌아가 은거하겠다는 뜻을 가지고 있었다. 이러한 복잡한 심사의 갈등이 많은 시에 표현되어 있는데, 여타 문인이 형식적으로 은거의 뜻을 펼치는 것과는 달리 은거에 대한 두목의 갈망은 현실의 고통으로부터 나오는 절실한 몸부림의 표현임을 알 수 있다.

두목의 시는 일찍이 남송 시기부터 문인들의 주목을 받기 시작했다. 유극장(劉克莊)은 ≪후촌시화(後村詩話)≫에서 “두목은 격률 속에 항상 남다른 기백을 빌어서 당시의 병폐를 교정했다.(牧於律中常寓拗峭, 以矯時弊.)”라고 했으며, 남송 진진손(陳振孫)은 ≪직재서록해제(直齋書錄解題)≫에서 “두목은 재기가 높고 준상하고 호매하여 구속되지 않았는데 그의 시는 호방하면서도 염려하고 기개가 있으니 만당 사람이 미칠 수 있는 바가 아니다.(牧才高, 俊邁不羈, 其詩豪而艶, 有氣概, 非晩唐人所能及也.)”라고 했다. 또한 청나라의 유명한 문학 평론가인 홍량길(洪亮吉)은 ≪북강시화(北江詩話)≫에서 “두목은 한유, 유종원, 원진, 백거이와 같은 시대이지만 문장은 한유, 유종원과 다르고 시는 원진, 백거이와 다르다. 게다가 이 네 거장과 달리하여 시와 문장 모두에서 일가를 이룰 수 있었으니 우뚝 서서 홀로 나아간 선비라고 할 만하다.(杜牧之與韓柳元白同時, 而文不同韓柳, 詩不同元白, 復能於四家外, 詩文皆成一家, 可云特立獨行之士矣.)”라고 하여 그의 시를 칭송했다.

두목은 한국에서도 일찌감치 반드시 읽어야 할 중요 시인 중 한 명이었다. 통일신라 때는 최치원을 비롯하여 당나라에서 공부한 학자들이 귀국하여 중국의 학문을 널리 진파하기 시작했으며 고려 때의 문인들도 중국의 문집을 열독하는 것을 중시했다. 그중에서 두목의 시 역시 중요한 지위를 차지하고 있었다. 고려인이 당나라 시인 27명과 신라 시인 3명의 칠언율시를 선정한 ≪명현십초시(名賢十抄詩)≫에도 두목의 시가 포함되어 있다.

또한 이규보의 시 <동고자 박환고(朴還古)가 두목의 운을 사용하여 덕전 오세재(吳世才)를 기억하며 지은 시에 차운하다(次韻東皐子用杜牧韻憶德全)>, <통(通) 수좌(首座)가 방장(方丈)에서 술이 거나하여 지잠(智潛) 스님에게 두목의 시를 부르라고 하기에 즉시 붓을 들어 차운하다(通首座方丈酒酣, 使智潛上人唱杜牧詩韻, 走筆)>, <천태산의 두 대사와 함께 두목의 시를 읽고서 시를 지어 주다(與天台兩大士, 讀杜牧詩, 以詩贈之)> 등의 창작에 두목의 시가 연관되어 있다. 또한 <내성의 여러 낭관에게 드리다(呈內省諸郎)·중서사인 왕의(中書舍人王儀)>, <이군의 화답에 차운하다(次韻李君見和)>, <6월 14일 처음 상주에 들어가다(六月十四日初入尙州)> 등 여러 편의 시에서 두목을 언급하거나 스스로 두목에 비기고 있다. 이러한 작품들을 보면 이규보가 평소 두목의 시를 애송했고 그의 작품을 높이 평가했음을 알 수 있다.

또, 서거정은 <9월 8일 혼자 술을 마시다가 자고(子固) 윤근수(尹根壽)에게 부치다(九月初八日獨酌寄子固)>에서 "쓸쓸한 두목도 오히려 크게 취했다는데, 내일 아침 함께 술잔을 들어도 되리라.(落魄牧之猶酩酊, 明朝且可共啣杯)"라고 했는데, 이는 두목이 지은 <9월 9일 중양절에 제산에서 높은 곳에 오르다(九日齊山登高)>의 "다만 크게 취해 좋은 시절에 답한다면 산에 올라 굽어보며 낙조를 아쉬워할 필요 없으리.(但將酩酊酬佳節, 不用登臨恨落暉.)"라는 내용을 인용한 것이다. 또한 서거정은 같은 시에서 "동쪽 울타리의 술잔이 푸른 산의 술잔보다 낫다.(東籬杯勝翠微杯)"라고 하고 자주(自注)에서 "'동쪽 울타리(東籬)'는 도연명을 가리키고, '푸른 산(翠微)'은 두목을 가리킨다.(東籬, 指淵明. 翠微, 指杜牧.)"라고 했는데 이 역시 같은 시 제2구인 "객과 더불어 술병 들고 푸른 산에 오른다.(與客攜壺上翠微)"의 시어를 이용한 것이다. 이로 미루어볼 때 고려의 문인들은 두목의 시를 중시하여 학습했을 뿐만 아니라 자신의 창작 활동에도 적극적으로 이용했음을 알 수 있으니, 당시 두목 시의 위상을 짐작할 수 있다.

≪번천문집협주≫가 여러 차례 수정되며 판각되었다는 사실 역시 당시 고려와 조선의 문인들이 두목의 시를 중시했음을 알려준다. 규장각의 판본만 보더라도 가장 이른 것이 1416년 공산(公山)에서 간행한 것이고 그다음 것은 1436년 금산(錦山)에서 간행한 것이다. 20년 사이에 다시 판각하여 출간한 것이다. 또한 각 권 뒤에 '첨주(添注)'가 있는데 이는 협주를 한

뒤 부가적으로 주석을 붙인 것이다. 주목할 것은 협주에서 첨주의 내용을 참조하라는 내용을 싣고 있다는 사실이다. 이는 첨주를 추가한 이후에 다시 협주의 내용을 수정했음을 반증한다. 이로 보면 공산본이 나오기 전에 적어도 3차례 이상 판각이 되었음을 알 수 있다.

≪조선왕조실록≫ 연산 11년 3월 22일 기사에 따르면, "전교하기를, '선비를 뽑을 때에는 그 제술이 두목·백거이·이백과 기상과 습성이 비슷한 자를 뽑으라.'라고 했다.(傳曰, 取士時, 其製述與杜牧·白居易·李太白氣習相近者取之.)"라고 되어 있는데, 이를 통해서 조선에서도 두목을 높이 인정했음을 짐작할 수 있다. 두목의 시는 중국에서뿐만 아니라 한국에서도 오랜 시간 동안 칭송받으면서 적극적으로 학습하는 대상이 되었으며, 여러 가지 방식으로 우리 선조들의 삶과 문학 창작 속에 삼투되어 있음을 알 수 있다.

≪번천문집협주≫는 고려 13세기 중후반에 출간된 것을 조선 초에 복각한 것이다. ≪번천문집≫의 앞 4권과 ≪번천외집≫을 저본으로 하여 5권으로 이루어져 있으며, 부 3편과 시 361제 392수가 수록되어 있고, 고려인이 협주 형식으로 주석을 가했다. 지금까지 발견된 ≪번천문집≫ 중 가장 이른 것은 ≪사부총간(四部叢刊)≫에 수록된 것으로 정덕(正德), 가정 연간의 판본이다. 이에 비하면 협주본은 거의 백 년 정도 이른 것으로 현존하는 두목 문집 문헌 중에서 가장 오래된 것이다. ≪사부총간≫본은 송나라 희녕 연간의 판본을 명나라 때 번각한 것인데, ≪번천문집협주≫와 원문에서 차이가 있다. 따라서 ≪번천문집협주≫에서 참고한 ≪번천문집≫은 ≪사부총간≫본과 다른 계열의 판본으로 추정되어서 교감학적으로 큰 의미를 가지고 있으며, 여러 학자들이 ≪번천문집협주≫의 원문이 ≪사부총간≫본보다 정확하다는 것을 다양한 사례를 들어 입증했다.

두목의 시집과 관련한 주석서로서 가장 이른 것은 가경 3년(1798) 청나라 풍집오(馮集梧)가 편찬한 것으로 ≪번천문집≫의 앞 4권 중 부 3편을 제외한 모든 시에 주석을 붙였으며, ≪번천외집≫과 ≪번천별집≫의 시 역시 수록했다. 하지만 풍집오는 고려와 조선에서 간행된 ≪번천문집협주≫의 존재를 알지 못했으며, 그 성과를 전혀 참조하지 못했다. ≪번천문집협주≫에는 풍집오의 주석보다 두목 시 이해를 돕는 충실한 내용이 많이 보여서, 질적으로도 우수하다는 평가를 받고 있다. 예컨대 권2 <두추 아가씨를 읊은 시>의 "풍숙비는 북제를 멸망케 했고 여종이 되어 메기장을 찧었다.(珊瑚破高齊, 作婢舂黃糜.)"에 대해서 풍집오는 도저히 이

해를 못해서, 두목이 “운자를 맞추다 보니 사실이 아닌 것을 적어놓은 것이 있다.(有趁韻而撰造非事實者.)”라고 했다. 하지만 ≪번천문집협주≫에는 송나라 송상(宋庠)의 ≪계척집(鷄跖集)≫을 인용하여 “풍숙비는 아명이 산호이다.(馮淑妃, 小字珊瑚.)”라고 하여 북제(北齊) 좌황후(左皇后) 풍소린(馮小憐)에 관한 고사임을 적시했고 아울러 ≪북사·북제·후비전(后妃傳)≫의 풍소린에 관련된 사실을 인용하여 해당 내용을 자세히 설명했다.

또한 권2 <이른 봄에 악주자사 이원에게 부치다, 그는 바둑을 잘 두고 술을 좋아했으며 마음이 한가롭고 고아하다(早春寄岳州李使君, 李善棊愛酒, 情地閑雅)>의 “바둑판에서는 소토굴세를 뒤집었다.(棋翻小窟勢)”에 대해 풍집오는 출전을 찾지 못하고 다만 ≪변자유편(駢字遺編)≫에 ‘小局’이란 어휘가 있는 것에 착안하여 ‘窟’이 ‘局’의 잘못일 것이라고 추측했다. 하지만 ≪번천문집협주≫에는 “기보(棊譜)에 대토굴세(大兎窟勢)와 소토굴세(小兎窟勢)가 있다.(棊譜有大兎窟勢, 小兎窟勢.)”라고 하여 그것이 바둑 용어임을 정확히 밝히고 있다. 권4 <우연히 쓰다(偶題)>의 “천 년이 지나 다시 왕 시독을 만났다.(千載更逢王侍讀)”에 대해 풍집오는 ≪당육전(唐六典)≫의 기록을 인용하며 당시 시독(侍讀)이란 관직이 있었음을 지적하는 데 그친 것에 반해, ≪번천문집협주≫에서는 ≪구당서·왕기전(王起傳)≫을 인용하여 그 사람이 왕기임을 밝히고 그의 생평에 대해서도 자세히 설명했다.

≪번천문집협주≫의 협주에는 약 200여 종의 문헌을 인용하고 있는데, 그중에는 현재 전해지지 않는 문헌, 예컨대 ≪십도지(十道志)≫, ≪춘추후어(春秋後語)≫, ≪둔갑개산도(遁甲開山圖)≫, ≪오경통의(五經通義)≫, ≪삼보결록(三輔決錄)≫, ≪위략(魏略)≫, ≪진양추(晉陽秋)≫, ≪한부명담(翰府名談)≫, ≪군각아담(郡閣雅談)≫ 등의 기록이 상당히 많이 있다. 특히 권2 <화청궁을 읊은 시 30운(華淸宮三十韻)>의 “마외의 피를 소리쳐 외치니 우림군의 창에 목숨이 끊어졌다.(喧呼馬嵬血, 零落羽林槍.)”라는 구 아래의 협주에서는 ≪한부명담≫에 인용된 ≪현종일록(玄宗遺錄)≫의 기록 천여 자를 인용하고 있다. ≪한부명담≫은 모두 20권으로 북송 유부(劉斧)가 편찬한 지괴전기소설집(志怪傳奇小說集)인데 현재는 일실되고 ≪유설(類說)≫, ≪신편분문고금유사(新編分門古今類事)≫ 등에 몇 조목만이 전해질 뿐이다. ≪번천문집협주≫에 인용된 내용은 현종이 음악을 듣고 변고가 생길 것을 예지한 일, 안록산의 난 이후로 촉 땅으로 도피한 일, 마외퇴에서 병사들의 반란으로 양귀비가 교수당한 일

등이 실려 있는데, 이러한 내용은 다른 문헌의 기록에 보이지 않는 귀중한 자료이다. 특히 양귀비가 죽기 전에 현종이 한 말, 고력사가 현종에게 양귀비를 몇 발자국 배웅하라고 요청한 사실, 양귀비가 목을 맸지만 죽지 않아 다시 목을 맨 사실, 비단 위의 눈물 자국이 모두 옅은 피와 같다는 표현 등은 당시 사건에 대해 자세히 설명해 주는 것인데, 두 사람과 관련된 어떠한 문헌에도 보이지 않는 것이다.

두목의 시에는 400여 종의 전고가 사용되었다고 한다. 특히 은미한 시의를 드러내는 만당 시풍의 영향으로 시의 뜻을 정확하게 이해하기 어려운 부분이 많다. ≪번천문집협주≫는 이러한 전고에 대해 가장 정확하고 적절한 주석을 많이 수록하고 있어 두목 시를 이해하는 데 유용하여 높은 가치를 가지고 있다.

이백과 두보의 뒤를 잇는 작가로 이상은과 두목을 들 수 있는데 드디어 네 작가의 시가 모두 번역되기에 이르렀나. 두보 시도 조만간 완역이 될 것이다. 기존에 선집 위주로 번역이 이루어져서 작가의 전반적인 문학 세계를 파악하기 어려웠는데, 이제 대가를 중심으로 전역이 속속 이루어지고 있는 것은 의미 있는 일이라 할 수 있다. 더구나 ≪번천문집협주≫는 고려인이 중국인보다 먼저 두목 시의 중요성을 인정하고 학술적으로 우수한 업적을 이루어낸 서적이라 더욱 그 가치가 있다고 할 것이다. 중요한 우리의 문화유산인 만큼 이 번역서를 통해 이에 대한 밀도 깊은 연구가 더욱 진행되기를 바란다. 아울러 연구자 뿐만 아니라 일반 대중도 두목 시를 더 쉽게 접할 수 있는 계기가 되기를 바란다.

마지막으로 역해작업을 위해 지원을 해준 규장각한국학연구원에 감사의 말씀을 드린다. 또한 어려운 여건에서도 흔쾌히 출판을 허락해주신 도서출판 역락 이대현 사장님과 책을 읽기 편하게 만들어주신 편집팀 담당자에도 심심한 감사의 말씀을 드린다.

2025년 6월 역자 일동

차례

≪번천문집협주(樊川文集夾注)≫ 권1

≪번천문집협주(樊川文集夾注)≫ 권2

≪번천문집협주(樊川文集夾注)≫ 권3

≪번천문집협주(樊川文集夾注)≫ 권4

≪번천외집협주(樊川外集夾注)≫

일러두기

1. 이 책은 두목의 부와 시를 역해한 것이다. 저본으로는 규장각 소장 ≪번천문집협주(樊川文集夾註)≫를 사용했다. 권1과 권2는 1416년 공산(公山)에서 간행한 것을 저본으로 했고 권3, 권4, 외집은 1436년 금산(錦山)에서 간행한 것을 사용했다.
2. 제목과 본문은 원문과 나란히 번역문을 제시했다. 주석에서는 우선 협주를 원문과 함께 번역문을 수록했으며, 시의 이해에 필요한 내용은 역자주를 통해 제시했다.
3. 협주의 원문 해독에 있어 필요한 내용은 각주에서 자세히 설명하여 협주의 원문을 파악하는 데 도움이 되도록 했다.
4. 번역은 직역을 원칙으로 했으나 가독성을 위해 약간의 윤문을 했다.
5. 해설에서는 작품의 내용을 간략히 요약하여 설명했으며 창작 시기에 관해 언급했다. 간혹 두목의 작품이 아닌 경우가 있는데 그 상황을 간략하게 설명했다
6. 서명은 ≪ ≫로 구분했고 시의 제목은 < >로 구분했다. 한 구절 이상 인용할 경우에는 “ ”를 사용했고 한 구절 미만을 인용하거나 강조할 경우에는 ‘ ’를 사용했다.

≪번천문집협주(樊川文集夾注)≫ 권1

중서사인(中書舍人) 두목(杜牧) 자(字) 목지(牧之)[1]

주석

1 **[협주]** ≪신당서·두목전(杜牧傳)≫의 기록이다. 두목은 자가 목지(牧之)이다. 글을 잘 지어 진사에 급제했다. 심전사(沈傳師)[1)]가 표문(表文)을 올려 강서단련부(江西團練府)의 순관(巡官)으로 삼았고, 또 우승유(牛僧孺)[2)] 회남절도부(淮南節度府)의 장서기(掌書記)가 되었다. 감찰어사(監察御史)에 발탁되었으나 병을 핑계로 옮겨서 동도 낙양에 분사(分司)[3)]로 나갔다. 동생 두의(杜顗)의 병 때문에 관직을 그만두었다가 다시 선주단련판관(宣州團練判官)이 되었다. 전중시어사내공봉(殿中侍御史內供奉)에 제수되었고 좌보궐(左補闕)로 옮겼다. 황주(黃州), 지주(池州), 목주(睦州) 3개 주의 자사를 지냈고 입궐하여 사훈원외랑(司勳員外郎)이 되었는데, 일찍이 사관(史官)의 직무를 겸임했다. 이부(吏部)로 옮겼고 다시 청원하여 호주자사(湖州刺史)가 되었다. 해를 넘겨 고공낭중지제고(考功郎中知制誥)로 있다가 중서사인(中書舍人)으로 옮겼다. 젊어서 이감(李甘)[4)], 이중민(李中敏)[5)], 송원(宋邧)[6)]등과 친했다. 그는 고금의 일에 정통했고 성패(成敗)에 잘 대처했으니 이감 등이 미칠 수 없었다. 두목은 또한 거칢과 솔직함 때문에 당시에 도와주는 자가 없었다. 종형 두종(杜悰)[7)]은 번갈아 장상(將相)을 역임했으나, 두목은 좌절

---

1) 심전사(沈傳師) : 소주(蘇州) 출신으로 자가 자언(子言)이다. 강서관찰사(江西觀察使), 이부시랑(吏部侍郎) 등을 역임했다.
2) 우승유(牛僧孺) : 안정(安定) 출신으로 자가 사암(思黯)이다. 호부시랑(戶部侍郎), 병부상서(兵部尙書), 태자소사(太子少師) 등을 역임했다. 이덕유(李德裕)와 우이당쟁(牛李黨爭)을 일으켰다.
3) 분사(分司) : 당나라 때 낙양(洛陽)에 파견된 중앙 관원을 일컫던 말로 직함은 있으나 실제 업무는 없었다.
4) 이감(李甘) : 경종(敬宗) 때의 문인으로 자가 화정(和鼎)이다. 두목과 함께 감찰어사를 지냈으며, 정주(鄭注)를 재상으로 임명하는 것에 반대하다가 폄직되어 그곳에서 죽었다. 두목은 그의 행적을 칭송하고 애도하며 <이감을 읊은 시(李甘詩)>를 지었다.
5) 이중민(李中敏) : 농서(隴西) 출신으로 자가 장지(藏之)이다. 시어사(侍御史), 간의대부(諫議大夫) 등을 역임했는데 직간을 잘했다.
6) 송원(宋邧) : 자가 차도(次都)이다. 좌습유(左拾遺), 보궐(補闕) 등을 역임했다.
7) 두종(杜悰) : 경조(京兆) 출신으로 자가 영유(永裕)이다. 재상을 지낸 두우(杜佑)의 손자로 동중서문하평장사(同中書門下平章事), 경조윤(京兆尹), 태자태부(太子太傅)를 역임했고 빈국공(邠國公)에 봉해졌다.

을 겪어 스스로 떨치지 못하자 꽤 답답해하며 편치 않았다. 죽었을 때 나이가 50이었다. (불길한 징조가 발생하자) 마침내 직접 묘지(墓誌)를 쓰고는 지은 글들을 모두 가져다 불태웠다. 두목은 시에서 풍격이 호방했는데, 사람들이 소두(小杜)라고 불러 두보(杜甫)와 구별했다.(新唐書, 本傳曰. 杜牧, 字牧之. 善屬文, 第進士. 沈傳師表爲江西團練府巡官, 又爲牛僧孺淮南節度府掌書記. 擢監察御史, 移疾,[8] 分司東都. 以弟顗病, 棄官, 復爲宣州團練判官. 拜殿中侍御史內供奉, 遷左補闕云云. 歷黃池睦三州刺史, 入爲司勳員外郎, 常兼史職. 改吏部, 復乞爲湖州刺史. 逾年, 以考功郎中知制誥, 遷中書舍人. 少與李甘李中敏宋祁善. 其通古今, 善處成敗, 甘等不及也. 牧亦以疏直, 時無右援者. 從兄悰更歷將相, 而牧困躓不自振, 頗怏怏不平.[9] 卒, 年五十云云. 乃自爲墓誌, 悉取所爲文章焚之. 牧於詩, 情致豪邁, 人號爲小杜, 以別杜甫云.)

8) 移疾(이질) : 병을 핑계로 관직을 옮기다.
9) 怏怏不平(앙앙불평) : 답답해하며 즐겁지 않다.

001. 아방궁을 읊은 부

阿房宮賦[1]

六王畢,[2]	전국시대의 여섯 군주가 다 망해
四海一.[3]	온 세상이 통일되자,
蜀山兀,[4]	촉 땅 산의 나무를 다 베어
阿房出.	아방궁이 솟아올랐는데,
覆壓三百餘里,[5]	3백여 리를 뒤덮어
隔離天日.	하늘의 해를 막았다.
驪山北構而西折,	여산은 북쪽으로 얽히고 서쪽으로 꺾여
直走咸陽.[6]	곧바로 함양으로 달려오며,
二川溶溶,[7]	경수와 위수는 성대히 흘러
流入宮牆.[8]	아방궁의 담으로 흘러든다.
五步一樓,	오 보마다 망루가 하나이고
十步一閣.	십 보마다 누각이 하나이며,
廊腰縵迴,[9]	행랑의 굽이는 비단처럼 둘러 있고
簷牙高啄.[10]	처마 끝은 새가 쪼는 듯 높이 솟아,
各抱地勢,	각기 지세에 따라
鉤心鬪角.[11]	중앙과 연결되고 모서리와 이어졌는데,
盤盤焉,[12]	서려 있고
囷囷焉,[13]	굽이져

蜂房水渦,[14]	벌집과 같고 소용돌이와 같아
矗不知乎幾千萬落.[15]	솟은 곳이 몇천 몇만 곳인지 알 수 없다.
長橋臥波,	긴 다리가 물결 위에 놓여 있으니
未雩何龍.[16]	기우제도 안 지냈는데 무슨 용이며,
複道行空,[17]	복도가 공중을 가로지르니
不霽何虹.[18]	날이 개지도 않았는데 무슨 무지개인가.
高低冥迷,	높고 낮은 곳 아득하고 어두워
不知西東.	동서를 구분할 수 없다.
歌臺暖響,	노래하는 누대의 온화한 음악 소리는
春光融融.[19]	봄 경치처럼 화락하지만,
舞殿冷袖,	춤추는 전각의 차가운 소매는
風雨淒淒.[20]	비바람처럼 서늘하여,
一日之內,	하루 동안과
一宮之間,	한 궁궐 안에서도
而氣候不齊.	기후가 같지 않다.
妃嬪媵嬙,[21]	비빈과 잉첩
王子皇孫,	왕자와 황손이
辭樓下殿,	전각을 하직하고 내려와
輦來于秦.[22]	수레를 타고 진나라로 와서,
朝歌夜絃,	아침에 노래 부르고 저녁에 현악기를 타면서
爲秦宮人.[23]	진나라의 궁중 사람이 되었다.
明星熒熒,[24]	밝은 별이 빛남은

開粧鏡也,	화장 거울을 열어놓은 것이고,
綠雲擾擾,[25]	검은 구름이 어지러움은
梳曉鬟也,	새벽 머리를 빗질하는 것이며,
渭流漲膩,[26]	위수에 기름이 떠 있음은
棄脂水也,	연지를 씻은 물을 버린 것이고,
煙斜霧橫,	연기가 퍼지고 안개가 자욱함은
焚椒蘭也,[27]	산초와 난초를 태우는 것이며,
雷霆乍驚,	우레와 천둥이 갑자기 놀라게 함은
宮車過也.[28]	궁중의 수레가 지나가는 것인데,
轆轆遠聽,[29]	수레 소리 덜컹덜컹 멀리서 들려
杳不知其所之也.	아득하여 그 가는 곳을 알 수 없다.
一肌一容,	궁녀마다 피부와 얼굴에
盡態極姸.	자태와 미모를 극진히 하고,
縵立遠視,[30]	오래도록 서서 멀리 바라보며
而望幸焉.[31]	황제의 행차를 바랐으나,
有不見者,	용안을 보지 못한 자도 있었으니
三十六年.[32]	36년 동안이었다.
燕趙之收藏,[33]	연나라와 조나라에서 거두어 간직한 것
韓魏之經營,[34]	한나라와 위나라에서 계획하고 지었던 것
齊楚之精英,[35]	제나라와 초나라의 아름답고 빼어난 것은
幾世幾年.	몇대와 몇년에 걸쳐,
摽掠其人,[36]	백성의 것을 약탈하여

倚疊如山.[37]	쌓아놓기를 산처럼 한 것인데,
一旦有不能,[38]	하루아침에 할 수 없는 바가 있어
輸來其間.	이곳으로 실려 왔구나.
鼎鐺玉石,[39]	귀한 솥을 노구솥으로 여기고 옥을 돌로 여기며,
金塊珠礫,[40]	금을 흙덩이로 여기고 진주를 자갈로 여겨,
棄擲邐迤,[41]	버려진 채 뒹구는데
秦人視之,	진나라 사람은 그것을 보고
亦不甚惜.	또한 매우 아까워하지도 않았다.
一人之心,	군주 한 사람의 마음은
千萬人之心也.	천만 사람의 마음이다.
秦愛紛奢,	진나라 군주가 화려하고 사치함을 좋아하면
人亦念其家.	백성들 또한 자신의 집을 생각하는데,
奈何取之盡錙銖,[42]	어찌하여 취하기를 작은 것까지 다하고
用之如泥沙.	쓰기를 진흙과 모래처럼 했는가.
使負棟之柱,	대들보를 받치고 있는 기둥이
多於南畝之農夫.	남쪽 이랑의 농부보다 많게 했고,
架梁之椽,	들보에 걸친 서까래가
多於機上之工女.[43]	베틀 위의 베 짜는 여인보다 많게 했으며,
釘頭磷磷,[44]	못대가리가 선명한 것이
多於在庾之粟粒.	창고에 있는 곡식알보다 많게 했고,
瓦縫參差,[45]	기와 이음매가 들쭉날쭉한 것이
多於周身之帛縷.	몸에 두르고 있는 비단 올보다 많게 했으며,

直欄橫檻,	세로 난간과 가로 난간이
多於九土之城郭.[46]	구주의 성곽보다 많게 했고,
管絃嘔啞,[47]	관악기와 현악기의 연주 소리가
多於市人之言語.	시장 사람의 말소리보다 많게 하고서,
使天下之人,	천하 백성들로 하여금
不敢言而敢怒.	감히 말하지 못하게 하고 감히 화내지 못하게 했다.
獨夫之心,	포악한 군주의 마음이
日益驕固.[48]	나날이 더욱 교만해지고 굳세지더니,
戍卒叫,	수자리 살던 군사가 고함치자
函谷擧.[49]	함곡관이 함락되고,
楚人一炬,	초나라 사람이 한번 횃불을 들자
可憐焦土.[50]	가련하게 초토화되었구나.
滅六國者,	여섯 나라를 멸망시킨 것은
六國也,	여섯 나라 자신이었지
非秦也,	진나라가 아니었으며,
族秦者,	진나라를 멸족시킨 것은
秦也,	진나라 자신이었지
非天下也.[51]	천하 사람들이 아니었다.
嗟乎,	슬프다.
使六國各愛其人,	가령 여섯 나라가 각기 그 백성을 사랑했더라면
則足以拒秦,	충분히 진나라를 막을 수 있었고,
使秦復愛六國之人,	진나라가 다시 여섯 나라의 백성을 사랑했더라면

則遞三世, 삼세를 이어
可至萬世而爲君, 만세에 이르도록 임금이 됐을 것이니,
誰得而族滅也.[52] 누가 멸족시킬 수 있었겠는가.
秦人不暇自哀, 진나라 사람들이 스스로 슬퍼할 겨를도 없이
而後人哀之, 후세 사람들이 그들을 슬퍼했고,
後人哀之而不鑑之, 후세 사람이 그들을 슬퍼하면서도 거울삼지 않는다면
亦使後人而復哀後人也.[53] 또한 그 뒤의 후세 사람들로 하여금 다시 후세 사람을 슬퍼하게 할 것이다.

주석

1 **[협주]** ≪사기·진시황본기(秦始皇本紀)≫의 기록이다. 진시황이 생각하기에, 함양은 사람은 많고 선왕의 궁전은 작다고 여겨, “내가 듣기에, 주나라 문왕은 풍(豐)에 도읍했고 무왕은 호(鎬)에 도읍했다고 하니, 풍과 호 지역은 제왕의 도읍지이다.”라고 했다. 이에 위수 남쪽 상림원(上林苑)에 궁전을 지었다. 먼저 아방(阿房)에 정전(正殿)을 지었는데, 동서로 500보이고 남북으로 50장(丈)으로 위에는 만 명이 앉을 수 있고 아래에는 5장(丈) 높이의 깃발을 세울 수 있었다. 구불구불 이어지게 복도를 만들어 궁전 아래에서 곧바로 남산에 이르도록 했으며, 남산 봉우리를 표지로 하여 궐(闕)로 삼았다. 웅경숙(雄景叔)의 ≪화청궁도(華淸宮圖)≫[10]의 기록이다. 진(秦)나라는 아방궁을 지었고 한나라는 온천궁을 지었다. 천보(天寶) 5년(746)에 이르러 아방궁의 유지(遺址)에 맞추어 온천궁의 옛 체제를 확장하여 화청궁을 지었다. 본집의 <자신을 알아주도록 문장을 올리며 지은 계(上知己文章啓)>에서 “보력(寶歷) 연간(825-826)에 궁실을 대대적으로 짓고 음

10) 웅경숙(雄景叔)과 ≪화청궁도(華淸宮圖)≫에 대해서는 고찰할 수 없다. 다만 송나라 때 유사웅(游師雄)의 자가 경숙(景叔)인데 혹 연관이 있는지는 잘 모르겠다.

악과 여색을 늘렸습니다. 그래서 <아방궁을 읊은 부>를 지었습니다."라고 했다.(史記, 始皇本紀. 始皇以爲, 咸陽人多, 先王之宮廷小, 吾聞, 周文王都豐, 武王都鎬, 豐鎬之間, 帝王之都也. 乃營作朝宮渭南上林苑中. 先作前殿阿房, 東西五百步, 南北五十丈, 上可以坐萬人, 下可以建五丈旗. 周馳爲閣道,[11] 自殿下直抵南山. 表南山之顚以爲闕. 雄景叔華淸宮圖. 秦爲阿房宮, 漢爲溫泉宮. 及天寶五載, 因阿房遺址, 廣溫泉舊制, 爲華淸宮. 本集, 啓. 寶歷大起宮室, 廣聲色. 故作阿房宮賦.)

2 [역자주] 六王(육왕) : 제(齊), 초(楚), 연(燕), 한(韓), 위(魏), 조(趙)의 여섯 나라 군주, 나아가 그 나라를 가리킨다.

3 **[협주]** ≪사기·진시황본기≫에서 "무위(武威)를 두루 떨쳐 사방 끝까지 진동시키고, 여섯 군주를 사로잡아 멸망시켜 천하를 통일했다."라고 했다. 가의(賈誼)의 <과진론(過秦論)>에서 "시황제에 이르러 여섯 선대[12]가 남겨준 공적을 떨쳐 긴 채찍을 휘둘러 천하를 통제했다. 서주와 동주를 삼키고 제후들을 멸망시켜, 황제의 자리에 올라 온 세상을 제압하여, 회초리와 매를 잡고 천하를 채찍질하니, 위세가 온 세상을 진동했다."라고 했다. 장형(張衡)의 <서경부(西京賦)>에서 "함께 강국이 된 나라가 여섯[≪문선≫ 이선(李善)의 주에서 "한(韓), 위(魏). 연(燕), 조(趙), 제(齊), 초(楚)이다."라고 했다.]이 있었지만, 온 세상이 서쪽 진나라와 함께 살게 되었으니, 어찌 기이하지 않습니까."라고 했다. 이선의 주에서 "전에 진(秦)나라 목공(穆公)이 죽은 뒤에 여섯 나라가 결국 망했으니 진나라가 과연 함께하여 살게 된 것이다."라고 했다.(史記, 始皇本紀. 武威旁暢, 振動四極, 禽滅六王, 闡並天下. 過秦論云云. 及至始皇, 奮六世之餘烈, 振長策而御宇內. 呑二周而亡諸侯, 履至尊而制六合. 執敲扑以鞭笞天下, 威振四海. 西京賦. 並爲彊國者, 有六[注, 漢魏燕趙齊楚.], 然而四海同宅西秦, 豈不詭哉. 注, 初穆公薨, 然後六國竟滅, 秦果並而居.)

4 [역자주] 蜀山兀(촉산올) : 촉 땅의 산이 민둥산이 되다. 아방궁을 짓기 위해 촉 땅 산의 나무를 다 베었다는 뜻이다.

5 [역자주] 覆壓(부압) : 덮어 압도하다.

---

11) 周馳(주치) : 구불구불 이어지다.
12) 진(秦) 효공(孝公) 이후의 여섯 임금을 가리킨다.

6 **[협주]** ≪한서·지리지(地理志)≫ 안사고(顔師古)의 주에서 "여산(驪山)은 신풍(新豐)의 남쪽에 있는데, 항씨(項氏)가 말하기를, '옛 여융국(驪戎國)이다.'라고 했다."라고 했다. ≪통전(通典)·고옹주(古雍州)≫에서 "옹주는 장안을 관할한다. 진나라 효공이 함양을 조성하고 궁궐 바깥의 궐문을 쌓아 그곳으로 도읍을 옮겼다. 그래서 그곳을 진천(秦川)이라고 한다. 또한 관중(關中)이라고도 한다."라고 했다. ≪한서·지리지≫ 안사고의 주에 "함양은 지금의 위수 북쪽의 위성(渭城)이라고 하는 그곳이다."라고 했다.(前漢書, 注. 驪山在新豐南, 項氏曰, 故驪戎國也. 通典. 雍州, 理長安. 秦孝公作爲咸陽, 策[13]冀闕, 徙都之. 故謂之秦川. 亦曰關中. 漢書, 注. 咸陽, 今渭北渭城, 是也.)

7 [역자주] 二川(이천) : 지금의 섬서성 서안 주위를 흐르는 두 강으로 경수(涇水)와 위수(渭水)이다. 溶溶(용용) : 물이 성대하게 흐르는 모양.

8 **[협주]** ≪화청궁도(華淸宮圖)≫를 살펴보면, 하나의 물길은 동수령(東繡嶺)에서 나와 동쪽으로 흘러들어 담을 두르고, 하나의 물길은 서수령(西繡嶺)에서 나와 부용원(芙蓉園)을 지나 서쪽으로 흘러들어 담을 두른다. 두 물길이 망선루(望仙樓) 아래에서 합류하여 남쪽 위수(渭水)로 들어간다.(按華淸宮圖, 一川自東繡嶺出, 流入東繚牆, 一川自西繡嶺出, 歷芙蓉園, 流入西繚牆. 二川合流於望仙樓下, 南入于渭.)

9 [역자주] 廊腰(낭요) : 회랑이 굽은 곳을 말한다. 縵迴(만회) : 비단으로 두르다.

10 [역자주] 簷牙(첨아) : 처마 끝에 튀어나온 부분을 말한다. 高啄(고탁) : 새가 머리를 들고 쫀다는 뜻으로 처마가 높이 솟아 있는 것을 형용한 것이다.

11 [역자주] 鉤心鬪角(구심투각) : 중앙을 연결하고 모서리를 마주보게 하다. 건축 구조물의 연결을 아주 공교롭게 하는 것을 말한다.

12 [역자주] 盤盤(반반) : 서려있는 모양. 여기서는 굴곡이 있는 모양을 가리킨다.

13 [역자주] 囷囷(균균) : 구불구불한 모양.

14 **[협주]** ≪회남자(淮南子)≫에서 "벌집에는 고니가 알을 낳을 수 없다."라고 했다. 그 주에 "방(房)은 둥지이다."라고 했다. ['와(渦)'는] 오와 화의 반절이며 물의 소용돌이이다.(淮南子. 蜂房, 不容鵠卵. 注, 房, 巢也. 烏禾切, 水坳也.)

---

13) '策'은 '築'의 잘못이다.

15 **[협주]** ['촉(矗)'은] 초와 륙의 반절이며 곧은 모습이다. ≪문선·오도부(吳都賦)≫ 이선의 주에 "락(落)은 거처이다."라고 했으니 거주지와 같은 종류이다. 두보의 시[14]에 "수많은 집에 가시나무가 자라난다."라고 했다.(初六切, 直貌. 選, 注. 落, 居也, 巷屋之類. 詩史. 千村萬落生荊棘.)

16 **[협주]** ≪좌전·환공(桓公) 5년≫에 "무릇 제사는 경칩에 교제를 지내고, 창룡(蒼龍)의 별이 나타날 때(음력 4월) 우제를 지낸다."라고 했다. 송(宋) 홍구보(洪駒父)의 시화에 "두목의 <아방궁을 읊은 부>에 '長橋臥波, 未雩何龍.'이라고 했는데 세간에서는 모두 이르기를, '두목이 "창룡의 별이 나타날 때 우제를 지낸다."라는 전고를 잘못 사용했다.'라고 하는데 두목은 응당 그러지 않았을 것이다. 송(宋) 흠지(欽止) 포신유(鮑愼由)가 이르기를, '내가 말하건대, 고본(古本)은 "구름도 없는데 무슨 용인가.(未雲何龍)"로 되어 있으니 이것을 옳은 것으로 해야 한다.'라고 했다."라고 했다. 또 심괄(沈括)의 ≪몽계필담(夢溪筆談)≫에도 보인다.(左傳. 凡祀, 啓蟄而郊, 龍見而雩. 洪駒父詩話. 杜牧, 阿房宮賦, 長橋臥波, 未雩何龍. 世皆謂, 牧之誤用龍見而雩事, 牧之不應爾. 鮑愼由欽止謂, 予言, 古本是未雩[15]何龍, 當以此爲是. 又見沈括筆談.)

[역자주] 雩(우) : 기우제를 지내다. '운(雲)'으로 된 판본도 있다. 이상 두 구는 긴 다리가 마치 용 같다는 말이다.

17 **[협주]** ['행(行)'은] '횡(橫)'으로 된 판본도 있다.(一作橫.)

18 **[협주]** ≪사기·진시황본기≫에 "복도는 아방궁에서 위수를 건너서 함양까지 이어지게 하여, 하늘의 각도성(閣道星)[16]이 은하수를 가로지르는 것을 본떴다."라고 했다.(史記, 始皇. 復道向阿房宮渡渭, 屬之咸陽, 以象天極閣道絶漢.)

[역자주] 이상 두 구는 복도가 무지개처럼 높이 솟아 연결되어 있다는 말이다.

19 [역자주] 融融(융융) : 화락한 모양.

20 [역자주] 淒淒(처처) : 시늘한 모양.

21 [역자주] 妃嬪(비빈) : 황제의 후궁으로 '비'는 후(后) 다음이고 '빈'은 비 다음이다. 媵嬙

14) 두보의 시 <병거의 노래(兵車行)>이다.

15) '雩'는 '雲'의 잔뭇이다.

16) 각도성(閣道星) : 북두칠성 중의 한 별의 이름이다.

(잉장) : 황제의 궁녀를 말한다. 여기서는 망한 육국의 후궁과 궁녀를 가리킨다.

22 [역자주] 輦(련) : 제왕이나 왕후가 타는 수레이다.

23 **[협주]** ≪사기·진시황본기≫의 기록이다. 진나라는 제후들을 평정할 때마다 그 나라의 궁실을 모방하여 함양의 북쪽 산기슭에 지어 놓았다. 남쪽으로는 위수를 대하고 옹문(雍門) 동쪽에서부터 경수와 위수까지 이르렀으며, 궁전 사이의 복도와 주각(周閣)[17]이 서로 이어졌고, 제후들에게서 차지한 미인, 종과 북으로 그곳을 채웠다.(史記, 始皇本紀. 秦每破諸侯, 寫放其宮室, 作之咸陽北阪上. 南臨渭, 自雍門以東至涇渭, 殿屋複道周閣相屬, 所得諸侯美人鍾鼓, 以充入之.)

24 [역자주] 熒熒(형형) : 밝게 빛나는 모양.

25 [역자주] 綠雲(녹운) : 검게 빛나는 여인의 아름다운 머리를 비유한다. 擾擾(요요) : 어지러운 모양.

26 [역자주] 膩(니) : 기름이다.

27 [역자주] 椒蘭(초란) : 산초와 난초로 향초의 일종이다.

28 **[협주]** 부의(傅毅)의 <무부(舞賦)>에 "수레의 소리가 우레와 같다."라고 했다.(舞賦. 車音若雷.)

29 **[협주]** ['록(轆)'은] 로와 곡의 반절이다. 혹은 (우변이) 彔(록)으로 되어 있기도 하다. 수레 소리이다.(盧谷切. 或從彔, 車聲也.)

30 [역자주] 縵立(만립) : 오래 서 있다.

31 **[협주]** 사마상여의 <봉선문>에 "태산과 양보산에 제단을 설치하고 폐하가 행차하시기를 바랍니다."라고 했다.(司馬相如, 封禪文. 泰山梁父, 設壇場, 望幸.)

32 **[협주]** ≪사기·진시황본기≫에 "시황제는 37년간 재위했으며 여읍에 묻혔다."라고 했다.(史記, 始皇本紀. 始皇享國三十七年, 葬驪邑.)

33 **[협주]** ≪회남자·본경훈(本經訓)≫에 "사시(四時)라는 것은, 봄에는 나고 여름에는 자라며 가을에는 거두고 겨울에는 저장하는 것이다."라고 했다.(淮南子. 四時者, 春生, 夏長, 秋收, 冬藏.)

17) 주각(周閣) : 사방으로 창과 난간이 있는 누각이다.

34 **[협주]** ≪시경·대아(大雅)·영대(靈臺)≫에 "헤아리고 위치를 정했다."라고 했다.(詩. 經之營之.)

[역자주] 經營(경영) : 집이나 궁실을 계획하여 짓는 것을 말한다.

35 **[협주]** 곽박(郭璞)의 <강부(江賦)>에 "금은 아름답고 옥은 빼어나다."라고 했다.(江賦. 金精玉英.)

36 [역자주] 摽掠(표략) : 빼앗다.

37 [역자주] 倚疊(의첩) : 서로 기대어 쌓아두다.

38 [역자주] '有不能'은 '不能有'으로 된 판본도 있다.

39 [역자주] 鐺(당) : 평범한 솥을 가리킨다.

40 [역자주] 塊(괴) : 흙덩어리이다. 礫(력) : 자갈이다.

41 **[협주]** 앞의 글자['邐(리)']는 련과 이의 반절이고 뒤의 글자['迤(이)']는 연과 이의 반절이다. '이이(邐迤)'는 '끊임없이 이어지다'는 뜻이다.(上, 輦尒切, 下, 演爾切. 邐迤, 連延也.)

42 **[협주]** ≪예기(禮記)·유행(儒行)≫에 "나라를 나누어 준다고 해도 하잘것없는 것으로 여깁니다."라고 했는데, 정현(鄭玄)의 주에서 "8량(兩)이 치(錙)이고, 수(銖)는 기장 100알을 잰 무게이다."라고 했다.(禮記. 分國如錙銖. 注. 八兩爲錙. 銖, 權分十[18]黍之重.)

43 **[협주]** ≪한서·역이기전(酈食其傳)≫에 "농부는 쟁기를 놓고 베 짜는 여인은 베틀에서 내려왔다."라고 했다. 안사고의 주에 "'紅'은 '공(工)'으로 읽는다."라고 했다.(漢書, 酈食其傳. 農夫釋耒, 紅女下機. 注. 紅, 讀曰工.)

44 **[협주]** 남조 양(梁) 심약(沈約)의 시[19]에 "어찌 배를 타고 가며 선명한 돌 위에 그림자를 비춰보는 것만 하겠는가."라고 했다. ≪문선≫ 여연제(呂延濟)의 주에 "'인린(磷磷)'은 물속에 있는 돌의 모양이다."라고 했다.(沈休文詩, 豈若乘舟去, 俯映石磷磷. 注, 磷磷, 水中石貌.)

---

18) '分十'은 '十絫'의 잘못이다. ≪설문해자·금부(金部)≫에 "銖, 權十絫黍之重也."라 했는데, ≪예기(禮記)≫ 공영달(孔穎達)의 소(疏)에서 "十黍爲參, 十參爲銖."라고 했다.['參'은 '絫'의 뜻이다.]

19) 심휴문의 시 <신안강의 물이 너무 맑아 얕고 깊은 곳이 바닥까지 보여, 시를 지어 경성의 좋은 친구에게 보낸다(新安江水至淸, 淺深見底, 貽京邑遊好)>이다.

45 **[협주]** ['봉(縫)'은] 방과 용의 반절이며, 옷의 이음매이다.(房用切, 衣會也.)

[역자주] 參差(참치) : 들쑥날쑥한 모양.

46 **[협주]** ≪국어·노어상(魯語上)≫에 "전금(展禽)이 말하기를, '공공씨(共工氏)의 아들이 후토(后土)인데 구주(九州)의 땅을 잘 다스릴 수 있었다."라고 했다. 삼국 오나라 위소(韋昭)가 주에서 말하기를, "구토(九土)는 구주의 땅이다."라고 했다.(國語. 展禽曰, 共工氏之子, 曰后后[20], 能平九土. 韋昭曰, 九土, 九州之土.)

47 **[협주]** '구(嘔)'는 오와 후의 반절이고, '아(啞)'는 어와 가의 반절이다. '구아(嘔啞)'는 아기가 말을 배우는 소리이다.(嘔, 烏侯切, 啞, 於加切. 嘔啞, 小兒學言.)

[역자주] 嘔啞(구아) : 악기 소리를 가리킨다.

48 **[협주]** ≪서경·주서(周書)·태서하(泰誓下)≫에 '포악한 군주 수(受)'라고 했다.(書. 獨夫紂[21].)

49 **[협주]** ≪한서·진승전(陳勝傳)≫의 기록이다. 진(秦) 이세(二世) 원년에 마을 동쪽의 거주민들을 징발하여 어양(漁陽)에 수자리 살도록 한 것이 900명이었다. 진승과 오광(吳廣)이 모두 둔장(屯長)을 맡았는데 행군이 기(蘄)에 이르렀을 때 마침 비가 많이 내려 기한을 맞출 수 없었다. 진승과 오광이 이에 큰일을 일으킬 것을 도모했다. 진승이 마침내 왕이 되었으며, 국호를 장초(張楚)라고 했다. 이에 여러 군현(郡縣)이 진나라 관리의 폭정에 고생하던 차에 모두 장리(長吏)[22]들을 죽이고 진승에게 호응했다. 가의(賈誼)의 <과진론(過秦論)>에 "진(秦)나라는 조그마한 땅으로 백여 년이 되었고, 그런 뒤에 온 세상을 한 집안으로 삼고 효산과 함곡관을 궁궐로 삼았는데, 한 사나이가 난을 일으키자 천자의 일곱 선조를 모신 사당이 무너졌다."라고 했다. 또 ≪사기·진시황본기(秦始皇本紀)≫에도 보인다. ≪한서≫ 안사고의 주에 "지금의 도림현(桃林縣) 남쪽에 홍류간수(洪溜澗水)가 있는데, 바로 옛날의 이른바 함곡(函谷)이고 그 물이 북쪽으로 흘러 황하로 들어간다. 황하의 양안에 아직도 옛 관문의 남은 흔적이 있다."라고 했다.(漢書. 秦二世元年發閭左,[23] 戍漁陽, 九百人. 陳勝吳廣皆爲屯長, 行至蘄, 會天大雨, 失期. 勝廣乃

---

20) '后'는 '土'의 잘못이다.
21) '紂'는 '受'의 잘못이다.
22) 장리(長吏) : 현승(縣丞), 현위(縣尉) 등 지방 장관의 보좌관을 통칭하는 말이다.

謀擧大計云云. 勝乃立爲王, 號張楚. 於是諸郡縣苦秦吏暴, 皆殺其長吏, 以應勝. 過秦論, 秦以區區之地, 百有餘年矣, 然後以六合爲家, 崤函爲宮, 一夫作難, 而七廟墮. 又見始皇本紀. 漢書, 注. 今桃林縣南有洪溜澗水, 卽古所謂函谷也, 其水北流入河. 夾河之岸, 尙有舊關餘跡焉.)

50 **[협주]** ≪한서·항적전(項籍傳)≫에 "항우는 이에 함양을 도륙하고 진(秦)나라의 항복한 왕인 자영(子嬰)을 죽였다. 궁실을 불태웠는데 불이 3개월 동안 꺼지지 않았다."라고 했다.(漢書, 項羽傳. 羽迺屠咸陽,[24] 殺秦降王子嬰. 燒其宮室, 火三月不滅.)

51 **[협주]** ≪한서·고제본기(高帝本紀)≫에 "진(秦)나라가 법을 가혹하게 시행한 것이 오래되어 비방하는 자들을 멸족시켰다."라고 했다. 안사고의 주에 "'족(族)'은 죽임이 그 가족에게까지 미치는 것이다."라고 했다.(漢書, 高紀. 秦苛法, 久矣, 誹謗者, 族. 注, 族, 謂誅及其族也.)

52 **[협주]** ≪사기·진시황본기(秦始皇本紀)≫에 "짐이 최초의 황제가 되었으니 후세에는 수를 세어, 이세, 삼세라고 하여 만세에 이르도록 끝없이 전해지도록 하라."라고 했다.(史記, 始皇本紀. 朕爲始皇帝, 後世以計數, 二世三世, 至于萬世, 傳之無窮.)

53 **[협주]** 오대(五代) 왕정보(王定保) ≪당척언(唐摭言)≫의 기록이다. 시랑(侍郞) 최언(崔郾)[25]이 명을 받아 동도(東都) 낙양에서 응시자들의 과거시험을 주관하게 되었다. 삼서(三署)[26]의 공경(公卿)들이 모두 장락현(長樂縣)의 객사(客舍)에서 그를 전송하는데, 고관들의 성대함이 더할 나위가 없었다. 당시에 오무릉(吳武陵)[27]이 태학박사(太學博士)를 맡고 있었는데, 절룩거리는 나귀를 타고 도착했다. 최언은 그가 왔다는 말을 듣고 약간 의아스러워 자리에서 벗어나 그와 함께 얘기를 나누었다. 오무릉이 말하기를, "시랑께서 높고 훌륭한 덕망으로 성명(聖明)하신 천자를 위해 준재를 선발하시게 됐으니, 제가 어찌 감히 미약한 힘이나마 쓰지 않겠습니까. 이전에 우연히 보았더니 태학생 십여

---

23) 閭左(여좌) : 고을의 동쪽에 사는 주민. 진(秦)나라 때는 이곳에 빈천한 사람이 살았다고 한다.

24) 迺(내) : 이에.

25) 최언(崔郾) : 패주(貝州) 출신으로 자가 광략(廣略)이다. 한림시독학사(翰林侍讀學士), 검교이부상서(檢校吏部尙書) 등을 역임했다.

26) 삼서(三署) : 상서성(尙書省), 중서성(中書省), 문하성(門下省)을 가리킨다.

27) 오무릉(吳武陵) : 신주(信州) 출신으로 태학박사(太學博士), 소주자사(蘇州刺史) 등을 역임했다.

명이 눈썹을 치켜뜨고 손뼉을 치면서 문서 하나를 읽고 있었습니다. 다가가서 살펴보니 바로 진사 두목의 <아방궁을 읊은 부>였습니다. 이와 같은 사람이야말로 진정 제왕을 보필할 인재입니다. 시랑께서는 관직이 높으셔서 틀림없이 그 글을 읽어보실 겨를이 없었을까 염려됩니다."라 하고 이에 홀(笏)을 관디에 꽂은 뒤 한 차례 낭독하자 최언이 매우 훌륭하게 여겼다. 오무릉이 말하기를, "청컨대 시랑께서 장원을 주셨으면 합니다."라고 했다. 최언이 "이미 정해놓은 사람이 있습니다."라고 하자 오무릉이 "어쩔 수 없으면 5등을 주시지요."라고 했다. 최언이 미처 대답하기 전에 오무릉이 말하기를, "그렇게 할 수 없다면 이 <아방궁을 읊은 부>를 돌려주십시오."라고 하자 최언이 곧바로 말하기를, "삼가 말씀대로 따르겠습니다."라고 했다. 최언이 자리로 돌아와 여러 공경에게 알리기를, "마침 태학박사 오무릉이 고맙게도 5등의 인재를 추천해 주셨습니다."라고 했다. 어떤 이가 "누구입니까?"라고 묻자 "두목입니다."라고 했다. 무리 중에 두목이 세세한 품행에 구애받지 않는 것으로 문제 삼는 자가 있자 최언이 말하기를, "이미 오무릉에게 허락했습니다. 두목이 비록 백정이나 술장수라도 변경할 수 없습니다."라고 했다.(摭言. 崔郾侍郎旣拜命於東都試擧人. 三署公卿皆祖於長樂傳舍, 冠蓋之盛,[28] 罕有加也. 時吳武陵任太學博士, 策蹇而至.[29] 郾聞其來, 微訝之, 乃離席與言. 武陵曰, 侍郎以峻德偉望, 爲明天子選才俊, 武陵敢不薄施塵露. 向者偶見, 太學生十數輩揚眉抵掌, 讀一卷文書. 就而觀之, 乃進士杜牧阿房宮賦. 若其人, 眞王佐才也. 侍郎官重, 必恐未暇披覽. 於是搢笏,[30] 朗宣一遍, 郾大奇之. 武陵曰, 請侍郎與狀頭.[31] 郾曰, 已有人. 曰, 不得已, 卽第五人. 郾未遑對, 武陵曰, 不爾, 卻請還此賦. 郾應聲曰, 敬依所教. 旣卽席, 白諸公曰, 適吳太學以第五人見惠. 或曰, 爲誰. 曰, 杜牧. 衆中有以牧不拘細行間之者, 郾曰, 已許吳君矣. 牧雖屠沽, 不能易也.)

28) 冠蓋(관개) : 관모와 수레 덮개. 고위관원을 상징한다.
29) 策蹇(책건) : 절룩거리는 당나귀를 타다.
30) 搢笏(진홀) : 홀을 관복에 꽂다.
31) 狀頭(장두) : 장원 급제.

해설

이 부(賦)는 아방궁(阿房宮)을 지어 사치를 일삼았던 진시황이 결국 패망하게 된 사실을 읊은 것이다. 당나라 제15대 황제인 경종(敬宗)은 16세로 즉위한 뒤 줄곧 향락을 즐기며 방탕한 생활을 일삼았고 궁실을 크게 세웠는데, 이에 빗대어 풍자한 것이다. 창작 시기는 두목이 23세이던 경종 보력(寶曆) 원년(825)이다.

002. 고향 동산을 그리워하는 부

望故園賦[1]

余固秦人兮,	나는 본래 진 땅 사람으로
故園秦地,	고향 동산이 진 땅이라서,
念歸途之幾里.	돌아갈 길이 몇 리인지를 생각하네.
訴余心之未歸兮,	돌아가지 못하는 내 마음을 호소할 뿐,
雖繫日而安至.[2]	비록 해를 매어놓아도 어떻게 가겠는가.
旣操心之大謬,	이미 마음가짐이 크게 잘못되었으니
欲當時之奏技.	제때 재능을 아뢰고자 하여도,
技固薄兮豈易售,	재능이 본래 하찮으니 어찌 쉽게 팔릴 것이며
矧將來之歲幾.[3]	하물며 장래가 얼마 남지 않았음에랴.
人固有尙,	사람들은 본디 숭상하는 것이 있으니
珠金印節.[4]	구슬과 황금으로 만든 인장과 부절이고,
人固有爲,	사람들은 본디 하는 일이 있으니
背憎面悅.	뒤에서는 미워하고 앞에서는 좋아하는데,
擊短扶長,	약한 자를 공격하고 강한 자를 도우며
曲邀橫結.[5]	그릇되게 영합하고 부정하게 관계를 맺네.
吐片言兮千口莫窮,	말 한마디를 내면 천 사람의 입은 끝날 때가 없고
觸一機而百關俱發.[6]	방아쇠 하나를 건드리면 백 개의 방아쇠가 다 발사되니,
嗟小人之顓蒙兮,[7]	아! 소인배들의 어리석음이여,

尙何念於逸越.	오히려 어찌 초탈함을 생각하겠는가.
余之思歸兮,	나는 돌아가기를 생각하노니
走杜陵之西道.[8]	두릉의 서쪽 길을 달리리라.
巖曲天深,	바위산의 굽이와 하늘 먼 곳에
地平木老.	땅은 평평하고 나무는 오래되었으며,
隴雲秦樹,	농산의 구름과 진 땅의 나무에
風高霜早.	바람은 높이 불고 서리는 일찍 내렸을 터,
周臺漢園,	주나라의 누대와 한나라의 동산에
斜陽暮草.	지는 해가 저녁 풀을 비추리라.
寂寥四望,[9]	드넓은 사방을 바라보면
蜀峰聯嶂,[10]	촉 땅의 봉우리가 병풍처럼 이어졌는데,
葱蘢氣佳,[11]	푸르고 무성한 기운이 아름답고
蟠聯地壯.[12]	구불구불한 지세가 웅장하며,
繚粉堞於綺城,[13]	아름다운 성에 회칠한 담이 둘러 있었고
矗未央於天上.[14]	하늘 위로 미앙궁이 솟아 있지.
月出東山,	달이 동쪽 산에 떠오르면
苔扉向關.[15]	이끼 낀 사립문은 관문을 향해 있고,
長煙苒惹,[16]	자욱한 안개가 피어오르고
寒水注灣.[17]	차가운 물은 물굽이로 흘러드는데,
遠林雞犬兮,	먼 숲에 닭 우는 소리와 개 짖는 소리 나면
樵夫夕還.	나무꾼이 저녁에 돌아오는 것이지.
織有桑兮,	길쌈할 뽕나무가 있고

耕有土. 농사지을 땅이 있어,

昆令季强兮,[18] 형은 시키고 동생은 힘쓰니

鄕黨附.[19] 고을 사람들이 따르는데,

悵余心兮,[20] 슬픈 내 마음이여

捨玆而何去.[21] 이것을 버려두고 어디로 가겠는가.

憂豈無念, 근심한다고 어찌 상념이 없어질 것이고

念至謂何.[22] 상념이 이르면 어떻게 말할 것인가.

憤慍悽悄,[23] 성을 내고 슬피함이

顧我則多. 나를 돌아보니 많구나.

萬世在上兮, 만 세대가 앞에 있고

百世居後, 백 세대가 뒤에 있는데,

中有一生兮, 중간에 있는 한평생에

孰爲壽夭.[24] 무엇이 장수이고 요절이겠나.

生旣不足以紉佩兮,[25] 살아서 이미 난초를 매어 장식하기에 부족한데도

顧他務之纖小.[26] 다른 것을 돌아보고 자잘한 일에 힘쓰는구나.

賦言歸兮,[27] 돌아가겠다는 글을 지으니

余之志世徒爲兮紛擾.[28] 세상에 둔 나의 뜻은 부질없는 짓으로 어지러웠구나.

주석

1 **[협주]** 본집의 <자신을 알아주도록 문장을 올리며 지은 계(上知己文章啓)>에 "종남산(終南山) 아래에 오두막집이 있어서, 일찍이 농사짓고 책을 저술하려는 뜻이 있었습니

다. 그래서 <고향 동산을 그리워하는 부(望故園賦)>를 지었습니다."라고 했다.(本集, 上知己文章啓. 有廬南山下, 嘗有耕田著書志. 故作望故園賦.)

2 **[협주]** 이백(李白)의 <남은 봄을 아쉬워하는 부(惜餘春賦)>에 "푸른 하늘에 긴 밧줄을 걸어, 서쪽으로 날아가는 이 흰 해를 묶어둘 수 없음이 한스럽다."라고 했다.(李白, 惜餘春賦. 恨不得掛長繩於靑天, 繫此西飛之白日.)

3 [역자주] 矧(신) : 하물며.

4 **[협주]** 한(漢) 유희(劉熙) ≪석명(釋名)·석서계(釋書契)≫에 "'인(印)'은 신뢰를 뜻한다. 물건을 봉하여 증거로 삼는 것이다. 또 따른다는 말이니, 물건을 봉하고 따라서 덧붙이는 것이다."라고 했다. ≪한서·고제본기(高帝本紀)≫ 안사고의 주에 "부절은 짐승의 털로 만드는데 위에서 아래로 서로 겹치게 한다. 대나무 마디에서 형상을 취했기 때문에 그것으로 이름을 삼은 것이다. 명령을 전하는 사람이 그것을 가지고 신표로 삼는다."라고 했다.(劉熙, 釋名. 印, 信也. 所以封物爲驗也. 亦言因也, 封物相因付也. 漢書, 高紀, 注. 節, 以毛爲之, 上下相重. 取象竹節, 因以爲名. 將命者, 持以爲信.)

5 [역자주] 曲邀(곡요) : 그릇되게 도모하다. 橫結(횡결) : 마구잡이로 관계를 맺다.

6 **[협주]** ≪회남자(淮南子)·원도훈(原道訓)≫에 "이것을 사용하는 것은 방아쇠를 발사하는 것과 같다."라고 했다. 고유(高誘)의 주에서 "'기(機)'는 쇠뇌의 방아쇠이니, 그것이 빠르다는 말이다."라고 했다.(淮南子. 其用之也, 若發機. 注. 機, 弩機關, 言其疾也.)

7 **[협주]** 한(漢) 양웅(楊雄)의 ≪법언(法言)·학행편(學行篇)≫에 "무지하고 어리석다."라고 했고, 주에 "'전몽(顓蒙)'은 어리석다는 말이다."라고 했다.(楊子. 倥侗顓蒙. 注. 顓蒙, 顓愚也.)

8 **[협주]** ≪한서·지리지(地理志)≫에 "두릉(杜陵)은 장안 경조윤에 속한다."라고 했다.(前漢書, 地理志. 杜陵, 屬長安京兆尹.)

9 [역자주] 寂寥(적료) : 드넓은 모양.

10 [역자주] 聯嶂(연장) : 병풍 같은 산봉우리가 이어져 있다.

11 **[협주]** ≪후한서·광무제본기(光武帝本紀)≫의 논(論)에 "운기(雲氣)를 살펴 점을 치는 자인 소백아(蘇伯阿)가 왕망의 사자가 되어, 멀리 제후국인 용릉(舂陵)의 성곽을 보고 말하기를, '기운이 아름답구나. 무성하고 푸르도다.'라고 했다."(後漢, 光武帝紀, 論. 望氣者蘇伯阿爲王莽使, 遙望見舂陵郭曰, 氣佳哉. 鬱鬱葱葱然.)

[역자주] 葱蘢(총롱) : 초목이 푸르고 무성한 모양.

12 [역자주] 蟠聯(반련) : 구불구불한 모양.

13 [역자주] 繚(료) : 두르다. 粉堞(분첩) : 하얗게 칠한 성가퀴이다.

14 **[협주]** ≪한서·고제본기(高帝本紀)≫에 "(한 고조) 7년에 소하가 미앙궁을 지었다."라고 했다.(漢, 高紀. 七年, 蕭何治未央宮.)

[역자주] 矗(촉) : 높이 솟다.

15 [역자주] 苔扉(태비) : 이끼가 있는 사립문. 문에 이끼가 있다는 것은 사람의 왕래가 드물다는 말이다.

16 [역자주] 苒惹(염야) : 연기가 모락모락 올라가는 모양.

17 [역자주] 注瀰(주만) : 물굽이로 흘러들다.

18 [역자주] 昆令(곤령) : 맏이가 시키다. 季强(계강) : 막내가 힘쓰다.

19 [역자주] 鄕黨(향당) : 고을 사람. 附(부) : 따르다.

20 [역자주] 悵(창) : 구슬프다.

21 [역자주] 捨玆(사자) : 이것을 내버리다. 고향을 버리는 것을 말한다.

22 **[협주]** 위(魏) 문제(文帝) <조가령 오질에게 주는 편지(與朝歌令吳質書)>에 "매번 한차례 상념이 이를 때마다, 어느 때 말을 할 수 있을까."라고 했다.(魏文帝, 與吳質書. 每一念至, 何時可言.)

23 [역자주] 憤慍(분온) : 화내다. 悽悄(처초) : 슬퍼하다.

24 **[협주]** 아래 "누가 팽조이고 일찍 죽은 아이일까."의 주에 보인다.[32](見下何者爲彭殤注)

[역자주] 壽夭(수요) : 장수하는 것과 요절하는 것.

25 **[협주]** ['인(紉)'은] 여와 린의 반절이다. 굴원의 <이소경(離騷經)>에 "가을 난초를 매어 장식으로 했네."라고 했다. ≪문선≫ 유량(劉良)의 주에 "'인(紉)'은 매다는 뜻이다. 자신이 몸을 깨끗이 수양하고 향초를 매어 옷의 장식으로 했다는 말이다."라고 했다.(女鄰切. 屈平, 離騷經. 紉秋蘭以爲佩. 注. 紉, 結也. 言已修身淸潔, 披香草以爲服飾兮.)

[역자주] 紉佩(인패) : 난초를 매어 장식으로 삼다. 다른 사람의 덕행이나 은덕을 명심한

---

32) 두목의 시 <군청의 관사에서 홀로 술을 들다(郡齋獨酌)>이다.

다는 뜻이다. 이 구는 두목 자신이 타인에게 그러한 덕망 있는 존재가 되지 못한다는 뜻이다.

26 [역자주] 顧他(고타) : 다른 것을 돌아보다. 부귀영화에 관심을 둔다는 말이다. 纖小(섬소) : 사소하고 하찮은 것. 여기서는 부귀영화를 가리킨다.

27 **[협주]** ≪시경·갈담(葛覃)≫에 "친정에 갈 것을 아뢰게 한다."라고 했다. (詩. 言告言歸.) [역자주] 言(언) : 뜻이 없는 어조사이다.

28 [역자주] 紛擾(분요) : 어지럽다.

해설

이 부(賦)는 지방의 막료로 전전하면서 큰 뜻을 이룰 기회가 없는 실망감에서 비롯된 향수를 표현한 것으로, 고향 산천의 아름다움과 유서 깊은 지역이라는 자부심을 드러내고는 그곳에서 은거하겠다는 뜻을 기술했다. 창작 시기는 두목이 심전사(沈傳師)를 따라 선주(宣州)에 있을 때인 태화 4년(830)이다.

003. 저녁나절의 갠 날씨를 읊은 부와 서문
晩晴賦 并序

秋日晩晴，樊川子目于郊園.[1] 見大者小者，有狀類者. 故書賦云.

가을철 저녁나절에 날씨가 개어 내가 교외의 동산을 둘러보았다. 크고 작은 것들을 보니 모양이 비슷한 것들이 있었다. 그래서 다음과 같이 부를 지었다.

雨晴秋容新沐兮,	비 개자 가을의 모습이 막 목욕한 듯하여
欣遶園而細履.[2]	기쁘게 동산을 돌면서 가볍게 걷는데,
面平池之清空兮,	평평한 연못을 마주하고 있는 맑은 하늘에
紫閣青横,[3]	자각봉이 푸르게 가로질러 있어
遠來照水.	멀리에서 물에 비치니,
如高堂之上,	마치 높은 집 위에
見羅幕兮,	보이는 비단 장막이
垂乎鏡裏.[4]	거울 속에 드리워진 듯하구나.
木勢黨伍兮,[5]	나무의 형세가 무리를 이루니
行者如迎,[6]	줄지어 있는 것들은 환영하는 듯하고
偃者如醉.[7]	누워 있는 것들은 취한 듯하며,
高者如達,	높은 것들은 영달한 듯하고
低者如跂.[8]	낮은 것들은 발돋움하는 듯하다.
松數十株,	소나무 수십 그루가
切切交峙.[9]	공경스레 마주보며 솟아있는데,

如冠劍大臣,[10]	관을 쓰고 검을 찬 대신이
國有急難,	나라에 어려움이 있기에
庭立而議.[11]	곧게 서서 국사를 논의하는 듯하고,
竹林外裹兮,	대숲이 밖으로 싸고 있는 것은
十萬丈夫,	십만의 장부가
甲刃摐摐,[12]	갑옷과 칼날을 부딪치며
密陣而環侍.	빽빽이 진을 치고 빙 둘러 모시는 것인데,
豈負軍令之不敢囂兮,[13]	어찌 감히 시끄럽게 해서는 안되는 군령을 어기겠는가
何意氣之嚴毅.[14]	얼마나 의기가 엄하고 군센가.
復引舟于深灣,	다시 깊은 굽이로 배를 이끄니
忽八九之紅芰.[15]	갑자기 여덟아홉 개의 붉은 마름이 나타나는데,
姹然如婦,[16]	농염하여 부인과 같고
歛然如女,[17]	옹기종기 소녀와 같지만
墮蕊黣顏,[18]	떨어진 꽃술은 색이 변하여
似見放棄.[19]	마치 버려진 듯하구나.
白鷺潛來兮,	백로가 몰래 오니
邈風標之公子.[20]	고상한 풍모의 공자인데,
覷此美人兮,[21]	이 미인에게 눈길을 주니
如慕悅其容媚.[22]	마치 그 용모의 아름다움을 사모하는 듯하다.
雜花參差於岸側兮,	여러 꽃이 강가에 이리저리 자랐는데
絳綠黃紫.	진홍빛 녹색빛 노란빛 자줏빛이라,
格頑色賤兮,	품격이 무디고 색이 천하니

或妾或婢.	어떤 것은 첩이고 어떤 것은 여종이로다.
間草甚多,	사이사이에 풀들이 매우 많아
叢者束兮,	떨기 진 것은 모여 있고
靡者杳兮,[23]	쓰러진 것은 어두우며
仰風獵日,[24]	바람을 맞이하고 햇빛을 쬐면서
如立如笑兮,	서있는 듯하고 웃는 듯하니,
千千萬萬之狀容兮,	천 가지 만 가지의 모습을
不可得而狀也.	형용할 수 없구나.
若予者則爲何如,	나라는 사람은 어떠한가
倒冠落佩兮,[25]	관을 거꾸로 매달고 패옥을 버린 채
與世闊踈.[26]	세속과 멀어졌구나.
敖敖休休兮,[27]	내 멋대로 한가하게
眞徇其愚而隱居者乎.[28]	진정 우직함을 좇아 은거하는 자가 되리라.

주석

1 **[협주]** ≪삼진기(三秦記)≫에 "장안의 정남향에 있는 것을 진령(秦嶺)이라고 한다. 진령 아래에 물이 북쪽으로 흐르는 것이 진천(秦川)인데, 번천(樊川)이라고도 한다."라고 했다.(三秦記. 長安正南, 曰秦嶺. 嶺下水北流爲秦川, 一名樊川.)

2 [역자주] 細履(세리) : 가볍게 걷다.

3 **[협주]** ≪원화기(原化紀)≫[33]에 "종남산의 자각봉(紫閣峰)은 장안성(長安城)에서 70리

33) ≪원화기(原化記)≫ : 당나라 황보씨(皇甫氏)가 편찬한 전기소설집인데 일실되었다. 여기 인용된 내용은 ≪태평광기(太平廣記)≫ 권500에 수록되어 있다.

떨어져 있다."라고 했다.(原化紀. 終南山紫閣峰, 去長安城七十里.)

4 **[협주]** 양(梁) 간문제(簡文帝)의 <거울에 비친 모습(鏡象)> 시에 "순금으로 우묵하게 기물을 만들었으니 높은 집에 거울을 매달았네."라고 했다.(梁簡文帝, 鏡象詩. 精金宛成器, 懸鏡在高堂.)

5 [역자주] 黨伍(당오) : 무리를 이루다.

6 **[협주]** ['항(行)'은] 호와 랑의 반절이다.(行, 戶郎切.)

7 [역자주] 偃(언) : 눕다.

8 **[협주]** ['기(跂)'는] 거와 지의 반절이며, 발을 드리운다는 뜻이다. 또 한쪽 발을 들다라는 뜻이다.(去智切, 垂足也. 又擧一足也.)

9 [역자주] 切切(절절) : 서로 공경하며 열심히 권면하는 모양. 交峙(교치) : 서로 마주보며 우뚝 솟아있다.

10 [역자주] 관검(冠劍) : 관을 쓰고 검을 차다. 관직 또는 벼슬아치를 가리킨다.

11 [역자주] 庭立(정립) : 곧게 서 있다.

12 **[협주]** ['창(摐)'은] 음이 창이며 종이나 북을 치는 것이다.(音窓, 打鐘鼓也.)

[역자주] 摐摐(창창) : 쇳소리를 뜻한다. 또는 어지럽게 엇갈린 모양.

13 [역자주] 囂(효) : 시끄럽다.

14 [역자주] 嚴毅(엄의) : 엄하고 굳세다.

15 [역자주] 紅芰(홍기) : 붉은 세발마름. 첨주에서는 연꽃을 가리킨다고 했다.

16 [역자주] 姹然(차연) : 아름다운 모양.

17 [역자주] 斂然(염연) : 많이 모여있는 모양.

18 **[협주]** ['월(黦)'은] 어와 헐의 반절이며 색이 변하다는 뜻이다. 또 우와 물의 반절이며 검고 누렇다는 뜻이다.(於歇切, 色變也. 又紆勿切, 玄黃也.)

[역자주] 墮蕊(타예) : 떨어진 꽃잎. 黦顏(월안) : 색이 변하다.

19 [역자주] 見(견) : 피동을 나타낸다.

20 [역자주] 邈(막) : 고원하다. 고아하다. 風標(풍표) : 풍모.

21 [역자주] 美人(미인) : 위에 언급한 붉은 마름을 가리키는 것으로 보인다.

22 [역자주] 慕悅(모열) : 앙모하여 좋아하다. 容媚(용미) : 아름다운 모습.

23 [역자주] 靡(미) : 쓰러지다.

24 [역자주] 仰風(앙풍) : 바람을 마주하며 받아들이다. 獵日(엽일) : 햇볕을 빼앗다. 햇볕을 받기 위해 그곳으로 향하는 것을 말한다.

25 [역자주] 倒冠落珮(도관락패) : 관을 거꾸로 하고 패옥을 떨어뜨리다. 벼슬을 버리고 은퇴하는 것을 말한다.

26 [역자주] 闊踈(활소) : 소원한 모양.

27 **[협주]** ≪이아(爾雅)·석훈(釋訓)≫에 "'오오(敖敖)'는 오만하다는 뜻이다."라고 했고 정초(鄭樵)의 주에서 "현자에게 오만하다."라고 했다. 또 "'휴휴(休休)'는 검소하다는 뜻이다."라 했고 정초의 주에서 "훌륭한 선비가 절약하고 검소하다."라고 했다.(爾雅. 敖敖, 傲也. 注. 傲慢賢者. 又曰, 休休, 儉也. 注. 良士節儉.)

[역자주] 休休(휴휴) : 편안하고 한가로운 모양.

28 [역자주] 徇(순) : 추구하다. 좇다.

해설

이 부(賦)는 가을날 번천의 별장에서 지은 것으로, 비 갠 뒤의 경치가 맑고 아름다워 주변의 경관과 정원의 초목들을 감상하면서 그 감회를 읊었는데 여의치 못한 현실에 대한 실망감을 위로하고자 하는 심리를 드러냈다. 창작 시기는 분명하지 않다.

004. 감회를 읊은 시 1수

感懷詩一首[1]

高文會隋季,[2]　당 고조와 태종이 수나라 말기를 만나
提劍徇天意.[3]　검을 들어 하늘의 뜻을 따랐기에,
扶持萬代人,　온 세상의 백성을 구제하여
步驟三皇地.[4]　삼황의 경지에서 걷고 치달렸다.
聖云繼之神,[5]　그 성스러움은 현종에게 이어지니
神仍用文治.[6]　현종은 여전히 문덕의 다스림으로,
德澤酌生靈,[7]　덕택을 만백성에게 끼쳐
沈酣薰骨髓.[8]　깊은 향기가 골수에 스몄다.
旄頭騎箕尾,[9]　모두가 기수와 미수를 올라타자
風塵薊門起.[10]　전란이 계문에서 일어났는데,
胡兵殺漢兵,　오랑캐 병사가 한나라 병사를 죽이니
尸滿咸陽市.[11]　시체가 장안의 저자에 가득했다.
宣皇走豪傑,[12]　숙종이 호걸을 달리게 하니
談笑開中否.[13]　담소하면서 중간의 막힌 운수를 뚫었지만,
蟠聯兩河間,[14]　황하 양편에서 칩거하여 연합했기에
燼萌終不弭.[15]　화근이 끝내 끊어지지 않았다.
號爲精兵處,[16]　정예병이 있는 곳이라 일컬어지는 데는
齊蔡燕趙魏.[17]　제, 채, 연, 조, 위인데,

合環千里疆,[18] 천 리의 영토를 둘러싸고
爭爲一家事. 다투어 한 집안의 일을 일삼았으니,
逆子嫁虜孫, 반역자의 자식이 오랑캐의 자손에게 시집가고
西鄰聘東里. 서쪽 마을에서 동쪽 마을로 장가들어,
急熱同手足, 쉬 뜨거워져 손발을 함께하니
唱和如宮徵.[19] 화답함이 궁음과 치음과 같았다.
法制自作爲, 법제를 제멋대로 만들어
禮文爭僭擬.[20] 예와 법도를 천사에 망령되이 견주기를 다투니,
壓階螭鬪角,[21] 우뚝한 섬돌 위에서 이무기가 뿔을 받는 듯
畫屋龍交尾. 채색한 벽에 용이 꼬리가 엉킨 듯,
署紙日替名,[22] 관청 문서에는 날마다 이름을 대신해서 적고
分財賞稱賜. 재물을 나눠 상으로 주면서 하사한다고 일컬었다.
刳隍㰝萬尋,[23] 해자를 파며 만 길로 욕심을 냈고
繚垣疊千雉.[24] 성곽을 두르며 천 치를 쌓아,
誓將付孱孫,[25] 장차 허약한 자손에 물려주겠다고 맹세했지만
血絶然方已.[26] 혈통이 끊겨야 비로소 그만두었다.
九廟仗神靈,[27] 제왕의 종묘에서 신령에 의지하고
四海爲輸委.[28] 천하의 사해는 재물을 보내며 복종했는데,
如何七十年,[29] 어찌하여 칠십 년 동안
汗赩含羞恥.[30] 땀 흘리고 얼굴 붉히며 모욕을 당했는가.
韓彭不再生,[31] 한신과 팽월은 다시 태어나지 않고
英衛皆爲鬼.[32] 이적과 이정은 모두 귀신이 되었기에,

凶門爪牙輩,[33]	북문을 나서는 군사 무리가
穰穰如兒戲.[34]	어수선하기가 아이들 놀이와 같았으니,
累聖但日吁,[35]	역대 황제들이 그저 “아아,
閫外將誰寄.[36]	궁궐 바깥은 장차 누구에게 맡길까.”라고 하셨다.
屯田數十萬,[37]	둔전이 수십 만이지만
堤防常慴惴.[38]	방비함에 항상 두려워서,
急征赴軍須,[39]	출정을 서두르니 군수품을 조달해야 하고
厚賦資兇器.[40]	세금을 가중하여 무기에 조달했으니,
因隳畫一法,[41]	그로 인해 정돈된 법제를 무너뜨리고
且逐隨時利.	또 그때그때의 이익만 좇아,
流品極蒙尨,[42]	관리의 등급은 극도로 흐트러지고
網羅漸離弛.[43]	규율은 점점 해이해졌다.
夷狄日開張,	오랑캐 기세는 날로 뻗어가고
黎元愈憔悴.[44]	백성들은 더욱 초췌해졌으니,
邈矣遠太平,	아득하구나, 태평성세는 먼데
蕭然盡煩費.[45]	요란하게 번다한 비용을 다 받았다.
至於貞元末,[46]	정원 말엽에 이르니
風流恣綺靡.[47]	풍속은 사치함으로 방자했는네,
艱極泰循來,[48]	고난이 극에 달하자 태평함이 따라와서
元和聖天子.[49]	원화 연간에 성스러운 천자가 나셨다.
元和聖天子,	원화 연간의 성스러운 천자는
英明湯武上.	뛰어나기가 탕왕이나 무왕보다 위이셨으니,

茅茨覆宮殿,[50]	띠풀 지붕으로 궁전을 덮고
封章綻帷帳.[51]	밀봉했던 상주문으로 휘장을 기웠다.
伍旅拔雄兒,[52]	병사의 대열에서 씩씩한 이를 뽑고
夢卜庸眞相.[53]	꿈속의 점괘로 현명한 재상을 기용하니,
勃雲走轟霆,[54]	구름이 일고 요란한 천둥이 쳐서
河南一平蕩.[55]	황하의 남쪽이 단번에 평정되었다.
繼于長慶初,[56]	이어서 장경 연간 초에
燕趙終舁襁.[57]	연 땅과 조 땅에서 마침내 포대기를 들고,
携妻負子來,	처자식을 데리고 와서는
北闕爭頓顙.[58]	북궐에서 다투어 머리를 조아렸다.
故老撫兒孫,	늙은이는 아들과 손자를 어루만지며
爾生今有望.[59]	너희들은 이제 희망이 있겠다고 여겼지만,
茹鯁喉尙隘,[60]	생선뼈를 먹다가 목구멍에 오히려 걸렸고
負重力未壯.	무거운 짐을 지기에는 힘이 아직 모자랐다.
坐幄無奇兵,[61]	장막 속에 앉아도 기습의 계책이 없어
呑舟漏疏網.[62]	배를 삼킬 만한 큰 물고기가 성긴 그물에서 빠졌으니,
骨添薊垣沙,[63]	백골은 계구의 모래사장에 더해지고
血漲滹沲浪.[64]	피는 호타강의 파도 위로 넘쳤다.
秖云徒有征,[65]	그저 헛되이 정벌을 나간 것이니
安能問無狀.[66]	공적이 없었음을 어찌 문책할 수 있었겠는가.
一日五諸侯,[67]	같은 날 다섯 절도사가 출병했으나
奔亡如鳥往.[68]	새가 날듯 도망갔으니,

取之難梯天,[69]	땅을 가지기는 하늘에 오르기보다 어렵고
失之易反掌.[70]	그것을 잃기란 손바닥 뒤집기보다 쉬웠기에,
蒼然太行路,[71]	아득한 태항산의 길은
翦翦還榛莽.[72]	무성하여 다시 어지러워졌구나.
關西賤男子,[73]	관서의 미천한 사나이는
誓肉虜杯羹.[74]	맹세코 오랑캐를 도륙해 국을 끓일 터,
請數係虜事,[75]	오랑캐를 잡을 책략을 일일이 말하기를 청했으나
誰其爲我聽.	누가 나의 말을 듣겠는가.
蕩蕩乾坤大,[76]	넓고 넓은 천지는 위대하고
曈曈日月明.[77]	밝고 밝게 해와 달은 빛나,
叱起文武業,[78]	문덕과 무덕의 사업을 소리치며 일으켜
可以豁洪溟.[79]	큰 바다를 탁 트이게 할 수 있을 텐데,
安得封域內,	어떻게 하면 역내를 틀어막아
長有扈苗征.[80]	영원히 유호와 유묘를 정벌할까.
七十里百里,[81]	칠십 리와 백 리로 천하에 왕노릇했으니
彼亦何嘗爭.	그들 역시 어찌 다툰 적이 있었나.
往往念所至,	자주 생각이 이에 이를 때면
得醉愁蘇醒.[82]	술 취했다가 근심으로 깨어난나.
韜舌辱壯心,[83]	침묵은 웅장한 뜻을 욕되게 하기에
叫閽無助聲.[84]	수문장을 불렀지만 돕는 소리가 없어,
聊書感懷韻,	아쉬우나마 감회의 시를 써서
焚之遺賈生.[85]	불살라 가이에게 보내노라.

주석

1 **[협주]** 본집의 주에 "당시 창주에서 전투가 있었다."라고 했다.(本注. 時滄州用兵.)

[역자주] 경종(敬宗) 시기에 창주를 다스리던 횡해절도사(橫海節度使) 이동첩(李同捷)의 반란을 평정한 전투를 가리킨다.

2 **[협주]** ≪신당서·고조본기(高祖本紀)≫의 찬(贊)에 "고조가 일어난 뒤 왕조의 햇수가 거의 300년이었으니 성대하다고 할 만하다. 아마도 사람들이 수나라의 어지러움을 싫어했고 덕택을 입었으며 태종의 다스림과 제도와 기강이 이어졌기 때문이 아니었겠는가."라고 했다. ≪신당서·태종본기(太宗本紀)≫의 찬에 "성대하도다, 태종의 공이여. 수나라의 어지러움을 제거한 것은 자취가 탕임금과 무왕에 비견되고, 다스림을 이룬 아름다움은 주나라 성왕과 강왕에 가깝다. 예로부터 공과 덕이 모두 높았던 것은 한나라 이래로 없었던 일이다. 시호를 '문(文)'으로 했다."라고 했다.(唐書, 高祖紀, 贊. 高祖之興, 年幾三百, 可謂盛哉. 豈非人厭隋亂而蒙德澤, 繼以太宗之理, 制度紀綱云云. 太宗, 贊. 盛哉, 太宗之烈也. 其除隋之亂, 比迹湯武, 致治之美, 庶幾成康. 自古功德兼隆, 由漢以來, 未之有也. 謚曰文.)

[역자주] 고문(高文) : 당 고조 이연(李淵)과 태종 이세민(李世民)을 가리킨다.

3 **[협주]** ≪사기·고조본기(高祖本紀)≫에서 "고조가 말하기를, '나는 평민의 신분으로 석 자짜리 검을 들고 천하를 얻었다.'라고 했다."라고 했다.(史記. 高祖曰, 吾以布衣提三尺劍, 取天下.)

4 **[협주]** ≪백호통·덕론(德論)≫에 "삼황(三皇)[34]은 걸었고 오제(五帝)[35]는 달렸으며, 삼왕(三王)[36]은 치달렸고 오패(五霸)[37]는 질주했다."라고 했다.(白虎通. 三皇步, 五帝驟, 三王馳, 五霸鶩.)

---

34) 삼황(三皇) : 전설상의 세 황제인 수인(燧人), 복희(伏羲), 신농(神農)을 가리킨다.

35) 오제(五帝) : 여러 가지 설이 있는데, 대체로 전설상의 다섯 황제인 황제(黃帝), 전욱(顓頊), 제곡(帝嚳), 요(堯), 순(舜)을 가리킨다.

36) 삼왕(三王) : 다양한 설이 존재하는데, 대체로 하(夏)나라 우임금, 상(商)나라 탕왕(湯王), 주(周)나라 문왕(文王) 및 무왕(武王) 중의 세 임금을 가리킨다.

37) 오패(五霸) : 춘추시대 다섯 패자로 제(齊) 환공(桓公), 진(晉) 문공(文公), 초(楚) 장왕(莊王), 오왕(吳王) 합려(闔閭), 월왕(越王) 구천(句踐)을 가리킨다.

5 [역자주] 聖(성) : 당 고조의 존호가 신요대성대광효황제(神堯大聖大光孝皇帝)이고 태종의 존호가 문무대성대광효황제(文武大聖大廣孝皇帝)이다. 神(신) : 현종(玄宗)의 존호가 개원성문신무황제(開元聖文神武皇帝)이다.

6 **[협주]** ≪구당서·태종본기(太宗本紀)≫에 "천보(天寶) 12년(753) 존호를 올려 문무대성대광효황제(文武大聖大廣孝皇帝)로 했다."라고 했다. ≪구당서·현종본기(玄宗本紀)≫에 "개원(開元) 27년(739) 2월 기사(己巳)일에 여러 신하가 존호를 올려 개원성문신무황제(開元聖文神武皇帝)로 했다."라고 했다. ≪구당서·헌종본기(憲宗本紀)≫의 기록이다. 사신(史臣)이 말하기를, "헌종[38]이 왕위를 계승한 초기에 여러 선왕의 실록을 읽었다. 정관(貞觀)과 개원(開元)[39] 시기의 전례를 보고 삼가고 사모하는 마음에 책을 놓지 못했다. 승상을 돌아보며 말하기를, '태종의 창업이 이와 같으셨고, 현종의 다스림이 이와 같으셨구나. 나라의 사서를 읽어보니 마침내 만 배로 선왕만 못함을 알겠다.'라고 했다."라고 했다.(太宗本紀. 天寶十二載, 上尊號爲文武大聖大廣孝皇帝. 玄宗本紀. 開元二十七年二月己巳, 群臣上尊號開元聖文神武皇帝. 憲宗本紀. 史臣曰, 憲宗嗣位之初, 讀列聖寶錄. 見貞觀開元故事, 竦慕不能釋卷. 顧謂丞相曰, 太宗之制業如此, 玄宗之致理如此. 旣覽國史, 乃知萬倍不如先聖.)

7 **[협주]** ≪열자·양주(楊朱)≫의 기록이다. 양주가 말하기를, "사람은 천지의 만물과 비슷하지만 오상(五常)의 본성을 가지고 있어, 생명을 가진 것 가운데 가장 우수한 존재이다."라고 했다.(列子. 楊朱曰, 人肖天地之類, 懷五常之性, 有生之最靈者也.)

[역자주] 生靈(생령) : 백성을 가리킨다.

8 [역자주] 沈酣(침감) : 원래는 술에 취한다는 뜻인데 여기서는 황제의 은덕을 비유한다. 薰(훈) : 향기를 쐬다.

9 **[협주]** ≪사기·천관서(天官書)≫에 "모두(旄頭)는 오랑캐 별이다."라고 했다. ≪진서(晉書)·천문지(天文志)≫에 "모두는 태양의 길인 황도(黃道)가 지나는 곳이다. 커지면서 수시로 움직이면서 도약하는 듯하면 오랑캐 군대가 크게 몰려온다."라고 했다. ≪장자·대종

38) 헌종(憲宗) : 당(唐) 제13대 황제로 재위 기간은 805-820년이다.

39) 정관(貞觀)은 당(唐) 태종(太宗)의 연호(627-649)이고 개원(開元)은 현종의 연호(713-741)인데 정치가 잘 이루어져 정관지치(貞觀之治), 개원지치(開元之治)라 불린다.

사(大宗師)≫에 “부열(傅說)[40]은 동유(東維)[41] 별에 오르고 기수와 미수에 걸터앉아 뭇 별과 나란했다.”라고 했다. 두보의 시[42]에 “묘수(昴宿)가 자미(紫微)[43]를 범했다.”라고 했고, ≪보주두시(補注杜詩)≫의 주에 “안록산이 중원을 어지럽히고 장안을 함락한 것을 비유한다.”라고 했다.(史記. 旄頭, 胡星也. 晉書. 旄頭, 黃道之所經也. 大而數盡動, 若跳躍者, 胡兵大起. 莊子. 傅說乘東維, 騎箕尾, 而比於列星. 詩史. 旄頭彗紫微. 注. 喻祿山亂中原, 陷長安也.

[역자주] 旄頭(모두) : 묘수(昴宿)의 별칭으로 28수 중의 하나인데, 변방 이민족의 병란을 상징한다. 箕尾(기미) : 28수 중의 두 별자리 이름으로 분야가 연(燕) 지방에 해당하며, 안록산이 발호한 곳이다.

10 **[협주]** ≪통전(通典)·식화(食貨)≫에 “어양군(漁陽郡)은 지금의 계문(薊門)이다.”라고 했다. ≪한서·종군전(終軍傳)≫에 “변경에 전란의 경보가 있으니 신은 마땅히 갑옷을 걸치고 무기를 잡은 채 화살과 돌을 무릅쓰고 앞길을 열겠습니다.”라고 했다. ≪구당서·안록산전(安祿山傳)≫에 “안록산은 유성(柳城)의 호족(胡族)이다. 범양절도사(范陽節度使)가 되었는데 천보 14년(755)에 반란을 일으켰다. 조서를 내려 곽자의(郭子儀)에게 동쪽으로 가서 토벌하게 했다.”라고 했다.(通典. 漁陽郡, 今薊門. 漢書, 終軍傳. 邊境有風塵之警, 臣宜被堅執銳, 當矢石, 啓前行. 唐書. 安祿山, 柳城胡人也. 爲范陽節度使, 天寶十四載反, 詔郭子儀東討.)

11 **[협주]** ≪신당서·현종본기≫의 기록이다. 천보 15년(756) 6월 신묘일에 변방의 장수인 화발귀인(火拔歸仁)이 가서한(哥舒翰)을 잡고 배반하여 안록산에게 투항했다. 마침내 동관(潼關)이 함락되었고, 기해일에 안록산이 경성을 함락했다.(新唐書. 天寶十五載六月辛卯, 蕃將火拔歸仁執哥舒翰, 叛降于祿山. 遂陷潼關, 己亥祿山陷京師.)

[역자주] 함양(咸陽) : 본래 진(秦)나라 경사인데, 여기서는 당의 경사인 장안을 가리

---

40) 부열(傅說) : 상(商)나라 고종(高宗) 무정(武丁)을 도왔던 재상이다. 전설에 의하면 부열은 죽어 별이 되었다고 한다.

41) 동유(東維) : 별 이름으로 기수(箕宿)와 미수(尾宿) 사이에 있다.

42) 두보의 시 <형산현 문선왕묘의 새 학당에 써서 현령 육(陸)씨에게 올리다(題衡山縣文宣王廟新學堂呈陸宰)>이다.

43) 자미(紫微) : 별자리 이름으로 제왕의 자리를 비유한다.

킨다.

12 **[협주]** ≪신당서·숙종본기(肅宗本紀)≫의 기록이다. 숙종(肅宗) 문명무덕대성대선효황제(文明武德大聖大宣孝皇帝)는 휘가 형(亨)으로, 현종의 세 번째 아들이다. 개원 25년(737) 황태자 이영(李瑛)이 폐위되었다가 죽자 이듬해 황태자가 됐다. 천보 15년 현종이 적을 피해 가다가 행차가 마외(馬嵬)에 이르렀다. 백성들이 길을 막고 황태자를 남겨 적을 토벌할 것을 청하자 현종이 허락했다. 7월 임술(壬戌)일에 배면(裴冕) 등이 황태자가 황제에 즉위할 것을 주청했다. 갑자(甲子)일에 영무(靈武)에서 황제에 즉위했고 황제(현종)를 높여 상황천제(上皇天帝)라고 했다. 12월에 곽자의가 회흘(回紇)을 인솔하여 안록산과 하상(河上)에서 싸워 패배시켰다. ≪회남자(淮南子)·태족훈(泰族訓)≫에 "지혜가 만 사람을 넘어서는 자를 영(英)이라 하고 천 사람을 넘어서는 자를 준(俊)이라 하며, 백 사람을 넘어서는 자를 호(豪)라 하고 열 사람을 넘어서는 자를 걸(傑)이라고 한다."라고 했다.(新唐書. 肅宗文明武德大聖大宣孝皇帝諱亨, 玄宗第三子也. 開元二十五年皇太子瑛廢死, 明年立爲皇太子. 天寶十五載玄宗避賊, 行至馬嵬. 父老遮道請留太子討賊, 玄宗許之. 七月壬戌裴晃[44]等請皇太子卽皇帝位. 甲子卽皇帝位于靈武, 尊皇帝, 曰上皇天帝, 十二月郭子儀率回紇, 及安祿山戰于河上, 敗之. 淮南子. 智過萬人者, 謂之英, 千人者俊, 百人者豪, 十人者傑.)

13 **[협주]** 좌사(左思)의 <영사시(詠史詩)>에 "나는 노중련(魯仲連)을 사모하니, 그는 담소하면서 진(秦)나라 군대를 물리쳤다."라고 했다. 두보의 <회포를 서술한다(述懷)>시에 "한나라 운수가 막 다시 일어난다."라고 했고, ≪구가집주두시(九家集注杜詩)≫의 주에 "무릇 왕실이 중간에 운수가 막혔다가 다시 일어나는 것을 중흥(中興)이라고 한다. 예를 들면 주나라의 선왕(宣王), 한나라의 광무제(光武帝), 당나라의 중종(中宗) 같은 경우가 그렇다."라고 했다.(左太冲, 詠史詩. 吾慕魯仲連, 談笑卻秦軍. 詩史, 述懷詩. 漢運初中興. 注. 凡王室中否, 而再興, 謂之中興. 如周之宣王, 漢之光武, 唐之中宗, 是也.)

[역자주] 談笑(담소) : 전국시대 제(齊)나라 사람인 노중련은 조(趙)나라를 포위한 진(秦)나라 군대를 담소하는 사이에 물리쳤다. 中否(중비) : 중간에 운세가 막히다. 이 구는 숙

44) '晃'은 '冕'의 잘못이다.

종이 안록산의 반군을 물리치고 경사를 수복한 것을 말한다.

14 **[협주]** ≪신당서·지리지≫에 따르면, 채주(蔡州) 여남군(汝南郡)과 치주(淄州), 청주(青州), 제주(齊州), 해주(海州) 등 15주는 하남도에 속하고, 진주(鎭州) 상산군(常山郡)과 유주(幽州) 범양군(范陽郡) 등은 하북도에 속했다. ≪이아·석지(釋地)≫에 "황하 양안을 기주(冀州)라고 한다."라고 했다.(地理志. 蔡州汝南郡淄青齊海等十五州屬河南道, 鎭州常山郡幽州范陽郡等屬河北道. 爾雅. 兩河間曰, 冀州.)

[역자주] 蟠聯(반련) : 점거하여 연합하다. 이 구는 당시 하북과 하남의 여러 주가 안록산의 반군에 투항한 것을 말한다.

15 **[협주]** ['미(弭)'는] 사와 이의 반절이며 그치다는 뜻이다.(士爾切, 息也.)

[역자주] 燼萌(신맹) : 불타고 남은 깜부기의 불씨로 화근을 비유한다.

16 **[협주]** ≪사기·회음후열전(淮陰侯列傳)≫에 "한(漢) 진희(陳豨)가 거록(鉅鹿)의 군수로 제수되어 회음후 한신(韓信)에게 작별인사를 하러 왔다. 회음후가 말하기를, '그대가 머물 곳은 천하의 정예 병사들이 모인 곳이오.'라고 했다."라고 했다.(史記, 韓信傳. 陳豨拜爲鉅鹿守, 辭於淮陰侯. 淮陰侯曰, 公之所居, 天下精兵處也.)

17 [역자주] 齊蔡燕趙魏(제채연조위) : 모두 춘추전국시대의 나라 이름으로 여기서는 중국 북동 및 동쪽 변방 지역을 가리킨다. 당시 번진이 이 지역을 할거했다.

18 [역자주] 合環(합환) : 둘러싸다. 疆(강) : 영토.

19 [역자주] 宮徵(궁치) : 음악의 오음(五音) 중 궁음과 치음을 말하는데, 대체로 조화로운 음악을 뜻한다. 이상 여덟 구는 북동 및 동쪽 변방의 여러 번진이 안록산의 반군과 영합했음을 말한 것이다.

20 **[협주]** '의(擬)'는 '의(儗)'로 해야 한다. ≪한서·가의전(賈誼傳)≫에 "제후왕들이 참람되게 대등하려고 했다."라고 했다. 안사고의 주에 "'의(儗)'는 나란하다는 뜻이니, 위로 천자와 대등하려고 한다는 말이다."라고 했다. '儗'는 음이 의이다.(擬字, 當作儗. 漢書, 賈誼傳. 諸侯王僭儗. 注. 儗, 比也, 上比于天子. 儗, 音擬.)

[역자주] 僭擬(참의) : 분수에 맞지 않게 망령되이 견주다. 대체로 아랫사람이 윗사람에게 스스로 견주는 것을 말한다.

21 [역자주] 壓階(압계) : 위압적으로 높다란 섬돌. 鬪角(투각) : 뿔로 들이받다.

22 [역자주] 替名(체명) : 이름을 대신해서 적다. 공문서의 인준을 대신한다는 뜻이다.

23 **[협주]** '함(㰹)'은 호와 남의 반절이며 탐하다는 뜻이다. ≪맹자(孟子)·등문공하(滕文公下)≫의 주자(朱子) 주에 "여덟 자가 심(尋)이다."라고 했다(㰹, 呼南切, 貪欲也. 孟子, 注. 八尺爲尋.)

[역자주] 刳隍(고황) : 해자를 파다.

24 **[협주]** 장형(張衡)의 <서경부(西京賦)>에 "담을 두른 것이 이어져 400여 리이다."라고 했다. ≪좌전·은공(隱公) 원년≫에 "도성이 백 치(雉)를 넘는 것은 나라의 해로움이 됩니다."라고 했다. 두예(杜預)의 주에 "사방 1장(丈)이 도(堵)이고 3도가 치(雉)이다."라고 했다.(西京賦. 繚垣綿聯, 四百餘里. 左傳. 都城過百雉, 國之害也. 注. 方丈曰垣[45], 三垣曰雉.)

[역자주] 繚垣(요원) : 담장을 두르다. 여기서는 성을 쌓는 것이다.

25 **[협주]** '잔(孱)'은 사와 산의 반절이며 용렬하다는 뜻이다. 또 사와 련의 반절이며 못났다는 뜻이다.(孱, 士山切, 劣也. 又士連切, 不肖也.)

26 **[협주]** 본집의 <소의절도사(昭義節度使) 사도 유오(劉悟)께 올리는 글(上昭義劉司徒書)>에 "기약이 아들과 손자에 있었으나, 손자와 아들에서 혈통이 끊겼을 뿐입니다."라고 했다.(本集, 上劉司徒書. 約在子與孫, 孫與子, 血絶而已.)

[역자주] 이보신(李寶臣)은 안록산의 양자로 안사의 난에 참여했다가 후에 조정에 투항하여 성덕절도사(成德節度使)가 되었다. 그는 설숭(薛嵩), 전승사(田承嗣), 이정기(李正己), 양숭의(梁崇義) 등의 번진과 혼인으로 결탁했다. 스스로 병사를 양성하고 관리를 임명했으며 조정의 명령을 받지 않고 조세도 납부하지 않았는데, 자신의 토지를 자손에게 물려주려고 했다.

27 **[협주]** ≪구당서·예의지(禮儀志)≫에 "개원 10년(722) 현종이 구묘(九廟)를 세워 선황제(宣皇帝)[46]를 추존하여 헌조(獻祖)로 하고 광황제(光皇帝)[47]를 추존하여 의조(懿祖)로 하여 구실(九室)을 갖추었다."라고 했다.(唐書, 要[48]開元十一[49]年, 玄宗立九廟, 追尊

45) '垣'은 '堵'의 잘못이다.
46) 선황제(宣皇帝) : 당 현종의 8대조인 이희(李熙)의 존호이다.
47) 광황제(光皇帝) : 당 현종의 7대조인 이천석(李天錫)의 존호이다.
48) '要'는 연자이다.
49) '一'은 연자이다.

宣皇帝爲獻祖, 光皇帝爲懿祖, 以備九室.)

28 **[협주]** 진(晉) 목화(木華)의 <해부(海賦)>에 "길이길이 물길이 모여든다."라고 했고, ≪문선≫ 유량(劉良)의 주에 "'장위위수(長爲委輸)'는 여러 물길이 모두 모여들어 바다로 보내 들어간다는 말이다. '수(輸)'는 거성이다."라고 했다.(海賦. 長爲委輸. 注, 長爲委輸, 言衆水皆委輸, 送而入于海. 輸, 去聲.)

[역자주] 輸委(수위) : 물자를 실어보내 바치다. 황제에게 복종한다는 뜻이다. 이와 달리 '위수(委輸)'로 본다면 모든 강물이 바다로 흘러 들어가듯이 천하가 모두 당나라에 복종했다는 뜻이 된다.

29 **[협주]** '칠십년(七十年)'은 본집의 <죄가 되는 말씀(罪言)>에 보인다.(七十年, 見本集, 罪言.)

[역자주] 七十年(칠십년) : 두목의 <죄가 되는 말씀>에 따르면 755년 안사의 난부터 805년 헌종이 즉위하기 전까지 혼란했던 시기를 가리킨다. 실제로는 50년인데, 두목이 햇수를 착각한 것으로 보인다.

30 **[협주]** '혁(赩)'은 흘과 력의 반절이며 매우 붉다는 뜻이다.(赩, 迄力切, 大赤也.)

[역자주] 汗赩(한혁) : 땀을 흘리고 얼굴이 붉어지다. 매우 당혹스럽고 힘들어하는 모습이다.

31 **[협주]** 한신(韓信)과 팽월(彭越)이다.(韓信, 彭越.)

[역자주] 韓彭(한팽) : 한신과 팽월로 한나라 고조 때의 공신이었다.

32 **[협주]** ≪구당서·이적전(李勣傳)≫에 "근대에 명장이라고 일컬어지는 이는 영(英)과 위(衛) 두 분이니, 영국공(英國公) 이적(李勣)과 위국공(衛國公) 이정(李靖)을 말한다."라고 했다.(唐書. 近代稱名將者, 英衛二公, 謂英國公李勣, 衛國公李靖.)

[역자주] 英衛(영위) : 영국공 이적과 위국공 이정으로 당나라 태종 때의 공신이었다.

33 **[협주]** ≪회남자·병략훈(兵略訓)≫에 "무릇 나라에 난리가 나면 군주는 궁중에서 장수를 불러 조서를 내려 이르기를, '사직의 운명이 오직 장군에게 달렸소.'라 하고 군주가 직접 월(鉞)을 잡아 장군에게 주면서 이르기를, '이제부터 위로 하늘에 이르기까지 장군이 통제하시오.'라고 한다. (장군은) 하직하고 나가 곧 손톱을 자르고 명의(明衣)[50]를 입고 흉문(凶門)[51]을 통과하여 나간다."라고 했다. 주에 '흉문(凶門)'은 북쪽으로 나가는 문이라고 했다. ≪시경·소아(小雅)·기보(祈父)≫에 "기보야, 나는 왕의 발톱과 이빨이다."라고

했다.(淮南子. 凡國有難, 君自宮召將, 詔之曰, 社稷之命, 在將軍耳. 主親操鉞, 授將軍曰, 從此上至天者, 將軍制之. 辭而行, 乃爪鬋, 設明衣, 鑿凶門而出. 注, 凶門, 北出之門也. 詩. 祈父, 予王之爪牙.)

[역자주] 爪牙(조아) : 발톱과 이. 용맹한 병사를 상징한다.

34 **[협주]** ≪한서·주발전(周勃傳)≫의 기록이다. 주아부(周亞夫)를 장군으로 삼아 세류(細柳)에 주둔하여 이민족을 방비하게 했다. 황제가 직접 군사들을 위로하면서 말하기를, "아, 이 사람이야말로 진정한 장군이로다. 좀 전에 봤던 패상(霸上)과 극문(棘門)의 군대는 아이들의 장난과 같을 뿐이로다."라고 했다.(漢書. 周亞夫爲將軍, 軍細柳以備胡. 上自勞軍曰, 嗟乎, 此眞將軍矣. 鄕者霸上棘門, 如兒戲耳.)

[역자주] 穰穰(양양) : 어지러운 모습이다.

35 [역자주] 吁(우) : 탄식하는 소리.

36 **[협주]** ≪한서·풍당전(馮唐傳)≫의 기록이다. 옛날에 왕이 장군을 파견할 때 무릎을 꿇고 수레바퀴를 밀면서 말하기를, "성문의 안은 과인이 통제하고 성문의 밖은 장군께서 통제하시오."라고 했다.(漢書, 馮唐傳. 上古王者遣將, 跪而推轂曰, 閫以內, 寡人制之, 閫以外, 將軍制之.)

[역자주] 閫外(곤외) : 궁성의 바깥을 말한다.

37 **[협주]** 당(唐) 풍감(馮鑑)의 ≪속사시(續事始)≫에 "공전(公田)을 둔전(屯田)이라고 한다. 대개 군량의 수송이 공급되지 않으면 둔전을 마련하여 군비에 보탠다."라고 했다.(馮鑑, 續事始. 公田, 曰屯田. 凡轉運不給, 則設屯田, 以益儲.)

38 **[협주]** ≪회남자·시칙훈(時則訓)≫에 "성읍을 순행하고 들을 두루 시찰하게 하여, 둑을 수리하고 도랑을 파서 소통시킨다."라고 했다. '습(慴)'은 지와 섭의 반절이며 두려워한다는 뜻이다. '췌(惴)'는 지와 수의 반절이며 근심하고 두려워한다는 뜻이다.(淮南子. 循行國邑, 周視原野, 修利隄防, 導通溝瀆. 慴, 之涉切, 懼也. 惴, 之睡切, 憂懼也.)

[역자주] 堤防(제방) : 원래 둑이라는 뜻인데 여기서는 방비한다는 말이다.

39 **[협주]** 두보의 시[52]에 "군수 비용 때문에 산민전(算緡錢)[53]을 걷을 필요가 없다."라고

50) 명의(明衣) : 재계(齋戒)할 때 목욕 후 걸치는 옷이다.

51) 흉문(凶門) : 성의 북문이다. 옛날 장수들은 출정할 때 북문을 통해 나감으로써 필사의 결의를 나타냈다.

했고, ≪보주두시≫의 주에 "'군수(軍須)'는 군대의 비용이다."라고 했다.(詩史. 軍須遠算緡. 注. 軍須, 師旅之費也.)

[역자주] 赴(부) : 신속히 응하다.

40 **[협주]** ≪노자≫ 제31장에 "무기라는 것은 흉물이니, 성인이 부득이하여 사용한다."라고 했다.(老子. 兵者, 兇器, 聖人不得已而用之.[54])

[역자주] 厚賦(후부) : 세금을 많이 걷다. 資(자) : 조달하다. 兇器(흉기) : 무기를 뜻한다.

41 **[협주]** ≪한서·조참전(曹參傳)≫에 "소하(蕭何)가 법을 만들었는데, 명확함이 한결같았다."라고 했고, 안사고의 주에 "'획일(畫一)'은 가지런하다는 말이다."라고 했다.(漢書, 曹參傳. 蕭何爲法, 講若畫一. 注. 畫一, 言整齊也.)

[역자주] 隳(휴) : 무너뜨리다.

42 [역자주] 流品(유품) : 관리의 등급을 뜻한다. 蒙尨(몽몽) : 혼란한 모양.

43 [역자주] 網羅(망라) : 원래는 그물을 뜻하는데 여기서는 규율이나 법률을 가리킨다. 離弛(이이) : 느슨한 모양.

44 **[협주]** 초사 <어부편(漁父篇)>에 "안색이 초췌하다."라고 했다.(楚辭, 漁父篇. 顏色憔悴.)

[역자주] 黎元(이원) : 백성을 뜻한다. 愈(유) : 더욱. 憔悴(초췌) : 초췌하다.

45 [역자주] 蕭然(소연) : 어지럽고 분답한 모양.

46 **[협주]** 당(唐) 이번(李繁)의 ≪업후가전(鄴侯家傳)≫에 "덕종(德宗)[55] 초기에 연호 바꾸는 일을 논의하면서 황제가 이필(李泌)에게 이르기를, '본조의 융성함은 정관(貞觀)과 개원(開元)의 시기만 한 적이 없으니, 각각 한 글자를 취하도록 하시오."라고 하여 마침내 정원(貞元)으로 연호를 바꾸었다."라고 했다.(鄴侯家傳. 德宗初議改元, 帝謂李泌曰, 本朝之盛, 無如貞觀開元, 各取一字. 乃改號貞元.)

[역자주] 貞元(정원) : 당나라 덕종의 연호(785-805)이다.

---

52) 두보의 시 <삼가 엄중승의 '서성만조'에 화운하여 지은 10운의 시(奉和嚴中丞西城晚眺十韻)>이다.

53) 산민전(算緡錢) : 상인, 수공업자, 고리대금업자에게 징수하는 세금이다.

54) 현재 전하는 ≪노자≫ 제31장에는 "병기는 상서롭지 못한 기물로 군자의 기물이 아니니 부득이하여 사용한다.(兵者, 不祥之器, 非君子之器, 不得已用之.)"라고 되어 있다.

55) 덕종(德宗) : 당(唐) 제11대 황제로 재위 기간은 779-805년이다.

47 **[협주]** 진(晉) 육기(陸機)의 <문부(文賦)>에 "시(詩)는 감정의 흐름을 따라서 고와야 한다."라고 했고, ≪문선≫ 이선의 주에 "정묘한 것이다."라고 했다.(文賦. 詩緣情而綺靡. 注. 精妙也.)

[역자주] 恣(자) : 방자하다. 마음대로 하다. 綺靡(기미) : 화려함. 사치스러움.

48 [역자주] 泰(태) : 평안함. 循(순) : 이어서.

49 **[협주]** 송(宋) 왕부(王溥)의 ≪당회요(唐會要)≫에 "헌종(憲宗) 원화 14년(819) 7월 다시 성문신무황제(聖文神武皇帝)로 존호를 올렸다."라고 했다.(唐會要. 元和十四年七月, 又上尊號曰聖文神武皇帝.)

[역자주] 元和(원화) : 당나라 헌종의 연호(806-820)이다.

50 **[협주]** ≪묵자(墨子)≫에 "요순은 대청의 높이가 석 자였고 흙 계단이 세 칸이었으며, 띠풀로 이은 지붕은 다듬지 않았고 상수리나무 서까래는 다듬지 않았다."라고 했다.[56] ≪한서·사마천전(司馬遷傳)≫의 안사고 주에 "지붕을 '자(茨)'라고 한다. '모자(茅茨)'는 띠풀로 지붕을 인 것이다."라고 했다.(墨子. 堯舜, 堂高三尺, 土階三等, 茅茨不剪, 采椽不斲. 漢書, 注. 屋蓋曰茨. 茅茨, 以茅覆屋也.)

51 **[협주]** ≪한서·동방삭전(東方朔傳)≫에 "상소문을 담은 자루를 모아 전각의 휘장을 만들었다."라고 했다. '탄(綻)'은 직과 한의 반절이다. ≪설문해자≫에 "옷의 이음새가 터진 것이다."라고 했다.(漢書, 東方朔傳. 集上書囊, 以爲殿帷. 綻, 直莧切. 說文. 衣縫解也.)

[역자주] 綻(탄) : 깁다. 이상 두 구는 검소하다는 말이다.

52 **[협주]** 최표(崔豹)의 ≪고금주(古今注)·여복(輿服)≫에 "오백(伍伯)은 5인 1조의 우두머리이다. 5인이 오(伍)이고 오(伍)의 우두머리가 백(伯)이다."라고 했다. ≪좌전·애공(哀公) 원년≫에 "땅이 사방 10리이고 인구가 5백 명이었다."라고 했고, 두예의 주에 "5백 명이 려(旅)이다."라고 했다.(崔豹, 古今注. 伍伯, 一伍之伯. 五人爲伍, 伍長曰伯. 左傳. 有田一成, 有衆一旅. 注. 五百人爲旅.)

[역자주] 伍旅(오려) : '오'와 '여'는 각각 군대의 편제 단위이다. 병사 5명이 '오'이고 5오

56) 현재 전하는 ≪묵자(墨子)≫에는 이 내용이 보이지 않고 ≪사기·태사공자서(太史公自序)≫에 보인다.

가 양(兩)이며, 5량이 졸(卒)이고 5졸이 '여'이다.

53 **[협주]** ≪서경(書經)·열명(說命)≫에 "고종이 꿈에 부열을 만나고 나서 백관(百官)에게 들에서 찾아보게 했는데 부암(傅巖)에서 그를 찾았다."라고 했다. ≪사기·제태공세가(齊太公世家)≫의 기록이다. 태공망 여상(呂尙)은 동해(東海) 가의 사람이다. 일찍이 곤궁하고 연로했는데 낚시질로 주(周)나라 서백(西伯)과의 만남을 구했다. 서백이 사냥을 나가려고 하다가 점을 쳤는데, 점괘에 "잡을 것은 용도 아니고 이무기도 아니며, 호랑이도 아니고 큰곰도 아니다. 잡을 것은 패왕의 보좌이다."라고 했다. 이리하여 서백이 사냥을 나갔다가 과연 위수(渭水)의 북쪽에서 여상을 만났다. 그와 이야기를 나누고는 크게 기뻐하며 말하기를, "우리 선왕이신 할아버지께서 그대를 기다린 지가 오래되었습니다."라고 했다. 그래서 그를 '태공망(太公望)'이라 부르고 수레에 함께 타고 돌아와서 태사(太師)로 삼았다.(書. 高宗夢得說, 使百工營求諸野, 得諸傅巖. 史記. 太公望呂尙者, 東海上人. 蓋嘗窮困, 年老矣, 以漁釣干周西伯. 西伯將出獵, 卜之, 曰所獲, 非龍非彲,[57] 非虎非羆. 所獲, 霸王之輔. 於是西伯獵, 果遇太公於渭之陽. 與語大說, 曰, 自吾先君太公望子, 久矣. 故號之, 曰太公望, 載與俱歸, 立爲師.)

54 **[협주]** 한(漢) 반고(班固)의 ≪한무내전(漢武內傳)≫에 "구름이 무성하다."라고 했다. ≪시경·상무(常武)≫에 "우레와 같고 천둥과 같다."라고 했다.(漢武內傳. 雲氣勃鬱. 詩. 如雷如霆.)

[역자주] 勃雲(발운) : 구름이 일다. 轟霆(굉정) : 요란한 천둥이다.

55 **[협주]** 위의 "황하 양편에서 점거하여 연합했다."의 주에 보인다.[58] ≪구당서·헌종본기(憲宗本紀)≫의 기록이다. 원화 9년(814) 회서절도사(淮西節度使) 오소양(吳少陽)이 죽자 그의 아들인 오원제(吳元濟)가 상을 당한 것을 숨기고 자신이 병권(兵權)을 차지했다. 조정에서 사신을 파견하여 조문하게 했으나 거절하고 받지 않았다. 산남동도절도사(山南東道節度使) 엄수(嚴綬)에게 신주(申州), 광주(光州), 채주(蔡州) 등의 초무사(招撫使)를 아울러 맡겼다. 원화 10년(815) 정월에 엄수가 군대를 이끌고 채주(蔡州)의 경내에 주둔했고 조서를 내려 오원제가 지녔던 관직과 작위를 삭탈했다. ≪구당서·배도전

57) 彲(리) : 이무기.

58) 이 시의 주석 14번에 보인다.

(裴度傳)≫의 기록이다. 원화 12년(817)에 이소(李愬)와 이광안(李光顔)이 적을 격파했음을 자주 아뢰었다. 그러나 나라에서 회수(淮水) 서쪽에 군대를 주둔시킨 지 4년 동안 경비와 양식 공급에 그 폐단을 감당하지 못했고 황제도 역시 근심으로 여겼다. 재상들이 군사들을 힘들게 하고 세금을 낭비한다는 이유로 군대를 철수하고자 했다. 황제를 뵙고 서로 이해를 따지는데 배도만 말이 없었다. 재상들이 나가자 (황제가) 배도만 남겨 이르기를, "경이 짐을 위해 갈 수 있겠소?"라고 하자 배도가 아뢰기를, "신은 맹세코 적과는 함께 살아 있지 않겠습니다. 신이 저번에 오원제가 항복을 구하는 표문을 보았는데, 아마도 이 역적이 상황이 참으로 곤궁한 듯합니다. 만약 신이 직접 군영에 가면 반드시 적은 격파될 것입니다."라고 했다. 황제가 옳게 여기고 조서를 내려 배도를 창의군절도(彰義軍節度)와 신광채관찰등사(申光蔡觀察等使)에 충당했다. 원화 12년 8월 배도가 회서(淮西)에 부임했다. 배도의 명칭은 비록 선위사(宣慰使)였지만, 실상은 원수(元帥)의 일을 행했고 여전히 인성(郾城)을 치소(治所)로 했다. 언성에 도착하여 여러 군사를 위무하고 황제의 뜻을 전하자 군사들이 모두 용기가 넘쳐났다. 10월 11일에 당등절도사(唐鄧節度使) 이소(李愬)가 현호성(懸瓠城)을 습격하여 격파했고 오원제를 사로잡았다. 배도는 채주에서 입조했다. 본집의 <죄가 되는 말씀(罪言)>에 "원화 연간에 천하의 군사들을 모아 채주(蔡州)와 제주(齊州)를 정벌하는데, 5년 동안 군대를 주둔했다."라고 했다. ≪후한서·양통전(梁統傳)≫에 "고조(高祖)께서 천명을 받아 포악한 자들을 정벌하시고 천하를 평정하셨습니다."라고 했다.(見上蟠聯兩河間注. 唐書, 憲宗紀. 元和九年淮西節度使吳少陽卒, 子元濟匿喪, 自總兵柄. 朝廷遣使吊祭, 拒而不納. 以山南東道節度使嚴綬兼充申光蔡等州招撫使. 十年正月, 嚴綬帥師次蔡州界, 制削奪吳元濟在身官爵. 裴度傳. 元和十二年, 李愬, 李光顔屢奏破賊. 然國家聚兵淮右四年, 度支供餉,[59] 不勝其弊, 上亦病之. 宰相等以勞師弊賦, 意欲罷兵. 見上互陳利害, 度獨無言. 宰相等出, 獨留度, 謂曰, 卿能爲朕行乎 度曰, 臣誓不與賊偕全. 臣昨見元濟乞降表. 料此亦[60]賊勢實窘蹙.[61] 若臣自赴行營, 破賊必矣. 上然之, 詔度充彰義軍節度申光蔡觀

59) 度支(탁지) : 경비를 지출하다. 供餉(공향) : 군량미를 공급하다.
60) '亦'은 '逆'의 잘못이다.
61) 窘蹙(군축) : 위축되고 어렵다.

察等使. 十三[62]年八月, 度赴淮西. 度名雖宣慰, 其實行元帥事, 仍以郾城爲理所. 至郾城, 巡撫諸軍, 宣達上旨, 士皆賈勇.[63] 十月十一日唐鄧節度李愬襲破懸瓠城, 擒元濟. 度自蔡州入朝. 本集, 罪言. 元和中纂天下兵, 誅蔡誅齊, 頓之五年. 後漢書, 梁統傳, 高帝受命誅暴, 平蕩天下.)

[역자주] 平蕩(평탕) : 평정하다.

56 **[협주]** 장경(長慶)은 목종(穆宗)의 연호(821-824)로 모두 4년이다. ≪신당서·목종본기≫에 "원화 15년(820) 정월에 목종이 황제에 즉위했다. 10월에 성덕군관찰지사(成德軍觀察支使) 왕승원(王承元)이 진주(鎭州), 조주(趙州), 심주(深州), 기주(冀州)를 가지고 담당 부서에 귀순했다. 장경 원년 2월에 유총(劉總)이 노룡군(盧龍軍)의 8개 주를 가지고 담당 부서에 귀순했다."라고 했다. 8개 주는 유주(幽州), 탁주(涿州), 단주(檀州), 순주(順州), 영주(瀛州), 막주(莫州), 영주(營州), 평주(平州)이다. (長慶, 穆宗年號. 盡四. 新唐書, 紀. 元和十五年五[64]月, 穆宗卽皇帝位. 十月成德軍觀察支使王承元以鎭趙深冀四州, 歸于有司. 長慶元年二月, 劉總以盧龍軍八州, 歸于有司. 八州, 幽涿檀順瀛莫營平也.)

57 **[협주]** '여(舁)'는 음이 여이며 마주 들다의 뜻이다. '강(繈)'은 거와 량의 반절이며 포대기이다.(舁, 音余, 對擧也. 繈, 居兩切, 負兒衣也.)

[역자주] 燕趙(연조) : 연 땅과 조 땅. 여기서는 성덕군과 노룡군을 가리킨다.

58 [역자주] 頓顙(돈상) : 머리를 조아리다.

59 [역자주] 爾生(이생) : 너희들.

60 **[협주]** '경(鯁)'은 고와 행의 반절이며 물고기의 뼈이다. 또 가시가 목에 걸리다의 뜻이다.(古杏切, 魚骨也. 又刺在喉.)

[역자주] 茹鯁(여경) : 생선뼈를 먹다. 喉(후) : 목구멍. 隘(애) : 막히다.

61 **[협주]** 손무(孫武)의 ≪손자병법(孫子兵法)·세편(勢篇)≫에 "기습(奇襲)과 정공(正攻)은 또한 서로를 나오게 하니 고리가 끝이 없는 것과 같다."라고 했다. 서진(西晉) 장협

---

62) '三'은 '二'의 잘못이다.

63) 賈勇(고용) : 자신의 넘치는 용기를 남에게 팔다. 용기가 넘친다는 말이다.

64) '五'는 '正'의 잘못이다.

(張協)의 시[65]에 "어찌 꼭 방패와 창을 잡아야만 하겠는가, 조정에서도 기습 전술을 쓸 수 있는데."라고 했다.(孫武, 兵法. 奇正還相生,[66] 如環之無端. 張景陽詩. 何必操干戈, 堂上有奇兵.)

62 **[협주]** ≪한서·혹리전(酷吏傳)≫에 "한나라가 일어나자 모남을 버리고 둥긂을 실행했고, 기교를 잘라내고 소박함을 추구했으니, 이르기를 그물에서 배를 삼킬 만한 큰 물고기도 빠져나간다고 했다."라고 했고, 안사고의 주에 "그것이 성기다는 말이다."라고 했다. ≪염철론(鹽鐵論)·논치(論菑)≫에 "훌륭한 임금은 덕의 가르침을 성대하게 하고 형벌은 너그럽게 한다. 그물에서 배를 삼킬 만한 큰 물고기도 빠져나간다는 것이다."라고 했다. (漢書, 酷吏傳. 漢興, 破觚爲圜, 斲琱爲樸, 號爲網漏呑舟之魚. 注, 言其疏也. 鹽鐵論曰, 明王茂其德教, 而緩其刑罰. 網漏呑舟之魚.)

[역자주] 목종(穆宗)이 헌종(憲宗) 때의 영토를 수복하여 하남과 하북 지역이 안정되었는데, 소면(蕭俛)과 단문창(段文昌) 등이 이제 무력을 쓸 필요가 없다고 상주하자 매년 군사 백 명 가운데 8명 정도는 도망가는 것을 묵인했다. 이에 이 병사들이 산림에서 도적질을 했으며 주극융(朱克融), 왕정주(王廷湊) 등이 하삭(河朔)에서 다시 반란을 일으켰다. 조정에서 군대를 소집했지만 오합지졸에 불과하여 패퇴했으며 이에 하삭 지역을 빼앗기게 되었다. 이 구는 이런 내용을 언급한 것으로 보인다.

63 **[협주]** 위의 "전란이 계문에서 일어났다."의 주에 보인다.[67](見上薊門注.)

[역자주] 薊垣(섬원) : 장경 원년(821) 7월 주극융이 반란을 일으킨 노룡군 일대를 가리킨다.

64 **[협주]** ≪산해경·북산경(北山經)≫에 "태희산(泰戲山)이 있는데 호타수(虖沱水)가 그곳에서 나온다. 대주(代州) 번치현(繁畤縣) 동쪽에 있다."라고 했다.(山海經. 泰戲之山, 虖沱之水出焉. 在代州繁畤縣東.)

[역자주] 이 구는 장경 원년 7월 성덕군(成德軍)의 장군 왕정주가 절도사 전홍정(田弘正)을 죽이고 반란을 일으킨 것을 말한 듯하다

65) 장협의 시 <잡시(雜詩) 10수> 가운데 제7수이다.
66) 奇正(기정) : 고대 병법의 용어로 '정'은 군진이 마주하여 교전하는 것이고 '기'는 매복이나 기습하는 것이다.
67) 이 시의 수석 10면에 보인다.

65 **[협주]** 회남왕(淮南王) 유안(劉安)이 상서하여 말하기를, "천자의 군대는 정벌이 있을 뿐 전쟁은 없으니, 감히 그것을 따질 수 있는 자가 없다는 것입니다."라고 했다.(淮南王上書, 天子之兵, 有征無戰, 莫敢校之.)

[역자주] 秖(지) : 다만.

66 **[협주]** ≪한서·유덕전(劉德傳)≫에 "행실에 좋은 점이 없다."라고 했고 안사고의 주에 "무상(無狀)은 좋은 행적이 없다는 것이다."라고 했다. (漢書, 劉德傳. 起居無狀. 注. 無狀, 無善狀也.)

[역자주] 問(문) : 문책하다. 無狀(무상) : 공적이 없다.

67 [역자주] 장경 원년 8월 조정에서 위박(魏博), 횡해(橫海), 소의(昭義), 하동(河東), 의무(義武)의 다섯 절도사로 하여금 왕정주를 토벌하도록 했다.

68 **[협주]** 본집의 <죄가 되는 말씀(罪言)>에 보인다.(見本集. 罪言.)

[역자주] 두목의 <죄가 되는 말씀>에 "장경 연간 초에 조 땅(성덕군)을 토벌했지만 하루아침에 다섯 제후의 병사가 사방으로 흩어져 궤멸해버렸으며 위 땅을 잃게 되었다.(長慶初誅趙, 一日五諸侯兵四出潰解, 以失魏也.)"라고 했다. 그리고 주석에서 위박절도사 전포(田布)가 죽었다고 되어 있다.

69 [역자주] 梯天(제천) : 하늘에 오르다.

70 **[협주]** 한(漢) 매승(枚乘)의 <오왕(吳王) 유비(劉濞)에게 충간하는 글(諫吳王書)>에 "계란을 쌓아놓은 것보다 위험하고, 하늘로 올라가는 것보다 어려워집니다."라고 했다. 또 "손바닥을 뒤집는 것보다 쉽고 태산보다 안정될 것입니다."라고 했다.(枚乘, 諫吳王書. 危於絫卵, 難於上天. 又曰, 易於反掌, 安於泰山.)

71 **[협주]** ≪십도지≫에 "하남도(河南道)의 낙주(洛州)에 태항산(太行山)이 있다."라고 했다.(十道志. 河南道洛州, 有太行山.)

[역자주] 蒼然(창연) : 아득한 모양. 푸르른 모양. 무성한 모양.

72 **[협주]** 개암나무는 떨기로 자란다. '망(莽)'은 풀이 무성한 것을 망(莽)이라고 한다.(榛木, 叢生也. 莽, 草深曰莽.)

[역자주] 翦翦(전전) : 총총한 모양. 榛莽(진망) : 어지럽게 무더기로 난 초목을 뜻하는데 이로써 어지러움을 비유한다.

73 **[협주]** ≪한서·소육전(蕭育傳)≫에 "소육은 두릉의 남자이다."라고 했다.(漢書, 蕭育傳.

蕭育, 杜陵男子也.)

[역자주] 關西(관서) : 장안 동쪽에 있는 동관(潼關)의 서쪽을 말하는데, 두목이 경조(京兆) 사람이었기에 이렇게 말했다.

74 **[협주]** ≪한서·항우전(項羽傳)≫의 기록이다. 항우는 광무(廣武)에 주둔하여 서로 대치했다. (항우가) 높은 도마를 준비하여 유방의 부친을 그 위에 올려놓고 한왕(漢王) 유방에게 통고하기를, "지금 빨리 항복하지 않으면 내가 그대의 부친을 삶아 죽이겠다."라고 했다. 유방이 말하기를, "나와 그대는 모두 북면(北面)[68]하여 회왕(懷王)의 명을 받고 형제가 되기로 약속했다. 나의 아버지는 곧 그대의 아버지이니, 그대의 아버지를 반드시 삶아 죽이려 한다면 내게도 국 한 그릇을 나누어 주면 좋겠다."라고 했다.(漢書, 項羽傳. 羽軍廣武,[69] 相守. 乃爲高俎, 置太公其上, 告漢王曰, 今不急下, 吾烹太公. 漢王曰, 吾與若俱北面, 受命懷王, 約爲兄弟. 吾翁卽汝翁, 必欲烹乃翁,[70] 幸分我一杯羹.)

[역자주] 肉虜(육로) : 오랑캐를 도륙하다. 杯羹(배갱) : 국 한 그릇. 여기서는 국으로 만든다는 뜻이다.

75 **[협주]** 아래 '가생(賈生)'의 주에 보인다.[71](見下賈生注.)

[역자주] 數(수) : 여기서는 일일이 설명하다는 뜻이다.

76 **[협주]** ≪한서·예악지(禮樂志)≫에 "큰 바다가 드넓다."라고 했고, 안사고의 주에 "탕탕(蕩蕩)은 드넓은 모습이다."라고 했다.(漢書, 禮樂志. 大海蕩蕩. 注. 蕩蕩, 廣大貌.)

77 [역자주] 曈曈(동동) : 밝은 모양.

78 [역자주] 叱起(질기) : 꾸짖어서 일으키다. 文武業(문무업) : 문덕(文德)과 무덕(武德)의 사업. 문치와 무력을 적절하게 사용하여 통치하는 것을 말한다.

79 [역자주] 洪溟(홍명) : 넓은 바다.

80 **[협주]** ≪서경·감서(甘誓)≫에 "우임금의 아들 계(啓)가 유호(有扈)와 감(甘) 땅의 들에서 싸웠다."라고 했다. 또 (≪서경·대우모(大禹謨)≫에서) "유묘(有苗)의 백성들이 명을

---

68) 북면(北面) : 북쪽으로 대하다. 북쪽에 앉은 임금을 바라보며 섬긴다는 뜻이다.

69) 軍(군) : 주둔하다.

70) 乃(내) : 그대.

71) 아래 85번 주석의 내용에 보인다.

거역했는데, 순임금이 마침내 문덕을 크게 펴시어 방패와 깃으로 양쪽 계단 사이에서 춤을 추자, 70일 만에 유묘가 와서 항복했다."라고 했다.(書. 啓與有扈戰于甘之野. 又曰. 苗民逆命, 帝乃誕敷文德, 舞干羽于兩階,72) 七旬有苗格.73))

[역자주] 扈苗(호묘) : 유호(有扈)와 유묘(有苗). 유호는 하나라 때의 나라로 하나라와 같은 성이란 것에 의지해 공손하게 대하지 않았고, 유묘는 요순 시대 때 남방의 강대한 부족이다.

81 **[협주]** ≪맹자·공손추상(公孫丑上)≫에서 "덕으로 인의를 행하는 자는 천하에서 왕노릇을 하는 자이니 천하에서 왕노릇을 하는 자는 대국을 필요로 하지 않는다. 탕임금은 70리를 가지고 왕노릇했고, 문왕은 100리를 가지고 왕노릇했다."라고 했다.(孟子. 以德行仁者, 王, 王不待大. 湯以七十里, 文王以百里.)

82 [역자주] 蘇醒(소성) : 정신을 차리다.

83 [역자주] 韜舌(도설) : 입을 닫고 말을 하지 않다.

84 **[협주]** 장형(張衡)의 <사현부(思玄賦)>에 "수문장을 불러 문을 열게 한다."라고 했다.(思玄賦. 叫閽使啓扉.)

[역자주] 叫閽(규혼) : 문지기를 부르다. 천자에게 상주하려고 궁궐문을 열려고 하는 것이다.

85 **[협주]** ≪한서·가의전(賈誼傳)≫의 기록이다. 가의는 낙양 사람이다. 나이 열여덟에 시서(詩書)를 암송하고 글을 잘 써서 고을에서 칭송을 받았고, 문제(文帝)가 불러 박사(博士)로 삼았다. 이때 흉노가 강성하여 변방을 침범했다. 천하가 막 진정이 되어 제도가 엉성하자 제후왕들이 참람되게 대등하려고 했다. 땅이 옛 제도를 넘어섰고 회남왕(淮南王)과 제북왕(濟北王)이 모두 반역을 일으켜 죽임을 당했다. 가의가 자주 상소하여 정사를 아뢰면서 바로잡고자 한 것이 많았다. 그 대략이 다음과 같다. "신이 개인적으로 헤아려 보건대 흉노의 인구는 한(漢)의 큰 현(縣) 하나에 불과합니다. 큰 천하로 현 하나의 무리에게 곤란을 당하니 담당관을 대신하여 심히 부끄럽게 생각합니다. 폐하께서는 어찌 신

---

72) 干羽(간우) : 방패와 깃털. 춤출 때의 도구인데 각각 무력과 문치를 상징한다. 兩階(양계) : 궁정에 동서 양쪽에 있는 계단. 동쪽에 있는 것은 임금이 사용하고 서쪽에 있는 것은 빈객이 사용한다.

73) 格(격) : 오다. 감동하다. 여기서는 항복하는 것을 말한다.

을 속국의 관리로 임명하여 흉노를 주관하게 하시지 않습니까. 신의 계책을 시행하신다면 청컨대 선우의 목을 묶어 와서 그들의 운명을 통제하겠습니다."(漢書. 賈誼, 雒陽人也. 年十八, 以能誦詩書屬文, 稱於郡中, 文帝召以爲博士. 是時匈奴强, 侵邊. 天下初定, 制度疏闊, 諸侯王僭儗.[74] 地過古制, 淮南濟北王皆爲逆誅. 誼數上疏陳政事, 多所欲匡建.[75] 其大略曰云云. 臣竊料, 匈奴之衆, 不過漢一大縣. 以天下之大困於一縣之衆, 甚爲執事者羞之. 陛下何不試以臣爲屬國之官以主匈奴. 行臣之計, 請必系單于之頸而制其命.)

해설

이 시는 당시 혼란스런 위기 상황을 서술한 뒤 이를 타개할 방책이 있지만 아뢸 기회가 없음을 탄식한 것이다. 전체 106구로 이루어진 장편인데 내용상 3단락으로 구성되어 있다. 첫째 단락에서 당나라를 건립한 태조와 태종의 공덕을 찬양했고, 둘째 단락에서 번진의 발호와 백성들의 고통을 묘사했다. 셋째 단락에서는 시인의 정치적 포부와 견해를 진술한 뒤 힘을 펼 길이 없는 상황에 대한 안타까움을 드러내고 있다. 창작 시기는 진사에 급제하기 1년 전인 태화 원년(827)으로 추정한다.

---

74) 僭儗(참의) : 분수를 넘어 망령되이 대등하게 행동하다.
75) 匡建(광건) : 바로잡아 세우다.

005. 두추 아가씨를 읊은 시와 서문

杜秋娘詩 並序

杜秋, 金陵女也.[1] 年十五爲李錡妾, 後錡叛滅,[2] 籍之入宮. 有寵於景陵.[3] 穆宗卽位, 命秋爲皇子傅姆,[4] 皇子壯, 封漳王. 鄭注用事,[5] 誣丞相欲去己者,[6] 指王爲根. 王被罪廢削,[7] 秋因賜歸故鄕. 予過金陵, 感其窮且老, 爲之賦詩.

두추(杜秋)는 금릉의 여인이다. 나이 15세에 이기(李錡)의 첩이 되었는데 뒤에 이기가 반란을 일으켜 패하자 궁녀로 입적되었다. 헌종에게 총애를 받았으며 목종이 즉위하자 명을 내려 두추를 황제 아들의 보모로 삼았다. 황제의 아들이 장성하여 장왕(漳王)에 봉해졌다. 정주(鄭注)가 권력을 장악하고는 승상이 자신을 제거하려 한다고 모함하면서 장왕이 바로 그 뿌리라고 했다. 장왕은 벌을 받아 직위가 박탈되었고, 두추는 그 일로 고향으로 돌아가게 되었다. 내가 금릉에 들렀다가 그녀가 궁핍하고 노쇠한 것에 느낀 것이 있어서 이 시를 짓는다.

京江水清滑,[8] 경강은 물이 맑아
生女白如脂. 딸을 낳으면 피부가 기름처럼 하얀데,
其間杜秋者, 그곳에 두추라는 여인은
不勞朱粉施.[9] 연지나 분을 바를 필요가 없었네.
老濞卽山鑄,[10] 늙은 유비가 산으로 가서 동전을 만들 때
後庭千雙眉.[11] 후궁에는 천 명의 미녀가 있었는데,
秋持玉斝醉,[12] 두추가 옥 술잔 들고 취해서
與唱金縷衣.[13] 그에게 <금루의>를 불러주었네.
濞既白首叛, 유비가 흰 머리로 반란을 일으키니
秋亦紅淚滋.[14] 두추 역시 붉은 눈물을 흘리며,
吳江落日渡,[15] 오강을 해 질 때 건너는데

灞岸綠楊垂.[16]	파수의 강기슭에는 푸른 버들이 드리웠네.
聯裾見天子,[17]	옷깃을 나란히 하고 천자를 뵈니
盼眄獨依依.[18]	돌아보는 눈길이 유독 간절했는데,
椒壁懸錦幕,[19]	후비의 거처엔 비단 장막을 드리우고
鏡奩蟠蛟螭.[20]	경대 위엔 교룡의 무늬가 서려 있었으며,
低鬟認新寵,[21]	고개를 숙인 채 새로이 총애받으니
窈裊復融怡.[22]	아리따운 자태에 다시 화락했네.
月上白璧門,[23]	달이 흰 벽문을 비추니
桂影涼參差.[24]	계수나무의 그림자가 시원하게 어지러운데,
金階露新重,[25]	금빛 계단에 이슬이 새로 많이 내리자
閑捻紫簫吹.[26]	한가로이 자줏빛 소를 쥐고 불었네.
莓苔夾城路,[27]	이끼가 낀 협성의 길을 갈 때
南苑鴈初飛.[28]	남원에 기러기가 막 날아왔는데,
紅粉羽林仗,[29]	궁녀와 우림군의 의장 중에서
獨賜辟邪旗.[30]	유독 그녀에게만 벽사기를 하사하셨으며,
歸來煮豹胎,[31]	궁궐로 돌아와 표범의 태를 구워 먹으니
饜飫不能飴.[32]	물려서 더 먹을 수 없었네.
咸池升日慶,[33]	함지에 해가 뜨는 경사가 있었지만
銅雀分香悲.[34]	동작대에서 향을 나눠주는 슬픈 일이 생기자,
雷音後車遠,[35]	우레 소리를 내던 시종의 수레는 멀어지고
事往落花時.	꽃이 떨어질 때 좋은 일은 다 지나가 버렸네.
燕禖得皇子,[36]	아들을 점지해달라고 제사를 지내 태자를 낳으니

壯髮綠緌緌.[37]	이마의 머리털이 검게 아래로 늘어졌는데,
畫堂授傅姆,[38]	화려한 방에서 보모에게 건네주며
天人親捧持.[39]	천자가 친히 안아주셨네.
虎睛珠絡褓,[40]	호랑이 눈동자 같은 진주로 수놓은 강보
金盤犀鎭帷.[41]	금 쟁반으로 받친 무소뿔로 눌러놓은 장막,
長楊射熊羆,[42]	장양궁에서 곰을 사냥할 때
武帳弄啞咿.[43]	황제의 장막에서 옹알이하며 노셨네.
漸抛竹馬劇,[44]	죽마 놀이는 점차 그만두고
稍出舞雞奇.[45]	춤추는 산계의 기이함을 조금씩 드러내더니,
嶄嶄整冠珮,[46]	가지런히 관과 패옥을 반듯하게 하고
侍宴坐瑤池.[47]	요지에 앉아서 연회에 배석했는데,
眉宇儼圖畫,[48]	눈썹과 이마 사이가 그림처럼 수려하고
神秀射朝輝.	빼어남이 아침 햇살이 비치는 듯하셨네.
一尺桐偶人,	한 자 크기의 오동나무 인형으로
江充知自欺.[49]	강충이 스스로 속였음을 알았는데,
王幽茅土削,[50]	장왕이 감금되고 봉지도 삭감되니
秋放故鄕歸.	두추도 추방되어 고향으로 돌아왔네.
觚稜拂斗極,[51]	궁궐의 모서리가 북두성과 북극성을 스치고
回首尙遲遲.[52]	뒤돌아보며 발걸음이 더딘데,
四朝三十載,[53]	네 명의 황제를 모시던 30년
似夢復疑非.	꿈 같기도 하고 아닌 것 같기도 하구나.
潼關識舊吏,[54]	동관에서 옛 관리를 알아보겠는데

吏髮已如絲.[55] 그 관리의 머리칼도 이미 실과 같았고,

却喚吳江渡, 뱃사람을 불러 오강을 건너는데

舟人那得知.[56] 뱃사람은 어찌 알아보았겠는가.

歸來四鄰改, 고향에 돌아오니 사방의 이웃은 바뀌었고

茂苑草菲菲.[57] 무원은 잡초만이 무성한데,

淸血灑不盡,[58] 눈물은 끊임없이 흐르고

仰天知問誰. 하늘을 우러러도 누구에게 물어보리요.

寒衣一疋素, 한 필의 생사로 겨울옷을 깁기 위해

夜借鄰人機. 밤에 이웃집 베틀을 빌렸네.

我昨金陵過, 내가 지난날 금릉에 들렀다가

聞之爲歔欷.[59] 소식을 듣고는 흐느껴 울었는데,

自古皆一貫, 예로부터 모두 한결같으니

變化安能推.[60] 변화를 어찌 추측할 수 있으리오.

夏姬滅兩國, 하희는 두 나라를 망쳐 놓고

逃作巫臣姬.[61] 도망하여 무신의 첩이 되었으며,

西子下姑蘇,[62] 서시는 고소대를 내려와

一舸逐鴟夷.[63] 조각배를 타고 범려를 따랐지.

織室魏豹俘,[64] 위표가 잡혀 박희는 직실로 갔지만

作漢太平基.[65] 한나라가 태평할 기초를 이루었고,

誤置代籍中, 두황후는 대나라의 명부에 잘못 올려졌지만

兩朝尊母儀.[66] 두 왕조에 걸쳐 어머니의 모범으로 존경받았지.

光武紹高祖,[67] 광무제는 고조를 이었으나

本係生唐兒.[68]	본디 계보가 당아에게서 나왔으며,
珊瑚破高齊,	풍숙비는 북제를 멸망케 했고
作婢舂黃糜.[69]	여종이 되어 메기장을 찧었으며,
蕭后去楊州,	소후는 양주를 떠나
突厥爲閼氏.[70]	돌궐에서 황후가 되었지.
女子固不定,	여인은 운명이 일정치 않고
士林亦難期.	사대부 역시 예측하기 어렵구나.
射鉤後呼父,[71]	혁대 고리를 쏘았으나 뒤에는 중부로 불렸고
釣翁王者師.[72]	고기 낚던 늙은이는 왕의 태사가 되었지만,
無國要孟子,[73]	맹자를 등용할 나라는 없었고
有人毁仲尼.[74]	공자를 비방한 사람은 있었지.
秦因逐客令,	진나라는 빈객을 쫓아내는 명령으로
柄歸丞相斯.[75]	정권이 승상 이사에게 돌아갔으며,
安知魏齊首,	어찌 위제의 머리가
見斷簀中尸.[76]	대자리 속의 시체에 의해 잘릴 줄 알았으리.
給喪蹶張輩,[77]	초상을 돕던 이와 궁수 무리는
廊廟冠峨危.[78]	조정에서 높은 자리에 올랐으며,
珥貂七葉貴,[79]	담비 꼬리를 꽂아 일곱 대에 걸쳐 고관을 했으니
何妨戎虜支.[80]	어찌 오랑캐의 자손임이 문제 되었으며,
蘇武卻生返,[81]	소무는 오히려 살아 돌아왔고
鄧通終死飢.[82]	등통은 끝내 굶어 죽었지.
主張旣難測,[83]	주재함을 예측하기 어려우니

翻覆亦其宜.[84]	번복됨이 또한 마땅하도다.
地蓋有何物,[85]	땅을 덮은 곳에는 어떤 것이 있으며
天外覆何之.	하늘 밖은 무엇으로 덮고 있을까?
指何爲而捉,[86]	손가락은 어찌하여 잡을 수가 있고
足何爲而馳.	발은 어찌하여 달릴 수 있으며,
耳何爲而聽,	귀는 어찌하여 들을 수 있고
目何爲而窺.	눈은 어찌하여 볼 수 있는가?
己身不自曉,[87]	자기 몸에 대해서 스스로 알지 못하는데
此外何思惟.	이 밖의 일을 어찌 생각하리오.
因傾一樽酒,	그래서 한 병의 술을 기울이며
題作杜秋詩.	두추를 읊은 시를 지어,
愁來獨長詠,	근심이 오면 홀로 길게 읊조리면서
聊可以自怡.[88]	그런대로 자신을 즐겁게 할 수 있으리라.

주석

1 **[협주]** ≪십도지≫에 "윤주(潤州)는 옛 이름이 경구(京口)이니, 바로 초(楚)의 금릉(金陵)인 건업(建業)이다. 진(晉)에서는 단도(丹徒)라 했고 수(隋)에서는 윤주(潤州)라고 했는데, 동쪽에 윤포(潤浦)가 있어서 이름 붙인 것이다. 오(吳)에서는 석두(石頭)로 바꾸었고 진(晉)에서는 '업(業)' 자를 피휘하여 건강(建康)으로 했다.[76)]"라고 했다.(十道志. 潤州, 舊名京口, 卽楚之金陵建業也. 晉爲丹徒, 隋爲潤州, 東有潤浦, 故名之. 吳改爲石

76) 서진(西晉) 태강(太康) 3년(282)에 건업(建業)을 건업(建鄴)으로 바꾸었는데, 건흥(建興) 원년(313) 당시의 황제인 민제(愍帝, 300-316년 재위)의 이름 사마업(司馬鄴)의 이름을 피하여 건강(建康)으로 바꾸었다.

頭, 晉諱業, 改爲建康.)

[역자주] 金陵(금릉) : 지금의 강소성 진강(鎭江)이다. 지금의 강소성 남경(南京) 역시 금릉이라고 불렸는데, 협주에서는 이를 혼동했다. 협주에서 말한 단도와 윤주는 진강이지만 초의 금릉, 건업, 석두, 건강은 남경이다.

2 **[협주]** ≪신당서·반신전(叛臣傳)≫에 "이기(李錡)는 치천왕(淄川王) 이효동(李孝同)의 5세손이다. 윤주자사(潤州刺史)로 옮겼는데 특이한 보물들을 많이 모았다가 명절에 바쳤다. 덕종(德宗)이 총애하자 이기는 은혜를 믿고 함부로 제멋대로 행동했다. 헌종(憲宗)이 즉위하여 왕악(王鍔)을 제도행영병마사(諸道行營兵馬使)로 삼아 선주(宣州), 항주(杭州), 신주(信州)에서 진격하여 토벌했다. 이기는 패했고 경성에 압송되어 요참(腰斬)에 처해졌다.(新唐書. 李錡, 淄川王孝同五世孫. 遷潤州刺史, 多積奇寶, 歲時奉獻. 德宗昵之, 錡因恃恩驁橫.[77] 憲宗卽位, 以王鍔爲諸道行營兵馬使, 自宣杭信三州進討. 錡敗, 送京師, 腰斬.)

3 **[협주]** 헌종이 경릉(景陵)에 묻혔다.(憲宗, 葬景陵.)

4 **[협주]** ['모(姆)'는] 막과 후의 반절이며 여자 스승이다.(莫侯切, 女師也.)

[역자주] 皇子(황자) : 황제의 아들. 목종(穆宗)의 6번째 아들인 이주(李湊)이다. 傅姆(부모) : 옛날에 귀족의 자제를 인도하고 보육하던 노년의 여인을 가리킨다.

5 [역자주] 用事(용사) : 집권하다.

6 [역자주] 去己(거기) : 자신을 제거하다. 송(宋) 계유공(計有功)의 ≪당시기사(唐詩紀事)≫ 권56에는 '去異己'로 되어 있는데, 자신의 생각과 달리하는 자를 제거한다는 뜻이다.

7 **[협주]** ≪신당서·십일종제자전(十一宗諸子傳)≫의 기록이다. 목종의 아들인 회의태자(懷懿太子) 이주는 젊어서 점잖고 너그러웠으며 법도가 있었다. 장경(長慶) 원년(821) 처음으로 장왕(漳王)에 봉해졌다. 둘째 형 문종(文宗)이 즉위했는데 환관 왕수징(王守澄)이 제멋대로 거스르며 패거리를 끌어들여 나라를 어지럽히는 것을 미워했다. 모두 죽일 것을 계획하여 은밀히 재상 송신석(宋申錫)을 불러들여 계책을 마련하도록 했다. 왕수징의 문객인 정주(鄭注)가 엿들어 알고 사실을 알리자 마침내 먼저 송신석을 죽일 것

---

77) 驁橫(오횡) : 오만하고 제멋대로 하다.

을 모의했다. 또 장왕이 어질어 안팎으로 명망이 있자 대신들과 연좌시켜 일족을 주멸하려고 했다. 이에 신책군(神策軍)의 우후(虞候)인 두로저(豆盧著)에게 급한 변고를 아뢰게 했다. 또 말하기를, "궁사(宮史) 안경칙(晏敬則), 주훈(朱訓)과 송신석, 총신인 왕사문(王師文)이 반역을 도모합니다. 주훈은 일찍이 '주상에게 병이 많고 태자가 어린데, 만약 형이 죽으면 동생에게 이르게 되니 반드시 장왕이 즉위할 것입니다.'라고 했습니다. 송신석은 은밀히 금과 예물을 장왕에게 바치고 장왕도 역시 보배와 의복으로 후하게 답례했습니다."라고 했다. 즉시 주훈 등을 체포하여 신책군의 감옥에 가두고 매질을 하여 판결을 확정했다. 간관(諫官)들이 함께 문 앞에 엎드려 옥사 문서를 제출하여 외부에서 심문할 것을 적극적으로 간언했다. 정주 등은 일이 누설될 것을 두려워하여 마침내 조서를 내려 장왕을 강등시킬 것을 주청했다. 황제가 알아채지 못하고 이어서 이주를 내쳐 소현공(巢縣公)으로 강등시켰다. 이때가 태화(太和) 5년(831)이다. ≪신당서·송신석전(宋申錫傳)≫의 기록이다. 송신석은 자가 경신(慶臣)이다. 진사 시험에 합격했는데 문종(文宗)이 즉위하자 두 번 중서사인으로 전보되었고 다시 한림학사가 되었다. 황제는 환관들이 권세와 총애로 군주를 위협하고 두 번이나 궁중의 변고를 야기한 것을 미워하는 데다 왕수징이 궁궐 수비대를 관장하면서 오만방자하자, 그 근원을 제거하고자 하여 대의를 함께 결단할 사람을 생각하고 있었다. 송신석이 충성스럽고 중후함을 살피고는 그를 불러서 면대했으며 조정 대신들과 함께 왕수징 등을 제거할 것을 계획하도록 했다. 아울러 그에게 의지하여 정사를 주관하게 하겠다고 하자 송신석은 머리를 조아리며 감사를 올렸다. 얼마 지나지 않아 상서우승(尚書右丞)에 제수했고 한 달이 지나 동중서문하평장사(同中書門下平章事)로 승진시켰다. 이에 왕번(王璠)을 경조윤에 임명하고 은밀히 황제의 뜻을 알렸는데, 왕번이 누설했고 왕수징의 무리인 정주(鄭注)가 그 계획을 알아차렸다. 태화 5년에 군후(軍候) 두로저(豆盧著)로 하여금 송신석이 장왕과 모반했다고 무고하도록 하고 왕수징이 욕실로 상주문을 들고 갔다. 장차 기병 200명을 파견하여 송신석의 집안을 도륙하게 하니 환관 마존량(馬存亮)이 따지기를, "모반자는 송신석일 뿐이니 미땅히 남사(南司)[78]의 회의를 소집해야 합니다. 그렇지 않으면 경성이 바로 어지러

78) 남사(南司) : 당나라 때 상서성, 문하성, 중서성이 모두 황궁의 남쪽에 있었기에 이를 통칭하는 말이다.

워질 것입니다."라고 했다. 왕수징이 대답하지 못했다. 삼성(三省)의 관리, 어사중승(御史中丞), 대리경(大理卿), 경조윤(京兆尹)을 소집하여 중서성의 집현원에 모여 송신석이 모반한 죄상을 심의했다. 다음날 재상과 여러 관원을 모두 입궐하도록 불렀는데 처음에는 송신석의 죄가 사형에 해당한다고 논의하자, 경조윤 최관(崔琯)과 대리경 왕정아(王正雅)가 두로저와 송신석을 출두시켜 실상을 심리할 것을 간절히 청했다. 왕이 깨닫고 마침내 송신석을 개주사마(開州司馬)로 좌천시켰다. 이어서 유배되어 죽은 자가 수십 명에서 백 명에 이르자 세상 사람들이 억울하게 여겼다.(新唐書. 穆宗子懷懿太子湊, 少雅裕, 有尋矩.[79] 長慶元年始王漳. 文宗卽位, 疾王守澄顚很,[80] 引支黨橈國.[81] 謀盡誅之, 密引宰相宋申錫, 使爲計. 守澄客鄭注伺知之, 以告, 乃謀先事殺申錫. 又以王賢有中外望, 因欲株聯大臣族夷之.[82] 乃令神策虞候豆盧著上飛變.[83] 且言, 宮車[84]晏駕[85]則朱訓與申錫昵吏王師文圖不軌.[86] 訓嘗言上多疾, 太子幼, 若兄終弟及, 必漳王立. 申錫陰以金幣進王, 而王亦以珍服厚答. 卽捕訓等繫神策獄, 榜掠定其辭.[87] 諫官群伏閤極言,[88] 出獄牒付外雜治. 注等懼事泄, 乃請下詔貶王. 帝未之悟, 因黜湊爲巢縣公. 時太和五年也. 唐書. 宋申錫, 字慶臣. 擢進士第, 文宗卽位, 再轉中書舍人, 復爲翰林學士. 帝惡宦官權寵震主, 再致宮禁之變. 王守澄典禁兵, 偃蹇放肆,[89] 欲剟除本根,[90] 思可與決大議者. 察申錫忠厚, 因召對, 俾與朝臣謀去守澄等. 且倚以執政, 申錫頓首謝. 未幾拜尙書右丞, 逾月進同中書門下平章事. 乃除王璠京兆尹, 密諭帝

---

79) 尋矩(심구) : 규범. 법도.
80) 顚很(전흔) : 전횡하면서 법도를 거스르다.
81) 橈國(요국) : 나라를 어지럽히다.
82) 株聯(주련) : 한 사람의 죄에 여러 사람을 연루시키는 것을 말한다. 族夷(족이) : 멸족시키다.
83) 飛變(비변) : 급변하는 상황을 아뢰는 상주문.
84) '車'는 '史'의 잘못이다.
85) '駕'는 '敬'의 잘못이다.
86) 昵吏(닐이) : 총애하는 관원. 圖(도) : 도모하다. 不軌(불궤) : 법도에 맞지 않다. 반란을 뜻한다.
87) 榜掠(방략) : 매질을 하다. 형벌을 가하는 것이다.
88) 伏閤(복합) : '합'은 당나라 대명궁(大明宮) 안 자신전(紫宸殿)을 칭하는 말이다. 이곳에 엎드린다는 것은 천자를 향해 상주한다는 말이다.
89) 偃蹇(언건) : 오만하다. 放肆(방사) : 방자하다.
90) 剟除(철제) : 제거하다.

旨, 璠漏言, 而守澄黨鄭注得其謀. 太和五年, 遣軍候豆盧著誣告申錫與漳王謀反, 守澄持奏浴堂. 將遣騎二百屠申錫家, 宦官馬存亮爭曰, 謀反者獨申錫耳, 當召南司會議, 不然, 京師跂足亂矣.[91] 守澄不能對云云. 召三省官御史中丞大理卿京兆尹, 會中書集賢院, 雜驗申錫反狀. 翌日召宰相群官悉入, 初議抵申錫死, 京兆尹崔琯大理卿王正雅苦請出著與申錫劾正情狀.[92] 帝悟, 乃貶申錫開州司馬. 從而流死者數十百人, 天下以爲冤.)

[역자주] 廢削(폐삭) : 직위를 박탈하는 것을 말한다.

8 **[협주]** ≪십도지≫에 "윤주(潤州)에 경강(京江)이 있다."라고 했다.(十道志. 潤州有京江.)

[역자주] 淸滑(정활) : 밝고 윤기가 나다.

9 **[협주]** 송옥(宋玉) <등도자가 여색을 좋아하는 것을 읊은 부(登徒子好色賦)>에 "동쪽 집의 여사는 연지를 바르면 너무 붉고 분을 칠하면 너무 하얗습니다."라고 했다.(宋玉, 好色賦. 東鄰之女, 施朱則太赤, 施粉則太白.)

10 **[협주]** ≪한서·오왕유비전(吳王劉濞傳)≫의 기록이다. 오왕 유비(劉濞)는 한 고조의 형인 유중(劉仲)의 아들이다. 조착(晁錯)이 황제에게 아뢰기를, "오왕이 허물을 고쳐 새로운 사람이 되지 않고 마침내 더욱 교만해지고 있습니다. 공공연히 산에서 동전을 주조하고 바닷물을 졸여 소금을 만들며, 세상의 도망자들을 끌어들여 역모를 일으킬 것을 모의하고 있습니다."라고 했다.(漢書. 吳王濞, 高祖兄仲之子也云云. 晁錯說上曰, 吳王不改過自新, 迺益驕恣. 公卽山鑄錢, 煮海爲鹽, 誘天下亡人, 謀作亂逆.)

[역자주] 老濞(노비) : 여기서는 이기를 가리킨다. 卽山(즉산) : 산으로 가다.

11 **[협주]** ≪삼국지·오지(吳志)·비빈전(妃嬪傳)≫에 "손권(孫權)의 보부인(步夫人)은 미모로 총애를 받아 은총이 후궁에서 으뜸이었다.(吳志. 孫權步夫人, 以美麗得幸, 寵冠後庭.)

[역자주] 眉(미) : 눈썹. 미인을 상징한다.

12 [역자주] 玉斝(옥가) : 옥으로 만든 술그릇이다.

---

91) 跂足(기족) : 발꿈치를 들어올리다. 매우 짧은 시간을 뜻한다.

92) 劾正(핵정) : 심리하여 바로잡다.

13 **[협주]** 본집의 주에 "'그대에게 권하노니 금실로 짠 옷을 아까워하지 말고, 그대에게 권하노니 젊은 시절을 아까워할 것이다. 꽃이 피어 꺾을 만할 때 바로 꺾어야지, 꽃이 없어진 뒤 괜히 가지만 꺾지 말 것이다.' 이기는 늘 이 가사를 노래했다."라고 했다.(本注, 勸君莫惜金縷衣, 勸君須惜少年時. 花開堪折直須折, 莫待無花空折枝. 李錡長唱此辭.)

[역자주] 金縷衣(금루의) : 곡조의 이름이다. 작자에 대해 이기, 두추낭, 무명씨 등의 설이 있다.

14 [역자주] 紅淚(홍루) : 붉은 눈물. 젊은 여인의 눈물을 뜻한다. 滋(자) : 많다.

15 [역자주] 吳江(오강) : 장강 하류의 윤주(潤州)와 양주(楊州)를 통과하는 강이다.

16 **[협주]** ≪십도지≫에서 "관내도(關內道) 파수(灞水)"라고 했고, 주에 "파수는 남전(藍田)에서 나와 북쪽으로 위수(渭水)로 들어간다."라고 했다.(十道志. 關內道灞水. 注. 灞水出藍田北, 入渭.)

[역자주] 灞(파) : 지금의 섬서성을 흐르는 강이다. 이상 두 구는 이기와 두추낭이 윤주에서 장안으로 끌려간 것을 말한다.

17 [역자주] 聯裾(연거) : 옷자락을 나란히 하다. 두 사람이 나란히 서 있는 것을 말한다. 天子(천자) : 헌종을 가리킨다.

18 **[협주]** 앞의 글자['반(盼)']는 필과 변의 반절로 아름다운 눈이다. 뒤의 글자['면(眄)']는 막과 견의 반절로 곁눈질하다이다.(上疋辨切, 美目也. 下莫見切, 斜視也.)

[역자주] 盼眄(반면) : 돌아보다. 고대하다. 依依(의의) : 간절한 모양.

19 **[협주]** ≪후한서·이고전(李固傳)≫ 이현(李賢)의 주에 "초방(椒房)이라는 것은 황후가 머무는 곳이다. 산초를 버무린 진흙으로 벽을 바른다."라고 했다.(後漢書, 注. 椒房者, 皇后所居. 以椒泥塗也.)

20 **[협주]** ['렴(奩)'은] 난과 염의 반절이며 물건을 담는 상자이다.(難鹽切, 盛物匣也.)

[역자주] 鏡奩(경렴) : 거울을 넣어두는 상자를 말한다. 蛟螭(교리) : 교룡. 여기서는 거울 상자에 장식한 용 무늬를 가리킨다.

21 [역자주] 低鬟(저환) : 머리를 숙이다. 여인이 교태부리며 부끄러워하는 모습이다.

22 [역자주] 窈裊(요뇨) : 가늘고 긴 모양. 여인의 아름다운 자태를 표현한 것이다. 融怡(융이) : 화락하게 즐거워하다.

23 **[협주]** ≪삼보황도(三輔黃圖)≫93)에 "미앙궁(未央宮)의 정문을 벽문(璧門)이라고 한다.

벽옥으로 장식했기 때문이다."라고 했다.(三輔黃圖. 未央宮正門, 曰璧門. 飾以玉璧.)

24 [역자주] 桂影(계영) : 계수나무의 그림자. 달빛을 비유한다. 參差(참치) : 들쑥날쑥 어지러운 모양. 여기서는 달빛이 이곳저곳을 비추는 모습을 표현한 것이다.

25 [역자주] 金階(금계) : 금빛 계단. 궁궐을 가리킨다. 露新重(노신중) : 이슬이 다시 무거워지다. 이슬이 많이 내렸다는 말로 임금의 은택이 큰 것을 비유한다.

26 **[협주]** ['념(捻)'은] 내와 결, 내와 협의 두 가지 반절로, 손으로 쥐고 누른다는 뜻이다. 본집의 주에 "≪진서(晉書)·여찬재기(呂纂載記)≫에 '양주(涼州) 장준(張駿)의 무덤을 도굴하여 옥으로 만든 자줏빛 소를 얻었다.'라고 했다."라고 했다.(乃結, 乃協二切, 按也. 本注, 晉書, 盜開涼州張駿冢, 得紫[94]玉簫.)

[역자주] 捻(녑·념) : 쥐다. 누르다. 연주하다.

27 **[협주]** ≪구당서·현종본기(玄宗本紀)≫에 "개원 20년(732) 화악루(花萼樓)를 넓히고 협성(夾城)을 쌓아 부용원(芙蓉園)에 이르게 했다."라고 했다.(玄宗紀. 開元二十年, 廣花萼樓, 築夾城, 至芙蓉園.)

[역자주] 莓苔(매태) : 이끼를 뜻한다. 夾城(협성) : 현종이 부용원 등으로 행차할 때 다른 사람들이 보지 못하게 성벽을 따라 양쪽으로 높이 담을 쌓아 올린 길을 말한다.

28 **[협주]** 두보의 시 <강가에서 슬퍼하다(哀江頭)>에 "옛날 무지개 깃발이 남원으로 내려올 때가 생각난다."라고 했고 ≪보주두시(補注杜詩)≫의 주에 "당나라 곡지방(曲池坊)[95]의 남쪽에 남궁(南宮)이 있다."라고 했다.(詩史, 哀江頭. 憶昔霓旌下南苑. 注. 唐曲池坊南, 有南宮.)

29 **[협주]** <고시십구수·청청하반초(青青河畔草)>에 "곱고 곱게 연지와 분으로 화장을 했네."라고 했다. ≪한서·선제본기(宣帝本紀)≫에 '우림고아(羽林孤兒)'라고 했고 응소(應劭)의 주에 "하늘에 우림성(羽林星)이 있는데, '림'은 숲의 무성함과 같음을 비유했고

---

93) ≪삼보황도(三輔黃圖)≫ : 진나라와 한나라 경기 지역에 관한 지리서로 누가 지었는지는 알 수 없다. 원본의 모습을 상고하기 힘들며 일문이 각 서적에 전해진다. 여기 인용된 내용도 유사한 형식으로 여러 서적에 산견한다.

94) 현재 전하는 ≪진서(晉書)≫에는 '紫'가 '赤'으로 되어 있고, 뒤에 '자옥적紫玉笛'이 이어서 나오는데, 협주에서 혼동한 것으로 보인다.

95) 곡지방(曲池坊) : 장안성 안의 행정구역으로 부용원 바로 옆에 있었다.

'우'는 날면서 맹금이 공격한다는 뜻이다. 그러므로 무관(武官)의 이름으로 삼았다."라고 했고 또 여순(如淳)의 주에서 "<백관표(百官表)>에 '종군하다가 나랏일에 죽은 이들의 자식을 데려다 우림관(羽林官)으로 기르면서 다섯 가지 병기를 가르쳤다. 호칭을 우림고아라고 했는데, 성장하면 종군하게 했다.'라고 했다."라고 했다.(古詩. 蛾蛾紅粉裝.[96] 漢書, 宣帝紀. 羽林孤兒. 注, 天有羽林星, 林, 諭若林木之盛, 羽, 羽翼鷙擊之意. 故以名武官焉. 又百官表, 取從軍死事者之子,[97] 養羽林官, 教以五兵. 號曰, 羽林孤兒, 少壯令從軍.)

[역자주] 紅粉(홍분) : 붉은 연지와 흰 분. 여인의 화장품인데 여기서는 아름다운 궁녀를 가리킨다.

30 **[협주]** 송나라 오숙(吳淑)의 ≪사류부(事類賦)·금부(錦賦)≫에 "벽사기(辟邪旗)와 천마기(天馬旗)의 훌륭함이로다."라고 했다. ≪후한서·영제본기(靈帝本紀)≫ 이현(李賢)의 주에, "벽사(辟邪)는 짐승 이름이다."라고 했다.(吳淑, 錦賦. 辟邪天馬之奇. 後漢, 靈帝紀, 注. 辟邪, 獸名.)

[역자주] 辟邪旗(벽사기) : 고대 깃발 의장 중의 하나이다.

31 **[협주]** 강태공의 ≪육도(六韜)≫에 "무왕이 주(紂)를 정벌하고 대부(大夫) 두 명을 얻어 그들에게 물었다. '은(殷)나라에 아마도 괴이한 현상이 있었겠지요?' 대답하기를, '은나라 군주가 옥 잔과 상아 젓가락을 썼는데, 옥 잔과 상아 젓가락은 결코 콩잎 국을 담을 수 없습니다. 반드시 곰 발바닥과 표범의 태를 먹어야 합니다.'라고 했다."라고 했다.(六韜. 武王伐紂, 得二大夫而問之. 曰殷國將有妖乎. 對曰, 有殷君陳玉杯象箸, 玉杯象箸, 不盛菽藿之羹. 必將熊蹯豹胎.[98])

32 **[협주]** 심괄(沈括) ≪몽계필담(夢溪筆談)≫에 "두목의 <두추 아가씨를 읊은 시(杜秋娘詩)>에 '물려서 더 먹을 수 없구나(厭飫不能飴)'라고 했는데 '飴(이)'는 바로 엿이다. 만약 음식으로 했다면 마땅히 독음은 '음'으로 해야 한다."라고 했다. 진(晉) 왕가(王嘉)

96) '蛾蛾'는 '娥娥'의 잘못이다. '아아(娥娥)'는 아름다운 모습이다.

97) 死事(사사) : 나랏일을 하다가 죽다.

98) 菽藿之羹(숙곽지갱) : 콩과 콩잎으로 만든 국으로 저열한 음식을 뜻한다. 熊蹯(웅번) : 곰 발바닥. 고급 음식이다.

≪습유기(拾遺記)≫의 기록이다. 연(燕)나라 소왕(昭王)이 즉위한 지 2년 되던 해에, 광연국(廣延國)에서 춤을 잘 추는 사람 두 명을 헌상했는데 한 명은 선연(旋娟)이라 하고 또 한 명은 제모(提謨)라고 했다. 소왕은 얇은 깁으로 만든 화려한 장막 안에 살게 하면서 연민(瑌珉)의 진액을 마시게 하고 단천(丹泉)의 곡식을 먹게 했다.(沈括, 筆談. 杜牧, 杜秋娘詩, 厭飫不能飴. 飴, 乃餳耳.[99] 若作飮食, 當音飮. 拾遺記. 燕昭王卽位二年, 廣延國來獻善舞者二人, 一名旋娟, 一名提謨. 昭王處以單綃華幄, 飮以瑌珉之膏, 飴以丹泉之粟.)

[역자주] 饜飫(염어) : 배부르게 먹다. 질리게 먹다. 飴(이) : 맛있게 먹다.

33 **[협주]** ≪회남자(淮南子)·천문훈(天文訓)≫에 "해는 양곡(暘谷)에서 떠서 함지(咸池)에서 목욕하고 부상(扶桑)을 지난다. 이를 새벽녘이라고 한다."라고 했다. ≪시경·소아(小雅)·천보(天保)≫에 "해가 떠오르는 것과 같다."라고 했다.(淮南子, 日出暘谷, 浴于咸池, 拂于扶桑. 是謂晨明. 詩. 如日之升.)

[역자주] 이 구는 목종이 즉위했다는 뜻이다.

34 **[협주]** ≪삼국지·위지·무제본기(武帝本紀)≫의 기록이다. 건안 15년(210) 겨울에 동작대를 지었다. 유언으로 남긴 명령에서 "나의 궁녀들과 가기들은 모두 동작대에 살게 하라. 동작대의 대청 위에는 여섯 자의 상을 펼쳐 놓고 얇은 휘장을 펼쳐두며 아침저녁으로 말린 고기와 말린 밥을 올려라. 매월 초와 15일에는 휘장을 향하여 가무를 펼치게 하라. 너희들은 자주 동작대에 올라와 내가 묻힌 서릉의 묘역을 바라보아라. 남은 향들은 여러 부인에게 나누어 주도록 하라."라고 했다.(魏志武帝紀. 建安十五年冬, 作銅雀臺. 遺令曰, 吾婕妤伎人, 皆著銅爵臺. 於其臺堂上施六尺床, 張繐帳, 朝晡設脯糒之屬.[100] 月朝十五, 輒向帳作伎. 汝等時時登銅爵臺, 望吾西陵墓田. 餘香可分與諸夫人.)

[역자주] 이 구는 두추낭을 총애하던 헌종이 죽었다는 뜻이다.

35 [역자주] 雷音(뇌음) : 우렛소리. 수레가 성대하게 가는 소리를 형용한 것이다. 後車(후거) : 시종이 타는 수레. 여기서는 두추낭이 헌종을 모시며 타고 다니던 수레를 말한다.

36 **[협주]** ≪예기(禮記)·월령(月令)≫에 "현조가 오는 날에 소, 양, 돼지 3가지 희생으로 고

99) 餳(당) : 엿.
100) 朝晡(조포) : 아침과 저녁. 脯糒(포비) : 말린 고기와 말린 밥.

매(高禖)에게 제사를 지낸다."라고 했고, 정현의 주에 "현조(玄鳥)는 제비이다. 제비는 생육이 베풀어지는 때에 와서 사람의 집에 둥지를 틀고 새끼를 기르니, 생육의 상징이다. 매관(媒官)이 이것을 징후로 삼는다. 고신씨(高辛氏) 시대에 제비가 알을 낳자 유융씨(有娀氏)의 딸인 간적(簡狄)이 그것을 삼키고 설(契)을 낳았다. 후대의 왕이 매관을 가상하게 여겨 사당을 세웠다. '媒'를 '禖'로 바꿔 말한 것은 신성시한 것이다."라고 했다. '禖'는 ≪설문해자·시부(示部)≫에 "제사지내는 것이다."라고 했는데, 옛날에 아들을 원하면 고매에게 제사를 지냈다.(禮記. 玄鳥至之日, 以大牢祠于高禖. 注, 玄鳥, 燕也. 燕以施生時來, 巢堂宇而孚乳,[101] 生育之象也. 媒氏之官以爲侯. 高辛氏之代玄鳥遺卵, 娀簡吞之而生契. 後王以爲媒官嘉祥, 而立其祠焉. 變媒言禖, 神之也. 禖, 說文, 祭也. 古者求子, 祠高禖.)

[역자주] 燕禖(연매) : 옛날 제왕이 제비가 돌아오는 날에 아들을 점지해주는 신에게 제사를 지내는 것을 말한다.

37 **[협주]** ≪한서·조황후전(趙皇后傳)≫에 "이마에 장발(壯髮)이 있는 것이 효원황제(孝元皇帝)와 비슷했다."라고 했고 안사고의 주에 "장발은 이마의 앞쪽에서 아래로 자란 것이다. 요즈음 세간에서 규두(圭頭)라고 하는 것이 그것이다."라고 했다. ≪집음(集音)≫에 "'수(緌)'는 드리운다는 뜻이다."라고 했다.(漢書, 趙皇后傳. 額上有壯髮, 類孝元皇帝. 注. 壯髮, 當額前, 侵下而生. 今俗呼爲圭頭者, 是也. 集音. 緌, 垂也.)

[역자주] 綠(록) : 윤이 나는 까만색이다. 緌緌(유유) : 아래로 드리운 모양.

38 **[협주]** ≪한서·성제본기(成帝本紀)≫에 "효성황제(孝成皇帝)는 원제(元帝)의 태자이다. 모후는 왕황후(王皇后)인데, 원제가 태자궁(太子宮)에 있을 때 갑관화당(甲觀畵堂)에서 낳았다."라고 했다.(漢書, 成帝紀. 孝成皇帝, 元帝太子. 母曰王皇后, 元帝在太子宮, 生甲觀畵堂.[102])

[역자주] 畵堂(화당) : 화려하게 채색한 방이다. 傅姆(부모) : 보모. 여기서는 두추낭을 가리킨다.

---

101) 孚乳(부유) : 부화하여 기르다.

102) 甲觀(갑관) : 한나라 때 누관의 이름으로 가장 좋은 건물이라는 뜻이다. 황태자가 거처했으며 후에 널리 태자궁을 가리키게 되었다.

39 [역자주] 天人(천인) : 천자. 捧持(봉지) : 손으로 공손히 잡다.

40 **[협주]** ['보(褓)'는] 보와 포의 반절이다. ≪설문해자·의부(衣部)≫에 "어린아이의 옷이다."라고 했다.(補抱切. 說文. 小兒衣也.)

41 **[협주]** ≪서경잡기(西京雜記)≫의 기록이다. 한나라 추양(鄒陽)의 <주부(酒賦)>에 "비단으로 방석을 만들고 무소뿔과 옥으로 문진을 만들었네."라고 했다. ≪개원천보유사(開元天寶遺事)≫의 기록이다. 개원 2년(714) 동지에 교지국(交趾國)에서 무소뿔 하나를 바쳤는데, 색깔이 황금색이었다. 사신이 금 쟁반에 담아 궁전 안에 두기를 청하자 온화하게 따듯한 기운이 사람을 엄습했다. 황제가 그 까닭을 묻자 사신이 대답하기를, "이것은 한기를 물리치는 무소뿔입니다."라고 했다.(西京雜記. 鄒陽, 酒賦, 錦綺爲席, 犀璩爲鎭. 天寶遺事. 開元二年冬至, 交趾國進犀一株, 色黃金. 使者請以金盤置于殿中, 溫溫然有暖氣襲人. 上問其故, 使者對曰, 此, 辟寒犀也.)

[역자주] 犀鎭帷(서진유) : 장막의 네 귀퉁이를 무소뿔로 눌러놓은 것을 말한다.

42 **[협주]** 한나라 양웅(楊雄) <장양부(長楊賦)> 서문에서 "황제가 장차 금수(禽獸)가 많음을 호인(胡人)들에게 크게 자랑하려고 하여, 가을 우부풍(右扶風)[103]에 명령을 내려 백성들을 징발하여 종남산(終南山)으로 들어가 사냥하게 했다. 여러 가지 그물을 치고, 곰, 큰곰, 호저, 호랑이, 표범, 긴꼬리원숭이, 큰 원숭이, 여우, 토끼, 사불상, 사슴을 잡아서 함거(檻車)[104]에 싣고 장양궁(長楊宮)의 사웅관(射熊館)으로 운반했다. 호인(胡人)들로 하여금 맨손으로 쳐서 그 잡은 짐승을 스스로 가져가게 했으며 황제가 참석하여 관람했다."라고 했다.(長楊賦, 序. 上將大誇胡人以多禽獸, 秋命右扶風發民入南山. 張羅罔罝罘, 捕熊羆豪豬, 虎豹狖玃,[105] 狐兎麋鹿, 載以檻車, 輸長楊射熊館. 令胡人手搏之, 自取其獲, 上親臨觀焉.)

[역자주] 熊羆(웅비) : 곰과 큰곰이다.

43 **[협주]** ≪한서·급암전(汲黯傳)≫에 "주상이 일찍이 무장(武帳)에 앉아 있었다."라고 했

103) 우부풍(右扶風) : 한나라 때 도읍지 장안(長安) 부근에 수도를 호위하는 행정구역 경조(京兆)·좌풍익(左馮翊)·우부풍(右扶風)을 설치하고 그 지역 및 담당 장관을 삼보(三輔)라고 불렀다.

104) 함거(檻車) : 짐승이나 죄수를 운반하기 위해 나무로 우리를 장치한 수레.

105) 狖玃(유확) : 긴꼬리원숭이와 큰 원숭이.

고 안사고의 주에 “무장(武帳)은 실로 장막을 짜서 무사의 형상을 만든 것이다.”라고 했다. ‘아(啞)’는 오와 아의 반절로 웃는 소리이고, ‘이(咿)’는 어과 이의 반절로 억지로 웃는 것이다.(漢書, 汲黯傳. 上嘗坐武帳. 注. 武帳, 織成帳爲武士象也. 啞, 烏雅切, 笑聲也. 咿, 於夷切, 喔伊强笑.)

[역자주] 武帳(무장) : 황제가 쉬는 장막으로 병기와 병사를 배치했다는 설과 병사의 형상을 만들어 두었다는 설이 있다. 啞咿(아이) : 아이가 옹알이하는 소리이다.

44 **[협주]** ≪속박물지(續博物志)≫의 기록이다. 남조 제(齊) 왕융(王融)이 말하기를, “아이가 다섯 살이면 ‘비둘기 수레를 가지고 논다(鳩車之戲)’라 하고, 일곱 살이면 ‘죽마를 가지고 논다(竹馬之游)’라고 한다.”라고 했다.(續博物志. 王元長曰, 小兒, 五歲曰, 鳩車之戲,106) 七歲曰, 竹馬之游.)

[역자주] 抛(포) : 그만두다.

45 **[협주]** ≪이원(異苑)≫의 기록이다. 위나라 무제 시기에 남방에서 산계를 바쳤다. 무제는 그것이 울면서 춤을 추기를 바랐지만 방법이 없었다. 공자(公子) 창서(蒼舒)가 큰 거울을 가져다 그 앞에 놓자, 산계가 거울에 비친 제 모습을 보고 춤을 추면서 그칠 줄을 몰랐다. 결국 죽고 말았다.(異苑. 魏武時南方獻山雞. 帝欲其鳴舞, 而無由. 公子蒼舒取大鏡, 著其前, 雞鑑形而舞, 不知止. 遂至死.)

[역자주] 舞雞(무계) : ≪이원≫의 전고에 따르면 기이한 재능을 가진 존재를 비유한다. 이와 달리 투계라는 설도 있는데 의미는 같다.

46 **[협주]** [‘참(嶄)’은] 서와 함의 반절로 바위가 높다는 뜻이다.(鋤含切, 巖高也.)

[역자주] 嶄嶄(참참) : 높이 솟은 모양 또는 가지런한 모양.

47 **[협주]** ≪신선습유(神仙拾遺)≫의 기록이다. 주나라 목왕 만(滿)은 소왕(昭王)의 아들로 젊어서부터 신선을 좋아했다. 일찍이 수레와 말을 타고 천하를 주유하여 황제(黃帝)를 본받게 하고자 하여 팔준마를 타고 다녔다. 또 요지(瑤池)가에서 서왕모와 술을 마셨다.(神仙拾遺. 周穆王滿, 昭王子也, 少好神仙. 嘗欲使車轍馬跡通於天下, 以倣黃帝焉, 乘八駿之馬. 又觴西王母於瑤池之上.)

---

106) 鳩車(구거) : 아이들의 장난감 수레로 수레바퀴 사이에 비둘기 모양의 형상을 두어 바퀴가 굴러가면 비둘기가 따라간다.

[역자주] 瑤池(요지) : 전설상에 곤륜산(崑崙山)에 있다는 연못의 이름으로 서왕모(西王母)가 산다고 한다. 여기서는 궁중의 아름다운 연못을 비유한다.

48 **[협주]** 서한 매승(枚乘)의 <일곱 가지 계발(七發>에 "기뻐하는 빛이 눈썹과 이마 사이에 나타났다.(枚乘, 陽氣見於眉于[107]之間)"라고 했다.

[역자주] 儼(엄) : 수려하다. 가지런하다.

49 **[협주]** ≪한서·강충전(江充傳)≫의 기록이다. 강충이 황제를 따라 감천궁(甘泉宮)에 가다가 태자가 보낸 사자의 수레를 만났는데 황제의 수레 길을 달리고 있었기에 강충이 그 사자를 옥관에게 넘기고 결국 상주해서 탄핵했다. 뒤에 주상이 감천궁에 행차했을 때 병이 심했는데 강충은 주상이 연로한 것을 보고는 돌아가신 뒤에 태자에게 죽임을 당할 것을 두려워했다. 그래서 간계를 꾸며 상주하기를, 주상의 병은 빌미가 무당이 저주에 있다고 했다. 이에 주상은 강충을 사자로 삼아 무당의 저주를 다스리게 했다. 강충은 호족(胡族) 무당을 거느리고 땅을 파서 인형을 찾았는데 마침내 태자궁에서 저주한 물건을 파내서 오동나무 인형을 찾았다. 태자가 두려웠으나 스스로 해명할 수가 없자 강충을 잡아다가 직접 참여하여 목을 벴다. 태자가 이 일로 폐위되었는데, 뒤에 무제는 강충이 거짓을 행한 것을 알고 강충의 삼족을 멸했다.(漢書, 江充傳. 從上甘泉, 逢太子家使乘車馬, 行馳道中.[108] 充以屬吏, 遂白奏.[109] 後上幸甘泉, 疾病, 充見上年老, 恐晏駕後爲太子所誅.[110] 因是爲姦, 奏言上疾祟在巫蠱.[111] 於是上以充爲使者治巫蠱. 充將胡巫掘地求偶人, 遂掘蠱於太子宮, 得桐木人. 太子懼, 不能自明, 收充, 自臨斬之. 太子繇是廢, 後武帝知充有詐, 夷充三族.[112])

[역자주] 이 구는 정주(鄭注)와 두로저(豆盧著)가 재상 송신석(宋申錫)이 장왕과 모반하려고 한다고 무고한 것을 말한다. 이 일로 장왕은 태화 5년에 소현공(巢縣公)으로 강등되었다.

---

107) '于'는 '宇'의 잘못이다.
108) 馳道(치도) : 황제의 수레가 달리는 길.
109) 白奏(백주) : 상주하여 탄핵하다.
110) 晏駕(안가) : 수레가 저녁에 나간다는 뜻인데 황제의 죽음을 표현한 말이다.
111) 祟(수) : 빌미. 巫蠱(무고) : 무당의 저주.
112) 夷族(이족) : 멸족시키다.

50 **[협주]** ≪상서위(尙書緯)≫에 "천자의 사직은 동방이 청색이고 남방이 적색이며, 서방이 흰색이고 북방이 검은색인데, 위에 황토를 덮는다. 장차 제후를 봉할 때에 각각 그 방향의 흙을 가져다 흰 띠풀로 싸서 사직을 만든다."라고 했다. ≪한잡사(漢雜事)≫에 "한나라가 일어나면서 오직 황제의 아들이 왕으로 봉해질 때에만 띠풀로 싼 흙을 받았다. 기타 신하들은 호구의 세금 수입으로 단계를 정했으니 띠풀로 싼 흙을 받지 못했고 사직을 세우지 않았다."라고 했다.(尙書緯,. 天子社, 東方靑, 南方赤, 西方白, 北方黑, 上冒以黃土. 將封諸侯, 各取方土, 苴以白茅以爲社.[113] 漢雜事. 漢興, 唯皇子封爲王者, 得茅土. 其他臣以戶賦租入爲節, 不受茅土, 不立社.)

[역자주] 幽(유) : 구금되다. 茅土(모토) : 띠풀로 싼 흙. 제후를 봉할 때 하사한 것으로 봉토를 의미한다.

51 **[협주]** 후한 반고(班固)의 <서도부(西都賦)>에 "고릉(觚稜)을 높이 세우고 청동 봉황을 깃들이게 했다."라고 했고, ≪문선≫ 여향(呂向)의 주에 "고릉은 대궐 지붕의 모서리이다."라고 했으며 이선의 주에 "고(觚)는 여덟 모서리에 모퉁이가 있는 것이다. 독음은 고이다. ≪설문해자≫에 이르기를, '릉(稜)은 모서리이다.'라고 했는데, 고(柧)는 고(觚)와 같다."라고 했다.(西都賦. 上觚稜而棲金爵. 注. 觚稜, 闕角也. 注. 觚, 八觚有隅者也. 音, 孤. 說文曰, 稜, 柧也. 柧, 與觚同.)

52 **[협주]** ≪맹자·만장하(萬章下)≫의 기록이다. 공자가 노나라를 떠나면서 말씀하기를, "더디고 더디다, 나의 발걸음이여."라고 하셨으니, 이는 부모의 나라를 떠나는 도리이다.(孟子. 孔子去魯, 曰遲遲, 吾行也. 去父母國之道也.)

53 **[협주]** ≪구당서·본기(本紀)≫에 따르면, 헌종(憲宗)은 재위가 15년이고 목종(穆宗)은 4년이며 경종(敬宗)은 2년이고 문종(文宗)은 14년으로 모두 네 왕조 35년이었다.(唐書, 帝紀. 憲宗在位十五年, 穆宗四年, 敬宗二年, 文宗十四年, 共四朝三十五年.)

54 **[협주]** ≪십도지≫에 "관내도(關內道)의 화주(華州)에 동관(潼關)이 있다."라고 했다.(十道志. 關內道華州, 有潼關.)

55 [역자주] 如絲(여사) : 실과 같다. 이 구는 관리가 많이 늙었다는 말이다.

113) 苴(저) : 싸다.

56 [역자주] 那(나) : 어찌.

57 **[협주]** ≪십도지≫에 "회남도(淮南道) 무원(茂苑)"이라고 했고, 주에 "오왕(吳王)이 지은 것이다."라고 했다.(十道志. 淮南道, 茂苑. 注. 吳王所作.)

[역자주] 菲菲(비비) : 무성한 모양.

58 [역자주] 淸血(청혈) : 눈물을 뜻한다.

59 **[협주]** ≪한서·장량전(張良傳)≫에 "척부인(戚夫人)이 흐느껴 울면서 눈물을 흘렸다."라고 했다.(漢書, 張良傳. 戚夫人欷歔流涕.)

[역자주] 歔欷(호희) : 슬프게 울다. 탄식하다.

60 [역자주] 安(안) : 어찌.

61 **[협주]** ≪좌전·성공(成公) 2년≫의 기록이다. 초나라가 진(陳)나라의 하씨(夏氏)를 토벌했는데, 초나라 장왕(莊王)이 하희(夏姬)를 맞아들이려고 했다. 초나라 대부 신공(申公) 무신(巫臣)이 말하기를, "안 됩니다. 군주께서 제후를 소집하여 죄지은 자를 토벌하셨는데, 이제 하희를 들이신다면 여색을 탐하는 것입니다."라고 하자 장왕이 결국 그만두었다. 자반(子反)이 하희를 차지하려고 하자 무신이 말하기를, "그 여자는 상서롭지 못한 사람입니다. 그는 자만(子蠻)을 요절하게 했고 하어숙(夏御叔)을 죽게 했으며, 영공(靈公)을 시해하게 했고 하남(夏南)을 도륙했으며 공녕(孔寧)과 의행보(儀行父)를 나라 밖으로 내쫓고 진(陳)나라를 잃게 했습니다. 어떤 상서롭지 못함이 이와 같겠습니까."라고 하자 자반도 결국 그만두었다. 장왕은 연(連) 고을의 장관인 양로(襄老)에게 하희를 주었다. 양로가 필(邲) 땅의 싸움에서 죽어 그 시체를 찾지 못했는데 그의 아들 흑요(黑要)가 그녀를 범했다. 무신이 사람을 시켜 말하기를, "(친정인 정나라로) 돌아가시오. 내가 당신을 아내로 맞이하겠소."라고 했다. 또 정나라에서 그녀를 부르도록 하고는 말하기를 "양로의 시체를 찾을 수 있으니 반드시 와서 그의 시체를 맞이하라."라고 했다. 하희가 장왕에게 그 사실을 고하자 장왕은 굴무[굴무는 무당인 신하이다.]에게 물었다. 굴무가 대답하기를, "그것은 믿을 수 있는 일입니다."라고 하자 장왕은 하희를 돌려보냈다. 하희가 장차 떠나려 할 때 보내는 사람에게 말하기를, "시체를 찾지 못하면 나는 돌아오지 않을 것이다."라고 했다. 무신이 정나라에 하희를 아내로 맞이하겠다고 하자 정나라 군주가 허락했다. (초나라) 공왕(共王)이 즉위하여 장차 양교(陽橋)의 전투에 대비하여 굴무에게 제나라를 예방하게 하고, 또 군사가 출동할 시기를 알리게 했다. 무신이 가산을

다 정리하여 떠나자 신숙궤(申叔跪)가 그의 부친을 따라 영(郢) 땅으로 가던 길에 그를 만나서 말했다. “이상합니다. 그대는 삼군의 출동이라는 두려운 일이 있는데, 또 남녀가 밀회하는 기쁨을 가지고 계십니다. 틀림없이 아마도 남의 아내를 훔쳐서 도망하시려는 것 같습니다.”라고 했다. 무신은 정나라에 이르러 수행하는 사람에게 제나라에 가지고 가던 예물을 초나라로 돌려보내게 하고 하희와 함께 떠났다.(左傳. 楚之討陳夏氏也, 莊王欲納夏姬. 申公巫臣曰, 不可. 君召諸侯, 以討罪也, 今納夏姬, 貪其色也. 王乃止. 子反欲取之, 巫臣曰, 是不祥人也. 是夭子蠻, 殺御叔, 弑靈侯, 戮夏南, 出孔儀, 喪陳國, 何不祥如是. 子反乃止. 王以予連尹襄老. 襄老死於邲, 不獲其尸, 其子黑要烝焉.[114] 巫臣使道焉, 曰, 歸, 吾聘女. 又使自鄭召之, 曰, 尸可得也, 必來逆之. 姬以告王. 王問諸屈巫.[屈巫, 巫臣.] 對曰, 其信. 王遣夏姬歸. 將行, 謂送者曰, 不得尸, 吾不反矣. 巫臣聘諸鄭, 鄭伯許之. 及共王卽位, 將爲陽橋之役, 使屈巫聘于齊, 且告師期. 巫臣盡室以行, 申叔跪從其父, 將適郢, 遇之, 曰. 異哉. 夫子有三軍之懼, 而又有桑中之喜,[115] 宜將竊妻以逃者也. 及鄭, 使介反幣, 而以夏姬行.)

62 [역자주] 姑蘇(고소) : 춘추시대 오왕(吳王) 합려(闔閭)가 세운 누대이다.

63 **[협주]** 진(晉) 공연(孔衍) ≪춘추후어(春秋後語)≫의 기록이다. 오나라 왕 부차(夫差)가 월나라를 이기자 월나라가 서시(西施)를 바치며 군대를 물릴 것을 요청했다. 오나라 왕이 허락했고 서시를 얻고 나서 그녀를 매우 총애하여 그녀를 위해 고소대를 쌓고는 구슬과 옥으로 장식했다. 전에 오왕이 오자서(伍子胥)를 등용하여 천하를 제패했으나 서시를 얻고는 늘 고소대에서 놀며 연회를 즐기고 오자서를 만나는 일이 적어졌다. 오자서가 충간하기를, “신은 고소대가 머지않아 사슴들의 놀이터가 될까 두렵습니다.”라고 했으나 오왕은 듣지 않았고 마침내 오자서에게 죽음을 내렸다. 월왕은 과연 범려(范蠡)와 함께 군사 3천 명을 이끌고 하룻밤 사이에 서쪽으로 강을 건너 새벽이 되자 오나라의 중군에 도달했고 영채를 갖추고 진을 쳤다. 오왕은 불의의 공격에 크게 패배했다. 소식의 사 <수

114) 烝(증) : 어머니뻘 되는 이와 통간하는 것을 말한다.

115) 桑中之喜(상중지희) : 남녀가 사통하는 것을 말한다. ≪시경·상중(桑中)≫에 “누구를 생각하는가, 아름다운 맹강이라네. 나를 상중에서 만나기로 하고, 상궁으로 나를 데리고 가서, 기수가에서 나를 전송하네.(云誰之思, 美孟姜矣. 期我乎桑中, 要我乎上宮, 送我乎淇之上矣.)”라고 했는데. 상중, 상궁, 기상은 모두 남녀가 밀회하는 장소이다.

룡음(水龍吟)>에 “오호(五湖)에서 들으니, 조각배로 돌아갈 때 함께 서시를 데리고 갔다네.”라고 했고, 주에 “세간의 말에, 범려가 월나라의 재상이 되어 오나라를 평정한 뒤에 서시를 취해 마침내 조각배를 타고 오호를 배 저어 갔다고 한다.”라고 했다. ≪사기·화식열전(貨殖列傳)≫에 “범려는 회계의 치욕을 씻고서 제나라로 가서 치이자피(鴟夷子皮)라고 했다.”라고 했다.(春秋後語. 吳王夫差取越, 越進西施, 請退軍, 吳王許之, 旣得西施, 甚寵之, 爲築姑蘇臺, 以珠玉飾之. 初吳王用子胥, 而霸天下, 及得西施, 長遊姑蘇臺宴樂, 少見子胥. 子胥諫曰, 臣恐姑蘇不久爲麋鹿之遊. 王不聽, 遂賜子胥死. 越王果與范蠡將兵三千, 一夜西渡, 至明當吳中軍, 下營列陳. 吳王不意大敗之. 蘇子瞻, 水龍吟詞. 五湖聞道, 扁舟歸去, 仍携西子. 注. 世說, 范蠡旣相越, 平吳之後, 因取西子, 遂乘扁舟, 泛五湖而去. 史記. 范蠡旣雪會稽之恥, 適齊, 爲鴟夷子皮.)

64 **[협주]** [‘부(俘)’는] 방과 부의 반절이다. ≪설문해자·인부(人部)≫에 “군대에 잡힌 것이다.”라고 했다.(芳符切. 說文云, 軍所獲也.)

65 **[협주]** ≪한서·외척전(外戚傳)≫의 기록이다. 고조의 박희(薄姬)는 문제(文帝)의 모친이다. 부친은 오(吳)나라 사람인데 진(秦)나라 때 옛 위왕(魏王)의 종녀인 위온(魏媼)과 사통하여 박희를 낳았다. 제후들이 진나라에 반기를 들자 위표(魏豹)가 자립하여 왕이 되었는데 위온이 자기의 딸을 위나라의 궁실에 들여보냈다. 허부(許負)가 박희의 관상을 보고 천자를 낳을 것이라고 했다. 위표가 처음에 한나라와 함께 초나라를 공격했는데 허부의 말을 듣고는 마음속으로 기뻐하여 한나라를 배반하고 중립했다가 초나라와 연합했다. 한나라는 조참 등을 보내 위왕 위표를 사로잡았고 박희는 궁중 예복을 관장하던 기관인 직실(織室)로 보내졌다. 위표가 죽은 뒤에 한나라 왕이 직실에 들어갔다가 박희를 보고 조서를 내려 후궁에 들였다. 마침내 총애하여 임신했고 그 해에 문제를 낳았다. ≪한서·문제본기(文帝本紀)≫의 찬(贊)에 “오로지 덕으로 백성들을 교화하는 데에 힘썼다. 이 때문에 천하가 부유해졌으며 예의를 일으켰다.”라고 했다.(漢書. 高祖薄姬, 文帝母也. 父吳人, 秦時與故魏王宗女魏媼通, 生薄姬. 及諸侯畔秦, 魏豹立爲王, 而魏媼內其女於魏宮. 許負相薄姬, 當生天子. 豹初與漢擊楚, 及聞許負言, 心喜, 因背漢而中立, 與楚連和. 漢使曹參等虜魏王豹, 而薄姬輸織室. 豹巳死, 漢王入織室, 見薄姬, 有詔納後宮. 遂幸, 有身. 歲中生文帝. 漢書, 文帝紀, 贊. 專務以德化民. 是以海內殷富, 興於禮義.)

66 **[협주]** ≪한서·외척전(外戚傳)≫의 기록이다. 효문제의 두황후(竇皇后)는 경제(景帝)의 모친이다. 여태후(呂太后) 시기에 양갓집의 자녀로 선발되어 궁에 들어왔다. 여태후가 궁녀들을 뽑아 여러 왕에게 각각 5명씩 하사했는데 두희(竇姬)가 일행 중에 있었다. 집이 청하(淸河)에 있어 조(趙)나라에 가기를 청했으니 집이 가깝기 때문이었다. 파견을 주관하는 환관에게 청하기를, "꼭 나의 소속을 조나라의 일행에 넣어주세요"라고 했는데 환관이 그것을 잊고 잘못하여 대(代)나라의 일행에 넣었다. 소속이 상주되자 조서를 내려 허가했다. 두희가 대나라에 이르자 대나라 왕은 오직 두희만을 총애하여 딸 유표(劉嫖)를 낳고 효혜제 7년에 경제를 낳았다. 대나라 왕의 왕후(王后)가 네 아들을 낳았는데, 대나라 왕이 입궐하여 황제가 되기 전에 왕후가 죽었고 대나라 왕이 황제가 된 후에 왕후의 소생인 네 아들이 연속해서 병사했다. 분제가 즉위하고 몇 달이 지나 공경들이 태자를 세울 것을 주청했는데 두희의 아들이 가장 연장이라 태자로 세웠다. 두희는 황후가 되었고 딸은 관도장공주(館陶長公主)가 되었다.(漢書. 孝文竇皇后, 景帝母也. 呂太后時以良家子選入宮. 太后出宮人以賜諸王各五人, 竇姬與在行中. 家在淸河, 願如趙,[116] 近家. 請其主遣宦者吏, 必置我籍趙之伍中. 宦者忘之, 誤置籍代伍中. 籍奏, 詔可. 竇姬至代, 代王獨幸竇姬, 生女嫖, 孝惠七年生景帝. 代王王后生四男, 先代王未入立爲帝而王后卒, 乃代王爲帝後, 王后所生四男更病死. 文帝立數月, 公卿請立太子, 而竇姬男最長, 立爲太子. 竇姬爲皇后, 女爲館陶長公主.)

67 [역자주] 紹(소) : 계승하다.

68 **[협주]** ≪후한서·광무제본기(光武帝本紀)≫의 기록이다. 세조광무황제(世祖光武皇帝)는 고조의 9세손으로, 경제가 낳은 장사정왕(長沙定王) 유발(劉發)의 후예이다. 유발이 용릉절후(舂陵節侯) 유매(劉買)를 낳았고 유매가 울림태수(鬱林太守) 유외(劉外)를 낳았으며, 유외가 거록도위(巨鹿都尉) 유회(劉回)를 낳았고 유회가 남돈령(南頓令) 유흠(劉欽)을 낳았으며, 유흠이 광무제를 낳았다. ≪사기·오종세가(五宗世家)≫의 기록이다. 장사정왕 유발의 모친은 당희(唐姬)로 원래 정희(程姬)의 시녀였다. 경제가 정희를 불렀을 때 정희는 마침 월경 중이어서 나아가고 싶지 않아 시녀인 당아(唐兒)를 단장시켜 밤

116) 如(여) : 가다.

에 들여보냈다. 주상이 취해서 알아보지 못하고 정희로 알고 일을 치렀는데 결국 임신을 했다. 얼마 뒤에 정희가 아님을 알았고, 아들을 낳자 이름을 유발이라고 지었다.(後漢紀. 世祖光武皇帝, 高祖九世之孫也, 出自景帝生長沙定王發. 發生春陵節侯買, 買生鬱林太守外, 外生巨鹿都尉回, 回生南頓令欽, 欽生光武. 史記, 五宗世家. 長沙定王發之母唐姬, 故程姬侍者. 景帝召程姬, 程姬有所辟,[117] 不願進, 而飾侍者唐兒, 使夜進. 上醉不知, 以爲程姬而幸之, 遂有身. 已乃覺非程姬也. 及生子, 因名曰發.)

69 **[협주]** ≪북사·북제(北齊)·후비전(后妃傳)≫의 기록이다. 풍숙비(馮淑妃)는 이름이 소련(小憐)으로, 대목태후(大穆太后)의 시녀였다. 목후가 총애를 잃자 5월 5일에 그녀를 후주에게 들여보내며 속명(續命)이라는 별호를 주었다. 영리하고 비파를 잘 탔으며 가무에 뛰어났다. 후주가 그녀에게 반해서 앉을 때는 자리를 함께하고 외출할 때는 말을 나란히 타며 죽어서나 살아서나 함께 있을 수 있기를 바랐다. 북주(北周)의 군대가 평양(平陽)을 칠 때 후주는 삼퇴(三堆)에서 사냥을 하고 있었다. 진주(晉州)에서 자주 급보를 올리자 후주는 업(鄴)으로 달아났다가 다시 풍숙비와 함께 청주(青州)로 달아났다. 후주가 (생포되어) 장안에 이르렀는데, 북주 무제에게 숙비를 돌려달라고 애걸했다. 무제가 말하기를, "짐은 천하 보기를 헌신짝 버리듯이 하니, 어찌 노파 하나를 공에게 주는 것을 아끼겠는가."라 하고는 바로 주었다. 후주가 해를 당하자 숙비를 대왕(代王) 우문달(宇文達)에게 주니 매우 총애했다. 달비(達妃)는 숙비에게 참소를 당하여 거의 죽음에 이르렀다. 수(隋) 문제가 (숙비를) 달비의 오빠인 이순(李詢)에게 주려고 하여 베옷을 입고 방아를 찧게 했으며, 이순의 모친이 핍박하여 자살하게 했다. ≪북사·제본기(齊本紀)≫에 "북제 고조는 성이 고(高)씨이고 휘가 환(歡)이다."라고 했다. 송(宋) 송상(宋庠)의 ≪계척집(鷄跖集)≫에 "풍숙비는 아명이 산호(珊瑚)이다."라고 했다.(北史, 齊后妃傳. 馮淑妃名小憐, 大穆太后從婢. 穆后愛衰, 以五月五日進之, 號曰續命. 慧黠能彈琵琶,[118] 工歌舞. 後主惑之, 坐則同席, 出則並馬, 願得生死一處. 周師之取平陽, 帝獵於三堆, 晉州亟告急. 帝奔鄴, 復以淑妃奔青州. 後主至長安, 請周武帝乞淑妃. 帝曰, 朕視天下如脫屣,[119] 一老嫗豈與公惜也. 仍以賜之. 及帝遇害, 以淑妃賜代王達, 甚嬖之.[120] 達

117) 所辟(소벽) : 기피하는 바. 여기서는 월경을 뜻한다.
118) 慧黠(혜힐) : 총명하고 영리하나.

妃爲淑妃所譖, 幾致於死. 隋文帝將賜達妃兄李詢, 令著布裙配舂, 詢母逼令自殺. 齊本紀. 齊高祖姓高氏, 諱歡. 鷄跖集. 馮淑妃, 小字珊瑚.)

[역자주] 舂(용) : 방아를 찧다. 黃糜(황미) : 누런 메기장.

70 **[협주]** ≪북사·후비전(后妃傳)≫의 기록이다. 수 양제(煬帝)의 민황후(愍皇后) 소씨(蕭氏)는 후량(後梁) 명제(明帝) 소규(蕭巋)의 딸이다. 양제가 매우 총애하고 공경했다. 양제가 제위를 계승하자 황후로 세웠다. 양제가 강도(江都)에 행차했을 때 신하들이 배반했고 우문화급(宇文化及)[121]의 난리에 군대를 따라 요성(聊城)에 이르렀다. 우문화급이 패하여 두건덕(竇建德)[122]에게 죽었는데, 두건덕의 아내 조씨(曹氏)가 시기심이 많고 사나워, 양제의 비빈(妃嬪)과 미인(美人)들을 모두 내쫓았고, 아울러 황후도 무강현(武强縣)에 안치했다. 이때 돌궐의 처라가한(處羅可汗)이 한창 강성했는데 사신을 보내 황후를 맞아오게 했다. 두건덕이 감히 잡아두지 못해 마침내 돌궐의 조정으로 들여보냈다. 정관(貞觀) 4년(630)에 돌궐을 격파하고 예를 갖추어 데려와 경성으로 돌아오게 되었다. 정관 21년(647)에 죽으니, 조서를 내려 황후의 상례로 양주(楊州)에서 양제의 능에 합장하도록 했다. ≪한서·원제본기(元帝本紀)≫의 기록이다. 경녕(竟寧) 원년(기원전 33) 봄 정월에 흉노의 호한야선우(虖韓邪單于)가 입조했다. 선우에게 왕장(王嬙)을 하사하여 연지(閼氏)로 삼게 했다. 안사고의 주에서 "왕장은 왕씨의 딸로, 이름이 장(嬙)이고 자가 소군(昭君)이다. 위나라 소림(蘇林)이 말하기를, '연지(閼氏)는 음이 언지(焉支)로 한나라의 황후와 같다.'라고 했다."라고 했다.(北史. 隋煬帝湣[123]皇后蕭氏, 梁明帝山歸[124]之女也. 煬帝甚寵敬焉. 及帝嗣位, 立爲皇后. 及帝幸江都, 臣下離二, 宇文化及之亂, 隨軍至聊城. 化及敗, 沒於竇建德, 建德妻曹氏妒悍, 煬帝妃嬪美人並使出家, 並后置

---

119) 脫屣(탈사) : 짚신을 벗어 던지다. 하찮은 물건 버리듯이 가벼이 한다는 말이다.

120) 嬖(폐) : 몹시 사랑하다.

121) 우문화급(宇文化及) : 수(隋) 무천(武川) 출신으로 우문술(宇文述)의 아들이다. 양제(煬帝)를 수행하여 강도(江都)를 순행하다가 양제를 시해하고 스스로 대승상이 되었다. 뒤에 두건덕(竇建德)에게 피살되었다.

122) 두건덕(竇建德) : 수(隋) 청하(淸河) 장남(漳南) 사람이다. 수 양제(煬帝) 말기에 군대를 일으켜 봉기했고 뒤에 낙수(樂壽)에 도읍을 정하고 국호를 하(夏)라 했으나 이세민(李世民)에게 패하여 장안(長安)에서 피살되었다.

123) '湣'은 '愍'의 잘못이다.

124) '山歸'는 '巋'의 잘못이다.

於武强縣. 是時突厥處羅可汗方盛, 遣使迎后. 建德不敢留, 遂入於虜庭. 貞觀四年破突厥, 以禮致之, 歸於京師. 二十一年殂,[125] 詔以皇后禮於楊州合葬於煬帝陵. 漢, 元帝紀. 竟寧元年春正月, 匈奴虖轉[126]邪單于來朝. 賜單于王檣爲閼氏. 注. 王嬙, 王氏女, 名嬙, 字昭君. 蘇林曰, 閼氏, 音焉支, 如漢皇后也.)

71 **[협주]** ≪국어(國語)·제어(齊語)≫의 기록이다. 환공(桓公)이 거(莒)나라에서 제(齊)나라로 돌아온 뒤, 포숙(鮑叔)을 재상으로 삼자 포숙이 사양하며 말하기를, "신은 관중(管仲)보다 못합니다."라고 했다. 환공이 말하기를, "관중은 과인을 쏘아 혁대 고리를 맞추어 이 때문에 거의 죽을 뻔했소."라고 했다. 포숙이 아뢰기를, "자신의 군주를 위해서 행동한 것입니다. 주군께서 만일 그를 용서하여 돌아오게 하신다면, 이와 똑같이 주군을 섬길 것입니다."라고 했다. 환공이 노(魯)나라에 사람을 보내어 그를 요구하자 (노나라) 장공(莊公)은 관중을 묶어서 제나라의 사신에게 넘겨주게 했고, 제나라 사신은 그를 넘겨받고 물러 나왔다. (제나라에) 도착하자 관중에게 세 차례의 훈향과 세 차례의 목욕을 시켰다. 환공은 친히 교외에서 그를 맞이했다. ≪관자(管子)·중광(中匡)≫의 기록이다. 환공이 관중에게 말하기를, "그대에게 '중부(仲父)'의 칭호를 드리고자 하오."라고 했고 주에 "'부(父)'라는 것은 덕이 있는 노인을 존중하는 칭호이다. 환공이 관중을 높여 섬기고자 했기 때문에 '중부'의 칭호를 드린 것이다."라고 했다.(齊語. 桓公自莒反至于齊, 使鮑叔爲宰, 辭曰, 臣不若夷吾. 桓公曰, 夫管夷吾射寡人中鉤, 是以濱於死.[127] 鮑叔曰, 夫爲其君動也. 君若有[128]而反之, 夫猶是也. 桓公使請諸魯, 莊公使束縛以予齊使, 齊使受之而退. 比至, 三釁三浴之.[129] 桓公親逆之于郊. 管子. 桓公謂管仲曰, 請致仲父. 注, 父者, 尊於老有德之稱. 桓公欲尊事管仲, 故以仲父之號, 致之也.)

72 **[협주]** 위의 "꿈속의 점괘로 현명한 재상을 기용한다."의 주에 보인다.[130](見上夢卜庸眞相注.)

---

125) 殂(조) : 죽다.
126) '轉'은 '韓'의 잘못이다.
127) 濱(빈) : 가깝다. 근접하다.
128) '有'는 '宥'의 잘못이다. 용서하다는 뜻이다.
129) 釁(흔) : 향기로 몸을 깨끗이 하다.
130) 두목의 시 <감회를 읊은 시 1수(感懷詩一首)>이다.

[역자주] 釣翁(조옹) : 낚시하는 늙은이. 강태공(姜太公)을 가리킨다. 주나라 문왕에게 발탁되어 그의 태사(太師)가 되었다.

73 **[협주]** ≪사기·맹자순경열전(孟子荀卿列傳)≫의 기록이다. 맹가(孟軻)는 추(騶)나라 사람으로, 자사(子思)의 문인에게서 학문을 배웠다. 도가 이미 통달하게 되자 제나라 선왕(宣王)에게 유세하여 섬기려고 했으나 제나라 선왕이 그를 등용하지 않았다. 양(梁)나라로 갔으나 양나라 혜왕(惠王)은 그가 말하는 것을 실천하지 않았으니, 만나보고는 현실과 거리가 멀어 당시 사정과 맞지 않는다고 여겼기 때문이다. 이때 진(秦)나라는 상군(商君)[131]을 등용하여 나라를 부유하게 하고 군대를 강하게 했으며, 초(楚)나라와 위(魏)나라는 오기(吳起)[132]를 등용하여 싸움에서 이기고 적을 약하게 했다. 제나라의 위왕(威王)과 선왕(宣王)은 손자(孫子)[133]와 전기(田忌)[134]의 무리를 등용하여 제후들이 동쪽을 향하여 제나라에 조회하게 했다. 천하는 바야흐로 합종(合縱)과 연형(連衡)에 힘썼으며, 공격과 정벌을 훌륭하다고 여겼다. 하지만 맹가는 요순과 삼대(三代)의 덕정(德政)을 논술했으며 그 때문에 가는 곳마다 맞지 않았다. 물러나 만장(萬章)의 무리와 함께 ≪시경≫, ≪서경≫을 순서에 따라 편집하고 공자의 뜻을 논술하여 ≪맹자≫ 7편을 지었다.(史記. 孟子, 鄒人也, 受業於子思之門人. 道旣通, 遊事齊宣王, 齊宣王不能用. 適梁, 梁惠王不果所言,[135] 則見以爲迂遠而闊於事情.[136] 當是之時, 秦用商君, 富國彊兵, 楚魏用吳起, 戰勝弱敵. 齊威王宣王用孫子田起[137]之徒, 而諸侯東面朝齊. 天下方務於合從連衡, 以攻伐爲賢. 而孟軻乃述唐虞三代之德, 是以所好[138]者不合. 退而與

131) 상군(商君) : 위(衛)나라 사람 공손앙(公孫鞅)이다. 진(秦)나라 효공(孝公)을 도와 변법을 실행했고, 진나라가 부강하게 되는 기초를 다졌다. 상(商) 지방에 봉해져서 상군(商君)으로 칭해진다.

132) 오기(吳起) : 위(衛)나라 좌씨(左氏, 지금의 산동성 조현(曹縣) 북쪽) 사람이다. 일찍이 위(魏)나라 장군으로 있으면서 여러 차례 전공을 세웠다. 후에 초나라의 영윤으로 있으면서 초나라 도왕(悼王)을 보좌하여 변법을 실행했고, 초나라의 부강을 촉진했다.

133) 손자(孫子) : 손빈(孫臏)을 가리킨다. 제나라 아(阿, 지금의 산동성 양곡현(陽谷縣) 동북쪽) 사람이다. 일찍이 제나라 위왕(威王)의 군사(軍師)로 있었다. 계릉(桂陵)과 마릉(馬陵)에서 위(魏)나라 군사를 물리쳤다. 저작으로 ≪손빈병법(孫臏兵法)≫이 있다.

134) 전기(田忌) : 제나라의 장군. 일찍이 군사를 이끌고 두 차례나 위(魏)나라 군사를 크게 물리쳤다.

135) 不果(불과) : 실행하지 않다.

136) 迂遠(우원) : 현실과 동떨어지다.

137) '起'는 '忌'의 잘못이다.

萬章之徒序詩書, 述仲尼之意, 作孟子七篇.)

[역자주] 要(요) : 초청하다. 필요로 하다.

74 **[협주]** ≪논어·자장(子長)≫의 기록이다. 숙손무숙(叔孫武叔)이 공자를 비방하자 자공이 말하기를, "그런 식으로 하지 마시오. 공자는 비방할 수 없습니다. 다른 사람의 훌륭한 것은 언덕이라서 넘을 수 있지만 공자는 해와 달이라서 넘을 수 없습니다. 사람들이 비록 스스로를 (공자와) 끊으려고 하여도 그것이 어떻게 해와 달을 손상시키겠습니까. 다만 자신이 분수를 알지 못함을 보일 뿐입니다."라고 했다.(論語. 叔孫武叔毁仲尼, 子貢曰, 無以爲也. 仲尼, 不可毁也. 他人之賢者, 丘陵也, 猶可踰也, 仲尼, 日月也, 無得而踰焉. 人雖欲自絶, 其何傷於日月乎. 多見其不知量也.)

75 **[협주]** ≪사기·이사열전(李斯列傳)≫의 기록이다. 이사(李斯)는 초(楚)나라 상채(上蔡) 사람이다. 서쪽으로 가서 진(秦)나라 왕에게 유세하자 객경(客卿)에 제수되었다. 마침 한(韓)나라가 정국(鄭國)으로 하여금 진나라를 이간질하여 운하를 만들게 했으나 얼마 뒤에 거짓이 발각되었다. 진나라의 대신이 모두 진나라 왕에게 아뢰기를, "제후국 사람들이 진나라를 섬기러 오는 것은 대부분 자신의 군주를 위하여 이간질하려고 오는 것일 뿐입니다. 청컨대 빈객들을 모두 축출하시기를 바랍니다."라고 했다. 이사도 축출 대상으로 논의되었다. 이사가 이에 상서하자 왕은 결국 빈객 축출 명령을 취소하고 이사의 벼슬을 돌려주었다. 뒤에 진시황은 황제(皇帝)가 되었고 이사를 승상으로 삼았다. (史記. 李斯, 楚上蔡人也. 西說秦王, 拜爲客卿. 會韓使鄭國來間秦, 以作漑渠, 已而詐覺. 秦之大臣皆言秦王曰, 諸侯人來使[139]秦者, 大抵爲其主遊間耳. 請一切逐客. 斯議在逐中. 斯乃上書, 王乃除逐客之令, 復李斯官. 後始皇爲皇帝, 以斯爲丞相.)

76 **[협주]** ≪사기·범저채택열전(范雎蔡澤列傳)≫의 기록이다. 범저(范雎)는 위(魏)나라 사람으로 자가 숙(叔)이다. 제후에게 유세하면서 위나라 왕을 섬기려고 했으나 집이 가난하여 스스로 활동할 자금이 없자, 먼저 위나라 중대부(中大夫) 수고(須賈)를 섬겼다. 수고가 위나라 소왕(昭王)을 위하여 제나라에 사신으로 가는데, 범저도 동행하여 몇 개월을 머물렀으나 (제나라로부터) 회답을 받지 못했다. 제나라 양왕(襄王)은 범저에게 말재

138) '好'는 '如'의 잘못이다. 가다는 뜻이다.
139) '使'는 '事'의 잘못이다.

주가 있다는 것을 듣고 사람을 보내어 범저에게 황금 10근과 쇠고기와 술을 하사했으나, 범저는 감히 받을 수 없다고 사양했다. 수고가 이 사실을 알고 크게 화를 내면서 범저가 위나라의 기밀을 제나라에 알려 주었기 때문에 이러한 예물을 받게 되었다고 여겼다. 범저에게 명하여 쇠고기와 술만 받고 황금은 돌려보내게 했다. 돌아온 뒤에 (수고는) 위나라 재상 위제(魏齊)에게 이러한 내용을 보고했다. 위제는 크게 화를 내면서 사인(舍人)을 시켜 범저를 매질하게 했고 갈비뼈와 이빨이 부러졌다. 범저가 죽은 척하자 곧 대자리로 말아서 변소에 버려두었다. 빈객 중에 술을 마신 자들이 취하여 번갈아 범저에게 소변을 보아 고의로 그를 모욕함으로써 뒷사람들을 경계시켜, 함부로 말하는 자가 없도록 한 것이다. 범저가 대자리 속에서 간수에게 말하기를, "그대가 나를 나갈 수 있게 해준다면, 나는 반드시 그대에게 후한 시례를 하겠소."라고 했다. 간수가 대자리 속의 죽은 사람을 내다 버릴 것을 청하자, 위제가 술에 취해서 말하기를, "좋다."라고 하여 범저는 벗어날 수 있었다. 도망하여 숨어 살면서 성명을 장록(張祿)으로 고쳤다. 진(秦)나라에서 범저를 응(應) 땅에 봉하고, 응후(應侯)라고 불렀다. 범저가 이미 진나라의 재상이 되었지만, 진나라에서는 장록이라고 부르고 있었기 때문에, 위나라에서는 알지 못하고 범저가 죽은 지 이미 오래라고 생각했다. 위나라는 진나라가 또 동쪽으로 한(韓)나라와 위나라를 공격한다는 말을 듣고, 위나라에서 수고를 진나라에 사신으로 보냈다. 범저는 수고를 대청 아래에 앉히고 그의 앞에 여물과 콩을 내놓은 채, 두 명의 경형(黥刑)을 받은 죄인들로 하여금 양쪽에서 말에게 먹이듯이 그에게 먹이면서 꾸짖기를, "나 대신 위나라 왕에게 전하여 위제의 머리를 가져오게 하라. 그렇지 않으면 나는 장차 위나라 도읍 대량(大梁)을 도륙할 것이다."라고 했다. 위제는 자결했고 조(趙)나라 왕이 그의 목을 가져다 진나라에 주었다. '책(簀)'은 음이 책으로, 침상의 대자리이다.(史記. 范睢[140]者, 魏人也, 字叔. 游說諸侯, 欲事魏王, 家貧無以自資, 乃先事魏中大夫須賈. 須賈爲魏昭王使於齊, 范睢從留數月, 未得報. 齊襄王聞睢辯口, 乃使人賜睢金十斤及牛酒, 睢辭謝不敢受. 須賈知之, 大怒, 以爲睢知[141]魏國陰事告齊, 故得此饋.[142] 令睢受其牛酒, 還

140) '睢'는 '雎'의 잘못이다. 고래로 범저의 이름을 범수로 적는 잘못이 있었는데 여기서도 이를 따른 것이다.
141) '知'는 '持'의 잘못이다.
142) 饋(궤) : 물건을 보내다. 여기서는 보낸 물건을 말한다.

其金. 旣歸以告魏相魏齊. 魏齊大怒, 使舍人笞擊雎, 折脅摺齒.[143] 雎佯死,[144] 卽卷以簀, 置廁中. 賓客飮者醉, 更溺雎,[145] 故僇辱以懲後,[146] 令無妄言者. 雎從簀中謂守者曰, 公能出我, 我必厚謝公. 守者請出弃簀中死人, 魏齊醉, 曰可矣. 范雎得出. 亡伏匿, 更名姓曰張祿. 秦封范雎以應, 號爲應侯. 范雎旣相秦, 秦號曰張祿, 而魏不知, 以爲范雎已死久矣. 魏聞秦且東伐韓魏, 魏使須賈於秦. 范雎坐須賈於堂下, 置莝豆其前,[147] 令兩黥徒夾而馬食之, 數曰,[148] 爲我告魏王, 持魏齊頭來. 不然者, 我且屠大梁. 魏齊自剄, 趙王取其頭予秦. 簀音責, 床簀也.)

77 [역자주] 給喪(급상) : 상례를 도와주다. 궐장(蹶張) : 강궁(强弓)을 발로 밟고 활시위를 당긴다는 뜻에서 강궁을 쏘는 사수를 가리킨다.

78 **[협주]** ≪한서·주발전(周勃傳)≫의 기록이다. 주발(周勃)은 누에 채반을 짜는 일을 생업으로 삼았고, 항상 소(簫)를 불어 남의 상사를 도왔다. 고조가 막 기병했을 때 주발이 시종관인 중연(中涓)으로 종군했다. 문제가 즉위하여 주발을 우승상(右丞相)으로 삼고 식읍 만 호를 주었다. ≪한서·신도가전(申屠嘉傳)≫의 기록이다. 신도가(申屠嘉)는 재관(材官)[149]의 궁수 신분으로 고조를 따라 항적을 쳤고 승진하여 하급 지휘관인 대솔(隊率)이 되었다. 문제 시기에 어사대부(御史大夫)로서 승상이 되었고 제후에 봉해졌다.(漢書. 周勃以織薄曲爲生,[150] 常以吹簫給喪事. 高祖初起, 勃以中涓從. 文帝卽位, 以勃爲右丞相, 邑萬戶. 前漢書. 申屠嘉以材官蹶張, 從高帝擊項籍, 遷爲隊率. 文帝時以御史大夫爲丞相, 封侯.)

[역자주] 廊廟(낭묘) : 조정을 뜻한다. 峨危(아위) : 높다랗다. 관직이 높다는 뜻이다.

79 [역자주] 珥貂(이초) : 담비 꼬리를 관에 꽂다. 한나라 때 시중(侍中)과 중상시(中常侍)의 장식이다. 七葉貴(칠엽귀) : 일곱 세대 동안 귀한 신분이 되다.

---

143) 折脅(절협) : 갈비뼈가 부러지다. 摺齒(섭치) : 이가 부러지다.
144) 佯死(양사) : 죽은 체하다.
145) 更溺(경뇨) : 번갈아 가면서 소변을 보다.
146) 故(고) : 일부러. 僇辱(육욕) : 모욕을 주다. 懲後(징후) : 후인에게 경계하다.
147) 莝豆(좌두) : 여물과 콩.
148) 數(수) : 나무라다. 꾸짖다.
149) 재관(材官) : 진한 시기에 설치한 지역 예비병의 명칭이다.
150) 薄曲(박곡) : 누에를 기를 때 사용하는 채반으로 대나무나 갈대로 만든다.

80 **[협주]** ≪한서·김일제전(金日磾傳)≫ 찬(贊)의 기록이다. 김일제는 변방 이민족으로, 나라가 망하자 한나라 조정에 포로가 되었는데 독실과 공경으로 황제를 감동시켰다. 충성과 신의를 스스로 드러냈고 공을 세워 상장(上將)이 되었다. 후세에게 나라를 전하니 대대로 충효로 이름이 났으며 일곱 대에 걸쳐 궁중에서 황제를 모셨으니 어쩌면 그리도 융성했던가. 진(晉) 좌사(左思)의 <영사시(詠史詩)>에 "김씨와 장씨는 조상 덕으로 7대 동안 한나라의 담비 꼬리를 꽂았네."라고 했다.(漢書, 金日磾傳, 贊. 金日磾夷狄, 亡國, 羈虜漢庭,[151] 而以篤敬寤主. 忠信自著, 勒功上將. 傳國後嗣, 世名忠孝, 七世內侍, 何其盛也. 左太冲, 詠史詩. 金張籍舊業,[152] 七葉珥漢貂.)

[역자주] 戎虜(융로) : 중국 서쪽 및 북쪽 이민족을 얕잡아 부르는 명칭이다. 支(지) : 후예를 가리킨다.

81 **[협주]** ≪한서·소무전(蘇武傳)≫의 기록이다. 소무는 자가 자경(子卿)이다. 무제가 소무를 중랑장(中郎將)으로서 부절을 지니고 흉노에 사신으로 가게 했다. 흉노의 임금 선우가 그를 투항시키려고 하다가 (따르지 않자) 소무를 큰 움집에 가두고 아예 음식을 주지 않았다. 하늘에서 눈이 내리자 소무는 누운 채로 눈덩이를 깨물어 담요의 털과 함께 삼켰다. 며칠이 지나도 죽지 않자 흉노는 그를 신기하게 여기고 소무를 북해로 옮겨 숫양을 키우게 하면서 숫양에게서 젖이 나오면 돌아갈 수 있다고 했다. 소무는 부절을 잡고 양을 키웠는데, 누워서나 일어나서나 부절을 지녀 장식이 다 떨어졌다. 소제(昭帝)가 즉위하고 흉노가 한나라와 화친하자 한나라에서 소무 등을 요구했으나 흉노는 거짓으로 소무가 죽었다고 말했다. 한나라 상혜(常惠)가 사신으로 하여금 선우에게 "천자께서 상림원에서 사냥하다가 기러기를 잡으셨습니다. 발에 비단 서신이 묶여 있었는데, '(저는) 아무개 늪지대에 있습니다.'라고 적혀 있었습니다."라고 말하게 시켰다. 소무는 시원(始元) 6년(기원전 81) 봄에 경성으로 돌아왔고 전속국(典屬國)에 제수되었다. 소무가 흉노에 머문 것이 모두 19년이었으니, 처음에 젊은이로 나갔다가 돌아올 때는 수염과 머리카락이 모두 하얗게 되었다.(漢書. 蘇武, 字子卿. 武帝遣武以中郎將使持節送匈奴. 單于欲降之, 乃幽武大窖中,[153] 絶不飮食. 天雨雪,[154] 武臥齧雪與旃毛並咽之.[155] 數日不

151) 羈虜(기로) : 포로가 되어 억류되다.
152) 籍(자) : 의지하다.

死, 匈奴以爲神, 乃徙武北海上, 使牧羝, 羝乳乃得歸. 武杖節牧羊, 臥起操持節, 旄盡落.[156] 昭帝立, 匈奴與漢和親, 漢求武等, 匈奴詭言武死. 常惠教使者謂單于, 言天子射上林中, 得雁. 足有系帛書, 言在某澤中云云. 武以始元六年春至京師, 拜爲典屬國. 武留匈奴凡十九歲, 始以强壯出, 及還, 鬚髮盡白.)

82 **[협주]** ≪한서·등통전(鄧通傳)≫의 기록이다. 등통은 배를 저어 황두랑(黃頭郎)[157]이 되었는데 문제가 그를 총애했다. 문제가 관상을 잘 보는 사람을 시켜 등통의 관상을 보게 하자 말하기를, "장차 가난하여 굶어 죽을 것입니다."라고 했다. 문제가 말하기를, "등통을 부자로 만들 수 있는 것이 내게 달려 있는데 어찌 가난할 것이라고 말하는가."라 하고 이에 등통에게 촉(蜀) 엄도현(嚴道縣)의 구리산을 하사하여 직접 돈을 주조할 수 있게 해주었다. 등씨가 만든 돈이 천하에 퍼졌으니 그의 부유함이 이와 같았다. 문제가 죽고 경제가 즉위하자 등통은 면직되어 집에서 머물렀다. 얼마 지나지 않아 어떤 사람이 등통이 몰래 변방 바깥으로 나가 돈을 주조한다고 고발했다. 잡아다 조사를 벌이니 상당히 많았다. 결국 일 전 한 푼도 자기 소유로 할 수 없었고 남의 집에 얹혀살다가 죽었다.(漢書. 鄧通以濯船爲黃頭郎,[158] 文帝尊幸之. 上使善相者相通, 曰當貧餓死. 上曰, 能富通者在我, 何說貧. 於是賜通蜀嚴道銅山, 得自鑄錢. 鄧氏錢布天下, 其富如此. 及文帝崩, 景帝立, 鄧通免, 家居. 居無何,[159] 人有告通盜出徼外,[160] 鑄錢. 下吏驗問, 頗有. 遂竟不得名一錢, 寄死人家.)

83 **[협주]** ≪장자·천운(天運)≫에 "하늘은 혹시 운행하는가? 누가 이것을 주재(主宰)하는가?"라고 했다.(莊子. 天其運乎, 孰主張是.)

84 **[협주]** 남조 송(宋) 유효표(劉孝標)의 <광절교론(廣絶交論)>에 "번영과 쇠퇴, 부귀와 빈

---

153) 幽(유) : 가두다. 窖(교) : 움집.
154) 雨雪(우설) : 눈이 내리다.
155) 齧(설) : 씹다. 旃毛(전모) : 담요의 털.
156) 旄(모) : 부절의 장식.
157) 황두랑(黃頭郎) : 배의 운행을 담당하는 관리. 뱃사공을 두루 가리킨다. 누런 두건을 써서 이렇게 이름했다는 설이 있고, 누런 깃발을 뱃머리에 달았기 때문이라는 설이 있다.
158) 濯船(도선) : 배의 노를 젓다.
159) 無何(무하) : 길지 않은 시간. 오래지 않아.
160) 徼外(요외) : 변경 바깥.

곤, 생존과 멸망, 궁핍과 창성은 순환하고 번복되니, 신속함이 물결과 같다."라고 했다. (廣絶交論. 榮悴富貧, 存亡約泰, 循環翻覆, 迅若波瀾.)[161]

85 [역자주] 地蓋(지개) : 땅의 덮개로 땅 전체를 감싸고 있는 것을 가리킨다. '개(蓋)'는 '진(盡)'으로 된 판본도 있는데, 땅의 끝을 말한다.

86 [역자주] 捉(착) : 잡다.

87 [역자주] 曉(효) : 훤히 알다.

88 [역자주] 怡(이) : 기쁘다. 즐겁다.

해설

이 시는 두추의 파란만장한 일생을 기술하고 있으며, 마지막에는 예측할 수 없는 인간의 일에 대한 한탄을 곁들였다. 당시 두목은 선주(宣州) 심전사(沈傳師)의 막료로 있던 중 심전사가 이부시랑이 되어 장안으로 돌아가자, 양주(楊州)의 우승유(牛僧孺)에게로 가게 되었다. 가는 도중 경구(京口)를 지나면서 두추가 추방되어 고향으로 돌아왔다는 소식을 듣고 감개에 젖어 이 시를 지었다. 창작 시기는 문종(文宗) 태화 7년(833)이다.

161) 원문은 "前榮而後悴, 或始富而終貧, 或初存而末亡, 或古約而今泰. 循環翻覆, 迅若波瀾."이다.

006. 군청의 관사에서 홀로 술을 들다

郡齋獨酌[1]

前年鬢生雪,	지난해에는 귀밑머리에 눈이 내렸고
今年鬢帶霜.	올해에는 귀밑머리에 서리가 둘렀으니,
時節序鱗次,[2]	계절은 차례대로 순환하여
古今同雁行.[3]	옛날이나 지금이나 똑같이 뒤따른다.
甘英窮西海,	감영은 서해의 끝까지 갔다가
四萬到洛陽.[4]	사만 리 멀리에서 낙양으로 돌아왔는데,
東南我所見,	동쪽과 남쪽은 내가 보았던 곳이니
北可計幽荒.[5]	북쪽으로 세상의 바깥까지 계획할 만하리.
中畫一萬國,	중간에 구획된 만 개의 나라가
角角棋布方.[6]	곳곳에 바둑판의 눈금과 같은데,
地頑壓不穴,	땅은 단단하여 눌러도 구멍이 나지 않고
天迴老不僵.[7]	하늘은 빙빙 돌아서 늙어도 죽지 않는다.
屈指百萬世,	백만 세대를 손꼽아 헤아려 보니
過如霹靂忙.[8]	지나감이 번개처럼 빠른데,
人生落其內,	사람의 삶이 그 안에 빠져 있으니
何者爲彭殤.[9]	누가 팽조이고 누가 일찍 죽은 아이인가.
促束自繫縛,	서둘러 단속하면서 자신을 묶었지만
儒衣寬且長.	유사의 옷은 넓고도 긴데,

旗亭雪中過,[10]	시장 안의 누각을 눈 내리는 중에 들러
敢問當壚娘.[11]	감히 주모에게 물어보리라.
我愛李侍中,	나는 이시중을 좋아하는데
摽摽七尺强.[12]	헌걸차서 키가 칠 척이 넘고,
白羽八札弓,[13]	백우 화살과 갑옷 여덟 장을 뚫는 활을 찼으며
髀壓綠檀槍.[14]	넓적다리는 푸른 박달나무 창을 압도한다.
風前略橫陣,[15]	바람 앞에서 가로놓인 진지를 빼앗을 때
紫髯分兩傍.[16]	붉은 수염이 두 갈래로 갈라지니,
淮西萬虎士,	회서군의 수만 용사들은
怒目不敢當.[17]	화난 눈빛을 감당하지 못했다.
功成賜宴麟德殿,[18]	공을 세워 인덕전에 잔치를 받을 때
猨超鶻掠廣球場.[19]	넓은 격구장에서 원숭이가 뛰어넘고 송골매가 낚아채듯 하니,
三千宮女側頭看,[20]	삼천 궁녀가 머리 기울여 구경하느라
相排踏碎雙明璫.[21]	서로 밀치면서 쌍귀걸이를 밟아 깨뜨렸으며,
旌竿幖幖旗燿燿,[22]	깃대는 재빠르고 깃발은 번쩍번쩍
意氣橫鞭歸故鄕.	호기롭게 채찍을 휘두르며 고향으로 돌아갔다.
我愛朱處士,[23]	나는 주 처사를 좋아하는데
三吳當中央.[24]	그는 삼오 지역의 가운데에서,
罷亞百頃稻,[25]	파아 벼를 백 경에 심어
西風吹半黃.	서풍이 반쯤 누런 벼에 불어오면,
尙可活鄕里,	여전히 고을 사람을 먹여 살릴 수 있으니
豈唯滿囷倉.[26]	어찌 창고에 가득 채워 두기만 하겠는가.

後嶺翠撲撲,[27]	뒤쪽 산마루엔 푸르름이 짙고
前溪碧泱泱.[28]	앞쪽 시내엔 푸른 물이 넘실대는데,
霧曉起鳧雁,	안개 낀 새벽에는 오리와 기러기가 날아오르고
日晩下牛羊.[29]	날 저물면 소와 양들이 내려왔지.
叔舅欲飮我,[30]	외숙은 내게 술을 마시게 하려고
社甕爾來嘗.[31]	"제사 지낸 술을 네가 와서 맛보거라,
伯姊子欲歸,[32]	큰 누님의 아들이 돌아가려고 하니
彼亦有壺漿.	저쪽에도 술 담은 병을 줘야 할 것이다."라고 하셨지.
西阡下柳塢,[33]	서쪽 밭길은 버드나무 마을로 내려가고
東陌繞荷塘.[34]	동쪽 밭길은 연꽃 핀 연못을 둘렀는데,
姻親骨肉舍,[35]	친척과 형제의 집이
煙火遙相望.[36]	굴뚝 연기 속에 멀리 서로 바라보았지.
太守政如水,[37]	태수의 정치는 물처럼 평온하지만
長官貪似狼.[38]	지방 관원의 탐욕은 이리와 같아서,
征輸一云畢,[39]	세금 납부를 끝내라고 줄곧 말하니
任爾自存亡.[40]	그들에게 자신의 존망을 맡겨두었다.
我昔造其室,	내가 옛날 그의 집에 갔었는데
羽儀鸞鶴翔.[41]	깃털 장식 의장은 난새와 학이 날아가는 듯하며,
交橫碧流上,	엇갈리며 가로지르는 푸른 시냇물가에
竹映琴書床.	대나무가 금과 책이 놓인 책상에 비쳤고,
出語無近俗,	말을 하면 속된 것에는 가까이함이 없어
堯舜禹武湯.	요, 순, 우, 무왕, 탕왕이었다

問今天子少,[42]	묻기를 "지금 천자가 젊으시니
誰人爲棟梁.[43]	누가 조정의 기둥이 될 것인가?"라고 하기에,
我曰天子聖,	나는 말하기를, "천자가 성스럽고
晉公提紀綱.	진국공이 재상을 맡고 있는데,
聯兵數十萬,	수십만 대군을 연합하여
附海正誅滄.[44]	바다를 따라 한창 창주의 적을 토벌했지.
謂言大義小不義,	큰 의로움이 불의를 하찮게 여겨서
取易卷席如探囊.[45]	되찾는 것이 자리를 말듯 사루를 뒤지듯 쉽다고 여겼는데
犀甲吳兵鬪弓弩,[46]	무소 갑옷의 오 땅 병사가 다투어 활을 당기고
蛇矛燕騎馳鋒芒.[47]	사모창을 든 연 땅 기병이 예리한 기세로 치달렸지만,
豈知三載凡百戰,[48]	어찌 알았겠는가, 3년 동안 모두 백 번의 전투에서
鉤車不得望其牆.[49]	병거가 적진의 담장 안을 볼 수 없었음을."
答云此山外,	주 처사가 대답하기를 "이 산 너머에도
有事同胡羌.[50]	변방 오랑캐와 같은 그런 일이 있는데,
誰將國伐叛,	누가 조정에서 반역자를 격멸했다는 소식을
話與釣魚郎.[51]	물고기 잡는 나에게 알려줄까."라고 했다.
溪南重迴首,	시내 남쪽에서 다시 머리 돌리니
一逕出脩篁.[52]	한 줄기 길이 긴 대나무 숲을 나왔다.
爾來十三歲,[53]	그 이래로 13년이 지났으나
斯人未曾忘.	그 사람을 잊은 적이 없었는데,
往往自撫己,	자주 나 자신을 스스로 돌아보니
淚下神蒼茫.[54]	눈물이 흘러 정신이 아득하다.

御史詔分洛,[55]	내가 감찰어사로 낙양에 있을 때는
擧趾何猖狂.[56]	행동이 얼마나 제멋대로였으며,
闕下諫官業,[57]	대궐 안에서 간관으로 일할 때는
拜疏無文章.[58]	상소문을 올리면서 좋은 글이 없었다.
尋僧解幽夢,[59]	스님을 찾아가 근심스러운 꿈을 해몽하고
乞酒緩愁腸.[60]	술을 얻어서 수심에 찬 속을 풀었는데,
豈爲妻子計,	어찌 처자식을 위한 계책 때문에
未去山林藏.	산림에 은거하러 가지 못한 것이겠는가.
平生五色線,	평소에 오색의 실로
願補舜衣裳.[61]	순임금의 옷을 보좌하고는,
絃歌教燕趙,[62]	예악으로 연 땅과 조 땅의 백성을 교화시키고
蘭芷浴河湟.[63]	쉽싸리와 구릿대로 황하와 황수 지역을 씻고자 해서였지.
腥膻一掃洒,[64]	이민족의 누린내를 단번에 씻어내리고
兇狠皆披攘.[65]	흉악한 무리가 모두 굴복하면,
生人但眠食,[66]	백성들은 그저 편히 자고 먹어서
壽域富農桑.[67]	장수하면서 농작이 부유해지리라.
孤吟志在此,	홀로 읊조리며 뜻을 여기에 두었지만
自亦笑荒唐.[68]	스스로 또한 황당함을 비웃노라.
江郡雨初霽,[69]	강가의 고을에 비가 막 개니
刀好截秋光.	칼로 자른 듯이 가을 햇볕이 선명하고,
池邊成獨酌,	연못가에서 홀로 술 마시니
擁鼻菊枝香.[70]	코에 스미는 것은 국화의 향기인데,

醺酣更唱太平曲,[71] 술 취하여 다시 태평곡을 부르나니
仁聖天子壽無疆.[72] 어질고 성스러운 천자는 만수무강하시리라

주석

1 **[협주]** 황주에서 지은 것이다.(黃州作.)

2 **[협주]** 진(晉) 장화(張華) ≪문선·뜻을 힘쓰다(勵志)≫에 "사계절은 차례대로 순환한다."라고 했다.(選. 四氣忽[162]鱗次.)

[역자주] 鱗次(인차) : 생선 비늘이 나란히 있다. 차례대로 진행되는 것을 말한다.

3 **[협주]** ≪예기·왕제(王制)≫에 "형의 연배면 약간 뒤처져 걷는다.(禮記. 兄弟[163]之齒, 雁行.)"라고 했다.)

[역자주] 雁行(안항) : 원래는 기러기가 날아가는 대열인데, 이로써 배열이 가지런하고 차례가 있는 것을 형용한다. 독음이 '안행'이면 다른 사람보다 약간 뒤처져서 가는 것으로, 공손함을 표현한 것이다. 내용과 압운으로 보아 이 시에서는 전자의 뜻이다.

4 **[협주]** ≪후한서·서역전(西域傳)≫의 기록이다. 영원(永元) 9년(98) 반초(班超)가 속관인 감영(甘英)으로 하여금 서해의 끝까지 갔다가 돌아오도록 했다. 사관이 논하기를, "감영은 마침내 조지(條支)[164]에 이르렀고 안식(安息)[165]을 지났으며, 서해(西海)에 다가가 대진(大秦)[166]을 바라보았다. 옥문(玉門)과 양관(陽關)에서 4만여 리 떨어져 있으니, 두루 다 가보지 않은 곳이 없었다."라고 했다.(後漢, 西域傳. 永元九年班超遣掾甘英,[167] 窮臨西海而還. 史臣論, 甘英乃抵條支而歷安息, 臨西海以望大秦, 距玉門陽關者四萬余里, 靡不周盡焉.)

---

162) '忽'은 연자이다.
163) '弟'는 연자이다.
164) 조지(條支) : 당나라 서역의 지명이다.
165) 안식(安息) : 지금의 이란에 있던 고대 국가의 이름이다.
166) 대진(大秦) : 옛날에 로마를 지칭하던 말이다.
167) 掾(연) : 관부에서 장관을 보좌하는 관리의 통칭이다.

5 [역자주] 幽荒(유황) : 아주 먼 변방으로 구주(九州)의 밖을 두루 이르는 말이다.

6 **[협주]** 삼국시대 오(吳)나라 위소(韋昭)의 <박혁론(博奕論)>에 "뜻을 두는 것은 바둑판 위를 벗어나지 못하고, 힘쓰는 것은 작은 네모 칸 사이를 뛰어넘지 못한다."라고 했고, ≪문선≫ 장선(張銑)의 주에 "'평(枰)'은 바둑판과 선이고, '괘선지간(罫線之間)'은 네모 눈금이다."라고 했다. 진(晉) 좌사(左思) <오도부(吳都賦)>에 "관청들이 바둑알이 놓인 것과 같다."라고 했고, ≪문선≫ 이주한(李周翰)의 주에 "바둑알이 분포된 것과 같다."라고 했다.(博奕論. 所志不出一枰之上, 所務不過方罫之間. 注, 枰, 棋局線道也, 罫線之間, 方目也. 吳都賦. 廨署棊布.[168] 注. 如棊分布也.)

[역자주] 角角(각각) : 여기저기를 뜻한다. 棋布方(기포방) : 네모난 바둑판의 눈금을 뜻한다.

7 **[협주]** ≪후한서·선초전(單超傳)≫에 "좌관(左悺)이 천자의 마음을 돌렸다."라고 했다.(後漢書, 左廻天.)

[역자주] 天廻(천회) : 하늘이 빙빙 돌다. 천체가 운행하는 것을 말한다. 僵(강) : 넘어지다. 죽다.

8 [역자주] 霹靂(벽력) : 벼락과 천둥. 忙(망) : 바쁘다. 촉급하다.

9 **[협주]** ≪장자·제물론(齊物論)≫의 기록이다. 천하에는 가을 터럭의 끝보다 더 큰 것이 없고 태산은 작으며, 일찍 죽은 아이보다 장수한 이가 없고 팽조는 요절한 것이다. 천지는 나와 함께 생겨났고, 만물은 나와 하나이다.(莊子. 天下莫大於秋豪之末, 而大山爲小, 莫壽於殤子, 而彭祖爲夭. 天地與我並生, 而萬物與我爲一.)

[역자주] 彭殤(팽상) : '팽'은 팽조(彭祖)인데 800세까지 살았다는 전설상의 인물이고, '상'은 20세가 되기 전에 죽는 것을 말한다.

10 **[협주]** 장형(張衡)의 <서경부(西京賦)>에 "깃발을 꽂아둔 누각은 5층이니, 모든 거리를 굽어 살펴볼 수 있다."라고 했고, ≪문선≫ 이선의 주에 "기정(旗亭)은 시장 안의 누각이다."라고 했다.(西京賦. 旗亭五重, 俯察百隧. 注. 旗亭, 市樓也.)

11 **[협주]** ≪한서·사마상여전(司馬相如傳)≫에 "사마상여가 임공(臨邛)에 가서 수레와 말

168) 廨署(해서) : 관청

을 모두 팔아 술집을 샀고 탁문군에게 술을 팔게 했다."라고 했고, 안사고의 주에 "술을 파는 곳에 흙을 쌓아 토대를 만들고 술 단지를 둔다. 사면이 솟아 있고 한 면이 높은 모양이 대장간의 화로와 같다. 그래서 '로(壚)'라고 이름 붙인 것일 뿐인데 세간의 학자들은 모두 '당로(當壚)'를 마주하여 술을 데우는 화로라고 하니 그 뜻을 잘못 안 것이다." 라고 했다.(漢書. 相如之臨邛, 盡賣車騎, 買酒舍, 乃令文君當盧. 注, 賣酒之處, 累土爲壚, 以居酒瓮. 四邊隆起, 其一面, 高形如鍛壚. 故名壚耳, 而俗之學者皆謂當壚爲對溫酒火盧, 失其義矣.)

[역자주] 當壚娘(당로낭) : 술 파는 곳을 담당하고 있는 여인으로 주모를 뜻한다. 이상 네 구는 인생의 의미에 대해 유자의 지식으로는 알 수 없고 오히려 저자의 주모에게나 물어봐야겠다는 말로 자조의 뜻이 섞여 있다.

12 **[협주]** '표(摽)'는 필과 소의 반절이다. ≪신당서·이광안전(李光顔傳)≫의 기록이다. 이광안은 자가 광원(光遠)이다. 갈전(葛旃)이 그가 젊었을 때 말을 타고 활 쏘는 것을 가르쳤는데, 그의 타고난 바탕이 용감하여 자신이 미칠 수 없다고 매번 감탄했다. 장성하여 하동군(河東軍)에서 종군하면서 비장(裨將)이 되었다. 원화(元和) 9년(814) 채주(蔡州)를 토벌할 때, 진주자사(陳州刺史)로 충무군도지병마사(忠武軍都知兵馬使)를 맡았다. 한 달이 지나 충무군의 절도사로 발탁되었고, 충무군으로 한 지역을 감당하라는 조서를 받았다. 이광안이 이에 은수(溵水)에 진을 쳤고 다음 해에 시곡(時曲)에서 도적을 대파했다. 당초에 도적이 새벽에 그의 군영을 압박하여 진을 치자 군사들이 나가지를 못했다. 이광안이 목책을 부수고 기병 몇 명을 인솔하여 적진 속으로 돌격해 들어가 한두 차례 왕복하니 적의 군사들이 이광안임을 알고 그의 몸에 화살을 집중한 것이 고슴도치와 같았다. 아들이 말의 뱃대끈을 잡고 깊이 들어가지 말 것을 간언하자 이광안은 칼을 꺼내 들고 꾸짖었다. 이에 군사들이 다투어 분발했고 적은 마침내 궤멸되어 도주했다. 이때 여러 진(鎭)의 군대가 채주를 포위한 것이 10여 군영이 되었으나 서로 돌아보기만 할 뿐 나서려고 하지 않았는데, 유독 이광안이 먼저 적을 패배시켰다. 당초 배도(裴度)가 여러 부대를 시찰하고 돌아가서 헌종(憲宗)에게 아뢰기를, "이광안이 용감하고 정의로워 반드시 공을 세울 것입니다."라고 했다. 원화 11년(816) 자주 적들을 곤경에 빠뜨렸고 마침내 능운책(淩雲柵)을 함락했다. 승전보가 보고되자 헌종이 매우 기뻐하면서 그 사자에게 후하게 상을 내렸고, (이광안은) 검교상서좌복야(檢校尙書左僕射)로 승진했다. 원화 12년

(817) 4월 언성(郾城)에서 적을 격파했다. 배도가 타구(沱口)에 혁련성(赫連城)을 쌓고 가볍게 무장한 기병을 이끌고 둘러보았다. 적들이 기습 군대로 오구(五溝)에서 이르러 크게 함성을 외치며 접근전을 폈다. 성이 무너졌고 배도가 매우 위험해지자 이광안이 힘써 싸워 물리쳤다. 이에 앞서 이광안은 적들이 반드시 올 것에 대비하여 은밀히 전포(田布)에게 도랑 아래에 정예 기병을 매복하여 그들의 귀로를 차단하게 했다. 적이 패하여 말을 버리고 도망하다가 도랑에서 굴러 죽은 자가 천여 명이었다. 이 때문에 적이 정예병을 모두 동원하여 이광안을 대적하자 이소(李愬)가 허점을 타고 채주로 들어갈 수 있었다. 이광안이 말을 달려 적의 군영으로 들어가 큰소리로 외치자 군사 만여 명이 갑옷을 버리고 항복했다. 적이 평정되자 검교사공(檢校司空)이 더해졌다. 입궐하여 인덕전에 부름 받아 황제를 뵙자 많은 재물을 하사했고 그의 집에서 연회를 베풀도록 명했다. 목종(穆宗)이 즉위하여 불러들여 개화리의 집을 하사하고 동중서문하평장사(同中書門下平章事)를 더해 주었다. 환군하자 승진하여 시중(侍中)을 겸했다. 경종(敬宗) 초엽에는 정식으로 사도(司徒)에 제수되었다. 보력(寶曆) 2년(827)에 죽으니, 나이가 66세였다. 태위(太尉)에 추증되었고 시호를 충(忠)이라고 했다.(摽, 必小切. 唐書. 李光顔, 字光遠. 葛旃少敎以騎射, 每歎其天資票健, 已所不逮. 長從河東軍爲裨將. 元和九年討蔡, 以陳州刺史充忠武軍都知兵馬使. 逾月, 擢本軍節度使, 詔以其軍當一面. 光顔乃壁溵水,[169] 明年大破賊時曲. 初時[170]晨壓其營以陣, 衆不得出, 光顔毁其柵, 將數騎突入賊中, 反往一再, 衆識光顔, 矢集其身如蝟. 子攬馬鞅, 諫無深入, 光顔挺刃叱之.[171] 於是士爭奮, 賊乃潰北.[172] 當此時, 諸鎭兵環蔡十余屯, 相顧不肯前, 獨光顔先敗賊. 始裴度宣慰諸軍還, 爲憲宗言, 光顔勇而義, 必立功. 十一年, 屢困賊, 遂拔淩雲柵. 捷奏入, 帝大悅, 厚賚其使,[173] 進檢校尙書左僕射. 十二年四月, 敗賊於郾城云云. 裴度築赫連城於沱口, 率輕騎觀之. 賊以奇兵自五溝至, 大呼薄戰. 城爲震壞, 度危甚, 光顔力戰卻之. 先是, 光顔策賊必至, 密遣田布伏精騎溝下, 扼其歸. 賊敗, 棄騎去, 顚死溝中

169) 壁(벽) : 군영을 굳건히 하다. 주둔하며 지키다.
170) '時'는 '賊'의 잘못이다.
171) 挺刃(정인) : 칼을 꺼내들다. 叱(질) : 꾸짖다.
172) 潰北(궤배) : 도망가다.
173) 厚賚(후뢰) : 많이 하사하다. 크게 위로하다.

者千余. 由是賊悉銳士當光顔, 而李愬得乘虛入蔡矣. 光顔躍馬入賊營大呼, 衆萬余人投甲請命. 賊平, 加檢校司空. 入朝, 召對麟德殿, 賜與蕃渥,[174] 命宴其第. 穆宗立, 召還, 贈開化里第, 加同中書門下平章事. 還軍, 進兼侍中. 敬宗初, 直[175]拜司徒. 寶曆二年卒, 年六十六. 贈太尉, 謚曰忠.)

[역자주] 摽摽(표표) : 높은 모양. 强(강) : 남음이 있다.

13 **[협주]** 남조 송(宋) 포조(鮑照)의 <의고시(擬古詩)>에 "나에게 백우(白羽) 하나를 남겨 달라."라고 했고, ≪문선≫ 이선의 주에 "백우(白羽)는 화살 이름이다."라고 했다. ≪좌전·성공(成公) 16년≫에 "양유기(養由基)가 갑옷을 겹쳐 놓고 활로 쏘아 일곱 겹을 꿰뚫었다."라고 했다. ≪열녀전(列女傳)·변통전(辯通傳)≫의 기록이다. 춘추시대 진(晉)나라 평공(平公)이 활의 장인에게 활을 만들게 했다. 3년이 지나서야 완성하여 쏘았는데 갑옷 하나를 뚫지 못했다. 평공이 화가 나서 활의 장인을 죽이려고 하자 장인의 아내가 평공을 뵙고 말하기를, "신첩의 남편은 이 활을 만드느라 고생했습니다. 줄기는 태산 언덕에서 자란 것으로 하루에 세 번씩 햇볕을 보였고 연(燕) 땅 소의 뿔을 붙였으며, 형(荊) 땅 사슴의 힘줄을 감았고 황하의 물고기로 만든 아교로 붙였습니다. 이 네 가지는 천하에서 골라 뽑은 것인데도 갑옷 하나를 뚫지 못한 것은 주군께서 활을 잘 쏘지 못해서입니다. 그런데 도리어 제 남편을 죽이려 하시니 잘못이 아니겠습니까. 신첩이 듣기에, 활 쏘는 도리는 왼손은 뻗은 가지처럼 하고 오른손은 덧가지처럼 해서 오른손으로 쏘는데 왼손이 모르니, 이것이 활을 쏘는 도리입니다."라고 했다. 평공이 그녀의 말대로 자세를 잡자 갑옷 일곱 장을 뚫었다. 활의 장인은 마침내 풀려날 수 있었고, 황금 3일(鎰)을 하사받았다. 주에 "'찰(札)'은 갑옷이다. 연 땅 소의 뿔은 품질이 좋고 형 땅 사슴의 힘줄은 가늘며, 황하 물고기로 만든 아교는 접착력이 강하다."라고 했다.(鮑明遠, 擬古詩. 留我一白羽. 注. 白羽, 矢名. 左傳. 養由基, 蹲甲而射之, 徹七札. 列女傳. 晉平公使工人爲弓, 三年乃成, 射不穿一札. 公怒, 將殺工, 其妻見公曰, 妾之夫造此弓, 勞矣. 幹生泰山之阿, 一日三覩陽, 傅以燕牛之角, 纏以荊麋之筋, 糊以河魚之膠. 此四者, 天下之選也, 不穿一札, 是君不能射也. 而反欲殺妾之夫, 不亦謬乎. 妾聞, 射之道, 左手如

174) 蕃渥(번악) : 풍성하다. 풍성한 물건.
175) '直'은 '眞'의 잘못이다.

拒, 右手如附枝, 右手發之, 左手不知, 此射之道也. 公以其言爲儀, 而穿七札. 工乃得出, 賜金三鎰. 注云, 札, 鎧札也. 燕角善, 荊筋細, 河膠粘.)

14 **[협주]** ≪둔갑개산도(遁甲開山圖)≫에 "하동에 독두산(獨頭山)이 있고 푸른 박달나무가 많은데 그것으로 좋은 활을 만들 수 있다."라고 했다.(遁甲開山圖, 河東有獨頭山, 多靑檀, 可以爲良弓.)

[역자주] 髀(피) : 넓적다리.

15 [역자주] 略(략) : 빼앗다. 橫陣(횡진) : 가로로 배치된 군진. 상대방의 전진을 막는 군진이다. 여기서는 적의 진지를 가리킨다.

16 **[협주]** ≪삼국지·오지(吳志)·손권전(孫權傳)≫ 배송지(裴松之) 주의 기록이다. 장요(張遼)가 투항한 오나라 사람에게 묻기를 "전에 자줏빛 수염의 장군이 있어 위는 길고 아래는 짧으며 말을 잘 탔고 활을 잘 쏘았는데 그 사람이 누구인가?"라고 하자 투항한 사람이 대답하기를, "회계의 손중모(孫仲謀)입니다."라고 했다.(三國志. 張遼問吳降人, 向有紫髥將軍,[176] 長上而短下, 便馬善射, 是爲誰. 降人曰, 是孫會稽仲謀也.)

[역자주] 紫髥(자염) : 자줏빛 수염으로 용맹한 장수를 상징한다.

17 **[협주]** 위의 "나는 이시중을 좋아한다."의 주에 보인다.[177] 또 한유(韓愈)의 <회서(淮西)를 평정한 기념비(平淮西碑)>에 보인다.(見上李侍中注. 又見韓公平淮西碑.)

[역자주] 이광안은 회서를 평정하러 간 배도를 위기에서 구했다.

18 **[협주]** 한유의 문장인 <당(唐) 고인 봉상농주절도사(鳳翔隴州節度使) 이유간(李惟簡) 묘지명(唐故鳳翔隴州節度使李公墓誌銘)>의 기록이다. 원화 13년(818) 공이 충무군절도사(忠武軍節度使)이자 사공(司空)인 이광안과 함께 입궐하여 조회했다. 황제가 그들에게 삼전(三殿) 즉 인덕전(麟德殿)에서 연회를 베풀어 주고 온갖 기예를 펼쳤는데 공경과 시종신이 모두 참여했다.(韓文, 李惟簡墓銘. 元和十三年, 公與忠武軍節度使司空光顔俱來朝, 上爲之燕三殿, 張百戱, 公卿侍臣咸與.)

19 **[협주]** 장형(張衡)이 <서경부(西京賦)>에 "멀리까지 바라보이는 광장에 참석하여 씨름의 현란한 기예를 품평한다."라고 했다.(西京賦. 臨逈望之廣場, 程角觝之侈戱.[178])

---

176) 向(향) : 일전에.

177) 이 시의 12번 주석에 보인다.

[역자주] 猨超鶻掠(원초골략) : 원숭이가 뛰어넘고 송골매가 낚아채다. 격구를 하는 날렵한 동작을 비유적으로 표현한 것이다.

20 **[협주]** ≪후한서·황후본기(皇后本紀)≫ 논(論)의 기록이다. 무제(武帝)와 원제(元帝) 이후 대대로 지나친 비용이 늘어나, 마침내 후궁에 삼천 명의 궁녀가 있었고 궁녀의 등급은 14개로 늘어나기까지 했다.(後漢書, 皇后紀, 論. 自武元之後, 世增淫費,179) 至乃掖庭三千, 增級十四.)

21 **[협주]** 조식(曹植)의 <낙신부(洛神賦)>에 "강남의 당(璫)을 바칩니다."라고 했고, ≪문선≫ 이선의 주에 "귀걸이를 당(璫)이라고 한다."라고 했다.(洛神賦. 獻江南之璫. 注. 耳珠曰璫.)

22 [역자주] 旌竿(정간) : 깃발을 매단 깃대. 慓慓(표표) : 빠른 모양. 곽곽(爗爗) : 번쩍번쩍 빛나는 모양.

23 **[협주]** 주도령(朱道靈)을 이른다. ≪번천문집(樊川文集)≫ 권3에 <주도령에게 주다(贈朱道靈)>라는 시가 있다. ≪후한서·유관전(劉寬傳)≫ 이현(李賢)의 주에 "처사(處士)는 도예(道藝)를 지니고 있으면서 관직에 나가지 않고 집에 있는 자이다."라고 했다.(謂朱道靈. 三卷有贈詩. 後漢書, 劉寬傳, 注. 處士, 有道藝而在家者.)

24 **[협주]** ≪십도지≫ '소주(蘇州)' 조목의 주에 "진시황 25년 월(越)나라를 오(吳)나라에 병합했는데, 단양(丹陽)과 오흥(吳興)과 함께 세 군(郡)이 삼오(三吳)이다."라고 했다.(十道志, 蘇州, 注. 秦始皇二十五年以越並吳, 丹陽吳興三郡, 是爲三吳.)

[역자주] 三吳(삼오) : 시대에 따라 설이 여러 가지인데, 당나라 때는 오흥, 오군(吳郡), 단양을 가리킨다. 소주가 오군이다.

25 **[협주]** ['파아(罷亞)'는] 본집의 주에 "벼의 이름이다."라고 했다.(本注, 稻名.)

[역자주] 頃(경) : 넓이 단위로 100무畝이다.

26 [역자주] 囷倉(균창) : 창고.

27 **[협주]** ['복(撲)'은] 보와 목의 반절로, 펼쳐져 있다는 뜻이다.(普木切, 拂著也.)

[역자주] 撲撲(박박·복복) : 왕성한 모습.

---

178) 程(정) : 품평하다. 角觝(각저) : 씨름의 일종이다. 侈戲(치희) : 현란한 기예.

179) 淫費(음비) : 과분하게 비용을 쓰다. 정당하지 않게 비용을 쓰다.

28 **[협주]** ≪시경·소아(小雅)·첨피락의(瞻彼洛矣)≫에 "저 낙수를 보니 물이 깊고도 넓다."라고 했다.(詩. 瞻彼洛矣, 維水泱泱.)"

[역자주] 泱泱(앙앙) : 물이 깊고 너른 모양.

29 **[협주]** ≪시경·국풍(國風)·군자우역(君子于役)≫에 "날이 저물어 소와 양이 내려온다."라고 했다.(詩. 日之夕矣, 牛羊下來.)

30 [역자주] 叔舅(숙구) : 외숙.

31 [역자주] 社甕(사옹) : 토지신에게 제사를 지낼 때 사용하는 술을 담은 항아리를 말한다. 爾(이) : 너. 두목을 가리킨다. 嘗(상) : 맛보다.

32 [역자주] 伯姊(백자) : 큰 누나. 외숙의 입장에서 두목의 어머니를 가리키고, 그 아들은 두목이다.

33 [역자주] 阡(천) : 밭두둑길. 塢(오) : 마을. 촌락.

34 [역자주] 陌(맥) : 밭두둑길. 繞(요) : 두르다. 荷塘(하당) : 연이 있는 연못.

35 [역자주] 姻親(인친) : 결혼으로 맺어진 친척. 처가와 외가를 가리킨다. 骨肉(골육) : 혈육.

36 [역자주] 煙火(연화) : 밥 짓는 굴뚝의 연기.

37 **[협주]** ≪한서·백관공경표(百官公卿表)≫의 기록이다. 군수(郡守)는 진(秦)나라의 관직으로 해당 군을 다스리는 것을 맡고 녹봉은 이천석(二千石)이다. 경제(景帝) 중원(中元) 2년(기원전 148)에 이름을 태수(太守)로 바꿨다. 두보의 시[180]에 "정치의 교화가 물처럼 평온하다."라고 했다.(漢書. 郡守, 秦官, 掌理其郡, 秩二千石. 景帝中元二年, 更名郡守爲太守. 詩史. 政化平如水.)

38 **[협주]** ≪어림(語林)≫에 "현령을 장관(長官)이라 하고, 현승을 찬부(贊府)라 한다."라고 했다. ≪한서·항우전(項羽傳)≫에 "사납기가 호랑이 같고 억세기가 양과 같으며 탐욕스럽기가 이리와 같아서, 강경하여 명령할 수 없는 자들은 모두 참수한다."라고 했다.(語林. 以縣令爲長官, 以縣丞爲贊府. 漢書, 項羽傳. 猛如虎, 狠如羊,[181] 貪如狼, 强不可令者, 皆斬.)

39 [역자주] 征輸(징수) : 세금을 거둬서 관청으로 옮기다.

180) 두보의 시 <그림을 잘 그리다(能畵)>이다.
181) 狠(흔) : 거세다. 흉포하다.

40 [역자주] 爾(이) : 그들. 지방 관원을 가리킨다. 自(자) : 두목을 비롯한 백성을 가리킨다.

41 **[협주]** ≪주역·점괘(漸卦)·상구(上九)≫에 "기러기가 점차 나아가 육지에 있는데 그 깃은 의장으로 사용할 만하다."라고 했다. 반고(班固) <유통부(幽通賦)>에 "한나라 10대 황제 시기에 큰 기러기 날아오르는 듯하고 수도에는 깃털 의장이 있다."라고 했다.(易. 鴻漸于陸, 其羽可用爲儀. 幽通賦. 皇十紀而鴻漸兮, 有羽儀於上京.)

[역자주] 羽儀(우의) : 깃털로 장식한 깃발로 의장의 일종이다.

42 **[협주]** ≪구당서·문종본기(文宗本紀)≫의 기록이다. 문종원성소헌효황제(文宗元聖昭憲孝皇帝)는 휘가 앙(昂)으로, 목종의 둘째 아들이다. 원화 4년(809) 10월 10일에 태어났고 장경(長慶) 원년(821)에 강왕(江王)으로 봉해졌다. 보력(寶歷) 2년(826) 12월 8일에 경종이 해를 당하자 을사일에 선정전에서 즉위했다. 개성(開成) 5년(840) 정월에 황제가 대명궁의 태화전(太和殿)에서 붕어하니 향년 33세였다.(唐書, 文宗本紀. 文宗元聖昭憲孝皇帝諱昂, 穆宗第二子. 元和四年十月十日生, 長慶元年封江王. 寶歷二年十二月八日, 敬宗遇害, 乙巳卽位于宣政殿. 開成五年正月, 上崩於大明宮之太和殿, 享壽三十三.)

43 **[협주]** ≪진서·화교전(和嶠傳)≫의 기록이다. 유의(庾顗)가 화교를 보고 감탄하며 말하기를, "우뚝함이 마치 천 길의 소나무와 같으니 큰 건물에 사용하면 마룻대와 대들보의 쓸모가 있겠다."라고 했다.(晉書. 庾顗見和嶠而歎曰, 森森如千丈松, 施之大廈, 有棟梁之用.)

44 **[협주]** ≪구당서·문종본기(文宗本紀)≫의 기록이다. 태화(太和) 4년(830) 9월 임오일에 대리 사도(司徒), 평장군국중사(平章軍國重事)인 진국공(晉國公) 배도(裴度)를 대리사도 겸 시중으로 삼아 산남동도절도사(山南東道節度使)를 맡게 했다. ≪구당서·배도전(裴度傳)≫의 기록이다. 창경절도사(滄景節度使) 이전략(李全略)이 죽자 그의 아들인 이동첩(李同捷)이 병권을 차지하고 절도사를 계승할 것을 요구했다. 배도가 주벌을 시행할 것을 주청했고 한 해가 지나 이동첩이 주벌되었다. 이어서 상소를 올려 군대의 식량을 조달하는 것은 재상의 일이 아니라고 아뢰고, 담당 부서에 귀속시킬 것을 청하자 조서를 내려 따랐다.(舊唐書文宗紀, 太和四年九月壬午以守司徒平章軍國重事,[182] 晉國公裴度守司徒兼侍中, 充山南東道節度使. 裴度傳. 滄景節度使李全略卒, 其子同捷竊弄兵柄, 以求繼襲. 度請行誅伐, 逾年而同捷誅. 因拜疏上陳調兵食非宰相事, 請歸諸

有司, 詔從之.)

45 **[협주]** ≪한서·고제본기(高帝本紀)≫에 "틈을 타고 움직여 삼진(三秦)을 석권했다."라고 했다. ≪장자·거협(胠篋)≫에 "자루를 뒤진다."라고 했다(漢書, 高紀. 乘釁而運, 席卷三秦. 莊子, 胠篋. 探囊.)

[역자주] 卷席(권석) : 자리를 말다. 모든 것을 한꺼번에 처리한다는 말이다. 探囊(탐낭) : 자루안을 뒤지다. 일을 이루는 것이 매우 쉽다는 말이다.

46 **[협주]** ≪주례·동관(冬官)·함인(函人)≫의 기록이다. 함인은 갑옷을 만든다. 무소 가죽 갑옷은 일곱 조각을 잇고 들소 가죽 갑옷은 여섯 조각을 이으며, 가죽을 겹친 갑옷은 다섯 조각을 잇는다. 무소 가죽 갑옷은 수명이 백 년이고 들소 가죽 갑옷은 수명이 2백 년이며, 가죽을 겹친 갑옷은 수명이 3백 년이다.(周禮, 冬官. 函人爲甲. 犀甲七屬, 兕甲六屬, 合甲五屬. 犀甲壽百年, 兕甲壽二百年, 合甲壽三百年.)

47 **[협주]** ≪진서·유요재기(劉曜載記)≫의 기록이다. 진(晉)나라 장수인 진안(陳安)이 유요(劉曜)와 힘을 다하여 싸우다가 패하여 산골로 도망갔다. 유요가 사람을 시켜 그의 목을 베게 하자 농상(隴上) 사람들이 노래하기를, "농상의 진안이라는 장사는 몸체는 작지만 뱃속은 넓어, 사랑으로 장사들을 양육하고 마음을 함께했네. 1장 8척의 사모창을 좌우로 휘둘렀고 7척의 큰 칼을 물살처럼 흔들었네."라고 했다.(晉書, 載記. 晉將陳安與劉曜力戰, 敗遁山谷. 曜使人斬之, 隴上人歌曰, 隴上壯士曰陳安, 軀幹雖小腹中寬,[183] 愛養壯士同心肝. 丈八蛇矛左右盤, 七尺大刀奮如湍.[184])

[역자주] 鋒芒(봉망) : 원래는 칼이나 창의 날카로운 끝을 뜻하는데, 여기서는 날카로운 기세를 의미하는 것으로 보인다.

48 **[협주]** 본집의 <죄가 되는 말씀(罪言)>에 "지난날에 창주(滄州)를 토벌하고 주둔한 지 3년입니다."라고 했다. ≪한서·한신전(韓信傳)≫에, "무안군(武安君)은 백 번 싸우면 백 번 이긴다."라고 했다.(本集, 罪言. 昨日誅滄, 頓之三年. 漢書. 武安君百戰百勝.)

[역자주] 三載(삼재) : 3년. 문종 태화 원년(827) 이동첩이 반란을 일으켰고 조정에서 배

182) 守(수) : 낮은 직급으로 높은 관직을 대리한다는 말이다.
183) 軀幹(구간) : 신체. 몸집.
184) 湍(난) : 여울. 거센 물결.

도를 파견하여 토벌했는데 태화 3년(829)에 이동첩을 죽이고 창주를 평정했다.

49 **[협주]** 모장(毛萇)의 ≪시전(詩傳)≫에, "하나라에서는 구거(鉤車)라고 했으니 반듯함을 앞세운 것이고, 은나라에서는 인거(寅車)라고 했으니 빠름을 앞세운 것이고, 주나라에서는 원융(元戎)이라고 했으니 뛰어남을 앞세운 것이다."라고 했다. 정현(鄭玄)이 이르기를, "'구(鉤)'는 구부러진 띠이니, 굽은 곳과 곧은 곳을 가도 바름이 있다."라고 했다.(毛萇, 詩傳. 夏后氏曰鉤車, 先正也, 殷曰寅車, 先疾也, 周曰元戎, 先良也. 鄭玄云, 鉤, 鉤鞶, 行曲直有正也.)

[역자주] 鉤車(구거) : 사다리를 세워 적의 동태를 살필 수 있는 병거이다.

50 [역자주] : 胡羌(호강) : '호'는 북방 이민족이고 '강'은 서쪽 이민족이다. 이로써 변방 이민족을 말한다.

51 [역자주] 釣魚郎(조어랑) : 물고기를 낚는 사내. 강태공처럼 은거하고 있는 주 처사를 가리킨다.

52 [역자주] 脩篁(수황) : 긴 대나무.

53 **[협주]** 본집을 살펴보면, 태화(太和) 4년(830)에 심공(沈公)을 따라 강서(江西)의 막부에서 (심공이) 진수하는 선성(宣城)으로 옮겨갔으며, 회창(會昌) 2년(842) 7월에 나가서 황주(黃州)를 다스렸다. 회창 2년에서 거꾸로 세어 태화 4년에 이르면 13년이 된다.(按本集, 太和四年陪沈公, 自江西幕移鎭宣城, 會昌二年七月, 出守黃州. 自會昌二年逆數, 至太和四年, 十三歲矣.)

54 [역자주] 蒼茫(창망) : 정신이 아득한 모양.

55 **[협주]** ≪신당서·두목전(杜牧傳)≫에 "감찰어사(監察御史)에 발탁되었다가 동도 낙양에 분사(分司)[185]로 나갔다."라고 했다.(唐書, 本傳. 擢監察御史, 分司東都.)

56 **[협주]** ≪좌전·환공(桓公) 13년≫에 "거동은 거만하고 마음은 굳지 못하다."라고 했다.(左傳, 擧趾高, 心不固矣.)

[역자주] 擧趾(거지) : 행동거지. 猖狂(창광) : 미친 듯 제멋대로이다.

57 [역자주] 두목은 개성 3년(838) 겨울에 좌보궐이 되었으며, 좌보궐은 황제에게 간언하는

---

185) 분사(分司) : 당나라 때 낙양(洛陽)에 파견된 중앙 관원을 일컫던 말인데, 실제 맡았던 일이 없는 경우가 대부분이었다.

직무를 가지고 있었다.

58 [역자주] 拜疏(배소) : 상주문을 올리다.

59 [역자주] 幽夢(유몽) : 근심스러운 꿈.

60 [역자주] 乞酒(걸주) : 술을 구하다. 緩(완) : 느슨하게 하다. 풀다. 愁腸(수장) : 근심하는 마음.

61 **[협주]** ≪주역·계사전하(繫辭傳下)≫에 "황제(黃帝)와 요순이 의상을 드리우고 있으니 천하가 다스려졌다."라고 했다. ≪시경·대아(大雅)·증민(烝民)≫에 "왕의 직분에 결함이 있거든 중산보가 보좌하도다."라고 했다.(易. 皇[186]帝堯舜, 垂衣裳, 而天下治. 詩. 袞職有闕, 維仲山甫補之.)

[역자주] 補(보) : 깁다. 보좌하다. 舜衣裳(순의상) : 순임금의 의상. 황제와 요순은 의상을 드리우고 있어도 천하가 다스려졌다는 말에서 천하를 예악으로 잘 다스리는 것을 뜻한다.

62 **[협주]** ≪논어·양화(陽貨)≫의 기록이다. 공자가 무성(武城)에 갔는데 현악기에 맞추어 노래 부르는 소리를 들었다. 공자가 미소를 지으며 말씀하기를, "닭을 잡는 데 어찌 소 잡는 칼을 쓰는가."라고 했다.(論語. 子之武城, 聞絃歌之聲. 夫子莞爾而笑曰,[187] 割鷄焉用牛刀.)

[역자주] 絃歌(현가) : 현악기를 타며 노래하다. 예악으로 교화하는 것을 뜻한다.

63 **[협주]** 초사 <운중군(雲中君)>에 "쉽싸리를 끓인 물로 목욕하고 향기로운 물로 머리를 감는다."라고 했다. 또 (<이소(離騷)>에) "쉽싸리와 구릿대가 변하여 향기롭지 않다."라고 했다. ≪신당서·토번전(吐蕃傳)≫의 기록이다. 토번은 본래 서강(西羌)의 종족이다. 모두 150종족이 있는데, 황하, 황수(湟水), 장강(長江), 민강(岷江) 주변에 흩어져 산다. 찬(贊)의 기록이다. 토번의 찬보(贊普)[188]와 회흘(回鶻)은 강하고 세다고 불렸으며 중국의 걱정거리가 된 지 가장 오래되었다. 찬보가 마침내 황하와 황수(湟水) 지역을 모두 도둑질했다.(楚詞. 浴蘭湯兮沐芳華. 又曰, 蘭芷變而不芳兮. 新唐書, 吐蕃傳. 吐蕃本

---

186) '皇'은 '黃'의 잘못이다.

187) 莞爾(완이) : 빙그레 웃는 모양.

188) 찬보(贊普) : 토번(吐蕃)의 군주를 일컫던 칭호이다.

西羌屬. 蓋百有五十種, 散處河湟江岷間. 贊曰, 吐蕃贊普回鶻號强雄, 爲中國患最久. 贊普遂盡盜河湟.)

64 **[협주]** 혜강(嵇康)의 <산도(山濤)와 절교하는 편지(與山巨源絶交書)>에 "짐승의 누린내를 몸에 바르는 것이다."라고 했고 ≪문선≫ 여연제(呂延濟)의 주에 "'전(羶)' 또한 누린내이다."라고 했다. 또한 양의 냄새이다. 음은 시와 련의 반절이다.(嵇康, 絶交書. 漫之羶腥. 注. 羶亦腥也. 又羊臭也. 音, 尸連切.)

[역자주] 掃洒(소쇄) : 씻어내다.

65 **[협주]** 조식(曹植)의 <자신을 나무라는 시(責躬詩)>에 "한나라의 붉은 깃발 휘날리는 곳에 천하 제후들이 쓰러졌다."라고 했고 ≪문선≫ 여향(呂向)의 주에 "'피양(披攘)'은 쓰러지다는 뜻과 같다."라고 했다.(曹子建, 責躬詩. 朱旗所拂, 九土披攘. 注, 披攘, 猶披靡也.)

[역자주] 兇狠(흉한) : 흉악한 무리. 披攘(피양) : 쓰러지다. 굴복하다.

66 [역자주] 生人(생인) : 백성.

67 **[협주]** ≪한서·예악지(禮樂志)≫의 기록이다. 왕길(王吉)이 상소하여 아뢰기를, "폐하께서 온 세상의 백성을 몰아서 인의와 장수의 경지에 이르게 하신다면, 풍속을 어찌 성왕(成王)과 강왕(康王)처럼 하실 수 없겠으며 장수를 어찌 고종(高宗)처럼 하실 수 없겠습니까."라고 했다.(漢書. 王吉上疏, 陛下驅一世之民, 躋仁壽之域,[189] 則俗何以不若成康, 壽何以不若高宗也.)

[역자주] 農桑(농상) : 경작하고 누에를 치다. 백성의 생산활동을 말한다.

68 **[협주]** ≪장자·천하(天下)≫에 "황당한 말"이라고 했다. 당(唐) 육덕명(陸德明)의 ≪석문(釋文)≫에 "'황당(荒唐)'은 드넓고 커서 경계가 없음을 이른다."라고 했다.(莊子, 天下篇. 荒唐之說. 釋文, 謂荒唐, 廣大無域畔也.)

[역자주] 荒唐(황당) : 실정에 맞지 않는 말이나 생각을 뜻한다.

69 [역자주] 江郡(강군) : 두목 자신이 다스리고 있는 황주(黃州)를 가리킨다. 霽(제) : 비나 눈이 개다.

---

189) 躋(제) : 오르다. 도달하다.

70 [역자주] 擁鼻(옹비) : 코를 막다. 여기서는 향기가 코에 가득한 것을 말한다.

71 [역자주] 醺酣(훈감) : 술에 취하다.

72 **[협주]** ≪신당서·무종본기(武宗本紀)≫에 "회창 2년(842) 4월 을축일에 태자태보(太子太保) 우승유(牛僧孺) 등이 상소하여 존호를 더하여 인성문무지신대효황제(仁聖文武至神大孝皇帝)로 할 것을 주청했다.(唐書武宗紀, 會昌二年四月乙丑, 太子太保牛僧孺等上章, 請加尊號, 曰仁聖文武至神大孝皇帝.)

[역자주] 無疆(무강) : 끝이 없다. 영원하다.

해설

이 시는 황주자사로 있을 때 혼란한 성국을 타개할 인물이 없음을 한탄하면서 자신의 감회를 펼친 것이다. 중간에 이광안(李光顔)과 주처사(朱處士)라는 두 사람의 행적과 교유를 통해 자신의 정치적 이상과 당시의 어려운 상황을 표현했다. 창작 시기는 회창 2년(842)으로 추정한다.

007. 장호호를 읊은 시와 서문
張好好詩 並序

牧太和三年，佐故吏部沈公江西幕.[1] 好好年十三，始以善歌來樂籍中. 後一歲公移鎭宣城時，復置好好於宣城籍中，後二歲爲沈著作述師以雙鬟納之.[2] 後二歲於洛陽東城重覩好好，感舊傷懷，故題詩贈之.

나는 태화(太和) 3년(829) 돌아가신 이부시랑(吏部侍郞) 심공(沈公)의 강서(江西) 막부에서 일했다. 장호호는 나이 13세에 처음으로 가무에 뛰어나다고 관기의 명부인 악적(樂籍)에 올랐다. 1년 뒤 심공이 전임되어 선성(宣城)을 다스릴 때 다시 장호호를 선성의 악적에 올렸다가 2년 뒤 저작랑(著作郞) 심술사(沈述師)가 천금을 주고 그녀를 맞아들였다. 2년 뒤에 낙양의 동성(東城)에서 다시 그녀를 만나니, 지난 일에 느낌이 일고 감회가 슬퍼져 이 시를 지어 그녀에게 준다.

君爲豫章姝,[3]	그대가 예장의 미녀가 되었을 때
十三纔有餘.	열세 살이 갓 넘었는데,
翠茁鳳生尾,[4]	봉황에 꼬리가 나듯 푸르름이 돋았고
丹葉蓮含跗.[5]	연꽃이 씨방을 품고 있듯 붉음이 나풀거렸지.
高閣倚天半,[6]	높은 누각은 하늘 중간에 기대었고
章江聯碧虛.[7]	예장강은 푸른 하늘에 나란한데,
此地試君唱,	이곳에서 그대가 노래하게 하려고
特使華筵鋪.[8]	특별히 호화로운 자리를 펼쳐 놓았지.
主公顧四座,[9]	주인이 사방을 돌아보고
始訝來踟躕.[10]	그녀가 나오기 머뭇거리는 것을 처음에 의아해 하니,
吳娃起引贊,[11]	아름다운 여인이 일어나 인도하자
低徊映長裾.[12]	천천히 긴 옷소매로 얼굴 가리고 왔지.

雙鬟可高下,[13] 두 갈래 머리가 높은 것은 높고 낮은 것은 낮아
纔過青羅襦.[14] 푸른 비단 저고리에 겨우 늘어졌는데,
盼盼乍垂袖,[15] 애절한 눈빛으로 갑자기 소매를 드리우더니
一聲離鳳呼.[16] 한 소리 봉황이 울었지.
繁絃迸關紐,[17] 요란하던 현악기는 줄 감는 뭉치가 튕겨 나가고
塞管裂圓蘆.[18] 변새의 관악기는 둥근 갈대 잎이 찢어지니,
衆音不能逐, 여러 악기 소리가 따를 수가 없고
裊裊穿雲衢.[19] 감도는 노랫소리가 구름을 뚫고 치솟았지.
主公再三嘆, 주인이 거듭 감탄하며
謂言天下殊. 천하에 최고라고 하고는,
贈之天馬錦,[20] 천마가 그려진 비단을 그에게 주고
副以水犀梳.[21] 더하여 무소 뼈로 만든 빗을 주고는,
龍沙看秋浪,[22] 용사주에서 가을 물결을 구경하고
明月游東湖. 밝은 달이 뜨면 동쪽 호수에서 노닐었지.
自此每相見, 이로부터 매번 만났으니
三日已爲疏. 삼 일도 너무 오래된 것 같았다.
玉質隨月滿,[23] 옥 같은 모습은 달처럼 풍만하고
艶態逐春舒. 어여쁜 자태는 봄을 따라 펼쳐졌으니,
絳唇漸輕巧,[24] 진홍빛 입술은 점점 더 가늘게 예뻐지고
雲步轉虛徐.[25] 구름 같은 걸음걸이는 갈수록 차분하고 우아했지.
旌旆忽東下,[26] 관찰사의 깃발이 홀연 동쪽으로 내려가니
笙歌隨舳艫.[27] 음악 소리도 배 뒤를 따랐는데,

霜凋謝樓樹,[28]　서리는 사공루의 나무를 시들게 하고
沙暖句溪蒲.[29]　모래는 구계의 부들을 따뜻하게 했지.
身外任塵土,[30]　몸 밖의 세상사는 속세에 맡기고
樽前極懽娛.　술잔 앞에서 환락을 다했는데,
飄然集仙客,[31]　표연한 집선전의 손님은
諷賦欺相如.[32]　부를 읊는 것이 사마상여를 능가했지.
聘之碧瑤珮,　푸른 옥으로 만든 패물을 예물로 주고
載以紫雲車.[33]　자색 구름의 수레에 그녀를 실어오니,
洞閉水聲遠,[34]　마주한 문은 닫혔고 물소리 아득한데
月高蟾影孤.[35]　달은 높이 떠 두꺼비의 모습이 외로웠지.
爾來未幾歲,　그 후 몇 년 되지 않아
散盡高陽徒.[36]　술친구들은 모두 흩어졌으며,
洛城重相見,　낙양에서 다시 만나니
婥婥爲當壚.[37]　아름다운 그녀는 술을 팔고 있네.
怪我苦何事,　나를 보고 의아해하며 “무슨 일로 고생하여
少年垂白鬢.　젊은 나이에 흰 수염이 났는지요?
朋遊今在否,　어울리던 친구들 지금 건재한지요?
落拓更能無.[38]　분방함이 여전하신지요?”라고 묻네.
門館慟哭後,[39]　막부에서 통곡을 한 뒤에
水雲秋景初.　물가에 구름 이는 가을이 갓 되었는데,
斜日掛衰柳,　석양은 시든 버들에 걸리고
涼風生座隅.　서늘한 바람은 자리 모퉁이에서 이네.

灑盡滿衿淚, 옷섶을 가득 적시는 눈물을 다 흘리고는

短歌聊一書. 짧은 시를 그저 한번 짓노라.

주석

1 **[협주]** ≪신당서·심전사전(沈傳師傳)≫의 기록이다. 심전사는 자가 자언(子言)으로 재능과 행실이 뛰어났다. 정원(貞元) 연간(785-805) 말에 진사에 급제했고 다시 제과(制科)에 급제하여 태자교서랑(太子校書郞)에 제수되었다. 부름을 받아 한림(翰林)에 들어가 학사가 되었고 중서사인(中書舍人)으로 옮겼다가 호남관찰사(湖南觀察使)로 나갔다. 보력(寶歷) 2년(826) 입궐하여 상서우승(尙書右丞)에 제수되었다. 다시 강서관찰사(江西觀察使)로 나갔다가 선주(宣州)로 옮겼다. 입궐하여 이부시랑(吏部侍郞)을 지내다가 죽었다. 향년 59세였고 상서(尙書)로 추증되었다. 심전사는 성격이 온화하고 순수하여 다투는 일이 없었으며 번갈아 관찰사를 지내는 10년 동안 편지나 뇌물을 권세가에게 보낸 적이 없었다. 처음으로 관직에 제수되었을 때 재상이 인척을 막부에 청탁하자 심전사가 강하게 거절하며 말하기를, "참으로 그렇다면 제수받은 것을 그만두겠습니다."라고 했다. 그래서 이경양(李景讓), 소치(蕭寘), 두목 같은 막료들을 당시에 선발한 것은 지극히 합당했다.(唐書. 沈傳師, 字子言. 材行有余. 貞元末, 擧進士, 復登制科, 授太子校書郞. 召入翰林爲學士, 改中書舍人, 出爲湖南觀察使. 寶歷二年, 入拜尙書左[190]丞. 復出江西觀察使, 徙宣州. 入爲吏部侍郞, 卒. 年五十九, 贈尙書. 傳師性夷粹無競, 更二鎭十年, 無書賄入權家. 初拜官, 宰相欲以姻私挓[191]幕府者, 傳師固拒曰, 誠爾, 願罷所授. 故其僚佐如李景讓蕭寘杜牧, 極當時選.)

2 [역자주] 沈著作述師(심저작술사) : 저작랑(著作郞) 심술사(沈述師)로 심전사의 동생이다. 雙鬟(쌍환) : 원래는 젊은 여인의 두 갈래 머리를 말하는데, 한나라 신연년(辛延年)의 <우림랑(羽林郞)>에서 "서역 여인은 열다섯 살인데 봄날 홀로 술집을 맡고 있다. 두

190) '左'는 '右'의 잘못이다.
191) '挓'는 '托'의 잘못이다.

갈래 머리는 얼마나 아름다운가. 세상에 진실로 없는 미인이로다. 한 갈래 머리는 오백만 금이고 두 갈래 머리는 천만금이 넘는구나.(胡姬年十五, 春日獨當壚. 兩鬟何窈窕, 一世良所無. 一鬟五百萬, 兩鬟千萬餘.)"라고 한 이후로 천금의 높은 가격을 뜻하게 되었다.

3 **[협주]** ≪신당서·지리지(地理志)≫의 기록이다. 강남도(江南道) 홍주(洪州)에 예장군(豫章郡)이 있다. 관할 내의 남창현(南昌縣)이 본래 예장(豫章)이었는데 무덕(武德) 5년(622)에 나누어 종릉현(鍾陵縣)을 두었다.(新唐書, 地理志. 江南道洪州有豫章郡, 領內南昌縣, 本豫章. 武德五年折置鍾陵縣.)

4 **[협주]** ['줄(茁)'은] 측과 렬, 지와 률의 두 가지 반절로, 풀이 자라는 모습이다.(測劣, 止律二切, 草生貌.)

5 **[협주]** ['부(跗)'는] 보와 무의 반절로 발이다.(甫無切, 足也.)

[역자주] 葉(엽) : 잎이 바람에 나부끼듯 나풀거리다. 跗(부) : 여기서는 씨방을 가리킨다.

6 **[협주]** ≪신당서·문예전(文藝傳)≫의 기록이다. 왕발(王勃)은 자가 자안(子安)이다. 종릉(鍾陵)을 지나는데, 9월 9일에 도독이 등왕각(滕王閣)에서 크게 잔치를 베풀면서 전날 자신의 사위에게 서문을 지어놓을 것을 명하여 손님들에게 자랑하려고 했다. 이에 종이와 붓을 내놓고 손님들에게 두루 요청했으나 감히 나서지 않았는데 왕발에게 이르자 대뜸 사양하지 않았다. 또 오대(五代) 왕정보(王定保)의 ≪당척언(唐摭言)≫의 기록이다. 왕발이 <등왕각서(滕王閣序)>를 지었는데 당시 나이가 열네 살이었다. 도독 염백서(閻伯嶼)가 그를 믿지 않아, 왕발이 비록 자리에 있었으나 염공은 사위인 맹학사(孟學士)에게 부탁하여 짓게 할 의도로, 이미 미리 구상해 놓도록 했다. 종이와 붓을 손님들에게 차례대로 양보했는데 왕발에게 이르자 전혀 사양하지 않았다. 염공이 매우 화를 내며 옷을 털고 일어났으나 다만 사람을 시켜 그가 글을 쓰는 것을 살펴보게 했다. 첫 번째 보고에, "남창은 옛 고을의 명칭이요, 홍도는 새로 생긴 도독부의 이름이다."라고 쓴 구절을 알리자 염공이 말하기를, "늙은 서생의 평범함 말이로다."라고 했다. 두 번째 보고에, "별의 분야는 익수와 진수에 해당하고 땅은 형산과 여산에 접해 있다."라고 쓴 구절을 알리자 염공이 듣고 깊이 신음하면서 말이 없었다. 또 알리기를, "지는 노을은 한 마리 따오기와 나란히 날고, 가을 물은 드넓은 하늘과 한 빛이다."라고 하자 염공이 벌떡 일어나 말하기를 "이 사람이야말로 진정한 천재로다."라 하고 마침내 서둘러 연회 자리

로 초대하여 매우 즐기고서야 술자리를 파했다.(新唐書. 王勃, 字子安. 道出鍾陵, 九月九日都督大宴滕王閣, 宿命其婿作序以夸客. 因出紙筆遍請客, 莫敢當, 至勃, 沆然不辭云云.[192] 又摭言. 王勃著滕王閣序, 時年十四. 都督閻公不之信, 勃雖在座, 而閻公意屬子婿孟學士者爲之, 已宿構矣.[193] 及以紙筆巡讓賓客, 至勃略不辭讓. 公大怒, 拂衣而起, 專令人伺其下筆. 第一報云, 南昌故郡, 洪都新府. 公曰, 亦是老生常談. 又報云, 星分翼軫, 地接衡廬. 公聞之, 沈吟不言. 又云, 落霞與孤鶩齊飛, 秋水共長天一色. 公矍然而起曰,[194] 此, 眞天才矣. 遂亟請宴所, 極歡而罷.)

7 **[협주]** ≪십도지≫에 "강남도 홍주(洪州)에 예장강(豫章江)이 있다."라고 했다. 주에 "예장강은 구강(九江)과 연결된다."라고 했다.(十道志. 江南道洪州有豫章江. 注. 江連九江.)

[역자주] 碧虛(벽허) : 푸른 하늘.

8 [역자주] 華筵(화연) : 화려한 자리. 鋪(포) : 펼치다.

9 [역자주] 主公(주공) : 심전사를 가리킨다.

10 [역자주] 踟躕(지주) : 머뭇거리는 모양.

11 **[협주]** 좌사(左思) <오도부(吳都賦)>에 대한 ≪문선≫ 유량(劉良)의 주에서 "오(吳)나라 풍속에 미녀를 '왜(娃)'라고 한다."라고 했다.(劉淵林, 吳都賦, 注. 吳俗謂妙女爲娃.)

[역자주] 引贊(인찬) : 인도하다.

12 [역자주] 低徊(저회) : 천천히 걷는 모양. 映長裾(영장거) : 긴 옷소매로 덮다. 부끄러워하는 모습이다.

13 [역자주] 高下(고하) : 높은 것은 높게 하고 낮은 것은 낮게 하다. 두 갈래 머리 모양이 가지런하지 않고 삐죽삐죽한 모양을 형용한 것이다.

14 **[협주]** 양(梁) 왕승유(王僧孺)의 <총애하는 여인을 읊다(詠寵姬)>라는 시에, "옥비녀도 때때로 걸어 놓을 수 있으니, 비단 저고리를 어찌 벗기가 어렵겠나요."라고 했다.(梁王僧孺, 寵姬詩. 玉釵時可掛, 羅襦詎難解.)

---

192) 沆然(항연) : 기세가 거침없는 모양.

193) 宿構(숙구) : 시나 문장을 미리 구상하다.

194) 矍然(확연) : 다급한 모양. 놀라서 두려워하는 모양.

[역자주] 纔(재) : 겨우. 羅襦(나유) : 비단으로 만든 짧은 옷이다.

15 [역자주] 盼盼(반반) : 애절하게 바라보는 모양.

16 [역자주] 離鳳(이봉) : 봉황. '이'는 장리(長離)로 전설상의 영험한 새인 봉황을 가리킨다.

17 [역자주] 繁絃(번현) : 빠르게 연주하는 현악기를 뜻한다. 迸(병) : 본체에 붙어있던 것이 탈락하다. 關紐(관뉴) : 현악기에서 줄을 감아 팽팽하게 하는 장치를 말한다.

18 **[협주]** ≪진서(晉書)·악지(樂志)≫의 기록이다. 호가(胡笳)라는 것은 호(胡) 땅 사람이 갈대잎을 말아서 불어 음악을 만드는 것이다. 이연년(李延年)이 호곡(胡曲)에 따라 이 새로운 소리를 바꾸어 무악(武樂)을 만들었으니 <출새곡(出塞曲)>, <입새곡(入塞曲)>이 있다.(漢書.[195] 胡笳者, 胡人卷蘆葉, 吹之作樂. 李延年因胡曲, 更這新聲爲武樂, 有出塞入塞之曲.)

[역자주] 塞管(새관) : 북쪽 변방 호(胡) 땅의 관악기이다.

19 [역자주] 裊裊(요뇨) : 노래나 악기 소리가 곡절 있게 감도는 모양.

20 **[협주]** 위의 '벽사기(辟邪旗)' 주에 보인다.[196](見上辟邪旗注.)

[역자주] 天馬錦(천마금) : 천마가 그려진 비단.

21 **[협주]** ≪국어·월어(越語)≫의 위소(韋昭) 주에, "무소는 형상이 돼지와 비슷한데 크다. 근래 변방의 밖에서 보내오는데, 산서(山犀)와 수서(水犀)가 있다."라고 했다. ≪유양잡조(酉陽雜俎)≫에 "벽진서(辟塵犀)로 비녀와 빗을 만들면 먼지가 머리카락에 붙지 않는다."라고 했다.(韋昭, 越語. 犀, 形似豕而大. 今徼外所送, 有山犀, 有水犀. 酉陽雜俎, 辟塵犀爲簪梳,[197] 塵不著髮.)

22 **[협주]** ≪태평광기(太平廣記)·허진군전(許眞君傳)≫에, "예장에 용사주(龍沙洲)가 있다."라고 했다.(廣記, 許眞君傳. 豫章, 有龍沙洲.)

23 **[협주]** ≪습유기(拾遺記)≫의 기록이다. 촉(蜀) 선주(先主)의 감후(甘后)는 미천한 집안에서 태어났다. 마을에서 관상을 보는 사람이 말하기를, "이 딸아이는 후에 귀하게 되어

195) 지금 전하는 ≪한서≫에는 이 내용이 보이지 않고 ≪진서(晉書)·악지(樂志)≫에 보인다.

196) 두목의 시 <두추 아가씨를 읊은 시(杜秋娘詩)> "유독 그녀에게만 벽사기를 하사하다.(獨賜辟邪旗.)"의 주에 보인다.

197) 辟塵犀(벽진서) : 전설 속의 동물로 그 뿔이 먼지를 제거한다고 한다. '벽진'은 먼지를 제거한다는 뜻이다.

지위가 후궁에서 가장 높게 될 것이오."라고 했다. 감후는 자라면서 자태와 모습이 남달랐으며 나이 18세가 되어서는 옥 같은 살결과 부드러운 피부에 자태와 용모가 아름다웠다. 선주가 비단 장막 안으로 불러들였는데 문밖에서 움직이는 모습이 달빛 아래 눈이 쌓인 듯했다.(拾遺記. 蜀先主甘后生於賤微. 里中相者云, 此女後貴, 位極宮掖. 及后長而體貌特異, 至十八, 玉質柔肥[198], 態媚容冶.[199] 先主召入綃帳中, 於戶外理者,[200] 如月下聚雪.)

24 **[협주]** 남조 송(宋) 포조(鮑照)의 <무성부(蕪城賦)>에 "낙양의 미녀들과 강남의 가인들은 혜초 같은 마음, 고운 명주 같은 살결, 백옥 같은 용모와 붉은 입술이다."라고 했다.(蕪城賦. 東都妙姬, 南國佳人. 蕙心紈質, 玉貌絳脣.)

[역자주] 絳脣(강순) : 선홍빛 입술.

25 **[협주]** ≪이아·석훈(釋訓)≫의 기록이다. ≪시경·북풍(北風)≫의 "느긋하고 느릴 수 있겠는가."라는 것은 위엄있는 의례에서의 용모와 행동이다.(爾雅. 其虛其徐. 威儀容止也.)

[역자주] 雲步(운보) : 구름을 따라 걷는 발걸음. 경쾌한 발걸음을 비유한다. 轉(전) : 점차. 虛徐(허서) : 느긋한 모양.

26 **[협주]** 심공(沈公)이 전보되어 선성(宣城)을 진수했다.(沈公移鎭宣城.)

[역자주] 旌旆(정패) : 깃발.

27 **[협주]** ≪한서·무제본기(武帝本紀)≫에 "배의 고물과 이물이 이어진 것이 천 리이다."라고 했고, 안사고의 주에 "'축(舳)'은 배의 뒤에 키를 지지하는 곳이고, '로(艫)'는 배의 앞에 노를 젓는 곳이다.(漢書, 武紀. 舳艫千里. 注. 舳, 船後持柂處也, 艫, 船前頭刺櫂如[201]也.)

[역자주] 笙歌(생가) : '생'은 대나무 관악기의 이름으로 음악을 가리킨다. 여기서는 장호호를 두고 한 말이다.

---

198) '肥'는 '肌'의 잘못이다.
199) 態媚(태미) : 자태가 아름답다. 容冶(용야) : 용모가 아름답다.
200) 理(리) : 행동거지.
201) '如'는 '處'의 잘못이다.

28 **[협주]** 이백의 ≪이한림집(李翰林集)≫에 <가을밤에 선성의 사조북루에 오르다(秋登宣城謝眺北樓)>라는 시가 있다.(李翰林集, 有秋夜[202]登宣城謝眺北樓詩.)

29 **[협주]** 이백의 ≪이한림집≫에 선주(宣州)에서 지은 <위소부(韋少府)와 이별하다(別韋少府)> 시에 "마음을 씻어 주는 것은 구계(句溪)의 달이고, 귀를 맑게 해 주는 것은 경정산(敬亭山)의 원숭이 울음소리이다."라고 했다.(李翰林集, 宣州別事[203]少府詩. 洗心句溪月, 淸耳敬亭猿.)

30 [역자주] 身外(신외) : 자신 이외의 일. 신경 쓸 만하지 않은 세상일. 塵土(진토) : 세속.

31 **[협주]** 본집의 주에 "저작랑(著作郎)은 일찍이 집현교리(集賢校理)를 지냈다."라고 했다. ≪태평광기·신선(神仙)≫에 "도홍경은 타고난 성품이 간결하고 겸허했으며, 표일하여 항상 구름 속에 있는 듯한 흥취가 있었다."라고 했다. ≪당육전(唐六典)≫의 주에 "개원 13년(725) 학사 장열(張說) 등을 불러 집선전(集仙殿)에서 연회를 베풀었다. 이에 이로 인해 이름을 집현전(集賢殿)이라고 했다."라고 했다.(本注. 著作嘗任集賢校理. 廣記. 陶弘景, 率性輕虛, 飄飄然恒有雲間興. 唐六典. 開元十三年召學士張說等, 宴於集仙殿. 於是, 故名集賢殿.)

[역자주] 集仙客(집선객) : 집현교리와 저작랑을 역임한 심술사(沈述師)를 가리킨다. 그는 심전사의 동생이다.

32 **[협주]** ≪양자법언(楊子法言)·오자(吾子)≫의 기록이다. 어떤 사람이, "부로써 가히 남을 풍자할 수 있습니까."라고 물었다. 대답한다. "풍자하면 (상대가) 그만둔다. 그만두지 않으면 나는 아마도 권유하지 않을 수 없을 것이다. 만약 공자 문하에서 부를 가르쳤다면, 가의(賈誼)는 승당(升堂)했을 것이고, 사마상여는 입실(入室)했을 것이다.[204]" ≪한서·사마상여전(司馬相如傳)≫의 기록이다. 사마상여는 경제(景帝)를 섬겼는데 경제는 사부를 좋아하지 않았다. 병으로 벼슬을 그만두고 양(梁) 지역을 유람하면서 <자허부(子虛賦)>를 지었다. 무제가 <자허부>를 읽고 칭찬하자 사마상여가 아뢰기를, "이것은 제

---

202) 현재 전하는 ≪이태백문집(李太白文集)≫에는 '夜'가 없다.
203) '事'는 '韋'의 잘못이다.
204) 승당과 입실은 마루에 올라서는 것과 방안으로 들어가는 것인데, 학문이나 기예의 수준을 문에서부터 방안으로 들어가는 것에 견주어 표현한 것이다.

후의 일이라 볼 만하지 않으니, 천자가 사냥하는 부를 짓겠습니다."라고 했다. 그 마지막 장은 절제와 검약으로 귀결시켰으니 그것으로 풍자와 간언을 한 것이다.(楊子法言. 或曰, 賦可以諷乎. 曰諷則已. 不已, 吾恐不免於勸也. 如孔氏之門用賦也, 則賈誼升堂, 相如入室. 漢書. 相如事景帝, 景帝不好辭賦. 因病免, 遊梁, 乃著子虛賦. 上讀子虛賦而善之, 相如曰, 此乃諸侯之事, 未足觀, 請爲天子遊獵之賦. 其卒章歸之於節儉, 因以風諫.)

[역자주] 欺(기) : 업신여기다. 능가한다는 말이다.

33 **[협주]** 한(漢) 반고(班固)의 ≪한무내전(漢武內傳)≫에 "서왕모는 자색 구름 수레를 타고, 아홉 색깔의 얼룩무늬 기린을 몬다."라고 했다.(漢武內傳, 王母至乘紫雲車, 駕九色班麟.)

34 [역자주] 洞閉(동폐) : 동방(洞房)의 문이 닫히다. 동방은 여인이 머무는 곳이다.

35 **[협주]** ≪오경통의(五經通義)≫에 "달 속에 토끼와 두꺼비가 있는데, 무엇이 달의 음기인가? 두꺼비는 양기로서 토끼와 함께 밝으니, 음기가 양기에 매인 것이다."라고 했다.(五經通義, 月中有兎與蟾蜍,[205] 何月陰也. 蟾蜍, 陽也, 而與兎並明, 陰係於陽也.)

36 **[협주]** ≪사기·역생육가열전(酈生陸賈列傳)≫의 기록이다. 패공(沛公) 유방이 고양(高陽)의 역참에 이르러 사람을 보내 역이기(酈食其)를 부르게 하자 역이기가 말하기를, "나는 고양의 술꾼이지 선비가 아니다."라고 했다.(史記, 酈生傳. 沛公至高陽傳舍, 使人召酈生, 酈生曰, 吾高陽酒徒也, 非儒人也.)

37 **[협주]** ['작(婥)'은] 창과 약의 반절로 아름다운 모습이다. 위의 주에 보인다.[206](昌若切, 美貌. 見上注.)

[역자주] 當壚(당로) : 술을 놔둔 대를 담당하다. 술집 여인이 되었다는 뜻이다. '로'는 흙을 쌓아 만든 구조물로 그 위에 술을 놔두고 팔았다.

38 **[협주]** ≪태평광기·신선(神仙)≫에 "두자춘(杜子春)은 분방하여 생업에 힘쓰지 않았다.(廣記, 杜子春落拓, 不事産業.)

205) 蟾蜍(섬서) : 두꺼비.

206) 두목의 시 <군정의 관사에서 홀로 술을 들다(郡齋獨酌)> "감히 주모에게 물어보리라(敢問當壚娘)"의 주에 보인다.

[역자주] 落拓(낙탁) : 자유분방한 모양.

39 **[협주]** ≪구당서·문종본기(文宗本紀)≫에 "태화 9년(835) 4월 이부시랑 심전사가 죽었다."라고 했다. ≪진서·사안전(謝安傳)≫의 기록이다. 양담(羊曇)이라는 사람은 태산(太山) 사람으로 이름난 선비이다. 사안에게 총애를 받았는데, 사안이 죽은 뒤에 여러 해 동안 음악을 물리쳤고 길을 갈 때도 서주(西州)의 길을 경유하지 않았다. 일찍이 석두(石頭)에서 크게 취하여 길을 가면서 노래를 부르다가 자신도 모르게 서주의 문에 이르렀다. 좌우 사람들이 말하기를, "이곳은 서주의 문입니다."라고 하자 양담은 슬픈 감정을 그칠 수 없어 말채찍으로 문을 두드리며 조식(曹植)의 시구[207]인 "살아서는 화려한 집에 거처하지만 죽고 나면 산으로 돌아간다네."를 읊고서 통곡하고 떠났다.(舊唐書, 文宗本紀. 太和九年四月, 吏部侍郎沈傳師卒. 晉書, 謝安傳. 羊曇者, 太山人, 知名士也. 爲安所愛重, 安薨後, 輟樂彌年,[208] 行不由西州路. 嘗因石頭大醉, 扶路唱樂, 不覺至州門. 左右白曰, 此西州門. 曇悲感不已, 以馬策扣扉, 誦曹子建詩曰, 生存華屋處, 零落歸山丘.[209] 因慟哭而去.)

[역자주] 門館(문관) : 문객을 머물게 하는 관사이다. 여기서는 두목이 심전사의 막부에 있었던 것을 말한다. 이 구는 심전사가 죽었다는 뜻이다.

해설

이 시는 당시 유명한 관기였던 장호호(張好好)의 불행한 일생을 서술한 내용이다. 서문에서 그의 일생을 간략히 서술했고 시에서 자세히 설명했다. 창작 시기는 태화 9년(835) 낙양에서 감찰어사로 있을 때이다.

207) 조식의 시 <공후인(箜篌引)>이다.
208) 輟樂(철악) : 음악을 물리치다. 彌年(미년) : 여러 해.
209) 零落(요락) : 쇠락하다. 죽는다는 말이다. 山丘(산구) : 산. 무덤을 뜻한다.

008. 동짓날에 조카 아의에게 부치는 시

冬至日寄小姪阿宜詩[1]

小姪名阿宜,	어린 조카 이름은 아의
未得三尺長.	아직 키가 삼 척도 안 되지만,
頭圓筋骨緊,	머리는 둥글고 근골은 단단하며
兩臉明且光.[2]	두 뺨은 밝게 빛난다.
去年學官人,	지난해 관원에게서 배울 때
竹馬遶四廊.[3]	죽마를 타고 사방의 행랑을 돌아다녔는데,
指揮群兒輩,	여러 아이를 지휘하며
意氣何堅剛.	의기가 얼마나 굳고 강했는가.
今年始讀書,	올해 글 읽기를 시작하여
下口三五行.	입을 열면 네댓 줄이며,
隨兄旦夕去,	형을 따라 아침저녁으로 오가면서
斂手整衣裳.[4]	손을 모으고 옷을 단정히 했지.
去歲冬至日,	지난해 동짓날
拜我立我旁.	내게 절하고 내 옆에 섰기에,
祝爾願爾貴,	네게 축원하기를 네가 귀하게 되고
仍且壽命長.	또 수명이 길기를 바랐지.
今年我江外,	올해 내가 강남에 와서
今日生一陽[5]	오늘 하나의 양이 생겨 동지가 되었는데,

憶爾不可見, 널 생각하지만 볼 수 없어서
祝爾傾一觴. 네게 축원하며 한 잔 술을 기울인다.
陽德比君子, 양의 덕은 군자에 비유되니
初生甚微茫.[6] 처음 생길 때는 매우 미미하지만,
排陰出九地,[7] 음을 밀어내고 구지에서 나오면
萬物隨開張. 만물이 이를 따라 벌어지게 되는 법,
一似小兒學, 이는 어린아이가 배우는 것과 완전히 같으니
日就復月將.[8] 나날이 나아가고 또 다달이 나아가서,
勤勤不自已,[9] 부지런히 노력하여 스스로 그만두지 않으면
二十能文章. 20세에 문장에 능통하게 될 것이며,
仕宦至公相, 벼슬은 공경과 재상에 이르고
致君作堯湯.[10] 임금을 도와 요임금이나 탕임금처럼 만들 것이다.
我家公相家, 우리 집안은 공경과 재상의 가문이라
劍佩嘗丁當.[11] 보검과 패옥이 일찍이 짤랑거렸으며,
舊第開朱門,[12] 오래된 집에는 붉은 문이 열렸고
長安城中央. 장안에서 성의 중앙에 있었지.
第中無一物, 집안에는 다른 건 아무것도 없고
萬卷書滿堂. 만 권의 책이 방에 가득했으며,
家集二百編,[13] 집안의 문집은 이백 편으로
上下馳皇王. 위아래로 고대 황제를 아울렀다.
多是撫州寫, 대부분 무주자사 두우가 쓰신 것으로
今來五紀強.[14] 지금까지 60년이 넘었는데,

尙可與爾讀,　　만일 너에게 읽힐 수 있다면
助爾爲賢良.　　네가 우수한 인재가 될 수 있게 도울 것이다.
經書刮根本,[15]　　경서는 근본을 긁어 다듬을 수 있게 하고
史書閱興亡.　　사서는 나라의 흥망을 볼 수 있게 하며,
高摘屈宋艶,　　굴원과 송옥의 아름다움을 높게 돋우고
濃薰班馬香.[16]　　반고와 사마상여의 향기를 짙게 훈증해야 한다.
李杜泛浩浩,[17]　　이백과 두보는 드넓은 바다에 넘실거리고
韓柳摩蒼蒼.[18]　　한유와 유종원은 푸른 하늘을 스칠 듯하니,
近者四君子,　　근래의 이 네 군자는
與古爭强梁.[19]　　옛사람과 강건함을 다툰다.
願爾一祝後,　　바라건대 네가 축원을 한 번 받은 뒤에
讀書日日忙.　　책 읽기에 나날이 바삐 하여,
一日讀十紙,　　하루에 열 장을 읽고
一月讀一箱.　　한 달에 한 상자를 읽거라.
朝廷用文治,　　조정에서 문치를 채택하여
大開官職場.　　관직의 마당을 크게 열었으니,
願爾出門去,　　바라건대 너는 문을 나가서
取官如驅羊.[20]　　양을 몰 듯이 관직에 오르거라.
吾兄若好古,[21]　　나의 형은 옛것을 좋아하는 듯하여
學問不可量.　　학문이 헤아릴 수 없을 정도인데,
晝居府中治,　　낮에는 관청의 업무를 보고
夜歸書滿牀.　　밤에는 책이 가득한 책상으로 돌아왔다

後貴有金玉, 후에 귀한 신분이 되어 금과 옥이 생겼지만
必不爲爾藏.[22] 반드시 널 위해 간직한 것은 아니었다.
崔昭生崔芸,[23] 최소가 최운을 낳았고
李兼生窟郎.[24] 이겸이 굴랑을 낳았는데,
堆錢一百屋, 백 채의 집에 돈을 쌓았지만
破散何披猖.[25] 부서지고 흩어져서 얼마나 궤멸했던가.
今雖未即死,[26] 그들은 지금 비록 아직 죽지는 않았지만
餓凍幾欲僵.[27] 배고프고 추워서 몇 번이나 죽었을 듯하다.
參軍與縣尉, 참군과 현위 같은 지방의 하급관리는
塵土驚劻勷.[28] 먼지 속에서 핍박당해 놀라는데,
一語不中治,[29] 한 마디라도 규범에 맞지 않으면
笞箠身滿瘡.[30] 채찍질로 몸에 상처가 가득해지며,
官罷得絲髮,[31] 관직을 그만두면 하찮은 금전만 가져서
好買百樹桑. 잘해야 뽕나무 백 그루를 살 뿐이니,
稅錢未輸足, 세금 내기에도 충분치 않고
得米不敢嘗.[32] 쌀을 얻어도 감히 맛보지 못한다.
願爾聞我語, 바라건대 너는 내 말을 듣고
懽喜入心腸. 기뻐하며 마음속에 넣어 두어라.
大明帝宮闕,[33] 대명궁은 황제의 궁궐이고
杜曲我池塘.[34] 두곡은 우리 집안의 연못이다.
我若自潦倒,[35] 내가 이처럼 절로 제멋대로이지만
看汝爭翱翔.[36] 네가 다투어 훨훨 나는 것을 볼 터인데,

總語諸少道,[37]	어릴 적의 여러 도리에 대해 다 말했으니
此詩不可忘.[38]	이 시를 잊어서는 안 된다.

주석

1 [역자주] 小姪(소질) : 어린 조카. 阿宜(아의) : 두목의 종형인 두종(杜悰)의 아들이다. ‘아’는 인명 앞에 붙여서 친근함을 나타낸다.

2 [역자주] 兩臉(양검) : 두 뺨. 현재 전하는 ≪번천문집≫에는 ‘검’이 ‘검(瞼)’으로 된 판본도 있으며, 눈동자라는 뜻이다.

3 **[협주]** ‘죽마(竹馬)’는 위의 주에 보인다.[210] (竹馬, 見上注)

4 [역자주] 斂手(염수) : 손을 모으다. 공손한 태도이다.

5 **[협주]** ≪주역·복괘(復卦)≫의 소(疏)에서 “동지에는 하나의 양이 생긴다.”라고 했다.(易復卦疏. 冬至一陽生.)

6 [역자주] 微茫(미망) : 미미한 모양.

7 **[협주]** ≪손자·형(形)≫에서 “잘 방어하는 자는 구지(九地)의 아래에 숨고 잘 공격하는 자는 구천(九天)의 위에서 움직인다.”라고 했다.(孫子. 善守者藏於九地之下, 善攻者動於九天之上.)

[역자주] 九地(구지) : 은미하여 헤아리기 힘든 각종 지형을 말한다. 여기서는 아주 깊은 땅속을 말한다.

8 **[협주]** ≪시경·주송(周頌)·경지(敬之)≫에 “나날이 나아가고 다달이 나아간다.”라는 말이 있다.(詩. 日就月將.)

9 [역자주] 勤勤(근근) : 부지런히 노력하다.

10 [역자주] 致君(치군) : 임금을 보좌하여 성명한 군주가 되게 하다. 堯湯(요탕) : 요는 하나라를 세운 임금이고 탕은 상나라를 세운 임금이다.

---

210) 두목의 시 <두추 아가씨를 읊은 시(杜秋娘詩)> “죽마 놀이는 점차 그만둔다.(漸拋竹馬劇.)”의 주에 보인다.

11 [역자주] 劍佩(검패) : 보검과 패옥. 지위가 높은 관원의 복식이다. 丁當(정당) : 옥이 부딪치며 나는 소리.

12 [역자주] 舊第(구제) : 오래된 집. 전통 있는 가문임을 말한다. 朱門(주문) : 붉은 대문. 귀족이나 권문세가를 상징한다.

13 **[협주]** ≪신당서·두우전(杜佑傳≫의 기록이다. 두우는 자가 군경(君卿)이다. 두우는 타고난 자질이 학문을 좋아하여 비록 귀한 신분이 되었더라도 여전히 한밤중까지 책을 읽었다. 이에 앞서 유질(劉秩)이 백가의 책을 소유했는데 주나라의 육관(六官)의 법에 해당했으며 ≪정전(政典)≫ 35편을 만들었기에 방관(房琯)이 그의 재주가 유향(劉向)을 뛰어넘는다고 칭찬했다. 두우는 이것이 미진하다고 여기고는 빠진 것을 보충하여 새로운 예법을 참고하여 덧붙인 뒤 200편을 만들었고 스스로 ≪통전(通典)≫이라고 불렀다.(唐書. 杜佑, 字君卿. 佑資嗜學, 雖貴, 猶夜分讀書. 先是, 劉秩撫百家,[211] 侔周六官法, 爲政典三十五篇, 房琯稱才過劉向. 佑以爲未盡, 因廣其闕, 參益新禮爲二百篇, 自號通典.)

14 **[협주]** 공안국의 ≪상서전≫에서 "12년을 기(紀)라고 한다."라고 했다.(孔安國, 尙書傳. 十二年曰紀.)

[역자주] 强(강) : 남음이 있다.

15 [역자주] 刮根本(괄근본) : 근본을 긁어서 폐단을 없애다. '괄'은 ≪전당시≫에는 '괄(括)'로 되어 있는데 포괄한다는 뜻이다.

16 **[협주]** ≪송서(宋書)·사령운전(謝靈運傳)≫의 <사신왈(史臣曰)>에서 "굴원과 송옥이 앞에서 맑고 시원함을 이끌고, 가의와 사마상여가 뒤에서 향기로운 먼지를 떨치게 되었다. 이 이후로 정과 뜻이 더욱 드넓어지게 되었으며, 왕포, 유향, 양웅(楊雄), 반고(班固), 최인(崔駰), 채옹(蔡邕)의 무리가 궤도는 달리하되 함께 달려 나아가 번갈아 스승과 시조가 되었다."라고 했다.(謝靈運傳, 論. 屈平宋玉導清凉[212]於前, 賈誼相如振芳塵於後. 自茲以降, 情志愈廣, 王褒劉向楊班崔蔡之徒, 異軌同奔, 遞相師祖.)

[역자주] 濃薰(농훈) : 짙게 훈증하다. 사상이나 기풍을 깊게 익힌다는 뜻이다.

---

211) 撫(무) : 소유하다. 현재 전하는 ≪신당서≫에는 '척摭'으로 되어 있으며 모은다는 뜻이다.
212) 현재 전하는 ≪송서≫에는 '凉'이 '源'으로 되어 있다.

17 [역자주] 浩浩(호호) : 물이 성대한 모양 또는 끝이 없이 드넓은 모양. 이백과 두보의 시 세계를 표현한 말이다.

18 [역자주] 蒼蒼(창창) : 하늘이 푸른 모양. 높은 하늘을 가리킨다. 한유와 유종원의 문장 세계를 표현한 말이다.

19 **[협주]** ≪노자≫에서 "강경한 자는 제대로 된 죽음을 얻지 못한다."라고 했다.(老子. 强梁者, 不得其死.)

[역자주] 强梁(강량) : 굳세다.

20 **[협주]** 간보(干寶)의 <진기총론(晉紀總論)>에 "천하를 어지럽히는 것이 마치 양 떼를 모는 것과 같다."라고 했고, ≪문선≫ 여연제(呂延濟)의 주에서 "양 떼를 몬다는 것은 쉽다는 말이다."라고 했다.(晉紀總論. 擾天下如驅群羊. 注, 驅群羊, 言易也.)

21 [역자주] 吾兄(오형) : 나의 종형. 아의의 아버지 두종(杜悰)을 가리킨다. 若(약) : ~인 듯하다. ≪전당시≫에는 '苦'로 되어 있다.

22 **[협주]** ≪신당서·두우전≫에서 "두우의 아들이 두식방이고 두식방의 아들이 두종이며, 두식방의 종제가 두욱이며 그의 아들이 두목이다."라고 했다. ≪구당서·두종전≫에서 "두종은 음서로 세 번 관직을 옮겨 태자사의랑이 되었다. 원화 9년(814) 선발되어 공주와 결혼했으며 인덕전에서 황제를 알현했다. 얼마 뒤 기양공주와 결혼했으며 전중소감과 부마도위가 더해졌다. 기양공주는 헌종의 장녀이다. 회창 연간(841-846)에 중서시랑동중서문하평장사에 배수되었고 얼마 뒤에 좌복야가 더해졌다. 대중 연간(847-860) 초에 지방으로 나가 서주에 진수했으며 잠시 후 다시 조정으로 들어와 재상이 되어 사공이 더해졌다. 이어서 사도가 더해졌고 거듭 중요한 지역으로 나가 진수했다. 이에 이르러 태부와 빈국공이 더해졌다."라고 했다.(新唐書. 杜佑子, 式方. 式方子, 杜悰. 式方弟從, 郁. 子杜牧. 舊唐書. 悰以蔭三遷太子司議郎. 元和九年, 選尙公主,[213] 召見于麟德殿. 尋尙岐陽公主, 加殿中少監駙馬都尉. 岐陽, 憲宗長女. 會昌中, 拜中書侍郎同中書門下平章事, 尋加左僕射. 大中初, 出鎭西州, 俄復入相, 加司空. 繼加司徒, 歷鎭重藩. 至是加太傅, 邠國公.)

---

213) 尙(상) : 공주와 결혼하다.

23 [역자주] 崔昭(최소) : 대종(代宗) 때의 사람으로 수주자사(壽州刺史), 경조윤(京兆尹), 강서관찰사(江西觀察使) 등을 역임했다. ≪국사보(國史補)≫에 따르면 최소가 수주자사일 때 두우의 고모부가 그가 뇌물을 좋아하는 사람임을 알고 탄식했다는 내용이 있다. 崔芸(최운) : 아마도 최소의 아들일 터인데 생평에 관해서는 알려진 것이 없다.

24 **[협주]** ≪구당서·제영전(齊映傳)≫에서 "이겸이 강서관찰사가 되었는데 6척의 은병을 바쳤다."라고 했다.(唐書, 齊映傳. 李兼爲江西, 獻六尺銀甁.)

[역자주] 李兼(이겸) : 덕종(德宗) 때 악악단련사(鄂岳團練使), 강서관찰사(江西觀察使)를 역임했다. 최소와 마찬가지로 뇌물을 좋아해서 부를 이루었지만 자식에게 물려주지 못하고 파산한 것으로 보인다. 窟郎(굴랑) : 아마도 이겸의 아들일 터인데 생평에 관해서는 알려진 것이 없다.

25 **[협주]** ['猖(창)'은] 치와 량의 반절이며 미쳤다는 뜻이다. 한유의 시[214]에 "기괴한 설이 서로 어지러웠다."라는 말이 있다.(蚩良切, 猖狂也. 韓公詩. 詭怪相披猖.[215])

[역자주] 披猖(피창) : 궤멸하다. 어지럽다.

26 [역자주] 卽死(즉사) : 죽음으로 나아가다. 죽다.

27 [역자주] 僵(강) : 쓰러지다. 죽다.

28 **[협주]** 앞의 글자['광(劻)']는 독음이 '광'이고 뒤의 글자['양(勷)']는 발음이 여와 양의 반절이다. '광양'은 핍박당하는 모양이다.(上, 音匡, 下, 汝羊切. 劻勷, 逼迫貌.)

29 [역자주] 中治(중치) : 규범에 들어맞다.

30 **[협주]** ≪둔재한람(遯齋閑覽)≫[216] <참군, 주부, 현위가 채찍을 맞다(參軍簿尉受笞)> 조목에서 "두보의 시[217]에서 '주부나 현위의 말직에서 몸을 빼내어 비로소 매질 당하는 일과는 작별하게 되었다.'라고 했다. 한유의 시[218]에서 '판사는 낮은 관직이라 감히 말을 못하고 먼지 가운데서 매질 당함을 면치 못할 신세이다.'라고 했다. 두목의 시에서 '참군

---

214) 한유의 시 <"오늘은 애석해할 만하다"를 읊어 장적에게 주다(此日足可惜贈張籍)>이다.

215) 詭怪(궤괴) : 기괴하다. 황당하다.

216) ≪둔재한람(遯齋閑覽)≫ : 송나라 범정민(范正敏)이 지은 필기소설로 원래는 14권이었으나 지금은 산실되었다. 여기 인용된 조목은 ≪설부(說郛)≫ 권47에 수록되어 있다.

217) 두보의 시 <고 서기를 전송하며 지은 15운의 시(送高三十五書記十五韻)>이다.

218) 한유의 시 <팔월 십오일 밤에 장 공조에게 주다(八月十五夜贈張功曹)>이다.

과 주부, 현위 같은 지방의 하급관리는 먼지 속에서 핍박당해 놀라는데, 한마디라도 규범에 맞지 않으면 채찍질로 몸에 상처가 가득해진다.'라고 했다. 이에 근거하면 당나라의 참군, 주부, 현위가 잘못을 저지르면 채찍의 형벌을 받는 것이 지금의 관리와 같음을 알 수 있다."라고 했다.(遯齋閑覽, 參軍簿尉受笞. 杜甫詩云, 脫身簿尉中, 始與捶楚辭.[219] 韓愈云, 判司卑官不敢說, 未免捶楚塵埃間. 杜牧云, 參軍與簿尉, 塵土驚劻勷. 一語不中治, 笞箠身滿瘡, 以此知唐之參軍簿尉有過, 卽受笞杖之刑, 猶今胥吏.)

[역자주] 笞箠(태추) : 채찍질을 하다.

31 **[협주]** ≪구당서·장간지전(張柬之傳)≫에서 "나라에 실이나 머리카락만 한 이로움도 없다."라고 했다.(唐書, 張柬之傳. 於國家無絲髮之利.)

[역자주] 絲髮(사발) : 실과 머리카락. 아주 적은 양을 비유한다. 이와 달리 '실 같은 머리카락'으로 해석하여 노쇠한 몸을 비유하는 것으로 볼 수도 있다.

32 [역자주] 嘗(상) : 맛보다. 이상 여덟 구는 하급관리의 관직 생활이 고달프고 월급도 변변찮아서 살기 힘들다는 말이다. 이는 두목 자신이 하급관리로 있었기 때문에 언급한 것으로 보이며, 이를 통해 조카가 높은 관직에 오르도록 경계했다.

33 **[협주]** ≪당회요≫에서 "정관 8년(634) 영안궁을 지었는데, 정관 9년(635) 이름을 대명궁으로 바꾸고 태상황의 피서를 대비하도록 했다. 함형 원년(671) 함원전으로 이름을 바꾸었고 장안 원년(701) 또 대명궁으로 이름을 바꾸었다."라고 했다.(唐會要. 貞觀八年營永安宮, 至九年改名大明宮, 以備太上皇淸暑[220], 咸亨元年改爲含元殿, 長安元年又改爲大明宮.)

34 **[협주]** 두보의 시[221]에 "두곡에 다행히 뽕나무밭과 삼밭이 있다."라고 했고 ≪보주두시(補注杜詩)≫의 주에 "두곡은 장안에 있다. 항간에 '장안성 남쪽의 위씨와 두씨는 하늘에서 5척밖에 떨어져 있지 않다.'라고 하는데, 경사에서 가깝다는 말이다."라고 했다.(詩史, 杜曲幸有桑麻田, 注. 杜曲在長安. 俗云城南韋杜去天尺五, 言近京.)

[역자주] 杜曲(두곡) : 장안 남쪽에 있는 마을의 이름으로 두씨가 많이 살았다. 당시 위곡

---

219) 捶楚(추초) : 매질을 하다. 채찍질을 하다. 형벌의 일종이다.

220) 현재 전하는 ≪당회요≫에는 '暑'가 '燕'으로 되어 있다.

221) 두보의 시 〈곡강 3장 장 5구(曲江三章章五句)〉의 제2수이다.

(魏曲)과 함께 부귀하고 권세 높은 마을로 유명했다.

35 **[협주]** 혜강의 편지[222]에서 "족하께서 옛날부터 알고 계시는 것처럼 저는 행동이 산만하고 거칠며 세상 사정에도 잘 맞추지 못합니다."라고 했다.(嵇康書曰, 足下舊知吾潦倒麤疎,[223] 不切事情.)

[역자주] 潦倒(요도) : 행동거지가 방만하고 제멋대로이다. 이와 달리 '실의하다', '노쇠하다'의 뜻으로 풀이할 수도 있다.

36 [역자주] 翱翔(고상) : 훨훨 나는 모양 또는 마음껏 노니는 모양.

37 [역자주] 少道(소도) : 어린아이가 갖추어야 할 도리.

38 **[협주]** ≪진서(晉書)·왕희지전(王羲之傳)≫의 기록이다. 왕희지는 자가 일소이다. 사도(司徒) 왕도(王導)의 종조카인데 종숙부 왕돈(王敦)과 왕도의 깊은 인정을 받았다. 왕돈이 일찍이 왕희지에게 말하기를, "너는 우리 집안의 귀한 자제이다."라고 했다. 완유(阮裕)가 말하기를, "왕희지, 왕승(王丞), 왕열(王悅)이 왕씨 집안의 세 젊은이다."라고 했다. 당시 태위(太尉) 치감(郗鑒)이 문생을 보내 왕도의 집에서 사위를 찾으려고 하니, 왕도가 동쪽 방으로 가서 자제들을 두루 보게 했다. 문생이 돌아와서 치감에게 말하기를, "왕씨의 여러 젊은이는 모두 훌륭합니다. 한데 심부름꾼이 왔다는 소식을 듣고는 모두 절로 자부하는 듯했는데 오직 한 명이 동쪽 평상에서 배를 드러낸 채 음식을 먹고 있었으며 유독 못들은 듯했습니다."라고 했다. 치감이 말하기를, "바로 이 사람이 훌륭한 사윗감이다."라고 했다. 방문해보니 바로 왕희지였고 이에 딸을 그에게 시집보냈다.(晉書. 王羲之, 字逸少. 司徒導之從子也, 深爲從伯敦導所器重. 敦嘗謂羲之曰, 汝是吾家佳子弟. 阮裕曰, 羲之與王丞[224]王悅爲王氏三少. 時太尉郗鑒使門生求女婿於導, 導令就東廂遍看子弟. 門生歸, 謂鑒曰, 王氏諸少並佳, 然聞信至, 咸自矜持. 惟一人在東牀坦腹食,[225] 獨若不聞. 鑒曰, 正此佳婿也. 訪之, 乃羲之也. 遂以女妻之.)

---

222) ≪문선·산도에게 주어 절교하는 편지(與山巨源絶交書)≫이다.

223) 麤疎(추소) : 거칠고 성기다.

224) 현재 전하는 ≪진서≫에는 '丞'이 '承'으로 되어 있다.

225) 坦腹(탄복) : 배를 드러내다.

해설

이 시는 동짓날 친척 조카인 두의(杜宜)에게 지어 준 것이다. 두의가 어려서 총명했던 것에 대한 칭찬, 작년 동짓날 만나 축원했는데 올해 동짓날에는 볼 수 없어 아쉬워 이렇게 시를 지어 축원한다는 사연, 부지런히 노력하여 훌륭한 관원이 되라는 축원, 두씨 집안의 훌륭한 학문적 전통과 장서에 대한 설명, 그러한 장서로 열심히 공부하기를 바라는 당부, 아버지인 두종이 현달했지만 청렴했다는 사실, 참군이나 현위 같은 말직은 고생하며 살 뿐이라는 사실, 두의가 높은 관직으로 나아가기를 바라는 마음 등을 차례로 말했다. 개성 5년(840) 겨울 좌보궐로 있다가 휴가를 얻어 심양(瀋陽)의 동생을 보러 갔다가 지은 것이다.

009. 이감을 읊은 시
李甘詩[1]

太和八九年,[2]	태화 8, 9년
訓注極虓虎.[3]	포효하는 호랑이 같은 이훈과 정주가 극에 달했으니,
潛身九地底,[4]	구지 아래에서 몸을 숨겼다가
轉上青天去.	몸을 돌려 푸른 하늘로 올라간 때였지.
四海鏡淸澄,	사해가 거울처럼 맑았고
千官雲片縷.[5]	수많은 관원이 구름처럼 이어졌지만,
公私各閑暇,	공적인 일과 사적인 일은 각기 한가로와
追游日相伍.[6]	좇아 노닐며 매일 무리를 지었으니,
豈知禍亂根,	환란의 근원을 어찌 알았겠는가
枝葉潛滋茂.[7]	가지와 잎이 몰래 무성해졌지.
九年夏四月,	태화 9년 여름 4월
天誡若言語.	하늘의 훈계가 말하듯 분명했으니,
烈風駕地震,	매서운 바람이 지진을 실어오고
獰雷驅猛雨.[8]	사나운 우레가 거센 비를 몰아왔지.
夜於正殿階,	한밤중 정전의 계단에
拔去千年樹.[9]	천 년 된 나무가 뽑혔지만,
吾君不省覺,	우리 임금님은 깨닫지 못하고
二兇日威武.[10]	두 흉악한 자는 날로 위세를 더해갔지.

操持北斗柄, 북두칠성의 자루를 쥐고
開閉天關路.[11] 북극성의 길을 열고 닫는데,
森森明庭士,[12] 밝은 조정의 선비가 빼곡했지만
縮縮循牆鼠.[13] 담장에 숨은 쥐처럼 움츠리고 있었지.
平生負名節, 평생 명예와 절조를 짊어졌지만
一旦如奴虜.[14] 하루아침에 노예처럼 되어버려,
指名爲錮黨,[15] 지명 당해 금고된 붕당이 되어도
狀跡誰告訴. 상황과 행적을 누가 말할 수 있었겠는가.
喜無李杜誅,[16] 이응과 두밀 같은 죽음이 없는 것을 기뻐할 뿐이고
敢憚髡鉗苦.[17] 머리카락이 잘리고 쇠칼을 쓰는 고통을 감히 두려워했지.
時當秋夜月, 때는 가을의 달밤
日直日庚午.[18] 날은 경오일,
喧喧皆傳言,[19] 떠들썩하니 모두 말을 전하기를
明晨相登注. "내일 새벽 재상으로 정주를 등용한다."라고 했지.
予時與和鼎,[20] 나는 당시 화정과 더불어
官班各持斧.[21] 관리로서 각기 도끼를 들었는데,
和鼎顧予云, 화정이 나를 돌아보며 말하기를
我死有處所.[22] "나의 죽음에는 적합한 장소가 있으니,
當庭掣詔書,[23] 조정에서 그를 임명하는 조서를 낚아채고는
退立須鼎俎.[24] 물러나 서서 형벌을 받을 것이다."라고 했지.
君門曉日開, 궁궐 문이 새벽에 열리고
赭案橫霞布.[25] 황제의 공문이 가로놓인 노을처럼 펴졌지만,

儼雅千官容,[26] 꼼짝 않는 수많은 관리의 얼굴에
勃鬱吾纍怒.[27] 우리의 쌓였던 분노가 치밀어 올랐지.
適屬命鄜將,[28] 하지만 부방절도사 장군이 되라는 명령을 받았으니
昨之傳者誤. 어제 전한 내용이 잘못되어서이고,
明日詔書下, 이튿날 조서가 내려와
謫斥南荒去.[29] 그대는 남쪽 변방으로 폄적되어 떠나게 되었지.
夜登青泥坂,[30] 밤에 청니판에 오르다가
墜車傷左股. 수레에서 떨어져 왼쪽 정강이를 다쳤고,
病妻尙在牀, 병든 처는 여전히 침상에 있으며
稚子初離乳. 어린 자식은 이제 막 젖을 뗐지.
幽蘭思楚澤,[31] 그윽한 난초는 초 땅의 연못을 생각하게 하고
恨水啼湘渚.[32] 한스러운 물은 상강의 물가에서 울게 했으니,
恍恍三閭魂,[33] 침울한 삼려대부의 혼
悠悠一千古. 아득한 천 년의 옛날.
其冬二兇敗, 그해 겨울 두 흉악한 자가 패하자
渙汗開湯罟.[34] 황제의 명령으로 탕임금의 그물을 열었지만,
賢者須喪亡, 어진 자는 반드시 죽어야 했고
讒人尙堆堵.[35] 참언하는 자는 여전히 가득했지.
予於後四年, 나는 4년 후에
諫官事明主.[36] 간관이 되어 현명한 군주를 섬기면서,
常欲雪幽冤,[37] 항상 깊은 원한을 씻어
於時一裨補.[38] 당시에 천자를 한번 보좌하려고 했는데,

拜章豈艱難,[39] 상주하는 것이 어찌 어렵겠냐만
膽薄多憂懼.[40] 담이 약해 많이 근심하며 두려워했네.
如何干斗氣,[41] 어찌하여 두수를 찌르던 기상이
竟作炎荒土.[42] 결국 뜨겁고 황량한 남방의 흙이 되었는가.
題此涕滋筆,[43] 이를 적노라니 눈물이 붓을 적시는데
以代投湘賦.[44] 이것으로 상수에 던지는 부를 대신하네.

주석

1 **[협주]** ≪신당서·이감전≫의 기록이다. 이감은 자가 화정(和鼎)이다. 장경 연간(821-824) 말에 진사에 급제하여 현량방정과(賢良方正科)에 우수한 성적으로 급제했다. 여러 관직을 거친 뒤 시어사(侍御史)에 발탁되었다. 정주(鄭注)가 궁궐에서 시강(侍講)을 할 때 재상감을 구했는데 조정에서는 분분하게 그를 등용해야 한다고 말했다. 이감이 분명한 어투로 나서 말하기를, "재상은 하늘을 대신하여 백성을 다스리는 사람이니 마땅히 덕망을 우선시하고 문예는 뒤로해야 한다. 정주는 어떤 사람이기에 재상이 되고자 하는가. 조서가 내려오면 내가 반드시 찢어버릴 것이다."라고 했다. 얼마 후에 조서가 내려오니 이에 조담(趙儋)을 부방절도사(鄜坊節度使)로 삼았고 이감은 경솔하게 나댔다는 죄목에 걸려 봉주사마(封州司馬)로 폄적되었다. 이훈(李訓)도 속으로 또한 정주를 미워했는데 이로 인해 정주는 끝내 재상이 되지 못했다. 이감은 폄적된 곳에서 죽었다.(唐書. 李甘, 字和鼎. 長慶末, 第進士, 擧賢良方正異等. 累擢侍御史. 鄭注侍講禁中, 求宰相, 朝廷讙言將用之. 甘顯倡曰, 宰相代天治物者. 當先德望, 後文藝. 注何人, 欲得宰相. 白麻出,[226] 我必壞之. 旣而麻出, 乃以趙儋爲鄜坊節度使, 甘坐輕肆, 貶封州司馬. 而李訓內亦惡注, 繇是注卒不相. 甘終于貶.)

226) 白麻(백마) : 흰 마로 만든 종이인 백마지(白麻紙)를 뜻한다. 당나라 때 한림학사에서 작성한 조서는 이 종이를 사용했기에 조서를 가리킨다

2 **[협주]** 문종의 연호인데 9년이 끝이다.(文宗年號, 盡九.)

[역자주] 太和(태화) : 문종의 연호로 827년 2월부터 835년까지이다.

3 **[협주]** ≪직림(職林)≫[227]의 기록이다. 정주는 처음에 의약과 방술로써 장안에서 유세했다. 원화 연간(806-820)에 이소(李愬)가 양양절도사(襄陽節度使)가 되었는데 정주가 그에게 가서 의지했으며, 이소가 그가 준 약의 효력을 얻었기에 그를 후하게 대우했다. 후에 이소가 서주로 옮겨서 진수할 때 또한 직사(職事)가 되었다. 정주는 궤변에 능하고 음험한데 다른 사람의 의중을 꿰뚫는 것을 잘했기에 이소에게 계책을 주면 그의 마음에 들지 않았던 적이 없었다. 군중의 결정사항에 대해 이소는 그와 함께 상의하여 결정했다. 하지만 그는 사악한 마음으로 제멋대로 했으며 상벌의 전권을 행사했다. 당시 왕수징(王守澄)이 서주의 군대를 감찰했는데 정주에게 심히 노해서 이소에게 말을 하니, 이소가 말하기를, "그는 기이한 재주를 가지고 있습니다. 장군이 한번 그와 이야기를 해보십시오."라고 했다. 왕수징이 그를 만나서 이야기하고는 늦게 만나게 된 것을 한탄했다. 왕수징이 조정으로 들어가 추밀원을 맡게 되자 정주에게 통왕부(通王府)의 사마(司馬)를 제수했고 판관을 겸하게 했는데, 조정 안팎에서 놀라며 탄식했다. 문종이 정주를 불러 욕당문(浴堂門)에서 마주하고는 비단을 하사했다. 불러서 만난 그날 저녁에 혜성이 동쪽 하늘에 나타났는데 길이가 3척이었고 빛이 매우 강렬했다. 얼마 후에 공부상서(工部尙書)로 옮겼고 한림시강학사(翰林侍講學士)에 충원되었다. 이훈(李訓)은 이미 감옥에 있었는데, 두 간신이 함께 모의하면 천자는 그 설에 더욱 미혹되었다. 이훈은 진사에 급제했는데, 외모가 건장하고 정신은 쇄탈했으며 말과 생각이 민첩했고 다른 사람의 의중을 잘 헤아렸다. 이봉길(李逢吉)은 이훈의 종숙이다. 이봉길이 하남윤일 때 다시 재상이 되길 생각했으며 또한 배도(裴度)를 심히 원망했다. 이훈은 그의 의중을 간파하고는 즉시 기이한 계책을 냈다. 스스로 정주와 친하다고 말하니 이봉길은 진짜라고 믿고는 이훈에게 금, 비단, 보배 수백만 전을 주어 장안으로 가져가서 정주에게 뇌물을 주도록 했다. 정주가 뇌물을 받고는 매우 기뻐하여 중위(中尉) 왕수징에게 이훈을 추천했으며, 왕수징은 정주의 의약 및 방술과 이순의 ≪주역≫ 학술에 대해 문종에게 아울러 추천했다. 황제가

227) ≪직림≫ : ≪문헌통고(文獻通考)≫에 따르면 송나라 문인 양간(楊侃)이 지은 것으로 20권이라고 했다. 지금은 실전되었으며 여기 인용된 내용은 일문이다.

만나보고는 매우 기이하게 여겼으며 얼마 후 한림시강학사로 옮겼다. 문하성과 중서성의 간관들이 궁궐 문에 엎드려 간절하게 간언하면서, 이훈은 간사하니 황제를 곁에서 모시게 해서는 안 된다고 말했지만 문종은 끝내 듣지 않았다. 한림원에서 ≪주역≫을 강의할 때, 환관의 일을 언급하면서 재삼 분노했기에 주상의 마음을 감동시켰다. 주상은 이훈과 정주와 정사를 논했다. 이로부터 두 사람은 총애와 신임을 얻었으며 이들의 말을 따르지 않는 것이 없었다. 얼마 후에 이훈에게 예부시랑평장사를 제수했다. 이훈이 권력을 쥐고서는 즉시 환관을 죽이려고 모의했다. 환관 진홍경(陳弘慶)은 원화 연간 말부터 황제를 시해했다는 죄명을 가지고 있었다. 당시 양양감군(襄陽監軍)으로 있었는데 조정으로 불러오는 도중 청니역(青泥驛)에서 몽둥이로 때려죽였다. 또 왕수징을 독약으로 죽였다. 이훈은 더욱 황제의 은총을 받았다. 천하 사람들이 이훈으로 태평을 얻고자 기대했으니 유독 황제만 그의 말에 현혹된 것은 아니었다. 이훈이 비록 정주에 의해 기용되었지만 두 사람의 세력은 양립하지 않았다. 다시 정주를 지방으로 내보내 봉상절도사(鳳翔節度使)가 되게 했으며, 환관을 죽인 뒤에 즉시 아울러 정주를 안돈했다. 이에 곽행여(郭行餘)를 빈녕절도사(邠寧節度使)로 삼았고, 왕번(王璠)을 태원절도사(太原節度使)로 삼았으며, 나립언(羅立言)은 경조윤(京兆尹)의 일을 맡겼으며, 한약(韓約)은 금오대(金吾臺)의 일을 하게 했다. 곽행여와 왕번이 진수하기 전에 영웅호협과 금오대의 종자를 널리 모집하여 거사에 참여하도록 모이게 했다. 어느 날 황제가 자신전에 행차했는데, 한약이 아뢰기를, "금오좌장원의 건물에 석류나무가 있는데 밤이 되자 절로 감로가 맺혔습니다."라고 했고 이훈은 친히 좌장으로 행차하여 구경할 것을 주청했다. 신하들이 물러나자 주상은 가마를 타고 자신문을 나서 함원전에 오르고는 궁궐 신하들로 하여금 먼저 가서 보도록 했다. 중위와 추밀원 대신이 좌장에 이르렀을 때 장막 뒤에서 나는 병기 소리를 듣고는 놀라 두려워하며 달려 나왔다. 황제를 맞아 안으로 들어가려는데, 이훈이 수레에 매달리며 소리치기를, "폐하께서는 안으로 들어가시면 안 됩니다."라고 했다. 황제가 눈을 부라리며 이훈을 나무랐으며 내관 극지영(郄志榮)이 주먹을 휘둘러 이훈의 가슴을 치니 땅에 꼬꾸라졌다. 잠시 후에 내관이 황실 군내를 이끌고 칼날을 보이며 궁궐 문을 나서는데 사람을 만나는 대로 죽였다. 재상 왕애(王涯), 가속(賈餗), 서원여(舒元輿)는 난리가 났음을 듣고는 도망쳐 나갔다. 이훈은 홀로 말을 타고 종남산으로 들어가서 승려 종밀(宗密)에게 의탁했다. 이에 봉상(鳳翔)으로 가서 정주에게 의지하고자 했는데 주질

진장(盩厔鎭將)에게 잡혀서 형구에 갇힌 채 경사로 이송되었다. 이훈은 가혹한 형벌을 받을까 두려워하여 이에 압송하던 병사에게 말하기를, "가는 곳마다 (나를 가로채려는) 병사가 있을 텐데, 나를 가진 자는 바로 부귀해질 것이니 내 머리를 가지고 가는 것이 나을 것이다."라고 하니, 곧장 이훈의 머리를 베서 갔다. 정주는 이훈이 일을 일으켰다는 말을 듣고는 봉상에서 병사 5백여 명을 이끌고 궁궐로 달려갔다. 부풍에 이르러 이훈이 죽었다는 소식을 듣고는 이내 돌아왔다. 감군사(監軍使)가 이미 비밀조서를 받고는 정주를 참수하여 머리를 경사로 보냈다. 그 집 재산을 몰수하여 비단 백만 필을 얻었으며 다른 재화도 이와 값어치가 비슷했다. 왕애, 가속, 서원여, 왕번 등은 모두 일족이 멸했다. 왕애 이하 열한 집안의 재산은 모두 군사들이 나눠 가졌다. 소의군절도사(昭義軍節度使) 유종간(劉從諫)이 세 번 장계를 올려서 왕애 등 세 재상의 죄명을 공표하도록 하니 환관 구사량(仇士良)은 매우 걱정하며 두려워했다. 환관 등의 흉포한 기운이 조금 사그라들었고 사람들도 편히 의지하게 되었다. 이 시에서는 대개 그 무신들이 포효하는 호랑이처럼 크게 소리 질렀다는 말일 것이다.(職林. 鄭注, 始以藥術游長安. 元和中, 李愬爲襄陽節度使, 注往依之, 愬得其藥力, 因厚遇之. 從愬移鎭徐州, 又爲職事. 注詭辯陰佼,228) 善探入229)意旨, 與愬籌謀, 未嘗不中其意. 軍政可否, 愬與之參決.230) 然挾邪任數,231) 專作威福.232) 時王守澄監徐軍, 深怒注, 白于愬, 愬曰, 彼奇才也. 將軍試與之語. 及見注與語, 恨見之晚也. 及守澄入知樞密, 授注通王府司馬神233), 兼判官, 中外駭歎. 文宗召注對浴堂門, 賜錦綵. 召對之夕, 彗出東方, 長三尺, 光耀甚緊. 尋遷工部尚書充翰林侍講學士. 李訓已在禁庭. 兩姦合從, 天子益惑其說. 李訓者, 進士擢第, 形貌魁梧,234) 神情灑落, 辭敏智捷, 善揣人意.235) 李逢吉, 訓之從父也. 逢吉爲河南

228) 陰佼(음교) : 음험하고 교활하다.
229) ≪구당서·정주전≫에는 '入'이 '人'으로 되어 있다.
230) 參決(참결) : 상의하여 결정하다.
231) 挾邪(협사) : 사악한 마음을 가지다. 任數(임수) : 권모술수를 쓰다.
232) 威福(위복) : 원래는 통치자가 상과 벌을 주는 권위를 가리키는 말인데, 후에 당권자가 망령되이 자신을 높이고 권세를 믿고 농간을 부리는 것을 뜻하게 됐다.
233) ≪구당서·정주전≫에는 '神'이 없다.
234) 魁梧(괴오) : 크고 건장하다.
235) 揣(췌) : 미루어 헤아리다. 짐작하다.

尹, 思復爲宰相, 且深怨裴度. 訓揣知其意, 卽以奇計動之. 自言與鄭注善, 逢吉以爲然, 遺訓金帛珍寶數百萬, 令持入長安, 以賂注. 注得賂, 甚悅, 因薦于中尉王守澄, 乃以注之藥術, 訓之易道, 合薦于文宗. 帝見甚奇之, 俄遷翰林侍講學士. 兩省諫官伏閣切諫, 言訓姦邪, 不宜令侍宸扆.[236] 文宗終不聽. 在翰林, 講易之際, 語及巷伯事,[237] 則再三憤激, 以動上心. 上謀於訓注. 自是二人寵幸, 言無不從. 俄授訓禮部侍郎平章事. 訓旣秉權, 卽謀誅內豎.[238] 中官陳弘慶者, 自元和末負弑逆之名, 時爲襄陽監軍, 召而杖殺於靑泥驛. 復酖殺王守澄. 訓愈承恩顧. 天下之人, 有冀訓以致太平者, 不獨人主惑其言. 訓雖爲鄭注引用, 勢不兩立. 復出注爲鳳翔節度使. 俟誅內豎, 卽兼圖注. 乃以郭行餘爲邠寧節度使, 王璠爲太原節度使, 羅立言知京兆尹事, 韓約爲金吾事. 冀行餘王璠未赴鎭間, 廣令召募豪俠及金吾臺府之從者, 俾集其事. 日[239]帝御紫宸, 韓約奏, 金吾左仗院宅石榴樹, 夜來自有甘露. 李訓奏請親幸左仗觀之. 班退, 上乘軟輿出紫宸門,[240] 昇含元殿. 令內臣先往視之. 中尉樞密至左仗, 聞幕下有兵聲. 驚恐走出. 迎帝入內, 訓攀輦呼曰, 陛下不得入內. 帝瞋目叱訓, 內官郄志榮奮拳擊訓胸, 卽仆於地. 須臾內官率禁兵, 露刃出閣門, 遇人卽殺. 宰相王涯賈餗舒元輿聞難走出. 訓單騎入終南山, 投僧宗密. 乃趨鳳翔欲依鄭注. 爲盩厔鎭將所得, 械送京師. 訓恐受搒掠,[241] 乃謂兵士曰, 所在有兵, 得我者卽富貴, 不如持我首行. 乃斬訓行. 注聞訓事發, 自鳳翔率兵五百餘人赴闕. 至扶風, 聞訓死, 乃還. 監軍使已得密詔. 斬注, 傳首京師. 籍沒其家財, 得絹一百萬匹, 他貨稱是. 王涯賈餗舒元輿王璠等並族誅. 涯等十一家資貨並爲軍士所分. 昭義軍節度使劉從諫三上章, 求示涯等三相罪名, 仇士良頗懷憂恐. 宦官等兇焰稍息, 人士賴之. 詩蓋厥武臣闞如虓虎.[242])

[역자주] 虓虎(효호) : 큰소리를 지르는 호랑이. 사나운 장군을 비유한다.

---

236) 宸扆(신의) : 황제의 자리. 황제를 뜻한다. '의'는 황제의 자리 뒤에 있는 병풍이다.
237) 巷伯(항백) : 환관. 궁항(宮巷)에 거주하며 궁궐 일을 담당했다.
238) 內豎(내수) : 환관. 궁궐 안의 시종이라는 뜻이다.
239) ≪신당서·이훈전≫에는 '日' 앞에 '是月二十一'이 더 있다.
240) 軟輿(연여) : 가마.
241) 搒掠(방략) : 매질. 고문.
242) 闞(휘) : 호랑이처럼 성내다. 호랑이처럼 소리를 지르다.

4 **[협주]** '구지'는 이미 위에 나왔다.[243](九地, 已出上)

[역자주] 九地(구지) : 은미하여 헤아리기 힘든 각종 지형을 말한다. 여기서는 남들이 알아채지 못하는 상태를 말한다.

5 [역자주] 縷(루) : 끊임없이 이어지다.

6 [역자주] 相伍(상오) : 서로 무리를 짓다.

7 [역자주] 滋茂(자무) : 무성하다.

8 [역자주] 獰雷(영뢰) : 사나운 우레.

9 **[협주]** ≪신당서·문종본기(文宗本紀)≫에 "태화 9년(835) 4월 신축일에 큰바람이 불어 나무가 뽑혔으며 함원전 치미에 떨어지고 궐문을 훼손시켰다."라고 했다.(唐書, 文宗紀. 太和九年四月辛丑, 大風拔木, 落含元殿鴟尾, 壞門觀.)

10 **[협주]** 이훈과 정주이다.(李訓鄭注.)

11 **[협주]** ≪후한서·이고전(李固傳)≫의 기록이다. 대조(待詔) 이고가 말하기를, "지금 폐하에게 상서가 있는 것은 하늘에 북두칠성이 있는 것과 같습니다. 북두칠성은 하늘의 목구멍과 혀이니 상서 또한 폐하의 목구멍과 혀입니다. 북두칠성은 원기를 헤아려 사시를 고루 운행시키며, 상서는 왕명을 출납하여 사해에 정명을 반포합니다."라고 했다. 한유의 시[244]에서 "북두칠성의 자루를 쳐다보다가 두 손으로 직접 주물렀다."라고 했다.(後漢書. 李固待詔曰, 今陛下之有尙書, 猶天之有北斗也. 斗爲天喉舌, 尙書亦爲陛下喉舌. 斗斟酌元氣, 運平四時, 尙書出納王命, 賦政四海. 韓公詩, 瞻相北斗柄, 兩手自相挼.[245])

[역자주] 天關(천관) : 북극성. 황제를 상징한다.

12 [역자주] 森森(삼삼) : 빼곡한 모양. 明庭(명정) : 신명한 조정.

13 **[협주]** ≪좌전·양공(襄公) 23년≫에서 "대저 쥐는 낮에는 엎드려있고 밤에 활동하며 침묘에는 쥐구멍을 만들지 않는데 이는 사람을 두려워하기 때문이다."라고 했다. 유종원의

---

243) 두목의 시 <동짓날에 조카 아의에게 부치는 시(冬至日寄小姪阿宜詩)> "음을 밀어내고 구지에서 나온다.(排陰出九地.)"의 주에 보인다.

244) 한유의 시 <동방삭에 관한 잡다한 이야기를 읽다(讀東方朔雜事)>이다.

245) 挼(뇌) : 주무르다. 마음대로 가지고 놀다.

<송골매에 관한 이야기(鶻說)>에서 “쥐는 침묘에 쥐구멍을 만들지 않으며 담벼락을 따라 도망간다.”라고 했다.(左傳. 夫鼠晝伏夜動, 不穴於寢廟, 畏人故也. 柳子, 鶻說. 鼠不穴寢廟, 循牆而走.)

[역자주] 縮縮(축축) : 두려워서 움츠린 모양.

14 [역자주] 奴虜(노로) : 노예.

15 **[협주]** ≪후한서≫에 <당고전>이 있다.(後漢書有黨錮傳.)

[역자주] 錮黨(고당) : 붕당 중에서 금고(禁錮) 당한 사람을 가리킨다. ≪번천문집≫의 여러 판본 중에 ‘당고(黨錮)’로 된 것도 있다. 동한(東漢) 환제(桓帝) 때 환관이 전권을 행사하자 사대부인 이응(李膺)과 진번(陳蕃) 등이 환관 집단을 공격했는데 환관은 이들이 붕당을 결탁하여 조정을 비방한다고 무고하여 이응 등 200여 명이 체포되었고, 석방된 후에도 관직이 허용되지 않았다. 이를 당고지화(黨錮之禍)라고 한다. 정주와 이훈 역시 황제의 총애를 믿고 득세하고 있던 환관 무리를 없애려고 했지만 실패했다.

16 **[협주]** ≪후한서·영제본기(靈帝本紀)≫에서 “건녕 2년(169) 중상시(中常侍) 후람(侯覽)이 관련 관리를 시켜서 전 사공(司空) 우방(虞放), 태복(太僕) 두밀(杜密), 장락소부(長樂少府) 이응(李膺) 등이 결탁하여 붕당을 만들었다고 상주하게 하니, 이들은 하옥되었고 죽은 자가 백여 명이었으며 처자는 변방으로 이주시켰고 다섯 대에 걸쳐 딸린 친척들은 모두 관직에 오르지 못하게 금지시켰다.”라고 했다. ≪후한서·당고전·두밀전(杜密傳)≫에서 “두밀은 하남윤으로 옮기고 다시 태복이 되었다. 붕당의 일이 일어나자 면직되어 고향으로 돌아갔다. 이응과 함께 연좌되었고 명성과 행위가 서로 비슷했기에 당시 사람들은 또한 ‘이두’라고 불렀다.”라고 했다.(後漢書, 靈帝紀. 建寧二年, 中常侍侯覽諷有司奏前司空虞放太僕杜密長樂少府李膺等皆爲鉤黨, 下獄. 死者百餘人, 妻子徙邊, 諸附從者錮及五屬.[246] 杜密傳. 密遷河南尹, 轉太僕. 黨事旣起, 免歸本郡. 與李膺俱坐, 而名行相次, 故時人亦稱李杜焉.)

17 **[협주]** ≪사기·계포열전(季布列傳)≫의 기록이다. 계포는 초나라 사람이다. 항적(항우)이 그로 하여금 병사를 이끌고 가게 하니 자주 한나라 왕을 궁지에 몰았다. 항우가 죽자 고

246) 錮(고) : 관직에 오르는 것을 금지하다. 五屬(오속) : 고조부에서 자신까지 이르는 다섯 세대에 연관된 친족.

조는 계포에게 현상금으로 천금을 걸었다. 계포는 복양(濮陽)에 있는 주(周)씨 집에 숨었다. 주씨는 계포의 머리카락을 자르고 목에는 쇠칼을 채웠으며 갈옷을 입혔다. 그의 집안 노복 수십 명과 함께 노(魯) 땅 주가(朱家)의 집으로 가서 그를 팔았다. 주가는 속으로 이 사람이 계포임을 알고는 그를 사서 밭에서 일하게 했다. 주가가 낙양으로 가서 여음후(汝陰侯) 등공(滕公)을 만났다. 등공이 주가에게 말하기를, "계포가 얼마나 큰 죄를 지었기에 주상이 그리 급하게 찾는가?"라고 하니, 주가가 "신하는 각자 자신의 군주를 위해 일을 하는데 계포는 항적을 위해서 일했으니 자신의 직분을 다했을 따름입니다. 항씨의 신하라고 해서 다 죽어야 합니까?"라고 했다. 등공이 틈을 기다렸다가 과연 주가가 가리킨 대로 말을 하니 주상이 이에 계포를 풀어주었다.(史記. 季布, 楚人也. 項籍使將兵,[247] 數窘漢王. 及項羽滅, 高祖求布千金. 季布匿濮陽周氏. 周氏迺髡鉗季布, 衣褐衣. 幷與其家僮數十人, 之魯朱家所賣之. 朱家心知是季布, 迺買而置之田. 朱家之洛陽, 見汝陰侯. 滕公謂曰, 季布何大罪, 而上求之急也. 臣各爲其主用, 季布爲項籍用, 職耳. 項氏臣可盡誅邪. 滕公待間, 果言如朱家指. 上迺赦布.)

[역자주] 憚(탄) : 두려워하다. 꺼리다. 髡鉗(곤겸) : 머리를 깎고 쇠로 된 칼을 목에 채우다. 죄수에 대한 처우이다.

18 [역자주] 直(직) : 해당하다. 日庚午(일경오) : 경오일. ≪문원영화(文苑英華)≫에는 '日'이 '曰'로 되어 있다.

19 [역자주] 喧喧(훤훤) : 떠들썩한 모양.

20 [역자주] 和鼎(화정) : 이감의 자이다.

21 **[협주]** ≪한서·백관공경표≫에 "시어사(侍御史)는 수놓은 옷을 입고 직언을 하여 간사한 이를 끄집어내어 성토한다."라고 했다. ≪한서·준불의전(雋不疑傳)≫에 "포승지(暴勝之)가 직지사자(直指使者)가 되어 수놓은 옷을 입고 도끼를 쥐고는 도적을 쫓아가 잡고 주군(州郡)의 정치를 감독했다."라고 했다. 본집의 글[248]에 "태화 9년(835) 감찰어사가 되었다."라고 했다.(漢書, 百官公卿表. 侍御史有繡衣直指, 出討姦猾. 雋不疑傳. 暴勝之

247) 將兵(장병) : 병사를 거느리다.

248) 두목의 문장 <당나라의 돌아가신 평로군절도사순관 농서 사람 이부군의 묘지명(唐故平盧軍節度巡官隴西李府君墓誌銘)>이다.

爲直指使者, 衣繡衣, 持斧, 逐捕盜賊, 督課郡國. 本集. 太和九年, 爲監察御史.)

[역자주] 官班(관반) : 관리의 지위나 등급. 持斧(지부) : 도끼를 들다. 감찰의 직무를 비유한다.

22 **[협주]** ≪좌전·문공(文公) 2년≫에 "그의 벗이 낭담(狼瞫)에게 말하기를, '어찌하여 죽지 않느냐?'라고 하니 낭담이 말하기를, '나는 아직 죽을 장소를 구하지 못했다.'라고 했다." 라고 했다.(左傳. 其友謂狼瞫曰, 盍死. 瞫曰, 吾未獲死所.)

23 [역자주] 掣詔書(철조서) : 조서를 끌어당기다. 정주를 재상에 임명한다는 조서를 가로채 없애겠다는 말이다. ≪전당시≫에는 '掣'이 '裂'로 되어 있으며 찢는다는 뜻이다.

24 **[협주]** ≪주례(周禮)·천관(天官)·내옹(內饔)≫에서 "왕이 음식을 드실 때 솥과 도마를 진설하고 희생으로 채운다."라고 했으며, 정현의 주에서 "가마솥에서 떠서 솥에 채우고 솥에서 떠서 도마에 채운다."라고 했다.(天官, 內饔. 王擧, 則陳其鼎俎, 以牲體實之. 注, 取於鑊, 以實鼎. 取於鼎, 以實俎.)

[역자주] 鼎俎(정조) : 솥과 도마. 여기서는 뜨거운 물에 삶기고 몸이 잘리는 가혹한 형벌을 말한다.

25 [역자주] 赭案(자안) : 황제의 조칙을 적은 문서를 가리킨다.

26 **[협주]** ≪문선·노영광전부(魯靈光殿賦)≫ 이주한(李周翰)의 주에서 "'엄아(儼雅)'는 움직이지 않는 모습이다."라고 했다.(魯靈光殿賦. 注, 儼雅, 不動貌.)

27 **[협주]** 송옥(宋玉)의 <풍부(風賦)>에서 "휘이잉 회오리바람이 분다."라고 했다. 양웅의 <이소를 반박하다(反離騷)>에서 "초나라 상강에서 죄없이 돌아가신 이를 삼가 조문한다."라고 했고 또 "양후의 흰 파도를 타고 갔는데, 어찌 우리 죄없이 돌아가신 이가 홀로 찾아뵙는 것을 허락한 것이겠는가."라고 했는데, ≪한서≫ 이기(李奇)의 주에서 "무릇 죄가 없이 죽은 것을 '루(纍)'라고 한다. 순식(荀息)과 구목(仇牧)이 모두 그러하다. 굴원이 상강으로 가서 죽었기에 '상루'라고 했다."라고 했다.(風賦. 勃[249] 煩冤.[250] 楊雄, 反離騷. 欽弔楚之湘纍. 又曰, 陵陽侯之素波兮, 豈吾纍之獨見許. 注, 諸不以罪死曰纍. 荀息仇牧, 皆是也. 屈原赴湘死, 故曰湘纍也.

249) '勃' 뒤에 '鬱'이 더 있어야 한다.

250) 勃鬱(발울), 煩冤(번원) : 여기서는 모두 회오리바람이 부는 모양이다.

[역자주] 勃鬱(발울) : 왕성한 모양. 여기서는 분노가 치솟는 모양이다. 纍怒(누노) : 쌓인 분노.

28 **[협주]** ≪구당서·문종본기≫에서 "태화 9년(835) 8월 갑신일 좌신책군 대장군 조담(趙儋)을 부방절도사로 삼았다."라고 했다.(唐書, 文宗紀. 太和九年八月甲申, 以左神策軍大將軍趙儋爲鄜坊節度使.)

29 [역자주] 謫斥(적척) : 쫓겨나다. 이감이 봉주사마로 폄적된 것을 말한다.

30 **[협주]** ≪군국지(郡國志)≫의 기록이다. 흥주(興州)의 청니령(青泥嶺)은 깎아지른 절벽이 만 인(仞)이다. 산에 구름과 비가 많아 자주 진창이 되었는데 이에 이것으로 이름을 삼았다.(郡國志, 興州. 青泥嶺, 懸崖萬仞. 山多雲雨, 屢成泥淖, 遂以爲名.)

31 **[협주]** 초사에 "그윽한 난초를 맺어 우두커니 서 있다."라는 말이 있다.(楚辭. 結幽蘭兮延佇.[251])

[역자주] 幽蘭(유란) : 그윽한 난초. 굴원 <이소(離騷)>에 "집집마다 쑥을 걸치고 허리에도 가득 채우고 있으면서, 그윽한 난초는 찰 수 없다고 말한다.(戶服艾以盈要兮, 謂幽蘭其不可佩.)"라고 하여, 고아한 품성을 가진 것을 뜻한다. 여기서는 굴원을 두고 한 말이다.

32 **[협주]** ≪사기·굴원열전(屈原列傳)≫에서 "굴원이 멱라강에 몸을 던져 죽었다."라고 했다. 가의의 <굴원을 조문하는 글(弔屈原文)>에서 "상수에 와서 기탁하며 선생을 공경히 조문한다."라고 했고, ≪문선≫ 장선(張銑)의 주에서 "멱라수는 상강으로 흘러 들어간다."라고 했다. 이백의 <가는 길이 험난하다(行路難)>에서 "굴원이 끝내 상수의 물가에 몸을 던졌다."라고 했다.(史記. 屈原投汨羅以死. 賈誼, 弔屈原文. 造託湘流兮敬弔先生. 注. 汨羅水流入湘川. 李白, 行路難. 屈原終投湘水濱.)

33 **[협주]** 반고(班固)의 <서도부(西都賦)>에서 "혼이 침울하여 법도를 잃었다."라고 했다. 초사 <어부편(漁父篇)>에서 "굴원이 이미 추방되어 강과 못으로 떠돌다가 연못가에서 읊조리며 다니는데 안색은 초췌하고 모습은 깡말랐다. 어부가 보고는 묻기를 '그대는 삼려대부가 아닌가. 어찌하여 이곳에 왔는가?'라고 했다."라고 했고, ≪문선≫ 유량(劉良)

251) 여기 인용된 구는 초사에 보이지 않고 다만 <구가(九歌) · 상부인(湘夫人)>에는 '幽蘭'이 '桂枝'로 되어 있다. 延佇(연저) : 우두커니 서 있다.

의 주에서 "삼려대부는 굴원의 옛 관직이다."라고 했다.(西都賦. 魂怳怳以失度. 楚詞, 漁父篇. 屈原旣放江潭[252], 行吟澤畔, 顔色憔悴, 形容枯槁. 漁父見而問之曰, 子非三閭大夫歟. 何故至於斯. 注. 三閭大夫, 原故官.)

[역자주] 怳怳(황황) : 침울한 모양.

34 **[협주]** ≪주역·환괘(渙卦)≫에서 "황제의 조칙이 크게 울린다."라고 했다. ≪사기·은본기(殷本紀)≫에서 "성탕(成湯)이 들에 나가 보니, 그물을 사방으로 치고서 축원하기를 '천하의 사방에서 모두 내 그물로 들어와라.'라고 하기에, 성탕이 말하기를, '아아, 다 잡겠구나.'라고 하고는 이에 삼면의 그물을 제거하고 축원하기를, '왼쪽으로 가고자 하는 것은 왼쪽으로 가고 오른쪽으로 가고자 하는 것은 오른쪽으로 가라.'라고 했다."라고 했다.(易. 渙汗其大號. 史記. 成湯出見野, 張網四面, 祝曰, 自天下四方皆入吾網. 湯曰, 嘻, 盡之矣. 乃去其三面, 祝曰, 欲左, 左. 欲右, 右.)

[역자주] 渙汗(환한) : 원래는 땀이 계속 난다는 뜻인데, 이로부터 끊임없이 나오는 황제의 조칙을 뜻한다. 罟(고) : 그물.

35 [역자주] 讒人(참인) : 참언하는 사람. 堆堵(퇴도) : 높이 쌓여서 꽉 채우고 있다는 말로 여기서는 많다는 뜻이다.

36 **[협주]** 본집 계(啓)[253]의 기록이다. 문종이 개성(開成)으로 연호를 바꾼 첫해 어사분찰동도(御史分察東都)가 되었다. 개성 2년(837) 동생 두의(杜顗)가 눈병이 있다는 말을 듣고는 100일을 채웠다고 보고하고 (휴가를 얻어) 동쪽으로 내려가 양주에서 병든 동생을 만났다. 그해 늦가을 양주에서 선주의 막부로 들어갔다. 개성 3년(838) 겨울에 보궐에 제수되었고 4월 2일 북쪽으로 건너가 부임했다.(本集, 啓. 文宗改號開成初年爲御史分察東都. 至二年聞顗疾眼. 告滿白[254]日東下, 見病弟于楊州. 其年秋末自楊州入宣州幕. 至三年冬除補闕. 四月二日北渡赴官.)

37 [역자주] 雪幽冤(설유원) : 깊은 원한을 씻다. 억울하게 죽은 이감의 원통함을 풀어준다는 말이다.

---

252) 현재 전하는 <어부편>에는 '江潭' 앞에 '遊於'가 더 있다.

253) 두목의 문장 <호주자사가 되기를 청하며 재상께 올리는 두 번째 계(上宰相求湖州第二啓)>이다.

254) ≪번천문집≫의 다른 판본에는 '白'이 '百'으로 된 것도 있는데 이것이 옳은 것이다.

38 [역자주] 裨補(비보) : 보좌하다. 당시 두목은 좌보궐(左補闕)로서 간관의 임무를 맡고 있었다.

39 [역자주] 拜章(배장) : 상주하다.

40 **[협주]** ≪원화기(原化記)≫[255]의 기록이다. 사람에게는 용맹함과 겁이 있는데 반드시 담의 기운으로 말미암는다. 담의 기운이 왕성하면 두려워하는 바가 절로 없어지니 장부라 할 만하다.(原化記. 人有勇怯, 必由膽氣. 膽氣尙盛, 自無所懼, 可謂丈夫.)

[역자주] 憂懼(우구) : 근심과 두려움.

41 **[협주]** ≪진서(晉書)·장화전(張華傳)≫의 기록이다. 두수(斗宿)와 우수(牛宿) 사이에 항상 자줏빛 기운이 있었다. 장화는 뇌환(雷煥)이 천문에 해박하다는 말을 듣고는 그에게 물어보니 뇌환이 말하기를, "보검의 정기가 예장(豫章) 풍성(豐城)에 있습니다."라고 했다. 즉시 뇌환을 풍성령에 임명했다. 그가 풍성현에 도착하여 감옥의 바닥을 파니 돌 상자 하나를 얻었는데 광채가 특별했으며 그 안에 한 쌍의 검이 있었다. 검 한 자루는 장화에게 보내고 한 자루는 남겨서 자신이 찼다. 장화가 검을 받고는 뇌환에게 알리며 말하기를, "검에 새겨진 글을 상세히 살펴보니 바로 간장검(干將劍)이다. 막야검(莫邪劍)은 어찌하여 또 이르지 않았느냐? 비록 그러하지만 신령스러운 물건이니 끝내는 반드시 합쳐질 것이다."라고 했다.(晉書, 張華傳. 斗牛之間, 常有紫氣. 華聞雷煥妙達緯象,[256] 問之. 煥曰, 寶劍之精, 在豫章豐城. 卽補煥豐城令. 到縣, 掘獄屋基, 得一石函, 光氣非常, 中有雙劍. 送一劍與華, 留一自佩. 華得劍, 報曰, 詳觀劍文, 乃干將也. 莫邪何復不至. 雖然, 神物終當合耳.)

[역자주] 干斗氣(간두기) : 별자리인 두수를 찌르는 기운. 여기서는 높은 기운을 말한다.

42 [역자주] 炎荒土(염황토) : 뜨거운 황량한 땅의 흙. 이감이 남방에서 죽은 것을 말한다.

43 [역자주] 涕滋筆(체자필) : 눈물이 붓을 적시다.

44 **[협주]** ≪한서·가의전≫에서 "천자가 가의를 장사왕(長沙王) 태부(太傅)로 삼았다. 가의가 폄적되어 떠났기에 마음이 편치 않았는데 상수를 건너다가 부를 지어 굴원을 조문했

255) ≪원화기(原化記)≫ : 당나라 황보씨(皇甫氏)가 편찬한 전기소설집인데 일실되었다. 여기 인용된 내용은 ≪태평광기(太平廣記)≫ 권500에 수록되어 있다.

256) 緯象(위상) : 천문 현상을 분석하여 앞일을 예측하는 것을 말한다.

다."라고 했다.(漢書, 賈誼傳. 天子以誼爲長沙王太傅. 誼既以謫去, 意不自得, 乃渡湘水爲賦以弔屈原.)

해설

이 시는 두목이 동료로 같이 지내던 이감의 죽음을 애도하며 지은 것이다. 이감은 태화 9년(835) 시어사로 있었는데 정주(鄭注)와 이훈(李訓)의 정권 농단에 대해 간언하려다가 봉주사마(封州司馬)로 폄적되었으며 얼마 후 그곳에서 병으로 죽었다. 그 이후 두목이 좌보궐이 되어 그의 억울함을 풀어주려고 했지만 실행하지 못했고 대신 이 시를 통해 그의 넋을 위로했다. 시에서는 이러한 내용을 상세하게 기술했다. 대개 개성 4년(839) 좌보궐로 재임할 때 지은 것으로 추정한다.

010. 동쪽으로 유람가는 기 처사를 낙중에서 송별하는 시

洛中送冀處士東游詩[1]

處士有儒術,	기 처사는 유가의 도를 지니고 있고
走可挾車輈.[2]	수레 끌채를 껴안고 달릴 수 있으며,
壇宇寬恬恬,[3]	고귀한 말은 넉넉하여 안정되고
符彩高酋酋.[4]	훌륭한 글은 고상하여 경외스럽네.
不愛事耕稼,	농사일 하는 것을 좋아하지 않고
不樂干王侯.	왕후에게 간알하는 일을 즐기지 않아,
四十餘年中,	사십여 년 동안
超超爲浪游.[5]	세상을 벗어나 마음대로 노닐었네.
元和五六歲,[6]	원화 5, 6년
客于幽魏州.[7]	유주와 위주에서 객살이할 때,
幽魏多壯士,	유주와 위주에는 씩씩한 선비가 많았는데
意氣相淹留.[8]	의기가 맞아 그를 오래 머물게 했지.
劉濟願跪履,[9]	유제는 꿇어앉아 신발을 바치고자 했고
田興請建籌.[10]	전흥은 계책을 건의하기를 청했는데,
處士拱兩手,[11]	처사는 두 손을 모아 인사하고는
笑之但掉頭.[12]	웃으면서 그저 머리를 흔들었지.
自此南走越,[13]	이후로 남쪽 월 땅으로 가서
尋山入羅浮.[14]	산을 찾아 나부산으로 들어가서는,

願學不死藥,[15] 불사약 만드는 법을 배우고자 하여
粗知其來由. 그 방법을 대략 알게 되었기에,
卻於童頂上,[16] 도리어 대머리 위에서
蕭蕭玄髮抽.[17] 드문드문 검은 머리카락이 자라났지.
我作八品吏,[18] 나는 팔품의 관리가 되어
洛中如繫囚.[19] 낙중에서 죄수와 같은 신세인데,
忽遭冀處士, 홀연 기 처사를 만나고는
豁若登高樓.[20] 높은 누대에 오른 듯 마음이 탁 트였네.
拂榻與之坐,[21] 걸상을 닦아 그와 함께 앉아
十日語不休. 십 일 동안 말을 그치지 않았는데,
論今星璨璨,[22] 반짝이는 별처럼 시사를 논하고
考古寒飀飀.[23] 매서운 추위처럼 옛일을 고찰했네.
治亂掘根本, 다스림과 혼란에 관해 근본을 파헤치니
蔓延相牽鉤.[24] 줄줄이 서로 연결되어 있는데,
武事何駿壯,[25] 무의 일에서는 얼마나 씩씩하며
文理何優柔.[26] 문의 이치에서는 얼마나 느긋한가.
顏回捧俎豆,[27] 안회가 제기를 받든 듯
項羽橫戈矛.[28] 항우가 창을 비끼고 있는 듯,
祥雲繞毛髮, 상서로운 구름이 머리털을 감싸고
高浪開咽喉.[29] 높은 파도가 목구멍에서 터져 나오니,
但可感神鬼, 그저 귀신을 감동시킬 뿐이라
安能爲獻酬.[30] 어찌 응수할 수 있으랴.

好入天子夢,	천자의 꿈에 잘 들어가서
刻像來爾求.[31]	초상을 새긴 뒤 그대를 찾으러 올 것인데,
胡爲去吳會,[32]	어찌하여 오 땅으로 가서
欲浮滄海舟.	너른 바다의 배를 띄우려고 하는가.
贈以蜀馬箠,[33]	촉 땅의 말 채찍을 주고
副之胡罽裘.[34]	호 땅의 융모 갖옷을 아우르고는,
餞酒載三斗,[35]	이별주 서 말을 실었는데
東郊黃葉稠.[36]	동쪽 교외에 누런 잎이 시들었기에,
我感有淚下,	내가 감개하여 눈물을 흘리니
君唱高歌詶.[37]	그대는 소리쳐 높은 노래로 화답하네.
嵩山高萬尺,	"숭산은 높이가 만 척이고
洛水流千秋.[38]	낙수는 천 년을 흘러가는데,
往事不可問,	지난 일은 물을 수 없고
天地空悠悠.	천지는 텅 비어 아득하네.
四百年炎漢,[39]	사백 년 불의 정기를 가졌던 한나라
三十代宗周.[40]	삼십 대에 걸쳐 종주국이었던 주나라,
二三里遺堵,[41]	허물어진 담장이 2, 3리이고
八九所高丘.[42]	높은 무덤이 8, 9곳이네.
人生一世內,	사람 삶은 한 세대 안이니
何必多悲愁.	뭣 하러 반드시 많이 슬퍼하고 근심하는가."
歌闋解攜去,[43]	노래 끝나자 작별하고 떠나가는데
信非吾輩流.	진정 우리와 같은 무리는 아니구나.

주석

1 [역자주] 洛中(낙중) : 낙양을 가리킨다. 冀處士(기처사) : 성이 기씨인 처사. 기씨의 생평에 관해서는 자세히 알려져 있지 않다. '처사'는 관직에 나가지 않고 은일하며 사는 이를 말한다.

2 **[협주]** ≪좌전·은공(隱公) 11년≫에 "공손알(公孫閼)이 영고숙(潁考叔)과 전차를 놓고 다퉜는데 영고숙이 수레 끌채를 껴안고 도망쳤다."라고 했고, 두예(杜預)의 주에서 "'주(輈)'는 수레의 끌채이다."라고 했다.(左傳. 公孫閼與潁考叔爭. 潁考叔挾輈以走. 注, 輈, 車轅也.)

[역자주] 이 구는 힘이 매우 세고 용맹하다는 뜻인데, 기 처사가 매사에 여유가 있다는 말이다.

3 **[협주]** ≪순자·유효(儒效)≫에서 "군자는 말에 제단이 있어야 하고 행동에는 제방의 표식이 있어야 한다."라고 했고, 양경(楊倞)의 주에서 "흙을 쌓아서 집 주위에 제단을 만든다. 말에 제단이 있다는 것은 고귀하게 여길 만한 바가 있다는 말이고, 행동에 제방의 표식이 있다는 것은 표준으로 삼을 만한 것이 있다는 말이다."라고 했다. '첩(怗)'은 탁과 협의 반절이며, 안정되다 또는 조용하다는 뜻이다.(荀子, 儒效. 君子言有壇宇, 行有方[257]表. 注. 累土爲壇宇屋邊也. 言有壇宇, 謂有所尊高也. 行有方表, 謂有所準[258]也. 怗, 託協切, 安也, 靜也.)

[역자주] 壇宇(단우) : 제단. 여기서는 고귀한 말을 비유한다. 怗怗(첩첩) : 안정된 모양.

4 **[협주]** 좌사 <촉도부>에 "화려하게 번쩍거리고 휘황하게 빛난다."라는 말이 있다. 두보의 시[259]에 "훌륭한 문장은 고상하여 대적할 자 없이 고아하고, 총명하여 하려는 바에 통달했다."라고 했다. '추(酋)'는 자와 추의 반절이고 두렵다는 뜻이다.(蜀都賦. 符彩彪炳,[260] 暉麗灼爍.[261] 詩史. 符彩高無敵, 聰明達所爲. 酋, 自秋切, 畏也.)

---

257) 현재 전하는 ≪순자≫에는 '方'이 '防'으로 되어 있다.

258) 현재 전하는 ≪순자≫의 주에는 '準' 앞에 '標'가 더 있다.

259) 두보의 시 <두로봉이 주객원외 이씨의 훌륭한 아들 이비에게 주며 지(知)자 운으로 지은 시에 화답하다(同豆盧峰貽主客李員外·賢子棐, 知字韻)>이다.

260) 彪炳(표병) : 빛나다.

[역자주] 符彩(부채) : 화려한 무늬. 여기서는 훌륭한 문장을 비유한다. 酋酋(추추) : 놀라는 모양. 또는 높은 모양.

5 [역자주] 超超(초초) : 초연히 세속을 떠난 모양. 浪遊(낭유) : 사방을 마음대로 노닐다.

6 [역자주] 元和(원화) : 헌종(憲宗)의 연호로 806년부터 820년까지이다.

7 [역자주] 幽魏州(유위주) : 유주와 위주. 지금의 북경 지역으로 협객으로 유명했다.

8 [역자주] 淹留(엄류) : 머물게 하다.

9 **[협주]** ≪구당서·유제전(劉濟傳)≫의 기록이다. 정원 5년(789) 좌복야(左僕射)로 옮겼으며 유주절도사(幽州節度使)에 충당되었다. 당시 변방 이민족인 오환(烏桓)과 선비(鮮卑)가 자주 변방에서 노략질을 했다. 유제가 군사를 이끌고 공격하여 달려갔는데 천여리까지 깊이 들어갔으며 노획한 것은 이루 다 기록할 수 없었다. 이에 북동 변방이 안정되었다. ≪한서·장량전(張良傳)≫의 기록이다. 장량이 하비(下邳)의 다리 위에서 노닐고 있었는데 갈옷을 입은 어떤 노인이 장량이 있는 곳으로 오더니 곧장 자신의 신발을 다리 아래로 던졌다. 장량에게 돌아보며 말하기를, "얘야, 내려가서 신발을 가져오너라."라고 했다. 장량이 놀라면서 그를 때리려고 했지만 그가 노인이었기에 억지로 참고는 내려가서 신발을 가져다가 꿇어앉아 바쳤다. 노인은 발로 그것을 받고는 웃으면서 떠났다. 노인이 1리쯤 가다가 다시 돌아와서 말하기를, "얘는 가르칠 만하겠다."라고 했다.(唐書, 劉濟傳. 貞元五年遷左僕射, 充幽州節度使. 時烏桓鮮卑數寇邊. 劉濟帥軍擊走之, 深入千餘里, 虜獲不可勝紀, 東北晏然. 漢書. 張良遊下邳圯上,[262] 有一老父衣褐, 至良所, 直墮其履圯下. 顧謂良曰, 孺子下取履.[263] 良愕然欲敺之,[264] 爲其老, 乃强忍, 下取履, 因跪進. 父以足受之, 笑去. 里所復還曰, 孺子可教矣.)

[역자주] 跪履(궤리) : 꿇어앉아 신발을 바치다. 장량의 고사를 인용한 것으로 어른에게 가르침을 공손히 구한다는 뜻이다.

10 **[협주]** ≪신당서·헌종본기(憲宗本紀)≫에서 "원화 7년(812) 위박절도사(魏博節度使) 전

261) 暉麗(휘려) : 화려하다. 灼爍(작삭) : 번쩍이는 모양.
262) 圯(이) : 하천의 다리.
263) 孺子(유자) : 어린아이.
264) 愕然(악연) : 놀라다. 敺(구) : 때리다.

계안(田季安)이 죽었는데 그의 아들 전회간(田懷諫)이 스스로 지군부사(知軍府事)라고 칭했다. 전계안의 장군 전홍(田興)이 6개 주를 가지고서 조정의 담당 관리에게 귀순했다."라고 했다. ≪신당서·전계안전≫에서 "그의 아들 전회간을 옹립하려고 했지만 가장 어려서 정사를 맡을 수 없었다. 이에 정사가 노비 장사칙(蔣士則)에 의해 결정되었는데 여러 장수의 직위를 자주 바꾸었기에 군대가 분노하여 전홍(田興)을 선발하여 유후(留後)[265]로 했다."라고 했다. ≪신당서·이덕유전(李德裕傳)≫에서 "주변루(籌邊樓)를 세웠다."라고 했다.(唐書, 憲宗紀. 七年, 魏博節度使田季安卒, 其子懷諫自稱知軍府事. 季安之將田興, 以六州歸于有司. 季安本傳. 立其子懷諫, 最幼不能事, 政決於私奴蔣士則, 數易置諸將, 軍中怒, 取田興爲留後. 唐書. 建籌邊樓.)

[역자주] 建籌(건주) : 계책을 건의하다. 이덕유가 검남서천절도사(劍南西川節度使)가 되었을 때 남조(南詔)의 침입으로 백성들이 어려움을 겪었는데 주변루(籌邊樓)를 세우고 변방의 지도를 상세하게 그려서 남조를 공격할 계책을 수립했다. 주변루의 고사는 이 시와 관계없다.

11 [역자주] 拱兩手(공량수) : 두 손을 마주 잡는 인사법으로 매우 공손한 태도이다.

12 **[협주]** 두보의 시[266]에서 "소보가 머리를 흔들며 머물려 하지 않았다."라고 했다.(詩史. 巢父掉頭不肯住.)

[역자주] 掉頭(도두) : 머리를 흔들다. 부정의 의사를 표현하는 동작이다.

13 **[협주]** ≪한서·계포전(季布傳)≫에서 "북쪽으로 호(胡) 땅으로 달려가고 남쪽으로 월(越) 땅으로 달려갔다."라고 했다.(漢書, 季布傳. 北走胡, 南走越.)

14 **[협주]** ≪나부산기(羅浮山記)≫[267]의 기록이다. 산의 높이가 3천 장이고 길이가 8백 리이다. 옛 설에서는 부산(浮山)이 회계(會稽)에서 와서 자라산(子羅山)과 다투었기에 박라산(博羅山)이라고 불렀다고 했다. 지금 나부산 위에는 유독 동방의 초목이 있다. ≪일

---

265) 유후(留後) : 절도사가 죽었을 때 그 임무를 대신하는 자의 호칭이다.

266) 두보의 시 <병 때문에 사임하고 강동으로 돌아가 노닐려는 공소보를 송별하며 아울러 이백에게 드리다(送孔巢父謝病歸游江東, 兼呈李白)>이다.

267) ≪나부산기(羅浮山記)≫ : ≪문헌통고(文獻通考)≫에 따르면 여릉(廬陵) 사람 곽지미(郭之美)가 지었다고 하는데, 실전되었으며 단편적인 기록이 유서에 간혹 보인다. 여기 인용된 내용은 ≪문선≫의 육신주에 보인다

남지(日南志)≫[268]의 기록이다. 나부산은 본래 봉래산(蓬萊山)의 한 봉우리인데, 신선이 사는 경방(瓊房)과 경실(瓊室) 72곳이 있다.(羅浮山記. 山高三千丈, 長八百里. 舊說, 浮山從會稽來, 博子羅山,[269] 故稱博羅. 今羅浮山上, 獨有東方草木. 日南志. 羅浮山, 本蓬萊山一峰也. 有瓊房瓊室七十二所.)

[역자주] 羅浮(나부) : 지금의 광동성에 있는 산의 이름으로 동진(東晉)의 갈홍(葛洪)이 이곳에서 단약을 수련했다.

15 **[협주]** ≪세설신어(世說新語)≫에서 "봉래산에 신선 무리와 불사약이 있다."라고 했다.[270](世說. 蓬萊有群仙及不死之藥.)

16 [역자주] 童頂(동정) : 머리카락이 없는 머리.

17 **[협주]** 사혜련의 시[271]에서 "각각 머리 검을 때 즐기길 힘쓸지니, 흰 머리 된 뒤 탄식을 남기지 말라."라고 했다.(謝惠連詩. 各勉玄髮歡, 無貽白首歎.[272])

[역자주] 蕭蕭(소소) : 드문드문한 모양. 抽(추) : 머리카락이 나다.

18 **[협주]** ≪자치통감(資治通鑑)≫에서 "감찰어사는 종팔품이다."라고 했다.(通鑑. 監察御史, 從八品.)

19 **[협주]** 위의 "간관이 되어 현명한 군주를 섬겼다."의 주에 보인다.[273](見上諫官事明主注.)

[역자주] 繫囚(계수) : 감옥에 갇힌 죄수. 두목은 개성 원년(836)에 감찰어사로 있다가 이감이 정변으로 폄적되자 병을 구실로 어사분찰동도(御史分察東都)가 되어 낙양으로 옮겼다. 낙양의 감찰어사는 실제 하는 일이 없는 허직이었다.

20 [역자주] 豁(활) : 확 트이다.

21 [역자주] 拂榻(불탑) : 걸상을 닦다. '탑'은 좁고 긴 의자이다. 동한(東漢)의 진번(陳蕃)이 군의 태수로 있으면서 오직 서치(徐穉)만 손님으로 받아들였는데, 그를 위해 걸상을 마

---

268) ≪일남지(日南志)≫ : 이 책에 관해서는 고증할 수 없다. '일남'은 대체로 지금의 베트남 지역을 가리킨다.
269) 博(박) : 다투다. 때리다.
270) 현재 전하는 ≪세설신어(世說新語)≫에는 이 기록이 보이지 않는다.
271) 사혜련의 시 <가을의 감회를 읊은 시(秋懷詩)>이다.
272) 貽(이) : 남기다.
273) 두목의 시 <이감을 읊은 시(李甘詩)>이다.

련해서 내려놓았으며 그가 떠나면 다시 걸어놓았다고 한다.

22 [역자주] 論今(논금) : 현재의 세태에 대해 논하다. 璨璨(찬찬) : 반짝이는 모양.

23 [역자주] 颼颼(수수) : 음습하고 차가운 모양. 여기서는 매우 냉철함을 비유한다.

24 **[협주]** [‘연(延)’은] 거성이다. 반악(潘岳)의 <과부부(寡婦賦)>에서 “줄줄이 이어진 새머루를 돌아본다.”라고 했다.(去聲. 寡婦賦. 顧葛藟之蔓延.[274])

[역자주] 蔓延(만연) : 길게 이어진 모양. 牽鉤(견구) : 서로 이어지다. 이 구는 그의 주장이 끝없이 논리적으로 이어진다는 말이다.

25 [역자주] 駿壯(준장) : 씩씩한 모양.

26 [역자주] 優柔(우유) : 느긋한 모양. 또는 관대한 모양.

27 [역자주] 俎豆(조두) : 조와 두는 모두 고대 제기의 이름이다.

28 [역자주] 戈矛(과모) : 과와 모는 모두 창의 종류이다.

29 [역자주] 高浪(고랑) : 높은 파도. 여기서는 기 처사 언변의 높은 기세를 비유한 것이다. 咽喉(인후) : 목구멍.

30 [역자주] 獻酬(헌수) : 응수하다. 응답하다.

31 **[협주]** 위의 “꿈속의 점괘로 현명한 재상을 기용한다.”의 주에 보인다.[275](見上夢卜庸眞相注.)

[역자주] 刻像(각상) : 초상을 새기다. 은나라 고종(高宗)이 꿈에서 부열(傅說)을 보고는 그의 초상을 그려 그를 찾게 했으며 그를 찾은 뒤 재상으로 등용했다는 고사를 인용한 것이다. 이를 통해 기 처사가 재상의 재능을 가지고 있음을 칭송했다.

32 **[협주]** 위(魏) 문제(文帝)의 <잡시(雜詩)>에서 “오회는 나의 고향이 아니니 어찌 오래 머물 수 있겠는가.”라고 했다. 두보의 시[276]에서 “가벼운 배가 오회로 내려간다.”라고 했고 ≪보주두시(補注杜詩)≫ 왕수(王洙)의 주에서 “도회의 ‘회’이다. 오 땅 도회지 전체에 대한 말이다.”라고 했다.(魏文帝, 雜詩. 吳會非我鄉, 安能久留滯. 詩史. 輕舟下吳會. 注. 都會之會也. 謂當全吳都會之地.)

274) 葛藟(갈류) : 덩굴식물의 일종이다.
275) 두목의 시 <감회를 읊은 시(感懷詩)>이다.
276) 두보의 시 <당흥주부 유씨의 동생을 만나다(逢唐興劉主簿弟)>이다.

[역자주] 胡爲(호위) : 어찌하여. 吳會(오회) : 오군(吳郡)과 회계군(會稽郡)의 병칭이다.

33 **[협주]** 옹도(雍陶)의 <말채찍을 주어 운주의 배 순관을 송별하다(以馬鞭贈送鄆州裴巡官)> 시[277]에서 "채찍을 골라 들고 일찍이 촉산 멀리 올라가서, 구름 뿌리 가르고 석교로 내려왔다."라고 했다.(雍端公, 以馬鞭贈送鄆州裴巡官詩. 採鞭曾上蜀山遙, 劚斷雲根下石橋.[278])

[역자주] 馬箠(마추) : 말채찍. ≪좌전·문공(文公) 13년≫에 다음과 같은 이야기가 있다. 전국시대 진(晉)나라 사회(士會)가 진(秦)나라로 투항을 하여 등용되었다. 진(晉)나라에서는 그가 자국을 해롭게 할까 염려하여 진(秦)나라 왕이 사회를 진(晉)나라로 사신으로 내보내도록 계책을 세웠다. 진(秦)나라 대부 요조(繞朝)는 진(晉)나라의 음모를 간파하고 사회를 보내지 말 것을 건의했으나 받아들여지지 않았다. 사회가 진(晉)나라로 떠나려고 할 때, 요조는 사회에게 채찍을 하나 주면서 "그대는 진(秦)나라에 사람이 없다고 말하지 말게, 다만 내 의견이 때마침 받아들여지지 않았을 뿐이라네."라고 했다. 헤어질 때 채찍을 주는 것은 자신이 상대방을 만류하려는 의견이 받아들여지지 못해 어쩔 수 없이 떠나보냄을 뜻한다.

34 **[협주]** ≪이아(爾雅)≫에서 "'리(氂)'는 융단이다."라고 했고 곽박(郭璞)이 (주에서) 말하기를, "짐승의 털로 융단을 만든다."라고 했으며, 사인(舍人)이 (소(疏)에서) 말하기를, "'리'는 털로 만든 융단을 말한다. 호 땅 사람은 양털을 이어서 옷을 만든다."라고 했다. ≪설문해자≫에서 "'계(罽)'는 서방 호 땅의 면직물이다. 음은 거와 례의 반절이다."라고 했다.(爾雅. 氂, 罽也. 郭璞曰, 毛氂所以爲罽.[279] 舍人曰, 氂謂毛罽也. 胡人績羊毛作衣. 文[280]. 罽, 西胡毳布.[281] 音, 居例切.)

[역자주] 罽裘(계구) : 융모를 덧댄 갖옷.

277) 이 시는 ≪전당시(全唐詩)≫에는 수록되어 있지 않으며 고려인이 편찬한 ≪십초시(十抄詩)≫에 수록되어 있다.

278) 劚斷(촉단) : 자르다. 雲根(운근) : 산의 큰 바위를 가리킨다. 고대에서 구름이 산의 바위에서 생긴다고 여겼다.

279) 毛氂(모리) : 짐승의 털과 야크의 꼬리.

280) '文' 앞에 '說'이 더 있어야 한다.

281) 毳布(취포) : 짐승의 털로 짠 베. 모직물.

35 [역자주] 餞酒(전주) : 헤어질 때 마시는 술. 전별주.

36 [역자주] 稠(조) : 시들다.

37 [역자주] 詶(수) : 화답하다.

38 **[협주]** ≪십도지≫에서 “하남도 낙주에 낙수와 숭고산이 있다.”라고 했다.(十道志. 河南道洛州, 有洛水, 嵩高山.)

39 **[협주]** ≪역대통기(歷代統記)≫[282]의 기록이다. 동한과 서한은 고조에서 시작하여 헌제에서 끝나는데 왕망을 합쳐서 모두 24명의 황제였고 426년이었다. ≪동관한기(東觀漢記)≫ 서문에서 “한나라는 불의 정기로 빛을 드러내었는데 혹 어둡다가도 빛이 났다.”라고 했다.(歷代統記. 東西兩漢, 自高祖盡獻帝, 通王莽, 合二十四帝, 四百二十六年. 東觀漢記序, 漢以炎精布耀, 或幽而光.)

40 **[협주]** ≪좌전·선공(宣公) 3년≫에서 “성왕이 겹욕(郟鄏)에 구정(九鼎)을 안돈하여 도읍으로 정하고는 세대를 점치니 30대이고 연수를 점치니 700년이었으니 하늘이 내린 운세였다.”라고 했다. ≪시경·정월(正月)≫에서 “빛나는 종주국 주나라.”라고 했다.(左傳. 成王定鼎于郟鄏, 卜世三十, 卜年七百. 天所命也. 詩. 赫赫宗周.)

41 [역자주] 遺堵(유도) : 허물어진 담장.

42 [역자주] 高丘(고구) : 높은 무덤. 여기서는 황제의 무덤을 가리킨다.

43 **[협주]** ≪한서·장량전≫에서 “고조가 여러 곡을 불렀다.”라고 했다.(張良傳. 高祖謌數闋.)

[역자주] 歌闋(가결) : 노래가 끝나다. ‘결’은 곡조를 헤아리는 단위이기도 하다. 이 앞의 8구는 기 처사가 떠나기 전에 부른 노래의 내용이다. 주나라와 한나라가 낙양에 도읍을 두고 흥성했지만 결국 망해서 궁궐은 무너지고 황제의 무덤만 남았으니 부귀권세는 허망하고 인생 역시 짧은 것이기에 이별을 슬퍼할 필요가 없다는 내용이다. 解携(해휴) : 헤어지다.

---

282) ≪역대통기(歷代統記)≫ : 이에 관해서는 고찰할 자료가 없으며, 여기 인용된 내용은 일문이다.

해설

이 시는 낙양에서 기 처사와 헤어지면서 느낀 감회를 적은 것이다. 기 처사가 40여 년 동안 유주의 협객들과 노닐다가 나부산으로 가서 불사약을 배운 일, 낙양에서 서로 만나 의기투합한 일을 적은 뒤 문무 양 방면에 뛰어난 기 처사의 능력을 칭송하고는 그와 작별하게 된 상황을 적었다. 마지막에는 기 처사의 노래를 적어서 이별의 정감을 뛰어넘는 그의 인품을 칭송했다. 개성 원년(836) 낙양에 있을 때 지은 것이다.

011. 소주 이 중승의 부름을 받아서 가는 심 처사를 송별하며 이 시를 주어 보내다

送沈處士赴蘇州李中丞招以詩贈行[1]

山城樹葉紅,	산성에 나뭇잎이 붉어지고
下有碧溪水.	아래에는 푸른 개울물이 흘러가는데,
溪橋向吳路,	개울의 다리는 오 땅의 길로 향하고
酒旗誇酒美.[2]	주점의 깃발은 맛난 술을 뽐내기에,
下馬此送君,[3]	말을 멈추고 여기서 그대를 보내나니
高歌爲君醉.	높은 노래 부르며 그대 위해 취하네.
念君苞材能,[4]	그대가 가진 재능을 생각하면
百工在城壘.[5]	백 가지 공인이 성루에 있는 듯한데,
空山三十年,	빈 산에서 삼십 년 동안
鹿裘挂窓睡.[6]	사슴 갖옷을 창에 걸어두고 잠을 잤네.
自言隴西公,[7]	스스로 말하기를, "농서공은
飄然我知己.[8]	표연한 나의 지기인데,
擧酒屬吳門,[9]	술을 들어 오문을 바라보고는
今朝爲君起.	오늘 아침 임금을 위해 일어섰네.
懸弓三百斤,[10]	걸어놓은 활은 삼백 근이고
囊書數萬紙.[11]	자루의 책은 수만 쪽이어서,
戰賊卽戰賊,	적과 싸우라 하면 적과 싸우고

爲吏卽爲吏.	관리가 되라 하면 관리가 되니,
盡我所有無,	내가 가진 것을 모두 다하려면
惟公之指使.[12]	그저 공의 부하가 될 따름이지."라고 하네.
予曰隴西公,	내가 말하기를, "농서공은
滔滔大君子.[13]	위대한 큰 군자시니,
常思掄群材,[14]	여러 인재를 선발하기를 항상 생각하여
一爲國家治.	오로지 나라의 다스림을 위하신다.
譬如匠見木,	비유컨대 장인이 나무를 보면
礙眼皆不棄.[15]	눈에 보이는 것은 모두 버리지 않아서,
大者麤十圍,[16]	큰 것은 굵어서 열 아름이고
小者細一指.	작은 것은 가늘어서 한 손가락만 하지만,
椳橛與棟梁,[17]	문설주와 문지방, 대들보와 들보
施之皆有位.	사용함에 모두 자신의 위치가 있어서,
忽然豎明堂,[18]	갑자기 명당을 세우더라도
一揮立能致.[19]	한번 휘두르면 즉시 만들 수 있는 것과 같다.
予亦何爲者,[20]	나는 또한 무엇을 하는 자이기에
亦受公恩紀.[21]	또한 공의 은혜를 받았는가?"라고 했네.
處士常有言,	처사가 항상 말하기를
殘虜爲犬豕.[22]	"잔인한 오랑캐는 개와 돼지와 같기에,
常恨兩手空,	항상 원망했던 것은 두 손이 비어서
不得一馬箠.	말채찍 하나를 얻지 못한 것이었는데,
今依隴西公,	지금 농서공에게 의지하는 것은

如虎搏兩翅.[23] 호랑이가 두 날개를 단 것과 같다."라고 했네.

公非刺史材,[24] 공은 자사의 재목이 아니어서

當坐巖廊地.[25] 마땅히 조정에 앉으셔야 하리니,

處士魁奇姿,[26] 처사의 걸출한 재능은

必展平生志. 반드시 평소의 뜻을 펼칠 것이라네.

東吳饒風光,[27] 동오에는 좋은 풍광이 많고

翠巘多名寺.[28] 푸른 산에는 이름난 절이 많기에,

疏煙亹亹秋,[29] 옅은 안개가 낀 아름다운 가을

獨酌平生思. 홀로 술 마시며 평소 그리워했네.

因書問故人,[30] 처사가 가는 길에 글을 써 친구에게 안부를 묻노니

能忘批紙尾.[31] "문서 꼬랑지에 이름을 쓰는 이를 잊을 수 있겠는가?"

公或憶姓名, 공이 만약 내 이름을 기억한다면

爲說都憔悴.[32] 아주 초췌해졌다고 대신해서 말해주게.

주석

1 [역자주] 沈處士(심처사) : 심씨의 생평에 관해서는 자세히 알려져 있지 않다. '처사'는 관직에 나가지 않고 은일하는 사람을 가리킨다. 李中丞(이중승) : 개성 2년(837) 어사중승(御史中丞)의 신분으로 소주자사(蘇州刺史)에 임명된 이도추(李道樞)이다. 개성 4년 (839) 절동관찰사(浙東觀察使)가 되었으며 3월에 죽었다.

2 [역자주] 酒旗(주기) : 주점에 걸어놓은 깃발.

3 [역자주] 下馬(하마) : 말에서 내리다.

4 [역자주] 苞(포) : 감싸다. 가지고 있다는 말이다.

5 [역자주] 百工(백공) : 갖가지 장인(匠人). 이 구는 심 처사가 모든 기예를 다 갖추었다는

말이다.

6 **[협주]** ≪한서·사마천전≫에서 "여름에는 갈옷을 입고 겨울에는 사슴 갖옷을 입는다."라고 했다.(漢書, 司馬遷傳. 夏日葛衣, 冬日鹿裘.)

[역자주] 鹿裘(녹구) : 사슴 가죽으로 만든 옷. 가난한 은자의 복식이다.

7 [역자주] 隴西公(농서공) : 소주자사 이도추를 가리킨다. '농서'는 이씨 중에서 명문가이다.

8 **[협주]** ≪사기·안영열전(晏嬰列傳)≫에서 "군자는 자신을 알아주는 자에게는 몸을 펴고 자신을 알아주지 않는 자에게는 몸을 굽힌다."라고 했다.(史記, 晏嬰傳. 君子伸於知己, 屈於不知己.)

[역자주] 飄然(표연) : 구애받지 않고 자유로운 모습. 규장각에 소장된 ≪번천문집≫ 공산본에는 '已' 자부터 '疏煙亹亹秋'의 '疏' 자까지 2쪽이 결락되어 있다.

9 [역자주] 屬(촉) : 바라보다. 吳門(오문) : 소주를 가리킨다.

10 **[협주]** ≪동관한기(東觀漢記)≫에서 "개연(蓋延)은 삼백 근짜리 활을 당긴다."라고 했다.(東觀漢記. 蓋延, 彎弓三百斤.)

11 [역자주] 囊書(낭서) : 자루 안의 책. 이상 두 구는 이도추가 문무를 아울렀다는 말이다.

12 [역자주] 指使(지사) : 막부에서 일하는 관원을 말한다. 이상 열 구는 심 처사가 이도추의 부름을 받아 가게 된 이유를 설명한 것이다.

13 **[협주]** 초사의 주[283]에서 "'도도(滔滔)'는 왕성한 모양이다."라고 했다.(楚辭注. 滔滔, 盛貌.)

14 **[협주]** ≪신서(新序)≫의 기록이다.[284] 자공(子貢)이 말하기를, "자산이 정나라 재상으로 있을 때의 일을 유독 듣지 못했는가. 그는 인재를 선발할 때는 오직 어진 이였으며, 악을 누르고 선을 선양했다."라고 했다.(新序. 子貢曰, 獨不聞子產相鄭乎, 其掄材惟賢, 抑惡揚善.)

---

283) 현재 전하는 초사의 주에는 이 내용이 없으며 다만 <구장(九章) · 회사(懷沙)>의 "왕성한 한여름 초목이 무성하다.(滔滔孟夏兮, 草木莽莽.)"라는 구절에 대한 왕일(王逸)의 주에서 "'도도'는 양기가 왕성한 모양이다.(滔滔, 盛陽貌也.)"라고 했다.

284) 현재 전하는 ≪신서(新序)≫에는 이 내용이 없다. 청나라 이개(李鍇)의 ≪상사(尚史)≫에 인용된 ≪신서≫에는 이 내용이 있다.

[역자주] 掄(륜) : 선발하다.

15 [역자주] 礙眼(애안) : 눈을 가로막다. 눈에 걸리다. 눈에 보이는 것을 말한다.

16 **[협주]** ≪한서·매승전(枚乘傳)≫에서 "열 아름의 나무도 처음 날 때는 움과 같다."라고 했다.(漢書, 枚乘傳. 十圍之木, 始生如櫱.[285])

[역자주] 麤(추) : 굵다. 圍(위) : 아름. 두 팔로 안은 굵기라는 뜻과 두 손으로 감싸는 굵기라는 뜻이 있다.

17 **[협주]** '설(楔)'은 선과 결의 반절이고, 문설주이다. '궐(橛)'은 기와 월의 반절이고 문지방이다.(楔, 先結切, 限也. 橛, 其月切, 門梱也.)

[역자주] 楔橛(설궐) : 문설주와 문지방. 작은 목재로 만든 것이다. 棟梁(동량) : 대들보와 들보. 큰 목재로 만든 것이다.

18 **[협주]** ≪효경수신결(孝經授神契)≫에서 "명당(明堂)은 천자가 정사를 펼치는 곳이다." 라고 했다.(孝經授神契. 明堂者, 天子布政之宮.)

19 [역자주] 立(립) : 곧장. 즉시.

20 **[협주]** ≪사기·항우본기≫에서 "번쾌가 눈을 부라리며 항왕을 보니 머리카락이 바짝 서고 눈자위는 찢어질 듯했다. 항왕이 검을 어루만지고는 몸을 곧추세워 꿇어앉아 말하기를, '손님은 뭐 하는 자인가?'라고 하니 장량이 말하기를, '패공의 참승 번쾌입니다.'라고 했다."라고 했다.(史記, 項羽本紀. 樊噲瞋目視項王,[286] 頭髮上指,[287] 目眦盡裂.[288] 項王按劍跪[289]曰, 客何爲者. 張良曰, 沛公驂乘, 樊噲者也.)

21 **[협주]** 조식(曹植)의 표(表)[290]에서 "은혜를 기록해야 할 정도의 서먹함이 길에서 만난 사람보다 심하다."라고 했고 ≪문선≫ 여연제(呂延濟)의 주에서 "'은기'는 응당 은혜를 서로 기록하는 곳이 있어야 한다는 말인데, 모두 길에서 만난 사람과 같음을 뜻한다."라

---

285) 櫱(얼) : 그루터기에서 난 움.

286) 瞋目(신목) : 눈을 부릅뜨다.

287) 上指(상지) : 위로 곧게 서다.

288) 目眦(목자) : 눈초리.

289) 현재 전하는 ≪사기≫에는 '기(跽)'로 되어 있으며, 무릎을 꿇고 몸을 곧게 세운 자세로 상대방을 공경하는 태도이다.

290) 조식의 문장 <친인척과 왕래할 수 있기를 요청하는 표(求通親親表)>이다.

고 했다.(曹植表. 廢[291]恩紀之違, 甚於路人. 注. 恩紀, 謂應有恩情相紀錄處, 皆如路人也.

[역자주] 恩紀(은기) : 친척 이외의 사람에게서 은혜를 받으면 적어둔다는 말로, 잊지 않고 반드시 갚아야 함을 함축하고 있다. 이상 열네 구는 이도추가 인재를 적재적소에 잘 활용하는 사람이라고 두목이 칭송한 것인데, 마지막 2구와 이 시 끝의 내용으로 보아 두목 역시 그와 만난 인연이 있었던 것으로 보인다.

22 [역자주] 殘虜(잔로) : 잔인한 오랑캐.

23 **[협주]** 장형(張衡)의 <동경부(東京賦)>에서 "영씨가 날개를 달아 서쪽의 군읍을 골라서 잡아먹었다."라고 했고 ≪문선≫ 이선의 주에서 "'영'은 진나라의 성이다. ≪주서≫에서 '호랑이에게 날개를 달아주지 마라. 그렇지 않으면 마을로 날아 들어와서 사람을 골라 잡아먹을 것이다.'라고 했다. '박익'은 날개를 단다는 말이다."라고 했다. '박'은 붙이다는 뜻인 '부(附)'와 같다.(東京賦. 嬴氏搏翼, 擇肉西邑. 李善注. 嬴, 秦姓也. 周書, 無爲虎搏翼, 將飛入邑, 擇人而食也. 搏翼, 謂著翼也. 搏, 與附同.)

[역자주] 翅(시) : 날개.

24 [역자주] 刺史(자사) : 당나라 때 지방 장관의 관직명이다. 이 구는 이도추가 지방 장관의 재목이 아니라 조정의 높은 관원의 재목이라는 뜻이다.

25 **[협주]** ≪한서·동중서전≫에서 "암랑의 위에서 노닌다."라고 했고 진작(晉灼)의 주에서 "당 주변의 복도인데 '암랑'은 높다란 복도이다."라고 했다.(漢書, 董仲舒傳. 游於巖廊之上. 注. 堂邊廡.[292] 巖廊, 嚴峻之廊也.)

[역자주] 巖廊(암랑) : 높다란 복도. 이로부터 조정을 가리킨다.

26 [역자주] 魁奇(괴기) : 걸출하다.

27 [역자주] 東吳(동오) : 삼국시대 오나라를 가리킨다. 장강의 동쪽에 있었기에 이렇게 불렸다. 심 처사가 가는 소주가 오나라 영토였다. 饒(요) : 많다.

28 [역자주] 翠巘(취헌) : 푸른 산.

29 **[협주]** ['미(亹)'는] 무와 비의 반절이고, 아름다운 모양이다.(無匪切, 美貌.)

---

291) '廢'는 조식의 글에서 앞 문장으로 구두해야 하니 이 조목에서는 연자인 셈이다.

292) 廡(무) : 당 주위에 있는 복도.

[역자주] 亹亹(미미) : 아름다운 모양.

30 [역자주] 故人(고인) : 친구. 이도추를 가리킨다.

31 **[협주]** ['비(批)'는] 필과 미의 반절이다.(疋迷切.)

[역자주] 批紙尾(비지미) : 문서의 꼬랑지에 이름을 쓰다. 문서에 서명할 때 맨 마지막에 이름을 쓴다는 뜻으로 지위가 비천하여 항상 다른 사람 밑에 있다는 말이다. 여기서는 두목 자신을 가리킨다.

32 [역자주] 都(도) : 모두. 완전히. 憔悴(초췌) : 마르고 쇠약한 모습.

해설

이 시는 어사중승으로 소주자사로 있던 이도추의 부름을 받아서 떠나가는 심 처사를 송별하며 지은 것이다. 여태 은거하며 지내다가 사신의 뜻을 펼치기 위해서 이도추에게 가서 관직을 하게 된 상황을 기술한 뒤, 이도추 역시 자사와 같은 지방관으로 있을 재능이 아니고 여러 인재를 적재적소에 사용할 수 있는 재상의 자질을 가지고 있음을 칭송했으며 부디 가서 협심해서 큰 공을 세우기를 바라는 마음을 표현했다. 마지막에는 두목이 이도추를 그리워하고 있다는 마음을 전했다. 개성 3년(838) 가을 선주 막부에 있을 때 지은 것이다.

012. 호남으로 노닐러 가는 벗을 장안에서 송별하다
長安送友人游湖南

子性劇弘和,[1]	그대의 성품은 무척 넓고 온화하지만
愚衷深褊狷.[2]	내 마음은 심히 급하고 좁은데,
相舍囂譊中,[3]	나를 버리면 시끄러운 이곳에서
吾過何由鮮.[4]	내 과오는 어떻게 줄일 수 있겠는가.
楚南饒風煙,[5]	남쪽 초 땅에는 바람과 안개가 많고
湘岸苦縈宛.[6]	상강의 강둑은 구불구불함이 심할 터,
山密夕陽多,	산이 빽빽하여 석양이 많고
人稀芳草遠.	사람이 드물어 방초는 멀리까지 있겠지.
青梅繁枝低,	푸른 매실 가득 달린 가지는 처지고
班筍新梢短.[7]	얼룩진 대나무 새로 난 싹은 짧을 텐데,
莫哭葬魚人,[8]	물고기 뱃속에 장사지낸 이에게 곡하지 말고
酒醒且眠飯.	술 깨면 또 잘 먹고 잘 주무시길.

주석

1 [역자주] 劇(극) : 매우.

2 **[협주]** 앞의 글자['편(褊)']는 방과 면의 반절이며, 급하다 또는 좁다는 뜻이다. 뒤의 글자['견(狷)']는 고와 현의 반절이며, 편협하고 성급하다는 뜻이다.(上, 方緬切, 急也, 陜也. 下, 古懸切, 褊急也.)

[역자주] 愚衷(우충) : 나의 마음. '우'는 어리석다는 뜻인데 자신을 겸손하게 일컫는 말이다. 褊狷(편견) : 편협하고 성급하다.

3 [역자주] 舍(사) : 버리다. 여기서는 헤어진다는 말이다. 囂譊(효뇨) : 시끄럽다. 세속의 떠들썩함을 말한다.

4 [역자주] 何由(하유) : 무슨 방법으로. 어떻게. 鮮(선) : 적게 하다. 없애다.

5 [역자주] 楚(초) : 초 땅. 호남이 옛날에 초나라 땅이었다. 饒(요) : 많다.

6 [역자주] 縈宛(영완) : 구불구불한 모양.

7 [역자주] 班筍(반순) : 반죽(班竹)의 순. 순임금이 죽자 그의 부인 아황(娥皇)과 여영(女英)이 상강에 와서 눈물을 흘렸는데 그 눈물이 대나무에 떨어져 얼룩이 생겼다고 한다. 新梢(신초) : 갓 나온 나무의 끝부분. 나무의 새싹.

8 **[협주]** 초사 <어부편>에서 "굴원이 말하기를, '차라리 상강으로 가서 물고기의 뱃속에 상사지낼지언정 어찌 깨끗한 흰 몸으로 세속의 먼지를 뒤집어쓸 수 있겠는가.'라고 했다."라고 했다.(楚詞, 漁父篇. 屈原曰, 寧赴湘流, 葬於江魚之腹中. 安能以皓皓之白,[293] 脫[294]蒙世俗之塵埃乎.)

해설

이 시는 호남 지역으로 노닐러 가는 친구를 송별하면서 감회를 적은 것이다. 자신의 편협하고 성급한 성격을 잘 보완해주는 친구였는데 떠나가게 되어 아쉬워하는 마음을 적은 뒤, 호남의 아름다운 풍광을 즐기겠지만 여전히 힘든 여정일 터인데 상강에서 죽었던 아황과 여영, 굴원을 애도하며 슬퍼하지 말고 건강히 지내기를 당부하는 말을 적었다. 장안에 있을 때 지은 것인데 작시 시기는 분명치 않다.

293) 皓皓(호호) : 하얗고 깨끗한 모양.

294) 현재 전하는 <어부>에는 '脫'이 없다.

013. 황제의 교화
皇風

仁聖天子神且武,[1] 인성천자는 신령스럽고 또 용맹하여
內興文教外披攘.[2] 안으로는 문교를 진흥하고 밖으로는 적을 물리치셨네.
以德化人漢文帝,[3] 덕으로 백성을 교화시킨 한나라 문제
側身修道周宣王.[4] 몸을 기울여 도를 행한 주나라 선왕,
迒蹊巢穴盡窒塞,[5] 짐승의 길과 사는 곳이 모두 막히고
禮樂刑政皆弛張.[6] 예악과 형벌이 모두 긴장하면서도 느슨했네.
何當提筆侍巡狩,[7] 어찌하면 붓을 잡고 천자의 순수를 모시며
前驅白旆弔河湟.[8] 흰 깃발 들고 앞서 달려나가 하황의 백성을 위로할까.

주석

1 **[협주]** 위의 "어질고 성스러운 천자는 장수하여 무궁하시리라." 구의 주에 보인다.[295](見上仁聖天子壽無疆注.)

[역자주] 仁聖天子(인성천자) : 무종(武宗)을 가리킨다. 그가 즉위한 후 여러 신하가 존호로 '인성문무지신대효황제(仁聖文武至神大孝皇帝)'를 올렸다.

2 **[협주]** ≪시경·거공(車攻)≫은 선왕(宣王)이 옛 도를 회복했다는 내용이다. 선왕은 안으로 정사를 돌보고 밖으로는 오랑캐를 물리칠 수 있어서 문왕의 영토를 회복했다.[296](詩,

295) 두목의 시 <군청의 관사에서 홀로 술을 들다(郡齋獨酌)>이다.
296) ≪모시서(毛詩序)≫에 보인다.

車攻, 宣王復古也. 宣王能內修政事, 外攘夷狄, 復文王之境土.)

[역자주] 披攘(피양) : 적을 물리치다.

3 **[협주]** 위의 "한나라가 태평할 기초를 만들다." 구의 주에 보인다.297)(見上作漢太平基注.)

4 **[협주]** ≪시경·운한(雲漢)≫은 주나라 대부 잉숙(仍叔)이 선왕을 칭송한 것이다. 선왕은 여왕(厲王)의 맹렬함을 이어받아 안으로는 난리를 평정하려는 뜻이 있었는데, 재난을 만나자 두려워하며 몸을 기울여 도를 행해 그것을 제거하고자 했다. 천하가 왕의 교화가 다시 행해졌음을 기뻐했다.298)(詩, 雲漢, 仍叔美宣王也. 宣王承厲王之烈, 內有撥亂之志,299) 遇災而懼, 側身修行, 欲銷去之. 天下喜於王化復行.)

[역자주] 側身(측신) : 몸을 기울이다. 조심하는 모습이다.

5 **[협주]** ['강(迒)']은 음이 강이다. 장형(張衡)의 <서경부(西京賦)>에서 "길이 막히고 샛길이 막혔다."라고 했고, ≪문선≫ 유량(劉良)의 주에서 "'강'과 '혜'는 모두 짐승이 다니는 길이다. '두'는 막다는 뜻이다."라고 했다.(音剛. 西京賦. 迒杜蹊塞. 注. 迒蹊皆獸徑也. 杜, 塞也.)

[역자주] 迒蹊(강혜) : 짐승이 다니는 길. 巢穴(소혈) : 새가 사는 둥지와 짐승이 사는 굴. 窒塞(질색) : 막다. 이 구는 악한 무리가 사라졌다는 말이다.

6 **[협주]** ≪예기·잡기(雜記)≫에서 "잡아당기기만 할 뿐 늦추지 않는 것은 문왕과 무왕이라도 할 수 없다."라고 했다.(禮, 張而不弛, 文武不能也.)

[역자주] 弛張(이장) : 느슨하게 하는 것과 잡아당겨 긴장시키는 것. 형벌에 있어서 약함과 강함을 적절히 조절하는 것을 말한다.

7 **[협주]** 두보 시에 대한 소식의 보주300)에서 "이사(李斯)가 말하기를, '장부가 붓을 들고 입을 움직이면 부귀를 취하는 것은 잔을 드는 것처럼 쉽다.'라고 했다."라고 했다. ≪맹자·양혜왕하(梁惠王下)≫에서 "순수(巡狩)라는 것은 지키는 곳을 돌아보는 것이다."라고

297) 두목의 시 <두추 아가씨를 읊은 시(杜秋娘詩)>이다.

298) ≪모시서≫에 보인다.

299) 撥亂(발란) : 환란을 평정하다.

300) ≪보주두시(補注杜詩)≫에 인용된 소식(蘇軾)의 주이다. 대체로 후인이 이야기를 지어내어 소식의 이름을 빌려 붙인 것이다.

했다.(東坡詩史補注. 李斯曰, 丈夫兒提筆鼓吻,[301] 取富貴, 易若擧杯. 孟子. 巡狩者, 巡所守也.)

8 **[협주]** ≪한서·사마상여열전(司馬相如列傳)≫에서 "사마상여가 촉 땅에 이르자 태수 이하 관원이 교외에서 맞이했는데 현령이 쇠뇌와 화살을 메고 선두에서 달렸다."라고 했다. ≪시경·육월(六月)≫에서 "깃발의 문양으로 새를 그리고 흰 깃발은 가운데 높이 올렸다." 라고 했다. '하황(河湟)'은 이미 위에 나왔다.[302](前漢. 司馬相如至蜀, 太守已下郊迎, 縣令負弩矢先驅. 詩. 織文鳥章,[303] 白旆中央. 河湟, 已出上.)

[역자주] 白旆(백패) : 흰 깃발. 弔(조) : 위로하다. 河湟(하황) : 황하와 황수의 병칭으로 두 강이 합류하는 지역을 가리킨다. 당시 토번이 점령하고 있었다.

해설

이 시는 무종이 즉위한 뒤 교화를 베풀어 정사가 잘 이루어지기를 바라는 마음을 표현했다. 대략 하황 지역의 수복을 논의하던 회창 4년(844)에 지은 것으로 추정한다.

---

301) 提筆(제필) : 붓을 들다. 鼓吻(고문) : 입술을 움직이다. 논설을 크게 펼치는 것을 형용한 것이다.

302) 두목의 시 <군청의 관사에서 홀로 술을 들다(郡齋獨酌)> "섭싸리와 구릿대로 황하와 황수 지역을 씻고자 해서였지.(蘭芷浴河湟.)"의 주에 보인다.

303) 織文(치문) : 깃발의 문양. '치'는 '치(幟)'와 통해서 깃발을 뜻한다. 鳥章(조장) : 새 문양.

014. 눈 속에서 감회를 쓰다

雪中書懷

臘雪一尺厚,[1]　납월의 눈이 한 자나 쌓였기에
雲凍寒頑癡.[2]　구름도 얼어붙고 추위에 멍청해졌는데,
孤城大澤畔,[3]　외로운 성의 큰 소택에는
人疏煙火微.[4]　인적이 드물어 밥 짓는 연기가 적네.
憤悱欲誰語,[5]　답답한 심정을 누군가와 말하고자 하지만
憂慍不能持.[6]　근심하여 화나는 것을 참을 수 없네.
天子號仁聖,[7]　천자가 인성이라 불려서
任賢如事師.　어진 이를 임용하여 스승 섬기듯 하시고,
凡稱曰治具,[8]　무릇 다스림의 도구라고 불리는 것이
大小無不施.　크든 작든 펼치지 않는 것이 없네.
明庭開廣敞,[9]　밝은 조정이 활짝 열려
才雋受羈維.[10]　우수한 인재가 부림을 받는데,
如日月恒升,[11]　마치 달이 차고 해가 솟는 것과 같고
若鸞鳳葳蕤.[12]　마치 난새와 봉황이 아름다운 것과 같네.
人才自朽下,[13]　사람의 재주가 절로 노쇠하여 열등하다면
棄去亦其宜.　버려지는 것도 마땅하지.
北虜壞亭障,[14]　북쪽 오랑캐가 변새의 보루를 부수니
聞屯千里師.[15]　천 리에 군대가 주둔했다고 들었는데,

牽連久不解,[16]	연루되어 오래도록 해결하지 못하면
他盜恐旁窺.[17]	다른 도적이 곁에서 엿볼까 두렵네.
臣實有長策,	신에게 실로 좋은 계책이 있어
彼可徐鞭笞.[18]	저들이 채찍을 늦추게 할 수 있는데,
如蒙一召議,	만일 한번 불러서 의론하게 하신다면
食肉寢其皮.[19]	고기를 먹고 그 가죽을 베고 잘 수 있으리라.
斯乃廟堂事,[20]	이는 조정의 일이니
爾微非爾知.	너는 미천하여 네가 알 바가 아니다.
向來躐等語,[21]	예로부터 월권의 말은
長作陷身機.[22]	항상 몸을 망치는 기미가 되었다.
行當臘欲破,[23]	장차 납제사가 끝날 때인데
酒齊不可遲.[24]	술 빚는 일은 늦출 수 없으니,
且想春候暖,	잠시 생각건대 봄날 따뜻해지면
瓮間傾一卮.[25]	술 단지 사이에서 한 잔 기울여야지.

주석

1 [역자주] 臘雪(납설) : 동지 후 입춘 전에 내리는 눈. 음력 섣달을 납월(臘月)이라고 한다.

2 [역자주] 頑癡(완치) : 멍청하여 지각이 없다. 여기서는 매우 추워하는 상태를 말한다.

3 [역자주] 孤城(고성) : 외로운 성. 여기서는 두목이 자사로 지내던 황주(黃州)를 가리킨다. 황주는 지금의 호북성 황강(黃岡)이다. 澤畔(택반) : 소택지. 여기서는 운몽택(雲夢澤)을 가리킨다.

4 [역자주] 煙火(연화) : 여기서는 인가의 밥 짓는 연기를 가리킨다.

5 **[협주]** ≪논어·술이(述而)≫에서 "답답해하지 않으면 깨우쳐주지 않으며, 표현하지 못해 더듬거리지 않으면 일깨워주지 않는다."라고 했다.(論語. 不憤不啓, 不悱不發.)

[역자주] 憤悱(분비) : 답답해하면서 말을 더듬다. 문제가 해결되지 않아 답답해하는 모습이다.

6 [역자주] 憂慍(우온) : 근심하고 화를 내다.

7 [역자주] 仁聖(인성) : 무종(武宗)을 가리킨다. 그가 즉위한 후 여러 신하가 존호로 '인성문무지신대효황제(仁聖文武至神大孝皇帝)'를 올렸다.

8 **[협주]** ≪한서·혹리전(酷吏傳)≫에서 "법령이란 것은 다스림의 도구이다."라고 했다.(漢書. 法令者, 治之具.)

[역자주] 治具(치구) : 나라를 다스리는 조치.

9 [역자주] 廣敞(광창) : 넓고 훤하다.

10 [역자주] 才雋(재준) : 우수한 인재. 羈維(기유) : 굴레. 여기서는 천자에게 기용되어 일하는 것을 말한다.

11 **[협주]** ≪시경·천보(天保)≫에서 "달이 차는 듯하고 해가 떠오르는 듯하다."라고 했다.(詩. 如月之恒, 如日之升.)

[역자주] 恒(항) : 상현달의 모양이다. 곧 보름달이 된다는 뜻이다.

12 **[협주]** 하안(何晏)의 <경복전부(景福殿賦)>에서 "아름다운 깃털이 바람에 날린다."라고 했고 ≪문선≫ 장선(張銑)의 주에서 "'위유(葳蕤)'는 깃털이 아름다운 모양이다."라고 했다.(景福賦. 流羽毛之葳蕤. 注. 葳蕤, 毛羽美貌.)

13 [역자주] 朽下(후하) : 열등하다. 이하 두 구는 우수한 인재만 등용되고 열등한 이는 버려져야 한다는 뜻인데, 실상은 자신과 같이 우수한 책략을 가진 이가 기용되지 못하는 상황을 풍자하는 말이다.

14 [역자주] 壞(괴) : 파괴하다. 亭障(정장) : 변새의 요새에 세운 보루.

15 [역자주] 屯(둔) : 주둔하다. 千里師(천리사) : 천 리에 달하는 거리를 지키는 군대. 또는 천 리 먼 곳에서 충원한 군대.

16 [역자주] 牽連(견련) : 관련되다. 연루되다.

17 **[협주]** ≪사기·진시황본기(秦始皇本紀)≫의 기록이다. 진시황이 이에 몽괄(蒙恬)로 하여금 군사 30만 명을 이끌고 북쪽으로 오랑캐를 치고 하남의 땅을 취하고는 황하가에

성을 쌓고 요새를 만들도록 했다. 또 몽괄로 하여금 황하를 건너 고궐(高闕), 도산(陶山), 북가(北假) 지역을 취하여 변새의 보루를 쌓게 했다. ≪구당서·무종본기(武宗本紀)≫의 기록이다. 회창(會昌) 2년(842) 8월 회흘(回鶻)의 오개극한(烏介可汗)이 천덕(天德)을 지나 파두봉(杷頭峰) 북쪽에 이르러 운주(雲州)와 삭주(朔州) 북쪽의 평원을 노략질했다. 유면(劉沔)에게 조서를 내려 병사를 내주어 안문관(雁門關) 등을 지키도록 했다. 회창 3년(843) 2월 유면이 아뢰기를, "얼마 전에 여러 도의 군대를 이끌고 대동군(大同軍)에 이르러 석웅(石雄)을 파견해 회흘의 군영을 습격하도록 했는데, 석웅이 살호산(殺胡山)에서 회흘을 대패시키고 오개극한은 상처를 입고 도망갔습니다. 태화공주(太和公主)를 모시고 운주에 이르렀습니다."라고 했다. 그날 황제는 선정전에 올랐으며 백관이 축하를 올렸다. 본집의 <용병에 관해 논해 사도 겸 상공이신 이덕유께 올리는 글(上李司徒相公論用兵書)>에서 "저의 어리석은 견해로는 유진(劉稹)을 끝내 취할 수 없으리라는 것은 생각지도 않았으니, 속히 잡는 것을 귀하게 여기면 다른 우환이 생기는 것을 막을 수 있습니다. 예전에 북쪽 오랑캐가 평정되자 중원이 다시 살아났으며 상공의 깊고 원대한 책략에 의지하여 북쪽 오랑캐가 그날로 패망했습니다. 만일 북쪽 오랑캐가 지금까지도 계속 있었다면 변방에서는 아직도 이리저리 다니며 전쟁을 하며 중원을 되돌아봤을 터이니 어찌 토벌할 수 있었겠습니까. 천하 사람들이 비록 일이 없다고 말하지만 만일 중원 지역이 오래도록 해결될 수 없다면 별도로 환난이 생겨날 것이니 이 또한 어려운 일이 아닙니다. 예로부터 모두 공격하여 토벌하는 김에 옆에 있던 것을 해결하지 못해서 다른 변고가 생겼으니, 손자가 말하기를, '병법에 관해 지혜가 졸렬해도 신속해야 한다는 것은 들어보았지만 공교로움을 오래도록 한다는 것은 보지 못했다.'[304]라고 했습니다."라고 했다. ≪한서·고조본기(高祖本紀)≫에서 "내가 함곡관을 들어가면 창고를 봉하고 장군을 기다릴 것이다. 함곡관을 지키는 것은 다른 도둑에 대비하려는 것이다."라고 했다.(史記. 始皇乃使蒙恬發兵三十萬人, 北擊胡, 略取河南地, 城河上爲塞. 又使蒙恬渡河取高闕陶山北假中, 築亭障. 舊唐書, 武宗紀. 會昌二年八月, 回鶻烏介可汗過天德, 至杷頭峰北, 俘掠雲朔北川.[305] 詔劉沔出師守雁門諸關. 三年二月劉沔奏, 昨

304) ≪손자·작전(作戰)≫에 보인다. 이 구절은 전쟁은 빨리 끝내야 화근이 생기지 않으며 아무리 훌륭한 계책을 가지고 있어도 전쟁을 오래하는 것은 이익이 되지 않는다는 말이다.

率諸道之師至大同軍, 遣石雄襲廻鶻牙帳,[306] 雄大敗廻鶻於殺胡山, 烏介可汗被創而走.[307] 迎得太和公主至雲州. 是日, 御宣政殿, 百寮稱賀. 本集, 上李司徒論用兵書. 以某愚見, 不言劉稹終不能取, 貴欲速擒, 免生他患. 昨者北虜才畢, 復生上黨,[308] 賴相公廟算深遠, 北虜卽日敗亡. 儻使北虜至今尙存, 沿邊猶須轉戰, 迴顧上黨, 豈能討[309]. 天下雖言無事, 若上黨久不能解, 別生患難, 此亦非難[310]. 自古皆因攻伐, 未解旁, 有他變, 故孫子曰, 兵聞拙速, 未睹巧之久也. 漢書, 高紀. 吾入關, 封府庫, 待將軍. 所以守關者, 備他盜也.)

18 [역자주] 徐鞭笞(서편태) : 채찍을 느슨하게 하다. 공격을 멈추게 한다는 말이다.

19 **[협주]** ≪좌전·양공(襄公) 21년≫에서 "지기(知起), 중항희(中行喜), 주작(州綽), 형괴(邢蒯)가 제나라로 도망쳤다. 제나라 장공(莊公)이 조회를 하면서 식작(殖綽)과 곽최(郭最)를 가리키며 말하기를, '이들은 과인의 수탉이다.'라고 하니 주작이 말하기를, '임금께서 수닭이라고 생각하시니 누가 감히 용사로 인정하지 않겠습니까. 하지만 신은 불민하여 평음(平陰)의 전쟁에서 이 두 사람보다 먼저 울었습니다.'라고 했다. 장공이 용사의 작위를 만드니 식작과 곽최가 그것을 받고자 했다. 주작이 말하기를, '동려(東閭)의 전쟁에서 신의 왼쪽 참마가 성문 가까이 가서 선회했기에 그 성문의 못 개수를 기억하고 있습니다. 그러니 이 작위를 받을 수 있겠습니까.'라고 했다. 장공이 말하기를 '그대는 진나라의 임금이다.'라고 하니 대답하기를, '신은 왕을 위해 일한 지 얼마 되지 않았지만 이 두 사람에 대해서 짐승에 비유하자면 신이 그 고기를 먹고 그 가죽 위에서 잠을 자는 셈입니다.'라고 했다."라고 했다.(左傳, 襄公二十一年. 知起中行喜州綽邢蒯出奔齊. 齊莊公朝, 指殖綽郭最曰, 是寡人之雄也. 州綽曰, 君以爲雄, 誰敢不雄. 然臣不敏, 平陰之役, 先二子鳴. 莊公爲勇爵, 殖綽郭最與焉. 州綽曰, 東閭之役, 臣左驂迫還於門中, 識其枚數, 其可以與於此乎. 公曰, 子爲晉君也. 對曰, 臣爲隸新, 然二子者, 譬於禽獸,

---

305) 俘掠(부략) : 빼앗고 노략질하다. 川(천) : 평원.
306) 牙帳(아장) : 장수가 머무는 장막. 앞에 상아를 그린 깃발 아기(牙旗)를 세웠다.
307) 被創(피창) : 상처를 입다.
308) 上黨(상당) : 중원의 여러 나라.
309) ≪번천문집≫에는 '討' 뒤에 '除'가 더 있다.
310) ≪번천문집≫의 판본 중에 '難'이 '細'로 된 것도 있다.

臣食其肉而寢處其皮矣.)

[역자주] 食肉寢其皮(식육침기피) : 짐승을 죽여 그 고기를 먹고 그 가죽을 깔고 잔다는 말로, 매우 원수처럼 여긴다는 말이다. 여기서는 적군을 섬멸할 수 있다는 뜻이다. 이상 여덟 구는 회흘의 침략에 대해 자신이 좋은 계책을 가지고 있어서 아뢰고 싶다는 말이다.

20 **[협주]** ≪회남자(淮南子)·병략훈(兵略訓)≫에서 "묘당에서 책략을 운용하여 천 리 밖의 전쟁에서 승리를 결정짓는다."라고 했다. ≪통전(通典)≫에서 "명당은 제후의 귀천을 분명히 한다는 것이다. 동쪽은 청양(青陽)이라고 하고 남쪽은 명당(明堂)이라고 하며, 서쪽은 총장(總章)이라고 하고 북쪽은 현당(玄堂)이라고 하며 중앙은 태묘(太廟)라고 한다."라고 했다.(淮南子. 運籌於廟堂之上而決勝乎千里之外. 通典. 明堂者, 明諸侯之尊卑, 東曰青陽, 南曰明堂, 西曰總章, 北曰玄堂, 中央曰太廟.)

[역자주] 廟堂(묘당) : 조정을 가리킨다. 이하 두 구는 두목의 계책에 대해 조정에서 이런 반응을 보일 것이라고 스스로 답한 것이다.

21 **[협주]** ≪대대례기(大戴禮記)·학기(學記)≫에서 "배움은 순서를 뛰어넘지 않는다."라고 했다.(戴禮. 學不躐等.)

[역자주] 向來(향래) : 예로부터. 躐等(엽등) : 자신의 지위를 넘어서는 행위를 말한다. 시국에 대해 두목이 의견을 개진하고자 하지만 이는 자신의 소관이 아니라는 말이다.

22 **[협주]** 연(燕)나라 태자 단(丹)이 서쪽으로 가서 진(秦)나라에 인질이 되었다. 진나라 왕이 예를 차리지 않자 단은 돌아가고자 했다. 진나라 왕이 말하기를, "까마귀 머리가 하얘지고 말에서 뿔이 나면 그대를 돌아가게 해주겠다."라고 했다. 이에 하늘을 우러르며 한탄하니 이 때문에 까마귀는 머리가 하얘지고 말에서 뿔이 났다. 진나라 왕은 매우 놀랐고 단이 돌아가도록 했다. 진나라 왕이 사람을 시켜 기계장치로 화살이 발사되는 다리를 만들어서 단을 해치려고 했다. 단이 지나갈 때 다리에서는 화살이 발사되지 않았다. 다리 밑에 용 두 마리가 있었는데 그가 탄 배를 등에 업었기에 돌아갈 수 있었다.(燕太子丹, 西質於秦. 秦王不禮, 丹乃求歸. 秦王曰, 待烏頭白, 馬生角, 當放子歸. 乃仰天而歎, 烏爲之白頭, 馬爲之生角. 秦王大驚, 乃遣丹歸. 秦王使人爲機發之橋, 欲陷丹. 丹過而橋不發. 橋下乃有二龍, 負之舟, 遂得歸.)[311]

[역자주] 陷身機(함신기) : 몸을 망치게 하는 기미.

23 [역자주] 行當(행당) : 장차. 臘(랍) : 음력 12월에 조상에게 지내는 제사를 말한다.

24 **[협주]** ['제(齊)'는] 거성이다. ≪주례·주정(酒正)≫에서 "오제(五齊)의 이름을 변별하자면 첫 번째는 범제(泛齊)이고 두 번째는 예제(醴齊)이며 세 번째는 앙제(盎齊)이고 네 번째는 제제(醍齊)이며 다섯 번째는 침제(沈齊)이다."라고 했다.(去聲. 周禮, 酒正. 辨五齊之名, 一曰泛齊, 二曰醴齊, 三曰盎齊, 四曰醍齊, 五曰沈齊.)

[역자주] 酒齊(주제) : 술을 빚다. '제'는 원래 지게미가 있는 탁주를 뜻한다. 遲(지) : 늦추다.

25 [역자주] 瓮(옹) : 항아리. 여기서는 술 항아리를 가리킨다. 巵(치) : 술잔.

해설

이 시는 눈이 왔을 때 감회를 적은 것이다. 하지만 설경에 대한 언급은 거의 없고 시국을 타개할 계책을 상주할 수 없는 답답한 마음을 토로했다. 당시 회흘이 변방을 침략하자 모든 군대를 그쪽 방비에 집중하고 있으면서 단숨에 해결하지 못한 채 시간을 끌고 있었는데, 두목은 그곳을 얼른 해결한 뒤 나라 안의 화근을 제거하는 데 힘써야 한다고 주장하고 있다. 황주자사(黃州刺史)로 재직하던 회창 2년(842) 12월에 지은 것이다.

311) 이 내용의 출처는 고찰할 수 없다. 비슷한 기록이 ≪박물지(博物志)≫와 ≪태평어람(太平御覽)≫에 있지만
용 이야기는 없다.

015. 빗속에 짓다

雨中作

賤子本幽慵,[1]	천한 이가 본디 게을러
多爲雋賢侮.[2]	재능 있는 자의 멸시를 많이 받았는데,
得州荒僻中,[3]	황량하고 외딴곳에 고을을 얻었다가
更値連江雨.[4]	다시 강을 가득 채우는 비를 만났구나.
一褐擁秋寒,[5]	한 겹의 베옷에는 가을의 한기가 가득하고
小窓侵竹塢.[6]	작은 창문은 대나무 마을을 가까이하는데,
濁醪氣色嚴,[7]	탁주는 기운과 빛이 짙고
皤腹甁罌古.[8]	배가 불룩한 항아리는 예스럽네.
酣酣天地寬,[9]	술이 얼큰해지자 천지가 넓어지니
悅悅嵇劉伍.[10]	해롱해롱 혜강과 유령의 짝인데,
但爲適性情,	다만 성정에 맞기만 한다면
豈是藏鱗羽.[11]	아마도 비늘과 깃털을 감추는 것이리니,
一世一萬朝,	한 세상 만 번의 하루
朝朝醉中去.	매일매일 취해서 보내리라.

주석

1 **[협주]** ≪한서·누호전(樓護傳)≫의 기록이다. 왕읍(王邑)이 빈객으로 초청되었을 때 왕

읍은 자신을 '천자(賤子)'라고 칭했다.(漢書. 王邑請召賓, 邑稱賤子.)

[역자주] 賤子(천자) : 자신을 겸손하게 일컫는 말이다. 幽慵(유용) : 한가하고 게으르다.

2 [역자주] 雋賢(준현) : 재덕이 걸출한 사람. 侮(모) : 업신여기다.

3 [역자주] 得州(득주) : 주를 얻다. 여기서는 두목이 황주(黃州)를 다스리는 자사(刺史)가 되었다는 말이다. 荒僻(황벽) : 황량하고 편벽되다.

4 [역자주] 値(치) : 맞닥뜨리다.

5 [역자주] 褐(갈) : 베옷. 여름에 입는 옷이다. 擁(옹) : 가득하다.

6 [역자주] 竹塢(죽오) : 대나무가 무성한 마을. 또는 대나무로 만든 집.

7 [역자주] 濁醪(탁료) : 탁주.

8 **[협주]** ≪좌전·선공(宣公) 2년≫에서 "그 배를 불룩하게 했다."라고 했다.(左傳. 皤其腹.)

[역자주] 皤腹(파복) : 배를 부르게 하다. 큰 배. 甁罌(병앵) : 항아리.

9 [역자주] 酣酣(감감) : 술이 얼큰한 모양.

10 **[협주]** 혜강과 유령이다.(嵇康劉伶.)

[역자주] 恍恍(황황) : 정신이 없는 모양. 여기서는 술에 많이 취한 모습이다. 嵇劉(혜류) : 죽림칠현의 한 사람인 혜강과 <주덕송(酒德頌)>을 지은 유령을 가리킨다. 둘 다 술을 좋아하여 예로부터 술친구를 비유했다. 伍(오) : 동료.

11 **[협주]** ≪후한서·일민전(逸民傳)≫에서 말하기를, "진류(陳留)의 늙은이는 어디 사람인지는 모른다. 환제(桓帝) 때 당고의 난이 일어나자 크게 탄식하며 말하기를, '대저 용이 비늘을 숨기지 않고 봉황이 깃털을 숨기지 않는다면, 그물이 높이 걸려 있으니 떠나가서 장차 어디서 머물겠는가.'라고 했다."라고 했다.(後漢書, 逸民傳曰, 陳留老父者, 不知何許人也. 桓帝世黨錮事起, 大息言曰, 夫龍不隱鱗, 鳳不藏羽. 網羅高縣, 去將安所.[312])

[역자주] 藏鱗羽(장린우) : 비늘과 깃털을 숨기다. 은거한다는 뜻이다.

312) 安所(안소) : 어디. 어디에 있겠는가.

해설

이 시는 비가 많이 오는 중에 감회를 적은 것이다. 편벽된 곳의 지방관으로 있으면서 제 뜻을 펴지 못하는 시름을 읊었는데, 차라리 이곳에서 은거하며 편히 살고자 하는 심정을 토로했다. 대개 회창 2년(842)에서 회창 4년(844) 사이 황주자사로 있을 때 지은 것으로 추정한다.

016. 우연히 석앙사를 노닐다

偶游石盎僧舍[1]

敬岑草浮光,[2] 경정산에는 풀이 빛을 띄우고
句沚冰解脈.[3] 구계에는 얼음이 맥을 풀었으니,
盎鬱乍怡融,[4] 무성한 기운이 갑자기 즐거이 화락하고
凝嚴忽頹拆.[5] 엉겨있넌 기운이 홀연 무너지고 갈라지네.
梅顆暖眠酣,[6] 실 매듭 같은 매화는 따뜻하니 곤히 잠자고
風緒和無力.[7] 실오라기 같은 바람은 온화하여 힘이 없는데,
鳧浴漲汪汪,[8] 물오리는 물이 넘실넘실 찬 곳에서 목욕하고
鴉嬌村冪冪.[9] 까마귀는 빼곡한 마을에서 어여쁘네.
落日美樓臺, 지는 해가 누대를 아름답게 하고
輕煙飾阡陌.[10] 옅은 안개가 밭두둑을 장식하는데,
瀲淥古津遠,[11] 맑은 빛을 띠는 옛 나루터는 멀고
積潤苔基釋.[12] 윤기를 쌓은 이끼의 뿌리는 풀려 있네.
孰謂漢陵人,[13] 누가 말했는가, 한릉 사람이
來作江汀客.[14] 이곳에 와서 강가의 객이 되었다고.
載筆念無能,[15] 붓을 담당하지만 무능함을 생각하고
捧籌慙所畫.[16] 산가지를 들고도 계획하는 바에 부끄럽네.
任轡偶追閑,[17] 말고삐에 내맡겨 우연히 한가로움을 좇고
逢幽果遭適. 그윽한 곳을 만나니 과연 유유자적함을 느끼는데,

僧語淡如雲, 스님의 말은 담박하기가 눈과 같지만
塵事繁堪織. 세속의 일은 번다하기가 베 짜는 것만 하구나.
今古幾輩人,[18] 고금에 몇 명의 사람이 있었으며
而我何能息. 그리고 나는 어찌하면 쉴 수 있을까.

주석

1 **[협주]** 선주에서 지었다.(宣州作.)313)
[역자주] 石盎僧舍(석앙승사) : 선주 경정산(敬亭山) 옆에 있던 석앙사(石盎寺)이다. '승사'는 승려의 거처라는 뜻으로 절을 가리킨다.

2 **[협주]** ≪선성군도경(宣城郡圖經)≫에서 "경정산은 선성현 북쪽 10리에 있다."라고 했다.(宣城郡圖經. 敬亭山, 在宣城縣北十里.)
[역자주] 敬岑(경잠) : 경정산을 가리킨다. '잠'은 산이다.

3 **[협주]** 위의 '구계'의 주에 보인다.314)(見上句溪注.)
[역자주] 句沚(구지) : 구계(句溪)의 모래섬. 구계는 선주 성 동쪽에 있는데 구불구불 흘러가기에 이렇게 이름 붙였다. 冰解脈(빙해맥) : 얼음이 맥을 풀다. 얼음이 녹았다는 말이다.

4 [역자주] 盎鬱(앙울) : 무성하여 울창한 기운. 봄의 기운을 가리킨다. ≪번천문집≫의 판본 중에 '앙'은 '익(益)'으로 된 것도 있다. 乍(사) : 갑자기. 怡融(이융) : 즐겁고 화락하다.

5 [역자주] 凝嚴(응엄) : 엉겨서 단단한 기운. 겨울의 기운을 가리킨다. 頹拆(퇴탁) : 무너지고 갈라지다.

6 **[협주]** ['뢰(纇)'는] 력과 대의 반절이고, 실의 매듭이란 뜻이다.(力對切, 絲節也.)
[역자주] 纇(뢰) : 실의 매듭. 여기서는 작은 꽃봉오리를 비유한다.

---

313) 이 내용은 ≪번천문집≫의 원주인 것으로 보인다.
314) 두목의 시 <장호호를 읊은 시(張好好詩)> "모래는 구계의 부들을 따뜻하게 한다.(沙暖句溪蒲.)"의 주에 보인다.

7 [역자주] 風緖(풍서) : 실오라기 같은 바람. 바람이 살랑살랑 부는 것을 말한다.

8 **[협주]** ['왕(汪)'은] 오와 광의 반절인데, 고여있는 물이란 뜻이다. 또는 물이 깊고 광대한 것을 뜻한다.(烏光切, 渟水也. 又水深廣大也.)

[역자주] 汪汪(왕왕) : 물이 많고 깊은 모양.

9 **[협주]** ['멱(冪)'은] 막과 적의 반절이다. ≪설문해자≫에서 "덮는다는 뜻이다."라고 했다.(莫狄切. 說文, 覆也.)

[역자주] 鴉(아) : 까마귀. ≪번천문집≫의 판본 중에 '추(雛)'로 된 것도 있는데, 위 구에 나오는 물오리 새끼일 수도 있고 마을에 사는 병아리 같은 것을 가리킬 수도 있다. 冪冪(멱멱) : 빽빽한 모양. 대개 안개의 모습을 형용하는데 여기서는 촌락의 모습을 형용한 것으로 보인다.

10 [역자주] 阡陌(천맥) : 밭두둑.

11 [역자주] 瀲淥(염록) : 맑음을 띄우다. 물이 맑다는 말이다.

12 [역자주] 苔基(태기) : 이끼의 아랫부분.

13 **[협주]** 한릉은 두릉이다.(漢陵, 杜陵.)

[역자주] 漢陵(한릉) : 두목의 고향을 가리킨다.

14 [역자주] 江汀客(강정객) : 강을 떠도는 나그네. 은자를 가리킨다.

15 **[협주]** 사조(謝朓)의 시[315]에서 "붓을 담당하여 깃발과 목창의 고위관원을 받든다."라고 했고, ≪문선≫ 여연제(呂延濟)의 주에서 "'재(載)'는 사용한다는 뜻이다."라고 했다.(謝朓詩. 載筆陪旌棨.[316] 注. 載, 用也.)

16 **[협주]** ≪한서·고제본기(高帝本紀)≫에서 "병영의 장막 안에서 산가지를 운용하여 천리 바깥의 승부를 결정하는 일은 내가 장량(張良)만 못하다."라고 했다.(漢書, 高紀. 運籌帷幄之中, 決勝千里之外, 吾不如子房.)

[역자주] 捧籌(봉주) : 산가지를 받든다. 계책 세우는 일을 보좌한다는 말이다.

17 [역자주] 任轡(임비) : 말고삐에 내맡기다. 말이 가는 대로 내버려 둔다는 말이다.

---

315) 사조의 시 <처음 상서성을 나서다(始出尙書省)>이다.

316) 旌棨(정계) : 깃발과 목창. '계'는 비단으로 싸거나 옻칠을 한 나무 창이다. 고위관원의 의장으로 출행할 때는 앞에서 인도하고 평상시에는 문 앞에 세워놓는다.

18 [역자주] 輩(배) : 사람을 헤아릴 때 사용하는 단위이다. 이 구는 이렇게 한가롭게 평생을 지낼 수 있는 사람이 고금에 얼마 없었다는 말이다.

해설

이 시는 선주 석앙사를 노닐며 그 경물과 감회를 적은 것이다. 봄이 되어 생동하는 모습을 보고 즐기고 있지만 정작 자신은 무능한 관리에 불과하기에 이러한 곳에서 초탈하지 못하는 상황을 한탄했다. 대개 태화 5년(831) 봄 선주에서 지은 것으로 추정한다.

017. 경사로 가다가 막 변구에 들어섰는데 새벽 경물을 보고 즉시 지어 먼저 병부 이 낭중에게 부치다

赴京初入汴口, 曉景卽事, 先寄兵部李郎中[1]

淸淮控隋漕,[2]	맑은 회수는 수나라의 조운을 통제하며
北走長安道.	북쪽으로 장안의 길로 달리는데,
檣形櫛櫛斜,[3]	돛대의 모양은 즐비하게 비스듬하고
浪態迤迤好.[4]	파도의 모습은 서로 이어져 보기 좋으니,
初旭紅可染,[5]	갓 뜬 태양은 붉은 것이 물들일 만하고
明河澹如掃.[6]	밝던 은하수는 옅은 것이 청소한 듯하네.
澤闊鳥來遲,	소택은 광활하여 새가 날아오는 것이 느리고
村飢人語早.	마을에는 굶주려 사람들이 일찍부터 말을 하며,
露蔓蟲絲多,[7]	이슬 내린 덩굴에 거미줄이 많고
風蒲鷰雛老.[8]	바람 드는 부들에 새끼 제비가 자라네.
秋思高蕭蕭,[9]	가을 그리움은 높아 적적하고
客愁長裊裊.[10]	나그네 시름은 길어 휘감기에,
因懷京洛間,	장안과 낙양에서의 일을 생각하니
宦遊何戚草.[11]	벼슬살이가 얼마나 적막하고 초리했던가.
什伍持津梁,[12]	촌락에는 나루터와 다리가 있고
澒湧爭追討.[13]	넓은 물은 서로 쫓아감을 다투지만,
翾使詎可尋,[14]	날아오를 빙편은 어찌 찾을 수 있으며

幾秘安能考.[15] 은미한 비책은 어떻게 고찰할 수 있을까.
小人乏馨香,[16] 소인에게는 제사에 올릴 음식이 부족하니
上下將何禱.[17] 하늘과 땅에 무엇으로 빌 수 있을까.
唯有君子心, 오직 군자의 마음이 있어야
顯豁知幽抱.[18] 탁 트여서 그윽한 마음을 알리라.

주석

1 [역자주] 赴京(부경) : 경사로 가다. 두목은 호주자사(湖州刺史)로 있다가 대중 5년(851) 고공낭중(考功郎中) 지제고(知制誥)가 되어 장안으로 갔다. 卽事(즉사) : 눈앞의 경물을 보고 즉석에서 시를 짓다. 汴口(변구) : 변수(汴水)가 회수(淮水)로 들어가는 곳으로 지금의 강소성 우이(盱眙)이다. 李郎中(이랑중) : 이씨에 대해서는 자세히 고찰할 수 없다. '낭중'은 상서성의 관직으로 종오품상에 해당한다.

2 **[협주]** ≪통전≫에서 "수나라 양제가 황하의 물을 터서 끌어당겨 장강 및 회수의 조운과 통하게 했으며 아울러 변수를 끌었으니 바로 낭탕거이다."라고 했다.(通典. 隋煬帝開引黃河水以通江淮漕運, 兼引汴水, 卽浪宕渠也.)

3 [역자주] 櫛櫛(즐즐) : 즐비한 모양.

4 **[협주]** ['타(迤)'는] 대와 타의 반절이다.(待他切.)
[역자주] 迤迤(타타) : 서로 이어진 모양.

5 [역자주] 初旭(초욱) : 태양이 갓 솟아나다.

6 [역자주] 明河(명하) : 밝은 은하수. 澹(담) : 옅다. 사라지다. 이 구는 해가 뜨자 별이 다 사라졌다는 말이다.

7 [역자주] 露蔓(노만) : 이슬이 내린 덩굴. 蟲絲(충사) : 벌레의 실. 거미줄 같은 것을 말한다.

8 [역자주] 鷰雛(연추) : 제비 새끼. 老(로) : 자란다는 뜻으로 보인다.

9 [역자주] 蕭蕭(소소) : 적적한 모양 또는 쓸쓸한 모양.

10 [역자주] 裊裊(요뇨) : 휘감는 모양.

11 [역자주] 宦遊(환유) : 이리저리 지방관을 하며 떠도는 것을 말한다. 戚草(적초) : 적막하고 소략하다. ≪번천문집≫의 판본 중에 '적'이 '초(草)'로 된 것도 있는데, '초초'는 조급하고 수고로운 모양이다.

12 **[협주]** ≪한서·형법지(刑法志)≫에서 "십과 오를 연결하여 거처를 함께 즐기고 생사를 함께 근심한다."라고 했고 안사고의 주에서 "다섯 명을 '오'라고 하고 오가 두 개이면 '십'이 된다."라고 했다.(漢書, 刑法志. 連其什伍, 居處同樂, 死生同憂. 注. 五人爲俉, 二俉爲什.)

[역자주] 什伍(십오) : '십'은 열 가구이고 '오'는 다섯 가구인데, 대체로 마을을 뜻한다.

13 [역자주] 澒湧(홍용) : 넓은 물. 追討(추토) : 쫓아가 토벌하다. 여기서는 물결이 끊임없이 흘러가는 것을 말한다.

14 **[협주]** ['편(便)'은] 거성이다.(去聲.)

[역자주] 翾便(현편) : 날아오르는 편리함. 출세할 수 있는 방편을 말한다.

15 [역자주] 幾秘(기비) : 은미한 비책. 숨어있는 비결.

16 **[협주]** ≪좌전·희공(僖公) 5년≫에서 "밝은 덕을 가지고서 제수품을 바친다."라고 했다.(左傳. 修[317]明德以薦馨香.)

[역자주] 馨香(형향) : 제사에 올리는 곡식을 가리킨다.

17 **[협주]** ≪논어·술이(述而)≫에서 "하늘과 땅의 신에게 너를 위해 기도한다."라고 했다.(論語. 禱爾于上下神祇.[318])

[역자주] 禱(도) : 기도하다. 빌다.

18 [역자주] 顯豁(현활) : 넓고 훤하게 트이다. 幽抱(유포) : 그윽한 마음.

317) 현재 전하는 ≪좌전≫에는 '修'가 없다.

318) 神祇(신지) : 하늘의 신과 땅의 신.

해설

이 시는 두목이 고공낭중이 되어 장안으로 들어가던 도중 변구에서 본 경물과 느낀 감회를 적은 것이다. 탁 트인 곳에서 보이는 여러 경물을 나열하여 서술한 뒤 자신의 벼슬살이가 변변찮음에 대해 한탄했다. 대개 대중 5년(851)에 지은 것으로 추정한다.

018. 홀로 술을 마시다

獨酌

長空碧杳杳,[1]	넓은 하늘엔 푸르름이 아득한데
萬古一飛鳥.	만고에 새 한 마리 날아가네.
生前酒伴閑,	평소에 술이 한가로움을 짝했는데
愁醉閑多少.[2]	취할 걸 근심했으니 한가로움이 얼마였나.
煙深隋家寺,[3]	안개 짙은 수나라 때의 절에
殷葉暗相照.[4]	붉은 잎이 어둠 속에 서로 비추네.
獨佩一壺游,	홀로 술 한 병 차고 노니는데
秋毫泰山小.[5]	가을 터럭은 크고 태산은 작구나.

주석

1 [역자주] 杳杳(묘묘) : 아득한 모양.

2 [역자주] 多少(다소) : 얼마인가. 이상 두 구는 한가로울 때마다 술을 마셨는데 취할 걸 염려하여 술을 마시지 않았다는 뜻으로, 업무가 과중하여 한가로울 틈이 없었다는 말이다.

3 [역자주] 隋家寺(수가사) : 수나라 때 지은 절. 어느 절인지는 분명치 않으나 장안에 있넌 대흥선사(大興善寺)라는 설이 있다.

4 **[협주]** ['안(殷)'은] 을과 산의 반절로 검붉은색이다.(乙山切, 赤黑色也.)
[역자주] 殷(안) : 검붉다. 독음이 '은'이면 크다는 뜻이다.

5 **[협주]** 위의 "누가 팽조이고 일찍 죽은 아이일까."의 주에 보인다[319](見上何者爲彭

殤注.)

[역자주] 秋毫(추호) : 짐승의 가을 털. 작은 것을 비유한다. ≪장자·제물론(齊物論)≫에 "천하에 가을 터럭의 끝보다 큰 것은 없고 태산도 작다고 생각되며, 어려서 죽은 아이보다 오래 산 사람은 없고 팽조도 요절했다고 생각된다. 천지와 내가 함께 생겨났고 만물과 내가 하나가 된다.(天下莫大於秋毫之末而太山爲小. 莫壽乎殤子而彭祖爲夭. 天地與我並生, 而萬物與我爲一.)"라는 말이 있다. 이 구는 크고 작음, 부귀와 궁핍 등에 대해 달관했다는 말이다.

해설

이 시는 홀로 술을 마시며 든 감회를 적은 것이다. 넓은 세상과 만고의 세월 속에 한 마리의 새와 같은 존재로 살아가면서 그동안 술 마실 한가로움도 느끼지 못하다가 이제 절을 찾아 홀로 마시면서 담담한 기운을 가지게 됐음을 말했다. 작시 시기는 추정할 수 없다.

319) 두목의 시 <군청의 관사에서 홀로 술을 들다(郡齋獨酌)>이다.

019. 봄을 애석해하다
惜春

春半年已除,[1]	봄이 절반을 지나니 한해가 이미 다한 듯
其餘强爲有.[2]	그 나머지는 억지로 있는 것이지.
卽此醉殘花,[3]	이를 보노라니 시든 꽃잎에 취하고
便同嘗臘酒.[4]	동류를 따라서 겨울에 빚은 술을 맛보네.
悵望送春杯,	봄을 보내는 술잔을 애달피 바라보노라니
殷勤掃花帚.[5]	꽃을 쓰는 빗자루에 애절하구나.
誰爲駐東流,[6]	누가 동쪽으로 흘러가는 물을 멈출 수 있나
年年長在手.	한 해 한 해 늘 손에 두어야 하는데.

주석

1 [역자주] 除(제) : 제거되다. 사라지다. 연말이 되었다는 뜻이다.

2 [역자주] 强(강) : 억지로.

3 [역자주] 卽此(즉차) : 이러한 것으로 나아가다. 이를 본다는 뜻이다.

4 [역자주] 便同(편동) : 같은 것을 편하게 여기다. 꽃잎에 취한 기운을 이어간다는 말로 술을 마신다는 것을 이끌어낸다. 嘗(상) : 맛보다. 臘酒(납주) : 12월에 담근 술.

5 [역자주] 殷勤(은근) : 간곡한 모양. 삼성이 깊다는 말이다. 帚(추) : 빗자루.

6 [역자주] 駐東流(주동류) : 동쪽으로 흘러가는 물을 멈추다. 세월을 멈춘다는 말이다.

해설

이 시는 봄이 지나가는 것을 애달파하면서 지은 것이다. 시든 꽃잎을 쓸어내며 세월이 지나가는 것을 아쉬워하는 마음을 표현했다. 작시 시기는 추정할 수 없다.

020. 안주 부운사 누각에 쓴 뒤 호주 장 낭중에게 부치다

題安州浮雲寺樓, 寄湖州張郎中[1]

去夏疏雨餘,[2]	지난 여름 성긴 비가 그친 뒤
同倚朱欄語.	함께 붉은 난간에 기대어 이야기했는데,
當時樓下水,	당시 누각 아래의 물이
今日到何處.	지금은 어디에 이르렀을까?
恨如春草多,	한스러움은 봄풀처럼 많고
事與孤鴻去.	일은 외로운 기러기와 같이 가버렸는데,
楚岸柳何窮,[3]	초 땅 강둑의 버들은 어찌 다할까
別愁紛若絮.[4]	이별의 근심이 버들개지처럼 분분한데.

주석

1 [역자주] 安州(안주) : 지금의 호북성 안륙(安陸)이다. 湖州(호주) : 지금의 절강성 오흥(吳興)이다. 張郎中(장낭중) : 장문규(張文規)로 회창 원년(841) 호주자사로 있었다. 낭중은 상서성의 관직으로 종오품상이다.

2 [역자주] 去夏(거하) : 지난 여름. 언제인지는 알 수 없다.

3 **[협주]** ≪십도지≫에서 "회남도에 안주가 있다."라고 했고 주에서 "전국시대에 초나라에 편입되었다."라고 했다.(十道志. 淮南道有安州. 注, 戰國時入楚.)

4 [역자주] 絮(서) : 버들개지.

해설

이 시는 안주 부운사의 누각에서 과거에 같이 노닐었던 장문규를 생각하고는 그를 그리워하며 지은 것이다. 예전에 같이 노닐던 곳에 왔지만 친구는 없어 아쉬워하는 마음을 읊었다. 회창 2년(842) 장안에서 황주자사로 부임하던 도중에 지은 것으로 추정한다.

021. 여산을 지나가며 짓다

過驪山作[1]

始皇東游出周鼎,[2] 진시황이 동쪽으로 나가 주나라 솥을 꺼낼 때
劉項縱觀皆引頸.[3] 유방과 항우가 마음껏 보면서 모두 목을 늘였으며,
削平天下實辛勤,[4] 실로 힘들게 천하를 평정했으나
卻爲道傍窮百姓. 도리어 곤궁한 백성들이 길가에 있게 되었지.
黔首不愚爾益愚,[5] 백성들은 어리석지 않지만 그대는 점점 어리석어져
千里函關囚獨夫.[6] 천 리 함곡관에 잔학무도한 군주를 가두었는데,
牧童火入九泉底,[7] 목동이 불을 켜고 구천 아래로 들어가
燒作灰時猶未枯.[8] 태워서 재가 되었을 때도 아직 뼈가 마르지 않았다지.

주석

1 [역자주] 驪山(여산) : 지금의 섬서성 임동현(臨潼縣) 남동쪽에 있는 산으로 이곳에 진시황이 매장되었다.

2 **[협주]** ≪사기≫의 기록이다. 태구사(太丘社)가 죽자 솥이 팽성(彭城) 아래의 사수(泗水)에 빠졌다.320) 진시황이 팽성을 지날 때 재계하고 제사를 지낸 뒤 주나라 솥을 꺼내려고 천 명을 물에 들어가게 해 찾았지만 얻지 못했다.321)(史記. 太丘社亡而鼎沒於泗水彭城下. 始皇過彭城, 齋戒禱祠, 欲出周鼎, 使千人入水求之, 不得.)

320) ≪사기·봉선서(封禪書)≫에 보인다.
321) ≪사기·진시황본기(秦始皇本紀)≫에 보인다.

[역자주] 周鼎(주정) : 주나라의 솥. 주나라에서 주조한 솥으로 국가의 정권을 상징한다.

3 **[협주]** ≪한서·고조본기(高祖本紀)≫의 기록이다. (유방이) 진시황을 마음대로 바라보았다. (안사고의 주에서) "'종(縱)'은 마음대로 한다는 뜻이다. 천자가 출행하는데 사람들이 마음껏 보게 했다. '관(觀)'은 공과 환의 반절이다."라고 했다. (유방이) 크게 탄식하며 말하기를, "아아, 대장부는 마땅히 이와 같아야 하는구나."라고 했다. ≪사기·항우본기≫에서 "진시황이 회계를 순수하다가 절강을 건널 때 항량과 항적(항우)이 모두 구경했는데 항적이 말하기를, '저 사람 정도면 우리가 잡아서 대체할 만하다.'라고 했다."라고 했다. (漢書, 高紀. 縱觀秦皇帝. 縱, 放也. 天子出行, 放人令觀. 又[322]音土[323]喚切. 喟然大息曰,[324] 嗟乎, 大丈夫當如此矣. 史, 項羽本紀. 秦始皇遊會稽, 渡浙江, 梁與籍俱觀. 籍曰, 彼可取而代也.)

[역자주] 劉項(유항) : 유방과 항우. 縱觀(종관) : 마음껏 보다. 引頸(인경) : 고개를 내밀다. 볼려고 애쓰는 모습이다.

4 [역자주] 削平(삭평) : 평정하다. 辛勤(신근) : 고생하다.

5 **[협주]** ≪사기·진시황본기≫에서 "백성의 명칭을 바꾸어 '검수'라고 했다."라고 했다. 또 "태사공이 말하기를, '선왕의 도를 없애고 백가의 책을 불살랐으니 이로써 백성을 어리석게 했다.'라고 했다."라고 했다.(史記, 秦始皇紀. 更名民曰黔首. 太史公曰, 廢先王之道, 焚百家之言, 以愚黔首.)

[역자주] 爾(이) : 그대. 진시황을 가리킨다.

6 **[협주]** ≪한서·장량전(張良傳)≫에서 "장량이 말하기를, '관중은 비옥한 들이 천 리이다.'라고 했다."라고 했다. 또 "장량이 말하기를, '금성 천 리는 하늘 곳간의 나라이다.'라고 했다."라고 했다. '함관'과 '독부'는 위에 보인다.[325](漢書. 張良曰, 關中沃野千里. 又曰, 金城千里, 天府之國.[326] 函關, 獨夫, 見上.)

---

322) '又'는 위의 글자와 같다는 뜻이다. 지금 전하는 ≪한서≫에는 '觀'으로 되어 있다.

323) '土'는 'エ'의 잘못이다.

324) 喟然(외연) : 탄식하는 모양.

325) 두목의 부 <아방궁을 읊은 부(阿房宮賦)>의 "포악한 군주의 마음이 나날이 더욱 교만해지고 굳세지더니, 수자리 살던 군사가 고함치자 함곡관이 함락됐다.(獨夫之心, 日益驕固. 戍卒叫, 函谷舉.)"의 주에 보인다.

326) 天府(천부) : 하늘 곳간. 토지가 비옥해서 물산이 풍부한 곳이라는 말이다.

[역자주] 函關(함관) : 함곡관. 함양성 동쪽의 관문. 진시황은 이곳에 만리장성을 쌓고 진나라를 고수하려고 했다. 獨夫(독부) : 잔학무도한 군주. 여기서는 진시황을 가리킨다.

7 [역자주] 九泉(구천) : 무덤을 가리킨다.

8 **[협주]** ≪삼보황도(三輔黃圖)≫[327]에서 "진시황제를 여산에 매장했는데 6년 만에 항왕이 발굴했다. 목동이 양을 치다가 양이 무덤 안에 빠졌는데 불을 켜서 양을 찾다가 그를 매장한 관곽을 불태웠다."라고 했다. 반악(潘岳)의 <서도부(西都賦)>에서 "해, 달, 별의 세 빛을 꿴 밝음과 구천 동굴의 어두움."이라고 했고 ≪문선≫ 이선의 주에서 "연나라 태자 단이 한을 품고 구천으로 들어갔다."라고 했다.(三輔黃圖. 秦始皇帝葬驪山, 六年之間爲項王所發, 牧兒放羊而墮羊冢中, 燃火求羊, 燒其藏槨. 西都賦. 貫三光而洞九泉. 李善注, 燕太子丹懷恨, 入於九泉.)

[역자주] 枯(고) : 시신에서 살이 썩어 뼈만 남는 것을 말한다. 이 구는 진시황이 영원불멸을 꿈꾸며 무덤을 만들었지만 살이 썩기도 전에 불나버렸다는 말이다.

해설

이 시는 두목이 장안 인근의 여산을 지나가며 감개를 적은 것이다. 진시황이 유방과 항우가 부러워할 정도의 권세를 지니고 천하통일을 했지만 통치가 잔학무도했기에 그 영화가 얼마 가지 못했음을 말했다. 작시 시기는 추정할 수 없다.

---

327) ≪삼보황도(三輔黃圖)≫ : 진나라와 한나라 성기 시역에 관한 지리서로 누가 지었는지는 알 수 없다. 원본의 모습을 상고하기 힘들며 일문이 각 서적에 전해진다. 여기 인용된 내용도 유사한 형식으로 여러 서적에 산견한다.

022. 지주에서 맹지 선배를 보내다

池州送孟遲先輩[1]

昔子來陵陽,[2]　　예전에 그대가 능양산에 왔을 때
時當苦炎熱.　　무척이나 더운 시기였는데,
我雖在金臺,[3]　　내가 비록 황금대에 있었지만
頭角長垂折.[4]　　두각이 오래도록 버려지고 꺾이다가,
奉披塵意驚,[5]　　그대의 말을 받드니 세속적인 내 뜻이 놀랐고
立語平生豁.　　그대가 주장을 세우니 평소 내 마음이 트였지.
寺樓最騫軒,[6]　　절의 누각 가장 높은 난간에서
坐送飛鳥沒.　　날아가는 새가 사라질 때까지 앉아서 보내는데,
一罇中夜酒,[7]　　한 항아리 한밤중의 술
半破前峰月.[8]　　반쯤 깨진 앞 산봉우리의 달,
煙院松飄蕭,[9]　　안개 낀 절에 소나무는 멋지고
風廊竹交戛.[10]　　바람 드는 회랑에 대나무가 서걱거렸지.
時步郭西南,　　때때로 성곽 남서쪽을 거닐면
繚逕苔圓折.[11]　　길을 둘러 이끼가 둥글게 꺾여 자랐고,
好鳥響丁丁,[12]　　멋진 새가 짹짹 노래하고
小溪光汃汃.[13]　　조그만 시내가 반짝반짝 빛났지.
籬落見娉婷,[14]　　울타리 너머 보이는 아름다운 여인은
機絲弄啞軋.[15]　　베틀의 실을 삐걱거리며 짰으며,

煙濕樹姿嬌,	안개에 젖어 나무는 자태가 아름답고
雨餘山態活.	비가 충분해 산은 모습이 생동했지.
仲秋往歷陽,[16]	중추절에는 역양에 가서
同上牛磯歇.[17]	함께 우저산에 올라 쉬었는데,
大江呑天去,	큰 장강이 하늘을 머금고 흘러가니
一練橫坤抹.[18]	하나의 깁이 땅을 가로지르며 스쳐가는 듯했으며,
千帆美滿風,	천 개의 돛이 아름답게 바람을 가득 받았고
曉日殷鮮血.[19]	새벽의 태양이 선혈처럼 검붉었지.
歷陽裴太守,[20]	역양의 배 태수는
襟韻苦超越.[21]	마음과 기품이 진실로 고원했으니,
鞔鼓畫麒麟,[22]	북에 가죽을 걸어 기린을 그리고는
看君擊狂節.[23]	그대가 미친 듯이 치는 것을 보았는데,
離袖颭應勞,[24]	찢어진 소매는 펄럭이니 응당 힘들었을 것이고
恨粉啼還咽.[25]	한스러운 여인은 울다가 또 오열했지.
明年忝諫官,[26]	이듬해 외람되이 간관이 되었을 때
綠樹秦川闊.[27]	푸른 나무가 있는 진천이 드넓었는데,
子提健筆來,[28]	그대가 씩씩한 붓을 들고 오니
勢若夸父渴.[29]	그 기세가 목마른 과보와 같았지.
九衢林馬檛,[30]	아홉 거리에는 말채찍이 바글거리고
千門織車轍.[31]	천 개의 문에는 수레바퀴 자국이 빽빽했기에,
秦臺破心膽,[32]	진 땅의 누대에서 심장과 쓸개가 깨졌고
黥陣驚毛髮.[33]	경포의 진 때문에 머리털이 놀라 곤두섰지.

子旣屈一鳴,[34] 그대는 이미 한번 울고자 했던 일이 좌절되었고
余固宜三刖.[35] 나는 진실로 세 번 다리 잘릴 일이 마땅했으니,
慵憂長者來,[36] 게을렀기에 존귀한 분들이 오는 것을 걱정하고
病惕長街喝.[37] 병들었기에 큰 거리에서 소리 지르는 것을 겁냈지.
僧爐風雪夜, 승방에 화로 피우고 눈바람 불던 밤
相對眠一褐.[38] 서로 마주하고 거친 털옷 하나 입고 잠을 잤는데,
暖灰重擁甁,[39] 따뜻한 재를 거듭 병에 채워 껴안고
曉粥還分鉢.[40] 새벽의 죽을 또 그릇에 나누었지.
靑雲馬生角,[41] 청운에 오를 일은 말에게 뿔이 날 때를 기다려야 했기에
黃州使持節.[42] 황주로 부절을 가지고 자사로 부임했는데,
秦嶺望樊川,[43] 진령에서 번천을 바라보면서
祗得回頭別.[44] 그저 고개 돌려 헤어질 수 있었네.
商山四皓祠,[45] 상산사호의 사당에서
心與樗蒲說.[46] 마음은 저포와 말을 했지만,
大澤蒹葭風,[47] 큰 소택에는 갈대 바람이 불었고
孤城狐兎窟. 외로운 성에는 여우와 토끼굴이 있었네.
且復考詩書, 또 다시 ≪시경≫과 ≪서경≫을 고찰했지만
無因見簪笏.[48] 비녀와 홀을 가진·훌륭한 이를 만날 수 없어서,
古訓屹如山,[49] 옛 가르침은 높아 산과 같았고
古風冷刮骨.[50] 옛 풍도는 차가워 뼈를 깎는 듯했네.
周鼎列甁罌,[51] 주나라 솥은 하찮은 병과 함께 진열되어 있고
荊璧橫抛擲.[52] 형 땅의 옥은 아무렇게나 내팽개쳐 있으니,

力盡不可取, 힘이 다해 가질 수가 없어
忽忽狂歌發.[53] 실의하여 미친 노래를 불렀지만,
三年未爲苦, 삼 년 동안 고생한 건 아니고
兩郡非不達.[54] 두 군에서 득의하지 않은 건 아니었네.
秋浦倚吳江,[55] 추포는 오강에 의지해 있어
去楫飛青鶻.[56] 떠나가는 노에 검푸른 송골매가 날았는데,
溪山好圖畫, 개울과 산은 좋은 그림과 같고
洞壑深閨闥.[57] 동굴과 계곡은 깊은 규방과 같았네.
竹岡森羽林,[58] 대나무 언덕은 빽빽한 우림군과 같고
花塢團宮纈.[59] 꽃이 핀 강둑은 뱅글뱅글한 궁중의 비단 문양과 같았는데,
景物非不佳, 경물이 아름답지 않은 것은 아니지만
獨坐如鞲紲.[60] 홀로 앉았노라니 속박된 것과 같았네.
丹鵲東飛來,[61] 붉은 까치가 동쪽에서 날아와
喃喃送君札.[62] 울면서 그대의 편지를 보내왔기에,
呼兒旋供衫,[63] 아이를 불러 즉시 옷을 가져오게 하고
走門空踏襪.[64] 문으로 달려갈 땐 그저 버선발로 갔네.
手把一枝物, 손에는 가지 하나를 들었는데
桂花香帶雪.[65] 계화가 향기 속에 눈을 두른 듯했기에,
喜極至無言, 기쁨이 극에 달해 말도 나오지 않고
笑餘翻不悅.[66] 웃다가 웃다가 도리어 즐겁지도 않을 정도였네.
人生直作百歲翁, 사람이 살다가 곧장 백 세 늙은이가 되지만
亦是萬古一瞬中. 또한 이는 만고의 한순간이라네.

我欲東召龍伯翁,[67]	나는 동쪽의 용백국 노인을 불러
上天揭取北斗柄.[68]	하늘에 올라 북두칠성의 자루를 잡고,
蓬萊頂上斡海水,[69]	봉래산의 정상에서 바닷물을 퍼 올려
水盡到底看海空.[70]	물이 바닥까지 다해 바다가 빈 것을 보려고 하네.
月於何處去,	달은 어디로 가고
日於何處來.	해는 어디에서 오는가?
跳丸相趁走不住,[71]	구슬을 던지는 곡예처럼 멈추지 않고 서로 달려가니
堯舜禹湯文武周孔皆爲灰.	요, 순, 우, 탕, 문왕, 무왕, 주공, 공자 모두 재가 되었네.
酌此一杯酒,	이 한 잔의 술을 따르고
與君狂且歌.	그대와 함께 미친 듯이 노래하리니,
離別豈足更關意,[72]	헤어짐이 어찌 또 괘념할 만하겠는가
衰老相隨可奈何.[73]	쇠약함과 늙음이 서로 따라오는 것을 어찌하리오.

주석

1 [역자주] 池州(지주) : 지금의 안휘성 귀지(貴池)이다. 孟遲(맹지) : 자가 지지(遲之)이고 평창(平昌) 사람이다. 개성 3년(838) 여름 선성에서 두목과 교유한 적이 있으며 회창 5년(845) 진사에 급제했다. 이후 절서장서기(浙西掌書記), 회남절도막부장서기(淮南節度幕府掌書記)를 역임했다. 先輩(선배) : 진사에 급제한 사람들이 서로 부르는 호칭이다. 시의 내용으로 보아 맹지는 아직 진사에 급제하지 않았는데, 제목은 후에 다시 수정한 것으로 보인다.

2 **[협주]** ≪십도지≫에서 "선주에 능양산이 있다."라고 했다.(十道志. 宣州有陵陽山.)

3 **[협주]** 본집을 살펴보니 개성 3년(838) 다시 선주막부의 단련판관이 되었다.[328] ≪신어(新語)≫[329]의 기록이다. 연나라 왕이 마침 제나라에 의해 살해되었다. 소왕(昭王)이 즉

위하고는 이에 좌우 신하에게 말하기를, "어찌하면 뛰어난 선비를 얻어 그들과 마음을 합쳐 선왕의 치욕에 보복할 수 있을까?"라고 하니 곽외(郭隗)가 말하기를, "진실로 선비를 오게 하시려면 저 곽외부터 시작하십시오. 곽외도 섬김을 받는다면 하면 곽외보다 뛰어난 자는 어떠하겠습니까."라고 했다. 소왕이 이에 곽외를 위해 갈석산(碣石山) 앞에 누대를 짓고 금과 옥으로 장식한 뒤 황금대라고 불렀다. 곽외를 존중하여 그를 스승으로 섬기니 악의(樂毅)가 위나라에서 왔고 추연(鄒衍)이 제나라에서 왔으며 극신(劇辛)이 조나라에서 왔고 선비들이 다투어 연나라로 달려왔다.(按本集, 開成三年, 復爲宣州幕團練判官. 新語. 燕王會爲齊所殺. 昭王立, 迺謂左右曰, 安得賢士, 與之同心, 以報先王之恥. 郭隗曰, 誠欲致士, 請從隗始. 隗且見事, 況賢於隗者乎. 昭王於是爲隗築臺於碣石山前, 以金玉飾之, 曰黃金臺. 以尊郭隗而師之, 樂毅自魏往, 鄒衍自齊往, 劇辛自趙往, 士爭赴燕.)

[역자주] 在金臺(재금대) : 황금대에 있다. 두목이 곽외처럼 선주에서 좋은 대우를 받고 있다는 말이다.

4 [역자주] 頭角(두각) : 머리의 뿔. 젊은이의 기개와 재주를 가리킨다. 垂折(수절) : 버려지고 꺾이다. 두각이 발휘되지 못하는 상황을 말한 것이다.

5 [역자주] 奉披(봉피) : 받들어 입다. 맹지의 언변을 듣는 것을 말한다. 塵意(진의) : 세속의 때에 찌든 마음. 두목 자신을 가리킨다.

6 [역자주] 最騫軒(최건헌) : 가장 높은 곳에 있는 난간.

7 [역자주] 罇(준) : 술 항아리. 中夜(중야) : 한밤중.

8 **[협주]** 한유의 시[330]에서 "초승달이 반쯤 망가졌음을 가여워한다."라고 했다.(韓公詩. 新月憐半破.)

9 [역자주] 煙院(연원) : 안개 낀 설. 飄蕭(표소) : 멋진 모양.

10 **[협주]** ['알(戛)'은] 고와 팔의 반설로 교차한다는 뜻이다. ≪시경 익지(益稷)≫에서 "쳐

328) 두목의 문장 <스스로 지은 묘지명(自撰墓銘)>에 보인다.

329) ≪신어(新語)≫ : 한나라 육가(陸賈)가 지은 정치논문집으로 모두 2권이며 12편으로 이루어져 있다. 한편 27편이라는 설이 있으며, 여기 실린 내용은 12편에는 보이지 않는나. 비슷한 내용이 한나라 유향(劉向)의 ≪신서(新序)≫에 보이는데, 혹 서명에 오류가 있었을 수도 있다.

330) 한유의 시 <합강정에 써서 자사 추군에게 부치다((題合江亭寄刺史鄒君)>이다.

서 옥을 울린다."라고 했다.(古八切, 措也. 書. 戛擊鳴球.)

[역자주] 交戛(교알) : 서로 교차하며 소리가 나는 것이다.

11 **[협주]** ≪시자(尸子)≫[331]에서 "무릇 물이 직각으로 꺾여 흐르는 곳에는 옥이 있고 둥글게 꺾여 흐르는 곳에는 구슬이 있다."라고 했다.(尸子. 凡水方折者有玉, 圓折者有珠.)

[역자주] 繚逕(요경) : 길을 두르다. 길 주위에.

12 [역자주] 丁丁(정정) : 일반적으로 나무 베는 소리, 빗소리, 풍경소리, 바둑돌 소리 등을 형용하는데, 여기서는 새소리를 표현한 것이다.

13 **[협주]** ≪시경·벌목(伐木)≫에서 "나무를 베는 데 쩡쩡거린다."라고 했다. '팔(汃)'은 보와 팔의 반절이고 물의 모습이다.(詩. 伐木丁丁. 汃, 普八切. 水貌.)

[역자주] 汃汃(팔팔) : 물이 빛나는 모양.

14 **[협주]** 장역지(張易之)의 <변새를 나가며 부르는 노래(出塞行)>에서 "요뇨마는 푸른 실로 장식해서 타고 아리따운 여인은 연지와 분으로 단장했다."라고 했다.(張釋[332]之, 出塞行. 騕褭青綠[333]騎, 娉婷紅粉粧.)

[역자주] 籬落(이락) : 울타리. 娉婷(빙정) : 아름다운 모습. 미인을 가리킨다.

15 [역자주] 啞軋(아알) : 삐걱거리는 소리.

16 **[협주]** ≪십도지≫에서 "회남도 화주 역양"이라고 했으며 주에서 "한나라의 현이다."라고 했다.(十道志. 淮南道和州歷陽. 注. 漢縣.)

17 **[협주]** ≪십도지≫에서 "선주에 우저산이 있다."라고 했다.(十道志. 宣州有牛渚山.)

[역자주] 歇(헐) : 쉬다.

18 [역자주] 一練(일련) : 비단 깁 하나. 장강을 비유한 것이다. 橫坤(횡곤) : 땅을 가로지르다. 抹(말) : 스치다.

19 [역자주] 殷(안) : 검붉다. 鮮血(선혈) : 선홍빛 피.

20 [역자주] 裴太守(배태수) : 두목의 자형인 배주(裵儔)이다.

---

331) ≪시자(尸子)≫ : 전국시대 시교(尸佼)의 정치철학을 적은 책으로 22편이었지만 일찍 산실되었고 여러 책에 산견한다. 여기 인용된 구절은 여러 책에 보인다.

332) '釋'은 '易'의 잘못이다.

333) '綠'은 '絲'의 잘못이다.

21 [역자주] 襟韻(금운) : 성정과 풍도.

22 [역자주] 鞔鼓(만고) : 북에 가죽을 걸다. 가죽을 당겨서 북에 채우는 것이다.

23 **[협주]** ≪위략(魏略)≫[334]에서 "왕랑이 태조에게 답하기를, '종지를 받드는 날 박수를 치고 박절(拍節)을 치겠습니다.'라고 했다"라고 했다.(魏略. 王郎答太祖曰, 承宗之日, 撫掌擊節.)

24 **[협주]** ['점(颭)'은] 직과 염의 반절이고 바람이 물건을 움직인다는 뜻이다.(職琰切, 風動物也.)

[역자주] 離袖(이수) : 찢어진 소매. 북을 격렬하게 쳤다는 표현이다.

25 [역자주] 恨粉(한분) : 분으로 치장하고 한스러운 노래를 부른다는 뜻으로 가기(歌妓)를 가리키는 것으로 보인다. 咽(열) : 오열하다. 이 구는 가기가 연주에 감동했다는 뜻이다.

26 **[협주]** 위의 "간관이 되어 현명한 군주를 섬겼다."의 주에 보인다.[335](見上諫官事明主注.)

[역자주] 忝(첨) : 외람되이. 겸손한 표현이다. 諫官(간관) : 간언하는 관원. 두목은 그 이듬해인 개성 3년(838) 봄 좌보궐(左補闕)에 임용되어 장안으로 옮겼다.

27 **[협주]** 위의 <저녁나절의 갠 날씨를 읊은 부(晩晴賦)>의 서문에 보인다.[336](見上晩晴賦序.)

[역자주] 秦川(진천) : 지금의 섬서성과 감숙성의 진령(秦嶺) 북쪽의 평원이다.

28 **[협주]** 두보의 시[337]에서 "씩씩한 붓이 <앵무부>를 능가한다."라고 했다.(詩史. 健筆淩鸚鵡.)

29 **[협주]** ≪열자·탕문(湯問)≫에서 "과보(夸父)는 힘을 헤아릴 수 없다. 햇빛을 따라가고자 하여 우곡(嵎谷)[338] 끝까지 쫓아갔는데 갈증이 나서 물을 마시고자 했다. 황하와 위

---

334) ≪위략(魏略)≫ : 삼국시대 위나라 어환(魚豢)이 지은 위나라 역사서로 일찍이 산실되었으며 권수에 대한 설도 분분하다. 여기에 인용된 기록은 몇몇 유서에 보인다.

335) 두목의 시 <이감을 읊은 시(李甘詩)>이다.

336) 두목의 부 <저녁나절의 갠 날씨를 읊은 부(晩晴賦)> "내가 교외의 동산을 둘러보았다.(樊川子目于郊園.)"의 주에 보인다.

337) 두보의 시 <태상경 장기께 받들어 드리는 20운의 시(奉贈太常張卿垍二十韻)>이다.

338) 우곡(嵎谷) : 전설의 지명으로 해가 지는 곳에 있다.

수로 달려가서 그 물을 마셨지만 황하와 위수로도 부족하여, 북쪽으로 달려가서 큰 못의 물을 마시고자 했는데 도착하지 못하고 길에서 목이 말라 죽었다."라고 했다.(列子. 夸父不量力, 欲追日影, 逐之於嵎谷之際, 渴欲得飮, 赴飮河渭. 河渭不足, 將走北飮大澤, 未至, 道渴而死.)

30 **[협주]** ≪십도지≫에서 "장안에 여섯 개의 '가'와 아홉 개의 '맥'이 있다."라고 했다. ≪좌전·문공(文公) 13년≫에 "요조가 채찍을 주었다."라고 했고 두예의 주에서 "말채찍이다."라고 했다. ≪유편(類篇)≫에서 "'과(薖)'와 '과(檛)'는 음이 같다. ['과(檛)'는] 장과과의 반절이며 채찍이라는 뜻이다.'라고 했다."라고 했다.(十道志. 長安有六街九陌. 左傳. 繞朝贈之以策. 杜預云, 馬檛也. 類篇. 薖, 檛, 同音.[339] 張瓜切, 箠也.[340])

[역자주] 九衢(구구) : 장안에 있는 아홉 개의 대로를 말한다. 林(림) : 아주 많다는 뜻이다. 馬檛(마과) : 말의 채찍. 여기서는 말을 가리킨다.

31 [역자주] 千門(천문) : 많은 궁문을 뜻한다. 織(직) : 베를 짠 듯이 촘촘하다는 말이다. 車轍(거철) : 수레바퀴 자국.

32 **[협주]** ≪서경잡기≫의 기록이다. 고조가 처음 함양궁에 들어갔을 때 가장 기이하게 여겼던 것은 네모난 거울이었는데 폭이 4척이고 높이가 5척 9치였으며 겉면과 안쪽 면이 밝았다. 사람이 직접 와서 비추면 모습이 거꾸로 나타나는데 손으로 가슴을 문지르면 오장육부가 보였으며 아주 선명했다. 속에 병이 있는 사람이 와서 가린 채로 비추면 병이 있는 곳을 알 수 있었다. 또 여자에게 사악한 마음이 있으면 쓸개가 커지고 심장이 두근거렸기에, 진시황이 궁녀를 거울에 비추고는 쓸개가 크고 심장이 두근거리는 자는 죽였다.(西京雜記. 高祖初入咸陽宮, 其尤驚異者, 有方鏡, 廣四尺, 高五尺九寸, 表裏有明. 人直來照之, 影則倒見, 以手捫心而來, 則見腸胃五臟. 歷然無礙. 人有疾病在內, 掩而照之, 則知病之所在. 又女子有邪心, 則膽張心動. 始皇帝以照宮人, 膽張心動者, 殺之.)

33 **[협주]** ≪한서·경포전(黥布傳)≫의 기록이다. 경포가 반란을 일으키자 주상이 직접 경포를 치려고 했다. 경포의 병사는 매우 뛰어났는데 주상이 용성(庸城)에서 굳게 지키면서

---

339) '薖檛同音' 네 글자는 연문이다. ≪유편≫에 따르면 이 두 글자는 '古禾切'로 되어 있다.
340) 箠(추) : 말채찍.

바라보니 경포의 진영이 항적의 군대와 같았기에 주상이 싫어했다.(漢書, 黥布傳. 布反, 上自將擊布. 布兵精甚, 上乃壁庸誠望,[341] 布軍置陳如項籍軍, 上惡之.)

[역자주] 黥陣(경진) : 경포의 진. 이상 네 구는 맹지가 장안에 와서 보니 복잡하고 인재가 많았기에 넋이 나갔다는 말이다.

34 **[협주]** ≪사기·순우곤전(淳于髡傳)≫의 기록이다. 순우곤이 말하기를, "이 새는 날지 않으면 그만이지만 한번 날면 하늘 끝까지 가고, 울지 않으면 그만이지만 한번 울면 사람을 놀라게 한다."라고 했다.(史記. 淳于髡曰, 此鳥不飛則已, 一飛沖天. 不鳴則已, 一鳴驚人.)

[역자주] 屈一鳴(굴일명) : 한번 울고자 하는 일이 꺾이다. 맹지가 낙제한 것을 가리킨다.

35 **[협주]** ≪한비자·고분(孤憤)≫의 기록이다. 초나라 사람 화씨(和氏)가 형산(荊山)에서 박옥을 얻었다. 여왕(厲王)에게 바치자 옥을 감정하는 이로 하여금 감정을 하니 "돌입니다."라고 했다. 여왕은 화씨가 기만했다고 여기고는 왼발을 잘랐나. 무왕(武王)이 즉위하자 또 그것을 바쳤는데 왕이 옥을 감정하는 이로 하여금 감정을 하니 또 "돌입니다."라고 했다. 왕은 또 그의 오른발을 잘랐다. 문왕(文王)이 즉위했을 때, 화씨가 박옥을 껴안고 초산 아래에서 삼일 밤낮을 울었는데 눈물이 마르자 이어서 피눈물을 흘렸다. 왕이 이에 사람을 시켜 그 박옥을 가공하니 보물을 얻었다. 이에 이를 화씨지벽이라고 이름했다.(韓非子. 楚人和氏得玉璞於荊山中. 獻之厲王, 使玉人相之, 曰石也. 王以和爲誑而刖其左足.[342] 及武王卽位, 又獻之, 王使玉人相之, 又曰石也. 王又刖其右足. 文王卽位, 和抱其璧而哭於楚山之下. 三日三夜, 淚盡而繼之以血. 王乃使人理其璞而得寶焉. 遂命和氏之璧.)

[역자주] 刖(월) : 다리를 자르는 형벌. 이 구는 두목이 충정을 다했지만 알아주는 사람이 없었다는 말이다.

36 **[협주]** ≪한서·진평전(陳平傳)≫에서 "진평이 젊었을 때 집이 가난했지만 문밖에는 존귀한 분의 수레가 많았다."라고 했다. ≪한비자·설의(說疑)≫에서 "중후하여 절로 존귀한 자를 '장자'라고 한다."라고 했다.(漢書. 陳平少時家貧, 然門外多長者車轍. 韓子曰, 重

341) '誠'은 '城'의 잘못이다. 壁(벽) : 굳세 지키다.

342) 誑(광) : 기만하다. 刖(월) : 베다. 자르다.

厚自尊, 謂之長者.)

[역자주] 慵(용) : 게으르다.

37 **[협주]** [‘갈(喝)’은] 하와 갈의 반절이며 크게 소리친다는 뜻이다.(何葛切, 呼也.)

[역자주] 怯(겁) : 겁먹다. 두려워하다. 이상 두 구는 두목과 맹지가 장안의 생활에 불편해서 다른 사람들과 교유하지 못했다는 말이다.

38 [역자주] 褐(갈) : 거친 털옷. 허름한 옷이다.

39 [역자주] 擁甁(옹병) : 병을 껴안다. 따뜻한 재를 넣은 병을 안아서 몸을 따뜻하게 하는 것이다.

40 [역자주] 曉粥(효죽) : 새벽에 끓인 죽. 分鉢(분발) : 그릇에 나누다. ‘발’은 승려가 사용하는 그릇이다.

41 **[협주]** ≪사기·범저열전(范雎列傳)≫에서 “수가가 범저에게 말하기를, ‘그대가 스스로 청운 위에 이를 줄은 생각지도 못했다.’라고 했다.”라고 했다. 양웅의 <해조부(解嘲賦)>에서 “길 가운데 있는 자는 청운에 오르고 길을 잃은 자는 도랑에 빠진다.”라고 했다. ‘말에게 뿔이 생긴다.’는 것은 이미 위에 나왔다.[343](史記. 須賈謂范雎[344]曰, 不意君自致青雲之上. 楊雄, 解嘲. 當塗者, 升青雲. 失路者, 委渠溝.[345] 馬生角, 已出上.)

[역자주] 馬生角(마생각) : 말에서 뿔이 생기다. 불가능하다는 뜻이다.

42 **[협주]** ≪당서·두목전(杜牧傳)≫에서 말하기를, “황주, 지주, 목주 세 주의 자사를 역임하고 또 호주자사 되기를 청했다.”라고 했다. ≪당회요≫에서 “무덕(武德) 원년(618) 조서를 내려 여러 주의 총관(總管)에게 사지절(使持節)이란 호칭을 더했다.”라고 했다.(唐書, 本傳曰, 歷黃池睦三州刺史, 復乞爲湖州刺史. 唐會要. 武德元年, 詔諸州總管加號使持節.)

43 **[협주]** 위의 <저녁나절의 갠 날씨를 읊은 부(晚晴賦)>의 서문에 보인다.[346](見上晚晴

---

343) 두목의 시 <눈속에서 감회를 쓰다(雪中書懷)> “항상 몸을 망치는 기미가 되었다.(長作陷身機.)”의 주에 보인다.

344) ‘雎’는 ‘雎’의 잘못이다. 고래로 범저의 이름을 범수라고 적는 잘못이 있었는데 여기서도 이를 따른 것이다.

345) 委(위) : 버려지다. 渠溝(거구) : 도랑.

346) 두목의 부 <저녁나절의 갠 날씨를 읊은 부(晚晴賦)> “내가 교외의 동산을 둘러보았다.(樊川子目于郊園.)”의 주에 보인다.

賦序.)

[역자주] 秦嶺(진령) : 섬서성 남쪽에 있는 종남산을 가리킨다. 樊川(번천) : 물의 이름으로 장안 남쪽을 흐른다. 이곳에 두목의 별장이 있었다.

44 [역자주] 祇(지) : 다만.

45 **[협주]** ≪한서≫ 권72에서 "한나라가 일어났을 때 동원공, 기리계, 하황공, 녹리선생이 있었는데 진나라 때 세상을 피해 상락(商洛) 깊은 산으로 피해 천하가 안정되기를 기다렸다."라고 했다. ≪십도지≫에서 "상주 고거산"이라고 했고 주에서 "≪고사전(高士傳)≫[347]에서 '산 위에 사호의 비가 있다.'라고 했다. 또 '사당이 있는데 모두 혜제(惠帝)가 건립한 것이다. 고후(高后)가 장량을 시켜 이곳에 와서 사호를 맞이하도록 했기에 그렇게 이름 붙여졌다.'라고 했다."라고 했다.(漢書. 漢興有東園公綺里季夏黃公甪里先生. 當秦之世, 避世入商洛深山, 以待天下之定. 十道志. 商州高車山. 注. 高士傳, 山上有四皓碑, 又有祠, 皆惠帝所立. 高后使張良詣此迎四皓, 因名之.)

46 **[협주]** '저포'에 관해서는 ≪예문류취≫에 보인다.[348](樗蒲, 見藝文類聚.)

[역자주] 樗蒲(저포) : 윷과 같은 것을 던져서 높은 패를 가리는 놀이의 일종이다. ≪진서(晉書)·모용수재기(慕容垂載記)≫에서 "모용보(慕容寶)가 곧추앉고 용모를 단정히 한 뒤 맹세하며 말하기를, '세간에서는 저포가 신령하다는데 어찌 빈말이겠는가. 만일 부귀를 기약할 수 있다면 가장 높은 패인 로를 세 번 얻을 것이다.'라고 했다. 이에 세 번 던져서 모두 로가 되었고 결국 모용보는 배수되고 임금의 하사를 받았다. 그렇기에 '다섯 윷짝의 상서로움'이라고 한다.(寶危坐整容, 誓之曰, 世云, 樗蒲有神, 豈虛也哉. 若富貴可期, 頻得三盧. 於是三擲盡盧, 寶拜而受賜. 故云五木之祥.)"라고 했다. 여기서는 두목이 장차 높은 관직에 오를 것을 기약한다는 뜻으로 사용된 것으로 보인다.

47 [역자주] 大澤(대택) : 운몽택(雲夢澤)을 가리킨다. 蒹葭(겸가) : 갈대.

48 [역자주] 簪笏(잠홀) : 비녀와 홀. 고위관원을 상징한다. 여기서는 학식이 뛰어난 사람을 뜻한다.

---

347) ≪고사전(高士傳)≫ : 진(晉)나라 황보밀(皇甫謐)이 지은 책으로 요순부터 위나라까지 91명의 전기를 적은 것으로 3권이 있다. 하지만 여기 인용된 내용은 현전하는 ≪고사전≫에는 보이지 않는다.

348) ≪예문류취·교예부(巧藝部)≫에 '저포' 조목이 있다.

49 [역자주] 古訓(고훈) : 옛 경전. 屹(흘) : 산이 높다.

50 [역자주] 古風(고풍) : 옛사람의 풍도. 또는 옛 풍격으로 지은 시. 刮骨(괄골) : 뼈를 깎다. 이상 두 구는 옛 학문과 풍격을 따르려 하지만 어려웠다는 말인데, 그 이면에는 맹지가 옆에 없어서 도움을 받지 못했다는 뜻이 숨어있다.

51 **[협주]** '주정'은 이미 위에 나왔다.[349](周鼎, 已出上.)

[역자주] 周鼎(주정) : 주나라의 구정(九鼎). 나라의 보물을 말하여 국가 정권을 상징한다. 瓶罌(병앵) : 병과 항아리. 하찮은 그릇을 가리킨다.

52 **[협주]** '형벽'은 이미 위에 나왔다.[350] 아래에 있는 글자['살(撥)']는 음이 '살'이고 쳐서 깬다는 뜻이다.(荊璧, 已出上. 下音薩, 抹摋也.)

[역자주] 抛摋(포살) : 버리고 깨트리다. 이상 두 구는 나라의 권위가 사라지니 자신과 같은 인재가 등용되지 못하는 것을 비유적으로 표현한 것이다.

53 **[협주]** 사마상여의 글[351]에서 "사는 것이 홀홀하다."라고 했고 ≪문선≫ 장선(張銑)의 주에서 "'홀홀'은 근심이 어지러운 모양이다."라고 했다.(司馬子長書. 居則忽忽. 注. 忽忽, 愁亂貌.)

[역자주] 忽忽(홀홀) : 실의한 모양.

54 [역자주] 兩郡(양군) : 황주(黃州)와 지주(池州)를 가리킨다. 두목은 회창 2년(842) 황주자사로 있다가 3년 후인 회창 4년(844) 지주자사가 되었다.

55 **[협주]** ≪통전≫에서 "추포현은 지금의 지주인데 선주를 나누어서 설치했다."라고 했다. (通典. 秋浦縣, 今池州, 分宣州置.)

56 [역자주] 去檝(거즙) : 떠나가는 배. '즙'은 배를 젓는 노이다. 靑鶻(청골) : 푸른 송골매.

57 [역자주] 洞壑(동학) : 동굴과 골짜기. 閨闥(규달) : 규방.

58 [역자주] 羽林(우림) : 궁정 호위 부대인 우림군이다. 의장이 삼엄하다.

59 **[협주]** ['힐(纈)'은] 호과 결의 반절인데 비단을 꽃 모양으로 염색한 것이다.(胡結切, 帛

---

349) 두목의 시 <여산을 지나가며 짓다(過驪山作)> "진시황이 동쪽으로 나가 주나라 솥을 꺼낼 때.(始皇東游出周鼎.)"의 주에 보인다.

350) 이 시 35번 주에 보인다.

351) 사마상여의 문장 <임 소경에게 알리는 편지(報任少卿書)>이다.

染爲花也.)

[역자주] 團(단) : 뱅글뱅글 돌다. 宮纈(궁힐) : 궁중에서 사용하는 비단에 대칭적으로 장식한 꽃무늬.

60 **[협주]** 앞의 글자['구(韝)']는 고와 후의 반절인데 활 쏠 때 사용하는 깍지 또는 매를 팔뚝에 올려놓을 때 사용하는 버렁이다. 뒤의 글자['설(紲)']는 사와 렬의 반절로 실이다. 이백의 시[352]에서 "버렁이 위의 매처럼 매여 있다."라고 했다.(上, 古侯切, 射韝, 臂捍也.[353] 下, 私列切, 糸也. 李白詩, 羈紲韝上鷹.)

[역자주] 韝紲(구설) : 얽매여 있다. 구속되다.

61 **[협주]** ≪습유기(拾遺記)≫[354]의 기록이다. 주(周)나라 성왕(成王) 때 도순국(塗循國)에서 붉은 까치 암수 한 마리씩을 바쳤다. 맹하(孟夏)가 그 깃털로 부채를 만들었는데 조핵(條翮)이라고도 했고 소영(素影)이라고도 했다. ≪서경잡기(西京雜記)≫에서 "육가(陸賈)가 말하기를, '까치가 울면 멀리 떠나간 사람이 오고 거미가 모이면 모든 일이 즐겁다.'라고 했다."라고 했다. ≪둔재한람(遯齋閑覽)≫의 기록이다.[355] 남방 사람은 까치 소리를 좋아하고 까마귀 소리를 싫어하니 (북방 사람들과는 정반대라서) 길흉에 대한 생각이 일정치 않다. 까치 소리가 나면 좋은 일이 많고 흉한 일이 적으므로 세속에서는 '작성(鵲聲)'이라고 불렀다. 옛날에 말한 '간작(乾鵲)'이란 것이 바로 이것이다.(拾遺記. 周成[356]王時, 塗循[357]國獻丹鵲一雄一雌, 孟夏取翅爲扇, 一名條翮, 一名素影. 西京雜記. 陸賈曰, 乾鵲噪而行人至, 蜘蛛集而百事喜. 遯齋閑覽. 南人喜鵲聲而惡鴉聲, 吉凶不常. 鵲聲吉多而凶少, 故俗號鵲聲. 古所謂乾鵲, 是也.)

[역자주] 丹鵲(단작) : 붉은 까치. 이것이 울면 좋은 일이 있다는 말이 있다.

62 **[협주]** ['남(喃)'은] 녀와 함의 반절이다.(女咸切.)

---

352) 이백의 시 <신평의 젊은이에게 주다(贈新平少年)>이다.

353) 臂捍(비한) : 토시.

354) ≪습유기(拾遺記)≫ : 동진(東晉) 왕가(王嘉)가 지은 고대 전설 모음집으로 10권이다. 여기 인용된 내용은 요약한 것이다.

355) 이 내용은 현재 전하는 ≪둔재한람≫에는 보이지 않고 송(宋) 팽승(彭乘)의 ≪묵객휘서(墨客揮犀)≫에 보인다.

356) 현재 전하는 ≪습유기≫에는 '成'이 '昭'로 되어 있다

357) 현재 전하는 ≪습유기≫에는 '循'이 '修'로 되어 있다.

[역자주] 喃喃(남남) : 새가 지저귀는 소리이다. 札(찰) : 서찰.

63 **[협주]** ['선(旋)'은] 거성이다.(去聲)

[역자주] 旋(선) : 곧장. 거성으로 읽으면 뜻이 '임시로', '자주'인데 적절치 않다. 협주에서 거성이라고 한 것은 '선회한다'는 뜻의 동사가 아니라 부사로 읽어야 한다는 의미인 듯하다.

64 **[협주]** ['말(襪)'은] 망과 발의 반절이다. ≪설문해자≫에서 "버선이다."라고 했다.(亡發切. 說文. 足衣也.)

65 **[협주]** 유견오(庾肩吾)의 시[358]에서 "원림의 계화에는 항상 눈이 머물러 있으니 하늘의 꽃은 봄을 기다리지 않는다."라고 했다.(庾肩吾詩. 苑桂恒留雪, 天花不待春.)

66 [역자주] 翻(번) : 도리어.

67 **[협주]** ≪열자·탕문(湯問)≫의 기록이다. 용백국(龍伯國)에 거인이 있는데 다리를 들어 몇 걸음 가지 않아도 오악이 있는 곳에 도달한다. 한번 낚시를 하여 (동해의 신선산을 받치고 있는) 여섯 자라를 연달아 잡았는데 한꺼번에 등에 지고 달려 그 나라에 돌아와서 그 껍데기를 태워 점을 쳤다. 천제가 크게 화가 나서 용백국을 줄어들게 하여 협소하게 했고 용백국의 백성을 줄어들게 하여 작게 했다. 복희와 신농 때에 이르러서도 그 나라 사람의 키는 그래도 수십 장이었다.(列子. 龍伯之國有大人, 擧足不盈數步而暨五山之所.[359] 一釣而連六鼇, 合負而趣, 歸其國, 灼其骨以數焉. 帝憑怒, 侵減龍伯之國使阨, 侵小龍伯之民使短. 至伏羲神農時, 其國人猶數十丈.)

68 **[협주]** 위의 "북두칠성의 자루를 쥐다" 주에 보인다.[360](見上操持北斗柄注.)

[역자주] 揭取(게취) : 가지다.

69 [역자주] 蓬萊(봉래) : 동해에 있다는 전설 속의 산으로 신선이 산다. 斡(알) : 퍼올리다.

70 **[협주]** ≪속신선전(續神仙傳≫[361]에서 "봉래산은 약수(弱水)[362]를 사이에 두고 삼만 리

---

358) 유견오의 시 <태자가 중운전에서 수계하며 지은 시에 화답하다(和太子重雲殿受戒)>이다.

359) 暨(기) : 다다르다.

360) 두목의 시 <이감을 읊은 시(李甘詩)>이다.

361) ≪속신선전(續神仙傳≫ : 남당(南唐) 사람 심분(沈汾)이 지은 것으로 신선에 관한 일을 적고 있다. 3권이며 ≪속선전(續仙傳)≫이라고도 한다.

362) 약수(弱水) : 물의 힘이 약해서 무엇도 떠 있을 수 없다고 한다.

떨어져 있는데 배가 다닐 수 있는 곳이 아니라서 날아다니는 신선이 아니면 갈 수 없다." 라고 했다.(續神仙傳. 蓬萊隔弱水三萬里, 非舟楫可行, 非飛仙無以到.)

[역자주] 이상 네 구는 두목이 맹지를 만나자 기상이 호방해졌다는 말이다.

71 **[협주]** 한유의 시[363]에서 "해와 달이 구슬을 번갈아 던지는 곡예와 같다."라고 했다.(韓公詩. 日月如跳丸.)

[역자주] 跳丸(도환) : 구슬 여러 개를 번갈아 공중으로 던졌다가 받는 곡예를 말한다. 여기서는 해와 달이 번갈아 가면서 운행하는 것으로 세월이 흘러가는 것을 비유한다.

72 [역자주] 關意(관의) : 마음에 두다.

73 [역자주] 奈何(내하) : 어찌하겠는가. 어쩔 수 없다는 말이다.

해설

이 시는 지주자사로 있을 때 찾아온 친구 맹지를 전송하며 지은 것이다. 다음 시와 연관하여 보면 맹지는 회흘을 평정하는 공을 세우기 위해 변방으로 나가는 것으로 보인다. 선주에서 맹지와 처음 만나 의기투합하며 노닐었던 일, 역양에 가서 우저산을 유람하고 태수를 만나 뵌 일, 장안에서 감찰어사로 있을 때 맹지가 낙제한 뒤 승방에서 겨울밤을 같이 보낸 일, 황주자사로 있으면서 실의한 일, 지주자사로 있을 때 그가 다시 찾아온 일, 인생은 허무하니 신선의 일을 추구하겠다며 작별을 슬퍼하지 말자는 다짐 등을 차례로 서술했다. 대개 지주자사로 있던 회창 4년(844) 가을에 지은 것으로 추정한다.

---

363) 한유의 시 <가을 상념 11수(秋懷詩十一首)> 중 제9수이다.

023. 다시 전송하며 지은 한 수

重送一首

手捻金僕姑,[1]	손에는 금복고를 쥐고
腰懸玉轆轤.[2]	허리에는 옥녹로를 걸었네.
爬頭峰北正好去,[3]	파두봉 북쪽이 가기에 정말 좋으니
係取可汗鉗作奴.[4]	극한을 잡아서 칼을 씌워 노예로 만들어야 하리.
六宮雖念相如賦,[5]	육궁에서 비록 사마상여의 부를 생각하지만
其那防邊重武夫.[6]	변방 수비에 무사를 중시함을 어찌하겠는가.

주석

1 **[협주]** ≪좌전·장공(莊公) 11년≫에서 “승구의 전투에서 장공이 금복고로 남궁장만(南宮長萬)을 맞혔다.”라고 했으며 두예의 주에서 “금복고는 화살의 이름이다.”라고 했다.(左傳. 乘丘之役, 公以金僕姑射南宮長萬. 注. 金僕姑, 矢名.)

[역자주] 捻(념) : 쥐다.

2 **[협주]** ≪예문류취·악부(樂部)≫에서 “<나부행(羅敷行)>에서 ‘허리의 녹로검 그 가치가 천만이 넘는다.’라고 했다.”라고 했다. ≪한서≫ 진작(晉灼)의 주에서 “옛날의 장검은 머리 부분을 옥으로 만들고 우물 도르래 모양이었다. 위에는 나무를 깎아 산을 만들었는데 모습이 마치 연꽃이 막 생겨서 펴지지 않았을 때의 모양과 같았다. 오늘날 큰 검의 나무로 만든 머리 부분은 그 모습이 이와 비슷하다.”라고 했다.(藝文類聚. 羅敷行. 腰中鹿盧劍, 價直千萬餘. 晉灼, 漢書注. 古長劍, 首以玉作, 井鹿盧形, 上刻木作山, 形如似蓮花初生未敷時. 今大劍木首, 其狀似此.)

[역자주] 轆轤(녹로) : 도르래. 여기서는 검의 머리 장식을 가리킨다.

3 **[협주]** 위의 “천 리에 군대를 진수했다고 들었다.”의 주에 보인다.[364] ≪신당서·이덕유전(李德裕傳)≫에서 “회흘(回鶻)이 진격하여 진무군(振武軍)의 보대책(保大柵) 파두봉(杷頭峰)을 압박하고 삭천(朔川)을 노략질하고 운주(雲州)의 여러 곳에서 전쟁을 했다. 이덕유가 말하기를, ‘파두봉 북쪽은 모두 넓은 사막이니 기병을 이용하는 것이 유리하고 보병으로는 당해낼 수 없다.’라고 했다.”라고 했다.(見上聞屯千里師注. 唐書, 李德裕傳. 回鶻進逼振武保大柵杷頭峰, 以略朔川, 轉戰雲州. 德裕曰, 杷頭峰北皆大磧,[365] 利用騎, 不可以步當之.)

4 **[협주]** ≪당서≫에서 “극한(可汗)은 변방 이민족 왕의 칭호이다.”라고 했다.[366] ‘한(汗)’은 음이 하와 간의 반절이다. ≪한서·고조본기≫에서 “전숙(田叔)과 맹서(孟舒) 등이 스스로 머리를 깎고 목에 쇠로 만든 칼을 차고 왕의 노예가 되었다.”라고 했다.(唐書. 可汗, 蕃王稱也. 汗, 音何干切. 漢高紀. 田叔孟舒等, 自髡鉗爲王家奴.[367])

[역자주] 鉗(겸) : 쇠칼을 채우다. 죄수의 모습이다.

5 **[협주]** ≪주례·내재(內宰)≫의 정현 주에서 “황후의 정침은 하나이고 연침은 5개로 이것이 6궁인데, 부인(夫人) 이하가 그곳에 나누어서 머문다.”라고 했다. 사마상여(司馬相如)가 지은 <장문부(長門賦)>의 서문에서 “효무황제(孝武皇帝) 진황후(陳皇后)가 당시 총애를 받으면서 질투가 많았기에 따로 장문궁에 있게 되었는데 답답함을 근심하고 그리움에 슬퍼하셨다. 촉군(蜀郡) 사람 사마상여가 천하에서 문장을 잘 짓는다는 말을 들으시고, 금 백 근을 내리시어 사마상여와 탁문군(卓文君)을 위해 술을 사주시며 슬픔과 근심을 해소하는 문장을 지어달라고 청하셨다. 그래서 사마상여가 글을 지어 주상을 깨우치니 황후가 다시 총애를 회복하셨다.”라고 했다.(周禮注. 皇后正寢一, 燕寢五, 是爲六宮也. 夫人已下分居焉. 長門賦序. 孝武皇帝陳皇后時得幸頗妬, 別在長門宮, 愁悶悲思. 聞蜀郡司馬相如天下工爲文, 奉金百斤, 爲相如文君取酒, 因于解悲愁之辭, 而

364) 두목의 시 <눈 속에서 감회를 쓰다(雪中書懷)>이다.
365) 磧(적) : 사막.
366) 현재 전하는 ≪구당서≫와 ≪신당서≫에는 이 내용이 보이지 않는다.
367) 髡鉗(곤겸) : 머리를 깎고 목에 칼을 차다.

相如爲文以悟主上, 皇后復得幸.)

[역자주] 六宮(육궁) : 고대 황후의 침궁. 여기서는 궁중을 가리킨다. 이 구는 궁중에서 문장을 잘 짓는 문인을 우대한다는 뜻이다.

6 **[협주]** '那'는 내와 가의 반절로 '어찌'라는 뜻이다. 또 내와 개의 반절이면 '어찌하겠는가'의 뜻이다. ≪시경·토끼 그물(兎罝)≫에서 "씩씩한 무사여."라고 했다.(那, 乃可切, 何也. 又乃介切, 奈也. 詩. 糾糾武夫.368))

[역자주] 其那(기나) : 어찌하겠는가.

해설

이 시는 앞의 시에 이어서 맹지를 전송하며 지은 것이다. 그가 이제 변방으로 나가서 공을 세우기를 바라는 마음을 표현했다. 비록 궁중에서는 문사(文士)를 우대하지만 변방 정벌에서는 그래도 용맹한 무사가 필요하니 전장에서 공을 세우면 우대받을 것이라고 했다. 앞의 시와 마찬가지로 회창 4년(844) 가을에 지은 것으로 추정한다.

---

368) 糾糾(규규) : 용맹한 모양.

024. 지주 농수정에 쓰다

題池州弄水亭[1]

弄水亭前溪, 　농수정 앞 시내에는

颭灩翠綃舞.[2] 　살랑살랑 비췻빛 비단이 춤추는데,

綺席草芊芊,[3] 　풀이 무성한 곳에는 화려한 자리가 펼쳐져 있고

紫嵐峰伍伍.[4] 　봉우리가 줄지은 곳에는 자줏빛 남기가 피어오르니,

螭蟠得形勢,[5] 　교룡이 그 형세를 얻어 똬리를 틀었고

翬飛如軒戶.[6] 　산꿩이 처마나 지붕 같이 날아가네.

一鏡奩曲堤,[7] 　거울 하나가 굽이진 제방에 담겨 있고

萬丸跳猛雨. 　탄환 만 개가 맹렬한 비에 튀어 오르며,

檻前燕雁栖, 　난간 앞에는 연 땅의 기러기가 살고

枕上巴帆去. 　베개 위에는 파 땅의 돛배가 떠가네.

叢筠侍修廊,[8] 　무리 지은 대나무는 기다란 복도를 지키고

密蕙媚幽圃.[9] 　빽빽한 혜초는 그윽한 정원에서 아름다운데,

杉樹碧爲幢,[10] 　삼나무는 푸른 빛으로 깃대가 되었고

花駢紅作堵.[11] 　꽃 무더기는 붉은빛으로 담장을 이루었네.

停樽遲晚月,[12] 　술잔을 멈추고 저녁달을 기다리노라니

咽咽上幽渚.[13] 　위쪽의 한갓진 물가에서 애절한 소리 나는데,

客舟耿孤燈,[14] 　나그네의 배에는 외로운 등이 밝아

萬里人夜語. 　만 리 떠나온 사람이 밤에 이야기하네.

漫流罥苔槎,[15] 거센 물결에는 이끼 낀 뗏목이 걸려 있고
飢鳧曬雪羽.[16] 배고픈 물오리는 눈같이 흰 깃을 말리는데,
玄絲落鉤餌,[17] 검은 실로 낚싯바늘의 미끼를 늘어뜨리고
冰鱗看呑吐.[18] 얼음 같은 비늘의 물고기가 삼키는 걸 보네.
斷霓天帔垂,[19] 잘린 무지개는 하늘의 장막을 드리우고
狂燒漢旗怒.[20] 미친듯한 들불은 한나라 깃발처럼 사납더니,
曠朗半秋曉,[21] 반쯤 찾아온 가을의 새벽이 훤하고
蕭瑟好風露.[22] 좋은 바람 속의 이슬이 쓸쓸한데,
光潔凝可攬,[23] 빛은 깨끗하게 엉겨서 잡을 수 있을 듯하니
欲以襟懷貯.[24] 옷깃에 품어 가지고 싶네.
幽抱吟九歌,[25] 외딴곳에 사는 이의 정취로 <구가>를 읊고
羇情思湘浦.[26] 떠도는 이의 심정으로 상수의 물가를 생각하는데,
四時皆異狀, 사시사철이 모두 다른 모습이라
終日爲良遇.[27] 종일 좋은 만남이 되는구나.
小山浸石稜,[28] 작은 산에는 모난 바위가 비치고
撑舟入幽處.[29] 배를 저어 그윽한 곳으로 들어가는데,
孤歌倚桂巖, 홀로 노래하며 계수나무 바위에 기대고
晚酒眠松塢.[30] 저녁 술을 마시다 소나무 언덕에서 잠을 자네.
紆餘帶竹村,[31] 구불구불 대나무를 두른 마을은
蠶鄉足砧杵.[32] 누에의 고장이라 다듬이소리 많으며,
畻泉落環佩,[33] 밭의 샘에는 패옥 소리가 떨어지고
畦苗差纂組.[34] 두둑의 싹에는 붉은 인끈이 어긋나 있네.

風俗知所尙,	이곳 풍속은 숭상할 바를 알아
豪强恥孤侮.[35]	호방하고 강하여 업신여김을 부끄럽게 여기니,
隣喪不相舂,[36]	이웃이 상을 당하면 절구질할 때 소리를 매기지 않고
公租無詬負.[37]	관에 세금 낼 때는 밀려서 부끄러워하는 일이 없네.
農時貴伏臘,[38]	농사지을 때는 복날과 납제사를 귀히 여기고
簪瑱事禮賂.[39]	비녀와 귀막이 옥으로 예물을 일삼으며,
鄕校富華禮,	향교에는 아름다운 예가 풍성하고
征行産强弩.	원정 갈 때는 강한 쇠뇌를 만드네.
不能自勉去,	떠나기를 스스로 면려할 수는 없고
但愧來何暮.[40]	다만 너무 늦게 온 것을 부끄러워하노니,
故園漢上林,[41]	내 고향은 한나라의 상림원이라
信美非吾土.[42]	진실로 아름답지만 나의 땅은 아니구나.

주석

1 [역자주] 池州(지주) : 지금의 안휘성 귀지(貴池)이다. 弄水亭(농수정) : 두목이 지은 정자이다. 이백의 시 <추포가 17수(秋浦歌十七首)> 중 제5수의 "물을 마시며 강 속의 달과 장난친다.(飮弄水中月.)"라는 구절에서 이름을 취했다고 한다.

2 **[협주]** 앞의 글자['초(颾)']는 치와 소의 반절인데 맑은 바람을 '초'라고 하며, 뒤의 글자['염(灩)']는 음이 '염'인데 물결이 일렁이는 모양이다(上, 癡霄切. 淸風曰颾. 下, 音焰, 水波動貌.)

[역자주] 颾灩(초염) : 바람에 물결이 일렁이는 모양. ≪번천문집≫의 판본 중에 '초'가 '침(颭)'으로 된 것도 있는데 뜻은 같다. 翠綃(취초) : 비취빛 비단. 푸른 시내를 비유한 것이다.

3 **[협주]** ['천(芊)'은] 음이 천이고 풀이 무성한 모양이다.(音千, 草盛貌.)
[역자주] 芊芊(천천) : 무성한 모양.

4 [역자주] 伍伍(오오) : 줄지어 있는 모양.

5 [역자주] 螭蟠(이반) : 교룡이 똬리를 틀다.

6 **[협주]** ≪시경·사간(斯干)≫에서 "산꿩이 나는 듯하다."라고 했다.(詩. 如翬斯飛.)
[역자주] 翬飛(휘비) : 산꿩이 날다. 원래는 건물 지붕의 날렵한 모습을 비유하는 표현인데, 여기서는 그것을 거꾸로 사용한 것으로 보인다.

7 [역자주] 奩(렴) : 원래는 물건을 넣어두는 상자를 뜻하는데 여기서는 담고 있다는 의미로 사용되었다.

8 [역자주] 叢筠(총균) : 무리를 지어 자란 대나무. 修廊(수랑) : 길게 뻗은 복도. '랑'은 지붕이 있는 복도이다.

9 [역자주] 幽圃(유포) : 그윽한 정원.

10 [역자주] 幢(당) : 깃발을 거는 깃대. 여기서는 길고 곧게 자란 나무의 형상을 비유한다.

11 [역자주] 花騈(화변) : 꽃이 나란히 있다. 堵(도) : 담장.

12 **[협주]** ['지(遲)'는] 거성이다.(去呼.)
[역자주] 遲(지) : 기다리다.

13 [역자주] 咽咽(열열) : 애절한 소리. 독음이 '원원'이면 연주하는 북소리라는 뜻이다.

14 [역자주] 耿(경) : 밝다.

15 [역자주] 罥(견) : 걸려있다. 엉겨있다. 苔槎(태사) : 이끼가 낀 뗏목.

16 [역자주] 飢鳧(기부) : 배고픈 물오리. 曬(쇄) : 햇볕에 말리다.

17 **[협주]** 좌사(左思)의 <오도부(吳都賦)>에서 "낚싯바늘의 미끼가 이리저리 있다."라고 했는데 ≪문선≫ 장선(張銑)의 주에서 "'구이(鉤餌)'는 낚싯바늘 위에 미끼를 매단 것이다."라고 했다.(吳都賦. 鉤餌縱橫. 注. 鉤餌, 鉤也[369])置食者.)

18 [역자주] 呑吐(탄토) : 삼키고 뱉다. 물고기가 미끼를 무는 동작이다.

19 [역자주] 天帔(천피) : 하늘에 펼친 장막.

---

369) '也'는 '上'의 잘못이다.

20 **[협주]** ['소(燒)'는] 실과 조의 반절로 불을 놓다는 뜻이다. ≪한서·고조본기≫의 찬(贊)에서 "한나라는 깃발이 붉은색을 숭상했는데 불의 덕에 부합한다."라고 했다.(失照切, 放火也. 漢書, 高紀贊. 漢旗幟上赤, 協于火德.)

21 **[협주]** 장협(張協)의 <칠명(七命)>에서 "들이 드넓고 먼지가 없다."라고 했는데 ≪문선≫ 여연제(呂延濟)의 주에서 "'광'은 멀다는 뜻이고 '랑'은 밝다는 뜻이다."라고 했다.(張景陽, 七命. 野曠朗而無塵. 注. 曠, 遠. 朗, 明也.)

[역자주] 曠朗(광랑) : 넓고 훤한 모양.

22 **[협주]** 송옥의 <구변(九辯)>에서 "슬프도다 가을의 기운이여, 소슬하니 초목이 떨어져 시드는구나."라고 했는데. ≪문선≫ 이주한(李周翰)의 주에서 "'소슬'은 가을바람이 부는 모양이다."라고 했다.(宋玉, 九辯. 悲哉, 秋之爲氣也, 蕭瑟兮草木搖落而變衰. 注. 蕭瑟, 秋風貌.)

[역자주] 蕭瑟(소슬) : 시든 모양 또는 처량한 모양.

23 [역자주] 凝(응) : 엉기다. 이슬이 영롱하게 맺힌 것을 말한다. ≪번천문집≫의 판본 중에 '의(疑)'로 된 것도 있다.

24 [역자주] 襟(금) : 옷깃. 懷貯(회저) : 품어서 가지다.

25 **[협주]** 초사(楚辭)[370]에서 "옛날 초나라 남영(南郢)의 고을과 원수(沅水)와 상수(湘水) 지역에는 그 풍속이 귀신을 믿고 제사를 좋아했다. 굴원이 쫓겨나서 그 지역에 숨어있을 때 근심과 그리움으로 울적했는데, 그 지역 사람들의 제사 의례와 가무의 음악을 보고는 그 내용이 비루하다고 여겨서 <구가>를 만들었다."라고 했다.(楚辭. 昔楚南郢之邑, 沅湘之間, 其俗信鬼而好祠. 屈原放逐, 竄伏其域,[371] 愁思拂鬱,[372] 出見俗人祭祀之禮, 歌舞之樂, 其詞鄙陋, 因爲作九歌之曲.)

[역자주] 幽抱(유포) : 외딴곳에 살면서 품고 있는 정취.

26 [역자주] 羈情(기정) : 떠도는 이의 심정. 굴원이 쫓겨나 상강 지역을 떠돈 것을 염두에 둔 표현이다.

---

370) ≪초사장구(楚辭章句)·구가(九歌)≫ 왕일(王逸)의 서문이다.
371) 竄伏(찬복) : 숨어있다.
372) 拂鬱(불울) : 울적한 모양.

27 **[협주]** 응양(應瑒)의 시[373]에서 "좋은 만남은 기대할 수 없으니 눈썹을 펴고 어느 길을 가야 하나."라고 했다.(應德璉詩. 良遇不可値, 伸眉路何階.)

28 [역자주] 浸(침) : 비치다. 石稜(석릉) : 바위가 모나다.

29 [역자주] 撑舟(탱주) : 삿대로 배를 젓다.

30 [역자주] 松塢(송오) : 소나무가 자라는 언덕.

31 **[협주]** 사마상여(司馬相如)의 <상림부(上林賦)>에서 "이리저리 구불구불"이라고 했는데 ≪문선≫ 유량(劉良)의 주에서 "굽은 모양이다."라고 했다.(上林賦. 紆餘委迤. 注. 屈曲貌.)

[역자주] 紆餘(우여) : 구불구불한 모양.

32 [역자주] 砧杵(침서) : 다듬잇돌과 공이. 비단을 다듬는 도구이다.

33 **[협주]** ['승(塍)'은] 신과 릉의 반절인데 밭두둑을 말한다.(神陵切. 稱田畦也.)

34 **[협주]** ≪한서·경제본기(景帝本紀)≫에서 "비단으로 수놓은 붉은 인끈이 여인의 붉은 화장을 해친다."라고 했는데, 사찬(臣瓚)의 주에서 "'찬(纂)'은 붉은 인끈이다."라고 했다.(漢書, 景帝紀. 錦繡纂組害女紅者也. 注. 纂, 亦[374]組也.

[역자주] 畦苗(휴묘) : 밭두둑의 싹. 差(차) : 이리저리 어긋나다. 纂組(찬조) : 붉은 인끈. 이상 두 구는 논의 물소리와 밭에 자란 싹의 모습을 비유적으로 표현한 것이다.

35 [역자주] 孤侮(고모) : 천하게 여기고 업신여기다.

36 **[협주]** ≪예기·곡례(曲禮)≫에서 "이웃이 상을 당하면 절구질할 때 소리를 매기지 않는다."라고 했는데 정현의 주에서 "그것으로 슬픔을 돕는 것이다. '상(相)'은 소리로 권하는 것을 말한다."라고 했다.(禮. 隣有喪, 舂不相. 注. 所以助哀也. 相, 謂以音聲相勸.)

37 [역자주] 公租(공조) : 관청에 납부하는 세금. 詬負(후부) : 빚지는 것을 부끄러워하다.

38 **[협주]** 양운(楊惲)의 편지[375]에서 "농가에서 고생하니 때가 복날이나 납제사를 지낼 때가 되면 양을 삶고 새끼 양을 굽고는 말술로 스스로 위로한다."라고 했다.(楊惲書. 田家作苦, 歲時伏臘. 烹羊炰羔,[376] 斗酒自勞.)

---

373) 응양의 시 <건장대의 모임에서 오관중랑장을 모시며 지은 시(侍五官中郎將建章臺集詩)>이다.

374) '亦'은 '赤'의 잘못이다.

375) 양운의 문장 <손회종에게 답하는 편지(報孫會宗書)>이다.

39 [역자주] 簪瑱(잠진) : '잠'은 관을 고정하는 비녀이고 '진'은 관 양쪽으로 늘어뜨려 귀를 막는 옥이다. 禮賂(예뢰) : 예물로 주는 물건.

40 **[협주]** ≪후한서·염범전(廉范傳)≫의 기록이다. 염범이 촉군태수가 되었다. 옛 제도에서 백성들의 밤일을 금지했는데 화재를 방비하기 위해서였다. 염범은 예전의 법령을 삭제하고 다만 물 저장을 엄히 했을 뿐이었다. 백성들이 그를 위해 노래하기를, "염범이여 왜 이리 늦게 오셨는가. 불을 금하지 않아 백성들이 편안히 일하니 평생 짧은 옷도 없었는데 지금은 바지가 다섯 벌이라네.'라고 했다.(後漢書. 廉范爲蜀郡太守, 舊制禁民夜作, 以防其火災. 范乃毁削先令, 但嚴儲水. 百姓爲歌之曰, 廉叔度, 來何暮. 不禁火, 民安堵[377]. 平生無襦今五袴.[378])

41 **[협주]** ≪십도지≫에서 "관내도 옹주 상림원"이라고 했는데 주에서 "무제 건원 원년(기원전 140) 우구수왕(虞丘壽王)이 조성하자고 상주했으며 사방 삼백 리이다."라고 했다.(十道志. 關內道, 雍州, 上林苑. 注. 武帝建元元[379]年, 虞丘壽王奏置, 方三百里.)
[역자주] 上林(상림) : 한나라 때 조성한 원림으로 당시 장안 인근에 있었다. 두목의 고향이 장안이다.

42 **[협주]** 왕찬(王粲)의 <등루부(登樓賦)>에서 "진실로 아름답지만 나의 땅은 아니니 어찌 잠시라도 머물 만할까."라고 했다.(王仲宣, 登樓賦. 信美而非吾土兮, 曾何足以少留.)

해설

이 시는 두목이 지주자사로 있으면서 농수정을 짓고는 그곳의 경관과 풍속에 대해 적은 것이다. 아름다운 경관과 넉넉한 풍속을 서술한 뒤 이곳은 자신의 고향이 아니라 오래 머물 수 없음을 안타까워하는 마음을 적었다. 대개 회창 5년(845) 가을에 지은 것으로 추정한다.

---

376) 炰羔(포고) : 새끼 양을 굽다.
377) '堵'는 '作'의 잘못이다.
378) 襦(유) : 짧은 옷, 속옷. 袴(고) : 바지.
379) 이와 관련한 여러 문헌의 기록에서는 모두 '元'이 '三'으로 되어 있다.

025. 선주 개원사에 쓰다

題宣州開元寺[1]

南朝謝朓城,[2]	남조 사조의 성은
東吳最深處.[3]	동오에서 가장 깊숙한 곳인데,
亡國去如鴻,	망한 나라는 기러기처럼 가버렸고
遺寺藏煙塢.[4]	남은 절은 안개 낀 둑에 숨어있네.
樓飛九十尺,	날듯한 누각은 구십 척이고
廊環四百柱.	에두른 주랑에는 사백 개의 기둥이 있는데,
高下高下中,[5]	높고 낮고 높고 낮은 가운데
風繞松桂樹.	바람이 소나무와 계수나무를 감도네.
青苔照朱閣,	푸른 이끼가 붉은 누각에 비치고
白鳥兩相語.	흰 새가 서로 지저귀며 쌍을 짓는데,
溪聲入僧夢,	개울 소리는 승려의 꿈속으로 들어오고
月色暉粉堵.[6]	달빛은 하얗게 칠한 담장을 비추네.
閱景無旦夕,	경관을 둘러봄에 아침저녁이 없고
憑欄有今古.	난간에 기대노라니 고금의 생각이 나는데,
留我酒一罇,	내게 술 한 잔을 남겨준다면
前山看春雨.	앞산에서 봄비를 보리라.

주석

1 **[협주]** 본집의 주에서 “절은 동진 때 지어졌다.”라고 했다.(本注. 寺置於東晉時.)

[역자주] 宣州(선주) : 지금의 안휘성 선성(宣城)이다. 開元寺(개원사) : 진(晉)나라 때 영안사(永安寺)였는데 당나라 때 이름을 개원사로 바꾸었다.

2 **[협주]** ≪건강실록(建康實錄)≫의 기록이다. 처음에 오나라가 일어난 한나라 흥평 원년(194)부터 진(陳)나라 말 정명 3년(589)에 끝날 때까지 오나라는 황제가 4명이었으며, 동진은 황제가 11명이었고 송나라에 선양했으며, 송나라는 황제가 8명이었고 제나라에 선양했으며, 제나라는 황제가 7명이었고 양나라에 선양했으며, 양나라는 황제가 5명이었고 진나라에 들어왔으며, 진나라는 황제가 5명이었고 수나라 개황 원년(581)에 그쳤다. 남조의 여섯 조대에서 황제는 40명이었고 331년의 역사이다. ≪남사(南史)·사조전(謝朓傳)≫에서 “사조는 자가 현휘이고 선성태수가 되었다.”라고 했다.(建康實錄. 始自吳起漢興平元年, 終于陳末禎明三年. 吳四帝, 東晉十一帝而禪于宋, 宋帝入380)而禪于齊, 齊七帝而禪于梁, 梁五帝而入于陳, 陳五帝, 止隋開皇九381)年. 南朝六代四十帝三百三十一年. 南史. 謝朓, 字玄暉, 爲宣城太守.)

3 **[협주]** 좌사(左思)의 <오도부(吳都賦)>에서 “동오의 왕손이 빙그레 웃었다.”라고 했다.(吳都賦. 東吳王孫, 囅然而咍.382))

[역자주] 東吳(동오) : 삼국시대 오나라를 가리킨다. 장강의 동쪽에 있었기에 이렇게 불렀다.

4 [역자주] 煙塢(연오) : 안개가 낀 강둑.

5 **[협주]** ≪국어(國語)·오어(吳語)≫에서 “지금 왕께서 곤(鮌)과 우(禹)의 공덕을 바꾸고는 고소(姑蘇)에서 높은 곳을 더 높게 하고 낮은 곳을 더 낮게 하느라 백성을 피폐하게 하고 있습니다.”라고 했는데 위소(韋昭)의 주에서 “‘고고’는 누대를 짓는 것이고 ‘하하’는 못을 깊게 파는 것이다.”라고 했다.(吳語. 今王旣變鮌禹之功, 而高高下下, 以罷民

---

380) ‘帝入’은 ‘八帝’의 잘못이다.

381) ‘九’는 ‘元’의 잘못이다.

382) 囅然(천연) : 웃는 모양. 咍(해) : 웃다.

於姑蘇.[383] 注. 高高, 起臺榭. 下下, 深汙池也.[384])

[역자주] 高下高下(고하고하) : 높고 낮고 높고 낮다. ≪번천문집≫의 판본 중에는 '고고하하(高高下下)'된 것도 있는데, 협주의 내용으로 보아 본문에 오류가 있는 것으로 보인다.

6 [역자주] 粉堵(분도) : 흰색으로 칠한 담장.

해설

이 시는 두목이 개원사를 노닐며 그 경관과 감회를 적은 것이다. 그곳의 화려한 경관과 평화로운 운치를 서술했다. 대개 개성 3년(838) 봄 선주의 막부에 있을 때 지은 것으로 추정한다.

383) 罷民(피민) : 백성을 피로하게 하다.

384) 汙池(오지) : 연못.

026. 큰비의 노래

大雨行[1]

東垠黑風駕海水,[2]　　동쪽 끝 검은 바람이 바닷물을 몰아서
海底卷上天中央.　　바다 밑을 하늘 가운데로 위로 말아 올리니,
三吳六月忽凄慘,[3]　　삼오 지역 유월이 갑자기 처참해지고
晚後點滴來蒼茫.[4]　　저문 뒤에 방울방울 내리자 가없어지네.
錚棧雷車軸轍壯,[5]　　쩡쩡거리는 우레 수레는 수레바퀴가 튼튼하고
矯躩蛟龍爪尾長.[6]　　솟아올라 나는 교룡은 발톱과 꼬리가 긴데,
神鞭鬼馭載陰帝,[7]　　귀신이 채찍질하고 몰아서 음기의 황제를 싣고는
來往噴灑何顚狂.[8]　　왔다 갔다 하며 뿌리니 얼마나 미친 듯한가.
四面崩騰玉京仗,[9]　　사방에 옥경의 의장이 어지럽게 날뛰고
萬里橫互羽林槍.[10]　　만 리에 우림군의 창이 종횡하는데,
雲纏風束亂敲磕,[11]　　구름이 휘감고 바람이 묶어 어지러이 부딪히니
黃帝未勝蚩尤强.[12]　　황제가 강력한 치우를 아직 이기지 못한 듯하네.
百川氣勢苦豪俊,　　모든 하천의 기세가 진실로 호방해져서
坤關密鏁愁開張.[13]　　땅의 관문이 굳게 잠기니 근심이 널리 생겨나네.
太和六年亦如此,[14]　　태화 6년에도 이와 같았는데
我時壯氣神洋洋.　　나는 당시 씩씩한 기운이 대단했기에,
東樓聳首看不足,[15]　　동루에서 고개를 곧추세우고는 부족하다고 여기며
恨無羽翼高飛翔.　　높이 날아갈 날개가 없음을 한스러워했지.

盡召邑中豪健者,　　고을의 호걸을 모두 불러서
闊展朱盤開酒場.　　붉은 쟁반을 활짝 펴서 술판을 벌였으니,
奔觥搥鼓助聲勢,[16]　　분주한 술잔을 두드리며 소리와 기세를 돋우고
眼底不顧纖腰娘.[17]　　눈 아래로는 가느다란 허리의 여인은 돌아보지도 않았지.
今年鬫茸鬢已白,[18]　　금년에는 저열해지고 귀밑털이 이미 하얘져서
奇游壯觀唯深藏.[19]　　기이한 노닒과 웅대한 기상을 그저 깊이 감춰두네.
景物不盡人自老,　　경물은 다하지 않았지만 사람은 절로 늙었으니
誰知前事堪悲傷.　　이전 일이 애달파할 만함을 누가 알리오.

주석

1 **[협주]** 본집의 주에서 "개성 3년(838) 선주 개원사에서 지었다."라고 했다.(本注. 開成三年, 宣州開元寺作.)

2 [역자주] 東垠(동은) : 동쪽 끝.

3 [역자주] 三吳(삼오) : 대체로 장강 하류 일대를 널리 가리킨다.

4 [역자주] 點滴(점적) : 방울. 여기서는 빗방울을 말한다. 蒼茫(창망) : 아득한 모양.

5 **[협주]** ['잔(棧)'은] 사와 한의 반절이고, 대나무로 만든 수레를 '잔'이라고 한다.(仕限切, 竹木之車曰棧.)

[역자주] 錚棧(쟁잔) : 우레가 치는 소리를 형용한 것으로 보인다. 軸轍(축철) : 수레바퀴의 축과 수레바퀴 자국. 여기서는 우레를 실은 수레를 가리킨다.

6 [역자주] 矯躩(교곽) : 높이 솟아올라 나는 모양. 爪尾(조미) : 발톱과 꼬리. 이 구는 번개가 치는 모습을 비유적으로 표현한 것이다.

7 [역자주] 馭(어) : 수레를 몰다. 陰帝(음제) : 음기의 황제. 비를 주관한다. 여와(女媧)라는 설도 있다.

8 [역자주] 噴灑(분쇄) : 흩뿌리다. 顚狂(전광) : 미치다.

9 [역자주] 崩騰(붕등) : 어지럽게 날뛰다. 玉京仗(옥경장) : 옥경의 의장. '옥경'은 천제(天帝)가 사는 곳이다.

10 **[협주]** ≪운어양추(韻語陽秋)≫[385]의 기록이다. 시인이 비를 비유할 때 실과 같다거나 기름과 같다는 것이 매우 많다. 두목은 우림군의 창으로 비유했는데 그 모습을 묘사한 것이 미진한 것 같다. <옛날의 노닒을 생각하다(念昔遊)> 시에서는 "우뚝 솟은 우림의 창이 뚜렷하다."라고 했고 <큰비의 노래>에서는 "만 리에 우림군의 창이 종횡한다."라고 했는데 아마도 경사를 떠난 처량한 마음에 왕의 의장인 난새 깃발과 표범 꼬리 깃발 속에 있었던 일을 잊을 수 없었던 것이리라.(韻語陽秋. 詩人比雨, 如絲如膏之類甚多. 杜牧乃以羽林槍爲比, 恐未盡其形似. 念昔遊詩云, 分明攙攙羽林鎗. 大雨行云, 四面崩騰玉京仗, 萬里横亙羽林鎗. 豈去國凄斷之情, 不能忘雞翹豹尾中耶.[386])

[역자주] 横亙(횡호) : 가로지르며 엇갈리다. 羽林(우림) : 궁중의 호위 부대. 군기가 매우 삼엄했다.

11 [역자주] 纆(전) : 휘감다. 敲磕(고개) : 부딪히다. 부딪히며 나는 소리. '개'는 돌이 서로 부딪히며 나는 소리이다.

12 **[협주]** ≪사기·황제본기(黃帝本紀)≫의 기록이다. 치우(蚩尤)가 반란을 일으키고 황제(黃帝)의 명령을 따르지 않자 이에 황제는 제후를 불러서 치우와 탁록(涿漉)의 들에서 싸우도록 했다. 마침내 치우를 사로잡아 죽이고 제후는 모두 헌원(軒轅)을 추대하여 천자로 삼았다.(史記, 黃帝本紀. 蚩尤作亂, 不用帝命. 於是黃帝乃徵諸侯, 與蚩尤戰於涿漉之野. 遂禽殺蚩尤而諸侯咸尊軒轅爲天子.)

13 [역자주] 坤關(곤관) : 땅의 관문. 密鏁(밀쇄) : 굳게 잠기다.

14 **[협주]** 본집의 <돌아가신 당나라 섭주자사 형군의 묘지명(唐故歙州刺史邢君墓誌銘)>에서 "두목은 태화 연간(827-835) 초 진사에 급제했고 그 후 태화 6년(832) 두목은 선주에서 이부 심공을 섬겼다."라고 했다.(本集, 郱[387]君墓誌. 牧太和初擧進士第, 後六年

385) ≪운어양추(韻語陽秋)≫ : 송(宋)나라 갈립방(葛立方)이 지은 시가 이론 저작으로 20권이다.

386) 雞翹(계교) : 난새 깃발. 황제의 의장이다. 豹尾(표미) : 고대 장수의 깃발에 표범 꼬리로 장식한 것이다. 표범 꼬리를 달기도 하고 그림을 그리기도 했다.

387) '郱'은 '邢'의 잘못이다.

牧於宣州, 事吏部沈公.)

15 [역자주] 聳首(용수) : 머리를 곧추세우다. 애쓰는 모습이다.

16 [역자주] 奔觥(분굉) : 술잔을 빠르게 돌리다. 搥鼓(추고) : 두드리다.

17 **[협주]** 장형(張衡)의 <사현부(思玄賦)>에서 "하늘하늘하게 가느다란 허리를 펴다."라고 했고 ≪문선≫ 이선의 주에서 "'묘정(眇婧)'은 가느다란 허리의 모습이다."라고 했다.(思玄賦. 舒眇[388]婧之纖腰. 注. 眇婧, 纖腰貌.)

18 **[협주]** ≪한서·가의열전(賈誼列傳)≫에서 "가의의 <조굴원부(弔屈原賦)>에서 '조무라기들이 현달해지고 아첨하는 이가 득의했다.'라고 했다."라고 했는데, 안사고의 주에서 "'탑용(闒茸)'은 재주가 비천하고 보잘것없는 사람이다. 앞의 글자는 토와 합의 반절이고 뒤의 글자는 인과 용의 반설이다."라고 했다.(漢書, 賈誼賦. 闒茸尊顯兮, 讒諛得志.[389] 注. 闒茸, 下材不肖之人也. 上, 吐盍切. 下, 人勇切.)

19 **[협주]** 좌사(左思)의 <오도부>에서 "대인의 웅대한 기상이 아니다."라고 했다.(吳都賦. 非大人之所壯觀也.)

[역자주] 壯觀(장관) : 웅대한 기상.

해설

이 시는 선주의 개원사에서 큰비를 보며 느낀 감회를 적은 것이다. 비가 요란하게 내리는 모습을 다양한 비유를 사용하여 묘사했으며, 예전에는 큰비가 내리면 호쾌한 기상으로 노닐었지만 지금은 그렇지 못한 애달픈 감정을 적었다. 개성 3년(838) 선주의 막부에 있을 때 지은 것이다.

388) 규장각 소장 ≪문선≫에는 '眇'로 되어있고 중국 판본의 ≪문선≫에는 '訬'로 되어 있는데 뜻은 같다.
389) 讒諛(참유) : 중상모략하고 아첨하다.

027. 선주에서 부임하러 경사로 들어가다가 도중에 선주로 돌아가는 배탄 판관을 만났기에 써서 주다

自宣州赴官入京, 路逢裴坦判官歸宣, 因題贈[1]

敬亭山下百頃竹,[2] 경정산 아래 백 경의 대나무 숲

中有詩人小謝城.[3] 그 안에 시인 사조의 성이 있는데,

城高跨樓滿金碧, 누대보다 높은 성은 금빛과 푸른빛으로 가득하고

下聽一溪寒水聲. 아래로 개울의 차가운 물소리가 들리네.

梅花落逕香繚繞,[4] 매화가 길에 떨어지니 향기가 주위에 가득하고

雪白玉璫花下行.[5] 하얀 눈 같은 여인이 꽃 아래로 걸어가는데,

縈風酒旆挂朱閣,[6] 바람 이는 주점 깃발은 붉은 누각에 걸려 있고

半醉游人聞弄笙. 반쯤 취한 행인은 생 연주를 듣네.

我初到此未三十,[7] 내가 처음 이곳에 올 때는 서른 살이 안 되어

頭腦釤利筋骨輕.[8] 머리가 영민하고 근골은 가벼웠으며,

畵堂檀板秋拍碎,[9] 화려한 집에서 박달나무 박판을 가을에 쳐서 부수었고

一引有時聯十觥.[10] 한 번 술잔을 당기면 때로는 연달아 열 잔이었으니,

老閑腰下丈二組,[11] 늙어서는 허리에 기다란 인끈을 늘어뜨리고

塵土高懸千載名.[12] 세속에서 천 년의 이름을 높이 걸려 했지.

重游鬢白事皆改,[13] 다시 노닐 때는 귀밑털이 하얘지고 일은 모두 바뀌어서

唯見東流春水平. 오직 동쪽으로 흘러가는 봄물이 너른 것만 보이네.

對酒不敢把, 술잔을 대하고는 감히 잡을 수 없었는데

逢君還眼明.	그대를 만나 다시 눈이 밝아졌으니,
雲罍看人捧,[14]	구름 문양 술잔을 그대가 든 것을 보고
波臉任他橫.[15]	물결 같은 눈길을 다른 이가 돌리도록 내버려 두네.
一醉六十日,	한 번 취하면 육십 일이라는 것은
古來聞阮生.[16]	예로부터 완적에게서 들었는데,
是非離別際,	그 옳고 그름은 헤어질 즈음
始見醉中情.[17]	비로소 취중의 흥취에서 보게 되었네.
今日送君話前事,	오늘 그대를 보내며 예전 일을 말하고
高歌引劍還一傾.	높이 노래하며 검을 당겨서 다시 한 잔 기울이는데,
江湖酒伴如相問,	강호의 술친구들이 만일 내 소식을 물으면
終老煙波不計程.[18]	안개 물결 속에서 늙어 죽으며 여정은 계산치 않는다고 하게.

주석

1 **[협주]** 본집의 <호주자사가 되기를 청하며 재상께 올리는 두 번째 계(上宰相求湖州第二啓)>에서 "개성 3년(838) 선주의 막부로 있다가 좌보궐에 제수되어 개성 4년(839) 2월 부임했다."라고 했다.(本集, 啓. 開成三年自宣州幕, 除補闕, 四年二月赴官.)

[역자주] 宣州(선주) : 지금의 안휘성 선성(宣城)이다. 赴官(부관) : 관직에 부임하다. 裵坦(배탄) : 자가 지진(知進)이며 태화 8년(834) 진사에 급제했고 후에 선섭관찰사(宣歙觀察使) 심전사(沈傳師)의 막부에서 판관(判官)으로 있었다. 판관은 지방 절도사나 관찰사의 부관이다.

2 **[협주]** ≪십도지≫에서 "선주 경정산"이라고 했으며 주에서 "제나라 사조가 선성태수가 되었을 때 이곳에서 단비를 내려준 것에 제사를 지내고 시를 읊었다. 산에 그의 신령에 제사 지내는 사당이 있다."라고 했다.(十道志. 宣州敬亭山. 注. 齊謝朓爲宣城守, 於此

賽嘉雨而賦詩.[390] 山有神祠.)

[역자주] 頃(경) : 토지의 넓이 단위로 100무(畝)이다.

3 [역자주] 小謝(소사) : 사조를 가리킨다. 대사(大謝)는 사령운(謝靈運)이다.

4 [역자주] 繚繞(요요) : 주위를 두른 모양. 여기서는 향기가 주위에 가득한 것을 말한다.

5 [역자주] 玉璫(옥당) : 옥으로 만든 귀걸이 장식. 여기서는 아름다운 여인을 가리킨다.

6 [역자주] 酒旆(주패) : 술집에 내건 깃발.

7 **[협주]** 태화 4년(830)인데 나이가 29세였다. 강서 막부에서 이동해 선성에 진수하는 심공을 모셨다.(太和四年, 年二十九, 陪沈公自江西幕移鎭宣城.)

8 **[협주]** ['섬(銛)'은] 사와 렴의 반절이고 날카롭다는 뜻이다.(思廉切, 利也.)

[역자주] 銛利(섬리) : 날카롭다. 예리하다.

9 **[협주]** 북송(北宋) 악사(樂史)의 <이한림별집 서문(李翰林別集序)>에서 "이귀년이 노래로 한때의 명성을 독차지했는데, 손에 박달나무 박판(拍板)을 쥐고 여러 악공을 데리고 앞으로 나와 장차 노래하려고 했다."라고 했다.(李白後序. 李龜年以歌檀[391]一時之名. 手捧檀板, 押衆樂前, 將欲歌之.)

[역자주] 畵堂(화당) : 화려한 집. 檀板(단판) : 박달나무로 만든 박판. 박판은 박자를 맞추는 악기이다. 拍碎(박쇄) : 쳐서 부수다. 기개가 높은 것을 과장해서 표현한 것이다.

10 **[협주]** ≪한서·서전(敍傳)≫에서 "술을 가득 따른 술잔을 들어 다 마신다."라고 했다. 두보의 시[392]에서 "한 번 들어 연달아 열 잔을 마신다."라고 했다.(漢書. 引滿擧白.[393] 詩史. 一擧累十觥.)[394]

[역자주] 觥(굉) : 뿔로 만든 술잔이다.

11 **[협주]** 회남왕이 말하기를 "인장은 사방 한 치인데 인끈은 1장 2척이다."라고 했다.[395]

---

390) 賽(새) : 신이 내려준 은혜에 감사하는 제사. 嘉雨(가우) : 단비.

391) '檀'은 '擅'이 잘못이다. '천명(擅名)'은 명성을 독차지한다는 뜻이다.

392) 두보의 시 <위 처사에게 주다(贈衛八處士)>이다.

393) 引滿(인만) : 술잔에 술을 가득 따라서 마시다. 擧白(거백) : 벌주 술잔을 들다. '백'은 원래 벌주를 담은 술잔인데 후에 술이나 술잔을 뜻하게 됐다.

394) 대개 시 구절 다음에 협주가 있는데 이 구절에서는 '十' 자 뒤에 협주가 있다. '觥' 자 뒤에는 협주로 '音' 한 글자만 있는데, 누락된 글자가 있는 것으로 보인다.

395) 이 기록은 ≪한서·엄조전(嚴助傳)≫에 보인다.

(淮南王曰, 方寸之印, 丈二之組.)

12 **[협주]** ≪진서≫에서 "곽면(郭沔)이 말하기를, '너희들은 보지 못했는가, 조착(晁錯)과 기신(紀信)이 이름이 해와 달처럼 하늘에 걸려서 누구도 숨길 수 없게 된 것을.'이라고 했다."라고 했다.[396](晉書. 郭沔曰, 若輩不見晁錯紀信名如日月懸空,[397] 誰可掩蔽.)

13 **[협주]** 위의 "내가 비록 황금대에 있지만"의 주에 보인다.[398](見上我雖在金臺注.)

[역자주] 重游(중유) : 다시 노닐다. 두목이 개성 3년(838)에 다시 선주에 있었던 것을 말한다.

14 **[협주]** ≪시경·도꼬마리(卷耳)≫에서 "내가 잠시 저 금 술잔에 술을 따른다."라고 했다. 허신의 ≪설문해자≫에서 "['뢰(櫑)'는] 거북이 눈으로 장식한 술잔인데 나무를 조각해서 구름과 우레의 모양을 만들었다."라고 했다. 심괄(沈括)의 ≪몽계필담(夢溪筆談)≫에서 "예에 관한 책에서 '술잔에 구름과 우레의 모습을 그린다.'라고 했는데 누구도 우레가 어떤 모양인지 알지 못했다. 지금 제기 중에 우레 그림에는 귀신이 북을 치는 모습이 있는데, 이는 매우 불경스럽다. 내가 일찍이 오래된 청동 술잔을 얻었는데 그 배와 등을 둘러서 그림이 있으며, 마치 사람 집의 대들보에 굽이 흐르는 물을 그려놓은 것과 같았다. 자세히 살펴보니 바로 구름과 우레가 엇섞어 장식되어 있었다. '⼊'의 모양과 같은 것은 '雲'의 옛 글자이며 구름 기운의 모습을 본뜬 것이다. '@'의 모양과 같은 것은 '雷'인데 옛 글자인 '@'는 우레의 모습으로 빙글빙글 도는 소리를 본뜬 것이다. 그 청동 술잔의 장식은 모두 '⼊' 하나와 '@' 하나가 번갈아 있었으니 이른바 '구름과 우레의 모습'이었다. 지금 ≪한서≫에서 '뢰(罍)'는 '▦'로 되어있는데 아마도 옛사람들은 이런 모양으로 술잔을 장식했을 것이다. 후세에서는 절로 전해지지 않게 되었다."라고 했다.(詩. 我姑酌彼金罍. 許愼, 說文. 龜目酒樽, 刻木作雲雷之象. 沈括, 筆談. 據[399]禮書言罍畫雲罍[400]之象, 然莫知雷作何狀. 今祭器中畫雷, 有作鬼神伐鼓之象,[401] 此甚不經. 予嘗

396) 이 내용은 현재 전하는 ≪진서(晉書)≫에는 없으며 다만 ≪보주두시(補注杜詩)≫의 소식(蘇軾) 주에 있는데, '晉書' 두 글자는 없다. 대개 ≪보주두시≫의 소식 주는 대체로 후인이 이야기를 지어내어 소식의 이름을 빌려 붙인 것이다.

397) 若輩(약배) : 너희들.

398) 두목의 시 <지주에서 맹지 선배를 보내다(池州送孟遲先輩)>이다.

399) '據'는 원래 앞 문장의 끝 글자이다.

得一古銅罍, 環其腹背[402]有畵, 正如人間屋梁所畵曲水. 細觀之, 乃是雲雷相間爲飾. 如入者, 古雲字也, 象雲氣之形. 如@者, 雷字也. 古文@爲雷, 象回旋之聲. 其銅罍之飾皆一入一@相間, 乃所謂雲雷之象也. 今漢書罍字䨻, 蓋古人以此飾罍. 後世自失傳耳.)

[역자주] 雲罍(운뢰) : 구름 무늬로 장식한 술잔. 捧(봉) : 받들다. 들다.

15 **[협주]** 부의(傅毅)의 <무부(舞賦)>에서 “눈을 살짝 옆으로 흘기는데 눈빛이 가로로 흐르는 물결과 같다.”라고 했다. ‘검(瞼)’은 구와 검의 반절로 눈꺼풀이다.(舞賦. 目流睇而橫波.[403] 瞼, 九儉切, 眼瞼也.)

[역자주] 波瞼(파검) : 물결처럼 흐르는 눈빛. 추파를 던지는 것을 말한다. ≪번천문집≫의 판본 중에 ‘검’이 ‘렴(臉)’으로 된 것도 있는데 ‘뺨’이라는 뜻이다. 이 구는 다른 사람들이 이들의 호방한 모습을 보도록 내버려 둔다는 말이다.

16 **[협주]** ≪진서(晉書)·완적전(阮籍傳)≫에서 “완적은 원래 세상을 구제하려는 뜻이 있었지만, 위나라와 진나라의 교체 시기에 있어 천하에 변고가 많아 명사 중 목숨을 온전히 한 이가 적었기에, 완적은 이에 세상의 일에 관여하지 않고 술에 취하는 것을 일상으로 삼았다. 문제가 완적에게 혼사를 청했지만 완적은 60일 동안 취했기에 말을 하지 못하고 그만두었다.”라고 했다.(晉書, 阮籍傳. 籍本有濟世志, 屬魏晉之際, 天下多故, 名士少有全者. 籍由是不與世事, 遂酣飮爲常. 文宗[404]求婚於籍, 籍醉六十日, 不得言而止.)

17 **[협주]** ≪진서·환온전(桓溫傳)≫의 기록이다. 환온이 맹가에게 묻기를, “술에는 무슨 좋은 것이 있기에 그대는 그것을 좋아하는가?”라고 하니 맹가가 말하기를, “공께서는 술에 취한 정취를 얻지 못하셨습니다.”라고 했다.(晉書. 桓溫問孟嘉曰, 酒有何好而卿嗜之. 嘉曰, 公未得酒中趣耳.)

18 [역자주] 煙波(연파) : 안개와 파도. 은자가 사는 강호를 가리킨다. 不計程(불계정) : 여정을 계산하지 않는다. 멀고 가까움을 따지지 않는다는 말로 술친구가 부르기만 하면 달려

400) ‘罍’는 ‘雷’의 잘못이다.
401) 伐鼓(벌고) : 북을 치다.
402) 현재 전하는 ≪몽계필담≫에는 ‘背’가 ‘皆’로 되어 있다.
403) 流睇(유제) : 눈동자를 굴려 흘겨보다.
404) ‘宗’은 ‘帝’의 잘못이다.

가겠다는 뜻이다.

해설

이 시는 선주의 막부에 있다가 좌보궐이 되어 떠나가던 도중 배탄을 만나서 지은 것이다. 선주의 아름답고 운치 있는 경관을 묘사한 뒤, 예전에는 이곳에서 호방하게 놀았지만 지금은 노쇠하여 그렇지 못해 안타까워하던 차에 배탄을 만나 다시 호기를 부릴 수 있게 되었다고 했다. 개성 4년(839) 봄 선주에서 지은 것이다.

028. 선주의 원 처사에게 주다

贈宣州元處士[1]

陵陽北郭隱,[2] 능양산 북쪽 교외의 은자는

身世兩忘者.[3] 몸과 세상 둘 다 잊은 자라서,

蓬蒿三畝居,[4] 쑥이 자라는 삼 무의 거처가

寬於一天下. 이 세상보다 넓다지.

樽酒對不酌, 술잔의 술은 마주하고도 마시지 않고

默與玄相話. 침묵으로 오묘한 실질에 대해 이야기하네.

人生自不足, 사람의 삶이란 절로 부족한 것인데도

愛嘆遭逢寡.[5] 결핍의 상황을 만났다고 마냥 탄식했구나.

주석

1 [역자주] 宣州(선주) : 지금의 안휘성 선성(宣城)이다. 元處士(원처사) : 원씨에 대해서는 상세히 알려진 것이 없다. '처사'는 관직에 나가지 않고 은거하는 사람을 말한다.

2 **[협주]** '능양(陵陽)'은 이미 위에 나왔다.[405](陵陽, 已出上.)

[역자주] 陵陽(능양) : 산 이름으로 지금의 선성 경현(涇縣)에 있다. 능양자명(陵陽子明)이 신선이 된 곳이라고 한다. 北郭(북곽) : 성의 북쪽 교외. 또는 출사하지 않고 은자로 산 북곽선생을 염두에 둔 표현으로 보인다.

---

405) 두목의 시 <지주에서 맹지 선배를 보내다(池州送孟遲先輩)> "예전에 그대가 능양산에 왔었지.(昔子來陵陽.)"의 주에 보인다.

3 **[협주]** 이백의 시 <금마문에서 소 수재에게 답하다(金門答蘇秀才)>에서 "나는 이 몸과 이 세속을 다 잊어버리고 그대 따라 안개 피는 물에서 늙어 가리라."라고 했다.(李白, 答蘇秀才詩. 身世如兩忘, 從君老煙水.)

4 **[협주]** ≪삼보결록(三輔決錄)≫406)의 기록이다. 장중위(張仲蔚)는 평릉(平陵) 사람이다. 은거하면서 관직에 나가지 않았는데 늘 사는 곳에는 쑥에 사람이 파묻혔다. ≪회남자·원도훈(原道訓)≫에서 "한 사람의 능력에 맡겨서는 삼 무의 집을 관리하기에 부족하다."라고 했다.(三輔決錄. 張仲蔚, 平陵人. 隱身不仕, 常居, 蓬蒿沒人. 淮南子. 任一人之能, 不足以治三畝之宅也.)

5 [역자주] 愛嘆(애탄) : 한탄하기를 좋아하다. 遭逢(조봉) : 맞닥뜨리다.

해설

이 시는 능양산에 은거하며 사는 원 처사에게 지어 준 것이다. 가난하지만 오묘한 도를 깨치고 담대하게 사는 그의 인품을 칭송하고는 항상 부족하다고 불평했던 자신의 생각을 고치게 되었음을 말했다. 선주에서 지은 것인데 작시 시기를 특정할 수는 없다.

---

406) ≪삼보결록(三輔決錄)≫ : 한나라 조기(趙岐)가 지은 책으로 한나라 때 삼보 지역의 인물과 문물에 관한 기록이 있다. 송나라 때 실전되었으며 청나라 때의 집본(輯本) 2권이 전해진다.

029. 시골마을을 지나가다

村行

春半南陽西,[1]	봄이 절반쯤 온 남양 서쪽
柔桑過村塢.[2]	갓 난 뽕잎 자라는 마을을 지나가는데,
娉娉垂柳風,[3]	하늘하늘 드리운 버들에 바람들고
點點迴塘雨.[4]	점점이 구불거리는 못에 빗방울 듣네.
蓑唱牧牛兒,[5]	도롱이 입고 노래하는 목동
籬窺蒨裾女.[6]	울타리에서 엿보는 붉은 옷의 여인.
半濕解征衫,[7]	반쯤 젖은 옷을 벗노라니
主人饋雞黍.[8]	주인이 닭과 기장밥을 주네.

주석

1 **[협주]** ≪통전≫에서 "남양은 등주이다."라고 했다.(通典. 南陽, 鄧州.)
[역자주] 南陽(남양) : 지금의 하남성 남양이다.

2 [역자주] 柔桑(유상) : 부드러운 뽕나무. 봄에 갓 난 뽕잎을 말한다. 村塢(촌오) : 촌락.

3 **[협주]** ['빙(娉)'은] 보와 정의 반절이다.(普丁切.)
[역자주] 娉娉(빙빙) : 가볍고 아름다운 모양.

4 [역자주] 點點(점점) : 빗방울을 말한다.

5 [역자주] 蓑(사) : 도롱이. 비 올 때 입는 옷이다.

6 **[협주]** ['천(蒨)'은] 차와 견의 반절인데 초록색의 모습이다.(此見切, 靑葱之貌.[407])
[역자주] 蒨裾(천거) : 붉게 물들인 옷자락. '천'은 원래 꼭두서니로 그 뿌리로 붉게 염색

할 수 있다.

7 [역자주] 征衫(정삼) : 멀리 가는 사람이 입은 옷. 두목의 옷을 가리킨다.

8 **[협주]** ≪논어·미자(微子)≫에서 "자로가 지팡이에 삼태기를 멘 노인을 만났다. 자로가 묻기를, '그대는 선생님을 보셨습니까?'라고 하니 노인이 말하기를, '사지를 부지런히 움직이지 않고 오곡을 구분하지 못하는데 누가 선생님인가.'라고 하고는 그 지팡이를 꽂아 놓고 김을 매었다. 자로가 두 손을 모아 인사를 하고 서 있으니 자로를 머물러 묵게 하고는 닭을 잡고 기장밥을 하여 먹여주었다."라고 했다.(論語. 子路遇丈人以杖荷蓧.[408] 子路問曰, 子見夫子乎. 丈人曰, 四體不勤, 五穀不分, 孰爲夫子. 植其杖而芸.[409] 子路拱而立, 止子路宿, 殺雞爲黍而食之.)

[역자주] 饋(궤) : 먹을 것을 주다.

해설

이 시는 봄날 시골 마을을 지나가다가 느낀 감흥을 적은 것이다. 봄날 시골의 한적한 풍경과 비를 만나 피한 집에서 융숭하게 대접하는 시골 인심을 서술했다. 대개 개성 4년(839) 좌보궐이 되어 장안으로 가던 도중에 지은 것으로 추정한다.

407) 靑葱(청총) : 초록색.
408) 荷蓧(하조) : 삼태기를 메다.
409) 植(식) : 땅에 꽂다. 芸(운) : 김을 매다.

030. 사 장군 2수

史將軍二首[1]

제1수

長鉟周都尉,[2]	긴 양날검을 든 주 도위
閑如秋嶺雲.	여유롭기가 가을 고개의 구름과 같은데,
取蝥弧登壘,[3]	모호 깃발을 들고 보루에 오르니
以騈鄰翼軍.[4]	나란한 기마를 군대 양쪽에 두었지.
百戰百勝價,[5]	백전백승의 명성이
河南河北聞.	하남과 하북에 파다한데,
今遇太平日,	지금 태평한 때를 만나
老去誰憐君.	늙어가니 누가 그대를 가여워할까.

주석

1 [역자주] 史將軍(사장군) : 사헌충(史憲忠)이다. 건강군(建康軍) 사람으로 자는 원정(元貞)이고 해족(奚族)이다. 위박진아문장(魏博鎭牙門將)을 지냈으며 헌종 때 회서(淮西) 등지를 평정했다. 목종 때 패주자사(貝州刺史)가 되었으며 후에 농주자사(隴州刺史), 경원절도사(涇原節度使), 삭방절도사(朔方節度使), 금오대장군(金吾大將軍) 등을 역임했고 좌룡무통군(左龍武統軍)까지 올랐다.

2 [역자주] 長鉟(장비) : 양쪽에 날이 있는 긴 검. 관직명이기도 하다. 周都尉(주도위) : 한나라 유방의 부하 장군인 주조(周竈)를 가리킨다. 그는 장비도위(長鉟都尉)를 지낸 적이 있다. 여기서는 사헌충을 비유한다.

3 **[협주]** ≪좌전·은공(隱公) 11년≫에서 "은공이 제나라 희공(僖公)과 정나라 장공(莊公)과 회합하여 허나라를 공격했는데, 영고숙(潁考叔)이 정나라 장공의 깃발 모호를 가지고 먼저 성에 올랐다."라고 했고 두예의 주에서 "모호는 깃발의 이름이다."라고 했다.(左傳. 公會齊侯鄭伯伐許. 潁考叔取鄭伯之旗蝥弧以先登. 注. 蝥弧, 旗名.)

4 [역자주] 駢鄰(병린) : 말 두 마리를 나란히 두는 것을 말한다. 翼軍(익군) : 군대 양쪽에 두다.

5 **[협주]** ≪한서·한신열전(韓信列傳)≫에서 "성안군(成安君)은 백 번 싸우면 백 번 이긴다."라고 했다.(漢書. 武[410]安君, 百戰百勝.)

제2수

壯氣蓋燕趙,[1]	씩씩한 기운은 연나라와 조나라를 덮고
眈眈魁傑人.[2]	노려보는 눈을 가진 걸출한 인물이네.
彎弓五百步,[3]	오백 보 밖에서 활을 당기고
長戟八十斤.[4]	긴 창은 무게가 팔십 근.
河湟非內地,[5]	하황은 우리 땅이 아니고
安史有遺塵.[6]	안록산과 사사명이 남긴 자취가 아직 있는데,
何日武臺坐,[7]	어느 날에나 무대에 앉아
兵符授虎臣.[8]	병부를 호랑이 같은 신하에게 주실까.

주석

1 **[협주]** ≪한서·항우본기(項羽本紀)≫에서 "항우가 말하기를, '힘은 산을 뽑을 정도이고 기세는 세상을 덮는다.'라고 했다."라고 했다. ≪문선·고시십구수(古詩十九首)≫에서

410) '武'는 '成'의 잘못이다.

"연나라와 조나라에는 아름다운 이가 많다."라고 했다.(漢書. 項羽曰, 力拔山兮氣蓋世. 選, 詩. 燕趙多壯士[411].)

[역자주] 蓋(개) : 덮다. 뛰어넘다. 燕趙(연조) : 연나라와 조나라. 용맹한 협객이 많은 것으로 유명하다.

2 **[협주]** ≪주역·이괘(頤卦)≫에서 "호랑이가 노려본다."라고 했다.(易. 虎視眈眈.)

[역자주] 眈眈(탐탐) : 노려보는 모양. 魁傑(괴걸) : 걸출하다.

3 **[협주]** 반악(潘岳)의 <한거부(閑居賦)>에서 "계자와 거서"라고 했고, 이선의 주에서 "≪사기≫에서 '소진(蘇秦)이 한(韓)나라 왕에게 유세하면서 말하기를, "계자와 거서는 모두 600보 밖에서도 활을 쏴 맞힙니다."라고 했다.'라고 했다. 허신(許愼)이 말하기를, '남방의 계자와 만이(蠻夷)의 석노(柘弩).'라고 했고 손경자(孫卿子)가 말하기를, '번약과 거서는 옛날의 좋은 활이다.'라고 했다."라고 했다.(閑居賦. 谿子巨黍. 李善注. 史記, 蘇秦說韓王曰, 谿子巨黍者, 皆射六百步之外. 許愼曰, 南方谿子, 蠻夷柘[412]弩. 孫卿子曰, 繁弱, 巨黍, 古之良弓.)

[역자주] 彎弓(만궁) : 활을 당기다.

4 **[협주]** ≪삼국지·위지·전위전(典韋傳)≫의 기록이다. 전위는 진류(陳留) 이오(已吾) 사람이다. 신체가 건장하고 기개와 절조가 있었다. 태조가 전위를 도위(都尉)에 배수하고 이끌어서 자신의 좌우에 두었는데, 친병 수백 명을 거느리고 늘 큰 장막을 에워쌌다. 전위는 이미 씩씩하고 용맹했기에 싸울 때마다 항상 맨 먼저 적의 성에 올라 진지를 함락시키니, 태조가 그를 장하게 여겼다. 전위는 긴 쌍창과 긴 칼을 잘 다루었는데 군중에서는 그를 위해 말하기를, "장막 아래의 장사로 전군이 있는데 80근짜리 쌍창을 든다."라고 했다.(魏志. 典韋, 陳留已吾人也. 形貌魁梧.[413] 有志節. 太祖拜韋都尉, 引置左右, 將親兵數百人, 常繞大帳. 韋旣壯武, 每戰鬪常先登陷陣. 太祖壯之. 韋好持大雙戟與長刀, 軍中爲之語曰, 帳下壯士有典君, 提一雙戟八十斤.)

5 [역자주] 河湟(하황) : 황하와 황수가 합류하는 지역을 가리킨다. 당시 토번이 점령하고

411) '壯士'는 '佳人'의 잘못이다.

412) 대부분의 문헌에서는 '柘'이 '柘'로 되어 있다.

413) 魁梧(괴오) : 몸집이 건장하다.

있었다.

6 **[협주]** 안록산과 사사명이다.(安祿山史思明.)

7 **[협주]** ≪한서·이릉전(李陵傳)≫에서 "이릉이 불려와 무대에서 알현했다."라고 했고 안사고의 주에서 "미앙궁에 무대전이 있다."라고 했다.(漢書, 李陵傳. 陵召見武臺. 注. 未央宮有武臺殿.)

8 **[협주]** ≪사기·신릉군열전(信陵君列傳)≫의 기록이다. 후영(侯嬴)이 위나라의 공자 위무기(魏無忌)에게 말하기를, "제가 듣기에 진비(晉鄙)의 병부가 늘 위나라 왕의 침실에 있는데 여희(如姬)가 침실을 출입하니 그것을 훔칠 능력이 있습니다."라고 했다.(史記. 侯嬴謂魏公子無忌曰, 嬴聞晉鄙之兵符常在魏王臥內而如姬出入臥內, 力能竊之.)

[역자주] 兵符(병부) : 병사를 마음대로 할 수 있는 부절이다. 虎臣(호신) : 용맹한 신하를 비유한다. 여기서는 사헌충 장군을 가리킨다.

해설

이 시는 사헌충 장군에 관해 쓴 것이다. 제1수는 그가 예전에는 용맹함을 떨쳐 그 명성이 천하에 가득했지만 지금은 노쇠해져 안타까워하는 마음을 적었다. 제2수는 아직도 정국이 어지러운데 사헌충같이 용맹한 장군이 다시 활약하기를 바라는 마음을 적었다. 그 이면에는 이러한 장군이 제대로 기용되지 못하는 현실을 비판했다. 작시 시기는 알 수 없다.

◗ 첨주(添注)

1. <아방궁을 읊은 부>
   阿房宮賦

   [협주] ≪초계어은총화(苕溪漁隱叢話)≫414)의 기록이다. ≪반자진시화(潘子眞詩話)≫415)에서 말하기를, "남풍선생(南豐先生) 증공(曾鞏)이 말하기를, '<아방궁을 읊은 부>에서 "귀한 솥을 노구솥으로 여기고 옥을 돌로 여기며, 금을 흙덩이로 여기고 진주를 자갈로 여겨, 버려진 채 뒹구는데 진나라 사람들은 그것을 보고 또한 그리 아까워하지도 않았다."라고 했다. "괴(瑰)"는 마땅히 "괴(塊)"가 되어야 한다. 대체로 진나라 사람들은 구슬과 옥을 보면 흙덩어리나 자갈처럼 여긴다는 말이다.'라고 했다. 또한 '두목의 부는 웅대하고 씩씩하며 크고 아름다운데 위아래로 질주하여 수백 마디를 이룬다. "초나라 사람이 한번 횃불을 들자 가련하게 초토화되었다."에 이르러서는 성쇠의 변화를 논하다가 이곳에서 판단을 내렸다.'라고 했다."라고 했다.(漁隱叢話. 潘子眞詩話云, 南豐先生曾子固言阿房宮賦, 鼎鐺玉石, 金瑰珠礫, 棄擲邐迤, 秦人視之, 亦不甚惜. 瑰, 當作塊. 蓋言秦人視珠玉如土塊瓦礫也. 又言牧賦宏壯巨麗, 馳騁上下, 累數百言, 至楚人一炬, 可憐焦土, 其論盛衰之變, 判於此矣.)

2. <저녁나절의 갠 날씨를 읊은 부>
   晩晴賦

   [협주] ≪초계어은총화(苕溪漁隱叢話)≫의 기록이다. ≪임한은거시화(臨漢隱居詩話)≫416)에서 말하기를, "두목의 <저녁나절의 갠 날씨를 읊은 부>에서 '다시 깊은 굽이로 배를 이끄니 갑자기 여덟아홉 개의 붉은 마름이 나타난다.'라고 했다. '기(芰)'는 원래 마름인데,

414) ≪초계어은총화(苕溪漁隱叢話)≫ : 남송(南宋) 호자(胡仔)가 편찬한 시화집으로 전집 60권, 후집 40권이다.
415) ≪반자진시화(潘子眞詩話)≫ : 송나라 반순(潘淳)이 지은 시화집으로 일찍 일실되었다.
416) ≪임한은거시화(臨漢隱居詩話)≫ : 송(宋) 위태(魏泰)가 지은 시화집으로 1권이다.

두목은 여기서 연꽃을 가리킨 것이다."라고 했다.(漁隱叢話. 隱居詩話云, 杜牧晩晴賦, 忽[417]引舟于深灣, 覩[418]八九之紅芰, 姹然如婦, 嫣然如女. 芰, 菱也. 牧乃指爲荷花.)

3. <장호호를 읊은 시> "한 소리 봉황이 울었지."
張好好詩. 一聲離鳳呼.

[협주] ≪시화총귀(詩話總龜)≫[419]에서 "두목 <장호호를 읊은 시> '소리를 같이 하여 떠나간 봉황이 부른다.'"라고 했다.(詩話總龜. 杜牧, 張好好詩, 聲同離鳳呼.)

4. <동짓날 조카 아의에게 부치는 시(冬至日寄小姪阿宜詩)> "대부분 무주자사 두우가 쓰신 것이다."
寄阿宜. 多是撫州寫.

[협주] ≪당문수(唐文粹)≫ 권덕여(權德輿) <기국공 회남절도사 두우 송덕비(岐公淮南遺愛碑銘)>에서 "두 번 무주자사가 되었다."라고 했다.(文粹. 杜佑遺愛碑.[420] 再爲撫州刺史.)

5. <우연히 석앙사를 노닐다(偶游石盎僧舍)> "붓을 담당하지만 무능함을 생각하다"
游石盎僧舍詩 載筆念無能.

[협주] ≪예기·곡례상(曲禮上)≫에서 "사관은 붓을 담당하고 사(士)는 말을 담당한다."라고 했다.(禮記. 史載筆, 士載言.)

6. <소주 이 중승의 부름을 받아서 가는 심 처사를 송별하며 이 시를 주어 보내다(送沈處士赴蘇州李中丞招以詩贈行)> "주점의 깃발은 맛난 술을 뽐낸다"
沈處士赴蘇州詩. 酒旗誇酒美.

[협주] ≪주보(酒譜)≫[421]에서 "≪한비자·외저설(外儲說)≫에서 말하기를, '송나라 사람

---

417) '忽'은 '復'의 잘못이다.
418) '覩'는 '忽'의 잘못이다.
419) ≪시화총귀(詩話總龜)≫ : 송(宋) 완열(阮閱)이 지은 시화집으로 98권이다.
420) 遺愛碑(유애비) : 송덕비. 지방 장관으로 있으면서 백성에게 은애(恩愛)를 남긴 것을 기리는 비석이다.
421) ≪주보(酒譜)≫ : 송(宋) 두평(竇苹)이 지은 것으로 술에 관한 다양한 기록을 적혀 있으며 1권이다.

이 술을 팔 때 깃발을 내건 것이 매우 높았다.'라고 했는데, 주점에 깃발이 있다는 것은 여기서 처음 보인다. 혹은 '렴(帘)'이라고도 한다."라고 했다.(酒譜. 韓非子云, 宋人酤酒懸幟甚高, 酒市有旗, 始見於此. 或謂之帘.)

7. <경사로 가다가 막 변구에 들어섰는데 새벽 경물을 보고 즉시 지어 먼저 병부 이중랑에게 부치다(赴京初入汴口, 曉景卽事, 先寄兵部李郎中)>
汴口曉景卽事.

[협주] 심약(沈約) <종산을 읊은 시로 서양왕의 가르침에 응대하다(鍾山詩應西陽王敎)>에서 "일에 관해 읊으니 이미 아름다움이 많다."라고 했고, ≪문선≫ 이선의 주에서 "'즉사'는 이 산 중의 일에 나아간다는 말이다. ≪열자≫에서 '주나라 윤씨에게 나이든 하인이 있었는데 낮에는 신음하며 일에 나아갔고 밤에는 피곤해서 깊이 잠들었다.'라고 했다."라고 했다.(沈休文, 鍾山詩. 卽事旣多美. 李善注. 卽事, 卽此山中之事. 列子曰, 周之尹氏有老役夫, 晝則呻吟卽事. 夜則昏憊熟寐.[422])

8. <선주에서 부임하러 경사로 들어가다가 도중에 선주로 돌아가는 배탄 판관을 만났기에 써서 주다 (自宣州赴官入京, 路逢裴坦判官歸宣, 因題贈)> "그 안에 시인 사조의 성이 있다."
自宣州赴官入京路逢裴坦判官歸宣詩. 中有詩人小謝城.

[협주] ≪백씨장경집(白氏長慶集)≫에 <글 기초하는 일이 끝나고 작약이 처음 핀 것을 보았는데 그 김에 사조의 "붉은 작약이 계단에 나부낀다"라는 시를 읊조렸으며 한 구로는 그 모습을 다 표현하지 못한다고 생각했기에 우연히 16운 시를 지었다(草詞畢, 遇芍藥初開, 因詠小謝紅藥當堦翻詩, 以爲一句未盡其狀, 偶成十六韻)>가 있다. ≪문선≫을 살펴보니 "붉은 작약이 계단에 나부낀다."라는 구절은 사조의 <중서성에서 근무하다> 시이다.(白氏集有詠小謝紅藥當階翻詩. 按文選, 紅藥當階翻, 謝朓, 直中書省詩也.[423])

---

422) 현재 남아 있는 ≪문선≫의 주에는 마지막 6자는 없으며, ≪열자≫에는 보인다. 昏憊(혼비) : 흐리멍덩하고 피곤하다.

423) 直(직) : 근무하다. 숙직을 서다.

≪번천문집협주(樊川文集夾注)≫ 권2

031. 화청궁을 읊은 시 30운

華清宮三十韻[1]

繡嶺明珠殿,[2]　수령의 명주전은
層巒下繚牆.[3]　중첩된 봉우리 아래로 담장이 둘러 있는데,
仰窺雕檻影,[4]　우러러 조각한 난간의 모습을 보니
猶想赭袍光.[5]　아직도 황색 도포의 빛이 생각나네.
昔帝登封後,[6]　옛날에 황제가 태산에 올라 봉선제를 지낸 뒤
中原自古强.　중원은 예로부터 강성했으니,
一千年際會,[7]　천 년 만의 기회를 맞아
三萬里農桑.　삼만 리에 농사짓고 뽕나무를 길렀지.
几席延堯舜,[8]　궤안과 자리로 요임금과 순임금을 맞이하고
軒墀立禹湯.[9]　전당의 섬돌에는 우임금과 탕임금을 세웠는데,
雷霆驅號令,[10]　우레처럼 호령을 다그치고
星斗煥文章.[11]　별들이 문양을 빛냈지.
釣筑乘時用,[12]　낚시터와 공사판에서 때맞춰 등용되어
芝蘭在處芳.[13]　지초와 난초가 제자리에서 향기로웠으니,
北扉閑木索,[14]　감옥에는 나무 차꼬와 포승줄이 한가로웠고
南面富循良.[15]　다스림에 법을 준수하는 어진 관리가 많았지.
至道思玄圃,[16]　지극한 도리로는 현포를 생각했기에
下居厭未央.[17]　평소 살던 미앙궁에는 질렸는데,

鉤陳裹巖谷,[18]	화청궁은 바위 계곡에 싸여 있고
文陛壓青蒼.[19]	무늬 있는 섬돌은 푸르름을 압도했지.
歌吹千秋節,[20]	천추절을 노래했으니
樓臺八月涼.[21]	누대는 8월에 서늘했으며,
神仙高縹緲,[22]	신선은 높은 곳에서 나풀거리고
環佩碎丁當.[23]	옥 패물은 쨍그랑 소리를 냈지.
泉暖涵窓鏡,	온천은 따뜻하여 창과 거울을 적실 때
雲嬌惹粉囊.[24]	교태를 부리며 분 주머니를 끌어당기는데,
嫩嵐滋翠葆,[25]	부드러운 산 기운이 물총새 깃털 장식 의장에 일고
淸渭照紅粧.	맑은 위수는 붉은 화장을 비추었지.
帖泰生靈壽,[26]	평안하여 생명은 장수하게 되고
歡娛歲序長.	즐거워서 세월은 길어지니,
月聞仙曲調,	월궁에서 선녀의 가락을 들었는데
霓作舞衣裳.[27]	무지개로 무희의 옷을 만들었지.
雨露偏金穴,[28]	은택이 금을 저장한 굴에 치우치고
乾坤入醉鄕.[29]	왕과 왕후가 취향에 들어갔기에,
玩兵師漢武,[30]	한나라 무제를 본받아 경솔하게 병사를 움직이다가
迴手倒干將.[31]	손을 돌려 간장검을 거꾸로 잡았지.
鯨鬣掀東海,[32]	고래의 지느러미가 동해에서 치켜 올라가
胡牙揭上陽.[33]	오랑캐 장군의 깃발이 상양궁에 걸리자,
喧呼馬嵬血,	마외의 피를 소리쳐 외치니
零落羽林槍.[34]	우림군의 창에 목숨이 끊어졌지.

傾國留無路,[35]	경국지색은 남아 있을 길이 없고
還魂怨有香.[36]	혼을 부르려고 원망하며 향을 피웠는데,
蜀峰横慘澹,[37]	촉 땅의 봉우리는 애처롭게 가로질러 있고
秦樹遠微茫.[38]	진 땅의 나무는 멀리 희미했지.
鼎重山難轉,[39]	솥은 무겁고 산은 옮기기 어려워서
天扶業更昌.[40]	하늘이 도와 왕업이 다시 번창하니,
望賢餘故老,[41]	망현궁에 노인들이 남아 있었고
花萼舊池塘.[42]	화악루에는 연못이 그대로였지.
往事人誰問,	지나간 일을 이 사람이 누구에게 물을까
幽襟淚獨傷.[43]	깊은 가슴속에 눈물로 홀로 슬퍼하노라니,
碧簷斜送日,	푸른 처마는 비스듬히 해를 전송하고
殷葉半凋霜.[44]	무성한 잎은 반쯤 서리에 시들었네.
迸水傾瑤砌,[45]	세찬 빗물에 화려한 섬돌은 기울었고
疏風罅玉房.[46]	성긴 바람에 옥으로 장식한 집은 갈라졌으며,
塵埃羯鼓索,[47]	갈고의 줄에는 먼지가 가득하고
片段荔枝筐.[48]	여지를 담았던 광주리는 조각났구나.
鳥啄摧寒木,	새들이 쪼아서 겨울나무는 꺾였고
蝸涎蠹畵梁.[49]	달팽이가 점액을 흘려 채색한 들보는 좀먹었는데,
孤煙知客恨,	한 줄기 연기가 나그네의 한을 아는지
遙起泰陵傍.[50]	멀리 태릉가에서 피어오르네.

주석

1 **[협주]** ≪신당서·방관전(房琯傳)≫에서 "천보(天寶) 5년(746) 현종은 방일한 뜻이 있어 자주 순행을 했으며 온천궁을 넓혀 화청궁을 지었는데 궁을 둘러 배치한 것이 온갖 관사와 각종의 부서였다. 방관의 자질이 기지가 있고 꾀가 많다고 여겨, 조서를 내려 여산(驪山)을 개발하는 총책을 맡겨 바위를 정리하고 덤불을 제거하여 천자가 유람하는 곳으로 만들게 했다."라고 했다. 방사(方士)[1] 자위(子韋)[2]의 전기에서 "화청(華淸)은 샘물 중 맑고 깨끗한 것이다."라고 했다.[3](唐書房琯傳. 天寶五載玄宗有逸志, 數巡幸, 廣溫泉爲華淸宮, 環宮所置, 百司區署. 以琯資機算, 詔總經度驪山,[4] 疏巖剔藪,[5] 爲天子遊觀. 方士子韋傳, 華淸, 井水之澄華也.)

2 **[협주]** ≪권유록(倦遊錄)≫에서 "옛 화청궁은 수령(繡嶺)의 아래에 있다."라고 했다. 응숙(膺叔)의 ≪화청궁도(華淸宮圖)≫[6]를 살펴보면, 동수령과 서수령이 있고 위에 명주전(明珠殿)이 있다.(倦遊錄. 古華淸宮在繡嶺之下. 按膺叔華淸宮圖, 有東西繡嶺, 上有明珠殿.)

3 **[협주]** 권1의 "경수와 위수는 성대히 흘러 아방궁의 담으로 흘러든다."라는 구절의 주에 보인다.[7] 후한 반고(班固)의 <서도부(西都賦)>에 "담장으로 둘러싸인 길이가 400여 리에 이른다."라고 했고 ≪문선≫ 이선의 주에서 "'료(繚)'는 두르다는 뜻이다."라고 했다. (見一卷, 二川溶溶, 流入宮牆注. 西都賦. 繚以周墻, 四百餘里. 注. 繚, 繞也.)

[역자주] 層巒(층만) : 중첩된 봉우리이다.

4 [역자주] 雕檻(조함) : 화려하게 조각한 난간이다.

---

1) 방사(方士) : 점성가(占星家), 관상가(觀相家), 점쟁이 등을 일컫는다.
2) 자위(子韋) : 춘추시대 송(宋)나라 사람으로, 천문(天文)에 통달했다.
3) 이 조목은 ≪습유기(拾遺記)≫ 권3에 보인다.
4) 經度(경도) : 계획하다.
5) 剔藪(척수) : 덤불을 제거하다.
6) 권1의 <아방궁을 읊은 부(阿房宮賦)>의 협주에는 ≪화청궁도(華淸宮圖)≫의 작자로 웅경숙(雄景叔)으로 되어 있으며 웅경숙과 ≪화청궁도≫에 대해서는 고찰할 수 없다. 다만 송나라 때 유사웅(游師雄)의 자가 경숙(景叔)인데 혹 연관이 있는지는 잘 모르겠다. 이 조목에 있는 응숙(膺叔) 또한 고찰할 수 없는데, 제3의 인물인지 글자에 오류가 있는지 잘 모르겠다.
7) 두목의 부 <아방궁을 읊은 부(阿房宮賦)>이다.

5 [역자주] 赭袍(자포) : 붉은빛을 띠고 있는 황색의 도포이다. 황제의 옷인데 황제를 뜻한다. 여기서는 현종을 가리킨다.

6 **[협주]** ≪구당서·현종본기(玄宗本紀)≫에서 "개원 13년(725) 태산(泰山)에서 봉선제(封禪祭)를 지냈다."라고 했다. ≪한서·무제본기(武帝本紀)≫에서 "원봉(元封) 원년(기원전 110) 4월 계묘일에 황제가 돌아와 태산(泰山)에 올라 봉선제를 지냈다."라고 했고, 응소(應劭)의 주에서 "천자가 공이 이루어지고 나스림이 안정되면 하늘에 공을 이루었음을 아뢴다. 태산에 봉제를 지내는 것은 하늘이 높은 것을 더하는 것이다. 바위에 새겨 연호를 기록하고 금 바탕의 간책을 넣은 돌 상자와 금가루 진액을 바른 옥 상자를 봉해 넣는다."라고 했다. ≪백호통(白虎通)·덕론(德論)≫에서 "천자가 천명을 받으면 반드시 봉선제를 올린다. '봉(封)'이라는 것은 높이를 더하는 것이고, '선(禪)'이라는 것은 두께를 넓히는 것이다. 모두 바위에 새겨 연호를 기록하고 자신의 공적을 적어서 스스로를 드러내 보인다. 하늘은 높은 것으로 존귀함을 삼고, 땅은 두터운 것으로 덕을 삼는다. 따라서 태산의 높이를 더하여 하늘에 보답함을 보이고, 양보산의 제단을 넓혀 땅에 보답하는 것이다."라고 했다.(唐書玄宗記. 開元十三年封泰山. 漢書. 元封元年四月癸卯, 上還, 登封泰山. 應劭注. 王者功成治定, 告成功於天. 封代宗者,[8] 助天高也. 刻石紀號, 有金策石函金泥玉檢之封也. 白虎通. 王者受命, 必封禪. 封者, 增高也, 禪者, 廣厚也. 皆刻石紀號, 著己之功績, 以自效也. 天以高爲尊, 地以厚爲德. 故增泰山之高以視報天, 禪梁父之地, 以報地也.)

7 **[협주]** ≪습유기(拾遺記)≫에 "황하는 천 년에 한 번 맑아지는데, 성인이 나타날 큰 상서로움이다."라고 했다. 삼국(三國) 위(魏) 이강(李康)의 <운명론(運命論)>에서 "황하가 맑아지면 성인이 태어난다."라고 했다.(拾遺記. 黃河一千年一淸, 聖人之大瑞也. 運命論. 夫黃河淸, 而聖人生.)

[역자주] 際會(제회) : 시기에 맞춘 기회를 뜻한다.

8 **[협주]** 후한 장형(張衡)의 <동경부(東京賦)>에서 "연(筵)으로 명당(明堂)을 재어 건축했고, 궤(几)로 궁실(宮室)을 재어 건축했다."라고 했고 ≪문선≫ 이선의 주에서 "'연(筵)'

8) 代宗(대종) : 대종(岱宗)으로 태산의 별칭이다.

은 아홉 자 길이의 대자리[죽석(竹席)]이고 '궤(几)'는 일곱 자 길이의 도마[조궤(俎几)]이다. 궁중은 궤로 재고 명당은 연으로 재니, 모두가 궤와 연을 가지고 기준을 삼았다." 라고 했다.(東京賦. 度堂以延[9], 度室以几. 注. 筵, 席也, 几, 俎也. 室中度以几, 堂上度以筵. 皆取几筵爲準.)

[역자주] 几席(궤석) : 궤안과 자리. 앉아 있을 때 편안함을 제공하는 기물이다.

9 [역자주] 軒墀(헌지) : 전당(殿堂) 앞의 섬돌. 조정을 가리킨다.

10 **[협주]** ≪후한서·낭의전(郎顗傳)≫에서 "우레라는 것은 호령하는 것이다."라고 했다.(後漢書, 郎顗傳. 雷者, 號令.)

[역자주] 雷霆(뇌정) : 우레와 천둥. 驅(구) : 빠르게 다그치다.

11 [역자주] 星斗(성두) : 하늘의 별을 말한다. 文章(문장) : 화려한 채식과 무늬로 천자의 의장을 가리킨다.

12 **[협주]** 권1의 "꿈속의 점괘로 현명한 재상을 기용한다."라는 구절의 주에 보인다.[10] ≪맹자(孟子)·고자하(告子下)≫에서 "부열은 판축하는 곳에서 등용되었다."라고 했다.(見一卷. 夢卜庸眞相注. 孟子, 傅說, 擧於版築之間.)

[역자주] 釣筑(조축) : 낚시를 하는 것과 판축일을 하는 것. 주나라 문왕이 반계(磻溪)에서 낚시를 하고 있던 강태공(姜太公)을 발탁하여 재상으로 삼았으며, 은나라 고종이 부암(傅巖)에서 판축일을 하고 있던 부열(傅說)을 찾아서 재상으로 삼았다.

13 **[협주]** ≪공자가어(孔子家語)·재액(在厄)≫에서 "지초와 난초가 깊은 숲속에 자라면서 사람이 없다고 향기를 내지 않음이 없고, 군자가 도를 닦고 덕을 세우면서 곤궁하다고 절개를 바꾸지 않는다."라고 했다.(家語. 芝蘭生於深林, 不以無人而不芳, 君子修道立德, 不爲窮困而改節.)

[역자주] 芝蘭(지란) : 지초와 난초. 향기가 좋은 풀이다. 이로써 유능한 인재를 비유한다.

14 **[협주]** 이백(李白)의 시[11]에서 "어사대에 급한 상황을 보고하여 나를 북문의 재앙에서 빠져나오게 했다."라고 했다. 사마천(司馬遷)의 <임 소경에게 답하는 편지(報任少卿

---

9) '延'은 '筵'의 잘못이다.

10) 두목의 시 <감회를 읊은 시(感懷詩)>이다.

11) 이백의 시 <옛일을 적어서 강양현령 육조에게 주다(敍舊贈江陽宰陸調)>이다.

書)>에서 “그다음은 나무로 만든 칼이나 포승줄에 묶인 채 매질을 받으며 모욕을 당하는 것이다.”라고 했고, ≪문선≫ 장선(張銑)의 주에 “‘관목(關木)’은 나무로 만든 차꼬이며 ‘삭(索)’은 포승줄이다. 이것으로 구속한다는 말이다.”라고 했다(李白詩, 告急淸憲臺, 脫余北門厄.[12] 司馬子張書. 其次閑[13]木索, 被箠楚受辱.[14] 注. 閑木索[15], 杻械. 索, 繩也,[16] 拘縛也.)

[역자주] 北扉(북비) : 후한(後漢) 시기에 설치한 감옥인 북시옥(北寺獄)인데, 여기서는 감옥을 가리킨다. 木索(목삭) : ‘목’은 목, 손, 다리에 채우는 차꼬이며 ‘삭’은 포승줄이다. 이 구는 선정을 베풀어서 감옥에 죄지은 사람이 없다는 말이다.

15 **[협주]** ≪논어·위령공(衛靈公)≫에서 “순임금은 무엇을 하셨겠는가. 자신을 공손히 하고 바르게 남면했을 뿐이다.”라고 했다. 역대의 역사서에 <순리전(循吏傳)>과 <양리전(良吏傳)>이 있다.(論語. 舜何爲哉. 恭己正南面而已. 史書, 有循吏, 良吏傳.)

[역자주] 南面(남면) : 남쪽으로 향하다. 제왕이 통치하는 것을 말한다. 循良(순량) : 법을 잘 지키는 관리인 순리와 어진 관리인 양리를 가리킨다.

16 **[협주]** ≪신선전(神仙傳)≫에서 “광성자(廣成子)는 옛날의 신선으로 공동산(崆峒山)에 살았다. 황제(黃帝)가 소문을 듣고 그를 찾아가 말하기를, ‘감히 지극한 도리의 요체를 묻겠습니다.’라고 했다.”라고 했다. ≪한서·교사지(郊祀志)≫의 안사고 주에 인용된 응소(應劭)의 말에서 “곤륜산 현포의 다섯 성과 열두 누대는 신선이 사는 곳이다.”라고 했다.(神仙傳. 廣成子者, 古之仙人也, 居崆峒山. 黃帝聞而造焉曰, 敢問以至道之要. 漢書郊祀志注. 崑崙玄圃, 五城十二樓, 仙人所居也.)

[역자주] 至道(지도) : 지극한 도리. 현종의 존호가 지도대성대명효황제(至道大聖大明孝皇帝)였는데 현종을 가리키는 말로 볼 수도 있다. 玄圃(현포) : 곤륜산에 있다는 신선의 거처를 가리킨다. 이 구는 현종이 신선의 지극한 이치를 추구하고자 했다는 말이다.

---

12) 淸憲臺(청헌대) : 어사대(御史臺)를 가리킨다. 北門厄(북문액) : 북문에서의 곤욕. 당시 이백이 북문에서 투계꾼과 다툼이 있었는데 육조가 이백을 구해줬다.
13) ‘閑’은 ‘關’의 잘못이다.
14) 箠楚(추초) : 매. 여기서는 매질을 한다는 말이다.
15) ‘索’은 연자이다.
16) 杻械(뉴계) : 목이나 손목에 차는 칼이나 차꼬 같은 형틀을 말한다.

17 **[협주]** '미앙(未央)'은 이미 권1에 나왔다.[17](未央已出一卷.)

[역자주] 厭(염) : 질리다. 未央(미앙) : 원래는 한나라의 궁전 이름인데 여기서는 당나라의 궁전을 가리킨다.

18 **[협주]** 후한 반고(班固)의 <서도부(西都賦)>에 "구진(鉤陳)의 별자리로 둘러싸여 있고, 엄경(嚴更)[18] 관서로 호위받는다."라고 했고 ≪문선≫ 이선의 주에 "구진(鉤陳)은 후궁이다. 양웅(楊雄)의 <감천궁부(甘泉宮賦)>의 주에, '자미원(紫微垣) 밖의 진영이 구진성(鉤陳星)이다. 그러나 왕이 된 자들이 또한 그것을 본떴다.'라고 했다."라고 했다.(西都賦. 周以鉤陳之位, 衛以巖吏[19]之署. 注. 鉤陳, 後宮也. 甘泉宮賦注, 紫宮外營鉤陳星也. 然王者亦法之.)

[역자주] 鉤陳(구진) : 지미궁(紫微宮)을 둘러싸고 있는 여섯 개의 별 이름으로 후궁을 상징하는데 여기서는 화청궁을 가리킨다. 裹(과) : 둘러싸다.

19 **[협주]** ≪한서·매복전(梅福傳)≫에 "한 번이라도 무늬 있는 돌로 만든 계단을 올라가, 붉은 칠을 한 계단의 길을 걷고 싶다."라고 했다.(前漢書, 梅福傳. 願一登文石之陛, 涉赤墀之塗.[20])

[역자주] 文陛(문폐) : 무늬가 있는 섬돌로 여기서는 화청궁의 섬돌을 가리킨다. 青蒼(청창) : 푸른빛으로 대체로 하늘을 가리킨다.

20 [역자주] 歌吹(가취) : 노래를 부르고 관악기를 불다. 千秋節(천추절) : 현종의 생일을 가리킨다.

21 **[협주]** ≪통재(通載)≫에서 "개원 17년(729) 여러 신하가 표문을 올려, 8월 5일 현종이 태어난 날을 천추절(千秋節)이라고 할 것을 주청하자 그대로 따랐다."라고 했다.(通載. 開元十七年, 群臣表請八月五日上降誕日, 爲千秋節, 從之.)

22 **[협주]** 서진(西晉) 목화(木華)의 해부(海賦)에서 "신선들의 모습이 저 멀리서 어렴풋한데, 맑은 해안가에서 옥돌을 먹네."라고 했다.(海賦. 神仙縹眇, 餐玉淸涯.)

---

17) 두목의 부 <고향 동산을 그리워하는 부(望故園賦)> "하늘 위로 미앙궁이 솟아 있다.(矗未央於天上.)"의 주에 보인다.

18) 엄경(嚴更) : 야행을 경계하면서 시간 맞춰 북을 치는 것을 말한다.

19) '巖吏'는 '嚴更'의 잘못이다.

20) 赤墀(적지) : 붉은색으로 칠한 계단 위의 공터. 궁궐을 가리킨다.

[역자주] 縹緲(표묘) : 바람에 펄럭이는 모양. 또는 높고 멀리 아득한 모양.

23 [역자주] 環佩(환패) : 옥으로 만든 패물을 말한다. 碎(쇄) : 부서지다. 여기서는 소리가 자잘하게 나는 것을 말한다. 丁當(정당) : 옥 같은 것이 서로 부딪히며 쟁그랑 소리가 나는 것을 말한다.

24 [역자주] 雲嬌(운교) : 운교우겁(雲嬌雨怯)의 줄임말로 여인이 교태부리는 모습을 말한다. 구름과 비는 무산신녀의 고사에서 나온 표현인 듯하다. 惹(야) : 이끌다. 끌어당기다. 粉囊(분낭) : 흰 분을 담은 주머니.

25 **[협주]** 사마상여(司馬相如)의 <상림부(上林賦)>에 "물총새 깃으로 장식한 깃발을 세운다."라고 했고, ≪문선≫ 이선의 주에서 "물총새 깃으로 뒤덮어 장식한 것이다. 곽박은 '화보(華葆)'라고 했다."라고 했다.(上林賦. 建翠華之旗. 注. 以翠羽葆也. 郭璞曰, 華葆也.)

[역자주] 嫩嵐(눈람) : 부드러운 산의 기운. 滋(자) : 생겨나다. 翠葆(취보) : 물총새 깃털로 장식한 황제의 의장이다. '보'는 막대 끝에 장식하여 깃발같이 만든 것이다.

26 [역자주] 帖泰(첩태) : 평안하다. 生靈(생령) : 목숨. 생명.

27 **[협주]** 일사(逸史)의 기록이다. 나공원(羅公遠[21])이 중추절에 현종을 모시고 궁중에서 달을 감상하다가 아뢰기를, "폐하께서는 월궁에 가보지 않으시려는지요?"라고 했다. 계수나무 가지를 공중으로 던지니 은빛 다리로 바뀌었다. 황제와 함께 다리에 오르니 차가운 기운이 사람을 엄습했다. 마침내 큰 성곽에 이르자 아뢰기를, "이곳이 월궁입니다."라고 했다. 선녀 수백 명을 보았는데 흰 비단에 무지개 옷을 입고 넓은 뜰에서 춤을 추고 있었다. 황제가 곡의 이름을 묻자, "<예상우의(霓裳羽衣)>입니다."라고 했다. 현종이 그 가락을 기억해 두었다가 돌아와 <예상우의곡>을 지었다.(逸史. 羅公遠中秋侍明皇宮中翫月曰, 陛下要至月宮否. 以桂枝向空擲之, 化爲銀橋. 與帝升橋, 寒氣侵人. 遂至大城, 曰, 此, 月宮也. 見仙女數百, 素練霓裳, 舞于廣庭. 上問曲名, 曰霓裳羽衣也. 上記其音調, 歸作霓裳羽衣曲.)

---

21) 나공원(羅公遠) : 당(唐) 악주(鄂州) 사람으로 일명 나사원(羅思遠)이다. 그에게 은형술(隱形術)을 배우던 현종(玄宗)이 술법을 다 가르쳐주지 않는다는 이유로 그를 죽였는데, 며칠 뒤 촉(蜀) 땅에 다시 나타났다는 이야기가 전한다.

28 **[협주]** ≪후한서·곽황후본기(郭皇后本紀)≫의 기록이다. 광무제(光武帝) 곽황후(郭皇后)의 동생인 곽황(郭況)이 대홍려(大鴻臚)가 되었다. (황제가) 자주 상으로 돈을 하사하자 도성 사람들이 곽황을 일러 금혈(金穴)이라고 했다.(後漢書. 光武郭皇后弟況爲大鴻臚. 數賞賜金錢, 京師號況爲金穴也.)

[역자주] 雨露(우로) : 천자의 은혜를 비유한다. 金穴(금혈) : 금이 저장된 굴이란 뜻으로 부귀한 집안을 말한다. 여기서는 양귀비 일가를 가리킨다.

29 **[협주]** 당(唐)나라 왕적(王績)이 <취향기(醉鄕記)>를 지었다.(唐王績作醉鄕記.)

[역자주] 乾坤(건곤) : 하늘과 땅. 여기서는 왕과 왕후를 뜻한다. 醉鄕(취향) : 술에 취해 몽롱한 상태를 말한다. 이상 두 구는 현종의 총애가 양씨 일가에 치우치고 환락을 일삼았다는 말이다.

30 **[협주]** 후한 순열(荀悅) ≪전한기(前漢紀)≫의 기록이다. 한나라 무제가 무력을 남용하여 함부로 전쟁을 벌이자 백성들이 곤궁해지고 만민이 피폐해졌다. 이때 천하가 소란하고 세상 사람들이 의지할 곳이 없어져, 문제(文帝)의 업적이 무너졌다.(荀悅漢紀. 武皇帝窮兵黷武,[22] 百姓窮竭, 萬民罷弊. 當此之時, 天下騷然, 海內無聊,[23] 孝文之業, 廢矣.)

[역자주] 玩兵(완병) : 병사를 경솔하게 움직이다. 함부로 전쟁을 일으키는 것을 말한다.

31 **[협주]** ≪한서·매복전(梅福傳)≫에 "태아검(泰阿劍)을 거꾸로 잡고 초(楚)나라에 그 자루를 주었다."라고 했다. ≪오월춘추(吳越春秋)·합려내전(闔閭內傳)≫에서 "간장(干將)은 오(吳)나라 사람으로 검 두 자루를 만들었는데 첫째가 간장이고 둘째가 막야(莫耶)이다."라고 했다. 막야와 간장은 검의 이름이다.(前漢書. 倒持大阿, 授楚其柄. 吳越春秋. 干將者, 吳人, 造劍二枚, 一曰干將, 二曰莫耶. 莫耶干將, 劍名.)

[역자주] 倒干將(도간장) : 간장검을 거꾸로 쥐다. 황제의 병권을 다른 이에게 넘겨주었다는 말이다. 이 구는 안록산의 난으로 장안이 함락된 것을 말한다.

32 **[협주]** 진(晉) 왕부(王裒)의 <검송(劍頌)>에서 "간악한 반역자의 목을 자르고, 법망을 벗어나는 고래를 벤다."라고 했다. ≪좌전·선공(宣公) 12년≫ 두예(杜預)의 주에서 "고

---

22) 窮兵(궁병) : 병력을 남용하다. 黷武(독무) : 무력을 남용하다. 전쟁을 좋아하다.

23) 無聊(무료) : 의지할 바가 없어 곤궁하다.

래[경예(鯨鯢)]는 의롭지 못한 사람이 작은 나라를 병탄하는 것을 비유한다."라고 했다.(王裒劍頌. 斷姧亂之領項,[24] 斬漏網之鯨鯢. 杜預左傳注, 鯨鯢以喩不義之人呑食小國也.)

[역자주] 鯨鬣(경렵) : 고래의 지느러미. 여기서는 안록산을 비유한다. 掀(흔) : 치켜들다.

33 **[협주]** ≪구당서·안록산전(安祿山傳)≫에서 "안록산은 유성(柳城) 출신의 호인(胡人)이다."라고 했다. 병서(兵書)에서 "아(牙)는 장군의 깃발이다."라고 했다. ≪통재(通載)≫에서 "천보 15년(756) 안록산이 동경 낙양에서 웅무황제(雄武皇帝)를 참칭하고 국호를 연(燕)이라고 했다."라고 했다. ≪구당서·지리지(地理志)≫에서 "동도(東都) 낙양 상양궁(上陽宮)은 궁성의 서남쪽 모서리에 있다. 남쪽으로 낙수를 대하고 서쪽으로 곡수에 이어졌으며, 동쪽은 궁성이고 북쪽은 금원(禁苑)으로 연결된다."라고 했다.(唐書. 安祿山, 柳城胡人也. 兵書. 牙, 將軍之旗. 通載. 天寶十五載祿山僭雄武皇帝于東京, 國號燕. 唐書. 東都上陽宮在宮城之西南隅. 南臨洛水, 西距穀水, 東則宮城, 北連禁苑.)

34 **[협주]** 송(宋) 유부(劉斧)의 ≪한부명담(翰府名談)·현종유록(玄宗遺錄)≫[25]의 기록이다. 현종이 하루는 조정에 앉아 있다가 궁중에서 <예상우의곡(霓裳羽衣曲)>을 연주하는 소리를 들었다. 한참 동안을 듣고 있다가 이윽고 머리를 숙인 채 유쾌하지 않았다. 얼마 후에 아침에 일어나 가까이에서 모시는 신하에게 붓을 가져오게 하여 궁전의 기둥에 몰래 글씨를 썼다. 또 종이를 가져오게 명하여 그 위에 덮었는데, 그 뜻은 남이 보지 않기를 바란 것이다. 고력사가 무릎을 꿇은 채 나아가 묻기를, "신은 새벽부터 폐하의 우측에 시립했는데 폐하께서 궁중의 음악을 들으시고 어찌 용안이 매우 편안치 못하신지요? 또 친필로 직접 뒤의 기둥에 글씨를 쓰시고 덮어서 밖으로 막아 남들이 보지 못하게 하시니, 신은 적이 미혹되어 감히 여쭈옵니다."라고 했다. 황제가 얼굴을 들고 길게 탄식하면서 말하기를, "네가 알 바가 아니다."라고 했다. 황제가 고력사에게 이르기를, "짐이 궁전의 기둥에 쓴 것은 바로 보름 뒤에 장차 반란을 일으킬 자가 있어 기록한 것이다. 일이

24) 領項(영항) : 목.

25) ≪한부명담(翰府名談)≫ : ≪송사(宋史) 예문지(藝文志)≫에 따르면 송(宋) 유부(劉斧)가 지었으며 25권이다. 하지만 일찍이 일실되었으며 몇몇 조목만 여러 서적에 인용되어 있을 뿐이다. 여기 실린 조목은 여타 서적에 보이지 않는 것이다.

큰 재앙과 얽혀 있고 사리가 대처하지 못할 상황에 있다. 짐은 일찍부터 궁중의 음악을 듣고 그것을 알았다. 나는 변방의 신하가 장차 반란을 일으켜 천하가 장차 어지러워질 것을 근심한다."라고 했다. 고력사가 아뢰기를, "근래 대간(臺諫)[26]에서 계속하여 상소를 올려 어양(漁陽)[27]의 일을 말하는데, 폐하께서 아직 처리하지 않고 계시니 아마도 이것이 아니신지요?"라고 하자 황제가 이르기를, "천하의 정예병이 모인 곳이 어양만 한 데가 없어 짐이 아침저녁으로 걱정하는데, 일이 아교처럼 견고하여 해결할 방법이 없도다."라고 했다. 고력사가 아뢰기를, "안록산은 토번의 종놈이니 기발한 계획이나 원대한 책략이 없습니다. 그가 반란을 일으키는 이유를 신은 알고 있습니다."라고 했다. 황제가 이르기를, "너는 다시는 말하지 마라. 사람을 심란하여 즐겁지 않게 하는구나."라고 했다. 다음날 어양에서 반란이 일어났다는 보고가 이르자 황제는 전전(前殿)에 나와 조서를 내려 고력사에게 육궁(六宮)을 보호하게 하니 그 뜻은 양귀비를 남겨 궁을 지키게 하려는 것이었다. 고력사가 아뢰기를, "폐하께서 양귀비를 남겨 두시면 근심을 풀겠습니까. 천하 사람들이 그것을 무어라고 하겠습니까."라고 하자 황제는 양귀비가 어가를 따르는 것을 허락했다. 승천문(承天門)을 통해 서쪽으로 가는데 마외(馬嵬)에 이르자 선봉이 전진하지 않고 천자의 군대가 모이자 호위대가 둘러쌌다. 황제가 고삐를 잡으려고 하자 가까이에서 모시는 신하가 아뢰기를, "폐하께서는 잠시 기다리십시오. 사는 것을 예측하지 못할까 두렵습니다."라고 했다. 고력사가 나서서 아뢰기를, "외부의 의논이 시끄럽습니다. 모두 말하기를, '양국충이 오랫동안 천하의 일을 도둑질하고 나라의 권한을 차지한 채 변방의 신하와 결탁하여 근심을 만들면서 거의 나라를 기울게 하여, 폐하의 걸음이 서쪽으로 향하게 하고 만 리 길에 먼지를 입게 한 것은 모두 양국충 한 집안이 불러온 것입니다. 이 때문에 천자의 군대가 전진하지 않고 있습니다. 청컨대 처치하시기 바랍니다.' 라고 합니다."라고 했다. 얼마 뒤에 양국충의 머리를 들고 온 자가 아뢰기를, "양국충이 모반하여 군법으로 처단했습니다."라고 하자 황제가 이르기를, "양국충은 반역한 것이 아니다."라고 했다. 고력사가 급히 황제의 발을 밟으며 아뢰기를, "군대의 상황이 완전히

26) 대간(臺諫) : 당송 때 탄핵을 담당하는 어사대(御史臺) 소속의 어사(御史)와 건의를 담당하는 문하성(門下省) 소속의 간관(諫官)을 합친 명칭이다.
27) 어양(漁陽) : 안록산이 반란을 일으킨 곳이다.

변했으니, 이런 말씀을 하시면 안 됩니다."라고 하자 황제가 깨닫고 좌우를 돌아보며 말하기를, "양국충은 멸족하라."라고 했다. 얼마 되지 않아 양국충의 형제자매가 노소를 막론하고 모두 살해되었다. 황제가 말하기를, "온 집안이 죽었는데 군대가 여전히 전진하지 않는 것은 어째서인가?"라고 하자 고력사가 아뢰기를, "군사들이 모두 말하기를, 화의 발단은 아직도 행궁(行宮)[28]에 있다고 합니다."라고 했다. 황제가 말하기를, "짐은 한 사람을 아끼면서 천하 사람들에게 사죄하지는 않겠다. 다만 후세 사람들이 후궁을 심히 비난하는 것이 걱정될 뿐이다."라고 했다. 신위군휘사(神衛軍揮使)인 후원길(侯元吉)이 나서서 아뢰기를, "바라건대 양귀비의 머리를 베어 큰 백기 아래에 걸고 여러 군사에게 명을 내리옵소서."라고 했다. 황제가 화를 내며 꾸짖자 후원길이 아뢰기를, "양귀비는 후궁의 귀인(貴人)으로, 지위가 황후에 다음가는 존귀한 신분입니다. 옛날부터 쥐를 잡으려다가도 그릇을 걱정한다고 했듯이 어찌 꼭 머리를 걸어야 군사들이 비로소 알겠습니까. 다만 명을 내려 죽이면 될 것입니다."라고 했다. 고력사가 아뢰기를, "이곳의 서쪽에 오래된 절이 있는데, 여러 군사가 지나는 길입니다. 바라건대 양귀비를 그 안에서 죽게 하여 여러 군사가 아는 것을 중시하십시오."라고 했다. (황제가 이르기를) "네가 양귀비를 데리고 다른 길로 가서 내가 보고 슬퍼하지 않게 하라."라고 했다. 고력사가 아뢰기를, "폐하께서 보지 않으시고 좌우에서 알지 못하면 편리하지 않습니다. 바라건대 폐하께서 면전에서 양귀비에게 죽음을 내리시어 좌우에서 아는 것을 중시하시고 여러 군사의 마음을 위로하십시오."라고 했다. 황제가 그 주청을 허락했다. 양귀비가 울면서 아뢰기를, "우리 온 집안의 부귀가 천하를 기울게 했으니 이제 죽음으로 사죄한들 또 무엇이 한스럽겠습니까."라 하고 바로 조복을 찾아 입고 황제를 알현하고 아뢰기를, "옥황상제의 존귀함으로 그 세력이 어찌 한 아녀자를 보호하여 살려 줄 수 없겠습니까. 온 집안이 모두 멸족되었는데 신첩에게까지 이르니 너무 심하지 않습니까. 또 신첩이 깊은 궁궐에서 지내면서 폐하를 모시는 데에 일찍이 잘못이 없었고 친정의 일은 신첩이 모르는 것이었습니다."라고 했다. 황제가 이르기를, "모든 사람이 이구동성이라 견고함을 깨뜨릴 수 없구나. 양국충 등이 비록 죽었지만 군대가 여전히 움직이지 않고 있으니 네가 죽어 천

28) 행궁(行宮) : 임금이 거동할 때 임시로 머무는 장막이다. 여기서는 현종과 동행한 양귀비를 염두에 두고 한 말이다.

하 사람들의 비방을 책임져야 하겠다."라고 했다. 양귀비가 아뢰기를, "바라옵건대 폐하께서 몇 발짝이라도 신첩을 전송해 주신다면 신첩은 죽어도 여한이 없겠습니다."라고 했다. 측근들이 양귀비를 데리고 나가자 황제가 일어서서 그녀를 전송했으며 마치 걸을 수 없는 것처럼 하면서 아홉 번 뒤돌아보았다. 황제는 눈물이 흘러 턱에까지 흘러내렸다. 측근들이 양귀비를 데리고 걸음을 빨리하여 군사들의 사이를 지나 옛 절에 이르렀다. 양귀비가 머리를 감싼 비단을 잡아 얼굴을 덮고 대성통곡을 한 뒤에 그 비단을 고력사에게 건네주며 말하기를, "이것을 폐하께 올려 주세요."라고 했다. 측근들이 비단으로 그녀의 목을 조르고는 절의 문에 그 시신을 펼쳐 놓고 마침내 그 비단을 풀었다. 잠시 후에 기운이 돌아와 숨소리가 이어지자 서둘러 비단으로 목을 조르자 마침내 숨이 끊어졌다. 휘사후원길이 군중에게 크게 소리치기를, "도적의 근원이 이제 죽었으니 우리는 근심이 없게 되었다."라고 했다. 이에 북을 울리고 깃발을 휘두르며 대군이 전진했다. 고력사가 돌아와 아뢰고 양귀비가 머리에 썼던 비단을 올렸다. 눈물의 흔적을 보니 모두가 옅은 핏빛과 같았다. 황제가 그 슬픔을 이겨내지 못하고 말하기를, "옛날에도 정한의 감정이 모두 감응하던 것이 있었으니, 순임금의 왕비가 대나무밭에서 울자 반점이 생겼고 양귀비가 지녔던 비단에 피가 맺혔다. 기이하구나."라고 했다. 앞선 부대가 음악을 연주하자 황제가 불쾌하여 제지하려고 하니 고력사가 아뢰기를, "안 됩니다. 오늘의 도리는 우선 인정에 따라야 합니다."라고 했다. '우림(羽林)'은 권1에 나왔다.[29](翰府名談玄宗遺錄. 玄宗一日坐朝, 聞宮中奏霓裳曲. 聽之甚久, 已而俛首不適者.[30] 後刻朝起,[31] 願近侍取筆, 私書於殿柱. 又命取紙副其上, 意不欲人見也. 高力士跪膝前請, 臣晨侍立帝右, 帝聽宮樂, 何聖顔不怡之甚也. 又宸翰親書後楹,[32] 副以外封, 不使人見, 臣竊惑之, 是以敢有請也. 帝仰面長吁曰, 非汝所知也. 上謂力士曰, 朕所書殿柱, 乃半月後當有叛者而志之也. 事纏大禍, 理在不權.[33] 朕早來聽宮樂, 知之也. 吾憂邊臣之將叛, 天下之將亂也. 力士曰, 日近臺諫繼有封章, 言漁陽事, 陛下尙未處置, 豈非此乎. 上曰, 天下

29) 두목의 시 <두추 아가씨를 읊은 시(杜秋娘詩)> "궁녀와 우림군의 의장.(紅粉羽林仗.)"의 주에 보인다.
30) 俛首(면수) : 고개를 숙이다. 不適(부적) : 유쾌하지 않다.
31) 後刻(후각) : 얼마 후에. 朝起(조기) : 일찍 일어나다. 예상한 시간보다 일찍 자리를 떴다는 말이다.
32) 宸翰(신한) : 황제의 글씨.
33) 不權(불권) : 대처하지 못하다.

精兵所聚無如漁陽, 朕旦暮疚懷之,[34] 事以膠固, 無計可解. 力士曰, 祿山吐蕃奴也, 無奇謀遠略. 其所以叛者, 臣知之矣. 上曰, 汝無再言, 令人憒然不樂.[35] 翌日漁陽叛書至, 帝及御前殿詔高力士護六宮, 意留貴妃守宮. 力士奏曰, 陛下留貴妃, 消患乎. 天下謂之如何也. 帝許貴妃從駕. 由承天門西去. 至馬嵬, 前鋒不進, 六師迴合, 侍衛周旋.[36] 帝欲攬轡, 近侍奏曰, 帝且待之. 恐生不測. 力士前曰, 外議籍籍.[37] 皆曰, 楊國忠久盜天機持國柄, 結患邊臣, 幾傾神器,[38] 致天步西遊, 蒙塵萬里, 皆國忠一門之所致也, 是以六軍不進. 請圖之. 俄頃,[39] 有持國忠首奏曰, 國忠謀叛, 以軍法誅之. 帝曰, 國忠非叛也. 力士遽躡帝足曰,[40] 軍情萬變, 不可有此言. 帝悟, 顧左右曰, 國忠族矣.[41] 不久國忠弟妹少長皆爲所殺. 帝曰, 一門死矣, 軍尙不進, 何爲也. 力士奏曰, 軍中皆言禍胎尙在行宮. 帝曰, 朕不惜一人以謝天下. 但恐後世之切譏後宮也. 神衛軍揮使侯元吉前奏, 願斬貴妃首, 懸之于大白旗以令諸軍. 帝怒叱, 元吉曰, 妃子後宮之貴人, 位亞元后之尊, 古者投鼠尙忌器, 何必懸首而軍中方知也, 但令之死則可矣. 力士曰, 此西有古佛廟, 諸軍之歷由路也. 願令妃子死其中, 貴諸軍知也. 汝引妃子從他路去, 無使我見而悲戚也. 力士曰, 陛下不見, 左右不知, 未爲便也. 願陛下面賜妃子死, 貴左右知而慰衆軍之心也. 帝可其奏. 貴妃泣曰, 吾一門富貴傾天下, 今以死謝, 又何恨也. 遽索朝服, 見帝曰, 夫上帝之尊, 其勢豈不能庇一婦人,[42] 使之生乎. 一門俱族而及臣妾, 得無甚乎. 且妾居處深宮, 事陛下未嘗有過失, 外家事, 妾則不知也. 帝曰, 萬口一辭, 牢不可破. 國忠等雖死, 軍師猶未發備, 子死以塞天下之謗. 妃子曰, 願得帝送妾數步, 妾死無憾. 左右引妃子去, 帝起立送之, 如不可步, 而九反顧. 帝涕下交頤. 左右擁妃子行速, 由軍中過, 至古寺. 妃子取擁頂羅, 掩面大慟, 以其羅付力士, 曰, 將

34) 疚懷(구회) : 근심하다.
35) 憒然(궤연) : 심란하다.
36) 周旋(주선) : 둘러싸다.
37) 籍籍(적적) : 여러 사람의 입이 시끄러운 모양.
38) 神器(신기) : 신령한 기물. 국새 같은 것을 가리키며 나라의 권력을 상징한다.
39) 俄頃(아경) : 잠시 후에.
40) 遽(거) : 급히. 躡(섭) : 밟다.
41) 族(족) : 멸족(滅族)하다.
42) 庇(비) : 보호하다.

此進帝. 左右以帛縊之,[43] 陳其尸於寺門, 乃解其帛. 俄而氣復來, 其喘綿綿.[44] 遽用帛縊之, 乃絶. 揮使侯元吉大呼於軍中曰, 賊本以死, 吾屬無患矣. 於是鳴鼓揮旗, 大軍以進. 力士迴奏, 以妃子擁頂羅上進. 視其淚痕, 皆若淡血. 帝不勝其悲曰, 古者情恨之感悉有所應, 舜妃泣竹而爲班, 妃子擁羅而成血, 異矣. 夫前軍作樂, 帝不樂, 欲止之, 力士曰, 不可, 今日之理, 且順人情. 羽林, 出一卷.)

[역자주] 零落(영락) : 사람이 죽는 것을 말한다. 여기서는 양귀비가 죽은 것이다. 羽林(우림) : 궁궐의 호위 부대이다.

35 **[협주]** ≪한서·외척전(外戚傳)≫의 기록이다. 효무제의 이부인은 본래 창기(倡妓)로 입궁했다. 오라버니 이연년(李延年)은 음률에 정통했고 가무에 뛰어났다. 이연년이 황제를 모시는 자리에서 일어나 춤추며 노래하기를, “북방에 미인이 있는데 세상에 없이 홀로 우뚝하네. 한 번 돌아보면 성을 기울게 하고 두 번 돌아보면 나라를 기울게 하네. 어찌 성을 기울게 하고 나라를 기울게 하는 이를 모르는가, 미인은 다시 얻기 어려운 법이지.” 라고 했다.(漢書. 孝武李夫人, 本以倡進. 兄延年知音, 善歌舞. 延年侍上起舞曰, 北方有佳人, 絶世而獨立. 一顧傾人城, 再顧傾人國. 寧不知傾城與傾國, 佳人難再得云.)

36 **[협주]** ≪한무내전(漢武內傳)≫에서 “취굴동(聚屈洞)[45] 안에는 반혼수(反魂樹)[46]가 있다. 그 뿌리를 채취하여 솥에 넣고 물로 삶은 뒤, 즙이 되기를 기다렸다가 바로 찌끼를 걷어내고 센 불로 옻처럼 졸인다. 엉기기를 기다리면 향이 완성된다. 서역의 사신이 말하기를, ‘그 향에는 이름이 여섯 개 있으니, 반혼(返魂), 경정(驚精), 회생(回生), 진단(震壇), 인마정(人馬精), 절사향(節死香)입니다. 그것을 한 말쯤 불사르면 역병으로 죽었던 사람들이 향기를 맡고 다시 살아납니다. 그래서 반혼향(返魂香)이라고 합니다.’라고 했다.”라고 했다.(漢武內傳. 聚屈洞中有反魂樹. 採其根, 於釜中以水煮, 候成汁, 方去滓, 重火煉之如漆. 候凝則香成也. 西國使云, 其香名有六. 一名返魂, 一名驚精, 一名回生, 一名震壇, 一名人馬精, 一名節死香. 燒之一斗許, 凡有疫死者, 聞香再活. 故曰返

---

43) 縊(액) : 목을 조르다.
44) 喘(천) : 숨을 헐떡이다. 綿綿(면면) : 이어지는 모양.
45) 취굴동(聚屈洞) : 신선이 산다는 곳으로, 보통 ‘취굴동(聚窟洞)’이라고 한다.
46) 반혼수(反魂樹) : 혼백을 돌아오게 한다는 나무이다. ‘반혼수(返魂樹)’로도 쓴다.

魂香也.)

37 [역자주] 蜀峰(촉봉) : 촉 땅의 봉우리. 현종이 촉의 성도로 간 것을 말한다. 慘澹(참담) : 참담하다.

38 [역자주] 秦樹(진수) : 진 땅의 나무. 진 땅은 장안 지역을 가리키는데, 여기서는 양귀비가 죽은 곳을 말한다. 微茫(미망) : 아득한 모양.

39 [역자주] 鼎(정) : 우(禹) 임금이 구주(九州)에서 청동을 거두어 만든 아홉 개의 솥으로 국가의 권력을 의미한다. 이 구는 당나라의 왕권이 쉽게 옮겨가지 않는다는 말로 반군을 물리치고 국권을 회복했음을 이끌어낸다.

40 **[협주]** ≪좌전·선공(宣公) 3년≫의 기록이다. 초나라 군주가 육혼(陸渾)의 융족을 정벌하고 마침내 낙수에 이르러 주나라 강토에서 열병식을 가졌다. (주나라 천자인) 정왕(定王)이 왕손만(王孫滿)에게 초나라 군주를 위로하게 하자 초나라 군주가 구정(九鼎)의 크기와 무게에 대하여 물었다. (왕손만이) 대답하기를, "(천사가 되는 것은) 덕에 달려 있지 솥에 달려 있는 것이 아닙니다. 옛날 하나라가 덕이 있자 먼 나라에서 여러 기이한 사물을 그림으로 그려서 올렸고 구주를 다스리는 이들에게 청동을 바치게 하여 종을 주조하여 기이한 사물을 본떴습니다. 모든 기이한 사물이 그 솥에 갖추어지게 해서 백성들로 하여금 신묘한 것과 간악한 것을 알게 했습니다. 그러므로 백성들이 천택이나 산림에 들어가도 불순한 것들을 만나지 않아, 요괴나 도깨비들이 해칠 수 없었습니다. 윗사람과 아랫사람이 화합하여 하늘의 복을 받았던 것입니다. 걸왕에게 어리석은 덕이 있어 솥이 상나라로 넘어간 것이 햇수로 6백 년입니다. 상나라의 주왕이 포학하여 솥은 주나라로 넘어왔습니다. 성왕께서 겹욕(郟鄏)에 솥을 안치하시고 세대 수를 점치자 30대였고 햇수를 점치자 7백 년이었니 하늘이 명한 것입니다. 주나라의 덕이 비록 쇠약해졌으나 하늘의 명은 아직 바뀌지 않았습니다. 솥의 크기는 물으면 안 됩니다."라고 했다.(左傳. 楚子伐陸渾之戎, 遂至於雒, 觀兵于周疆. 定王使王孫滿勞楚子, 楚子問鼎之大小輕重焉. 對曰, 在德不在鼎. 昔夏之方有德也, 遠方圖物, 貢金九牧, 鑄金象物. 百物而爲之備, 使人知神姦. 故民入川澤山林, 不逢不若,[47] 魑魅罔兩,[48] 莫能逢旃.[49] 協于上下,

47) 不若(불약) : 상서롭지 않고 괴악한 존재를 뜻한다
48) 魑魅(이매) : 산이나 소택에 있는 요괴. 罔兩(망량) : 도깨비.

以承天休.[50] 桀有昏德, 鼎遷于商, 載祀六百. 商紂暴虐, 鼎遷於周. 成王定鼎于郟鄏, 卜世三十, 卜年七百, 天所命也. 周德雖衰, 天命未改. 鼎之大小, 未可問也.)

41 **[협주]** ≪자치통감·당기(唐紀)≫에서 "지덕(至德) 2년(757) 경성을 수복하자, 영무에서 태사 위견소(韋見素)에게 촉에 들어가 상황(上皇) 현종을 맞이하게 했다. 함양에 이르자 황제가 법가(法駕)[51]를 준비하여 망현궁에서 맞이했다.(通鑑. 至德二載復京師, 自靈武遣大師韋見素入蜀, 奉迎上皇. 至咸陽, 上備法駕, 迎於望賢之宮. 咸陽, 上備法駕, 迎於望賢宮.[52])

[역자주] 望賢(망현) : 당나라 궁궐의 이름이다. 현종이 촉 땅으로 가다가 이곳에서 쉬었는데 먹을 것이 없었다. 이때 백성들이 음식을 현종에게 갖다 바쳤다.

42 **[협주]** 송(宋) 왕부(王溥) ≪당회요(唐會要)≫의 기록이다. 개원 2년(714) 흥경리의 옛 저택을 흥경궁으로 만들었다. 전에 현종이 태자로 있을 때 송왕(宋王) 이헌(李憲) 등과 흥경리에서 함께 살자, 당시 사람들이 오왕자택(五王子宅)이라고 불렀다. 경룡(景龍) 연간(707-710) 말에 저택 안에 용지(龍池)가 있었는데 물이 솟아 나와 날마다 퍼져서 넓어졌다. 기운을 관찰하는 자가 말하기를, "천자의 기운이 있다."라고 하자 중종이 자주 그곳에 가서 명을 내려 배를 띄우고 코끼리를 몰아 기운을 밟아서 누르게 했으며, 이때 그곳에 궁을 지었다. 뒤에 서쪽과 남쪽에 누대를 세우고 서쪽에 '화악상휘지루(花萼相輝之樓)'라고 적었고 남쪽에 '근정무본지루(勤政務本之樓)'라고 적었다.(唐會要. 開元二年以興慶里舊邸爲興慶宮. 初上在藩邸,[53] 與宋王等同居于興慶里, 時人號曰, 五王子宅. 至景龍末宅內有龍池, 湧出, 日以浸廣. 望氣者云, 有天子氣. 中宗數行其地, 命泛舟以馳象蹈氣以厭之, 至是爲宮焉. 後於西南置樓, 西面題曰, 花萼相輝之樓, 南面曰, 勤政務本之樓.)

43 [역자주] 幽襟(유금) : 가슴 속 깊은 곳의 감회.

---

49) 旃(전) : 지언之焉의 합사로 여기서는 '之'와 같은 뜻이다.

50) 天休(천휴) : 하늘이 내리는 복.

51) 법가(法駕) : 천자가 행차할 때 타는 수레의 법식 중 하나이다.

52) '咸陽, 上備法駕, 迎於望賢宮.'은 중복된 연문이다.

53) 藩邸(번저) : 번왕의 저택. 번왕은 원래 분봉받은 나라의 왕을 가리키는데, 여기서는 현종이 태자일 때 임치왕(臨淄王)에 봉해진 것을 말한다.

44 [역자주] 殷葉(은엽) : 무성한 잎.

45 [역자주] 迸水(병수) : 높은 곳에서 떨어지는 물. 瑤砌(요체) : 옥으로 장식한 계단. 궁궐을 가리킨다.

46 **[협주]** ['하(罅)'는] 호와 가의 반절이며 갈라지다는 뜻이다. 진(晉) 육기(陸機) <위 무제를 추모하는 글(吊魏武帝文)>에서 "미인들로 하여금 옥으로 장식한 방에서 모시게 했다."라고 했다.(呼嫁切, 破裂也. 陸士衡吊魏武帝文, 部[54]窈窕於玉房.[55])

47 **[협주]** 당(唐) 남탁(南卓) ≪갈고록(羯鼓錄)≫의 기록이다. 갈고는 변방 이민족의 악기에서 나왔는데 융갈(戎羯)의 북이기 때문에 갈고라 부른다. 그 음은 태주(太蔟)[56]를 주로 하여 한결같이 조화를 이룬다. 구자부(龜茲部), 고창부(高昌部), 소륵부(疎勒部), 천축부(天竺部)에서 모두 이 북을 사용하는데, 갈고는 도담고(都曇鼓)와 답랍고(答臘鼓)의 아래, 계루고(雞婁鼓) 위에 위치한다. 갈고는 북통이 옻 통 같이 생겼으며 아래에는 상아로 만든 대로 받쳐 놓고, 북채 두 개를 사용하여 친다. 그 소리는 빠르고 맹렬하여 특히 빠른 절주의 악곡에 적합하며, 부수듯이 전쟁터에서 연이어 공격하는 소리를 낸다. 또 높은 누각의 새벽 경치에 적합하여 밝은 달과 맑은 바람 속에 허공을 가르며 멀리 퍼지니 다른 악기들과는 아예 다르다. 또 ≪갈고록≫의 기록이다. 현종은 특히 갈고와 옥피리를 좋아하여 팔음(八音)[57]의 으뜸이라고 했다. 봄비가 막 개어 경치가 맑고 아름다웠는데 현종이 이르기를, "이런 경치를 두고 어찌 그것과 더불어 감상하지 않을 수 있겠는가."라하고 명을 내려 갈고를 가져오게 했다. 난간에 다가가 천천히 두드렸으며 곡명을 <춘광호(春光好)>라고 했다. 복숭아나무와 살구나무를 돌아보니 모두 이 때문에 꽃봉오리가 살짝 터지기에 현종이 웃으면서 말하기를, "이번 일로 나를 천공(天公)이라고 부르지 않는 것이 옳겠는가."라고 했다. ≪통전(通典)≫의 기록이다. 갈고는 바로 옻 통과 같이 생겼는데 양쪽을 모두 친다. 갈족에서 유래했기에 갈고라고 하는데, 또한 양장고(兩杖鼓)라고도 한다.(羯鼓錄. 羯鼓出外夷樂, 以戎羯之鼓, 故曰羯鼓. 其音主太簇, 一均. 龜茲

54) '部'는 '陪'의 잘못이다.
55) 窈窕(요조) : 미인. 여기서는 조조의 후궁을 가리킨다. 玉房(옥방) : 동작대(銅雀臺)를 말한다.
56) 태주(太蔟) : 12율 중 양률(陽律)의 두 번째 율이다
57) 팔음(八音) : 쇠, 돌, 현, 대나무, 호리병, 흙, 가죽, 나무로 만든 악기를 가리킨다.

部高昌部疎勤[58]部天笙[59]部皆用之, 次在都曇答臘鼓之下, 雞婁鼓之上. 緜如漆桶, 下以牙牀承之. 擊用兩枚, 其聲焦殺鳴烈, 尤宜促急曲, 破作戰杖連碎之聲. 又宜高樓曉景, 明月淸風, 碎空透遠, 極異衆樂. 又曰. 明皇尤愛羯鼓玉笛, 云八音之袖[60]. 春雨始晴, 景色明麗, 帝曰, 對此景物, 豈可不與他判斷之乎.[61] 命取羯鼓. 臨軒縱擊, 曲名曰春光好. 迴顧桃杏, 皆以徵拆, 上笑曰, 此一事不喚我作天公, 可乎. 通典. 羯鼓正如漆桶, 兩頭俱擊. 以出羯中, 故號羯鼓. 亦謂之兩杖鼓.)

48 **[협주]** ≪본초(本草)≫에서 "여지(荔枝)의 열매는 영남(嶺南) 및 파주(巴州), 두 곳의 광주군(光州郡)에서 나니, 모두 그것이 있다. 5, 6월 열매가 익을 때 그 지방에서는 모두가 그 아래에서 연회를 하면서 맛을 본다."라고 했다. ≪신당서·양귀비전(楊貴妃傳)≫에서 "양귀비는 여지를 좋아했는데, 반드시 싱싱한 채로 가져와야 했기 때문에 기마를 두어 전송했다. 수천 리를 달려도 맛이 변하지 않은 채 경성에 도착했다.(本草. 荔枝子生嶺南及巴中二光州郡, 皆有之. 五六月盛熟時, 彼方皆爲燕會其下, 以賞之. 唐書. 貴妃嗜荔枝, 必生致之, 乃置騎傳送. 走數千里, 味未變, 至京.)

[역자주] 片段(편단) : 조각으로 깨어지다. 荔枝(여지) : 남방에서 나는 과일. 양귀비가 무척 좋아해서 남방에서 말을 달려 수송했는데, 상하기 전에 빨리 수송하기 위해 도중에 많은 말과 사람이 다치거나 죽었다고 한다.

49 [역자주] 蝸涎(와연) : 달팽이가 지나가면서 남긴 진액을 가리킨다. 蠹(두) : 좀. 좀이 슬다. 畫梁(화량) : 색을 칠해 화려하게 장식한 대들보이다.

50 **[협주]** ≪구당서·현종본기(玄宗本紀)≫의 기록이다. 현종은 태릉(大陵)에 매장되었다.(唐書. 玄宗葬大陵.)

---

58) '勤'은 '勒'의 잘못이다.
59) '笙'은 '竺'의 잘못이다.
60) '袖' 앞에 '領'이 더 있어야 한다.
61) 判斷(판단) : 감상하다.

해설

이 시는 화청궁에 대한 감회를 적은 것이다. 현종과 양귀비가 화청궁에서 향락을 누리다가 안록산의 난으로 양귀비를 죽게 하고 자신은 촉으로 몽진한 사실을 들어 영화의 무상함을 읊었다. 비록 다시 경사를 수복했지만 궁궐은 쇠락했으며 현종 역시 죽고 없는 쓸쓸한 감개를 표현했다. <아방궁을 읊은 부(阿房宮賦)>의 취지와 통한다. 온정균에게 <화청궁 시를 지어서 중서사인 두목에게 화답하다(華淸宮和杜舍人)>라는 시가 있는 것에 착안하여 창작 시기를 중서사인(中書舍人)으로 있던 대중(大中) 6년(852)으로 추정하지만 확실치는 않다.

032. 장안을 주제로 자유롭게 읊은 칠언율시 6수
長安雜題長句六首

제1수

觚稜金碧照山高,[1]	궁궐 모서리의 화려한 빛이 높은 산을 비추니
萬國圭璋捧赭袍.[2]	만국의 신하가 자포를 입은 황제를 받드는데,
舐筆和鉛欺賈馬,[3]	붓을 적시고 흰 안료를 섞음에 가의와 사마상여를 업신여기고
贊功論道鄙蕭曹.[4]	공을 찬양하고 도를 논함에 소하와 조참을 낮게 보네.
東南樓日珠簾卷,[5]	동남쪽 누대의 햇살에 주옥 발을 걷고
西北天宛玉厄豪.[6]	서북쪽 하늘의 대원마는 옥 멍에가 호화로운데,
四海一家無一事,[7]	사해가 한집이 되어 일이 없으니
將軍携鏡泣霜毛.[8]	장군은 거울을 들고 흰머리에 눈물을 흘리네.

주석

1 **[협주]** '고릉(觚稜)'은 이미 권1에 나왔다.62)(觚稜, 已出一卷.)
[역자주] 觚稜(고릉) : 궁궐 건물 지붕의 모서리를 가리킨다. 金碧(금벽) : 금빛과 푸른 빛으로 궁궐 건물의 화려한 색을 말한다.

2 [역자주] 圭璋(규장) : '규'와 '장'은 옥으로 만든 의례 도구인데, 제후가 왕을 조회할 때는 규를 들고 조회 후에는 장을 든다. 여기서는 천자를 모시는 관원을 가리킨다. 赭袍(자

62) 두목의 시 <두추 아가씨를 읊은 시(杜秋娘詩)> "궁궐의 모서리가 북두성과 북극성을 스친다.(觚稜拂斗極.)"의 주에 보인다.

포) : 붉은빛이 감도는 누런 도포로 황제를 가리킨다.

3 **[협주]** ≪장자·전자방(田子方)≫에서 "붓을 적시고 먹을 갈다."라고 했다. ≪문선·서문(序文)≫에서 "순황(荀況)과 송옥(宋玉)이 앞에서 작품을 짓자 가의(賈誼)와 사마상여(司馬相如)가 뒤에서 이를 계승했다.(莊子. 舐筆和墨. 文選序. 荀宋表之於前, 賈馬繼[63]於後.)

[역자주] 舐筆(지필) : 붓에 침을 묻히다. 和鉛(화연) : 흰색 안료를 섞다. 글자를 고칠 때 사용하는 것이다. 이 구는 장안 궁궐에 있는 문인들의 능력이 가의나 사마상여보다 뛰어나다는 말이다.

4 **[협주]** 후한 반고(班固) <서도부(西都賦)>에서 "(미앙궁의) 뜰 좌우는 조정의 백관들이 위치한 곳으로, 소하(蕭何), 조참(曹參), 위상(魏相), 병길(邴吉) 등이 그 위에서 계책을 세운다."라고 했고 ≪문선≫ 여향(呂向)의 주에서 "조정의 백관들이 위치한 곳에는 바로 승상인 소하, 조참, 위상, 병길 등이 있어서 그곳에서 계책을 세운다는 말이다."라고 했다.(西都賦. 左右庭中, 朝堂百寮之位, 蕭曹魏邴, 謀謨乎其上.[64] 注. 朝廷百寮之位, 卽有丞相蕭何曹參魏相邴吉等, 爲謀謨.)

5 **[협주]** 진(晉) 왕가(王嘉) ≪습유기(拾遺記)≫의 기록이다. 후조(後趙)의 무제(武帝) 석호(石虎)는 40장(丈)의 누대를 세우고 주옥을 엮어 발을 만들었으며 오색의 옥패를 드리웠다.(拾遺記. 石虎起四十丈樓, 結珠爲簾, 垂五色玉珮.)

6 **[협주]** 본집의 주에서 "≪시경·대아(大雅)·한혁(韓奕)≫에서 '가죽 고삐와 청동 고리이다.'라고 했는데, 대체로 작은 고리를 말한다."라고 했다. ≪한서·장건이광리전(張騫李廣利傳)≫에서 "애초에 무제가 ≪주역≫을 펴서 점을 치니, '신마(神馬)가 마땅히 서북쪽에서 올 것이다.'라고 했다. 오손(烏孫)의 말을 얻어 이름을 천마(天馬)라고 했는데, 대원(大宛)에서 한혈마(汗血馬)를 얻자 오손의 말은 서극마(西極馬)라고 이름을 바꾸고 대원의 말을 천마라고 했다."라고 했고, 안사고의 주에서 "'발서역(發書易)'은 ≪주역≫을 열어 점을 치는 것을 말한다."라고 했다.(本注. 詩曰, 鞗革金厄. 蓋小環. 漢書. 初天子發書易, 曰神馬當從西北來. 得烏極[65]馬, 號曰天馬, 及得宛汗血馬, 更名烏孫馬西極

63) '繼' 뒤에 '之'가 더 있어야 한다.
64) 謀謨(모모) : 계책을 세우다.

馬, 號宛馬曰天馬. 注. 發書易, 謂發易書卜.)

[역자주] 天宛(천원) : 대원에서 나는 말을 가리킨다. 戹(액) : 수레를 끄는 말의 목에 맨 가로막대이다.

7 **[협주]** ≪한서·고제본기(高帝本紀)≫에서 "천자는 사해를 집안으로 여긴다."라고 했다. (漢高紀. 天子以四海爲家.)

8 [역자주] 霜毛(상모) : 서리 내린 눈. 백발을 말한다.

제2수

晴雲似絮惹低空,[1]	갠 날의 구름은 솜과 같아 공중에 나지막이 날고
紫陌微微弄袖風.[2]	자줏빛 도로에는 살랑살랑 바람이 소매를 희롱하는데,
韓嫣金丸莎覆綠,[3]	한언의 금 탄환은 푸른 사초에 덮여 있고
許公韉汗杏黏紅.[4]	허공의 말 안장에는 붉은 살구가 붙어있네.
煙生窬窱深東第,[5]	안개가 그윽이 이는 동제는 깊고
輪撼流蘇下北宮.[6]	수레바퀴는 오색실 흔들며 북궁으로 내려가는데,
自笑苦無婁護智,[7]	정말 누호의 지혜가 없음을 스스로 비웃나니
可憐鉛槧竟何功.[8]	가엽구나, 문필로써 도대체 무슨 공을 쌓겠는가.

주석

1 [역자주] 惹(야) : 이끌다.

2 [역자주] 紫陌(자맥) : 경성 교외의 도로를 말한다.

3 **[협주]** ≪서경잡기(西京雜記)≫의 기록이다. 한(漢)나라 한언(韓嫣)은 탄환을 가지고 다니기를 좋아했는데, 항상 금으로 탄환을 만들었다. (하루에) 잃어버리는 것이 십여 개나

65) '極'은 '孫'의 잘못이다.

되자 장안 사람들이 그에 대해 말하기를, “만약 배고프고 추우면 탄환을 좇아라.”라고 했다. 경성의 아이들은 한언이 탄환을 쏘러 나간다는 말을 들을 때마다 그를 따라가면서 탄환이 떨어지는 곳을 바라보고는 그것을 주웠다.(西京雜記. 韓嫣好俠彈, 常以金爲丸. 有所失者, 十餘, 長安爲之語曰, 若[66]饑寒, 逐彈丸. 京師兒童每聞嫣出彈, 輒隨往, 望丸所落而拾之.)

[역자주] 莎(사) : 습지에 자라는 풀인 사초(莎草)이다. 이 구는 장안의 사람들이 부유하여 한언과 같은 이가 쏘아 놓은 금 탄환을 줍지 않는다는 말이다.

4 **[협주]** ‘허공의 안장(許公韉)’은 첨주(添注)에 보인다.[67] ≪초학기(初學記)≫에 “진흙이 튀는 것을 막는 말다래[장니(障泥))]가 장한(障汗)[68]이다. 등한(登汗)이라고도 한다.”라고 했고 ≪염철론(鹽鐵論)≫에서는 ‘엄한(弇汗)’이라고 했다.(許公韉見添注. 初學記. 障泥, 障汗. 亦曰, 登汗. 鹽鐵論曰, 弇汗.)

[역자주] 許公(허공) : 수나라 양제(煬帝) 때 대장군을 역임한 우문술(宇文述)을 가리킨다. 그는 허국공(許國公)에 봉해졌다. 기이한 장식과 복장을 좋아했다. 韉汗(천한) : 말의 앞다리와 가슴 부위에서 나는 땀이 튀는 것을 막기 위해 댄 장식을 말한다. 黏(점) : 붙어 있다. 이 구는 장안 사람이 말에 화려한 장식을 했다는 말이다.

5 **[협주]** ≪문선≫ 동한(東漢) 왕연수(王延壽)의 <노영광전부(魯靈光殿賦)>에서 “깊은 내실은 그윽하고 깊다.”라고 했다. ≪한서·사마상여전(司馬相如傳)≫에서 “늘어선 동쪽의 좋은 집에 살게 된다.”라고 했고, 안사고의 주에서, “‘동제(東第)’는 훌륭한 저택인데 황성의 동쪽에 있어서 동제(東第)라고 했다.”라고 했다.(選. 獸[69]靈光殿賦曰, 洞房窈窱而迷邃.[70] 漢書, 司馬相如傳, 居列東第. 注, 東第, 甲第, 居帝城之東, 故東第也.)

[역자주] 窈窱(요조) : 그윽한 모양.

6 **[협주]** 서진 좌사(左思) <오도부(吳都賦)>에서 “화려한 비단 휘장을 펼치고 깃털 장식을 이어 놓았다.”라고 했고 ≪문선≫ 여향의 주에 “‘유소(流蘇)’는 오색의 깃털로 휘장을

---

66) 현재 전하는 ≪서경잡기(西京雜記)≫에는 ‘若’이 ‘苦’로 되어 있다.
67) 권2의 첨주(添注)에 보인다.
68) 장한(障汗) : 장니(障泥)의 다른 이름으로, 말을 탄 사람의 옷에 흙이 튀지 않게 말의 배에 대는 기구이다.
69) ‘獸’는 ‘魯’의 잘못이다.
70) 迷邃(미수) : 어둡고 깊다.

수식하여 거실의 문에 드리운 것이다."라고 했다. ≪권유록(倦遊錄)≫에서 "'유소(流蘇)'는 바로 네 모서리에 실을 휘감아 수를 놓은 공 모양의 수식이다. 오색으로 고리를 맺어 아래로 드리운 것이다. '유소장(流蘇帳)'이라는 것은 옛사람들이 휘장의 네 모서리에 매달아 장식한 것이다."라고 했다. ≪한서·곽광전(霍光傳)≫의 안사고 주에서 "북궁(北宮)은 미앙궁(未央宮)의 북쪽에 있다."라고 했다.(吳都賦. 張組幃, 構流蘇. 注. 流蘇, 五色羽飾帷, 而垂之軒門也. 倦遊錄. 流蘇, 乃是四角繫盤縷綸繡之毬, 五色同心而下垂者. 流蘇帳者, 古人繫帳之四隅, 以爲飾耳. 漢書, 霍光傳, 注. 北宮, 在未央宮北.)

[역자주] 撼(감) : 흔들다.

7 **[협주]** ≪한서·누호전(樓護傳)≫의 기록이다. 누호는 자가 군경(君卿)으로, 경조리(京兆吏)를 지내면서 큰 명성을 얻었다. 당시에 왕(王)씨가 한창 성하여 빈객들이 집안에 가득했으니 오후(五侯)[71] 형제들은 이름을 다투었다. 그 문객들은 각각 후한 대접을 받았지만 서로 왕래하지는 못했는데 오직 누호만이 그들 집안에 모두 출입하면서 모두 환대를 받았다. 곡영(谷永)과 함께 오후의 상객이었기에 장안 사람들이 말하기를, '곡영의 글과 누호의 말'이라고 했으니, 그들이 신용을 받은 것을 말하는 것이다.(漢書. 婁[72]護, 字君卿, 爲京兆吏, 甚得名譽. 是時王氏方盛, 賓客滿門, 五侯爭召[73]. 其客各有所厚, 不得左右,[74] 唯護盡入其門, 咸得驩心. 與谷永俱爲五侯上客, 長安語曰, 谷子雲筆札, 婁君卿脣舌. 言其見信用也.)

8 **[협주]** ≪서경잡기(西京雜記)≫에서 "양웅(楊雄)은 흰색 분가루를 지니고 나무판을 든 채 계리(計吏)를 좇아 사방의 언어를 찾아 ≪방언(方言)≫을 지었다."라고 했다.(西京雜記. 楊雄懷鉛提槧, 從計吏, 訪四方語, 作方言.)

[역자주] 鉛槧(연참) : 흰색 분가루를 칠한 붓과 나무판으로 글자를 쓰는 도구이다. 여기서는 문장을 비유한다.

---

71) 오후(五侯) : 한(漢) 성제(成帝)의 외숙으로 제후에 봉해진 왕씨(王氏) 다섯 형제를 가리킨다.
72) 누호의 성 '婁'는 '樓'로 많이 쓴다.
73) '召'는 '名'의 잘못이다.
74) 左右(좌우) : 지나가다 들른다는 말이다.

제3수

雨晴九陌鋪江練,[1]	비가 개니 아홉 갈래 큰길은 강에 명주를 펼친 듯하고
嵐嫩千峰疊海濤.[2]	산안개 옅으니 천 개 봉우리는 바다에 파도가 겹친 듯하며,
南苑草芳眠錦雉,[3]	남원에 풀이 향기로우니 화려한 꿩이 잠들고
夾城雲暖下霓旄.[4]	협성에 구름이 따뜻하니 무지개가 드리웠네.
少年羈絡青文玉,[5]	젊은이는 푸른 문양의 옥을 말에 매었고
遊女花簪紫蒂桃.[6]	나들이 여인은 자줏빛 꽃받침의 복사꽃을 머리에 꽂았는데,
江碧柳深人盡醉,	강은 푸르고 버들 무성하여 사람들 모두 취했지만
一瓢顏巷日空高.[7]	바가지 물을 마시는 안회의 골목에는 해만 공연히 높네.

주석

1 **[협주]** ≪십도지≫에서 “서진(西晉) 혜제(惠帝)는 장안성을 따라 성안에 아홉 개의 길을 만들었다.”라고 했다. 사조(謝朓)의 시 <저녁에 삼산(三山)에 올라 경성을 둘러보다(晚登三山還望京邑)>에서 “맑은 강은 명주처럼 잔잔하다.”라고 했다.(十道志. 惠帝逐長安城, 城中作九陌. 謝眺詩. 澄江靜如練.)

[역자주] 九陌(구맥) : 장안의 아홉 갈래 큰길. 鋪江練(포강련) : 강에 펼쳐 놓은 비단. 비단은 아름다운 강을 비유하는데, 여기서는 다시 장안의 큰길을 비유한다.

2 [역자주] 嵐嫩(남눈) : 산에 어린 기운이 부드럽다.

3 **[협주]** ‘남원(南苑)’은 권1에 나왔다.[75] 반악(潘岳)의 <사치부(射雉賦)>에서 “날개 달린 몸체가 찢어져 떨어지는데, 빠르기가 부서지는 비단 같네.”라고 했다.(南苑, 出一卷. 潘岳射雉賦, 毛體雄[76]落, 霍若破錦.[77])

---

75) 두목의 시 <두추 아가씨를 읊은 시(杜秋娘詩)> “남원 기러기가 막 날아왔다.(南苑鴈初飛.)”의 주에 보인다.

76) ‘雄’은 ‘摧’의 잘못이다.

[역자주] 南苑(남원) : 장안성 곡강(曲江) 인근에 있던 황제의 정원이다. 錦雉(금치) : 비단 같이 화려한 깃을 가진 꿩.

4 **[협주]** '협성(夾城)'은 권1에 나왔다.78)(夾城, 出一卷.)

[역자주] 夾城(협성) : 현종이 부용원 등으로 행차할 때 다른 사람들이 보지 못하게 성벽을 따라 양쪽으로 높이 담을 쌓아 올린 길을 말한다. 霓旄(예모) : 무지개를 말한다.

5 [역자주] 羈絡(기락) : 말의 굴레.

6 [역자주] 蔕(체) : 꽃이나 열매가 가지에 붙어 있는 부분을 말한다.

7 **[협주]** ≪논어·옹야(雍也)≫에서 "공자가 말씀하기를, '훌륭하구나 안회여. 밥 한 그릇과 물 한 바가지로 누추한 골목에 사는 것을 남들은 그 근심을 견뎌내지 못하는데 안회는 자신의 즐거움을 바꾸지 않으니 훌륭하구나 안회여.'라고 했다."라고 했다.(論語. 子曰, 賢哉, 回也. 一簞食, 一瓢飮, 在陋巷, 人不堪其憂, 回也, 不改其樂, 賢哉, 回也.)

[역자주] 顏(안) : 공자의 제자인 안회로, 여기서는 가난하게 사는 두목 자신을 가리킨다.

제4수

束帶謬趨文石陛,1　　관복의 띠를 매고 외람되이 궁전의 섬돌에서 종종거리고

有章曾拜皀囊封.2　　상소문은 검은 비단 주머니에 봉해 바친 적이 있었는데,

期嚴無奈睡留癖,3　　기한이 엄해도 낮잠 자는 습관은 어쩔 수 없고

勢窘猶爲酒泥慵.4　　상황이 다급해도 오히려 술에 곤죽이 되어 게을렀지.

偸釣侯家池上雨,5　　몰래 공후의 집에서 낚시하는데 연못엔 비가 오고

醉吟隋寺日沈鍾.6　　수나라 때의 절에서 취해 읊조리며 날마다 술독에 빠졌으니,

九原可作吾誰與,7　　죽음에서 살아날 수 있다면 나는 누구와 함께할까

師友瑯琊邴曼容.8　　스승 같은 벗인 낭야의 병만용이지.

---

77) 霍(곽) : 빠르다.

78) 두목의 시 <두추 아가씨를 읊은 시> "이끼가 낀 협성의 길을 간다.(莓苔夾城路.)"의 주에 보인다.

주석

1 **[협주]** ≪논어·공야장(公冶長)≫에서 "공서적(公西赤)은 관복의 띠를 매고 조정에 서서 빈객과 말하게 할 수 있다."라고 했다. '문석폐(文石陛)'는 이미 위에 나왔다.[79] (論語. 子曰, 赤也, 束帶立於朝, 可使與賓客言也. 文石陛, 已出上.)

[역자주] 束帶(속대) : 관복의 띠를 매다. 謬(류) : 잘못되다. 외람되다. 겸손의 표현이다. 趨(추) : 종종걸음으로 다니다. 궁궐 등에서 공손하게 다니는 모습이다. 文石陛(문석폐) : 무늬 있는 돌로 만든 계단으로 궁궐을 가리킨다.

2 **[협주]** ≪후한서·채옹전(蔡邕傳)≫에서 "조서를 내려 이르기를, '경학에 따라 자세히 대답하여 검은 비단 주머니에 봉하여 올려라.'라고 했다."라고 했으며 이현(李賢)의 주에서 "≪한관의(漢官儀)≫에 이르기를, '무릇 상소문은 모두 봉한 것을 뜯어 열도록 했는데, 그것이 비밀스러운 일을 말했을 경우는 검은 비단 주머니로 봉했다.'라고 했다."라고 했다.(後漢, 蔡邕傳. 詔曰, 具對經術, 以皂囊封上. 注. 漢官儀曰, 凡章表皆啓封, 其言密事, 得皂囊也.)

[역자주] 皂囊(조낭) : 검은색 비단 주머니.

3 [역자주] 無奈(무내) : 어찌할 수가 없다. 癖(벽) : 습관.

4 **[협주]** '니(泥)'는 노와 계의 반절이며 막혀서 통하지 않는다는 뜻이다.(泥, 怒計切, 滯陷不通也.)

[역자주] 窘(군) : 급하다. 泥(니) : 술에 취해 곤죽이 되는 것을 말한다.

5 **[협주]** 한유(韓愈) <홀로 낚시하다(獨釣)>에서 "공후 집의 숲속 별장이 아름다운데, 우연히 들어가 낚싯대를 드리울 수 있었다."라고 했다.(韓公, 獨釣詩. 侯家林館勝, 偶入得垂竿.)

6 [역자주] 隋寺(수사) : 수나라 때 지은 절로 어느 절인지는 분명치 않으나 장안에 있던 대흥선사(大興善寺)라는 설이 있다. 沈鍾(침종) : 술독에 빠지다. '종'은 술을 담는 용기의 이름이다.

---

79) 두목의 시 <화청궁을 읊은 시 30유(華淸宮三十韻)> "궁전의 섬돌은 푸른 이끼에 덮여 있다.(文陛壓靑蒼.)"의 주에 보인다.

7 **[협주]** ≪예기·단궁하(檀弓下)≫의 기록이다. 조문자가 숙예와 더불어 구원(九原)을 바라보다가 조문자가 말하기를, "죽은 사람이 만약 살아날 수 있다면 나는 누구와 함께할까요?"라고 하자 숙예가 말하기를, "아마도 양처보(陽處父)일 것입니다."라고 했고, 정현의 주에서 "'작(作)'은 일어나다는 뜻이다."라고 했다.(禮記. 趙文子與叔譽觀乎九原, 文子曰, 死者如可作也, 吾誰與歸. 叔譽曰, 其陽處父乎. 注. 作, 起也.)

[역자주] 九原(구원) : 원래는 춘추시대 진(晉)나라 경대부(卿大夫)의 묘지였는데 이후로 무덤을 가리키게 되었다.

8 **[협주]** ≪순자(荀子)·성악(性惡)≫에서 "사람은 반드시 장차 어진 스승을 구하여 섬기고, 어진 벗을 선택하여 사귀어야 한다."라고 했다. ≪한서·왕공량공포전(王貢兩龔鮑傳)≫에서 "낭야(琅邪) 사람 병한(邴漢)의 조카인 병만용(邴曼容) 역시 뜻을 기르고 자신을 잘 수양했다. 관직은 6백석을 넘기지 않으려고 하여 바로 스스로 사임하고 떠나니 그 명성이 병한보다 나았다."라고 했다. ≪한서·유림전(儒林傳)≫에서 낭야 사람 병단(邴丹)은 자가 만용(曼容)으로 청렴하다는 명성으로 유명했다."라고 했다.(孫卿子. 人必將求賢師而事之, 擇良友而友之. 漢書. 瑯琊邴漢兄子曼容, 亦養志自修. 爲官不肯過六百石, 輒自免去, 其名過出於漢. 儒林傳. 瑯琊邴丹, 字曼容, 著淸名.)

[역자주] 師友(사우) : 스승처럼 가르침을 줄 수 있는 벗.

제5수

洪河淸渭天池濬,[1] 넓은 황하와 맑은 위수는 천지의 물길이고
太白終南地軸橫.[2] 태백산과 종남산은 지축을 가로질렀으며,
祥雲輝映漢宮紫,[3] 상서로운 구름이 비추니 한나라 궁궐은 자줏빛이고
春光繡畵秦川明.[4] 봄빛에 수놓은 그림 같아 진천은 밝네.
草妬佳人鈿朶色,[5] 풀은 미인의 꽃 모양 장식의 빛을 시샘하고
風迴公子玉銜聲.[6] 바람은 공자의 옥 재갈 소리에 되돌아가는데,
六飛南幸芙蓉苑,[7] 여섯 필의 날쌘 말로 남쪽 부용원으로 행차하니
十里飄香入夾城.[8] 십 리에 퍼지는 향이 협성으로 들어가네.

주석

1 **[협주]** 후한 반고(班固)의 <서도부(西都賦)>에서 "넓은 황하와 경수 위수 등의 강으로 둘러싸여 있다."라고 했고 ≪문선≫ 유량(劉良)의 주에 "홍하(洪河)는 황하이고, 경(涇)과 위(渭)는 두 강의 이름이다."라고 했다. 서진(西晉) 반악(潘岳)의 <서정부(西征賦)>에서 "북쪽에는 맑은 위수와 탁한 경수가 있다."라고 했다. ≪장자·소요유(逍遙遊)≫에서 "남명(南溟)이라는 것은 천지(天池)이다."라고 했다. (西都賦. 帶以洪河涇渭之流. 注, 洪[80], 大河也, 涇渭, 二水名. 西征賦. 北有淸渭濁[81]. 莊子. 南溟者, 天池也.)
[역자주] 天池(천지) : 바다를 뜻한다. 濬(준) : 물길이 통하다.

2 **[협주]** ≪당육전(唐六典)≫에서 "관내도(關內道)는 옛 옹주(雍州)의 경내이다. 그곳의 명산으로 태백산(大白山)이 있으니, 태백산은 경조(京兆) 무공현(武功縣)에 있다."라고 했다. 후한 장형(張衡)의 <서경부(西京賦)>에서 "앞에 있는 것은 종남산(終南山)과 태일산(太一山)이다."라고 했는데, (≪문선≫ 이선의 주에) ≪오경요의(五經要義)≫에서 "태일(大一)은 일명 종남산으로, 부풍 무공현에 있다."라고 한 것을 인용하고는 "종남산은 산의 전체 이름이고, 태일은 한 산의 다른 이름이다."라고 했다. 서진(西晉) 목화(木華)의 ≪해부(海賦)≫에서 "(그 모습은) 또 지축(地軸)과 같아서 솟구쳐 맴돈다."라고 했고, ≪문선≫ 이선의 주에 "≪하도괄지상(河圖括地象)≫[82]에, '지하에 네 개의 기둥이 있는데 폭이 4만 리이고 3천 6백 개의 축이 있다.'라고 했다."라고 했다.(唐六典. 關內道, 古雍州之境. 其名山有大白山, 大白山在京兆武功縣. 西京賦. 於前則終南大一. 引五經要義曰, 大一, 一名終南山, 在扶風武功縣. 終南山, 山之總名, 大一, 一山之別號也. 海賦. 又似地軸, 挺拔而爭廻.[83] 注. 河圖括地象曰, 地下有四柱, 廣十萬里, 有三千六百軸.)

---

80) '洪' 뒤에 '河'가 더 있어야 한다.
81) '濁' 뒤에 '涇'이 더 있어야 한다.
82) ≪하도괄지상도(河圖括地象圖)≫ : 옛날에 우(禹)임금이 치수를 할 때 얻었다고 하는 지리서(地理書)이다. 오래전에 일실되었는데 명(明) 손곡(孫穀)이 산결(殘缺)된 것을 집록(輯錄)하여 ≪고미서(古微書)≫에 수록했다.
83) 挺拔(정발) : 위로 솟구치다. 爭廻(쟁회) : 다투어 맴돌다.

3 [역자주] 漢宮(한궁) : 여기서는 당나라 궁궐을 가리킨다.

4 [역자주] 秦川(진천) : 진령(秦嶺) 북쪽의 평원을 가리키는 지명으로 여기서는 장안 일대를 가리킨다.

5 [역자주] 鈿朵(전타) : 금, 은, 조개, 옥 등으로 만든 꽃봉오리 모양의 장식이다.

6 [역자주] 玉銜(옥함) : 옥으로 장식한 재갈.

7 **[협주]** ≪한서·원앙전(袁盎傳)≫에 "여섯 필의 빠른 말을 몰다."라고 했고 안사고의 주에서 "여섯 필 말의 빠르기가 나는 듯하다."라고 했다. 당(唐) 유속(劉餗) ≪전기(傳記)≫에서 "경성의 부용원(芙蓉園)은 원래 이름이 곡강원(曲江園)이다. 수(隋) 문제(文帝)가 '곡(曲)'이라는 이름이 바르지 않다는 이유로 그것을 바꿨다."라고 했다.(漢書袁盎傳, 騁六飛. 注. 六馬之疾, 若飛也. 傳記. 京師芙蓉園者, 本名曲江園. 隋文帝以曲名不正, 改之.)

[역자주] 六飛(육비) : 황제의 수레를 끄는 여섯 마리의 말을 가리킨다.

8 **[협주]** ≪신당서·양귀비전(楊貴妃傳)≫에서 "매년 10월에 황제가 화청궁에 행차하면 [양씨(楊氏)] 다섯 집안의 수레와 말이 모두 따르고 양국충(楊國忠)은 검남절도사(劍南節度使)의 깃발을 가지고 인도했다. 빠뜨린 비녀와 떨어뜨린 신발이 길에 즐비하고 향내가 수십 리까지 풍겼다."라고 했다. 양(梁) 왕훈(王訓)의 <영무시(詠舞詩)>에서 "웃는 모습에 천금이 오가고, 옷의 향기는 십 리까지 퍼진다."라고 했다.(唐書, 楊貴妃傳. 每十月帝幸華清宮, 五宅車騎皆從, 國忠導以劍南旗節. 遺鈿墮舃, 狼藉於道, 香聞數十里. 梁王訓詠舞詩, 笑態千金動, 衣香十里傳.)

[역자주] 夾城(협성) : 현종이 부용원 등으로 행차할 때 다른 사람들이 보지 못하게 성벽을 따라 양쪽으로 높이 담을 쌓아 올린 길을 말한다.

제6수

豐貂長組金帳輩,[1]	진귀한 담비 꼬리에 긴 인끈을 찬 김씨와 장씨의 무리
駟馬文衣許史家.[2]	네 마리 말의 수레에 화려한 옷을 입은 허씨와 사씨의 집안,
白鹿原頭迴獵騎,[3]	백록원 위에서 사냥하는 말을 돌리고
紫雲樓下醉江花.[4]	자운루 아래에서 강가의 꽃에 취하네.
九重樹影連清漢,[5]	구중궁궐의 나무 그림자는 맑은 한수에 이어지고

萬壽山光學翠華.[6]	만수산의 빛은 물총새 깃 장식 의장을 닮았는데,
誰識大君謙讓德,[7]	천자의 겸양지덕을 누가 알겠는가
一毫名利鬪蠅蟆.[8]	터럭 같은 명리는 맹꽁이와 두꺼비의 싸움일 뿐이니.

주석

1 [역자주] 豐貂(풍초) : 진귀한 담비 꼬리로 고대 제왕의 측근들이 관에 장식했던 것이다. 長組(장조) : 긴 인끈. 고위관원을 상징한다. 金帳輩(김장배) : '장'은 협주의 내용으로 보아 '張'의 잘못이다. 한나라 때의 권신인 김일제(金日磾)와 장안세(張安世) 무리를 말한다.

2 **[협주]** 위(魏) 어환(魚豢) ≪전략(典略)≫에서 "위나라 유정(劉楨)이 말하기를, '신귀한 담비의 꼬리를 황제를 모시는 신하의 두건에 매었네.라고 했다."라고 했다. 장정견(張正見)의 <염가행(艶歌行)>에서 "창을 잡고 붉은 땅의 조정에서 좇고, 진귀한 담비 꼬리를 달고 건장궁(建章宮)에 들어간다."라고 했다. '장조(長組)'는 권1의 "허리에 기다란 인끈을 늘어뜨리다."에 보인다.[84] ≪한서≫에서 "상산사호(商山四皓)의 <채지가(採芝歌)>에서 '네 마리 말이 끄는 높은 수레를 타는 이들이여, 그 근심이 매우 크다.'라고 했다."라고 했다. ≪한서·개관요전(蓋寬饒傳)≫에 "위로는 허씨(許氏)나 사씨(史氏) 같은 가문도 없고, 아래로는 김일제나 장안세 같은 의지할 곳도 없는 사람입니다."라고 했는데, 응소(應劭)가 주에서 말하기를, "허백(許伯)은 선제(宣帝) 황후의 부친이고, 사고(史高)는 선제의 외가이다. '김(金)'은 김일제이고, '장(張)'은 장안세(張安世)이다."라고 했으며, 안사고가 주에서 말하기를, "허씨와 사씨는 외척의 은총이 있었고, 김씨와 장씨는 스스로 친근함에 의지했다."라고 했다. 서진 좌사(左思) <영사시(詠史詩)>에서 "아침엔 김씨와 장씨의 누관에 모이고, 저녁엔 허씨와 사씨 집에서 잔다."라고 했다.(典略. 劉貞[85])

84) 두목의 시 <선주에서 부임하러 경사로 들어가다가 도중에 선주로 돌아가는 배탄 판관을 만났기에 써서 주다(自宣州赴官入京, 路逢裴坦判官歸官, 因題贈)>이다

85) '貞'은 '楨'의 잘못이다.

曰, 豐貂之尾, 綴侍臣之幘. 帳[86]正見艶歌, 執戟追丹地, 豐貂入建章. 長組, 見一卷要下文[87]二組. 漢書. 四皓採芝歌, 駟馬高蓋, 其憂甚大. 漢書. 上無許史之屬, 下無金張之托. 應劭曰, 許伯, 宣帝皇后父, 史高, 宣帝外家也. 金, 金日磾也, 張, 張安世也. 師古曰, 許氏史氏有外屬之恩, 金氏[88]自託在於近狎也. 左太冲, 詠史詩. 朝集金帳[89]館, 莫宿許史家云云.)

[역자주] 駟馬(사마) : 네 마리 말이 끄는 수레를 뜻하는데 고위관원을 상징한다. 文衣(문의) : 화려한 복장.

3 **[협주]** ≪통전(通典)≫에서 "진(晉) 목제(穆帝) 영화(永和) 10년(354) 환온(桓溫)이 지금의 경조부 만년현 백록원에서 행건(行健)을 토벌하다가 전투에서 졌다.(通典. 晉穆帝永和十年, 桓溫討行健於今京兆府萬年縣白鹿原, 戰敗云.)

[역자주] 白鹿原(백록원) : 섬서성 남전현(藍田縣) 서쪽에 있는 지명이다.

4 **[협주]** ≪송창록(松窓錄)≫의 기록이다. 곡강지는 본래 진(秦)나라 때 굽이진 긴 물섬에 있었다. 당나라 개원 연간(713-741)에 물길을 터서 명승지로 만들었다. 남쪽은 자운루(紫雲樓)와 부용원(芙蓉園)이고, 북쪽은 행원(杏園)과 자은사(慈恩寺)이다.(松窓錄. 曲江池, 本秦時隑州.[90] 唐開元中疏鑿爲勝境[91]. 南則紫雲樓芙蓉園, 北則杏園慈恩寺.)

[역자주] 紫雲樓(자운루) : 장안의 곡강지(曲江池) 남쪽에 있던 누대이다.

5 **[협주]** 송옥(宋玉)의 초사(楚詞) <구변(九辯)>에서 "임금님의 문은 아홉 겹이구나."라고 했다.(楚詞. 君之門以九重.)

[역자주] 淸漢(청한) : 은하수. 맑은 하늘.

6 **[협주]** ≪시경·소아(小雅)·천보(天保)≫에서 "남산같이 장수하여, 이지러지지 않고 무너지지 않는다."라고 했다. 후한 장형(張衡) <남도부(南都賦)>에서 "물총새 깃털의 일산(日傘)을 바라보니 선명하고 아름다우며, 해와 달을 그린 깃발을 세우니 치렁치렁하네."

---

86) '帳'은 '張'의 잘못이다.
87) '文'은 '丈'의 잘못이다.
88) 안사고의 주에는 '金氏' 뒤에 '張氏'가 더 있다.
89) '帳'은 '張'의 잘못이다.
90) 隑州(기주) : 길게 굽이진 물에 있는 섬.
91) 疏鑿(소착) : 땅을 파서 물길을 트다.

라고 했고 ≪문선≫ 유량(劉良)의 주에 "'취(翠)'는 일산이다."라고 했다.(詩, 如南山之壽, 不騫不崩.[92] 南都賦, 望翠華兮葳蕤, 建太常兮裶裶.[93] 注. 翠, 華蓋也.)

[역자주] 萬壽山(만수산) : 천자의 만수무강을 기원하는 산. 여기서는 종남산을 가리킨다. 翠華(취화) : 황제의 의장으로 물총새 깃으로 장식한 깃발이나 수레 덮개를 말한다.

7 **[협주]** 본집의 주에 "성상(聖上)께서는 존호를 받지 않았다."라고 했다. 반악(潘岳) 적전부(藉田賦)에서 "대군께서 이르셨다."라고 했고 ≪문선≫ 여향의 주에 "'대군(大君)'은 천자이다."라고 했다.(本注, 聖上不受徽. 籍田賦. 大君戾止.[94] 注, 大君, 天子也云云.)

[역자주] 大君(대군) : 천자를 칭하는 말로, 여기서는 선종(宣宗)을 가리킨다. 謙讓德(겸양덕) : 양보하는 미덕이다. 대중 3년(849) 선종이 황하와 황수(湟水)가 만나는 지역을 수복한 뒤에 신하들이 존호(尊號)를 올렸지만 사양했다.

8 **[협주]** ≪한서·무제본기(武帝本紀)≫에서 "한 무제 원정(元鼎) 5년(기원전 112) 가을 맹꽁이와 두꺼비가 싸웠다."라고 했고 안사고의 주에서 "'와(鼃)'는 맹꽁이다. 두꺼비와 비슷한데 다리가 길고 그 색깔은 푸르다. 독음은 하와 와의 반절이다. '하(蝦)'는 독음이 하이고, '마(蟆)'는 독음이 마이며, '맹(黽)'은 독음이 막과 행의 반절이다."라고 했다.(漢武帝元鼎五年秋, 鼃蝦蟆鬬. 注, 鼃, 黽也. 似蝦蟆而長脚, 其色青. 音, 下媧反. 蝦, 音遐, 蟆, 音痲, 黽, 音莫幸反.)

해설

이 시는 두목이 장안의 여러 명소를 둘러보며 지은 연작시이다. 공간적으로는 가까이 장안성 안팎의 경치를 노래하고, 멀리는 장안 주변의 황하와 위수, 태백산과 종남산을 읊었다. 화려한 장안의 경관을 묘사한 뒤에 뜻을 제대로 펴지 못하는 자신의 처지와 이권만 다투는 당시의 세태를 한탄했다. 창작 시기는 대개 대중(大中) 4년(850)으로 추정한다.

---

92) 騫(건) : 이지러지다.

93) 葳蕤(위유) : 무성하고 아름다운 모양. 太常(태상) : 왕의 깃발로 해와 달을 그렸다. 裶裶(비비) : 길게 늘어뜨린 모양.

94) 戾止(여지) : 이르다. 도착하다.

033. 황하와 황수가 만나는 지역
河湟[1]

元載相公曾借箸,[2] 원재 상공이 일찍이 계책을 세웠고
憲宗皇帝亦留神.[3] 헌종 황제 또한 관심이 많았는데,
旋見衣冠就東市,[4] 얼마 뒤 원재가 의관을 차리고 동시로 가는 것을 보았고
忽遺弓劍不西巡.[5] 홀연 황제도 활과 검을 남긴 채 서쪽 땅을 순수하지 못했지.
牧羊駈馬雖戎服,[6] 양치고 말달리는 이들이 비록 오랑캐의 옷을 입었지만
白髮丹心盡漢臣.[7] 백발노인의 붉은 마음이 모두 한나라의 신하인데도,
唯有涼州歌舞曲,[8] 오직 양주의 가무곡만이
流傳天下樂閑人.[9] 천하에 전해져 한가한 이를 즐겁게 하네.

주석

1 **[협주]** 권1의 "쉽싸리와 구릿대로 황하와 황수가 만나는 지역을 씻고자 해서였다." 구절에 보인다.95)(見一卷蘭芷浴河湟.)
[역자주] 河湟(하황) : 황하와 황수가 합류하는 지역으로 당시 토번이 점령하고 있었는데 대중 3년(849) 다시 수복했다.

2 **[협주]** ≪신당서·원재전(元載傳)≫의 기록이다. 대종(代宗)이 즉위하자 승진하여 중서시랑(中書侍郎)을 배수하고 허창현자(許昌縣子)에 봉해졌다. 왕진(王縉)과 함께 청하기를, 하중(河中)을 중도(中都)로 삼고 관중(關中)과 삼보(三輔), 하동 10주의 세금을 거두

95) 두목의 시 <군청의 관사에서 홀로 술을 들다(郡齋獨酌)>이다.

어 경성에 바치고 병사 5만 명을 선발하여 중도에 주둔시켜 사방을 방어할 것이며, 늦가을에 행차하여 초봄에 돌아오면 변방 이민족의 근심을 피할 수 있을 것이라고 했다. 이소량(李少良)이 상소하여 그 추악한 행위를 꾸짖자 황제가 분노가 쌓여 좌금오대장군(左金吾大將軍) 오주(吳湊)로 하여금 원재와 왕진을 가두고, 심복 관리와 여러 사식을 나누어 체포하게 하여 모두 죽음을 내렸다. ≪한서·장량전(張良傳)≫에서 “제가 앞에 있는 젓가락을 빌려서 작전을 짜겠습니다.”라고 했다.(新唐書, 元載傳. 代宗立, 進拜中書侍郎許昌縣子. 與王縉請, 以河中爲東[96]都, 襃[97]關輔河東十州稅, 奉京師, 選兵五萬, 屯中都, 鎭御四方, 杪秋行幸,[98] 上春還, 可以避羌戎患. 李少良上書詆其醜狀,[99] 帝積怒, 遣左金吾大將軍吳奏[100]收載及王縉, 分捕親吏諸子, 並賜死. 漢書, 張良傳. 臣請借前箸, 以籌之.)

[역자주] 元載(원재) : 일찍이 서주자사(西州刺史)가 되었을 때 하황 지역의 지리를 잘 알고 있었으며, 대력 8년(773) 대종(代宗)에게 토번을 막을 계책을 올렸지만 실행되지는 않았다. 借箸(차저) : 젓가락을 빌리다. 장량이 유방에게서 젓가락을 빌려 자신이 세운 계책을 설명했는데, 이로부터 계책을 세우는 것을 뜻하게 되었다.

3 **[협주]** ≪구당서·헌종본기(憲宗本紀)≫에서 “사신(史臣)이 말하기를, ‘안과 밖이 모두 다스려지고 기율이 다시 펼쳐졌다. 과감하게 혼란의 근원을 잘라내고 여러 도적을 제거할 수 있었으니, 지혜로운 계책과 뛰어난 결단이 근래에 짝할 이가 드물다. 당나라의 중흥은 장무황제(章武皇帝)일 뿐이다.’라고 했다.”라고 했다. 또 ≪구당서·선종본기(宣宗本紀)≫에서 “황하와 황수가 만나는 지역을 수복한 것으로 백관들이 존호를 더할 것을 칭하자 황제가 이르기를, ‘황하와 황수가 만나는 지역의 수복은 선왕들의 뜻을 계승하여 완성한 것이다. 짐은 조종(祖宗)의 선왕들을 추존하여 공적을 밝히고 싶다.’라고 했다. 선종은 헌종의 일곱 번째 왕자이다.”라고 했다.(舊唐書, 憲宗紀. 史臣曰, 中外咸理, 記[101]律再張, 果能剪削亂階, 誅除群盜. 睿謀英斷, 近古罕儔, 唐室中興, 章武而已. 又

---

96) ‘東’은 ‘中’의 잘못이다.
97) ‘襃’는 ‘裒’의 잘못이다. ‘부(裒)’는 모으다, 거두다는 뜻이다.
98) 杪秋(초추) : 늦가을.
99) 詆(저) : 꾸짖다. 醜狀(추상) : 추악한 행위.
100) ‘奏’는 ‘湊’의 잘못이다.

宣宗紀. 以河湟收復, 百寮請加徽號, 帝曰, 河湟收復, 繼成先志. 朕欲追尊祖宗以昭功烈云云. 宣宗, 憲宗第七王子.)

4 **[협주]** 후한 위굉(衛宏) ≪한구의(漢舊儀)≫에서 "단지 동시(東市)의 감옥만이 경조윤에게 속한다."라고 했다. ≪한서·조착전(鼂錯傳)≫의 기록이다. 조착은 영천(潁川) 사람이다. 승진하여 어사대부가 되자 제후들의 잘못에 대하여 그 소속 군현을 삭감할 것을 청했다. 오(吳)와 초(楚) 등 7국이 함께 반란을 일으켰는데 조착을 죽이는 것을 명분으로 내세웠다. 이에 중위(中尉)를 시켜 조착을 불러 속임수를 써서 조착을 수레에 태우고 시가를 순행했다. 조착은 조복을 입은 채 동시(東市)에서 처형되었다.(衛宏漢書[102]. 僅東市獄屬京兆尹. 漢書. 鼂錯, 朔[103])川人也. 遷爲御史大夫, 請諸侯之罪過, 削其支郡. 吳楚七國俱反, 以誅錯爲名. 乃使中尉召錯, 紿載行市.[104] 錯衣朝衣, 斬東市.)

[역자주] 旋(선) : 얼마 후. 東市(동시) : 한나라 때 장안 저잣거리의 이름인데, 또한 죄인을 처형하는 곳이기도 했다. 이 구는 원재가 죽은 것을 말한다.

5 **[협주]** 두보의 시[105]에 "선제(先帝)의 활과 칼이 멀어졌다."라고 했고 ≪보주두시(補注杜詩)≫의 주에서 "황제(黃帝)는 교산의 남쪽에 매장되었는데, 빈 관에 시신은 없고 검과 신발만이 남아 있었다."라고 했다. ≪한서·교사지(郊祀志)≫의 기록이다. 황제(黃帝)가 수산(首山)의 구리를 취하여 형산(荊山) 아래에서 솥을 주조했다. 솥이 완성되자 용이 수염을 드리우고 황제를 맞이하러 내려왔다. 황제가 올라타자 여러 신하와 후궁들로 따라 올라탄 이들이 70여 명이었다. 용이 마침내 올라갔고 나머지 하급 관리들은 올라갈 수 없자 마침내 모두 용의 수염을 잡으니 수염이 뽑혔고 황제의 활이 떨어졌다. 백성들이 우러러보다가 황제가 올라간 뒤에 그 활과 용의 수염을 쥐고 있었다. 그래서 후대 사람들이 그곳을 '정호(鼎湖)'라 하고 그 활을 '오호(烏號)'라고 했다.(詩史. 宣[106]帝弓劍遠. 注. 黃帝葬於橋山南, 空棺無尸, 唯劍舄存. 漢書, 郊祀志. 黃帝採首山銅, 鑄鼎於

---

101) '記'는 '紀'의 잘못이다.
102) '漢書'는 '漢舊儀'의 잘못이다.
103) '朔'은 '潁'의 잘못이다.
104) 紿(태) : 속이다. 載(재) : 수레에 태우다.
105) 두보의 시 <담 판관을 전송하다(送覃二判官)>이다.
106) '宣'은 '先'의 잘못이다.

荊山下. 鼎旣成, 有龍垂胡髥下迎黃帝. 帝上騎, 群臣後宮從上者十[107]余人, 龍乃上去. 余小臣不得上, 乃悉持龍髥, 拔, 墮黃帝之弓. 百姓仰望, 黃帝旣上, 乃把其弓與龍髥, 故後世因名其處曰鼎湖, 其弓曰烏號.)

[역자주] 不西巡(불서순) : 서쪽을 순수하지 못하다. 이 구는 현종이 죽어서 결국 하황 지역을 수복하지 못했다는 말이다.

6 [역자주] 駈馬(구마) : 말을 달리다. 말을 기른다는 말이다. 戎服(융복) : 변방 이민족의 복식을 말한다. 이 구는 하황 지역이 토번에 의해 점령당했다는 말이다.

7 **[협주]** ≪한서·장량전(張良傳)≫의 기록이다. 장량이 아뢰기를, "생각해보면, 폐하가 불러오지 못한 분들이 네 명입니다. 네 명이 연로한데 모두 폐하가 선비를 무시하기 때문에 산속에 숨었고 의리상 한나라의 신하가 되지 않는 것입니다."라고 했다.(漢書. 張良曰, 顧上不能致者, 四人. 四人年老, 皆以上嫚侮士[108], 故逃匿山中, 義不爲漢臣也.)

[역자주] 白髮(백발) : 흰 머리카락의 노인. 협주에서는 상산사호(商山四皓)를 가리키는 것처럼 언급했지만 타당하지 않다. 소무(蘇武)가 흉노에 억류되어 늙어갔던 사실을 가리키는 것으로 볼 수도 있다. 이 구는 하황 지역이 토번에 점령당했지만 그곳의 백성들은 아직 한나라에 충성하고 있다는 말이다.

8 **[협주]** ≪십도지≫에서 "농우(隴右)에 양주(涼州)가 있다."라고 했다. ≪양비외전(楊妃外傳)≫의 기록이다. 상황(上皇) 현종이 남내(南內)[109]에 머물다가 밤에 근정루에 오르니 운무에 쌓인 달이 눈에 가득 들어왔다. 마을에서 은은하게 노래하고 춤추는 것 같은 소리가 들려오자 고력사를 돌아보며 말하기를, "혹시 이원(梨園)의 옛 악인(樂人)이 아닐까?"라고 했다. 다음날 고력사가 은밀히 (악사를) 불렀고 함께 가니 과연 이원의 악인이었다. 그날 밤에 상황이 시중드는 후궁인 홍도와 함께 양귀비가 지은 <양주사(涼州詞)>를 부르고 상황은 이어 그 곡을 화대했다. 지금 양주에 전하는 것은 그것을 더욱 증가시킨 것이다. 기록으로 전하기를, "천보 연간의 악장은 변방의 지명으로 이름을 지은

107) '十' 앞에 '七'이 더 있어야 한다.

108) 嫚侮(만모) : 무시하다. 업신여기다.

109) 남내(南內) : 장안의 흥경궁(興慶宮)을 가리킨다. 현종이 태자 때 머물던 집인데 후에 궁이 됐다. 대명궁의 남쪽에 있어 이렇게 불렸다.

것이 많다. 예를 들면 '양주(涼州)', '이천(伊川)' 등이 그것이다."라고 했다.(十道志. 隴右有涼州. 楊妃外傳. 上皇居南內, 夜登勤政樓, 烟月滿目. 聞[110]里中隱如歌舞聲, 顧力士曰, 得非梨園舊人乎. 明日力士潛召同去, 果梨園弟子. 其夜上皇與妃侍者紅桃歌妃所製涼州詞, 上因廣其曲. 今涼州流傳者益加焉. 傳載曰, 天寶中樂章多以邊地爲名. 若涼州, 如伊川之類, 是也.)

[역자주] 양주가무곡(涼州歌舞曲) : 악곡명인 <양주사>를 가리킨다. 양주는 서쪽 변방의 지명인데, 대체로 그 지역의 풍경이나 전쟁 양상을 노래한 것이다.

9 [역자주] 閑人(한인) : 한가한 사람. 상관없는 사람.

해설

안사의 난 이후 토번이 황하와 황수 일대를 차지하여 큰 위협이 되었다. 이 시에서는 이 지역을 수복하기 위해 오래전부터 황제와 신하가 노력했지만 성사되지 못한 것을 안타까워했으며, 아직도 그곳의 백성들은 당나라 조정에 충성하고 있지만 조정에서는 그저 환락을 즐기고 있는 현실을 비판했다. 창작 시기는 이 지역을 수복한 선종 대중(大中) 3년(849) 12월 이전일 것이다.

110) '聞'는 '聞'의 잘못이다.

034. 시어사 허혼이 관직을 그만두고 동쪽으로 돌아가 강남에서 깨끗하게 지내며 자못 자적하신다는 소식을 듣고 늦가을에 우러르며 10운의 시를 지어 부치다

許七侍御棄官東歸, 瀟洒江南, 頗聞自適, 高秋企望, 題詩寄贈十韻[1]

天子繡衣吏,[2]	수놓은 옷을 입은 천자의 관리가
東吳美退居.[3]	동오에서 아름답게 물러나 사는데,
有園同庾信,[4]	동산을 마련한 것은 유신과 같고
避事學相如.[5]	직무를 회피한 것은 사마상여를 본받았네.
蘭畹晴香嫩,[6]	난초밭에는 맑은 향기가 부드럽고
筠溪翠影疏.	대숲 속의 시내는 푸른 그림자가 성긴데,
江山九秋後,	강산은 늦가을 뒤이지만
風月六朝餘.[7]	풍월은 육조의 여운이어서,
錦肆開詩軸,[8]	비단 가게인 양 시축을 벌려 놓고
青囊結道書.[9]	푸른 바랑에 도가 서적을 엮었네.
霜巖紅薜荔,[10]	서리 내린 바위에는 붉은 왕모람
露沼白芙蕖.[11]	이슬 내린 호수에는 흰 연꽃,
睡雨高梧密,	잠잘 때 비오니 높은 오동나무는 무성하고
棊燈小閣虛.	바둑둘 때 등잔 켜놓으니 작은 집은 텅 비었으며,
凍醪元亮秫,[12]	거울에 빚은 탁주는 도연명의 찹쌀이고
寒鱠季鷹魚.[13]	차가운 회는 계응의 농어라네.

塵意迷今古, 세속의 뜻에는 옛날과 지금에 어둡지만
雲情識卷舒.[14] 구름 같은 마음은 거두고 펼 줄을 알기에,
他年雪中棹,[15] 훗날 눈 오면 배를 저어
陽羨訪吾廬.[16] 양선의 내 집을 찾아가리라.

주석

1 **[협주]** <북산이문(北山移文)>에 "깨끗하여 속세를 벗어난 모습이다."라고 했다.(北山移文, 蕭洒出塵之想.)

[역자주] 許七(허칠) : 허혼(許渾)으로 '칠'은 종형제간의 순서이다. 그는 윤주(潤州) 출신으로 자가 용회(用晦)이다. 선종(宣宗) 때 감찰어사(監察御使)를 지냈는데, 나중에 병으로 물러나 윤주의 정묘교(丁卯橋)에서 농막을 짓고 살았다. 侍御(시어) : 감찰어사(監察御使)의 별칭이다. 瀟洒(소쇄) : 깨끗한 모양. 高秋(고추) : 하늘이 맑고 기운이 상쾌한 가을 하늘. 늦가을. 企望(기망) : 우러르다.

2 **[협주]** 권1 "관리로서 각기 도끼를 들었다.(官班各持斧.)"의 주에 보인다.[111](見一卷官班各持斧注.)

[역자주] 繡衣(수의) : 수놓은 옷. 당나라 때 시어사나 감찰어사를 가리킨다.

3 [역자주] 東吳(동오) : 삼국시대 오나라 지역으로 강남을 가리키는데 여기서는 허혼이 은거한 윤주를 말한다.

4 **[협주]** 두보 <매실이 익을 때 내리는 비(梅雨)> 시의 ≪구가집주두시(九家集注杜詩)≫ 주에서 "유신(庾信)의 <소원부(小園賦)>에 '구멍이 나서 비가 새는 초가지붕이로다.'라 했다."라고 했다.(詩史, 梅雨詩注. 庾信小園賦曰, 穿漏兮茅茨.[112])

[역자주] 庾信(유신) : 남조 양(梁) 신야(新野) 출신으로 자가 자산(子山)이다. 양(梁)에

111) 두목의 시 <이감을 읊은 시(李甘詩)>이다.
112) 茅茨(모자) : 띠풀로 인 지붕.

서 우위장군(右衛將軍)을 지내다가 북주(北周)에서 표기대장군(驃騎大將軍), 개부의동삼사(開府儀同三司) 등을 역임했다. 결국 고향으로 돌아가지 못하고 북방에서 생을 마쳤다. 그는 <소원부>를 지어서 고향으로 돌아가 살고자 하는 뜻을 기술했다.

5 **[협주]** ≪한서·엄조전(嚴助傳)≫에 "사마상여는 병을 핑계로 직무를 회피했다."라고 했다.(漢書, 嚴助傳. 司馬相如稱疾避事.)

[역자주] 司馬相如(사마상여) : 한나라 성도(成都) 출신으로 자가 장경(長卿)이다. <자허부(子虛賦)>, <상림부(上林賦)> 등의 부(賦)를 지었으며, 관직은 무기상시(武騎常侍), 효문원령(孝文園令) 등을 역임했는데, 만년에 병을 핑계로 관직을 그만두고 무릉으로 돌아가 지내다가 생을 마쳤다.

6 **[협주]** 굴원의 <이소경(離騷經)>에서 "이미 난을 기르는 것이 아홉 원(畹)이다."라고 했는데, ≪문선≫ 이선의 주에서 "12무(畝)를 '원'이라고 한다."라고 했다.(離騷經. 旣滋蘭之九畹兮. 李善注, 十二畝曰, 畹.)

[역자주] 嫩(눈) : 부드럽다.

7 **[협주]** ≪건강실록(建康實錄)≫에서 "오(吳), 동진(東晉), 송(宋), 제(齊), 양(梁), 진(陳)이 모두 금릉(金陵)을 도읍으로 했으니, 이것이 육조(六朝)이다."라고 했다.(建康實錄. 吳晉宋齊梁陳並都金陵, 是爲六朝.)

[역자주] 六朝餘(육조여) : 육조의 남음이란 뜻으로, 육조시대 유유자적하게 강남에서 살았던 문인들의 풍취를 후대의 허혼이 가지고 있다는 말이다.

8 **[협주]** ≪법원주림(法苑珠林)·좌자전(左慈傳)≫의 기록이다. 조조(曹操)가 말하기를, "내가 전에 사람을 시켜 촉(蜀)에 가서 비단 가게에서 비단을 사오게 했다."라고 했다.(珠林傳. 曹公曰, 吾昔使人至蜀, 買錦於錦肆.)

[역자주] 錦肆(금사) : 비단 가게. 여기서는 허혼이 지은 시의 아름다운 양상을 비유한다.

9 **[협주]** ≪진서(晉書)·곽박전(郭璞傳)≫의 기록이다. 곽박은 자가 경순(景純)으로 경학(經學)을 좋아했다. 박식하고 뛰어난 재주가 있어 음양과 산술, 역법에 밝았다. 곽공(郭公)이라는 사람이 하동에 살고 있었는데, 점에 뛰어나자 곽박이 그에게 가서 배웠다. 곽공이 ≪청낭중서(青囊中書)≫ 아홉 권을 그에게 주었는데 이로 말미암아 마침내 오행, 천문, 점술에 통달하여, 재앙을 물리치고 화를 복으로 선환하여 두루 이루는 것이 한계가 없었다. 비록 한나라 경방(京房)이나 위나라 관로(管輅)도 넘어설 수 없었다. 곽박의 제

자인 조재(趙載)가 일찍이 ≪청낭중서≫를 훔쳤는데 읽기도 전에 불에 타버렸다.(漢[113] 書. 郭璞, 字景純, 好經術. 博學有高才, 妙於陰陽算歷. 有郭公者, 居河東, 精於卜筮, 璞從之受業. 公以靑囊中書九卷與之, 由是遂洞五行天文卜筮之術, 攘災轉禍,[114] 通致無方.[115] 雖京房管輅不能過也. 璞門人趙載嘗竊靑囊書, 未及讀而爲火所焚.)

[역자주] 靑囊(청낭) : 술수가(術數家)가 점 보는 도구와 책을 담아 두는 주머니를 가리킨다.

10 **[협주]** 초사 <이소(離騷)> 왕일(王逸)의 주에서 "'려(荔)'는 향초이다."라고 했다.(楚詞王逸注. 荔, 香草.)

[역자주] 薜荔(벽려) : 뽕나무과 덩굴식물인 왕모람이다.

11 **[협주]** ≪이아(爾雅)·석초(釋草)≫에서 "'하(荷)'는 연꽃이다."라고 했고 곽박의 주에서 "강동에서는 연꽃을 부거(芙蕖)라고 한다."라고 했다.(爾雅. 荷, 芙蕖. 注. 江東呼荷華爲芙蕖.)

12 **[협주]** ≪진서(晉書)·도잠전(陶潛傳)≫의 기록이다. 도잠은 자가 원량(元亮)이다. 팽택현령을 지낼 때 현에서 관장하는 밭에 모두 찹쌀을 심게 하고서 말하기를, "나를 항상 술에 취하게 하기에 충분하겠구나."라고 했다. ≪세본(世本)≫에서 "소강(少康)[116]이 찹쌀술을 만들었다."라고 했다.(晉書. 陶潛, 字元亮. 爲彭澤令, 在縣公田悉令種秫穀, 曰令吾常醉於酒, 足矣. 世本, 小[117]康作秫酒.)

[역자주] 凍醪(동류) : 겨울에 빚어 봄에 마시는 술이다. 秫(출) : 곡식 중에 차진 것으로 술을 담그는 데 사용한다.

13 **[협주]** ≪진서·장한전(張翰傳)≫의 기록이다. 장한은 자가 계응(季鷹)으로 오군(吳郡) 사람이다. 고결한 자질을 지녔고 분방하여 구애되는 것이 없었다. 당시 사람들이 강동보병(江東步兵)이라고 불렀다. 제(齊)나라 왕 사마경(司馬冏)이 초빙하여 대사마(大司馬)의 동조연(東曹掾)으로 삼았다. 장한이 고영(顧榮)에게 말하기를, "나는 본디 산림 출신

113) '漢'는 '晉'의 잘못이다.
114) 攘災轉禍(양재전화) : 재앙을 물리치고 화근을 복으로 바꾸다.
115) 無方(무방) : 변화무궁하다. 한계가 없다.
116) 소강(少康) : 두강(杜康)이라고도 하며 술을 처음 만든 사람이라고 한다.
117) '小'는 '少'의 잘못이다.

이라 시속에 바라는 것이 없소."라고 했다. 마침 가을바람이 일어나는 것을 보자, 또 오 지방의 순채국과 농어회가 그리워져 마침내 수레를 채비하라 명하여 고향으로 돌아갔다.(晉書. 張翰, 字季鷹, 吳郡人. 有淸才, 縱任不拘. 時人號爲江東步兵. 齊王冏辟爲大司馬東曹. 翰謂顧榮曰, 吾本山林人, 無望於時. 因見秋風起, 又思吳中蓴羹鱸魚膾,[118] 遂命駕而歸.)

14 [역자주] 卷舒(권서) : 자신의 뜻을 말아서 은거하는 것과 뜻을 펴서 출사하는 것을 말한다.

15 **[협주]** ≪진서·왕휘지전(王徽之傳)≫의 기록이다. 자유(子猷) 왕휘지가 눈 내린 밤에 배를 타고 안도(安道) 대규(戴逵)를 방문했다. 도착한 뒤에 대문까지 갔다가 들어가지 않고 돌아갔다. 어떤 사람이 그 까닭을 묻자 말하기를, "흥이 나서 왔다가 흥이 다해서 돌아가니 어찌 꼭 대규를 만나야 할 것인가."라고 했다.(晉書. 王子猷雪夜乘舟, 訪戴安道. 旣至造門, 不前而返. 人問其故, 曰乘興而來, 興盡而返, 何必見安道也.)

16 **[협주]** 본집의 주에서 "의흥현(義興縣) 가까이에 물가 정자가 있다."라고 했다. ≪후한서·허형전(許荊傳)≫ 이현(李賢)의 주에서 "양선(陽羨)의 옛 성은 지금의 상주 의흥현에 있다."라고 했다. 도연명의 시 <산해경을 읽고(讀山海經)> 제1수에서 "나 역시 내 오두막집을 사랑한다."라고 했다.(本注. 於義興縣近有水榭. 後漢書注. 陽羨古城在今常州義興縣. 陶潛詩, 吾亦愛吾廬.)

해설

이 시는 두목이 감찰어사를 지낸 허혼이 벼슬을 버리고 고향으로 돌아가 한적한 생활을 하는 것을 칭송하고, 나아가 자신도 그와 같이 은거하고자 하는 바람을 읊었다. 창작 시기는 대중(大中) 3년(849) 가을 목주자사(睦州刺史)로 있을 때로 추정한다.

---

118) 蓴羹(순갱) : 순채국. 鱸魚(노어) : 농어.

035. 급사중 이중민을 읊은 시 2수

李給事詩二首[1]

제1수

一章緘拜皂囊中,[2] 검은 비단 주머니에 봉하여 한 번 상소하니
慄慄朝廷有古風.[3] 삼엄하게 조정에 옛 기풍이 세워졌다.
元禮去歸緱氏學,[4] 이응은 구씨현의 학교로 돌아갔는데
江充來見犬臺宮.[5] 강충은 견대궁으로 와서 알현하고는,
紛紜白晝驚千古,[6] 어지러이 대낮에 전례 없는 일로 놀라게 하니
鈇質朱殷幾一空.[7] 형틀은 검붉어지고 조정은 텅 비었다.
曲突徙薪人不會,[8] 굴뚝을 굽히고 장작을 옮기는 일을 사람이 알지 못하니
海邊今作釣魚翁.[9] 지금은 해변에서 고기 잡는 노인이 되었구나.

주석

1 **[협주]** ≪신당서·이중민전(李中敏傳)≫의 기록이다. 이중민은 자가 장지(藏之)이고 원화(元和) 연간(806-820)에 진사 시험에 합격했다. 본성이 강직하고 엄했는데 두목과 이감(李甘) 등과 친했고 문장의 기개는 대체로 서로 비슷했다. 심전사(沈傳師)가 강서관찰사(江西觀察使)로 있을 때 초빙하여 판관으로 삼았다. 입조하여 시어사(侍御史)에 제수되었다. 정주(鄭注)가 재상 송신석(宋申錫)을 무고하여 쫓아내자 천하 사람들이 눈을 흘겼다. 태화(太和) 6년(832) 큰 가뭄이 들자 문종(文宗)이 마음으로 근심이 되어 조서를 내려 비를 불러올 수 있는 자를 찾게 했다. 이중민이 당시에 사문원외랑(司門員外郎)으로 상소하기를, "비가 때에 맞게 내리지 않고 여름 해가 너무 뜨거워 곡식의 싹이 말라 죽으

려 하니 폐하께서 근심하고 계십니다. 덕음을 내리시어 아랫사람이 말을 다 할 수 있게 하소서. 신이 듣기에, 옛날에 동해에서 효심이 깊은 며느리를 죽여 3년 동안 큰 가뭄이 들었다고 합니다. 신이 근래에 어사대에서 죄인을 심문했는데, 화봉유(華封儒)가 양가의 자제 세 사람을 죽였지만 폐하께서 화봉유의 사형을 사면해 주셨습니다. 그러나 세 사람 역시 폐하의 백성입니다. 신책군(神策軍)의 군사 이수(李秀)가 평민을 죽였는데, 법에 의하면 사형에 해당하지만, 금위군이라는 이유로 형벌이 유배형에 그쳤습니다. 송신석은 재상으로 있을 때 평소에 뇌물을 일체 받지 않았습니다. 그 도가 굳세고 바르자 간사한 사람들이 그를 꺼리다가 예측하지 못한 잘못으로 모함했는데, 옥사를 제대로 심문하지 않고 한을 품은 채 죽었으며, 천하의 선비들이 모두 정주를 지목했습니다. 신이 알기에, 여러 억울함은 틀림없이 상제에게 낱낱이 아뢰어진다고 하는데, 하늘이 재앙을 내리는 것이 아마도 연유가 있는 듯합니다. 한나라 무제 때 국가의 재정을 고갈되었는데 상홍양(桑弘羊)이 전매의 이익을 시작하자 복식(卜式)이 그를 팽형(烹刑)에 처할 것을 주청하여 비를 불러왔습니다. 하물며 송신석의 억울함은 천하 사람들이 알고 있는데 어찌 정주 한 사람을 참수하여 충신의 혼을 위로하는 것을 아까워하겠습니까. 그렇게 한다면 하늘이 장차 비를 내릴 것입니다."라고 했으나 황제가 듣지 않았다. 이중민이 병을 핑계로 임기가 다했음을 아뢰고는 영양(潁陽)으로 돌아갔다. 정주가 죽임을 당하자 이중민은 사훈원외랑(司勳員外郎)으로 부름을 받았고 여러 차례 전임되어 간의대부(諫議大夫)가 되었다. 이궤사(理匭使)가 되어 건의하기를, "글을 바치는 자가 장차 함에 넣으면 담당관이 먼저 그 부본을 심사하여 불가함이 있으면 바로 물리칩니다. 신이 생각하기에 함이 궁중을 나왔다가 저녁에 들이는데 아랫사람들을 위하여 반드시 뜻을 전하는 길을 열어 주신다면 황제의 눈과 귀를 넓히시어 억울함을 바로잡을 것입니다. 만약 담당관이 먼저 가부를 결정한다면 아마도 일이 엄밀해지지 못하여 스스로 뜻을 펼 수 있는 길이 막히지 않을까 염려됩니다. 한결같이 폐하께서 결재하시기를 청원합니다."라고 하자 조서를 내려 허락했다. 급사중(給事中)으로 전임되었는데, 구사량(仇士良)이 고급관원으로 그의 아들에게 벼슬을 내리자 이중민이 아뢰기를, "환관이 어떻게 아들이 있을 수 있는가."라고 하자 구사량이 부끄러워하면서 화를 내었다. 이 일로 다시 벼슬을 버리고 떠났다. 개성(開成) 연간(836-840) 말에 무주자사(婺州刺史)와 항주자사(杭州刺史)를 지냈고 관직에 있을 때 죽었다.(唐書. 李中敏, 字藏之, 元和中, 擢進士第. 性剛峭, 與杜牧李甘

善, 其文辭氣節大抵相上下. 沈傳師觀察江西, 辟爲判官. 入拜侍御史. 鄭注誣逐宰相宋申錫, 天下以目.[119] 太和六年, 大旱, 文宗內憂, 詔詢所以致雨者. 中敏時以司門員外郞上言, 雨不時降, 夏陽驕愆,[120] 苗欲槁枯, 陛下憂勤, 降德音, 俾下得盡言. 臣聞昔東海誤殺一孝婦, 大旱三年. 臣頃爲御史臺推囚, 華封儒殺良家子三人, 陛下赦封儒死. 然三人者, 亦陛下赤子也.[121] 神策士李秀殺平民, 法當死, 以禁衛刑止流. 宋申錫位宰相, 生平饋致一不受,[122] 其道勁正, 奸人忌之, 陷不測之辜, 獄不參驗,[123] 銜恨而沒, 天下士皆指目鄭注. 臣知數冤必列訴上帝, 天之降災, 殆有由然. 漢武帝國用空竭, 桑弘羊興管榷之利,[124] 然卜式請烹以致雨. 況申錫之枉, 天下知之, 何惜斬一注以快忠臣之魂. 則天且雨矣. 帝不省. 中敏以病告蒲[125], 歸潁陽. 注誅, 以司勳員外郞召, 累遷諫議大夫. 爲理匭使, 建言, 上書者將納於匭, 有司先審其副, 有不可, 輒卻之. 臣謂匭出禁中, 暮而入, 爲下開必達之路, 廣聰明, 直枉結.[126] 若有司先裁可否, 恐事不重密, 非窮塞得自申意. 請一裁諸上. 詔可. 遷給事中, 仇士良以開府階廕其子,[127] 中敏曰, 內謁者監安得有子.[128] 士良慚恚.[129] 繇是復棄官去. 開成末, 爲婺杭二州刺史, 卒於官.)

2 **[협주]** '조낭(皀囊)'은 위에 나왔다.[130](皀囊出上.)

[역자주] 緘拜(함배) : 봉함하여 황제에게 바치다. 皀囊(조낭) : 검은색 비단 주머니. 기밀

---

119) 目(목) : 눈을 흘겨보다.
120) 驕愆(교건) : 과도하게 맹렬하다.
121) 赤子(적자) : 어린아이. 백성을 비유한다.
122) 饋致(궤치) : 남이 물건을 주다.
123) 參驗(참험) : 조사하여 검증하다.
124) 管榷(관곽) : 관청에서 소금, 철, 술 등을 전매(專賣)하는 것을 말한다.
125) '蒲'는 '滿'의 잘못이다. '고만(告滿)'은 임기가 다 찼음을 조정에 아뢰는 것이다.
126) 枉結(왕결) : 억울함.
127) 開府(개부) : 고대 고급관원으로 이루어진 관서를 말한다. 階(계) : 관직. 관품. 廕(음) : 선조에게 공훈이 있어서 자식에게 관직을 주는 것을 말한다.
128) 內謁者(내알자) : 궁중 안팎으로 소식을 전하는 일을 담당하는 관직인데 대체로 환관이 이를 맡았다. 監(감) : 환관의 우두머리를 지칭한다. 安(안) : 어찌.
129) 慚恚(참에) : 부끄러워하며 화를 내다.
130) 두목의 시 <장안을 주제로 자유롭게 읊은 칠언율시(長安雜題長句)> 제4수 "상소문은 검은 비단 주머니에 바쳐 올렸지.(有章曾拜皀囊封.)"의 주에 보인다.

을 요하는 상주문을 이것으로 봉했다.

3 **[협주]** ['률(慄)'은] 력과 을의 반절이며 두려워 떤다는 뜻이다.(力乙切, 戰慄也.[131])

4 **[협주]** 본집의 주에서 "이응(李膺)이 관직에서 물러나 구씨현(緱氏縣)으로 돌아가 생도들을 교육했다. 급사중 이중민이 정주(鄭注)를 논죄한 뒤 임기가 만료되었음을 아뢰고는 영양(潁陽)으로 돌아갔다."라고 했다. ≪후한서·이응전(李膺傳)≫에서 "이응은 자가 원례(元禮)로 처음에 효렴으로 천거되어 사도 호광(胡廣)에게 초빙되었다. 우수한 성적으로 급제하여 다시 청주자사(青州刺史)로 전임되었다가 오환교위(烏桓校尉)로 옮겨졌다. 공적인 일로 면직되어 구씨현으로 돌아가 지냈는데, 가르치는 학생들이 항상 천 명이었다."라고 했고, 이현(李賢)의 주에서, "구씨현은 영천군(潁川郡)에 속했는데, 옛 성이 지금의 양성현(陽城縣)이다."라고 했다.(本注. 李膺退罷, 歸緱氏教授生徒. 給事論鄭注, 告滿歸潁陽. 後唐[132]書. 李膺, 字元禮, 初擧孝廉, 爲司徒胡廣所辟. 擧高第, 再遷青州刺史, 轉烏桓校尉. 以公事免官, 還居緱氏, 教授常千人. 注. 緱氏縣屬潁川郡, 古城今陽城縣也.)

[역자주] 이 구는 이중민이 사직하고 영양으로 돌아간 것을 말한다.

5 **[협주]** 본집의 주에서 "정주(鄭注)가 욕당문(浴堂門)에서 문종과 대좌했다."라고 했다. ≪한서·강충전(江充傳)≫에서 "강충은 자가 차천(次倩)으로 조(趙)나라 한단(邯鄲) 사람이다. 본명은 강제(江齊)로 여동생이 있었는데 금을 잘 연주하여 조나라의 태자 유단(劉丹)에게 시집보냈다. 강제는 (조나라) 경숙왕(敬肅王)에게 총애를 받아 상객이 되었다. 한참 뒤에 태자는 강제가 자신의 은밀한 사생활을 왕에게 보고한다고 의심하여 강제와 사이가 나빠졌고 관리를 시켜 강제를 체포하게 했다. (강제는) 마침내 도망하여 서쪽으로 관중으로 가서 강충으로 이름을 바꿨다. (강충은) 대궐에 가서 태자 유단이 동복(同腹)의 누나 및 왕의 후궁과 간통했다고 보고했다. 처음에 강충은 부름을 받아 견대궁(犬臺宮)에서 황제를 알현했다."라고 했다.(本注. 鄭注對於浴室. 漢書. 充, 字次倩, 趙國邯鄲人也. 本名齊, 有女弟, 善鼓琴, 嫁之趙太子丹. 齊得幸於敬肅王, 爲上客. 久之, 太子疑齊以己陰私告王, 與齊忤,[133] 使吏逐捕齊. 遂亡, 西入關, 更名充. 詣闕, 告太子

---

131) 戰慄(전율) : 벌벌 떨다.
132) '唐'은 '漢'의 잘못이다.

丹與同産姊及王后宮奸亂, 初充召見犬臺宮,)

[역자주] 이 구는 정주가 궁중으로 들어가 문종의 총애를 받게 된 것을 말한다.

6 **[협주]** ≪춘추공양전·소공(昭公) 25년≫에서 "우리 군주는 차마 부질(鈇鑕)의 형을 내리지 않았다."라고 했고 하휴(何休)의 주에서 "부질(鈇鑕)은 허리를 도끼로 자르는 형벌이다."라고 했다. ≪좌전·성공(成公) 2년≫에서 "(피가 흘러) 전차의 왼쪽 바퀴가 온통 검붉게 되었다."라고 했다. '안(殷)'은 오와 한의 반절이며 검붉은 색이다. ≪운어양추(韻語陽秋)≫의 기록이다. 두목의 문집에 <급사중 이중민를 읊은 시(李給事詩)> 두 수가 있다. 그 가운데 "어지러이 대낮에 전례 없는 일로 놀라게 하니, 형틀은 검붉어지고 조정은 텅 비었다."라는 구절이 있는데, 정주(鄭注)가 일으킨 감로(甘露)의 일을 읊은 것이다. 또 "안타깝구나, 유 교위가 일찍이 석 중시를 고소했지."라는 구절이 있는데 두목이 직접 주를 달아, "급사중이 일찍이 구사량과 사이가 틀어졌다."라고 하니, 사람들이 마침내 급사중이 이석(李石)이라고 생각했다. 내가 일찍이 고찰해 보건대, 이석이 비록 급사중을 지냈으나, 정주를 탄핵한 일이 역사서에 실려 있지 않다. 비록 실려 있더라도 구사량과 사이가 틀어졌다고 말하는 것은 그러나 역시 이석이 재상에 제수된 뒤에 해당한다. 이석이 재상에 제수된 뒤라면 두목이 시제(詩題)에서 응당 급사로 호칭하지 않았을 것이니 그가 이석이 아닌 것이 분명하다. 당시에 오직 이중민이 두목과 사이가 좋았다. 일찍이 가뭄으로 인하여 정주를 참수하여 송신석의 억울함을 풀어주고자 했으나 황제가 들어주지 않자 마침내 병을 핑계로 아뢰고 영양(潁陽)으로 돌아갔다. 지금 두목의 시에 "이응은 구씨현의 학교로 돌아갔다."라는 구절이 있고 두목이 직접 주를 달아, "정주의 일을 논의한 이유로 사직을 청하고 영양으로 돌아갔다."라고 했다. 또 역사서에 이르기를, "정주가 죽임을 당하자 급사중으로 전임되었는데, 그 뒤에 구사량이 고위관원으로 그의 아들에게 벼슬이 내리자 이중민이 아뢰기를, '환관이 어떻게 아들이 있을 수 있는가.'라고 하니 구사량이 부끄러워하면서 화를 내었다. 이 일로 다시 벼슬을 버리고 떠났다."라고 했으니 이로 논의한다면 이중민인 것은 의심할 여지가 없다.(公羊傳. 不忍加之以鈇鑕. 注. 腰斬之刑也. 左傳. 左輪朱殷. 殷, 烏閑切, 赤黑色也. 韻語陽秋. 杜牧之集有李給

133) 忤(오) : 거스르다. 여기서는 사이가 틀어졌다는 말이다.

事詩二首. 其中有紛紜白晝驚千古, 鐵鑕朱殷幾一空之句, 謂鄭注甘露之事也. 又有可憐劉校尉, 曾訟石中書之句, 牧之自注云, 給事曾忤仇士良. 人遂以爲給事者, 李石也. 余嘗考之, 李石雖嘗爲給事, 然劾鄭注之事, 史所不載. 雖載詰言忤仇士良. 然亦在石拜相之後. 石既拜相, 則牧之詩題不應以給事爲稱, 其非李石, 明矣. 當時唯有李中敏與牧之厚善, 嘗因旱欲乞斬注, 以申宋申錫之寃, 帝不省, 遂以病告歸穎陽. 今牧之詩有元禮去歸緱氏學之句, 牧之自注云, 因論鄭注告歸穎陽. 又史云, 注誅, 遷給事, 其後仇士良以開府蔭其子, 中敏曰, 內謁者安得有子. 士良慙恚. 由是復棄官去. 由是論之, 則是中敏無疑矣.)

[역자주] 紛紜(분운) : 어지러운 모양.

7 [역자주] 鈇質(부질) : 도끼와 바탕. 사람을 처형하는 도구이다. 朱殷(주안) : 검붉다. 幾(기) : 위험의 기미.

8 **[협주]** ≪한서·곽광전(霍光傳)≫의 기록이다. 어떤 사람이 서생(徐生)을 위하여 상서하기를, "신이 들은바, 어떤 손님이 집주인을 방문했는데, 아궁이에서 곧게 굴뚝을 내었고 옆에는 장작이 쌓여 있는 것을 보았습니다. 손님이 주인에게 굴뚝을 고쳐서 굽게 하고 장작을 멀리 옮겨야 하니 그렇지 않으면 장차 화재가 날 것이라고 했습니다. 주인은 말도 없이 따르지 않았습니다. 얼마 뒤에 집에서 과연 불이 나자 이웃 사람들이 함께 도와서 다행히 불을 끌 수 있었습니다. 이에 소를 잡고 술자리를 마련하여 이웃 사람들에게 사례하는데, 불에 덴 사람을 상석에 앉히고 나머지는 각자 공에 따라 차례로 앉혔지만 굴뚝을 굽게 하라고 말한 사람은 쳐주지 않았습니다. 어떤 사람이 주인에게 말하기를, '만일 손님의 말을 들었더라면 소를 잡고 술자리를 마련하는 낭비가 없었고 끝내 화재도 없었을 것입니다. 지금 공을 따져 손님들을 초청하는데 굴뚝을 굽게 하고 장작을 옮기라고 말한 사람에 대해서는 은혜를 잊어버리고, 머리를 그을리고 이마를 덴 사람을 상객으로 삼습니까.'라고 했다. 주인은 마침내 깨닫고 그를 초청했습니다."라고 했다.(漢書, 霍光傳. 人爲徐生上書曰, 臣聞, 客有過主人者, 見其竈直突, 傍有積薪. 客謂主人, 更爲曲突, 遠徙其薪, 不者且有火災. 主人默然不應. 俄而家果失火, 鄰里共救之, 幸而得息. 於是殺牛置酒, 謝其鄰人, 灼爛者在於上行,[134] 餘各以功次坐, 而不錄言曲突者. 人曰, 鄉使聽客之言,[135] 不費牛酒, 終亡火患. 今論功而請賓, 曲突徙薪者忘恩澤, 焦頭爛額爲上客耶. 主人乃悟而請之.)

[역자주] 曲突徙薪(곡돌사신) : 굴뚝을 굽게 하고 땔감을 옮기다. 위험을 사전에 예방하는 것을 말한다.

9 [역자주] 釣魚翁(조어옹) : 물고기 잡는 노인. 여기서는 이중민을 가리킨다. 이상 두 구는 이중민의 간언에 대해 문종을 비롯하여 여러 신하가 알지 못했기에 결국 이중민이 관직을 그만두고 은일하게 되었다는 말이다.

제2수

晩髮悶還梳,[1]	노년의 머리카락 답답해서 다시 빗질하고
憶君秋醉餘.	그대와 가을에 취했던 일을 생각하네.
可憐劉校慰,	안타깝구나, 중루교위 유향이여
曾訟石中書.[2]	일찍이 중서 환관 석현을 고소했지.
消長雖殊事,[3]	성쇠에 비록 사정은 달라졌지만
仁賢每見如.[4]	훌륭한 인품은 항상 여전함을 보여주는데,
因看魯褒論,	그래서 노포의 <전신론>을 보니
何處是吾廬.[5]	어느 곳이 나의 집일까.

주석

1 [역자주] 梳(수) : 빗질하다. 머리를 빗다.

2 **[협주]** 본집의 주에서 "급사중 이중민이 관군용사(觀軍容使) 구사량과 사이가 틀어져 관직을 버리고 동쪽으로 귀향했다."라고 했다. ≪한서·유향전(劉向傳)≫의 기록이다. 유향은 자가 자정(子政)이고 본명은 갱생(更生)이다. 원제(元帝)가 막 즉위했을 때 태자태부

134) 灼爛(작란) : 화상을 당해 살이 문드러지다.
135) 鄕使(향사) : 만일.

(太子太傅) 소망지(蕭望之)와 태자소부(太子少傅) 주감(周堪)이 모두 상서(尙書)의 일을 총괄했고 매우 존중과 신임을 받았다. 유갱생은 소망지나 주감보다 나이가 어렸으나 두 사람이 매우 중히 여겨 유갱생을 추천하여 산기(散騎) 종정(宗正) 급사중(給事中)으로 발탁했고 시중 김창(金敞)과 함께 좌우에서 간언을 했다. 네 사람이 같은 마음으로 정사를 보필하면서 외척인 허씨(許氏)와 사씨(史氏)들이 자리를 차지하고 방종하며 중서 환관인 홍공(弘恭)과 석현(石顯) 등이 권력을 농간하는 것을 매우 괴로워했다. 소망지, 주감, 유갱생은 의논하여, 파면할 것을 아뢰어 물러나게 하려고 했으나 아뢰기 전에 말이 새어나갔다. 결국 허씨와 사씨, 홍공과 석현에 의해 참소를 당해 주감과 유갱생은 하옥되고 소망지까지 모두 면직되었다. 또 ≪한서·유향전≫에서, "유향이 중루교위(中壘校尉)가 되었다."라고 했다.(本注. 給事因忤仇軍容, 棄官東歸. 漢書. 劉向, 字子叔[136], 本名更生. 元帝初卽位, 太傅蕭望之少傅周堪, 皆領尙書事, 甚見尊任. 更生年少於望之堪, 然二人重之, 薦更生擢爲散騎宗正給事中, 與侍中金敞拾遺於左右.[137] 四人同心輔政, 患若[138]外戚許史在位放縱, 而中書宦官弘恭石顯弄權. 望之堪更生議, 欲白罷退之,[139] 未白而語泄. 遂爲許史及恭顯所譖訴, 堪更生下獄, 及望之皆兼[140]官. 又曰, 向爲中壘校尉.)

[역자주] 이상 두 구는 이중민이 구사량의 행위를 비판한 것을 말한다.

3 **[협주]** ≪주역·비괘(否卦)·단전(彖傳)≫에서, "소인의 도가 자라나고 군자의 도가 사라지는 것이다."라고 했다.(周易否卦. 小人道長, 君子道消.)

[역자주] 消長(소장) : 사라지는 것과 자라는 것. 성쇠를 말한다. 이 구는 이중민은 관직을 그만두고 은일했지만 그가 비판한 무리는 여전히 승승장구했음을 말한다.

4 **[협주]** ≪윤문자(尹文子)·대도(大道)≫에서 "친하고 멀어짐은 권세와 이익에 달려 있지, 못나고 훌륭함에 달려 있지 않다."라고 했다. 서진(西晉) 반악(潘岳)의 <서정부(西征賦)>에서 "도덕과 어짊을 귀하게 여긴다."라고 했다.(文字[141] 親疎係乎勢利, 不係於不

136) '叔'은 '政'의 잘못이다.
137) 拾遺(습유) : 타인의 잘못을 지적하다. 여기서는 황제에게 간언하는 것을 말한다.
138) '若'은 '苦'의 잘못이다.
139) 白罷(백파) : 파직할 것을 아뢰다.
140) '兼'은 '免'의 잘못이다.

肖與仁賢. 抒情賦. 貴道德與仁賢.)

5 **[협주]** ≪진서(晉書)·노포전(魯褒傳)≫의 기록이다. 노포는 자가 원도(元道)이며 남양 사람이다. 학문을 좋아하여 견문이 넓었고 가난함과 소박함으로 스스로를 지켰다. 원강(元康) 연간(291-299) 이후에 기강이 크게 무너지자 노포는 탐욕스럽고 비루한 시류에 상심하여 성과 이름을 숨긴 채 <전신론(錢神論)>을 지어 풍자했으니 그 대략은 다음과 같다. "돈의 형체에는 하늘과 땅의 상징이 있으니, 안은 네모나고 바깥은 둥글다. 그 쌓임은 산과 같고 그 흐름은 내와 같아서, 움직임과 멈춤에 때가 있고 사용함과 저장함에 절차가 있다. 저자에서 편리하게 바꾸니 닳거나 부러질 염려가 없어서, 길게 오래갈 수 있으니 세상 사람들이 신기한 보배로 여기고는, 가까이하기를 형처럼 하면서 자를 공방(孔方)[142]이라고 한다. 그것을 잃으면 가난하고 약해지며, 그것을 얻으면 부유하고 왕성해지는데, 날개가 없어도 날고 발이 없어도 달리며, 엄하고 굳센 얼굴을 풀어주고 열기 어려운 입을 열어준다. 돈이 많은 자는 앞자리를 차지하고 돈이 적은 자는 뒤에 위치하니, 앞자리를 차지한 자는 우두머리가 되고 뒤에 위치한 자는 종이 된다. 우두머리가 된 자는 풍성하여 넉넉하고 종이 된 자는 곤궁하여 부족하다. 돈[전(錢)]이라는 말의 뜻은 샘[천(泉)]이니, 아무리 먼 곳이라도 가지 않는 곳이 없고 아무리 깊은 곳이라도 이르지 않는 곳이 없다. 도성의 사대부들이 강론하는 곳에서는 지치고 힘들어하며 청담을 듣기를 싫어하여 이를 대하면 잠이 들지만, 우리 집안의 형인 돈을 보면 놀라 바라보지 않는 자가 없다. 돈이 돕는 것은 길하여 이롭지 않은 것이 없으니 어찌 꼭 책을 읽은 뒤에라야 부귀해지겠는가."(晉書. 魯褒, 字元道, 南陽人也. 好學多聞, 以貧素自任[143]. 元康之後綱紀大壞, 褒傷時之貪鄙, 乃隱姓名, 而著錢神論以刺之, 其略曰. 錢之爲體, 有乾坤之象. 內則其方, 外則其圓. 其積如山, 其流如川. 動靜有時, 行藏有節. 市井便易, 不患耗折. 故能長久, 爲世神寶. 親之如子[144], 字曰孔方. 失之則貧弱, 得之則富昌. 無翼而飛, 無足而走, 解嚴毅之顔, 開難發之口. 錢多者居前, 錢少者居後, 處前者爲君

---

141) '字'는 '子'의 잘못이다.
142) 공방(孔方) : 동전의 별칭으로, 빈 구멍이 네모나다는 말이다.
143) '任'은 '立'의 잘못이다.
144) '子'는 '兄'의 잘못이다.

長, 在後者爲臣僕.[145] 君長者豐衍而有餘,[146] 臣僕者窮竭而不足. 錢之爲言, 泉也, 無遠不往, 無幽不至. 京邑衣冠, 疲勞講肄,[147] 厭聞談[148]談, 對之睡寐, 見我家兄,[149] 莫不驚視. 錢之所祐, 吉無不利, 何必讀書, 然後富貴.)

[역자주] 이상 네 구는 두목 자신이 세속의 부귀보다는 이중민의 훌륭함을 좇겠다는 말이다.

해설

이 시는 이중민이 권신인 정주(鄭注)와 환관인 구사량(仇士良)의 잘못을 아뢰어 정도(正道)를 회복하고자 한 것을 기리고, 뜻이 받아들여지지 않자 미련 없이 벼슬을 버리고 떠난 절의를 칭송한 내용이다. 창작 시기는 지주자사(池州刺史)로 있던 회창(會昌) 5년(845)으로 추정한다.

---

145) 君長(군장) : 우두머리. 왕과 제후. 臣僕(신복) : 노예.
146) 豐衍(풍연) : 풍부하고 남음이 있다.
147) 講肄(강이) : 강론하고 학습하다.
148) '談'은 '淸'의 잘못이다.
149) 家兄(가형) : 집안의 형. 위에서 돈을 가까이하기를 형처럼 한다는 말이 있기에, 여기서는 돈을 가리킨다.

036. 영숭리의 서평왕댁 태위 이소의 집에 쓴 6운의 시
題永崇西平王宅太尉愬院六韻[1]

天下無雙將,	천하에 둘도 없는 장수이며
關西第一雄.[2]	관서의 최고 영웅인데,
授符黃石老,[3]	황석공에게서 병서를 받았고
學劍白猿翁.[4]	백원공에게서 검술을 배웠다.
矯矯雲長勇,[5]	헌걸찬 관우의 용기이고
恂恂郤縠風.[6]	신중한 극곡의 풍모이니,
家呼小大尉,[7]	집안에서는 작은 태위로 불리고
國號大梁公.[8]	나라에서는 큰 양공이라고 불린다.
半夜龍驤去,[9]	한밤중에 용양장군이 떠나가니
中原虎穴空.[10]	중원에 호랑이 굴이 비었지만,
隴山兵十萬,[11]	농산에는 십만 군사가 있고
嗣子握琱弓.[12]	아들은 조궁을 쥐고 있다.

주석

1 **[협주]** ≪신당서·이성전(李晟傳)≫의 기록이다. 이성은 자가 양기(良器)이다. 영숭리(永崇里)에 저택을 하사받았고 봉상농우절도사(鳳翔隴右節度使) 행영부원수(行營副元帥)에 제수되어 서평군(西平郡)의 왕으로 전임했다. 정원(貞元) 3년(787) 황제가 선정전(宣政殿)에 앉아 이성을 인견하고 봉책의 예를 갖추어 태위(太尉) 중서령(中書令)으로 진

급시켰다. 이소(李愬)는 이성의 셋째 아들이다.(唐書. 李晟, 字良器. 錫[150]第永崇里, 拜鳳翔隴右節度使, 行營副元帥, 從[151]王西平郡. 貞元三年帝坐宣政殿引見晟, 備冊禮, 進拜太尉中書令. 愬, 晟第三子.)

[역자주] 영숭리(永崇里) : 장안성 안의 행정구역 이름이다. 太尉(태위) : 군대 전체를 총괄하는 관직으로 삼공(三公)의 하나이다.

2 [역자주] 關西(관서) : 서쪽 변방으로 농우 지역을 가리킨다.

3 **[협주]** ≪한서·장량전(張良傳)≫의 기록이다. 장량이 일찍이 하비에서 노닐 때 흙다리 위에 한 노인이 있었는데 장량이 있는 곳에 와서는 책을 한 권 꺼내며 말하기를, "이 책을 읽으면 왕의 스승이 되어 10년 뒤에는 나라를 일으킬 것이다. 13년 뒤에 젊은이는 제북의 곡성산 아래에서 나를 보게 될 텐데, 황색 바위가 바로 나일 것이다."라고 했다. 이윽고 떠나 보이지 않고 단지 그 책만 보였는데, 바로 ≪태공병법(太公兵法)≫이었다.(漢書, 張良傳. 良嘗遊下邳, 圯上有一老父,[152] 至良所. 出一編書曰, 讀是, 爲王者師, 後十年興. 十三年孺子見我濟北穀城山下, 黃石, 卽我已. 遂去不見, 且示[153]其書, 乃太公兵法.)

[역자주] 黃石老(황석로) : 진한(秦漢) 시기의 은자로 진나라 시대의 혼란을 피해 동해(東海) 하비(下邳)에 은거했다. 보통 황석공(黃石公)으로 불린다. 하비의 다리에서 장량을 만나 세 차례 시험하고 태공망(太公望)의 병법서 ≪육도(六韜)≫를 전해주었다. 병법서로 ≪소서(素書)≫와 ≪삼략(三略)≫이 전한다.

4 **[협주]** ≪오월춘추(吳越春秋)·구천음모외전(勾踐陰謀外傳)≫의 기록이다. 월왕(越王) 구천(句踐)이 범려(范蠡)에게 백병전의 기술을 묻자 범려가 대답하기를, "신이 듣기로, 월나라에 처녀가 있는데, 나라 사람들이 그녀의 무예를 칭찬한다고 합니다. 대왕께서 그녀에게 백병전의 도리를 묻기 바랍니다."라고 했다. 이에 월왕은 그녀를 초빙했다. 처녀가 북쪽으로 월왕을 뵈러 가다가, 길에서 자칭 원공(袁公)이라고 하는 한 노인을 만났다.

150) '錫'은 '賜'의 잘못이다. '사제(賜第)'는 저택을 하사한다는 말이다.
151) '從'은 '徙'의 잘못이다.
152) 圯(이) : 긴 나무를 걸쳐놓고 그 위에 흙을 덮어 만든 다리.
153) '示'는 '視'의 잘못이다.

처녀에게 묻기를, "듣기에 그대가 검술에 뛰어나다고 하는데, 한번 볼 수 있기를 바라오."라고 했다. 처녀가 말하기를, "저는 감히 숨기지 못하겠으니, 공께서 시험해 보시기 바랍니다."라고 하자 원공이 바로 숲의 나무를 끌어당겨 그 안으로 들어갔다. 대나무가 말라서 끝이 부러져 땅에 떨어져 있었는데 처녀가 그 끝을 집어 들었고 원공은 그 뿌리 쪽을 잡아서 처녀를 찔렀다. 처녀가 대응해 공격을 받아들였고, 세 번 받아들인 후 기회를 타 대나무를 들어서 원공을 쳤다. 원공은 바로 날아서 나무로 올라가 흰 원숭이로 변했다. 처녀는 떠나서 월왕을 만났고, 월왕은 명을 내려 다섯 부대에서 재능이 뛰어난 사람들에게 그 검술을 익히도록 했다. 이때 사람들이 모두 그것을 '월녀의 검술'이라고 일컬었다.(吳越春秋. 越王問范蠡手戰之逑, 范蠡答曰, 臣聞, 越有處女, 國人稱之. 願王請問手戰之道. 於是王乃請女. 女將北見王, 道逢一翁, 自稱袁公. 問女曰, 聞子善爲劍. 願得一觀之. 處女曰, 妾不敢有所[154]也. 惟公所試. 公卽挽林內之. 竹以枯槁, 末折墜地. 女接取其末, 袁公操其本而刺處女. 處女應卽[155]入之, 三入, 因舉杖擊之袁公. 袁公則飛上樹, 化爲白猿. 女去, 見越王, 王命五校之高才習之.[156] 當此之時皆稱越女劍.)

5 **[협주]** 서진(西晉) 육기(陸機) <한나라 고조의 공신을 칭송한 글(漢高祖功臣頌)>에서 "용맹한 세 영웅이로다."라고 했고 ≪문선≫ 여향(呂向)의 주에 "'교교(矯矯)'는 용맹스러운 모습이다."라고 했다. ≪삼국지·촉지(蜀志)·관우전(關羽傳)≫의 기록이다. 관우는 자가 운장(雲長)으로 도망하여 탁군(涿郡)으로 달아났다. 선주 유비가 고을에서 군사를 모으자 관우는 장비와 함께 그의 호위가 되었다. 관우는 마초(馬超)가 항복하러 온다는 소식을 듣고 제갈량에게 편지를 보내, 마초의 재능이 누구와 비교할 수 있는지 물었다. 제갈량이 말하기를, "마초는 문무의 자질을 겸비했고 용감하고 강직함이 타인을 뛰어넘어 한 시대의 영웅입니다. 그러나 수염의 빼어남과 출중함에는 미치지 못합니다."라고 했다. 관우는 수염이 아름다웠기 때문에 제갈량이 그를 '수염'이라고 부른 것이다. 논평

---

154) '所' 다음에 '隱'이 더 있어야 한다.
155) '卽'은 '節'의 잘못이다.
156) 五校(오교) : 한나라 때의 다섯 군대로 보병(步兵), 둔기(屯騎), 장수(長水), 월기(越騎), 사성(射聲)을 가리킨다.

하여 말하기를, "관우와 장비는 모두 만 명을 대적한다고 일컬어지니, 세상에서 뛰어난 무신이다."라고 했다.(高祖功臣頌, 矯矯三雄. 注, 矯矯, 雄勇貌. 蜀志. 關羽, 字雲長, 王[157]命奔涿郡. 先主於鄕里合徒衆, 而羽與張飛爲之御侮.[158] 羽聞烏[159]超來降, 羽書與諸葛亮, 問超人才可誰比類. 亮曰, 孟起兼資文虎,[160] 雄烈過人, 一世之傑. 猶未及髥之絶倫逸群也. 羽美須髥,[161] 故亮謂之髥. 評曰, 關羽張飛皆稱萬人之敵, 爲世武臣.)

6 **[협주]** ≪한서·이광전(李廣傳)≫의 찬(贊)에서 "마치 시골 사람처럼 조심스러웠다."라고 했고 안사고의 주에서 "'순순(恂恂)'은 성실하고 신중한 모습이다."라고 했다. ≪좌전·희공(僖公) 27년≫의 기록이다. 진(晉)나라 군주가 삼군을 편성하고 원수에 대하여 논의하자 조쇠(趙衰)가 아뢰기를, "극곡(郤穀)이 좋습니다. 신은 자주 그의 말을 들었는데, ≪예기≫와 ≪악기≫를 좋아하고 ≪시경≫과 ≪서경≫에 조예가 깊습니다. ≪시경≫과 ≪서경≫은 도의의 창고이고 ≪예기≫와 ≪악기≫는 덕행의 규범입니다. 전하께서 그를 시험해 보십시오."라고 했다. 이에 극곡으로 하여금 중군을 통솔하게 했다.(漢書, 李廣傳, 贊, 恂恂如鄙人. 注, 恂恂, 誠勤貌. 左傳. 晉侯作三軍, 謀元帥, 趙衰曰, 郤穀可. 臣亟聞其言, 說禮樂而敦詩書. 詩書, 義之府也. 禮樂, 德之則也. 君其試之. 乃以郤穀將中軍.)

7 [역자주] 小大尉(소태위) : 어린 태위라는 뜻으로, 아버지 이성이 태위를 지냈는데 또한 태위 벼슬에 오른 아들 이소를 지칭하는 말이다.

8 **[협주]** 본집의 주에서 "태위의 막냇동생인 사도 이청(李聽) 역시 양국공(涼國公)에 봉해졌다."라고 했다. ≪신당서·이소전(李愬傳)≫의 기록이다. 이소는 자가 원직(元直)으로 계략이 있었고 말타기와 활쏘기를 잘했다. 검교상서좌복야(檢校尙書左僕射)로 진급했고 양국공(涼國公)에 봉해졌으며 실제로 봉해진 호의 수는 5백 호였다. 아들 하나는 오품관(五品官)을 하사받았다. 황제가 바야흐로 농우(隴右) 지역을 정리하려고 하여 이소를 봉상절도사(鳳翔節度使)로 전임시켰다. 죽었을 때 나이가 49세였고 태위(太尉)에 추

157) '王'은 '亡'의 잘못이다.
158) 御侮(어모) : 외부의 침탈이나 능멸을 막다. 이로부터 호위하는 것을 뜻한다.
159) '烏'는 '馬'이 잘못이다
160) 孟起(맹기) : 마초의 자. 兼資文虎(겸자문호) : 문무를 겸비하다.
161) 須髥(수염) : 수염. '수'는 '수(鬚)'와 통한다.

증되었다. 이소는 몸가짐이 검소하여, 그의 형제들이 집안의 공훈에 의지해 부귀해져 수레와 말을 꾸미고 저택을 과시했으나 오직 이소만은 머문 곳이 바로 부친 생전의 옛집으로, 더하거나 넓힌 것이 없었다. 당초에 이성(李晟)이 경성을 수복하고 예전의 생활을 바꾸지 않았는데, 이소도 채주(蔡州)를 평정하고 역시 똑같이 했다. 공명이 뛰어난 것이 근세에는 없었던 것이다. 또 ≪신당서·이소전≫의 기록이다. 막냇동생인 이청(李聽)은 자가 정사(正思)이다. 공으로 양국공(涼國公)에 봉해졌고 61세에 죽었으며 사도에 추증되었다.(本注. 太尉季弟司徒聽, 亦封梁[162]國公. 唐書. 愬, 字元直, 有籌略, 善騎射. 進檢校尙書左僕射, 封梁[163]國公, 實封戶五百. 賜一子五品官. 帝方經略隴右, 故徙愬節度鳳翔. 卒年四十九, 贈太尉. 愬行己儉約, 其昆弟賴家勳貴, 飾輿馬, 矜室廬, 唯愬所處, 乃父時故院, 無所增廣. 始晟克京師, 市不改肆,[164] 愬平蔡, 亦如之. 功名之奇, 近世所未有. 又曰, 季弟聽, 字正思. 以功封涼國公, 卒六十一, 贈司徒.)

[역자주] 大梁公(대량공) : 다른 문헌에 따르면 '梁'은 '涼'의 잘못이다. 이소의 아버지인 이성이 양국공(涼國公)에 봉해졌는데 그 작위를 이소가 이어받지 않고 막냇동생인 이청이 이어받았기에 이소를 '큰 양공'이라고 불렀다는 말이다.

9 **[협주]** ≪구당서·이소전≫의 기록이다. 장차 채주(蔡州)를 치고자 한 것은 오원제(吳元濟)를 잡으려는 것이었다. 이소가 직접 중군(中軍) 3천 명을 거느리고 현호성에 이르렀는데 한밤중에 눈이 매우 많이 내렸다. 반군이 오방(吳房)과 낭산(朗山)의 견고함을 믿고 편안히 있으면서 알아챈 자가 한 사람도 없었다. 여명에 눈이 그치자 이소가 들어가 오원제의 성 밖의 집에 멈추었다. 전진성(田進誠)이 자성(子城)의 남문에 불을 지르자 오원제가 성 위에서 잘못을 빌었고 전진성이 사다리를 놓아 그를 내려오게 하고 죄인을 싣는 수레에 실어 경성으로 보냈다. ≪진서·왕준전(王濬傳)≫에서 "왕준이 용양장군(龍驤將軍)이 되었다."라고 했다.(舊唐書, 李愬傳. 將襲蔡州, 取吳元濟也. 愬自帥中軍三千, 至懸瓠城, 夜半雪愈甚. 賊恃吳房朗山之固, 晏然無一人知者. 黎明雪止, 愬入, 止

162) '梁'은 '涼'의 잘못이다.
163) '梁'은 '涼'의 잘못이다.
164) 市不改肆(시불개사) : 시장에서 장사를 하면서 상점을 바꾸지 않다. 예전 그대로 장사를 한다는 뜻인데, 여기서는 예전의 검소한 생활을 바꾸지 않았다는 말이다.

元濟外宅. 田進誠焚子城南門, 元濟城上請罪, 進誠梯而下之, 乃檻送京師. 晉書. 王濬爲龍驤將軍.)

[역자주] 龍驤(용양) : 원래는 오나라를 정벌하러 간 진나라의 왕준을 가리키는데, 여기서는 반란을 일으킨 오원제를 정벌하러 간 이소를 가리킨다.

10 **[협주]** ≪삼국지·오지(吳志)·여몽전(呂蒙傳)≫에서 “여몽이 전쟁에 나가려는데 모친이 그를 말리자 여몽이 말하기를, ‘호랑이 굴에 들어가지 않으면 어떻게 호랑이 새끼를 잡을 수 있겠습니까.’라고 했다.”라고 했다.(吳志. 呂蒙從軍, 母止之, 蒙曰, 不探虎穴, 安得虎子.)

11 **[협주]** ≪통전≫에서 “견양군(汧陽郡) 농주(隴州) 관할 현인 견원현(汧原縣)에 농산(隴山)이 있다. 다른 이름으로 농성(隴城)이라고 한다.”라고 했다.(通典. 汧陽郡隴州領縣汧原, 有隴山. 一曰隴城.)

12 **[협주]** 본집의 주에서 “지금 봉상(鳳翔)의 이상서(李尙書)는 태위의 맏아들이다.”라고 했다. ≪순자(荀子)·대략(大略)≫에 “천자는 조궁(雕弓)을 잡고 제후는 동궁(彤弓)을 잡고 대부는 흑궁(黑弓)을 잡는다.”라고 했다.(本注. 今鳳翔李尙書, 太尉長子. 孫卿子. 天子雕弓, 諸侯彤弓, 大夫黑弓.)

[역자주] 嗣子(사자) : 맏아들로 여기서는 이소의 장자 이빈(李玭)을 가리킨다. 당시 봉상 절도사로 파견되었으며 궁궐에서의 관직은 상서(尙書)로 정3품이다. 雕弓(조궁) : 아름답게 장식한 활을 가리킨다. 이상 두 구는 이소가 오원제를 정벌하러 나간 뒤 이빈이 봉상에서 장안을 보위하고 있다는 말이다.

해설

이 시는 이소에 관해 지은 것으로 그의 용맹함을 칭송하고는 그의 아들 역시 든든한 장군임을 말했다. 창작 시기는 대중(大中) 3년(849) 또는 대중 4년 즈음인 것으로 추정한다.

037. 동쪽으로 정벌하는 것을 읊은 칠언시 10운

東兵長句十韻[1]

上黨爭爲天下脊,[2]	상당에서 천하의 척추가 될 것을 다투는데
邯鄲四十萬秦坑.[3]	한단의 40만 대군은 진나라가 매장했지.
狂童何者欲專地,[4]	미친 어린놈은 누구이기에 땅을 제멋대로 하려 하는가
聖主無私豈玩兵.[5]	성스러운 천자는 사사로움이 없으니 어찌 무력을 남용하리오.
玄象森羅搖北落,[6]	하늘의 별이 삼엄히 나열해 있는데 북락사문이 흔들리니
詩人章句詠東征.[7]	시인은 시로 동쪽 정벌을 노래한다.
雄如馬武皆彈劍,[8]	용맹은 마무와 같아서 모두가 검을 두드리고
少似終軍亦請纓.[9]	젊기는 종군과 같아서 또한 밧줄을 요청하는데,
屈指廟堂無失策,	손가락을 꼽아봐도 조정에는 실책이 없고
垂衣堯舜待升平.[10]	옷을 드리운 요순의 정치로 태평을 기다린다.
羽林東下雷霆怒,[11]	우림군이 동으로 가니 우레처럼 진노하고
楚甲南來組練明.[12]	초 땅의 군사가 남에서 오니 갑옷이 선명한데,
卽墨龍文光照曜,[13]	즉묵의 용 그림에서 빛이 번쩍이고
常山蛇陣勢縱橫.[14]	상산의 뱀 진영에서 기세가 종횡무진한다.
落雕都尉萬人敵,[15]	독수리를 쏴 떨어뜨린 도위는 만인을 대적하고
黑矟將軍一鳥輕.[16]	검은 창을 든 장군은 한 마리 새처럼 가벼우니,
漸見長圍雲欲合,[17]	긴 포위망이 구름처럼 합치려는 것을 점차 볼 터
可憐窮壘帶猶縈.[18]	가련하도다, 곤궁한 보루에 띠가 여전히 두르고 있으리.

凱歌應是新年唱,[19] 개선의 노래는 당연히 새해의 노래일 테니
便逐春風浩浩聲.[20] 곧 봄바람을 좇아 우렁차게 울리리라.

주석

1 [역자주] 東兵(동병) : 동쪽으로 택주(澤州)와 노주(潞州)를 정벌하는 군대라는 뜻이다. 회창 3년(843) 4월 소의절도사(昭義節度使) 유종간(劉從諫)이 죽자 그의 조카인 유진(劉稹)이 병마유후(兵馬留後)가 되어 조정에 반항했다. 8월에 조정에서 하중(河中), 하양(河陽), 태원(太原) 등 5도의 병사를 동원하여 유진을 정벌하러 갔으며, 이듬해 8월에 토벌에 성공했다. 長句(장구) : 칠언시를 가리킨다.

2 **[협주]** ≪통전(通典)≫에서 "노주(潞州)의 지금 치소(治所)는 상당군(上黨郡)이다."라고 했다. ≪사기·장의열전(張儀列傳)≫에서 "상산(常山)[165]의 험요지를 석권하여 반드시 천하의 척추를 꺾을 것입니다."라고 했다.(通典. 潞州今治上黨郡. 史記, 張儀傳. 席卷常山之險, 必折天下之脊.)

[역자주] 上黨(상당) : 지금의 산서성에 있었던 노주(潞州)를 가리킨다. 天下脊(천하척) : 천하의 척추. 북방 높은 준령을 차지하는 것을 비유한다.

3 **[협주]** ≪사기·백기열전(白起列傳)≫의 기록이다. 조(趙)나라가 장평(長平)에 주둔하자 진(秦)나라가 무안군(武安君) 백기를 상장군(上將軍)으로 삼았다. 조나라 장군 조괄(趙括)이 정예병사를 내어 직접 싸움에 나섰지만 진나라 군대가 조괄을 사살했다. 조괄의 군대가 패하자 병졸 40만 명이 무안군에게 항복했다. 무안군이 이에 속임수를 써서 그들을 모두 구덩이에 묻어 죽였다. ≪통전(通典)≫에서 "한단(邯鄲)은 전국시대에 조(趙)나라가 도읍한 곳이다."라고 했다.(史記. 趙軍長平, 秦使武安君白起爲上將軍. 趙將軍趙括出銳卒, 自搏戰, 秦軍射殺趙括. 括軍敗, 卒四十萬人降武安君. 武安君乃挾詐而盡阬殺之. 通典. 邯鄲, 戰國時趙國所都.)

---

165) 상산(常山) : 원래 이름은 항산(恒山)으로 한 문제(文帝) 유항(劉恒)의 이름을 피하여 이렇게 이름을 고쳤다. 지금의 하북성 곡양현(曲陽縣) 서쪽에 있다.

4 **[협주]** ≪구당서·무종본기(武宗本紀)≫의 기록이다. 회창(會昌) 3년(843) 4월 소의절도사(昭義節度使) 유종간(劉從諫)이 죽자 군부에서는 유종간의 조카인 유진(劉稹)을 병마유후(兵馬留後)로 삼고 표문을 올려 절월(節鉞)166)을 내려 줄 것을 청원했다. 얼마 후 사자를 파견하여 노부(潞府)에 조서를 보내 유진에게 명하여 유종간의 상여를 호종하여 낙양(洛陽)으로 돌아오게 했다. 유진이 조정의 뜻을 거역하자 중서성, 문하성과 어사대에 조서를 내려 유진을 죽이는 것이 좋을지 용서하는 것이 좋을지의 정황을 논의하여 아뢰게 했다. 9월에 다음과 같이 조서를 내렸다. "소의절도사 유오(劉悟)가 이전에 해대(海岱) 지역에 있으면서 무신(武臣)의 역할을 담당했다. 이사도(李師道)167)가 무력에 의지하여 행동하자 왕의 군대가 죄를 물으면서 관대하게 대처하니 온 경내가 인심이 돌아섰고 이 위기로 마침내 귀순할 수 있었다. 헌종(憲宗)이 그의 성심을 가상히게 여겨 남연(南燕)을 하사하셨고 목종(穆宗)은 심복으로 대우하여 상당(上黨)을 맡기셨다. 죽음을 두려워하지 않는 군사들을 불러모아 한 지역을 굳게 지키더니 말년에 이르러 이미 신하의 절개를 그르쳤다. 유종간은 포악한 기상을 타고났고 어려서부터 난동의 기풍을 익혔다. 사나운 자질로 봉지에서 제멋대로 하고 기강의 힘을 믿고 병부(兵符)168)를 훔쳤다. 오히려 죽어가는 목숨을 부지하며 사악한 뜻을 자행하여 무지하게 나서며 스스로 할거세력이 되었다. 반역의 행위가 너무나 분명하니 사람과 신령이 모두 버렸다. 그에게 내려진 관직과 전에 제수된 작위, 그리고 유진의 현재 관직과 작위를 마땅히 모두 삭탈할 것이다. 성덕군절도사(成德軍節度使) 왕원규를 북면초토택로사(北面招討澤潞使)를 맡게 하고, 진허절도사(陳許節度使) 왕재(王宰)를 택로남면초토사(澤潞南面招討使)를 맡게 하며 진강부초토(晉絳副招討) 석웅(石雄)을 택로서면초토(澤潞西面招討)를 맡게 한다." 노주대장(潞州大將) 곽의(郭誼)가 사람을 왕재에게 보내, 유진을 죽여 스스로 속죄하겠다고 청했다. 왕재가 이 사실을 아뢰자 마침내 조서를 내려 석웅으로 하여금 군사

---

166) 절월(節鉞) : 부절(符節)과 부월(斧鉞)로 천자가 장수에게 병권의 상징으로 주던 물건이다. 절도사의 직책을 상징한다.

167) 이사도(李師道) : 당나라 지방할거세력으로 조부가 고구려 사람 이정기(李正己)이다. 부친 이납(李納)과 형 이사고(李師古)를 이어 치청절도사(淄青節度使)를 맡았다. 원화(元和) 14년 휘하 장수 유오(劉悟)에게 살해당했다.

168) 병부(兵符) : 병력 이동이나 장수를 파견할 때 사용하는 신표이다.

7천 명을 거느리고 노주로 들어가게 했다. 곽의가 유진의 머리를 베어 석웅을 맞이하니 택주, 노주 등 다섯 주가 평정되었다. 왕재가 유진의 머리와 대장 곽의 등 150명을 보내고 경성에 승전보를 바쳤다. 황제가 안복문(安福門)에 행차하여 포로들을 받으니 백관들이 누대 앞에서 칭하했다. 또 본집의 <택주와 노주를 평정한 것에 대해 동중서문하평장사(同中書門下平章事)께 축하하면서 올리는 글(賀中書門下平澤潞)>에도 보인다.(舊唐書, 武宗本紀. 會昌三年四月昭義節度使劉從諫卒, 三軍以從諫侄積[169]爲兵馬留后, 上表請授節鉞. 尋遣使齎詔路府,[170] 令稹護從諫之喪, 婦[171]洛陽. 稹拒朝旨, 詔中書門下兩省御史臺會議劉稹可誅可宥之狀以聞. 九月制. 昭義節度劉悟頃居海岱, 嘗列爪牙.[172] 屬師道阻兵,[173] 王師問罪, 三面開綱,[174] 四[175]境離心, 乘此危機, 遂能歸命. 憲宗嘉其誠款, 授以南燕, 穆宗待以腹心, 委之上黨. 招致死士,[176] 固護一方, 迨於未年, 已虧臣節. 劉從諫生稟戾氣,[177] 幼習亂風. 固[178]跋扈之資,[179] 以專封壤, 恃紀綱之力, 以襲兵符. 猶駐將盡之魂, 恣行邪僻之志, 罔或奮校,[180] 自樹狡童.[181] 逆節甚明, 人神共棄. 其贈官及先所授官爵並稹在身官爵, 宜並削奪. 成德軍節度使王元逵, 北面招討澤潞使, 以陳許節度使王宰充澤潞南面招討使. 以晉降[182]副招討石雄爲澤潞西面招討. 潞州大將郭誼遣人至王宰, 請殺稹以自贖. 王宰以聞, 乃詔石雄率軍七千

---

169) '積'은 '稹'의 잘못이다.
170) '路'는 '潞'의 잘못이다. 齎詔(재조) : 조서를 보내다.
171) '婦'는 '歸'의 잘못이다.
172) 爪牙(조아) : 발톱과 어금니. 용맹한 무신을 상징한다.
173) 阻兵(조병) : 병력에 의지하다.
174) 三面開綱(삼면개망) : 세 방향의 그물을 열어주다. ≪사기·은본기(殷本紀)≫에 따르면 탕(湯) 임금이 들에서 네 면에 그물을 치고 사냥을 하는 자를 보고는 세 면의 그물을 제거하라고 명했다. 이로써 탕임금의 어진 마음을 보여주었는데 이로부터 형벌을 관대하게 하고 어진 정치를 시행하는 것을 뜻하는 표현이 됐다.
175) '四'는 '一'의 잘못이다.
176) 招致(조치) : 불러모으다. 死士(사사) : 죽음을 불사하는 용맹한 병사.
177) 生稟(생품) : 타고나다. 戾氣(여기) : 사악한 기운.
178) '固'는 '因'의 잘못이다.
179) 跋扈(발호) : 난폭하다. 강함을 믿고 저항하다.
180) '校'는 '拔'의 잘못이다. 罔(망) : 무지한 모양. 奮拔(분발) : 분발하여 일을 행하다.
181) 狡童(교동) : ≪시경·정풍(鄭風)≫의 편명으로 공가 홀(忽)을 풍자한 것이다. 이로부터 교활하고 혼란을 일으키는 군주를 지칭하게 됐으며, 지역을 할거한 군주를 뜻한다.
182) '降'은 '絳'의 잘못이다.

入潞州. 誼斬稹首以迎雄, 澤潞五州平. 王宰傳稹首與大將郭誼等一百五十人, 露布獻於京師.[183] 上御安福門受俘, 百僚樓前稱賀. 又見本集賀石澤潞啓.)

[역자주] 狂童(광동) : 미친 어린놈. 망령되이 분란을 일으키는 이를 비하하는 말이다. 여기서는 유진을 가리킨다. 專地(전지) : 땅을 제멋대로 하다.

5 **[협주]** ‘성주(聖主)’는 성종(聖宗)[184]을 말한다.(聖主, 謂聖宗.)

[역자주] 玩兵(완병) : 병사를 함부로 움직이다. 무력을 경솔하게 사용하다.

6 **[협주]** ≪진서·사안전(謝安傳)≫에서 “(궁궐을 건축함에) 하늘의 별자리를 본뜨고 북극성과 합치되게 하니, 부역한 이들이 힘들어하거나 원망함이 없었다.”라고 했다. ≪진서·천문지(天文志)≫에서 “북락사문(北落師門)이라는 별은 우림성(羽林星)의 서남쪽에 있다. ‘북(北)’이라는 것은 별자리가 북쪽에 있는 것이고 ‘락(落)’이라는 것은 하늘의 가장자리이다. 장안성의 북문을 북락문(北落門)이라고 하는 것은 이것을 본뜬 것이다. 비상시에 군의 동태를 살피는 것을 주관한다.(晉書, 謝安傳. 仰模玄象, 合體辰極, 而役無勞怨. 晉書志. 北落師門一星在羽林西南. 北者, 宿在北方也, 落, 天之藩落也.[185] 長安城北門, 曰北落門, 以象此也. 主非常以使[186]兵.)

[역자주] 玄象(현상) : 하늘의 별자리를 말한다. 森羅(삼라) : 삼엄하게 펼쳐져 있다. 北落(북락) : 별자리인 북락사문으로 군대의 출정과 관련 있다.

7 **[협주]** ≪시경·국풍(國風)·동산(東山)≫은 주공(周公)이 동쪽을 정벌한 것을 읊은 시이다. 주공이 동쪽을 정벌하고 3년 만에 돌아와서 돌아온 군사들을 위로하자 사대부들이 그것을 찬미했다. 그래서 이 시를 지었다.[187](詩, 東山, 周公東征也. 周公東征, 三年而歸, 勞歸士, 大夫美之. 故作是詩也.)

[역자주] 詩人(시인) : 두목 자신을 가리킨다.

8 **[협주]** ≪후한서·마무전(馬武傳)≫에서 “마무는 자가 자장(子張)으로, 남양(南陽) 호양(湖陽) 사람이다.”라고 했다. ≪후한서·오한진후전(吳漢陳后傳)≫의 논찬(論贊)에서 “장

183) 露布(노포) : 봉함하지 않은 문서. 승전보를 뜻한다.
184) 성종(聖宗) : 무종(武宗)을 가리킨다.
185) 藩落(번락) : 울타리. 변방을 뜻한다.
186) ‘使’는 ‘候’의 잘못이다.
187) 이 조목은 ≪모시서(毛詩序)≫에 보인다.

궁(藏宮)과 마무 등은 좋은 칼을 어루만지고 손뼉을 치면서 뜻은 변방의 이오(伊吳) 북쪽을 달렸다.(後漢書. 馬武, 字子張, 南陽湖陽人也. 吳漢陳后傳論, 藏宮馬武之徒, 撫鳴劍抵掌, 志馳於伊吳之北矣.)

9 **[협주]** ≪한서·종군전(終軍傳)≫의 기록이다. 종군이 자청하여, 긴 밧줄을 받아 남월왕(南越王)을 묶어 궐 아래로 끌고 오기를 원했다. 종군이 나이가 20여 세에 죽자 그를 일컬어 '소년 종군[종동(終童)]'이라고 했다.(漢書. 軍自請願受長纓, 必羈南越王而致之闕下. 軍死年二十餘, 故謂之終童.)

[역자주] 請纓(청영) : 밧줄을 달라고 청하다.

10 [역자주] 垂衣(수의) : 옷을 드리우다. 의복의 제도를 제정하여 천하에 예를 보여주는 것이다. 이로써 무위지치(無爲之治)를 의미한다.

11 **[협주]** ≪시경·소아(小雅)·채기(采芑)≫는 선왕(宣王)이 남쪽을 정벌한 것을 읊은 시로 "전차가 많으니 많고 성대하여 천둥 같고 우레 같도다. 뛰어나고 진실한 방숙(方叔)이여 험윤을 정벌하니 만형(蠻荊)이 와서 복종하도다."라고 했는데, 모장(毛萇)의 주에서 "'탄탄(嘽嘽)'은 많다는 뜻이고, '퇴퇴(焞焞)'는 성대하다는 뜻이다."라고 했고, 정현(鄭玄)의 전(箋)에서 "전차가 이미 많고 성대하여 그 위엄이 천둥와 우레 같다는 말이다. 방숙(方叔)이 전에 길보(吉甫)와 함께 북방 이민족인 험윤을 정벌했는데, 지금 장차 만형(蠻荊)을 정벌하러 가니 모두 와서 선왕의 위엄에 복종하게 한다고 하여 그 공이 많음을 찬미했다."라고 했다.(詩, 采芑, 宣王南征也. 戎車嘽嘽, 嘽嘽焞焞, 如霆如雷. 顯允方叔, 征伐玁狁, 蠻荊來威. 注. 嘽嘽, 衆也, 焞焞, 盛也. 箋云, 言戎車旣衆盛, 其威又如雷霆. 方叔先與吉甫征伐玁狁, 今將往伐蠻荊, 皆使來服於宣王之威, 美其功之多也.)

[역자주] 羽林(우림) : 궁궐의 호위부대인 우림군인데, 여기서는 천자가 조정에서 유진을 토벌하러 보내는 군대를 말한다. 東下(동하) : 동쪽으로 내려가다. 雷霆(뇌정) : 우렛소리. 많은 전차 소리를 비유한 것이다.

12 **[협주]** ≪좌전·양공(襄公) 3년≫에서 "초나라 자중(子重)이 오나라를 정벌하면서 선발부대를 편성하여 구자(龜茲)에서 승리했고 형산(衡山)에 이르렀다. 등요(鄧廖)에게 조갑(組甲)을 갖춘 군사 3백 명과 피련(被練)을 갖춘 군사 3천 명을 인솔하여 오나라를 치게 했다."라고 했고, 누예의 주에서 "조갑(組甲)과 피련(被練)은 모두 전투 장비이다. 조갑은 갑옷에 옻칠을 하여 끈의 문양을 만든 것이고, 피련은 누인 윗옷이다."라고 했다.(左

傳. 楚子重伐吳, 爲簡之師,[188] 克鳩玆,[189] 至于衡山. 使鄧廖帥組甲三百, 被練三千, 以侵吳. 注, 組甲被練, 皆戰備也. 組甲, 漆甲成組文, 被練, 之[190]袍.)

[역자주] 楚甲(초갑) : 초 땅의 갑옷으로 여기서는 유진의 정벌에 동원된 지방의 군대를 가리킨다. 組練(조련) : 조갑과 피련으로 정예병사가 입는 복장을 뜻한다. 조갑과 피련에 대해서는 상이한 설이 있다.

13 **[협주]** ≪사기·전단열전(田單列傳)≫의 기록이다. 연나라가 악의(樂毅)를 시켜 제나라를 격파하자 전단은 동쪽으로 가서 즉묵(卽墨)을 지켰다. 연나라는 이미 제나라의 성들을 거의 모두 항복시켰으나, 다만 거(莒)와 즉묵만 함락되지 않았다. 연나라가 군사를 이끌고 동쪽으로 가서 즉묵을 포위하자, 전단은 성안에서 소 천여 마리를 모았다. 붉은 비단옷을 만들어 거기에 오색의 용 무늬를 그려 소에게 입히고 뿔에 칼날을 묶은 다음, 꼬리에 갈대를 매어 기름을 붓고 그 끝에 불을 붙였다. 성에 수십 개의 구멍을 뚫어 밤을 틈타 구멍으로 소를 내보내고, 장사 오천 명이 그 뒤를 따랐다. 소는 꼬리가 뜨거워지자 성이 나서 연나라 군영으로 뛰어갔고, 연나라 군사는 한밤중에 크게 놀랐다. 쇠꼬리에 붙은 횃불은 빛이 눈부시게 비쳤고, 연나라 군사들이 자세히 보니 모두 용의 무늬였다. 부딪치는 자들은 모두 죽거나 부상을 당했다.(史記. 燕使樂毅破齊, 田單走東, 保卽墨. 燕旣盡降齊城, 唯獨莒卽墨未下. 燕引兵東圍卽墨, 田單乃取城中得千餘牛, 爲絳繒衣, 畫以五彩龍文, 束兵刃於其角, 而灌脂束葦於尾, 燒其端. 鑿城數十穴, 夜縱牛, 壯士五千人隨其後. 牛尾熱, 怒而奔燕軍, 燕軍夜大驚. 牛尾炬火光照炫燿, 軍視之皆龍文, 所觸盡死傷.)

[역자주] 卽墨(즉묵) : 제(齊)나라 시기의 읍 이름으로 지금의 산동성 평도현(平度縣) 동남쪽에 있었다. 照燿(조요) : 강렬한 빛이 번쩍이다.

14 **[협주]** ≪손자(孫子)·구지(九地)≫에서 "용병을 잘하는 자는, 비유하자면 솔연(率然)과 같다. 솔연이라는 것은 상산(常山)의 뱀이다. 그 머리를 치면 꼬리가 달려들고 그 꼬리를 치면 머리가 달려들며, 그 가운데를 치면 머리와 꼬리가 함께 달려든다."라고 했다.(孫

188) 簡(간) : 병사를 선발하여 부대를 조직하다.
189) 克(극) : 승리하다. 鳩玆(구자) : 구자(龜玆)와 같다. 서쪽 변방의 나라 이름이다.
190) '之'는 '練'의 잘못이다.

子. 善用兵者, 如率然. 率然者, 常山之蛇也. 擊其首則尾至, 擊其尾則首至, 擊其中則首尾俱至.)

15 **[협주]** ≪북사·곡률광전(斛律光傳)≫에서 "곡률금(斛律金)의 아들 곡률광이 큰 새 한 마리를 보고 활을 쏘아 그 목을 정통으로 맞췄다. 모양이 수레바퀴 같은데 떨어지니 바로 독수리였다. 승상 형자고(邢子高)가 감탄하며 말하기를, '이 사람은 독수리를 잡는 사수이다.'라 했고, 사람들은 '독수리를 쏴 떨어뜨린 도독[낙조도독(落雕都督)]'이라고 했다."라고 했다. ≪한서·항적전(項籍傳)≫에서 "항우가 말하기를, '만 사람을 대적하는 것을 배우겠습니다.'라고 했다."라고 했다.(北史. 斛律金子見一大禽, 射之正中其頸. 形如車輪, 而下乃雕也. 州[191]子高歎曰, 此射雕手也. 人號爲落雕都督. 漢書. 項羽曰, 學萬人敵耳.)

16 **[협주]** 당(唐) 장대소(張大素) ≪후위서(後魏書)·우율제전(于栗磾傳)≫에서 "우율제가 황하가에 보루를 쌓았다. 유유(劉裕)가 그것을 염려하여 우율제에게 편지를 보내 서쪽으로 길을 빌려달라고 하면서 겉봉에 '흑삭공휘하(黑矟公麾下)'라고 썼다. 우율제가 태종에게 아뢰자 태종이 그 연고로 우율제를 흑삭장군(黑矟將軍)에 제수했다. 우율제는 항상 검은 창을 사용했기 때문에 유유가 이런 호칭을 붙인 것이다."라고 했다. 두보의 시[192]에 "몸이 가벼워 한 마리 새처럼 지나가고, 창 놀림이 빨라 수많은 사람이 놀라 소리친다."라고 했다.(後魏書. 于栗磾築壘於河上. 劉裕憚之, 遺栗磾書, 題書曰, 黑矟公麾下. 栗磾以聞大宗, 大宗因授黑矟將軍. 栗磾常用黑矟, 故劉裕有此號. 詩史. 身輕一鳥過, 槍急萬人呼.)

17 **[협주]** ≪남사·제본기(齊本紀)≫의 기록이다. 제나라 폐제(廢帝) 동혼후(東昏侯)는 사냥을 좋아했다. 당시 사람들이 그가 짐승을 가둔 곳을 장위(長圍)라고 했다.(南史. 齊廢帝東昏侯喜游獵. 時人以其所圍處, 號爲長圍.)

[역자주] 長圍(장위) : 하나의 성이나 한 지역을 크게 포위하는 것을 말한다.

18 **[협주]** 남조 송(宋) 안연년(顏延年) <급사중 양찬(陽瓚)을 애도하는 뇌문(陽給事誄)>에

---

191) '州'는 '邢'의 잘못이다.

192) 두보의 시 <도위 채희로가 농우로 돌아가는 것을 전송하고 그편에 서기인 고적에게 부치다(送蔡希魯都尉還隴右因寄高三十五書記)>이다.

"어둑해진 곤궁한 보루에서 아아 소리치며 무리 지어 슬퍼했다."라고 했다. 진림(陳琳) <조홍을 대신하여 위 문제에게 올리는 글(爲曹洪與魏文帝書)>에서 "묵자의 수비는 띠를 둘러 담장을 만들었습니다."라고 했다.(陽給事誅. 翳翳窮壘, 寂嗷群飛.[193] 陳孔章書, 黑[194]子之守, 縈蕃[195]爲垣.)

[역자주] 窮壘(궁루) : 곤궁한 보루. 포위된 유진의 성을 가리킨다. 帶猶縈(대유영) : 허리띠가 여전히 둘러 있다. 공수반(公輸般)이 초나라를 위해 운제(雲梯)를 만들어 송나라를 치려고 하자 묵자가 가서 제지했다. 이에 두 사람이 모의 전투를 벌였는데 묵자가 허리띠를 풀어 성을 만들고 종이로 무기를 만들어 공수반의 모든 공격을 막아냈다. 이로부터 '띠가 두르다'라는 것은 완벽한 수비를 뜻하는 말인데, 여기서는 허술한 수비를 뜻하는 것으로 보인다.

19 **[협주]** ≪주례·춘관(春官)·박사(鎛師)≫에서 "대군(大軍)이 공을 보고하면 개선의 음악을 연주한다."라고 했다.(周訓[196], 大軍獻功, 則鼓其凱樂.)

20 [역자주] 浩浩(호호) : 큰 소리. 이 구는 8월에 토벌군이 출정하는데 내년 봄에 승리를 알려올 것이라는 말이다.

해설

이 시는 소의절도사 유종간의 조카인 유진이 병마유후를 맡고 택주와 노주를 거점으로 하여 일으킨 반역을 진압하기 위해 동쪽으로 출병했기에 지은 것이다. 그들의 용맹함을 서술하고는 연말까지 정벌을 마칠 것을 예상하며 그들의 성공을 기원했다. 창작 시기는 회창(會昌) 3년(843) 8월 이후이다.

193) '寂'은 '嗷'의 잘못이고 '飛'는 '悲'의 잘못이다. 翳翳(예예) : 어둑한 모양. 여기서는 적군으로 완전히 포위된 상황을 표현한 것이다. 嗷嗷(오오) : 슬피 우는 소리.

194) '黑'은 '墨'의 잘못이다.

195) '蕃'은 '帶'의 잘못이다.

196) '訓'은 '禮'의 잘못이다.

038. 근정루에 들르다

過勤政樓[1]

千秋佳節名空在, 천추절은 이름만 부질없이 남았고

承露絲囊世已無.[2] 이슬 받는 비단 주머니도 세상에는 이미 없구나.

唯有紫苔偏稱意,[3] 오직 자줏빛 이끼만이 오롯이 제 마음에 맞는지

年年因雨上金鋪.[4] 해마다 비가 오면 금빛 문고리에 오른다.

주석

1 **[협주]** 위의 "화악루에는 연못이 그대로이다."에 보인다.197)(見上花萼舊池塘.)

[역자주] 勤政樓(근정루) : 현종이 흥경리(興慶里)의 옛 저택을 흥경궁으로 만들고 그 뒤로 서쪽과 남쪽에 누대를 세우고는 서쪽에 '화악상휘지루(花萼相輝之樓)'라고 적었고 남쪽에 '근정무본지루(勤政務本之樓)'라고 적었다.

2 **[협주]** 8월 5일이 현종(玄宗)의 생일인데 천추절(千秋節)이라고 불렀다. 왕공(王公)과 외척들은 청동 거울과 인끈 및 허리띠를 바치고, 백성들은 이슬을 받는 비단 주머니를 만들어 안부를 전했다. ≪속제해기(續齊諧紀)≫에서 "홍농(弘農)의 등소(鄧紹)가 8월 초하루에 화산에 들어가 약초를 캐다가 한 아이가 오색의 주머니를 쥐고 측백나무 잎 위의 이슬을 담는 것을 보았다. 이슬은 모두 구슬 같았는데 주머니에 가득 들어 있었다. 등소가 그에게 묻자 대답하기를, '적송선생이 이것을 가시고 눈을 밝게 합니다.'라고 했다. 말이 끝나자 간 곳이 없었다."라고 했다.(隋宣帝詔.198) 八月五日, 明皇生辰, 號千秋節,

197) 두목의 시 <화청궁을 읊은 시 30운(華淸宮三十韻)>이다.

198) 隋宣帝詔(수선제조) : 연문이다. ≪협주명현십초시(夾注名賢十抄詩)≫에 수록된 <무당산에서 새벽에 일어

王公戚里進金鏡綬帶, 士庶結承露絲囊, 以相遺問. 續齊諧記. 弘農鄧紹八月旦入華山採藥, 見一童子執五綵囊, 盛栢葉上露. 露皆如珠, 滿囊中. 紹問之, 答曰, 赤松先生取以明眼. 言終, 失所在.)

3 **[협주]** 제(齊) 심약(沈約)의 시[199]에서 "손님들이 오르던 계단에는 동전 같은 푸른 이끼가 가득하고, 빈객들의 자리에는 자줏빛 이끼가 자란다."라고 했다.(沈休文詩, 賓階綠錢滿, 客位紫苔生.)

[역자주] 紫苔(자태) : 자줏빛 이끼. 偏(편) : 유독. 稱意(칭의) : 마음에 들다.

4 **[협주]** 한나라 사마상여(司馬相如)의 <장문부(長門賦)>에서 "옥 문짝을 밀며 장식 금빛 고리를 흔든다."라고 했고, ≪문선≫ 여연제(呂延濟)의 주에서 "'감(撼)'은 흔들다는 뜻이다. '금포(金鋪)'는 문짝 위의 금빛 꽃장식이다. 꽃 안에 끼우는 고리를 만들어 자물쇠를 꿴다."라고 했다.(長門賦, 擠玉戶以撼金鋪. 注. 撼, 搖也. 金鋪, 扉上有金花. 花中作鉗環, 以貫鎖.)

해설

이 시는 두목이 장안의 근정루에 들러 현종 당시에 번성했던 일을 회고한 것으로 이제는 퇴락하여 이끼만 가득한 모습을 묘사해 무상감을 표현했다. 창작 시기는 고찰할 수 없다.

나다(武當山晨起)> 시에 동일한 내용이 협주로 인용되어 있는데 출처는 ≪당송분문명현시화(唐宋分門名賢詩話)≫라고 되어 있다. 하지만 현재 전하는 ≪당송분문명현시화≫에는 이 내용이 보이지 않는다.

199) 심약의 시 <동지 후에 승상 댁에 이르러 세자를 찾아뵙는 수레 안에서 짓다(冬節後至丞相第詣世子車中作)>이다.

039. 문정공 위징을 읊다

題魏文貞[1]

蟪蛄寧與雪霜期,[2]	씽씽매미가 어찌 눈 서리와 기약할까
賢哲難教俗士知.	현철한 이는 속된 선비가 알게 하기 어렵다.
可憐貞觀太平後,	애석하도다, 정관의 태평한 시대 이후에
天且不留封德彝.[3]	하늘이 또 봉륜을 남겨두지 않은 것이.

주석

1 **[협주]** ≪신당서·위징전(魏徵傳)≫의 기록이다. 위징은 자가 현성(玄成)이다. 정관(貞觀) 3년(629) 비서감으로 조정의 정사에 참여했다. 황제 태종이 탄식하며 말하기를, “지금은 크게 어지러웠던 뒤라 아마도 다스리기가 어려울 것이다.”라고 하자 위징이 아뢰기를, “크게 어지러운 것이 다스리기 쉽습니다. 비유하자면 배고픈 사람에게 먹이기가 쉬운 것과 같습니다.”라고 했다. 황제가 이르기를, “옛날에도 ‘선한 사람이 백 년은 나라를 다스려야 그런 뒤에 잔혹한 자를 제압하고 사형을 없앨 수 있다.’[200]라고 하지 않았는가.”라고 하자 대답하기를, “이는 성인과 철인에 대해 논의한 것이 아닙니다. 성인과 철인의 다스림은 그 호응이 메아리와 같아 일 년이면 가능하니 그렇게 어려운 것이 아닙니다.”라고 했다. 봉륜(封倫)이 아뢰기를, “그렇지 않습니다. 하상주(夏商周) 삼대(三代) 이후로 경박함과 속임수가 날로 불어나 진(秦)나라는 법률에 의지했고 한나라는 패도를 섞었으니 모두가 다스리고자 했으나 할 수 없었던 것이지 다스릴 수 있는데 바라지 않은 것이 아닙니다. 위징은 서생이라 허황한 논의를 좋아하여 그저 국가를 어지럽힐 뿐이니

200) 이 말은 ≪논어·자로(子路)≫에 보인다.

들으면 안 됩니다."라고 했다. 위징이 아뢰기를, "오제(五帝)와 삼대의 왕들은 백성들을 바꾸지 않고도 교화하여, 제왕의 도를 행하면 제왕 노릇을 했고 왕천하의 도를 행하면 왕천하를 했으니, 단지 행하는 바가 어떠한가일 뿐입니다. 황제(黃帝)가 치우(蚩尤)를 몰아낼 때, 70차례 싸워서 그 어지러움을 제압하여 무위의 다스림을 이루게 되었습니다. 치우의 무리인 구려(九黎)가 덕을 해치자 전욱(顓頊)이 정벌하여 이긴 뒤에 다스려졌습니다. 걸(桀)이 어지러움을 일으키자 탕임금이 그를 추방했고 주(紂)가 무도하자 무왕이 그를 정벌했으니 탕임금과 무왕은 직접 태평을 이룬 것입니다. 만약 사람들이 갈수록 경박해지고 속임수를 써서 다시는 소박함으로 돌아오지 않았다면, 지금은 마땅히 귀신이 되고 도깨비가 되었을 것이니 오히려 어떻게 교화할 수 있었겠습니까."라고 했다. 봉륜이 대답하지 못했지만 마음속으로는 옳지 않다고 여겼다. 황제는 위징의 말을 받아들이고 의심하지 않았고 이에 이르러 천하가 잘 다스려졌다. 이민족의 우두머리가 의관을 갖춰 입었으며 칼을 차고 경호하게 했다. 동쪽으로 바다에 이르고 남쪽으로 오령(五嶺)을 넘어서까지 (밤에도) 문을 닫지 않고 나그네들이 식량을 휴대하지 않은 채 길에서 공급을 받았다. 황제가 여러 신하에게 이르기를, "이는 위징이 나에게 인의를 행하도록 한 것이 효험으로 나타난 것이다. 봉륜에게 보이지 못하는 것이 유감이로다."라고 했다. 훗날 여러 신하에게 연회를 베풀며 황제가 이르기를, "정관 연간 이전에 나를 따라 천하를 평정할 때 고생하며 일을 시작한 것은 방현령(房玄齡)의 공이고, 정관 연간 이후에 충직한 간언을 올려 짐의 잘못을 바로잡고 국가의 장구한 이익을 도모한 것은 위징뿐이다. 비록 옛날의 명신이라도 또한 무엇을 더할 수 있겠는가."라고 하고 차고 있던 칼을 친히 풀어 두 사람에게 주었다. 시호를 문정(文貞)이라고 했다.(唐書. 魏徵, 字玄成, 貞觀三年以秘書監參預朝政. 帝歎曰, 今大亂之後, 其難治乎. 徵曰, 大亂之易治. 譬飢人之易食也. 帝曰, 古不云善人爲邦百年, 然後勝殘去殺邪. 答曰, 此不爲聖哲論也. 聖哲之治, 其應如響, 期月而可,[201] 蓋不其難. 封德彜曰, 不然. 三代之後, 澆詭日滋,[202] 秦任法律, 漢雜霸道, 皆欲治不能, 非能治不欲. 徵書生, 好虛論, 徒亂國家, 不可聽. 徵曰, 五帝三王不易民以教, 行帝道而帝, 行王道而王, 顧所行如何爾.[203] 黃帝逐蚩尤, 七十戰而

---

201) 期月(기월) : 1년. 또는 한 달. 짧은 기간을 뜻한다.
202) 澆詭(요궤) : 경박함과 속임수. 日滋(일자) : 나날이 증가하다.

勝其亂, 因致無爲. 九黎害德, 顓頊征之, 已克而治. 桀爲亂, 成湯放之, 紂無道, 武王伐之, 湯武身及太平. 若人漸澆詭, 不復返朴, 今當爲鬼爲魅, 尙安得而化哉. 德彝不能對, 然心以爲不可. 帝納之不疑, 至是, 天下大治. 蠻夷君長襲衣冠,[204] 帶刀劍宿衛. 東薄海, 南逾嶺, 戶闔不閉, 行旅不齎糧,[205] 取給於道. 帝謂群臣曰, 此徵勸我行仁義, 旣效矣. 惜不令封德彝見之. 他日宴群臣, 帝曰, 貞觀以前從我定天下, 間關草昧,[206] 玄齡功也. 貞觀之後納忠諫, 正朕違, 爲國家長利, 徵而已. 雖古名臣亦何以加. 親解佩刀, 以賜二人. 諡曰文貞.)

2 **[협주]** ≪장자·소요유(逍遙遊)≫에서 “씽씽매미는 봄과 가을을 모른다.”라고 했다.(莊子. 蟪蛄不知春秋.)

[역자주] 蟪蛄(혜고) : 씽씽매미.

3 **[협주]** ≪구당서·봉륜열전(封倫列傳)≫에서 “봉륜은 자가 덕이(德彝)다.”라고 했다.(唐書. 封倫, 字德彝.)

해설

이 시는 위징의 업적을 칭송한 것으로 이제는 이런 신하가 없어 태평성세를 이룰 수 없음을 애석해했다. 창작 시기는 고찰할 수 없다.

203) 顧(고) : 다만.

204) 蠻夷(만이) : 사방 변방의 이민족에 대한 통칭이다. 襲(습) : 옷을 입다. 衣冠(의관) : 옷을 입고 관을 쓰다. 예의로 교화되는 것을 말한다.

205) 齎糧(재량) : 식량을 가지고 다니다.

206) 間關(간관) : 이리저리 돌아다니다. 어려 곳에서 전쟁을 하는 것이다. 草昧(초매) : 개창(開創)하다

040. 초봄에 대궐에서 숙직을 서는데 사인 소치 또한 한림원에서 근무하고 있어 감회를 쓴 4운의 시를 보내다

早春閣下寓直, 蕭九舍人亦直內署, 因寄書懷四韻[1]

御水初銷凍,[2] 궁중의 도랑물 막 얼었던 것이 풀렸지만
宮花尙怯寒. 궁 안의 꽃은 아직도 추위를 겁내는데,
千峰橫紫翠, 천 개의 봉우리는 자줏빛 푸른빛으로 가로질렀고
雙闕凭欄干.[3] 두 궐문은 난간에 의지해 있다.
玉漏輕風順,[4] 옥 물시계는 순조로운 바람에 가볍게 떨어지고
金莖淡日殘.[5] 구리 기둥은 지는 해에 담박하다.
王喬在何處,[6] 왕교는 어디에 있는가
淸漢正驂鸞.[7] 맑은 은하수에서 한창 난새를 타고 있겠지.

주석

1 [역자주] 寓直(우직) : 관서 안에서 묵으면서 근무를 하는 것을 말한다. 蕭九舍人(소구사인) : 난릉(蘭陵) 출신인 소치(蕭寘)이며 자가 안인(安仁)이다. 당시 가부낭중(駕部郎中) 지제고(知制誥)였으며 한림학사(翰林學士)에 충당되었다. 사인(舍人)은 원래 중서사인(中書舍人)을 말하는데, 다른 관직에 있으면서 지제고를 겸하는 이를 부르는 호칭이기도 하다. '구'는 종형제간의 순서이다. 直(직) : 당직이나 숙직을 서다. 內署(내서) : 한림원(翰林院)의 별칭이다.

2 [역자주] 御水(어수) : 어구(御溝), 즉 궁중의 도랑물이다. 銷凍(소빙) : 얼었던 것이 녹다.

3 **[협주]** ≪문선≫ 남조 송(宋) 포조(鮑照)의 <젊은이들이 모이는 곳에서 협객과 교제를

맺다(結客少年場行)>에서 "(궁전의) 두 궐문은 구름이 떠 있는 듯 솟아있네."라고 했다. 후한 반고(班固)의 <서도부(西都賦)>에서 "겹겹의 난간과 세 층의 섬돌."이라고 했고 ≪문선≫ 여연제(呂延濟)의 주에서 "'중헌(重軒)'은 중첩된 난간을 말한다."라고 했다. (選. 結客少年場行, 雙闕似雲浮. 西都賦. 重軒三堦. 注. 重軒, 謂重欄干)

4 **[협주]** 후한 장형(張衡) <누수전혼천의제(漏水轉渾天儀制)>의 기록이다. 구리로 그릇을 만들고 다시 중첩시켜 높이에 차등을 두어 배치한다. 맑은 물을 채우고 아래에 각각 구멍을 뚫는다. 옥으로 만든 규룡으로 구멍에서 새 나오는 물을 토해내게 하여 두 개의 병으로 들어가게 하는데, 우측은 밤을 위한 것이고 좌측은 낮을 위한 것이다.(張衡, 漏水轉渾天儀制. 以銅爲器, 再疊差置. 實以淸水, 下各開孔. 以玉虯吐漏水, 入兩壺, 右爲夜, 左爲晝.)

[역자주] 玉漏(옥루) : 옥으로 장식한 물시계.

5 **[협주]** ≪삼보고사(三輔故事)≫에서 "한나라 무제(武帝)가 구리로 승로반(承露盤)을 만들었는데, 높이가 20장(丈)이고 위에는 신선이 손바닥으로 이슬을 받았다. 이슬을 옥가루와 섞어 마시니 장차 신선이 되기를 추구한 것이다."라고 했다. 후한 반고(班固)의 <서도부(西都賦)>에서 "신선의 손바닥을 높이 올려 이슬을 받고, 쌍으로 선 구리 기둥을 우뚝 세웠다."라고 했고, ≪문선≫ 이선의 주에서 "금경(金莖)은 구리 기둥이다."라고 했다.(三輔故事. 漢武以銅作承露盤, 高二十丈, 上有仙人掌承露. 和玉屑飮之, 將以求仙. 西都賦, 抗仙掌與[207]承露, 擢雙立之金莖. 注. 金莖, 銅柱也.)

6 **[협주]** ≪선전습유(仙傳拾遺)≫의 기록이다. 왕교(王喬)는 하동 사람이다. 한나라 현종(顯宗) 시기에 업현(鄴縣)의 현령이 되었는데 신선술을 지니고 있었다. 매달 초하루와 보름에 항상 조정에 갔는데, 황제는 그가 자주 오지만 수레나 말이 보이지 않는 것을 이상하게 여겼다. 몰래 태사(太史)에게 엿보게 하니, 아뢰기를, "올 때는 반드시 오리 한 쌍이 동남쪽에서 날아옵니다."라고 했다. 이에 오리가 올 때를 기다렸다가 그물을 쳐서 펼쳐 놓았다. 단지 신발 한 짝을 얻었는데 바로 영평(永平) 4년(61)에 상서(尙書)이 관료들에게 하사한 신발이었다. 조회에 참여할 때마다 업현의 문 아래에 있는 북이 치지 않

207) 현재 전하는 ≪문선≫에는 '與'가 '以'로 되어 있다.

는데도 저절로 소리를 내어 경성에까지 들렸다.(仙傳拾遺. 王喬, 河東人也. 漢顯宗時爲鄴[208]縣令, 有神術. 每月朔望常詣京朝, 帝怪其來數而不見車騎. 密令太史伺望之, 言臨至必有雙鳧從東南飛來. 於是候鳧至, 擧羅張之. 但得一舃焉, 乃四年時所賜尙書官屬履也. 每當朝時鄴縣門下鼓不擊自鳴, 聞於京師.)

[역자주] 王喬(왕교) : 협주에서는 오리를 타고 조회에 참석하러 온 왕교라고 했지만 내용상으로 보면 학을 타고 신선이 되어 올라간 왕자교(王子喬)로 보는 것이 더 타당하다. 그는 생(笙)을 잘 불어서 봉황 소리를 냈으며 이수와 낙수 사이를 노닐다가 신선 부구공(浮丘公)을 만나 숭고산(嵩高山)에 올랐다. 후에 흰 학을 타고 세속을 떠나 날아갔다. 여기서 왕자교는 소치를 비유한다.

7 **[협주]** 남조 양(梁) 강엄(江淹)의 <별부(別賦)>에서 “세 마리의 난새를 타고 하늘에 올랐다.”라고 했고, ≪문선≫ 이선의 주에서 “장승감(張僧鑒)의 ≪예장기(豫章記)≫에서 ‘홍정에 난강(鸞岡)이 있는데 전하는 말에, 홍애(洪崖) 선생이 난새를 타고 와서 쉬던 곳이라고 한다.’라고 했다.”라고 했다.(別賦. 驂鸞騰天. 注. 張僧鑒豫章記曰, 洪井有鸞岡, 舊說云, 洪崖先生乘鸞所憩處也.)

[역자주] 淸漢(청한) : 은하수. 驂鸞(참란) : 난새를 타다. 신선의 풍모를 가지고 있음을 말한 것이다.

해설

이 시는 두목이 궁중에서 당직을 하면서 같이 근무하던 소치에게 부친 것으로, 궁중의 저녁 경관을 묘사한 뒤 그가 신선의 풍모를 가지고 있음을 칭송했다. 창작 시기는 대중(大中) 6년(852) 고공낭중(考功郎中) 지제고(知制誥)로 있을 때이다.

---

208) 대부분의 문헌에는 ‘鄴’이 ‘葉’으로 되어 있다.

041. 늦가을에 중서사인 심순과 번천에서 나들이하기로 약속했는데 오지 못했다

秋晩與沈十七舍人期遊樊川, 不至[1]

邀侶以官解,[2]	친구를 초대했으나 공무로 오지 못하니
泛然成獨遊.[3]	마음대로 홀로 노니는데,
川光初媚日,[4]	내의 물빛은 막 햇빛을 맞이하고
山色正矜秋.	산의 빛은 한창 가을을 자랑한다.
野竹疏還密,	들녘의 대나무는 성기다가 다시 빽빽해지고
巖泉咽復流.[5]	바위틈의 샘물은 막혔다가 또 흐르는데,
杜村連潏水,[6]	두촌은 휼수와 이어져 있어
晩步見垂鉤.	저녁에 거니는데 낚싯바늘 드리운 이가 보인다.

주석

1 [역자주] 沈十七舍人(심십칠사인) : 심순(沈詢)으로 소주(蘇州) 사람이며 자가 성지(誠之)이다. 중서사인(中書舍人), 호부시랑(戶部侍郞), 소의절도사(昭義節度使) 등을 역임했나. '십칠'은 종형제간의 순서이다. 樊川(번천) : 물의 이름으로 장안 남쪽을 흐르는데 두목이 이곳에 별장을 누었다.

2 [역자주] 邀侶(요려) : 동료를 초대하다. 以官解(이관해) : 관직의 일 때문에 약속을 시키지 못하다. '해'가 '반(絆)'으로 된 판본도 있는데 얽매이다는 뜻이다.

3 [역자주] 泛然(범연) : 자기 마음대로. 마음 내키는대로.

4 [역자주] 媚(미) : 맞이하여 즐거워하다. 사랑하다

5 [역자주] 咽(인) : 막히다.

6 **[협주]** '두촌(杜村)'은 두릉(杜陵)이다. ≪십도지≫ '팔수(八水)'의 주에서 "물이 장안의 경계에서 경수(涇水), 위수(渭水), 패수(灞水), 산수(滻水), 노수(澇水), 휼수(潏水), 예수(澧水), 호수(滈水)로 흘러든다."라고 했다.(杜村, 杜陵. 十道志, 八水. 注. 水自長安界流入涇渭灞滻澇潏澧滈.)

해설

이 시는 두목이 심순과 번천에서 노닐기로 약속을 했으나 그가 오지 않자 혼자 이리저리 거닐며 본 경관과 느낀 감회를 적은 것이다. 창작 시기는 번천에 별장을 만들었넌 대중(大中) 6년(852)으로 추정한다.

042. 옛날의 객지 생활을 생각하다 3수

念昔遊三首

제1수

十載飄然繩檢外,[1]	10년 세월 표연히 구속 없이 지내며
樽前自獻自爲酬.	술통 앞에서 홀로 권커니 잣거니 했지.
秋山春雨閑吟處,	가을 산과 봄비에 한가로이 읊조리던 곳
倚遍江南寺寺樓.	강남의 여러 절 누각에 두루 기대어 있었지.

주석

1 **[협주]** 본집의 <형부상서 최원식(崔元式)께 올리는 글(上刑部崔尙書狀)>에서 "10년 동안 막부의 하급 관리로 있으면서 항상 문서와 연회 사이에서 다급했다."라고 했다.(本集, 上刑部崔尙書狀. 十年爲幕府吏, 每促束於簿書宴遊間.)
[역자주] 十載(십재) : 두목은 태화 2년(828) 과거에 급제한 뒤 심전사를 따라 홍주와 선주에서 막료로 있었으며, 후에 우승유의 막부에서 근무했다. 개성 3년(838) 조정으로 들어와 좌보궐이 되었다. 그 중간에 감찰어사가 되기도 했지만 얼마 못하고 폄적되었다.
繩檢(승검) : 얽매이다.

제2수

雲門寺外逢猛雨,[1]	운문사 밖에서 세찬 비를 만나니
林黑山高雨脚長.	숲은 어둡고 산은 높은데 빗발은 거세었다.
曾奉郊宮爲近侍,[2]	일찍이 황제를 가까이 모시며 교궁에서 받들 때

分明摐摐羽林槍.[3]　　우뚝 솟은 우림의 창이 또렷했다.

주석

1　**[협주]** 월주(越州)이다.(越州.)

[역자주] 雲門寺(운문사) : 지금의 회계(會稽) 지역에 있던 절로 추정된다.

2　**[협주]** ≪시경·대아(大雅)·운한(雲漢)≫에서 "제사를 그치지 아니하여 교제(郊祭)로부터 종묘에 갔다. 상하에 제사하여 신을 높이지 않음이 없다."라고 했고 정현의 전(箋)에 이르기를, "['궁(宮)'은] 종묘이다. 가뭄 때문에 제사를 그치지 아니하여 교제로부터 종묘에 갔다. 천지의 신에게 제사함에 엄숙하고 공경하지 않음이 없다고 했으니, 두루 지극하다는 말이다."라고 했다.(詩, 雲漢篇. 不殄禋祀, 自郊徂宮. 上下奠瘞, 靡神不宗.209) 箋言, 宗廟也. 爲旱故絜祀不絶, 從郊而至宗廟, 奠瘞天地之神, 無不齊肅而尊敬之, 言徧至也.)

[역자주] 郊宮(교궁) : 황제가 천지에 제사를 지내는 곳으로 교외에 있었다.

3　**[협주]** ['송(摐)'은] 순과 용의 반절이고 쌍과 용의 반절이며 '잡다'의 뜻이다. 권1의 "만리에 우림군의 창이 종횡한다."의 주에 보인다.210)(筍勇, 雙誦二切, 執也. 見一卷, 萬里橫互羽林槍注.)

[역자주] 摐摐(송송) : 우뚝 솟은 모양. 羽林(우림) : 궁궐의 호위부대이다. 또는 황제의 의장을 가리키기도 한다.

제3수

李白題詩水西寺,[1]　　이백이 시를 남긴 수서사에는

古木迴巖樓閣風.　　고목이 바위를 두르고 누각엔 바람이 불었지.

---

209) 殄(진) : 다하다. 그치다. 禋祀(인사) : 제사. 徂宮(조궁) : 종묘로 가다. 奠瘞(전예) : 제수품을 바치다. '예'는 제수품을 땅에 묻어 땅의 신에게 바치는 것이다.

210) 두목의 시 <큰비의 노래(大雨行)>이다.

半醒半醉遊三日, 반은 취하고 반은 갠 채 삼 일을 노닐었는데
紅白花開山雨中. 붉은 꽃 흰 꽃이 산중의 빗속에 피었지.

주석

1 **[협주]** 남선주(南宣州)의 경현(涇縣)이다.(南宣州涇縣.)
[역자주] 水西寺(수서사) : 선주(宣州) 열현(涅縣)의 수서산(水西山)에 있다. 일찍이 이백이 여기를 유람하고 <수서사를 노닐다가 정안(鄭晏) 율양현령에게 편지를 보내다(游水西簡鄭明府)>를 남겼는데, 앞부분에서는 수서사의 아름다운 경관과 여러 경물을 묘사했고 뒷부분에서는 정안을 초청하여 같이 노닐며 시를 짓고 싶은 마음을 표현했다.

해설

이 시는 두목이 젊은 시절 선주(宣州), 회계(會稽) 등 강남의 여러 지역에서 막료로 지내며 유람하던 일을 회상한 내용이다. 창작 시기는 분명하지 않다.

043. 지금 황제 폐하께서 한번 조서를 내려 군사를 모집했고 며칠 안 되어 공이 이루어져 황하와 황수가 만나는 변경 지역의 군이 차례로 투항했는데, 소신이 성스러운 공적을 보게 되어 바로 찬송의 시를 올리다

今皇帝陛下一詔徵兵, 不日功集, 河湟闞郡次第歸降. 臣獲覩聖功, 輒獻歌詠[1]

捷書皆應睿謀期,[2]	승전보는 모두 지혜로운 계책의 기대에 호응한 것이라
十萬曾無一鏃遺.[3]	십만의 군대가 화살촉 하나도 잃지 않았으니,
漢武慚誇朔方地,[4]	한 무제는 삭방군의 땅을 자랑한 것을 부끄러워하고
宣王休道太原師.[5]	주 선왕은 태원의 군대에 관해 말하지 말라.
威加塞外寒來早,[6]	추위가 일찍 찾아온 변새에 위엄이 더해지고
恩入河源凍合遲.[7]	얼음이 늦게까지 얼어있은 하원군에 은혜가 들어가니,
聽取滿城歌舞曲,	성안에 가득한 가무곡을 듣게 되고
涼州聲韻喜參差.[8]	<양주사>의 노래가 기쁘게 드날리네.

주석

1 **[협주]** 채옹(蔡邕) ≪독단(獨斷)≫에서 "'폐하(陛下)라는 것은 여러 신하가 천자에게 말할 때 감히 천자를 바로 부를 수 없기 때문에 섬돌 아래에 있는 자를 불러 아뢰는 것이니 낮은 데에서 높은 데로 전달한다는 뜻이다."라고 했다. ≪구당서·선종본기(宣宗本紀)≫의 기록이다. 황제가 다음과 같이 조서를 내렸다. "짐은 외람되이 큰 계획을 받들게 되어 국운을 넓힐 것을 생각하고 여러 정사에 힘쓸 것을 근심한 것이 이제 4년이 되었다. 매

번 황하와 황수가 만나는 지역의 강토가 변방 지역까지 이어져 있는데, 천보(天寶) 연간(742-756) 말부터 견융(犬戎)이 우리에게 많은 어려움이 있어 간악함을 막을 힘이 없음을 이용해 마침내 추악함을 제멋대로 부려 경성까지 접근했음을 생각했다. 일이 10대에 걸쳐 반복되고 시기가 근 100년이 되었는데 수복할 방법이 없었다. 지금 천지가 상서로움을 모아주고 조종(祖宗)이 보우함을 내려주시어 이민족들이 정성을 보내고 변방이 연이어 항복하니, 부끄러움을 씻고 공을 세웠으며 도모하는 곳마다 반드시 이겼다. 진실로 중신들의 뛰어난 계책이었고 장수들의 용감한 위용이었으니 막대한 아름다움을 시기를 정하여 이루었다. 하물며 장수와 사병들이 바람에 빗질하고 비에 목욕하며 들과 언덕에서 노숙하고 가시나무를 헤치고 바라를 들고 야간 경계를 하며 승냥이와 이리를 쫓아내고 천막에서 새벽을 맞았음에랴. 움직임마다 모두 뜻과 같이 되니 고래로 이보다 더 큰 것이 없다. 이 정성과 수고로움을 생각하니 마땅히 총애와 포상을 더해야 할 것이다."(蔡邕, 獨斷. 陛下者, 群臣與至尊言, 不敢指斥[211]天子. 故呼在陛下者而告之, 因卑達尊之意也. 舊唐書, 宣宗本紀. 制. 朕猥荷丕圖,[212] 思弘景運, 憂勤庶政, 四載於玆. 每念河湟土疆綿直[213]遐闊. 洎[214]天寶末, 犬戎因我多難, 無乃御奸,[215] 遂縱腥膻,[216] 不遠京邑. 事更十葉, 時近百年. 收復無由. 今者天地儲祥, 祖宗垂佑, 左衽輸款,[217] 邊壘連降, 制[218]恥建功, 所謀必克. 實樞衡妙算,[219] 將帥雄稜,[220] 莫大之休, 指期而就.[221] 況將士等櫛沐風雨,[222] 暴露郊原, 披荊棘而刁斗夜嚴,[223] 逐豺狼而穹廬曉破.[224] 動

211) 指斥(지척) : 이름을 들어 직접 부르다.
212) 丕圖(비도) : 큰 계책.
213) '直'은 '亘'의 잘못이다. 綿亘(면긍) : 길게 이어지다.
214) 洎(기) : 이래로.
215) 無乃(무내) : 아마도. 御奸(어간) : 간사한 무리를 막다.
216) 腥膻(성전) : 비린내와 누린내. 변방 이민족의 몸에서 나는 냄새인데, 이로써 변방 이민족을 지칭한다.
217) 左衽(좌임) : 옷깃을 왼쪽으로 여미다. 고대 변방 이민족의 복식으로 이로써 변방 이민족을 지칭한다. 輸款(수관) : 정성을 보내다. 귀순한다는 말이다.
218) '制'는 '刷'의 잘못이다.
219) 樞衡(추형) : 중앙 행정 기관의 직권. 재상 등의 신하를 가리킨다.
220) 雄稜(웅릉) : 위세.
221) 指期(지기) : 기한을 가리키다. 정해진 기한에 이루었다는 말이다. 또는 시간이 얼마 걸리지 않았다는 말이다.
222) 櫛沐風雨(즐목풍우) : 바람으로 빗질하고 비에 목욕하다. 한데서 고생한다는 말이다.
223) 刁斗(조두) : 냄비 모양의 취사도구인데, 밤에는 이것을 치면서 경계한다.

皆如意, 古無與京.[225] 念此誠勤, 宜加寵賞.)

[역자주] 關郡(관군) : 변방 지역의 군. 대부분의 판본에는 '關'이 '諸'로 되어 있다. 歸降(귀항) : 조정에 귀의하고 항복하다. 대중 3년(849) 2월 토번이 침입하여 점령하고 있던 진주(秦州), 원주(原州), 안락주(安樂注)와 인근 여러 관문의 백성들이 의병을 일으켜 당나라에 귀의했다. 6월에는 경원절도사(涇原節度使) 강계영(康季榮) 등이 원주와 석문(石門) 등 여섯 관문을 수복했다. 7월에 안락주, 소관(蕭關), 진주 등을 수복했다. 8월에 하농(河隴)의 백성 천여 명이 장안으로 오자 선종이 이들을 접견했는데, 백성들은 환호성을 지르며 변방 이민족의 옷을 벗어던지고 한족의 옷으로 갈아입었으며 만세를 불렀다. 次第(차제) : 차례로.

2 **[협주]** 진(晉) 장협(張協)의 <칠명(七命)>에서 "군대가 승리를 보고한다."라고 했고 ≪문선≫ 이주한(李周翰)의 주에서 "'첩(捷)'은 승리를 일컫는 명칭이다."라고 했다.(張景陽七命, 三軍告捷. 注, 捷, 克勝之名.[226])

[역자주] 睿謀(예모) : 황제의 계책.

3 **[협주]** 서한 가의(賈誼) <진(秦)나라를 나무라는 글(過秦論)>에서 "진나라는 화살을 잃고 화살촉을 버리는 낭비도 없었다."라고 했다.(過秦論, 秦無亡矢遺鏃之費.)

[역자주] 鏃(촉) : 화살촉.

4 **[협주]** ≪한서·무제본기(武帝本紀)≫에서 "월(越) 땅을 평정하고 그곳에 남해군을 두었으며, 북쪽에 삭방군 등 다섯 군을 두었다."라고 했다.(漢書, 武帝紀. 定越地爲南海郡, 北置朔方等五郡.)

5 **[협주]** ≪시경·소아(小雅)·유월(六月)≫은 선왕(宣王)이 북쪽을 정벌한 시인데, "바로 험윤(玁狁)[227]을 정벌하여 태원에 이르렀다."라고 했다.(詩, 六月, 宣王北伐也, 薄伐玁狁, 至于大原.)

6 **[협주]** 한나라 고조(高祖) <대풍가(大風歌)>에서 "위엄을 온 천하에 떨치고 고향으로

---

224) 穹廬(궁려) : 유목민이 거주하는 천막.
225) 與京(여경) : 비교해서 이보다 크다.
226) 克勝(극승) : 적을 제압하여 승리하다.
227) 험윤(玁狁) : 북방 이민족의 이름.

돌아왔다.”라고 했다.(漢高祖, 大風歌. 威加海內兮歸故鄕.)

7 **[협주]** ≪한서·장건전(張騫傳)≫에서 “한나라의 사절은 황하의 발원지까지 찾아갔다.”라고 했다.(漢書, 使窮河源.)

[역자주] 河源(하원) : 하원군(河源軍)으로 대체로 황하와 황수가 만나는 지역을 가리킨다.

8 **[협주]** 위의 ‘양주가무’의 주에 보인다.[228](見上涼州歌舞注.)

[역자주] 涼州聲韻(양주성운) : 악부곡인 <양주사(涼州詞)>로 주로 북서 변방의 풍광과 전쟁 모습을 그린 것이다. 參差(참치) : 들쑥날쑥하다. 여기서는 음악이 여기저기서 들리는 모양을 표현한 것이다.

해설

이 시는 선종 시기에 오랫동안 변방 이민족에게 빼앗겼던 황하와 황수가 만나는 지역을 수복한 것을 송축한 내용이다. 창작 시기는 대중(大中) 3년(849)이다.

---

228) 두목의 시 <황하와 황수가 만나는 지역(河湟)> “오직 양주의 가무곡만.(唯有涼州歌舞曲.)”의 주에 보인다.

044. 재상 백민중께서 성스러운 덕이 화평하여 이런 아름다운 운세를 이루었고 연말에 공이 이루어지자 태평성세를 함께 읊어서 세 재상에게 바친 시에 받들어 화답한 칠언율시

奉和白相公聖德和平, 致茲休運, 歲終功就, 合詠盛明, 呈上三相公長句四韻[1]

行看臘破好年光,[2]	섣달이 지나 좋은 세월이 오는 것을 장차 보노라니
萬壽南山對未央.[3]	만수를 누릴 남산이 미앙궁을 마주하고 있습니다.
黠戛可汗修職貢,[4]	힐알 극한은 조공의 예를 닦고
文思天子復河湟.[5]	선종 황제께서는 하황 지역을 수복하셨으니,
應須日御西巡狩,[6]	마땅히 태양 수레를 타고서 서쪽을 순수하셔야 하는데
不假星弧北射狼.[7]	위호의 활을 당겨 북쪽으로 천랑성을 쏠 필요는 없습니다.
吉甫裁詩歌盛業,[8]	윤길보는 시를 지어 성대한 업적을 노래했으니
一篇江漢美宣王.[9]	<강한> 시 한 편으로 주 선왕을 찬미했습니다.

주석

1 **[협주]** ≪구당서·선종본기(宣宗本紀)≫에서 "대중(大中) 원년(847) 병부시랑 백민중으로 하여금 병부시랑 동중서문하평장사를 대리하게 했다."라고 했다.(唐書, 宣宗紀. 大中元年以兵部侍郎白敏中守本官同中書門下平章事.229))

229) 守(수) : 대리하다. 품계가 낮으면서 그보다 높은 관직을 맡는 것을 말한다.

[역자주] 白相公(백상공) : 백민중(白敏中)으로 화주(華州) 사람이며 자가 용회(用晦)이다. 중서시랑겸형부상서(中書侍郎兼刑部尚書), 중서령(中書令) 등을 역임했다. 그가 재상이었던 대중 연간(847-860)에 토번이 버티자 총사령관이 되어 변방의 군대 수만 명을 이끌고 전진하여 승리했다. 변방 이민족에게 점령당했던 황하와 황수가 만나는 지역이 이로 인해 점차 수복되었다. 三相(삼상) : 백민중과 함께 재상의 지위에 있던 마식(馬植), 위부(魏扶), 최현(崔鉉)을 가리킨다.

2 [역자주] 臘破(납파) : 섣달이 지나가다. 새해가 되었다는 말이다.

3 [역자주] 萬壽南山(만수남산) : 만 년을 사는 남산. 천자의 만수무강을 상징한다. 未央(미앙) : 원래는 한나라의 궁궐인데 여기서는 당나라 궁궐을 가리킨다.

4 **[협주]** ≪구당서·선종본기≫에서 "대중 원년(847)에 힐알사(黠戛斯)의 왕자를 영무성명극한(英武誠明可汗)으로 책봉했다."라고 했다. 또 권1의 "극한을 잡아서 칼을 씌워 노예로 만들어야 하리."의 주에 보인다.[230](舊唐書, 宣宗紀. 大中元年冊黠戛斯王子爲英武誠明可汗. 又見一卷, 係取可汗鉗作奴注.)

[역자주] 黠戛(힐알) : 고대에 시베리아 예니세이강 상류에서 살던 종족 이름이다. 可汗(극한) : 변방 이민족 우두머리의 호칭이다. 職貢(직공) : 변방 이민족이나 외국에서 중국 조정에 공물을 바치는 것.

5 **[협주]** ≪신당서·선종본기≫에서 "대중 2년(848)에 여러 신하가 성경문사화무광효황제(聖敬文思和武光孝皇帝)라는 존호를 올렸다."라고 했다. '복하황(復河湟)'은 위에 나온다.[231](新唐書, 宣宗紀. 大中二年, 群臣上尊號曰聖敬文思和武元[232]孝皇帝. 復河湟出上.)

6 **[협주]** ≪좌전·환공(桓公) 17년≫에서 "천자에게는 일관(日官)[233]이 있고, 제후에게는

---

230) 두목의 시 <다시 전송하며 지은 1수(重送一首)>이다.

231) 두목의 시 <지금 황제 폐하께서 한번 조서를 내려 군사를 모집했고 며칠 안 되어 공이 이루어져 황하와 황수가 만나는 변경 지역의 군이 차례로 투항했는데, 신하들이 성스러운 공적을 보게 되어 바로 찬송의 시를 올리다(今皇帝陛下一詔徵兵, 不日功集, 河湟關郡次第歸降. 臣獲覩聖功, 輒獻歌詠)> 제목 아래의 주에 보인다.

232) '元'은 '光'의 잘못이다.

233) 일관(日官) : 천자의 아래에서 천문과 역수를 담당하던 관원이다.

일어(日御)[234]가 있었다."라고 했다. ≪서경·우서(虞書)·순전(舜典)≫에서 "5년에 한 번 순수했다."라고 했다. ≪맹자·양혜왕하(梁惠王下)≫에서 "순수라는 것은 지키는 곳을 순행한다는 것이다."라고 했다.(左傳, 天子有日御[235], 諸侯有日官[236]. 書. 五載一巡狩. 孟子. 巡狩者, 巡所守也.)

[역자주] : 日御(일어) : 원래는 태양을 수레에 싣고 모는 희화(羲和)를 가리키는데, 여기서는 황제의 수레를 말한다.

7 **[협주]** 초사 <소사명(少司命)>에서 "긴 화살을 들어 천랑(天狼)을 쏜다."라고 했고 한나라 왕일(王逸)이 ≪초사장구≫의 주에서 말하기를, "천랑성(天狼星)으로 탐욕스럽고 잔인한 자를 비유했다."라고 했다. 후한 장형(張衡)의 <사현부(思玄賦)>에서 "위호(威弧)의 활시위를 팽팽하게 잡아당겨, 파총산(嶓冢山)의 천랑(天狼)을 쏘아서 잡는다."라고 했고 ≪문선≫ 옛 주에 "위호(威弧)는 별자리 이름이다."라고 했다.(楚詞, 擧長矢兮射天狼. 王逺[237]云, 天狼星以喩貪殘. 思玄賦, 彎威弧之拔剌兮,[238] 射拔剌嶓冢之封狼. 舊註, 威弧, 星名也.)

8 [역자주] 裁詩(재시) : 시를 짓다.

9 **[협주]** ≪시경·대아·강한(江漢)≫은 윤길보(尹吉甫)가 선왕(宣王)을 찬미한 시이다. 쇠망한 나라를 일으키고 어지러움을 잘 다스렸으며 소공(召公)에게 명하여 회이(淮夷)를 평정할 수 있었다.[239](詩, 江漢, 尹吉甫美宣王也. 能興衰撥亂, 命召公平淮夷.)

[역자주] 江漢(강한) : ≪시경≫의 편명으로 윤길보가 선왕을 찬미한 것인데, 여기서는 두목이 지은 이 시를 가리킨다.

---

234) 일어(日御) : 제후의 아래에서 천문과 역수를 담당하던 관원이다.
235) '御'는 '官'의 잘못이다.
236) '官'은 '御'의 잘못이다.
237) '逺'은 '逸'의 잘못이다.
238) 拔剌(발랄) : 활을 당겨 발사하는 소리.
239) 이 내용은 ≪모시서(毛詩序≫에 보인다.

해설

이 시는 백민중이 군대를 이끌고 출병하여 하황 지역을 수복하고 개선한 것을 송축한 내용이다. 창작 시기는 대중 3년(849) 겨울이다.

045. 화청궁에 들러 지은 절구 3수

過華淸宮絶句三首[1]

제1수

長安廻望繡城堆,[2]	장안에서 수놓은 성의 언덕을 두루 돌아보니
山頂千門次第開.[3]	산 위에 천 개의 문이 차례로 열려있네.
一騎紅塵妃子笑,[4]	한 필 말의 붉은 먼지에 양귀비가 웃는데
無人知是荔枝來.[5]	여지가 실려 오는 것임을 아는 사람은 없었지.

주석

1 **[협주]** ≪한상제금(漢上題襟)≫240)에서 "칠언 양운(兩韻)을 칠언절구라고 한다."라고 했다.(漢上題襟, 長句兩韻, 謂七言絶句也.)

2 [역자주] 繡城堆(수성퇴) : 수를 놓은 듯 아름다운 성의 언덕. 화청궁이 있는 여산(驪山)에 동서로 있는 수령(繡嶺)을 가리킨다. 이곳에 꽃나무가 무성하여 멀리서 보면 수놓은 것 같다고 하여 이름한 것이다. '城'은 대부분의 판본에는 '成'으로 되어 있다.

3 [역자주] 次第(차제) : 차례로.

4 [역자주] 妃子(비자) : 황제의 첩. 여기서는 양귀비를 가리킨다.

5 **[협주]** ≪둔재한람(遯齋閑覽)≫에서 "두목의 <화청궁에 들러 지은 절구>에서 읊은 것이 특히 인구에 회자한다. ≪당기(唐紀)≫를 살펴보면, 현종이 10월에 여산에 행차했다가

---

240) ≪한상제금(漢上題襟)≫ : 당나라 대중(大中) 연간(847-860)과 함통(咸通) 연간(860-874)에 산남동도절도사(山南東道節度使) 서상(徐商)과 그 막료 단성식(段成式), 온정균(溫庭筠) 등 저명 문인들이 양양(襄陽)에서 창화하고 왕래한 시문집이다. 이미 일실되어 그 면모를 파악할 수 없다.

곧 환궁했으니, 일찍이 6월에 여산에 있었던 것이 아니다. 그러나 여지는 한여름에 바야흐로 익으니 글의 뜻은 비록 아름다우나 사실과 어긋난다."라고 했다. 또 ≪태평광기(太平廣記)≫를 살펴보면, 당나라 진홍(陳鴻)의 ≪장한가전(長恨歌傳)≫에서 양귀비가 말하기를, "옛날 천보 10년(751)에 황제의 수레를 모시고 여산궁에서 피서했다."라고 했다.(遯齋閑覽. 杜牧過華清宮詩云云. 尤膾炙人口. 按唐紀, 明皇以十月幸驪山, 卽還宮, 是未嘗六月在驪山也. 然荔支盛暑方熟, 詞意雖美而失事實. 又按廣記, 陳鴻長恨傳, 玉妃曰, 昔天寶十載侍輦避暑驪山宮.)

[역자주] 荔枝(여지) : 남방에서 나는 과일이다. 양귀비는 촉 땅 출신인데 여지를 좋아했다. 남방의 여지가 촉 땅의 여지보다 더 맛있었기에 매번 남방의 역마를 달려서 운반하여 바쳤다. 그 와중에 말과 인력이 많이 죽었다고 한다.

제2수

新豐綠樹起黃埃,[1] 신풍의 푸른 나무에 황토 먼지 일으키며
數騎漁陽探使迴.[2] 어양에 말 타고 갔던 정찰 사신 몇 명이 돌아왔지.
霓裳一曲千峰上,[3] 천 개의 봉우리에 <예상우의곡>이 연주되더니
舞破中原始下來. 추던 춤은 중원이 함락되자 비로소 그쳤구나.

주석

1 **[협주]** ≪한서·지리지(地理志)≫ 신풍(新豐)에 대한 안사고 주에서 "고조 7년(기원전 200)에 두었다. 응소(應劭)가 말하기를, '고조 유방의 부친 상황(上皇)이 동쪽 고향으로 돌아가고 싶어하자 이에 고조가 도시의 거리와 마을을 개축하여 풍(豐)을 본뜨고 풍의 주민들을 옮겨 거주하게 했다. 그래서 신풍(新豐)이라고 했다.'라고 했다."라고 했다.(前漢, 地理志. 新豐注. 高祖七年置. 應劭曰, 上皇思東歸, 於是高祖改築城市街里以象豐, 徙豐民以實之. 故號新豐.)

[역자주] 新豐(신풍) : 지금의 섬서성 임동현(臨潼縣)에 있던 지명으로 화청궁(華清宮)과

가깝다.

2 **[협주]** 본집의 주에서 "황제가 환관 보구림(輔璆琳)으로 하여금 안록산이 반란을 일으킬 지를 살피게 했다. 보구림이 안록산의 뇌물을 받고 반란을 일으키지 않을 것이라고 말했다."라고 했다.(本注. 帝使中使輔璆琳探祿山反否,[241] 璆琳受祿山金, 言祿山不反.)
[역자주] 漁陽(어양) : 지금의 하북성 소현(蘇縣) 일대로, 안록산이 반란을 일으킨 근거지이다.

3 **[협주]** 위의 "무지개로 무희의 옷을 만들었다."의 주에 보인다.[242](見上霓作舞衣裳注.)
[역자주] 霓裳(예상) : 현종이 지은 <예상우의곡(霓裳羽衣曲)>을 말한다. 이 곡을 짓게 된 과정에 대해서는 여러 가지 설이 있다.

제3수

萬國笙歌醉太平,[1]	천하가 연주와 노래로 태평에 도취했고
倚天樓殿月分明.	하늘 높이 솟은 누각엔 달빛이 선명했지.
雲中亂拍祿山舞,[2]	구름 속의 어지러운 박자에 안록산이 춤을 추자
風過重巒下笑聲.[3]	바람이 중첩된 산을 지나면 웃음소리가 터졌지.

주석

1 [역자주] 笙歌(생가) : 생을 불고 노래하다. 음악을 즐기는 것이다. '생'은 대나무 관악기이다.

2 **[협주]** ≪양비외전(楊妃外傳)≫의 기록이다. 안록산은 만년에 더욱 비대해져 자칭 몸무게가 330근이라고 했으며, 황제 앞에서 빙빙 돌며 춤을 추면 바람과 같았다.(楊妃外傳. 安祿山晚年益肥, 自稱重三百三十斤. 於上前旋舞如風.)

241) 中使(중사) : 환관.
242) 두목의 시 <화청궁을 읊은 시 30운(華淸宮三十韻)>이다.

3 [역자주] 下笑聲(하소성) : 웃음소리가 나다. 안록산의 춤을 보고 관중이 웃는다는 말이다.

해설

이 시는 두목이 화청궁에 들러 지난날 현종과 양귀비, 안록산이 즐거움을 누렸던 일을 회상했는데, 당시 환락에 빠져 안록산을 경계하지 못했던 일을 풍자했다. 창작 시기는 고찰할 수 없다.

046. 낙유원에 오르다

登樂遊原[1]

長空澹澹孤鳥沒,[2]	아득한 하늘에 외로운 새 사라지고
萬古銷沈向此中.[3]	만고의 사연도 이곳에서 스러져갔네.
看取漢家何似業,	보아하니 한나라 왕실의 일은 무엇과 같은가
五陵無樹起秋風.[4]	오릉에는 가을바람 일어날 나무조차 없구나.

주석

1 **[협주]** ≪서경잡기≫에서 "한나라 선제가 세운 것이다."라고 했다.(西京雜記, 漢宣帝所立.)

[역자주] 樂遊原(낙유원) : 장안 남쪽에 있었던 동산의 이름이다.

2 [역자주] 澹澹(담담) : 아득한 모양. 광활한 모양.

3 [역자주] 銷沈(소침) : 사라지다.

4 **[협주]** ≪한서·유협전(遊俠傳)≫에서 "지방의 여러 호걸과 장안, 오릉에서 기개를 추구하는 자들이 모두 그에게 귀의하고 흠모했다."라고 했는데, 안사고의 주에서 "오릉은 장릉, 안릉, 양릉, 무릉, 평릉을 말한다."라고 했다.(前漢書遊使[243]傳, 郡國諸豪及長安五陵諸爲氣節者, 皆歸慕之. 注, 五陵, 謂長陵安陵陽陵茂陵平陵也.)

[역자주] 五陵(오릉) : 전한(前漢)의 초대 황제인 고조(高祖)의 장릉(長陵), 2대 혜제(惠帝)의 안릉(安陵), 5대 경제(景帝)의 양릉(陽陵), 6대 무제(武帝)의 무릉(茂陵), 7대 소제(昭帝)의 평릉(平陵)이다. 起秋風(기추풍) : 가을바람이 일어나다. 한나라 무제(武帝)

243) '使'는 '俠'의 잘못이다.

가 <추풍사(秋風辭)>에서, "가을바람 일어나니 흰 구름이 난다.(秋風起兮白雲飛)"라고 하면서 신하들과 연회를 즐긴 내용과 연관 지은 것이다.

해설

이 시는 두목이 장안에 있는 낙유원에 올라 주위 모습을 둘러보면서 그 감회를 적은 것이다. 한나라의 흥성했던 모습이 사라져 나무조차 없는 오릉을 통해 권세의 허망함을 표현했다. 창작 시기는 고찰할 수 없다.

047. 경주자사 조종이 당항과 싸우다가 화살에 맞아 전사했다는 소식을 듣고 지은 칠언율시

聞慶州趙縱使君與党項戰中箭身死長句[1]

將軍獨乘鐵驄馬,[2]	장군은 홀로 철총마를 타고
榆溪戰中金僕姑.[3]	유계에서 싸우다가 금복고 화살에 맞았는데,
死綏卻是古來有,[4]	퇴각하여 죽는 일은 도리어 옛날에도 있었지만
驕將自驚今日無.[5]	빼어난 장군이 오늘날 없다는 것이 절로 놀랍구나.
青史文章爭點筆,[6]	청사의 문장 속에 공훈을 다투어 기록할 텐데
朱門歌舞笑捐軀.[7]	붉은 문의 고관들은 환락에 빠져 몸 바친 것을 비웃으니,
誰知我亦輕生者,	누가 알겠나, 나 또한 목숨을 가벼이 여기는 자이지만
不得君王丈二殳.[8]	군왕을 위해 긴 창을 잡지 못했음을.

주석

1 **[협주]** ≪십도지≫에서 "관내도(關內道)에 경주(慶州)가 있다."라고 했다. ≪수서(隋書)·서역전(西域傳)≫의 기록이다. 당항(黨項)이라는 강족(羌族)은 삼묘(三苗)의 후예이다. 그 종족에 탕창(宕昌)과 백랑(白狼)이 있는데, 모두가 자칭 원숭이의 종족이라고 했다. 동쪽으로 임조(臨洮) 및 서평(西平)과 접해 있고 서쪽으로 섭호(葉護)에 이르며 남북으로 수천 리 뻗어 있는데 산골짜기에 거처한다. 각 성씨마다 별도로 부락을 이루는데, 큰 것은 5천여 필의 말을 소유하고 작은 것은 천여 필의 말을 소유한다.(十道志. 關內道, 有慶州. 隋書. 黨項羌者, 三苗之後也. 其種有宕昌白狼, 皆自稱獼猴種.244) 東接臨洮西平, 西拒蓄245)護, 南北數千里, 處山谷間. 每姓別爲部落, 大者五千余騎, 小者千余騎.)

[역자주] 慶州(경주) : 지금의 감숙성 경양현(慶陽縣)에 있던 지명이다. 趙縱(조종) : 하동(河東) 사람으로 곽자의(郭子儀)의 사위이다. 공부시랑(工部侍郎), 호부시랑(戶部侍郎), 태복경(太僕卿)을 역임했다. 죄를 지어 중형을 받게 되었으나 곽자의의 덕으로 좌천되었다. 中箭(중전) : 화살에 맞다.

2 [역자주] 鐵驄馬(철총마) : 말의 털에 푸른색과 흰색이 엇섞여 있는 말로 준마를 가리킨다.

3 **[협주]** ≪통전·주군(州郡)≫에서 "관내도의 유림군(楡林郡) 승주(勝州)는 춘추시대 융적(戎狄) 지역이었다. 한나라 때는 운중군(雲中郡)과 오원군(五原郡)의 지역이었으니, 유계새(楡溪塞)라고 하는 곳이다."라고 했고, 주에서 "지금 군의 남쪽 영역이다."라고 했다. '금복고(金僕姑)'는 권1의 "손에는 금복고를 쥐었다"의 주에 보인다.[246](通典. 關內道楡林郡勝州, 春秋戎狄之地. 漢爲雲中五原郡地, 所謂楡溪塞. 注. 今郡南界. 金僕姑, 見一卷手撚[247]金僕姑注.)

[역자주] 金僕姑(금복고) : 화살의 이름이다.

4 **[협주]** 사마양저(司馬穰苴)의 병법에서 "장군은 퇴각하면 사형이다."라고 했다. ≪문선≫ 이선의 주에서 "'수(綏)'는 '퇴각하다'이다. 한 자의 전진이 있을 뿐 한 치의 퇴각은 없다."라고 했다. ≪좌전·문공(文公) 12년≫의 두예의 주에서 "옛날에는 군대를 퇴각시키는 것을 이름하여 '수(綏)'라 했다."라고 했다.(司馬法. 將軍死綏. 注. 綏, 卻也. 有前一尺, 無卻一寸. 左傳注, 古名退軍爲綏.)

[역자주] 死綏(사수) : 퇴각하여 사형을 당하는 것을 말한다. 이 구는 옛날의 장군 중에 용맹하지 않은 이가 있었다는 말이다.

5 **[협주]** ≪통전·병(兵)≫의 기록이다. 진(秦)나라 말기에 항량(項梁)이 오중(吳中)에서 군대를 일으켜 북쪽으로 정도(定陶)에 이르러 두 번이나 진나라 군대를 격파했다. 항우 등이 또 진(秦) 삼천(三川)의 태수인 이유익(李由益)을 참수하자 진나라를 경시하며 교만한 기색이 있었다. 송의(宋義)가 충고하기를, "전투에서 이겼다고 장수가 교만하고 사병

---

244) 獼猴(미후) : 원숭이.
245) '蓄'은 '葉'이 잘못이다.
246) 두목의 시 <다시 전송하며 지은 1수(重送一首)>이다.
247) '撚'은 '捻'의 잘못이다.

이 나태하면 반드시 패합니다."라고 했다.(通典. 秦末項梁起兵吳中, 北至定陶, 再破秦軍. 項羽等又斬秦三川守李由益, 輕秦有驕色. 宋義諫曰, 戰勝而將驕卒惰者, 必敗.)

[역자주] 驕將(교장) : 종횡무진으로 누비는 뛰어난 장군을 말한다. 이 구는 조종과 같은 용맹한 장군이 지금은 없다는 말이다.

6 **[협주]** 남조 양(梁) 강엄(江淹) <건평왕에게 가서 바치는 편지(詣建平王上書)>에서 "모두 황제의 단서(丹書)[248]를 펼치게 되고 아울러 청사(青史)에 적히게 된다."라고 했고, ≪문선≫ 이선의 주에서 "'청사자(青史子)'는 옛 사관(史官)이다."라고 했다.(江文通, 上津[249]平王書. 俱啓丹冊, 竝圖青史. 注, 青史子, 古史官.)

[역자주] 點筆(점필) : 기록하다.

7 **[협주]** 서진 곽박(郭璞)의 <유선시(游仙詩)>에서 "붉은 대문의 저택이 뭐가 그리 영광이겠나."라고 했다. 위(魏) 조식(曹植)의 <백마편(白馬篇)>에서 "몸을 바쳐 나라의 어려움에 달려가며, 죽음 보기를 돌아가는 것처럼 여긴다."라고 했다.(郭景純, 遊仙詩曰, 朱門何足榮. 白馬篇曰, 捐軀赴國難, 視死忽如歸.)

[역자주] 朱門(주문) : 고관대작의 집을 말한다. 捐軀(연구) : 몸을 바치다. 목숨을 바치다.

8 **[협주]** ≪시경·위풍(衛風)·백혜(伯兮)≫에서 "낭군이 창을 잡고서 왕을 위해 앞에서 치달린다."라고 했고, 모장(毛萇)의 주에서 "'수(殳)'는 길이가 1장 2척이고 칼날이 없다."라고 했다.(詩. 伯兮, 伯也執殳, 爲王前驅. 注, 殳, 長丈二而無刃.)

해설

이 시는 경주자사로 있던 조종이 당항족과 싸우다가 화살에 맞아 전사한 것을 기린 내용이다. 나라를 위해 목숨을 바쳤지만 누구도 이를 알아주지 않으며, 조정의 대신들은 환락을 일삼고 있음을 풍자했다. ≪자치통감≫ 대중 4년(850)의 기록에 따르면 당항이 변방을 유린했지만 여러 해 동안 평정하지 못했다고 했는데, 아마 이즈음에 이 시를 지었을 가능성이 있다.

248) 단서(丹書) : 옛날 황제가 공신의 후손에게 주어 면죄 등의 특권을 증빙하는 문서이다.
249) '津'은 '建'의 잘못이다.

048. 진으로 부임하는 용주의 중승을 보내다

送容州中丞赴鎭[1]

交阯同星座,[2]	교지와 별자리가 같은데
龍泉佩斗文.[3]	용천검은 북두칠성의 무늬를 띠고 있으며,
燒香翠羽帳,[4]	향을 사르는 물총새 깃털 휘장에서
看舞鬱金裙.[5]	울금빛 치마 입은 무희의 춤을 보네.
鷁首衝瀧浪,[6]	익수의 머리가 낭수의 물결에 부딪치고
犀渠拂嶺雲.[7]	무소가죽 방패가 고개의 구름을 스치리니,
莫教銅柱北,	구리 기둥 북쪽에서
空說馬將軍.[8]	마원 장군을 공연히 말하게 하지 말지어다.

주석

1 **[협주]** ≪십도지≫에서 "영남도(嶺南道)에 용주(容州)가 있다."라고 했다.(十道志. 嶺南道有容州.)

[여자주] 容州(용주) : 지금의 광서자치구 북류(北流)이다. 中丞(중승) : 어사중승(御史中丞)으로 정오품상이다. ≪문원영화(文苑英華)≫에는 '중승' 앞에 '당(唐)' 자가 더 있는데, 그는 당지(唐持)이다. 자는 덕수(德守)이며, 원화(元和) 15년(820) 진사에 급제한 뒤 대중(大中) 3년(849) 공부낭중(工部郎中)으로 있다가 용주자사 어사중승 용관경략초토사(容管經略招討使)가 되었다.

2 **[협주]** ≪십도지≫에서 "안남도호부(安南都護府)에 교지(交阯)가 있는데 옛 구루현(勾漏縣)이다."라고 했다. ≪후한서·명제본기(明帝本紀)≫의 기록이다. 관도공주(館陶公

主)가 아들이 낭관이 되도록 황제에게 청했지만 명제는 허락하지 않았으며 돈 천만 전을 하사하고는 여러 신하에게 말하기를, "낭관은 위로 별자리에 상응하고 지방으로 나가서는 백 리의 땅을 다스리는 현령이 되니 만일 합당한 사람이 아니라면 백성들이 재앙을 받을 것이다. 이 때문에 그 청을 들어주기 어렵다."라고 했다.(十道志. 安南都護府有交趾, 古勾漏縣. 後漢書. 館陶公主爲子求郎, 明帝又[250]許而賜錢千萬, 謂群臣曰, 郎官上應列宿, 出宰百里, 苟非其人, 則民受其殃, 是以難之矣.)

[역자주] 交阯(교지) : 지금의 베트남 영역으로 당시 안남도호부(安南都護府)의 치소(治所)가 있었다. 同星座(동성좌) : 별자리를 같이 하다. 옛날 사람들은 하늘의 별자리를 각 지역의 영토에 대응했는데, 용주와 교지는 영남에 있어서 같은 별자리에 속했다.

3 **[협주]** ≪월질서(越絶書)≫에서 "초(楚)나라 왕이 풍호자(風胡子)를 불러들였다. 간장(干將)으로 하여금 검 세 자루를 만들게 했는데 그중 하나가 용천(龍泉)[251]이었다."라고 했고, 주에서 "용천은 서평(西平)의 경내에 있는데 그 물로 검을 담금질하면 매우 강하고 예리하다. 옛날 용천검은 대체로 이곳에서 만들어졌다."라고 했다. ≪오월춘추(吳越春秋)≫의 기록이다. 오자서(伍子胥)가 강을 건너다가 검을 풀어 어부에게 주면서 말하기를, "이 검에는 북두칠성 무늬가 있는데 그 값어치가 천금이다."라고 했다.(越絶書. 楚王召風胡子, 干將使鑄劍三枚, 一曰龍泉. 注. 龍泉在西平界, 其水可用淬劍特堅利.[252] 古龍泉之劍, 蓋就於此也. 吳越春秋. 伍子胥過江, 解劍與漁父曰, 此劍中有七星北斗文, 其直千金.)

[역자주] 龍泉(용천) : 보검의 이름이다. 진(晉)나라 장화(張華)가 남두(南斗)와 견우(牽牛) 사이에서 기이한 기운을 보았는데, 그것은 보검의 정기가 하늘에 닿았기 때문이며 그 보검이 풍성(豐城)에 있다는 사실을 뇌환(雷煥)에게서 듣고서 뇌환을 풍성령으로 임명하여 보냈다. 뇌환은 감옥의 바닥을 파다가 용천검(龍泉劍)과 태아검(太阿劍)을 찾아내고는, 한 자루는 장화에게 보내고 한 자루는 자신이 보관했다. 이 구는 당지의 검이 뛰어남을 말한 것으로 그의 뛰어난 재능을 비유적으로 표현한 것이다. 斗文(두문) : 북두칠

250) '又'는 '不'의 잘못이다.
251) 용천(龍泉)은 원래 용연(龍淵)인데 당나라 고조(高祖) 이연(李淵)의 이름을 피한 것이다.
252) 淬劍(쉬검) : 검을 담금질하다. 검을 달구어 물에 넣어 갑자기 식히는 것으로 검을 단단하게 만든다.

성의 무늬. 명검의 모습을 형용한 것이다. 이와 달리 용천검이 두수(斗宿)와 우수(牛宿)의 기운을 가지고 있었던 것에 착안하여, 두수의 문양을 뜻할 수도 있다. 두 가지 모두 뜻은 같다.

4 **[협주]** 장형(張衡)의 <서경부(西京賦)>에서 "갑장(甲帳)과 을장(乙帳)을 펴고 물총새 깃털로 덮었다."라고 했고, ≪문선≫ 이선의 주에서 "갑과 을은 각각 휘장의 이름이다."라고 했고, 또 여연제(呂延濟)의 주에서 "'습(襲)'은 사용한다는 뜻으로 물총새 깃털을 이용했다는 말이다."라고 했다.(西京賦. 帳[253]甲乙而襲翠被.[254] 注. 甲乙, 帳名. 襲, 用也. 謂用翡翠.)

5 **[협주]** 이상은(李商隱)의 시 <목단(牡丹)>에서 "허리를 꺾은 채 울금빛 치마로 춤을 다툰다."라고 했다.(李商隱詩. 招[255]腰爭舞鬱金裙.)

[역자주] 鬱金裙(울금군) : 울금으로 염색한 치마. 황금빛 치마를 가리킨다.

6 **[협주]** '랑(瀧)'은 소와 강의 반절로 강 이름이며 영남(嶺南)에 있다. ≪회남자(淮南子)·본경훈(本經訓)≫에서 "용주의 익수"라고 했고 주에서 "익(鷁)은 큰 새다. 그 모습을 그려 뱃머리에 붙인다."라고 했다. 양웅(楊雄)의 ≪방언(方言)≫에서 "강동(江東)에서는 뱃머리를 비려(飛閭)라고 부르고 혹은 익수(鷁首)라고 한다. 지금 배 앞에 만든 푸른 새가 그것이다."라고 했다. 익(鷁)은 오와 력의 반절이며 물새이다. 장형(張衡)의 <서경부(西京賦)>에서 "익수 머리를 그린 배를 띄우고 구름과 지초 무늬로 뒤덮었다."라고 했으며, 설종(薛綜)이 (≪문선≫의 주에서) 말하기를, "뱃머리에 익수 머리를 그린 것은 그것으로 물의 신을 누르려는 것이다."라고 했다.(瀧, 踈江切, 水名, 在嶺南. 淮南子. 龍舟鷁首. 注. 鷁, 大鳥也. 畵其象著船首. 楊雄, 方言. 江東呼船頭爲飛閭, 或曰鷁首, 今舟前所作靑雀, 是也. 鷁, 五歷切, 水鳥也. 西京賦. 游鷁首翳雲芝. 薛綜云, 船頭畵鷁首, 以厭水神.)

7 **[협주]** 진(晉) 좌사(左思)의 <오도부(吳都賦)>에서 "집집마다 학슬이 있고 집집마다 서거가 있다."라고 했고 ≪문선≫ 여향(呂向)의 주에서 "학슬과 서거는 모두 방패의 이름

253) '帳'은 중국본 ≪문선≫에는 '張'으로 되어 있는데 여기서는 규장각본을 따른 것이다.

254) 被(피) : 뒤덮다.

255) '招'가 '折'로 된 판본을 따라 번역했다.

이다."라고 했다.(吳都賦. 家有鶴膝, 戶有犀渠. 注. 鶴膝, 犀渠, 皆楯名.)

[역자주] 嶺(령) : 오령(五嶺)을 가리키며 그 남쪽은 영남이다.

8 **[협주]** ≪후한서≫의 기록이다.[256] 마원(馬援)이 복파장군(伏波將軍)이 되어 남방 이민족을 정벌하고는 안남도(安南道)에 구리 기둥을 세워 한나라의 경계로 삼았다. 남방 이민족은 두려워하며 굴복하여 감히 한나라의 영토를 침범하지 못했다.(後漢書. 馬援爲伏波將軍, 征蠻, 於安南道, 立銅柱, 以爲漢界. 南蠻慴伏,[257] 不敢侵漢封.)

해설

이 시는 ≪전당시(全唐詩)≫에 두목의 작품으로 되어 있기도 하고 장필(張泌)의 작품으로도 수록되어 있는데, 장필의 생애는 당지를 전송하는 것과는 관련이 없어 두목의 시가 맞다. 이 시는 용주자사로 부임하는 당지를 전송하며 지은 것이다. 그가 뛰어난 자질을 가지고 남방으로 가게 되었음을 말한 뒤 화려한 연회 자리의 모습을 묘사했으며, 그가 남방에서 빼어난 자태를 뽐낼 것이니 옛날의 마원장군은 함부로 입에 올리지 못하게 될 것이라고 하여 그를 칭송했다. 대중(大中) 3년(849) 장안에서 사훈원외랑(司勳員外郎)으로 있을 때 지은 것이다.

256) 이 내용은 현재 전하는 ≪후한서≫에 없으며, 여러 문헌에 비슷한 내용은 있지만 이와 동일한 내용은 찾기 어렵다.

257) 慴伏(섭복) : 두려워하며 굴복하다.

049. 하주절도사 최 산기상시가 태자소경으로 있다가 지방으로 나가 절도사 깃발을 인도하게 되었기에 지은 10운의 시

夏州崔常侍自少常亞列出領麾幢十韻[1]

帝命詩書將,[2] 황제의 명을 받은 시와 문장의 장군

登壇禮樂卿.[3] 제단에 오른 예와 악의 최고 담당자.

三邊要高枕,[4] 세 변방에서 편히 쉬고자 하니

萬里得長城.[5] 만 리에 긴 성을 쌓았다.

對客猶褒博,[6] 빈객을 대할 때는 여전히 유자의 복장이고

塡門已旆旌.[7] 문에 가득한 것은 이미 권세가의 깃발이며,

腰間五綬貴,[8] 허리에는 다섯 개의 인끈을 찬 귀한 몸이라

天下一家榮. 천하에 최고 집안의 영광이다.

野水差新燕,[9] 들의 물에는 새로 온 제비가 들쑥날쑥하고

芳郊哢夏鶯.[10] 향기로운 교외에는 여름의 꾀꼬리가 지저귀는데,

別風嘶玉勒,[11] 작별의 바람에 옥 장식 굴레의 말이 울고

殘日望金莖.[12] 지는 해에 구리 기둥을 바라본다.

楡塞孤煙媚,[13] 유림새에는 외로운 연기가 아름답고

銀川綠草明.[14] 은천에는 푸른 풀이 밝으리.

戈矛虓虎士,[15] 창을 들고 포효하는 호랑이 같은 병사

弓箭落雕兵.[16] 활과 화살을 들고 독수리를 쏘아 떨어트리는 군사이니,

魏絳言堪采,[17] 위강의 말은 받아들여질 만했고

陳湯事偶成.[18] 진탕의 일은 우연히 이루어진 것이다.
若須垂竹帛,[19] 만약 역사서에 업적을 드리워야 한다면
靜勝是功名.[20] 조용히 이겼다는 것이 그의 공명이리라.

주석

1 **[협주]** ≪십도지≫에서 "관내도(關內道)에 하주(夏州)가 있다."라고 했다.(十道志. 關內道有夏州.)

[역자주] 夏州(하주) : 지금의 섬서성 횡산현(橫山縣)이다. 常侍(상시) : 산기상시(散騎常侍)로 종삼품이며 규풍(規諷)의 과실을 담당하고 임금에게 자문을 했다. 최씨가 누구인지는 알려져 있지 않다. 少常亞列(소상아렬) : 태상시(太常寺)의 부장관(副長官)인 태상소경(太常少卿)으로 정사품상이며 교묘사직의 예악을 관장했다. 麾幢(휘당) : 지방 관원으로 나갈 때의 깃발 의장을 말한다. 여기서는 최씨가 하주절도사로 나간 것을 의미한다.

2 [역자주] 詩書將(시서장) : 시와 문장에 뛰어난 장군이라는 뜻으로 최씨가 문무 모두 뛰어나다는 말이다.

3 **[협주]** 위의 "신중한 극곡의 풍모로다."의 주에 보인다.258) ≪한서·한신전(韓信傳)≫에서 "한나라 왕이 날을 택해 재계하고 제단을 설치하고는 한신을 맞아서 대장으로 삼았다."라고 했다.(見上恂恂卻縠風注. 漢書. 漢王擇日齋戒設壇場, 迎韓信爲大將.)

[역자주] 登壇(등단) : 제단에 오르다. 황제가 대장으로 임명하는 것을 말한다. 禮樂卿(예악경) : 최씨가 태상시의 태상소경으로서 궁중의 예악을 담당하고 있음을 말한다.

4 **[협주]** ≪한서·지리지(地理志)≫에서 "무제가 세 변방을 개척했다."라고 했다. ≪후한서·영제본기(靈帝本紀)≫에서 "선비(鮮卑)가 세 변방에서 도적질했다."라고 했고, 이현(李賢)의 주에서 "동쪽, 서쪽, 북쪽 변방을 말한다."라고 했다. 조식(曹植)의 <자신을 시험해주기를 청하며 올린 표(求自試表)>에서 "책략을 도모하는 선비가 아직 높이 베고 한

258) 두목의 시 <영숭리의 서평왕댁 태위 이소의 집에 쓴 6운의 시(題永崇西平王宅太尉愬院六韻)>이다.

가롭게 지내지 못하고 있다."라고 했다.(漢書, 地理志. 武帝廣開三邊. 後漢, 靈帝紀. 鮮卑寇三邊. 注. 謂東西與北邊. 曹子建表. 謀士未得高枕者.)

[역자주] 高枕(고침) : 베개를 높이 베고 눕다. 편히 지낸다는 뜻이다. 여기서는 변방 이민족의 침략을 걱정하지 않는다는 말이다.

5 **[협주]** ≪사기·몽괄전(蒙恬傳)≫에서 "진나라가 천하를 평정한 뒤 몽괄은 30만 병력을 데리고 북쪽으로 오랑캐를 쫓아내고 하남(河南)을 수복하고 긴 성을 쌓았는데, 임조(臨洮)에서 시작하여 요동(遼東)까지 이르렀으니 만여 리였다."라고 했다. ≪신당서·이적전(李勣傳)≫에서 "이적이 병주(幷州)를 다스린 지 16년이 되자 위엄과 엄숙함으로 소문이 났다. 태종(太宗)이 늘 말하기를, '수나라 양제(煬帝)는 적당한 사람을 정해 변방 수비를 하지 않아 중원의 백성들이 긴 성을 쌓아 오랑캐를 방비하는 수고를 했는데, 지금 나는 이적을 써서 병주를 방비하니 돌궐이 감히 남쪽으로 내려오지 못했다. 이는 긴 성을 쌓는 것보다 훨씬 현명한 것이다.'라고 했다."라고 했다.(史記, 蒙恬傳. 秦平天下後, 恬將三十萬衆, 北逐戎狄, 收河南, 築長城. 起臨洮至遼東, 萬餘里. 新唐書. 李績[259] 治幷州十六年, 以威肅聞. 太宗嘗曰, 煬帝不擇人守邊, 勞中國築長城以備虜. 今我用李績守幷, 突厥不敢南, 賢於長城遠矣.)

[역자주] 이상 두 구는 최 산기상시가 만리장성과 같이 나라를 안위해줄 수 있는 존재라는 말이다.

6 **[협주]** ≪한서·준불의전(雋不疑傳)≫에서 "풍성한 옷과 넓은 띠를 매고 복장을 한껏 갖추어 문에 도달했다."라고 했고, 안사고가 주에서 말하기를, "'포(褒)'는 넓은 옷자락이다. 옷자락이 넓은 옷과 폭이 넓은 띠를 착용했다는 말인데, 해설하는 자가 오히려 조회할 때 입는 옷자락을 늘어뜨린 옷이라고 한 것은 틀렸다."라고 했다.(漢書, 雋不疑傳. 褒衣博帶, 盛服至門. 師古曰, 褒, 大裾也, 言着褒大之衣, 廣博之帶也, 而說者乃以爲朝服垂褒之衣, 非也.)

[역자주] 褒博(포박) : 옷자락이 넓고 폭이 넓은 띠를 착용하다. 고대 유자(儒者)의 복장이다.

---

259) '績'은 '勣'의 잘못이다.

7 **[협주]** ≪한서·정장전(鄭莊傳)≫에서 "빈객이 문을 메웠다."라고 했고, 안사고의 주에서 "'전(塡)'은 가득하다는 뜻이다."라고 했다.(漢書, 鄭莊傳. 賓客塡門. 注. 塡, 万[260]也).

[역자주] 旆旌(패정) : 깃발. 문 앞에 세워놓은 의장인데 관직의 품계가 높을수록 많았다.

8 **[협주]** ≪동관한기(東觀漢記)·마방전(馬防傳)≫에서 "마방은 영양후(潁陽侯)가 되었는데, 그저 이전에는 의약에 관여하여 궁궐에서 열심히 일했을 뿐이었다. 서강(西羌)을 안정시켜 양성(襄城) 낭(羹) 땅에 정(亭)을 천2백 개 설치했다. 마방은 자신의 몸에 인끈 세 개를 찼으며 총애가 지극했다."라고 했다. ≪후한서·주부전(朱浮傳)≫에서 "몸에 세 개의 인끈을 찼으며 큰 주군(州郡)을 다스렸다."라고 했으며, 이현의 주에서 "황제의 총애를 받는 사람이 세 개의 관인을 차는 것을 말한다."라고 했다.(東觀漢記. 馬防爲潁陽侯, 特以前參醫藥勤勞省闥.[261] 綏定西羌, 以襄城羹亭一千二百戶開. 防身帶三綬, 寵貴至盛. 朱叔元書.[262] 身帶三綬, 職典大邦. 注. 言寵身帶三官.)

[역자주] 綬(수) ; 관인(官印)을 차는 끈이다.

9 **[협주]** ≪시경·패풍(邶風)·연연(燕燕)≫에서 "제비 두 마리가 날아다니는데 날개가 들쑥날쑥하다."라고 했다.(詩. 燕燕于飛, 差池其羽.[263])

[역자주] 差(치) : 들쑥날쑥하다.

10 [역자주] 哢(롱) : 지저귀다.

11 [역자주] 嘶(시) : 말이 울다. 勒(륵) : 말의 굴레.

12 **[협주]** '금경(金莖)'에 대해서는 위에 나왔다.[264](金莖出上.)

[역자주] 金莖(금경) : 한나라 무제(武帝)가 이슬을 받기 위해 설치한 승로반을 받치고 있는 구리 기둥을 말한다. 여기서는 장안의 궁궐을 가리킨다.

13 **[협주]** 위의 '유계(楡溪)' 주에 보인다.[265](上見楡溪注)

---

260) '万'은 '滿'의 잘못인데, 금산본에는 수정되어 있다.

261) 省闥(성달) : 궁중.

262) 叔元(숙원) : 주부의 자이다.

263) 差池(참지) : 들쑥날쑥한 모양. 여기서는 두 마리의 제비가 엇갈리면서 나는 것을 말한다.

264) 두목의 시 <초봄에 대궐에서 숙직을 서는데 사인 소치 또한 한림원에서 근무하고 있어 감회를 쓴 4운의 시를 보내다(早春閣下寓直, 蕭九舍人亦直內署, 因寄書懷四韻)> "구리 기둥은 지는 해에 담박하다.(金莖淡日殘.)"의 주에 보인다.

265) 두목의 시 <경주자사 조종이 당항과 싸우다가 화살에 맞아 전사했다는 소식을 듣고 지은 칠언율시(聞慶州趙

[역자주] 楡溪(유계) : 유림새(楡林塞)로 옛 변새의 이름인데 지금의 내몽고에 있었다. 여기서는 하주 지역의 변방을 가리킨다.

14 **[협주]** ≪십도지≫에서 "관내도(關內道)에 은천(銀川)이 있다."라고 했다. ≪통전(通典)≫에서 "은천군은 지금의 은주(銀州)이다."라고 했다.(十道志. 關內道有銀川. 通典. 銀川郡, 今銀州.)

[역자주] 銀川(은천) : 지금의 섬서성 횡산현(橫山縣) 동쪽으로 하주 인근이다.

15 **[협주]** ≪시경·대아·상무(常武)≫에서 "으르렁 포효하는 호랑이와 같다."라고 했다.(詩. 闞敢[266]如虓虎.)

[역자주] 虓虎(효호) : 포효하는 호랑이.

16 **[협주]** 위의 "독수리를 쏴 떨어뜨린 도위"의 주에 보인다.[267](見上落雕都尉注.)

[역자주] 落雕(낙조) : 독수리를 떨어트리다. 북제(北齊) 곡률광(斛律光)이 사냥을 하다가 큰 독수리를 쏘아 떨어트리자 사람들이 그를 낙조도위(落雕都尉)라고 불렀다. 여기서는 매우 용맹함을 비유한다.

17 **[협주]** ≪국어·진어(晉語)≫의 기록이다. 도공(悼公) 5년(기원전 569) 북동쪽 이민족 나라인 무종(無終)의 군주 가보(嘉父)가 맹락(孟樂)을 사신으로 보내 위장자(魏莊子)를 통해 호랑이와 표범의 가죽을 바쳐서 여러 서방 이민족과 화친하고자 했다. 도공이 말하기를, "서방 오랑캐와 북방 오랑캐는 화친하여 사이좋게 지낼 수 없으니 정벌하는 것만 못하다."라고 했다. 위강(魏絳)이 말하기를, "서방 오랑캐에 대해 군대를 피로하게 하면서 여러 중원의 제후를 잃어버린다면 비록 성공하더라도 마치 짐승을 얻고 사람을 잃은 것과 같으니 어찌 그렇게 하겠습니까. 또한 서방 오랑캐와 북방 오랑캐는 초원을 떠돌며 살기에 재화를 귀중히 여기고 땅을 경시하는데 그들에게 재화를 주어 그 땅을 얻을 수 있으니 이것이 첫 번째 이익입니다. 변방에서의 농사일에 있어서 그들을 경계하지 않아도 되니 이것이 두 번째 이익입니다. 서방 오랑캐와 북방 오랑캐가 진(晉)나라를 섬기고

縱使君與党項戰中箭身死長句)> "유계에서 싸우다가 금복고 화살에 맞았다.(楡溪戰中金僕姑.)"의 주에 보인다.

266) '敢'은 연자(衍字)이다. 闞(함) : 호랑이가 울부짖는 소리.

267) 두목의 시 <동쪽으로 정벌하는 것을 읊은 칠언시 10운(東兵長句十韻)> "독수리를 쏴 떨어뜨린 도위는 만인을 대적한다.(落雕都尉萬人敵.)"의 주에 보인다.

사방의 이웃 나라가 동요하지 않을 것이니 이것이 세 번째 이익입니다. 임금님께서는 이를 도모하셔야 할 것입니다."라고 했다. 도공이 기뻐하면서 위강을 사신으로 보내 여러 서방 이민족을 위무하게 했고 마침내 진나라는 패권을 이루었다. 위소(韋昭)의 주에서 "장자(莊子)는 위강(魏絳)이다"라고 했다.(晉語. 悼公五年, 無終子嘉父使孟樂, 因魏莊子納虎豹之皮, 以和諸戎. 公曰, 戎狄無親而好得, 不若伐之. 魏絳曰, 勞師於戎, 而失諸華, 雖有功, 猶得獸而失人也, 安用之. 且夫戎狄薦處, 貴貨而易土. 與之貨而獲其土, 其利一也. 邊鄙耕農不敬[268], 其利二也. 戎翟事晉,[269] 而四鄰莫不震動, 其利三也. 君其圖之. 公說, 故使魏絳撫諸戎, 於是乎遂伯.[270] 注. 莊子, 魏絳也.)

18 **[협주]** ≪한서·진탕전(陳湯傳)≫의 기록이다. 질지선우(郅支單于)가 여러 차례 한나라 사신을 욕을 보이면서 조서를 받들려고 하지 않았다. 진탕이 감연수(甘延壽)와 함께 서역으로 나갔다. 감연수와 모의하여 말하기를, "질지가 있는 곳은 비록 매우 멀지만 쇠와 같이 단단한 성과 강력한 쇠뇌로 방어하지 않으니 만일 둔전(屯田)의 관원과 병사를 출동시키면 곧장 그들의 성 아래까지 도달할 수 있다. 천년의 공업을 하루아침에 이룰 수 있을 것이다."라고 했다. 감연수가 이러한 계책을 상주하려고 하자 진탕이 말하기를, "나라에서는 공경과 더불어 이에 관해 의론할 터인데, 이렇게 큰 책략은 평범한 이들이 알 수 있는 것이 아니니 이 일이 허락되지 않을 게 틀림없다."라고 했다. 감연수가 병이 들자 진탕이 혼자 조서를 위조하여 군대를 출동시켰다. 감연수가 이를 듣고는 놀라 일어나서 진탕을 제지하려고 하자 진탕이 화를 내고 검을 어루만지며 감연수에게 소리쳐 말하기를, "큰 무리가 이미 모였는데 어린아이가 막으려고 하는구나."라고 하자 감연수가 그를 따랐으며, 군대의 대오를 배치하고 양위(揚威), 백호(白虎), 합기(合騎) 등 삼교(三校)를 증설했다. 이튿날 군대를 이끌고 나누어 행군했으며 선우의 머리를 벴다. 이에 감연수와 진탕이 상소하여 말하기를, "신이 듣기에 천하의 큰 뜻은 혼란함에 처했을 때 통일시킨다는 것인데, 예전에 요임금과 순임금이 있었고 지금 강력한 한나라가 있습니다. 흉노의 호한사(呼韓邪) 선우는 이미 북쪽의 속국이라고 칭하고 있지만 오직 질지선우는

---

268) '敬'은 '儆'의 잘못이다. '경(儆)'은 방비한다는 뜻이다.
269) 翟(적) : 적(狄)과 같다.
270) 伯(패) : 춘추시대 제후의 맹주를 뜻한다.

반역을 하면서 그 죄를 인정하고 있지 않습니다. 신 감연수와 진탕이 의로운 군대를 이끌어 하늘의 징벌을 행했습니다. 폐하의 신령함에 의지하여 적진을 함락시키고 적을 무찔러 질지의 머리와 명왕(名王)[271] 이하의 여러 사람의 머리를 베었습니다. 마땅히 장안의 큰 거리인 고가(槀街)에 그 머리를 걸어서 만 리 바깥의 사람들에게 보여주어, 강력한 한나라를 범하는 자는 아무리 멀리 있더라도 반드시 죽임을 당한다는 것을 분명히 해야 할 것입니다."라고 했다.(漢書, 陳湯傳. 郅支單于數困辱漢使, 不肯奉詔. 湯與延壽出西域. 與延壽謀曰, 郅支所在絶遠, 無金城强弩之守, 如發屯田吏士, 直指其城下. 千載之功可一朝而成也. 延壽欲奏之, 湯曰, 國家與公卿議, 大策非凡所見, 事必不從. 延壽久病, 湯獨矯詔,[272] 發兵. 延壽聞之, 驚起欲[273]湯, 湯怒, 按劍叱延壽曰, 大衆已集, 豎子欲沮邪. 延壽從之, 部勒行陳,[274] 益置揚威白虎合騎之校. 卽日引軍分行. 斬單于首. 於是延壽湯上疏曰, 臣聞天下之大義, 當混爲一, 昔有唐虞, 今有强漢. 匈奴呼韓邪已稱北藩, 唯郅支單于叛逆, 未伏其幸[275]. 臣延壽湯將義兵, 行天誅. 賴陛下神靈, 陷陳克敵, 斬郅支首及名王以下. 宜縣頭槀街, 以示萬里, 明犯强漢者, 雖遠必誅云.)

[역자주] 이상 두 구는 최 산기상시의 책략이 위강에 견줄 수 있고 진탕보다는 뛰어나다는 말이다.

19 **[협주]** ≪묵자(墨子)·겸애(兼愛)≫에서 "죽간과 비단에 써서 후세 자손에게 남겨준다."라고 했다.(墨子. 以其所獲[276]書於竹帛, 遺後世子孫.)

[역자주] 竹帛(죽백) : 사서(史書)를 가리킨다.

20 **[협주]** ≪노자(老子)·홍덕(洪德)≫에서 "부지런히 움직이면 추위를 이기고 조용히 있으면 더위를 이기니 맑고 조용함이 천하의 통치자이다."라고 했다.(老子. 噪[277]勝寒, 靜勝熱, 淸靜爲天下正.)

---

271) 명왕(名王) : 고대 변방 이민족에서 공이 혁혁한 왕을 뜻한다.
272) 矯詔(교조) : 조서를 위조하다.
273) 이 뒤에 '止'가 더 있어야 한다.
274) 部勒(부륵) : 배치하다. 行陳(항진) : 군대의 대오.
275) '幸'은 '辜'의 잘못이다. '고(辜)'는 죄이다.
276) 현재 전하는 ≪묵자≫에서 '獲'이 없다.
277) '噪'는 '躁'의 잘못이다. '조(躁)'는 부지런히 움직인다는 뜻이다.

[역자주] 靜勝(정승) : 조용히 이긴다. 여기서는 조용한 상태에서 적을 이긴다는 뜻이다.

해설

이 시는 산기상시 겸 태자소경으로 있던 최씨가 하주절도사로 나가는 것을 송별하며 지은 것이다. 그의 재능을 칭송하고는 나가서 여유 있게 큰 공적을 세울 것이라고 했다. 대중 3년(849) 장안에서 지은 것이라고 추정하는 설이 있지만 확실치는 않다.

050. 장안의 큰 거리 서쪽을 읊은 칠언율시

街西長句[1]

碧池新漲浴嬌鴉, 푸른 못이 새로 가득해 아름다운 까마귀가 목욕하고
分鎖長安富貴家.[2] 장안의 부귀한 집들이 나뉘어 줄지어있는데,
游騎偶同人鬪酒, 유람하던 말이 우연히 만나면 사람은 술을 다투고
名園相倚杏交花. 이름난 원림이 서로 기대어 살구꽃이 엇갈려있다.
銀鞦騕褭嘶宛馬,[3] 은빛 밀치끈을 한 요뇨마와 소리 내는 대원마
繡鞅璁瓏走鈿車.[4] 수놓은 배댓끈에 짤랑거리며 달려가는 화려한 수레,
一曲將軍何處笛,[5] 한 곡조 연주하는 장군은 어느 곳의 피리를 가졌나?
連雲芳草日初斜. 구름에 이어진 향기로운 풀에 해가 막 비낀다.

주석

1 [역자주] 가서(街西) : 장안성에는 주작문(朱雀門) 앞의 큰 도로를 경계로 해서 동서로 나뉘는데 서쪽은 장안현(長安縣)이고 54개의 방(坊)이 있었다. 長句(장구) : 칠언시를 뜻한다.

2 [역자주] 鎖(쇄) : 원래는 쇠사슬 모양을 가리키는데 여기서는 여러 집이 줄지어있는 모습을 형용한 것이다.

3 **[협주]** '추(鞦)'는 음이 '추'이고 수레 끄는 말의 엉덩이에 묶은 끈이다. ≪서응도(瑞應圖)≫에서 "등황(騰黃)과 요뇨(騕褭)는 모두 신령스런 말이다."라고 했다. '원마(宛馬)'는 위의 "서북쪽 하늘의 대원마는 옥 멍에가 호화롭다."의 주에 보인다.[278](鞦, 音秋. 車馬鞦也. 瑞應圖, 騰黃騕褭, 皆爲神馬也. 宛馬, 見上下[279]西北大宛玉厄豪注.)

[역자주] 騕褭(요뇨) : 명마의 이름. 嘶(시) : 말이 우는 소리. 宛馬(원마) : 서쪽 변방의 나라인 대원(大宛)에서 나는 말. 그곳에는 좋은 말이 많다.

4 **[협주]** ≪좌전·희공(僖公) 28년≫에서 "현인앙반(韅靷鞅靽)"이라고 했는데 두예의 주에서 "말의 등에 있는 끈을 '현'이라고 하고 가슴에 있는 것을 '인'이라고 하며 배에 있는 것을 '앙'이라고 하고 꽁무니에 있는 것을 '반'이라고 한다."라고 했다. '총(璁)'은 창과 홍의 반절로 옥과 비슷한 돌이다. '롱(瓏)'은 로와 홍의 반절이다. '총롱'은 옥이 짤랑거리는 소리이다. 한종(韓琮)의 <공자행(公子行)>에서 "짤랑거리면서 쇠 장식 수레가 달려간다."라고 했다.(左傳. 韅靷鞅靽. 注. 在背曰韅. 在胸曰靷, 在腹曰鞅, 在後曰靽. 璁, 倉紅切, 石似玉. 瓏, 盧紅切. 璁瓏, 玉聲. 韓琮, 公子行. 闌珊走鈿車.[280])

[역자주] 鈿車(전거) : 금속으로 장식한 수레이다.

5 **[협주]** ≪진서(晉書)·환이전(桓伊傳)≫의 기록이다. 환이는 자가 숙하(叔夏)이다. 공을 세워 영수현후(永修縣侯)에 봉해졌으며 승진하여 우군장군(右軍將軍)으로 불렸다. 환이는 (음악에 능하여) 실력이 당대의 최고였는데 채옹(蔡邕)의 가정적(柯亭笛)[281]을 가지고 늘 스스로 그것을 불었다. 왕휘지(王徽之)가 경사로 불려 들어갈 때 청계(青溪) 옆에 배를 정박했다. 환이는 평소 왕휘지와 알지 못했다. 환이가 강기슭을 지나가는데 배 안의 사람이 환이의 어릴 때 자를 부르면서 말하기를 "이 사람은 환야왕(桓野王)이다."라고 했다. 왕휘지는 곧장 사람을 시켜 환이에게 말하기를, "그대가 피리를 잘 분다고 들었는데 날 위해 한번 연주해주시오"라고 했다. 환이는 당시 이미 고귀한 신분이었지만 평소 왕휘지의 명망을 들었기에 곧장 수레에서 내려 의자에 걸터앉고는 그를 위해 세 곡을 연주했다. 연주가 끝나고는 곧장 수레를 타고 떠났으며 두 사람은 한마디도 섞지 않았다. (晉書. 桓伊, 字叔夏. 以功封永修縣侯, 進號右軍將軍. 伊善一時之妙, 有蔡邕柯亭笛, 常自吹之. 王徽之赴召京師, 泊舟青溪側. 素不與徽之相識, 伊於岸上過, 舟中客稱伊

278) 두목의 시 <장안을 주제로 자유롭게 읊은 칠언율시 6수(長安雜題長句六首)> 제1수이다.
279) '下'는 연자(衍字)이다.
280) 闌珊(난산) : 옥이 짤랑거리는 소리.
281) 가정적(柯亭笛) : 한나라 채옹(蔡邕)이 회계(會稽)의 가정을 지나다가 서까래로 사용된 대나무가 피리에 적당하다고 여기고는 그것을 잘라 만든 피리이다. 가정은 고천정(高遷亭)이라고도 하며 지금의 절강성 소흥(紹興) 서남쪽에 있었다. 좋은 대나무의 산지로 유명하다.

小字曰, 此桓野王也. 徽之便令人謂伊曰, 聞君善吹笛, 試爲我一奏. 伊是時已貴顯, 素聞徽之名, 便下車, 踞胡床, 爲作三調. 弄畢, 便上車去, 客主不交一言.)

해설

이 시는 장안성 서쪽의 화려한 모습을 묘사한 것이다. 장안에 있을 때 지은 것일 터인데 정확한 창작 시기는 추정하기 어렵다.

051. 춘신군
春申君[1]

烈士思酬國士恩,[2]	절조와 충직의 선비는 국사의 은혜에 보답하길 생각하는데
春申誰與快冤魂.	춘신군의 억울한 영혼을 누가 즐겁게 해줄까.
三千賓客總珠履,[3]	삼천 빈객은 모두 구슬 장식 신을 신었건만
欲使何人殺李園.[4]	누구를 시켜 이원을 죽이게 할까.

주석

1 **[협주]** ≪사기·춘신군열전(春申君列傳)≫의 기록이다. 춘신군은 초나라 사람이다. 이름은 헐(歇)이고 성은 황(黃)이다. 초나라 고렬왕(考烈王) 원년(기원전 262)에 황헐을 재상으로 삼았으며 춘신군에 봉했다. 이때 제(齊)나라에 맹상군(孟嘗君)이 있었고 조(趙)나라에 평원군(平原君)이 있었으며 위(魏)나라에 신릉군(信陵君)이 있었는데 한창 선비를 존중하여 빈객으로 모시기를 다투어 서로 빼앗아 나라를 보좌하고 정권을 유지하려고 했다. 평원군이 사람을 춘신군에게 사신으로 보내니 춘신군은 그를 상급의 객사에 머물게 했다. 조나라 사신은 초나라에게 부유함을 과시하려고 대모(玳瑁) 껍질로 만든 비녀를 끼고 검을 넣은 상자를 구슬과 옥으로 장식하고는 춘신군의 문객을 만나기를 청했다. 춘신군의 빈객은 삼천여 명이었는데 그 상등의 빈객이 모두 구슬로 장식한 신발을 신고 조나라 사신을 만나니 조나라 사신이 크게 부끄러워했다. 고렬왕에게 아들이 없었다. 춘신군은 이를 걱정하고는 아들을 낳기에 적합한 여인을 구해서 왕에게 바쳤는데 매우 많았지만 결국 아들을 얻지 못했다. 조나라 사람 이원(李園)이 자신의 여동생을 초나라 왕에게 바치고자 했는데 왕이 아들을 낳기에 적합하지 않다는 말을 듣고는 여동생이 오래도록 총애를 받지 못할까 걱정했다. 이원은 춘신군을 섬기기를 청하여 그의 사인(舍

人)이 되었다. 이에 마침내 그의 여동생을 춘신군에게 바쳤고 춘신군의 총애를 얻었다. 이원은 여동생이 임신했음을 알고는 여동생과 모의했다. 여동생은 기회를 틈타 춘신군에게 말하기를, "지금 그대는 초나라에서 재상을 20여 년을 했는데 왕에게는 아들이 없습니다. 지금 첩은 스스로 임신했음을 알고 있지만 다른 사람은 누구도 모릅니다. 진정 그대의 중책을 이용해서 저를 초나라 왕에게 바친다면 왕은 반드시 저를 총애할 것이고 저는 하늘의 뜻에 따라 아들을 낳을 터인데 그러면 그대의 아들이 왕이 되는 것입니다."라고 했다. 춘신군이 아주 그럴듯하다고 여기고는 곧장 이원의 동생에게 근신할 수 있는 방을 내어주고는 초나라 왕에게 아뢰었다. 초나라 왕이 그녀를 불러 들여와 총애했고 마침내 아들을 낳아 태자로 삼았으니 이원의 여동생은 왕후가 되었다. 초나라 왕은 이원을 귀하게 여겼고 이원은 정권을 장악했다. 이원은 춘신군이 이러한 사실을 발설할까 두려워하여, 죽음을 불사할 용사를 몰래 길러서 춘신군을 죽여 입을 막게 하려고 했으며 나라 사람들은 제법 이러한 사실을 알고 있었다. 고렬왕이 죽자 이원이 과연 먼저 궁에 들어가서 극문(棘門)[282] 안에 죽음을 불사할 용사를 매복시켰다. 춘신군이 극문으로 들어오자 이원의 용사가 춘신군을 끼고 찔렀으며 그의 머리를 베서 극문 밖으로 던졌다.(史記. 春申君者, 楚人也. 名歇, 姓黃氏. 楚考烈王元年, 以黃歇爲相, 封爲春申君. 是時齊有孟嘗君, 趙有平原君, 魏有信陵君, 方爭下士,[283] 招致賓客, 以相傾奪, 輔國權持.[284] 平原君使人於春申君, 舍之上舍. 趙使欲誇楚, 爲珪瑁[285]簪, 刀劍室以珠玉飾之, 請命春申君客. 春申君客三千餘人, 其上客皆躡珠履以見趙使,[286] 趙使大慙. 考烈王無子, 春申君患之, 求婦人宜子者進之, 甚衆, 卒無子. 趙人李園持其女弟, 欲進之楚王, 聞其不宜子, 恐久毋寵. 李園求事春申君爲舍人. 於是乃進其女弟, 則幸於春申君. 知其有力[287], 李園乃與其女弟謀. 承間以說春申君曰, 今君相楚二十餘年而王無子, 今妾自知有身而人莫知. 誠以君之重而進妾於楚王, 王必幸妾, 妾賴天有子男, 則

282) 극문(棘門) : 옛날 제왕이 궁궐을 나가 머무는 곳에 창을 꽂아 만든 문이다.

283) 下士(하사) : 선비에게 몸을 굽혀 우대하다.

284) '權持'는 '持權'의 잘못인데, 금산본에는 수정되어 있다.

285) '珪瑁'는 '玳瑁'의 잘못이다. '대모(玳瑁)'는 바다거북의 일종으로 그 껍질이 아름다워 장식으로 사용한다.

286) 躡(섭) : 신을 신다.

287) '力'은 '身'의 잘못인데, 금산본에는 수정되어 있다. '유신(有身)'은 임신했다는 뜻이다.

是君之子爲王也. 春申君大然之, 乃出李園女弟謹舍, 而言之楚王. 楚王召入幸之, 遂生子男, 立爲太子, 以李園女弟爲王后. 楚王貴李園, 園用事. 恐春申君語泄, 陰養死士,[288] 欲殺春申君以滅口, 而國人頗有知之者. 考烈王卒, 李園果先入, 伏死士於棘門之內. 春申君入棘門, 園死士來[289]刺春申君, 斬其頭, 投之棘門外.)

2 **[협주]** ≪사기·예양열전(豫讓列傳)≫의 기록이다. 예양은 진(晉)나라 사람이다. 지백(智伯)의 죽음에 대해 복수를 하려고 했다. 양자(襄子)가 바깥으로 나오려고 할 때 예양은 그가 지나갈 다리 아래에 숨어 있었다. 양자가 다리에 이르렀을 때 말이 놀라자 양자가 말하기를, "이는 필시 예양일 것이다."라고 하고는 사람을 시켜 조사하니 과연 예양이었다. 양자가 예양을 질책하며 말하기를, "그대는 일찍이 범씨(范氏)와 중항씨(中行氏)를 섬기지 않았는가. 지백이 그들을 멸망시켰지만 그대는 그들을 위해 복수하지 않고 도리어 지백의 신하가 되었다. 지백 또한 이미 죽었는데 어찌하여 그를 위한 복수가 이리 심한가?"라고 했다. 예양이 말하기를, "범씨와 중항씨는 모두 저에게 보통 사람으로 대우했기에 나는 그래서 보통 사람으로서 그들에게 보답했습니다. 지백에 이르러서는 국사(國士)로서 저를 대우했기에 나는 그래서 국사로서 그에게 보답하는 것입니다."라고 했다.(史記. 豫讓, 晉人也. 欲爲智伯報讎. 襄子當出, 讓伏於所當過之橋下, 襄子至橋, 馬驚. 襄子曰, 此必是豫讓也. 使人問之, 果豫讓之[290]. 襄子數讓曰,[291] 子不嘗事范中行氏乎. 智伯滅之而子不爲報讎而反臣於智伯. 智伯亦已死矣. 何報讎深也. 讓曰, 范中行氏衆人遇於我, 我故衆人報之, 至於智伯, 國士遇我, 我故國士報之.)

[역자주] 烈士(열사) : 절조 있고 충직한 선비. 여기서는 춘신군의 억울한 죽음을 풀어줄 선비를 두고 한 말이다. 國士(국사) : 나라에서 가장 우수한 선비. 여기서는 춘신군을 두고 한 말이다.

3 [역자주] 珠履(주리) : 구슬로 장식한 신발. 춘신군이 문객을 잘 대우한 것을 말한다.

4 **[협주]** ≪운어양추(韻語陽秋)≫의 기록이다. 두목과 장호(張祜)에게 모두 춘신군에 관한

---

288) 死士(사사) : 죽음도 불사하는 용사.
289) '來'는 '俠'의 잘못이다.
290) '之'는 '也'의 잘못인데, 금산본에는 수정되어 있다.
291) 數(수) : 질책하다.

절구가 있다. 두목은 "절조와 충직의 선비는 국사의 은혜에 보답하길 생각하는데 춘신군은 누가 억울한 영혼을 즐겁게 해줄까. 삼천 빈객은 모두 구슬 장식 신을 신었건만 누구를 시켜 이원을 죽이게 할까."라고 했고 장호는 "야박한 세속에서 무슨 마음으로 은혜 입음을 의론했겠는가, 망령된 얼굴과 비속한 행적으로 춘신군의 문하에 의지했었지. 춘신군에게 그래도 삼천의 빈객이 있었지만, 조용히 있으며 이원을 죽일 사람이 없었구나."라고 했다. 두 시의 뜻이 서로 비슷하다. 오호, (이원을 미리 죽여야 한다던) 주영(朱英)의 말이 다했지만 춘신군은 그 말을 채택할 수가 없었고, 이원의 계책을 춘신군은 미리 막을 수 없었으며, 춘신군의 빈객이 많았지만 춘신군을 위해 이원을 죽일 자가 한 명도 없었다. 그래서 두 사람의 의론이 생겼던 것이다.(韻語陽秋. 杜牧張祜皆有春申君絶句, 杜牧云, 烈士思酬國士恩, 春申誰與快寃魂. 三千賓客總珠履, 欲使何人殺李園. 張祜云, 薄俗何心議感恩, 諂容卑迹賴君門.[292] 春申還有三千客, 寂寞無人殺李園. 二詩語意相似. 嗚呼, 朱英之言盡矣而春申不能必用. 李園之計巧矣, 而春申不能預防. 春申之客衆矣, 而無一人爲春申殺李園者. 所以起二子之論也.)

해설

이 시는 춘신군에게 많은 빈객이 있었지만 그의 억울한 죽음을 복수해줄 자가 없었음을 말했다. 이를 통해 춘신군의 오류를 풍자했다. 창작 시기는 고찰할 수 없다.

292) 諂容卑迹(도용비적) : 망령된 얼굴과 비속한 행적. 춘신군의 문하에 있던 빈객이 하찮은 사람임을 표현한 것이다.

052. 황릉을 받드는 궁인

奉陵宮人[1]

相如死後無詞客,[2]	사마상여가 죽은 후에 문인이 없어졌고
延壽亡來絶畵工.[3]	모연수가 죽은 뒤 화공이 끊어졌다.
玉顔不是黃金少,[4]	옥 같은 얼굴은 황금이 적은 것도 아닌데
淚滴秋山入壽宮.[5]	눈물 흘리며 가을 산의 수궁으로 들어갔구나.

주석

1 **[협주]** 본집의 주에서 "황주로 부임하러 가는 날 지은 것이다."라고 했다.(本注. 之任黃州日作.)

2 **[협주]** 권1의 "육궁에서 비록 사마상여의 부를 생각한다."의 주에 보인다.[293](見一卷六宮雖念相如賦注.)

[역자주] 相如(상여) : 한나라의 문인인 사마상여(司馬相如). 한나라 무제(武帝)의 진황후(陳皇后)가 총애를 잃고 장문궁(長門宮)에서 머물렀는데, 황금 백 근을 사마상여에게 주어 <장문부(長門賦)>를 짓게 했으며, 그 글을 황제에게 보여주니 다시 총애를 받게 되었다.

3 **[협주]** ≪서경잡기(西京雜記)≫의 기록이다. 한나라 원제(元帝)는 후궁이 매우 많아서 이루 다 불러 볼 수 없었기에 화공을 시켜 그 모습을 그리도록 하여 그 그림에 따라서 불러 총애했다. 여러 궁인은 모두 화공에게 뇌물을 주었는데 많은 자는 10만 전이었고 적은 자 또한 5만 전보다 적지 않았다. 유독 왕장(王嬙) 즉 왕소군(王昭君)만은 그렇게

293) 두목의 시 <다시 전송하며 지은 한 수(重送一首)>에 보인다.

하려고 하지 않아 황제를 만날 수 없었다. 후에 흉노가 조회하러 와서 미인(美人)[294]을 찾아 왕비로 삼으려고 했다. 이에 주상은 후궁의 그림을 보고 판단하여 왕소군을 가게 했다. 떠날 즈음에 불러서 만나보니 모습이 후궁 중의 으뜸이었으며 응대를 잘하고 행동거지가 단아했다. 황제가 후회했지만 명부가 이미 정해졌으며 황제는 외국에 대해 신뢰를 잃는 것을 중시했기에 사람을 다시 바꾸지 않았다. 후에 이 일을 조사하고는 화공을 모두 죽여 저자에 버렸으며, 그 집안을 몰수하니 그 자산이 엄청났다. 화공 중에 두릉(杜陵) 사람 모연수(毛延壽)가 있었는데 사람의 모습을 잘 그렸다. 잘생겼거나 추하거나 늙었거나 젊었거나 진정 실제의 모습과 같았다.(西京雜記. 元帝後宮既多, 不得相[295]見, 使畫工圖其形, 按圖召幸之. 諸宮人皆賂畫工, 多者萬十[296], 少者亦不減五萬. 獨王嬙不肯, 遂不得見. 後匈奴入朝, 求美人爲閼氏.[297] 於是上案圖以昭君行. 及去, 召見, 貌爲後宮第一, 善應對, 擧止閑雅. 帝悔之而名籍已定, 帝重失[298]信於外國, 故不復更人. 乃窮案其事, 畫工皆棄市,[299] 籍其家,[300] 資皆巨萬. 畫工杜陵毛延壽, 爲人形, 好醜考正[301]得其眞.)

4 **[협주]** <고시십구수>에서 "연 땅과 조 땅에는 어여쁜 이가 많은데 아름다운 자는 얼굴이 옥과 같다."라고 했다. 또 권1의 "육궁에서 비록 사마상여의 부를 생각한다."의 주에 보인다.[302](古詩. 無[303]趙多佳人, 美者顔如玉. 又見一卷六宮雖念相如賦注.)

[역자주] 玉顔(옥안) ; 옥 같은 얼굴. 아름다운 여인을 비유한다.

5 **[협주]** 초사 <운중군(雲中君)>에서 "아아, 수궁에서 편안하다."라고 했고, 왕일(王逸) 주에서 말하기를, "수궁(壽宮)은 신을 공양하는 곳이며 제사를 지내는 궁궐이다."라고 했

294) 미인(美人) : 비빈의 칭호이다. 봉록 이천석(二千石)에 해당했으니 태수(太守)와 같았다.
295) 현재 전하는 ≪서경잡기≫에는 '相'이 '常'으로 되어있다.
296) '萬十'은 '十萬'의 잘못인데, 금산본에는 수정되어 있다.
297) 閼氏(연지) : 흉노 우두머리의 부인에 대한 호칭이다.
298) 현재 전하는 ≪서경잡기≫에는 '失'이 없다.
299) 棄市(기시) : 옛날 형벌 받은 자를 저자에 내보이는 것을 말한다. 이후 사형을 뜻하게 됐다.
300) 籍(적) : 가산을 몰수하다.
301) '考'는 '老少'의 잘못이다. 현재 전하는 ≪서경잡기≫에는 '正'이 '必'로 되어있다
302) 두목의 시 <다시 전송하며 지은 한 수(重送一首)>에 보인다.
303) '無'는 '燕'의 잘못이다.

다.(楚詞曰, 蹇將僾入[304]壽宮. 王逸注云, 壽宮, 供神處也. 祠祀宮也.)

[역자주] 壽宮(수궁) : 황제가 생전에 지어놓은 능묘를 말한다.

해설

이 시는 황제의 무덤을 지키는 궁인의 애달픔을 노래한 것이다. 비록 아름다운 얼굴을 가지고 있지만 무덤에서 허투루 공양하며 세월을 보내고 있는 궁인의 실태를 고발했다. 장안에 있을 때 지었을 것인데, 정확한 창작 시기는 고찰할 수 없다.

304) '僾入'는 '憺兮'의 잘못이다. 蹇(건) : 발어사이다.

053. 한유와 두보의 시문집을 읽다

讀韓杜集[1]

杜詩韓筆愁來讀,	두보의 시와 한유의 글을 근심이 오면 읽는데
似倩麻姑癢處抓.[2]	마치 마고에게 가려운 곳을 긁어달라고 한 것과 같다.
天外鳳凰誰得髓,	하늘 바깥 봉황의 골수를 누가 얻을까?
無人解合續弦膠.[3]	아무도 속현교로 만들 줄을 모르는구나.

주석

1 **[협주]** (두보의 시 <달밤에 동생을 생각하다(月夜憶舍弟)>에서) "생사를 물어볼 집이 없네. 편지를 부쳐도 늘 도달하지 않고 하물며 전쟁도 끝나지 않았음에랴."라고 했다. (두보는) 후에 형주(衡州) 뇌양현(耒陽縣)에서 죽었다. 두목이 늘 그의 시집을 보았는데, 시에서 다음과 같이 읊었다.(南郊所旅.305) 無家問死生, 寄書長不盡306), 況乃求307)休兵. 後沒衡舟來陽縣308), 杜牧之常覽其集有詩云.)

2 **[협주]** ≪신선전(神仙傳)≫ 권3의 기록이다. 왕방평(王方平)이 오(吳)나라 서문(胥門) 채경(蔡經)의 집에 들렀다. 마고(麻姑)를 부르니 왔다. 마고의 손톱은 새 발톱과 같았는데 채경이 그것을 보고는 마음속으로 생각하여 말하기를, "등이 매우 가려울 때 이 손톱을 얻어서 등을 긁으면 매우 좋겠다."라고 했다.(神仙傳三. 王方平過吳胥門蔡經家. 召

305) 이 내용은 ≪시화총귀(詩話總龜)≫ 권24에 보이는데, 이 네 글자는 없으며 다른 내용이 앞에 기록되어 있다. 공산본에서도 여타 주석과 형식이 달라서 글자가 탈락된 것으로 보인다.

306) '盡'은 '達'의 잘못이다.

307) '求'는 '未'의 잘못이다.

308) '衡舟來陽縣'은 '衡州耒陽縣'의 잘못이다.

麻姑至. 麻姑手爪似鳥, 經見之, 心中念曰, 背大癢時, 得此爪, 以爬背當佳也.309))

[역자주] 倩(천) : 청하다. 麻姑(마고) : 전설에 나오는 여자 신선으로 동해가 뽕나무밭으로 바뀌는 것을 세 번 봤다고 한다. 癢處抓(양처조) : 가려운 곳을 긁다.

3 **[협주]** 동방삭(東方朔) ≪해내십주기(海內十洲記)≫의 기록이다. 봉린주(鳳麟洲) 위에 봉황과 기린이 많은데 수만 마리가 군집을 이루고 있다. 신선 세계에서는 봉황 부리와 기린 뿔을 삶아서 함께 졸여서 아교를 만드는데 이를 속현교(續絃膠)라고 하고 연금니(連金泥)라고도 한다. 이 물건은 활의 끊어진 활줄과 잘린 금속을 이을 수 있다. ≪박물지(博物志)≫에서 "한나라 무제 때 서해에서 아교를 바친 자가 있었는데 부어 넣으면 끊어진 활줄을 이을 수 있었으며 속현교라고 했다."라고 했다.(東方朔, 十洲記. 鳳麟洲上多鳳麟, 數萬爲群. 仙家煮鳳喙麟角合煎作膠,[310] 名之爲集[311]絃膠. 一名連金泥, 此物能連屬弓弩斷絃及斷折之金. 博物志. 漢武帝時, 西海有獻膠者. 以注斷[312], 名曰續絃膠.)

해설

이 시는 두목이 한유와 두보의 시문집을 읽은 뒤의 감상을 적은 것이다. 마치 마고가 등을 긁어주듯 시원한 느낌을 받지만 아무도 이러한 경지를 알지 못한다고 하여, 자신만이 한유와 두보의 글을 이해하고 있다는 자부심을 표현했다. 창작 시기는 추정할 수 없다.

309) 爬(파) : 긁다.
310) 喙(훼) : 부리.
311) '集'은 '續'의 잘못이다.
312) 뒤에 '絃'이 더 있어야 한다.

054. 봄날 감회를 말해 괵주 이 산기상시께 부치는 10운의 시
春日言懷寄虢州李常侍十韻[1]

岸蘚生紅藥,[2]	강기슭의 이끼에 붉은 작약이 자라고
巖泉漲碧塘.	바위 틈새의 샘물로 푸른 못물이 가득하며,
地分蓮嶽秀,[3]	땅은 연꽃 있는 화산의 빼어남을 나누어 가졌고
草接鼎原芳.[4]	풀은 솥을 만든 언덕의 향기와 이어져 있으리.
雨派潨淙急,[5]	비가 내린 물길은 콸콸 급하게 흘러가고
風畦芷若香.[6]	바람드는 두둑에는 구릿대와 두약이 향기로운데,
織篷眠舴艋,[7]	대나무를 엮어 작은 배에서 잠을 자다가
驚夢起鴛鴦.	꿈에서 깨어나니 원앙이 날아오르네.
論吐開冰室,[8]	의론을 토하면 얼음창고를 열어놓은 듯
詩陳曝錦張.[9]	시를 늘어놓으면 비단 장막을 말리며 펼쳐놓은 듯,
貂簪荊玉潤,[10]	담비 꽂은 관에 형산의 옥은 반지르르하고
丹穴鳳毛光.[11]	단혈산의 봉황 깃털은 빛나네.
今日還珠守,[12]	오늘은 진주를 돌아오게 하는 태수인데
何年執戟郎.[13]	창을 쥔 낭관은 어느 해에 될까.
且嫌游晝短,[14]	또 노닐기에 낮이 짧다고 싫어하는데
莫問積薪場.[15]	섶나무 쌓은 곳을 묻지 말아야 하네.
無計披清裁,[16]	내겐 맑은 판결을 내릴 계책은 없지만
唯持祝壽觴.[17]	오직 장수를 비는 잔을 가지고 있으니,

願公如衛武,	바라건대 공이 위무공과 같이
百歲尙康强.[18]	백 세에도 여전히 강건하기를.

주석

1 **[협주]** ≪십도지≫에서 "하남(河南)에 괵주(虢州)가 있다."라고 했다.(十道志. 河南有虢州.)

[역자주] 虢州(괵주) : 지금의 하남성 영보(靈寶)이다. 李常侍(이상시) : 이경양(李景讓)이다. 자가 후기(後己)이고 태원(太原) 사람이다. 원화(元和) 연간(806-820) 진사에 급제했으며 상주자사(商州刺史), 중서사인(中書舍人), 괵주자사, 우산기상시(右散騎常侍), 절서관찰사(浙西觀察使) 등을 역임했다.

2 **[협주]** ≪광지(廣志)≫[313]에서 "빈집에 사람이 다니지 않으면 이끼가 생기는데 어떤 것은 푸르고 어떤 것은 자줏빛이다. 원선(圓蘚)이라고도 하고 녹전(綠錢)이라고도 한다."라고 했다. 사현휘(謝玄暉)의 <중서성에서 근무하다(直中書省)> 시에서 "붉은 작약이 계단 앞에서 나풀거린다."라고 했다.(廣志. 空室無人行則生苔蘚, 或靑或紫, 一名圓蘚, 一名綠錢. 謝玄暉, 直省詩. 紅藥當階飜. 云云.)

3 **[협주]** ≪산해경(山海經)≫에서 "태화산(太華山)은 칼로 깎아 만든 듯하며 사방에 높이가 천 길이고 그 넓이는 천 리이다."라고 했다. ≪화산기(華山記)≫에서 "산 정상에 연못이 있는데 그 연못에 천 개의 잎을 가진 연꽃이 핀다. 그것을 먹으면 신선이 되어 날아간다."라고 했다.(山海經. 太華之山削成而四方之高千仞, 其廣千里. 華山記. 山頂有池, 池中生千葉蓮華, 服之羽化.)

4 **[협주]** ≪통전(通典)≫ 홍농군(弘農郡) 조목에서 "괵주의 속현 중에 호성(湖城)이 있다."라고 했고 노씨(盧氏)의 주에서 "옛날에는 호(胡)라고 불렀지만 한나라 무제가 호현(湖縣)으로 바꾸었다. 형산(荊山)이 있다. 황제(黃帝)가 형산에서 솥을 주조했고 그 아래를

---

313) ≪광지(廣志)≫ : 서진(西晉) 때 만든 책으로 각 지역의 산물에 관해 기술한 책이다. 주로 동식물에 관한 기록이 많다. 작자는 알 수 없으며 이미 일실되었고 여러 서적에 일부 내용이 인용되어 있을 뿐이다.

정호(鼎湖)라고 했는데 바로 이곳이다."라고 했다. 두보의 시[314]에서 "괵주는 대략 정호 옆이다."라고 했고 ≪보주두시(補注杜詩)≫ 왕수(王洙)의 주에서 "괵주에 호수가 있는데 바로 정호이다."라고 했다.(通典. 弘農郡, 虢州領縣湖城. 注. 故曰湖[315], 漢武更爲湖縣. 有荊山. 黃帝鑄鼎於荊山, 其下曰鼎湖, 卽此也. 詩史. 虢略鼎湖旁. 注. 虢有湖, 乃鼎湖也.)

5 **[협주]** ['총(潨)'은] 음이 총이다. ['종(淙)'은] 쟁과 강의 반절이다.(音叢. 崢江反.)
[역자주] 雨派(우파) : 빗물이 모여 흐르는 물길을 말한다. 潨淙(총종) : 물이 급하게 흘러가는 소리이다. '종'이 '충(漴)'으로 된 판본도 있다.

6 [역자주] 芷若(지약) : 구릿대와 두약. 둘 다 향초이다.

7 **[협주]** 앞의 글자['책(舴)']는 음이 척과 격의 반절이고 뒤의 글자['맹(艋)']는 음이 막과 행의 반절이다. '책맹(舴艋)'은 작은 배이다.(音上[316]陟格反, 下音莫杏反. 舴艋, 小舟.)
[역자주] 逢(봉) : 판본에 따라 '봉(蓬)'이나 '봉(篷)'으로 되어 있는데, 시의 내용에는 봉(篷)이 가장 적당한 것으로 보인다. 봉(篷)은 수레나 배에서 대나무로 엮어 햇볕을 가리는 차양이다.

8 **[협주]** 이백(李白)의 시[317]에서 "담론을 토해내는 것이 모두 빼어난 말이다."라고 했다. ≪시경·빈풍(豳風)·칠월(七月)≫에서 "쿵쿵 얼음을 깨서 얼음창고에 보관한다."라고 했고 모장(毛萇)의 주에서 "능음(凌陰)은 얼음창고이다."라고 했다. ≪통전≫에서 "입춘에는 추위를 관장하는 신에게 제사를 지내고 얼음창고를 연다."라고 했다.(李白詩. 吐論多英音. 詩. 鑿冰沖沖,[318] 納于凌陰. 注. 凌陰, 氷室也. 通典. 立春之日, 祭司寒, 啓冰室.)

9 **[협주]** ≪남사(南史)·안연지전(顔延之傳)≫에서 "포조(鮑照)가 말하기를, '안연지의 시

---

314) 두보의 시 <고적 팽주사군과 잠삼 괵주장사에게 부치는 30운의 시(寄彭州高三十五使君適虢州岑二十七長史參三十韻)>이다.
315) '湖'는 '胡'의 잘못이다.
316) '音上'이 금산본에는 '上音'으로 바로잡혀 있다.
317) 이백의 시 <난리를 겪은 후 황제의 은택을 입어 야랑으로 귀양 가면서, 옛날 노닐던 것을 기억하고 느낀 바를 적어 강하태수 위양재께 드리다經亂離後天恩流夜郎, 憶舊遊書懷, 贈江夏韋太守良宰)>이다.
318) 鑿冰(착빙) : 얼음을 캐다. 沖沖(충충) : 얼음 캐는 소리.

는 비단을 깔아놓고 수를 늘어놓은 것과 같고 또한 화려한 문양이 눈에 가득하다.'라고 했다."라고 했다.(南史. 胞照曰, 顏延之詩若鋪錦列繡, 亦雕繢滿眼云.[319])

[역자주] 曝(포) : 햇볕에 말리다.

10 **[협주]** ≪한관의(漢官儀)≫[320]에서 "진(秦)나라에서 산기(散騎) 관직을 두었고 또 중상시(中常侍)를 두었는데 모두 은으로 관을 장식하고 매미 무늬를 붙였으며 담비 꼬리로 장식했다. 이를 초당(貂璫)이라고 했다."라고 했다. ≪후한서·여복지(輿服志)≫(에 인용된 응소 주)에서 "금은 강하여 백 번 단련해서 닳지 않는 것을 취한 것이고, 매미는 높은 곳에 살며 맑은 이슬을 마시는 것을 취한 것이며, 담비는 안과 밖이 따뜻하고 반지르르한 것을 취한 것이다."라고 했다. 두보의 시[321]에서 "형산의 옥으로 장식한 비녀 꽂은 머리가 서늘하다."라고 했다. '형옥'에 대해서는 권1의 "나는 진실로 세 번 다리 잘릴 일이 마땅했다."의 주에 보인다.[322](漢官儀. 秦置散騎, 又置中常侍, 皆銀璫,[323] 附蟬爲文, 貂尾爲飾, 謂之貂璫. 革[324]輿服志. 金取堅剛, 百鍊不耗, 蟬取高居飮淸. 貂取內外溫潤. 詩史. 荊玉簪頭冷. 荊玉, 見一卷余固宜三刖注.)

[역자주] 荊玉(형옥) : 형산의 옥으로 화씨벽을 가리킨다.

11 **[협주]** 본집의 주에서 "아드님이 새로 갑과(甲科)에 급제했다."라고 했다. ≪산해경(山海經)≫에서 "단혈산(丹穴山)에 새가 있는데 그 모습이 닭과 같으며 오색 무늬가 있고 이름을 봉(鳳)이라고 한다."라고 했다. ≪남사(南史)≫의 기록이다. 회계태수(會稽太守) 사령운의 아들 사봉(謝鳳)이 사령운의 일에 연루되어 영남으로 옮겼다가 일찍 죽었다. 사봉의 아들 사초종(謝超宗)은 아버지 사봉을 따라 영남으로 갔다가 원가(元嘉) 연간(424-453) 말에 돌아올 수 있었다. 신안왕(新安王) 자만(子鸞)의 군국에서 상시(常侍)에 보충 선발되었다. 왕의 어머니 은숙의(殷淑儀)가 죽었을 때 사초종이 뇌문(誄文)을 지어

---

319) 雕繢(조회) : 새기고 그리다. 시나 문장을 수식하는 것을 말한다.

320) ≪한관의(漢官儀)≫ : 동한(東漢) 응소(應劭)가 지은 것으로 한나라 전장제도에 관해 적은 것이다. 원래 10권이었지만 일찍이 일실되었다.

321) 두보의 시 <고적 팽주사군과 잠삼 괵주장사에게 부치는 30운의 시(寄彭州高三十五使君適虢州岑二十七長史參三十韻)>이다.

322) 두목의 시 <지주에서 맹지 선배를 보내다(池州送孟遲先輩)>이다.

323) 璫(당) : 관 앞에 붙이는 장식이다.

324) '革'은 연자(衍字)인 것으로 보인다.

아뢰었는데 황제가 크게 탄식하고는 사장(謝莊)에게 말하기를, "사초종은 여전히 봉황의 깃털을 가지고 있다."라고 했다.(本注, 子弟新登甲科. 山海經. 丹穴之山有鳥焉, 其狀如雞, 五采而文, 名曰鳳. 南史. 會稽太守靈運子鳳, 坐靈運, 徙嶺南, 早卒. 鳳子超宗, 隨父鳳嶺南. 元嘉末得還. 選補新安王子鸞國常侍. 王母殷淑儀卒, 超宗作誄奏之, 帝大嗟賞, 謂謝莊曰, 超宗殊有鳳毛.)

[역자주] 鳳毛(봉모) : 봉황의 깃털이다. 사초종의 고사로 인해서 자손의 재능이 아버지와 비슷한 것을 비유한다. 여기서는 이경양의 아들이 아버지의 재능을 이어받아 과거에 급제한 것을 말한다.

12 **[협주]** ≪후한서·맹상전(孟嘗傳)≫의 기록이다.[325] 맹상이 합포태수(合浦太守)가 되었는데 군에는 농사로 재물을 만들 것은 없었고 오직 진주가 있어서 군민들이 그것을 채집하여 생필품을 조달했다. 이전의 군수가 많이 캐기를 탐하니 진주가 교지군(交趾郡)의 영역으로 가버렸다. 후에 맹상이 부임하고서 이전의 폐해를 개혁하니 일 년이 채 지나지 않아서 떠나갔던 진주가 다시 돌아왔다.(後漢書. 孟嘗爲合浦太守, 郡無耕稼所資, 唯珠寶, 郡民取之以供衣食. 前郡守多貪採求, 珠遂涉於交趾郡界. 後孟嘗到官, 革易前敝, 當未踰歲,[326] 去珠復還.)

13 **[협주]** 조식의 <양덕조에게 주는 편지(與楊德祖書)>에서 "양웅은 앞선 황제 때 창을 쥐고 있던 신하였다."라고 했고, ≪문선≫ 이선의 주에서 "양웅이 낭관이었는데 창을 들고 궁중을 호위했다."라고 했다.(曹子建, 與楊德祖書. 楊子雲先朝執戟之臣耳. 注. 楊雄爲郞, 執戟宿衛.)

[역자주] 이 구는 이경양이 조정으로 다시 돌아갈 기약이 없음을 한탄한 것이다.

14 **[협주]** <고시십구수>에서 "낮은 짧은데 진실로 밤은 기니 어찌 횃불을 쥐고 놀지 않겠는가."라고 했다.(古詩曰, 晝短苦夜長, 何不秉燭遊.)

15 **[협주]** ≪한서·급암전(汲黯傳)≫에서 "폐하께서는 여러 신하를 기용하기를 쌓아놓은 섶나무처럼 하니 뒤에 온 자가 윗자리를 차지합니다."라고 했다.(前漢, 汲黯傳. 陛下用群臣如積薪耳, 後來者居上.)

---

325) 이하의 내용은 현재 전하는 ≪후한서≫와는 문구가 많이 다르다.
326) 踰歲(유세) : 한 해가 지나가다.

[역자주] 이 구는 승진이나 임금의 총애에 대해서는 신경 쓰지 않는다는 말이다.

16 **[협주]** ≪후한서·범방전(范滂傳)≫에서 "범방은 판결이 명쾌하여 마치 날카로운 칼날로 썩은 부분을 잘라내는 것과 같다."라고 했다. ≪진서(晉書)·왕희지전(王羲之傳)≫에서 "유량(庾亮)이 왕희지는 청렴하고 고귀하며 인재를 감별하여 판단하는 데 뛰어나다고 칭송했다."라고 했다. ['재(裁)'는] 음이 재와 대의 반절이다.(後漢書. 范滂淸裁, 猶以利刃齒腐朽.[327] 晉書, 王羲之傳. 庾亮稱羲之淸貴有鑒裁. 音, 才代切.)

[역자주] 披淸裁(피청재) : 맑게 판단하는 판결.

17 **[협주]** 반악(潘岳)의 <한거부(閑居賦)>에서 "만수무강을 칭송하여 잔을 바친다."라고 했다.(閑居賦. 稱萬壽以獻觴.)

18 **[협주]** ≪국어(國語)·초어(楚語)≫에서 "예전에 위무공(衛武公)이 나이가 95세일 때 나라 사람들에게 맹세하여 말하기를, '만일 조정에 있는 자라면 내가 늙었다고 말하며 나를 버리지 말아라. 반드시 조정에서 공경하고 근신할 것이니 아침부터 저녁까지 나를 일깨워 달라. 내가 한두 마디의 말을 들으면 그것을 외워 받아들여서 나를 깨우쳐 인도하게 할 것이다.'라고 했다."라고 했다.(國語. 昔衛武公年九十有五, 誓於國曰, 苟在朝者, 無謂我老而舍我也. 必恭恪於朝,[328] 朝夕以驚我. 聞一二之言, 志誦[329]而納之, 以訓道也.[330])

해설

이 시는 괵주자사로 있는 이경양에게 봄날 감회를 적어 보낸 것이다. 봄날의 한가로운 경물을 묘사하고 이경양과 아들의 재능을 아울러 칭송하고는 관직에 연연하지 말고 봄날을 즐기며 노닐 것을 말했다. 마지막에는 그의 장수를 기원했다. 이경양의 생평과 관련하여 대개 두목이 황주자사로 있던 회창 2년(842) 즈음에 지은 것으로 추정한다.

---

327) 齒(치) : 당하다. 처리한다는 뜻이다. 腐朽(부후) : 부패하고 썩다.

328) 恭恪(공각) : 공경하고 삼가다.

329) '志誦'은 '誦志'의 잘못이다. '송지(誦志)'는 외워서 잊지 않는다는 뜻이다.

330) 訓道(훈도) : 깨우쳐 인도하다.

055. 이 시랑은 양선리에서 산수를 매우 즐기고 나 또한 양선리에 조잡하게 조그만 재산이 있기에 옛일을 서술하고 감회를 읊어 그 김에 바치는 칠언율시

李侍郎於陽羡里富有泉石, 某亦於陽羡粗有薄産, 敍舊述懷因獻長句四韻[1]

冥鴻不下非無意,[2] 하늘의 기러기가 내려 오지 않는 것은 뜻이 없어서가 아니고
塞馬歸來是偶然.[3] 변새의 말이 돌아온 것은 우연한 것이었네.
紫綬公卿今放曠,[4] 자줏빛 인끈의 공경은 지금 구속받지 않지만
白頭郎吏尙留連.[5] 흰 머리의 낭관은 여전히 머뭇거리고 있네.
終南山下抛泉洞,[6] 종남산 아래에 있는 샘과 동굴을 내버려 두고
陽羡溪中買釣船. 양선의 시내에는 낚싯배를 사두었는데,
欲與明公操履杖,[7] 그대와 함께 신발 신고 지팡이 짚고자 하니
願聞休去是何年. 그만두고 떠나갈 때가 언제일지 듣고 싶네.

주석

1 **[협주]** 위의 "양선이 내 집을 찾아가리라."의 주에 보인다.331)(見上陽羡訪吾廬注.)
[역자주] 李侍郎(이시랑) : 이포(李褒)이다. 그는 대중(大中) 3년(849)에 이부시랑(吏部

331) 두목의 시 <시어사 허혼이 관직을 그만두고 동쪽으로 돌아가 강남에서 깨끗하게 지내며 자못 자적하신다는 소식을 듣고 늦가을에 우러르며 10운의 시를 지어 부치다(許七侍御棄官東歸瀟洒江南頗聞自適高秋企望題詩寄贈十韻)>의 구절이다.

侍郎) 지공거(知貢擧)를 역임했으며 만년에는 양선에서 도를 수련했다. 泉石(천석) : 산수를 뜻한다. 陽羨(양선) : 지금의 강소성 의흥(宜興)이다. 두목은 대중 3년에 물가 정자를 지어놓았다. 某(모) : 두목 자신을 가리킨다.

2 **[협주]** 양웅(楊雄)의 ≪법언(法言)≫에서 "기러기가 아득히 높이 날아가는데 사냥꾼이 어찌 잡겠는가."라고 했고, 사마광(司馬光)의 주에서 "'찬(簒)'은 여러 판본에 간혹 '모(慕)'로 되어있다. '찬'은 잡다는 뜻이다."라고 했다.(楊子. 鴻飛冥冥, 弋人何簒.[332] 注. 簒字, 諸本或爲慕. 簒, 取也.)

[역자주] 冥鴻(명홍) : 높이 나는 기러기. 은일하는 사람을 비유한다.

3 **[협주]** ≪회남자(淮南子)·인간훈(人間訓)≫의 기록이다. 송(宋)나라 사람이 선행을 잘했는데 아버지와 아들이 보두 시력을 회복했다.[333] 변새에 술수에 능한 사람이 있었다. 말이 아무런 이유도 없이 도망쳐서 오랑캐 땅으로 들어가니 그 아버지가 말하기를, "어찌 복이 되지 않겠는가."라고 했다. 몇 개월 후에 말이 돌아왔다. 아버지가 말하기를, "어찌 화가 되지 않겠는가."라고 했다. 그 아들이 말타기를 좋아했는데 떨어져서 다리가 부러졌다. 사람들이 모두 위로하니 그 아버지가 말하기를, "어찌 복이 되지 않겠는가."라고 했다. 1년 후에 오랑캐가 변새를 쳐들어왔는데 장정들은 활을 당기며 전투를 했고 죽은 자가 열에 아홉이었다. 오직 절름발이라는 이유로 그 부자는 몸을 보전했다.(淮南子. 宋人好善. 父子俱視. 塞上有善術者. 馬無故亡入胡, 其父曰, 何遽不爲福乎.[334] 數月馬歸. 父曰, 何遽不能爲禍乎. 其子好騎, 墮而折其髀,[335] 人皆弔之, 其父曰, 何不遽爲福乎. 居一年, 胡人入塞, 丁壯引絃而戰, 死者十九. 獨以跛故,[336] 父子相保.)

4 **[협주]** ≪동관한기(東觀漢記)≫에서 "공후의 복식은 금 인장에 자줏빛 인끈이다."라고 했다. 반악(潘岳)의 <추흥부(秋興賦)>에서 "인간 세상에서 방광하다."라고 했고, ≪문선≫

---

332) 弋人(익인) : 주살을 쏘는 사람. 새 사냥꾼을 말한다. '익'은 줄이 달린 화살이다.

333) 송나라 사람이 선행을 잘 했는데 아버지와 아들이 아무 연고도 없이 눈이 멀었다. 후에 초나라가 송나라를 공격했을 때 모든 장정이 전쟁에 나가 죽었는데 이 두 사람만 눈이 멀었다는 이유로 전쟁에 나가지 않아 목숨을 부지했고, 전쟁이 끝난 뒤 두 사람의 시력이 회복되었다.

334) 何遽(하거) : 어찌.

335) 髀(비) : 넓적다리.

336) 跛(파) : 절름발이.

여연제(呂延濟)의 주에서 "구속을 받지 않는다는 뜻이다."라고 했다.(東觀漢記. 制公侯, 金印紫綬. 秋興賦. 放曠乎人間之世. 注. 無拘束.)

[역자주] 放曠(방광) : 격식에 얽매이지 않는 모양. 이 구는 이포가 이부시랑으로 있다가 지금은 그만두고 은거한 것을 말한다.

5 **[협주]** 순열(荀悅)의 ≪전한기(前漢紀)·효문(孝文)≫에서 "풍당(馮唐)이 흰 머리를 한 늙은이로 낭관의 관서에 머물렀다."라고 했다.(荀悅, 漢紀. 馮唐白首居於郎署.)

[역자주] 留連(유련) : 머뭇거리는 모양. 이 구는 두목이 조정에서 낭관 관직에 있는 것을 말한다.

6 **[협주]** 본집의 <자신을 알아주도록 문장을 올리며 지은 계(上知己文章啓)>에서 "종남산(終南山) 아래에 옛 오두막집이 있는데 물과 나무가 제법 있다."라고 했다.(本集, 啓. 終南山下有舊廬, 頗有水樹.)

[역자주] 抛(포) : 내버려두다.

7 **[협주]** ≪후한서·동사처전(董祀妻傳)≫의 기록이다. 채염(蔡琰)은 자가 문희(文姬)이다. 조공(曹公)에게 말하기를, "그대의 마구간에 말 만 마리가 있고 호랑이 같은 병사가 숲을 이루었는데 어찌 잘 달리는 말 한 마리를 아까워하면서 곧 죽으려고 하는 목숨을 살리지 않습니까."라고 했다. 두보의 시[337]에서 "그대는 유독 건장한 나이이다."라고 했고, ≪보주두시(補注杜詩)≫ 왕수(王洙)의 주에서 "명공(明公)은 상대방에 대한 존칭이다."라고 했다.(後漢書. 蔡琰, 字文姬. 謂曹公曰, 明公廐有萬馬, 虎士成林, 何惜疾足一騎, 濟垂死之命乎.[338] 詩史. 明公獨妙年. 注. 明公, 相尊美之稱.)

[역자주] 操(조) : 부리다. 쥐다. 履杖(이장) : 신발과 지팡이.

해설

이 시는 양선리에서 도를 닦으며 유유자적하게 사는 이포에게 보낸 것이다. 두목 자신은

337) 두보의 시 <엄 각로께 받들어 드리다(奉贈嚴八閣老)>이다.

338) '濟' 앞에 '不'이 더 있어야 한다. '제(濟)'는 구제한다는 뜻이다. 垂死之命(수사지명) : 곧 죽을 목숨.

아직 관직에 얽매여 있지만 이포는 은거하며 살고 있음을 말한 뒤 자신이 준비해 둔 물가 정자에서 함께 낚시하며 노닐기를 바라는 마음을 표현했다. 대개 대중 3년(849) 이후 조정에서 낭관으로 있을 때 지은 것으로 추정한다.

056. 이 처사에게 주는 칠언율시

贈李處士長句四韻[1]

玉函怪牒鎖靈篆,[2]	옥 상자 속의 괴이한 서첩은 신령스러운 전서로 잠겨있고
紫洞香風吹碧桃.[3]	자줏빛 동굴의 향기로운 바람이 벽도에 불어오겠지.
老翁四目牙爪利,[4]	늙은이는 눈동자가 네 개이고 이와 손톱이 날카로운데
擲火萬里精神高.[5]	불을 만 리에 던지며 정신이 고아하네.
藹藹祥雲隨步武,[6]	자욱한 상서로운 구름은 발자취를 따르는데
纍纍秋塚嘆蓬蒿.[7]	겹겹의 가을 무덤은 쑥대를 탄식하네.
三山朝去應非久,[8]	세 신선의 산을 아침에 갔다가 응당 오래 있지는 않을 터
奼女當窓織羽袍.[9]	차녀가 창을 마주하고 깃털 옷을 짜고 있으리.

주석

1 [역자주] 李處士(이처사) : 처사는 관직에 나아가지 않고 은거하는 자를 일컬으며 이씨에 대해서는 자세히 알려져 있지 않다.

2 **[협주]** ['전(篆)'은] 직과 연의 반절이다. 사주(史籀)[339]가 전서(篆書)를 만들어서 글을 썼다. ≪한서≫ 위소(韋昭)의 주에서 "글자에는 대전(大篆)과 소전(小篆)이 있다."라고 했다.(直兖切. 史籀造篆書以篆. 漢書, 注. 書有大篆小篆.)

[역자주] 玉函(옥함) : 옥으로 장식한 상자. 鎖靈篆(쇄령전) : 신령한 기운을 가진 전서를

339) 사주(史籀) : 주(周)나라 선왕(宣王) 때의 사관으로 글을 잘 썼다. 창힐(蒼頡)의 옛 문자를 이용하여 새로운 서체인 전서(篆書)를 만들었는데 진(秦)나라 때 간략하게 만든 전서와 구별하여 대전(大篆)이라고 했다

써 붙여서 상자를 봉함했다는 말이다.

3 **[협주]** ≪윤희내전(尹喜內傳)≫에서 "노자가 서쪽으로 가서 태진왕모(太眞王母)를 배알하고 함께 벽도(碧桃)를 먹었다."라고 했다.(尹喜傳. 老子西遊, 省太眞王母, 共食碧桃.)
[역자주] 紫洞(자동) : 신선이 사는 세계를 가리킨다. 碧桃(벽도) : 서왕모가 한나라 무제에게 주었다는 전설의 복숭아이다.

4 [역자주] 老翁(노옹) : 이 처사를 가리킨다. 四目(사목) : 눈동자가 네 개라는 뜻으로 사방을 관찰할 수 있는 안목을 상징한다. 牙爪(아조) : 이와 손톱. 용맹함을 상징한다.

5 **[협주]** ≪영보탁인경(靈寶度人經)≫[340]에서 "불을 만 리에 던지고 방울을 팔방으로 흔든다."라고 했고 주에서 "엄간(嚴東)이 말하기를, '좌우로 금을 바른 화령(火鈴)을 흔들면서 만 리에 한 번 던지면 흐르는 빛이 번쩍이며 팔방에 뒤섞이면서 허공 가운데 가득 차게 되어 마귀가 소멸한다.'라고 했다. 또 설함천(薛函栖)이 말하기를, '불을 던지고 방울을 흔든다는 것은 금을 바른 화령을 흔든다는 것이다. 그것을 던지면 소리가 천궁(天宮)까지 들리고 빛이 천 리를 뒤흔든다. 그리하여 만 리에 어지러운 불꽃을 드날리고 팔방에 충격을 주게 되니 진인(眞人)이 늘 이것을 가지고 있으면서 마귀의 정기를 제어한다.'라고 했다."라고 했다.(靈寶度人經. 擲火萬里, 流鈴八衝. 注. 嚴東曰, 左右流金火鈴, 一擲萬里, 流光煥爛, 交錯八衝, 充滿虛空之中, 消魔滅鬼也. 又薛函栖曰, 擲火流鈴者, 流金火鈴也. 擲之有聲, 聞乎大極, 光振千里, 故傲萬里以交煥, 達八方以衝擊, 則眞人常持之以制御魔精.)

6 **[협주]** ≪노자내전(老子內傳)≫에서 "태상노군(太上老君)은 성이 이이고 이름이 이(耳)이며 자는 백양(伯陽)이다. 항상 오색구름이 그 모습을 감싸고 있었다."라고 했다. 사선원(謝宣遠)의 시 <안성에서 사령운에게 답하다(於安城答靈運)>에서 "발을 디디며 걸어가니 발걸음이 편안하다."라고 했고, ≪문선≫ 이선의 주에서 "'무(武)'는 발자취이다."라고 했다.(老子內傳. 太上老君, 姓李氏, 名耳, 字伯陽. 常有五色雲, 繞其形. 謝宣遠詩. 跬行安步武.[341] 注. 武, 迹也.)

---

340) ≪영보탁인경(靈寶度人經)≫ : 원래의 명칭은 ≪영보무량탁인상품묘경(靈寶無量度人上品妙經)≫이며, 도교의 이론에 관한 저작으로 61권이다. 권1이 본문이며 나머지 60권은 후세 사람이 덧붙여 설명한 것인데, 권1은 남조 송나라 이전에 작성된 것으로 알려져 있다.

[역자주] 藹藹(애애) : 자욱한 모양.

7 **[협주]** 진(晉) 장재(張載)의 <일곱 가지 애달픔을 읊은 시(七哀詩)>에서 "북망산은 얼마나 첩첩인가, 높은 언덕이 네댓 개 있기에 누구의 무덤이냐고 물어보니 모두 한나라 군주라고 하네."라고 했다. ≪속수신기(續搜神記)≫에서 "요동성(遼東城) 문의 화표주(華表柱)에 흰 학이 날아와 앉았는데 사람이 쏘아 맞히려고 하자 학이 공중으로 날아오르며 노래하기를, '새가 있어 새가 있어 정령위구나, 집을 떠나 천 년 만에 지금 비로소 돌아왔네. 성곽은 그대로인데 사람은 죽고 없으니 어찌하여 신선을 배우지 않아 무덤이 첩첩인가.'라고 했다."라고 했다.(張孟陽, 七哀詩. 北芒何壘壘, 高陵有四五. 借問誰家墳, 皆云漢世主. 續搜神記. 遼東城門華表柱, 有白鶴來集. 人欲射之, 鶴於空中, 歌曰, 有鳥有鳥丁令威, 去家千載今始歸. 城郭猶是人民非, 胡不學仙塚纍纍.)

[역자주] 纍纍(누루) : 첩첩으로 쌓인 모양. 塚(총) : 무덤. 蓬蒿(봉호) : '봉'과 '호'는 모두 쑥대로 황폐한 모습을 상징한다.

8 **[협주]** ≪박물지(博物志)≫에서 "창해(蒼海) 가운데에 봉래(蓬萊), 방장(方丈), 영주(瀛洲) 세 신선의 산이 있다."라고 했다.(博物志. 蒼海之中, 有蓬萊, 方丈, 瀛洲, 三神山也.)

9 **[협주]** '차(奼)'는 척과 가의 반절로 미인이라는 뜻이다. ≪후한서·오행지(五行志)≫에서 "차녀가 돈을 잘 센다."라고 했다. ≪한서·교사지(郊祀志)≫ 안사고의 주에서 "우의(羽衣)는 새의 깃털로 옷을 만든 것으로 신선이 날아다닌다는 뜻을 취한 것이다."라고 했다.(奼, 陟嫁切. 美女也. 後漢書. 姹女工數錢. 前漢, 郊祀志. 注. 羽人[342]以鳥羽爲衣, 取其神仙飛翔之意.)

해설

이 시는 이 처사에게 주는 것인데, 그가 도교 수련을 잘하여 도력이 높음을 칭송하고는 그의 신선다운 행적에 관해 서술했다. 창작 시기는 고찰할 수 없다.

---

341) 跬行(규행) : 발을 디디며 가다.
342) '人'은 '衣'의 잘못이다.

057. 국기 왕봉을 보내다

送國棊王逢[1]

玉子紋楸一路饒,[2]	옥 바둑알과 무늬 있는 바둑판에서 한 점을 양보하시니
最宜簷雨竹蕭蕭.[3]	처마의 빗줄기와 서걱거리는 대나무와 가장 어울리네.
羸形暗去春泉漲,[4]	파리한 형세로 몰래 가면 봄 샘물이 차오르는 듯
猛勢横來野火燒.	맹렬한 기세로 가로질러 오면 들불이 타는 듯.
守道還如周伏柱,[5]	도를 지키니 여전히 주나라 기둥 아래 있던 노자와 같고
鏖兵不羨霍嫖姚.[6]	병사를 무찌르니 표요도위 곽거병에 부럽지 않네.
得年七十更萬日,[7]	칠십 년을 장수하고 또 만 일을 더 사셔서
與子期於局上銷.[8]	바둑알과 함께 바둑판 위에서 사라지길 기약하시네.

주석

1 [역자주] 國棊(국기) : 나라에서 바둑의 기예가 가장 높은 사람을 가리킨다. 王逢(왕봉) : 생애가 자세히 알려져 있지 않다.

2 **[협주]** ≪계척집(鷄跖集)≫343)의 기록이다. 일본(日本)의 왕자가 당나라 사람의 바둑을 청하자, 주상이 칙령을 내려 대조(待詔) 고사언(顧師言)이 대적하게 하니 (왕자가) 추옥(楸玉)으로 만든 바둑판과 냉온옥(冷暖玉)으로 만든 바둑알을 내놓고는 “본국에는 수담

343) ≪계척집(鷄跖集)≫ : 송(宋)나라 송기(宋祁)가 지은 필기소설로 원래 10권이었으나 일실되었으며 여러 서적에 몇 조목씩 수록되어 있을 뿐이다. 여기 수록된 조목은 송(宋) 전역임(錢易壬)의 ≪남부신서(南部新書)≫에 수록되어 있다.

지(手譚池)가 있고 못에서 옥 알맹이가 나는데 사람이 굳이 가공하지 않아도 절로 검은 색과 흰색으로 구분되고 겨울에는 따뜻하고 여름에는 차갑습니다."라고 했다. ≪어전기보(御前棊譜)≫에서 "한 점을 양보해도 한 점을 이긴다."라고 했다.(鷄跖集. 日本國王子求唐人圍棊, 上勅待詔顧師言敵著, 出如楸玉局冷暖棊子. 本國有手譚池, 池中出玉子, 不須由製處, 自然黑白, 冬溫夏冷. 御前棊譜曰, 饒一路, 勝一路.)

[역자주] 紋楸(문추) : 바둑판을 가리킨다. '추'는 가래나무인데 바둑판은 대체로 이 나무로 만들었다. 一路饒(일로요) : 한 점을 양보하다. 왕봉의 바둑 실력이 높아 상대에게 한 점을 더 두도록 양보한다는 말이다.

3 [역자주] 蕭蕭(소소) : 여기서는 대나무의 잎이 바람에 흔들리는 소리를 가리킨다.

4 [역자주] 羸形(이형) : 형세가 나약한 것이다. 이 구는 바둑의 행보가 끊어질 듯하면서도 끊어지지 않게 진행되다가 큰 집을 이룬다는 뜻이다.

5 **[협주]** ≪사기·노자열전(老子列傳)≫의 기록이다. 노자는 주나라의 서적보관소를 지키는 사관이었다. 도와 덕에 관해 연구했는데 그의 학문은 자신을 숨기고 이름을 추구하지 않는 것을 요지로 했다. 주나라에 산 지 오래되었는데 주나라가 쇠망한 것을 보고는 마침내 떠났다.(史記. 老子者, 固[344]守藏室之史也. 修道德, 其學以自隱無名爲務. 居周久之, 見周之衰, 遂去.)

[역자주] 周伏柱(주복주) : 노자는 주나라에서 주하사(柱下史)의 관직을 역임했다.

6 **[협주]** ≪한서·곽거병전(霍去病傳)≫에서 "곽거병이 표요교위(嫖姚校尉)가 되었는데 원수(元狩) 2년(기원전 121) 만 명의 기병을 거느리고 나가 농서(隴西)에서 싸웠다. 6일 동안 싸워 언지산(焉支山)을 지나 천여 리를 갔으며 짧은 병기를 가진 병사를 합쳐 고란산(皐蘭山) 아래에서 무찔렀다."라고 했고, 안사고의 주에서 "'오(鏖)'는 힘들게 싸워서 많이 죽인 것을 말한다. 고란(皐蘭)은 산의 이름이다. 고란산 아래에서 힘들게 싸워서 오랑캐를 죽였다는 말이다. '오'는 어와 구의 반절이다."라고 했다.(前漢書. 霍去病爲嫖姚校尉, 元符[345]二年, 將萬騎出隴西戰. 戰六日, 過焉支山千有餘里, 合短兵鏖皐蘭下. 注. 鏖謂苦戰而多殺也. 皐蘭, 山名也. 言苦戰於皐蘭山下而殺虜也. 鏖, 於求反.)

---

344) '固'는 '周'의 잘못이다.
345) '符'는 '狩'의 잘못이다.

7 [역자주] 得年(득년) : 장수하다. 萬日(만일) : 대략 30년이다. 이 구는 왕봉이 백 세까지 장수하기를 바란다는 뜻이다. 혹자는 당시 두목이 40여 세이고 70세가 되려면 만 일이 더 있어야 된다고 풀이하지만 틀렸다.

8 [역자주] 子(자) : 여기서는 바둑알을 가리킨다. 銷(소) : 사라지다.

해설

이 시는 바둑의 국수(國手) 왕봉을 전송하며 지은 것이다. 그의 바둑 실력을 칭송한 뒤 장수하기를 바라는 마음을 표현했다. 창작 시기는 고찰할 수가 없다.

058. 거듭 전송하며 지은 절구
重送絶句

絶藝如君天下少, 그대와 같은 절묘한 기예는 천하에 드물고
閑人似我世間無. 나같이 할 일 없는 사람은 세상에 없네.
別後竹窓風雪夜, 헤어진 뒤 대나무 창에 눈바람 부는 밤이면
一燈明暗覆吳圖.[1] 깜빡이는 등불 하나 켜놓고 바둑판을 복기하리라.

주석

1 **[협주]** ≪삼국지·위지(魏志)·왕찬전(王粲傳)≫에서 "왕찬은 자가 중선(仲宣)이다. 다른 사람의 바둑을 구경하고 있었는데 바둑판이 엎질러지자 왕찬이 복기했다. 바둑 두던 사람들이 믿지 못하자 종이로 바둑판을 덮고는 다시 다른 바둑판에 복기하도록 했다. 서로 비교해보니 하나도 다르지 않았다."라고 했다. 기보(棊譜)에 오월전진도(吳越戰陣圖)가 있다.(魏志. 王粲, 字仲宣. 觀人圍棊, 局壞, 粲爲覆之, 棊者不信, 以紙蓋局, 使更以他局爲之. 用相比校, 不誤一道. 棊譜. 有吳越戰陣圖.)

[역자주] 覆吳圖(복오도) : 오월전진도와 같은 기보를 다시 두겠다. 왕봉과 관련된 기보를 복기하면서 그를 추억하겠다는 말이다.

해설

이 시는 왕봉을 송별하면서 다시 지은 것이다. 헤어진 뒤에도 여전히 그를 그리워할 것이라는 마음을 표현했다. 창작 시기는 고찰할 수가 없다.

059. 젊은이 노래

少年行[1]

連環羈玉聲光碎,[2] 고리를 연결한 굴레의 옥은 짤랑이며 빛이 번쩍이고
綠錦蔽泥虯卷高.[3] 녹색 비단의 말다래는 똬리 튼 것이 높다랗네.
春風細雨走馬去, 봄바람 가랑비에 말이 달려가면
珠落璀璀白罽袍.[4] 구슬이 흰 융모 겉옷에 반짝반짝 떨어지네.

주석

1 **[협주]** 심형(沈炯)의 <장안 젊은이 노래(長安少年行)>에서 "장안의 멋진 젊은이 총마에는 검은 동전 모양의 반점. 진왕(陳王)이 말머리에 둘렀던 굴레와 진후(晉后)의 금으로 만든 채찍."이라고 했다.(沈炯, 少年行. 長安好少年, 驄馬鐵連錢.[346] 陳王裝腦勒, 晉后鑄金鞭.)

2 **[협주]** ≪서경잡기(西京雜記)≫에서 "무제(武帝) 때 신독국(身毒國)에서 고리를 엮어 만든 굴레를 바쳤는데 모두 흰 옥으로 만든 것이었다."라고 했다.(西京雜記. 武帝時, 身毒國獻連環羈, 皆以白玉作之.)

[역자주] 連環羈(연환기) : 고리를 연결해서 만든 굴레이다.

3 **[협주]** ≪서경잡기≫에서 "무제 때 장안에서 말을 한껏 장식하기 시작해서 다투어 조각과 장식품을 붙였는데 간혹 말 한 마리의 장식이 백금 어치가 되기도 했다. 녹색 바탕에 오색 비단으로 말다래를 만들었으며 후에 점차 곰 가죽으로 만들었다. 곰 털은 녹색 빛

---

346) 驄馬(총마) : 푸른색과 흰색이 섞인 말. 鐵連錢(철련전) : 말에 있는 동전 모양의 검은색 반점으로 좋은 말의 특징이다.

이 돌았으며 모두 길이가 세 자나 되었는데 가격은 백금이었다."라고 했다.(西京雜記. 武帝時, 長安始盛飾鞍馬, 競加雕鏤, 或一馬之飾直百金, 以綠地五色錦爲蔽泥, 後稍以熊羆皮爲之. 熊毛有綠光, 皆長三尺者, 直百金.)

[역자주] 蔽泥(폐니) : 말다래이다. 말이 달릴 때 진흙이 튀는 것을 막기 위해 안장 아래로 늘어뜨린 것이다. 虯卷(규권) : 용이 똬리를 튼 모양인데 말 장식의 어느 부분을 형용한 것인지는 확실치 않다.

4 **[협주]** '최(璀)'는 취와 외의 반절로 옥빛이다. '계포(罽袍)'는 권1의 "호 땅의 융모 갖옷을 아우르다." 구절의 주에 보인다.[347](璀, 取猥切, 玉光. 罽袍, 見一卷副之胡罽來[348]注.)

[역자주] 珠(주) : 구슬. 여기서는 말의 땀방울이나 빗방울을 비유한 것이다. 璀璀(최최) : 선명하게 빛나는 모양. 罽袍(계포) : 융모로 만든 겉옷.

해설

이 시는 장안 젊은이들에 관해 읊은 것으로 한껏 장식한 말을 타고 멋있게 다니는 모습을 형용했다. 창작 시기는 고찰할 수 없다.

347) 두목의 시 <동쪽으로 유람가는 기 처사를 낙중에서 송별하는 시(洛中送冀處士東游詩)>이다.
348) '來'는 '裘'의 잘못이다.

060. 문하성의 재상이 재상 인장을 겸하여 거느리며 진으로 나가 촉 땅을 온전히 하려 가는 서천절도사 재상을 송별하며 지은 시에 받들어 화답하다

奉和門下相公送西川相公兼領相印出鎭全蜀[1]

盛業冠伊唐,[2]	성대한 업적은 당나라에서 으뜸이고
台階翊戴光.[3]	태계에서 보필하며 빛나시니,
無私天雨露,[4]	천자의 은혜에는 사사로움이 없어지고
有截舜衣裳.[5]	순임금의 의상을 가지런히 하시네.
蜀輟新衡鏡,[6]	촉 땅에서 새 저울과 거울을 취하시니
池留舊鳳凰.[7]	연못에는 옛 봉황이 남았는데,
同心眞石友,[8]	마음을 같이한 진정한 금석 같은 친구라
瀉恨蔑河梁.[9]	한을 쏟으며 다리에서 말이 없으시네.
虎騎搖風旆,	호랑이 같은 기병은 바람 받는 깃발을 흔들고
貂冠韻水蒼.[10]	담비 꼬리 꽂은 관은 수창옥을 울리는데,
彤弓隨武庫,[11]	붉은 활이 모든 책략을 갖춘 이를 따르고
金印逐文房.[12]	황금 인장이 문서의 임무를 맡은 이를 좇네.
棧壓嘉陵咽,[13]	잔도는 오열하는 가릉강을 누르고
峰橫劍閣長.[14]	봉우리는 긴 검각에 가로지르는데,
前驅二星去,[15]	앞장서 달려가며 두 개의 별이 떠나갔고
開險五丁忙.[16]	험지를 여느라 다섯 장정이 바빴으며,

廻首峥嶸盡,[17]	고개 돌리면 온통 높이 솟은 산이고
連天草樹芳.	하늘에 이어져 풀과 나무가 향기롭다지.
丹心懸魏闕,[18]	붉은 마음은 궁궐의 문에 걸려있고
往事愴甘棠.[19]	지나간 일에 대해 팥배나무를 구슬퍼할 것이며,
治化輕諸葛,[20]	다스림의 교화는 제갈량을 가볍게 여길 정도이고
威聲懾夜郎.[21]	위엄있는 명성은 야랑을 두렵게 할 것인데,
君平教說卦,[22]	엄군평은 점괘 해설하는 것을 가르칠 것이고
犬子召升堂.[23]	사마상여는 불려와 당에 올라가겠지.
塞接西川雪,[24]	변새는 서천의 눈과 접해 있고
橋維萬里檣.[25]	다리는 만리장에 이어져 있는데,
奪霞紅錦爛,[26]	노을을 빼앗은 듯 붉은 비단이 찬란하고
撲地酒壚香.[27]	온 땅에는 술집의 향기가 퍼졌으리.
忝逐三千客,[28]	외람되어 삼천 명의 빈객을 좇으며
曾依數仞牆.[29]	일찍이 높다란 담장에 의지했는데,
滯頑堪白屋,[30]	우둔하여 흰 띠풀집만 감당할 뿐이지만
攀附亦周行.[31]	올라 의지하니 또한 넓은 길에 있게 되었네.
肉管伶倫曲,[32]	대나무 관은 영윤의 곡이고
簫韶清廟章.[33]	소소는 청묘의 음악인데,
唱高知和寡,[34]	노래가 고아할수록 화답하는 이가 적음을 알겠으니
小子斐然狂.[35]	소자는 무늬만 찬란하고 거창한 이로구나.

주석

1 [역자주] 門下相公(문하상공) : 문하성의 재상으로 이덕유(李德裕)를 가리킨다. 그는 개성(開成) 5년(840) 회남절도사(淮南節度使) 검교상서좌복야(檢校尙書左僕射)로 있다가 이부상서(吏部尙書) 동중서문하평장사(同中書門下平章事)가 되었으며 얼마 후에 문하시랑(門下侍郎)을 겸했다. 西川相公(서천상공) : 서천절도사 겸 재상으로 최단(崔鄲)이다. 그는 진사에 급제한 뒤 감찰어사, 한림학사, 중서사인, 이부시랑, 태상경을 역임했으며 개성 4년(839) 동중서문하평장사가 되었고 회창 원년(841)에 검남서천절도사(劍南西川節度使)가 되었다.

2 **[협주]** ≪제왕세기(帝王世記)≫에서 "요(堯)는 성이 이기씨(伊祁氏)이다"라고 했다. ≪시함신무(詩含神霧)≫[349]에서 말하기를, "경도(慶都)가 이요(伊堯)를 낳았다."라고 했다. 공안국(孔安國)의 ≪서전(書傳)≫에서 "요는 당나라의 제후로서 승진하여 천자가 되었다."라고 했다.(帝王世記. 堯, 姓伊祁氏. 詩含神霧曰, 慶都生伊堯. 孔安國書傳曰, 堯以唐侯升爲天子也.)

[역자주] 伊唐(이당) : 원래는 요임금을 가리키는데 여기서는 당나라를 뜻한다.

3 **[협주]** ≪후한서·낭의전(郎顗傳)≫에서 "낭의가 말하기를 '삼공은 위로 삼태(三台) 별자리에 상응한다.'라고 했다."라고 했다. 남조 제(齊) 왕검(王儉)의 <저연 비문(褚淵碑)>에서 "바깥으로는 태계에 빛난다."라고 했고, ≪문선≫ 이선의 주에서 "≪황제태계육부경(黃帝泰階六符經)≫에서 말하기를, '태계는 하늘의 삼계(三階)이다. 상계(上階)는 천자이고 중계(中階)는 제후, 공, 경, 대부이며 하계(下階)는 원사(元士)와 서인(庶人)이다.'라고 했다."라고 했다. ≪한서·조착전(晁錯傳)≫에서 "호걸과 영재를 선발하여 관원의 우두머리로 삼아 간쟁을 하고 천자의 부족함을 보위하여 한나라 왕조를 보필한다."라고 했다. 두보의 시[350]에서 "궁궐에 나랏일이 치밀하고 태계에서 온전하게 보필한다."라고 했다.(後漢書. 郎顗曰, 三公上應三台. 褚淵碑. 外曜台階. 注. 黃帝泰階六符經曰, 泰階

349) ≪시함신무(詩含神霧)≫ : ≪시경≫의 위서(緯書)로 작자나 저작연대는 분명하지 않다. 일찍이 일실되었으며 유서 등에 몇 조목이 전해지고 있다.

350) 두보의 시 <가을 기부에서 감회를 읊어 정심 비서감과 이지방 빈객에게 받들어 부치는 100운의 시(秋日夔府詠懷奉寄鄭監審李賓客之芳一百韻)>이다.

者, 天之三階也. 上階爲天子, 中階爲諸侯公卿大夫, 下階爲元士庶人. 前漢書, 晁錯傳. 並建豪英, 以爲官師, 爲諫爭, 輔天子之闕, 而翼戴漢宗也. 詩史. 宮禁經綸密, 台階翊戴全.)

[역자주] 台階(태계) : 재상인 삼공(三公)을 가리킨다. 翊戴(익대) : 천자를 보필하다.

4 [역자주] 雨露(우로) : 비와 이슬. 천자의 은혜를 비유한다.

5 **[협주]** ≪시경·상송(商頌)·장발(長發)≫에서 "나라 바깥이 가지런해졌다."라고 했고 정현(鄭玄)이 말하기를, "사해의 바깥이 복종하여 가지런해졌다."라고 했다.(詩. 海外有截. 鄭云, 四海之外, 率服截爾整齊.[351])

[역자주] 有截(유절) : 가지런하다. '유'는 뜻 없는 어조사이다. 衣裳(의상) : ≪주역·계사하(繫辭下)≫에서 "황제, 요, 순은 의상을 드리우고 있어도 천하가 다스려졌다.(黃帝堯舜垂衣裳而天下治.)"라고 했는데, 이로 인해 현명한 군주의 다스림을 가리키게 되었다.

6 **[협주]** ≪한비자(韓非子)·식사(飾邪)≫에서 "거울은 맑음을 가지고서 간섭을 받지 않아야 아름다움과 추함이 이를 통해 똑같이 비추어주고, 저울은 올바름을 가지고서 간섭을 받지 않아야 가벼움과 무거움이 이를 통해 똑같이 측정된다. 대저 거울을 흔들면 밝게 할 수 없고 저울을 흔들면 올바르게 할 수 없다. 법은 이러한 것을 말한다."라고 했다.(韓子. 鏡執淸而無事, 美惡從而比焉. 衡執正而無事, 輕重從而載焉. 夫搖鏡則不得爲明, 搖衡則不得爲正, 法之謂也.)

[역자주] 輟(철) : 취하다. 衡鏡(형경) : 저울과 거울로서 시비와 선악을 감별하는 것을 비유한다. 이 구는 최단이 촉 땅을 진수하러 가게 된 것을 말한다.

7 **[협주]** ≪진서(晉書)·순욱전(荀勖傳)≫에서 "순욱이 상서령(尙書令)을 맡았는데 오래도록 중서성(中書省)에 있으면서 국가의 중대사를 전담하여 처리했으며, 그 관직을 떠나게 되었을 때는 매우 실망하며 근심했다. 혹자가 그에게 축하를 드리니 순욱이 말하기를, '내게서 봉황지를 빼앗으니 여러 공이 나를 축하하는구나.'라고 했다."라고 했다.(晉書, 荀勖傳. 以勖守尙書令, 久在中書, 專管機事. 及失之, 甚惘惘悵悵.[352] 或有賀之者, 勖曰, 奪我鳳凰池, 諸公賀我.)

---

351) 率服(솔복) : 복종하다. 截爾(절이) : 가지런하다. 整齊(정제) : 가지런하다.
352) 惘惘(망망) : 실망한 모양. 悵悵(창창) : 슬퍼하는 모양.

[역자주] 鳳凰(봉황) : 중서성을 봉황지(鳳凰池)라고 했다. 이 구는 최단이 중서성을 떠나고 이덕유만 재상으로 조정에 남아 있는 것을 말한다.

8 **[협주]** 반악(潘岳)이 석숭에게 부치는 시[353]에서 "의기투합했던 금석 같은 친구에게 부치나니 흰 머리 되었을 때 돌아가는 곳을 함께하세."라고 했다. ≪한서·한신전(韓信傳)≫에서 "한나라 왕과 금석 같은 교우를 맺었다."라고 했고 안사고의 주에서 "금석이라고 칭한 것은 그 견고함을 취한 것이다."라고 했다.(潘岳, 寄石崇詩. 投分寄石友,[354] 白首同所歸. 前漢書, 韓信傳. 與漢王爲金石友. 注. 稱金石者, 取堅固也.)

[역자주] 石友(석우) : 금석과 같은 친구로 여기서는 이덕유와 최단의 우애를 가리킨다.

9 **[협주]** 이릉(李陵)의 <소무에게 주는 시(與蘇武詩)>에서 "손을 잡고 다리에 올랐는데 떠도는 이는 저물녘에 어디를 가는가."라고 했고, ≪문선≫ 유량(劉良)의 주에서 "'하량(河梁)'은 다리이다."라고 했다.(李陵, 與蘇武詩曰, 携手上河梁, 游子暮何之. 注. 河梁, 橋也.)

[역자주] 蔑(멸) : 침묵하다. '몽(夢)'으로 된 판본도 있다.

10 **[협주]** ≪예기(禮記)·옥조(玉藻)≫에서 "천자는 백옥을 차고 공후는 산현옥(山玄玉)을 차고 대부는 수창옥(水蒼玉)을 찬다."라고 했다.(禮記. 天子佩白玉, 公侯佩山玄玉, 大夫佩水蒼玉.)

[역자주] 貂冠(초관) : 담비 꼬리로 장식한 관으로 원래는 시중(侍中)이나 상시(常侍)의 직책을 상징했으며 이는 재상에 해당한다. 水蒼(수창) : 옥의 종류인데 당나라 때는 2품 이하 5품 이상의 관원이 이를 찼다.

11 **[협주]** ≪서경·주서(周書)≫에서 "붉은 활과 붉은 화살을 하사한다."라고 했고, 주에서 "제후에게 큰 공이 있으면 활과 화살을 하사하며 그런 다음에는 정벌을 전담한다."라고 했다. ≪진서(晉書)·두예전(杜預傳)≫의 기록이다. 두예는 자가 원개(元凱)이고 박학하여 두루 통달했으며, 흥망성쇠의 도리에 밝았고 또한 책략에 밝았다. 조정의 일에 있어서 하지 못할 일이 없음을 알았으며 일을 일으키고 벌임에 있어서 반드시 처음과 끝을 헤아렸기에 실패하는 일이 드물었다. 조정과 재야에서는 그의 훌륭함을 칭송하며 두무고(杜

353) ≪문선≫에 수록된 제목은 <금곡에서 모여 시를 짓다((金谷集作詩)>이다.
354) 投分(투분) : 친구끼리 의기투합하다.

武庫)라고 불렀는데 가지고 있지 않은 것이 없다는 뜻이다. ≪진서·배외전(裵頠傳)≫에서 "배외는 고아하고 깊은 견식이 있었다. 주필(周弼)이 그를 만나고는 감탄하여 말하기를, '배외는 무기창고와 같으니 다섯 가지 병기가 종횡하여 한 시대의 걸출한 인재이다.' 라고 했다."라고 했다.(書. 賚爾彤弓彤矢.[355] 注. 諸侯有大功, 賜弓矢, 然後專征伐. 晉書. 杜預, 字元凱. 博學多通, 明於興廢之道, 又明於籌略. 公家之事, 知無不爲. 凡所興造, 必考度始終, 鮮有敗事. 朝野稱美號曰杜武庫, 言其無所不有也. 晉書. 裵頠, 弘雅有遠識. 周弼見而嘆曰, 頠若武庫, 五兵縱橫, 一時之傑.)

[역자주] 彤弓(동궁) : 붉은색을 칠한 활.

12 **[협주]** 위굉(衛宏)의 ≪한관구의(漢官舊儀)≫에서 "승상과 장군은 황금 인장을 찬다."라고 했다. ≪남사(南史)≫ 권68의 논(論)에서 "조지례(趙知禮)와 채경력(蔡景歷)은 진(陳) 무제(武帝)가 나라를 통치하던 때에 속하여 문서와 서기의 임무를 맡았다."라고 했다.(衛宏, 漢舊儀. 丞相將軍黃金印. 南史. 趙知禮蔡景歷屬陳武經綸之日, 居文房書記之任.)

[역자주] 이상 네 구는 최단이 떠나가는 행렬의 모습을 상상하여 묘사한 것이다.

13 **[협주]** ≪한서·고조본기(高祖本紀)≫에서 "고조가 한중(漢中)의 왕이 되자 장량(張良)은 사임하고 한(韓)나라로 돌아가기를 원했다. 한왕(漢王)은 그를 송별하며 포중(褒中)에 이르렀다. 장량이 그로 인해 한왕에게 잔도를 불태워 끊어서 제후들을 대비하라고 말했다."라고 했다. ≪십도지≫에서 "검남도(劍南道) 문주(聞州)에 가릉강(嘉陵江)이 있다."라고 했다. ≪구역도(九域圖)≫에서 "가주(嘉州)에 가릉강이 있고 그 물은 촉(蜀) 땅의 경계를 따라 흐른다."라고 했다.(漢書. 高祖王漢中. 張良辭歸韓, 漢王送至褒中. 良因說漢王燒絶棧道以備諸侯. 十道志. 劍南道聞州有嘉陵江. 九城[356]圖. 嘉州有嘉陵江, 水沿流蜀界.)

14 **[협주]** 진(晉) 장재(張載)의 <검각명(劍閣銘)>에서 "오직 촉 땅의 관문이 단단하고 진을 이루니 이를 일러 검각의 벽이 친 길 높이로 서 있다고 한다."라고 했다. 역도원(酈道元)의 ≪수경주(水經注)≫에서 "소검(小劍)은 북쪽으로 대검(大劍)과 삼십 리 떨어져 있다.

355) 賚(뢰) : 하사하다.
356) '城'의 '域'의 잘못이다.

이어진 산이 험준한데 날듯한 누각이 서로 통하기에 이를 검각이라고 한다."라고 했다.(張孟陽, 劍閣銘. 惟蜀之門作固作鎭, 是曰劍閣壁立千仞. 酈元, 水經注. 小劍北去大劍三十里, 連山險絶, 飛閣相通, 故謂之劍閣也.)

15 **[협주]** '전구(前驅)'는 권1의 "흰 깃발 들고 앞서 달려나가 하황의 백성을 위로할까." 주에 보인다.[357] ≪후한서·이합전(李郃傳)≫에서 "화제(和帝)가 사자를 나누어 파견해 각기 주와 군에 이르러 지역의 노래를 살펴 채집하게 했다. 사자 두 명이 촉 땅의 익주(益州)에 도착해서 이합이 관리로 있는 역사에 투숙했다. 이합이 묻기를, '두 사람이 경사에서 출발할 때 조정에서 두 명의 사신을 파견한 것을 알고 있는가?'라고 하니 사신이 묻기를, '어떻게 그것을 아시는지요?'라고 했다. 이합이 말하기를, '일전에 두 개의 별이 익주의 분야로 향했다.'라고 했다."라고 했다.(前驅, 見一卷前驅白旆弔河湟注. 後漢書曰, 和帝分遣使者二人[358], 各至州郡, 觀採風謠.[359] 二人當到益部, 投館吏李郃舍. 郃問曰, 二君發京師時, 知朝廷遣二使. 使問, 何以知之. 郃云, 前有二星向益州分野.)

[역자주] 前驅(전구) : 앞장서서 달려가다. 二星(이성) : 원래는 조정에서 파견한 사신을 가리키는데, 여기서는 최단이 조정의 명으로 촉 땅으로 가는 것을 뜻한다.

16 **[협주]** ≪화양국지(華陽國志)≫에서 "주(周)나라 현왕(顯王) 32년(기원전 339) 촉나라에서 사신을 보내 진(秦)나라에 조회케 했다. 진(秦) 혜왕(惠王)이 자주 미녀를 촉나라 왕에게 바치니 촉나라 왕이 감동하여 그에게 조회했다. 혜왕은 촉나라 왕이 여색을 좋아한다는 것을 알고는 촉나라에 다섯 여인을 시집가도록 허락했다. 촉나라에서 다섯 장정을 보내 맞이했는데 돌아오다가 재동(梓潼)에 이르러서 뱀 한 마리가 구멍으로 들어가는 것을 보았다. 장정 한 명이 그 꼬리를 잡아당겼지만 끌어내지 못했다. 다섯 사람이 서로 도와 크게 소리를 지르며 뱀을 뽑으니 산이 무너졌고 동시에 다섯 사람과 진나라 다섯 여인은 압사했으며 산이 나뉘어 다섯 고개가 되었다."라고 했다. ≪구당서·진자앙전(陳子昂傳)≫에서 "진자앙이 말하기를, '촉 땅은 예전에는 중원과 통하지 않았는데 진나라 혜왕이 장의(張儀)의 계책을 사용하여 미녀를 장식하고 금소를 거짓으로 만들어 몰래 촉

---

357) 두목의 시 <황제의 교화(皇風)>이다.

358) '二人'은 연자(衍字)이다.

359) 風謠(풍요) : 지역의 민심을 반영하는 노래.

후(蜀侯)를 유혹했다. 촉후는 과연 그 이익을 탐하여 다섯 명의 힘 센 장정을 시켜 산골짜기를 파고 포사(褒斜)에 잔도를 놓아 진나라까지 길을 만들었다. 이로부터 험준한 곳이 닫히지 않았고 산골짜기가 막히지 않았다. 장의는 계속해서 기회를 엿보다가 병사들을 동원하여 촉나라를 크게 무찔렀다. 촉후는 죽었고 종읍(賨邑)은 멸망했으며 지금에 이르도록 촉 땅은 중원의 영역이 되었다.'라고 했다."라고 했다.(華陽國志. 周顯王三[360]十二年, 蜀使使朝秦, 秦惠王數以美女進蜀王, 蜀王感之, 故朝焉. 惠王知蜀王好色, 許嫁五女於蜀. 遣五丁迎之, 還到梓潼, 見一蛇入穴中, 一人攬其尾曳之, 不禁至, 五人相助大呼拔蛇, 山崩, 同時壓殺五人及秦五女, 而山分爲五嶺. 唐書. 陳子昂曰, 蜀昔時不通中國, 秦惠王用張儀計, 飾美女, 譎金牛,[361] 因間以啖蜀侯,[362] 蜀侯果貪其利, 使五丁力士鑿通谷, 棧褒斜, 置道於秦. 自是險阻不關, 山谷不閉. 張儀躡踵乘便,[363] 縱兵大破之. 蜀侯誅, 賨邑滅, 至今蜀爲中州.)

[역자주] 五丁(오정) : 다섯 명의 장정. ≪수경주(水經注)·면수(沔水)≫에 다음과 같은 기록이 있다. 진나라 혜왕이 촉나라를 정벌하고자 했으나 그곳으로 가는 길을 찾지 못했다. 돌로 만든 소 다섯 개를 두고 그 아래에 금덩어리를 두고는 금 똥을 누는 소라고 말했다. 촉나라 왕은 다섯 장정을 시켜 그 소를 끌고 오게 하니 길이 생겼다. 진나라는 장의를 시켜서 그 길을 찾게 했으며 이로 인해 촉나라를 정벌했다.

17 [역자주] 崢嶸(쟁영) : 높이 솟은 모양. 아래 구까지 이상 여섯 구는 최단이 가는 서천 지역의 경물을 묘사한 것이다.

18 **[협주]** ≪장자·양왕(讓王)≫에서 "중산공자(中山公子) 위모(魏牟)가 첨자(瞻子)에게 말하기를, '몸은 강과 바다에 있으면서 마음은 궁궐의 누관 아래에 있다.'라고 했다."라고 했다.(莊子. 中山公子牟謂瞻子曰, 身在江海之上, 心居魏闕之下云.)

[역자주] 魏闕(위궐) : 궁궐 문 바깥 양쪽에 있는 누관으로 궁궐을 가리킨다. 여기서는 당나라 조정을 가리킨다.

---

360) 현재 전하는 ≪화양국지≫에는 '三'이 '二'로 되어있다.
361) 譎(휼) : 속이다.
362) 間(간) : 몰래. 啖(담) : 유혹하다.
363) 躡踵(섭종) : 이어서. 계속해서. 乘便(승편) : 편리를 타다. 기회를 보다.

19 **[협주]** ≪시경·소남(召南)·팥배나무(甘棠)≫에서 “무성한 팥배나무 가지를 치지도 말고 줄기를 베지도 마라, 소백이 머물렀던 곳이다.”라고 했고 정현(鄭玄)의 전(箋)에서 “소백(召伯)이 남녀의 송사를 듣는데, 백성들을 거듭 번거롭게 하지 않기 위해서 팥배나무 아래에서 머물면서 송사를 듣고 판결했다. 나라 사람들이 그 덕을 입고 그 교화에 기뻐하며 그 사람됨을 그리워했기에 그 나무를 존경했다.”라고 했다.(詩. 蔽芾甘棠,[364] 勿翦勿伐, 召伯所茇.[365] 箋云, 召伯聽男女之訟, 不重煩勞百姓, 止舍小棠之下而聽斷焉. 國人被其德, 說其化,[366] 思其人, 敬其樹.)

[역자주] 愴(창) : 슬퍼하다.

20 **[협주]** ≪삼국지·촉지(蜀志)·제갈량전(諸葛亮傳)≫에서 “제갈량이 선주 유비와 함께 성도(成都)를 포위했다. 성도가 평정되자 제갈량을 군사장군(軍師將軍)으로 삼았고 좌장군부(左將軍府)의 일을 맡겼다. 선주가 성 밖으로 나가면 제갈량이 항상 성도에 진수하며 지켰으며 식량과 병사를 충분하게 했다. 건흥(建興) 원년(313) 또 익주목(益州牧)을 겸했는데 정사에서 크고 작은 것이 없이 모두 제갈량에 의해 결정했다.”라고 했다.(蜀志. 諸葛亮與先主共圍成都. 成都平, 以亮爲軍師將軍, 署左將軍府事. 先主外出, 亮常鎭守成都, 足食足兵. 建興元年, 又領益州牧. 政事無巨細, 咸決於亮.)

21 **[협주]** ≪통전(通典)≫에서 “진주(珍州)는 옛날 오랑캐의 땅이다. 정관(貞觀) 7년(633) 진주를 두었고 혹 야랑군(夜郎郡)이라 하기도 했다.”라고 했다.(通典. 珍州, 古蠻夷之地. 貞觀七年, 置珍州, 或爲夜郎郡.)

[역자주] 慴(섭) : 두려워하다. 夜郎(야랑) : 지금의 귀주성 북서부의 지명인데 촉 땅의 남서쪽에 있다. 여기서는 남쪽 및 서쪽의 변방 이민족을 가리킨다.

22 **[협주]** ≪한서·엄군평전(嚴君平傳)≫에서 “촉 땅에 엄군평이 있는데 성도의 저자에서 점을 쳤다. 점치는 일이 비천한 직업이지만 백성들에게 은혜를 베풀 수 있다고 여겼다. 사악하고 정당하지 않은 질문이 있으면 시초점과 거북점에 의거하여 그 이해관계를 말했다. 하루에 몇 사람을 봐서 백 전을 벌어 스스로 살기에 충분하면 가게를 닫고 주렴을

---

364) 蔽芾(폐불) : 무성한 모양. 甘棠(감당) : 팥배나무.
365) 茇(발) : 들판에서 머물다.
366) 說(열) : 기뻐하다.

내리고는 ≪노자≫를 가르쳤다."라고 했다.(漢書. 蜀有嚴君平, 卜筮於成都市.[367] 以爲卜筮者賤業而可以惠衆人, 有邪惡非正之問則依蓍龜爲言利害.[368] 日閱數人, 得百錢, 足自養, 則閉肆下簾而授老子.)

23 **[협주]** ≪한서·사마상여전(司馬相如傳)≫에서 "사마상여는 자가 장경(長卿)이며 촉군(蜀郡) 성도 사람이다. 어렸을 때 독서를 좋아했으며 검술을 배웠다. 이름은 견자(犬子)였는데, 사마상여가 인상여(藺相如)의 사람됨을 흠모했기에 이름을 상여로 바꾸었다."라고 했다. ≪논어(論語)·선진(先進)≫에서 "공자가 말하기를, '자로는 마루에는 올랐지만 아직 방에 들어오지는 못했다.'라고 하셨다."라고 했다.(漢書. 司馬相如, 字長卿. 蜀郡成都人也. 少時好讀書, 學擊劍, 名犬子. 相如旣學慕藺相如之爲人也, 更名相如. 論語. 子曰, 由也, 升堂矣, 未入於室也.)

[역자주] 이상 여섯 구는 최단이 서천절도사로 가서 천자의 명을 받들어 잘 다스리는 모습을 상상하여 표현한 것이다.

24 **[협주]** ≪성도기(成都記)≫에서 "서산(西山) 위에는 눈이 쌓여 있는데 여름이 지나도 녹지 않는다."라고 했다.(成都記. 西山上有積雪, 經夏不消.)

25 **[협주]** ≪십도지≫에서 "검남도(劍南道) 익주(益州) 만리장(萬里檣)"이라고 했고, 주에서 "비의(費禕)가 오 땅으로 갈 때 제갈량이 이 다리 위에서 전별했는데, 읍을 하며 말하기를, '만 리의 길이 이곳에서 시작된다.'라고 했다."라고 했다.(十道志. 劍南道益州萬里檣. 注云, 費禕聘吳, 葛亮餞之於此橋上,[369] 揖曰, 萬里之路, 於此爲始.)

26 **[협주]** 초주(譙周)의 ≪익주지(益州志)≫에서 "성도에서 비단을 짜서 완성되면 강물에 씻는데 그 무늬가 분명해져 처음 완성했을 때보다 낫다. 다른 강물에 씻으면 그것보다 못한데 그래서 그 강물을 금수(錦水)라고 한다."라고 했다.(譙周, 益州志. 成都織錦, 旣成, 濯於江水, 其文分明, 勝於初成. 他水濯之不如. 江水故曰錦水.)

27 **[협주]** 권1의 "감히 주모에게 물어보리라."의 주에 보인다.[370](見一卷敢問當壚郎注.)

367) 卜筮(복서) : 점을 치다.

368) 蓍龜(시귀) : 시초와 거북껍데기 둘 다 점 치는 도구이다.

369) 餞(전) : 전별하다.

370) 두목의 시 <군청의 관사에서 홀로 술을 들다(郡齋獨酌)>이다.

[역자주] 撲地(박지) : 온 땅에 두루두루 있다는 뜻이다. 酒壚(주로) : 술집에서 술을 올려 놓기 위해서 흙으로 쌓은 대를 말한다. 사마상여의 부인인 탁문군이 촉 땅에서 술집을 했다는 고사를 암용한 것이다. 이상 네 구는 최단이 머물 촉 땅의 경물을 묘사한 것이다.

28 **[협주]** 위의 <춘신군(春申君)> 시의 주에 보인다.(上見春申君注.)

[역자주] 忝(첨) : 외람되이. 三千客(삼천객) : 초나라의 춘신군에게 삼천 명의 빈객이 있었음을 말하는데, 여기서는 두목이 예전에 최단의 막부에 있었음을 가리킨다.

29 **[협주]** ≪논어·자장(子張)≫에서 "선생님의 담장 높이는 여러 인(仞)이라 그 문으로 들어가지 않으면 종묘의 아름다움과 백관의 부유함을 볼 수 없는데, 그 문을 들어간 자는 아마 적을 것이다."라고 했다.(論語. 夫子之墻數仞, 不得其門而入, 不見宗廟之美, 百官之富. 得其門者, 或寡矣.)

30 **[협주]** ≪한서·소망지전(蕭望之傳)≫의 안사고 주에서 "'백옥(白屋)'은 흰색으로 덮은 집인데 띠풀로 덮은 것이고 비천한 사람이 산다."라고 했다.(漢書, 蕭望之傳. 注. 白屋謂白蓋之屋以茅覆之, 賤人所居.)

[역자주] 滯頑(체완) : 우둔하다.

31 **[협주]** 양웅의 ≪법언(法言)≫에서 "용의 비늘을 들고 봉황의 날개를 붙인다."라고 했다. ≪시경·주남(周南)·도꼬마리(卷耳)≫에서 "저 큰길에 내팽개친다."라고 했다.(楊子法言. 擧龍鱗, 附鳳翼. 詩. 寘彼周行.[371])

[역자주] 攀附(반부) : 더위잡고 올라 의지하다. 周行(주항) : 큰길. 원래는 주나라의 관원이 되는 것을 비유했는데, 여기서는 당나라의 중앙관직을 가리킨다. 이상 네 구는 두목이 예전에 선섭관찰사(宣歙觀察使)로 있던 최단의 막부에 의지하다가 중앙관직에 오르게 되었음을 말한다.

32 **[협주]** ≪한서·율력지(律曆志)≫에서 "황제(黃帝)가 영윤(伶倫)을 시켜 대하(大夏)의 서쪽에서 해곡(解谷)에서 나는 대나무를 가져오게 했다. 구멍과 두께가 고른 것을 골라 두 마디 사이를 잘라 부니 황종의 궁음이었고 다른 음도 모두 이로부터 생겨났기에 이를 음률의 근본으로 삼았다."라고 했는데, 응소(應劭)의 주에서 말하기를, "대하는 서융의 나

371) 寘(치) : 방치하다. 내버리다.

라이고 해곡은 골짜기의 이름이다."라고 했고, (또 주에서) 진작(晉灼)이 말하기를, "계곡에서 나는 대나무를 취해 구멍 안팎으로 두께가 자연히 고른 것을 잘라서 통소를 만들었다. '통(筩)'은 태와 동의 반절이다."라고 했는데 안사고가 말하기를, "진작의 설이 옳다."라고 했다.(前漢, 律曆志. 黃帝使伶倫自大夏之西取竹解谷生, 其竅厚均者,[372] 斷兩節之間而吹之, 以爲黃鍾之宮,[373] 而皆可以生之, 是爲律本. 注云, 大夏, 西戎之國也. 解谷, 谷名. 晉灼曰, 取谷中之竹生而肉孔外內厚薄自然均者截以爲筩.[374] 太東切. 師古曰, 晉說, 是也.)

[역자주] 肉管(육관) : 대나무 관. 피리를 말한다. '육'은 속이 빈 대롱의 껍질 부분을 말한다. '육'이 '적(笛)'으로 된 문헌도 있다.

33 **[협주]** ≪악위(樂緯)≫[375]에서 "순임금의 음악은 소소(簫韶)이다."라고 했고, 주에서 "순임금이 요임금을 계승한 뒤 그 도를 따라 행했기에 소소라고 했다."라고 했다. ≪시경·주송(周頌)·청묘(淸廟)≫는 문왕(文王)에게 제사 드리는 노래인데 "아아 맑은 묘당에서 엄숙하게 어진 이들이 돕네."이라고 했다.(樂緯. 舜曲簫韶. 注. 舜繼堯之後, 循行其道, 故曰簫韶. 詩, 頌, 淸廟. 祀文王也. 於穆淸廟, 肅雝顯相.[376])

[역자주] 淸廟(청묘) : 고대 제왕의 종묘. 章(장) : 음악.

34 **[협주]** 송옥(宋玉)의 <초나라 왕의 질문에 대답하다(對楚王問)>에서 "송옥이 말하기를, '손님 중에 영(郢) 땅에서 노래하던 이가 있는데, 그가 <양춘(陽春)>과 <백설(白雪)>을 부르면 수도에서 그 노래에 이어 화답하는 자가 수십 명이었습니다. 상(商)음을 끌어내다가 우(羽)음으로 꾸미고, 유치(流徵)음을 섞어내니 수도에서 그 노래에 이어 화답하는 자가 불과 몇 사람뿐이었습니다. 이는 그 노래가 고아할수록 화답하는 자가 적기 때문입니다.'라고 했다."라고 했다.(宋玉, 對問. 宋玉曰, 客有歌於[377]中, 其爲陽春白雪, 國中

372) 竅厚(규후) : 구멍과 두께. 대나무 빈 곳의 크기와 대나무 껍질의 두께를 말한다.
373) 黃鍾之宮(황종지궁) : 황종의 궁음. '황종'은 12율의 첫 번째이고 '궁'은 5음의 첫 번째이다. 이로써 음계의 가장 기본음을 가리킨다.
374) 肉孔(육공) : 대나무의 껍질 부분과 구멍 부분을 각기 가리킨다.
375) ≪악위(樂緯)≫ : ≪악경(樂經)≫ 또는 ≪악기(樂記)≫의 위서(緯書)로 한나라 때 간행되었으며 일찍이 일실되었다.
376) 於穆(오목) : 찬미하는 감탄사. 肅雝(숙옹) : 장엄하고 엄숙하다. 顯相(현상) : 명망이 있는 관원이 제사를 돕다.

屬而和者, 數十人而已. 引商刻羽, 雜以流徵, 國中屬而和者, 不過數人. 以其曲彌高, 其和彌寡.)

35 **[협주]** ≪논어·공야장(公冶長)≫에서 "공자가 진(陳)나라에 있으면서 말하기를, '돌아가야겠지, 돌아가야겠지. 우리 향당의 젊은이들이 뜻은 크지만 일은 간략하여 화려하게 무늬를 이루었지만 어떻게 마름질하는지는 모르는구나.'라고 했다."라고 했다.(論語. 子在陳曰, 歸歟, 歸歟. 吾黨之小子狂簡, 斐然成章, 不知所以裁之.)

[역자주] 小子(소자) : 어린아이라는 뜻으로 자신에 대한 겸칭이며 여기서는 두목 자신을 가리킨다. 斐然(비연) : 화려한 모양. 狂(광) : 뜻이 공허하게 커서 실속이 없다는 말이다. 이상 네 구는 영윤의 곡과 청묘의 음악과 같이 고아한 이덕유의 시에 화답하기에 두목 자신의 재능이 미천하다고 한 것으로 겸손한 표현이다.

해설

이 시는 서천절도사로 나가는 최단을 송별하면서 지은 이덕유의 시에 화답한 것이다. 두 재상이 함께 궁중에서 근무하다가 한 사람은 지방으로 나가게 되었는데, 두 사람의 훌륭한 업적을 아울러 칭송하고는 최단이 촉 땅으로 가서 잘 통치하며 지낼 것임을 기술했다. 대개 회창 원년(841) 비부원외랑(比部員外郞)으로 장안에서 재직할 때 지은 것으로 추정한다.

---

377) 이 뒤에 '郢'이 더 있어야 한다.

061. 주파

朱坡[1]

下杜鄉園古,[2]
하두의 고향은 예스럽고

泉聲繞舍啼.
샘물 소리가 집을 두르며 울리는데,

靜思長慘切,[3]
조용히 생각하면 늘 구슬프니

薄宦與乖暌.[4]
낮은 관직에 있느라 어긋났기 때문이라네.

北闕千門外,[5]
북궐 천 개의 문 바깥

南山午谷西.[6]
남산 사오곡의 서쪽,

倚川紅葉嶺,
내에 기대고 있는 붉은 잎의 산고개

連寺綠楊堤.
절과 이어진 푸른 버들의 제방.

迥野翹霜鶴,[7]
먼 들에는 높이 들어 올린 서리같이 하얀 학

澄潭舞錦雞.[8]
맑은 못에는 춤추는 비단 같은 닭,

濤驚堆萬岫,[9]
물결은 만 겹으로 쌓인 산봉우리에 놀라고

舸急轉千溪.[10]
배는 천 번 굽이치는 시내에 급하네.

眉點萱牙嫩,[11]
눈썹을 그린 듯 부드러운 원추리의 싹

風條柳幄迷.[12]
바람 부는 가지로 장막 같은 버드나무가 어지러운데,

岸藤捎虺尾,[13]
기슭의 등나무는 뱀 꼬리를 스치고

沙渚印麑蹄.[14]
모래 있는 물가에는 어린 사슴의 발자국이 찍혀있네

火燎緗桃塢,[15]
횃불 같은 선홍빛 복숭아가 있는 언덕

波光碧繡畦.[16]
물빛이 비치는 푸른 수를 놓은 듯한 논두둑,

日痕絙翠巘,[17]　　태양의 흔적은 비췻빛 산봉우리로 이어지고
陂影墜晴霓.[18]　　산비탈의 그림자에 비 갠 뒤 무지개가 떨어지네.
蝸壁斕班蘚,[19]　　달팽이 지나가는 벽에는 이끼가 알록달록하고
銀涎荳蔻泥.[20]　　은빛 진액을 내는 두구의 씨가 엉겨 붙어 있는데,
洞雲生片段,　　동굴의 구름은 조각조각 생겨나고
苔逕繚高低.[21]　　이끼 덮인 길은 위아래를 에둘렀네.
偃蹇松公老,[22]　　우뚝 솟은 소나무는 공의 지위인 듯 오래되었고
森嚴竹陣齊.[23]　　삼엄한 대나무는 진을 친 듯 가지런하며,
小蓮娃欲語,[24]　　작은 연봉오리는 미녀가 말을 하려는 듯
幽筍稚相携.[25]　　그윽한 죽순은 어린아이가 서로 이끄는 듯하네.
漢館留餘趾,[26]　　한나라 때 주택의 터가 남아있고
周臺接故蹊.[27]　　주나라 때 누대가 오랜 골목길에 이어지는데,
蟠蛟岡隱隱,[28]　　똬리 튼 교룡처럼 언덕은 쭉 이어져 있고
班雉草萋萋.[29]　　화려한 깃털의 꿩이 있는 풀은 무성하네.
樹老蘿紆組,[30]　　나무가 오래되니 여라는 인끈을 드리운 듯
巖深石啓閨.[31]　　바위가 깊숙하니 돌은 규방을 열어놓은 듯,
侵窓紫桂茂,　　창문을 침범하는 자줏빛 계수나무가 무성하고
拂面翠禽棲.　　얼굴을 스치며 비췻빛 새가 깃들이네.
有計冠終挂,[32]　　관을 끝내 걸어두고 떠날 계책이 있으나
無才筆謾提.[33]　　붓을 마음대로 휘두를 재주는 없으니,
自塵何太甚,　　절로 먼지는 얼마나 심한가
休笑觸藩羝.[34]　　울타리를 들이받은 숫양을 비웃지 말라.

주석

1 **[협주]** ≪신당서·두우전(杜佑傳)≫에서 "주파(朱坡) 번천(樊川)에 정자와 누각을 짓고 빈객과 더불어 술을 차려놓고 즐겼다. 자제들이 모두 조회에 참석하는 관원이었는데 부귀하고 홍성하기가 당시 최고였다."라고 했다.(唐書, 杜佑傳. 朱坡樊川頗治亭觀, 與賓客置酒爲樂. 子弟皆奉朝請,[378] 貴盛爲一時冠.)

[역자주] 朱坡(주파) : 장안성 남쪽의 지명으로 두목은 이곳이 별장을 지었다.

2 **[협주]** ≪한서·선제본기(宣帝本紀)≫에서 "하두(下杜)"라고 했고, 위(魏) 맹강(孟康)의 주에서 "장안 남쪽에 있다."라고 했으며 안사고가 말하기를, "하두는 바로 지금의 두성(杜城)이다."라고 했다.(前漢, 宣帝紀. 下杜. 注. 在長安南. 師古曰, 下杜卽今之杜城.)

[역자주] 下杜(하두) : 두현(杜縣)으로 지금의 섬서성 서안 남동쪽이다. 두릉(杜陵)이라고도 한다.

3 [역자주] 慘切(참절) : 구슬프다.

4 [역자주] 薄宦(박환) : 낮은 관직을 말한다. 乖暌(괴규) : 어긋나다. 이 구는 낮은 관직에 얽매여 옛 고향에서 살고자 하는 뜻을 어기고 있다는 말이다.

5 **[협주]** 한나라 장형(張衡)의 <서경부(西京賦)>에서 "북궐의 훌륭한 집이 길을 마주하고 곧장 열려있다."라고 했다. 한나라 반고(班固)의 <서도부(西都賦)>에서 "천 개의 문을 열었고 만 개의 문을 세웠다."라고 했다.(西京賦. 北闕甲第,[379] 當道直啓. 西都賦. 張千門而立萬戶.)

[역자주] 北闕(북궐) : 궁전에서 북쪽을 향한 문루. 신하가 이곳에서 천자의 알현을 기다리거나 상주문을 올린다. 이로부터 궁궐이나 조정을 뜻한다.

6 **[협주]** ≪한서·왕망전(王莽傳)≫의 안사고 주에서 "지금 경성에서 곧장 종남산으로 가면 골짜기가 있어 양한도(梁漢道)와 통하는데 이를 자오곡(子午谷)이라고 한다."라고 했다.(前漢書. 注. 今京城直南山有谷, 通梁漢道, 名字[380]午谷.)

---

378) 奉朝請(봉조청) : 정기적으로 조회에 참석하는 관원. '조'는 원래 고대 제후가 봄에 천자를 조회하는 것이고 '청'은 가을에 조회하는 것이다.

379) 甲第(갑제) : 훌륭한 집.

380) '字'는 '子'의 잘못이다.

[역자주] 午谷(오곡) : 자오곡(子午谷)으로 장안현 진령(秦嶺) 산중에 있었다.

7 **[협주]** 남조 송(宋) 포조(鮑照) <무학부(舞鶴賦)>에서 "서리같이 하얀 털을 쌓아서 그림자를 희롱한다."라고 했다.(舞鶴賦, 疊霜毛而弄影.)

[역자주] 逈野(형야) : 멀리 있는 들. 翹(교) : 들어 올리다.

8 [역자주] 澄潭(징담) : 맑은 못.

9 [역자주] 岫(수) : 산봉우리.

10 [역자주] 珂(가) : 여타 판본에는 '가(舸)'로 되어있는데, 이것이 옳으며 배이다.

11 [역자주] 眉點(미점) : 눈썹 화장을 가느다랗게 그리는 것을 말한다. 萱牙(훤아) : 원추리의 싹. 嫩(눈) : 여리다. 부드럽다.

12 [역자주] 柳幄(유악) : 버드나무 장막. 버드나무의 가지가 빽빽이 늘어진 것을 장막에 비유한 것이다.

13 **[협주]** ['소(捎)'는] 소와 교의 반절이다. 치다, 밀다, 뒤흔들다, 때리다, 흔들다, 스친다는 뜻이다.(所交切. 搏推揣挖搖捎也.)

[역자주] 岸藤(안등) : 기슭의 등나무 덩굴. 虺尾(훼미) : 뱀의 꼬리.

14 [역자주] 麑蹄(예제) : 어린 사슴의 발자국.

15 **[협주]** ≪서경잡기(西京雜記)≫에서 "한나라 때 상림원(上林苑)을 조성했을 때 여러 신하가 먼 곳에서 각기 이름난 과일을 바쳤는데 상핵도(緗核桃)와 자문도(紫文桃)가 있었다."라고 했다.(西京雜記. 漢修上林苑, 群臣遠方各獻名果, 有緗核桃, 紫文桃.)

[역자주] 火燎(화료) : 횃불. 緗(상) : 선홍빛. 塢(오) : 언덕.

16 [역자주] 畦(휴) : 논두둑. 또는 밭두둑.

17 [역자주] 日痕(일흔) : 태양의 빛을 가리킨다. 緪(긍·환) : 연결되다. 이어지다. 翠巘(취헌) : 비췻빛 산봉우리.

18 [역자주] 晴霓(청예) : 비가 갠 뒤 나타나는 무지개를 말한다.

19 [역자주] 蝸壁(와벽) : 달팽이가 기어가고 있는 벽을 말한다. 斕班(난반) : 무늬가 어지럽게 나 있는 모양. 蘚(선) : 이끼.

20 **[협주]** ≪본초도(本草圖)≫에서 "붉은 두구(荳蔲)는 남해에서 자라며 지금의 영남(嶺南)에도 모두 있다. 꽃이 이삭을 내고 여린 잎은 말리면서 난다. 처음에는 부용과 같고 이삭 끝부분이 짙은 붉은빛이다. 잎이 점점 펴지면서 꽃이 점차 나오고 색이 약간 옅어

진다. 또한 황백색인 것도 있다."라고 했다.(本草圖. 紅荳蔲生南海, 今嶺南皆有之. 花哇穗,[381] 嫩葉卷之而生, 初如芙蓉, 穗頭深紅色, 葉漸展花漸出而色微淡. 亦有黃白色者.)

[역자주] 銀涎(은연) : 은빛 진액. 두구의 씨에 있는 진액을 가리킨다. '연'은 판본에 따라 '연(筵)'이나 '연(延)'으로 되어있다. 荳蔲(두구) : 식물의 이름이다. 泥(니) : 많이 엉겨 붙어 있는 모양을 표현한 것이다.

21 [역자주] 苔逕(태경) : 이끼가 자라있는 오솔길을 말한다. 길에 이끼가 있다는 것은 왕래가 드물다는 말이다. 繚(료) : 두르다.

22 **[협주]** 진(晉) 장발(張勃)의 ≪오록(吳錄)≫에서 "정고(丁固)가 상서령(尙書令)이 되었을 때 소나무가 배 위에서 자라는 꿈을 꿨는데 기분이 아주 좋지 않았다. 친구인 조직(趙直)이 해몽하여 말하기를, '소나무인 송(松)이란 글자는 십(十), 팔(八), 공(公)으로 이루어져 있다. 그대가 18년 후에 공이 될 것이다.'라고 했다. 과연 말과 같이 되었다."라고 했다.(吳錄. 丁固爲尙書令, 夢松生其腹上, 意甚惡之. 友人趙直解之曰, 松字, 十八公. 君十八年後爲公乎. 果如言.)

[역자주] 偃蹇(언건) : 높이 솟은 모양.

23 **[협주]** 권1 <저녁나절의 갠 날씨를 읊은 부(晩晴賦)>에 보인다.[382](見一卷晩晴賦.)

24 **[협주]** 이백의 <맑은 물의 노래(淥水曲)>에서 "연꽃이 사랑스럽게 말을 건네는 듯하니 배 젓는 이는 시름겨워 죽을 것 같다."라고 했다. ≪문선≫에 실린 좌사(左思) <오도부(吳都賦)>에 대한 유연림(劉淵林)의 주에서 "오나라 풍속에 미녀를 '왜(娃)'라고 한다"라고 했다.(李白, 淥水曲. 荷花嬌欲語, 愁殺蕩舟人.[383] 劉淵林, 吳都賦. 注. 吳俗謂美女爲娃.)

25 **[협주]** 송(宋) 혜홍(惠洪)의 ≪냉재야화(冷齋夜話)≫에서 "두보의 시 <마음 가는 대로 쓴 절구 9수(絶句漫興九首)> 중 세7수에서 '대나무 아래의 어린아이는 아무도 보는 사

381) 哇穗(와수) : 이삭을 내다.

382) 두목의 부 <저녁나절의 갠 날씨를 읊은 부(晩晴賦)>에 "대숲이 밖으로 싸고 있는 것은 10만의 장부가 갑옷과 칼날을 부딪치며 빽빽이 진을 치고 빙 둘러 모시는 것이다.(竹林外裹兮, 十萬丈夫, 甲刃摐摐, 密陣而環侍.)"라는 내용이 있다.

383) 蕩舟(탕주) : 배를 젓다.

람이 없고 모래 가의 오리 새끼는 어미 곁에서 잔다.'라고 했는데 세상에서 '어린아이는 아무도 보는 사람이 없다'가 무슨 말인지 이해하지 못했다. 당나라 사람의 <죽순을 먹다(食筍)> 시[384]에서 '어린아이가 비단 날개를 벗고 나란한 머리에는 옥 향기가 매끄럽다.'라고 했으니 어린아이는 죽순임이 분명하다."라고 했다.(冷齋夜話. 老杜詩, 筍根稚子無人見, 沙上鳧雛傍母眠. 世未解稚子無人見何等語. 唐人食筍詩曰, 稚子脫錦繃,[385] 駢頭玉香滑, 則稚子爲筍, 明矣.)

26 [역자주] 餘趾(여지) : 허물어지고 남아있는 집터를 말한다.

27 **[협주]** 권1 <고향 동산을 그리워하는 부(望故園賦)>에 보인다.[386](見一卷古園賦.)

[역자주] 故蹊(고혜) : 오래된 골목길.

28 **[협주]** 동한(東漢) 장형(張衡) <서경부(西京賦)>에서 "서로 이어져 있다."라고 했는데, ≪문선≫ 주한(朱翰)의 주에서 "은전(隱展)은 서로 이어져 있는 모양이다."라고 했다.(西京賦. 隱隱展展. 注. 隱展, 相連屬貌.)

[역자주] 蟠蛟(반교) : 서려 있는 교룡. 여기서는 언덕이 구불하게 이어진 모습을 비유한 것으로 보인다. 隱隱(은은) : 길게 이어진 모양.

29 **[협주]** 초사 <은자를 부르다(招隱士)>에서 "봄풀이 무성하게 돋았다."라고 했다.(楚詞. 春草生兮萋萋.)

[역자주] 班雉(반치) : 깃털이 알록달록하게 화려한 꿩. 萋萋(처처) : 무성한 모양.

30 [역자주] 蘿(라) : 여라. 나무에 사는 기생식물이다. 紆組(우조) : 인끈을 매다.

31 [역자주] 啓閨(계규) : 규방을 열어놓다.

32 **[협주]** ≪후한서·방맹전(逢萌傳)≫의 기록이다. 방맹은 자가 자강(子康)이다. 당시 왕망(王莽)이 그의 아들 방우(逄宇)를 죽이자 방맹이 친구에게 말하기를, "왕의 기강이 끊어졌고 어진 신하가 떠났으니 화가 장차 내게 미칠 것이다."라고 하고는 즉시 관을 벗어 동도의 성문에 걸어놓고 집으로 돌아갔으며, 가족을 데리고 바다를 떠돌다가 요동(遼東)

384) 이 시는 ≪냉재야화≫에만 전해지며 작자는 미상이다.

385) 錦繃(금익) : 비단 날개. 여기서는 죽순을 감싸고 있는 누런 껍질을 말한다.

386) 두목의 부 <고향 동산을 그리워하는 부(望故園賦)>에 "주나라의 누대와 한나라의 동산(周臺漢園)"이라는 내용이 있다.

에서 객살이를 했다.(後漢書. 逄萌, 字子慶[387]. 時王莽殺其子宇, 萌謂友人曰, 王綱絶, 賢臣去[388], 禍將及人, 卽解冠挂東都城門, 歸, 將家屬浮海, 客學[389]於遼東.)

33 **[협주]** 권1 "어찌하면 붓을 잡고 천자의 순수를 모실까."의 주에 보인다.[390](見一卷何當提筆侍巡狩注.)

[역자주] 이 구는 두목이 감찰어사로서 직분을 제대로 수행할 수 없다는 말이다.

34 **[협주]** ≪주역·대장(大壯)≫에서 "숫양이 울타리를 받아 그 뿔이 걸려서 물러나지도 못하고 나아가지도 못하니 이로움이 없다."라고 했다.(易. 羝羊觸藩, 羸其角.[391] 不能退, 不能遂, 无攸利.)

[역자주] 觸藩羝(촉번저) : 울타리를 받은 숫양. 진퇴양난에 빠진 신세를 비유한다.

해설

이 시는 장안 남쪽에 있는 주파라는 동네에 관해 읊은 것이다. 은거하고 싶지만 관직에 매여 그러지 못하는 신세를 한탄한 뒤, 그곳의 아름다운 풍경을 묘사했다. 결국 두목은 말년에야 비로소 이 근처에 있는 번천의 별장에서 요양했다. 작시 시기는 고찰할 수 없다.

---

387) '慶'은 '康'의 잘못인데, 금산본에는 수정되어 있다.
388) '王綱絶, 賢臣去'는 금산본과 현재 전하는 ≪후한서≫에는 '삼강의 법도가 끊어졌으니 떠나지 않는다면(三綱絶矣, 不去)'으로 되어있다.
389) "學'은 연자(衍字)인데, 금산본에는 없다.
390) 두목의 시 <황제의 교화(皇風)>이나.
391) 羸(리) : 엉기다. 걸리다

062. 이른 봄에 악주자사 이원에게 부치다, 그는 바둑을 잘 두고 술을 좋아했으며 마음이 한가롭고 고아하다

早春寄岳州李使君, 李善棊愛酒, 情地閑雅[1]

城高倚峭巇,[2] 성은 높아 험준한 산봉우리에 기대있고
地勝足樓臺. 땅은 빼어나 누대 세우기에 적합한데,
朔漠暖鴻去,[3] 북방 사막으로 따뜻한 곳의 기러기가 떠나가고
瀟湘春水來.[4] 소상강에서 봄물이 흘러오니,
縈盈幾多思,[5] 구불구불 어찌 그리 생각이 많은가
掩抑若爲裁.[6] 침울해 있으니 어찌 마름질할 수 있을까.
返照三聲角,[7] 되비치는 석양에 세 가지 소리의 뿔피리
寒香一樹梅. 차가운 향기 풍기는 한 그루의 매화,
烏林芳草遠, 오림의 향기로운 풀은 멀고
赤壁健帆開.[8] 적벽에는 튼튼한 돛이 펼쳐질 터인데,
往事空遺恨, 지난 일은 공연히 한을 남기고
東流豈不迴.[9] 동쪽으로 흘러가서 아마 돌아오지 않으리.
分符潁川政,[10] 부절을 나누어 받은 영천태수의 정치
弔屈洛陽才.[11] 굴원을 조문하는 낙양의 인재,
拂匣調珠柱,[12] 상자를 털고는 구슬 장식 기러기발을 조율하고
磨鉛勘玉杯.[13] 흰색 가루를 갈아서 <옥배>를 교감하며,
棊翻小窟勢,[14] 바둑판에서는 소토굴세를 뒤집고

壚撥凍醪醅.[15]	술집에서는 겨울에 빚은 술의 향이 퍼지겠지.
此興予非薄,	이러한 흥취가 나는 엷지 않지만
何時得奉陪.	어느 때나 받들며 함께할 수 있을까.

주석

1 **[협주]** ≪통전通典≫에서 "강남서도(江南西道) 파릉군(巴陵郡) 악주(岳州)"라고 했다. (通典. 江南西道巴陵郡岳州[392].)

[역자주] 岳州(악주) : 지금의 호남성 악양이다. 李使君(이사군) : 이원(李遠)으로 자는 구고(求古)이다. 태화 5년(831) 진사에 급제했고, 복주종사(福州從事), 어사(御史), 사문원외랑(司門員外郎)을 역임했으며, 대중 연간(847-860) 악주자사(岳州刺史)가 되었고 후에 항주자사(杭州刺史)가 되었다. 情地(정지) : 마음이 처한 상태이다.

2 [역자주] 峭巘(초헌) : 험준한 산봉우리.

3 **[협주]** ≪후한서·원안전(袁安傳)≫에서 "북방 사막 지역이 이미 평정되었다."라고 했다. ≪관자(管子)·계제(戒第)≫에서 "환공(桓公)이 말하기를, '기러기는 봄에 북쪽으로 갔다가 가을에 남쪽으로 내려오는데 그 정해진 때를 어기지 않는다.'라고 했다."라고 했다. (後漢書, 袁安傳. 朔漠旣定. 管子. 桓公曰, 鳴雁春北而秋南, 不失其時.)

4 **[협주]** 북송(北宋) 도악(陶岳) ≪영릉총기(零陵總記)≫에서 "소수(瀟水)와 상수(湘水)는 영주(永州)에 있는데 두 강물이 합쳐서 흐르기 때문에 소상이라고 한다."라고 했다. (零陵記. 瀟水湘水在永州, 二水合流謂之瀟湘.)

[역자주] 瀟湘(소상) : 이원이 있는 악주 지역을 가리킨다.

5 [역자주] 縈盈(영영) : 구불구불한 모양. 강물이 구불한 모양을 보고 생각이 이리저리 어지럽게 일어나는 것을 형용한 것으로 보인다. 幾(기) : 어찌하여.

6 [역자주] 掩抑(엄억) : 기분이 침울하다. 若(약) : 어찌. 爲裁(위재) : 마름질하다. 마음을

392) 공산본에는 '通典江巴陵郡'이라고 되어있는데, 금신본을 참고하여 보충했다. 판각을 하다가 아랫부분의 다섯 글자가 실수로 지워진 것으로 보인다.

다스려 근심을 없애는 것을 말한다.

7 **[협주]** 남조 송(宋) 안연지(顏延之)의 ≪찬요(纂要)≫에서 “해가 서쪽에 떨어지는 햇볕이 동쪽에 거꾸로 비치는 것을 반영(反景)이라고 한다.”라고 했다.(西俗393)光返照於東, 謂反景.)

8 **[협주]** ≪후한서·헌제본기(獻帝本紀)≫의 기록이다. 건안(建安) 13년(208) 조조(曹操)가 스스로 승상(丞相)이 되어 남쪽으로 유표(劉表)를 정벌했다. 유표가 죽자 작은아들 유종(劉琮)이 즉위했는데 유종은 형주(荊州) 지역을 가지고 조조에게 항복했다. 수군으로 손권(孫權)을 토벌하려고 했는데 손권의 장수 주유(周瑜)가 오림(烏林)과 적벽(赤壁)에서 조조를 패배시켰다. ≪삼국지·위지(魏志)≫의 기록이다. 손권이 주유, 유비 등과 함께 힘을 합쳐 조조를 공격했는데 적벽에서 조조의 군대를 크게 무찔렀다. ≪통전(通典)≫에서 “악주(岳州)의 관할 현인 파릉(巴陵)에 적벽산이 있는데 조조가 패한 곳이다.”라고 했다.(後漢, 獻帝紀. 建安十三年, 曹操自爲丞相, 南征劉表. 表卒, 少子琮立, 琮以荊州降操. 以舟師伐孫權, 將周瑜敗之於烏林赤壁. 魏志. 孫權與周瑜劉備等併力擊曹公, 大敗公軍於赤壁. 通典. 岳州領縣巴陵, 有赤壁山, 卽曹公敗處.)

9 [역자주] 豈(기) : 아마.

10 **[협주]** ≪한서·문제본기(文帝本紀)≫의 안사고 주에서 “군수(郡守)에게 부(符)를 만들어서 준다는 것은 각기 절반을 잘라 오른쪽의 것은 경사에 두고 왼쪽의 것은 주는 것을 말한다.”라고 했다. ≪당육전(唐六典)·주절(主節)≫에서 “동어부(銅魚符)로 군대를 일으키고 지방 장관을 바꾼다.”라고 했고, 주에서 “서경과 동경의 유수(留守), 여러 주와 여러 군(軍)의 절충부(折衝府), 여러 곳을 토벌하면서 병사를 일으키고 진수하는 곳과 왕궁의 총감(總監)은 모두 동어부를 준다.”라고 했다. ≪한서·황패전(黃霸傳)≫에서 “황패는 자가 차공(次公)이다. 영천태수(潁川太守)가 되었을 때 녹봉이 비이천석(比二千石)이었다. 후에 조서가 내려와 영천태수로 돌아갔는데 봉록은 팔백석이었지만 다스림은 예전과 같았다. 8년쯤 되자 군이 더욱 잘 다스려졌다.”라고 했다.(漢書, 文帝紀. 注. 與郡守爲符者, 謂各分其半, 右留京師, 左以與之也. 唐六典. 銅魚符所以起軍旅, 易守長.

393) ‘俗’은 ‘落’의 잘못인데, 금산본에는 수정되어 있다. 그리고 금산본에는 맨 앞에 ‘纂要曰’ 세 글자가 더 있는데 보충하여 번역했다.

兩京留守, 若諸州諸軍折衝府, 討諸處提兵鎭守之所及宮總監皆銅魚符. 漢書. 黃霸, 字次公. 爲潁川太守, 秩比二千石. 後有詔, 歸潁川太守, 官以八百石居, 治如其前, 前後八年, 郡中愈治.)

[역자주] 이 구는 악주의 이원이 영천의 황패처럼 지역을 잘 다스렸다는 말이다.

11 **[협주]** 권1 "불살라 가의에게 보낸다."의 주에 보인다.[394] 진(晋) 반안(潘安)의 <서정부(西征賦)>에서 "종동(終童)은 산동의 빼어난 영재이고 가의는 낙양의 인재이다."라고 했다.(見一卷焚之遺賈生注. 西征賦. 終童山東之英妙, 賈生洛陽之才子.)

[역자주] 이 구는 장사로 폄적되어 가던 한나라의 가의가 상강에서 굴원을 조문하는 글을 지은 것을 말해 이원을 가의에 빗댄 것이다.

12 **[협주]** 남조 강엄(江淹)의 <별부(別賦)>에서 "옥 기러기발을 내버려 두고 수레를 눈물로 적신다."라고 했고, ≪문선≫ 여연제(呂延濟)의 주에서 "슬(瑟)에 기러기발이 있는데 옥으로 그것을 만들었다."라고 했다. 사령운(謝靈運)의 <길을 가다가 산중을 생각하다(道路憶山中)>에서 "간곡하게 높다란 기러기발에 하소연한다."라고 했고, (≪문선≫의 주에서) 이선이 "위주(危柱)는 금(琴)이다"라고 했다.(別賦. 橫玉柱而霑軾. 注. 瑟有柱, 以玉爲之. 謝靈運詩. 殷勤訴危柱. 李善云, 危柱, 琴也.)

[역자주] 拂匣(불갑) : 상자의 먼지를 떨다. 오래 묵혀 놓았던 악기를 꺼낸다는 말이다. 柱(주) : 슬(瑟)과 같은 현악기에서 현의 음을 조율하기 위해 현을 받치는 기러기발을 말한다.

13 **[협주]** ≪한서·동중서전(董仲舒傳)≫에서 "동중서가 지은 것은 모두 경학의 뜻을 밝히는 것인데, 상소문과 교령(敎令)을 합치면 모두 123편이다. ≪춘추(春秋)≫ 기사의 득실을 해설한 것과 <문거(聞擧)>, <옥배(玉杯)>, <번로(蕃露)>, <청명(淸明)>, 죽림(竹林)> 등의 글이 또 수십 편, 10여만 자인데 모두 후세에 전해진다."라고 했다.(漢書, 董仲舒傳. 仲舒所著皆明經術之意, 及上疏條敎, 乃百二十三篇. 而說春秋事得失, 聞擧玉杯蕃露淸明竹林之屬. 後[395]數十篇, 十餘萬言, 皆傳於後世也.)

[역자주] 磨鉛(마연) : 흰색 가루를 갈다. 틀린 글자를 수정하기 위해 흰 칠을 준비하는

394) 두목의 시 <감회를 읊은 시 한 수(感懷詩一首)>이다.

395) '後'는 '復'의 잘못이다.

것을 말한다. 勘(감) : 교감하다. 틀린 글자를 바로잡다. 玉杯(옥배) : 원래는 동중서가 지은 글의 제목인데, 후에 중요한 저작을 가리키는 말로 사용되었다.

14 **[협주]** 기보(碁譜)에 대토굴세(大兎窟勢)와 소토굴세(小兎窟勢)가 있다.(碁譜有大兎窟勢, 小兎窟勢.)

15 **[협주]** 본집의 주에서 "≪시경·빈풍(豳風)·칠월(七月)≫에서 '이 봄 술을 만들어 장수를 돕는다.'라고 했고, 모장(毛萇)의 주에서 '(봄 술은) 겨울에 담가서 봄에 익는 술이다.'라고 했다."라고 했다.(本注. 詩. 爲此春酒, 以介眉壽.[396] 注. 凍醪.)

[역자주] 罏(로) : 술집에서 흙으로 쌓아서 술을 놔둔 대를 말한다. 撥(발) : 퍼지다. 凍醪(동료) : 겨울에 담근 술. 봄에 익는다. 醅(배) : 거르지 않은 술로 일반적으로 술을 가리킨다.

해설

이 시는 악주자사 이원에게 부치는 것이다. 당시 두목은 호주자사(湖州刺史)로 있으면서 봄날 경물을 바라보며 구슬픈 생각이 들어 이를 해소하기 위해 이원을 생각했다. 악주의 여러 경물을 상상하여 묘사한 뒤 고아한 흥취를 가진 이원을 칭송하고는 그와 만나고자 하는 뜻을 표현했다. 대개 대중 5년(851) 봄에 지은 것으로 추정한다.

---

396) 介(개) : 돕다. 眉壽(미수) : 장수하다.

063. 하구에 있는 좌주의 막부로 가는 왕 시어를 보내다

送王侍御赴夏口座主幕[1]

君爲珠履三千客,[2]	그대가 구슬 장식 신발 신은 삼천 명의 빈객이 되었고
我是青衿七十徒.[3]	나는 푸른 옷깃의 옷을 입은 칠십 명의 학도였는데,
禮數全優知隗始,[4]	예의는 곽외부터 시작할 걸 아는지를 온전히 근심하겠지만
討論常見念回愚.[5]	토론은 안회가 어리석다고 생각하는지를 항상 보았지.
黃鶴樓前春水闊,[6]	황학루 앞에 봄날의 물이 드넓을 텐데
一杯還憶故人無.[7]	한 잔 술로 또 옛사람이 없음을 추억하겠지.

주석

1 **[협주]** ≪십도지≫에서 "강남도(江南道) 악주(岳州)에 하구포(夏口浦)가 있다."라고 했다.(十道志. 江南道岳州有夏口浦.)

[역자주] 王侍御(왕시어) : 시어는 당대에 감찰어사(監察御史)나 전중시어사(殿中侍御史)를 가리키며, 지방 막부의 참모를 일컫기도 했다. 왕씨에 대해서는 고찰할 수가 없다. 夏口(하구) : 지금의 호북성 무창(武昌)이다. 座主(좌주) : 당나라 때 진사에 합격한 이가 자신의 과거 감독관을 부르는 말인데 두목의 좌주는 최언(崔郾)이었다. 최언은 태화 5년(831) 악악관찰사(鄂岳觀察使)로 있었다.

2 **[협주]** 위의 <춘신군(春申君)>의 주에 보인다.(見上春申君注.)

[역자주] 珠履三千客(주리삼천객) : 구슬로 장식한 신발을 신은 삼천 명의 빈객이란 뜻으로, 춘신군의 많은 빈객이 화려한 복식으로 대우받고 있음을 말하는 것이다. 여기서는 왕씨가 최언의 막부에 있게 되었음을 비유한다.

3 **[협주]** ≪시경·정풍(鄭風)·자금(子衿)≫에서 "푸르고 푸른 옷깃."이라고 했고 모장(毛萇)의 전(傳)에서 말하기를, "청금(青衿)은 푸른 옷깃으로 학생의 복식이다."라고 했다. ≪사기·공자세가(孔子世家)≫에서 "공자가 ≪시경≫, ≪서경≫, ≪예기≫, ≪악경≫으로 제자들을 가르쳤는데 대체로 삼천 명이었다. 몸소 육예를 통달한 자는 72명이었다."라고 했다.(詩. 青青子衿. 毛萇傳曰, 青衿, 青領也. 學子之所服. 史記. 孔子以詩書禮樂敎子弟, 蓋三千焉. 身通六藝者, 七十有二人.)

[역자주] 최언은 두목의 좌주인데, 당시 과거급제자는 자신의 과거 감독관을 스승으로 여기는 풍습이 있었으며, 이 구는 이를 언급한 것이다.

4 **[협주]** 위의 "내가 비록 황금대에 있지만"의 주에 보인다.[397](見上我雖在金臺注.)

[역자주] 禮數(예수) : 상대방을 대한 예의의 극진함을 가리킨다. 隗始(외시) : 곽외(郭隗)로부터 시작하다. 연(燕)나라 소왕(昭王)이 천하의 인재를 등용하기 위해서 우선 곽외의 주장을 받아들여 그를 극진히 우대하고는 황금을 둔 누대를 설치했다. 이에 소왕에게 진정 인재를 우대할 의사와 능력이 있음을 확인한 전국의 인재들이 연나라로 모여들었다. 이 구는 최언이 연나라 소왕처럼 인재를 우대한다는 것을 칭송하면서, 왕씨 역시 그곳에서 환대받을 것이니 이를 염려할 필요가 없다는 말이다.

5 **[협주]** 공안국(孔安國)의 ≪상서(尙書)·서(序)≫에서 "삼분오전(三墳五典)의 고전을 토론한다."라고 했다. ≪논어·위정(爲政)≫에서 "공자가 말하기를, '내가 안회와 말을 했는데 종일 내 뜻을 어기지 않는 것이 마치 어리석은 사람과 같았다. 그가 물러난 뒤 그의 사사로운 언행을 살펴보니 또한 내 뜻을 펼치기에 충분했다. 안회는 어리석지 않다.'라고 했다."라고 했다.(孔安國, 尙書序. 討論墳典. 論語. 孔子曰, 吾與回言, 終日不違如愚. 退而省其私, 亦足以發, 回也, 不愚.)

[역자주] 이 구는 두목이 최언과 사제관계로 있을 때 최언이 공자와 같은 태도를 지녔다는 말이다.

6 **[협주]** ≪십도지≫에서 "악주(鄂州)는 지금의 강하군(江夏郡)이고 황학산(黃鶴山)이 있다."라고 했다. ≪술이기(述異記)≫에서 "순괴(荀瓌)는 자가 숙위(叔偉)이다. 은거하면

---

397) 두목의 시 <지주에서 맹지 선배를 보내다(池州送孟遲先輩)>이다.

서 곡식을 먹지 않고 양생했다. 일찍이 동쪽을 노닐다가 강하의 황학루(黃鶴樓) 위에서 쉬었다. 서남쪽을 바라보니 어떤 물체가 있었는데 표연히 하늘에서 내려왔다. 잠시 후에 도착했는데 학을 탄 손님이었다. 학은 문 옆에 서 있고 신선은 자리에 앉았는데 깃털 웃옷에 무지개 치마를 입었다. 손님과 주인이 즐겁게 마주했고 끝난 뒤에 작별하고 떠나갔다. 학을 타고 하늘로 솟았는데 아득히 연기처럼 사라졌다."라고 했다. 당(唐) 최호(崔顥)의 <황학루> 시에서 "황학이 한 번 가고 돌아오지 않으니 흰 구름이 천 년 동안 공연히 아득하구나."라고 했고, ≪재조집(才調集)≫[398]의 주에서 "황학은 사람 이름이다."라고 했다.(十道志. 鄂州, 今江夏郡, 有黃鶴山. 逑傳[399]. 荀瓌, 字叔偉. 潛棲卻粒,[400] 嘗東遊, 憩江夏黃鶴樓上. 望西南, 有物, 飄然降自霄漢.[401] 俄頃已至, 乃駕鶴之賓也. 鶴止戶側, 仙者就席, 羽衣霓裳, 賓主歡對, 已而辭去. 跨鶴騰空, 渺然烟滅. 崔顥, 黃鶴樓詩曰, 黃鶴一去不復返, 白雲千載空悠悠. 注云, 黃鶴, 乃人名也.)

7 [역자주] 故人(고인) : 옛사람. 또는 친구. 황학루에 왔다가 다시 오지 않는 신선을 의미하며, 한편으로는 왕씨의 친구인 두목 자신을 가리킬 수도 있다.

해설

이 시는 최언의 막부로 가는 왕씨를 전송하며 지은 것이다. 최언이 두목의 스승으로서 훌륭한 교육관을 가졌고, 또 그가 막부의 주인으로서 인재를 우대하니 왕씨가 그곳에서 환대받을 것임을 말한 뒤, 그곳의 황학루에서 추억에 잠길 것임을 추측하여 기술했다. 대개 최언의 행적에 따라 태화 6년(832)와 태화 9년(835) 사이에 지은 것으로 추정한다. 당시 두목은 선주(宣州)와 양주(楊州)에 있었다.

---

398) 재조집(才調集) : 당나라 때 엮은 당시 선집이다. 엮은이와 주석가의 이름은 고찰할 수 없다.
399) '逑傳'은 '逑異記'의 잘못이다.
400) 潛棲(잠서) : 은거하다. 卻粒(각립) : 곡식을 물리치다. 양생하여 신선술을 익히는 방법이다.
401) 霄漢(소한) : 하늘.

064. 자신에게 주다

自貽[1]

杜陵蕭次君,	두릉의 소육
遷少去官頻.[2]	승진은 안 되고 관직을 자주 떠났지.
寂寞憐吾道,	쓸쓸히 나의 도를 가엽게 여기나니
依俙似古人.[3]	희미한 것이 옛사람과 비슷하구나.
飾心無彩績,[4]	마음을 꾸미자니 화려한 비단이 없고
到骨是風塵.[5]	뼈에 이르는 것은 바람과 먼지라네.
自嫌如匹素,	스스로 싫어하는 것은 한 필의 흰 비단을
刀尺不由身.[6]	가위와 자로 스스로 재단하지 못하는 것이지.

주석

1 [역자주] 貽(이) : 주다.

2 **[협주]** ≪한서·소육전(蕭育傳)≫에서 "소육은 자가 차군(次君)이며 소망지(蕭望之)의 아들이다. 사람됨이 엄격하고 위의를 숭상했기에 관직에 있을 때 자주 면직되었고 승진되지 않았다. 소망지는 동해(東海) 난릉(蘭陵) 사람인데 두릉(杜陵)으로 옮겼다."라고 했다.(漢書. 蕭育, 字次君. 望之子. 爲人嚴猛尙威, 居官數免, 稀遷. 望之, 東海蘭陵人也, 徙杜陵.)

3 [역자주] 依俙(의희) : 희미한 모양.

4 [역자주] 彩績(채궤) : 화려한 비단을 가리킨다.

5 [역자주] 風塵(풍진) : 바람과 먼지. 여기저기 떠돌며 힘들게 관직을 하는 것을 비유한다.

6 **[협주]** 곽태기(郭泰機)의 <부함에게 답하다(答傅咸)> 시에서 “깨끗한 하얀 비단의 실은 방직하여 추위에 떠는 여인의 옷이 되리. 추위의 여인은 솜씨가 뛰어나지만 베틀을 쥘 수가 없네. 옷 만드는 이가 가위와 자를 가지고는 나를 내팽개치기를 갑자기 버리는 듯 하네.”라고 했다.(郭泰機, 答傅咸詩. 皦皦白素絲,[402] 織爲寒女衣. 寒女雖巧妙, 不得秉杼機. 衣工秉刀尺, 棄我忽若遺.)

해설

이 시는 자신의 감정을 토로하는 것이다. 엄격함을 지키느라 낮은 관직을 전전하며 지내는 형편이 소육과 같음을 말한 뒤 이러한 상태를 스스로 해결하지 못하는 답답함을 드러내었다. 창작 시기는 고찰할 수 없다.

402) 皦皦(교교) : 하얀 모양.

065. 스스로 위로하다

自遣[1]

四十已云老,	나이 마흔이면 이미 늙었다고 하는데
況逢憂窘餘.[2]	하물며 넘치는 군색함을 근심하게 되었음에랴.
且抽持板手,[3]	잠시 홀을 꺼내 손에 쥐었다가
卻展小年書.[4]	도리어 박명에 관한 책을 펼친다.
嗜酒狂嫌阮,[5]	술을 좋아하여 제멋대로였기에 완적을 의심하고
知非晩笑蘧.[6]	그릇되었음을 아는 것이 늦었기에 거백옥을 비웃는다.
聞流寧嘆吒,[7]	떠도는 말을 듣고 어찌 분노할 것인가
待俗不親疎.	세속 사람을 대하면서 친하거나 소원함이 없으며,
遇事知裁剪,[8]	일을 만나면 잘라내야 할 것을 아니
操心識卷舒.[9]	마음을 조절하여 말고 폄을 안다.
還稱二千石,[10]	그래도 자사라고 불리는데
於我意如何.	내게 무슨 의미가 있겠는가.

주석

1 **[협주]** 황주(黃州)에서 지은 것이다.(黃州.)

2 [역자주] 窘餘(군여) : 군색함이 넘쳐나다. 많이 곤궁한 상황을 말한다.

3 [역자주] 板(판) : 여기서는 홀(笏)을 가리킨다. 홀은 신하가 조회할 때 드는 나무판으로 간단한 사항을 메모하는 것이다. 手(수) : 손에 쥐다. ≪세설신어(世說新語)·간오(簡傲)≫

에 다음과 같은 이야기가 있다. 왕자유(王子猷)가 환충(桓沖)의 거기참군(車騎參軍)으로 있을 때 환충이 할 일을 다했냐고 물어보았는데, 왕자유는 처음에는 답을 하지 않다가 곧장 위를 쳐다보고는 홀을 턱에 괴고 "서산에서 아침이 되니 시원한 바람을 불어오는구나."라고 했다. 이 구는 이 이야기를 암용한 것으로 관직 생활 도중 유유자적하게 생활하는 모습을 표현한 것이다.

4 [역자주] 小年書(소년서) : 짧게 사는 것에 관해 적은 책. ≪장자·소요유(逍遙遊)≫에 다음과 같은 말이 있다. 하찮은 앎은 큰 앎에 미치지 못하고 짧게 사는 것은 오래 사는 것에 미치지 못한다. 어떻게 그러한 것을 알 수 있는가? 하루살이 이끼는 한 달이 있다는 것을 알지 못하고 매미는 일 년이 있다는 것을 알지 못한다. 이것은 짧게 사는 것이다. 초나라 남쪽에 명령(冥靈)이라는 나무가 있는데 오백 년을 봄으로 여기고 오백 년을 가을로 여긴다. 상고시대에 대춘(大椿)이라는 나무가 있는데 팔천 년을 봄으로 여기고 팔천 년을 가을로 여긴다. 이것은 오래 사는 것이다. 그런데 팽조가 오히려 지금은 오래 산다고 소문이 났으니 평범한 사람이 이에 비하면 또한 슬프지 아니한가.

5 **[협주]** 권1의 "한 번 취하면 육십 일이라는 것은 예로부터 완적에게서 들었다."의 주에 보인다.[403] (見一卷一醉六十日, 古來聞阮生注.)

[역자주] 嗜酒(기주) : 술을 좋아하다. 阮(완) : 위진(魏晉) 죽림칠현의 한 명인 완적(阮籍)으로 그는 술에 취해 기행을 일삼았다.

6 **[협주]** 회남자(淮南子)가 말하기를, "거백옥(蘧伯玉)은 나이 오십에 49년이 그릇되었음을 알았다."라고 했고, 주에서 "올해 행한 것이 옳으니 또 돌아보고는 지난해에 행한 것이 그릇되었음을 안다. 해마다 후회하면서 죽음에 이르니 그러므로 49년의 그릇됨이 있는 것이다."라고 했다.(淮南子曰, 蘧伯玉年五十而有[404]四十九年非. 注. 今年所行是也, 則還顧知去年之所行非也. 歲歲悔之, 以至於死, 故有四十九年非也.)

7 **[협주]** ≪예기(禮記)·유행(儒行)≫에서 "떠도는 말을 들으면 믿지 않는다."라고 했다. '타(吒)'는 음이 칙과 가의 반절이다. '탄(嘆)'과 '타(吒)'는 둘 다 화낸다는 뜻이다.(禮,

403) 두목의 시 <선주에서 부임하러 경사로 들어가다가 도중에 선주로 돌아가는 배탄 판관을 만났기에 써서 주다(自宣州赴官入京, 路逢裴坦判官歸宣, 因題贈)>이다.

404) 현재 전하는 ≪회남자≫에는 '有'가 '知'로 되어있다.

儒行. 聞流言, 不信其行[405]. 吒音陟嫁切. 嘆吒, 二怒也.)

8 [역자주] 裁剪(재전) : 마름질하고 자르다. 일을 취사선택하여 안배하는 것을 말한다.

9 [역자주] 卷舒(권서) : 자신의 뜻을 말아서 접는 것과 펼치는 것을 뜻한다.

10 **[협주]** ≪한서·순리전(循吏傳)≫에서 "선제(宣帝)가 일찍이 말하기를, '백성이 농업과 생활을 편안히 여겨 탄식하고 근심하는 마음을 잊게 하는 것은 정치가 공평하고 소송이 타당하기 때문이다. 내게 이러한 것을 제공할 자는 오직 훌륭한 이천석 뿐이다.'라고 했다."라고 했고, 안사고가 주에서 "군수, 제후, 재상을 말한다."라고 했다. ≪당회요(唐會要)≫에서 "이천석은 지금의 자사(刺史)이다."라고 했다.(前漢書, 循吏傳. 宣帝嘗曰, 庶民所以安其田里, 亡歎息愁恨之心者, 政平訟理也. 與我共此者, 其唯良二千石乎. 師古曰, 謂郡守諸侯相也. 唐會要. 二千石者, 今之刺史也.)

해설

이 시는 두목이 황주자사(黃州刺史)로 있으면서 울적한 마음을 달래며 지은 것이다. 자사 생활을 하면서 곤란하고 억울한 상황을 당한 것으로 보이는데 이에 개의치 않고 적당히 처신하며 자사의 본분을 다하겠다는 뜻을 표현했다. 창작 시기는 회창 2년(842)에서 회창 4년(844) 사이이다.

405) '其行'은 뒤의 문장에 연결되는 것인데 잘못 들어갔다.

066. 오동나무 잎에 쓰다
題桐葉

去年桐落故溪上, 지난해에 오래된 시내 위로 오동잎이 떨어질 때
把葉因題歸燕詩.[1] 잎을 가져다가 <돌아가는 제비> 시를 썼는데,
江樓今日送歸燕, 강가 누대에서 오늘 돌아가는 제비를 보내니
正是去年桐落時. 정말로 지난해 오동잎 떨어질 때와 같구나.
葉落燕歸眞可惜, 잎은 떨어지고 제비는 돌아가니 정말로 안타깝고
東流玄髮且無期.[2] 동쪽으로 흘러간 검은 머리칼은 또 기약이 없는데,
笑筵歌席反惆悵,[3] 웃고 노래하는 연회자리가 도리어 애달프고
朗月淸風見別離.[4] 밝은 달과 맑은 바람은 헤어짐을 드러내네.
莊叟彭殤同在夢,[5] 장자에게 있어 팽조와 요절은 함께 꿈속에 있었고
陶潛身世兩相遺.[6] 도연명에게 있어 자신과 세상은 둘 다 서로 버렸으니,
一丸五色成虛語,[7] 오색 환약 한 개는 헛된 말이 되었고
石爛松薪更莫疑.[8] 반들거리는 돌과 소나무 땔감은 또 의심치 않네.
哆侈不勞文似錦,[9] 크게 벌리고 비단 같은 무늬 만드느라 수고롭지 않고
進趣何必利如錐.[10] 나아가 좇으며 송곳같이 날카로울 필요가 있겠는가.
錢神任爾知無敵,[11] 돈의 신은 다른 이에게 맡겨두었으니 적이 없음을 알겠고
酒聖於吾亦庶幾.[12] 술의 성인은 나에게서 또 바라는 것이지.
江畔秋光蟾閣鏡,[13] 강 두둑의 가을빛은 망섬각의 거울 같고
檻前山翠茂陵眉.[14] 난간 앞의 푸른 산빛은 무릉의 눈썹 같기에,

鐏香輕泛數枝菊,	술잔의 향기에 여러 가지의 국화를 가볍게 띄우니
簷影斜侵半局棊.	처마 그림자가 반쯤 둔 바둑판에 비스듬히 스며드네.
休指宦游論巧拙,[15]	떠도는 관직에 대해 영민함과 어리석음 논하는 일 그만두고
只將愚直禱神祇.[16]	그저 우직함을 가지고 하늘과 땅에 기도할 것이니,
三吳煙水平生念,[17]	오 땅의 안개와 물을 평생 염두에 두었기에
寧向閑人道所之.	결국은 한가로운 이를 향해 길을 가리라.

주석

1 [역자주] 歸燕詩(귀연시) : 권3에 있는 <돌아가는 제비(歸鷰)>를 가리키는 것으로 보이며 창작 시기는 고찰할 수 없다.

2 **[협주]** 권1 "드문드문 검은 머리카락이 자라났지."의 주에 보인다.406)(見一卷蕭蕭玄髮抽注.)

[역자주] 東流(동류) : 동쪽으로 흘러가는 강물. 돌아오지 않는 세월을 비유한다. 玄髮(현발) : 검은 머리카락. 젊음을 상징한다.

3 [역자주] 惆悵(추창) : 구슬픈 모양.

4 **[협주]** ≪진서(晉書)≫에서 "유담(劉惔)은 자가 진장(眞長)이다. 밤에 간문제(簡文帝)의 연회 자리에서 구슬프게 탄식하며 말하기를, '바람은 맑고 달은 밝지만 현도가 없는 것이 한스럽다.'라고 했다."라고 했다.407) 허순(許詢)의 자가 현도(玄度)이다.(晉書. 劉惔, 字眞長. 夜在簡文座, 愀然歎曰,408) 淸風朗月, 恨無玄度. 許詢, 字玄度.)

5 **[협주]** 권1 "누가 팽조이고 일찍 죽은 아이일까."의 주에 보인다.409)(見一卷何者爲彭

406) 두목의 시 <동쪽으로 유람가는 기 처사를 낙중에서 송별하는 시(洛中送冀處士東游詩)>이다.

407) 이 기록은 현재 전하는 ≪진서≫에는 보이지 않는다.

408) 愀然(추연) : 근심스러운 모양.

409) 두목의 시 <군청의 관사에서 홀로 술을 들다(郡齋獨酌)>이다.

殤注.)

[역자주] 莊叟(장수) : 장자를 가리킨다. ≪장자·제물론(齊物論)≫에서 "누구도 요절한 아이보다 오래 살지 못했고 팽조는 요절했다.(莫壽乎殤子而彭祖爲夭.)"라고 했다. 彭殤(팽상) : '팽'은 팽조(彭祖)인데 800세까지 살았다는 전설상의 인물이고, '상'은 20세가 되기 전에 죽는 것을 말한다.

6 **[협주]** 도연명(陶淵明)의 <귀거래사(歸去來辭)>에서 "세상과 내가 서로 버렸으니 다시 벼슬길에 올라 무엇을 구하겠는가."라고 했다.(陶潛, 歸去來辭. 世與我而相遺, 復駕言兮焉求.410))

7 **[협주]** 위(魏) 문제(文帝)의 시 <절양류행(折楊柳行)>에서 "서산은 얼마나 높은가? 높고 높아 끝이 없는 듯하구나. 위에 두 선동이 있는데 마시지도 않고 먹지도 않네. 내게 환약 하나를 주는데 오색으로 빛나네. 그것을 먹고 사오일 지나니 몸에서 날개가 돋네."라고 했다.(魏文帝詩. 西山一何高, 高高殊未極. 上有兩仙僮, 不飮亦不食. 與我一丸藥, 光耀有五色. 服之四五日, 身體生羽翼.)

8 **[협주]** 진(晉) 복침(伏琛)의 ≪삼제략기(三齊略記)≫의 기록이다. 영척(寗戚)이 제(齊) 환공(桓公)이 나오기를 기다렸다가 소뿔을 두드리며 노래하기를, "남산이 빛나고 흰 돌은 반들거리네. 살아서 요순을 만나지 못하고 짧고 얇은 베옷은 정강이에 겨우 닿네. 황혼에 소 먹이고 한밤중이 되었는데 밤은 아득하게 기니 언제 새벽이 될까? 소야, 소야, 많이 먹거라, 큰 콩과 가느다란 풀이 네 옆에 있다. 나는 마땅히 너와 함께 제나라를 다스릴 것이다."라고 했다. 환공이 이 노래를 듣고는 마침내 그를 기용하여 재상으로 삼았다. <고시십구수>에서 "옛 무덤은 갈려서 밭이 되고 소나무와 측백나무는 잘려서 땔감이 되었다."라고 했다.(三齊略記. 寗戚俟齊桓公出, 扣牛角歌曰, 南山燦兮白石爛. 生不逢堯與舜, 短布單衣才至骭.411) 黃昏飼牛至夜半, 長夜漫漫何時旦. 牛兮牛兮努力食, 大豆細草在汝側, 吾當與汝相齊國. 桓公聞之, 遂用爲相. 古詩. 古墓犂爲田, 松柏摧爲薪.)

---

410) 駕言(가언) : 수레를 타다. 출행하는 것으로 여기서는 벼슬길에 오르는 것을 말한다. '언'은 뜻 없는 조사이다. 焉(언) : 무엇. 어찌.

411) 骭(간·한) : 정강이.

[역자주] 石爛(석란) : 돌이 반들거리다. 협주에서는 영척의 고사를 인용한 것으로 윗사람의 인정을 받아 관직에 나아가는 것을 말한 것으로 보았다. 이와 달리 돌이 문들어지다로 풀이하여 부귀영화를 누리던 사람의 무덤에 있던 비석이 허물어지는 것을 뜻해 인생의 허망함을 말하는 것으로 볼 수도 있다. 松薪(송신) : 소나무가 땔감이 되다. 부귀영화를 누리던 사람의 무덤이 결국 황폐해지는 것을 뜻해 인생의 허망함을 말한다.

9 **[협주]** ['치(哆)'는] 척과 야의 반절이다. ≪시경·소아(小雅)·항백(巷伯)≫에서 "알록달록 조개 무늬와 비단 무늬를 이루었다."라고 했고, 모장(毛萇)의 주에서 "처비(萋斐)는 무늬가 화려하게 교차한 것이고, 패금(貝錦)은 비단 무늬이다."라고 했으며, 정현의 전(箋)에서 "비단 무늬라고 한 것은 무늬가 흰 바탕의 누런 무늬 조개인 여천(餘泉)과 누런 바탕의 흰 무늬 조개인 여지(餘蚳)의 무늬와 같은 것이다. 흥(興)인데 참언하는 사람들이 모여 내 과오를 가지고 죄를 만든 것이 여자 일꾼이 채색을 모아 비단 무늬를 만드는 것과 같다고 비유한 것이다."라고 했다. 같은 시에서 "다리를 넓게 벌리고 남쪽의 기성(箕星)을 이루었다."라고 했고, 정현의 전(箋)에서 "기성이 쫙 벌렸다는 것은 키의 안쪽이 좁고 바깥쪽이 넓은 것을 말한다. 지금 참언하는 이가 환관이 혐의에 가깝다고 했기에 그의 죄를 말하게 되었으니 마치 기성이 쫙 벌리고 있는 것과 같이 크게 과장하는 것이다."라고 했다. 사령운(謝靈運)의 시[412]에서 "백옥의 흠이야 그래도 갈아낼 수 있지만 말로는 쉽게 더럽혀지는 법, 비록 신의의 괘를 품었더라도 오히려 비방의 시로 고생했다."라고 했다.(尺也切. 詩. 萋兮斐兮, 成是貝錦. 注. 萋斐, 文章相錯也. 貝錦, 錦文也. 箋云, 錦文者, 文如餘泉餘蚳之貝文也. 興者, 喻讒人集作己過以成於罪, 猶女工之集采色以成錦文. 哆兮侈兮, 成是南箕. 箋云, 箕星哆然, 踵狹而舌廣. 今讒人之因寺人之近嫌而成言其罪, 猶因箕星之哆而侈大之. 謝靈運詩. 白珪尙可磨, 斯言易爲緇.[413] 雖抱中孚爻,[414] 猶勞貝錦詩.)

[역자주] 哆侈(치치) : 넓게 벌리다. 곡식을 까부르는 도구인 키의 모양이 안쪽은 좁다가 바깥쪽으로 나오면서 넓어지는 것을 형용한 것이다. 이를 통해 과장하여 남을 모함하는

---

412) 사령운의 시 <막 석수성을 출발하다(初發石首城)>이다.
413) 緇(치) : 검어지다. 더럽혀지다.
414) 中孚(중부) : ≪주역≫의 괘명으로 신의에 관한 것이다.

것을 비유한다. 이 구는 자신이 영달하기 위해서 굳이 남을 모함하려고 노력하지 않는다는 말이다.

10 **[협주]** 남조 양(梁) 유준(劉峻)의 <절교에 관해 넓게 의론하다(廣絶交論)>에서 "송곳이나 칼날 끝을 추구한다."라고 했고, ≪문선≫ 유향(劉向)의 주에서 "작은 이익을 추구한다는 말이다."라고 했다. ≪진서(晉書)·조납전(祖納傳)≫의 기록이다. 종아(鍾雅)가 조사언(祖士言)에게 말하기를, "나는 여(汝) 땅과 영(潁) 땅의 선비라서 날카롭기가 송곳과 같지만, 그대는 연(燕) 땅과 대(代) 땅의 선비라서 둔하기가 방망이와 같다."라고 하니, 조사언이 말하기를, "나의 철퇴로 그대의 날카로운 송곳을 때리겠다."라고 했다. 종아가 말하기를, "스스로 신령스러운 송곳을 가지고 있기에 때릴 수 없을 것이다."라고 하니, 조사언이 말하기를, "신령스러운 송곳이 있으니 또한 신령스러운 방망이가 있다."라고 했다.(廣絶交論. 趨錐刀之末. 注. 趨其小利. 晉書. 鍾雅語祖士言, 我汝潁之士, 利如錐. 卿燕代之士, 鈍如槌. 祖曰, 以我鐵槌打爾利錐. 鍾曰, 自有神錐不可得而打. 祖曰, 旣有神錐, 亦有神槌.)

[역자주] 進趨(진추) : 나아가 좇다. 부귀영화를 추구하는 것을 말한다. 錐(추) : 송곳. 이 구는 부귀영화를 추구하기 위해 경쟁할 필요가 없다는 말이다.

11 **[협주]** 위의 "그래서 노포의 <전신론>을 본다."의 주에 보인다.[415] (見上因看魯褒論注.)

[역자주] 錢神(전신) : 진(晉) 노포(魯褒)가 <돈의 신에 관해 논하다(錢神論)>를 지어서 부귀를 추구하는 세상을 풍자했다. 이 구는 돈에 관심이 없기에 다른 사람의 적이 되지 않는다는 말이다.

12 **[협주]** 위(魏) 어환(魚豢)의 ≪위략(魏略)≫에서 "태조(太祖) 때 술을 금지했지만 사람들이 몰래 그것을 마셨다. 그래서 술이라고 말하기 어려워 백주를 현인이라고 하고 청주를 성인이라고 했다."라고 했다. 동한 황보숭(皇甫嵩)의 <나날이 취하다(醉鄉日月)>에서 "무릇 술이 색이 맑으며 맛이 무겁고 달면 성스러운 것이고, 색이 금과 같으며 맛이 진하고 독하면 어진 것이며, 색이 검으며 맛이 시고 묽으면 어리석은 것이다."라고 했다. (魏略. 太祖時, 禁酒而人竊飮之, 故難言酒, 以白酒爲賢人, 淸酒爲聖人. 醉鄕日月. 凡

415) 두목의 시 <급사중 이중민을 읊은 시 2수(李給事中敏二首)> 중 제2수이다.

酒以色淸味重而飴爲聖,416) 色如金而味醇且苦者爲賢. 色黑而酸酣417)者爲愚.)

[역자주] 庶幾(서기) : 바라다.

13 **[협주]** 동한(東漢) 곽헌(郭憲)의 ≪동명기(洞冥記)≫에서 "망섬각(望蟾閣) 위에 청동 거울이 있는데 넓이가 네 자이다. 원광(元光) 연간(기원전 134-기원전 129)에 파저국(波低國)에서 이 거울을 바쳤는데 거울을 비추면 도깨비나 온갖 귀신이 보여서 감히 형체를 숨길 수가 없다."라고 했다.(郭子橫, 洞冥記. 望蟾閣上有靑金鏡, 廣四尺. 元光中, 波低418)國獻此鏡, 鏡照見魑魅百鬼, 不敢隱形.)

14 **[협주]** ≪서경잡기(西京雜記)≫에서 "탁문군(卓文君)은 눈썹을 먹으로 그려 꾸미지 않아도 눈썹 모양이 먼 산을 바라보는 것과 같았다. 얼굴 모양은 항상 부용과 같았고 피부는 기름과 같이 하얬다."라고 했다. ≪한서·사마상여전(司馬相如傳)≫에서 "사마상여가 병으로 관직을 그만두었는데 집이 무릉(茂陵)에 있었다."라고 했다.(西京雜記. 文君眉色不加黛飾, 如望遠山. 臉際常若芙蓉, 肌膚如脂. 漢書, 相如傳. 相如病免, 家居茂陵.)

[역자주] 茂陵眉(무릉미) : 무릉의 눈썹으로 사마상여의 부인인 탁문군의 눈썹을 가리킨다. 이 구는 난간 앞에 보이는 산등성이의 모습이 마치 미인의 눈썹처럼 아름답다는 말이다.

15 **[협주]** 진(晉) 반악(潘岳)의 <한거부(閑居賦)> (서문)에서 "내가 일찍이 <급암전(汲黯傳)>을 읽었다. (급암의 생질인) 사마안(司馬安)이 네 번이나 구경(九卿)의 높은 벼슬에 이르렀는데 훌륭한 사관이 그것을 기록하면서 '출세에 능한 관원'이라고 평가를 한 대목에 이르러 나는 늘 책을 내려놓고 탄식하지 않을 수가 없었으니, '아아! 벼슬길에 나아가는 것에 뛰어난 것도 진실로 그럴 만한 이치가 있겠으나 졸렬한 것 또한 나름의 그런 이치가 있을 것이다.'라고 말했다."라고 했으며 부에서 "비록 내 얼굴이 두껍다고는 하지만 영무자(甯武子)와 거백옥(蘧伯玉)과 비교하면 내심 부끄러워진다. 세상에 도가 있을 때에 나는 관직에 나아가지 못했고 세상에 도가 없을 때에도 나는 그들처럼 어리석게 처신

---

416) 飴(이) : 엿. 여기서는 매우 달다는 뜻이다.
417) '酣'은 '醨'의 잘못이다. '이(醨)'는 싱겁다는 뜻이다.
418) '波低'가 '有祇'로 된 문헌도 있다.

하지 못했다. 어찌하여 벼슬을 잘하는 지혜로움은 부족하고 졸렬한 고생은 남음이 있는가."라고 했다.(閑居賦. 字[419]岳嘗讀汲黯傳, 至司馬安四至九卿, 而良史題之, 以巧宦之目,[420] 未嘗不慨然廢書而歎曰, 嗟乎, 巧誠有之, 拙亦宜然. 賦曰, 雖吾顔之云厚, 猶內愧於寗[421], 有道五子[422]仕, 無道吾不愚. 何巧智之不足, 而拙艱之有餘也.)

[역자주] 宦游(환유) : 여러 곳을 전전하며 관직을 하는 것을 말한다. 巧拙(교졸) : 공교로움과 졸렬함. 높은 관직에 오르는 것과 그렇지 못한 것을 말한다.

16 **[협주]** 권1 "하늘과 땅에 무엇으로 빌 수 있을까."의 주에 보인다.[423](見一卷上下將何禱注.)

[역자주] 將(장) : ~을 가지고서. 神祇(신지) : 각각 하늘의 신과 땅의 신을 가리킨다.

17 **[협주]** '삼오(三吳)'는 이미 권1에 나왔다.[424](三吳, 已出一卷.)

[역자주] 三吳(삼오) . 시대에 따라 설이 여러 가지인데, 당나라 때는 오흥(吳興), 오군(吳郡), 단양(丹陽)을 가리킨다. 여기서는 강남 지역을 두루 가리킨다.

해설

이 시는 오동잎이 떨어지는 가을에 느낀 상념을 적은 것이다. 지방 관직을 전전하며 늙어가는 자신의 모습을 애달파하면서 부귀영화에 연연하지 않고 강호에서 은거하며 소박하게 살아가겠다는 뜻을 펼쳤다. 회창 2년(842) 황주자사(黃州刺史)로 있을 때 지었다는 설과 대중 4년(850) 호주자사(湖州刺史)로 있을 때 지었다는 설이 있다.

---

419) '字'는 연자(衍字)이다.

420) 巧宦(교환) : 출세에 능한 관원. 目(목) : 평가

421) '蘧'가 더 있어야 한다.

422) '五子'는 '吾不'의 잘못인데, 금산본에는 수정되어 있다.

423) 두목의 시 <경사로 가다가 막 변구에 들어섰는데 새벽 경물을 보고 즉시 지어 먼저 병부 이 낭중에게 부치다(赴京初入汴口, 曉景卽事, 先寄兵部李郎中)>이다.

424) 두목의 시 <군청의 관사에서 홀로 술을 들다(郡齋獨酌)> "그는 삼오 지역의 가운데에 있다.(三吳當中央.)"의 주에 보인다.

067. 심아지

沈下賢[1]

斯人淸唱何人和,	이 사람의 맑은 노래에 누가 화답할까
草徑苔蕪不可尋.	풀 덮인 길에 이끼 무성하여 찾을 수가 없네.
一夕小敷山下夢,[2]	하루 저녁 소부산 아래서 꿈을 꾸는데
水如環珮月如襟.[3]	물은 그가 두른 패옥과 같고 달은 그의 옷깃과 같구나.

주석

1 **[협주]** 이상은(李商隱)의 <심아지의 시를 본뜨다(擬沈下賢)> 시에서 "천2백 마리 가벼운 난새 같은 여인이[425] 봄옷을 입으니 가냘파서 헐렁하다. 바람에 의지하니 대열이 점점 빨라지고 눈을 머금으니 노랫말이 응당 차가울 터. 불을 넣은 금빛 다리미를 버린 듯 구슬 담은 옥 쟁반을 깨뜨릴 듯,[426] 하양으로 꽃을 보러 가서 반악(潘岳)에게 안부를 묻지는 않았네.[427]"라고 했다.(李商隱, 跋[428]沈下賢詩. 千二百輕鸞, 春衫瘦著寬. 倚風行稍急, 含雪語應寒.[429] 帶火遺金斗,[430] 珠兼[431]碎玉盤. 河陽看花去, 曾不

---

425) 황제(黃帝)의 시녀 천2백 명이 신선이 됐다고 하는데, 여기서는 많은 창기와 무희를 가리킨다.

426) 이상 두 구는 춤추는 행렬이 다림질하는 것처럼 빠르고 정확하며 노랫말이 옥이 깨지는 듯 맑다는 말이다. 이와 달리 금빛 다리미를 버리고 옥 쟁반을 깨트릴 정도로 부귀하다고 풀이하는 설도 있다.

427) 반악이 하양령으로 있을 때 고을에 복숭아나무와 자두나무를 심어 온 고을에 꽃이 가득했다고 한다. 이하 두 구는 아름다운 여인이 하양의 꽃만큼 많기에 굳이 반악에게 인사를 하며 꽃을 구경하러 갈 필요가 없다는 말이다.

428) 현재 전하는 이상은의 시집에는 '跋'이 '擬'로 되어있다.

429) 含雪(함설) : 눈을 머금다. 이가 희다는 말이다.

430) 金斗(금두) : 금빛 다리미. 옛날에는 숯불을 넣어서 다리미로 사용했다.

431) 현재 전하는 이상은의 시에는 '珠兼'이 '兼珠'로 되어있다.

尙[432]潘安.)

[역자주] 沈下賢(심하현) : 중당의 문인인 심아지(沈亞之)이며 자가 하현이고 오흥(吳興) 사람이다. 진사에 급제한 뒤 비서성(秘書省) 교서랑(校書郞), 전중시어사(殿中侍御史) 등을 역임했다.

2 [역자주] 小敷山(소부산) : 지금의 절강성 호주(湖州)에 있는 산의 이름으로 심아지가 이 곳에서 살았다고 한다.

3 [역자주] 環珮(환패) : 허리에 차는 패옥.

해설

이 시는 심아지가 지내던 곳을 찾아갔다가 지은 것으로 그곳의 풍광에서 그의 모습을 엿볼 수 있을 뿐 그의 옛집을 찾을 수 없음을 안타까워했다. 두목이 호주자사로 있던 대중 5년(851)에 지은 것으로 추정한다.

432) '尙'은 '問'의 잘못이다.

068. 이감

李和鼎[1]

鵩鳥飛來庚子直,[2]	복조가 날아온 건 경자일이었고
謫去日蝕辛卯年.	폄적되어 일식이 일어난 건 신묘년이었지.
由來枉死賢才事,	예전부터 어진 인재가 억울하게 죽은 일이 있었으니
消長相持勢自然.[3]	쇠락과 흥성이 서로 지탱하여 형세가 절로 그런 것이지.

주석

1 **[협주]** 권1의 <이감을 읊은 시> 주에 보인다.(見一卷李甘詩注.)
[역자주] 李和鼎(이화정) : 이감(李甘)으로 화정은 그의 자이다. 장경 연간(821-824) 말 진사에 급제하여 여러 관직을 거친 뒤 시어사(侍御史)에 발탁되었으며 두목과 함께 근무했다. 정주(鄭注)를 재상으로 등용하자는 여론이 일자 그가 적극적으로 반대했는데 이 일로 봉주사마(封州司馬)로 폄적되었고 그곳에서 죽었다.

2 **[협주]** 가의(賈誼)의 <복조부(鵩鳥賦)> 서문에서 "내가 장사왕(長沙王)의 태부(太傅)가 된 지 3년인데 복조가 내 집으로 들어와 자리 귀퉁이에 내려앉았다. 복조는 부엉이와 비슷한데 상서롭지 못한 새이다. 내가 장사로 쫓겨났는데 장사는 지대가 낮고 습하기에 내가 스스로 오래 살지 못할까 애달파했다. 이에 부를 지어서 내 마음을 편히 하고자 한다."라고 했고, 부에서 "묘년(卯年) 4월 초여름 경자일의 해가 기우는데 복조가 내 집에 내려앉았다."라고 했다.(賈誼, 鵩鳥賦, 序. 誼爲長沙王傅三年, 有鵩鳥飛入誼舍, 止于坐隅. 鵩似鴞,433) 乃不祥鳥也. 誼以謫居長沙, 卑濕, 誼自傷悼以爲壽不得長, 乃爲賦

433) 鴞(효) : 부엉이.

以自廣, 其詞曰, 單閼之歲,[434] 四月孟夏, 庚子之日斜. 鵩集余舍.)

3 **[협주]** 송(宋) 갈립방(葛立方)의 ≪운어양추(韻語陽秋)≫에서 “두목이 <이감(李和鼎)> 시를 지어서 ‘복조가 날아온 건 경자일이었고 폄적되어 일식이 일어난 건 신묘년이었지. 예전부터 어진 인재가 억울하게 죽은 일이 있었으니 쇠락과 흥성이 서로 지탱하여 형세가 절로 그런 것이지.’라고 했는데 대체로 정주(鄭注)의 일을 말한 것이다. 바야흐로 이때 이감은 정주가 재상이 되면 안 된다고 논했다가 얼마 후 폄적되었는데, 그래서 두목이 시를 지어 이처럼 애통해했다. 의론하는 자들은 ‘신묘년(辛卯年)은 헌종(憲宗) 때인데 헌종은 일찍이 이감을 폄적시킨 적이 없었으며, 이감은 문종 때 있었지만 문종 때는 신묘년이 없으니 아마도 두목의 오류일 것이다.’라고 한다. 내 생각에 두목이 말한 것은 실제 경자일(庚子日) 신묘년(辛卯年)에 복조가 집에 내려 앉았다고 말한 것이 아니다. 반고(班固)가 ‘경자일에 일식이 있었다.’라고 썼고 ≪시경≫의 시인이 신묘일의 일식을 읊은 일이 있었기에 그 일을 빌려서 이감의 억울함을 분명히 했을 따름이다.”라고 했다. ≪한서·유향전(劉向傳)≫에서 “유향이 밀봉한 상주문을 올려 말하기를, ‘유왕(幽王)과 여왕(厲王) 때 조정이 조화롭지 않아서 점점 서로 비난하고 원망했습니다. 군자가 홀로 있으면서 올바름을 지키며, 뭇 사람들이 굽힌 것에 마음이 동요되지 않아 열심히 왕의 일에 종사하면 도리어 미움과 참언을 받게 됩니다. 이러할 때 해와 달이 서로 잡아먹어 빛이 사라졌으니 ≪시경·소아·시월이 되다(十月之交)≫에서 “음력 초하루 신묘일에 일식이 있었으니 또한 매우 큰 흉조이다.”라고 했습니다.’라고 했다.”라고 했고, 안사고의 주에서 “주(周)나라의 10월은 하(夏)나라의 8월이다. 초하루가 신묘일인데 해와 달이 서로 만나 일식이 되었다. 음기가 양기를 침범한 것이다. ‘신(辛)’은 금(金)의 날이고 ‘묘(卯)’는 목(木)의 때이다. 묘로서 금을 침범했으니 신하가 임금을 침범한 것이다. 그러므로 심히 싫어한 것이다.”라고 했다. ‘소장(消長)’은 이미 위에 나왔다.[435](韻語陽秋. 杜牧之作李和鼎詩云, 鵩鳥飛來庚子直, 謫去自彼辛卯年. 由來枉死賢才事, 消長相持勢自然. 蓋言鄭注事也. 方是時和鼎論注不可爲相, 旋致貶責,[436] 故牧之作詩痛之如此.

434) 單閼(선오) : 지지(地支)가 묘(卯)에 해당하는 해를 가리킨다.

435) 두목의 시 <급사중 이중민을 읊은 시 2수(李給事中敏二首)> 제2수 “성쇠에 비록 사정은 달라졌지만.(消長雖殊事.)”의 주에 보인다.

議者謂辛卯年在憲宗之時而憲宗未嘗謫李甘. 李甘在文宗之時而文宗之時無辛卯. 豈牧之誤乎. 余謂牧之所云非謂實庚子辛卯也, 鵩集於舍. 班固書庚子之日, 日有蝕之. 詩人有辛卯之詠, 借其事以明李甘之寃爾. 前漢書. 劉向上封事云云. 幽厲之際, 朝廷不和, 轉相非怨.437) 君子獨處守正, 不撓衆枉,438) 勉强以從王事則反見憎毒讒愬.439) 當是之時, 日月薄蝕而無光, 其詩曰, 朔月辛卯, 日有蝕之, 亦孔之醜. 注. 周之十月, 夏之八月. 朔日有辛卯. 日月交會而日見蝕之. 陰侵於陽. 辛, 金日也. 卯, 木辰也. 以卯侵金則臣侵君, 故甚惡之. 消長, 已出上.)

[역자주] 消長(소장) : 사라지고 커지다. 군자가 사라지고 소인이 흥성하는 것을 말한다. ≪주역·비괘(否卦)≫에서 "소인의 도가 커지면 군자의 도는 사라진다.(小人道長, 君子道消.)"라고 했다.

해설

이 시는 이감이 올곧은 행동을 했지만 비방을 받아 죽은 것을 슬퍼하며 지은 것이다. 군자가 사라지고 소인이 득세하는 상황에서 어쩔 수 없었다고 자위했다. 창작 시기에 관해서는 고찰할 수 없다.

---

436) 旋(선) : 얼마 후에.
437) 非怨(비원) : 비난하고 원망하다.
438) 撓(뇨) : 어지럽다. 동요하다. 衆枉(중왕) : 대중이 굽히다. 대중이 잘못된 길을 간다는 말이다.
439) 憎毒(증독) : 미움과 해악. 讒愬(참소) : 비방.

069. 심학사의 가수 장호호에게 주다

贈沈學士張歌人[1]

掩袖恃當年,[2]	한창때를 믿고 소매를 당겨
郎教唱客前.[3]	낭군이 손님 앞에서 노래하게 하니,
斷時輕裂玉,[4]	끊어질 때는 갈라진 옥을 가볍게 울리는 듯
收處遠繰烟.[5]	거두는 곳에서는 실낱같은 안개가 멀리 있는 듯하네.
孤直絙雲定,[6]	홀로 곧으니 이어진 구름이 멈춰선 듯
光明滴水圓.	밝게 빛나니 방울진 물이 동그랗게 되는 듯하며,
泥情遲急管,[7]	정에 엉기니 급하던 관악기를 느리게 하고
流恨咽長絃.	한이 흐르니 유장한 현악기를 오열하게 하네.
吳苑春風起,[8]	오 땅의 원림에 봄바람이 일고
河橋酒旆懸.[9]	강의 다리에 술집 깃발이 걸려있는데,
憑君更一醉,	그대에 의지해 또 한 번 취하려 하지만
家在杜陵邊.[10]	내 집은 두릉에 있다네.

주석

1 **[협주]** 권1의 <장호호를 읊은 시(張好好詩)>에 보인다.(見一卷張好好詩.)
[역자주] 沈學士(심학사) : 집현교리와 저작랑을 역임한 심술사(沈述師)를 가리킨다. 張歌人(장가인) : 장호호(張好好)를 가리킨다. 그는 원래 심전사(沈傳師)가 강서관찰사(江西觀察使)로 있을 때의 가기(家妓)였는데 후에 그의 동생인 심술사가 맞아들였다.

2 [역자주] 拖袖(타수) : 소매를 당기다. 사람을 불러내는 동작이다. 恃(시) : 믿다. 의지하다. '사(事)'로 된 판본도 있다.

3 [역자주] 郎(랑) : 여기서는 심술사를 가리킨다.

4 [역자주] 裂玉(열옥) : 옥의 한 부분을 갈라놓은 것인데, 튕기면 맑은 소리가 난다.

5 **[협주]** '소(繰)'의 음은 소와 도의 반절이고 고치를 켜서 실을 잣는 것이다.(繰, 蘇刀切. 絡繭取絲也.[440])

[역자주] 烟(인) : 협주의 금산본과 다른 번천문집에는 '연(煙)'으로 되어 있으며, 이에 따라 번역했다. 이상 두 구는 장호호가 부르는 노래를 비유적으로 표현한 것이다.

6 [역자주] 絚雲(긍운) : 이어진 구름. 이하 두 구는 장호호의 노래가 아름다우니 이를 듣기 위해 구름도 멈춰서고 물도 방울질 정도라는 뜻이다.

7 **[협주]** ['니(泥)'는] 거성이다.(去聲.)

[역지주] 泥情(이정) : 정에 엉기다.

8 **[협주]** ≪십도지≫에서 "강남도(江南道) 상주(常州)에 장주원(長洲苑)이 있다."라고 했고, 주에서 "원림에 고소대(姑蘇臺)가 있는데 오나라 왕이 지은 것이다."라고 했다.(十道志. 江南道常州有長洲苑. 注. 苑有姑蘇臺, 吳王所立.)

9 [역자주] 酒旆(주패) : 술집임을 알리기 위해 걸어놓은 깃발.

10 **[협주]** 두릉(杜陵)이 이미 권1에 나왔다.[441](杜陵, 已出一卷.)

[역자주] 杜陵(두릉) : 장안 남동쪽의 지명으로 두목의 고향이다.

해설

이 시는 심술사의 가기(歌妓)인 장호호에게 주는 것이다. 장호호가 노래를 잘 부른다고 칭송하고는 장안으로 돌아가면 다시 들을 수 없음을 안타까워하였다. <장호호를 읊은 시>의 서문에 따라 심전사의 막부에 있을 때인 태화 6년(832)에 지은 것으로 추정한다.

---

440) 絡繭(낙견) : 누에고치를 켜다.

441) 두목의 부 <고향 동산을 그리워하는 부(望故園賦)> "나는 돌아가기를 생각하노니 두릉의 서쪽 길을 달리리라.(余之思歸兮, 走杜陵之西道.)"의 주에 보인다.

070. 주파에서 노닐던 것을 기억하며 지은 4운의 시
憶游朱坡四韻[1]

秋草樊川路,[2]	번천의 길에는 가을 풀이 생겼고
斜陽覆盎門.[3]	복앙문에는 석양이 비끼는데,
獵逢韓嫣騎,[4]	사냥하다가 한언의 말을 만나고
樹識館陶園.[5]	나무를 보니 관도공주의 원림인 줄 알았지.
帶雨經荷沼,[6]	내리는 비가 연이 있는 못을 지나가고
盤煙下竹村.[7]	자욱한 안개가 대나무 촌락에 내릴 터인데,
如今歸不得,	만일 지금 돌아가지 않는다면
自戴望天盆.[8]	스스로 하늘을 바라볼 동이를 이고 있는 셈이리라.

주석

1 [역자주] 朱坡(주파) : 장안성 남쪽의 지명으로 두목은 이 근처에 있는 번천에 별장을 지었다. 앞서 이곳을 노닐면서 <주파(朱坡)> 시를 지었다.

2 **[협주]** 권1 <저녁나절의 갠 날씨를 읊은 부(晩晴賦)> '번천(樊川)'의 주에 보인다.(見一卷晩晴賦, 樊川注.)

[역자주] 樊川(번천) : 물의 이름으로 장안 남쪽을 흐른다. 인근에 주파가 있다

3 **[협주]** ≪한서·왕희전(王喜傳)≫에서 "동현(董賢)이 상림(上林)에 관서를 세우고 또 자신을 위해 큰 저택을 짓고는 문을 북궐쪽으로 냈으며 왕거(王渠)를 끌어다가 원림의 연못에 물을 댔다."라고 했고 진(晉) 진작(晋灼)의 주에서 "왕거는 성의 동쪽 복앙문(覆盎門) 바깥에 있었다."라고 했다.(前漢書, 王喜傳. 董賢起官寺上林中,442) 爲賢治大

第,[443] 開門鄕北閣,[444] 引王渠灌園池. 注. 渠在城東覆盎門外.)

4 **[협주]** ≪한서·한언전(韓嫣傳)≫의 기록이다. 한언은 자가 왕손(王孫)이며 궁고후(弓高侯) 한퇴당(韓頹當)의 손자이다. 무제(武帝)가 교동왕(膠東王)일 때 한언은 주상과 함께 글을 익히며 서로 좋아했다. 주상이 태자가 되었을 때는 더욱 한언과 친해졌다. 한언은 말타기와 활쏘기를 잘했는데 주상이 즉위한 뒤 오랑캐를 정벌하고자 하니 한언이 먼저 병사를 훈련시켰기에 이로써 더욱 존귀해졌으며 관직이 상대부(上大夫)에 이르렀다. 애초에 한언이 일찍이 주상과 함께 기거하고 있을 때 강도왕(江都王)이 입조하여 주상을 따라 상림(上林)에서 사냥을 했다. 천자의 수레가 길을 터서 출발하기도 전에 먼저 한언으로 하여금 호위수레를 타고 수백 기병을 데리고 달리면서 야생동물들을 보게 했다. 강도왕이 멀리서 바라보고는 천자가 도착한 줄 알았으며 길을 트는 자들이 길옆에서 엎드려 배알했다.(前漢書. 韓嫣, 字王孫. 弓高侯頹當之孫也. 武帝爲膠東王時, 嫣與上學書相愛, 及上爲太子, 愈益親嫣. 嫣善騎射, 上卽位, 欲事伐胡而嫣先習兵, 以故益尊貴, 官至上大夫. 始時, 嫣常與上共臥起. 江都王入朝, 從上獵上林中, 天子車駕蹕通未行,[445] 先使嫣乘副車, 從數十百騎馳視獸. 江都王望見, 以爲天子, 辟從者,[446] 伏謁道旁.)

5 **[협주]** ≪한서·동방삭전≫에서 "애초에 황제의 고모인 관도공주(館陶公主)는 두태주(竇太主)라고 불렸다. 원숙(袁叔)이 동언(董偃)에게 말하기를, '그대는 장문원(長門園)을 황제에게 바치라고 왜 두태주에게 말하지 않는가?'라고 했다."라고 했고, 주에서 여순(如淳)이 말하기를, "두태주의 정원이 장문에 있었으며 장문은 장안성의 동남쪽에 있었다. 정원은 숙박할 수 있는 장소였기에 그것을 바친 것이다."라고 했다. 또 "두태주가 말하기를, '폐하께서 저의 산림에 오시기를 원합니다.'라고 했다."라고 했고, 주에서 응소(應劭)가 말하기를, "공주의 원림은 산에 있었다."라고 했다.(前漢書. 初帝姑館陶公主, 號竇太主. 爰[447]叔謂董偃曰, 足下何不白主獻長門園.[448] 如淳曰, 竇太主園在長門, 長門在

442) 官寺(관시) : 관공서.
443) 治(치) : 건물을 짓다. 大第(대제) : 큰 저택.
444) 鄕(향) : 향하다. 현재 전하는 ≪한서≫에는 '閣'이 '闕'로 되어있다.
445) 蹕通(필통) : 황제 등 귀족이 길을 갈 때 미리 앞의 통행을 막아 길을 트는 것을 말한다.
446) 辟從(벽종) : 앞길을 트는 시종을 말한다.

長安城東南, 園可以爲宿館處所, 故獻之. 又主曰, 願陛下臨妾山林. 應劭曰, 公主園中有山.)

[역자주] 이상 두 구는 주파에서 사냥하며 말을 달리는 광경이 마치 한언의 무리가 달리는 것처럼 굉장했고 그곳의 나무가 두태주의 정원처럼 아름다웠다는 말이다.

6 [역자주] 帶雨(대우) : 두르고 있는 비. 주위에 비가 내린다는 말이다. 荷沼(하소) : 연이 자라는 연못.

7 [역자주] 盤煙(반연) : 자욱이 깔린 안개.

8 **[협주]** 사마천(司馬遷)의 <임소경에게 답하는 편지(報任少卿書)>에서 "나는 동이를 덮어쓴 것과 같으니 어떻게 하늘을 바라볼 것인가."라고 했고, ≪문선≫ 이선의 주에서 "동이를 이고 있으니 하늘을 볼 수 없는 것이다."라고 했다.(司馬子長書. 僕以爲戴盆, 何以望天. 注云, 戴盆, 則不見天.)

해설

이 시는 장안 남쪽에 있던 주파를 노닐던 것을 회상하며 지은 것이다. 그곳의 경관을 회상하여 묘사한 뒤 다시 돌아가 머물고자 하는 뜻을 표현했다. 작시 시기에 관해 바로 뒤의 시와 연관하여 목주자사로 있을 때인 회창 6년(846)에서 대중 2년(848) 사이로 추정하는 설이 있지만 확실치 않다.

447) '爰'은 '袁'의 잘못이다.
448) 足下(족하) : 상대방에 대한 경칭이다. 白主(백주) : 공주에게 아뢰다.

071. 주파 절구 3수

朱坡絶句三首[1]

故國池塘倚御渠,[2]	옛 고향의 연못은 황제의 도랑에 의지해 있지만
江城三詔換魚書.[3]	강가의 성에서는 세 번 조서가 내려 임지가 바뀌었네.
賈生辭賦恨流落,[4]	가의는 부를 지어서 멀리 떠도는 것을 한탄했지만
祇向長沙住歲餘.[5]	그저 장사로 가서 일 년 남짓 머물렀을 따름이지.

주석

1 [역자주] 朱坡(주파) : 장안성 남쪽의 지명으로 두목은 이곳 인근인 번천에 별장을 지었다. 앞서 이곳을 노닐면서 <주파(朱坡)>를 지었으며 그것을 추억하면서 <주파에서 노닐던 것을 기억하며 지은 4운의 시(憶游朱坡四韻)>가 있다.

2 [역자주] 故國(고국) : 옛 고향. 주파가 있는 두릉 지역을 가리킨다. 御渠(어거) : 천자가 사용하는 물길이다. 앞 시 주석 3번에 보인다.

3 **[협주]** ≪구당서·두목전(杜牧傳)≫에서 황주(黃州), 지주(池州), 목주(睦州) 세 주의 자사를 역임했다고 했다. 본집의 <이부상서 고원유(高元裕)께 올리는 문서(上吏部高尙書狀)>에서 "세 군데 편벽한 곳을 다스리느라 7번 해가 바뀌었습니다."라고 했다. ≪당회요(唐會要)≫에서 "대력(大曆) 12년(777) 조서를 내려서 상례에 맞게 여러 주의 자사를 교체하게 했고 별도로 파견할 때는 임면을 상징하는 어부(魚符)와 칙서를 내린 후에 이임하도록 했다."라고 했다.(唐書, 杜牧傳. 歷黃池睦三州刺史. 本集, 上高尙書狀. 三守僻左, 七換星霜.449) 唐書450). 大曆十二年詔, 准式諸州刺史替代, 及別追皆降魚書,

449) 守(수) : 태수(太守)를 역임하다. 僻左(벽좌) : 편벽한 지역. 사람이 오른손을 주로 쓰고 왼손은 잘 쓰지 않기

然後離任.)

[역자주] 魚書(어서) : 조정에서 주군(州郡)의 장관을 임면할 때 하사하는 어부(魚符)와 칙서.

4 [역자주] 流落(유락) : 떠돌다.

5 **[협주]** 본집의 주에서 "한나라 문제(文帝)가 일 년이 좀 지나자 가의를 그리워했다."라고 했다. ≪한서·가의전(賈誼傳)≫의 기록이다. 가의는 ≪시경≫과 ≪서경≫을 외울 수 있었고 문장 짓는 것에 있어 군에서 칭송받았다. 남들보다 빨리 승진하여 일 년 안에 태중대부(太中大夫)에 이르렀다. 천자가 후에 그를 멀리하게 되자 가의를 장사왕(長沙王) 태부(太傅)로 삼았다. 일 년이 좀 지나자 문제는 가의를 그리워하여 그를 불렀다.(本注. 文帝歲餘思賈生. 前漢書. 賈誼以能誦詩書, 屬文稱於郡中. 超遷歲中至太中大夫. 天子後疎之, 以誼爲長沙王太傅. 歲餘文帝思誼, 徵之.)

[역자주] 祗(지) : 다만.

제2수

煙深苔巷唱樵兒,[1]	안개 짙은 이끼 낀 골목에선 나무하는 아이가 노래하고
花落寒輕倦客歸.	차가운 꽃잎 가볍게 떨어질 때 나그네는 돌아가기에 지쳤네.
藤岸竹洲相掩映,[2]	등나무 기슭과 대나무 물가섬이 서로 가리고 있는데
滿池春雨鷺鷀飛.[3]	연못 가득 채운 봄비에 야생오리가 날아가네.

주석

1 [역자주] 樵兒(초아) : 나무하는 어린아이.

에 '좌'는 편벽함을 뜻한다. 星霜(성상) : 별자리와 서리. 별자리가 1년에 한 번 돌고 서리도 겨울이 되어야 내리기에, 이로써 1년을 뜻한다.

450) 이 주목은 지금 전하는 ≪당서≫에는 보이지 않고 ≪당회요(唐會要)≫에 보이는데 착오가 있었던 것으로 보인다.

2　[역자주] 掩映(엄영) : 서로 가리다.

3　**[협주]** 양웅(楊雄)의 ≪방언(方言)≫에서 "야생오리는 매우 작으며 물 위에 떠 있기를 좋아한다. 남방 초 땅 사람은 이것을 벽제(鷿鵜)라고 한다."라고 했다.(方言. 野鳧, 甚小, 好泛水中. 南楚人謂之鷿鵜.)

제3수

乳肥春洞生鵝管,[1]	종유수가 풍부한 봄 동굴에 거위 깃털 같은 종유석이 자라고
沼避回巖勢犬牙.[2]	소택이 휘감은 구불한 바위는 개의 이빨 같은 모습이지.
自笑卷懷頭角縮,[3]	뜻을 말아 감추고서 오그라든 기개를 스스로 비웃나니
歸盤煙磴恰如蝸.[4]	돌아와 안개 낀 돌계단을 서성이는 것이 흡사 달팽이 같네.

주석

1　**[협주]** ≪본초경(本草經)≫의 주에서 도홍경이 말하기를, "종유석은 시흥(始興)에서 나며 강릉(江陵)과 동경(東境)의 이름난 산과 바위 동굴에도 모두 있다. 가운데가 관통되어서 가볍고 얇은 것이 거위 깃촉 같으며, 쪼개지는 것이 손톱과 같고, 중간에 가지런히 빛나는 것이 없는 것이 좋다."라고 했다.(本草, 隱名451)云, 石鍾乳出始興而江陵東境名山石洞亦皆有. 通中輕薄如鵞翎管,452) 辟之如爪甲,453) 中無應齒光明者爲善.454))
[역자주] 乳肥(유비) : 종유석을 만드는 물이 풍부하다. 鵝管(아관) : 거위의 깃촉. 종유석을 가리킨다.

2　**[협주]** ≪한서·경십삼왕전(景十三王傳)·중산정왕(中山靖王) 유승(劉勝)≫에서 "선왕이

451) '隱名'은 '陶隱居'의 잘못이다. 도은거는 남조 양(梁) 도홍경(陶弘景)으로 ≪본초경(本草經)≫에 주를 달았다.
452) 鵞翎管(아령관) : 거위 깃털의 깃촉.
453) 辟(벽) : 쪼개지다. 爪甲(조갑) : 손톱.
454) 應齒(안치) : 가지런히 나열되어 있는 모양. '應'은 '雁'과 통한다.

널리 봉해주어 성이 이어졌는데 마치 개의 이빨이 서로 어긋난 듯했다."라고 했고, 주에서 안사고가 말하기를, "'착(錯)'은 섞여 있다는 뜻이고 그 땅이 서로 엇물려 있다는 말이다."라고 했다.(漢書. 廣封連城犬牙相錯. 師古曰, 錯, 雜也. 言其地相交雜也.)

3 [역자주] 卷懷(권회) : 거두어서 감추다. 은거한다는 말이다. 頭角(두각) : 젊은이의 기개를 가리킨다.

4 **[협주]** ['와(蝸)'는] 고와 화의 반절로 달팽이다. ≪논어·위령공(衛靈公)≫에서 "공자가 말하기를, '군자로구나 거백옥(蘧伯玉)은. 나라에 도가 있으면 관직을 하고 나라에 도가 없으면 뜻을 말아서 감출 수 있었으니.'라고 했다."라고 했다.(古和切. 蝸牛. 論語. 孔子曰, 哉[455], 蘧伯玉. 邦有道則仕, 邦無道則可卷而懷之.)

[역자주] 煙磴(연등) : 안개가 낀 돌 비탈길.

해설

이 시는 주파를 회상하며 지은 것이다. 그곳의 아름다운 풍경을 회상하여 묘사하면서 그곳으로 가서 은거하지 못하고 객지를 떠돌고 있는 자신의 신세를 한탄했다. 대개 앞의 시와 같은 내용이어서 창작 시기 역시 동일하게 추정하고 있다.

455) '哉' 앞에 '君子'가 더 있어야 한다.

072. 궁을 나선 사람 2수
出宮人二首

제1수

閑吹玉殿昭華管,[1]	한가하면 옥 궁전의 소화관을 불다가
醉折梨園縹蔕花.[2]	취하면 이원의 담청색 꽃받침의 꽃을 꺾었지.
十年一夢歸人世,	십 년 동안 한바탕 꿈꾸고 인간 세상으로 돌아갔지만
絳縷猶封繫臂紗.[3]	붉은 실로 여전히 팔뚝에 맸던 깁을 묶고 있구나.

주석

1 **[협주]** ≪서경잡기(西京雜記)≫의 기록이다. 한나라 고조(高祖)가 처음 함양궁(咸陽宮)으로 들어갔을 때 옥관(玉管)이 있었는데 길이가 2자 3치이고 구멍이 26개였다. 그것을 부니 거마가 산림 속을 우당탕 줄지어 달려가는 것이 보였는데 부는 것을 멈추니 또한 다시는 보이지 않았다. 옥관에 "소화로 만든 관악기[소화지관(昭華之管)]"라고 새겨져 있었다. ≪상서대전(尙書大傳)≫에서 "요임금이 순임금에게 천하를 양위하고는 소화라는 옥을 주었다."라고 했다.(西京雜記. 高祖初入咸陽宮, 有玉管, 長二尺三寸, 二十六孔. 吹之則見車馬山林, 隱轔相次,[456] 吹息, 亦未復見. 銘曰, 昭華之管. 尙書大傳. 堯致舜天下, 贈以昭華之玉.)

2 **[협주]** ≪담빈록(譚賓錄)≫[457]에서 "천보(天寶) 연간(741-755)에 현종(玄宗)이 궁녀 수

---

456) 隱轔(은린) : 수레와 말이 달려가는 소리. 相次(상차) : 차례대로.

457) ≪담빈록(譚賓錄)≫ : 당(唐) 호거(胡璩)가 당대의 조정 안팎을 일을 적은 것으로 모두 10권이다. 특히 현종, 숙종(肅宗), 대종(代宗), 덕종(德宗) 때의 일이 상세하며 정확하다. 일찍이 일실되었으며 유서 등에 일부 조목이 전해진다.

백 명에게 명하여 이원(梨園)의 제자로 삼았으며 모두 의춘북원(宜春北院)에서 머물게 했다. 주상은 평소 음률을 알았으며, 당시 마선기(馬仙期), 이귀년(李龜年), 하회지(賀懷智)도 모두 음악의 체계를 잘 알고 있었다. 안록산(安祿山)이 범양(范陽)에서 들어와 배알하면서 또한 백옥으로 만든 관악기 수백 점을 바쳤는데 모두 이원에 진열했다. 이로부터 음악 소리가 세속의 것과 자못 달라졌다."라고 했다.(譚賓錄. 天寶中, 玄宗命宮女數百人爲梨園弟子, 皆居宜春北院. 上素曉音律, 時有馬仙期李龜年賀懷智, 皆洞知律度.[458] 安祿山自范陽入覲, 亦獻白玉簫管數百事,[459] 皆陳於梨園, 自是音響殆不類人間.)

[역자주] 梨園(이원) : 당 현종이 궁중에 설치한 음악 전문 기관이다. 縹蔕花(표체화) : 꽃받침이 푸르스름한 꽃이다. 한나라 때 상림원(上林苑)을 만들자 여러 신하가 먼 곳에서 기이한 식물을 바쳤는데 그중 표엽리(縹葉梨)가 있었다고 한다. 여기서는 진귀한 꽃을 가리킨다.

3 **[협주]** ≪진서(晉書)·호귀빈전(胡貴嬪傳)≫에서 "진 무제(武帝)는 양갓집 자녀를 많이 선발하여 내직에 충당했는데, 스스로 그중 아름다운 자를 골라서 붉은 깁을 팔뚝에 매주었다."라고 했다.(晉書. 晉武帝多選良家子女, 以充內職, 自擇其美者, 以絳紗繫臂.)

[역자주] 絳縷(강루) : 붉은 실. 封(봉) : 봉하다. 봉함하다. 繫臂紗(계비사) : 팔뚝에 맨 비단.

제2수

平陽拊背穿馳道,[1]	평양공주가 등을 어루만진 뒤 천자의 길을 관통했는데
銅雀分香下璧門.[2]	동작대에서 향을 나누어주자 벽문에서 내려왔지.
幾向綴珠深殿裏,	깊은 궁전에서 몇 번이나 예전에 구슬을 엮었던가
妬抛羞態臥黃昏.[3]	수줍은 자태를 질투로 버리고는 황혼에 누웠구나

458) 洞知(통지) : 분명히 알다.
459) 事(사) : 악기나 기물을 헤아리는 단위.

주석

1 **[협주]** ≪한서·효무위황후전(孝武衛皇后傳)≫의 기록이다. 효무위황후는 자가 자부(子夫)이며 출생이 미천했다. 그의 집에서는 위씨라고 불렀으며 평양후(平陽侯) 봉읍의 출신이다. 자부가 평양공주의 가수가 되었다. 무제(武帝)가 즉위하고 여러 해 동안 아들이 없었는데, 평양공주는 양갓집 여인을 찾아서 꾸민 뒤 집에 두었다. 무제가 패상(霸上)에서 제사를 지낸 뒤 돌아가다가 평양공주의 집을 들렀다. 평양공주가 황제를 모실 미인을 보여주었지만 황제는 좋아하지 않았다. 술을 마신 뒤 가수가 들어왔는데 황제는 유독 자부를 좋아했다. 무제는 일어나서 옷을 갈아입었으며 자부가 수레 안에서 옷 갈아입는 것을 시중들었는데 총애를 얻게 되었다. 무제가 돌아와서 자리에 앉으니 매우 즐거워했으며 평앙공주에시 금 열 근을 하사했다. 공주는 그 김에 자부를 궁으로 들여보내도록 상주했고 자부가 수레에 올랐을 때 공주는 등을 어루만지며 말하기를, "가거라. 밥 잘 먹도록 노력해라. 귀한 신분이 되면 날 잊지 말기를 바란다."라고 했다. ≪한서·성제본기(成帝本紀)≫에서 "주상이 일찍이 태자를 용루문(龍樓門)으로 나오라고 급히 불렀는데 감히 치도를 가로지를 수 없었다."라고 했고, 응소(應劭)의 주에서 "'치도(馳道)'는 천자가 다니는 길이다. 지금의 중도(中道)와 같다"라고 했으며, 또 안사고의 주에서 "'절(絶)'은 가로질러간다는 뜻이다."라고 했다.(漢書. 孝武衛皇后, 字子夫. 生微也. 其家號曰衛氏, 出平陽侯邑. 子夫爲平陽主謳者. 武帝卽位, 數年無子. 平陽主求良家女, 飾置家. 帝祓霸上,[460] 還過平陽主. 主見所侍美人, 帝不悅. 旣欲者謳[461]進, 帝獨說子夫. 帝起更衣, 子夫侍尙衣軒中, 得幸. 還坐歡甚, 賜平陽主金十[462]斤, 主因奏子夫送入宮. 子夫上車, 主拊其背曰, 行矣. 强飯勉之. 卽貴. 願無相忘. 前漢書, 成帝紀. 上嘗急召太子出龍樓門, 不敢絶馳道. 注. 馳道, 天子所行道也. 若今之中道. 注. 絶, 橫度也.)

[역자주] 拊背(부배) : 등을 어루만지다. 이 구는 궁녀가 궁궐에 들어간 뒤 천자의 총애를 받았다는 말이다.

---

460) 祓(불) : 재액(災厄)을 없애기 위해 제사를 지내다.

461) '欲者謳'는 '飮謳者'의 잘못이다.

462) 현재 전하는 ≪한서≫에는 '十'이 '千'으로 되어있다.

2 **[협주]** 동작대(銅雀臺)와 벽문(璧門)은 모두 권1에 나왔다.463)(銅雀臺, 璧門, 並出一卷.)

[역자주] 銅雀(동작) : 삼국시대 위나라의 조조가 세운 궁궐인 동작대(銅雀臺)이다. 분향(分香) : 향을 나누다. 조조가 죽은 뒤 유언으로 남은 향을 여러 처첩에게 나누어주도록 했다. 여기서는 황제가 죽은 것을 말한다. 벽문(璧門) : 미앙궁(未央宮)의 정문으로 벽옥으로 장식했다. 이 구는 자신을 총애하던 천자가 죽은 뒤 궁녀가 궁궐에서 나왔다는 말이다.

3 [역자주] 妒(투) : 질투하다. 抛羞態(포수태) : 수줍어하던 자태를 버리다. 이 구는 궁녀가 질투로 쫓겨난 뒤 쓸쓸히 노년을 보내고 있다는 말이다.

해설

이 시는 궁중에서 쫓겨난 궁녀에 관해 지은 것이다. 궁중에 들어가 화려한 생활을 즐기며 총애를 받았지만 질투로 인해 쫓겨난 여인을 묘사했다. 제1수에서는 여전히 예전의 영화에 미련을 가지고 있는 상황을 그렸으며, 제2수에서는 결국 쓸쓸하게 노년을 보내는 상황을 그렸다. 이러한 궁녀의 모습을 통해 중앙 관직에서 밀려나 지방을 떠도는 자신의 신세를 기탁한 것으로 보인다. 작시 시기는 고찰할 수가 없다.

---

463) 동작대에 관해서는 두목의 시 <두추 아가씨를 읊은 시(杜秋娘詩)> "동작대에서 향을 나눠주는 슬픈 일이 생겼다.(銅雀分香悲.)"의 주에 보이고, 벽문에 관해서는 같은 시 "달이 흰 벽문을 비춘다.(月上白璧門.)"의 주에 보인다.

073. 장안에서 가을에 바라보다
長安秋望

樓倚霜樹外,	서리 내린 숲 바깥에 누대가 기대어 있는데
鏡天無一毫.[1]	거울 같은 하늘에 티끌 하나 없구나.
南山與秋色,	남산과 가을빛
氣勢兩相高.	기세가 둘 다 서로 높구나.

주석

1 [역자주] 一毫(일호) : 털 하나. 아주 적은 양을 말한다.

해설

이 시는 장안에서 가을날 종남산을 바라보며 지은 것이다. 맑고 깨끗한 종남산과 가을 하늘의 상쾌함을 표현했다. 장안에 있을 때 지은 것일 터인데 정확한 작시 시기는 고찰할 수 없다.

074. 홀로 술을 마시다
獨酌

窓外正風雪,	창 바깥에는 한창 눈보라 치는데
擁爐開酒缸.[1]	화로를 안고 술 단지를 열었네.
何如釣船雨,	낚싯배에 내리는 비를 어찌할 것인가
蓬底睡秋江.[2]	쑥대 지붕 아래 가을 강에서 잠을 자네.

주석

1 [역자주] 酒缸(주강) : 술단지.

2 [역자주] 蓬底(봉저) : 여기서는 지붕을 쑥대로 엮은 배의 방 안의 바닥을 말한다.

해설

이 시는 가을에 낚싯배 안에서 홀로 술을 마시며 느낀 흥취를 적은 것이다. 가을밤 낚시를 하다가 눈보라가 치고 또 비도 내리지만 술 한 잔 마시니 쑥대로 만든 배의 지붕 아래에서 자는 것도 흥취를 느끼게 되는 경지를 표현했다. 작시 시기는 고찰할 수 없다.

075. 취해서 잠들다

醉眠

秋醪雨中熟,[1]	가을 술이 빗속에 익었는데
寒齋落葉中.	차가운 방은 낙엽 속에 있네.
幽人本多睡,	한갓진 곳에 사는 이는 본래 잠이 많은데
更酌一樽空.	또 한 잔 따르니 항아리 하나가 비었네.

주석

1 [역자주] 秋醪(추료) : 가을에 담근 술.

해설

이 시는 가을날 홀로 술을 마신 뒤 잠을 자게 되었기에 지은 것이다. 한직에 근무하면서 가을날 무료함을 달래기 위해 술을 마시고는 아무런 근심 없이 잠을 잔다는 내용이다. 정확한 작시 시기는 고찰할 수 없다.

076. 술을 마시지 않고 주다
不飮贈酒

細算人生事, 인생사를 세밀히 계산해보니
彭殤共一籌.[1] 팽조와 요절은 모두 한가지다.
與愁爭底事,[2] 근심과 더불어 무슨 일을 다투려고
要爾作戈矛.[3] 네가 창을 만들게 하겠는가.

주석

1 **[협주]** '팽상(彭殤)'은 이미 권1에 나왔다.464)(彭殤, 已出一卷.)
[역자주] 彭殤(팽상) : '팽'은 팽조(彭祖)인데 800세까지 살았다는 전설상의 인물이고, '상'은 20세가 되기 전에 죽는 것을 말한다. 一籌(일주) : 하나의 산가지라는 뜻으로 같은 운명이라는 뜻이다.

2 [역자주] 底事(저사) : 무슨 일.

3 [역자주] 要(요) : 시키다. 爾(이) : 너. 여기서는 술을 가리킨다. 戈矛(과모) : 창. 여기서는 근심과 다투어 없애는 도구인데, 취하는 것을 말한다.

해설

이 시는 술을 마시지 않고 남에게 주겠다는 뜻을 적은 것이다. 사람이 장수하나 요절하나

464) 두목의 시 <군청의 관사에서 홀로 술을 들다(郡齋獨酌)> "누가 팽조이고 누가 일찍 죽은 아이인가.(何者爲彭殤.)"의 주에 보인다.

같은 하나의 인생인데, 생기는 근심을 없애기 위해 굳이 술을 마실 필요 없다는 내용이다. 정확한 작시 시기는 고찰할 수 없다.

077. 옛날 문황제를 섬긴 일을 읊은 32운의 시

昔事文皇帝三十二韻[1]

昔事文皇帝,　　예전에 문황제를 섬기면서
叨官在諫垣.[2]　　외람되이 관직이 간언하는 부서에 있었는데,
奏章爲得地,[3]　　황제에게 상주함에 합당한 직위를 얻었지만
齚齒負明恩.[4]　　이를 깨물어 황제의 은덕을 어겼지.
金虎知難動,[5]　　쇠 호랑이 같은 자에 대해 움직일 수 없음을 알았고
毛氂亦恥言.[6]　　자세한 것에 대해서는 또한 말하기 부끄러웠으니,
撩頭雖欲吐,[7]　　머리를 들고 비록 충언을 토하고자 했지만
到口卻成呑.[8]　　입에 이르러서는 도리어 삼키게 되었지.
照膽常懸鏡,[9]　　쓸개를 비추려 일찍이 거울을 걸어두었지만
窺天自戴盆.[10]　　하늘을 보려다 스스로 동이를 뒤집어쓴 꼴이었으니,
周鐘旣窕槬,[11]　　주나라의 종도 너무 작거나 너무 컸고
黥陣亦瘢痕.[12]　　경포의 진도 상처의 흔적만 남아서였지.
鳳闕觚稜影,[13]　　봉궐에는 지붕 모서리의 그림자가 드리우고
仙盤曉日暾.[14]　　신선 승로반에는 새벽 햇빛이 솟아올라 비추는데,
雨晴文石滑,[15]　　비가 개니 무늬 있는 돌계단이 매끄럽고
風暖戟衣翻.[16]　　바람이 따뜻하니 창 덮개가 펄럭였네.
每慮號無告,[17]　　하소연할 데 없는 사람이라 불리는 것을 매번 염려하고
長憂駭不存.[18]　　존립할 수 없음에 놀라는 것을 늘 걱정하였으니,

隨行唯跼蹐,[19]	행렬을 따를 땐 그저 웅크리거나 살금살금 걸을 뿐이고
出語但寒暄.[20]	말을 할 땐 다만 추운지 더운지 안부만 물을 뿐이었네.
宮省嚥喉任,[21]	궁중의 관청에서 목구멍의 직분을 담당했으며
戈矛羽衛屯.[22]	창을 들고 깃털 의장 호위를 맡았는데,
光塵皆影附,[23]	화광동진하며 모두 그림자처럼 붙어 있었고
車馬定西奔.[24]	수레와 말은 반드시 서쪽으로 달려갔네.
億萬持衡價,[25]	억만금을 저울을 가지고 달아보고
錙銖挾契論.[26]	적은 돈을 문서를 끼고 논했으니,
堆時過北斗,[27]	무더기를 이루어 북두성을 넘어섰고
積處滿西園.[28]	쌓아놓으니 서원을 가득 채웠네.
接棹隋河溢,[29]	노를 이으니 수나라 운하의 물이 넘칠 정도이고
連蹄蜀棧刓.[30]	말굽을 이으니 촉 땅의 잔도가 잘릴 정도인데,
漉空滄海水,[31]	창해의 물을 걸러서 비게 했고
搜盡卓王孫.[32]	탁왕손을 다 찾아내었네.
鬪巧猴雕刺,[33]	기교를 다투어 원숭이를 가시 끝에 새기고
誇趫索挂跟.[34]	날렵함을 과시하여 밧줄에 발꿈치를 걸었으니,
狐威假白額,[35]	여우의 위세는 흰 이마 호랑이를 빌린 것이고
梟嘯得黃昏.[36]	올빼미의 울음소리는 황혼을 얻었네.
馥馥芝蘭圃,[37]	향기 짙은 지초와 난초의 밭
森森枳棘藩.[38]	빽빽한 탱자나무와 가시나무의 울타리,
吠聲嗾國猘,[39]	짖는 소리는 나라의 미친개를 부려서이니
公議怯膺門.[40]	공공의 의론은 왕궁의 문을 두려워했네.

竄逐諸丞相,[41] 여러 재상을 쫓아내어
蒼茫遠帝閽.[42] 아득히 황제의 문에서 멀어지게 했으니,
一名爲吉士,[43] 한번 어진 이라고 이름이 나게 되면
誰免弔湘魂.[44] 누구인들 상강의 혼에 조문하는 신세를 면했겠는가.
間世英明主,[45] 오랜만에 나타나신 영명하신 군주는
中興道德尊.[46] 중흥을 이룩하여 도덕이 높았으니,
昆岡憐積火,[47] 곤륜산에서 오래 타는 불을 안타까워하고
河漢注淸源.[48] 황하와 한수에 맑은 근원을 들이부으셨지.
川口隄防決, 하천 입구에는 제방이 터지고
陰車鬼怪掀.[49] 음기의 수레에 귀신이 들려 올려지니,
重雲開朗照, 층층 구름이 열려 밝게 비치고
九地雪幽冤.[50] 깊은 땅속에서는 죽은 이의 억울함을 풀어주셨네.
我實剛腸者,[51] 나는 실로 기질이 굳센 자라서
刑甘短褐髠.[52] 짧고 거친 베옷 입고 머리카락 잘리는 형벌도 달게 여겼는데,
曾經觸蠆尾,[53] 일찍이 전갈 꼬리를 건드렸으나
猶得憑熊軒.[54] 여전히 곰이 새겨진 수레에 기댈 수 있었네.
杜若芳洲翠,[55] 두약은 향기 나는 물가 섬에 푸르고
嚴光釣瀨喧.[56] 엄광이 낚시하던 여울은 시끄러운데,
溪山侵越角, 개울과 산은 월 땅 모퉁이까지 이어져 있고
封壤盡吳根.[57] 그 영역은 오 땅의 밑부분에 닿아있네.
客恨縈春細, 나그네의 한은 봄을 휘감으며 가늘게 생기고
鄉愁壓思繁. 고향에 대한 근심은 그리움을 누르며 번다해지는데,

祝堯千萬壽,[58]	요임금님께 천만세를 축원하면서
再拜揖餘罇.[59]	두 번 절하고 남은 술 동이의 술을 뜨네.

주석

1 **[협주]** 지주(池州)에서 옮겨 목주(睦州)를 다스릴 때 지은 것이다.(自池州移守睦州時作.)

[역자주] 文皇帝(문황제) : 문종(文宗)을 가리킨다. 문종은 개성 연간(836-840)에 재위했다.

2 **[협주]** 권1 "간관이 되어 현명한 군주를 섬겼다."에 보인다.[465](見一卷諫官事明主)

[역자주] 叨(도) : 외람되이. 겸사이다. 諫垣(간원) : 간관(諫官)의 부서로 당시 두목은 좌보궐로 있었다.

3 [역자주] 得地(득지) : 적당한 지위를 얻다.

4 **[협주]** '색(齚)'은 서와 맥의 반절로 '이로 깨물다[齒齧]'라는 뜻이다. '열(齧)'은 왕과 결의 반절로 치아이다.(齚, 鋤陌切, 齒齧也. 齧, 王結切, 齒也.)

[역자주] 齚齒(색치) : 이를 깨물다. 마음이 분통하지만 감히 말을 하지 못한다는 뜻이다.

5 **[협주]** 동한(東漢) 장형(張衡)의 <동경부(東京賦)>에서 "주나라 말에 정사를 펼칠 수 없어서 정치는 이로 인해 편벽됨이 많았다. 궁에서 가까이 지내는 자[궁린(宮隣)]에서 시작하여 쇠 호랑이[금호(金虎)]에 의해 끝났다."라고 했고, ≪문선≫ 이선의 주에서 "응소(應劭)의 ≪한관의(漢官儀)≫에서 말하기를 '제어할 수 없는 신하가 서로 결탁했다. 결탁한 자들이 궁린(宮隣)과 금호(金虎)이다.'라고 했다. 궁린과 금호는 각각 소인이 직위에 있으면서 결탁하여 서로 추천하니 임금과 가까이하게 되었다는 말과, 탐욕스럽게 구하는 마음의 견고함이 쇠와 같고 참언하고 비방하는 말의 악함이 호랑이와 같다는 말이다."라고 했다.(東京賦. 周姬之末,[466] 不能厥政, 政用多僻. 始於宮隣, 卒於金虎. 李善

465) 두목의 시 <이감을 읊은 시(李甘詩)>이다.

466) 周姬(주희) : 주나라를 가리킨다. 주나라의 성이 '희'이다.

注, 應劭, 漢官儀曰, 不制之臣, 相與比周. 比周者, 宮隣, 金虎也. 宮隣金[467], 小人在位, 比周相進, 與君爲隣. 貪求之德堅若金, 讒謗之言惡若虎也.)

[역자주] 金虎(금호) : 임금의 총애를 믿고 전횡을 일삼는 권세가를 비유하는데 여기서는 이훈(李訓)과 정주(鄭注)의 무리를 가리킨다. 이 구는 전횡을 일삼는 무리에 대해 간언을 해봐야 소용없다는 것을 알고 있었다는 말이다.

6 **[협주]** 동한 장형의 <서경부(西京賦)>에서 "무리 지어 즐겁게 돌아다니거나 논변을 일삼는 선비들은 큰 길거리에서 이야기하고 작은 골목에서 논의하며 잘잘못을 지적하고, 또한 아주 적은 것까지 나누어서 정밀하게 분석한다."라고 했다.(西京賦. 遊麗辨論之士,[468] 街談巷議, 彈射臧否,[469] 析[470]毫氂, 擘肌分理.[471])

[역자주] 毛氂(모리) : 털과 소의 꼬리. 매우 자잘하고 세세한 것을 비유한다.

7 [역자주] 撩頭(요두) : 머리를 치켜들다. 吐(토) : 말을 하다. 간언을 하는 것을 말한다.

8 [역자주] 到口(도구) : 입에 도달하다. 막 말을 뱉으려는 순간이다.

9 **[협주]** 권1 "진 땅의 누대에서 심장과 쓸개가 깨졌다"의 주에 보인다.[472](見一卷秦臺破心膽注.)

[역자주] 照膽(조담) : 쓸개를 비추다. 진(秦)나라 함양궁에 거울이 있었는데 사악한 마음을 가진 사람이 다가서면 쓸개가 커지고 심장이 뛰는 것이 보였다고 한다.

10 **[협주]** 위의 "스스로 하늘을 바라볼 동이를 이고 있는 셈이리라."의 주에 보인다.[473](見上自戴望天盆注.)

[역자주] 戴盆(대분) : 동이를 뒤집어쓰다. 하늘을 바라볼 수 없다는 뜻으로 자신의 뜻을 펴서 행동으로 옮길 수 없었음을 말한다. 이상 두 구는 사악한 마음을 가진 자를 고발하려고 늘 노력했지만 권세가의 횡포로 인해 그럴 수 없었다는 말이다.

---

467) 이 뒤에 '虎'가 더 있어야 한다.

468) 遊麗(유려) : 무리를 지어 즐겁게 노닐다.

469) 彈射(탄석) : 탄환이나 화살을 쏘아 맞히다는 뜻인데, 이로부터 지적하다는 뜻으로 인신됐다. 臧否(장비) : 좋은 점과 나쁜 점.

470) '析' 앞에 '剖'가 더 있어야 한다. '부석(剖析)'은 분석한다는 뜻이다.

471) 擘肌分理(벽기분리) : 살을 갈라서 근육의 결을 나누다. 매우 자세히 분석한다는 말이다.

472) 두목의 시 <지주에서 맹지 선배를 보내다(池州送孟遲先輩)>이다.

473) 두목의 시 <주파에서 노닐던 것을 기억하며 지은 4운의 시(憶游朱坡四韻)>이다.

11 **[협주]** ≪좌전·소공(昭公) 21년≫의 기록이다. 봄에 천자가 장차 무역(無射)을 주조하려고 했다.[주 : 주(周)나라 경왕(景王)이다. 무역은 종의 이름인데, 음이 고대 12율 중의 하나인 무역에 맞다.][474] 악관인 주구(州鳩)가 말하기를, "아마도 왕께서는 마음의 병으로 돌아가실 것입니다.[주 : '령(伶)'은 악관이고 주구(州鳩)는 이름이다.] 대저 음악은 천자의 직분입니다.[주 : '직(職)'은 담당하는 바이다.] 대저 소리는 음악의 수레입니다.[주 : 음악은 소리로 인해 실행된다.] 종은 소리를 내는 기물입니다.[주 : 소리는 기물에 의해 난다.] 천자는 세상의 풍속을 살펴서 음악을 만드는데[주 : 풍속을 살핀 뒤 음악을 만들어 그것을 변화시킨다.] 그 기물을 가지고 모으고 수레에 실어서 시행합니다. 작은 것은 소리가 작지 않고 큰 것은 소리가 크지 않으면[주 : '화(槬)'는 소리가 너무 커서 들어가지 않는다는 뜻이다.] 사물과 조화를 이루고, 사물이 조화를 이루면 음악이 이루어집니다.[주 : '가(嘉)'는 음악이 완성된다는 뜻이다.] 그러므로 조화로운 소리가 귀에 들어가 가슴에 저장되어 마음이 안정되면 즐거워집니다.[주 : '억(億)'은 편안하다는 뜻이다.] 소리가 작으면 가득 채우지 못하고[주 : 사람의 마음을 가득 채우지 못한다는 뜻이다.] 소리가 크면 수용하지 못합니다.[주 : 마음이 받아들일 만하지 못하다는 뜻이다.] 마음이 이러한 것을 느끼게 되면 이러한 느낌은 실로 병을 생기게 합니다. 지금 종이 큰 소리를 내게 되어 왕의 마음이 감당할 수 없으니 어찌 오래 사실 수 있겠습니까."라고 했다. '조(窕)'는 타와 료의 반절이고, '화(槬)'는 호와 화의 반절이며, '함(咸)'은 호와 암의 반절이다.(左傳, 昭公二十一年. 春天王將鑄無射.(周景王也. 無射, 鍾名. 律中無射.) 伶州鳩曰, 其王以心疾死乎.(伶, 樂官. 州鳩, 名.) 夫樂, 天子之職也.(職, 所正也.) 夫音, 樂之輿也.(樂, 因音而行.) 鐘, 音之器也.(音, 由器以發.) 天子省風以作樂.(省風俗作樂以移之.) 器以鍾之, 輿以行之. 小者不窕,[475] 大者不槬(槬, 橫大不入也.) 則和於物, 物和則嘉成(嘉, 樂成也.) 故聲入於耳而藏於心, 心億則樂.(億, 安也.) 窕則不咸(不充滿人心.) 槬則不容(心不堪容也.) 心是以感, 感實生疾. 今鍾槬矣. 王心不堪, 其能久乎. 窕, 他了切. 槬, 戶化切. 咸, 戶暗切也.)

12 **[협주]** 앞의 글자['반(瘢)']는 보와 관의 반절이고 상처의 자국이다. 뒤의 글자['흔(痕)']

---

474) 진(晉) 두예(杜預)의 주인데, 협주본에서는 협주 안의 협주 형식으로 기록되어 있다.
475) 不窕(부조) : 소리가 미세하지 않다.

는 호와 은의 반절이고 흉터이다. '경진(黥陣)'은 권1에 나왔다.[476](上, 步官切, 瘡瘢也. 下, 戶恩切, 瘢痕也. 黥陣, 出一卷.)

[역자주] 黥陣(경진) : 한나라의 장군 경포(黥布)가 친 진영을 뜻한다. 경포가 반란을 일으키자 고조가 직접 경포를 치려고 했는데, 경포의 병사가 매우 뛰어나고 그가 친 진이 항적의 군대와 같았기에 감히 공격하지 못했다. 이상 두 구는 조정의 예악 제도나 군대 체제가 허술해졌음을 말한다.

13 **[협주]** ≪관중기(關中記)≫에서 "건장궁(建章宮)의 원궐(圓闕)은 북쪽 길에 있는데 봉황이 위에 있어서 봉궐(鳳闕)이라고 한다."라고 했다. '고릉(觚稜)'은 권1에 나왔다.[477](關中記. 建章宮圓闕臨北道, 鳳在上, 曰鳳闕. 觚稜, 出一卷.)

[역자주] 觚稜(고릉) : 궁궐 지붕의 모서리를 가리킨다.

14 **[협주]** 위의 "구리 기둥은 지는 해에 담백하다."의 주에 보인다.[478](見上金莖淡日殘注.)

[역자주] 仙盤(선반) : 한나라 무제(武帝)가 이슬을 받기 위해 궁궐에 설치한 승로반(承露盤)을 말한다. 그 아래에는 구리 기둥을 두었고 신선이 손으로 받치는 형상을 만들었다. 暾(돈) : 아침 해가 솟아오르는 모양.

15 [역자주] 文石(문석) : 무늬가 있는 돌. 여기서는 그러한 돌을 깐 궁중의 계단을 말한다.

16 [역자주] 戟衣(극의) : 의장용 창을 싸놓은 천을 말한다. 이상 네 구는 장안 궁궐의 모습을 묘사한 것인데, 이러한 곳에서 두목이 근무하고 있었음을 말함으로써 자신의 직분이 엄중했음을 표현하고자 한 것으로 보인다.

17 **[협주]** ≪맹자·양혜왕하(梁惠王下)≫에서 "홀아비, 과부, 고아, 독거노인, 이 네 부류는 천하의 곤궁한 백성으로 하소연할 데가 없는 자들이다."라고 했다.(孟子. 鰥寡孤獨, 此四者, 天下窮民而無告者.)

18 **[협주]** 사마상여의 <글을 올려 사냥에 관해 간언하다(上書諫獵)>에서 "몹시 사나운 짐

476) 두목의 시 <지주에서 맹지 선배를 보내다(池州送孟遲先輩)> "경포의 진 때문에 머리털이 놀라 곤두섰지.(黥陣驚毛髮.)"의 주에 보인다.

477) 두목의 시 <두추 아가씨를 읊은 시(杜秋娘詩)> "궁궐의 모서리가 북두성과 북극성을 스친다.(觚稜拂斗極.)"의 주에 보인다.

478) 두목의 시 <초봄에 내궐에서 숙직을 서는데 시인 소치 또한 한림원에서 근무하고 있어 감회를 쓴 4운의 시를 보내다(早春閣下寓直蕭九舍人亦直內署因寄書懷四韻)>이다.

승을 만나고 존립할 수 없는 땅에 놀랍니다."라고 했다.(相如, 諫獵書. 遇軼才之獸,[479] 駭不存之地.)

[역자주] 駭(해) : 놀라다. 不存(불존) : 편안히 존립할 수 없다. 매우 위험하다는 뜻이다.

19 **[협주]** ['항(行)'은] 호와 랑의 반절이다. ≪시경·소아(小雅)·정월(正月)≫에서 "하늘이 높다고 하지만 몸을 웅크리지 않을 수가 없고, 땅이 두텁다고 하지만 살금살금 걷지 않을 수가 없다."라고 했다. 사현휘(謝玄暉)의 시 <경사의 길에서 밤에 출발하다(京路夜發)>에서 "몸을 조심하면서 매번 웅크리거나 살금살금 걸었다."라고 했다. '국(跼)'은 계와 옥의 반절로 웅크려 굽히는 것이고, '척(蹐)'은 자와 역의 반절로 살금살금 걷는 것이다.(戶郎切. 詩. 謂天蓋高, 不敢不跼. 謂地蓋厚, 不敢不蹐. 謝玄暉詩. 敕躬每跼蹐. 跼, 潔玉切, 踡曲也.[480] 蹐, 子亦切, 小步也.)

20 **[협주]** ≪진서(晉書)·왕헌지전(王獻之傳)≫의 기록이다. 왕헌지는 자가 자경(子敬)이다. 젊어서 큰 명성이 났으며 고매하여 얽매인 것이 없었다. 일찍이 형 왕휘지(王徽之), 왕조지(王操之)와 함께 사안(謝安)을 방문했는데, 두 형이 세속의 일에 대해 말을 많이 했지만 왕헌지는 추운지 더운지 안부만 물을 뿐이었다.(晉書. 王獻之, 字子敬. 少有盛名而高邁不羈. 嘗與兄徽之操之俱詣謝安, 二兄多言俗事, 獻之寒溫而已.)

[역자주] 寒暄(한훤) : 추운 것과 따뜻한 것. 여기서는 안부를 묻는다는 뜻이다.

21 **[협주]** ≪후한서·양송전(梁竦傳)≫에서 "궁궐 부서의 일은 비밀스러워서 누구도 알아서는 안 된다."라고 했다. ≪상서(尙書)·순전(舜典)≫에서 "순임금이 말하기를, '용(龍)아, 네가 납언(納言)이 되기를 명하노라.'라고 했다."라고 했고 주에서 공안국(孔安國)이 말하기를, "납언은 목구멍과 혀의 관직이다."라고 했다. ≪시경·대아(大雅)·증민(烝民)≫에서 "왕의 명령을 출납하니 왕의 목구멍과 혀이다."라고 했다.(梁竦傳. 宮省事密, 莫有知者. 尙書. 帝曰, 龍, 命汝作納言. 孔安國曰, 納言, 喉舌之官. 詩. 出納王命, 王之喉舌.)

[역자주] 嚥喉任(연후임) : 목구멍의 직책. 왕의 명령을 출납하는 관직을 말한다.

22 **[협주]** ≪진서(晉書)·천문지(天文志)≫에서 "낭관의 지위는 15개의 별인데 황제 자리의

479) 軼才(일재) : 빼어난 재주. 여기서는 몹시 사납다는 뜻이다.
480) 踡曲(권곡) : 굽히다.

동북쪽에 있으며 그중 하나를 의오(依烏)라고 하는데 낭관의 부서이다. 주(周)나라의 원사(元士)이고 한나라의 광록(光祿)이었으며, 중산(中散), 간의(諫議), 의랑(議郎) 세 부서의 낭중(郎中)이 그 관직이다."라고 했고 또 "낭관은 수비와 보위를 주로 담당한다."라고 했다. ≪직림(職林)≫에서 "한나라 중랑장(中郎將)은 세 부서의 낭관을 나누어 관장했다. 무릇 낭관은 모두 번갈아 당직하면서 여러 궁궐의 문에서 창을 들고 보위하는 것을 담당했다."라고 했다. 강엄(江淹)의 시 <잡체시 30수(雜體詩三十首)>에서 "깃털 꽂은 호위대의 의장 번쩍이는 광채가 성대하다."라고 했고, ≪문선≫ 장선(張銑)의 주에서 "'우위(羽衛)'는 깃털 장식 덮개인데 천자를 호위하는 부대를 말한다."라고 했다.(晉書, 天文志. 郎位十五星, 在帝坐東北, 一曰依烏, 郎府也. 周之元士, 漢之光祿. 中散諫議議郎三署郎中是其職也. 又曰, 郎主守衛. 職林. 漢中郎將分掌三署郎. 凡郎官皆主更直執戟宿衛諸殿門.[481] 江淹詩. 羽衛藹流景.[482] 注. 羽衛, 羽葆也. 護衛天子也.)

[역자주] 屯(둔) : 지키다.

23 **[협주]** ≪노자(老子)≫에서 "그 빛을 부드럽게 하고 그 먼지와 함께한다."라고 했다. 최담(崔琰)의 <대장군 부인 구씨(寇氏)의 뇌문(大將軍夫人寇氏誄)>에서 "영웅에게 그림자처럼 붙어다닌다."라고 했다.[483](老子. 和其光, 同其塵. 琰大將軍夫人寇氏誄曰, 英雄景附.)

[역자주] 光塵(광진) : 세속과 함께한다는 뜻인데 여기서는 세속의 이익을 탐하기 위해 더럽혀진 것을 말한다. 影附(영부) : 그림자처럼 붙어 있다. 황제의 측근에 있다는 말이다.

24 **[협주]** ['정서분(定西奔)'은] '진운분(盡雲奔)'으로 된 판본도 있다. 남조 강엄(江淹)의 <한부(恨賦)>에서 "진나라 황제는 검을 어루만지고 제후는 서쪽으로 치달렸다."라고 했다.(一作盡雲奔. 恨賦. 秦帝按劍, 諸侯西馳.)

[역자주] 西奔(서분) : 서쪽으로 달려가다. 진나라, 한나라, 당나라의 수도인 함양과 장안이 중원의 서쪽에 있었는데, 제후들이 천자에게 달려가서 공명을 취하려는 것을 말한다. 이상 네 구는 당시 이훈과 정주 무리가 황명의 출납과 궁궐수비 등을 담당했지만 황제의

481) 更直(갱직) : 번갈아 가면서 근무하다.

482) 藹(애) : 많다. 성대하다. 流景(유영) : 번쩍이는 광채.

483) 이 조목은 ≪문선≫에 수록된 장협(張協)의 <칠명(七命)>에 대한 당(唐) 이선의 주에 보인다.

측근에서 세속의 이익을 탐하기 위해 노력했다는 말이다.

25 **[협주]** 왕가(王嘉)의 ≪습유기(拾遺記)≫에서 "미축(糜竺)이 도주(陶朱)의 계책을 사용하니 날로 억만금의 이익이 늘어났으며, 모두 왕의 집안처럼 보물을 넣은 창고 천 간을 가지게 되었다."라고 했다.(王子年, 拾遺記. 糜竺用陶朱計術, 日益億萬之利, 皆擬王家有寶庫千間.)

26 **[협주]** '치수(錙銖)'는 이미 권1에 나왔다.[484] ≪전국책(戰國策)·제책(齊策)≫에서 "맹상군(孟嘗君)이 문하의 여러 빈객에게 묻기를, '누가 회계를 익혔는가? 나를 위해 설(薛) 땅에 가서 빚을 받아올 수 있는가?'라고 하니 풍훤(馮諼)이 말하기를, '제가 할 수 있습니다.'라고 했다. 이에 수레를 준비하고 행장을 꾸리고는 채권문서를 실었으며, 떠나면서 묻기를 '빚을 다 받으면 무엇을 사서 돌아올까요?'라고 하니 맹상군이 말하기를, '우리한테 부족한 것이 무엇인지를 살펴보거라.'라고 했다. 풍훤이 말을 몰아 설 땅으로 갔다."라고 했다.(錙銖, 已出一卷. 戰國策. 孟嘗君問門下諸客, 誰習會計, 能爲文收債於薛者乎. 馮諼曰, 能. 於是約車治裝, 載券計[485], 而辭問曰債畢收, 以何市而反. 孟嘗君曰, 視吾家所寡有者. 驅而之薛.)

[역자주] 錙銖(치수) : 각각 중량 단위로 아주 적은 것을 가리킨다. 契(계) : 서류, 문서, 계약서, 거래장부를 가리킨다.

27 **[협주]** 이백(李白)의 시[486]에서 "황금이 북두성보다 높이 쌓여 있어도 봄날의 햇볕을 살 수 있다면 아깝지 않다."라고 했다. 백거이(白居易)의 <술을 권하는 시(勸酒詩)>에서 "죽은 뒤에 황금을 쌓아 북두성에 걸어둔들 생전의 한 잔 술보다 못하다."라고 했다.(李白詩. 黃金高北斗, 不惜買陽春. 白樂天, 勸酒詩. 身後堆金拄北斗, 不如生前一樽酒.)

28 **[협주]** ≪후한서·최렬전(崔烈傳)≫에서 "최렬은 북주(北州)에서 명망이 있었으며 구경(九卿)을 역임했다. 영제(靈帝) 때 홍도문(鴻都門)에 방을 붙여 관직을 팔았다. 최렬은 당시 보모에 힘입어 삼백만 전을 넣어서 사도(司徒)를 얻었다."라고 했다. 삼국 위(魏)

---

484) 두목의 부 <아방궁을 읊은 부(阿房宮賦)> "어찌하여 취하기를 작은 것까지 다했는가.(奈何取之盡錙銖.)"의 주에 보인다.

485) 현재 전하는 ≪전국책≫에는 '計'가 '契'로 되어있다.

486) 이백의 시 <고시를 본뜨다 12수(擬古十二首)> 중 제3수이다.

환범(桓範)의 ≪세론(世論)≫에서 “한나라 영제가 서원(西園)의 저택을 만든 뒤 관직을 팔았는데 이를 예전(禮錢)이라고 했다.”라고 했다.(後漢書. 崔烈有重名於北州, 四[487] 位九卿, 靈帝時, 開鴻都門榜賣官. 崔烈時因傅母錢三百萬,[488] 得爲司徒. 桓範世論. 漢靈帝置西園之邸, 賣官, 號曰禮錢.)

[역자주] 西園(서원) : 한나라 상림원(上林苑)의 별칭으로 여기서는 당나라의 황실의 원림을 가리킨다. 이상 네 구는 당시 이훈과 정주 무리가 치부한 상황을 서술한 것이다.

29 **[협주]** 권1의 “맑은 회수는 수나라의 조운을 통제한다.” 주에 보인다.[489](見一卷淸淮控隋漕注.)

[역자주] 隋河(수하) : 수(隋)나라 양제(煬帝)가 황하의 물을 터서 끌어당겨 장강 및 회수의 조운과 통하게 했으며 아울러 변수(汴水)를 끌어들였다.

30 **[협주]** ≪한서·장량전(張良傳)≫에서 “장량이 한나라 왕에게 잔도를 불 질러 끊자고 유세했다.”라고 했다. ‘완(刓)’은 오와 환의 반절로 둥글게 마모된다는 뜻이다.(漢書. 張良說漢王燒絶棧道. 刓, 五丸切, 圓削也.)

[역자주] 刓(완) : 닳다. 여기서는 닳아서 끊어지는 것을 말한다.

31 [역자주] 漉(록) : 거르다.

32 **[협주]** ≪한서·화식전(貨殖傳)·촉탁씨(蜀卓氏)≫에서 “촉군(蜀郡) 탁씨(卓氏)의 선조는 조(趙)나라 사람인데, 철을 주조하여 부를 이루었다. 진(秦)나라가 조나라를 쳐부수자 탁씨를 옮겨 촉군으로 가게 했다.”라고 했다. ≪한서·사마상여전(司馬相如傳)≫에서 “임공(臨邛)에는 부자가 많은데 탁왕손(卓王孫)의 하인은 800명이었다.”라고 했다.(漢書. 蜀卓氏之先, 趙人也. 用鐵冶富. 秦破趙, 遷卓氏之蜀. 相如傳. 臨邛多富人, 卓王孫僮客八百人.)

[역자주] 이상 네 구는 이훈과 정주 무리에 영합하기 위해서 온 나라 사람들, 특히 부자들이 경도되었음을 표현한 것이다.

---

487) ‘四’는 ‘歷’의 잘못이다.

488) 傅母(부모) : 보모.

489) 두목의 시 <경사로 가다가 막 변구에 들어섰는데 새벽 경물을 보고 즉시 지어 먼저 병부 이 낭중에게 부치다(赴京初入汴口, 曉景卽事, 先寄兵部李郎中)>이다.

33 **[협주]** ≪한비자(韓非子)·외저설상(外儲說上)≫에서 "연(燕)나라 왕은 세밀한 기교를 좋아했는데 위(衛)나라 사람이 말하기를, '신이 가시 끝에 어미 원숭이를 조각할 수 있습니다.'라고 했다. 연나라 왕이 즐거워하며 그를 5승(乘)의 토지에서 나는 봉록으로 봉양했다. 왕이 말하기를, '내가 그대가 만든 가시 끝의 원숭이를 한번 보고자 한다.'라고 하니, 그가 말하기를, '임금님께서 그것을 보시려면 반드시 반 년 동안 후궁에 들지 말아야 하고 술과 고기를 먹지 말아야 합니다. 그런 뒤 비가 걷히고 해가 나와서 어슴푸레할 때 보시면 가시 끝의 원숭이가 보이실 겁니다.'라고 했다. 연나라 왕이 이로 인해 위나라 사람을 공양했지만 결국 그 원숭이를 볼 수 없었다."라고 했다.(韓子. 燕王好微巧, 衛人臣能以棘刺之端爲沐猴母.[490] 燕王說之,[491] 養以五乘之奉. 王曰, 五[492]試觀客爲棘刺之沐猴. 曰, 人主欲觀之, 必半歲不入宮, 不飮酒食肉, 雨霽日出,[493] 視之晏陰之間,[494] 而棘刺之沐猴乃可見也. 燕王恩[495]養衛人, 不能視其沐猴.)

[역자주] 雕刺(조자) : 가시를 조각하다.

34 **[협주]** ['교(趫)'는] 거와 요의 반절로, 잘 달린다는 뜻이고 또한 나무에 오른다는 뜻이다. 동한(東漢) 장형(張衡)의 <서경부(西京賦)>에서 "돌연 거꾸로 해서 몸을 내던졌다가 발꿈치가 장대에 걸리는 것이 마치 떨어졌다가 다시 연결되는 것과 같다."라고 했고, ≪문선≫ 종왈(綜曰)의 주에서 "갑자기 거꾸로 몸을 내던진 것이 장차 떨어지는 것과 같았는데 발꿈치가 거꾸로 장대 위에 걸리니 마치 이미 떨어졌다가 다시 연결되는 것과 같다."라고 했다. (이선의 주에 따르면) ≪설문해자≫에서 "'근(跟)'은 발꿈치이다."라고 했다. (去遙切, 善走. 又緣木也. 西京賦. 突倒投而跟絓,[496] 譬殞絶而復聯.[497] 注. 突然倒投身, 如將墜. 足跟反絓橦上, 若已絶而復連也. 說文曰, 跟, 足踵也.)

35 **[협주]** ≪사기≫에서 "여우가 호랑이의 위세를 빌리다."라고 했다.[498] ≪전국책(戰國

490) 沐猴(목후) : 원숭이.
491) 說(열) : 기뻐하다.
492) '五'는 '吾'의 잘못이다.
493) 霽(제) : 비나 눈이 그치다.
494) 晏陰(안음) : 어슴푸레하다.
495) '恩'은 '因'의 잘못이다.
496) 跟絓(근괘) : 발꿈치가 걸리다.
497) 殞絶(운절) : 끊어지다. 장대에서 완전히 떨어졌다는 말이다.

策)·초책(楚策)≫의 기록이다. 초나라 선왕(宣王)이 여러 신하에게 물어 말하기를, "내가 듣기에 북방의 제후국이 소해휼(昭奚恤)을 두려워한다는데, 어떠한가?"라고 하니 여러 신하가 누구도 대답하지 못했다. 강을(江乙)이 대답하여 말하기를, "호랑이가 여러 짐승을 찾아서 잡아먹는데 여우를 잡았습니다. 여우가 말하기를, '너는 감히 나를 잡아먹지 못할 것이다. 천제가 나를 모든 짐승의 우두머리로 명했는데, 지금 네가 나를 잡아먹는다면 이는 천명을 어기는 것이다. 그대가 나를 못 믿을 터인데 내가 그대를 위해서 앞에서 가고 그대가 내 뒤를 따르면 모든 짐승이 나를 두려워하는 것을 보게 될 것이다.'라고 했습니다. 호랑이는 짐승들이 자기를 두려워하여 도망가는 줄 모르고 여우를 두려워하는 것으로 생각했습니다. 지금 왕의 땅은 사방 오천 리이고 갑옷 입은 병사가 백만인데 모두 소해휼에게 소속되어 있습니다. 그러므로 북방 제후국이 소해휼을 두려워하는 것은 기실 왕의 병사를 두려워하는 것이고, 모든 짐승이 호랑이를 두려워하는 것과 같습니다."라고 했다. ≪진서(晉書)≫에서 "남산(南山)에 이마가 하얀 호랑이가 있다."라고 했다.[499](史記. 狐假虎威. 戰國策. 荊宣王問群臣曰, 吾聞北方之畏昭奚恤也. 何如. 群臣莫對. 江乙對曰, 虎求百獸而食之, 得狐. 狐曰, 子無敢食我. 天帝命我長百獸, 今子食我, 是逆天命. 子以我爲不信, 吾爲子先行, 子隨我後, 觀百獸之畏我. 虎不知獸畏己而走也, 以爲畏狐也. 今王之地, 方五千里, 帶甲百萬, 而專屬之於昭奚恤, 故北方之畏昭奚恤, 其實畏王之甲兵也. 猶百獸之畏虎. 晉書. 南山有白額虎.)

[역자주] 白額虎(백액호) : 이마가 흰 호랑이. 사나운 호랑이이다.

36 **[협주]** '효(梟)'는 고와 요의 반절이다. ≪설문해자≫에서 "어미를 잡아먹는 불효의 새이다."라고 했다. 유종원(柳宗元)의 <송골매에 관한 논설(鶻說)>에서 "올빼미와 수리부엉이는 낮에는 모습을 감추고 밤에는 자유자재로 행동한다."라고 했다. ≪회남자(淮南子)·천문훈(天文訓)≫에서 "태양이 우연(虞淵)에 다가가면 이를 황혼이라고 한다."라고 했다.(梟, 古堯切. 說文云, 食母不孝之鳥. 柳子, 鶻說. 梟鵂晦於晝而神於夜.[500] 淮南子曰, 薄于虞泉[501], 是謂黃昏.)

---

498) 이 조목은 현재 전하는 ≪사기≫에는 보이지 않는다. '史記' 두 글자는 연자(衍字)로 보인다.
499) 이 조목은 현재 전하는 ≪진서≫에는 보이지 않고 ≪세설신어(世說新語)·자신(自新)≫에 보인다.
500) 梟鵂(효휴) : 올빼미와 수리부엉이. 晦(회) : 몸을 숨기다. 神(신) : 신출귀몰하다.

[역자주] 이상 네 구는 이훈과 정주 무리가 교묘함과 교활함을 다하여 황제의 권위를 업고 득세했음을 표현한 것이다.

37 **[협주]** 위의 "지초와 난초가 제자리에서 향기롭네.(芝蘭在處芳.)"의 주에 보인다.[502] 소무(蘇武)의 <벗과 헤어지다(別友)>에서 "짙디짙은 나의 난초 향기."라고 했다.(見上芝蘭在處芳注. 蘇武詩. 馥馥我蘭芳.)

[역자주] 馥馥(복복) : 향기가 짙은 모양. 芝蘭(지란) : 지초와 난초. 둘 다 향초로 고고한 인품을 비유한다. 圃(포) : 밭.

38 **[협주]** 장형(張衡)의 <서경부(西京賦)>에서 "탱자나무 울타리에 찔리고 가시나무 울타리와 부딪히다."라고 했고, ≪문선≫ 이선의 주에서 "≪좌전≫의 주에서 '번(藩)'은 울타리이고 '락(落)'도 울타리이다.'라고 했다."라고 했다.(西京賦. 揩枳落,[503] 突棘藩. 注. 左傳注. 藩, 籬也. 落, 亦籬也云.)

[역자주] 枳棘(지극) : 탱자나무와 가시나무. 나쁜 사람을 비유한다.

39 **[협주]** ≪좌전·선공(宣公) 2년≫의 전(傳)에서 "진(晉) 영공(靈公)이 조순(趙盾)에게 술을 대접한다고 부르고는 갑옷 입은 병사를 매복시켜 그를 공격하려고 했다. 조순의 오른쪽 수레에 있던 제미명(提彌明)이 이를 알아채고는 급히 당에 올라 말하기를, '소신이 임금의 술자리를 모시겠습니다. 만일 세 잔이 넘으면 예의에 어긋납니다.'라고 했다. 이에 그를 부축하고 아래로 내려왔다. 영공이 맹견을 불러 물도록 하니 제미명이 손으로 때려 죽여버렸다. 조순이 말하기를, '사람을 쓰지 않고 개를 쓰니 비록 용맹하다 한들 어디에 쓰겠는가.'라고 했다."라고 했다. [진(晉) 두예(杜預)의 주에서] "영공이 선비를 기르지 않고 대신 개를 자신을 위해 기용한 것을 책망한 것이다. 그가 개를 싸우게 내보내니 제미명이 개를 죽여버렸다."라고 했다. '폐(吠)'는 부와 폐의 반절이다. ≪시경·소남(召南)·들에 죽은 노루가 있다(野有死麇)≫에서 "삽살개를 짖게 하지 마라."라고 했다. '폐(吠)'는 운다는 뜻이고 '수(嗾)'는 소와 주의 반절인데, 개를 부리는 소리를 '수'라고 한다. '제(猘)'는 정과 례의 반절인데, ≪설문해자≫에서 "미친개이다."라고 했다.(左傳,

501) '泉'은 당(唐) 고조(高祖) 이연(李淵)을 피휘한 것이다. '우연(虞淵)'은 해가 지는 전설의 장소이다.

502) 두목의 시 <화청궁을 읊은 시 30운(華淸宮三十韻)>이다.

503) 揩(개) : 찔리다.

宣公二年. 傳. 晉侯飮趙盾酒, 伏甲, 將攻之. 其右提彌明知之, 趨登曰, 臣侍君宴, 過三爵, 非禮也. 遂扶. 公嗾夫獒夫焉.[504] 明搏而殺之. 盾曰, 棄人用犬, 雖猛何爲. 責公不養士而更以犬爲己用, 鬭且出, 提彌明死之. 吠, 扶廢切. 詩. 無使尨也吠.[505] 吠, 鳴也. 嗾, 蘇走切. 使犬曰嗾. 猘, 征例切. 說文曰, 狂犬也.)

40 **[협주]** ≪후한서·이응전(李膺傳)≫의 기록이다. 이응은 자가 원례(元禮)이다. 성격이 고고하여 다른 사람과 교유하지 않았다. 사례교위(司隸校尉)에 배수되었다. 당시 장양(張讓)의 동생 장삭(張朔)이 야왕현(野王縣)의 현령(縣令)이 되었는데 탐욕스럽고 잔인하며 무도하여 임신부를 죽이기까지 했다. 이응이 매우 엄격하다는 말을 듣고는 처벌을 받을까 두려워 경사로 돌아가 도망갔으며 형 장양의 집에 은닉하면서 속이 빈 기둥 안에 숨었다. 이응이 그 상황을 알고는 관리들을 이끌고 가서 기둥을 부수어 장삭을 잡아 낙양(洛陽)의 감옥으로 이송했다. 진술을 다 받은 뒤에 즉시 그를 죽였다. 장양이 황제에게 억울함을 호소하자 이응을 궁궐로 들라는 조서를 내렸으며 황제가 친히 마루에서 접견하고는 먼저 지시를 청해 기다리지 않고 처벌해서 죽인 이유에 대해서 물었다. 이응이 대답해서 말하기를, "예전에 공자가 노(魯)나라 사구(司寇)가 되었을 때 7일 만에 소정(少正) 묘(卯)를 죽였습니다. 지금 소신이 임관한 지 이미 열흘이 되어 내심 일이 지체되어 허물이 될까 두려워했는데, 일을 빨리 처리한 죄를 얻게 될 줄은 생각지도 못했습니다. 진실로 저의 잘못을 스스로 알기에 죽음을 피하지 않겠습니다. 다만 닷새만 말미를 주시면 악의 원흉을 다 죽인 뒤 돌아와 솥에 삶기는 벌을 받겠습니다. 이것이 태어날 때부터 가졌던 바람입니다."라고 했다. 황제는 다시는 말을 하지 않았으며, 장양을 돌아보며 말하기를, "이것은 네 동생의 죄인데 사례에게 무슨 잘못이 있느냐."라고 하고는 나가도록 했다. 이로부터 여러 황문상시(黃門常侍)가 모두 몸을 움츠리고 기세를 펴지 못했으며, 쉬는 날에도 감히 다시 궁중 관서를 나가지 못했다. 황제가 이상하게 여기고 그 이유를 물으니 모두 머리를 조아리고 눈물을 흘리며 말하기를, "이응 교위가 두려워서입니다."라고 했다. 이때 조정이 나날이 어지러워지고 기강이 무너져 해이해졌는데, 이응이 유독 기풍을 유지하여서 명성이 절로 높았다. 선비 중에 그의 얼굴을 접하게 된 자는 용

504) 獒(오) : 개의 종류인데 크고 사납다. '夫'는 연자(衍字)인데, 금산본에는 없다.
505) 尨(방) : 삽살개.

문(龍門)에 올랐다고 했다. 이현(李賢)의 주에서 "'재(裁)'는 재와 대의 반절이다."라고 했다.(後漢書. 李膺, 字元禮. 性簡亢,[506] 無所交接. 拜司隸校尉. 時張讓弟朔爲野王令, 貪殘無道, 至乃殺孕婦.[507] 聞膺厲威嚴, 懼罪, 逃還京師. 因匿兄讓第舍, 藏於合柱中.[508] 膺知其狀, 率將吏卒破柱取朔, 付洛陽獄. 受辭畢, 卽殺之. 讓訴寃於獄[509], 詔膺入殿, 御親臨軒, 語以不先請便加誅辟之意.[510] 膺對曰, 昔仲尼爲魯司寇, 七日而誅少正卯. 今臣到官已積一旬, 私懼以稽留爲愆,[511] 不意獲速疾之罪. 誠自知釁責,[512] 死不旋踵,[513] 特乞留五日, 剋殄元惡,[514] 退就鼎鑊,[515] 始生之願也. 帝無復言, 顧讓曰, 此汝弟之罪, 司隸何愆. 乃遣出之. 自此諸黃門常侍皆鞠躬屛氣,[516] 休不敢復出宮省. 帝怪問其故, 並叩頭泣曰,[517] 畏李校尉. 是時朝廷日亂, 綱紀頹弛,[518] 膺獨持風裁,[519] 以聲名自高. 士被其容接者, 名爲登龍門. 注. 裁, 才代切.)

[역자주] 怯(겁) : 두려워하다. 應門(응문) : 왕궁의 정문. 이 구는 간신들의 전횡을 여론에서 두려워했다는 말이다. 협주에서는 이응을 언급한 것으로 보아 응문을 응문(膺門)으로 본 듯하다. 그렇다면 이응은 당시 정주의 횡포에 반대했던 이감(李甘)이나 이중민(李中敏)을 비유하는 것으로 보인다.

41 [역자주] 竄逐(찬축) : 쫓아내다.

---

506) 簡亢(간강) : 맑고 고고하다.
507) 孕婦(잉부) : 임신부.
508) 合柱(합주) : 여러 개의 나무로 만들어서 가운데가 비어있는 기둥.
509) 현재 전하는 ≪후한서≫에는 '獄'이 '帝'로 되어있다.
510) 請便(청편) : 상대방에게 자신이 해야 할 일에 대해 묻다. 여기서는 형벌에 대해 상부에 보고해서 처분을 기다리는 것을 말한다. 誅辟(주벽) : 죽이다.
511) 私(사) : 개인적으로. 내심. 稽留(계류) : 지체되다. 愆(건) : 허물.
512) 釁責(흔책) : 과실. 잘못.
513) 旋踵(선종) : 발꿈치를 돌리다. 몸을 돌리다. 두려워 피하는 모습이다.
514) 剋殄(극진) : 다 죽이다. 元惡(원악) : 악의 우두머리.
515) 就(취) : 나아가다. 鼎鑊(정확) : 솥. 여기서는 죄인에게 팽형(烹刑)을 가하는 솥을 말한다.
516) 黃門常侍(황문상시) : 황문과 상시는 모두 환관을 뜻한다. 鞠躬(국궁) : 몸을 숙이다. 공손한 태도이다. 屛氣(병기) : 기세를 억제하다. 숨을 죽이다.
517) 叩頭(고두) : 머리를 조아리다.
518) 頹弛(퇴이) : 무너지고 느슨해지다.
519) 風裁(풍재) : 풍기(風紀). 기강.

42 **[협주]** ≪당서·문종본기(文宗本紀)≫에 보인다.(見唐書文宗本記也.)

[역자주] 蒼茫(창망) : 아득한 모양. 帝閽(제혼) : 황제의 문지기로 여기서는 조정을 뜻한다. 이상 두 구는 당시 정주의 모함으로 인해 재상 송신석(宋申錫) 등이 쫓겨난 것을 말하는 것으로 보인다.

43 [역자주] 吉士(길사) : 어진 선비.

44 **[협주]** 권1의 "이것으로 상수에 던지는 부를 대신한다." 주에 보인다.[520](見一卷以代投湘賦注.)

[역자주] 弔湘魂(조상혼) : 상수의 혼령을 위로하다. 한나라 가의(賈誼)가 장사왕(長沙王) 태부(太傅)로 폄적되어 상수에 이르러서 그곳에서 죽은 굴원을 위로하는 글을 지었다. 여기서는 지방으로 폄적되는 것을 뜻한다.

45 [역자주] 間世(간세) : 세대를 건너뛰다. 오랜만이라는 말이다.

46 **[협주]** 무종(武宗) 황제이다.(武宗皇帝.)

[역자주] 무종은 문종 다음의 황제이다.

47 **[협주]** ≪서경(書經)·윤정(胤征)≫에서 "불이 곤륜산을 태우면 옥과 돌이 함께 탄다."라고 했다.(書. 火炎昆岡, 玉石俱焚.)

[역자주] 積火(적화) : 오랜 시간 타는 불을 가리킨다. 이 구는 어진 이와 그렇지 않은 이가 모두 간신의 농락에 의해 피해를 입게 되는 것을 무종이 안타깝게 생각했다는 말이다.

48 [역자주] 河漢(하한) : 황하와 한수의 병칭. 동한 장형(張衡)의 <귀전부(歸田賦)>에서 "헛되이 강가에서 물고기를 부러워하고 황하가 맑아지기를 기다리지만 기약이 없다.(徒臨川以羨魚, 俟河淸乎未期.)"라고 했고 ≪문선≫의 여연제(呂延濟) 주에서 "황하가 맑아진다는 것은 정치가 청명한 때를 비유한다.(河淸, 喩明時.)"라고 했다.

49 **[협주]** ['흔(掀)'은] 허와 언의 반절로 들어 올린다는 뜻이다.(許言切, 擧也.)

[역자주] 陰車(음거) : 귀신이 타는 수레이다. 掀(흔) : 손으로 들어 올린다는 뜻으로 여기서는 싣는다는 말이다. 이 구는 나쁜 이들을 제거했다는 뜻으로 보인다.

---

520) 두목의 시 <이감을 읊은 시(李甘詩)>이다.

50 **[협주]** '구지(九地)'는 권1에 나왔다.[521](九地, 出一卷.)

[역자주] 九地(구지) : 깊은 땅속으로 여기서는 죽은 자들이 있는 곳을 가리킨다. 雪(설) : 설욕하다. 치욕을 씻다. 幽冤(유원) : 죽은 이들의 원통함을 말한다.

51 **[협주]** 혜강(嵇康)의 <산거원과 절교하는 편지(與山巨源絶交書)>에서 "기질이 굳세서 악을 싫어하니 경솔하게 바른 소리를 한다."라고 했고, ≪문선≫ 장선(張銑)의 주에서 "'강장(剛腸)'은 뜻이 강하다는 말이다."라고 했다.(嵇康, 與山巨[522]絶交書. 剛腸疾惡, 輕肆直言. 注云, 剛腸, 强志也云.)

52 **[협주]** 권1의 "머리카락이 잘리고 쇠칼을 쓰는 고통을 감히 두려워했지." 주에 보인다.[523] ≪회남자(淮南子)≫ 허신(許愼)의 주에서 "초 땅 사람은 긴 겉옷[포(袍)]을 단갈(短褐)이라고 한다."라고 했다.(見一卷敢憚髡鉗苦注. 淮南子, 許愼注. 楚人謂[524]爲短[525]褐.)

[역자주] 髡(곤) : 머리카락을 자르는 형벌을 가리킨다.

53 **[협주]** ≪좌전·소공(昭公) 4년≫에서 "정자산(鄭子産)이 토지에 따라 병역세금을 징수하는 구부(丘賦) 제도를 만들었다. 나라 안의 사람들이 그를 비방하며 말하기를, '그의 아버지가 길에서 죽었는데 자신은 전갈 꼬리가 되어 나라에 명령을 내리고 있으니 나라가 장차 어떻게 될 것인가.'라고 했다."라고 했다.(左傳. 鄭子産作兵[526]賦, 國人謗之曰, 其父死於路, 已爲蠆尾, 以令於國, 將若之何.)

[역자주] 曾經(증경) : 예전에 이런 일을 겪었다. 蠆尾(채미) : 전갈의 꼬리. 표독한 사람을 비유한다.

54 **[협주]** ≪후한서·여복지(輿服志)≫에서 "공(公)과 열후(列侯)의 앉아 타는 수레 안거(安

---

521) 두목의 시 <동짓날에 조카 아의에게 부치는 시(冬至日寄小姪阿宜詩)> "음을 밀어내고 구지에서 나온다.(排陰出九地.)"의 주에 보인다.

522) '巨' 뒤에 '源'이 더 있어야 한다.

523) 두목의 시 <이감을 읊은 시(李甘詩)>이다.

524) 이 뒤에 '袍'가 더 있어야 하며, 금산본에는 수정되어 있다.

525) 현재 전하는 ≪회남자≫의 허신 주에는 '短'이 '裋'으로 되어있으며, 두목 시 판본 중에 원문의 '短'이 '裋'으로 되어 있기도 하다. 의미상 큰 차이는 없다.

526) '兵'은 '丘'의 잘못이다. '구(丘)'는 16정전(井田)이다. 당시 정자산은 1구에 말 1필과 소 3마리를 바치도록 했다.

車)는 붉은 꽃무늬의 수레바퀴, 기대고 있는 사슴을 그린 옆 가로막대, 엎드린 곰을 새긴 앞 가로막대, 검은색 비단의 덮개를 한다."라고 했다. '의록교(倚鹿較)'라는 것은 수레 앞 양쪽 옆의 진흙받기 바깥에 서 있는 사슴을 그린 것이고, '복웅식(伏熊軾)'은 수레 앞 가로막대에 엎드린 곰 형상을 만든 것이다.(後漢書, 輿服志. 公列侯安車, 朱班輪, 倚鹿較, 伏熊軾, 皁[527]蓋. 倚鹿較者, 畵立鹿於車之前, 兩轓外也.[528] 伏熊軾者, 車前橫軾爲伏熊之形也.)

[역자주] 憑熊軒(빙웅헌) : 곰이 새겨진 수레에 기대다. 여기서는 지방 장관인 자사(刺史)가 된 것을 뜻하는 것으로 보인다.

55 **[협주]** 굴원(屈原)의 <구가(九歌)·상군(湘君)>에서 "향기로운 물가 섬에서 두약을 캐서 장차 하녀에게 주려네."라고 했고, 주[529]에서 "두약(杜若)은 향초이다."라고 했다. 사조(謝朓)의 시[530]에서 "향기로운 물가 섬에 두약이 자란다."라고 했다.(屈平, 九歌. 采芳洲兮杜若, 將以遺兮下女. 注. 杜若, 香草. 謝朓詩. 芳洲生杜若.)

56 [역자주] 瀨(뢰) : 여울이다. 喧(훤) : 시끄럽다.

57 **[협주]** ≪후한서·엄광전(嚴光傳)≫에서 "엄광의 자는 자릉(子陵)이다. 부춘산(富春山)에서 농사를 지었다. 그가 낚시하던 곳을 후인이 엄릉뢰(嚴陵瀨)라고 불렀다."라고 했다. ≪십도지≫에서 "목주(睦州)에 엄광이 낚시하던 대(臺)가 있다."라고 했다. ≪통전(通典)≫의 신정군(新定郡) 목주(睦州) 조목에서 "춘추시대에는 오나라에 속했고 후에 월나라에 속했다. 딸린 현으로는 동려(桐廬)가 있다."라고 했다. (동려에 관한 주에서) "한나라 부춘현(富春縣)의 땅인데 엄광이 낚시하던 대가 있다."라고 했다.(後漢書. 嚴光, 字子陵. 耕於富春山, 後人名釣處爲嚴陵瀨. 十道志. 睦州有嚴子陵釣臺. 通典. 新定郡, 睦州, 春秋時屬吳, 後屬越. 領縣桐廬, 漢富春縣地, 有嚴子陵釣臺.)

[역자주] 이상 두 구는 두목이 현재 거주하고 있는 목주의 위치를 기술한 것이다.

58 **[협주]** ≪장자·천지(天地)≫에서 "요임금이 화(華) 땅을 순시하는데 화 땅을 지키는 봉

527) '皁' 뒤에 '繒'가 더 있어야 한다.
528) 轓(번) : 수레의 양쪽에 진흙이 튀지 않게 막는 것이다.
529) 누구의 주인지 확실치 않다.
530) 시 제목이 알려져 있지 않다.

인(封人)이 말하기를, '아! 성인이시구나. 성인을 축원하고자 하니 성인께서는 장수하시기 바랍니다.'라고 했다."라고 했다.(莊子. 堯觀乎華, 華封人曰, 嘻, 聖人. 請祝聖人. 使聖人壽.)

[역자주] 堯(요) : 이 시를 지을 당시의 당나라 황제를 가리킨다. 무종(武宗)의 재위 기간이 840-846년이며, 846년에 선종(宣宗)이 즉위했다.

59 **[협주]** ≪집운(集韻)≫에서 "'읍(揖)'은 일과 급의 반절이다. '읍(挹)'과 통해서 사용한다."라고 했고 또 "'읍(挹)'은 술을 따른다는 뜻이다."라고 했다. ≪시경·소아(小雅)·대동(大東)≫에서 "북두칠성이 있는데 술을 뜰 수가 없다."라고 했고, 모장(毛萇)의 주에서 "'읍(挹)'은 술을 뜬다는 뜻이다."라고 했다. ≪자경(字鏡)≫[531]에서 "'구(㪺)'는 음이 구이고 술을 뜬다는 뜻이다."라고 했다.(集韻. 揖, 一及切. 通作挹. 挹, 酌也. 詩. 維北有[532], 不可以挹酒漿. 注. 挹, 㪺也. 字鏡. 㪺, 音俱, 酌也.)

[역자주] 罇(준) : 술을 담는 그릇.

해설

이 시는 예전 문종을 모시면서 간관으로 일하던 때를 회상하며 지은 것이다. 당시 이훈과 정주가 황제의 총애를 업고 권력을 전횡하고 있었는데, 두목과 가까이 지내던 이감과 이중민은 이들에게 반대하다가 지방으로 좌천되었고 이감은 그곳에서 죽기까지 했다. 이후 정주가 죽은 뒤 이중민 등은 다시 장안으로 복귀했지만 무종이 즉위한 뒤에도 두목은 여전히 지방장관을 전전하고 있었다. 이 시는 이러한 여러 상황을 순차적으로 기술하고는 자신은 고향으로 돌아가 은거하고자 하는 바람을 표현했다. 대개 대중 원년(847) 즈음에 지은 것으로 추정한다.

531) ≪자경(字鏡)≫ : 900년경 일본에서 간행된 ≪신찬자경(新撰字鏡)≫을 가리키는 것으로 보인다. 160개의 부(部)로 나뉘어 있는데 ≪일체경음의(一切經音義)≫를 기본참고서적으로 하고 ≪설문해자≫와 ≪절운(切韻)≫ 등의 다양한 서적을 바탕으로 한 것으로, 현존하는 자전에 수록되지 않은 내용이 다수 보인다.
532) '有' 뒤에 '斗'가 더 있어야 한다. 금산본에는 추가되어 있다.

078. 정연 경조윤, 필함 한림학사, 정처회 한림학사는 성스러운 조정에 선발되어 스스로 하늘에 올랐는데 모두 내 동생과 예전부터 교유가 있었다. 나는 지리멸렬하고 궁박하기에 지방관으로 나가기를 청하면서 찬미하는 시가를 썼는데 아울러 스스로 뜻을 말해 칠언율시를 이루었기에 세 군자에게 바친다

道一大尹存之學士庭美學士, 簡於聖朝, 自致霄漢, 皆與舍弟昔年還往, 牧支離窮悴, 竊於一麾, 書美歌詩, 兼自言志, 因成長句四韻, 呈上三君子[1]

九金神鼎重丘山,[2]	구주의 구리로 만든 신령한 솥에는 산이 겹겹이고
五玉諸侯雜佩環.[3]	다섯 옥의 제후는 패옥을 이리저리 차고 있으니,
星座通霄狼鬣暗,[4]	별자리는 하늘과 통해 천랑성의 갈기는 어둡고
戍樓吹笛虎牙閑.[5]	수자리에서는 피리를 부니 호아장군은 한가롭네.
斗間紫氣龍埋獄,[6]	두수의 자색 기운은 용이 감옥에 묻힌 것이었고
天上洪爐帝鑄顏.[7]	하늘 위의 큰 화로는 천제가 안연을 단련시키는 것인데,
若念西河舊交友,[8]	만일 서하의 옛 친구를 기억한다면
魚符應許出函關.[9]	응당 어부를 허락하여 함곡관을 나가게 허락하겠지.

주석

1 [역자주] 道一(도일) : 정연(鄭涓)의 자이다. 평로군절도사(平盧軍節度使), 검교좌산기상시(檢校左散騎常侍), 경조윤(京兆尹) 등을 역임했다. 大尹(대윤) : 행정장관에 대한 칭호인데 여기서는 경조윤을 뜻한다. 存之(존지) : 필함(畢諴)의 자이다. 호부원외랑(戶部

員外郎), 중서사인(中書舍人), 형부시랑(刑部侍郎), 한림학사(翰林學士), 병부상서(兵部尙書) 등을 역임했다. 庭美(정미) : 정처회(鄭處誨)의 자이다. 감찰어사(監察御史), 좌습유(左拾遺), 상서랑(尙書郎), 형부시랑, 한림학사 등을 역임했다. 簡(간) : 선발되다. 舍弟(사제) : 집안 동생. 두보의 동생 두의(杜顗)를 가리킨다. 還往(환왕) : 교유하다. 교제하다. 支離(지리) : 지리멸렬하다. 窮悴(궁췌) : 곤궁하고 초췌하다. 竊(절) : 외람되이 청하는 것을 뜻한다. 一麾(일휘) : 지방으로 나가는 장관의 깃발을 가리키는데, 여기서는 지방 장관으로 나가는 것을 뜻한다. 이와 관련한 자세한 내용은 <장차 오흥으로 부임하면서 낙유원에 올라 지은 절구(將赴吳興登樂游原一絶)>의 협주에 보인다.

2 **[협주]** 위의 "솥은 무겁고 산은 옮기기 어렵다.(鼎重山難轉.)"의 주에 보인다.[533](見上鼎重山難轉注.)

[역자주] 九金神鼎(구금신정) : 우임금이 구주(九州)의 구리를 모아서 만든 아홉 개의 솥을 말한다. 이 솥에 여러 괴물의 형상을 새겨서 백성들이 그 모습을 알아 피할 수 있게 했다.

3 **[협주]** ≪서경·우서(虞書)·순전(舜典)≫에서 "다섯 가지 상서로운 옥을 모으고 좋은 달과 좋은 날을 정하여 사방 제후와 여러 장관을 조회하고는 각 우두머리에게 상서로운 물품을 하사하셨다."라고 했다. ≪사기집해(史記集解)≫ 마융(馬融)의 주에서 "'오서(五瑞)'는 공(公), 후(侯), 백(伯), 자(子), 남(男)이 손에 쥐는 것으로 이것으로 천자의 신표로 삼았다."라고 했다. 또 "다섯 가지 예와 다섯 가지 옥."이라고 했고, 공영달(孔穎達)의 주에서 "다섯 가지 옥이 바로 오서(五瑞)이다."라고 했다. ≪둔재한람(遯齋閑覽)≫에서 "옛날에 다섯 등급의 제후가 모두 옥을 쥐었고 경기(京畿)에서 멀리 떨어진 후복(侯服)의 우두머리 역시 모두 옥을 패용했다."라고 했다.(書. 輯五瑞,[534] 旣月乃日, 覲四岳群牧班瑞于群后.[535] 注. 五瑞, 公侯伯子男所執, 以爲瑞信也. 又曰, 五禮五玉. 注. 五玉卽五瑞也. 遯齋閑覽. 古者五等諸侯皆執玉, 侯服亦皆佩玉.)

---

533) 두목의 시 <화청궁을 읊은 시 30운(華淸宮三十韻)>이다.

534) 輯(집) : 모으다. 거두다.

535) 覲(근) : 만나다. 조회하다. 四岳(사악) : 요임금 때 신하인 희(羲)와 화(和)의 네 아들로 사방의 제후로 나누어 봉했는데, 이로부터 사방의 제후를 뜻한다. 群牧(군목) : 여러 지방 장관. 班(반) : 나눠주다. 群后(군후) : 사방의 제후와 구주의 지역 장관.

[역자주] 佩環(패환) : 옥으로 만들어서 차는 장식물이다. 이상 두 구는 천자의 다스림이 안정되었고 그 아래의 신하와 제후들이 모두 잘 복종하고 있다는 말이다.

4 **[협주]** 위의 "교지와 별자리가 같다." 주에 보인다.[536] ≪한서·천문지(天文志)≫에서 "천랑성(天狼星)의 빛이 바뀌면 도적이 많아진다."라고 했다.(見上交阯同星座注. 前漢書, 天文志. 狼角變色, 多盜賊.)

[역자주] 狼鬣(낭렵) : 이리의 갈기. 여기서 '랑'은 하늘의 천랑성을 가리킨다.

5 **[협주]** ≪한서·차천추전(車千秋傳)≫에서 "차승상(車丞相)의 아들 차순(車順)이 후(侯)를 승계했으며 선제(宣帝) 때 호아장군(虎牙將軍)이 되어 흉노를 격퇴시켰다."라고 했다.(漢書. 韋[537]丞相, 子順嗣侯. 宣帝時以虎牙將軍擊匈奴.)

[역자주] 이상 두 구는 중원을 위협하는 난리가 나지 않는다는 말이다.

6 **[협주]** 권1의 "어찌하여 두수를 찌르던 기상이" 주에 보인다.[538](見一卷如何干斗氣注.)

[역자주] 斗間紫氣(두간자기) : 두수(斗宿)에 있는 자줏빛 기운. 명검의 기운인데 이로써 빼어난 기상을 상징한다. ≪진서(晉書)·장화전(張華傳)≫에 다음과 같은 내용이 있다. 두수와 우수(牛宿) 사이에 항상 자줏빛 기운이 있었다. 장화는 뇌환(雷煥)이 천문에 해박하다는 말을 듣고는 그에게 물어보니 뇌환이 말하기를, "보검의 정기가 예장(豫章) 풍성(豐城)에 있습니다."라고 했다. 즉시 뇌환을 풍성령에 임명했다. 그가 풍성현에 도착하여 감옥의 바닥을 파니 돌 상자 하나를 얻었는데 광채가 특별했으며 그 안에 한 쌍의 검이 있었다. 뇌환이 하나는 자기가 가지고 나머지 하나를 장화에게 보냈는데, 장화가 받아보고는 "이것은 간장검(干將劍)이다. 막야검(莫邪劍)은 어디 있는가?"라고 했다. 후에 장화가 죽고 그의 아들이 간장검을 차고 길을 가는데 갑자기 간장검이 물로 뛰어 들어갔다. 사람이 물에 들어가 보니 검은 보이지 않고 한 쌍의 용이 있었는데 간장검과 막야검의 정령이라고 여겼다.

7 **[협주]** ≪장자≫에서 "큰 화로에 풀무질하여 머리카락을 태운다."라고 했다.[539] 양웅(楊

---

536) 두목의 시 <진으로 부임하는 용주의 중승을 보내다(送容州中丞赴鎭)>이다.

537) '韋'는 '車'의 잘못이다.

538) 두목의 시 <이감을 읊은 시(李甘詩)>이다.

539) 이 조목은 현재 전하는 ≪장자≫에는 보이지 않으며 ≪후한서·하진전(何進傳)≫에 보인다.

雄)의 ≪법언(法言)≫에서 "혹자가 묻기를, '세상에서 쇠를 단련한다고 하는데 쇠를 단련할 수 있습니까?'라고 하니, 말하기를, '내가 듣기에 군자를 보면 사람을 단련할 수 있냐고 묻지 쇠를 단련할 수 있냐고 묻지 않는다고 했다.'라고 했다. 혹자가 말하기를, '사람은 단련할 수 있습니까?'라고 하니, 말하기를, '공자가 안연을 단련시켰다.'라고 했다. 혹자가 공손해 하면서 말하기를, '훌륭하구나, 쇠를 단련하는 것을 물었다가 사람을 단련하는 것을 얻었다.'라고 했다."라고 했다.(莊子. 鼓洪鑪而燎毛髮. 楊子. 或問世言鑄金, 金可鑄歟. 曰吾聞覿君子者, 問鑄人, 不問鑄金. 或曰, 人可鑄歟. 曰, 孔子鑄顔淵矣. 或人踧爾曰,[540] 旨哉. 問鑄金, 得鑄人.)

[역자주] 洪爐(홍로) : 큰 화로. 사람을 도야하고 단련시키는 환경을 비유한다. 帝鑄顔(제주안) : 천제(天帝)가 안연을 단련시키다. 안연과 같은 제자를 양성한다는 말이다. 이상 두 구는 세 사람이 별을 찌르는 보검의 정기와 같은 높은 의기를 가지고 있으며 훌륭한 스승 아래에서 안회와 같이 도야해서 큰 덕망을 가지고 있음을 칭송한 것이다.

8 **[협주]** 본집의 <당나라의 돌아가신 회남지사(淮南支使) 허직(虛職) 대리평사(大理評事) 겸 감찰어사(監察御史) 두의(杜顗)의 묘지명(唐故淮南支使試大理評事兼監察御史杜君墓誌銘)>에서 "태화 9년(835) 함양위(咸陽尉)를 제수받았는데 병으로 사직했다."라고 했다. ≪상서(尙書)·우공(禹貢)≫에서 말하기를, "흑수(黑水)에서 서하(西河)까지가 옹주(雍州)이다."라고 했다. 진(秦)나라 효공(孝公)에 이르러서 함양(咸陽)이 되었다. 경조부(京兆府)는 지금의 옹주(雍州)이며 장안현(長安縣)을 다스린다.[541](本集, 杜顗墓銘. 太和九年, 授咸陽尉, 以疾辭通[542]. 尙書, 禹貢曰, 黑水西河惟雍州. 至秦孝公作爲咸陽. 京兆府, 今之雍州, 理長安縣.)

[역자주] 西河舊交友(서하구교우) : 서하의 옛 친구. 두목의 동생인 두의와 교유했던 제목의 세 사람을 가리킨다. 서하는 두의가 근무했던 함양의 다른 이름이다. 한편 공자의 제자인 자하(子夏)가 서하의 교수로 있을 때 그의 아들이 죽자 곡을 해서 실명했다. 두목의 동생인 두의는 눈병으로 실명했는데 이런 의미로 '서하'를 사용했을 수도 있다.

540) 踧爾(축이) : 삼가면서 공손한 모양.
541) 이 조목은 ≪통전(通典)≫에 보인다.
542) '通'은 다음 조목의 출전인 ≪통전(通典)≫의 글자로 보이는데, 잘못 들어간 것이다.

9 **[협주]** ‘어부(魚符)’는 위에 나왔다.543) ‘함관(函關)’은 권1에 나왔다.544)(魚符, 出上. 函關, 出一卷.)

[역자주] 魚符(어부) : 지방 장관으로 가는 이에게 황제가 부여하는 증표이다. 出函關(출함관) : 함곡관(函谷關)을 나가다. 함곡관은 장안의 동쪽 관문인데, 이를 나간다는 것은 지방 장관으로 나가는 것을 뜻한다.

해설

이 시는 두목이 지방 장관으로 나가기를 동생 두의의 친구이자 조정의 실력자인 세 사람에게 청원하며 지은 것이다. 당시 태평성세를 이루었음을 말한 뒤 세 사람의 인품을 칭송하고는 동생의 편의를 봐서 자신을 지방관으로 전출시켜주기를 바라는 마음을 표현했다. 두목은 대중 4년(850) 이부원외랑(吏部員外郎)에 재직했지만 동생을 부양하기 위해 봉록이 더 높은 지방 장관을 자청했으며 결국 호주자사(湖州刺史)가 되었다. 이 시는 그때 지은 것으로 보인다.

543) 두목의 시 <이른 봄에 악주자사 이원에게 부치다, 그는 바둑을 잘 두고 술을 좋아했으며 마음이 한가롭고 고아하다(早春寄岳州李使君, 李善棊愛酒, 情地閑雅)>의 “부절을 나누어 받은 영천태수의 정치.(分符潁川政.)”의 주에 보인다.

544) 두목의 시 <여산을 지나가며 짓다(過驪山作)>의 “천 리 함곡관에 간악무도한 군주를 가두었다.(千里函關囚獨夫.)”구의 주에 보인다.

079. 행원

杏園[1]

夜來微雨洗芳塵,	밤이 되자 이슬비가 향긋한 먼지를 씻었기에
公子驊騮步始均.[2]	공자의 화류마는 걸음걸이가 비로소 균일하네.
莫怪杏園顦顇去,[3]	행원에서 초췌하게 다닌다고 이상히 여기지 마라
滿城多少揷花人.[4]	온 성에서 꽃을 꽂은 이가 몇 명이나 되나.

주석

1 **[협주]** 위의 "자운루 아래에서 강가의 꽃에 취하네."의 주에 보인다.[545](見上紫雲樓下醉江花.)

[역자주] 杏園(행원) : 지금의 섬서성 서안시 교외의 대안탑(大雁塔) 남쪽에 있었다. 곡강지(曲江池) 남서쪽에 있었으며 당나라 때 진사에 급제한 사람들이 모여 연회를 열던 곳이다.

2 **[협주]** ≪목천자전(穆天子傳)≫에서 "목천자가 여덟 마리 준마가 끄는 수레를 준비하라고 명했는데 오른쪽 두 마리는 화류(華騮)이고 왼쪽 두 마리는 녹이(騄耳)였다."라고 했다. ≪회남자(淮南子)·남명훈(覽冥訓)≫에서 "왕량(王良)과 조보지(造父之)는 마부인데 수레에 올라 고삐를 잡으면 말의 걸음걸이가 일정하게 되었다."라고 했다.(穆天子傳. 天子命駕八駿之乘, 右服華騮而左騄耳. 淮南子. 王良, 造父之, 御也, 上車攝轡. 投足調均.)

[역자주] 公子(공자) : 여기서는 진사에 급제한 이를 가리킨다. 驊騮(화류) : 준마의 이름.

545) 두목의 시 <장안을 주제로 자유롭게 읊은 칠언율시 6수(長安雜題長句六首)> 중 제6수이다.

始(시) : 판본에 따라 '첩(貼)'으로 되어 있기도 한데, 안정적이다는 뜻이다.

3 [역자주] 顦顇(초췌) : 얼굴이나 모습이 마르고 약한 모양.

4 [역자주] 挿花人(삽화인) : 꽃을 꽂은 사람. 진사에 급제한 이를 가리킨다.

해설

이 시는 행원을 거닐면서 감회를 적은 것이다. 진사에 급제한 이들이 멋진 말을 타고 가는 것을 보고는 자신은 급제하지 못한 채 우울해하면서 스스로 위로하는 모습을 표현했다. 두목은 태화 2년(828) 진사에 급제했으므로 이 시는 그 이전에 지었을 것이다.

080. 늦봄 위씨 집의 정자에 쓰다

春晩題韋家亭子[1]

擁鼻侵襟花草香,[2]	코를 찌르고 소매에 스며드는 꽃과 풀의 향기
高臺春去恨茫茫.[3]	높은 누대에 봄이 가니 원망이 아득하네.
蔫紅半落平池晩.[4]	날 저무는 너른 연못에 시든 붉은 꽃잎 반쯤 떨어지니
曲渚飄成錦一張.	굽이진 물가에 나부껴 한 장의 비단이 되었구나.

주석

1 [역자주] 韋家(위가) : 누구인지 자세히 알려져 있지 않다. 장안성 남쪽에 두릉(杜陵)과 위곡(韋曲) 두 집성촌이 번화했는데 위곡에 거주하는 사람일 수도 있다.

2 [역자주] 擁鼻(옹비) : 코를 찌르다. 侵襟(침금) : 소매에 스며들다.

3 [역자주] 茫茫(망망) : 아득한 모양.

4 **[협주]** ['언(蔫)'은] 오와 건의 반절이다. '위언(萎蔫)'은 식물이 싱싱하지 않은 것이다. (於乾切. 萎蔫, 物不鮮也.)

[역자주] 錦一張(금일장) : 비단 한 장. 연못에 떨어진 붉은 꽃잎을 비유한 것이다.

해설

이 시는 늦봄 위씨 집의 정자에서 바라본 경관을 묘사한 것이다. 떠나가는 봄이 아쉽지만 아직 진하게 남아 있는 향기와 붉은 꽃잎으로 덮인 연못의 아름다운 경관을 표현했다. 작시 시기는 고찰할 수 없다.

081. 농가의 집을 들르다

過田家宅

安邑南門外,	안읍의 남문 바깥
誰家板築高.[1]	누구 집의 담장이 높은가?
奉誠園裏地,	봉성원 안쪽 땅에는
墻缺見蓬蒿.[2]	담이 허물어지고 쑥대만 보이네.

주석

1 [역자주] 板築(판축) : 담을 쌓을 때 쓰는 도구이다. 널빤지를 양쪽으로 쌓고 그사이에 흙을 넣어 다져서 담을 만든다. 여기서는 그렇게 쌓은 담을 말한다. 담장이 높다는 것은 호화로운 집을 가리킨다.

2 **[협주]** ≪태평광기(太平廣記)·잡록(雜錄)≫의 기록이다. 장안(長安) 영녕방(永寧坊) 남동쪽은 금잔(金盞)과 같이 좋은 땅이고 안읍리(安邑里) 서쪽은 옥잔(玉盞)과 같이 훌륭한 땅이다. 후에 영녕방은 왕악(王鍔)의 집이 되었고 안읍은 마수(馬燧)의 집이 되었다. 후에 왕악과 마수가 모두 궁에 들어갔다. 왕악의 집은 누차 한홍(韓弘), 사헌성(史憲誠), 이재의(李載義) 등에게 하사되었는데, 사람들이 말하기를 "금잔이 깨어졌지만 이를 회복했다."라고 했다. 마수가 봉성원(奉誠園)을 만들었는데, 사람들이 말하기를, "옥잔이 깨어졌지만 완성되지 못했다."라고 했다. 마수의 아들 마창(馬暢)이 집인의 큰 살구나무를 두문장(竇文場)에게 주었는데 두문장은 그것을 덕종(德宗)에게 바쳤다. 덕종은 일찍이 보지 못한 것이어서 지못 기이하게 여겼으며, 환관에게 명하여 살구나무를 책봉하게 했다. 마창이 두려워하여 집을 바쳤는데, 폐쇄하여 봉성원으로 만들었고 지붕의 나무를 모두 쪼개서 궁중으로 들여보냈다."라고 했다.(廣記. 長安永寧坊東南是金盞地, 安邑里西

是玉盞地. 後永寧爲王鍔宅, 安邑爲馬燧宅. 後王馬皆入官, 王宅累賜韓弘及史憲誠李載義等, 所謂金盞破而成焉. 馬燧爲奉誠園, 所謂玉盞破而不完也. 燧之子暢以第中大杏饋竇文場. 文場以進德宗. 德宗未嘗見, 頗怪. 令中使就封杏樹.[546] 暢懼進宅, 廢爲奉誠園, 屋木皆拆入內云.)

[역자주] 蓬蒿(봉호) : 쑥대. 황폐한 모습을 형용한다.

해설

이 시는 장안성 남쪽 안읍의 농가를 지나면서 느낀 감회를 적은 것이다. 예전에 화려한 명성을 자랑했던 봉성원이 이제는 허물어져 버린 것을 안타까워했는데, 이를 통해 부귀영화의 덧없음을 표현한 것으로 보인다. 정확한 작시 시기는 고찰할 수 없다.

546) 中使(중사) : 환관.

082. 습유 송원이 이름을 적은 곳을 보고는 느낀 바가 있어 시를 짓다

見宋拾遺題名處, 感而成詩[1]

竄逐窮荒與死期,[2]　　외지고 황량한 곳으로 쫓겨나 죽음을 기약하고
餓唯蒿藿病無醫.[3]　　굶주려도 쑥과 콩뿐이고 병들어도 의사가 없었네.
憐君更抱重泉恨,[4]　　그대가 깊은 땅속의 한을 또 안고 있는 걸 가여워하나니
不見崇山謫去時.[5]　　숭산으로 쫓겨난 때를 보지 못했구나.

주석

1　[역자주] 宋拾遺(송습유) : 송원(宋邧)이다. 자는 차도(次都)이고 태화 4년(830) 장원급제를 했으며 개성 3년(838) 좌습유(左拾遺)가 되었다. 좌습유로 재직할 때 재상과 환담을 했는데, 승상이 나간 뒤에 송원은 수판(手板)으로 얼굴을 가리고는 웃음을 멈추지 못했다. 이덕유(李德裕)가 그것을 보고는 그를 힐책했으며 이 말을 들은 자들은 모두 벌벌 떨었다. 얼마 후 송원은 하청현령(河淸縣令)으로 폄적되었으며 1년 남짓 있다가 죽었다. 좌습유는 간관이었으며 종팔품상이었다.

2　[역자주] 竄逐(찬축) : 쫓겨나다.

3　[역자주] 蒿藿(호곽) : 쑥과 콩잎. 하찮은 채소이다.

4　**[협주]** ≪한서·가산전(賈山傳)≫ 안사고의 주에서 "삼천(三泉)은 세 겹의 샘으로 깊다는 말이다."라고 했다.(賈山傳, 注. 三泉, 三重之泉, 言深也.)

[역자주] 重泉(중천) : 깊은 땅속. 구천, 즉 죽은 자가 돌아가는 곳을 가리킨다.

5　**[협주]** ≪서경·순전(舜典)≫에서 "환두(驩兜)를 숭산(崇山)으로 내쫓았다."라고 했고, 공안국(孔安國)의 주에서 "숭산은 남쪽 변방 지역이다."라고 했다.(舜典. 放驩兜于崇山.

注. 崇山, 南裔.)

[역자주] 이 구는 이덕유가 대중 원년(847)부터 시작하여 다섯 번 폄적되어 이듬해 애주 사호(崖州司戶)가 된 것을 말한다. 그는 대중 3년(849) 애주에서 죽었다.

해설

이 시는 억울하게 폄적 당해 죽은 송원을 생각하며 지은 것이다. 송원은 쫓겨나서 힘들게 살다 죽었는데, 그를 그렇게 만든 이덕유가 쫓겨난 것을 보지 못했음을 안타까워하는 마음을 표현했다. 정확한 작시 시기는 고찰할 수 없다.

083. 눈이 갠 뒤 장안 거리 서쪽에 조하가 사는 집을 방문하여 지은 3운의 시

雪晴訪趙嘏街西所居三韻[1]

命代風騷將,[2]	당대에 유명한 시의 장군 중에
誰登李杜壇.[3]	누가 이백과 두보의 문단에 오를까?
少陵鯨海動,[4]	두보는 고래의 바다가 출렁였고
翰苑鶴天寒.[5]	이백은 학의 하늘이 서늘했지.
今日訪君還有意,	오늘 그대를 방문하고 또 뜻이 있으니
三條冰雪獨來看.[6]	얼음과 눈 같은 세 줄의 시를 홀로 와서 보네.

주석

1 **[협주]** ≪당송분문명현시화(唐宋分門名賢詩話)·격상(激賞)≫547)의 기록이다. 두목이 조위남(趙渭南)의 시집을 보다가 <이른 가을(早秋)>548)의 "남은 별 몇 개 있는 하늘에 기러기가 변새를 가로지르는데, 긴 피리 소리 하나 내며 사람이 누대에 기대어 있다."라는 시에서 읊조림이 그치지 않았는데 이로 인해 그를 지목해서 조의루(趙倚樓)라고 했다. 조하에게 주는 시에서 "당대에 유명한 시의 장군 중에 누가 이백과 두보의 문단에 오를까? 두보는 고래의 바다가 출렁였고 이백은 학의 하늘이 서늘했지. 오늘 그대를 방

547) ≪당송분문명현시화(唐宋分門名賢詩話)≫ : 북송 시기 편찬된 중국 시에 관한 이론 서적이다. 저자는 미상이며 총 2책 20권이다.

548) 이 시의 제목이 <장안의 늦가을(長安晚秋)>, <가을에 바라보다(秋望)>, <가을 서녁(秋夕)>으로 되어 있으며 칠언율시이다.

문하고 또 뜻이 있으니 눈과 얼음 같은 세 줄의 시를 보여주네."라고 했다.(唐宋詩話. 杜紫微覽趙渭南卷早秋詩, 殘星幾點雁橫塞, 長笛一聲人倚樓. 吟咏不已, 因目之爲趙倚樓. 贈蝦詩曰, 命代風騷將, 誰登李杜壇. 灞陵鯨海動, 翰苑鶴天寒. 今日訪君還有意, 三條冰雪借予看云.)

[역자주] 趙蝦(조하) : '하'는 '하(嘏)'의 잘못이다. 금산본에는 수정되어 있다. 초주(楚州) 산양(山陽) 사람으로 자가 승우(承祐)이다. 회창(會昌) 4년(844) 진사에 급제했으며 대중 연간(847-860)에 위남위(渭南尉)가 되어 세상 사람들은 그를 조위남이라고 불렀다. 街西(가서) : 장안성 주작문(朱雀門) 앞 큰 도로를 중심으로 서쪽 지역인 장안현(長安縣)을 말한다.

2 **[협주]** 심약(沈約)의 ≪송서(宋書)·사령운전(謝靈運傳)≫의 논(論)에서 "≪시경≫과 <이소(離騷)>를 근원으로 삼았다."라고 했고, 주[549]에서 "'풍(風)'은 ≪시경≫의 국풍(國風)이다. <이소>에 주를 단 왕일(王逸)의 ≪이소경(離騷經)≫ 서문에서 '소(騷)는 근심이다.'라고 했다."라고 했다.(沈休文, 謝靈運傳, 論. 同祖風騷. 注. 風則詩國風也. 離騷注. 經序云, 騷, 愁也.)

[역자주] 命代(명대) : 당대에 유명하다. 風騷(풍소) : 원래는 ≪시경≫과 <이소>를 뜻하는데, 이로부터 한시를 지칭하게 되었다. 將(장) : 장군. 시를 잘 짓는 이를 표현한 말이다.

3 **[협주]** 위의 "제단에 오른 예와 악의 최고 담당자." 주에 보인다.[550](見上登壇禮樂卿注云.)

[역자주] 李杜壇(이두단) : 이백과 두보의 문단. 이들과 같은 수준에 있음을 말한다.

4 **[협주]** ≪십도지≫에서 "관내도(關內道)에 소릉원(少陵原)이 있다."라고 했고, 주에서 "옛 이름은 치국원(治國原)인데 한나라 선제(宣帝)가 허후(許后)를 장례 치른 뒤 세속에서는 소릉(少陵)이라고 했다."라고 했다. 두보의 시[551]에서 "소릉의 야로가 소리를 삼키

---

549) 누구의 주인지 확실치 않다.

550) 두목의 시 <하주절도사 최 산기상시가 태자소경으로 있다가 지방으로 나가 절도사 깃발을 인도하게 되었기에 지은 10운의 시(夏州崔常侍自少常亞列出領麾幢十韻)>이다.

551) 두보의 시 <강머리에서 슬퍼하다(哀江頭)>이다.

며 운다."라고 했고, ≪보주두시(補注杜詩)≫ 왕수(王洙)의 주에서 "소릉(少陵)은 두릉(杜陵)이다."라고 했다.(十道志. 關內道有少陵原. 注. 舊名治國原. 宣帝葬許后, 俗號曰少陵. 詩史曰, 少陵野老呑聲哭. 注. 少陵, 杜陵也云.)

[역자주] 少陵(소릉) : 장안 남쪽의 지명인데 여기서는 두보를 가리킨다.

5 **[협주]** ≪신당서·이백전(李白傳)≫에서 "현종(玄宗)이 이백을 불러 금란전(金鑾殿)에서 만나서 당시 세상의 일에 관해 논하고는 조서를 내려 한림(翰林)에서 황제를 모시도록 했다."라고 했다. 이조(李肇)의 ≪한림지(翰林志)≫에서 말하기를, "한림원에 오른 자는 옥청(玉淸)을 넘어가고 자소(紫霄)를 날아다닌다.[552]"라고 했다.(新唐書, 李白本傳. 玄宗召見金鑾殿, 論當世事, 有詔供奉翰林. 李肇, 翰林志謂, 登翰苑者, 爲凌玉淸, 翔紫霄.)

[역자주] 翰苑(한원) : 한림원(翰林院)의 별칭인데 여기서는 한림공봉(翰林供奉)을 지냈던 이백을 가리킨다. 이상 두 구는 이백과 두보가 바다의 고래와 같이 힘찬 기상을 떨치고 학을 단 신선과 같이 표일하게 지냈음을 말한다. 고래와 학은 그들이 지은 시의 풍격을 상징하기도 한다.

6 **[협주]** 맹교(孟郊)의 시 <별장으로 돌아가는 두로책(豆盧策)을 송별하다(送豆盧策歸別墅)>에서 "얼음과 눈과 같은 글 한 권, 세속을 피해 늘 스스로 들고 다니리."라고 했다.(孟郊, 送豆盧策詩. 一卷氷雪文, 避俗常自携.)[553]

[역자주] 三條(삼조) : 세 줄의 글. 이 시를 가리킨다. 冰雪(빙설) : 얼음과 눈. 훌륭한 작품을 비유한다. 이와 달리 '삼조'는 도성의 세 줄기 큰 도로를 가리키는 것으로 보고 '얼음과 눈이 덮인 장안의 길'로 풀이하여 두목이 조하의 집을 방문하는 것으로 볼 수도 있다. ≪당송분문명현시화≫에는 뒤의 세 글자가 '借予看'으로 되어 있어서 전자의 해석만 가능하다.

---

552) 옥청(玉淸) : 도가에서 말하는 삼청(三淸) 중의 하나로 원시천존(元始天尊)이 사는 곳이다. 자소(紫霄) : 높은 하늘을 가리킨다.

553) 이 조목은 공산본에는 없는데 금산본의 내용으로 보충했다.

해설

이 시는 두목이 조하의 집을 방문해서 지은 것이다. 그가 당대에 이백과 두보에 버금가는 재능을 가지고 있음을 칭송했다. 두 사람의 행적을 헤아려 대개 개성 5년(840)에 지은 것으로 추정한다.

084. 장차 오흥으로 부임하면서 낙유원에 올라 지은 절구
將赴吳興登樂游原一絶[1]

淸時有味是無能,	태평성세에 정취가 있으니 이는 무능한 것인데
閑愛孤雲靜愛僧.	한가함은 외로운 구름을 사랑하고 조용함은 스님을 사랑하네.
欲把一麾江海去,[2]	깃발 하나를 쥐고 강해로 떠나고자 하는데
樂游原上望昭陵.[3]	낙유원 위에서 소릉을 바라보네.

주석

1 **[협주]** ≪통전(通典)≫에서 "오흥군(吳興郡)은 지금의 호주(湖州)이다."라고 했다.(通典. 吳興郡, 今湖州.)

[역자주] 樂游原(낙유원) : 장안 남동쪽에 있는 넓은 언덕으로 이곳에 오르면 장안성을 조망할 수 있었다.

2 [역자주] 一麾(일휘) : 원래는 '한 번 손을 휘두르다'라는 뜻으로 사람을 물리칠 때 사용하는 말이었는데, 여기서는 지방 장관이 부임할 때 들고 가는 깃발을 뜻한다.

3 **[협주]** ≪당서·태종본기(太宗本紀)≫에서 "태종은 소릉(昭陵)에 장사지냈다."라고 했다. ≪초계어은총화(苕溪漁隱叢話)≫의 기록이다. ≪석림시화(石林詩話)≫에서 말하기를, "두목의 시에서 '태평성세에 정취가 있으니 이는 무능한 것인데, 한가함은 외로운 구름을 사랑하고 조용함은 스님을 사랑하네. 깃발 하나를 쥐고 강해로 떠나고자 하는데 낙유원 위에서 소릉을 바라보네.'라고 했다. 이 시에서 아마도 당시의 일에 불만이 있었기에 '소릉' 구가 있었을 것이다. 왕보지(汪輔之)가 관직에서 쫓겨났다가 몇 년 후 건주(虔州)를 다스리게 되었는데 부임한 뒤 천자에게 감사하는 표문에서 '태평성세에 정취가 있는데 흰 머리로 무능합니다.'라고 했다. 채지정(蔡持正)이 어사(御史)였는데 두목의 시를

인용하여 증거로 삼아 그가 원망하고 있다고 여겼으며 마침내 다시 파직되었다."라고 했다. ≪반자진시화(潘子眞詩話)≫에서 말하기를, "안연년(顔延年)의 <다섯 명을 읊다(五君詠)·완함(阮始平)>에서 '여러 번 천거되었지만 조정의 관직에 오르지 못했는데, 한 번 휘두르자[일휘(一麾)] 지방 장관으로 나갔다.'라고 했다. 대체로 산도(山濤)가 완함을 세 번 이부랑(吏部郎)에 천거했지만 무제(武帝)가 기용할 수 없었는데 순욱(荀勖)이 한 번 손을 휘두르니 시평태수(始平太守)로 좌천되었다는 말이다. 두목의 시에서 '태평성세에 정취가 있으니 이는 무능한 것인데, 한가함은 외로운 구름을 사랑하고 조용함은 스님을 사랑하네. 한 번 손을 휘두름[일휘(一麾)]을 청해 얻어 강해로 떠나는데 낙유원 위에서 소릉을 바라보네.'라고 했다. 황정견(黃庭堅)은 '한가로움을 사랑하고 조용함을 사랑하여 한 번 손을 휘두름을 구해 얻어 떠나간다는 말이다. 다른 판본에서는 <깃발 하나를 쥐고자 한다(欲把一麾)>라고 되어 있는데 잘못된 것이다.'라고 했다. 휘(麾)의 뜻은 바로 한나라 엄조(嚴助)가 급암(汲黯)에 대해 '불러도 오지 않고 손을 휘둘러도 떠나지 않는다'라고 말했던 것과 같다."라고 했다. ≪상소잡기(緗素雜記)≫[554]에서 말하기를, "≪몽계필담((夢溪筆談≫의 기록이다. 요즘 사람들은 태수를 건휘(建麾)라고 하는데 대체로 안연년의 시 '일휘내출수'의 고사를 인용한 것이지만 이는 잘못이다. 안연년이 말한 '일휘'는 바로 '지휘(指麾)'의 '휘'이니, '무왕(武王)이 오른손으로 흰 깃발을 쥐고 흔들었다'의 '휘'와 같은 것이지 '깃발[정휘(旌麾)]'의 '휘'가 아니다. 안연년의 <완함>시에서 '누천불입관, 일휘내출수'라고 한 것은 산도가 완함을 세 번 이부랑에 천거했지만 무제가 기용할 수 없었고 후에 순욱이 한번 물리치자 이에 시평태수로 나가게 되었기에 이 구가 있는 것이다. 안연년도 배척당했기에 이로써 자신을 기탁한 것이다. 두목이 낙유원에 오른다는 내용의 시를 지으면서 '의파일휘강해거, 낙유원상망소릉'이라고 하여 처음 '일휘'를 잘못 사용한 이래로 절로 이것이 전고를 이루게 되었다. 이상의 내용은 모두 마음속에 담아 두었던 말인데 내 생각으로 추측한 것이다. 두목의 의도는 좋았으니 '의파'라고 말해도 틀린 것은 없다. 대체로 스스로 태수가 되어서 '일휘'라고 말하는 것은 이치상 장

554) ≪상소잡기(緗素雜記)≫ : 원래의 명칭은 ≪정강상소잡기(靖康緗素雜記)≫이며 송나라 황조영(黃朝英)이 지은 것이다. 옛 문헌에 나오는 글자에 대한 음과 뜻부터 인물, 지리, 전고 등에 대한 다양한 정보를 수록하고 있다.

애가 없지만 이러한 말로 다른 사람에게 줄 경우에 태수를 뜻하는 것이 되면 안 된다. 송(宋) 경문공(景文公) 송기(宋祁)의 시에서 '손을 휘두르게 하여 인장을 허리에 드리울 수 있기를 청했다.(使麾得請印垂腰)'라고 했고 또 '한 통의 상주문으로 주를 거느리도록 손을 휘둘렀다.(一封通奏領州麾)'라고 했으며 또 '한 번 휘두름을 청해 얻어 떠났다.(乞得一麾行)'라고 했고 또 '결국 한 번 휘두름을 얻어 떠났다.(竟獲一麾行)'라고 했는데 이것이 진정 안연년이 구사한 시어의 뜻을 사용한 것으로 일찍이 잘못 사용한 적이 없었다."라고 했다.(唐書, 本紀. 太宗葬昭陵. 漁隱叢話. 石林詩話云, 杜牧詩, 淸時有味是無能, 閑愛孤雲靜愛僧. 擬把一麾江海去, 樂游原上望昭陵. 此蓋不滿於當時, 故有昭陵之句. 汪輔之謫官, 累年後知虔州, 謝表有云, 淸時有味, 白首無能. 蔡持正爲御史, 引牧詩爲證, 以爲怨望, 遂復罷. 潘子眞詩話云, 顔延年, 阮始平詩, 屢薦不入官, 一麾乃出守. 蓋謂山濤三薦咸爲吏部郞. 武帝不能用. 荀勖一麾之, 卽左遷始平太守也. 杜牧淸時有味是無能, 閑愛孤雲靜愛僧. 乞得一麾江海去, 樂遊原上望昭陵. 山谷云, 愛閑愛靜, 求得一麾而去. 別本作欲把一麾, 非是. 麾之訓卽漢嚴助乃[555]招之不來, 麾之不去. 緗素雜記云, 筆談云, 今人守郡, 謂之建麾. 蓋用顔延年詩. 一麾乃出守. 此誤也. 延年謂一麾者, 乃指麾之麾, 如武王右秉白旄以麾之, 非旌麾之麾也. 延年爲阮始平詩云, 屢薦不入官, 一麾乃出守者, 謂山濤薦咸爲吏部郞三上, 武帝不用, 後爲荀勖一擠, 遂出始平, 故此句. 延年被擯, 以此自託耳. 自杜牧爲登樂游原詩云, 擬把一麾江海去, 樂游原上望昭陵, 始謬用一麾. 自此遂爲故事. 凡此以上皆存中之語以余意測之. 杜樊川之意則善矣而謂之擬把則無謬也. 蓋自作太守而謂之一麾, 於理無礙, 但不可以此言贈人, 太[556]守耳. 宋景文公詩云使麾[557]請印垂腰. 又云一封通奏領州麾, 又云乞得一麾行, 又云竟獲一麾[558]. 是眞得延年之意, 未嘗謬用也.)

[역자주] 昭陵(소릉) : 당나라 태종(太宗)의 묘이다. 태종은 당나라를 개국하여 기틀을 세웠는데 당시의 치세를 정관지치(貞觀之治)라고 부르며, 이는 후대 제왕의 보범이 되었다.

555) '乃' 대신 '汲黯'이 있어야 한다.
556) '太' 앞에 '作'이 더 있어야 한다.
557) '麾' 뒤에 '得'이 더 있어야 한다.
558) '麾' 뒤에 '行'이 더 있어야 한다.

해설

이 시는 두목이 호주자사(湖州刺史)로 떠나기 전에 낙유원에 올라 느낀 감회를 적은 것이다. 당시 두목이 눈먼 동생을 부양하기 위해 봉록이 많은 지방관을 자처해서 나갔는데, 사실 당시의 혼란한 정국을 피하고자 하는 마음도 있었다. 이에 장안을 떠나기 전에 낙유원에 올라 옛날의 태평성세를 회상하면서 아쉬운 마음을 표현했다. 대중 4년(850)에 지은 것이다.

◗ 첨주(添注)

1. <영숭리의 서평왕댁 태위 이소의 집에 쓴 6운의 시(題永崇西平王宅太尉愬院六韻)>
西平王宅太尉愬院詩

[협주] ≪초계어은총화(苕溪漁隱叢話)≫의 기록이다. ≪반자진시화(潘子眞詩話)≫에서 말하기를, "유신(庾信)은 자가 문성(文盛)이다. 그의 묘지명에서 '황석공에게서 병서(兵書)를 받아 모범이 되려는 마음이 없지 않았으며, 백원공에게서 검술을 배워 마침내 바람과 구름의 기운을 얻었다.'라고 했다. 두목이 <영숭리의 서평왕댁 태위 이소의 집에 쓴 6운의 시(題永崇西平王宅太尉愬院六韻)>에서 말하기를, '황석공에게서 병서를 받았고, 백원공에게서 검술을 배웠다.'라고 했으니 또한 옛 것으로 나아가서 새로운 것을 만든 한 예이다."라고 했다.(漁隱叢話. 潘子眞詩話云, 庾信, 字文盛. 墓誌銘云, 受圖黃石, 不無師表之心, 學劍白猿, 遂得風雲之氣. 牧之題李西宅詩云, 受圖[559]黃石老, 學劍白猿翁. 亦卽舊爲新一端.)

2. <이 처사에게 주는 칠언율시(贈李處士長句四韻)> "늙은이는 눈동자가 네 개이고 이와 손톱이 날카롭다."
李處士詩. 老翁四十[560]牙爪利.

[협주] 도가의 북두천봉(北斗天蓬)이 "혀가 희뿌옇고 이가 녹색이며 눈동자가 네 개인 늙은이"라고 주문을 외웠다.[561] '백(百)'은 '목(目)'의 잘못이다.[562] ≪북사(北史)·우문술전(宇文述傳)≫의 기록이다. 우문술은 양제(煬帝)가 즉위한 뒤 대장군에 제수되었으며 무관을 선발하는 일에 참여하여 담당했고 후에 허국공(許國公)으로 바뀌어 봉해졌다.

---

559) 본집에는 '受圖'가 '授符'로 되어 있는데, 뜻은 같다.
560) '十'은 '目'의 잘못이다.
561) 이 내용은 남조 양(梁) 도홍경(陶弘景)의 ≪진고(眞誥)≫에 보이는데 북제(北帝)가 귀신을 쫓는 주문이다.
562) 위의 시 구절에서 '十'이 '百'으로 된 판본도 있는데, 이를 지적한 것으로 보인다.

≪북사·운정흥전(雲定興傳)≫의 기록이다. 운정흥은 우문술에 의탁하여 자주 함께 노닐며 교유했다. 우문술이 평소 기이한 옷 입기를 좋아하여 당시 사람 중에서 번쩍거렸다. 운정흥이 그를 위해 말채찍을 만들었는데 뒤쪽 모서리 위에 사방 세 치 정도 파내서 흰색을 노출시켰다. 세상의 경박한 자들은 경솔하게 이를 모방했는데 이를 '허국공이 파낸 모양[허공결세[許公缺勢]'이라고 했다.[563](道家北斗天蓬呪蒼舌綠齒四目老翁. 百字, 目字之誤. 北史. 宇文述, 煬帝嗣位, 拜大將軍, 參掌武官選事, 後改封許國. 雲定興附會於述, 數共交游. 素好著奇, 炫燿時人. 定興爲製馬韉, 於後角上缺方三寸, 以露白色, 世輕薄者率倣學之, 謂爲許公缺勢.)

563) 우문술과 운정흥에 관한 조목은 <장안에 관해 자유롭게 읊은 시 여섯 수(長安雜題長句六首>의 제2수 "허공의 말 안장에는 붉은 살구가 붙어 있다.(許公韉汗杏黏紅.)"에 관한 내용이다. 해당 구절의 협주에서 첨주를 참조하라고 했다.

≪번천문집협주(樊川文集夾注)≫ 권3

085. 낙양(洛陽)을 읊은 칠언율시 2수

洛陽長句二首[1]

제1수

草色人心相與閑,	풀빛과 사람의 마음이 함께 한가로우니
是非名利有無間.	옳고 그름과 명예 이익은 있는 듯 없는 듯.
橋橫落照虹堪畫,[2]	다리 가로지른 곳에 석양이 비치니 무지개가 그림 같고
樹鎖千門鳥自還.	나무들이 수많은 문을 가리니 새들이 절로 돌아온다.
芝蓋不來雲杳杳,[3]	영지 모양 수레는 오지 않고 구름은 아득한데
仙舟何處水潺潺.[4]	신선이 탄 배는 어디로 갔는지 물만 잔잔히 흐른다.
君王謙讓泥金事,[5]	황제가 공손하게 봉선하던 일은
蒼翠空高萬歲山.[6]	푸르게 하늘 높이 솟은 만세산이었지.

주석

1 [역자주] 長句(장구) : 칠언시를 가리킨다.

2 **[협주]** ≪구당서·지리지(地理志)≫에 "동도(東都) 낙양(洛陽) 상양(上陽)의 서쪽으로 곡수(穀水) 건너편에 서상양궁(西上陽宮)이 있다. 무지개다리가 곡수에 걸쳐 있어 황제가 행차할 때에 오간다."라고 했다.(唐書, 地理志. 東都, 上陽之西, 隔穀水有西上陽宮. 虹梁跨穀, 行幸往來.)

[역자주] 虹(홍) : 무지개. 여기서는 무지개 모양의 다리를 가리킨다. 堪畫(감화) : 그릴 만하다. 그림처럼 아름답다는 말이다.

3 **[협주]** 후한(後漢) 장형(張衡)의 <서경부(西京賦)>에서 "영지 모양으로 만든 수레 덮개

는 많은 꽃이 핀 듯하다.”라고 했고, ≪문선≫ 설종(薛綜)의 주에서 “영지 모양으로 수레 덮개를 만드니 수레 덮개에 많은 꽃이 핀 듯한 광채가 있다.”라고 했다.”(西京賦. 芝蓋九葩.[1] 註. 以芝爲蓋, 蓋有九葩之采也.)

[역자주] 芝蓋(지개) : 영지 모양으로 만든 수레 덮개. 여기서는 화려한 수레를 뜻한다. 杳杳(묘묘) : 아득한 모양. 희미한 모양.

4 **[협주]** ≪후한서·곽태전(郭泰傳)≫에서 “곽태는 자가 임종(林宗)이다. 낙양에 머물 때 처음으로 하남윤(河南尹) 이응(李膺)을 만났는데 이응이 매우 중시하여 마침내 서로 친해졌다. 고향으로 돌아갈 때 벼슬하는 여러 선비가 황하의 물가에까지 전송하러 나왔다. 임종이 이응과 배를 같이 타고 건너는데 여러 손님이 멀리서 바라보면서 신선이라고 했다.”라고 했다.(後漢書. 郭泰, 字林宗. 遊於洛陽, 始見河南尹李膺, 膺大奇之, 遂相友善. 歸鄉里, 衣冠諸儒送至河上. 林宗與李膺同舟而濟, 衆賓望之, 以爲神仙焉.)

[역자주] 仙舟(선주) : 곽태와 이응이 같이 탄 배를 가리키며 의기투합한 친구와 함께 있음을 말한다. 潺潺(잔잔) : 물이 끊임없이 흐르는 모양.

5 **[협주]** 권2의 “옛날에 황제가 봉선제를 지냈다.”의 주에 보인다.[2](見二卷昔帝登封註.)

[역자주] 謙讓(겸양) : 공손하다. 泥金(이금) : 황제가 봉선할 때에 옥함에 금가루 진액을 발라 봉해 넣었던 데에서 봉선 의식을 이르는 말이 되었다.

6 **[협주]** ≪십도지≫에 “하남도(河南道)의 낙주(洛州)에 숭고산(崇高山)이 있다.”라고 했다. ≪한서≫에 “무제 원봉(元封) 원년(기원전 110) 정월 구씨현(緱氏縣)에 행차했고 조서를 내려 직접 숭고산(嵩高山)에 오르겠다고 했다. 수레에 탄 어사들과 묘당 주변에 있던 이졸 들이 모두 만세 부르는 소리를 세 번이나 들었다.”라고 했고, 안사고의 주에서 “만세(萬歲)는 산신(山神)이 부른 것이다.”라고 했다.(十道志. 河南道洛州有崇高山. 前漢武帝元封元年正月, 行幸緱氏, 詔曰, 親登嵩高. 御史乘屬, 在廟旁吏卒, 咸聞呼萬歲者三. 註. 萬歲, 山神之稱[3]也.)

[역자주] 萬歲山(만세산) : 숭고산(崇高山), 즉 숭산(嵩山)의 별칭이다.

---

1) 九葩(구파) : 많은 꽃의 화려함.

2) 두목의 시 <화청궁을 읊은 시 30운(華清宮三十韻)>이다.

3) “之稱”은 “稱之”의 잘못이다.

제2수

天漢東穿白玉京,[1] 은하수가 동쪽으로 낙양성을 관통하니
日華浮動翠光生. 햇빛이 물 위에 일렁이자 푸른 빛이 생긴다.
橋邊遊女珮環委,[2] 다리 주변에서 노닐던 여인이 패물을 늘어뜨리고
波底上陽金碧明.[3] 물결 아래에 비친 상양궁은 황금빛과 푸른빛이 선명하다.
月鎖名園孤鶴唳, 달빛이 이름난 정원을 감싸니 외로운 학이 울고
川酣秋夢鑿龍聲.[4] 냇가에서 취해 가을 꿈을 꾸니 용문 뚫는 소리가 들린다.
連昌繡嶺行宮在,[5] 연창궁은 수령의 행궁으로 남아 있는데
玉輦何時父老迎.[6] 황제의 수레는 언제 노인들을 맞이할 것인가.

주석

1 **[협주]** ≪한서·소하전(蕭何傳)≫ 안사고의 주에 "천한(天漢)은 은하수이다."라고 했다. ≪당서·지리지(地理志)≫에 "동도(東都) 낙양은 낙수가 도성을 관통하는 것이 은하수를 본뜬 것이다."라고 했다. ≪사기≫에서 "천상의 백옥경(白玉京)은 다섯 성곽에 12개의 누대이다."라고 했다.[4)] (漢書, 蕭何傳. 註. 天漢, 河漢也. 唐書, 地理志. 東都, 洛水貫都, 有河漢之象. 史記. 天上白玉京, 五城十二樓.)

[역자주] 白玉京(백옥경) : 옥황상제가 산다는 곳이다. 여기서는 낙양성을 가리킨다.

2 **[협주]** ≪열선전(列仙傳)≫에서 "전설의 신녀인 강비(江妃) 두 여인이 강가에 나가 노닐다가 정교보(鄭交甫)를 만났다. 마침내 패물을 풀어서 그에게 주니 정교보가 패물을 받고서 수십 보를 갔는데, 품속의 패물이 없어졌고 여인들 또한 보이지 않았다."라고 했다.

---

4) 송(宋) 축목(祝穆)이 엮은 유서 ≪고금사문류취(古今事文類聚)≫에 이 조목이 ≪사기≫에 보인다고 했는데, ≪사기≫에는 '오성십이루'의 기록만 있고 '천상백옥경'은 보이지 않는다. 이백의 시 <난리를 겪은 후 황제의 은택을 입어 야랑으로 귀양 가면서, 옛날 노닐던 것을 기억하고 느낀 바를 적어 강하태수 위양재께 드리다(經亂離後天恩流夜郎, 憶舊遊書懷, 贈江夏韋太守良宰)>에 "天上白玉京, 十二樓五城."라는 구절이 있다

(列仙傳. 江妃二女遊於江濱, 逢鄭交甫. 遂解珮與之, 交甫受珮而去數十步, 懷中無珮, 女亦不見.)

[역자주] 珮環(패환) : 옥으로 만들어 허리에 차는 패물. 委(위) : 늘어뜨리다. 이 구는 낙양의 강에 아름다운 여인들이 노닌다는 말이다.

3 **[협주]** '상양'은 권2에 나왔다.[5](上陽, 出二卷.)

[역자주] 上陽(상양) : 낙양에 있던 궁궐의 이름이다.

4 **[협주]** ≪여씨춘추·개춘론(開春論)·애류(愛類)≫에서 "용문이 아직 뚫리지 않았을 때, 황하가 맹문산(孟門山)에서 나와 동쪽으로 크게 넘쳤으니, 이것을 홍수(洪水)라고 했다. 우임금이 용문을 뚫어 남쪽 물줄기를 정리했다."라고 했다. ≪사마온공집(司馬溫公集)≫에 노공(潞公) 문언박(文彦博)이 용문을 유람할 때 사마광이 바친 시[6]가 있는데, "깃발이 태수의 수레를 에워싼 채 구불구불 용문을 뚫은 곳에 이르네."라고 했다. 구양수(歐陽修)가 황하를 읊은 시[7]에서는, "용문 뚫을 때 잉어가 물러가고 불어난 물에 소를 분간하지 못하겠네."라고 했다.(呂氏春秋. 龍門未開, 河出孟門, 東大溢, 是謂洪水. 禹鑿龍門, 治南流. 司馬溫公集. 潞公遊龍門光獻詩, 旌旆擁憑能,[8] 逶迤到鑿龍.[9] 歐陽文忠公, 黃河詩. 云云. 鑿龍時退鯉, 漲潦不分牛.[10])

[역자주] 鑿龍(착룡) : 용문(龍門)을 뚫다. 용문산(龍門山)을 이르는 말로도 쓰인다.

5 **[협주]** 연창(連昌)은 궁의 이름이다. 원진(元稹)의 <연창궁사(連昌宮詞)>에 보인다. 수령(繡嶺)은 권2의 "수령의 명주전" 주에 보인다.[11](連昌, 宮名, 見元稹連昌宮詞. 繡嶺, 見二卷繡嶺明珠殿註.)

---

5) 두목의 시 <화청궁을 읊은 시 30운(華淸宮三十韻)> "오랑캐 장군의 깃발이 상양궁에 걸렸다.(胡牙揭上陽.)"의 주에 보인다.

6) 사마광의 시 <노공이 용문을 유람할 때 내가 집안의 병으로 수행하지 못하여 시 16운을 바치다(潞公遊龍門, 光以室家病, 不獲參陪, 獻詩十六韻)>이다.

7) 구양수의 시 <황하 8운의 시를 매요신에게 보내다(黃河八韻寄呈聖兪)>이다.

8) '能'은 '熊'의 잘못이다. 빙웅(憑熊)은 태수(太守)의 별칭이다. 태수가 타는 수레의 가로대에 곰 모양으로 장식했기 때문에 이르는 말이다.

9) 逶迤(위이) : 구불구불한 모양.

10) 漲潦(창료) : 많이 불어난 강물. 不分牛(불분우) : 강 건너편에 있는 소와 말을 구분하지 못한다는 말로, 강물이 불어 넓어진 상황을 뜻한다.

11) 두목의 시 <화청궁을 읊은 시 30운(華淸宮三十韻)>이다.

[역자주] 連昌(연창) : 낙양 인근에 있는 궁의 이름이다. 繡嶺(수령) : 장안 화청궁(華淸宮)이 있는 곳이다. 行宮(행궁) : 제왕이 경성 바깥으로 출행했을 때 머무는 궁실이다.

6 **[협주]** ≪한서·고제본기(高帝本紀)≫에서 "황제가 돌아오면서 고향인 패현(沛縣)에 들려 친구들과 노인들을 모두 부르고 자제로 하여금 술시중을 들게 했다.(前漢書, 高紀. 上還, 過沛, 悉召故人父老, 子弟佐酒.)"라고 했다.

[역자주] 玉輦(옥련) : 옥으로 장식한 황제의 수레이다.

해설

이 시는 두목이 낙양에 머물던 시기에 여러 왕조에 걸쳐 도읍이었던 과거 낙양의 영화를 되새기면서 황제의 행차를 바라는 내용이다. 대개 개성 원년(836) 두목이 감찰어사(監察御史) 분사동도(分司東都)로 있을 때 지은 것으로 추정한다.

086. 낙양에서 감찰어사로 있다가 병가가 끝나, 조정으로 돌아가는 습유 위초로를 전송하다

洛中監察病假滿, 送韋楚老拾遺歸朝[1]

洛橋風暖細翻衣,	낙수교의 따뜻한 바람이 가볍게 옷깃을 날리는데
春引仙官去玉墀.[2]	봄날이 신선 같은 관원을 이끌어 조정으로 보내네.
獨鶴初沖太虛日,[3]	한 마리 학이 막 하늘 높이 오르는 날이고
九牛新落一毛時.[4]	아홉 마리 소에서 새로 털 한 오라기가 떨어지는 때라네.
行開教化期君是,	교화를 실천하고 여는 일을 기약함은 그대에게 있고
臥病神祇禱我知.[5]	천지신명에게 와병한 자를 기도함은 내가 아네.
十載丈夫堪恥處,	십 년 동안 사나이가 치욕을 감내하는 처지인데
朱雲猶掉直言旗.[6]	주운은 오히려 직언의 깃발을 흔들었지.

주석

1 [역자주] 韋楚老(위초로) : 자가 수붕(壽朋)이다. 장경 4년(798) 진사가 되었고 태화 연간(827-835)에 좌습유(左拾遺)를 지냈다.

2 [역자주] 仙官(선관) : 신선 같은 관원. 신선의 풍모를 가진 위초로를 가리킨다. 玉墀(옥지) : 궁전 앞의 돌계단이라는 뜻으로 조정을 이른다.

3 **[협주]** 동진(東晉) 손작(孫綽)의 <천태산을 유람하며 지은 부(遊天台山賦)>에 "왕교(王喬)는 학을 몰고 하늘 높이 올랐다."라고 했다. 또 이르기를, "하늘은 아득히 넓고 막힘이 없다."라고 했다.(天台賦. 王喬控鶴以沖天. 又曰, 太虛遼廓而無閡.12))

[역자주] 太虛(태허) : 하늘, 또는 만물의 시작을 가리킨다. 이 구는 위초로가 장안의 조

정으로 가게 된 것을 말한 것이다.

4 **[협주]** 사마천(司馬遷)의 <임안(任安)에게 답하는 글(報任安書)>에 "가령 제가 법에 따라 사형을 당하더라도 아홉 마리 소에서 털 한 오라기가 없어지는 것과 같을 것입니다." 라고 했다.(司馬子張書. 假令僕受法伏誅[13], 若九牛亡一毛.)

[역자주] 이 구는 두목 자신이 관직을 그만둔 것을 말한 것이다.

5 [역자주] 神祇(신지) : 하늘의 신과 땅의 신.

6 **[협주]** ≪한서·주운전(朱雲傳)≫에 "주운이 상서하여 알현할 것을 요청했다. 공경대신들이 어전에 있는데 주운이 아뢰기를, '상방참마검(尙方斬馬劍)[14]을 받아 아부하는 신하 한 사람을 죽이고자 합니다.'라고 했다. 황제가 누구인지를 묻자 대답하기를, '안창후(安昌侯) 장우(張禹)입니다.'라고 했다. 황제가 대노하며 어사에게 주운을 끌어내리게 하니 주운이 궁전의 난간을 잡고 매달려 난간이 부러졌다. 주운이 소리치며 말하기를, '신은 죽어서 관룡봉(關龍逄), 비간(比干)[15]을 따라 지하에서 놀 수 있으면 충분합니다. 그러나 나라가 어떻게 될지를 모르겠을 뿐입니다.'라고 했다."라고 했다. ≪후한서·질수전(郅壽傳)≫에 "성왕(聖王)들은 과감하게 간언하는 깃발을 세운다."라 했고 이현(李賢)의 주에서 "과감하게 간언하는 깃발을 우임금이 세웠다."라고 했다.(前漢書. 朱雲上書求見, 公卿在前, 雲曰, 願賜尙方斬馬劍, 斷佞臣一人. 上問誰也, 對曰, 安昌侯張禹. 上大怒, 御史將雲下, 雲攀殿檻, 檻折. 呼曰, 臣得下從龍逄比干, 遊於地下, 足矣. 未知聖明何如耳. 後漢書. 聖王立敢諫之旗. 註. 禹置敢諫之幡.)

[역자주] 朱雲(주운) : 전한(前漢) 평릉(平陵) 출신으로 자가 유(游)이다. 성품이 곧고 강직하여 여러 차례 조정 대신들을 탄핵했으며, 성제(成帝) 때 승상 장우를 탄핵하다 끌려나가 죽을 처지가 되었으나 궁궐 난간을 잡고 난간이 부러지도록 뜻을 굽히지 않아 이른바 '절함(折檻)'의 고사를 남겼다.

---

12) 遼廓(요곽) : 아득히 넓다. 無閡(무핵) : 막는 것이 없다.

13) 伏誅(복주) : 죽음에 처하다. 지금 전하는 글에는 '受法伏誅'가 '伏法受誅'로 되어 있다.

14) 상방참마검(尙方斬馬劍) : 임금이 전권을 위임하기 위해 대신에게 하사하는 검으로, 매우 예리하여 말도 벨 수 있기 때문에 붙여진 이름이다.

15) 관룡봉(關龍逄)은 하나라의 신하로 걸왕에게 간언을 하다가 죽임을 당했고 비간(比干)은 상나라 주왕의 숙부로 주왕에게 간언을 하다가 죽임을 당했다.

해설

이 시는 위초로가 중앙의 관직으로 옮겨가는 것을 전송한 내용이다. 자신은 벼슬을 그만두게 된 상황에서 친구가 조정에서 황제의 교화를 돕고 잘못을 직간하기를 바라는 심정을 표현했다. 대개 개성 2년(837) 두목이 감찰어사(監察御史) 분사동도(分司東都)를 그만두었을 때 지은 것으로 추정한다.

087. 경사로 돌아가는 교서 정처회를 동도 낙양에서 전송하다

東都送鄭處誨校書歸上都[1]

悠悠渠水清,[2]	유유히 흐르는 개울물은 맑고
雨霽洛陽城.[3]	낙양성은 비가 개었으며,
槿墮初開艶,	아름답게 막 피었던 무궁화가 지니
蟬聞第一聲.	매미 우는 소리가 처음으로 들리네.
故人容易去,	옛 친구는 쉽게 떠나는데
白髮等閑生.[4]	백발만 제멋대로 생겼네.
此別無多語,	이번의 이별에 여러 말 않으리니
期君晦盛名.[5]	그대가 높은 명성을 숨기기를 바랄 뿐이네.

주석

1 [역자주] 校書(교서) : 교서랑(校書郎)으로 국가 도서의 교감에 관한 업무를 관장하던 비서성祕書省 소속의 관원을 이르는 말이다. 鄭處誨(정처회) : 정주(鄭州) 출신으로 자가 정미(廷美)이다. 태화 8년(834) 진사에 급제하여 교서랑(校書郎)이 됐고, 선섭관찰판관(宣歙觀察判官), 우습유(右拾遺), 한림학사(翰林學士), 이부시랑(吏部侍郎), 어사중승(御史中丞) 등을 역임했다.

2 [역자주] 渠水(거수) : 사람의 힘으로 판 노랑이나 운하를 가리킨다.

3 [역자주] 霽(제) : 비나 눈이 그치다.

4 [역자주] 等閑(등한) : 제멋대로. 범연하게.

5 **[협주]** ≪예기·월령(月令)≫에 "한여름인 5월에는 매미가 울기 시작하고 무궁화가 꽃을

피운다.”라고 했다.(禮記, 月令. 仲夏之月, 蟬始鳴, 木槿榮.)

[역자주] 晦(회) : 숨기다. 드러내지 않다.

해설

이 시는 동생의 병 때문에 관직을 그만두고 낙양에 있을 때 장안으로 돌아가는 정처회를 전송한 내용이다. 친구가 조정에서 재능을 드러내다가 화를 당할까 하는 염려를 드러내고 있다. 대개 개성 원년(836) 지은 것으로 추정한다.

088. 옛 낙양성의 감개

故洛陽城有感[1]

一片宮牆當道危,[2] 한 조각 궁궐 담이 길가에 위태로워
行人爲汝去遲遲.[3] 행인이 너 때문에 발걸음이 느려진다.
篳圭苑裏秋風後,[4] 필규원 안에 가을바람 불어온 뒤이고
平樂館前斜日時.[5] 평락관 앞에 석양이 비치는 때.
黨錮豈能留漢鼎,[6] 당고의 화에 어찌 한나라의 안정을 유지할 수 있었겠으며
淸談空解識胡兒.[7] 청담하던 이도 오랑캐 아이를 부실없이 알아봤을 뿐이지.
千燒萬戰坤靈死,[8] 수많은 전쟁으로 땅은 피폐해져
慘慘終年鳥雀悲.[9] 일 년 내내 처량하게 새가 슬피 우는구나.

주석

1 **[협주]** ≪구당서·지리지(地理志)≫에 "동도(東都)는 주(周)나라 평왕(平王)이 동천하여 도읍을 정한 곳이다. 옛 성은 지금의 원림(苑林) 안 동북쪽 모서리에 있었다. 난왕(赧王) 이후로 동한(東漢), 위(魏) 문제(文帝), 진(晉) 무제(武帝)에 이르기까지 모두 지금의 옛 낙양성에 도읍을 정했다. 수(隋) 대업(大業) 원년(615)에 옛 낙양성 서쪽으로 18리를 옮겨 새 도읍을 세웠으니 지금의 도성이 그것이다."라고 했다.(唐書, 地理志. 東都, 周平王東遷所都也. 故城在今苑內東北隅. 自赧王已後及東漢魏文晉武, 皆都於今故洛城. 隋大業元年, 自故洛城西移十八里, 置新都, 今都城, 是也.)

2 [역자주] 危(위) : 위태롭다. 높다랗다.

3 [역자주] 行人(행인) : 시인 자신을 지칭한다.

4 **[협주]** ≪후한서·영제본기(靈帝本紀)≫에 "광화(光化) 3년(180) 필규원(畢圭苑)과 영곤원(靈昆苑)을 지었다."라 했고, 이현(李賢)의 주에서 "필규원은 두 개가 있다. 동필규원은 둘레가 1,500보이고 가운데에 어량대(魚梁臺)가 있으며 서필규원은 둘레가 3,300보인데, 모두 낙양 선평문(宣平門) 밖에 있다."라고 했다.(後漢, 靈帝紀. 光化三年作畢圭靈昆苑. 註. 畢圭苑有二. 東畢圭苑, 周一千五百步, 中有魚梁臺. 西畢圭苑, 周三千三百步, 並在洛陽宣平門外.)

5 **[협주]** 후한(後漢) 장형(張衡)의 <서경부(西京賦)>에 대한 ≪문선≫ 이선의 주에서 "평락관은 성대하게 음악을 연주하던 곳이다."라고 했다. ≪후한서·영제본기(靈帝本紀)≫ 이현의 주에 "평락관은 낙양성의 서쪽에 있다."라고 했다.(西京賦註. 平樂館, 大作樂處也. 後漢紀註. 平樂館在洛陽城西.)

6 **[협주]** ≪후한서·당고전(黨錮傳)≫에 보인다. ≪한서·오구수왕전(吾丘壽王傳)≫에서 "오구수왕이 광록대부일 때 분음현(汾陰縣)에서 보정(寶鼎)을 발굴했다. 여러 신하가 모두 주(周)나라의 보정을 얻으셨다고 경하하는데 오구수왕이 홀로 아뢰기를, '주나라의 보정이 아닙니다.'라고 했다. 황제가 묻기를, '짐이 주나라의 보정을 얻었는데 오구수왕이 홀로 아니라고 하는 것은 어째서인가?'라고 하자 오구수왕이 아뢰었다. '지금 한나라는 고조 때부터 덕행을 밝히셨고 폐하에 이르러 업적이 더욱 성대해졌습니다. 하늘이 유덕자에게 복을 내려 보정이 저절로 나타난 것이니, 이는 한나라의 보정이지 주나라의 보정이 아닙니다.'라 하고 이어 <보정시(寶鼎詩)>를 지었다. 그래서 훌륭하다는 칭찬을 받았다."라고 했다.(見後漢書黨錮傳. 漢書曰, 吾丘壽王爲光祿大夫, 汾陰堀得寶鼎. 群臣皆賀得周鼎, 壽王獨曰, 非周鼎. 上曰, 朕得周鼎, 壽王獨以爲非, 何也. 壽王曰, 今漢自高祖, 光昭德行, 至陛下, 功業愈盛. 天祚有德, 寶鼎自至, 此乃漢鼎, 非周鼎. 因作寶鼎詩. 故稱善.)

[역자주] 黨錮(당고) : 후한 말엽에 관료들이 붕당을 만든다는 환관들의 무고로 이응(李膺), 가표(賈彪) 등 당시 명사들이 금고(禁錮)에 처해진 사건이다.

7 **[협주]** ≪진서(晉書)·왕연전(王衍傳)≫에 "왕연은 자가 이보(夷甫)로 태자사인(太子舍人)을 됐다가 상서랑(尚書郎)으로 옮겼다. 외직으로 원성령(元城令)에 보임되었는데 종일토록 청담만 나누는데도 현의 일이 잘 다스려졌다."라고 했다. ≪진서(晉書)·석륵재기(石勒載記)≫에 "석륵은 자가 세룡(世龍)이고 갈족(羯族) 출신이다. 14세에 고을 사람을

따라 낙양에서 행상을 하다가 상동문(上東門)에 기대어 휘파람을 부는데, 왕연이 보고 기이하게 여겨 측근에게 말하기를, '아까 본 갈족의 아이는 내가 그의 소리를 듣고 기이한 뜻이 있음을 보았으니, 장차 천하의 근심거리가 될까 염려된다.'라 하고 말을 달려 찾아오게 했으나 그때 석륵은 이미 떠난 뒤였다. 커서는 건장하고 담력이 있었으며 용맹하고 말타기와 활쏘기를 좋아했다. 전조(前趙)의 창업주 유연(劉淵)이 왕을 참칭하고 사신을 파견하여 석륵을 동평대장군(東平大將軍)에 제수했다. 유연이 죽자 동진(東晉)의 원제(元帝)는 석륵이 남쪽으로 침략할 것을 염려하여 왕도(王導)로 하여금 석륵을 토벌하게 했다. 동해왕(東海王) 사마월(司馬越)이 낙양의 군사를 이끌고 석륵을 토벌했으나 사마월은 군중에서 죽었다. 군사들이 태위(太尉) 왕연을 추대하여 주장으로 삼자 군사들을 이끌고 동쪽으로 내려왔으나 석륵이 뒤쫓아와 그를 체포하여 죽였다. 함화(咸和) 5년(330) 석륵이 조천왕(趙天王)을 참칭했다. 여러 신하가 굳세게 간청하자 석륵은 마침내 참월하게 황제(皇帝)에 즉위했고 양국(襄國)에서 임장(臨漳)으로 천도했다. 석륵은 낙읍(洛邑)이 사방의 중심이고 한나라와 진(晉)나라의 옛 도성이었던 연유로 도읍을 옮기려는 뜻을 가지고 있었다. 마침내 명을 내려 낙양을 남도(南都)로 삼고 낙양에 행대치서시어사(行臺治書侍御史)를 두었다. 황제를 참칭한 것이 15년이었고 여섯 대의 임금을 거치면서 모두 34년 있다가 동진에 망했다."라고 했다.(晉書. 王衍, 字夷甫, 爲太子舍人, 遷尚書郎. 出補元城令, 終日清談, 而縣務亦理. 晉書載記, 石勒, 字世龍, 羯人也. 年十四, 隨邑人行販洛陽, 倚嘯上東門, 王衍見而異之, 謂左右曰, 向者胡雛, 吾觀其聲, 視有奇志, 恐將爲天下之患. 馳遣求之, 會勒已去. 長而壯健有膽力, 雄武好騎射云云. 及劉元海僭號, 遣使授勒東平大將軍. 及元海死云云. 元帝慮勒南寇, 使王導討勒. 東海王越率洛陽之衆討勒, 越薨於軍. 衆推太尉王衍爲主, 率衆東下, 勒追及之. 執衍殺之云云. 咸和五年勒僭號趙天王. 群臣固請, 勒乃僭卽皇帝位, 自襄國都臨漳. 勒以成周土中,[16] 漢晉舊京, 欲有移都之志, 乃命洛陽爲南都, 置行臺治書侍御史于洛陽. 僭位十五年, 六主, 共三十四年, 爲晉所滅.)

[역자주] 清談(청담) : 동진(東晉)의 왕연을 가리킨다. 그는 청담을 잘했다. 胡兒(호아) ·

16) 成周(성주) : 서주(西周)의 동도(東都) 낙읍(洛邑)으로 지금의 낙양시 동쪽 교외에 있었다. 土中(토중) : 사방의 중심 지역.

오랑캐 아이. 석륵을 가리킨다.

8 **[협주]** 후한 반고(班固)의 <서도부(西都賦)>에 “곤령(坤靈)의 바른 위치를 점유했다.”라고 했다.(西都賦. 據坤靈之正依[17].)

[역자주] 坤靈(곤령) : 지신(地神). 여기서는 땅, 지역(地域)을 가리킨다.

9 [역자주] 慘慘(참참) : 처량하고 근심스러운 모양.

해설

이 시는 피폐해진 옛 낙양성을 둘러보고, 성에 얽힌 고사를 연상하며 옛 왕조의 흥망성쇠에 대한 감개를 드러낸 것이다. <두목연보(杜牧年譜)>에는 작시 시기를 개성(開成) 원년(836)으로 했지만 태화(太和) 9년(835) 가을에 시인이 감찰어사(監察御史) 분사동도(分司東都)로 낙양에 왔을 때 지은 것으로 추정된다.

17) ‘依’는 ‘位’의 잘못이다.

089. 양주 3수
楊州三首[1]

제1수

煬帝雷塘土,[2] 수 양제가 매장된 뇌당의 땅이고
迷藏有舊樓.[3] 숨바꼭질하던 옛 누대가 있는 곳이라네.
誰家唱水調,[4] 누군가 <수조가>를 부르는데
明月滿楊州. 밝은 달빛이 양주에 가득하네.
煬帝鑿汴渠,[5] 수 양제가 변하를 뚫고
成自造水調. 완성되자 직접 <수조가>를 지었지.
駿馬宜閑出,[6] 준마는 마땅히 마구간에서 나와야 하고
千金好暗遊.[7] 천금은 밤의 놀이에 좋은 것,
喧闐醉年少,[8] 시끌벅적 술에 취한 젊은이들은
半脫紫茸裘.[9] 부드러운 자줏빛 갖옷을 반쯤은 벗었구나.

주석

1 **[협주]** ≪통전(通典)·주군(州郡)≫에 "회남도(淮南道) 광릉군(廣陵郡)은 지금의 양주(楊州)로 강도(江都)와 강양(江陽) 두 현을 다스린다. 수(隋) 초엽에 양주(楊州)로 하고 총관부(總管府)를 두었다가 양제(煬帝) 초엽에 총관부가 폐지되고 다시 강도군(江都郡)으로 했다. 뒤에 양제가 도읍을 옮기고 나라를 잃었다. 당(唐) 초엽에 연주(兗州)로 하고 후에 다시 양주로 바꾸고는 대도독부(大都督府)로 삼았다. 그 뒤에 산혹 광릉군(廣陵郡)

으로 했다."라고 했다.(通典. 淮南道廣陵郡, 今之楊州, 理江都江陽二縣. 隋初爲楊州, 置總管府, 煬帝初府廢, 又爲江都郡. 後帝徙都而喪國焉. 大唐初爲兗州, 後又改爲楊州, 爲大都督府. 其後或爲廣陵郡.)

2 **[협주]** ≪수서(隋書)·양제본기(煬帝本紀)≫에 "의녕(義寧) 2년(618) 우둔위장군(右屯衛將軍宇) 우문화급(宇文化及) 등이 용맹하고 과감한 병사들을 이끌고 난을 일으켜 궁궐로 쳐들어갔다. 황제가 온실에서 죽자 소후(蕭后)가 궁녀들에게 명하여 평상의 대자리를 거두어 관을 만들게 하여 매장했다. 우문화급이 출발한 뒤에 우어위장군(右御衛將軍) 진릉(陳棱)이 성상전(成象殿)에서 관을 받들어 오공대(吳公臺) 아래에 매장했다. 염한 시신을 막 열었을 때 용모가 살아있는 듯하여 사람들이 모두 기이하게 여겼다. 당(唐)이 강남을 평정한 뒤 뇌당(雷塘)에 개장했다."라고 했다. ≪구역도(九域圖)≫에 "오공대는 지금의 양주 광릉군 경내에 있다."라고 했다.(隋書, 本紀. 義寧二年, 左[18]屯衛將軍宇文化及等以驍果作亂,[19] 入犯宮闈. 上崩于溫室, 蕭后令宮人撤床簀爲棺以埋之. 化及發後, 右御衛將軍陳棱奉梓宮於成象殿,[20] 葬吳公臺下. 發斂之始,[21] 容貌若生, 衆咸異之. 大唐平江南之後, 改葬雷塘. 九域圖. 吳公臺在今楊州廣陵郡界.)

3 **[협주]** 수(隋) 양제(煬帝)의 고사로, ≪남부연화기(南部煙花記)≫에 "양제가 미루(迷樓)를 세우고 누대 위에 보물로 장식한 네 개의 장막을 설치했다. 첫 번째는 '봄날의 시름을 푼다[산춘수(散春愁)]', 두 번째는 '취하여 돌아가기를 잊는다[취망귀(醉忘歸)]', 세 번째는 '밤에 향기를 머금다[야함향(夜含香)]', 네 번째는 '가을 달을 맞이하다[영추월(迎秋月)]'라고 했는데 모두 보물로 만든 것이었다."라고 했다. ≪고금시화(古今詩話)≫에 "수 양제 시기에 절강 사람인 항승(項升)이 신궁도(新宮圖)를 바쳤는데, 황제가 그것을 좋아하여 양주(楊州)를 신궁도에 따라 건설하게 했다. 완성한 뒤에 행차하여 말하기를, '가령 진짜 신선이 이곳에 와서 놀더라도 역시 자신들도 길을 잃고 말 것이다.'라고 했다. 그래서 미루(迷樓)라고 이름을 붙였다."라고 했다.(隋煬帝, 南部煙花記. 帝立迷樓, 樓上設

---

18) '左'는 '右'의 잘못이다.
19) 驍果(효과) : 용맹하고 과감하다.
20) 梓宮(재궁) : 황제나 황후의 관.
21) 發斂(발렴) : 시신에 옷을 입혀 관에 넣었던 것을 다시 꺼내다.

四寶帳, 一曰, 散春愁, 二曰, 醉忘歸, 三曰, 夜含香, 四曰, 迎秋月, 皆寶所成. 古今詩話. 隋煬帝時浙人項升進新宮圖, 帝愛之, 令楊州依圖營建. 旣成幸之, 曰, 使眞仙遊此, 亦自當迷. 乃名迷樓.)

[역자주] 迷藏(미장) : 놀이 이름으로, 눈을 가리고 서로 잡거나 숨은 사람을 찾아내는 것이다.

4 **[협주]** ≪수당가화(隋唐嘉話)≫에 "수 양제가 변하(汴河)를 뚫은 뒤에 직접 <수조가>를 지었다."라고 했다.(隋唐嘉話. 隋煬帝鑿汴河, 自制水調歌.)

5 [역자주] 鑿(착) : 뚫다. 汴渠(변거) : 수 양제가 판 운하로 황하 동남부에서 시작하여 회하로 들어간다.

6 [역자주] 閑(한) : 마구간.

7 **[협주]** 포조(鮑照)의 <대백저곡(代白紵曲)>에 "제(齊)나라 가기(歌妓)의 노래, 진(秦)나라의 피리 연주, 노녀(盧女)[22]의 현악기 연주에, 천금으로 웃음값을 치르고 젊음을 산다."라고 했다. 최인(崔駰)의 <칠의(七依)>에 "돌아보는 데에 백만 전이요 한 번 웃는 데에 천금이로다."라고 했다.(鮑明遠詞. 齊謳秦吹盧女絃, 千金雇笑買芳年. 崔駰, 七依. 迴顧百萬, 一笑千金.)

8 **[협주]** 두보의 <소금 우물(鹽井)> 시에 "소인들은 몹시도 시끌벅적하구나."라고 했다. (詩史. 鹽井詩. 小人苦喧闐.)

[역자주] 喧闐(훤전) : 시끌벅적하다.

9 [역자주] 茸裘(용구) : 털이 부드럽고 많은 가죽옷.

제2수

秋風放螢苑,[1]	반딧불이를 풀어놓던 동산에 가을바람이 불고
春草鬪雞臺.[2]	투계하던 누대에는 봄풀이 자라나네.
金絡擎雕去,[3]	금줄로 장식한 독수리를 들어 날려 보내고
鸞環拾翠來.[4]	고리 장식용으로 물총새의 깃털을 주워서 오네.

22) 노녀(盧女) : 삼국시대 위(魏) 무제 때의 궁녀로, 금을 잘 탔다고 한다.

蜀航江錦重,[5]	촉에서 내려온 배는 붉은 비단이 무겁고
越槖水沈堆.[6]	남월왕의 보따리에는 침향이 가득하네.
處處皆華表,[7]	곳곳마다 모두 화표이니
淮王奈卻回.[8]	회남왕은 어쩔 수 없이 돌아오리라.

주석

1 **[협주]** ≪수서·양제본기(煬帝本紀)≫에 "대업 12년(616) 황제가 경화궁(景華宮)에서 반딧불이를 구해 오도록 했다. 여러 섬을 구하자 밤에 나가 산에서 놀면서 그것을 풀어놓으니 빛이 산골짜기에 두루 퍼졌다."라고 했다.(隋書煬帝紀. 大業十二年, 上於景華宮徵求螢火. 得數斛, 夜出遊山, 放之, 光遍巖谷.)

2 **[협주]** 곽연생(郭延生)의 ≪술정기(述征記)≫에 "광양문의 북쪽에 투계대(鬪雞臺)가 있다."라고 했는데, 양주의 투계대는 잘 모르겠다.(郭延生, 述征記. 廣陽門北有鬪雞臺. 未詳楊州鬪雞臺.)

[역자주] 鬪雞臺(투계대) : 양주에 있는 누대이다. 남조 진나라 장군 오명철(吳明徹)이 증축했기에 오공대(吳公臺)라고도 한다. 수나라 양제가 이곳을 자주 노닐었다고 한다.

3 **[협주]** 양(梁) 간문제(簡文帝)의 <서제행마(西齊行馬)> 시에 "새벽바람 부는데 금줄 장식의 백마를 타고, 복숭아꽃 피는데 옥 장식의 말을 달리네."라고 했다.(梁簡文帝, 西齊行馬詩. 晨風白金絡, 桃花紫玉珂.[23])

[역자주] 金絡(금락) : 금으로 장식한 말 굴레. 여기서는 독수리의 머리에 씌운 장식을 가리킨다. 擎雕(경조) : 독수리를 들다. 훈련하여 사냥할 줄 아는 독수리를 말한다.

4 **[협주]** 삼국시대 위(魏) 조식(曹植)의 <낙신부(洛神賦)>에 "간혹 물총새의 깃털을 주웠다."라고 했다.(洛神賦. 或拾翠羽.)

[역자주] 鸞環(난환) : 물총새 깃털로 둥근 고리 모양으로 만든 장식.

---

23) 玉珂(옥가) : 옥으로 만든 말 굴레 장식.

5 **[협주]** ‘홍금(紅錦)’은 이미 상권에 나왔다.[24](紅錦, 已出上卷.)

[역자주] 蜀航(촉항) : 촉 땅에서 온 배. 촉 땅은 비단으로 유명하다. 江(강) : ‘홍(紅)’의 잘못이다.

6 **[협주]** ≪한서·육가전(陸賈傳)≫에 “육가가 [남월왕(南越王)] 위타(尉佗)에게 유세를 하자 위타가 말하기를, ‘남월에는 같이 이야기할 만한 사람이 없었는데 선생께서 오신 뒤로 나는 듣지 못하던 것들을 날마다 듣습니다.’라고 했다. (위타는) 육가에게 천금의 가치가 있는 보물을 보따리에 넣어 주었고 별도로 또 천금을 보냈다.”라고 했다.(漢書. 陸賈說尉佗, 佗曰, 越中無足與語, 至生來, 令我日聞所不聞. 賜賈橐中裝直千金, 佗送亦千金.)

[역자주] 橐(탁) : 물건을 넣는 보따리. 水沈(수침) : 침향목(沈香木)으로 만든 향이다.

7 [역자주] 華表(화표) : 무덤이나 궁전의 앞에 표지로 세운 큰 기둥이다. 또는 이정표를 뜻하기도 하는데, 여기서는 양주의 변화함을 표현한 것이므로 전자로 보는 것이 좋다. 요동(遼東) 사람 정령위(丁令威)가 신선술을 배워 신선이 된 뒤 학으로 변해 고향으로 돌아와 화표에 내려앉았다는 이야기가 있다.

8 **[협주]** 북송 전소도(錢昭度)의 <이정표(堠子)> 시에 “사통팔달의 길가에 흙과 돌로 만든 몸체이니 회남왕의 화표가 그대를 알겠는가. 생각할수록 또한 가슴을 아프게 하는 것이니, 10리에 두 개이고 5리에 한 개로다.”라고 했다.[25](錢昭度, 堠子詩.[26] 八達街頭土石軀, 淮王華表識君無.[27] 思量亦是傷心物, 十里成雙五里孤.)

[역자주] 淮王(회왕) : 전한(前漢)의 종실(宗室)로 고조(高祖)의 손자인 회남왕(淮南王) 유안(劉安)을 가리킨다. 회남은 지금의 ≪회남자(淮南子)≫를 저술했다. 만년에 난을 일으켰다가 실패하여 자살했다. 전설에 의하면 유안은 신선이 되어 승천했다고 한다. 奈(내) : 어쩔 수 없이. 卻回(각회) : 돌아오다.

---

24) 두목의 시 <문하성의 재상이 새상 인상을 겸하여 거느리며 진으로 나가 촉 땅을 온전히 하러 가는 서천절도사 재상을 송별하며 지은 시에 받들어 화답하다(奉和門下相公送西川相公兼領相印出鎮全蜀)> “노을을 빼앗은 듯 붉은 비단이 찬란하다.(奪霞紅錦爛.)”의 주에 보인다.

25) 이 시는 지금 전하지 않는다.

26) 堠子(후자) : 이정표. 5리마다 단후(單堠)를 세웠고 10리마다 쌍후(雙堠)를 쌓았다.

27) 君(군) : 사통팔달의 거리에 세워진 화표를 가리킨다. 無(무) : 문장 끝에서 의문문을 만든다

제3수

街垂千步柳,	거리에는 천 보의 버들이 늘어져 있고
霞映兩重城.	노을은 두 겹의 성곽을 비추네.
天碧臺閣麗,	하늘은 푸르고 누대와 전각은 아름다우며
風涼歌管淸.	바람은 청량하고 노래와 악기 소리가 맑네.
纖腰間長袖,	가느다란 허리 사이에 기다란 옷소매
玉佩雜鞶纓.[1]	옥패에는 주머니가 많이 걸려 있네.
拖軸誠爲壯,[2]	수로로 이끌고 언덕으로 지탱하니 참으로 장관이고
豪華不可名.	호화로움은 말로 표현할 수 없네.
自是荒淫罪,[3]	본디 주색에 빠진 잘못이었을 뿐
何妨作帝京.	어찌 황제의 도성이 되는 데에 지장이 있겠는가.

주석

1 **[협주]** '반(鞶)'은 포와 관의 반절로, 작은 주머니이다.(鞶, 蒲官切, 小囊也.)
[역자주] 玉佩(옥패) : 옥으로 만든 패물이다. 鞶纓(반영) : 끈으로 묶은 작은 주머니. '영'은 향을 넣은 주머니를 묶는 끈이다.

2 **[협주]** 남조 송(宋) 포조(鮑照)의 <무성부(蕪城賦)>에 "곡물 운송의 수로로 이끌고, 곤강(昆崗)[28]으로 지탱한다."라고 했고 ≪문선≫ 이선의 주에서 "타(拖)는 '끌다'이고, 축(軸)은 수레바퀴를 지탱하는 것이다."라고 했다.(蕪城賦. 拖以漕渠,[29] 軸以昆崗. 註. 拖, 引也, 軸, 持輪也.)

---

28) 곤강(昆岡) : 곤강(崑岡)과 같으며 촉강(蜀岡)이라고도 한다. 무성 인근의 지명으로 광릉(廣陵)의 고성이 있었다. 무성과 광릉은 모두 양주에 있다.

29) 漕渠(조거) : 인공으로 준설하여 세금이나 물류를 운송하는 수로.

[역자주] 拖軸(타축) : 이끌고 지탱한다는 말로, 수로와 산을 가리킨다.

3 [역자주] 荒淫罪(황음죄) : 수 양제가 황당하게 생활하다가 결국 나라가 망하게 된 것을 말한다.

해설

이 시는 양주의 아름다운 경치와 과거의 번성에 대한 감개를 읊은 것이다. 대개 태화 8년(834) 두목이 회남절도사 우승유(牛僧孺)의 막료로 있을 때 지은 것으로 추정한다.

090. 윤주 2수

潤州二首[1]

제1수

向吳亭東千里秋,[2]	향오정 동쪽으로 천 리에 가을이 왔는데
放歌曾作昔年遊.	마음껏 노래하며 옛날에 유람한 적 있었지.
青苔寺裏無馬跡,	푸른 이끼 낀 절에는 말 발자국 없어졌으나
綠水橋邊多酒樓.	푸른 시내 다리 옆에는 주막이 많다.
大抵南朝皆曠達,[3]	대체로 남조 사람은 모두 활달했으니
可憐東晉最風流.[4]	가장 풍류스러웠던 동진 사람이 부럽다.
月明更想桓伊在,[5]	달 밝자 더욱 그리우니 환이가 있었으면
一笛聞吹出塞愁.[6]	한 가닥 피리 연주로 애수의 <출새>곡을 들을텐데.

주석

1 **[협주]** ≪십도지≫에 "강남도(江南道)의 윤주(潤州)이다."라 했고 주에 "윤주는 천문(天文)에서 남두성(南斗星)의 분야이다. 옛 이름은 경구(京口)이니, 바로 초(楚)의 금릉(金陵)인 건업(建業)이다."라고 했다.(十道志. 江南道潤州. 註. 潤州於天文南斗之分. 舊名京口, 卽楚之金陵建業也.)

[역자주] 潤州(윤주) : 지금의 강소성 진강(鎭江)으로 양주(楊州)에서 남쪽으로 장강 건너편에 있다.

2 **[협주]** 이웅(李雄)이 <향오정(向吳亭)>이라는 시를 지었다.(李雄作向吳亭詩.)

[역자주] 向吳亭(향오정) : 강소성 단양(丹陽)에 있던 정자 이름이다. 단양은 진강과 남동

쪽으로 연접해 있다.

3 **[협주]** 권1의 "남조 사조의 성"의 주에 보인다.[30] (見一卷南朝謝朓城註.)

[역자주] 大抵(대저) : 대체로. 南朝(남조) : 금릉에 도읍을 둔 여섯 왕조로 오(吳), 동진(東晉), 송(宋), 제(齊), 양(梁), 진(陳)을 가리킨다. 曠達(광달) : 활달하다.

4 **[협주]** ≪역대통기(歷代統記)≫에 "동진은 건업(建業)에 도읍을 정했다. 원제(元帝)로부터 공제(恭帝)에 이르기까지 모두 11대 황제였고 전체 204년을 지냈으니 이것이 동진이다."라고 했다.(歷代統記. 東晉都建業. 自元帝至恭帝, 凡十一帝, 共二百四年, 是爲東晉.)

5 [역자주] 桓伊(환이) : 동진(東晉) 초국(譙國) 출신으로 자가 숙하(叔夏)이다. 사현(謝玄)과 함께 부견(苻堅)을 비수(淝水)에서 격파한 공으로 영수현후(永脩縣侯), 우군장군(右軍將軍)을 역임했다. 피리 연주에 뛰어났다.

6 **[협주]** '환이의 피리'는 권2의 "한 곡조 연주하는 장군은 어느 곳의 피리를 가졌나?"의 주에 보인다.[31] 최표(崔豹)의 ≪고금주(古今註)≫에 "한대(漢代)의 고각횡취곡(鼓角橫吹曲)이라는 것은 장건(張騫)이 서역에 사신으로 가서 <마하두륵(摩訶兜勒)> 한 곡을 얻은 데에서 비롯되었다. 그 후에 이연년(李延年)이 계승하여 28해(解)로 확장했다. <농두수(隴頭水)>, <적지양(赤之楊)>, <황담자(黃覃子)>, <망행인(望行人)>, <출관(出關)>, <입관(入關)>, <출새(出塞)>, <입새(入塞)>와 같은 곡이 그것이다."라고 했다.(桓伊笛, 見二卷. 一曲將軍何處笛註. 崔豹, 古今註. 漢代鼓角橫吹者, 始張騫使西域, 得摩訶兜勒一曲. 其後李延年因之, 增爲二十八解. 若隴頭水, 赤之楊, 黃覃子, 望行人, 出關, 入關, 出塞, 入塞之曲, 是也.)

[역자주] 出塞(출새) : 악부(樂府) 횡취곡(橫吹曲)의 이름이다.

제2수

謝朓詩中佳麗地,[1] 사조의 시에서 아름다운 곳이라 했고

30) 두목의 시 <선주 개원사에 쓰다(題宣州開元寺)>이다.
31) 두목의 시 <장안의 큰 거리 서쪽을 읊은 칠언율시(街西長句)>이다.

夫差傳裏水犀軍.[2]	<부차전>에서는 무소 가죽으로 무장한 군대라고 했다.
城高鐵瓮橫强弩,[3]	성이 높은 철옹성에 강한 쇠뇌를 걸쳤는데
柳暗朱樓多夢雲,[4]	버들잎에 가려진 붉은 누각에는 운우지정의 꿈이 많도다.
畫角愛飄江北去,[5]	채색한 뿔피리로 강북을 떠돌아다니기를 좋아하고
釣歌長向月中聞.[6]	뱃노래를 달 속에서 들으라고 길게 부른다.
楊州塵土試回首,[7]	양주의 세속을 한번 돌아보니
不惜千金借與君.[8]	그대에게 천금을 주어도 아깝지 않으리.

주석

1 **[협주]** 사조(謝朓)의 <고취곡서(鼓吹曲序)>에 "수왕(隋王)을 받들어 <고입조곡(古入朝曲)> 짓는 것을 가르쳤다. 그 가사에 '강남은 아름다운 땅이고 금릉은 제왕의 영토이다.'라고 했다."라고 했다.(謝玄暉, 鼓吹曲序. 奉隋王, 教作古入朝曲. 其詞曰, 江南佳麗地, 金陵帝王州.)

[역자주] 謝朓(사조) : 남조 제(齊)나라 진군(陳郡) 출신으로 자가 현휘(玄暉)이다. 표기자의(驃騎諮議), 선성태수(宣城太守) 등을 역임했다. 남조 송나라의 사령운(謝靈運)과 함께 산수시인(山水詩人)으로 일컬어진다.

2 **[협주]** ≪국어(國語)·오어(吳語)≫의 주에 위소(韋昭)가 이르기를, "오왕 부차는 태백(泰伯)의 후예이고 합려(闔廬)의 아들로, 성이 희(姬)이다."라고 했다. ≪국어·월어(越語)≫에서는 "지금 부차에게는 무소 가죽 갑옷을 입은 병사가 10만 명하고도 3천 명이 있다."라고 했고, 위소(韋昭)의 주에서 "많다는 말이다."라고 했다.(吳語註. 韋昭曰, 吳王夫差, 泰伯之後, 闔廬之子, 姬姓也. 越語曰. 今夫差衣水犀之甲者, 億有三千. 註. 言多也.)

[역자주] 水犀軍(수서군) : 무소 가죽 갑옷으로 무장한 군대.

3 **[협주]** 본집의 주에 "윤주성은 손권이 쌓았는데, 철옹성이라 불렸다."라고 했다.(本註. 潤州城, 孫權築, 號爲鐵瓮.)

4 **[협주]** 송옥(宋玉)의 <고당부(高唐賦)>에 "옛날에 선왕(先王)께서 고당을 유람하신 적이 있었는데 피곤하시어 낮잠이 드셨습니다. 꿈에 한 부인을 만났는데 그 부인이 말하기를, '잠자리 시중을 들고자 합니다.'라고 했습니다. 이에 왕은 그녀를 총애했습니다. 떠날 때 작별하면서 말하기를, '첩은 무산의 남쪽에 사는데, 아침에는 구름이 되었다가 저녁에는 지나는 비가 됩니다.'라고 했다."라고 했다.(高唐賦. 昔者先王嘗遊高唐, 怠而晝寢. 夢見一婦人, 曰, 原薦枕席. 王因幸之. 去而辭曰, 妾在巫山之陽, 旦爲朝雲, 暮爲行雨.)

[역자주] 夢雲(몽운) : 구름을 꿈꾸다. 운우지정(雲雨之情)으로 남녀의 사랑을 뜻한다.

5 **[협주]** ≪송서(宋書)·악지(樂志)≫에 "'각(角)'은 서적의 기록에 실려 있지 않다. 어떤 사람은 말하기를, '강족(羌族)과 호족(胡族)에서 나온 것으로 중국의 말들을 놀라게 한다.'라고 했다. 어떤 사람은 말하기를, '오월(吳越) 지역에서 나왔다.'라고 했다. 당(唐) 왕예(王叡)의 ≪적곡자(炙轂子)≫에 '황제(黃帝)가 탁록에서 치우(蚩尤)와 싸울 때 처음으로 큰 뿔피리를 만들었다. 모양은 소뿔의 형상과 같고 부는 소리는 용의 울음소리와 비슷했다.'라고 했다."라고 했다.(宋書, 角, 書記所不載. 或云, 出羌胡, 以驚中國馬. 或云, 出吳越. 炙轂子曰, 黃帝戰蚩尤涿鹿, 始造大角, 形如牛角之形. 吹象龍吟.)

6 [역자주] 釣歌(조가) : 어부의 노래.

7 [역자주] 塵土(진토) : 세속의 일.

8 **[협주]** ≪사기·소진열전(蘇秦列傳)≫에 "소진이 낙양에 들러 천금을 풀어 종족과 친구들에게 나눠 주었다."라고 했다.(史記. 蘇秦過洛陽, 散千金以賜宗族朋友.)

해설

이 시는 양주를 떠나 윤주를 지나며 그곳에 얽힌 일화들을 생각하고, 머물던 양주를 그리는 내용이다. 대개 개성 2년(837)에 양주의 막부에서 선주(宣州)의 막부로 전임되어 윤주를 지날 때 지은 것으로 추정한다.

091. 양주 선지사에 쓰다

題楊州禪智寺

雨過一蟬噪,	비 지나자 매미 한 마리가 시끄럽지만
飄蕭松桂秋.[1]	바람 스치는 소나무와 계수나무에 가을이 왔구나.
青苔滿階砌,[2]	푸른 이끼가 섬돌 위에 가득한데
白鳥故遲留.[3]	흰 새는 짐짓 머물고 있다.
暮靄生深樹,[4]	저녁 구름이 깊은 숲에서 피어오르고
斜陽下小樓.	석양은 작은 누각에 내려앉는다.
誰知竹西路,	누가 대나무 숲 서쪽의 길을 알겠는가
歌吹是楊州.[5]	노랫소리 나는 곳은 양주인데.

주석

1 [역자주] 飄蕭(표소) : 바람 소리.

2 [역자주] 階砌(계체) : 섬돌과 계단.

3 [역자주] 遲留(지류) : 머물다.

4 [역자주] 暮靄(모애) : 저녁의 구름과 안개.

5 **[협주]** ≪당송분문명현시화(唐宋分門名賢詩話)≫에 "회남의 유양(維陽)에 촉강(蜀岡)이 있는데 양주의 북쪽 언덕이다. 어떤 사람은 말하기를, '지세가 촉(蜀) 지방과 이어져 있다.'라고 했다. 언덕의 남쪽에 죽서정이 있는데 긴 대가 성글고 푸르다. 뒤가 바로 선지사(禪智寺)이다."라고 했다. (唐宋詩話. 淮南維陽32)有蜀岡者, 楊州之北岡也. 或曰, 勢連蜀土. 岡之南有竹西亭, 修竹疎翠, 後卽禪智寺也.)

[역자주] 歌吹(가취) : 노래를 부르고 악기를 불다. 음악 소리로 향락을 뜻한다.

해설

이 시는 초가을 양주의 선지사를 방문하고 지은 것으로 향락의 양주와는 달리 고즈넉한 정경을 가지고 있음을 읊었다. 대개 개성(開成) 2년(837) 동생 두의(杜顗)가 눈병으로 앞을 보지 못하여 요양차 양주 선지사(禪智寺)에서 머물 때 그를 만나러 가서 지은 것으로 추정한다.

32) '陽'은 '楊'의 잘못이다. '유양(維楊)'은 양주(楊州)를 가리킨다.

092. 서강에서 옛일을 생각하다

西江懷古[1]

上吞巴漢控瀟湘,[2]	위로 파촉과 한중을 삼키고 소수와 상수를 끌어들이니
怒似連山淨鏡光.[3]	성난 파도는 산맥과 같고 맑기는 거울 빛이로다.
魏帝縫囊眞戲劇,[4]	조조가 모래주머니를 만든 것은 진정 희극이었고
苻堅投箠更荒唐.[5]	부견이 채찍을 던진 일은 더욱 황당하다.
千秋釣舸歌明月,[6]	천 년 동안 낚시배는 밝은 달을 노래했고
萬里沙鷗弄夕陽.[7]	만 리를 나는 모래사장의 갈매기는 석양을 희롱했지.
范蠡淸塵何寂寞,[8]	범려의 고상한 자취는 얼마나 적막한가
好風唯屬往來商.	시원한 바람은 오롯이 오가는 상인의 차지로다.

주석

1 [역자주] 西江(서강) : 장강 중하류 지역을 가리킨다.

2 **[협주]** 북송(北宋) 도악(陶岳)의 ≪영릉총기(零陵總記)≫에 “소수(瀟水)는 영주(永州)에 있는데 도주(道州) 영도현(營道縣)의 구의산(九疑山) 안에서 나온다. 상수(湘水)도 영주에 있는데 계림 해양산(海陽山) 안에서 나와 영거(靈渠)를 지나 북쪽으로 흘러 영릉(零陵)에 이르러 북쪽에서 소수와 합류한다. 두 강이 모두 한결같이 맑아 늦가을인 8, 9월이면 비록 깊이가 한 길이 넘어도 바닥까지 볼 수 있다. 영릉에서 합류한 것을 소상(瀟湘)이라고 한다.”라고 했다.(零陵記. 瀟水在永州, 出自道州營道縣九疑山中. 湘水在永州, 出自桂林海陽山中, 經靈渠, 北流至零陵, 北與瀟水合. 二水皆淸泚一色,33) 高秋八九月, 雖丈餘, 可以見底. 自零陵合流, 謂之瀟湘.)

[역자주] 巴漢(파한) : 파촉(巴蜀) 지역과 한중(漢中) 지역으로 장강 중상류 지역이다. 瀟湘(소상) : 악양(岳陽)에서 장강과 합류한다.

3 **[협주]** 목화(木華)의 <해부(海賦)>에 "파도는 산맥과 같아 돌연 합해졌다 갑자기 흩어진다."라고 했다.(木玄虛, 海賦. 波如連山, 乍合乍散.)

4 **[협주]** ≪삼국지·위지(魏志)·무제본기(武帝本紀)≫에 "건안(建安) 16년(211) 마초(馬超)가 마침내 한수(韓遂), 양추(楊秋) 등과 함께 반란을 일으켰다. 마초 등이 위수의 남쪽에 주둔한 채 서신을 보내 황하 서쪽을 갈라 줄 것을 요구하고 화친을 청했다. 조조는 허락하지 않고 9월에 군대를 진격시켜 위수를 건넜다."라고 했고, 배송지(裴松之)의 주에 "조만(曹瞞)[34]의 전기에 이르기를, '당시에 조조의 군대가 위수를 건널 때마다 번번이 마초의 기병에게 습격을 받아 군영을 세울 수 없었다. 땅이 또 모래가 많아서 보루를 쌓을 수 없었다. 그러자 자백(子伯) 누규(婁圭)가 조조에게 건의하기를, '지금 날씨가 추우니 모래를 쌓아 성을 만들 수 있습니다. 물을 부으면 하룻밤 사이에 완성할 수 있습니다.'라고 했다. 조조가 그의 말을 따라 명주 자루를 많이 만들고 물을 날랐다. 밤에 군대를 도하시키고 성을 만드니 날이 밝으면서 성이 세워졌다.'라고 했다. 이런 연유로 조조의 군대는 모두 위수를 건널 수 있었다."라고 했다.(魏志, 武帝紀. 十六年, 馬超遂與韓遂楊秋等叛. 超等屯渭南, 遣信求割河以西, 請和. 公不許, 九月進軍渡渭. 註. 曹瞞傳曰, 時公軍每渡渭, 輒爲超騎所衝突, 營不得立. 地又多沙, 不可築壘. 婁子伯說公曰, 今天寒, 可起沙爲城. 以水灌之, 可壹夜而成. 公從之, 乃多作練囊, 以運水. 夜渡兵作城, 比明城立.[35] 由是公軍盡得渡渭.)

[역자주] 縫囊(봉낭) : 주머니를 재봉하여 만들다.

5 **[협주]** ≪진서(晉書)·부견재기(苻堅載記)≫에 "부견이 북쪽에서 7주를 평정하고 장차 크게 군대를 일으켜 남쪽으로 정벌에 나서려 했다. 부융(苻融) 등이 모두 그만둘 것을 간언했지만 듣지 않으면서 말하기를, '우리 100만의 군대가 채찍을 강에 던지면 강을 건널 수 있다.'라고 했다. 비수(淝水)에 도착한 뒤에 사현(謝玄) 등에게 크게 졌다."라고 했

---

33) 淸泚(청차) : 맑다.

34) 조만(曹瞞) : 조조(曹操)의 별칭이다. 조조의 아명이 아만(阿瞞)이었다.

35) 比明(비명) : 날이 밝을 즈음에.

다. '황당(荒唐)'은 권1에 나온다.[36](晉書. 苻堅北定七州, 將大擧南伐. 苻融等咸諫止之, 不聽曰, 吾百萬之衆投鞭, 可以濟江. 旣至淝水, 大爲謝玄等所敗. 荒唐, 出一卷.)

[역자주] 荒唐(황당) : 실정에 맞지 않는 말이나 생각을 뜻한다.

6 [역자주] 釣舸(조가) : 낚싯배.

7 [역자주] 沙鷗(사구) : 모래사장의 갈매기.

8 **[협주]** '범려(范蠡)'는 권1의 "조각배를 타고 범려를 따랐지."의 주에 보인다.[37] 초사 <원유(遠遊)>에 "적송자(赤松子)의 고상한 자취를 듣는다."라고 했다.(范蠡見壹卷, 壹舸逐鴟夷註. 楚辭. 聞赤松之淸塵.)

[역자주] 范蠡(범려) : 춘추시대 월나라 상장군(上將軍)으로 있으면 월나라 왕 구천(句踐)이 패권을 차지하게 하고 오나라를 멸망시켰다. 이후 은퇴하여 오호를 떠돌며 은거했다. 혹자는 도(陶)나라로 가서 장사로 부자가 되었으며 주공(朱公)으로 이름을 바꾸었다고 한다. 淸塵(청진) : 고아한 자취를 가리킨다. 寂寞(적막) : 죽은 것을 말한다.

해설

이 시는 서강에서 옛일을 생각하며 옛사람들의 행적에 대한 감회를 읊은 것이다. 조조와 부견의 황당했던 일화를 비판하면서 범려의 고상했던 은거를 칭송하고 있다. 작시 시기는 고찰할 수 없다.

---

36) 두목의 시 <군청의 관사에서 홀로 술을 들다(郡齋獨酌)> "스스로 또한 황당함을 비웃노라.(自亦笑荒唐.)"의 주에 보인다.

37) 두목의 시 <두추 아가씨를 읊은 시(杜秋娘詩)>이다.

093. 강남에서 옛일을 생각하다
江南懷古

車書混一業無窮,[1]	천하를 통일하려면 할 일은 끝이 없는데
井邑山川今古同.	마을의 산천은 예나 지금이나 같구나.
戊辰年向金陵過,[2]	무진년에 금릉을 지나다가
惆悵閑吟憶庾公.[3]	쓸쓸히 시를 읊조리며 유신을 생각한다.

주석

1 **[협주]** ≪예기·중용≫에 "공자가 말씀하기를, '지금 천하는 수레가 바퀴의 너비를 같이하고 글은 문자를 같이한다.'라고 했다."라고 했다.(禮記. 子曰, 今天下, 車同軌, 書同文.) [역자주] 車書(거서) : 수레바퀴의 넓이와 글자. 도로 체계와 문자 체계인데, 이를 하나로 만든다는 것을 천하를 통일한다는 말이다. 混一(혼일) : 통일하다.

2 **[협주]** 본집을 살펴보면, 선종(宣宗) 대중(大中) 2년(848)이 무진년이고 두목이 목주자사(睦州刺史)가 되었을 때이다.(按本集, 宣宗大中二年戊辰, 公爲睦州刺史時.)

3 **[협주]** ≪북사(北史)·유신전(庾信傳)≫에 "유신은 자가 자산(子山)으로, 남양(南陽) 신야(新野) 출신이다. 유신은 비록 지위와 명망이 높았지만 항상 고향에 대한 향수가 있었다. 이에 <애강남부(哀江南賦)>를 지어 그 뜻을 드러냈다."라고 했다. ≪예문유취(藝文類聚)·인부(人部)≫의 <애강남부서(哀江南賦序)>에 "아! 무진년(548) 건해월(建亥月) 음력 10월에 큰 도둑이 국권을 탈취하고 금릉은 와해되었다. 나는 흰머리가 나기 시작하는 나이에 난리를 만나 멀리 떠돌다가 노년에 이르렀다."라고 했다.(北史. 庾信, 字子山, 南陽新野人也. 信雖位望通顯, 常有鄕關之思. 乃作哀江南賦, 以致其意. 藝文類聚. 哀江南賦序. 粤以戊辰之年建亥之月,[38] 大盜移國, 金陵瓦解. 信年始二毛, 卽逢喪亂,

藐是流離,[39] 至於暮齒.)

[역자주] 惆悵(추창) : 쓸쓸한 모양.

해설

이 시는 목주(睦州)에서 상경하는 길에 금릉을 지날 때 감개를 적은 것이다. 그 해가 무진년(戊辰年)이라서 남조 양(梁)나라 시기에 후경(侯景)이 난을 일으켜 조정을 혼란에 빠뜨렸으며 이후 유신이 늙을 때까지 고향에 가지 못하고 이역을 떠돈 일을 슬퍼했는데 이로써 자신의 신세를 투영했다. 대중 2년(848)에 지은 것이다.

38) 粤(월) : 문장 앞에 쓰여 감탄을 뜻한다.

39) 藐(막) : 멀리. 流離(유리) : 떠돌다.

094. 강남의 봄을 읊은 절구

江南春絶[1]

千里鶯啼綠映紅,	천 리에 앵무새 울고 녹색 잎에는 붉은 꽃이 비치는데
水村山郭酒旗風.	강촌과 산 마을엔 주막 깃발이 바람에 나부끼네.
南朝四百八十寺,[2]	남조 시기에 창건된 사백여든 곳의 사찰에는
多少樓臺煙雨中.	수많은 누대가 안개비에 싸였구나.

주석

1 [역자주] 이 시의 제목이 맨 뒤에 '句'가 더 있는 문헌도 있다.

2 **[협주]** ≪시화총귀(詩話總龜)≫에 "건주(建州)는 산수가 빼어나 창건된 사찰들이 쭉 이어져 서로 바라보고 있다. 오대(五代) 남당(南唐) 시기에 건안(建安)에 사찰이 351곳, 건양(建陽)에 252곳, 포성(浦城)에 178곳, 숭안(崇安)에 85곳, 송계(松溪)에 41곳, 관례(關隷)에 52곳으로 거의 천 곳에 이른다. 두목의 <강남의 봄을 읊은 절구>에서 '남조 시기에 창건된 480곳의 사찰'이라고 한 것은 이것을 일컬은 것이다."라고 했다.(詩話總龜. 建州, 山水奇秀, 創寺落落相望.40) 僞唐建安寺三百五十壹,41) 建陽二百五十二, 浦城一百七十八, 崇安八十五, 松溪四十一, 關隷五十二, 僅千區. 杜牧江南絶句云, 南朝四百八十寺, 謂是也.)

---

40) 落落相望(낙락상망) : 길게 이어져 서로 바라보고 있다. 많다는 뜻이다.
41) 僞唐(위당) : 오대시대의 남당(南唐)을 가리킨다. '위'는 정통 왕조가 아니라는 말이다.

해설

이 시는 강남을 지나면서 본 경관을 묘사한 것이다. 봄날 촌락의 모습과 가랑비 속의 수많은 사찰의 모습을 형용했다. 개성 2년(837) 선주(宣州)로 부임하는 길에 지은 것이라는 설이 있지만 확실치 않다.

095. 선주로 부임하는 길에 양주의 선지사에 써서 남기다
將赴宣州留題楊州禪智寺

故里溪頭松柏雙,	옛 마을 시냇가에 소나무와 측백나무가 쌍을 이루었는데
來時盡日倚松窓.	와서는 날이 다하도록 소나무 창에 기대었지.
杜陵隋苑已絶國,[1]	두릉과 수원은 너무나 멀리 떨어진 지역인데
秋晩南遊更渡江.	늦가을 남쪽을 떠돌며 또 강을 건너네.

주석

1 [역자주] 杜陵(두릉) : 두목의 고향이다. 隋苑(수원) : 수(隋) 양제(煬帝)가 양주에 마련한 동산이다.

해설

이 시는 선주(宣州)로 부임하는 길에 양주(楊州)의 선지사(禪智寺)에 머물면서 지은 것이다. 선지사의 고즈넉한 정취를 느끼고는 다시 떠나가야 하는 아쉬움을 표현했다. 대개 개성 2년(837) 늦가을에 지은 것으로 추정한다.

096. 선주 개원사 물가의 누각에 쓰다. 누각의 아래가 완계이고 완계를 사이에 두고 사람들이 거주한다

題宣州開元寺水閣, 閣下宛溪, 夾溪居人[1]

六朝文物草連空,[2]	육조의 문물에는 잡초들만 하늘까지 닿았는데
天淡雲閑今古同.	맑은 하늘과 한가한 구름은 예나 지금이나 같도다.
鳥去鳥來山色裏,	산의 경치 속에서 새는 오가고
人歌人哭水聲中.[3]	물소리 가운데서 사람은 노래하고 곡을 한다.
深秋簾幕千家雨,	늦가을인데 발과 휘장 사이로 천 채의 집에 비가 내리고
落日樓臺一笛風.	해가 지는 누대에는 한 줄기 피리 소리가 바람에 실려 온다.
惆悵無因見范蠡,[4]	슬프게도 범려를 만날 방법이 없는데
參差煙樹五湖東.[5]	오호 동쪽에 안개 속 나무만 들쑥날쑥하다.

주석

1 [역자주] 宛溪(완계) : 안휘성 선성현(宣城縣)에서 발원하여 장강으로 흘러드는 시내이다.

2 **[협주]** '육조(六朝)'는 이미 권2에 나왔다.[42] ≪좌전·환공(桓公) 2년≫에 "문양과 사물로 귀천을 기록한다."라고 했다.(六朝已出二卷. 左傳. 文物以紀之.)

---

42) 두목의 시 <시어사 허혼이 관직을 그만두고 동쪽으로 돌아가 강남에서 깨끗하게 지내며 자못 자적하신다는 소식을 듣고 늦가을에 우러르며 10운의 시를 지어 부치다(許七侍御棄官東歸, 瀟洒江南, 頗聞自適, 高秋企望, 題詩寄贈十韻)> "풍월은 육조의 여운이다.(風月六朝餘.)"의 주에 보인다.

[역자주] 六朝(육조) : 지금의 강소성 남경에 도읍을 둔 여섯 조대로, 오(吳), 동진(東晉), 송(宋), 제(齊), 양(梁), 진(陳)을 가리킨다. 文物(문물) : 문화 산물. 협주에서는 예악 제도로 설명했는데, 예악 제도의 의장이 문물의 일종이다.

3 [역자주] 人歌人哭(인가인곡) : 사람이 노래하고 사람이 곡을 한다. 완계 주위에 사는 백성들이 성정에 따라 살고 있다는 말이다.

4 [역자주] 范蠡(범려) : 춘추시대 월나라 상장군(上將軍)으로 있으면서 월나라 왕 구천(句踐)이 패권을 차지하게 하고 오나라를 멸망시켰다. 이후 은퇴하여 오호를 떠돌며 은거했다. 혹자는 도(陶)나라로 가서 장사로 부자가 되었으며 주공(朱公)으로 이름을 바꾸었다고 한다.

5 **[협주]** 범려(范蠡)와 오호(五湖)는 권1에 나왔다.[43] ≪통전(通典)≫에 "오호는 오도(吳都), 오흥(吳興), 진릉(晉陵)의 세 현에 있다."라고 했다.(范蠡·五湖出一卷. 通典. 五湖在吳都吳興晉陵三縣.)

[역자주] 五湖(오호) : 태호(太湖)와 부근 일대를 합하여 부르는 이름이다.

해설

이 시는 선주 개원사에 있는 물가 누각에서 지은 것으로, 인근의 경관을 주로 묘사했는데 육조의 흥망성쇠에 대한 감개로 시작하여 범려에 대한 미련으로 마무리했다. 선주에서 막료로 있을 때인 개성 3년(838)에 지은 것으로 추정한다.

43) 두목의 시 <두추 아가씨를 읊은 시(杜秋娘詩)> "조각배를 타고 범려를 따랐다 (一舸逐鴟夷.)"이 주에 보인다.

097. 선주에서 서주로 가는 판관 배탄을 송별하다, 당시 나는 관직에 임명되어 경사로 돌아가려고 했다

宣州送裴坦判官往舒州, 時某欲赴官歸京[1]

日暖泥融雪半銷,	날씨가 따뜻하여 진흙이 녹고 눈도 절반은 녹았는데
行人芳草馬聲驕.	먼 길 가는 이의 풀밭에 말 울음소리 우렁차다.
九華山路雲遮寺,[2]	구화산의 길에는 구름이 절을 가렸고
淸弋江村柳拂橋.[3]	청익강의 마을에는 버들잎이 다리 난간을 스친다.
君意如鴻高的的,[4]	그대의 뜻은 기러기처럼 선명하게 높은데
我心懸旆正搖搖.[5]	내 마음은 매달린 깃발처럼 그저 흔들리는구나.
同來不得同歸去,	함께 왔지만 함께 돌아갈 수 없으니
故國逢春一寂寥.[6]	고향에서 봄을 맞아도 줄곧 적막하겠지.

주석

1 [역자주] 裴坦(배탄) : 강주(絳州) 출신으로 자가 지진(知進)이다. 태화 8년(834) 진사에 급제했고 후에 선섭관찰사(宣歙觀察使) 심전사(沈傳師)의 막부에서 판관(判官)으로 있었다. 좌습유(左拾遺), 동중서문하평장사(同中書門下平章事) 등을 역임했다. 某(모) : 아무개. 두목 자신을 가리킨다. '목(牧)'으로 된 문헌도 있다.

2 **[협주]** '구화(九華)'는 산 이름이다. 봉우리들이 특별하고 웅장한데 그 수가 아홉이 된다. 그래서 구자산(九子山)이라 불렀는데 이백(李白)이 구화(九華)로 이름을 바꿨다.44) (九

44) 이백의 시에 <구자산을 구화산으로 이름을 바꾼 뒤 돌아가며 짓다 및 서문(改九子山爲九華山聯句 並序)>이

華, 山銘[45]. 峰巒異壯, 其數有九, 故號曰九子山, 李白更號九華.)

3 **[협주]** ≪십도지≫에 "선주에 청익지가 있다."라고 했다.(十道志. 宣州有淸弋地.)

4 [역자주] 的的(적적) : 분명한 모양.

5 **[협주]** ≪사기·소진열전(蘇秦列傳)≫에 "마음은 흔들리는 것이 매달린 깃발과 같다."라고 했다.(史記. 心搖搖如懸旆.)

[역자주] 懸旆(현패) : 매달린 깃발.

6 **[협주]** ≪감정록(感定錄)≫에 "두목이 선성(宣城)의 막부에서 관직에 임명되어 상경하면서 남긴 증별시에, '함께 왔지만 함께 돌아갈 수 없으니 고향에서 봄을 맞아도 줄곧 적막하겠지.'라고 했다. 그로부터 20여 년 동안 연거푸 4개 군(郡)을 맡았다. 뒤에 호주자사(湖州刺史)에서 중서사인(中書舍人)으로 제수되었을 때 변하(汴河)에 제하여 읊기를[46], "떠도는 것을 스스로 싫어하나니 서쪽으로 빨리 돌아가, 동풍 부는 이월에는 보지 않으리라."라고 했다. 군수에서 조정으로 들어와 중서사인이 되었으니 떠돈 것이 아니었으나, 도성에 도착하여 결국 죽었다."라고 했다.(感定錄. 杜牧自宣城幕除官入京有詩留別云, 同來不得同歸去, 故國逢春一寂寥. 其後二十餘年, 連典四郡. 後自湖州刺史拜中書舍人, 題汴河云. 自嫌流落西歸疾, 不見春風二月時. 自郡守入爲舍人, 未爲流落, 至京果卒.)

[역자주] 故國(고국) : 고향. 두목의 고향이 두릉(杜陵)인데 장안 인근이어서, 결국 경사를 가리킨다.

해설

이 시는 두목이 배탄과 함께 선주에서 막료로 지내다가 서주로 가는 그를 전송하면서 지은 것이다. 작별하는 곳의 정경을 묘사한 뒤 함께 장안으로 가지 못함을 애달파했다. 하지만 결국 그도 장안으로 가지 못하고 20년을 더 지방에서 떠돌았다. 개성 4년(839)에 지은 것이다.

있다.

45) '銘'은 '名'의 잘못이다.

46) 두목의 시 <수제의 버드나무(隋堤柳)>이다.

098. 구계에서 여름날 왕옥산으로 돌아가 장차 과거에 응시하려는 수재 노패를 전송하다

句溪夏日送盧霈秀才歸王屋山將欲赴擧[1]

野店正紛泊,[2]	시골 주막에는 한창 새들이 날아오르고
繭蠶初引絲.[3]	고치 짓는 누에는 처음 실을 뽑아내네.
行人碧溪渡,[4]	먼 길 가는 사람이 푸른 시냇물을 건너
繫馬綠楊枝.	푸른 버들가지에 말을 매네.
苒苒跡始去,[5]	점차 자취가 떠나가기 시작하니
悠悠心所期.[6]	아득해지는 내 마음의 바람이여.
秋山念君別,	가을 산에서 그대와의 작별을 생각하니
惆悵桂花時.[7]	계화가 피는 시절이 슬프구나.

주석

1 **[협주]** ≪십도지≫에 "낙주에 왕옥산이 있다."(十道志. 洛州有王屋山.)
[역자주] 句溪(구계) : 안휘성 선성(宣城)에서 발원하여 장강으로 흘러드는 완계(宛溪)의 다른 이름이다. 秀才(수재) : 한나라 때 관리 선발 제도의 하나였으나, 당송 때는 진사시(進士試)에 응시하는 선비를 일컫는 말로 쓰였다. 盧霈(노패) : 범양(范陽) 출신으로 자가 자중(子中)이다. 그 외 다른 것은 자세히 알려져 있지 않다. 赴擧(부거) : 과거 시험에 응시하러 가다.

2 **[협주]** 진(晉) 좌사(左思)의 <촉도부(蜀道賦)>에 "새들이 어지럽게 날아오른다."라고 했고 ≪문선≫ 여연제(呂延濟)의 주에 "분박(紛泊)은 날아오른다는 뜻이다."라고 했다.(蜀

道賦. 羽族紛泊. 註. 紛泊, 飛揚也.)

3 [역자주] 繭蠶(견잠) : 누에고치와 누에. 引絲(인사) : 실을 뽑다. '사'는 그리움을 뜻하는 '사(思)'와 음이 같아서 쌍관의 의미를 갖는다.

4 [역자주] 行人(행인) : 먼 길 가는 사람. 노패를 가리킨다.

5 **[협주]** ≪문선≫의 주에 "염염(苒苒)은 점차 진행되는 모양이다."라고 했다.(選註. 苒苒, 漸進貌)

6 **[협주]** ≪시경·정풍(鄭風)·자금(子衿)≫에 "아득한 나의 마음."이라고 했다.(詩曰. 悠悠我心.)

7 [역자주] 惆愴(추창) : 서글픈 모양.

해설

이 시는 과거에 응시하려는 수재 노패가 공부하기 위해 왕옥산으로 가는 것을 전송하는 것이다. 계화나무가 꽃을 피우는 좋은 계절이지만 작별을 하게 되어 슬퍼한다고 했다. 대개 선주에서 막료로 있을 때인 개성 3년(838)에 지은 것으로 추정한다.

099. 선성에서 장안으로 관직에 임명되어 가다

自宣城赴官上京[1]

瀟洒江湖十過秋,[2]	강호에서 한적하게 열 번 가을을 보냈는데
酒杯無日不遲留.[3]	하루도 술잔을 들지 않고 지낸 날이 없었지.
謝公城畔溪驚夢,[4]	사조의 성 옆 시냇물에서 꿈을 깼고
蘇小門前柳拂頭.[5]	소소소의 문 앞에서 버들이 머리를 스쳤지.
千里雲山何處好,	천 리 밖 구름 덮인 산 어디가 좋은가
幾人襟韻一生休.	몇 사람이나 가슴속 운치로 일생을 쉴 것인가.
塵冠挂卻知閑事,[6]	속세의 관을 걸어 두면 한가함을 알 터이니
終把蹉跎訪舊遊.[7]	끝내는 노쇠한 몸으로 옛날 노닐던 자취를 찾으리.

주석

1 [역자주] 上京(상경) : 경사. 수도. 장안을 가리킨다.

2 [역자주] 瀟洒(소쇄) : 쇄탈한 모양.

3 [역자주] 遲留(지류) : 머물다. 여기서 술잔을 머물게 한다는 말은 술을 마신다는 뜻이다.

4 **[협주]** 권1의 "남조 사조의 성"의 주에 보인다.[47](見一卷南朝謝朓城詩[48]註.)

[역자주] 謝公(사공) : 남조 제(齊)나라 사람인 사조(謝朓)로 선성태수(宣城太守)를 역임했다.

---

47) 두목의 시 <선주 개원사에 쓰다(題宣州開元寺)>이다.

48) '詩'는 연자(衍字)이다.

5 **[협주]** 백거이(白居易) ≪백씨장경집(白氏長慶集)≫ <여항의 명승(餘杭形勝)>의 자주에 "소소소(蘇小小)는 본래 전당의 기녀였다."라고 했다.(長慶集註. 蘇小小, 本錢塘妓女也.)

6 **[협주]** 권2의 "관을 끝내 걸어 두고 떠날 계책이 있다."의 주에 보인다.49)(見二卷有計冠終掛註.)

[역자주] 塵冠(진관) : 세속의 관. 관직생활을 말한다. 挂卻(괘각) : 걸어버리다. 관을 건다는 것은 관직을 그만두고 떠난다는 말이다.

7 **[협주]** ≪진서(晉書)·주처전(周處傳)≫에 "주처가 말하기를, '자신을 수양하고자 하나 나이가 이미 노쇠했다.'라고 했다."라고 했다.(晉書. 周處曰, 欲自修, 而年已蹉跎.)

[역자주] 蹉跎(차타) : 노쇠한 모양. 舊遊(구유) : 옛날 노닐던 곳. 선주를 가리킨다.

해설

이 시는 관직에 임명되어 장안으로 가게 되어 그 심경을 적은 것이다. 10여 년을 보낸 선주에 대해 갖게 될 그리움과 은거에 대한 바람을 표현했다. 좌보궐(左補闕)에 임명되어 장안으로 떠난 개성 4년(839)에 지은 것이다.

49) 두목의 시 <주파(朱坡)>이다.

100. 늦봄 지주 농수정에 쓰다

春末題池州弄水亭[1]

使君四十四,[2]	사군인 내 나이 44세에
兩佩左銅魚.[3]	두 번 왼쪽 동어부를 찼는데,
爲吏非循吏,	관리가 되었지만 좋은 관리가 아니고
論書讀底書.[4]	책을 논하면서 무슨 책을 읽어야 하나.
晩花紅艶靜,	늦게 핀 꽃은 붉고 고운 자태가 차분해졌고
高樹綠陰初.	높은 나무에는 녹음이 우거지기 시작하며,
亭宇淸無比,	정자는 비길 데 없이 산뜻하고
溪山畫不如.	시내와 산색은 그림보다 아름답다.
嘉賓能嘯詠,[5]	귀한 손님은 시 읊기를 잘하고
宮妓巧妝梳.[6]	관청의 기녀는 화장을 잘하니,
逐日愁皆碎,	나날이 근심이 모두 사라져
隨時醉有餘.	때에 따라 흠뻑 취한다.
偃須求五鼎,[7]	주보언은 반드시 부귀공명을 얻고자 했고
陶祗愛吾廬.[8]	도연명은 단지 자신의 오두막을 좋아했으니,
趣向人皆異,[9]	지향은 사람마다 모두 다른 법
賢豪莫笑渠.[10]	현자와 호걸들은 그들을 비웃지 마라.

주석

1 [역자주] 池州(지주) : 지금의 안휘성 귀지(貴池)이다. 弄水亭(농수정) : 두목이 지은 정자이다. 이백의 시 <추포가 17수(秋浦歌十七首)> 중 제5수의 "술을 마시며 강 속의 달과 장난친다.(歓弄水中月.)"라는 구절에서 이름을 취했다고 한다.

2 [역자주] 使君(사군) : 지방 장관인 자사(刺史)의 호칭이다. 여기서는 두목이 지주자사(池州刺史)로 있던 자신을 일컬은 것이다.

3 **[협주]** 권2의 '부절을 나눠 받은 영천태수의 정치'의 주에 보인다.[50] 황주에서 이임하여 지주를 다스린 것이다.(見二卷分符潁川政註, 自黄州移守池州.)

[역자주] 左銅魚(좌동어) : 구리로 제작한 물고기 모양의 부신(符信)에서 왼쪽 절반을 가리킨다. 관원의 신분증명 및 군사를 징발하는 증명으로 사용되었다. 여기서는 자사로 임명받은 것을 의미한다.

4 [역자주] 底書(저서) : 무슨 책.

5 [역자주] 嘯詠(소영) : 시를 읊조리다.

6 [역자주] 妝梳(장소) : 화장하고 빗질하다. 여인이 단장하는 것을 말한다.

7 **[협주]** ≪한서·주보언전(主父偃傳)≫에 "대장부가 살아서 다섯 솥에 담은 훌륭한 음식을 먹지 못한다면, 죽어서 다섯 솥에 삶겨질 뿐이다."라고 했다.(前漢書, 主父偃傳. 丈夫生不五鼎食, 死則五鼎烹耳.)

[역자주] 五鼎(오정) : 오정식(五鼎食)의 준말이다. 다섯 개의 정(鼎)에 담긴 음식을 먹는다는 의미로, 고관 귀족의 호사스러운 생활을 비유한다.

8 **[협주]** 권2의 "양선의 내 집을 찾아가리라."의 주에 보인다.[51](見二卷陽羨訪吾廬註.)

[역자주] 祗(지) : 다만. 吾廬(오려) : 나의 오두막집. 도연명의 시 <산해경을 읽고(讀山海經)> 제1수에서 "나 역시 내 오두막집을 사랑한다.(吾亦愛吾廬.)"라고 했다.

---

50) 두목의 시 <이른 봄에 악주자사 이원에게 부치다, 그는 바둑을 잘 두고 술을 좋아했으며 마음이 한가롭고 고아하다(早春寄岳州李使君, 李善棊愛酒, 情地閑雅)>이다.

51) 두목의 시 <시어사 허혼이 관직을 그만두고 동쪽으로 돌아가 강남에서 깨끗하게 지내며 자못 자적하신다는 소식을 듣고 늦가을에 우러르며 10유의 시를 지어 부치다(許七侍御棄官東歸, 瀟洒江南, 頗聞自適, 高秋企望, 題詩寄贈十韻)>이다.

9 [역자주] 趣向(취향) : 지향.

10 **[협주]** ≪집운(集韻)≫에 "'거(傑)'는 거(渠)와 통용되어 구와 어의 반절이다. 오(吳) 지역 사람들이 다른 사람을 부르는 칭호이다."라고 했다.(集韻. 傑通作渠, 求於切. 吳人呼彼稱.)

해설

이 시는 늦봄 지주의 농수정에서 지은 것으로, 자사로 재직하면서 주에 일이 없어 늦봄에 자신이 지은 정자에 주연을 마련하여 손님들과 즐기는 모습을 표현했다. 두목이 44세인 회창 6년(846) 지주자사를 지낼 때 지은 것이다.

101. 지주의 구봉루에 올라 장호에게 부치다

登池州九峰樓寄張祜[1]

百感中來不自由,[2]	온갖 감정이 마음속에서 솟아나 제어할 수 없는데
角聲孤起夕陽樓.	뿔피리 소리가 석양이 지는 누각에 외롭게 일어난다.
碧山終日思無盡,	푸른 산에 대한 생각이 종일토록 끊이지 않는데
芳草何年恨卽休.	향기로운 풀은 어느 때 원한이 그치려나.
睫在眼前長不見,[3]	속눈썹은 눈앞에 있으나 내내 보지 못하고
道非身外更何求.	도는 몸 밖이 아니면 다시 어디에서 구하겠는가.
誰人得似張公子,[4]	그 누가 장공자와 비슷할 수 있어서
千首詩輕萬戶侯.[5]	천 수의 시로 만 호의 제후를 깔보겠는가.

주석

1 **[협주]** 본집에 이르기를, "지주의 전 자사였던 이방현이 성의 동남쪽 모퉁이에 구봉루를 세웠다."라고 했다.(本集云, 池州前刺史李方玄城東南隅樹九峰樓.)

[역자주] 九峰樓(구봉루) : 지금의 안휘성 귀지(貴池) 시내에 있는 누대이다. 장호(張祜) : 청하(淸河) 출신으로 자가 승길(承吉)이다. 영호초(令狐楚)의 추천을 받았으나 원진(元稹)의 배척을 받아 회남(淮南)으로 돌아가 은거했다. 이름이 장우(張祐)로 되어 있기도 하다.

2 **[협주]** 위(魏) 무제(武帝)의 <단가행(短歌行)>에 "근심이 마음속에서 솟아나 끊을 수 없다."라고 했고, ≪문선≫ 장선(張銑)의 주에 "중(中)은 마음속이다."라고 했다.(魏武帝, 短歌行. 憂從中來, 不可斷絕. 註. 中, 謂中心也.)

3 **[협주]** ['첩(睫)'은] 음이 '접(接)'이고 눈가의 털이다.(音接, 目傍毛也.)

[역자주] 長(장) : 늘. 이 구는 두목이 추구하는 은거가 바로 가까이에 있지만 실행하지 못함을 말한 것이다.

4 **[협주]** ≪박물지(博物志)≫에 "공자(公子)와 왕손(王孫)은 모두 옛사람들이 서로 높이는 말이었다."라고 했다.[52](博物志. 公子王孫, 皆古人相推敬之辭也.)

5 **[협주]** ≪한서·장량전(張良傳)≫에서 "장량이 말하기를, '지금 세 치의 혀로 황제의 스승이 되어 만 호의 땅에 봉해지고 제후의 자리에 올랐으니, 이것은 평민으로서 지극한 경지로 나에게 충분한 것이다.'라고 했다."라고 했다. ≪태평광기(太平廣記)≫의 기록이다. 백거이가 처음 항주자사(杭州刺史)가 되었을 때 모란꽃을 찾으라고 명했다. 오직 개원사(開元寺)의 승려 혜징(惠澄)이 장안(長安)에 머물면서 모란을 구해 처음에 절의 정원에 심었는데, 난간과 문전에는 빽빽이 우거졌으나 다른 곳에는 자라지 않았다. 당시 봄기운이 한창 깊어지자 혜징은 기름칠을 한 장막을 쳐서 그 위를 덮어 주었다. 모란은 이때부터 동쪽으로 넘어갔으며 나누어서 심었다. 마침 서응(徐凝)이 부춘(富春)에서 왔는데, 아직 백거이를 알지 못했으며 먼저 시[53]를 지어 말하기를, "이 꽃은 남쪽 지방에 심기 어렵다고 알고 있는데 부끄럽게도 스님이 한가로울 때 마음 써서 심었구나. 바다제비는 좋아할 줄 알아 번번이 곁눈질하나, 호박벌은 알아보지도 못한 채 더욱 맴도네. 그저 자라난 작약은 부질없이 샘을 내고, 심히 부끄러워하는 장미는 감히 꽃을 피우지 못하네.(≪태평광기(太平廣記)≫에 "벽매괴(碧玫瑰)는 꽃 이름이다."라고 했다.) 오직 붉은 두건 모양의 몇 떨기가 남아 향기 머금은 채 오직 사인 백거이가 오기를 기다리네."라고 했다. 백거이가 곧 개원사에 가서 꽃을 보고 마침내 서응을 불러 함께 취해서 돌아갔다. 그때 장호가 배를 저어 그곳에 당도했는데 매우 자유분방한 사람처럼 보였다. 장호와 서응 두 사람은 아직 은둔의 도리를 익히지 않아 각기 과거에 수석으로 천거되기를 바랐다. 백거이가 말하기를, "두 분이 문장을 논함은 마치 전국시대 조(趙)나라 장군 염파(廉

---

52) 이 조목은 현재 전하는 ≪박물지(博物志)≫에는 없다. ≪사고전서(四庫全書)≫에 수록된 ≪박물지≫의 제요(提要)에 따르면 ≪문선≫의 이선 주에 인용된 ≪박물지≫ 중 12조목이 당시 전하는 ≪박물지≫에 수록되지 않았다고 했는데, 이 조목도 포함되어 있다.

53) 서응의 시 <개원사 모란에 쓰다(題開元寺牡丹)>이다.

頗)와 진(秦)나라 장군 백기(白起)가 쥐구멍을 두고 싸우는 것과 같아 승부가 단판에 날 것이오."라고 했다. 이윽고 <긴 검을 하늘 바깥에 의지함을 읊은 부(長劍依天外賦)>와 <남은 노을이 흩어져 비단이 됨을 읊은 시(餘霞散成綺詩)>로 시험했고 시험이 끝나자 백거이는 서응을 장원으로, 장호를 차석으로 선발하여 추천해 보냈다. 장호의 시[54]에, "땅의 기세는 멀리 오악을 높이고 강의 흐름은 비스듬히 관문에 양보하네."라는 구절이 있는데, 많은 선비가 진(陳)나라 후주(後主)의 "해와 달은 천자의 덕을 빛나게 하고 산과 강은 황제의 거처를 웅장하게 한다."[55]라는 구절을 가지고 "이는 다만 예전의 명성이 있었던 것이다"라고 했고, 또 장호의 시 <금산사에 쓰다(題金山寺)>에 "나무 그림자는 흐르는 물에 보이고 종소리는 양쪽 강기슭에 들리네."라는 구절이 있는데, 비록 기무잠(綦毋潛)이 "탑 그림자는 푸른 하늘에 걸려 있고 종소리는 흰 구름과 어우러지네."[56]라고 했더라도 "이 구절은 아름답지 못하다"라고 했다. 백거이는 또 "장호의 <궁사(宮詞)>가 네 구에서 모두 숫자로 대우를 했으니 어찌 기발하겠는가. 서응이 '고금의 세월 속에 늘 흰 명주가 날리듯 하여 한 줄기가 푸른 산빛을 깰 줄 아는구나.'[57]라고 읊은 것만 못하다."라고 했다. 장호가 탄식하며 말하기를, "영욕은 복잡하니 또한 어찌 한결같겠는가."라 하고 마침내 노래를 부르며 떠났고 서응도 역시 노를 저어 돌아갔다. 이때부터 두 사람은 평생토록 편히 머물며 향시(鄕試)도 보지 않았다. 이에 앞서 이림종(李林宗)과 두목이 백거이와 황제의 수레 아래에서 문장을 겨루었는데 함께 말하기를, "원진(元稹)과 백거이의 시체(詩體)는 매우 난잡하니 맑고 고달픈 풍격의 시인에게 비웃음을 당한다."라고 하자 그 일로 원한이 생겼다. 백거이가 하남윤(河南尹)이 되고 이림종이 하남현령(河南縣令)이 되었을 때 길에서 우연히 마주쳤는데, 하남윤은 말을 타고 하남현령은 가마를 타고 있었으니, 받드는 예법에 어긋나는 것 같았다. 이림종이 일찍이 백거이를 일러 말더듬이[섭유공(囁嚅公)]라고 했는데 듣는 사람들이 모두 웃는 바람에 백거이의 명성이 다소 손상되었다. 그러자 백거이가 말하기를, "이직목(李直木, 이림종의 자이다.)은

54) 장호의 시 <동관에 들어서며(入潼關)>이다.
55) 진 후주의 시 <수나라에 들어가 황제의 연회에서 조서에 응해 짓다(入隋侍宴應詔)>이다.
56) 기무잠의 시 <영은사의 산 꼭대기 선원에 쓰다(題靈隱寺山頂禪院)>이다.
57) 서응의 시 <여산 폭포(廬山瀑布)>이다.

나에게는 미친개라서 날카로운 이빨을 감당할 수가 없다."라고 했다. 뒤에 두목이 추포(秋浦)를 다스릴 때 장호와는 시와 술로 사귀는 사이가 되었고 장호의 <궁사>를 매우 좋아하여 읊곤 했다. 또 전당(錢塘)을 다스리던 해에 백거이가 장호를 비방하는 말이 있었는데 일찍이 그 일에 대해 불평한 적이 있었다. 그래서 시 두 수를 지어 장호를 높여 주며 말하기를, "그 누가 장공자와 비슷할 수 있어서 천 수의 시로 만 호의 제후를 깔보겠는가."라고 했고, 또 이르기를, "어찌하여 '고향은 삼천 리'라고 공연히 노래 불러 육궁에 가득하게 했는가."[58]라고 했다. 장호는 시[59]에서 "고향은 삼천 리 깊은 궁궐에서 이십 년. <하만자> 한 곡조에 두 줄기 눈물이 임금 앞에 떨어지네."라고 했다. 이 시는 장호가 득의한 표현이었다. 이림종과 두목 이래로 그의 아름다움을 극찬하는 자들은 구구하게 백거이와 다르게 하여 장호를 바꾸어서 시를 지었다. 그래서 두목은 또 글을 써서 말하기를, "근래에 원진과 백거이라는 자들이 문란한 말을 하기를 좋아하여 천박한 풍조를 조장하고 있는데, 나는 지금 지위가 낮아 그들을 법으로 다스릴 수 없는 것이 한스럽다."[60]라고 했다. 이 또한 장호를 두둔해 준 것일 뿐이다.(漢書, 張良曰, 今以三寸舌爲帝師, 封萬戶, 位列侯, 此布衣之極, 於良足矣. 太平廣記. 白居易初爲杭州刺史, 令訪牡丹花. 獨開元寺僧惠澄遊於京師得之, 始植於庭, 欄闥甚密, 他處未之有也. 時春景方深, 惠澄設油幕, 覆其上. 牡丹自此東越, 分而種之也. 會徐凝自富春來, 未知白, 先題詩曰. 此花南地知難種, 慚愧僧閑用意栽. 海鷰解憐頻睥睨,[61] 胡蜂未識更徘徊. 虛生芍藥徒勞妬, 毒殺玫瑰不敢開.[62](廣記曰, 碧玫瑰, 花名.) 唯有數苞紅幞在,[63] 含芳只待舍人來. 白尋到寺看花, 乃命徐同醉而歸. 時張祜榜舟而至,[64] 甚若疎誕然.[65] 張

58) 두목의 시 <장호 처사가 내게 부친 시에 답하는 칠언율시(酬張祜處士見寄長句四韻)>이다.

59) 장호의 시 <궁사 2수(宮詞二首)> 중 제1수이다.

60) 이 말은 현재 전하는 ≪번천문집≫에는 수록되어 있지 않다. ≪사고전서(四庫全書)≫에 수록된 ≪번천문집≫의 <제요(提要)>에 따르면, 이와 비슷한 내용이 두목이 지은 이감(李戡)의 묘지명에 나오며 이감의 말로 되어 있다고 한다.

61) 睥睨(비예) : 곁눈질을 하다.

62) 玫瑰(매괴) : 장미.

63) 苞(포) : 떨기. 포기. 紅幞(홍복) : 붉은 두건. 모란꽃의 모양을 비유한 것이다.

64) 榜舟(방주) : 배를 젓다.

65) 疎誕(소탄) : 격식에 얽매이지 않다.

徐二生未之習隱, 各希首薦焉. 白曰. 二君論文若廉白之鬪鼠穴, 勝負在於一戰也. 遂試長劍倚天外賦, 餘霞散成綺詩, 試訖,[66] 解送以凝爲元,[67] 祜次耳. 張曰[68]祜詩, 有地勢遙尊岳, 河流側讓關. 多士以陳後主, 日月光天德, 山川壯帝居. 此徒有前名矣. 又祜題金山寺詩曰, 樹影中流見, 鐘聲兩岸聞. 雖綦毋潛云, 塔影挂青漢,[69] 鐘聲和白雲. 此句未爲佳也. 白又以祜宮詞, 四句之中皆數對, 何足奇乎. 然無徐生云, 今古長如白練飛, 壹條解破青山色. 祜歎曰, 榮辱糺紛, 亦何常也. 遂行歌而邁, 凝亦鼓栧而歸.[70] 自是二生終身偃仰, 不隨鄕賦[71]矣. 先是李林宗杜牧, 與白輦下較文,[72] 具言元白詩體殊雜, 而爲淸苦者見嗤,[73] 因玆有恨. 白爲河南尹, 李爲河南令, 道上相遇, 尹乃乘馬, 令則肩輿,[74] 似乖趨事之禮.[75] 李嘗謂白爲囁嚅公[76], 聞者皆笑, 樂天之名稍減矣. 白曰, 李眞[77]木(林宗字也), 吾之猘子也,[78] 其鋒不可當. 後杜牧守秋浦, 與張祜爲詩酒之交, 酷吟祜宮詞. 亦知錢塘之歲,[79] 白有非祜之論, 嘗不平之. 乃爲詩二首, 以高之曰, 誰人得似張公子, 千首詩輕萬戶侯. 又云, 如何故國三千里, 虛唱歌詞滿六宮. 張詩曰. 故國三千里, 深宮二十年. 一聲河滿子, 雙淚落君前. 此爲祜得意之語也. 李杜以下, 盛言其美者, 欲以苟異於白, 而曲成於張也.[80] 故牧又著論, 言, 近有元白者, 喜爲淫言妖語, 鼓扇浮囂,[81] 吾恨方在下位, 未能以法治之. 斯亦敷佐於祜耳.[82])

---

66) 訖(흘) : 마치다.
67) 解送(해송) : 향시에서 선발하여 진사시에 추천하는 것을 말한다.
68) '曰'은 연자(衍字)이다.
69) 靑漢(청한) : 높은 하늘. 또는 은하수.
70) 鼓栧(고예) : 노를 젓다.
71) '賦'는 '試'의 잘못이다.
72) 輦下(연하) : 황제의 수레 아래에서. 황제가 보는 앞이라는 뜻이다. 較文(교문) : 문장을 겨루다.
73) 嗤(치) : 비웃다.
74) 肩輿(견여) : 가마를 타다.
75) 乖(괴) : 어긋나다. 趨事(추사) : 모시고 받들다.
76) '公'은 《태평광기(太平廣記)》 권199에는 '兒'로 되어 있다.
77) '眞'은 '直'의 잘못이다.
78) 猘子(제자) : 미친개.
79) 知(지) : 지방을 다스리다. 태수나 자사를 뜻한다.
80) 曲成(곡성) : 여러 가지 방법을 써서 성취를 이루다.
81) 鼓扇(고선) : 주장하다. 부추기다. 浮囂(부효) : 경박하다. 부징직하다.
82) 敷佐(부좌) : 도움을 베풀다. 두둔하다.

해설

이 시는 지주 구봉루에 올라 장호에게 준 것으로, 은거하고 있는 장호를 그리워하면서 자신도 따라 은거하지 못하는 상황을 애달파하면서 장호의 재능을 칭송했다. 대개 두목이 지주자사이던 회창 5년(845)에 지은 것으로 추정한다.

102. 제안군의 늦가을

齊安郡晩秋[1]

柳岸風來影漸疏,	버드나무 강둑에 바람 불어 그림자는 점차 성글어지는데
使君家似野人居.[2]	자사의 집은 농부의 거처와 비슷하네.
雲容水態還堪賞,	구름이 물을 머금은 모습이 그런대로 볼 만하고
嘯志歌懷亦自如.[3]	회포를 노래하는 것도 역시 여전하네.
雨暗殘燈棊散後,	비는 어둑하고 등불은 꺼져 가며 바둑 두기도 끝났고
酒醒孤枕雁來初.	외로운 베개에서 술이 깨니 막 기러기가 올 때로다.
可憐赤壁爭雄渡,[4]	가련하구나, 적벽에서 자웅을 겨루던 나루여
唯有蓑翁坐釣魚.[5]	그저 도롱이 쓴 노인이 앉아 낚시하고 있을 뿐.

주석

1 **[협주]** ≪십도지≫에 “제안(齊安)은 형주(荊州) 지역으로 초(楚) 땅이다. 수나라 개황(開皇) 3년(583) 제안을 황주(黃州)로 바꿨다.”라고 했다.(十道志. 齊安, 荊州之域, 楚地. 隋開皇三年, 以齊安爲黃州.)

2 [역자주] 使君(사군) : 군이나 주의 장관인 자사(刺史)의 호칭이다.

3 **[협주]** ≪한서·이광전(李廣傳)≫에 “이광은 의기가 여전했다.”라고 했고 안사고의 주에 “‘자여(自如)’는 여전하다는 말과 같다.”라고 했다.(漢書, 李廣傳. 廣意氣如[83]. 註. 自如, 猶言如舊.)

83) ‘如’ 앞에 ‘自’가 더 있어야 한다.

[역자주] 嘯志(소지) : 뜻을 읊조리다. 歌懷(가회) : 생각을 노래하다.

4 **[협주]** 권2의 "적벽에는 튼튼한 돛이 펼쳐질 것이다."의 주에 보인다.[84] 이백(李白)의 시[85]에 "적벽에서 자웅을 겨룬 것은 꿈속과 같구나."라고 했다.(見二卷赤壁健帆開註. 李白詩曰, 赤壁爭雄如夢裏.)

[역자주] 지금의 호북성 가어(嘉魚)와 황강(黃岡)에 적벽이 있는데 적벽대전이 있었던 곳은 가어의 적벽이다. 하지만 두목은 황강의 적벽을 그곳으로 착각했던 듯하다.

5 [역자주] 蓑翁(사옹) : 도롱이 입은 노인. 도롱이는 비옷이다.

해설

이 시는 황주에서 늦가을의 감개를 읊은 것으로, 황주 황강(黃岡)의 적벽대전과 현재의 낚시하는 노인을 대비하여 애달픈 심사를 표현했다. 황주자사로 있던 회창 2년(842)에서 회창 4년(844) 사이에 지은 것으로 추정한다.

84) 두목의 시 <이른 봄에 악주자사 이원에게 부치다, 그는 바둑을 잘 두고 술을 좋아했으며 마음이 한가롭고 고아하다(早春寄岳州李使君, 李善棊愛酒, 情地閑雅)>이다.

85) 이백의 시 <강하에서 남릉현령 위빙에게 주다(江夏贈韋南陵冰)>이다.

103. 9월 9일 중양절에 제산에서 높은 곳에 오르다

九日齊山登高[1]

江涵秋影雁初飛, 강물은 가을빛을 머금었고 기러기 막 날아오는데
與客携壺上翠微.[2] 객과 더불어 술병 들고 푸른 산에 오른다.
塵世難逢開口笑,[3] 인간 세상에서 입 벌리고 웃을 일 만나기 어려우니
菊花須揷滿頭歸. 국화꽃을 머리에 가득 꽂고 돌아가야 하리라.
但將酩酊酬佳節,[4] 다만 크게 취해 좋은 시절에 답한다면
不用登臨恨落暉.[5] 산에 올라 굽어보며 낙조를 아쉬워할 필요 없으리.
古往今來只如此, 옛날부터 지금까지 다만 이와 같을 뿐이니
牛山何必獨沾衣.[6] 우산에서 하필 홀로 눈물로 옷을 적실 것인가.

주석

1 **[협주]** 중양절에 높은 곳에 오르는 일은 ≪형초세시기(荊楚歲時記)≫에 보인다.(九日登高, 見荊楚歲時記.)

[역자주] 齊山(제산) : 안휘성 귀지(貴池)에 있는 산이다. 登高(등고) : 중양절에 산에 오르는 세시 풍습이다.

2 **[협주]** 진(晉) 좌사(左思)의 <촉도부(蜀道賦)>에 "짙은 기운이 무성한데 가볍게 드날린다."라 했고 ≪문선≫ 이선의 주에 "'취미(翠微)'는 산 기운이 가볍게 드날리는 것이다."라고 했다.(蜀道賦. 鬱益菖[86]以翠微. 註. 翠微, 山氣之輕縹也.[87])

86) '益菖'은 '盆蒀' 또는 '蒕蒀'의 잘못이다. '분온(盆蒀)'과 '부오(蒕蒀)'은 안개나 향기나 짙은 모양이다.

[역자주] 與客(여객) : 손님과 함께. 제산의 석벽에 두목과 장호(張祜)의 이름이 새겨져 있다는 사실을 근거로 장호라고 추측하는 설이 있다. 翠微(취미) : 푸른빛이 비치는 산허리의 깊숙한 곳. 이로써 푸른 산을 가리킨다.

3 **[협주]** ≪장자·도척(盜跖)≫에 "사람은 수명이 백 세이고 중간 수명은 80세이며 낮은 수명이 60세이다. 병들어 야위고 죽어 초상 치르고 근심하는 때를 빼면, 그 가운데 입을 벌리고 웃는 것은 한 달 동안에 4, 5일에 지나지 않을 뿐이다."라고 했다.(莊子. 人壽百歲, 中壽八十, 下壽六十. 除病瘦死喪憂患, 其中開口而笑者, 一月之中, 不過四五日而已矣.)

4 [역자주] 酩酊(명정) : 술에 많이 취한 모양.

5 [역자주] 落暉(낙휘) : 석양. 만년을 상징한다.

6 **[협주]** ≪안자춘추(晏子春秋)·내편간상(內篇諫上)≫의 기록이다. 경공(景公)이 우산(牛山)을 유람하다가 북쪽으로 도성을 향하여 눈물을 흘리면서 말했다. "어떻게 이곳을 떠나 죽을 수 있겠는가." 곁에 있던 애공(艾孔)과 양구거(梁丘據)가 함께 울었다. 오직 안자만이 홀로 웃고 있자 경공이 눈물을 닦고 그 까닭을 물었다. 안자가 아뢰기를, "가령 어진 군주라고 해서 항상 나라를 지킨다면 태공(太公)과 환공(桓公)께서 소유하고 계실 것이고, 용감한 군주라고 해서 항상 나라를 지킨다면 장공(莊公)과 영공(靈公)께서 소유하고 계실 것이니 우리 임금님께서 어떻게 이 나라를 소유하실 수 있겠습니까. 그런데 눈물을 흘리시니 이는 어질지 못한 것입니다. 어질지 못한 임금 한 분과 아첨하는 신하 두 사람을 본 것이 홀로 웃은 이유입니다."라고 했다.(晏子春秋. 景公遊於牛山, 北臨其國, 流涕曰, 若何去此而死乎. 史[88]孔梁丘據, 皆泣. 唯晏子獨笑, 公收刷涕而問之.[89] 晏子曰, 使賢者常守, 則文[90]公桓公有之, 使勇者常守, 則莊公靈公有之, 吾君安得有此. 而流涕, 是不仁也. 見不仁之君一, 諂諛之臣二,[91] 所以獨笑也.)

[역자주] 沾衣(첨의) : 옷을 눈물로 적시다.

---

87) 輕縹(경표) : 가볍게 드날리다.
88) 지금 전하는 ≪안자춘추≫에는 '史'가 '艾'로 되어 있는데, 다른 문헌의 기록에는 대부분 '史'로 되어 있다.
89) 刷涕(쇄체) : 눈물을 닦다.
90) '文'은 '太'의 잘못이다.
91) 諂諛(첨유) : 아첨하다.

해설

이 시는 중양절에 손님과 함께 제산에 올라 회포를 서술한 것인데 모처럼 즐겁게 지내고 있음을 표현했다. 대개 회창 5년(845) 두목이 지주자사로 있을 때 지은 것으로 추정한다.

104. 지주에서 봄날에 전진사 괴희일을 전송하다

池州春送前進士蒯希逸[1]

芳草復芳草,	향기로운 풀 또 향기로운 풀
斷腸還斷腸.	애끊는 마음 또 애끊는 마음.
自然堪下淚,	절로 그러하니 눈물 흐를 만한데
何必更殘陽.[2]	하필이면 석양까지 지는가.
楚岸千萬里,	초 땅 강언덕은 천 리 만 리
燕鴻三兩行.	연 땅으로 가는 기러기 떼 두세 줄.
有家歸不得,	집이 있어도 돌아가지 못하는데
況擧別君觴.	하물며 그대와 이별의 술잔을 들다니.

주석

1 [역자주] 前進士(전진사) : 진사에 급제했지만 관직을 받지 못한 사람을 가리킨다. 蒯希逸(괴희일) : 지주(池州) 출신으로 자가 대은(大隱)이다.

2 [역자주] 殘陽(잔양) : 석양.

해설

이 시는 지주에서 괴희일과 헤어지며 지은 것으로 객지에서 친구를 보내는 애달픔을 표현했다. 대개 회창 5년(845) 또는 6년(846) 봄 지주자사로 있던 시기에 지은 것으로 추정한다.

105. 제안군에서 우연히 쓰다 2수

齊安郡中偶題二首[1]

제1수

兩竿落日溪橋上,[2]	시냇가 다리 위에 장대 두 개 높이로 해가 지고
半縷輕煙柳影中.[3]	버들 그림자 속에 토막 난 실처럼 안개가 엳다.
多少綠荷相倚恨,	많은 녹색 연잎이 서로 기댄 채 한스러워하다가
一時回首背西風.[4]	동시에 머리 돌려 서풍을 등진다.

주석

1 [역자주] 齊安郡(제안군) : 황주(黃州)를 가리킨다.

2 **[협주]** ≪남제서(南齊書)·천문지(天文志)≫에 "해가 장대 세 개 높이로 떠올랐는데 황색이고 붉은 햇무리가 생겼다."라고 했다. (南齊書. 日三竿, 黃色赤暈.92))

3 [역자주] 半縷(반루) : 토막 난 실. 여기서는 안개 사이로 언뜻 비치는 버들 줄기를 비유한다.

4 [역자주] 西風(서풍) : 가을바람을 뜻한다. 오행에서 서쪽은 가을을 상징한다.

제2수

秋聲無不攪離心,[1]	가을의 소리는 고향 떠난 마음을 흔들지 않는 게 없고
夢澤蒹葭楚雨深.[2]	운몽택의 갈내숲에는 초 땅의 비가 거칠다.

92) 暈(훈 운) : 햇무리.

自滴階前大梧葉,　　저절로 계단 앞의 큰 오동잎에 방울지니
干君何事動哀吟.[3]　　그대는 무슨 일을 하길래 슬픈 읊조림을 일으키는가?

주석

1 [역자주] 攪(교) : 흔들다. 離心(이심) : 고향을 떠난 이의 마음.

2 **[협주]** 사마상여(司馬相如)의 <자허부(子虛賦)>에 "초 땅에 일곱 개의 대택(大澤)이 있습니다. 일찍이 그 하나를 본 적이 있는데 이름을 운몽(雲夢)이라고 합니다."라고 했다.(≪사기집해(史記集解)≫의 주에서) 장읍(張揖)이 말하기를, "남군(南郡)의 화용현(華容縣)에 있다."라고 했다.(相如賦. 楚有七澤. 嘗見其一, 名曰雲夢. 張揖曰, 在南郡華容縣.)

[역자주] 夢澤(몽택) : 운몽택(雲夢澤)으로 남방 초 땅에 있는 거대한 습지이다. 蒹葭(겸가) : 갈대.

3 [역자주] 干君何事(간군하사) : 그대는 무슨 일을 하는가? '그대'는 오동잎을 가리킨다. 이 구는 빗방울이 오동잎에 떨어져 구슬픈 소리가 나는 것을 형용한 것이다.

해설

이 시는 황주에서 가을의 비오는 날 경물을 보고 느낀 감개를 읊은 것으로, 고향을 떠난 객지의 애달픔을 표현했다. 황주자사로 있던 회창 2년(842)에서 회창 4년(844) 사이에 지은 것으로 추정한다.

106. 제안군 후원의 연못에서 읊은 절구
齊安郡後池絶句[1]

菱透浮萍綠錦池,[2] 마름이 부평초를 뚫고 피어난 녹색 비단 연못
夏鶯千囀弄薔薇.[3] 여름 꾀꼬리는 쉼 없이 지저귀며 장미를 희롱한다.
盡日無人看微雨, 온종일 가랑비를 구경하는 사람 없는데
鴛鴦相對浴紅衣. 원앙은 짝을 지어 붉은 옷으로 목욕한다.

주석

1 [역자주] 齊安郡(제안군) : 황주(黃州)를 가리킨다.
2 [역자주] 菱(릉) : 마름. 浮萍(부평) : 부평초. 둘 다 물풀의 일종이다
3 [역자주] 囀(전) : 새가 지저귀다. 薔薇(장미) : 꽃의 이름이다.

해설

이 시도 여름날 군 청사 후원의 연못에 관해 읊은 것으로 한가로운 경물을 완상하는 가운데 느끼는 외로움을 표현했다. 황주자사로 있던 회창 2년(842)에서 회창 4년(844) 사이에 지은 것으로 추정한다.

107. 제안성 성루에 쓰다

題齊安城樓[1]

嗚軋江樓角一聲,[2]	우왕 강가 성루에 한 줄기 뿔피리 소리 울리는데
微陽瀲瀲落寒汀.[3]	희미한 햇살은 반짝반짝 차가운 물가에 떨어진다.
不用憑闌苦回首,[4]	난간에 기대어 힘들게 고개 돌릴 것 없으니
故鄉七十五長亭.[5]	고향까지는 일흔다섯 장정이구나.

주석

1 [역자주] 齊安(제안) : 황주(黃州)를 가리킨다.

2 [역자주] 嗚軋(오알) : 뿔피리 부는 소리이다.

3 [역자주] 瀲瀲(염렴) : 빛나는 모양. 寒汀(한정) : 겨울의 물가.

4 [역자주] 憑闌(빙란) : 난간에 기대다.

5 **[협주]** ≪한서·고제본기(高帝本紀)≫의 안사고 주에 "진(秦)나라 법에 따르면 10리에 장정(長亭) 하나를 두고 5리에 단정(短亭) 하나를 두었다."라고 했다.(漢書, 註. 秦法, 十里一長亭, 五里一短亭.)

해설

이 시는 겨울 성루에 올라 지은 것으로, 그곳의 경물을 묘사하고는 고향을 바라보며 생겨나는 그리움을 표현했다. 황주자사로 있던 회창 2년(842)에서 회창 4년(844) 사이에 지은 것으로 추정한다.

108. 지주의 이 사군이 죽은 지 11일 뒤에 처주로 부임하라는 새로운 명이 막 도달했는데, 후에 돌아가는 관기를 보고 느낌이 일어 시를 쓰다

池州李使君沒後十一日, 處州新命始到, 後見歸妓, 感而成詩[1]

縉雲新命詔初行,[2]	처주 부임의 새로운 명이 조서로 막 도달했으나
纔是孤魂壽器成.[3]	외로운 혼백의 널이 막 완성되었네.
黃壤不知新雨露,[4]	저승에서는 새로운 은혜를 모를 텐데
粉書空換舊銘旌.[5]	흰 가루 글씨로 부질없이 옛 명정을 바꾸어 쓰네.
巨卿哭處雲空斷,[6]	범식이 곡하던 곳에 구름은 공연히 흩어졌고
阿鶩歸來月正明.[7]	아무가 돌아갈 때 달은 정말 밝았지.
多少四年遺愛事,[8]	사랑을 남긴 일이 사 년 동안 얼마나 많았나
鄉閭生子李爲名.[9]	마을에서 아들을 낳으면 그대의 성으로 이름을 지을 것이다.

주석

1 [역자주] 李使君(이사군) : 형주(荊州) 출신의 이방현(李方玄)으로 자가 경업(景業)이다. 강주막판관(江州幕判官), 지주자사(池州刺史) 등을 역임했다. 처주자사(處州刺史)에 임명되었으나 이미 지주에서 죽은 뒤였다. 그가 죽은 뒤에 바로 두목이 지주자사로 부임했다. '사군'은 자사의 호칭이다.

2 **[협주]** ≪십도지≫에 "처주의 진운산(縉雲山)은 황제들이 신선처럼 노닐던 곳으로, 마침내 이곳에서 단약을 만들었다."라고 했다. ≪통전·주군(州郡)≫에 "당나라 때 처주로 바꾸었는데, 혹 진운군(縉雲郡)이라고도 했다."라고 했다.(十道志. 處州縉雲山, 皇帝遊仙,

遂於此鍊丹. 通典. 唐改爲處州. 或爲縉雲郡.)

3 **[협주]** ≪동관한기(東觀漢記)·양상전(梁商傳)≫에 “양상이 죽자 동원(東園)의 영구 수레와 붉은 널을 하사했다.”라고 했다.(東觀漢記, 梁商傳. 商薨, 賜東園轜車朱壽器.[93])

[역자주] 纔(재) : 막. 방금. 壽器(수기) : 관목(棺木), 즉 널을 가리킨다.

4 **[협주]** 범엽(范曄) ≪후한서·조자전(趙咨傳)≫에 “조자가 임종할 때 자신의 이전 관속이었던 주지(朱祗)와 소달(蕭達) 등에게 고하기를, ‘검소하게 염하고 소박하게 관을 마련할 것이며 황토를 깔아 속히 썩어 빨리 흙으로 돌아가게 했으면 좋겠다’라고 했다.”라고 했다.(范曄, 後漢書. 趙咨將終, 告其故吏朱祗蕭達等曰, 薄斂素棺, 藉以黃壤, 欲令速朽, 早歸后土.[94])

[역자주] 黃壤(황양) : 황토. 여기서는 저승을 가리킨다. 新雨露(신우로) : 새로운 비와 이슬. 비와 이슬은 황제의 은택을 상징한다. 여기서는 이방현이 처주자사로 임명된 것을 가리킨다.

5 **[협주]** ≪예기·단궁하(檀弓下)≫에 “‘명(銘)’은 죽은 사람의 관직과 이름을 쓴 깃발이다.”라고 했고 정현의 주에 “신명(神明)의 깃발이다.”라고 했다. 사마광(司馬光)의 ≪서의(書儀)·상의(喪儀)≫에 “명정은 진홍색 비단으로 만드는데 넓이는 온 폭으로 한다. 3품 이상은 길이가 9자, 5품 이상은 8자, 6품 이하는 7자이며 ‘아무개의 관’이라고 쓴다. 대나무로 깃대를 만드는데 명정의 길이에 따르고 집의 서쪽 계단 위에 세운다.”라고 했다.(禮記. 銘, 明旌也.[95] 註. 神明之旌. 司馬書儀喪義[96], 銘旌以絳帛爲之,[97] 廣終幅.[98] 三品以上, 長九尺, 五品以上, 八尺, 六品以下, 七尺, 書曰某人之柩. 以竹爲之, 準銘旌, 置屋西階上.)

[역자주] 粉書(분서) : 흰 가루로 쓴 글. 명정에 쓰는 관직명을 가리키는데 애초에 ‘지주

93) 東園(동원) : 진한(秦漢) 시기에 두었던 관직으로 능묘(陵墓)의 기물이나 장례 용구를 담당했다. 轜車(이거) : 상여 수레.

94) 后土(후토) : 땅에 대한 존칭이다.

95) 明旌(명정) : 운구할 때 영구 앞에 세웠다가 매장할 때 관 위에 덮는 깃발로 죽은 이의 관직과 이름을 쓴다. 명정(銘旌)이라고도 한다.

96) ‘義’는 ‘儀’의 잘못이다.

97) 絳帛(강백) : 진홍빛 비단.

98) 終幅(종폭) : 한 폭을 다하다. ‘폭’은 비단의 넓이 단위로 2자 2치이다.

자사'라고 썼다가 '처주자사'로 바꿔 쓴 것을 말한다.

6 **[협주]** ['운(雲)'은] '혼(魂)'으로 된 판본도 있다. ≪후한서·범식전(范式傳)≫에 "범식은 자가 거경(巨卿)이다. 여남(汝南)의 장소(張劭)와 친구였는데 장소는 자가 원백(元伯)이다. 범식이 꿈에 원백을 만났는데 부르며 말하기를, '거경, 나는 모일에 죽었고 장차 모시에 안장될 것이네. 그대가 아직 나를 잊지 않았다면 아마도 올 수 있겠지.'라고 했다. 범식이 슬퍼하면서 잠에서 깨어났으며 바로 벗의 상례에 입는 상복을 입고 수레를 몰아 달려갔다. 범식이 아직 도착하지 않았는데 상여는 이미 발인했다. 상여가 무덤에 이른 뒤 막 하관하려고 하는데 관이 움직이려 하지 않았다. 범식이 도착한 뒤에 상여에 곡을 하고 이어 줄을 잡고 관을 끄니 그제야 비로소 나아갔다. 범식은 마침내 무덤가에 머물며 차례로 무덤의 나무들을 손질해 준 뒤에 비로소 떠났다."라고 했다.(一作魂. 後漢書曰. 范式, 字巨卿. 與汝南張劭爲友, 劭字元伯. 式夢見元伯呼曰, 巨卿, 吾以某日死, 當以某時葬. 子未我忘, 豈能相及. 式怳然覺寤,[99] 便服朋友之服, 馳往赴之. 式未及到, 而喪已發引. 既至壙將窆而柩不肯進.[100] 卿既至, 哭喪, 因執紼而引柩,[101] 於是乃前. 式遂留塚, 次爲脩墳樹, 然後乃去.)

7 [역자주] 阿騖(아무) : 삼국시대 위나라 순유(荀攸)의 첩으로 순유가 죽자 그의 친구인 종요(鍾繇)가 그녀를 시집보냈다. 여기서는 돌려보내는 관기(官妓)를 비유한 것이다.

8 **[협주]** ≪사기·정세가(鄭世家)≫에 "공자(孔子)가 이르기를, '정(鄭)나라의 자산(子產)은 옛사람 중에서 사랑을 받는 사람이다.'라고 했다."라고 했는데, 주에 인용된 ≪사기집해(史記集解)≫에서 "사랑을 받는다는 말인데 옛사람의 유풍이 있기 때문이다."라고 했다. 진(晉)나라 부풍왕(扶風王) 사마준(司馬駿)이 독양주제군사(督涼州諸軍事)로 있었는데, 죽은 뒤에 관리들이 그를 위해 유애비(遺愛碑)를 세웠다. 노인들이 그것을 보면 절하지 않는 이가 없었다.(鄭世家. 子曰, 子產, 古之遺愛也. 註, 見愛, 有古人遺風也. 晉扶風王司馬駿督涼州諸軍事, 薨後. 吏人爲立遺愛碑. 長老見之無不拜.)

[역자주] 多少(다소) : 얼마인가. 여기서는 많다는 말이다. 遺愛(유애) : 후세에 사람들이

---

99) 怳然(황연) : 슬퍼하는 모양. 覺寤(교오) : 잠에서 깨다.
100) 壙(광) : 묘혈. 窆(폄) : 하관하다. 묘혈에 관을 넣다.
101) 紼(불) : 하관할 때 관을 당기는 줄.

기억하며 생각할 만한 덕행을 남기는 것을 말한다. 옛사람의 덕행을 가지고 있어 다른 사람의 존경을 받는다는 뜻으로도 사용된다.

9 **[협주]** ≪동관한기(東觀漢記)·염범전(廉范傳)≫에 "염범이 촉군태수일 때 당시 사람들이 아들을 낳으면 모두 '염(廉)' 자로 이름을 지은 자가 수천 명이었다."라고 했다. <강조별전(江祚別傳)>에 "강조가 안남태수일 때 사람들이 그의 덕을 사모하여 아들을 낳으면 모두 '강(江)' 자로 이름을 지었다."라고 했다.(東觀漢記. 廉范爲蜀郡太守, 時生子, 皆以廉爲名者, 數千. 江祚別傳曰. 祚爲安南太守, 人思其德, 生子, 以江爲名.)

[역자주] 鄕閭(향려) : 고을. 여기서는 지주를 가리킨다.

해설

이 시는 두목의 전임 지주자사인 이방현의 죽음을 애도하며 지은 것으로, 새 부임지에 가지 못한 채 죽어 애달프다고 한 뒤 그가 지주자사로 있으면서 많은 치적을 이루었음을 칭송했다. 이방현이 죽은 해인 회창 5년(845)에 지은 것이다.

109. 유 수재가 지주의 기녀와 헤어지는 것을 보고 쓰다
見劉秀才與池州妓別[1]

遠風南浦萬重波,[2]　　남쪽 포구에 먼 바람 불어와 만 겹의 물결 일지만
未似生離別恨多.　　생이별의 한처럼 많지는 않으리.
楚管能吹柳花怨,　　초 땅의 대나무 피리는 <유화원>을 잘 불고
吳姬爭唱竹枝歌.[3]　　오 땅의 기녀는 <주지가>를 다투어 부른다.
金釵橫處綠雲墮,[4]　　금비녀 가로로 꽂은 데에 검푸른 머리 처졌고
玉筯凝時紅粉和.[5]　　옥 젓가락 같은 눈물 맺힐 때 붉고 흰 화장이 섞인다.
待得枚皐相見日,[6]　　매고와 서로 만나는 날 기다리며
自應妝鏡笑蹉跎.[7]　　스스로 응당 화장 거울 마주하고 쇠락한 몸을 비웃으리.

주석

1 **[협주]** ≪국사보(國史補)≫에 "진사가 당시 사람들에게 존경을 받은 것이 오래되었다. 그 당시의 과장(科場)에서는 그를 거장(擧場)이라 했고, 통칭으로는 수재(秀才)라고 했다."라고 했다. ≪문선≫의 이주한(李周翰) 주에 "'수재'라는 것은 그 사람이 초목에서 꽃이 피어난 듯 아름답다는 말이니, 보는 사람이 사랑한 것이다."라고 했다.(國史補. 進士爲時所尙, 久矣. 其都會謂之擧場,[102] 通稱爲之秀才. 文選註. 秀才者, 言其人如草木之發華秀, 見者愛之.)
[역자주] 劉秀才(유수재) : 유씨에 대해서는 자세히 알려져 있지 않다. 수재는 한나라 때

102) 都會(도회) : 당나라 때 과거 시험장을 부르던 명칭이다.

관리 선발 제도의 하나였으나, 당송 때는 진사시(進士試)에 응시하는 선비를 일컫는 말로 쓰였다.

2 **[협주]** 남조 양(梁) 강엄(江淹)의 ≪별부(別賦)≫에 "우리 임을 남포에서 전송하니 아픈 가슴을 어찌하리오."라 했는데, ≪문선≫ 장선(張銑)의 주에 "남포는 송별하는 곳이다."라고 했다.(別賦. 送君南浦, 傷如之何. 註. 南浦, 送別之處.)

3 **[협주]** 진(晉) 부현(傅玄)의 ≪부자(傅子)≫에 "학(郝)은 평소에 쟁(箏)을 잘 연주했다. 비록 백아의 뛰어난 솜씨나 오나라 기녀의 빼어난 노래라도 어떻게 능가할 수 있겠는가."라고 했다. ≪신당서·유우석전(劉禹錫傳)≫에 "유우석이 낭주사마(朗州司馬)로 좌천되었는데, 낭주는 야랑현(夜郎縣)과 접해 있어 여러 이민족의 풍속이 무척 비루했다. 집마다 무당과 귀신을 좋아하여 제사 지낼 때마다 <죽지사>를 노래했다. 북을 치고 피리를 불면서 서성이는데 그 소리가 거칠었다. 유우석은 굴원이 상수와 완수 일대에 머물면서 <구가>를 지어 초나라 사람들에게 신을 맞이하고 보내게 했다고 생각해 그 소리에 근거해서 <죽지사> 10여 편을 지었다. 이에 무릉의 이민족들이 모두 그것을 불렀다."라고 했다.(傅子曰. 郝素善彈箏, 雖伯牙妙手, 吳姬奇聲, 何以加之. 唐書, 劉禹錫傳. 錫貶朗州司馬, 州接夜郎, 諸夷風俗陋甚. 家喜巫鬼, 每祠, 歌竹枝. 鼓吹徘徊, 其聲傖儜.[103] 禹錫謂屈原居沅湘間, 作九歌, 使楚人以迎送神, 乃倚其聲, 作竹枝詞十餘篇. 於是武陵夷俚,[104] 悉歌之.)

[역자주] 吳姬(오희) : 오 땅의 미녀. 지주의 기녀를 가리킨다.

4 **[협주]** 한유(韓愈)의 시[105]에 "금빛 비녀의 기녀가 반쯤 취하니 자리에 봄빛을 더한다."라고 했다. 진홍(陳鴻)의 ≪장한가전(長恨歌傳)≫에 "황제가 홍농(弘農)의 양(楊)씨 딸을 얻었는데, 그녀가 웃자 윤기 나는 검푸른 머리가 살쩍에 드러나고 흰 눈이 피부에 엉긴 듯했다."라고 했다.(韓公詩. 金釵半醉座添春. 陳鴻, 長恨傳. 上得弘農楊氏女, 旣笑矣, 綠雲生鬢, 白雪凝膚.)

[역자주] 金釵(금차) : 금빛 비녀. 綠雲墮(녹운타) : 검푸른 윤기가 나는 머리카락이 처지

103) 傖儜(창녕) : 난잡한 모양.
104) 夷俚(이리) : 남방 이민족을 가리킨다.
105) 한유의 시 <술 마시던 중 지어서 양양 이 상공께 올리다(酒中留上襄陽李相公)>이다.

다. 미인이 슬퍼하다 보니 머리가 헝클어진 것이다.

5 **[협주]** 양나라 간문제의 <초비탄(楚妃歎)>에 "금비녀 꽂은 곳에 귀밑머리 늘어졌고 옥젓가락 같은 눈물이 옷 앞에 방울지네."라고 했다.(梁簡文, 楚妃歎曰, 金簪鬢下垂, 玉筯衣前滴.)

[역자주] 玉筯(옥저) : 옥 젓가락. 두 줄기 눈물을 비유하는 말이다. 紅粉(홍분) : 붉은 연지와 흰 분. 여인의 화장을 가리킨다. 和(화) : 섞이다. 눈물에 얼룩진다는 말이다.

6 **[협주]** ≪한서·매고전(枚皐傳)≫에 "매승(枚乘)의 서자인 매고는 자가 소유(少孺)이다. 매승이 양(梁)나라에 있을 때 매고의 어머니를 첩으로 맞이했는데 매승이 동쪽으로 돌아갈 때 매고의 모친이 매승을 따라가려 하지 않았다. 매승은 화가 났지만 매고에게 수천 전의 돈을 나눠 주어 모친과 함께 머물러 살게 했다. 매고가 장안으로 가 북궐에 상서하여 자신이 매승의 아들이라고 말했다. 무제가 크게 기뻐했고 불려가 알현하여 조서를 받았고 매고는 전각에서 부(賦)를 지었다. 무제가 조서를 내려 평락관(平樂館)을 부로 읊게 했는데 이를 칭찬하고 낭관에 제수했다. 매고는 경학에는 밝지 않았고 해학이 광대나 악인과 비슷했다. 부(賦)와 송(頌)을 지어 골계하는 것을 좋아했으니 총애받는 귀인들을 일부러 조롱한 것이 동방삭(東方朔)이나 곽사인(郭舍人)과 비슷했다."라고 했다.(漢書, 枚乘孼子皐,[106] 字少孺. 乘在梁時取皐母爲小妻, 乘之東歸也, 皐母不肯隨乘. 乘怒, 分皐數千錢, 留與母居云云. 皐至長安, 上書北闕, 自陳枚乘之子. 上得大喜, 召見待詔, 皐因賦殿中. 詔使賦平樂館, 善之, 拜爲郎. 皐不通經術, 詼笑類俳倡.[107] 爲賦頌, 好嫚戲,[108] 以故得媟黷貴幸,[109] 比東方朔郭舍人.)

7 **[협주]** '차타(蹉跎)'는 이미 위에 나왔다.[110](蹉跎已出上.)

[역자주] 蹉跎(차타) : 노쇠한 모양 또는 실의한 모양.

---

106) 孼子(얼자) : 서자.
107) 詼笑(회소) : 우스갯소리. 俳倡(배창) : 광대.
108) 嫚戲(만희) : 업신여기며 놀리다.
109) 媟黷(설독) : 깔보고 업신여기다. 貴幸(귀행) : 지위가 높고 황제의 총애를 받는 사람.
110) 두목의 시 <선성에서 경인으로 관직에 임명되어 가다(自宣城赴官上京)> "끝내는 노쇠한 몸으로 옛날 노닐던 자취를 찾으리.(終把蹉跎訪舊遊.)"의 주에 보인다.

해설

이 시는 유 수재가 관기와 헤어지는 모습을 그린 것으로 그녀의 재능을 칭송하면서 응당 이후에 다시 만나기를 바라는 마음을 표현했다. 대개 지주자사로 있던 회창 4년(844)에서 회창 6년(846) 사이에 지은 것으로 추정한다.

110. 지주의 폐쇄된 임천사
池州廢林泉寺[1]

廢寺碧溪上,	폐쇄된 절이 푸른 시냇가에 있는데
頹垣倚亂峰.[2]	무너진 담은 울퉁불퉁한 산봉우리에 기대어 있네.
看栖歸樹鳥,	나무에 깃들이고자 돌아가는 새를 보니
猶想過山鐘.	그래도 산사의 종을 찾아보고 싶네
石路尋僧去,	돌길에 스님을 찾으러 가지만
此生應不逢.	이번 생에는 응당 만나지 못하겠지.

주석

1 **[협주]** ≪신당서·무종본기(武宗本紀)≫에 "회창 5년(845) 8월에 대대적으로 불사(佛寺)를 허물고 승려들을 백성으로 환속시켰다."라고 했다.(新唐書, 武宗紀. 會昌五年八月, 大毁佛寺, 復僧尼爲民.)

2 [역자주] 頹垣(퇴원) : 무너진 담장.

해설

이 시는 폐쇄된 지주의 임천사에 대해 읊은 것으로 허물어진 불사를 보며 애석함을 느낀다는 내용이다. 무종(武宗)이 회창 5년(845) 대대적으로 불사를 폐쇄한 뒤로 두목이 회창 6년(846)까지 지주자사로 있던 기간 사이에 지은 것으로 추정한다.

111. 제안군을 추억하다

憶齊安郡[1]

平生睡足處,	평소에 푹 잤던 곳
雲夢澤南州.	운몽택 남쪽의 땅이었지.
一夜風欺竹,	밤새 바람이 대나무숲을 능멸하고
連江雨送秋.	강에 잇닿은 비는 가을을 전송했네.
格卑常汩汩,[2]	인격이 비루하여 항상 불안했기에
力學强悠悠.[3]	힘써 배웠으나 억지로 유유자적했네.
終掉塵中手,	끝내는 세속의 손을 털고
瀟湘釣漫流.	소상의 드넓은 물결에서 낚시하리라.

주석

1 [역자주] 齊安(제안) : 황주(黃州)를 가리킨다.

2 [역자주] 汩汩(골골) : 불안한 모양.

3 [역자주] 强(강) : 억지로. 悠悠(유유) : 유유자적하는 모양.

해설

이 시는 황주자사였을 때를 추억하면서 지은 것인데, 당시에 유유자적하게 지냈던 것을 회상하면서 다시 그곳에서 은일하고자 하는 뜻을 표현했다. 작시 시기는 고찰할 수 없다.

112. 지주의 청계수

池州淸溪[1]

弄溪終日到黃昏,	종일 황혼이 되도록 냇가에서 놀면서
照數秋來白髮根.	가을 이후 생긴 흰머리를 물에 비추며 세어 본다.
何物賴君千遍洗,[2]	무엇이 그대 덕에 천 번이나 씻겼는가?
筆頭塵土漸無痕.	붓끝에서 세속의 먼지 점점 사라져 간다.

주석

1 **[협주]** ≪십도지≫에 "지주에 청계수가 있다."라고 했다.(十道志. 池州有淸溪水.)

2 [역자주] 賴君(뇌군) : 그대에 의지하다. '군'은 청계수를 가리킨다.

해설

이 시는 지주의 청계에 대해 읊은 것으로 청계수에 붓을 씻어가며 시를 짓노라니 노년에 세속의 잡념이 사라진다고 했다. 대개 지주자사로 있던 회창 4년(844)에서 회창 6년(846) 사이에 지은 것으로 추정한다.

113. 지주 임천사의 금벽동을 유람하다
遊池州林泉寺金碧洞

袖拂霜林下石稜,[1]	옷소매로 단풍을 스치며 바위 모서리를 내려가니
潺湲聲斷滿溪氷.[2]	물소리 끊기고 냇가에 얼음만 가득하다.
携茶臘月遊金碧,[3]	차 휴대하고 섣달에 금벽동을 유람하니
合有文章病茂陵.[4]	마땅히 무릉에서 병사한 사마상여 같은 문장이 있어야 하리.

주석

1 [역자주] 霜林(상림) : 서리 맞은 숲. 단풍이 든 숲을 말한다. 石稜(석릉) : 바위 모서리.

2 [역자주] 潺湲(잔원) : 물이 졸졸 흐르는 소리.

3 [역자주] 臘月(납월) : 음력 12월.

4 **[협주]** ≪사기·사마상여열전(司馬相如列傳)≫에 "사마상여가 병으로 관직을 그만둔 뒤에 무릉(茂陵)에 거처했다. 천자가 이르기를, '사마상여의 병이 위독하니 가서 그의 글을 모두 가져오는 것이 좋겠다. 그러지 않으면 뒤에 그것을 잃게 될 것이다.'라 하고 소충(所忠)을 보냈으나 사마상여는 이미 죽었고 집에는 글이 없었다. 그의 아내에게 물으니 대답하기를, '장경(사마상여의 자)이 죽기 전에 한 권의 글을 짓고서 말하기를 '사자가 와서 글을 요구할 것이니 이것을 올리시오.'라 했고 다른 글은 없습니다.'라고 했다. 그가 남긴 글은 봉선(封禪)에 관한 일을 쓴 것이었다."라고 했다.(史記. 相如旣病免, 家居茂陵. 天子曰, 相如病甚, 可往從悉取其書. 不然, 後失之矣. 使所忠往, 而相如已死, 家無書. 問其妻, 對曰, 長卿未死時, 爲一卷書, 曰有使者來求書, 奏之. 無他書. 其遺札書言封禪事.)

[역자주] 合(합) : 응당.

해설

이 시는 섣달에 지주 임천사의 금벽동을 유람하고 지은 것으로, 그곳의 아름다운 경관을 묘사하고는 사마상여와 같은 글재주가 있어야 그 경관을 제대로 묘사할 수 있을 것이라고 했다. 임천사가 회창 5년(845)에 허물어진 것에 근거하여 지주자사로 있던 회창 4년(844) 겨울에 지은 것으로 추정한다.

114. 즉흥으로 황주에서 짓다

卽事黃州作[1]

因思上黨三年戰,[2]	상당의 삼 년 전쟁을 생각했기에
閑詠周公七月詩.[3]	한가로이 주공의 <칠월> 시를 읊조린다.
竹帛未聞書死節,[4]	사서에 죽음으로 지킨 절조를 썼다는 말은 들리지 않으나
丹青空見畫靈旗.[5]	단청색으로 신령한 깃발을 그린 것은 공연히 보인다.
蕭條井邑如魚尾,[6]	쓸쓸한 마을은 물고기의 꼬리와 같은데
早晩干戈識虎皮.[7]	곧 무기가 호랑이 가죽에 싸일 것을 알겠다.
莫笑一麾東下計,[8]	동쪽의 자사로 내려가는 계책을 비웃지 말 것이니
滿江秋浪碧參差.[9]	강에 가득 가을 물결이 푸르게 출렁인다.

주석

1 [역자주] 卽事(즉사) : 즉흥적으로 시를 읊다.

2 **[협주]** 권2의 "망령된 어린놈은 누구이기에 땅을 제멋대로 하려 하는가"의 주에 보인다.[111](見二卷狂童何者欲專地註.)

[역자주] 上黨(상당) : 산서성에 있었던 노주(潞州)의 치소(治所)이다. 회창(會昌) 3년(843) 4월 소의절도사(昭義節度使) 유종간(劉從諫)이 죽자 군부에서는 유종간의 조카인 유진(劉稹)을 병마유후(兵馬留後)로 삼고 표문을 올려 그를 자사로 인정해 줄 것을 요청했다. 유종간은 일찍이 신임을 얻어 상당 지역을 다스렸는데 곧 반역의 뜻을 갖게

111) 두목의 시 <동쪽으로 정벌하는 것을 읊은 칠언시 10운(東兵長句十韻)>이다.

되었다. 조정에서는 군사를 보내 유진을 토벌했다.

3 **[협주]** ≪시경·빈풍(豳風)·칠월(七月)≫은 왕업(王業)을 진술한 것이다. 주공(周公)이 변고를 만났기 때문에 후직(后稷)과 선대 군왕의 교화가 말미암은 바와 왕업을 이루기가 어려웠음을 말한 것이다.[112](詩, 七月, 陳王業也. 周公遭變故, 陳后稷先公風化之所由, 致王業之艱難也.)

4 **[협주]** '죽백(竹帛)'은 이미 권2에 나왔다.[113] ≪사기·항우본기(項羽本紀)≫에 "항우가 죽자 초나라 지역이 모두 한나라에 투항했는데, 유독 노(魯) 지역만이 항복하지 않았다. 한나라는 병사를 이끌고 노 지역을 도륙하려고 했지만 그들은 예의를 지키며 주군을 위해 목숨을 바쳐 절의를 지키려고 했다. 이에 항우의 머리를 가지고 가서 노 지역 백성들에게 보이자 노 지역의 부형들이 마침내 투항했다.(竹帛, 已出二卷. 史, 項王本紀, 項王死, 楚地皆降漢, 獨魯不下. 漢引兵欲屠之, 爲其守禮義, 爲主死節. 乃持項王頭視魯, 魯父兄乃降.)

[역자주] 竹帛(죽백) : 대나무 죽간과 비단으로 책을 만드는 재료인데, 대체로 사서(史書)를 가리킨다. 이 구는 상당의 백성들도 유진에게서 마음을 이미 돌렸다는 말이다. 死節(사절) : 절조를 지키기 위해 죽다.

5 **[협주]** ≪한서·교사지(郊祀志)≫에 "남월(南越)을 정벌하기 위해 천신(天神)인 태일(泰一)에게 기도하는데 모형(牡荊)나무 깃대에 일월과 북두칠성과 하늘에 오르는 용을 그려 별자리 태일(太一)의 세 별을 상징했다. 태일(泰一)의 봉기(鋒旗)를 만들어 '영기(靈旗)'라고 명명하고 군대를 위해 기도하면 태사(太史)가 받들어 정벌할 나라를 지시했다."라고 했다.(前漢書, 郊祀志. 爲伐南越, 告禱泰一, 以牡荊畵幡日月北斗登龍,[114] 以象太一三星. 爲泰一絳[115]旗, 命曰靈旗, 爲兵禱, 則太史奉以指所伐國.)

[역자주] 丹靑(단청) : 붉은색과 푸른색. 그림을 가리킨다. 靈旗(영기) : 군대 깃발을 가리

---

112) 이 내용은 ≪모시서(毛詩序)≫에 보인다.

113) 두목의 시 <하주설노사 최 산기상시가 태자소경으로 있다가 지방으로 나가 절도사 깃발을 인도하게 되었기에 지은 10운의 시(夏州崔常侍自少常亞列出領麾幢十韻)> "만약 역사서에 업적을 드리워야 한다면.(若須垂竹帛.)"의 주에 보인다.

114) 畵幡(화번) : 그림을 그린 깃발.

115) '絳'은 '鋒'의 잘못이다.

킨다. 군대가 출정하기 전에 이 깃발에 기도하면서 승리를 기원했다.

6 **[협주]** ≪시경·주남(周南)·여분(汝墳)≫에 "방어가 꼬리가 붉다."라고 했다.(詩. 魴魚赬尾.116))

[역자주] 蕭條(소조) : 쓸쓸한 모양. 井邑(정읍) : 고을. 마을. 魚尾(어미) : 물고기 꼬리. ≪시경≫의 시 해설에 따르면 물고기 꼬리가 붉은 것은 지쳤기 때문이라고 했는데, 이를 통해 백성들이 전쟁으로 궁핍함을 비유했다.

7 **[협주]** ≪예기·악기(樂記)≫에 "무왕은 은나라를 이겨 상(商)나라의 학정(虐政)을 되돌려 놓았고, 방패와 창을 수레에 거꾸로 실어 호랑이의 가죽으로 그것을 쌌다."라고 했다.(禮記. 武王克殷, 反商政, 倒載干戈, 包之以虎皮.)

[역자주] 早晩(조만) : 곧. 干戈(간과) : 방패와 창. 이 구는 곧 전쟁이 종식될 것이라는 말이다.

8 **[협주]** 이임하여 지주태수가 되었다.(移守池州.)

[역자주] 一麾(일휘) : 한번 휘둘리다. 또는 깃발 하나. 주군(州郡)의 자사로 나가는 것을 말한다. 이와 관련한 자세한 내용은 <장차 오흥으로 부임하면서 낙유원에 올라 지은 절구(將赴吳興登樂游原一絶)>의 협주에 보인다.

9 [역자주] 參差(참치) : 이리저리 어지러운 모양.

해설

이 시는 황주에서 유진의 반란이 평정된 것을 듣고 그 감회를 적은 것으로, 반란이 평정되어 기뻐하면서도 피폐해진 백성들의 고초를 생각하여 앞으로 지주를 잘 다스리겠다는 다짐을 피력했다. 회창 4년(844) 가을 황주자사에서 지주자사로 옮길 즈음에 지은 것이다.

116) 赬(정) : 붉다.

115. 상공의 손자인 이 수재에게 주다

贈李秀才是上公孫子[1]

骨淸年少眼如冰,	골상이 맑고 젊으며 눈은 얼음같이 영롱하고
鳳羽參差五色層.[2]	봉황의 깃털에 다섯 층의 색채가 알록달록하다.
天上麒麟時一下,[3]	하늘 위의 기린이 잠깐 내려왔으니
人間不獨有徐陵.[4]	인간 세상에 유독 서릉만 있는 것이 아니구나.

주석

1 **[협주]** ≪초학기(初學記)·직관부(職官部)≫에 "한나라 말에 지위가 삼공(三公)의 위에 있으면 높여서 상공(上公)이라고 불렀다."라고 했다.(初學記. 漢末, 位在三公上, 崇號爲上公.)

[역자주] 上公(상공) : 주(周)나라 때는 삼공(三公)인 태사(太師), 태부(太傅), 태보(太保)에게 한 등급이 더해지면 불렀던 호칭인데 한나라 때는 태부만 상공이라고 했으며 진(晉)나라 때는 태사, 태부, 태보를 상공이라고 했다. 후로 고위관원을 부르는 명칭이 되었다. 李秀才(이수재) : 이씨에 대해서는 자세히 알려져 있지 않다. 청(淸) 풍집오(馮集梧)는 서평왕(西平王) 이성(李晟) 집안의 자손인 듯하다고 했다. 수재는 한나라 때 관리 선발 제도의 하나였으나, 당송 때는 진사시(進士試)에 응시하는 선비를 일컫는 말로 쓰였다.

2 **[협주]** ≪제왕세기(帝王世紀)≫에 "황제(黃帝)가 낙수(洛水) 남쪽의 산인 현호(玄扈)에 앉아 있는데 큰 새가 나타났다. 그 모양은 학과 같고 몸에 다섯 색채와 세 문자가 덮여 있었다. 머리의 문자는 '순덕(順德)', 등의 문자는 '신의(信義)', 가슴의 문자는 '인지(仁智)'라고 했으니 봉황이다."라고 했다.(帝王世紀. 黃帝坐于玄扈, 有大鳥. 其狀如鶴, 體

被五色三文. 首文曰, 順德, 背文曰, 信義, 膺文曰, 仁智, 蓋鳳也.)
[역자주] 鳳羽(봉우) : 봉황 깃털. 봉황은 걸출한 인재를 비유한다. 參差(참치) : 가지런하지 않은 모양.

3 **[협주]** ≪삼국전략(三國典略)≫에 “서릉(徐陵)이 어릴 때 가족이 그를 데리고 보지(寶誌) 승려를 만났다. 보지가 손으로 그의 정수리를 쓰다듬으며 말하기를, ‘하늘 위의 돌 기린상이로다.’라고 했다.”라고 했다.(三國典略. 徐陵年數歲, 家人携見寶誌上人. 誌以其手摩其頂上曰, 天上石麒麟也.)

4 [역자주] 徐陵(서릉) : 남조 양(梁) 동해(東海) 출신으로 자가 효목(孝穆)이다. 어사중승(御史中丞)을 역임했고, 문장을 잘 지어 ‘석기린(石麒麟)’이라는 찬사를 받았으며 유견오(庾肩吾)와 함께 궁체시(宮體詩)의 대표작가로 일려저 있다.

해설

이 시는 이 수재의 용모와 재능을 칭송한 것이다. 작시 시기는 고찰할 수 없다.

116. 이 기거사인에게 부치는 칠언율시

寄李起居四韻[1]

楚女梅簪白雪姿,[2] 초 땅 여인의 매화 꽂은 머리는 백설같은 자태이고
前溪碧水凍醪時.[3] 앞 시내 푸른 물가에서 겨울에 빚은 술을 마시는 때로다.
雲罍心凸知難捧,[4] 구름무늬 술그릇은 중앙이 높아 들기 힘듦을 알겠고
鳳管簧寒不受吹.[5] 봉황 소리 관악기는 혀가 차가워 불 수가 없구나.
南國劍眸能盼眄,[6] 남방 가인의 예리한 눈동자는 돌아볼 줄 알고
侍臣香袖愛儆垂.[7] 황제 모시는 신하의 향기로운 소매는 늘어뜨리기를 좋아했지.
自憐窮律窮途客,[8] 섣달 막다른 길에 이른 객을 스스로 불쌍히 여기면서
正怯孤燈一局棋.[9] 한창 두려워하며 외로운 등불 아래 바둑 한 판을 둔다.

주석

1 [역자주] 李起居(이기거) : 이씨에 대해서는 자세하지 않다. '기거'는 기거사인(起居舍人)으로 황제를 시종하며 언행을 기록했다.

2 [역자주] 梅簪(매잠) : 매화꽃 장식을 머리에 꽂다.

3 [역자주] 前溪(전계) : 호주(湖州) 무강현(武康縣)에 있던 시내를 가리킨다는 설이 있다. 凍醪(동료) : 겨울에 빚어 봄에 익은 술이다.

4 **[협주]** '철(凸)'은 도와 결의 반절이며 높은 모양이다.(徒結切, 高貌.)
[역자주] 雲罍(운뢰) : 구름 문양으로 장식한 술잔이다. 心凸(심철) : 가운데 부분이 볼록하다. 捧(봉) : 받들다. 들다.

5 **[협주]** 서안도(舒安道)의 ≪시음의(詩音義)≫에 "황(簧)은 관악기 안의 금박(金薄)으로

만든 잎이다.”라고 했다.(舒安道, 詩音義, 簧, 管中金薄葉.)

[역자주] 鳳管(봉관) : 봉황 소리를 내는 관악기로 생(笙)이나 소(簫)를 가리킨다. 簧(황) : 관악기의 혀. 관악기에서 입에 대는 부분에 나무 조각으로 만든 부품이다.

6 **[협주]** 조식(曹植)의 시[117]에 “남국에는 미인이 많다.”라고 했다. 한유(韓愈)의 시[118]에 “맑은 눈동자가 검과 창처럼 찌르네.”라고 했다.(曹植詩. 南國多佳人. 韓公詩. 淸眸刺劍戟.)

[역자주] 南國(남국) : 남방의 아름다운 여인을 가리킨다. 劍眸(검모) : 검과 같이 날카로운 눈매. 여인의 선명한 눈매를 가리킨다. 盼眄(반면) : 돌아보다. 추파를 던지는 모습이다.

7 **[협주]** [‘기(僛)’는] 거와 기의 반절이다. ≪시경·소아(小雅)·빈지초연(賓之初筵)≫에 “자주 춤추기를 비틀비틀한다.”라고 했고 정현의 주에 “취해서 춤추는 모양이다.”라고 했다.(欠[119]其反. 詩. 婁舞僛僛.[120] 註. 醉舞貌.)

[역자주] 侍臣(시신) : 황제를 모시는 신하. 기거사인 이씨를 가리킨다. 僛垂(기수) : 술에 취해 춤을 추며 옷깃을 늘어뜨리는 것을 말한다.

8 **[협주]** 남조 송(宋) 사혜련(謝惠連)의 <설부(雪賦)>에 “12월이 되어 기운이 춥다.”라고 했고 ≪문선≫ 여연제(呂延濟)의 주에 “‘현률궁(玄律窮)’은 12월이다.”라고 했다. ≪진서(晉書)·완적전(阮籍傳)≫에 “어떤 때는 마음대로 수레를 몰아 길을 따르지 않고 가다가 수레가 막다른 곳에 이르면 그때마다 통곡을 하고 돌아왔다.”라고 했다.(雪賦. 玄律窮, 嚴氣. 註. 玄律窮, 十二月也. 晉書, 阮籍. 時率意獨駕, 不由徑路, 車跡所窮, 輒慟哭而返.)

[역자주] 窮律(궁률) : 음력 12월을 가리킨다. 窮途客(궁도객) : 원래 진나라 완적을 가리키는데 여기서는 두목 자신을 비유한다.

9 [역자주] 怯(겁) : 두려워하다. ‘겁(刧)’으로 된 판본도 있는데 바둑의 패싸움을 가리킨다.

---

117) 조식의 시 <잡시(雜詩) 6수> 중의 제4수로 현재 전하는 문헌에는 “南國有佳人”으로 되어있다.

118) 한유의 시 <봄의 감회 3수(感春三首)> 중 제3수이다.

119) ‘欠’은 ‘去’의 잘못이다.

120) 婁(루) : 자주. ‘루(屢)’와 통한다. 僛僛(기기) : 비틀거리는 모양.

해설

이 시는 기거사인 이씨에게 부치는 것으로, 여인과 술로 같이 지내던 이씨가 다른 곳으로 간 뒤 외로이 바둑을 두고 있다고 했다. '전계'를 호주의 지명으로 보고 대중 4년(850) 호주자사(湖州刺史)를 지낼 때 지은 것으로 추정하기도 한다.

117. 지주의 귀지정에 쓰다
題池州貴池亭[1]

勢比凌歊宋武臺,[2] 형세가 송 무제의 능효대와 비슷하니
分明百里遠帆開. 백 리 먼 곳에 펼친 돛까지 분명하게 보인다.
蜀江雪浪西江滿,[3] 촉강의 눈 녹은 물로 서강이 가득하니
强半春寒去卻來.[4] 절반 이상 봄 추위가 갔다가 다시 돌아왔구나.

주석

1 [역자주] 貴池亭(귀지정) : 일명 망강정(望江亭)으로 지금의 안휘성 지주(池州) 남쪽 제산(齊山)에 있다.

2 **[협주]** 허혼(許渾)의 <능효대에서 위 수재를 보내다(凌歊臺送韋秀才)> 시의 주에 "누대는 당도현의 서쪽에 있는데, 남조 송(宋) 고조(高祖)가 세운 것이다."라고 했다.(許渾, 凌歊臺詩. 註. 臺在當塗縣西. 宋高祖所築.)

[역자주] 宋武(송무) : 남조 송나라 고조인 유유(劉裕)로 시호가 '무(武)'이다.

3 [역자주] 蜀江(촉강) : 촉 땅에 있는 강으로 장강의 중상류로 들어가는 지류이다. 西江(서강) : 장강의 중하류를 일컫는 말이다.

4 [역자주] 强半(강반) : 절반이 훨씬 넘다. 春寒(춘한) : 꽃샘추위.

해설

이 시는 늦봄에 귀지정에 올라 주변을 조망하면서 감회를 서술한 것인데 멀리까지 또렷하

게 보이지만 꽃샘추위가 다시 왔다고 했다. 대개 지주자사로 있던 회창 5년(845) 또는 회창 6년(846) 봄에 지은 것으로 추정한다.

118. 난계

蘭溪[1]

蘭溪春盡碧泱泱,[2]	난계에 봄이 다해 가니 푸르름이 끝이 없는데
映水蘭花雨發香.	물에 비친 난꽃은 비 온 뒤 향기를 뿜는다.
楚國大夫憔悴日,[3]	초나라 대부 굴원이 초췌하던 때
應尋此路去瀟湘.[4]	응당 이 길을 지나 소상으로 갔겠지.

주석

1 **[협주]** 본집의 주에 "기주(蘄州)의 서쪽에 있다."라고 했다. ≪시화총귀(詩話總龜)≫에 "난계는 황주(黃州)의 마성(麻城)에서 출원하여 동남쪽으로 흘러 장강으로 들어가는데 물이 매우 맑고 시원하다. 두목의 시에 "난계에 봄이 다해 가니 푸르름이 끝이 없다."라고 한 것이 그것이다."라고 했다.(本註. 在蘄州西. 詩話總龜. 蘭溪自黃州麻城出, 東南流, 入大江, 水極淸冷. 杜牧之詩云, 蘭溪春盡碧泱泱, 是也.)

2 [역자주] 泱泱(앙앙) : 끝이 없는 모양.

3 **[협주]** 권1의 "침울한 삼려대부의 혼"의 주에 보인다.121)(見一卷, 悒悒三閭魂註.)
[역자주] 楚國大夫(초국대부) : 초나라 삼려대부(三閭大夫)를 지낸 굴원(屈原)을 가리킨다. 그는 초나라 왕에게 쫓겨나 초췌한 몰골로 지내다가 멱라수에 몸을 던져 죽었다. 憔悴(초췌) : 몸이 상하고 마른 모양.

4 [역자주] 尋(심) : 따라서.

121) 두목의 시 <이감을 읊은 시(李甘詩)>이다.

해설

이 시는 난계를 유람하며 감개를 적은 것인데, 그곳의 아름다운 경관을 적은 뒤 이곳을 지나갔을 굴원을 추억했다. 황주자사로 있던 회창 2년(842)에서 회창 4년(844) 사이에 지은 것으로 추정한다.

119. 목주를 읊은 오언율시

睦州四韻[1]

州在釣臺邊,[2]	목주는 조대 옆에 있는데
溪山實可憐.	시내와 산이 정말로 아름답다.
有家皆掩映,	집들은 모두 녹음에 덮였고
無處不潺湲.[3]	물소리가 나지 않는 곳이 없다.
好樹鳴幽鳥,	아름다운 나무에는 한가로운 새가 울고
晴樓入野煙.[4]	맑은 날의 누각은 들판 안개 속에 잠겨 있다.
殘春杜陵客,[5]	늦은 봄 두릉의 객은
中酒落花前.[6]	떨어지는 꽃 앞에서 술에 취하노라.

주석

1 [역자주] 睦州(목주) : 지금의 절강성 건덕(建德)이다.

2 **[협주]** 권2의 "엄광이 낚시하던 여울은 시끄럽다"의 주에 보인다.[122](見二卷嚴光釣瀨喧註.)

[역자주] 釣臺(조대) : 동한의 엄광(嚴光)이 은거하며 낚시하던 곳으로 절강성 부춘강(富春江) 물가에 있다.

3 [역자주] 潺湲(잔원) : 물이 흐르는 소리.

4 [역자주] 野煙(야연) : 들판의 아지랑이와 같은 희뿌연 기운을 가리킨다.

---

122) 두목의 시 <옛날 문황제를 섬긴 일을 읊은 32운의 시(昔事文皇帝三十二韻)>이다.

5 [역자주] 杜陵客(두릉객) : 두목 자신을 가리킨다. 두릉은 장안성 동쪽으로 두목의 고향이다.

6 **[협주]** ≪한서·번쾌전(樊噲傳)≫에 "군사들이 술에 취했다."라고 했는데, 주에서 장안(張晏)이 "술이 거나하게 취한 것이다."라고 했고 안사고가 "술을 마시는 중간이다. 취하지도 않았고 맨정신이지도 않아서 '중(中)'이라고 했다. '중'은 음이 죽과 중의 반절이다."라고 했다. 진(晉) 좌사(左思)의 <오도부(吳都賦)>에 "파양 사람들은 장난이 지나쳐 술에 반쯤 취하면 일어난다."라고 했고 ≪문선≫ 여향(呂向)의 주에 "'중주(中酒)'는 '술에 반쯤 취하다'이다."라고 했다.(漢書, 樊噲傳. 軍士中酒. 張晏曰, 酒酣也. 師古曰, 飮酒之中也. 不醉不醒, 故謂中. 中, 音竹仲反. 吳都賦. 鄱陽暴謔,[123] 中酒而作. 註. 中酒, 爲半酣也.)

[역자주] 中酒(중주) : '중'을 평성으로 읽으면 '술을 마시는 중이다', '술에 반쯤 취하다'는 뜻이고 거성으로 읽으면 '술에 취하다'는 뜻이다.

해설

이 시는 목주의 경물을 읊은 것으로, 아름다운 산수의 모습을 묘사하고는 그것을 즐기며 취하는 자신의 모습을 표현했다. 대개 목주자사로 지내던 대중(大中) 원년(847) 또는 대중 2년(848) 봄에 지은 것으로 추정한다.

123) 暴謔(포학) : 장난이 지나치다.

120. 늦가을 이른 아침에 신정을 떠나다
秋晚早發新定[1]

解印書千軸,[2]	관인 풀고는 책 천 권을 보고
重陽酒百缸.[3]	중양절에 백 통의 술을 마셔야 하리.
涼風滿紅樹,	서늘한 바람은 단풍 든 나무에 가득하고
曉月下秋江.	새벽달은 가을 강에 진다.
巖壑會歸去,	바위 골짜기로 마땅히 돌아가야 하는데
塵埃終不降.	속세에서 끝내 내려가지 못한다.
懸纓未敢濯,[4]	관 끈 걸어 놓고 감히 빨지 못하는데
嚴瀨碧淙淙.[5]	엄광의 여울에 푸른 물이 흘러간다.

주석

1 **[협주]** ≪통전(通典)≫에 "신정은 지금의 목주(睦州)이다."라고 했다.(通典. 新定, 今睦州.)

2 **[협주]** ≪진서(晉書)·도잠전(陶潛傳)≫에 "도연명이 팽택현(彭澤縣)의 현령이 되었는데, 평소에 오만하고 고귀하여 사사로이 고관들을 섬기지 않았다. 독우(督郵)를 파견하여 이르자, 관대를 매고 그를 뵈어야 한다고 현의 아전이 아뢰었다. 도연명이 탄식하면서 말하기를, '나는 녹봉 다섯 말의 쌀을 위하여 허리를 굽힌 채 굽실거리며 시골의 소인배를 섬길 수 없다.'라 하고 관인과 인끈을 풀고 현을 떠났다. 마침내 <귀거래사>를 지었다.(晉書. 陶潛爲彭澤令, 素簡貴,[124] 不私事上官. 遣督郵至, 縣吏白, 應束帶見之. 歎曰, 吾不能爲五斗米折腰, 拳拳事鄕里小人.[125] 解印綬去縣.[126] 乃賦歸去來.)

[역자주] 解印(해인) : 관인을 풀다. 관직을 그만두는 것을 말한다.

3 **[협주]** 삼국 위(魏) 문제(文帝) 조비(曹丕)의 서신[127]에 "세월이 흘러 어느새 다시 9월 9일 중양절이 되었다. 9는 양수인데 날과 달이 나란히 호응하기 때문에 '중양(重陽)'이라고 한다."라고 했다.(魏文帝書. 歲往月來, 忽復九月九日. 九爲陽數, 兩日月並應. 故曰重陽.)

[역자주] 缸(항) : 목이 긴 병. 이상 두 구는 두목의 바람을 적은 것이다.

4 **[협주]** 초사(楚辭) <어부사(漁父辭)≫에 "어부가 말했다. '창랑(滄浪)의 물이 맑으면 나의 관 끈을 빨 수 있다.'"라고 했다.(楚辭. 漁父曰, 滄浪之水淸兮, 可以濯吾纓.)

[역자주] 懸纓(현영) : 관을 묶는 끈을 걸다. 관을 걸어놓는다는 뜻으로 관직을 그만두는 것을 말한다.

5 **[협주]** ['종(淙)'은] 토와 강의 반절이며, 물이 흐르는 모양이다.(土江切, 水流貌.)

[역자주] 嚴瀨(엄뢰) : 동한의 엄광(嚴光)이 은거하며 낚시하던 여울.

해설

이 시는 대중 2년(848) 두목이 목주(睦州)에서 사훈원외랑(司勳員外郞) 사관수찬(史館修撰)으로 부임하기 위해 신정을 떠나면서 지은 것이다. 중앙 관서의 직책을 맡게 되었는데도 기뻐하는 기색보다 도연명이나 엄광처럼 미련 없이 벼슬을 그만두고 은거하지 못하는 자신에 대한 자괴감을 드러내고 있다.

---

124) 簡貴(간귀) : 오만하고 고고하다.

125) 拳拳(권권) : 굽실거리는 모양.

126) 印綬(인수) : 인장과 인끈.

127) 조비의 글 <종요에게 9월 9일 중양절에 국화를 보낸다는 내용의 편지를 주다(與鍾繇九日送菊書)>이다.

121. 관직에 제수되어 경사로 돌아가는데 목주에는 비가 개었다

除官歸京, 睦州雨霽[1]

秋半吳天霽,	중추의 계절에 오 땅 하늘이 개니
清凝萬里光.	쾌청함이 모여 만 리가 빛나는데,
水聲侵笑語,	물소리가 담소에 끼어들고
嵐翠撲衣裳.[2]	푸른 산 기운이 옷에 스친다.
遠樹疑羅帳,	먼 숲은 비단 장막인 듯하고
孤雲認粉囊.	외로운 구름은 분 주머니로 여겨지는데,
溪山侵兩越,[3]	시내와 산이 절강에 걸쳐 있고
時節到重陽.	계절은 중양절에 이르렀네.
顧我能甘賤,	돌아보니 나는 천함을 달게 여길 줄 알고
無由得自强.[4]	방도가 없어도 스스로 강하게 할 수 있었으니,
悟曾公觸尾,[5]	일찍이 공개적으로 전갈 꼬리로 쏘는 일을 깨닫고는
不敢夜循牆.[6]	감히 한밤중에 담장을 따라 달아나지는 않았지.
豈意籠飛鳥,	어찌 생각했으랴, 나는 새를 가두어
還爲錦帳郎.[7]	다시 낭관으로 삼을 줄을.
網今開傅燮,[8]	법망은 이제 부섭에게 열리고
書舊識黃香.[9]	책은 예로부터 황향이 알던 것이리라.
姹女眞虛語,[10]	소녀는 헛된 말을 진실로 여기고
飢兒欲一行.[11]	굶주린 아이는 한가지로만 행동하려고 하는데,

淺深須揭厲,[12] 상황에 따라 변통해야 하고
休更學張綱.[13] 다시는 장강을 배우지 말아야지.

주석

1 **[협주]** ≪한서음의(漢書音義)≫에서 삼국 위(魏) 여순(如淳)이 말하기를, "무릇 '제(除)'라는 말은 옛 관직을 그만두고 새 관직에 취임하는 것이다"라고 했다. 심괄(沈括)의 ≪몽계필담(夢溪筆談)≫에 "관직을 제수하는 것을 옛 관직을 그만두는 것이라고 하는데, 그렇지 않다. '제(除)'는 '바꾸다'와 같다. 새로운 것으로 옛것을 바꾸는 것을 '제(除)'라고 하니, 새해와 지난해가 바뀌는 것을 '세제(歲除)'라 한다. ≪주역·췌(萃)≫에서 '병기를 바꾸어 뜻밖의 일을 경계한다.'라고 한 것은 새것으로 헌것을 바꾸어 뜻밖의 일에 대비하는 것이다. 섬돌을 '제(除)'라고 하는 것은 아래로부터 올라가는 것 또한 바꾼다는 뜻이기 때문이다."라고 했다.(漢書音義. 如淳曰, 凡言除者, 除故官, 就新官也. 沈括, 筆談云, 除拜官職, 謂除其舊籍, 不然也. 除猶易也. 以新易舊, 曰除, 如新舊歲之交, 謂之歲除. 易, 除戎器, 戒不虞.128) 以新易弊, 所以備不虞也. 堦謂之除者, 自下而上, 亦更易之義.)

[역자주] 霽(제) : 비나 눈이 개다.

2 [역자주] 嵐翠(남취) : 푸른 산기운. 撲(박) : 살짝 스치다.

3 **[협주]** 진(晉) 좌사(左思)의 <오도부(吳都賦)> '민우(閩禺)'에 대한 ≪문선≫의 주에서 이선이 말하기를, "민(閩)은 월(越) 지역의 명칭이다. 진(秦)나라가 천하를 통일하고 그 지역을 민중군(閩中郡)으로 만들었다. 반고(班固)가 <양월전(兩越傳)>을 기술하여 말하기를, '아득한 바깥 지역으로 민월(閩越)과 동구(東甌)129)로다.'라고 했다. '우(禺)'는 번우(番禺)130)이다."라고 했다.(吳都賦, 閩禺. 註. 李善云, 閩, 越名也. 秦並天下, 以其地

---

128) 戎器(융기) : 병기. 不虞(불우) : 뜻밖의 일.

129) 동구(東甌) : 월족(越族)의 일파인데, 월왕 구천(句踐)의 후예라고 한다. 여기서는 그들이 거주하던 온주(溫州)와 절강성 남부 해안지역을 가리킨다.

爲閩中郡. 班固述兩越傳曰, 悠悠外宇, 閩越東甌. 禺, 東[131]禺.)

[역자주] 兩越(양월) : 남월(南越)과 동월(東越)로 광동성과 절강성 일대를 가리키는데, 여기서는 절강(浙江) 지역을 가리킨다.

4 [역자주] 無由(무유) : 방도가 없다. 自强(자강) : 스스로 노력하여 강하도록 하다.

5 **[협주]** 권2의 "일찍이 전갈 꼬리를 건드렸다"의 주에 보인다.[132] ≪한서≫ 안사고의 주에 "'공(公)'은 드러내서 하는 것을 말한다."라고 했다.(見二卷曾經觸蠆尾註. 漢書註. 公, 謂顯然爲之.)

[역자주] 悟(오) : 깨닫다. 公觸尾(공촉미) : 공개적으로 전갈 꼬리를 쏘다. 관리들이 백성을 대놓고 괴롭힌다는 말이다. ≪좌전·소공(昭公) 4년≫에서 "정자산(鄭子產)이 토지에 따라 병역세금을 징수하는 제도를 만들었다. 나라 인의 사람들이 그를 비방하며 말하기를, '그의 아버지가 길에서 죽었는데 자신은 전갈 꼬리가 되어 나라에 명령을 내리고 있으니 나라가 장차 어떻게 될 것인가'라고 했다.(鄭子產作丘賦, 國人謗之曰, 其父死於路, 己爲蠆尾, 以令於國, 將若之何.)"라고 했다.

6 **[협주]** 권1의 "담장에 숨은 쥐처럼 움츠리고 있었지."의 주에 보인다.[133](見一卷縮縮循牆鼠註.)

[역자주] 夜循牆(야순장) : 밤에 담장을 따라서 가다. 무서워 도망가는 모습이다. ≪좌전·양공(襄公) 23년≫에서 "대저 쥐는 낮에는 엎드려있고 밤에 활동하며 침묘에는 쥐구멍을 만들지 않는데 이는 사람을 두려워하기 때문이다.(夫鼠晝伏夜動, 不穴於寢廟, 畏人故也.)"라고 했다. 이상 두 구는 백성을 핍박하는 정책에 대해 두목이 모른 체하지 않았다는 말이다.

7 **[협주]** 후한 채질(蔡質)의 ≪한관의(漢官儀)≫에 "상서랑이 입궐하여 상서대에서 숙직할 때는 환관이 청색 비단과 흰 명주로 만든 이불, 비단 휘장, 채색한 속이 빈 베개, 늙는 담요를 공급하는데, 겨울과 여름으로 계절에 따라 바꿨다.(蔡質, 漢官儀. 尙書郎入直臺,

130) 번우(番禺) : 광동성의 지명이다.
131) '東'은 '番'의 잘못이다.
132) 두목의 시 <옛날 문황제를 섬긴 일을 읊은 32운의 시(昔事文皇帝三十二韻)>이다.
133) 두목의 시 <이감을 읊은 시(李甘詩)>이다.

中官供新青縑白綾被錦帳帷畵通中枕臥旃蓐.[134] 冬夏隨時改易.)

[역자주] 錦帳郎(금장랑) : 비단 휘장을 제공받는 낭관(郎官). 낭관의 직위를 이르는 말이다.

8 **[협주]** ≪후한서·부섭전(傅燮傳)≫이 있다. '개망(開網)'의 일은 미상이다.(後漢書, 傅燮傳. 未詳開網事.)

[역자주] 網(망) : 그물. 법률을 비유한다. 傅燮(부섭) : 후한(後漢) 영주(靈州) 출신으로 자가 남용(南容)이다. 충직하고 말을 함부로 하여 환관 조충(趙忠)의 원한을 샀다. 하지만 부섭의 명성을 두려워하여 함부로 해치지 못했는데 권세가들이 그를 싫어했기에 나가 한양태수(漢陽太守)가 되었다. 이 구는 두목이 부섭처럼 법을 엄격하게 집행하겠다는 말이다.

9 **[협주]** 본집의 주에 "일찍이 4년 동안 사관(史館)에 있었다."라고 했다. ≪후한서·황향전(黃香傳)≫에 "황향은 자가 문망(文網)이다. 원화(元和) 원년(84) 숙종(肅宗)이 황향에게 조서를 내려, 장서가 보관된 동관(東觀)에 가서 아직 읽어보지 못한 책을 읽도록 했다."라고 했다.(本註. 曾在史館四年. 後漢書. 黃香, 字文網. 元和元年, 肅宗詔香詣東觀, 讀所未嘗見書.)

10 **[협주]** ≪영추경(靈樞經)≫[135]의 편작(扁鵲) 주에 "영단(靈丹)[136]을 변화시켜 수은의 자궁을 만들고 10개월 만에 태를 분리하는데, 모양이 귀한 광물인 자금(紫金)과 같다. 위는 붉고 아래는 검으며 좌측은 푸르고 우측은 희며, 그 중앙은 황색으로 자금단(紫金丹)이라고 한다."라고 했다. 후한의 진인(眞人) 위백양(魏伯陽)이 지은 ≪참동계(參同契)≫에 "황하 가의 수은이 영험하여 가장 신비롭다. 불을 만나면 날아오르는데 먼지나 티끌에 더럽혀지지 않는다."라고 했고 주에 "황하가의 것이 바로 진홍(眞汞)이다."라고 했다. 또 ≪참동계≫에 "단사를 정련하지 않고 금을 얻은 것이 바로 한나라 진인이다."라고 했다. ≪대단결(大丹訣)≫에서 말하기를, "차녀(姹女)는 단사 안에 숨어있다."라고 했고 주에

---

134) 中官(중관) : 환관. 新青縑白綾被(신청겸백릉피) : 새로 지은 푸른 비단과 흰 명주로 만든 이불. 錦帳帷(금장유) : 비단 휘장. 畵通中枕(화통중침) : 채색으로 장식한 속이 빈 베개. 臥旃蓐(와전욕) : 누울 수 있는 모직담요. '전'은 '전(氈)'과 통한다.

135) ≪영추경(靈樞經)≫ : 침구(針灸)에 관한 의서로, 지은이는 미상이다.

136) 영단(靈丹) : 옛날 도사들이 단련한 단약의 일종으로 복용하면 병을 없애고 장생불사한다고 한다.

"차녀는 수은이다."라고 했다. 두 책을 살펴보면 차녀는 신선이 아니다.(靈樞經. 扁鵲註曰, 化靈爲姹女之胞, 十月分胎, 狀如紫金. 上赤下黑, 左青右白, 其中央黃, 號紫金丹. 漢魏眞人, 參同契曰, 河上姹女, 靈爲最神, 得火則飛, 不染塵垢. 註云, 河上則是眞汞也. 又參同契曰, 丹沙未精得金, 乃漢眞人. 大丹訣曰, 姹女隱在丹沙中. 註. 姹女, 汞也. 以二書考之, 則姹女, 非神仙人也.)

[역자주] 姹女(차녀) : 소녀. 또는 미녀. 시비를 판단하지 못하는 존재를 뜻한다. 협주에서는 단약을 만드는 수은으로 보아 신선술을 뜻하는 것으로 설명했고, 그러면 이 구는 허망한 신선술을 추구하지 않았다는 뜻이 되는데, 아래 구와 연결이 순통하지 못하다. 眞(진) : 진실로 여기다.

11 [역자주] 一行(일행) : 일관되게 행하다. 이 구는 굶주린 아이가 맹목적으로 먹을 것을 구하려고 한다는 말이다. 이상 두 구는 시비를 구분하지 못하는 소녀와 맹목적으로 행동하는 굶주린 아이를 말한 것으로, 두목이 반면교사로 삼는 것이다.

12 **[협주]** ≪시경·패풍(邶風)·포유고엽(匏有苦葉)≫에 "깊으면 옷을 벗어 들고 건너고 얕으면 옷을 걷고 건너야 한다."라고 했다.(詩. 深則厲, 淺則揭.)

[역자주] 揭厲(게려) : 옷을 걷는 것과 옷을 벗어서 드는 것이다. 이 구는 상황에 따라 적절하게 변통해서 행동해야 한다는 말이다.

13 **[협주]** ≪후한서·장강전(張綱傳)≫에 "장강은 자가 문기(文紀)이며 젊어서 경학에 밝았다. 한안(漢安) 원년(142) 여덟 사신에 뽑혀 풍속을 순시하게 되었다. 다른 사람들은 명을 받고 담당 지역으로 갔지만 장강만은 홀로 낙양의 역참에서 수레바퀴를 땅에 묻고 말하기를, "승냥이와 이리가 길을 막고 있는데 어찌 여우와 살쾡이를 따지겠는가."라고 했다.(後漢書. 張綱, 字文紀, 少明經學. 漢選八使, 徇行風俗. 餘人受命之部, 綱獨埋車輪於洛陽都亭曰, 豺狼當路, 安問狐狸.[137])

[역자주] 休(휴) : 하지 말라. 張綱(장강) : 후한의 관원으로 엄격한 법 집행으로 고위관원의 질시를 받았다. 지방을 순시하는 임무를 맡았으나 담당 지역으로 가지 않고 태위(太尉) 환언(桓焉), 사도(司徒) 유수(劉壽)를 탄핵하고 사례교위(司隸校尉) 조준(趙峻), 하

137) 豺狼(시랑) : 승냥이와 이리. 조정의 나쁜 이들을 가리킨다. 狐狸(호리) : 여우와 삵쾡이. 여기서는 장강이 맡은 지역의 나쁜 이들을 가리킨다.

남윤(河南尹) 양불의(梁不疑), 여남태수(汝南太守) 양건(梁乾)의 비리를 조사하여 압송했으며, 대장군 양기(梁冀)의 죄상을 상주했다. 이러한 일로 고위관원의 질시를 받았다. 광릉(廣陵)에 장영(張嬰)이 반란을 일으키자 양기는 장강을 조정에서 내쫓기 위해 그를 적임자로 추천하여 내려가게 됐으며, 그곳에서 1년 있다가 죽었다. 이 구는 장강처럼 강경한 방식만을 고집하지는 않겠다는 말이다.

해설

이 시는 대중 2년(848) 두목이 목주자사(睦州刺史)에서 사훈원외랑(司勳員外郞) 사관수찬(史館修撰)으로 부임하기 위해 신정을 떠나면서 지은 것이다. 조정에 사악한 무리가 많은데 이에 유연하게 대처하며 물리치겠다는 다짐을 적었다.

122. 밤에 동려현에 머물며 우선 소주자사 노간구 낭중에게 부치다

夜泊桐廬, 先寄蘇臺盧郎中[1]

水檻桐廬館,[2]	물가 난간이 있는 동려현의 역참에서
歸舟繫石根.[3]	상경하는 배를 바위 뿌리에 맸는데,
笛吹孤戍月,[4]	피리 부는 외로운 구월
犬吠隔溪村.[5]	개가 시내 너머 마을에서 짖네.
十載違淸裁,[6]	십 년 동안 깨끗하게 판결하는 그대를 못 만났기에
幽懷未一論.	깊은 감회를 한번 말하지 못했는데,
蘇臺菊花節,[7]	고소대에 국화 피는 계절이 되면
何處與開樽.[8]	어느 곳에서 함께 술잔을 들 것인가.

주석

1 [역자주] 桐廬(동려) : 목주(睦州)에 속해 있던 현으로 지금의 절강(浙江) 지역이다. 蘇臺(소대) : 강소성 고소산(姑蘇山)에 있는 누대로 춘추시대 오왕(吳王) 부차(夫差)가 세웠다고 한다. 고소대(姑蘇臺)라고도 하며, 소주(蘇州)를 이르는 말로도 쓰인다. 노낭중(盧郎中) : 하중(河中) 출신의 노간구(盧簡求)로 자가 자장(子臧)이다. 이부낭중(吏部郎中), 소주자사(蘇州刺史), 태자소사(太子少師) 등을 역임했다.

2 **[협주]** ≪통전(通典)≫에 "목주에 동려현이 있다."라고 했다.(通典. 睦州有桐廬縣.)

3 [역자주] 石根(석근) : 바위의 아랫부분. 산자락을 가리키기도 한다.

4 [역자주] 戍月(술월) : 음력 9월을 가리킨다.

5 [역자주] 吠(폐) : 개가 짖다.

6 **[협주]** 권2의 “내겐 맑은 판결을 내릴 계책은 없다”의 주에 보인다.[138](見二卷, 無計披淸裁註.)

[역자주] 淸裁(청재) : 깔끔하게 잘라내다는 뜻으로 공정한 판결을 내린다는 말이다. 여기서는 현명한 지방관으로 있는 노간구를 가리킨다.

7 **[협주]** ≪청상잡기(靑箱雜記)≫에 “소주에 고소대가 있어서 소대(蘇臺)라고 부르고, 상주에 동작대가 있어서 상대(相臺)라고 부르며, 활주에 측영대가 있어서 활대(滑臺)라고 부른다.”라고 했다.(靑箱雜記. 蘇有姑蘇臺, 故號蘇臺. 相有銅雀臺, 故號相臺, 滑有側景臺, 故號滑臺.)

8 [역자주] 開樽(개준) : 술잔을 들다. 술을 마시다.

해설

이 시는 동려현의 역참에 묵으면서 인근의 소주자사 노간구에게 부치는 것이다. 역참 주위의 경관을 묘사한 뒤에 공정한 판결을 내리는 노간구를 만나지 못함을 안타까워했다. 대중 2년(848) 목주자사(睦州刺史)에서 사훈원외랑(司勳員外郎) 사관수찬(史館修撰)으로 부임하기 위해 상경하는 길에 지은 것이다.

138) 두목의 시 <봄날 감회를 말해 괵주 이 산기상시께 부치는 10운의 시(春日言懷寄虢州李常侍十韻)>이다.

123. 새로 남조로 전보되고 조산대부가 아직 더해지기 전에 초가을 더위가 물러나자 오흥태수로 나가게 되어 이 시를 지어 스스로 뜻을 보이다

新轉南曹未敘朝散, 初秋暑退, 出守吳興, 書此篇以自見志[1]

捧詔汀洲去,[2]	조서를 받들어 물가 모래섬으로 떠나며
全家羽翼飛.	온 집안이 날개 달고 날아가니,
喜抛新錦帳,[3]	새로 받은 비단 휘장 내던지는 일 즐겁고
榮借舊朱衣.[4]	오래된 붉은 옷 빌리는 일 영광스럽네.
且免材爲累,[5]	잠시 재목이라 누가 됨을 면하게 되었으니
何妨拙有機.[6]	졸렬함으로 기심이 있어도 무방한데,
宋株聊自守,[7]	송나라 그루터기는 그럭저럭 스스로 지키고
魯酒怕旁圍.[8]	노나라 술은 인근 나라를 포위시킬까 두렵네.
淸尙寧無素,[9]	깨끗하고 고상한 뜻이 어찌 평소에 없었을까
光陰亦未晞.[10]	세월에 또한 말라버리지 않았으니,
一杯寬幕席,[11]	술 한 잔에 장막과 자리를 넓게 하고
五字弄珠璣.[12]	오언시로 구슬 같은 시어를 희롱하리라.
越浦黃柑嫩,[13]	월 땅 포구에 누런 감귤 부드럽고
吳溪紫蟹肥.[14]	오 땅 계곡에 자줏빛 게가 살질 터,
平生江海志,	평생 강호에 뜻을 두었으니
佩得左魚歸.[15]	왼쪽 동어대를 차고 돌아가네.

주석

1 **[협주]** 본집 <스스로 지은 묘지명(自撰墓銘)>에서 “이부원외랑으로 전보되었는데 동생의 병으로 오흥태수를 요청했다.”라고 했다. ≪직림(職林)≫에서 “이부원외랑은 관서가 두 군데인데, 윗사람은 관리의 고가를 평가하고 아랫사람은 관리의 임명과 면직을 담당한다.”라고 했다.(本集, 自撰墓誌. 轉吏部員外郎, 以弟病, 乞守吳興[139]. 職林曰, 吏部員外郎, 二廳, 先南曹, 次廢置.)

[역자주] 轉(전) : 전보되다. 관직을 옮기다. 南曹(남조) : 이부의 속관으로 원외랑 한 명이 담당한다. 관원들의 업적을 평가하여 상부에 보고하여 승진이나 전보의 근거로 삼는다. 敘(서) : 추서하다. 朝散(조산) : 직급에 대한 관직인 조산대부(朝散大夫)로 종오품하에 해당한다. 이부원외랑은 종육품상이니 조산대부를 받을 수도 있었다. 吳興(오흥) : 호주湖州이다. 지금의 절강성 호주이다.

2 [역자주] 汀洲(정주) : 물가의 모래섬으로 여기서는 호주의 백빈주(白蘋洲)를 가리킨다.

3 **[협주]** 위의 ‘비단 휘장의 낭관’ 주에 보인다.[140](見上錦帳郎註.)

[역자주] 拋(포) : 내던지다. 新錦帳(신금장) : 새로 받은 비단 휘장. 새로 임명된 이부원외랑 관직을 말한다. 한나라 때 상서랑(尙書郎)이 입궐하여 숙직할 때 환관이 이불, 비단 휘장, 베개, 담요 등을 제공했는데, 이로써 비단 휘장은 낭관(郎官)을 가리키게 되었다.

4 **[협주]** 송(宋) 임광(任廣)의 ≪서서지남(書叙指南)·관직명사(官職名事)≫에서 “착비(著緋)는 붉은 관복에 물고기 모양 부절을 말한다.”라고 했다. ≪신당서·거복지(車服志)≫에서 “개원 8년(720) 처음으로 도독(都督)과 자사(刺史) 중 품계가 낮은 자는 붉은 관복에 어부(魚符) 주머니를 빌려서 사용하도록 했다.”라고 했다.(書叙指南. 著緋曰, 朱衣魚章. 唐書. 開元八年, 始令都督刺史品卑者, 借緋魚袋.[141])

[역자주] 朱衣(주의) : 붉은 관복으로 여기서는 지방 장관인 자사의 관복을 가리킨다. 이

---

139) ‘吳興’이 본집에는 ‘湖州’로 되어 있는데 동일한 지명이다.

140) 두목의 시 <관직에 제수되어 경사로 돌아가는데 목주에는 비가 개었다(除官歸京, 睦州雨霽)> “다시 낭관으로 삼았다.(還爲錦帳郎.)”의 주에 보인다.

141) 緋魚袋(비어대) : 붉은색 조복(朝服)인 비의(緋衣)와 물고기 모양의 부절 주머니 어부대(魚符袋)로 조정 관원의 복식이다. 여기서는 지방 장관에게도 조정 관원의 복식을 허용했다는 말이다.

상 두 구는 두목이 즐거운 마음으로 원외랑을 사임하고 자사로 나간다는 말이다.

5 **[협주]** ≪장자·산목(山木)≫에서 “제자가 장자에게 물어 말하기를, ‘어제 산중의 나무는 재목감이 되지 않아서 천수를 누릴 수 있다고 하셨고, 오늘 주인의 거위는 재목감이 되지 않기에 죽는다고 하셨는데, 선생님께서는 장차 어떻게 처신하실 건지요?’라고 하니, 장주가 웃으며 말하기를, ‘나는 장차 재목이 되는 것과 재목이 되지 않는 것 사이에 처신할 것이다. 재목이 되는 것과 재목이 되지 않는 것의 사이에 처신하는 것은 비슷하기는 하지만 올바른 도가 아니니 피해 보는 것을 면하지는 못할 것이다.’라고 했다.”라고 했다.(莊子. 弟子問莊子曰, 昨日山中之木, 以不材得終其天年. 今主人之鴈, 以不材死. 先生將何處. 莊周笑曰, 吾將處夫才與不才之間. 才與不才之間, 似之而非也. 故未免乎累.)

[역자주] 材爲累(재위루) : 재목감이라 피해를 보게 되다.

6 [역자주] 何妨(하방) : 어찌 방해가 되겠는가. 무방하다는 말이다. 拙(졸) : 졸렬하다. 有機(유기) : 기심이 있다.

7 **[협주]** ≪한비자·오두(五蠹)≫에서 “송나라에 밭 가는 농부가 있었는데 밭에 그루터기가 있었다. 토끼가 달려가다가 그것에 부딪혀 목이 부러져 죽었다. 이로 인해 농부는 쟁기를 내버려 두고 그루터기를 지키고 있으며 다시 토끼가 와서 부딪혀 죽기를 기다렸다. 이로 인해 송나라 사람들의 웃음거리가 되었다.”라고 했다.(韓子. 宋有耕者, 田中有株, 兎走觸之, 折頸而死. 因釋耒而守株,[142] 冀復得兎. 爲宋國笑.)

8 **[협주]** ≪회남자·무칭훈(繆稱訓)≫ [한나라 고유(高誘)의 주에서] “초(楚)나라가 제후와 만났는데 노(魯)나라와 조(趙)나라에서 모두 초나라 왕에게 술을 바쳤다. 초나라에서 술을 주관하는 관리가 조나라에서 술을 구했는데 조나라가 주지 않자 관리가 화가 났다. 이에 조나라의 진한 술을 노나라의 묽은 술로 바꾸어서 바쳤다. 초나라 왕은 조나라의 술이 묽다고 여기고는 조나라의 수도 한단(邯鄲)을 포위했다. 그래서 ‘노나라 술이 묽어서 한단이 포위되었다.’라고 한 것이다.”라고 했다.(淮南子. 楚會諸侯, 魯趙皆獻酒於楚王. 主酒吏求酒於趙, 趙不與, 吏怒, 乃以趙厚酒易魯薄者奏之. 楚王以趙酒薄, 遂圍邯

142) 釋耒(석뢰) : 쟁기를 놓다. 농사일을 하지 않는다는 말이다.

鄲, 故曰魯酒薄, 邯鄲圍.)

[역자주] 怕(파) : 두렵다. 이 구는 자신이 마시게 될 술이 묽을 것이라는 말이다.

9 **[협주]** ≪진서(晉書)·이중전(李重傳)≫에서 "이중이 이의(李毅)와 함께 이부랑(吏部郞)이 되었는데 이중은 청렴하고 고상한 뜻으로 칭송받았고 이의는 널리 통달하여 지식이 있었다. 비록 두 사람의 재주가 달랐지만 모두 요직을 차지했다."라고 했다.(晉書. 李重與李毅同爲吏部郞, 重以淸尙見稱, 毅淹通有智識,[143] 雖二人操異然, 俱處要職.)

[역자주] 寧(녕) : 어찌. 無素(무소) : 평소에 없다. 이 구는 평소에 청렴하고 고아한 뜻을 지니고 있었다는 말이다.

10 **[협주]** 제목과 제목 아래의 주에 보인다.(見題及題下註.)

[역자주] 光陰(광음) : 세월. 晞(희) : 마르다. 사라지다. 이 구는 세월이 흘렀어도 두목이 청렴한 뜻은 변하지 않았다는 말인데, 협주의 내용은 무엇인지 파악하기 힘들다.

11 **[협주]** 유령(劉伶)의 <술이 품덕에 대한 칭송(酒德頌)>에서 "하늘을 장막으로 삼고 땅을 방석으로 삼아 뜻이 가는 대로 맡긴다.)"라고 했다.(劉伶, 酒德頌. 幕天席地, 縱意所如.[144])

12 **[협주]** 양(梁)나라 기실(記室) 종영(鍾嶸)이 시를 평한 ≪시품(詩品)≫의 앞부분에 적기를, "≪상서(尙書)·하서(夏書)≫의 <오자지가(五子之歌)>에서 '답답하구나 내 마음.(鬱陶乎予心.)'이라고 했고 초사(楚辭) <이소(離騷)>에서 '내 이름은 정칙이다.(名予者正則.)'라고 했는데 비록 시의 형식이 아직 온전하지는 않지만 대체로 오언시의 시초라고 할 수 있다. 한나라 이릉(李陵)에 이르러 비로소 오언시라는 명목을 짓기 시작했다."라고 했다. 또 말하기를, "도연명이 <가난한 선비를 읊다(詠貧士)>를 지은 것과 사혜련이 <옷을 다듬이질하다(擣衣詩)>를 지은 것 이는 모두 오언시의 훌륭한 작품이니 이른바 시편의 주택(珠澤)이고 문채의 등림(鄧林)[145]이다."라고 했다.(鍾記室詩評序. 夏歌曰, 鬱陶乎予心.[146] 楚辭曰, 名予者正則. 雖詩體未全然, 略是五言之濫觴.[147] 逮漢李陵始著

143) 淹通(엄통) : 널리 통달하다.

144) 如(여) : 가다.

145) 주택(珠澤) : 옛 지명으로 구슬이 나온다는 연못이다. 등림(鄧林) : 전설에 나오는 넓은 숲이다. 둘 다 문채가 모인 것을 비유한다.

146) 鬱陶(울도) : 근심이 쌓인 모양.

五言之目矣.[148] 又曰, 陶公詠貧之製, 惠連擣衣之作, 斯皆五言之警策.[149] 所謂篇意[150]之珠澤, 文彩之鄧林乎.)

[역자주] 五字(오자) : 오언시를 가리킨다. 珠璣(주기) : 구슬. 훌륭한 문사를 비유한다.

13 [역자주] 黃柑(황감) : 귤. 嫩(눈) : 부드럽다.

14 [역자주] 紫蟹(자해) : 자줏빛 게.

15 **[협주]** 앞의 "두 번 왼쪽 동어부를 찼다." 구의 주에 보인다.[151](見上兩佩左銅魚註.)

[역자주] 左魚(좌어) : 구리로 제작한 물고기 모양의 부신(符信)에서 왼쪽 절반을 가리킨다. 관원의 신분증명 및 군사를 징발하는 증명으로 사용되었다. 여기서는 자사를 의미한다.

해설

이 시는 두목이 이부원외랑에 제수되었지만 병든 동생을 돌보기 위해 호주로 자청하여 나가게 되어 그 감회를 적은 것이다. 관직에 대한 욕심이 없이 지방으로 내려가 고아하게 시문을 즐기며 살겠다고 했다. 대중(大中) 4년(850) 가을에 지은 것이다.

---

147) 濫觴(남상) : 술잔을 채우다. 황하 근원지의 물이 아주 적음을 말하는데, 이로부터 사물의 기원을 뜻하게 됐다.

148) 逮(체) : 이르다.

149) 警策(경책) : 문구가 정련되고 함의가 감동적이다. 또는 그러한 작품.

150) '意'는 '章'의 잘못이다. '편장(篇章)'은 시편을 가리킨다.

151) 두목의 시 <늦봄 지주 농수정에 쓰다(春末題池州弄水亭)>이다.

124. 백빈주에 쓰다

題白蘋洲[1]

山鳥飛紅帶,[2]	산의 새로는 별삼광조가 날고
亭薇拆紫花.[3]	정자의 장미는 자줏빛 꽃망울이 터졌네.
溪光初透徹,[4]	개울의 빛은 막 투명하게 비치고
秋色正淸華.	가을의 경색은 한창 맑고 아름답네.
靜處知生樂,	고요한 곳에서는 삶의 즐거움을 알겠고
喧中見死誇.[5]	시끄러움 속에서는 죽음의 허황됨을 보겠지.
無多圭組累,[6]	옥규와 인끈 찼다고 자랑하지 말지니
終不負煙霞.[7]	끝내 노을 안개를 저버리지 않으리라.

주석

1 **[협주]** 백거이(白居易)의 <백빈주 오정기(白蘋洲五亭記)>에서 “호주(湖州) 성 동남쪽으로 200보를 가면 삽계(霅溪)가 나오고 물가 모래섬이 이어지는데 백빈주(白蘋洲)라고 한다. 양(梁)나라 오흥태수(吳興太守) 유운(柳惲)이 이곳에서 시[152]를 읊어 ‘물가 모래섬에서 흰 네가래를 캔다.’라고 했기에 이로써 이름을 지었다.”라고 했다.(白樂天, 白蘋洲五亭記. 湖州城東南二百步, 抵霅溪連汀洲, 一名白蘋. 梁吳興守柳惲於此賦詩云, 汀洲採白蘋. 因以爲名.)

2 [역자주] 紅帶(홍대) : 별삼광조. 새의 이름이다.

152) 남조 양나라 유운의 시 <강남행(江南行)>이다.

3 [역자주] 亭薇(정미) : 정자의 장미. 拆(탁) : 터지다. 꽃이 폈다는 말이다.

4 [역자주] 透徹(투철) : 투명하게 비치다.

5 [역자주] 喧(훤) : 시끄러움. 세속을 가리킨다. 死誇(사과) : 죽음의 허황함. 이상 두 구는 고요한 자연 속에서 삶의 즐거움을 느껴야 하니 세속의 떠들썩함 속에서는 허황되게 죽을 뿐이라는 말이다.

6 **[협주]** 강엄(江淹)의 <잡체시 30수(雜體詩三十首)> 중 좌사(左思)를 읊은 시에서 "옥규와 인끈은 어진 군주가 돌아보신 것이고 푸른색 자주색 인끈은 밝은 군주의 은혜이다."라고 했다.(江淹, 雜詩. 珪組賢君眄, 青紫明主恩.)

[역자주] 無多(무다) : 칭송하지 말라. 圭組(규조) : 옥규와 인끈으로 관직을 상징한다.

7 [역자주] 負(부) : 어기다. 저버리다. 煙霞(연하) : 안개와 노을로 신선 세계를 가리키는네 여기서는 은일하고 있는 자연을 가리킨다.

해설

이 시는 호주의 백빈주에서 지은 것으로 지방관으로 내려와서 자연 속에서 은일하는 태도로 즐기며 살겠다는 뜻을 드러내었다. 대중(大中) 4년(850) 가을 호주자사(湖州刺史)로 있을 때 지은 것이다.

125. 다산에 쓰다
題茶山[1]

山實東吳秀,[2]	산은 실로 동오지역에서 수려하고
茶稱瑞草魁.[3]	차는 상서로운 약초 중 으뜸이라 칭하니,
剖符雖俗吏,[4]	부절을 나눠 받아 비록 세속의 관리가 되었지만
修貢亦仙才.[5]	공물을 생산하고 또한 신선의 재목이라네.
溪盡停蠻棹,[6]	개울 다하자 남방의 배를 멈추고
旗張卓翠苔.[7]	깃발을 펼치니 푸른 이끼 위에 우뚝한데,
柳村穿窈窕,[8]	깊숙한 곳에 있는 버들 마을을 지나
松澗渡喧豗.[9]	시끄럽게 부딪치는 소나무 물가를 건너네.
等級雲峰峻,[10]	층층으로 구름 봉우리 높다랗고
寬平洞府開.[11]	탁 트여 동부가 열리는데,
拂天聞笑語,	하늘 스치며 웃음소리 들리더니
特地見樓臺.[12]	돌연 누대가 보이네.
泉嫩黃金涌,[13]	샘은 부드러워 황금빛 물이 솟아나니
牙香紫璧裁.[14]	어금니 같은 싹은 향기로워 자줏빛 벽옥을 재배하네.
拜章期沃日,[15]	절하고 상주하며 가득 채울 날을 기약하니
輕騎疾奔雷.[16]	날랜 기병이 빠른 우레처럼 치달리네.
舞袖嵐侵潤,[17]	춤추는 옷깃에 남기가 스며 촉촉하고
歌聲谷答廻.	노랫소리에 골짜기가 답해서 돌아오는데,

磬音藏葉鳥,[18]	경쇠 소리는 잎사귀에 숨은 새와 같고
雪艶照潭梅.[19]	눈처럼 하얀 아름다움은 못을 비추는 매화 같네.
好是全家到,	온 가족이 와서 좋고
兼爲奉詔來.	아울러 조서를 받들어서 오게 되었는데,
樹陰香作帳,	나무 그늘은 향기롭게 장막을 이루고
花逕落成堆.	꽃길에는 꽃잎이 떨어져 무더기를 이루었네.
景物殘三月,	경물이 봄의 막바지라
登臨愴一杯.	올라 구경하며 술 한 잔에 서글픈데,
重游難自剋,[20]	다시 노니는 것은 절로 반드시 하기 어려우니
俛首入塵埃.[21]	고개 숙이고 먼지 속세로 들어가네.

주석

1 **[협주]** ≪다보(茶譜≫에서 "호주(湖州)에 저산(渚山)이 있는데 자순차(紫笋茶)가 난다. 당나라 육우(陸羽)가 그 아래에 차밭을 두고는 해마다 차 세금을 거두었다."라고 했다. (茶譜. 湖州有渚山, 出紫笋茶. 唐, 陸羽置園於其下, 歲收茶租.)

2 [역자주] 東吳(동오) : 옛날 오나라 땅으로 지금의 강소성과 절강성을 가리킨다.

3 **[협주]** ≪제왕세기(帝王世記)≫에서 "명협(蓂莢)[153]은 영협(靈莢)이라고도 하고 서초(瑞草)라고도 한다."라고 했다.(帝王世記. 蓂莢, 一名靈莢, 一名瑞草.)
[역자주] 瑞草(서초) : 상서로운 풀을 통칭한 것이다. 魁(괴) : 으뜸.

4 **[협주]** 권2 "부절을 나누어 받은 영천태수의 정치"의 주에 보인다.[154] 왕포(王褒)의 <성

153) 명협(蓂莢) : 전설에 나오는 상서로운 풀로, 매달 초하루부터 보름까지 매일 꼬투리가 하나씩 맺었다가 다시 매일 꼬투리가 하나씩 떨어져서 꼬투리를 보고 날짜를 알 수 있었다.

154) 두목의 시 <이른 봄에 악주자사 이원에게 부치다, 그는 바둑을 잘 두고 술을 좋아했으며 마음이 한가롭고

스러운 군주가 어진 신하를 얻은 것을 칭송하다(聖主得賢臣頌)>에서 "부절을 나누고 땅을 하사한다."라고 했는데, ≪문선≫ 장선(張銑)의 주에서 "'부(剖)'는 나눈다는 뜻이다."라고 했다.(見二卷分符穎川政註. 王子淵, 聖主得賢臣頌. 剖符錫壤. 註. 剖, 分也.)

[역자주] 剖符(부부) : 부절을 나누다. 지방장관이 된 것을 말한다.

5 **[협주]** 반고(班固) <동도부(東都賦)>의 <보정시(寶鼎詩)>에서 "산악은 공물을 생산하고 하천은 보배를 바친다."라고 했다.(東都賦, 寶鼎詩. 嶽修貢, 川效珍.)

[역자주] 修貢(수공) : 공물을 생산하다. 여기서는 공물로 바치는 차를 생산한다는 말이다. 仙才(선재) : 신선의 재목. 이곳에 있으면 두목이 신선이 된 듯하다는 말이다.

6 [역자주] 溪盡(계진) : 개울이 다하다. 배를 타고 가다가 뭍을 만났다는 말이다. 蠻棹(만도) : 남방의 노. 남방에서 타는 배를 가리킨다.

7 [역자주] 卓(탁) : 우뚝하다. 翠苔(취태) : 푸른 이끼.

8 **[협주]** 도연명(陶淵明)의 <귀거래사(歸去來辭)>에서 "깊숙한 곳으로 골짜기를 찾는다."라고 했는데, ≪문선≫ 이주한(李周翰)의 주에서 "'요조(窈窕)'는 아주 깊숙한 모양이다."라고 했다.(陶淵明, 歸來辭. 旣窈窕以尋壑. 註. 窈窕, 長深貌.)

[역자주] 穿(천) : 관통하다. 지나가다.

9 **[협주]** 목화(木華)의 <해부(海賦)>에서 "크게 겹치면서 서로 부딪치네."라고 했고, ≪문선≫ 이선의 주에서 "'상회(相豗)'는 서로 친다는 뜻이다."라고 했다. '회'는 음이 호와 회의 반절이다. 이백(李白)의 <촉 땅으로 가는 길이 험하다(蜀道難)>에서 "나는 여울과 쏟아지는 강물이 서로 시끄럽게 부딪친다."라고 했다.(海賦. 磊㗳匌而相豗.[155] 註. 相豗, 相擊也. 豗, 呼廻切. 李白, 蜀道難. 飛湍瀑流相喧豗.)

[역자주] 喧豗(훤회) : 시끄럽게 부딪치는 소리.

10 [역자주] 等級(등급) : 층층으로 있는 모습을 가리킨다.

11 [역자주] 寬平(관평) : 넓고 탁 트인 모습을 가리킨다. 洞府(동부) : 산속의 넓고 평평한 장소를 이른다.

12 [역자주] 特地(특지) : 돌연. 갑자기. 樓臺(누대) : 아래 주에 나오는 경회정(境會亭)을 가

고아하다(早春寄岳州李使君, 李善棊愛酒, 情地閑雅)>이다.

155) 磊(뢰) : 큰 모양. 㗳匌(답합) : 포개진 모양.

리킨다.

13 **[협주]** 본집의 주에서 "산에 금사천(金沙泉)이 있는데 공물을 바칠 때는 물이 나오고 공물을 다 바치면 물이 말랐다."라고 했다. ≪다보(茶譜)≫에서 "호주 장성현(長城縣) 탁목령(啄木嶺) 금사천은 바로 매해 차를 만드는 곳이다. 호주와 상주(常州) 두 군이 이곳에서 접경을 이루는데 그곳에 경회정(境會亭)이 있다. 매년 차를 만드는 절기가 되면 두 주의 태수가 모두 이곳에 온다. 이 샘은 모래사장에 있어서 평소에는 물이 없다. 차를 만들 때가 되면 태수가 의식을 갖추는데 공손하게 절을 하여 샘에 제사를 지내면 얼마 후에 수원지가 터지며 심히 맑고 물이 많다. 황제에게 조공할 것이 끝나면 물은 점차 줄어들고 묘당에 바칠 것이 끝나면 물은 이미 절반으로 줄어들며 태수를 위해 만드는 것이 끝나면 즉시 말라버린다. 태수가 혹 깃발을 되돌리는 시기를 늦추면 바람과 우레의 변고를 보여주거나 혹 맹금류, 들짐승, 독사, 물귀신 등을 보여주기도 한다."라고 했다.(本註. 山有金沙泉, 修貢出, 罷貢卽絶. 茶譜. 湖州長城縣啄木嶺金沙泉, 卽每歲造茶之所也. 湖常二郡接境於此, 厥土有境會亭. 每茶節, 二牧皆焉. 斯泉也, 處沙之中, 居常無水.[156] 將造茶, 太守具儀注.[157] 拜勅祭泉, 頃之發源, 甚清溢. 造供御者畢, 水卽微減, 供堂者畢, 水已半之. 太守造畢, 卽涸矣.[158] 太守或還旆稽期,[159] 則示風雷之變, 或見鷙獸毒蛇水魅焉.[160])

[역자주] 泉嫩(천눈) : 샘물이 부드럽다. 黃金涌(황금용) : 황금빛 물이 솟다. 금사천의 물을 형용한 것이다.

14 **[협주]** 육우(陸羽)의 ≪다경(茶經)≫에서 "자줏빛이 상급이고 녹색이 그다음이다. 죽순과 같은 것이 상급이고 송곳니 같은 것이 그다음이다."라고 했다. ≪다보≫에서 "원주(袁州)의 계교(界橋)가 그 명성이 매우 높은데 호주의 자순(紫笋)을 갈아 환으로 만든 것보다는 못하다."라고 했다.(陸羽, 茶經. 紫者上, 綠者次. 笋者上, 牙者次. 茶譜曰, 遠[161]

156) 居常(거상) : 평상시.
157) 儀注(의주) : 의식.
158) 涸(학) : 물이 마르다.
159) 還旆(환패) : 깃발을 되돌리다. 차 생산을 마치고 돌아가는 것을 말한다. 稽期(계기) : 기한을 늦추다. 차 수확을 정해진 기한보다 늦게까지 계속하는 것을 말한다.
160) 鷙獸(지수) : 맹금류와 들짐승. 水魅(수매) : 물귀신.

州之界橋, 其名甚著, 不若湖州之姸[162]膏紫笋.)

[역자주] 牙(아) : 송곳니 모양의 차 싹을 가리킨다. 紫璧(자벽) : 자줏빛 벽옥. 호주에서 나는 자순차(紫笋茶)를 말한다.

15 **[협주]** '옥(沃)'은 아마 '불(祓)'의 오류일 것이다. ≪한서·효무위황후전(孝武衛皇后傳)≫에서 "무제(武帝)가 파수(灞水)가에서 액운을 없애는 제사를 지냈다."라고 했고, 안사고의 주에서 "'불(祓)'은 없애다는 뜻으로 파수가에서 스스로 액운을 없애는 것이다. 지금 삼월 상사계(上巳禊)와 같다."라고 했다. ≪한시(韓詩)≫에서 "정(鄭)나라 풍속에 삼월 상사일(上巳日)이 되면 진수(溱水)와 유수(洧水)가에서 난초를 쥐고 죽은 이의 영혼을 불러서 상서롭지 못한 것을 제거했다."라고 했다.(沃, 蓋祓字之誤. 漢書. 武帝祓灞上. 註. 祓, 除. 於水上自祓除. 今三月上巳禊也. 韓詩, 鄭俗三月上巳, 於溱洧兩水上, 秉蘭招魂續魄, 祓除不祥也.)

[역자주] 拜章(배장) : 절하고 상주하다. 황제에게 차를 포장해서 바치는 행위이다. 沃日(옥일) : 황제가 차를 얻어 찻물을 잔에 가득 붓는 날을 말한다. 협주에서는 황제에게 보내기 위해 제계하는 날로 보고 있다.

16 [역자주] 輕騎(경기) : 날랜 기병.

17 [역자주] 嵐(남) : 산의 남기.

18 [역자주] 磬音(경음) : 경쇠 소리.

19 [역자주] 雪艶(설염) : 눈처럼 하얀 아름다운 모습.

20 **[협주]** ['극(尅)'은] 고와 득의 반절이고 반드시라는 뜻이다.(苦得切. 必也.)

21 [역자주] 俛首(부수) : 고개를 숙이다. 塵埃(진애) : 먼지. 속세를 가리킨다.

해설

이 시는 호주에 있는 다산에 가서 본 풍경과 감회를 적은 것으로 그곳에서 나는 차와 경관을 칭송했다. 대중(大中) 5년(851) 봄 호주자사(湖州刺史)로 있을 때 지은 것이다.

---

161) '膏'은 '膏'의 잘못이다.

162) '姸'은 '硏'의 잘못이다. 硏膏(연고) : 찻잎을 갈아서 둥글게 만들다.

126. 다산에서 내려와서 짓다

茶山下作[1]

春風最窈窕,	봄바람이 가장 아름다운 때
日晩柳村西.	해가 버들 마을 서쪽으로 지는데,
嬌雲光占岫,[2]	아름다운 구름은 빛이 산봉우리를 차지했고
健水鳴分溪.	씩씩한 물길은 소리가 개울을 나누었네.
燎巖野花遠,[3]	바위를 불태우며 들꽃은 멀리까지 있고
戛瑟幽鳥啼.[4]	슬을 연주하니 한가로운 새가 지저귀는데,
把酒坐芳草,	술잔을 쥐고 향기로운 풀에 앉노라니
亦有佳人携.[5]	또한 아름다운 이도 거느렸네.

주석

1 [역자주] 茶山(다산) : 호주(湖州)에 있는 산으로 차로 유명하다.

2 [역자주] 占岫(점수) : 산봉우리를 차지하다.

3 [역자주] 燎巖(요암) : 바위를 불태우다. 산에 꽃이 울긋불긋 핀 것을 형용한 것이다.

4 [역자주] 戛瑟(알슬) : 슬을 가볍게 두드리다. 연주한다는 말이다.

5 **[협주]** 한나라 무제(武帝)의 <추풍사(秋風辭)>에서 “아름다운 이를 거느렸으니 잊을 수 없다.”라고 했다.(漢武帝, 秋風詞. 携佳人兮不能忘.)

해설

이 시는 다산에 갔다가 내려오면서 지은 것으로, 주위 경관을 감상하면서 다시 술을 마시며 즐기는 흥취를 묘사했다. 앞의 시와 같은 때에 지은 것이다.

127. 다산에 들어갔다가 내려와서 포구 어귀 시골 시장에 쓴 절구

入茶山下, 題水口草市絶句[1]

倚溪侵嶺多高樹,	개울 옆에서 고개까지 높은 나무가 많고
誇酒書旗有小樓.[2]	작은 누대가 있기에 술 자랑하며 깃발을 쓰네.
驚起鴛鴦豈無恨,	놀라 일어나는 원앙이 어찌 원망이 없으랴
一雙飛去卻回頭.	한 쌍 날아가다가 다시 고개 돌리네.

주석

1 [역자주] 茶山(다산) : 호주(湖州)에 있는 산으로 차로 유명하다. 水口(수구) : 포구 어귀. 다산 인근에 수구진(水口鎭)이 있다. 草市(초시) : 시골의 시장을 가리킨다.

2 [역자주] 書旗(서기) : 깃발에 글을 쓰다.

해설

이 시는 다산에서 내려와 포구의 시장에 있는 누대에서의 감흥을 적은 것이다. 앞의 시와 같은 시기에 지은 것이다.

128. 봄날 다산에서 병이 들어 술을 마시지 못했기에 빈객에게 드리다

春日茶山病不飮酒因呈賓客[1]

笙歌登畫船,[2] 생황 노래 부르며 화려한 배에 오르니

十日淸明前.[3] 청명 열흘 전인데,

山秀白雲膩,[4] 산이 빼어나니 흰 구름이 살지고

溪光紅粉鮮.[5] 개울이 빛나니 화장이 선명하구나.

欲開未開花, 피려다가 아직 피지 않은 꽃

半陰半晴天. 반은 흐리고 반은 갠 하늘,

誰知病太守, 누가 알겠는가, 병든 태수가

猶得作茶仙.[6] 오히려 차 마신 신선이 될런지.

주석

1 [역자주] 茶山(다산) : 호주(湖州)에 있는 산으로 차로 유명하다.

2 [역자주] 畫船(화선) : 채색으로 장식한 화려한 배.

3 **[협주]** ≪예기≫에서 "삼월의 절기에 해가 서방 칠수 중 두 번째인 누수(婁宿)에 있다." 라고 했고 주에서 "청명(淸明)은 삼월의 절기이다."라고 했다.(禮記. 三月之節, 日在婁. 註. 淸明爲三月節.)163)

4 [역자주] 膩(니) : 살지다.

163) 본 조목은 현재 전하는 ≪예기≫에는 보이지 않으며 ≪백공육첩(白孔六帖)≫에 동일한 기록이 보인다.

5 [역자주] 紅粉(홍분) : 붉은 연지와 흰 분. 아름다운 화장을 뜻하고 미인을 가리킨다.

6 **[협주]** ≪다보(茶譜)≫에서 “촉(蜀)의 아주(雅州)에 몽산(蒙山)이 있는데 산에 봉우리가 다섯 개이며 봉우리에는 차밭이 있다. 그 중간 봉우리를 상청봉(上淸峰)이라고 한다. 예전에 승려가 있었는데 병이 들어 몸이 차가워진 지 오래되었다. 일찍이 한 노부를 만났는데 그가 말하기를, ‘몽산의 중간 봉우리에 있는 차는 춘분 전후로 사람의 힘을 많이 필요로 한다. 우레가 칠 때를 기다렸다가 일제히 따되 삼 일이면 그친다. 만약 한 량을 얻어 본지의 물로 끓여서 먹으면 고질병을 낫게 한다. 두 량을 먹으면 당장 질병이 없어지며 세 량을 먹으면 이로 인해 뼈를 바꾸게 되고 네 량을 먹으면 바로 땅 위의 신선이 된다.’라고 했다.”라고 했다.(茶譜. 蜀之雅州有蒙山, 山有五頂, 頂有茶園, 其中頂曰上淸峰. 昔有僧, 病冷且久. 嘗遇一老父, 謂曰, 蒙山之中頂茶, 以春分之先後, 多搆人力. 俟雷之發聲, 倂手採摘,[164] 三日而止. 若獲一兩, 以本處水煎服, 卽祛宿疾.[165] 二兩當眼前無疾, 三兩固以換骨,[166] 四兩卽爲地仙矣.)

해설

이 시는 다산에 차 수확을 시찰하러 갔다가 술병이 나서 연회에서 술을 마시지 못하여 빈객에게 적어 준 것이다. 당시의 아름다운 경관을 묘사한 뒤 술 대신 차를 마시고 신선이 되겠다는 뜻을 말했다. 대개 호주자사(湖州刺史)로 있던 대중(大中) 5년(851)에 지은 것으로 추정한다.

---

164) 倂手(병수) : 손을 가지런히 하다. 여러 사람이 동시에 손을 놀린다는 말이다. 採摘(채적) : 따다.
165) 祛(거) : 없애다. 宿疾(숙질) : 고질병.
166) ‘固’는 ‘因’의 잘못이다. 換骨(환골) : 뼈를 바꾸다. 신선의 몸을 얻는다는 말이다.

129. 술을 마시지 못해 관기에게 주다

不飮贈官妓

芳草正得意,	향초가 막 득의했는데
汀洲日欲西.[1]	물가 섬에는 해가 서쪽으로 지려 하네.
無端千樹柳,	천 그루 버들은 끝이 없고
更拂一條溪.	게다가 한 가닥의 개울을 스치네.
幾朶梅堪折,[2]	몇 송이의 매화를 꺾을 수 있을 것인데
何人手好携.	어느 사람의 손이 붙잡기 좋은가.
誰憐佳麗地,	누가 아름다운 땅을 예뻐할 것인가
春恨却凄凄.[3]	봄 원망에 도리어 처량해지는데.

주석

1 [역자주] 汀洲(정주) : 물가의 모래섬. 여기서는 호주(湖州)의 백빈주(白蘋洲)를 가리키는 것으로 보인다.

2 [역자주] 幾朶(기타) : 몇 송이.

3 [역자주] 凄凄(처처) : 처량한 모양.

해설

이 시는 봄날 경치가 아름답지만 관기와 술을 마시며 즐기지 못해 안타까워하는 마음을 읊은 것이다. 즐기지 못하는 아쉬움은 두목도 그러하고 관기도 그러할 것이다. 대개 시의 '정주'를 호주의 백빈주로 보고 호주자사를 지내던 대중(大中) 5년(851) 봄에 지은 것으로 추정한다.

130. 초봄 설 군사판관에게 주다

早春贈軍事薛判官[1]

雪後新正半,[2]	눈 온 뒤 정월이 반쯤 지나고
春來四刻長.[3]	봄이 와서 낮이 네 각이 길어졌네.
晴梅朱粉艷,[4]	맑은 날의 매화는 붉은빛 흰빛이 아름답고
嫩水碧羅光.[5]	부드러운 물은 푸른빛 비단으로 빛나네.
絃管開雙調,[6]	현악기 관악기로 쌍조를 펼쳤고
花鈿坐兩行.[7]	꽃 장식 비녀 꽂은 기녀가 두 줄로 앉았네.
唯君莫惜醉,	그대는 취하는 걸 애석해 하지 말지니
認取少年場.[8]	젊은이가 모이는 장소란 걸 기억하게나.

주석

1 [역자주] 薛判官(설판관) : 설씨에 관해서는 상세하지 않다. '군사판관'은 지방 장관의 부관으로 군사 업무를 담당했다.

2 [역자주] 新正(신정) : 정월.

3 [역자주] 四刻長(사각장) : 동지보다 낮이 4각 더 길어지다. 하루는 낮과 밤이 각각 50각씩인데, 동지 이후로 9일에 1각씩 낮이 길어진다.

4 [역자주] 朱粉(주분) : 붉은 연지와 흰 분. 원래 여인의 화장을 가리키는데 여기서는 매화꽃을 가리킨다.

5 [역자주] 嫩水(눈수) : 부드러운 개울물.

6 [역자주] 絃管(현관) : 현악기와 관악기. 雙調(쌍조) : 상조(商調)의 악률 이름이다. 또는

현악과 관악 2부악을 가리킬 수도 있다.

7 [역자주] 花鈿(화전) : 꽃으로 장식한 비녀. 여인의 장식이다.

8 [역자주] 認取(인취) : 기억하다. 少年場(소년장) : 젊은이들이 모여 노니는 장소.

해설

이 시는 봄날의 연회에 참석한 설 판관에게 준 것으로 젊은이답게 호탕하게 술을 마시며 놀기를 권하는 내용이다. 대개 다음에 나오는 시와 연결지어 호주자사를 지내던 대중(大中) 5년(851) 봄에 지은 것으로 추정한다.

131. 오흥의 기녀를 대신하여 초봄 설 군사판관에게 부치다

代吳興妓春初寄薛軍事[1]

霧冷侵紅粉,[2]	안개의 한기가 여인의 화장에 스며들고
春陰撲翠鈿.[3]	봄 그늘이 푸른빛 비녀를 스치는데,
自悲臨曉鏡,	새벽 거울을 보며 스스로 슬퍼하니
誰與惜流年.	누가 함께 흘러가는 세월을 애석해 할까.
柳暗霏微雨,[4]	버들 그늘 어둑하고 가랑비가 날리며
花愁黯淡天.	꽃은 근심하고 옅은 하늘은 어둑하네.
金釵有幾隻,[5]	금비녀가 몇 개 있는데
抽當酒家錢.[6]	뽑아다가 잡혀서 술집에 맡길 돈으로 삼으리라.

주석

1 [역자주] 吳興(오흥) : 호주(湖州)로 지금의 절강성 호주이다. 薛軍事(설군사) : 설씨에 대해서는 자세하지 않다. '군사'는 군사판관(軍事判官)으로 지방 장관의 부관으로 군사 업무를 담당했다.

2 [역자주] 紅粉(홍분) : 붉은 연지와 흰 분. 여인의 화장을 가리킨다.

3 [역자주] 撲(박) : 치다. 스치다. 翠鈿(취전) : 푸른색 비녀. 여인의 머리 장식이다.

4 [역자주] 霏(비) : 비가 많이 내리다.

5 [역자주] 金釵(금차) : 금비녀. 幾隻(기척) : 몇 개.

6 **[현주]** ['당(當)'은] 음이 정과 랑의 반절로 가운데의 뜻이다. 이백의 시167)에 "안공의 삼십만 전 모두 술집 돈으로 맡기다."라고 했다. ≪남사(南史)·안연지전(顔延之傳)≫에서

"안연지는 도연명과 진정으로 친했는데 매번 찾아가면 반드시 얼큰하게 마셔서 취했다. 다른 곳으로 부임할 때 2만 전을 도연명에게 주었는데 도연명은 모두 술집에 보냈으며 가끔 가서 술을 마셨다."라고 했다.(丁郎切, 中也. 李白詩. 願[168]公三十萬, 盡付酒家錢. 南史. 顔延之, 與陶潛情款,[169] 每往必酣飮致醉. 臨去, 留二萬錢與潛. 潛悉送酒家, 稍就取酒.)

[역자주] 當(당) : 저당을 잡히다. 또는 충당하다.

해설

이 시는 설 판관이 기녀를 좋아하지 않자 기녀를 대신해 정감을 표현해 준 것이다. 봄날 외로이 지내는 기녀의 모습을 형용하고는 남자가 만나주지 않으니 장식할 비녀가 필요 없어 그것으로 술이나 마시겠다고 했다. 대개 앞의 시와 같은 시기에 지은 것으로 추정한다.

167) 이백의 시 <우문 선성태수께 드리며 아울러 최 시어에게 주다(贈宣城宇文太守兼呈崔侍御)>이다.

168) '願'은 '顔'의 잘못이다.

169) 情款(정관) : 진심으로 대하며 친하다.

132. 8월 13일 후임 자사가 온 뒤에 삽계관으로 거처를 옮겼기에 그곳에 쓴 칠언율시

八月十三日得替後移居霅溪館, 因題長句四韻[1]

萬家相慶喜秋成,[2] 수많은 집에서 서로 경하하며 가을 풍년을 즐거워하니
處處樓臺歌板聲.[3] 곳곳의 누대에는 노래하고 연주하는 소리라네.
千歲鶴歸猶有恨,[4] 천 년의 학이 돌아와도 원한이 있는데
一年人住豈無情.[5] 일 년 사람이 머물렀다고 어찌 정이 없겠는가.
夜涼溪館留僧語, 밤에 서늘한 삽계관에서 머무르며 스님과 대화하고
風定蘇潭看月生.[6] 바람 잦아든 소공담에서 달이 떠오르는 것을 보네.
景物登臨閑始見, 경물을 누대에 올라 구경하는 것 비로소 한가로이 보자니
願爲閑客此閑行. 한가로운 나그네가 이번에 한가로이 여행하길 바라네.

주석

1 [역자주] 三(삼) : '이(二)'로 된 판본도 있다. 得替(득체) : 후임으로 새로 관원이 온 것을 말한다. 霅溪館(삽계관) : 호주(湖州) 오정현(烏程縣)에 있는 역참으로 원래 흥국사(興國寺)였다.

2 [역자주] 秋成(추성) : 가을 풍년.

3 [역자주] 歌板(가판) : 노래하며 박판(拍板)으로 박자를 맞추다.

4 **[협주]** 권2의 "겹겹의 가을 무덤은 쑥대를 탄식하네." 구의 주에 보인다.170) (見二卷纍纍

170) 두목의 시 <이 처사에게 주는 칠언율시(贈李處士長句四韻)>이다.

秋塚嘆蓬蒿註.)

[역자주] 千歲鶴(천세학) : 천 년의 학. 한나라 요동(遼東) 사람 정령위(丁令威)가 신선이 되어 학으로 변해 고향으로 돌아왔는데 사람들이 돌을 던지며 맞히려 하자 공중을 배회하며 "새가 있어 새가 있어 정령위구나, 집을 떠나 천 년 만에 지금 비로소 돌아왔네. 성곽은 그대로인데 사람은 죽고 없으니 어찌하여 신선을 배우지 않아 무덤이 첩첩인가.(有鳥有鳥丁令威, 去家千載今始歸. 城郭猶是人民非, 胡不學仙塚纍纍.)"라고 했다.

5 **[협주]** ≪신당서·두목전≫에서 "황주(黃州), 지주(池州), 목주(睦州) 세 주의 자사를 거치고 조정으로 들어와 사훈원외랑(司勳員外郎)이 되었다가 이부원외랑(吏部員外郎)으로 바뀌었으며, 다시 청하여 호주자사(湖州刺史)가 되었다. 한 해를 넘긴 뒤 고공낭중(考功郎中)이 되었다가 중서사인(中書舍人)으로 옮겼다."라고 했다.(公本傳. 歷黃池睦三州刺史, 入爲司勳員外郎, 改吏部, 復乞爲湖州刺史. 踰年, 以考功員外[171], 遷中書舍人.)

6 [역자주] 蘇潭(소담) : 오정현에 있는 소공담(蘇公潭)을 가리킨다.

해설

이 시는 호주자사로 있다가 경사로 돌아오기 전에 잠시 삽계관에 묵으면서 감회를 적은 것이다. 비록 일 년 밖에 있지 않았지만 아름다운 경관을 모처럼 흘가분하게 즐기게 된 것을 말하며 앞으로 계속 이런 한가로운 심정으로 살겠다는 의지를 드러내었다. 대중(大中) 5년(851) 가을에 지은 것이다.

171) '員外'는 '郎中'의 잘못이다.

133. 초겨울 밤에 술을 마시다

初冬夜飲

淮陽多病偶求歡,[1]	회양에서는 병이 많아도 다행히 즐거움을 구했는데
客袖侵霜與燭盤.[2]	나그네 소매에 서리가 스민 채 등잔과 함께하네.
砌下梨花一堆雪,[3]	섬돌 아래 배꽃 같은 한 무더기 눈
明年誰此憑闌干.	내년에는 누가 여기서 난간에 기댈까.

주석

1 **[협주]** ⟪사기·급암전(汲黯傳)⟫에서 "급암이 동해태수(東海太守)가 되었는데 관원과 백성을 다스림에 청정무위를 좋아하여 승(丞)과 장사(長史) 등 부하 관원을 선발하여 일임했다. 그 다스림에서는 굵직한 것만 책임질 뿐이었다. 급암은 병이 많아 침실 안에 누워서 밖에 나가지 않았는데 일 년이 지나자 동해가 잘 다스려졌다. 마침 오수전(五銖錢)으로 화폐를 바꾸었는데 민간에서 위폐를 만드는 경우가 많았고 초 땅이 더욱 심했다. 주상은 회양(淮陽)이 초 땅의 근교라고 생각하고는 이에 급암을 불러 회양태수로 임명했다. 급암이 엎드려 사양하며 인장을 받지 않았는데 조서가 수차례 내려서 억지로 준 뒤에야 조서를 받들었다. 주상이 말하기를, '그대는 회양을 가볍게 보는 것인가? 나는 그저 그대의 중후함으로 누운 채로 다스릴 수 있게 하면 되네.'라고 했다."라고 했다.(史記, 汲黯傳. 黯爲東海太守, 治官理民, 好淸靜, 擇丞史而任之. 其治, 貴[172]大指而已. 黯多病, 臥閨閤內不出,[173] 歲餘, 東海大治云云. 會更五銖錢, 民多盜鑄錢, 楚地尤甚. 上以

172) '貴'는 '責'의 잘못이다.
173) 閨閤(규합) : 내실.

爲淮陽, 楚地之郊, 乃召拜黯爲淮陽太守. 黯伏謝不受印, 詔數彊予,[174] 然後奉詔. 上曰, 君薄淮陽邪. 吾徒得君之重, 臥而治之.)

[역자주] 淮陽(회양) : 지금의 하남성 회양이다. 求歡(구환) : 즐거움을 찾다.

2 **[협주]** 북주(北周) 유신(庾信)의 <대촉부(對燭賦)>에서 "다시 등잔대를 물려서 등잔을 내린다."라고 했다.(周庾信, 燭賦. 還卻燈檠下燭盤.[175])

3 [역자주] 砌(체) : 섬돌.

해설

이 시는 초겨울 쌓인 눈을 보며 술을 마시다가 든 감회를 적은 것이다. 급암은 병으로 누워만 있었지만 그래도 아랫사람을 잘 부리며 한가하게 지냈는데, 자신은 그러지 못한 상황에서 지방 관직을 전전하는 것을 안타까워했다. 작시 시기는 고찰할 수 없다.

174) 彊予(강여) : 억지로 주다.

175) 燈檠(등경) : 등잔을 올려놓는 대. 燭盤(등반) : 등잔.

134. 대나무를 심다

栽竹

本因遮日種,	본래는 햇빛을 가리려고 심는 것인데
却似爲溪移.	도리어 시내 때문에 옮긴 게 된 듯하네.
歷歷羽林影,[1]	줄지어 늘어선 깃털 장식 덮개의 모습
疏疏煙露姿.	듬성듬성 안개 이슬 내린 자태.
蕭騷寒雨夜,[2]	쓸쓸한 찬비 내리는 밤
敲劼晚風時.[3]	서걱서걱 저녁 바람 부는 때.
故國何年到,	고향은 언제나 가게 되어
塵冠挂一枝.[4]	먼지 묻은 관을 한 가지에 걸어놓을까.

주석

1 [역자주] 歷歷(역력) : 줄지어 늘어선 모양. 羽林(우림) : 빽빽한 깃털 장식의 덮개. 또는 삼엄한 궁중호위군인 우림군을 가리키기도 한다. 여기서는 대나무의 모습을 형용한 것이다.

2 [역자주] 蕭騷(소소) : 쓸쓸한 모양. 또는 바람이 나무에 불어 나는 소리.

3 [역자주] 敲劼(고갈) : 거세게 두드리다. 바람에 대나무가 서로 부딪치는 것을 말한다.

4 [역자주] 塵冠(진관) : 세속의 관직을 뜻한다. 관을 걸어놓는나는 것은 사임하는 것을 뜻한다.

해설

이 시는 대나무를 심고 그 감회를 적은 것이다. 겨울비 내리는 밤에 바람에 흔들리는 대나무 소리를 듣는 상황을 묘사하고는 관직을 그만두고 고향으로 돌아가고자 하는 마음을 표현했다. 작시 시기는 고찰할 수 없다.

135. 매화

梅

輕盈照溪水,[1] 사뿐사뿐 개울 물을 비추며
掩斂下瑤臺.[2] 단정하게 요대에서 내려오네.
妒雪聊相比, 눈을 질투하며 그럭저럭 비교해 보고
欺春不逐來.[3] 봄을 업신여기며 좇아오지는 않았네.
偶同佳客見, 우연히 아름다운 객과 보게 되었으니
似爲凍醪開.[4] 겨울 술을 열어야 할 것 같네.
若在秦樓畔, 만약 진 땅의 누대가에 있었다면
堪爲弄玉媒.[5] 농옥을 이끌 수 있었으리.

주석

1 [역자주] 輕盈(경영) : 경쾌한 모양. 미인의 동작이다.

2 **[협주]** 초사 <이소(離騷)>에서 "높다란 요대를 바라보니 유융씨(有娀氏)의 미녀가 보인다."라고 했다. 육기(陸機)의 <전완성가(前緩聲歌)>에서 "산을 노닐며 여러 신령을 모아 곤륜산 층성의 산에서 크게 연회를 베푸네. 북쪽으로 요대의 신녀를 부르고 남쪽으로 상수의 아황(蛾黃)을 초대하네. 악사인 태용(太容)은 고아한 현을 튕기고 신선 홍애(洪崖)가 맑은 노래를 뽑아내네. 술을 올리고 권함이 이미 한 순배 돌자 가볍게 날아올라 자줏빛 노을을 타네."라고 했다.(楚辭. 望瑤臺之偃蹇,[176] 見有娀之佚女. 陸士衡, 前緩聲歌

---

176) 偃蹇(언건) : 높다란 모양.

曰, 遊山聚靈族, 高會曾城阿. 北徵瑤臺女, 南要湘川娥. 太容畵[177]高絃, 洪崖發淸歌. 獻酬旣已周, 輕擧乘紫霞.)

[역자주] 掩斂(엄렴) : 얼굴을 가리고 옷깃을 여미다. 정숙한 여인의 모습이다. 瑤臺(요대) : 곤륜산에 있는 신선의 누대이다. 이상 두 구는 매화가 핀 모습을 신녀의 모습에 비유하여 표현한 것이다.

3 [역자주] 欺春(기춘) : 봄을 업신여기다. 이 구는 봄이 오는 것에 따라서 매화가 피는 것이 아니라는 말이다.

4 [역자주] 凍醪(동류) : 겨울에 빚어 봄에 마시는 술.

5 **[협주]** ≪신선전습유(神仙傳拾遺)≫의 기록이다. 소사(簫史)는 관악기 소를 잘 불어 난새와 봉황의 소리를 냈다. 진(秦)나라 목공(穆公)에게 농옥(弄玉)이라는 딸이 있었는데 소를 잘 불었기에 목공이 농옥으로 소사의 부인이 되게 했다. 마침내 소사가 농옥에게 소 부는 법을 가르쳐 봉황의 소리를 내게 했다. 십수 년 뒤에 소를 부는데 봉황 소리와 비슷하자 봉황이 와서 그 지붕에 내려앉았다. 목공이 그들을 위해 봉대(鳳臺)를 지어주었는데 부부가 그 위에 머물면서 마시지도 먹지도 않으며 여러 해 동안 내려오지 않았다. 어느 날 농옥은 봉황을 타고 소사는 용을 타고 하늘로 올라가 떠났다.(仙[178]傳拾遺. 簫史善吹簫, 作鸞鳳之響. 秦穆公有女, 名弄玉, 善吹簫, 公以弄玉妻之. 遂敎弄玉吹簫作鳳鳴. 居十數年, 吹簫似鳳聲, 鳳凰來止其屋. 公爲作鳳臺, 夫婦止其上, 不飮不食, 不下數年. 一旦弄玉乘鳳, 簫史乘龍, 昇天而去.)

해설

이 시는 매화가 핀 모습을 보고 그 고고함과 아름다움을 칭송한 것이다. 작시 시기는 알 수 없다.

---

177) '畵'는 '揮'의 잘못이다.
178) 앞에 '神' 자가 더 있어야 한다.

136. 산석류

山石榴[1]

似火山榴映小山, 불꽃처럼 산석류가 작은 산을 비추니
繁中能薄艶中閑. 번다함 속에서 담박할 수 있고 요염 속에서 한가롭네.
一朵佳人玉釵上,[2] 한 떨기를 아름다운 이의 옥 비녀 위에 두면
祇疑燒卻翠雲鬟.[3] 그저 검푸른 구름 같은 머리를 태워버릴 것 같구나.

주석

1 **[협주]** 동진(東晉) 주경식(周景式)의 <여산기(廬山記)>에서 "향로봉(香爐峰) 꼭대기에 너럭바위가 있고 모퉁이에 산석류가 자라는데 삼월에 꽃이 핀다. 색은 석류와 비슷하지만 작고 담홍색이며 자줏빛 꽃받침이 펴지면 매우 아름다워 사랑스럽다."라고 했다.(周景式, 廬山記. 峰頭有磐石, 垂生山石榴, 三月中作花, 色似石榴而小, 淡紅, 敷紫萼, 煒曄可愛.179))

2 [역자주] 朵(타) : 꽃송이를 헤아리는 단위.

3 [역자주] 祇(지) : 다만. 그저. 翠雲鬟(취운환) : 검푸르게 윤기가 나고 구름처럼 풍성한 여인의 머리카락.

해설

이 시는 산석류 꽃의 붉고 아름다운 모습을 칭송한 것이다. 작시 시기는 고찰할 수 없다.

---

179) 敷(부) : 펴다. 紫萼(자악) : 자줏빛 꽃받침. 煒曄(위엽) : 매우 아름다운 모양.

137. 버들을 읊은 칠언율시

柳長句

日落水流西復東, 해는 지고 물은 흐르는데 서쪽으로 또 동쪽으로
春光不盡柳何窮. 봄빛이 끝이 없으니 버들이 어찌 다할까.
巫娥廟裏低含雨,[1] 무산 여인의 사당 안에서는 낮게 처져 비를 머금고
宋玉宅前斜帶風.[2] 송옥의 집 앞에서는 비낀 채 바람을 두르고 있으리.
莫將楡莢共爭翠,[3] 느릅나무 꼬투리와 함께 푸르름을 다투지 말 것이고
深感杏花相映紅. 살구꽃이 붉게 비치는 것에 깊이 느끼우리라.
灞上漢南千萬樹,[4] 파숫가 한수 남쪽 천 그루 만 그루
幾人游宦別離中.[5] 몇 명의 떠돌이 관원이 작별하고 있는가.

주석

1 **[협주]** 송옥(宋玉)의 <고당부(高唐賦)> 서(序)에서 "'저는 무산(巫山)의 남쪽, 고구(高丘)의 언덕에 있는데 아침에는 아침 구름이 되고 저녁에는 지나가는 비가 되어 아침마다 저녁마다 양대(陽臺) 아래에 있겠습니다.'라고 했다. 아침에 그곳을 보니 그 말과 같아서 사당을 세우고 조운(朝雲)이라고 불렀다."라고 했다.(唐高[180]賦序. 妾在巫山之陽, 高丘之岨, 旦爲朝雲, 暮爲行雨. 朝朝暮暮, 陽臺之下. 旦朝視之, 如言, 故立廟號曰朝雲.)
[역자주] 巫娥(무아) : 무산의 미인.

2 **[협주]** 유신(庾信)의 <강남을 슬퍼하는 부(哀江南賦)>에서 "송옥의 집에 띠풀을 베네."

---

180) '唐高'는 '高唐'의 잘못이다.

라고 했다. 송옥(宋玉)이 <바람을 읊은 부(風賦)>를 지었다.(庾信, 哀江南賦. 誅茅宋玉之宅.[181] 宋玉作風賦.)

3 [역자주] 將(장) : ~와. 楡莢(유협) : 느릅나무의 꼬투리. 그 모양이 돈꿰미를 닮았다. 이하 두 구는 부귀영화를 누리는 것에 대해 경계의 뜻을 담고 있다.

4 [역자주] 灞(파) : 황하의 지류인 위수(渭水)의 지류. 漢(한) : 장강의 지류인 한수(漢水).

5 **[협주]** ≪천보유사(天寶遺事)≫에서 "장안(長安) 동쪽 패릉(霸陵)에 다리가 있는데 오는 사람 맞이하고 가는 사람 송별하며 모두 이 다리에 왔기에 작별의 장소가 되었다."라고 했다.(天寶遺事. 長安東霸陵有橋, 來迎去送, 皆至此橋, 爲離別之地.)

[역자주] 游宦(유환) : 지방을 떠돌며 관직 생활을 하다.

해설

이 시는 버드나무에 대해 읊은 것으로 고래로 사랑과 이별의 아픔을 같이해 왔음을 말하며 떠돌며 관직 생활하는 것에 대한 애환을 드러내었다. 작시 시기는 고찰할 수 없다.

---

181) 誅茅(주모) : 띠풀을 베다.

138. 수제의 버드나무

隋堤柳[1]

夾岸垂楊三百里,	강둑 양쪽에 늘어진 버드나무 삼백 리
祇應圖畫最相宜.	그저 응당 그림이라야 가장 어울리리라.
自嫌流落西歸疾,[2]	떠도는 것을 스스로 싫어하나니 서쪽으로 빨리 돌아가
不見東風二月時.[3]	동풍 부는 이월에는 보지 않으리라.

주석

1 **[협주]** ≪수서(隋書)≫에 따르면 양제(煬帝)가 천하의 온 백성들 동원하여 위수(渭水)를 파서 변하(汴河)로 들어가게 하고 회수(淮水)와 통하게 했다. 장안(長安)까지 천 리에 양 강둑에 제방을 쌓고 버드나무를 심었다.(隋書. 煬帝役天下萬姓, 鑿渭河入汴河, 通淮. 長安千里兩岸, 築堤栽柳.)

2 [역자주] 流落(유락) : 이리저리 떠돌다. 西歸(서귀) : 서쪽으로 돌아가다. 장안으로 가는 것을 말한다.

3 **[협주]** 위의 "고향에서 봄을 맞아도 줄곧 적막하겠지." 구의 주에 보인다.[182](見上故國逢春一寂寥註.)

182) 두목의 시 <선주에서 서주로 가는 판관 배탄을 송별하다, 당시 나는 관직에 임명되어 경사로 돌아가려고 했다(宣州送裴坦判官往舒州, 時某欲赴官歸京)>이다.

해설

이 시는 수제의 버들을 보고 그 아름다움을 칭송한 뒤 자신은 곧 장안으로 돌아가게 되어 내년에는 보지 못할 것이라고 했다. 대개 호주자사로 있다가 중서사인으로 발령이 났던 대중(大中) 5년(851)에 지은 것으로 추정한다.

139. 버들을 읊은 절구
柳絶句

數樹新開翠影齊,	몇 그루 새로 돋아 푸른 모습 가지런한데
倚風情態被春迷.[1]	바람에 기댄 정겨운 모습에 봄 아지랑이 덮였네.
依依故國樊川恨,[2]	그리운 고향 번천에 대한 원망으로
半掩村橋半拂溪.	반은 마을 다리를 덮고 반은 개울을 스치네.

주석

1 [역자주] 被(피) : 뒤덮다. 春迷(춘미) : 봄의 뿌연 기운을 가리킨다.

2 [역자주] 依依(의의) : 그리워하는 모양. 故國(고국) : 고향.

해설

이 시는 봄에 새로 돋은 버들을 보고 고향을 그리워하는 심사를 읊었다. 작시 시기는 고찰할 수 없다.

140. 홀로 있는 버들

獨柳

含煙一株柳,　　안개를 머금은 한 그루 버드나무
拂地搖風久.　　땅을 스치며 바람에 흔들린 지 오래.
佳人不忍折,　　아름다운 이가 차마 꺾지 못하고
悵望廻纖手.[1]　　서글피 바라보며 가느다란 손을 되돌리네.

주석

1 [역자주] 纖手(섬수) : 섬섬옥수.

해설

이 구는 홀로 있는 버들을 여인이 차마 꺾지 못하고 서글피 바라본다는 내용이다. 이로써 홀로 지내며 임을 그리워하는 마음을 기탁했다. 작시 시기는 고찰할 수 없다.

141. 때 이른 기러기
早雁

金河秋畔虜弦開,[1]	금하현 가을 들판에 오랑캐 활이 펼쳐지자
雲外驚飛四散哀.	구름 바깥에서 놀라 날며 사방으로 흩어지며 슬퍼했지.
仙掌月明孤影過,[2]	승로반 달 밝을 때 외로운 그림자 지나가고
長門燈暗數聲來.[3]	장문궁 등불 어두울 때 몇몇 소리 들렸으리.
須知胡騎紛紛在,	모름지기 오랑캐 기병이 많이 있음을 알아야 할지니
豈逐春風一一廻.	어찌 봄바람을 따라 한 마리 한 마리 돌아가려는가.
莫厭瀟湘少人處,[4]	소상강 사람 적은 곳을 싫어하지 말지니
水多菰米岸莓苔.[5]	물 많은 곳에는 고미쌀 강둑에는 푸른 이끼가 있다네.

주석

1 **[협주]** ≪통전(通典)≫에 따르면 선우대도호부(單于大都護府)에 속한 현 중에 금하현(金河縣)이 있는데 그곳에 이릉(李陵)의 묘와 왕소군(王昭君)의 묘가 있다.(通典. 單于大都護府領縣有金河, 有李陵墓昭君墓.)

[역자주] 虜弦(노현) : 오랑캐의 활을 가리킨다. 가을이 되면 활이 강해져서 북쪽 이민족이 무력을 과시하며 침략한다.

2 **[협주]** 권2의 “구리 기둥은 지는 해에 담백하다.” 구의 주에 보인다.[183)](見二卷金莖淡日

183) 두목의 시 <초봄에 대궐에서 숙직을 서는데 사인 소치 또한 한림원에서 근무하고 있어 감회를 쓴 4운의 시를 보내다(早春閣下寓直, 蕭九舍人亦直內署, 因寄書懷四韻)>이다.

殘註.)

[역자주] 仙掌(선장) : 신선의 손바닥. 한나라 무제(武帝)가 장안 건장궁(建章宮)에 만든 승로반(承露盤)을 가리킨다. 신선의 손바닥으로 받치는 형상을 만들었다. 이와 달리 화산(華山)의 선인장봉(仙人掌峰)을 가리키는 것으로 볼 수도 있다.

3 **[협주]** 권1의 "육궁에서 비록 사마상여의 부를 생각한다."의 주에 보인다.[184](見一卷六宮雖念相如賦注.)

[역자주] 長門(장문) : 장안의 궁궐 이름이다. 이상 두 구는 지난가을 기러기가 장안을 지나왔음을 말한다.

4 [역자주] 瀟湘(소상) : 지금의 호남성에 있는 강이다.

5 [역자주] 菰米(고미) : 벼와 비슷한 식물로 열매로 밥을 할 수 있다. 莓苔(매태) : 푸른 이끼.

해설

이 시는 지난가을 북쪽을 떠나 장안을 통해 남쪽으로 날아온 기러기가 봄이 되어 다시 북쪽으로 가려고 하자 만류하는 내용이다. 북쪽의 오랑캐를 피해서 왔는데 아직 그들이 여전하고 이곳 남방은 맛있는 음식과 경관이 있으니 떠나가지 말라고 했다. 이로써 남방을 떠도는 자신의 외로움을 투영했다. 이와 달리 회창(會昌) 2년(842) 회흘(回紇)이 남침하여 북방 유민이 남쪽으로 내려온 것을 애달파하며 지은 것이라는 설이 있다.

184) 두목의 시 <다시 전송하며 지은 한 수(重送一首)>에 보인다.

142. 왜가리

鵁鶄[1]

芝莖抽紺趾,[2] 지초 줄기를 감색 발로 잡아당기고
清唳擲金梭.[3] 맑은 울음소리는 금빛 베틀 북을 던지는 듯.
日翅閑張錦,[4] 햇빛 받은 날개는 펼쳐진 비단처럼 한가롭고
風池去罥羅.[5] 바람 부는 연못에서 그물을 제거하네.
靜眠依翠荇,[6] 푸른 마름에 의지하여 조용히 잠자고
暖戲折高荷. 높이 자란 연 줄기 꺾으며 따뜻하게 장난치네.
山陰豈無爾,[7] 산음에는 아마 그대가 없었기에
繭字換群鵝.[8] 누에고치 종이에 글자를 써서 여러 마리 거위와 바꿨으리라.

주석

1 **[협주]** ≪이아(爾雅)≫에서 “왜가리는 오리와 비슷한데 다리가 길고 깃으로 관을 쓰고 있다. 강동 사람들이 집에서 기르는데 이로써 화재를 막았다.”라고 했다. ≪이물지(異物志)≫에서 “왜가리는 높은 나무에 둥지를 틀고 굴 안에 알을 낳는데, 새끼가 날 수 없으면 날개를 물고 난다.”라고 했다.(爾雅. 鵁鶄, 似鳧, 脚高毛冠. 江東人家養之, 以厭火災. 異物志. 鵁鶄, 巢於高樹, 生子在窟中, 未能飛, 皆銜其翼飛也.)

[역자주] 鵁鶄(교청) : 왜가리.

2 **[협주]** 예형(禰衡)의 <앵무부(鸚鵡賦)>에서 “감색 발과 붉은 부리.”라고 했다.(鸚鵡賦. 紺趾丹觜.)

[역자주] 芝莖(지경) : 지초 줄기. 紺趾(감지) : 감색 발.

3 [역자주] 淸唳(청려) : 맑은 울음소리. 擲(척) : 던지다. 金梭(금사) : 금빛 베틀 북.

4 **[협주]** 간문제(簡文帝)의 <교청부(鵁鶄賦)>에서 "금빛 모래의 아름다운 무늬와 비슷하고 비단 재질의 꽃무늬 문양과 같다."라고 했다.(簡文帝, 鵁鶄賦. 似金沙之符采, 同錦質之報章.[185])

[역자주] 日翅(일시) : 햇볕에 말리고 있는 날개.

5 [역자주] 罥羅(견라) : 새를 잡는 그물.

6 [역자주] 翠荇(취행) : 푸른빛 마름. 마름은 물풀이다.

7 [역자주] 豈(기) : 아마도. 爾(이) : 그대. 왜가리를 가리킨다.

8 **[협주]** ≪진서(晉書)·왕희지전(王羲之傳)≫에서 "산음(山陰)에 도사가 있었는데 거위를 잘 길렀다. 왕희지가 가서 보고는 기분이 매우 좋아서 그것을 구하고자 했다. 도사가 말하기를, '날 위해 ≪도덕경(道德經)≫을 써주면 마땅히 무리째 그대에게 주겠오.'라고 하니 왕희지가 흔쾌히 다 쓰고는 거위를 새장에 넣어서 떠나갔다."라고 했다. ≪법서요록(法書要錄)≫에서 "왕희지가 산음의 난정(蘭亭)을 노니는데 태원(太原) 사람 손통(孫統) 등 41명과 액운을 쫓는 제사를 지내고는 붓을 휘둘러 서문을 지었는데 흥에 즐거워 누에고치로 만든 종이와 쥐수염으로 만든 붓을 사용하니 강건하고 아름다워 대대로 다시 없을 글이었다."라고 했다.(晉書. 山陰有道士, 好養鵝. 羲之往觀之. 意甚怪[186], 因[187]求之. 道士曰, 爲寫道德經, 當擧群相贈. 羲之欣然寫畢, 籠鵝而去. 法書要錄. 王羲之遊山陰之蘭亭, 與太原孫統等四十有一人, 修祓禊之禮,[188] 揮毫製序, 興樂而書用繭紙鼠鬚筆, 遒媚勁健,[189] 絶代更無.)

[역자주] 繭字(견자) : 누에고치 종이로 만든 고급 종이에 글자를 쓰다.

---

185) 符采(부채) : 아름다운 문양. 報章(보장) : 베틀 북이 왔다 갔다 하면서 만든 문양.
186) '怪'는 '悅'의 잘못이다.
187) 지금 전하는 ≪진서≫에는 '因'이 '固'로 되어 있다.
188) 祓禊(불계) : 액운을 떨치는 제사.
189) 遒媚(주미) : 굳세고 아름답다. 勁健(경건) : 굳세다.

해설

이 시는 왜가리의 아름다운 자태를 읊은 것으로, 왕희지 역시 왜가리가 있었다면 거위보다 좋아했을 것이라고 했다. 작시 시기는 고찰할 수 없다.

143. 앵무새

鸚鵡

華堂日漸高,	화려한 당에 해가 점차 높아지는데
雕檻繫紅縚.[1]	조각한 난간에 붉은 실로 묶여있네.
故國隴山樹,[2]	고향인 농산의 나무
美人金剪刀.[3]	미인의 금빛 가위.
避籠交翠尾,	새장을 피해 푸른 꽁지를 흔들고
罅觜靜新毛.[4]	부리를 열고는 새로 난 털을 깨끗이 해야 하리니,
不念三緘事,[5]	입을 세 번 봉한 일을 유념치 않으면
世途皆爾曹.[6]	세상 길이 모두 너희와 같으리라.

주석

1 **[협주]** [‘도(縚)’는] 음이 타와 도의 반절이다. 실을 짜서 끈을 만든다.(他刀切. 織絲爲縚.)

[역자주] 雕檻(조함) : 조각하여 화려한 난간, 紅縚(홍도) : 붉은 끈.

2 **[협주]** 예형(禰衡)이 <앵무부(鸚鵡賦)> 서(序)에서 “서역의 신령한 새이다.”라고 했고, ≪문선≫ 이선의 주에서 “서역은 농산(隴山)을 말하는데 이 새가 산출된다.”라고 했다.(禰衡, 鸚鵡賦序. 惟西域之靈鳥. 李善註. 西域謂隴坻, 出此鳥也.)

[역자주] 故國(고국) : 고향.

3 **[협주]** ≪혼천도(混天圖)≫[190)]에 따르면 위부인(衛夫人)이 가위를 만들었다.(混天圖. 衛夫人作剪刀.)

[역자주] 剪刀(전도) : 가위. 예형의 <앵부무>에 "조각한 새장에 갇혀서 그 깃촉을 자른다.(閉以雕籠, 翦其翅羽.)"라고 했는데 앵무새를 잡아서 날지 못하게 한 것을 말한다.

4 [역자주] 罅觜(하자) : 부리를 벌리다. 이상 두 구는 앵무새가 말을 잘해 사람에게 잡히는 것이 아니라 새장을 벗어나 자유롭게 사는 것을 형용한 것이다. 부리 역시 말을 하기 위한 것이 아니라 깃을 고르기 위한 용도로 사용해야 한다는 말이다.

5 **[협주]** ≪공자가어(孔子家語)≫에서 "공자가 주(周)나라를 구경하다가 태조(太祖)와 후직(后稷)의 묘당에 들어갔다. 당의 왼쪽 계단 앞에 청동인물상이 있었는데, 그 입을 세 번 봉하고 그 등에 '옛날 말을 조심했던 사람이다.'라고 새겨져 있었다."라고 했다.(家語. 孔子觀周, 入太祖后稷之廟, 堂左[191]階之前, 有金人. 三緘其口而銘其背曰, 古之愼言人也.)

[역자주] 緘(함) : 봉함하다.

6 [역자주] 爾曹(이조) : 너희들. 앵무새를 가리킨다.

해설

이 시는 앵무새가 말을 해서 새장에 갇혀 날지 못한 상태가 된 것을 안타깝게 여기는 것으로 모름지기 말조심할 것을 당부했다. 작시 시기는 고찰할 수 없다.

---

190) ≪혼천도(混天圖)≫에 관해서는 고찰할 수 없다.

191) 현재 전하는 ≪공자가어≫에는 '左'가 '右'로 되어 있다.

144. 학

鶴

淸音迎晩月,	맑은소리로 저녁 달을 맞이하고
愁思立寒蒲.	시름겹게 그리워하며 차가운 포구에 서 있는데,
丹頂西施頰,[1]	붉은 정수리는 서시의 뺨이고
霜毛四皓鬚.[2]	서리같이 흰 깃털은 상산사호의 수염이구나.
碧雲行止躁,[3]	푸른 구름 속을 급히 왔다 갔다 하니
白鷺性靈麤.[4]	백로는 성격이 거칠지.
終日無群伴,	종일 무리와 짝하지 않고
溪邊弔影孤.[5]	개울가에서 외로운 그림자를 위문하네.

주석

1 **[협주]** 포조(鮑照)의 <춤추는 학을 읊은 부(舞鶴賦)>에서 "눈동자엔 붉은빛을 품어 별처럼 반짝이고 정수리엔 자줏빛이 엉겨 안개처럼 아름답네."라고 했다. 서시(西施)는 권1 "서시가 고소대를 내려온다." 구의 주에 보인다.[192](鶴賦. 精含丹而星曜, 頂凝紫而烟華. 西施, 見一卷西子下姑蘇註.)

[역자주] 丹頂(단정) : 붉은 정수리. 頰(협) : 뺨.

2 **[협주]** 포조의 <춤추는 학을 읊은 부>에서 "서리 같이 흰 깃털이 겹겹인 채 그림자를 희롱한다."라고 했다. ≪한서·장량전(張良傳)≫에서 "네 사람은 나이가 많고 수염과 눈썹

192) 두목의 시 <두추 아가씨를 읊은 시(杜秋娘詩)>이다.

이 하였다."라고 했고, 이현(李賢)의 주에서 "상산사호(商山四皓)를 말한다."라고 했다.(鶴賦. 疊霜毛而弄影. 漢書, 張良傳. 四人年老, 鬚眉皓白. 註. 謂之四皓也.)

[역자주] 四皓鬚(사호수) : 상산사호의 수염. 상산사호는 진시황의 전횡을 피해 상산(商山)으로 은거한 네 늙은이를 말한다. '호'는 희다는 뜻이다.

3 [역자주] 行止(행지) : 가다가 멈추다. 행동거지를 말한다. 躁(조) : 조급하다.

4 [역자주] 麤(추) : 거칠다.

5 **[협주]** 사조(謝朓)의 <중군기실(中軍記室)에 배수되어 수왕(隨王)에게 감사하는 글(拜中軍記室辭隨王牋)>에서 "그림자를 위문하며 홀로 머무릅니다."라고 했고 ≪문선≫ 이선의 주에서 "몸과 그림자가 서로 위문하는 것이다."라고 했다.(謝玄暉, 辭隨王牋. 弔影獨留. 註. 形影相弔.)

해설

이 시는 학이 고고한 자태로 홀로 지내는 모습을 형용한 것이다. 작시 시기는 고찰할 수 없다.

145. 까치

鴉[1]

擾擾復翻翻,[2] 어지러이 또 퍼덕퍼덕

黃昏颺冷煙.[3] 황혼에 차가운 안개 속을 날아가네.

毛欺皇后髮,[4] 털은 황후의 머리칼을 능멸하고

聲感楚姬弦.[5] 소리는 초 땅 여인의 음악에 감응을 주네.

蔓壘盤風下,[6] 덩굴 늘어진 보루에 바람을 타고 내려와서

霜林接翅眠.[7] 서리 내린 숲에서 날개 잇닿은 채 자네.

祗如西旅樣,[8] 그저 서쪽을 떠도는 모습이 된다면

頭白豈無緣.[9] 머리가 하얘져도 어찌 이유가 없으랴.

주석

1 **[협주]** ≪이아(爾雅)≫에서 "완전히 새카맣고 자라서 어미를 먹이는 것은 까마귀이고 그것보다 작으면서 어미를 먹이지 않는 것은 까치이다."라고 했다.(爾雅. 純黑而反哺者, 烏. 小而不返者, 鴉.)

2 [역자주] 擾擾(요요) : 어지러운 모양. 翻翻(번번) : 날개를 퍼덕이는 모양.

3 **[협주]** ['양(颺)'은] 익과 량의 반절이다. 바람에 솟구쳐 난다는 말이다.(弋亮切. 風所飛颺也.)

4 **[협주]** ≪사기·위황후열전(衛皇后列傳)≫에서 "무제의 위황후는 자가 자부(子夫)이다."라고 했다. ≪한무고사(漢武故事)≫에서 "위자부가 무제의 총애를 받았는데, 머리를 풀고 머리를 감을 때 주상이 그 머리카락의 아름다움을 보고 좋아했기 때문이다. 후에 딸

세 명과 아들 하나를 낳았다. 당시 사람들이 말하기를, '아들을 낳고도 좋아하지 않고 딸을 낳고도 노여워하지 않았으니, 유독 위자부를 보지 못했는가.'라고 했다."라고 했다.(史記. 武帝衛皇后, 字子夫. 漢武故事曰, 子夫得幸, 因頭髮解沐, 上見其髮美, 悅之. 後生三女一男. 時人語曰, 生男無喜, 生女無怒. 獨不見, 衛子夫.)

[역자주] 欺(기) : 능멸하다. 보다 뛰어나다는 말이다.

5 [역자주] 楚姬弦(초희현) : 초 땅 여인의 현악기 연주. 남조 송(宋) 임천왕(臨川王) 유의경(劉義慶)이 폐위되어 강주(江州)에 머물 때 시첩이 밤에 까마귀 우는 소리를 듣고는 유의경의 방문을 두드리면서 이튿날 사면령이 있으리라고 말했다. 과연 그렇게 되자 <오야제(烏夜啼)> 곡을 지었다.

6 [역지주] 蔓壘(만루) : 덩굴이 늘어진 보루. 盤颩(반풍) : 바람을 타고 선회하다.

7 [역자주] 接翅(접시) : 날개를 잇다. 서로 가까이 붙어 있는 모습이다.

8 **[협주]** ≪상서(尙書)·주서(周書)≫에서 "서려(西旅) 나라에서 와서 큰 개를 바쳤다."라고 했다.(書. 西旅厎, 貢厥獒.[193])

[역자주] 西旅(서려) : 서쪽을 떠돌다.

9 **[협주]** 권1 "말에게 뿔이 난다" 구의 주에 보인다.[194] ≪제서(齊書)≫[195]에서 "고제(高帝) 때 흰 까마귀를 바치는 자가 있었는데 고제가 '이는 무슨 상서로운 조짐인가?'라고 물었다. 범운(范雲)은 지위가 낮았는데 앞으로 나아와 대답하기를, '신이 듣건대 왕이 된 자가 종묘를 공경하면 흰 까마귀가 온다고 합니다.'라고 했다."라고 했다.(見一卷馬生角註. 齊書. 高帝時, 有獻白烏. 帝問, 此爲何瑞. 范雲位卑, 前對曰, 臣聞王者敬宗廟, 則白烏至.)

[역자주] 頭白(두백) : 머리가 하얘지다. 연나라 태자 단이 진(秦)나라에 인질이 되었다. 진나라 왕이 예를 차리지 않자 단은 돌아가고자 했다. 진나라 왕이 말하기를, "까마귀 머리가 하얘지고 말에서 뿔이 나면 그대를 돌아가게 해주겠다."라고 했다. 이에 하늘을 우

193) 厎(지) : 도달하다. 厥(궐) : 그. 그곳. 獒(오) : 개의 종류로 몸집이 크다.

194) 두목의 시 <눈속에서 감회를 쓰다(雪中書懷)> "항상 몸을 망치는 기미가 되었다.(長作陷身機.)"의 주에 보인다.

195) 이 조목은 ≪양서(梁書)·범운전(范雲傳)≫에 보인다.

르러며 한탄하니 이 때문에 까마귀는 머리가 하얘지고 말에서 뿔이 났다. 진나라 왕이 크게 놀라서 단이 돌아가도록 했다. 이상 두 구는 서쪽 변방을 떠돌며 고생하다 보면 까치라도 털이 하얗게 될 것이라는 말이다. 협주에서는 서쪽 변방 나라와 태자 단의 고사를 인용했는데 비슷한 의미인 듯하지만 딱 맞지는 않는다.

해설

이 시는 까치에 대해 읊은 것으로 아름다운 용모와 소리를 가지고 있지만 변방을 떠돌면서 고생을 한다고 했다. 이로써 지방 관직을 떠도는 자신의 신세를 투영한 것으로 보인다. 작시 시기는 고찰할 수 없다.

146. 해오라기

鷺鷥[1]

雪衣雪髮靑玉觜,[2]	눈 같은 옷과 눈 같은 털 푸른 옥 같은 부리
群捕魚兒溪影中.	개울에 그림자 비추며 무리 지어 새끼 물고기를 잡아먹네.
驚飛遠映碧山去,	문득 날아 푸른 산에 비치며 멀리 가면
一樹梨花落晩風.	한 그루 배나무에서 꽃이 저녁 바람에 떨어지는 듯.

주석

1 [역자주] 鷺鷥(노사) : 해오라기.

2 [역자주] 觜(자) : 부리

해설

이 시는 아름다운 자태의 해오라기가 물고기를 잡아먹다가 날아가며 흰 깃털을 날리는 모습을 묘사했다. 작시 시기는 고찰할 수 없다.

147. 마을에 사는 제비

村舍鷰

漢宮一百四十五,[1] 한나라 궁궐 백마흔다섯 곳

多下珠簾閉瑣窓.[2] 대부분 주렴을 내리고 사슬 무늬 창을 닫았네.

何處營巢夏將半,[3] 여름이 반쯤 지나려는데 어디서 둥지를 만드나

茅檐煙裏語雙雙.[4] 띠집 처마 연기 속에서 쌍쌍으로 지저귀네.

주석

1 **[협주]** 장형(張衡)의 <서경부(西京賦)>에서 "군국의 궁실이 145채이다."라고 했다. ≪삼보고사(三輔故事)≫[196]에서 말하기를, "진시황이 상림원(上林苑)에 이궁(離宮)과 별관(別館) 145채 만들었다."라고 했다.(西京賦. 郡國宮館百四十五. 三輔故事云, 秦始皇上林苑中, 作離宮別館一百四十五所.)

2 **[협주]** ≪후한서·양기전(梁冀傳)≫에서 "창문과 작은 창에 모두 비단 무늬와 푸른 사슬 무늬를 했다."라고 했고, 이현(李賢)의 주에서 "'유(牖)'는 작은 창이다."라고 했다.(後漢, 梁冀傳. 窓牖皆有綺疎青瑣. 註. 牖, 小窓也.)

[역자주] 瑣窓(쇄창) : 사슬문양으로 장식한 창문이다.

3 [역자주] 營巢(영소) : 둥지를 만들다.

4 **[협주]** 이백(李白)이 부인에게 부치는 시[197]에서 "북방의 제비가 주인과 작별하느라 쌍

196) ≪삼보고사(三輔故事)≫ : 진(晉)나라 때 만든 책으로 2권인데 일찍이 일실되었으며 청나라 장수(張澍)가 조목을 모아 편찬한 것이 있다.

197) 이백의 시 <추포에서 주인집의 돌아가는 제비를 보고 느낌이 일어 아내에게 부치다(秋浦感主人歸燕寄內)>이다.

쌍으로 앞 처마에서 지저귄다.”라고 했다.(李白, 寄內詩. 胡鷰別主人, 雙雙語前簷.)

[역자주] 茅檐(모첨) : 초가집의 처마. 煙裏(연리) : 인가의 밥 짓는 연기를 가리킨다.

해설

이 시는 제비가 굳게 닫힌 궁궐에는 둥지를 만들지 못하고 백성들이 사는 초가집에서 정겹게 산다는 내용이다. 작시 시기는 고찰할 수 없다.

148. 돌아가는 제비

歸鷰

畫堂歌舞喧喧地,[1]　　화려한 당에서 노래하고 춤추며 시끌벅적한 곳

社去社來人不看.[2]　　사일에 갔다가 사일에 와도 사람이 보지 않네.

長是江樓使君伴,[3]　　오래도록 강가 누대에서 사군을 짝했으니

黃昏猶待倚欄干.[4]　　황혼에 여전히 난간에 기대어 기다리리라.

주석

1　[역자주] 畫堂(화당) : 화려한 채색으로 장식한 집. 喧喧(훤훤) : 시끄러운 소리.

2　**[협주]** ≪좌전·소공(昭公) 17년≫에서 "현조씨(玄鳥氏)가 춘분 및 추분을 관장한다."라고 했고, 두예(杜預)의 주에서 "춘분에 왔다가 추분에 간다."라고 했다. ≪예기≫[198]에서 "8월 백로(白露)에 기러기가 오고 닷새 뒤에 제비가 돌아간다. 춘분 후 무일(戊日)이 사일(社日)이고 추분 후 무일이 사일이다."라고 했다.(左傳. 玄鳥司分. 註. 春分來, 秋分去. 禮記. 八月白露之日, 鴻雁來, 後五日, 玄鳥歸. 春分後戊日爲社, 秋分後戊日爲社.)

[역자주] 社(사) : 춘분과 추분 이후 무일(戊日)인 사일(社日) 절기를 가리킨다. 이날은 토지신에게 제사를 지내는데, 이때 철새인 제비가 오고 간다고 한다.

3　[역자주] 使君(사군) : 지방 장관으로 여기서는 두목 자신을 가리킨다.

4　**[협주]** '난간'은 권2에 나왔다.[199](欄干, 出二卷.)

---

198) 이 조목은 현재 전하는 ≪예기≫에는 보이지 않고 ≪일주서(逸周書)·시훈(時訓)≫에 보인다.

199) 두목의 시 <초봄에 대궐에서 숙직을 서는데 사인 수치 또한 한림원에서 근무하고 있어 감회를 쓴 1운의

[역자주] 欄干(난간) : 두목이 지방 장관으로 있는 곳을 말한다.

해설

이 시는 아무도 거들떠보지 않는 제비이지만 자신과 오랫동안 정이 들었기에 떠나가는 것을 아쉬워한다는 내용이다. 작시 시기는 고찰할 수 없다.

시를 보내다(早春閣下寓直, 蕭九舍人亦直內署, 因寄書懷四韻)> "두 궐문은 난간에 의지해 있다.(雙闕凭欄干.)"의 주에 보인다.

149. 원숭이를 애달파하다

傷猿

獨折南園一朶梅,[1] 남쪽 정원의 매화 한 송이를 홀로 꺾고는
重尋幽坎已生苔.[2] 다시 무덤을 찾았더니 이미 이끼가 생겼네.
無端晩吹驚高樹, 까닭 없이 부는 저녁 바람이 높은 나무를 놀래키니
似裊長枝欲下來.[3] 긴 가지를 흔들거리며 내려오려 하는 듯하네.

주석

1 [역자주] 朶(타) : 꽃송이를 헤아리는 단위이다.

2 [역자주] 幽坎(유감) : 무덤. 여기서는 원숭이의 무덤을 가리킨다. 生苔(생태) : 이끼가 자라다. 오래도록 사람이 찾지 않았다는 말이다.

3 [역자주] 裊(뇨) : 흔들다.

해설

이 시는 봄날 원숭이 무덤을 찾아 조문하며 지은 것으로, 바람이 부니 나무가 흔들거리는 것이 마치 원숭이가 나무를 타고 내려오는 것 같다고 했다. 작시 시기는 고찰할 수 없다.

150. 환속한 늙은 승려
還俗老僧

雪髮不長寸,	눈처럼 하얀 머리칼 한 치도 안되고
秋寒力更微.	가을 추위에 기력 또한 하찮구나.
獨尋一徑葉,	낙엽 가득한 오솔길을 홀로 찾아가는데
猶挈衲殘衣.[1]	여전히 해진 승복을 걸치고 있네.
日暮千峰裏,	천 개의 봉우리 속에 해가 저물 때
不知何處歸.	어디로 돌아갈지 모르는구나.

주석

1 **[협주]** [‘설(挈)’은] 음이 고와 결의 반절이다. 걸고 있다는 말이다.(詁[200]結切. 懸持也.)
[역자주] 衲殘衣(납잔의) : 낡은 승복. ‘납’은 헝겊을 기워서 만든 승복이다.

해설

이 시는 늙어서 환속했지만 갈 곳이 없는 승려의 애달픈 모습을 묘사한 것이다. 회창(會昌) 5년(845) 즈음 무종(武宗)이 불교에 반대하여 4천여 곳의 사찰을 없애고 승려 26만 명 이상을 환속시켰는데 대개 이때 지은 것으로 추정한다.

200) ‘詁’은 ‘苦’의 잘못이다.

151. 대나무를 베다

斫竹[1]

寺廢竹色死,[2]	절이 폐쇄되고 대나무 빛이 바래니
官家寧爾留.[3]	관청에서 어찌 너를 남겨두겠는가.
霜根漸隨斧,	서리 맞은 뿌리는 점차 도끼질을 당할 것인데
風玉尙敲秋.[4]	바람 맞은 옥은 오래도록 가을에 부딪혀 소리를 냈지.
江南苦吟客,	강남에 구슬피 읊조리는 나그네
何處送悠悠.[5]	어느 곳에서 근심을 보낼까.

주석

1 [역자주] 斫竹(작죽) : 대나무를 베다.

2 **[협주]** 위의 '폐쇄된 절'의 주에 보인다.[201] (見上廢寺註.)

[역자주] 寺廢(사폐) : 절이 폐쇄되다. 회창(會昌) 5년(845) 즈음 무종(武宗)이 불교에 반대하여 4천여 곳의 사찰을 없애고 승려 26만 명 이상을 환속시킨 것을 말한다.

3 **[협주]** ≪한서·개관요전(蓋寬饒傳)≫에서 "또 ≪한씨역전(韓氏易傳)≫의 말을 인용했는데, 오제(五帝)는 천하를 관(官)으로 여겼고 삼왕(三王)은 천하를 가읍(家邑)으로 여겼는데 가읍에서는 자손에게 전해주고 관(官)에서는 어진 자에게 전해주어, 마치 사계절이 운행되듯 했으니 공을 이룬 자는 떠나갔다."라고 했다.(蓋寬饒傳. 又引韓氏易傳言, 五帝官天下, 三王家天下, 家以傳子, 官以傳賢, 若四時之運, 功成者去[202].)

---

201) 두목의 시 <지주의 폐쇄된 임천사(池州廢林泉寺)>의 제목 아래 주에 보인다

[역자주] 爾(이) : 너. 대나무를 가리킨다.

4 [역자주] 風玉(풍옥) : 당나라 기왕(岐王) 이범(李范)이 궁중 대나무에 옥 조각을 걸어놓고 바람에 흔들려 부딪히는 소리를 듣고 바람을 추측했다.

5 **[협주]** ≪이아(爾雅)≫에서 "'유유'는 사(思)이다."라고 했고 곽박(郭璞)의 주에서 "근심한다는 뜻이다."라고 했다.(爾雅. 悠悠, 思也. 註. 憂思也.)

해설

이 시는 폐쇄된 절에서 잘릴 운명에 처한 대나무를 보고 애달파하는 마음을 읊은 것이다. 대개 회창 5년 즈음에 지은 것으로 추정한다.

---

202) '矣'는 '去'의 잘못이다.

152. 장차 호주로 부임하기에 정자의 국화에 써서 남기다

將赴湖州留題亭菊[1]

陶菊手自種,[2] 도연명의 국화는 손으로 직접 심은 것이고
楚蘭心有期.[3] 초 땅의 난초는 마음에 기약이 있네.
遙知渡江日, 멀리서도 알겠지, 강을 건너는 날이
正是擷芳時.[4] 바로 국화꽃을 따는 때라는 것을.

주석

1 [역자주] 湖州(호주) : 지금의 절강성 호주이다.

2 **[협주]** 진(晉) 장승감(張僧鑒)의 ≪심양기(潯陽記)≫에서 "도연명이 중양절에 국화밭에 앉아서 국화를 따서 한 움큼이 되었다. 자사(刺史) 왕홍(王弘)이 흰옷을 입은 이를 시켜 술을 보냈다."라고 했다.(陶潛九日坐菊叢中, 摘菊盈把. 刺史王弘令白衣人送酒.)

[역자주] 陶菊(도국) : 여기서는 두목이 심은 국화를 가리킨다.

3 **[협주]** 권1의 "그윽한 난초는 초 땅의 연못을 생각하게 한다." 구의 주에 보인다.203)(見初卷幽蘭思楚澤註.)

[역자주] 楚蘭(초란) : 초 땅의 난초. 굴원 <이소(離騷)>에 "집집마다 쑥을 걸치고 허리에도 가득 채우고 있으면서, 그윽한 난초는 찰 수 없다고 말한다.(戶服艾以盈要兮, 謂幽蘭其不可佩.)"라고 하여, 고아한 품성을 가진 것을 뜻한다.

4 **[협주]** ['힐(擷)'은] 음이 호와 결의 반절이고 딴다는 뜻이다.(胡結切. 採取也.)

203) 두목의 시 <이감을 읊은 시(李甘詩)>이다.

해설

이 시는 장안을 떠나 호주로 가게 되어 직접 심은 국화의 꽃을 볼 수 없게 되었기에 그 아쉬움을 표현했다. 대중(大中) 4년(850) 가을에 호주로 부임하기 전에 지은 것이다.

153. 국화를 꺾다
折菊

籬東菊徑深,[1]　　울타리 동쪽 국화 심은 길이 깊숙한데
折得自孤吟.　　꺾어 들고서 스스로 홀로 읊조리네.
雨中衣半濕,　　빗속에 옷은 반이 젖었는데
擁鼻自知心.[2]　　코를 감싸니 절로 그 마음 알리라.

주석

1 **[협주]** 도연명의 시[204]에 "동쪽 울타리 아래서 국화를 따다가 한가로이 남쪽 산을 보네."라고 했다.(陶潛詩. 彩菊東籬下, 悠然見南山.)
2 [역자주] 擁鼻(옹비) : 코를 감싸다. 국화꽃을 코에 가까이 대는 것을 말한다.

해설

이 시는 빗속에 국화꽃을 꺾으며 향기를 맡는 정취를 적은 것이다. 작시 시기는 고찰할 수 없다.

204) 도연명의 시 <술을 마시다 20수(飮酒二十首)> 중 제5수이다.

154. 구름
雲

盡日看雲首不廻,	온종일 구름 보느라 고개를 돌리지 않는데
無心都大似無才.[1]	무심하여 본래 재능이 없는 듯하네.
可憐光彩一片玉,[2]	한 조각 옥과 같은 광채가 어여쁘니
萬里晴天何處來.	만 리 맑은 하늘 어디에서 왔는가.

주석

1 [역자주] 都大(도대) : 원래.

2 **[협주]** 도연명의 <귀거래사(歸去來辭)>에서 "구름은 무심히 산에서 나온다."라고 했다. (陶潛, 歸去來辭. 雲無心而出岫.)

해설

이 시는 하늘에 떠 있는 구름을 보고 깨끗함에 감탄하는 내용이다. 작시 시기는 고찰할 수 없다.

155. 취한 후 절에 쓰다

醉後題僧院

離心忽忽復凄凄,[1]　　이별의 마음 시무룩하고 또 서글픈데
雨晦傾甁取醉泥.[2]　　비로 어둑하여 병을 기울여 곤죽처럼 취하네.
可羡高僧共心語,　　고승과 마음속 말을 함께하니 얼마나 부러운가
一如携稚往東西.[3]　　진정한 이치를 깨치고는 동지를 데리고 동서로 다니네.

주석

1　[역자주] *忽忽*(홀홀) : 실의한 모양. *凄凄*(처처) : 서글픈 모양.
2　[역자주] 醉泥(취니) : 곤죽으로 취하다.
3　[역자주] 一如(일여) : 불교 용어로 영원한 이치를 뜻한다. 稚(치) : 동자. 어린 하인.

해설

이 시는 절에서 승려와 담론을 나누다가 헤어지게 되어 아쉬움을 표현한 것이다. 작시 시기는 고찰할 수 없다.

156. 선원에 쓰다

題禪院[1]

觥船一棹百分空,[2]　　큰 술잔 한 번 휘두르니 가득 찼던 잔이 비었건만
十歲青春不負公.[3]　　청춘 십 년 동안 공을 저버리진 않았네.
今日鬢絲禪榻畔,[4]　　오늘 실 같은 머리카락으로 참선 의자를 짝하는데
茶煙輕颺落花風.[5]　　꽃잎 떨구는 바람에 차 연기 가벼이 날리네.

주석

1 **[협주]** ≪태평광기(太平廣記)≫에서 "우승유(牛僧孺)가 양주(楊州)에 진수할 때 두목을 불러 장서기(掌書記)를 삼았는데 두목은 오로지 연회와 유람을 일삼았다. 스스로 나이가 점차 노쇠해지자 일찍이 옛일을 회상하며 <옛일에 감회가 생기다(感舊)> 시를 다음과 같이 읊었다."라고 했다.(廣記. 牛僧孺鎭楊州, 辟杜牧爲掌書記. 牧唯以宴遊爲事. 自以年漸衰暮, 嘗追賦感舊詩云云.)

[역자주] 협주에서 인용한 <옛일에 감회가 생기다>는 <마음을 달래다(遣懷)>라는 제목으로 뒤에 수록되어 있다.

2 [역자주] 觥船(굉선) : 아주 큰 술잔을 가리킨다. 棹(도) : 원래는 배를 젓다는 뜻인데 여기서는 술잔을 흔든다는 말이다. '도(掉)'로 된 판본도 있는데 '휘두르다'는 뜻이다. 百分(백분) : 가득 차다.

3 [역자주] 不負公(불부공) : 공을 저버리지 않다. '공'은 우승유를 가리킨다. 우승유와의 일화는 <마음을 달래다> 시의 주석에 자세하다.

4 [역자주] 鬢絲(빈사) : 살쩍이 실과 같다. 늙었다는 말이다.

5 [역자주] 颺(양) : 바람에 날리다.

해설

이 시는 젊었을 때 술에 빠져 살다가 우승유의 가르침으로 정신 차려 열심히 일했는데 이제 늙어서 참선을 하며 살게 되었다는 내용이다. 작시 시기는 고찰할 수 없다.

157. 급사중 이중민을 곡하다

哭李給事中敏[1]

陽陵郭門外,[2]	양릉 성문 바깥
坡陁丈五墳.[3]	우뚝 솟은 한 장 다섯 자의 무덤.
九泉如結友,[4]	구천에서 만일 벗을 맺는다면
玆地好埋君.[5]	이곳이 그대 묻기 좋은 곳이리.

주석

1 [역자주] 李中敏(이중민) : 자는 장지(藏之)이며 시어사(侍御史), 사문원외랑(司門員外郎)을 역임했다. 태화 6년(832) 문종(文宗)에게 정주(鄭注)를 죽일 것을 상주했다가 받아들여지지 않자 병을 핑계로 사직하고 영양(潁陽)으로 돌아갔다. 후에 급사중(給事中)이 되었다가 환관 구사량(仇士良)의 전횡을 못 참고 사직했다. 개성(開成) 연간(836-840)에 무주자사(婺州刺史)와 항주자사(杭州刺史)를 지냈고 관직에 있을 때 죽었다. 給事(급사) : 급사중(給事中). 문하성(門下省)의 요직으로 정령(政令)의 오류를 바로잡는 일을 했으며 정오품상에 해당한다.

2 [역자주] 陽陵(양릉) : 한나라 경제(景帝)의 능묘로 지금의 섬서성 함양(咸陽) 동쪽에 있다.

3 **[협주]** '파(坡)'는 음이 보와 하의 반절이고 '타(陁)'는 음이 도와 하의 반절이다. 초사 <초혼(招魂)>에서 "호위병이 울쑥불쑥한 언덕에 있다."라고 했다. ≪석문(釋文)≫에서 "평평하지 않다는 뜻이다."라고 했다. ≪한서·주운전(朱雲傳)≫에서 "(주운이) 나이 70여 세가 되었을 때 집에서 죽었다. 병이 들었지만 의사를 불러 약을 먹지 않았다. 지금 입고 있는 옷으로 염을 하고 몸만 들어갈 크기로 관을 만들며 관만 들어갈 정도의 봉분

을 만들라고 유언을 했는데, 결국 한 장 다섯 자의 무덤을 만들었으며 평릉 동쪽 성곽 바깥에 매장되었다."라고 했다.(坡, 普何切. 陁, 徒何切. 楚辭. 倚坡陁些. 釋文. 不平也. 前漢書. 朱雲, 年七十餘, 終於家. 病不呼醫飮藥. 遺言以身服斂, 棺周於身, 土周於槨, 爲丈五墳, 葬平陵東郭外.)

[역자주] 坡陁(파타) : 울쑥불쑥한 모양. 여기서는 봉분의 모양을 형용한 것이다. 丈五墳(장오분) : 봉분의 높이가 한 장 다섯 자. 한나라 주운의 고사를 인용하여 이중민의 무덤을 형용한 것이다. 주운은 한나라 성제(成帝) 때의 학자이자 신하이다. 승상 장우(張禹)를 간신이라고 하면서 죽일 것을 간언했는데 황제가 노여워하며 그를 죽이려고 하자 궁전의 난간을 붙들고 버티면서 간언을 했다. 결국 그 난간이 부러졌는데 그의 충심을 사서 황제는 그 난간을 수리하지 않고 내버려 두라고 했다. 그 후 사직하고 고향으로 내려와 후학을 양성하다가 죽었다. 여기서는 이중민의 절의를 그에 비기고 있다.

4 [역자주] 九泉(구천) : 저승.

5 **[협주]** 본집의 주에서 "주운은 양릉 성곽 바깥에 매장되었다."라고 했다.(本註. 朱雲葬陽陵郭外.)

[역자주] 玆地(자지) : 이곳. 양릉을 말한다. 주운은 평릉에 매장되었는데 아마 두목이 착각한 듯하다.

해설

이 시는 죽은 이중민을 추모하며 지은 것이다. 한나라의 충신인 주운과 같은 곳에 매장되었기에 죽어서도 그와 벗하기를 기원했다. 작시 시기를 추정할 수 없다.

158. 황주 대나무 길

黃州竹徑[1]

竹岡蟠小徑,[2] 대나무 언덕에 굽이진 오솔길

屈折鬪蛇來.[3] 구불구불 뱀이 싸우는 듯.

三年得歸去,[4] 삼 년 후에 돌아갈 수 있을 텐데

知繞幾千廻.[5] 몇천 번을 빙빙 돌아야 할까.

주석

1 [역자주] 黃州(황주) : 지금의 호북성 황주로 두목은 회창 2년(842)에서 회창 4년(844)까지 황주자사로 있었다. 竹徑(죽경) : 대나무가 자란 곳에 난 길이다.

2 [역자주] 竹岡(죽강) : 대나무가 자란 곳의 언덕. 蟠(반) : 똬리를 틀다. 구불구불하다.

3 [역자주] 鬪蛇(투사) : 싸우는 뱀. 어지럽게 엉켜있는 모습을 비유적으로 표현한 것이다.

4 [역자주] 三年(삼년) : 당나라 때 자사 등의 지방관은 3년이 임기였다.

5 [역자주] 繞(요) : 휘감다. 에두르다.

해설

이 시는 황주의 대나무 길에 대해 읊은 것이다. 매우 구불구불한 모습을 묘사한 뒤, 황주를 떠날 때까지 이곳을 몇천 번이나 돌아야 할 것이라고 말했다. 대개 황주에 막 부임했을 때인 회창 2년(842)에 지은 것으로 추정한다.

159. 경애사 누대에 쓰다

題敬愛寺樓[1]

暮景千山雪,	저녁 햇살 속 천 봉우리 산의 눈
春寒百尺樓.[2]	꽃샘추위가 온 백 척의 누대.
獨登還獨下,	홀로 올랐다가 또 홀로 내려가니
誰會我悠悠[3]	누가 내 아득한 마음 알아줄까.

주석

1 [역자주] 敬愛寺(경애사) : 낙양에 있던 절의 이름이다.

2 [역자주] 春寒(춘한) : 꽃샘추위.

3 [역자주] 會(회) : 이해하다. 悠悠(유유) : 아득한 모양.

해설

이 시는 낙양의 경애사 누대에 적은 것이다. 봄이 되었지만 여전히 추운 날씨에 답답한 마음을 풀려고 누대에 올라보지만 해소되지 않는 상황을 묘사했다. 대개 낙양에서 근무하던 개성 원년(836) 또는 개성 2년(837) 봄에 지은 것으로 추정한다.

160. 강릉으로 돌아가는 유 수재를 보내다

送劉秀才歸江陵[1]

綵服鮮華覲渚宮,[2] 화려한 때때옷으로 저궁을 찾아본다기에
鱸魚新熟別江東.[3] 농어가 새로 살진 강동에서 헤어지네.
劉郎浦夜侵船月,[4] 유랑의 포구에 밤이 되면 달빛이 배로 스며들고
宋玉亭春弄袖風.[5] 송옥의 정자에 봄이 되면 바람이 소매를 살랑이겠지.
落落精神終有立,[6] 우뚝한 정신으로 끝내 세움이 있을 것이고
飄飄才思杳無窮.[7] 드날리는 재사는 아득히 끝이 없으리.
誰人世上爲金口,[8] 어느 사람이 세상에 금 같은 말을 해서
借取明時一薦雄.[9] 이로써 밝은 시대의 양웅을 한번 추천할까.

주석

1 **[협주]** ≪한서·고제본기(高帝本紀)≫의 안사고 주에서 "강릉은 바로 지금의 형주 강릉현이다."라고 했다.(漢書, 註. 江陵, 卽今之荊州江陵縣.)
[역자주] 劉秀才(유수재) : 장호(張祜)가 지은 <부모님을 뵈러 강릉으로 가는 유초 수재를 보내다(送劉軺秀才江陵歸寧)>에 의거하여 유초(劉軺)로 추정한다. 그의 생애에 대해서는 자세히 알려져 있지 않다. '수재'는 한나라 때 관리 선발 제도의 하나였으나, 당송 때는 진사시(進士試)에 응시하는 선비를 일컫는 말로 쓰였다.

2 **[협주]** ≪효자전(孝子傳)≫에서 "노래자(老萊子)는 나이가 일흔인데도 부모가 여전히 살아계셨는데 노래자는 항상 때때옷을 입고 어린아이 장난을 했다."라고 했다. ≪십도지≫에서 "강릉(江陵)에 저궁(渚宮)이 있다."라고 했다. ≪좌전·문공(文公) 10년≫에서

"왕이 저궁에 있다."라고 했고 두예의 주에서 "작은 물섬을 '저'라고 한다."라고 했다.(孝子傳. 老萊子年七十, 父母猶在, 萊子常服班爛衣, 爲嬰兒戲. 十道志. 江陵有渚宮. 左傳. 王在渚宮. 註. 小洲曰渚.)

[역자주] 綵服(채복) : 때때옷. 鮮華(선화) : 화려하다. 覲(근) : 찾아뵙다. 여기서는 부모님을 뵈러 가는 것을 말한다.

3 **[협주]** 권2의 "차가운 회는 계응의 농어이다."의 주에 보인다.[205](見二卷寒鱠季膺魚註.)

[역자주] 鱸魚(노어) : 농어. 강동 지역의 특산물이다. 장한(張翰)은 자가 계응(季鷹)으로 오군(吳郡) 사람이다. 제(齊)나라 왕 사마경(司馬冏)이 초빙하여 대사마(大司馬)의 동조연(東曹掾)으로 삼았는데, 가을이 되어 바람이 불자 장한은 오 땅의 순채국과 농어회가 그리워져 고향으로 돌아갔다. 江東(강동) : 장강이 하류에서 북쪽으로 흘러가는 구간의 동쪽 지역으로, 여기서는 두 사람이 있던 지주(池州)를 가리킨다.

4 **[협주]** ≪십도지≫에서 "강릉에 유랑포(劉郎浦)가 있다."라고 했다. ≪강릉도경(江陵圖經)≫을 살펴보건대 유랑포는 석수현(石首縣)에 있다.(十道志. 江陵有劉郎浦. 按江陵圖經, 劉郎浦在石首縣.)

5 **[협주]** 한유(韓愈)가 강릉에 있을 때 장서(張署) 공조에게 준 시[206]에서 "송옥의 정자 옆에는 사람이 보이지 않는다."라고 했다.(韓公在江陵時, 贈張功曹詩云, 宋玉亭邊不見人.)

[역자주] 弄袖風(농수풍) : 소매를 흔들며 부는 바람.

6 **[협주]** 동진(東晉) 손작(孫綽) <유천태산부(遊天台山賦)>에서 "높고 높은 긴 소나무에 그늘이 지다."라고 했고 ≪문선≫ 여연제(呂延濟)의 주에서 "'낙락(落落)'은 높은 모양이다."라고 했다.(天台山賦. 蔭落落之長松. 註. 落落, 高貌.)

7 **[협주]** ≪한서·사마상여전(司馬相如傳)≫에서 "사마상여가 <대인부(大人賦)>를 상주하

---

205) 두목의 시 <시어사 허혼이 관직을 그만두고 동쪽으로 돌아가 강남에서 깨끗하게 지내며 자못 자적하신다는 소식을 듣고 늦가을에 우러르며 10운의 시를 지어 부치다(許七侍御棄官東歸, 瀟洒江南, 頗聞自適, 高秋企望, 題詩寄贈十韻)>이다.

206) 한유의 시 <한식일에 나가 노닐다가 밤에 돌아왔는데, 장 원장이 병 중에 꽃을 생각하며 지은 시 9편을 내게 보여주었기에 이 때문에 이 시를 지어서 주다(寒食日出游夜歸, 張十一院長見示病中憶花九篇, 因此投贈)>이다.

니 천자가 크게 기뻐했는데, 훨훨 구름을 넘어가는 기운이 있고 천지 사이를 노니는 뜻이었다."라고 했다.(前漢書, 相如傳. 相如旣奏大人賦, 天子大說,[207] 飄飄有陵雲氣, 游天地之間意.)

[역자주] 飄飄(표표) : 훨훨 날아가는 모양. 才思(재사) : 문사와 생각. 杳(묘) : 아득하다.

8 **[협주]** ≪법언(法言)·학행편(學行篇)≫에서 "공자는 학설을 전파하는 자였다. 만일 장차 다시 그의 학설을 전파하려고 한다면 여러 유가로 하여금 쇠목탁을 울려 선양하는 것만한 것이 없을 것이다."라고 했다.(法言. 仲尼駕說者也.[208] 如將復駕其所說, 則莫若使諸儒金口而木舌.[209])

[역자주] 金口(금구) : 훌륭한 말을 비유한다. 여기서는 유 수재를 추천하는 말을 가리킨다.

9 **[협주]** ≪한서·양웅전(楊雄傳)≫에서 "양웅은 자가 자운(子雲)이다. 효성제(孝成帝) 때 빈객 중에 문장이 사마상여와 비슷하다고 양웅을 추천한 자가 있었다."라고 했다.(前漢書. 楊雄, 字子雲. 孝成帝時, 客有薦雄文似相如者.)

[역자주] 一薦雄(일천웅) : 양웅 같은 이를 한번 추천하다. 또는 "영웅을 한번 추천하다"라고 풀이할 수도 있다.

해설

이 시는 강릉으로 부모님을 뵈러 가는 유씨를 전송하며 지은 것이다. 강릉의 아름다운 경물과 유씨의 재능에 대해 언급한 뒤 반드시 그의 재주를 추천하는 이가 있기를 바라는 마음을 표현했다. 대개 두목이 지주자사(池州刺史)로 있을 때인 회창 5년(845) 가을에 지은 것으로 추정한다.

---

207) 說(열) : 기뻐하다.

208) 駕說(가설) : 학설을 전파하다.

209) 金口而木舌(금구이목설) : 입을 쇠로 만들고 혀를 나무로 만들다. 나무 추를 안에 넣은 쇠방울로 금탁金鐸을 말한다. 이것을 울려 사람을 경계하듯이 공자의 학설을 널리 퍼트린다는 말이다.

161. 오 수재가 지주의 기녀와 헤어지는 것을 보고 절구를 짓다
見吳秀才與池妓別, 因成絶句[1]

紅燭短時羌笛怨,[2]	붉은 촛불 짧아진 때 강족의 피리 소리가 원망스럽고
淸歌咽處蜀絃高.[3]	맑은 노래 흐느끼는 곳에 촉 땅의 현 소리가 높네.
萬里分飛兩行淚,	만 리로 나뉘어 날게 되어 두 줄기 눈물을 흘리니
滿江寒雨正蕭騷.[4]	강 가득한 차가운 비가 한창 쓸쓸하구나.

주석

1 [역자주] 吳秀才(오수재) : 오씨에 대해서는 자세히 알려져 있지 않다. '수재'는 한나라 때 관리 선발 제도의 하나였으나, 당송 때는 진사시(進士試)에 응시하는 선비를 일컫는 말로 쓰였다. 池妓(지기) : 지주(池州)의 관기(官妓). 지주는 지금의 안휘성 지주이다.

2 **[협주]** 남조 제(齊) 우희(虞羲) <북방을 정벌한 곽거병(霍去病) 장군을 읊은 시(詠霍將軍北伐詩)>에서 "강족의 피리가 농두에 울린다."라고 했고 ≪문선≫ 이선의 주에서 "심약(沈約)의 ≪송서(宋書)·악지(樂志)≫에서 '호가(胡笳)가 있다. 한나라 때의 옛 ≪쟁적록(箏笛錄)≫에 그 곡이 있지만 그 본말에 관해서는 적지 않았다.'라고 했다. 한(漢) 마융(馬融)의 <장적부(長笛賦)>에서 '근세의 쌍적은 강족에서 시작되었다.'라고 했다."라고 했다.(詠霍將軍詩. 羌笛隴頭鳴. 註. 沈約, 宋書, 有胡210). 漢舊箏笛錄有曲, 不記所出. 長笛賦. 近世雙笛從羌起.)

3 **[협주]** 남조 송(宋) 포조(鮑照)의 <성 서문의 관사에서 달을 감상하다(翫月城西門廨中)> 시에서 "촉 땅의 금으로 <백설>을 연주한다."라고 했고, ≪문선≫ 이선의 주에서

210) ≪송서(宋書)≫에 의하면 이 뒤에 '笳'가 더 있어야 한다.

"사마상여는 금을 잘 탔는데 촉 땅에 살았기에 '촉금'이라고 불렀다."라고 했다.(翫月西城詩. 蜀琴抽白雪. 李善註. 相如工琴而處蜀, 故曰蜀琴.)

4 [역자주] 蕭騷(소소) : 쓸쓸한 모양.

해설

이 시는 오 수재가 지주의 관기와 헤어지는 모습을 보고 지은 것이다. 두 사람이 헤어질 때의 음악 소리가 서글픈 것을 묘사한 뒤, 만 리 떨어져서 쓸쓸하게 지낼 모습을 상상하여 서술했다. 대개 두목이 지주자사(池州刺史)로 재직하던 회창 4년(844)에서 회창 6년(846)에 지은 것으로 추정한다.

162. 호주에서 정초에 이영 수재를 초대하다

湖南正初招李郢秀才[1]

行樂及時時已晚,[2]	행락은 때에 맞아야 하지만 때가 이미 늦었고
對酒當歌歌不成.[3]	술을 마주하면 노래를 해야 하지만 노래가 되질 않네.
千里暮山重疊翠,	천 리의 저녁 산은 겹겹이 푸르고
一溪寒水淺深淸.	한 줄기 개울의 차가운 물은 얕으나 깊으나 맑네.
高人以飮爲忙事,	고아한 이가 음주를 바쁜 일로 삼으니
浮世除詩盡强名.[4]	뜬 세상에 시를 빼고는 모두 억지로 이름 구하는 것이지.
看著白蘋牙欲吐,[5]	보아하니 흰 마름에 싹이 나오려고 하는데
雪舟相訪勝閑行.[6]	눈 온 밤의 배로 찾아옴이 몰래 가는 것보다 나으리.

주석

1 [역자주] 湖南(호남) : 이영(李郢)에게 <호주자사 원외랑 두목이 동짓날에 백빈주를 읊어서 나를 기억해준 시에 화답하다(和湖州杜員外冬至日白蘋洲見憶)>라는 시가 있는데, 이 시와 같은 운자를 사용하고 있으며 작시 시기도 비슷한 것으로 보아 '호남'은 '호주(湖州)'의 오류인 것으로 보인다. '호주'는 지금의 절강성 호주이다. 李郢(이영) : 자는 초망(楚望)이며 장안(長安) 사람이다. 대중 연간(847-860)에 진사에 급제했고 시어사 등을 역임했다. 秀才(수재) : 한나라 때 관리 선발 제도의 하나였으나, 당송 때는 진사시(進士試)에 응시하는 선비를 일컫는 말로 쓰였다.

2 **[협주]** ≪한서·양혼전(楊渾傳)≫에서 "저 남산에 밭이 있는데 황폐해져도 김매지 않네. 일 경 땅에 콩을 심었는데 떨어져 콩대가 되었네. 인생은 즐거움을 행해야 할 뿐이니 어

제 부귀를 찾아야겠는가."라고 했다.(前漢書, 楊渾傳. 田彼南山, 蕪穢不治.[211] 種一頃豆, 落而爲萁.[212] 人生行樂耳, 須富貴何時.)

3 **[협주]** 위(魏) 무제(武帝)의 <단가행(短歌行)>에서 "술을 마주하고 노래를 듣나니 사람 삶이 얼마나 되는가?"라고 했다.(魏武帝, 短歌行. 對酒當歌, 人生幾何.)

[역자주] 當歌(당가) : 노래를 당하다. 노래를 즐긴다는 말이다. 이와 달리 노래를 부르다, 마땅히 노래하다로 풀이할 수도 있다.

4 [역자주] 除詩(제시) : 시 짓기를 제외하다. 强名(강명) : 억지로 명성을 구하다.

5 [역자주] 白蘋(백빈) : 흰 마름. 물풀이다. 牙(아) : 싹.

6 **[협주]** 권2의 "훗날 눈 오면 배를 저으리."의 주에 보인다.[213](見二卷他年雪中棹註.)

[역자주] 雪舟(설주) : 눈이 온 밤의 배. 진(晉)나라 왕휘지(王徽之)가 눈 내린 밤에 흥이 나서 배를 타고 친구인 대규(戴逵)를 방문했는데, 도착한 뒤에 대문까지 갔다가 들어가지 않고 돌아갔다. 어떤 사람이 그 까닭을 묻자 말하기를, "흥이 나서 왔다가 흥이 다해서 돌아가니 어찌 꼭 대규를 만날 것인가."라고 했다. 閑行(한행) : 몰래 가다. 왕휘지가 그냥 갔다가 온 것을 말한다.

해설

이 시는 호주에서 정초에 이영 수재를 오라고 초대하며 지은 것이다. 마땅히 놀아야 하지만 친구가 없어 즐기지 못하고 있는데 아름다운 경관을 즐기며 속인과 달리 시를 지으려 하니 반드시 와서 만나주기를 바란다고 했다. 대개 호주자사로 재직하던 대중 5년(851) 정월에 지은 것으로 추정한다.

---

211) 蕪穢(무예) : 황폐하다. 不治(불치) : 다스리지 않다. 풀을 매지 않는다는 말이다.

212) 萁(기) : 콩대. 콩깍지.

213) 두목의 시 <시어사 허혼이 관직을 그만두고 동쪽으로 돌아가 강남에서 깨끗하게 지내며 자못 자적하신다는 소식을 듣고 늦가을에 우러르며 10운의 시를 지어 부치다(許七侍御棄官東歸, 瀟洒江南, 頗聞自適, 高秋企望, 題詩寄贈十韻)>이다.

163. 주도령에게 주다

贈朱道靈[1]

劉根丹篆三千字,[2]　　유근의 붉은 전서 삼천 자

郭璞青囊兩卷書.[3]　　곽박의 푸른 바랑에 두 권의 책.

牛渚磯南謝山北,[4]　　우저기 남쪽 사산의 북쪽

白雲深處有巖居.　　흰 구름 깊은 곳에 바위 거처가 있네.

주석

1 [역자주] 朱道靈(주도령) : <군청의 관사에서 홀로 술을 들다(郡齋獨酌)>에 주처사(朱處士)가 나오는데 같은 인물로 보인다.

2 **[협주]** ≪신선전≫에서 "유근(劉根)은 자가 군안(君安)이고 경조(京兆) 장안(長安) 사람이다. 젊어서 오경에 밝았기에 한나라 효성황제(孝成皇帝) 수화(綏和) 2년(기원전 7) 효렴에 천거되어 낭중(郎中)에 제수되었다. 후에 속세를 떠나 숭고산(嵩高山) 석실에 들어가 도를 공부했는데 겨울과 여름에 옷을 입지 않았다. 털의 길이가 한두 자 정도였으며 그 안색은 열네댓 살과 같았다.(神仙傳. 劉根, 字君安. 京兆長安人也. 少明五經以漢孝成皇帝綏和二年擧孝廉, 除郎中. 後棄世, 學道入嵩高山石室, 冬夏無衣. 毛長一二尺, 其顔色如十四五歲人.)

[역자주] 丹篆(단전) : 붉은색의 전서로 쓴 책으로 대체로 도가 서적을 가리킨다.

3 **[협주]** 권2의 "푸른 바랑에 도가 서적을 엮었네." 주에 보인다.[214](見二卷青囊結道

---

214) 두목의 시 <시어사 허혼이 관직을 그만두고 동쪽으로 돌아가 강남에서 깨끗하게 지내며 자못 자적하신다는 소식을 듣고 늦가을에 우러르며 10운의 시를 지어 부치다(許七侍御棄官東歸, 瀟洒江南, 頗聞自適, 高秋企

書註.)

[역자주] 郭璞(곽박) : 진(晉)나라 사람으로 자가 경순(景純)이다. 박식하고 뛰어난 재주가 있어 음양과 산술, 역법에 밝았다. 하동의 곽공(郭公)을 찾아가서 배웠는데, 그가 ≪청낭중서(青囊中書)≫ 아홉 권을 그에게 주었으며, 이에 오행, 천문, 점술에 통달했다.

4 **[협주]** ≪십도지≫에서 "선주(宣州)에 우저산(牛渚山)이 있다."라고 했다. ≪통전≫에 따르면 선주의 속현에 당도(當塗)가 있다. 이백에게 <은좌명께서 오운구를 주신 것에 감사하는 노래(訓酬殷佐明見贈五雲裘歌)>가 있다. 본집의 주에서 "사조(謝朓)의 집은 당도 청산 아래에 있다. 이백의 시에서 '사조가 이미 없으니 청산은 비었다.'라고 했다."라고 했다.(十道志. 宣州有牛渚山. 通典. 宣州屬縣當塗. 李白, 五雲歌. 本註. 謝朓宅在當塗青山下. 歌曰, 謝朓已沒青山空.)

해설

이 시는 주도령에게 주는 것이다. 그가 유근과 곽박의 도를 공부하고 있으며 흰 구름 깊은 곳에 그 거처가 있다고 했다. 작시 시기는 고찰할 수 없다.

望, 題詩寄贈十韻)>이다.

164. 병풍 절구

屛風絶句

屛風周昉畵纖腰,[1] 병풍은 주방이 가느다란 허리의 여인을 그린 것인데

歲久丹靑色半銷.[2] 세월이 오래되어 그림의 색이 절반은 사라졌네.

斜倚玉窓鸞髮女,[3] 옥 창에 비스듬히 기댄 난새 모양 머리를 한 여인인데

拂塵猶白妬嬌饒.[4] 먼지를 털고 보니 여전히 동교요를 질투하네.

주석

1 **[협주]** ≪화단(畵斷)≫215)에서 "당나라 주방(周坊)은 자가 경현(景玄)이고 경조(京兆) 사람이다. 절도사의 후손으로 글짓기와 공부를 좋아했으며 그림에서는 단청의 묘를 다했기에 권문세가의 귀공자와 노닐었다. 남자와 여자 그림은 고금에서 최고였다. (신라인이 그의 그림 수십 권을 비싼 가격을 주고 샀는데 떠날 때 보니) 그 그림 속의 불상, 신선, 인물, 남녀는 모두 신이 되어 날아가 버렸으며, 오직 안장 없은 말, 새와 짐승, 대나무와 바위, 풀과 나무만 그 모습이 사라지지 않았다."라고 했다.(畵斷. 唐, 周昉, 字景玄, 京兆人也. 節制之後, 好屬學, 畵窮丹靑之妙, 遊卿相間貴公子也. 畵子女爲古今之冠. 其畵佛像眞仙人物子女, 皆神也. 唯鞍馬鳥獸竹石草木, 不窮其狀也.)

[역사수] 纖腰(섬요) : 가느다란 허리. 미인을 상징한다.

2 [역사수] 丹靑(단청) : 그림을 뜻한다. 銷(소) : 사라지다.

3 [역자주] 鸞髮女(난발녀) : 난새 모양의 머리를 한 여인. 이 구는 병풍 속 여인의 모습을

215) ≪화단(畵斷)≫ : 당(唐) 장회관(張懷瓘)이 지은 회화 평론 저술이다. 화가를 삼등급으로 나누어 각 화가의 풍격을 서술했다. 일찍이 산실되었으며 이후 여러 서적에 몇 조목만이 인용되어 있을 뿐이다.

형용한 것이다.

4 [역자주] 嬌饒(교요) : 동교요董嬌饒. 미인의 이름이다.

해설

이 시는 미인이 그려진 병풍을 읊은 것이다. 주방이 그려놓은 미인 병풍이 오래되어 색이 바랬지만 먼지를 털고 보니 여전히 다른 여인을 질투하는 모습이라고 했다. 작시 시기는 고찰할 수 없다.

165. 한작을 곡하다

哭韓綽[1]

平明送葬上都門,[2]	새벽에 운구를 보내면서 도문에 올라
紼翣交橫逐去魂.[3]	삼줄과 운삽을 가로로 엇갈리며 떠나가는 혼을 좇네.
歸來冷笑悲身事,	돌아와서 냉소하며 신세를 슬퍼하고는
喚婦呼兒索酒盆.	부인과 아이 불러 술동이를 찾네.

주석

1 [역자주] 韓綽(한작) : 두목이 태화 7년(833)부터 태화 9년(835) 회남절도사(淮南節度使) 우승유(牛僧孺)의 막부에서 일할 때의 동료이다. 그 외 자세한 것은 알려져 있지 않다.

2 **[협주]** ≪전한서음의(前漢書音義)≫에서 "도문은 장안 동쪽 성곽의 북쪽 첫 번째 문이다."라고 했다.(前漢書音義. 都門, 長安東郭城北頭第一門也.)

3 **[협주]** ≪예기·곡례(曲禮)≫에서 "운구를 보내는 자는 삼줄을 잡는다."라고 했다. '불(紼)'은 운구의 밧줄이다. 또 ≪예기·명당위(明堂位)≫에서 "천자는 운삽이 8개이고 제후는 운삽이 6개이며 대부는 운삽이 4개이다."라고 했다. '삽(翣)'은 음이 소와 갑의 반절이며 모양이 부채와 같다.(禮記. 送葬者執紼. 紼, 輓索也. 又曰, 天子八翣, 諸侯六翣, 大夫四翣. 翣, 所甲反, 形如扇.)

[역자주] 翣(삽) : 운삽으로 부채 모양의 운구 장식이다.

해설

이 시는 한작의 장례를 치르고 돌아와 그를 애도하며 지은 것이다. 작시 시기는 고찰할 수 없다.

166. 신정으로 가던 도중에 짓다

新定途中[1]

無端偶效張文紀,[2]	장강과 나란하도록 본받을 수가 없고
下杜鄕園別五秋.[3]	하두의 고향과 오 년째 떨어져 있네.
重過江南更千里,	다시 강남을 지나 또 천 리를 가야 하니
萬山深處一孤舟.	만 개의 산 깊은 곳에 한 척의 외로운 배로다.

주석

1 **[협주]** ≪통전≫에서 "신정군은 목주(睦州)이다."라고 했다. ≪당서·지리지≫에서 "강남도에 목주가 있다."라고 했다.(通典. 新定郡睦州. 唐書, 地理志. 江南道有睦州.)

[역자주] 新定(신정) : 지금의 절강성 건덕(建德)이다.

2 **[협주]** 종완(鐘岏)의 ≪양사전(良士傳)≫216)에서 "장강(張綱)은 자가 문기(文紀)이다. 광릉태수(廣陵太守)가 되었을 때, 도적 장영(張嬰) 등이 태수를 공격해서 죽이고 서주(徐州)와 양주(楊州)를 노략질한 것이 이미 십 년이 됐다. 장강이 군에 부임하니 장영이 부하를 이끌고 오고 처자들이 뒤로 손을 묶고 항복하니 조정에서 칭찬했고 불러서 작위를 주었다. 장영 등은 상서를 올려 그를 머물게 해주기를 청했다."라고 했다.(鐘岏, 良士傳. 張綱, 字文紀. 爲廣陵太守時, 賊張嬰等, 攻殺守, 寇害徐楊, 積十年. 綱之郡,217) 嬰率所部, 妻子面縛,218) 朝庭嘉美, 及徵授位, 嬰等上書乞留.219))

216) ≪양사전(良士傳)≫ : 남조 양(梁) 종완(鐘岏)이 지은 ≪양리전(良吏傳)≫을 지칭하는 것으로 보인다. 10권인데 일찍이 일실되었다.

217) 之郡(지군) : 군으로 가다. 군의 태수로 부임하다.

218) 面縛(면박) : 두 손을 등 뒤로 묶고 얼굴을 앞으로 향하는 것으로 항복하는 행동이다.

[역자주] 無端(무단) : 방법이 없다. 偶效(우효) : 대등하도록 본받다. 張文紀(장문기) : 한나라 때 사람인 장강(張綱)으로 성격이 강직했다. 여기서는 지방관으로서 공적을 쌓아 다시 조정으로 불려 나간 것을 염두에 두고 말했다.

3 **[협주]** '하두'는 권2에 나왔다.[220] 황주와 지주 두 고을을 다스린 것이 5년인데 다시 목주로 옮겼기에 이렇게 말했다.(下杜, 出二卷. 治黃池二州五年間, 更移睦州, 故云.)

[역자주] 下杜(하두) : 장안 두릉(杜陵) 인근에 있었다. 두목의 고향이다.

해설

이 시는 목주자사가 되어 가던 도중에 감회를 적은 것이다. 지방관으로서 공을 세우지 못해 다시 먼 곳의 지방관이 되어 가는 신세를 한탄했다. 회창 6년(846) 목주자사로 부임할 때 지은 것이다.

219) 乞留(걸류) : 더 머물기를 청하다. 장강이 광릉을 잘 다스리기에 조정으로 들어가게 하지 말고 계속 광릉을 다스리게 해달라고 백성들이 조정에 청하는 것이다.

220) 두목의 시 <주파(朱坡)> "하두의 고향은 예스럽다.(下杜鄕園古.)"의 주에 보인다.

167. 신정 팔송원의 작은 바위에 쓰다

題新定八松院小石[1]

雨滴珠璣碎,[2] 비가 방울져 옥구슬로 부서지고

苔生紫翠重. 이끼가 자라 자줏빛 푸른빛으로 겹쳤네.

故關何日到,[3] 옛 관문에는 어느 날에나 갈까

且看小三峰.[4] 또 작은 세 봉우리를 바라보네.

주석

1 [역자주] 新定(신정) : 지금의 절강성 건덕(建德)이다. 八松院(팔송원) : 고찰할 수 없다.

2 [역자주] 珠璣(주기) : '주'와 '기'는 모두 옥구슬이다. 여기서는 빗방울을 비유한다.

3 **[협주]** ≪초학기(初學記)≫에서 "진(秦) 땅 동쪽에 함곡관(函谷關)이 있다."라고 했다. ≪한서·무제본기(武帝本紀)≫에서 "원정 3년(기원전 114) 함곡관을 신정으로 옮기고 옛 관문은 홍농현(弘農縣)으로 했다."라고 했다. ≪십도지≫에서 "하남도(河南道)에 괵주(虢州)가 있다."라고 했고, ≪통전≫에서 "홍농군은 괵주이다."라고 했다.(初學記. 秦地東有函谷關. 前漢, 武帝紀. 元鼎三年, 徙函谷關於新定, 以故關爲弘農縣. 十道志. 河南道有虢州. 通典. 弘農郡虢州.)

4 **[협주]** ≪십도지≫에서 "관내도(關內道) 화주(華州)에 화산(華山)이 있다."라고 했다. <화산기(華山紀)>에서 "그 위에 봉우리 셋이 있다."라고 했고, 소식(蘇軾)의 주에서 "송원(宋援)이 말하기를, '세 봉우리는 연하(蓮華), 송회(松檜), 모녀(毛女)를 말한다.'라고 했다."라고 했다.(十道志. 關內道華州有華山. 華山紀云, 其上有三峰. 東坡註. 宋援云, 三峰謂蓮華松檜毛女也.)

해설

이 시는 신정 팔송원에 있는 세 개의 바위를 보고 감회를 적은 것이다. 바위가 오래되어 고아한 자태를 가지고 있음을 칭송한 뒤 마치 화산의 봉우리를 연상하게 하니 얼른 장안으로 돌아가고 싶다는 마음을 표현했다. 목주자사(睦州刺史)로 있던 회창 6년(846)에서 대중 2년(848) 사이에 지은 것으로 추정한다.

◗ 첨주(添注)

1. <양주 3수> 중 제2수. "곳곳마다 모두 화표이니 회남왕은 어쩔 수 없이 돌아오리라."
楊州詩. 處處皆華表, 淮王奈卻廻.

[협주] ≪문선≫ 진(晉) 반악(潘岳)의 <회구부(懷舊賦)>에서 "높다란 두 개의 화표"라고 했고, 이선의 주에서 "최표(崔豹)의 ≪고금주(古今注)≫에서 말하기를, '요임금이 잘못을 기록할 수 있는 나무를 설치했는데 지금의 화표이다. 가로막대로 기둥 꼭대기에 걸쳐 놓은 것인데 옛사람이 또한 묘에도 설치했다.'라고 했다."라고 했다. ≪한서·회남왕유안전(淮南王劉安傳)≫에서 "회남왕 유안은 사람됨이 책을 좋아했으며 빈객을 불러 모았는데 수천 명이었다."라고 했다. ≪신선전(神仙傳)≫에서 "유안이 신선이 되어 떠나갈 때 남은 약그릇이 마당에 있었는데 개와 닭이 그것을 핥아먹고는 모두 하늘로 올라갈 수 있었다."라고 했다.(選. 懷舊賦. 巖巖雙表.[221] 李善註. 崔豹, 古今注曰, 高[222]設誹謗之木, 今之華表也. 以橫木交柱頭, 古人亦施之於墓. 漢書. 淮南王劉安, 爲人好書, 招致賓客數千人云云. 神仙傳. 劉安仙去時, 餘藥器在中庭, 鷄犬舐之,[223] 盡得升天.)

2. <지주 임천사의 금벽동을 유람하다> "차 휴대하고 섣달에 금벽동을 유람하니 마땅히 무릉에서 병사한 사마상여 같은 문장이 있어야 하리."
林泉寺詩. 携茶臘月游金碧, 合有文章病茂陵.

[협주] 권4의 "사마상여가 끝내 소갈병을 앓았다." 주에 보인다.[224](見四卷文園終病渴註.)

---

221) 巖巖(암암) : 높다.
222) '高'는 '堯'의 잘못이다.
223) 舐(지) : 핥다.
224) 두목의 시 <어떤 이를 위해서 써서 주다 2수(爲人題贈二首)> 중 제1수이다. <지주 임천사의 금벽동을 유람하다>의 해당 구절에 대한 협주에서 정확한 내용을 설명하고 있으며, 오히려 첨주의 내용은 적절하지 않다.

≪번천문집협주(樊川文集夾注)≫ 권4

168. 왕년에 옛 막부의 오흥공을 따라 무호의 입구에서 밤에 정박했는데 지금 부임하려 서쪽으로 가다가 다시 무호에서 묵게 되어 옛일에 느끼고 감회에 애달파 16운을 짓다

往年隨故府吳興公夜泊蕪湖口, 今赴官西去再宿蕪湖, 感舊傷懷因成十六韻[1]

南指陵陽路,[2] 　　남쪽으로 능양의 길을 가리키는데

東流似昔年. 　　동쪽으로 흘러가는 것이 예전과 같네.

重恩山未答,[3] 　　은혜가 무거워 산과 같아도 아직 보답을 못했는데

雙鬢雪飄然.[4] 　　양쪽 살쩍은 눈이 날리는 듯하네.

數仞慚投跡,[5] 　　높다란 집에 이 몸 맡긴 것이 부끄럽고

群公愧拍肩.[6] 　　여러 공이 어깨를 두드려 준 것에 창피하니,

駑駘蒙錦繡,[7] 　　노둔한 말에 수놓은 비단을 덮어주었고

塵土浴潺湲.[8] 　　먼지를 흐르는 물로 씻어주셨지.

郭隗黃金峻,[9] 　　곽외를 위해 황금을 높이 쌓았고

虞卿白璧鮮.[10] 　　우경에게 준 흰 벽은 깨끗했으며,

貔貅環玉帳,[11] 　　비휴 같은 이가 옥 장막을 둘러쌌고

鸚鵡破蠻牋.[12] 　　<앵무부>를 지을 때 고급 종이를 샀었지.

極浦沈碑會,[13] 　　먼 포구에 비석을 집어넣었던 모임과

秋花落帽筵.[14] 　　가을꽃이 모자에 떨어진 연회 자리에,

旌旗明迥野,[15] 　　깃발은 너른 들에 분명하고

冠佩照神仙.[16]　관과 패옥은 신선 같은 이를 비추었지.

籌畫言何補,[17]　계책의 말은 어찌 보완할 게 있었겠는가

優容道實全.[18]　관용의 도는 실로 완전하셨으니,

謳謠人撲地,[19]　칭송하며 노래하는 사람은 땅에 가득했고

雞犬樹連天.[20]　닭과 개가 있는 마을의 나무는 하늘에 닿았지.

紫鳳超如電,[21]　자줏빛 봉황이 번개처럼 올라가 버리니

青衿散似煙.[22]　푸른 옷깃의 문도는 연기처럼 흩어졌고,

蒼生未經濟,[23]　백성은 아직 구제되지 않았는데

墳草已芊綿.[24]　무덤의 풀은 이미 무성해졌지.

往事惟沙月,　모래사장의 달빛은 지난 일과 같지만

孤燈但客船.[25]　나그네 배에는 그저 외로운 등불 뿐인데,

峴山雲影畔,[26]　현산에는 구름 그림자가 가장자리에 있고

棠葉水聲前.[27]　팥배나무는 물소리 앞에 있네.

故國還歸去,[28]　고향으로 또 돌아가자니

浮生亦可憐.　떠다니는 인생이 또한 가련한데,

高歌一曲淚,　소리 높여 부른 한 곡의 노래에 눈물 흘리고

明日夕陽邊.[29]　내일도 석양가에 있겠지.

주석

1 **[협주]** ≪성씨부(姓氏部)≫에서 "심(沈)씨 성은 오흥군(吳興郡)에서 나왔다."라고 했다. 권1 <장호호를 읊은 시> 서문의 "이부 심공의 강서 막부" 주에 보인다. ≪통전≫에 따르면, 선성군의 당도현에 무호와 우저기가 있으며 또한 (우저기는) 채석기라고도 한다.(姓

氏部. 沈姓出吳興郡. 見一卷張好好詩序, 故吏部沈公江西幕註. 通典. 宣城郡之當塗縣有蕪湖牛渚圻, 亦謂採石也.)

[역자주] 吳興公(오흥공) : 심전사(沈傳師)를 가리킨다. 소주 오현(吳縣) 사람이다. 두목은 태화 2년(828)부터 태화 7년(833)까지 그의 막부에서 일했다. 蕪湖(무호) : 장강으로 들어가는 지류의 이름으로 선주(宣州)를 지나간다. 赴官(부관) : 관직에 부임하다. 여기서는 두목이 선주단련판관으로 있다가 개성 3년(838) 겨울 좌보궐이 되어 장안으로 간 것을 말한다.

2 **[협주]** '능양'은 이미 권1에 나왔다.[1](陵陽已出一卷.)

[역자주] 陵陽(능양) : 선성에 있는 산의 이름이다.

3 **[협주]** 조식(曹植)의 표[2]에서 "몸은 매미 날개처럼 가볍고 은혜는 산처럼 무겁다."라고 했다.(曹植表. 身輕蟬翼, 恩重山丘.)

4 **[협주]** 한유의 시[3]에서 "양쪽 살쩍이 눈같이 흰 채 먼지 속을 뛰어다니네."라고 했다.(韓公詩. 兩鬢雪白趨埃塵.)

5 **[협주]** '수인'은 권2에 보인다.[4](數仞, 見二卷.)

[역자주] 數仞(수인) : ≪논어·자장(子張)≫에서 "선생님의 담장 높이는 여러 인(仞)이라 그 문으로 들어가지 않으면 종묘의 아름다움과 백관의 부유함을 볼 수 없는데, 그 문을 들어간 자는 매우 적다.(夫子之墻數仞, 不得其門而入, 不見宗廟之美, 百官之富. 得其門者, 或寡矣.)"라고 했다. 여기서는 심전사의 막부를 가리킨다. 投跡(투적) : 행적을 머물다. 두목이 심전사의 막부에 의탁한 것을 말한다.

6 **[협주]** 곽박(郭璞)의 <유선시(遊仙詩)>에서 "오른쪽으로 부구공의 소매를 당기고 왼쪽으로 홍애의 어깨를 두드린다."라고 했다.(郭景純, 遊仙詩. 右挹浮丘袖, 左拍洪崖肩.)

---

1) 두목의 시 <지주에서 맹지 선배를 보내나(池州送孟遲先輩)> "예전에 그대가 능양산에 왔었지.(昔子來陵陽.)"의 주에 보인다.

2) 출전을 알 수 없다.

3) 한유의 시 <봄을 느끼다 4수(感春四首)> 중 제4수이다.

4) 두목의 시 <문하성의 재상이 재상 인장을 겸하여 거느리며 진으로 나가 촉 땅을 온전히 하러 가는 서천 절도사 재상을 송별하며 지은 시에 받들어 화답하다(奉和門下相公送西川相公兼領相印出鎭全蜀)> "일찍이 높다란 담장에 의지했다.(曾依數仞牆.)"의 주에 보인다.

[역자주] 群公(군공) : 심전사의 막부에 있는 여러 사람을 가리킨다. 拍肩(박견) : 어깨를 두드리다. 우호적인 행동을 뜻한다.

7 **[협주]** ≪사기·우맹전優孟傳)≫에서 "초(楚)나라 장왕(莊王)에게 사랑하는 말이 있었는데 화려하게 수놓은 천으로 옷을 입혔고 아름다운 집에 두었다."라고 했다. 두보의 시[5]에 "노둔한 말이 비단 덮개를 두려워한다."라고 했다.(史記. 楚莊王有所愛馬, 衣以文繡, 置之華屋之下. 詩史. 駑駘怕錦幪.[6])

[역자주] 駑駘(노태) : 둔한 말. 여기서는 두목 자신을 비유한다. 蒙(몽) : 덮다. 錦繡(금수) : 수놓은 비단.

8 [역자주] 潺湲(잔원) : 흐르는 물.

9 **[협주]** '황금대'는 권1에 나왔나.[7](黃金臺, 出一卷.)

[역자주] 黃金峻(황금준) : 황금이 높이 쌓이다. 연(燕)나라 소왕(昭王)이 천하의 인재를 등용하기 위해서 우선 곽외(郭隗)의 주장을 받아들여 그를 극진히 우대하고는 황금을 둔 누대를 설치했다. 이에 소왕에게 진정 인재를 우대할 의사와 능력이 있음을 확인한 전국의 인재들이 연나라로 모여들었다. 여기서는 두목 자신을 인정하고 발탁해준 심전사를 소왕에 비유했다.

10 **[협주]** ≪사기·범저열전(范雎列傳)≫에서 "우경(虞卿)이 짚신을 신고 우산을 메고는 조나라 왕에게 유세했는데 조나라 왕이 한 번 보고는 그에게 황금 백 일(鎰)과 흰 벽 한 쌍을 하사했고 두 번 보고는 조나라 상경(上卿)으로 삼았다. 그래서 그를 우경이라고 불렀다."라고 했다.(史記. 虞卿躡屩擔簦,[8] 說趙王, 一見, 賜黃金百鎰白璧一雙. 再見爲趙上卿, 故號爲虞卿.)

11 **[협주]** ≪예기·곡례상(曲禮上)≫에서 "앞에 사나운 짐승이 있으면 비휴가 그려진 깃발을 세운다."라고 했다. ≪동파시집주(東坡詩集註)≫에서 "'옥장'은 장군의 장막이다. 옛날에 ≪옥장경(玉帳經)≫이 있었다. 이백과 두보가 모두 이 단어를 사용했으니, 이백의 <사마

---

5) 두보의 시 <번민을 달래며 엄공에게 받들어 드리는 20운(遣悶奉呈嚴公二十韻)>이다.

6) 錦幪(금몽) : 말 등을 덮는 비단.

7) 두목의 시 <지주에서 맹지 선배를 보내다(池州送孟遲先輩)> "내가 비록 황금대에 있었지만.(我雖在金臺.)"의 주에 보인다.

8) 躡屩(섭갹) : 짚신을 신다. 擔簦(담등) : 우산을 메다.

장군의 노래(司馬將軍歌)>에서 '머물고 있는 옥장은 하괴(河魁)[9] 쪽을 향한다.'라고 했고, 두보의 시[10]에서 '장군의 옥장에는 푸른 기운이 드높다.'라고 했다."라고 했다.[11](禮記. 前有摯獸則載貔貅.[12] 東坡集註. 玉帳, 將軍帳也. 古有玉帳經而李杜皆用. 李白, 司馬將軍歌, 身居玉帳臨河魁. 杜甫詩, 將軍玉帳軒翠氣.)

[역자주] 貔貅(비휴) : '비'와 '휴'는 전설 속의 맹수인데, 여기서는 용맹한 전사를 비유한다. 玉帳(옥장) : 주장(主將)이 거처하는 막사로 특정 방위를 향해 설치하면 옥처럼 견고하여 침범할 수 없다고 한다.

12 **[협주]** ≪후한서·예형전(禰衡傳)≫에서 "강릉태수 황조(黃祖)의 아들 황역(黃射)이 장릉태수(章陵太守)가 되었는데 예형을 특히 좋아했다. 황역이 당시 빈객을 크게 모아놓았는데 어떤 이가 앵무새를 바치자 황역은 예형에게 잔을 들고 말하기를, '선생이 부를 지어주어서 빈객을 즐겁게 해주시오.'라고 하니 예형은 붓을 들고 문장을 지었는데 한 글자도 고치지 않았고 글이 매우 아름다웠다."라고 했다.(後漢, 禰衡傳. 江陵太守黃祖, 子射爲章陵太守, 尤善於衡. 射時大會賓客, 人有獻鸚鵡者. 射擧卮於衡曰, 願先生賦之, 以娛佳賓. 衡攬筆而作文, 無加點, 辭采甚麗.)

[역자주] 破蠻牋(파만전) : 만전을 잘라 사용하다. '만전'은 고려에서 만든 종이, 또는 촉 땅에서 만든 종이로 고급 종이를 가리킨다.

13 **[협주]** ≪진서(晉書)·두예전(杜預傳)≫에서 "두예는 후세에 이름 남기기를 좋아했는데 일찍이 '높은 언덕이 골짜기가 되고 깊은 골짜기가 구릉이 된다.'라고 말했다. 돌을 깎아 비석 두 개를 만들어 그의 업적을 적은 다음 하나는 만산(萬山) 아래에 묻어두고 하나는 현산(峴山) 위에 세운 뒤 말하기를, '이후에 이곳이 구릉이 되고 저곳이 골짜기가 되지 않을지 어찌 알겠는가.'라고 했다."라고 했다.(晉書, 杜預傳. 預好爲後世名, 常言高岸爲

---

9) 하괴(河魁) : 옛날 주장(主將)이 군막을 설치하는 방위.

10) 두보의 시 <왕 병마사의 각응 두 마리(王兵馬使二角鷹)>이다.

11) 송(宋) 왕십붕(王十朋) ≪동파시집주(東坡詩集註)≫ <경사로 가는 통판 증중석을 보내다(送曾仲錫通判如京師)>에 인용된 조차공(趙次公)의 주이다. 그런데 현재 전하는 ≪동파시집주≫에는 두보의 시로 <삼가 엄공께서 입조하시는 것을 전송하며 지은 10운(奉送嚴公入朝十韻)>의 "장군의 용병술만 공연히 남다.(空留玉帳術)"가 인용되어 있다.

12) 摯獸(지수) : 흉악한 짐승.

谷, 深谷爲陵. 刻石爲二碑, 紀其勳績, 一沈萬山之下, 一立峴山之上. 曰, 焉知此後不爲陵谷乎.)

[역자주] 極浦(극포) : 먼 곳의 포구. 이 구는 심전사를 비롯한 막부의 사람들이 두예처럼 명성을 후대에 길이 남기고 싶은 기상이 있었다는 말이다.

14 **[협주]** 반악(潘岳)의 시[13]에서 "때맞춘 국화로 가을꽃이 빛난다."라고 했고, ≪문선≫ 이선의 주에서 "≪예기·월령(月令)≫에서 '늦가을 국화 중에 황화(黃華)가 있다.'라고 했다."라고 했다. ≪진서·맹가전(孟嘉傳)≫에서 "맹가가 환온(桓溫)의 참군이 되었다. 중양절에 환온이 용산(龍山)을 노닐었는데 부하 관원들이 다 모였다. 바람이 불어 맹가의 모자가 떨어졌는데도 술에 취해 알지 못했다. 맹가가 화장실에 갈 때 손성(孫盛)이 당시 자리에 있었는데 환온이 종이와 붓을 주면서 그를 놀리는 글을 써서 맹가의 자리에 붙여 놓도록 했다. 맹가가 돌아와서 그걸 보고는 웃으면서 종이를 달라고 해서 답하는 글을 지었는데 구상할 틈도 없이 거침없었다."라고 했다.[14](潘岳詩. 時菊耀秋華. 註. 禮記, 季秋菊有黃華. 晉書. 孟嘉爲桓溫參軍, 九月九日, 溫遊龍山, 寮屬畢集. 風吹嘉帽墮落, 不覺. 如厠,[15] 孫盛時在座, 溫授紙筆命嘲之, 著嘉坐處. 嘉還見之, 笑請紙作答, 了不容思.)

15 [역자주] 旌旗(정기) : 여기서는 절도사 심전사의 깃발을 말한다. 逈野(형야) : 너른 들판.

16 [역자주] 冠佩(관패) : 관과 패옥. 관료들의 복장을 말한다. 神仙(신선) : 막부의 관원을 미화한 말이다. 이상 여덟 구는 심전사의 막부에 훌륭한 인재들이 모여 있었음을 표현한 것이다.

17 [역자주] 籌畫(주획) : 계책. 何補(하보) : 어찌 보완하겠는가. 보완할 것이 없을 정도로 완벽하다는 말이다.

18 [역자주] 優容(우용) : 넉넉하고 용납하다. 관용을 뜻한다.

19 [역자주] 謳謠(구요) : 노래하다. 심전사의 덕을 칭송하는 것이다. 撲地(박지) : 땅에 가득

---

13) 반악의 시 <하양현에서 짓다(河陽縣作)>이다.

14) 이 조목은 현재 전하는 ≪진서(晉書)≫의 내용과는 다르며, ≪태평어람≫이나 ≪산당사고(山堂肆考)≫ 등의 유서에 전하는 ≪진서≫의 내용과 유사하다.

15) 如厠(여측) : 화장실에 가다.

하다. 많다는 말이다.

20 [역자주] 連天(연천) : 하늘과 이어지다. 매우 높다는 말이다. 이 구는 심전사가 다스리는 고을이 평온하고 번성했음을 말하는 듯하다.

21 **[협주]** 권3의 “농옥을 이끌 수 있었으리” 주에 보인다.[16](見三卷堪爲弄玉媒註.)

[역자주] 紫鳳(자봉) : 자줏빛 봉황. 超(초) : 솟아오르다. 이 구는 심전사가 갑자기 죽은 것을 비유적으로 표현했다. 협주본에서는 농옥(弄玉)과 소사(簫史)가 봉황을 타고 하늘로 올라간 고사를 인용한 것이라고 했다.

22 **[협주]** 권2의 “나는 푸른 옷깃의 옷을 입은 칠십 명의 학도였다.” 주에 보인다.[17] 두보의 시[18]에서 “이원(梨園)[19]의 제자가 연기처럼 흩어졌다.”라고 했다.(見二卷我是青衿七十徒註. 詩史. 梨園弟子散如煙.)

[역자주] 青衿(청금) : 푸른 옷깃. 원래 스승의 문하에 있는 학도를 의미하는데 여기서는 심전사 막부의 관원을 가리킨다.

23 **[협주]** ≪진서(晉書)·사안전(謝安傳)≫에서 “사안은 자가 안석(安石)이다. 비록 산수에 마음을 쏟았지만 매번 유람할 때는 반드시 기녀를 데리고 갔다. 대장군 환온(桓溫)이 사마(司馬)가 되어주기를 청해서 장차 신정(新亭)으로 떠날 때 조정의 선비들이 모두 전송했다. 중승(中丞) 고숭(高崧)이 놀리며 말하기를, ‘경은 누차 조정의 뜻을 저버리고 동산에 편히 누웠는데, 여러 사람이 매번 서로 “사안이 나오려 하지 않으니 장차 백성은 어찌해야 하는가.”라고 말했는데, 백성은 지금 장차 경을 어떻게 하겠는가.’라고 했다.”라고 했다.(晉書. 謝安, 字安石. 雖放情丘壑, 然每游賞, 必以妓女從. 大將軍桓溫請爲司馬, 將發新亭, 朝士咸送, 中丞高崧戲之曰, 卿累違朝旨, 高臥東山, 諸人每相與言, 安石不肯出, 將如蒼生何. 今亦將如卿何.)

[역자주] 蒼生(창생) : 백성. 經濟(경제) : 경세제민(經世濟民). 세상을 다스리고 백성을 구제하다.

---

16) 두목의 시 <매화(梅)>이다.

17) 두목의 시 <하구에 있는 좌주의 막부로 가는 왕 시어를 보내다(送王侍御赴夏口座主幕)>이다.

18) 두보의 시 <공손대낭 제자의 검기무를 보고 짓다(觀公孫大娘弟子舞劍器行)>이다.

19) 이원(梨園) : 당나라 현종이 궁중에 설치한 음악 종괄 관서이다.

24 **[협주]** ≪예기·단궁상(檀弓上)≫에서 “증자가 말하기를, ‘친구의 무덤에 한 해 묵은 풀이 있으면 곡을 할 필요가 없다.’라고 했다.”라고 했다. 이백의 <조염 당도현위가 그린 산수화의 노래(當塗趙炎少府粉圖山水歌)>에서 “깊은 숲속의 잡목들은 괜스레 무성하다.”라고 했다.(禮記. 曾子曰, 朋友之墓有宿草而不哭焉. 李白, 粉圖山水歌.[20] 深林雜樹空芊綿.)

[역자주] 芊綿(천면) : 무성한 모양.

25 [역자주] 客船(객선) : 두목의 배를 가리킨다.

26 **[협주]** ≪십도지≫에서 “산남도(山南道) 양주(襄州)에 현산(峴山)이 있다.”라고 했고, 주에서 “양호(羊祜)가 주부(主簿) 추담(鄒湛)과 함께 산에 올랐다가 눈물을 흘리며 말하기를, ‘세상이 생기고 나서 곧장 이 산이 생겼을 터인데, 여태 뛰어난 선비가 이곳에 올라 멀리 바라본 자가 많았을 것이지만 모두 연기처럼 사라지고 아무도 모르니 날 애달프게 하는구나.’라고 했다.”라고 했다.(十道志. 山南道襄州有峴山. 註. 羊祜與主簿鄒湛登山, 垂泣曰, 自有宇宙, 便有此山. 由來勝士, 登此遠望者多矣, 皆煙滅無聞, 使人悲傷也.)

[역자주] 峴山(현산) : 진(晉)나라 양호의 고사로 유명한 곳이다. 그가 죽은 뒤 부하들이 그의 공적을 기리면서 현산에 비석을 세웠는데 그곳을 지나는 이들은 그 비석에 모두 눈물을 흘렸다고 한다. 여기서는 심전사를 양호에 비겨서 언급했다.

27 **[협주]** 권2 “지나간 일에 대해 팥배나무를 구슬퍼할 것이다” 주에 보인다.[21](見二卷往事愴甘棠註.)

[역자주] 棠葉(당엽) : 팥배나무 잎. ≪시경·소남(召南)·팥배나무(甘棠)≫에서 “무성한 팥배나무 가지를 치지도 말고 줄기를 베지도 마라, 소백(召伯)이 머물렀던 곳이다.(蔽芾甘棠, 勿翦勿伐, 召伯所茇.)”라고 했는데 이는 주나라의 소백이 고을을 잘 다스린 것을 칭송하는 노래이다. 여기서는 심전사의 치적을 칭송하는 것을 말한다.

28 [역자주] 故國(고국) : 고향.

29 [역자주] 이 구는 내일도 두목이 석양을 바라보며 심전사를 그리워할 것이라는 말이다.

---

20) 粉圖(분도) : 그림을 그리다. ‘분’은 흰 칠을 한다는 뜻인데 그림을 그리기 전에 바탕을 하얗게 칠하는 것이다.

21) 두목의 시 <문하성의 재상이 재상 인장을 겸하여 거느리며 진으로 나가 촉 땅을 온전히 하러 가는 서천절도사 재상을 송별하며 지은 시에 받들어 화답하다(奉和門下相公送西川相公兼領相印出鎭全蜀)>이다.

해설

이 시는 두목이 다시 장안으로 부임하러 가던 도중 무호에서 옛날 모시던 심전사를 추억하면서 지은 것이다. 옛날 그의 막부에서 은혜를 많이 받았지만 보답하지 못한 채 자신은 늙었으며 심전사는 이미 죽어서 안타까워하는 마음을 표현했다. 중간에 심전사의 인품과 치적을 칭송했다. 대개 개성 4년(839) 좌보궐 및 사관수찬으로 임명받아 장안으로 가던 도중 선주에서 지은 것으로 추정한다.

169. 종릉에서 옛날 노닌 것을 회상하다 4수

懷鍾陵舊游四首[1]

제1수

一謁征南最少年,[2]	처음 정남장군을 배알할 때 가장 어렸는데
虞卿雙璧截肪鮮.[3]	우경에게 준 한 쌍의 옥벽이 자른 지방처럼 깨끗했지.
歌謠千里春長暖,	노래가 천 리를 퍼지고 봄은 늘 따뜻했으며
絲管高樓月正圓.[4]	음악이 높은 누대에 울리고 달은 한창 둥글었지.
玉帳軍籌羅俊彦,[5]	옥 장막에는 군사 계책에 뛰어난 이들이 늘어섰고
絳帷環佩立神仙.[6]	붉은 휘장에는 패옥 찬 신선들이 서 있었지.
陸公餘德機雲在,[7]	육공의 넘치는 덕으로 육기와 육운이 있게 되었고
如我酬恩合執鞭.[8]	나 같은 이는 은혜를 갚으려 말채찍 잡는 게 합당하리라.

주석

1 **[협주]** 권1 "그대가 예장의 미녀가 되었을 때"의 주에 보인다.22) 본집의 <당나라의 돌아가신 평로군절도순관 농서 사람 이부군 묘지명(唐故平盧軍節度巡官隴西李府君墓誌銘)>에서 "태화 2년(828) 심전사(沈傳師)를 종릉(鍾陵)과 선성(宣城)에서 모시면서 막부의 관리가 되었는데 두 군데서 모두 5년이었다."라고 했다.(見一卷君爲豫章姝註, 本集, 李府君銘. 太和二年, 事沈公於鍾陵宣城, 爲幕吏, 兩部凡五年間.)

[역자주] 鍾陵(종릉) : 지금의 강서성 남창(南昌)으로 강서관찰사(江西觀察使)의 치소

22) 두목의 시 <장호호를 읊은 시(張好好詩)>이다.

(治所)가 있었으며, 두목이 26세부터 그곳에서 심전사의 막료로 있었다.

2 **[협주]** ≪통전≫ "정남장군(征南將軍)"의 주에 "한나라 광무제 건무(建武) 2년(26)에 설치했으며 풍이(馮異)를 임명했고 또한 잠풍(岑彭)을 대장군으로 삼았다."라고 했다. ≪구당서·심전사전(沈傳師傳)≫에서 "상서우승(尙書右丞)으로 지방으로 나가 홍주자사(洪州刺史) 강남서도관찰사(江南西道觀察使)가 되었으며 선주자사(宣州刺史)로 옮겼다가 조정으로 들어와 이부시랑(吏部侍郎)이 되었다. 아들 심추(沈樞)와 심순(沈詢)은 모두 진사에 급제했다."라고 했다. ≪당서·두목전(杜牧傳)≫에서 "심전사가 표를 올려 강서단련순군(江西團練巡軍)이 되었다."라고 했다.(通典. 征南將軍註. 漢光武建武二年置, 以馮異爲之, 亦以岑彭爲大將軍. 舊唐書, 沈傳師傳. 尙書右丞出爲洪州刺史江南西道觀察使, 轉宣州刺史, 入爲吏部侍郎. 有子樞詢, 皆登進士第. 唐書, 杜牧傳. 沈傳師表, 爲江西團練巡軍[23].)

[역자주] 征南(정남) : 정남장군(征南將軍)으로 여기서는 심전사를 가리킨다.

3 **[협주]** '우경'은 위의 주에 보인다.[24] 위(魏)나라 문제(文帝)의 <종요(鍾繇) 대리(大理)에게 주는 편지(與鍾大理書)>에서 "옥이 하얀 것이 잘라놓은 지방과 같다."라고 했는데, '방(肪)'은 음이 '방'이고 돼지기름이다.(虞卿, 見上註. 魏文帝, 與鍾瑤[25]書. 吳[26]玉白如截肪. 肪, 音方, 猪脂也.)

[역자주] 虞卿(우경) : 본명은 우신(虞信)으로 전국시대 조나라 사람이다. 조나라 왕이 그를 한 번 만나보고는 황금 백 일(鎰)과 흰 벽 한 쌍을 하사했고 두 번 보고는 상경(上卿)으로 삼았다. 여기서는 심전사의 인정을 받은 두목을 비유한다.

4 [역자주] 絲管(사관) : 현악기와 관악기로 음악을 가리킨다.

5 **[협주]** '옥장'은 이미 위에 나왔다.[27](玉帳, 已出上.)

---

23) 현재 전하는 ≪신당서·두목전≫에는 '軍'이 '官'으로 되어 있다.

24) 두목의 시 <왕년에 옛 막부의 오흥공을 따라 무호의 입구에서 밤에 정박했는데 지금 부임하려 서쪽으로 가다가 다시 무호에서 묵게 되어 옛일에 느끼고 감회에 애달파 16운을 짓다(往年隨故府吳興公夜泊蕪湖口, 今赴官西去再宿蕪湖, 感舊傷懷因成十六韻)>의 "우경에게 준 흰 벽은 깨끗했다.(虞卿白璧鮮.)"의 주에 보인다.

25) '瑤'는 '繇'의 잘못이다.

26) '吳'는 연자(衍字)이다.

27) 두목의 시 <왕년에 옛 막부의 오흥공을 따라 무호의 입구에서 밤에 정박했는데 지금 부임하려 서쪽으로 가다가 다시 무호에서 묵게 되어 옛일에 느끼고 감회에 애달파 16운을 짓다(往年隨故府吳興公夜泊蕪湖口, 今

[역자주] 玉帳(옥장) : 주장(主將)이 거처하는 막사로 특정 방위를 향해 설치하면 옥처럼 견고하여 침범할 수 없다고 한다. 軍籌(군주) : 군사 계책. 俊彦(준언) : 뛰어난 인재.

6 **[협주]** ≪후한서·마융전(馬融傳)≫에서 "마융은 재주가 탁월하고 박학다식하여 당대의 큰 선비였는데 여러 학생을 가르쳐 항상 수천 명이었다. 노식(盧植)과 정현(鄭玄)이 모두 그의 학생이다. 거처와 기물 및 의복을 사치스럽게 장식을 많이 했으며 늘 고당에 앉았는데 붉은색 비단 휘장을 드리웠으며 그 앞에서 학생들을 가르쳤다."라고 했다.(後漢書. 馬融才高博洽,[28] 爲世通儒, 教養諸生, 常有千數. 盧植鄭玄, 皆其徒也. 居宇器服, 多存侈飾, 常坐高堂, 施絳紗帳, 前授生徒.)

[역자주] 絳帷(강유) : 붉은 휘장. 環佩(환패) : 패옥. 주로 여자들이 차는 것이다. 神仙(신선) : 여기서는 가기(歌妓)를 가리킨다. 또는 심전사 막부의 관원을 가리키는 것으로 볼 수도 있다.

7 **[협주]** ≪진서(晉書)·육기전(陸機傳)≫에서 "육기는 오군(吳郡) 사람이다. 할아버지 육손(陸遜)은 오나라의 승상이었고 아버지 육항(陸抗)은 오나라의 대사마였다. 육기가 20세일 때 오나라가 망했으며 태강(太康) 연간(280-289) 말에 동생 육운(陸雲)과 함께 낙양으로 들어갔다."라고 했다.(晉書. 陸機, 吳郡人也. 祖遜, 吳丞相, 父抗, 吳大司馬. 機年二十而吳滅, 至太康末與弟雲俱入洛.)

[역자주] 陸公(육공) : 진나라 육기와 육운의 조부인 육손과 부친인 육항을 가리킨다. 여기서는 심전사를 비유한다. 機雲(기운) : 육기와 육운으로 여기서는 심전사의 두 아들 심추와 심순을 비유한다.

8 **[협주]** ≪논어·술이(述而)≫에서 "공자가 말하기를, '부유함이 구할 수 있는 것이라면 비록 말채찍을 잡는 마부라도 나는 또한 그것을 할 것이다.'라고 했다."라고 했다. ≪사기·안자열전(晏子列傳)≫에서 "태사공이 말하기를, '만일 안자가 지금 살아있다면 나는 비록 그를 위해 말채찍을 잡더라도 즐거워하며 사모할 것이다.'라고 했다."라고 했다.(論語, 孔子曰, 富而可求也. 雖執鞭之士, 吾亦爲之. 史記, 太史公曰, 假令晏子而在, 余雖爲

赴官西去再宿蕪湖, 感舊傷懷因成十六韻)> "비휴 같은 이가 옥 장막을 둘러쌌다.(貔貅環玉帳.)"의 주에 보인다.

28) 博洽(박흡) : 박학다식하다.

執鞭所忻慕焉.[29])

[역자주] 執鞭(집편) : 말채찍을 잡다. 수레를 모는 것으로 대체로 비천한 일을 상징한다.

제2수

滕閣中春綺席開,[1] 등왕각에서 중춘에 비단 자리를 펼치고

柘枝蠻鼓殷晴雷.[2] 자지무에 남방 북을 치니 우르릉 맑은 하늘에 우렛소리.

垂樓萬幕靑雲合,[3] 누대에 드리운 만 장의 막사에 푸른 구름이 모이고

破浪千帆陣馬來.[4] 파도를 깨트리는 천 척의 돛으로 말의 무리가 왔지.

未掘雙龍牛斗氣,[5] 두 마리 용에 굴하지 않는 우수와 두수를 찌르는 기운

高懸一榻棟梁材.[6] 의자 하나를 높이 걸어놓은 동량의 재목.

連巴控越知何有,[7] 파 땅으로 이어지고 월 땅을 제어하여 거칠게 없었으니

珠翠沈檀處處堆.[8] 진주, 비취, 침향, 단향이 곳곳에 무더기로 있었지.

주석

1 **[협주]** ≪신당서·고조제자전(高祖諸子傳)≫에서 “등왕(滕王) 이원영(李元嬰)은 정관(貞觀) 13년(639) 비로소 왕이 되었다.”라고 했다. 또 권1 “높은 누각은 하늘 중간에 기대었다.”의 주에 보인다.[30]) ‘기석’은 이미 권1에 나왔다.[31])(新唐書. 滕王元嬰, 貞觀十三年始王. 又見一卷高閣倚天半註. 綺席, 已出第一卷.)

[역자주] 滕閣(등각) : 등왕 이원영이 세운 누각으로 종릉에 있었다. 綺席(기석) : 비단 사

29) ‘爲’ 뒤에 ‘之’가 더 있어야 한다. 忻慕(흔모) : 즐거워하며 앙모하다.

30) 두목의 시 <장호호를 읊은 시(張好好詩)>이다.

31) 두목의 시 <지주 농수정에 쓰다(題池州弄水亭)>에 “풀이 무성한 곳에는 화려한 자리가 펼쳐져 있다.(綺席草芊芊.)”라는 것이 있지만 이에 대한 협주의 내용은 없으며, <두추 아가씨를 읊은 시(杜秋娘詩>에 있는 “금쟁반으로 받친 무소 뿔로 눌러놓은 장막.(金盤犀鎭帷.)”의 협주에 관련 내용이 있다.

리. 화려한 연회를 상징한다.

2 **[협주]** ≪둔재한람(遯齋閑覽)≫에서 말하기를, "자지무(柘枝舞)는 본래 후위(後魏) 척발(拓拔)씨의 이름인데 후인들이 비루하게 여기자 '척'을 '자(柘)'로 바꾸고 '발'을 '지(枝)'로 바꾸었다."라고 했다. ≪통전·사방악(四方樂)≫에서 말하기를, "남만(南蠻)의 두 나라는 부남(扶南)과 천축(天竺)이다. 부남악은 무희가 2명이고 붉은 옷을 입었다. 수나라 때는 천축악을 모두 사용했는데, 지금 남아 있는 것은 갈고(羯鼓), 도담고(都曇鼓), 모원고(毛員鼓)가 있다."라고 했다. ≪시경·소남(召南)·은기뢰(殷其雷)≫에서 "우르릉 천둥소리"라고 했고 모장(毛萇)의 주에서 "'은'은 천둥소리다."라고 했다. 음이 어와 근의 반절이다.(遯齋閑覽. 柘枝舞, 本後魏柘枝之戲[32]. 後人鄙之, 易拓以柘, 易拔以枝. 通典, 四方樂云, 南蠻二國, 扶南天竺. 扶南樂, 舞二人, 朝霞衣. 隋代全用天竺樂, 今其存者, 有羯鼓都曇鼓毛員鼓. 詩. 殷其雷. 註云, 殷, 雷聲也. 於謹切.)

[역자주] 柘枝(자지) : 곡명이며, 여인 2명이 추는 춤의 이름이기도 하다. 蠻鼓(만고) : 남방 음악에서 사용하는 북이다.

3 [역자주] 青雲(청운) : 고관대작을 비유한다.

4 [역자주] 陣馬(진마) : 적진을 부수는 말. 매우 용맹한 군대를 형용한다.

5 **[협주]** 권1의 "어찌하여 두수를 찌르던 기상이"의 주에 보인다.[33](見一卷如何牛[34]斗氣註.)

[역자주] 雙龍(쌍룡) : 진(晉) 장화(張華)가 두수(斗宿)와 우수(牛宿) 사이에 자줏빛 기운이 있는 것을 보고는 천문에 해박한 뇌환(雷煥)의 말을 듣고 예장(豫章) 풍성(豐城)에서 간장검(干將劍)과 막야검(莫邪劍)을 찾았으며 각자 한 자루씩 가졌다. 장화의 아들이 간장검을 차고 길을 가다가 갑자기 검이 물로 날아가 들어갔는데 사람이 들어가서 보니 용 두 마리가 있었다. 사람들은 두 보검의 정령이 변한 것이라고 했다.

6 **[협주]** ≪후한서·서치전(徐穉傳)≫에서 "서치는 자가 유자(孺子)이고 예장(豫章) 남창(南昌) 사람이다. 집이 가난하여 항상 스스로 농사를 지었으며 자신의 힘으로 얻은 것이

32) '柘枝之戲'는 '拓拔之名'의 잘못이다.

33) 두목의 시 <이감을 읊은 시(李甘詩)>이다.

34) '牛'는 '干'의 잘못이다.

아니면 먹지 않았다. 공손하고 검소하며 의롭고 예의를 알아서 그가 사는 곳의 사람들은 그의 덕에 탄복했다. 여러 번 공부(公府)에서 불렀지만 가지 않았다. 당시 진번(陳蕃)이 예장태수였는데 예를 갖추어 공조(功曹)에서 근무하기를 청하니 서치가 사양하지 못했지만 배알하고 난 뒤에 곧장 물러났다. 진번은 군에 있으면서 빈객을 만나지 않았는데 오직 서치가 오면 특별히 의자 하나를 내주었으며 그가 떠나면 벽에 걸어놓았다."라고 했다. '동량(棟梁)'은 이미 권1에 나왔다.[35](後漢. 徐穉, 字孺子, 豫章南昌人也. 家貧常自耕稼, 非其力不食. 恭儉義讓, 所居服其德. 屢辟公府, 不起. 時陳蕃爲太守, 以禮請署功曹, 穉不免之, 旣謁而退. 蕃在郡不接賓客, 唯穉來特設一榻, 去則縣之. 棟梁, 已出一卷.)

7 [역자주] 連巴控越(연파공월) : 파 땅과 이어지고 월 땅을 제압한다. '파' 땅은 지금의 사천성이고 '월' 땅은 강남지역이다. 知何有(지하유) : 무엇이 있는지 아는가. 눈에 보이는 것이 없다는 말로 자신이 최고라는 뜻이다.

8 [역자주] 沈檀(침단) : 침향(沈香)과 단향(檀香)으로 고급 향이다.

제3수

十頃平湖堤柳合,[1]	십 경의 너른 호수에 제방의 버들은 모여 있고
岸秋蘭芷綠纖纖.[2]	가을 기슭의 난초와 지초는 푸른빛이 가늘었으며,
一聲明月採蓮女,[3]	밝은 달 아래 연 따는 여인을 한 곡 부르고
四面朱樓卷畫簾.	사방의 붉은 누대에는 채색한 주렴을 걷었지.
白鷺煙分光的的,[4]	백로는 안개 속에 또렷이 빛이 밝았고
微漣風定翠湉湉,[5]	가느다란 물길은 바람이 잦자 비췻빛으로 흘렀는데,
斜輝更落西山影,	비낀 햇살이 또 서산 그림자로 떨어지면
千步虹橋氣象兼.[6]	천 걸음의 무지개다리에 높은 기상을 아울렀지.

35) 두목의 시 <군청의 관사에서 홀로 술을 들다(郡齋獨酌)>의 "누가 조정의 기둥이 될 것인가.(誰人爲棟梁.)"의 주에 보인다.

주석

1 [역자주] 頃(경) : 넓이 단위로 100무(畝)이다.

2 [역자주] 蘭芷(난지) : 난초와 지초. 모두 향초이다. 纖纖(섬섬) : 가느다란 모양.

3 **[협주]** ≪송서(宋書)·악지(樂志)≫ <강남가채련(江南可採蓮)> 조목에서 "한나라 옛 가사에서 '강남은 연을 딸 만한데 연잎이 얼마나 무성한가.'라고 했다."라고 했다. ≪남사(南史)·양간전(羊侃傳)≫에서 "양간은 성격이 호방하고 사치스러웠으며 음률을 잘 알았다. 스스로 <채련(採蓮)>과 <도가(棹歌)> 2곡을 지었는데 매우 새로운 운치가 있었다."라고 했다. 이백의 <연을 따는 것을 읊은 노래(採蓮曲)>에서 "약야계 옆에 연 따는 여인이 연꽃 너머로 웃으며 서로 이야기한다."라고 했다.(宋書. 江南可採蓮. 古辭. 江南可採蓮, 蓮葉何田田.[36] 南史. 羊侃, 性豪侈, 善音律, 自造採蓮棹歌兩曲, 甚有新致. 李白, 採蓮曲. 若耶溪旁採蓮女, 笑隔荷花共人語.)

4 **[협주]** ≪회남자≫에서 "환한 것은 잡힌다."라고 했고 고유(高誘)의 주에서 "['적'은] 밝다는 뜻이다. 여러 사람에게 보이니 잡히는 것이다."라고 했다.(淮南子. 的的者獲. 註. 明. 爲衆所見, 故獲.)

5 **[협주]** '련(漣)'은 음이 '련'이고 바람에 따라 물이 일렁이는 모양이다. '첨(湉)'은 도와 겸의 반절이며 물이 천천히 편안하게 흐르는 모양이다.(漣, 音連. 倚風動水貌. 湉. 徒兼切. 澶湉安流貌.[37])

6 **[협주]** 주처(周處)의 ≪풍토기(風土記)≫[38]에서 "양선현(陽羨縣) 앞에 큰 다리가 있는데 남북으로 72장이며 다리 가운데가 높이 솟아 있어 무지개 모양과 비슷하다."라고 했다.(周處, 風土記. 陽羨縣前有大橋, 南北七十二丈, 橋高起, 有似虹形.)

제4수

控壓平江十萬家,[1]　　너른 강의 십만 가구를 다스리는데

---

36) 田田(전전) : 연잎이 무성한 모양.

37) 澶湉(단첨) : 물이 천천히 흐르는 모양. 또는 물이 깊고 넓은 모양.

38) ≪풍토기(風土記)≫ : 진(晉)나라 주처(周處)가 지은 책으로 지방의 세시풍속에 관해 정리한 것이다. 일찍이 일실되었다.

秋來江靜鏡新磨. 가을이 오자 강은 고요하여 거울을 새로 갈아놓은 듯.
城頭晩鼓雷霆後,[2] 성 머리에 저녁 북소리 우레처럼 친 뒤
橋上游人笑語多. 다리 위에 노니는 이는 웃음소리 많았지.
日落汀痕千里色,[3] 해가 물가에 떨어지면 천 리가 물들고
月當樓午一聲歌.[4] 달이 누대 바로 위에 뜨면 노래 한 곡 불렀지.
昔年行樂穠桃伴,[5] 예전 노닐 때 무성한 복사꽃을 짝했는데
醉與龍沙揀蜀羅.[6] 취해서 함께 용사주에서 촉 땅 비단을 골랐지.

주석

1 [역자주] 控壓(공압) : 제어하다. 다스리다.

2 [역자주] 雷霆(뇌정) : 우렛소리. 큰 북소리를 비유한다.

3 [역자주] 汀痕(정흔) : 물가의 흔적. 물가를 뜻한다.

4 [역자주] 午(오) : 하늘 정중앙에 오는 것을 말한다.

5 **[협주]** ≪시경·소남(召南)·하피농의(何彼穠矣)≫에서 "저 무성한 것은 무엇인가? 꽃이 복사꽃이나 자두꽃과 같다."라고 했다.(詩. 何彼穠矣, 華如桃李.)
[역자주] 穠(농) : 꽃나무가 무성한 모양.

6 **[협주]** 권1의 "용사주에서 가을 물결을 구경하다."의 주에 보인다.[39](見一卷龍沙看秋浪註.)

해설

이 시는 옛날 심전사의 막부에 있을 때의 일을 회상하며 지은 것이다. 대체로 당시 심전사의 은혜를 받은 것, 심전사가 훌륭한 책략을 펼친 것, 막부에 우수한 인재가 많았던 것, 그곳을 같이 노닐며 즐겼던 것 등을 읊었다. 작시 시기는 고찰할 수 없다.

---

39) 두목의 시 <장호호를 읊은 시(張好好詩)>이다.

170. 대성의 노래 2수

臺城曲二首[1]

제1수

整整復斜斜,[2]	엄정하고 또 기우뚱하게
隨旗簇晚沙.[3]	수나라 깃발이 저녁 물가에 모였네.
門外韓擒虎,[4]	문밖에는 한금호
樓頭張麗華.[5]	누대 머리에는 장려화,
誰憐容足地,[6]	누가 발을 둘 땅을 가련해 하겠는가
卻羨井中龜.[7]	도리어 우물 안의 거북이를 부러워했으니.

주석

1 **[협주]** ≪남사(南史)·후비열전(后妃列傳)≫에서 "진(陳) 후주(後主)의 장귀비(張貴妃)는 이름이 여화(麗華)이며 성격이 총명했다. 재기가 있고 논변을 잘했으며 잘 외웠고, 황제의 안색을 잘 살폈다. 여러 궁녀를 천거하여 후궁이 모두 그를 덕이 있다고 했다. 또 귀신을 부리는 술수를 잘해서 후주를 유혹했다. 후주는 정사를 게을리했는데, 모든 신하가 아뢰는 것은 모두 환관 채림아(蔡臨兒)와 이선도(李善度)를 통해서 상주되었으며, 후주는 베개에 기대어 장귀비를 무릎에 앉힌 뒤 함께 결정했다. 이선도와 채림아가 기억하지 못하는 것은 장귀비가 모두 조목조목 아뢰었는데 빠진 것이 전혀 없었다. 이로 인해 외부의 일에 관여했고 민간에 있는 한마디 말이나 하나의 일도 장귀비가 반드시 먼저 알아서 보고했다. 이로 인해 더욱 총애를 받았다. (자신에 관한 안 좋은 소문에 대해) 듣지 않은 말이 없었다. 조정 안팎으로 작당을 하고 뇌물이 공공연히 이루어졌으며, 상과 벌이

일정하지 않았고 기강이 문란해졌다. 수나라 군대가 대성(臺城)을 공격하자 귀비는 후주와 함께 우물로 들어갔다. 수나라 군대가 그들을 끄집어내니 진왕(晉王) 양광(楊廣)이 그녀를 청계(青溪)에서 죽이도록 명했다."라고 했다.(南史. 陳後主張貴妃, 名麗華, 性聰慧. 才辯強記, 善候人主顔色. 薦諸宮女, 後宮咸德之. 又工厭魅之術,[40] 以惑後主. 後主怠於政事, 百司啓奏, 並因宦者蔡臨兒李善度進請, 後主倚隱囊,[41] 置張貴妃於膝上, 共決之. 李蔡所不能記者, 貴妃並爲疏條,[42] 無所遺脫. 因參訪外事, 人間有一言一事, 貴妃必先知白之, 由是益加寵異. 言無不聽. 內外交結, 賄賂公行,[43] 賞罰無常, 綱紀瞀亂矣.[44] 及隋軍剋臺城, 貴妃與後主俱入井. 隋軍出之. 晉王廣命斬之於青溪之中.)

[역자주] 臺城(대성) : 지금의 강소성 남경시 계명산(雞鳴山) 남쪽에 있던 성으로 남조시대의 궁성이었다.

2 [역자주] 整整(정정) : 반듯하고 근엄한 모양. 斜斜(사사) : 기울어진 모양.

3 **[협주]** ≪황제출군결(黃帝出軍決)≫[45]에서 "처음 아기(牙旗)[46]를 세우는 날 상서로운 기운이 와서 응하니 깃발이 적군을 가리킨다. 혹 바람을 따라오면 쇠목탁의 소리가 드날리며 맑고 큰북 작은북의 소리가 부드럽게 울린다. 이를 일러 당당한 진이고 근엄한 깃발이라고 하니, 이는 대승의 징조이다."라고 했다.(黃帝出軍決. 始立牙之日, 吉氣來應, 旗旄指敵. 或從風而來, 金鐸之聲揚以清, 鼓鞞之聲婉而鳴,[47] 是謂堂堂之陣, 整整之旗. 此大勝之徵也.)

[역자주] 簇(족) : 모이다.

4 [역자주] 韓擒虎(한금호) : 수나라 장군의 이름이다.

---

40) 厭魅(염매) : 귀신에게 기도하여 다른 사람을 미혹시키거나 해를 끼치는 술수.
41) 隱囊(은랑) : 몸을 기댈 수 있는 부드러운 주머니.
42) 疏條(소조) : 조목조목 아뢰다.
43) 賄賂(회뢰) : 뇌물.
44) 瞀亂(무란) : 혼란스럽다.
45) ≪황제출군결(黃帝出軍決)≫ : 황제(黃帝)가 치우(蚩尤)와 싸울 때의 일을 적은 것으로 보인다. 그 속에는 병법에 관한 내용이 많다. 작자에 대해서는 상고할 수 없으며 일찍이 산실되었다.
46) 아기(牙旗) : 깃대 위를 상아로 장식한 큰 깃발로 대장군을 위해 세운다.
47) 鼓鞞(고비) : 북과 말 위에서 치는 북. 모두 군대에서 치는 악기이다.

5 [역자주] 張麗華(장려화) : 진 후주의 귀비(貴妃)로 장귀비라고 불린다. 수나라 군대가 들어오자 진 후주와 함께 우물에 숨었다가 잡혔다.

6 [역자주] 容足地(용족지) : 발을 수용할 땅. 거처하고 있는 곳이 아주 좁음을 말한다.

7 **[협주]** ≪운력도(運曆圖)≫[48]의 기록이다. 진 후주는 이름이 숙보(叔寶)이고 선제(宣帝)의 맏아들인데 주색으로 황음했다. 광소전(光昭殿) 앞에 임춘각(臨春閣), 결기각(結綺閣), 망선각(望仙閣)을 지었는데 화려함의 극치를 다했다. 산들바람이 한번 불어오면 향기가 십 리에서도 났다. 상서령(尙書令) 강총(江總)과 문인 10명과 함께 장려화 등 비빈 8명이 자리를 모시고 있었는데 이를 '압객(狎客)'이라고 했다. 여덟 부인이 시를 지으면 열 명의 압객이 이어서 창화했는데 창화가 늦으면 벌주를 마시고 <옥수후정화(玉樹後庭花)>를 부르게 했다. 임금과 신하가 얼큰하게 취해 밤을 새고 낮까지 이어졌으며 정사를 돌보지 않고 바깥의 환란은 걱정하지 않았다. 형벌이 엄혹하여 조정 안팎으로 마음이 떠났다. 수(隋)나라 문제(文帝)가 80총관의 병사 51만 명을 선발하여 정벌했다. 진왕 양광을 원수(元帥)로 삼고 고경(高熲)을 모주(謨主)로 삼았으며 황제의 조서를 내려 후주의 죄악 20가지를 폭로했다. 수나라 군대가 강에 도착했지만 심객경(沈客卿) 등은 억누르며 상황을 상주하지 않았으며 그저 기녀들에게 술을 마음껏 마시고 시 짓기를 그치지 말라고 아뢰었다. 수나라 장군 하약필(賀若弼)과 한금호(韓擒虎)가 강을 건너 채석(採石)을 공격하여 점령하자 진나라는 소마가(蕭摩訶)를 도독(都督)으로 삼아 수나라 군대에 대항했다. 하약필이 장산(蔣山)에서 진나라 군대를 패배시키고 한금호가 진군하여 건업(建鄴)에 들어갔다. 후주는 장귀비, 공귀비와 함께 우물로 도망갔다가 잡혔다. ≪장자·추수(秋水)≫에서 "작은 우물의 개구리가 동해의 자라에게 말하기를, '우물 난간 위로 뛰어오르기도 하고 깨진 우물 벽돌 틈으로 들어와 쉬기도 하니 누구도 나와 같을 수 없다.'라고 했다."라고 했다.(運曆圖. 陳後主, 名叔寶. 宣帝長子, 荒於酒色. 於昭光[49]殿前, 起臨春結綺望仙三閣, 窮極奢麗. 微風一至, 香聞十里. 與尙書令江總及文士十人, 同

48) ≪운력도(運曆圖)≫ : 송(宋)나라 공영(龔穎)이 지은 역사서로 6권이다. 진(秦) 소왕(昭王)이 주(周)나라를 멸한 때부터 송나라 태종(太宗) 옹희(雍熙) 연간까지 기술되어 있다. 일찍이 구양수(歐陽修)가 그 정밀하고 해박함을 칭찬한 적이 있다. 일찍이 산실되었다.

49) '昭光'은 '光昭'의 잘못이다.

張麗華等貴嬪八人侍座, 號曰狎客. 八婦人製詩, 十客繼和, 遲則罰酒使歌玉樹後庭花. 君臣酣飮, 終夕達晝, 不恤政事, 不虞外難. 刑酷罰重, 中外離心. 隋文帝發八十總管兵五十一萬來伐. 命晉王廣爲元帥, 高熲爲謨主, 降璽書暴後主二十惡. 隋軍臨江, 沈客卿等抑而不奏. 但奏妓縱酒作詩不輟. 隋將賀若弼韓擒虎濟江, 襲採石取之, 陳以蕭摩訶爲都督, 以拒隋軍, 賀若弼敗陳師於蔣山, 擒虎進師入建鄴. 後主與張孔二貴嬪逃於井, 獲之. 莊子. 埳井之鼃,[50] 謂東海之鱉曰, 跳梁乎井幹之上, 入休乎缺甃之崖.[51] 莫吾能若也.)

제2수

王頒兵勢急,[1]	왕반의 군사 세력이 맹렬하여
鼓下坐蠻奴.[2]	북 아래에 임만노를 앉혔네.
瀲灩倪塘水,[3]	넘실대며 흐르는 예당의 물에
叉牙出骨鬚.[4]	이리저리 뼈에 붙은 수염이 나 있었는데,
乾蘆一炬火,[5]	마른 갈대로 만든 횃불 하나로
迴首是平蕪.[6]	돌아보니 황무지가 되었구나.

주석

1 **[협주]** ≪수서(隋書)·왕반전(王頒傳)≫의 기록이다. 왕반은 자가 경언(景彦)이다. 아버지 왕승변(王僧辯)은 태위(太尉)였다. 왕반은 어릴 때 호탕하고 거리낌이 없었으며 문무에 재능이 있었다. 그의 아버지가 후경(侯景)을 평정하고는 왕반을 형주(荊州)에 인질로 남겨 두었다. 원제(元帝)가 주(周)나라 군사의 함정에 걸렸을 때 왕반은 함곡관으로 들어갔다. 그의 아버지가 진(陳) 무제(武帝)에게 죽임을 당했다는 말을 듣고는 통곡하다가

50) 埳井(감정) : 얕은 우물. 鼃(와) : 개구리.
51) 缺甃(결추) : 깨진 우물 벽돌. 崖(애) : 가장자리.

기절을 했으며 한 식경이 지나서야 깨어났다. 주나라 명제(明帝)가 그를 가상하게 여기고는 불러서 좌시상사(左侍上士)에 임명했다. 개황(開皇) 연간(581-600) 초에 남방 이민족을 평정한 공으로 개부(開府)가 더해졌고 사구현공(蛇丘縣公)에 봉해졌다. 진나라를 정복할 계책을 바쳤는데 주상이 보고는 기이하게 여겼다. 군사를 크게 일으켜 진나라를 치게 되었을 때 왕반은 종군을 자청했으며 무리 수백 명을 이끌고 한금호(韓擒虎) 선봉장군을 따라 밤에 강을 건너 힘껏 싸웠다. 진나라가 멸망하자 왕반은 몰래 아버지의 병사를 소집했는데 천여 명을 얻고 이들을 대하고는 눈물을 흘렸다. 그중의 한 장사가 왕반에게 묻기를, "그대는 진나라를 공격해서 그 사직을 멸했으니 원수에 대한 치욕을 이미 씻었는데도 슬픔이 그치지 않는 것은 아마도 진패선(陳霸先, 진 무제)이 일찍 죽어서 직접 죽이지 못해서가 아닙니까. 청컨대 그의 무덤을 파내어 관을 부수어 뼈를 태운다면 또한 효심을 펼 수 있을 것입니다."라고 했다. 이에 밤에 그의 무덤을 파내서 관을 부수고 진 무제를 보니 수염이 온전히 떨어지지 않았고 그 뿌리가 모두 뼈에 붙어 있었다. 왕반은 그 뼈를 태운 뒤 재를 모아 물에 넣고는 마셔버렸다.(隋書. 王頒, 字景彦. 父僧辯, 太尉. 頒少倜儻,[52] 有文武幹局.[53] 其父平侯景, 留頒質於荊州, 遇元帝爲周師所陷, 頒因入關. 聞其父爲陳武帝所殺, 號慟而絶,[54] 食頃乃蘇. 周明帝嘉之, 召授左侍上士. 開皇初, 以平蠻功, 加開府封蛇丘縣公. 獻取陳之策, 上覽而異之. 及大擧伐陳, 頒自請行, 率徒數百人, 從韓擒虎先鋒, 夜濟力戰. 及陳滅, 頒密召父時士卒, 得千餘人, 對之涕泣. 其間將士或問頒曰, 郎君來破陳國, 滅其社稷, 讎恥已雪,[55] 而悲哀不止者, 將爲霸先早死, 不得手刃之邪. 請發其丘壟, 斲櫬焚骨,[56] 亦可申孝心矣. 於是夜發其陵剖棺, 見陳武帝, 鬚並不落, 其本皆出自骨中. 頒遂焚骨取灰, 投水而飮之.)

2 **[협주]** ≪좌전·양공(襄公) 18년≫ 전(傳)에서 "진후(晉侯)가 제(齊)나라를 공격했다. 진(晉)나라 주작(州綽)이 식작(殖綽)에게 화살을 쏴서 어깨를 명중하고 화살 두 대는 목 양쪽으로 맞추었다. 주작이 말하기를, '그만두면 장차 우리 삼군에 의해 잡힐 것이고, 그

52) 倜儻(척당) : 호방하고 세속의 격식에 얽매이지 않다.
53) 幹局(간국) : 일을 처리하는 재능.
54) 號慟(호통) : 소리를 지르며 통곡하다. 絶(절) : 기절하다.
55) 雪(설) : 치욕이나 억울함을 씻다.
56) 斲櫬(착츤) : 관을 쪼개다.

만두지 않으면 장차 그 화살 두 대 중간을 맞출 것이다.'라고 했다. 식작이 돌아보며 말하기를, '우릴 위해 맹세하라.'라고 하니 주작이 말하기를, '해와 같이 분명하다.'라고 했다. 이에 식작은 활을 풀고 스스로 뒤로 결박당했으며 주작의 오른쪽 수레의 구병(具丙) 역시 병기를 버리고 곽최(郭最)를 포박했고, 모두 갑옷을 입은 채로 뒤로 결박당해 중군의 북 아래에 앉았다."라고 했다. ≪수서·한금호전(韓擒虎傳)≫에서 "개황 연간 초 고조(高祖)가 군사를 크게 일으켜 진나라를 정벌했는데 한금호를 선봉으로 삼았다. 임만노(任蠻奴)가 하약필(賀若弼)에게 패배한 뒤 군대를 버리고 한금호에게 투항했다. 한금호는 정예기병 오백 명을 데리고 주작문으로 들어갔다. 진나라 군대가 싸우려고 하자 임만노가 질책하며 말하기를, '노부인 나도 오히려 투항했는데 제군들은 무엇을 하려는가.'라고 하니 무리가 모두 흩어져 도망갔다."라고 했다.(左傳, 襄公十八年, 傳. 晉侯伐齊. 晉州綽射殖綽, 中肩, 兩矢夾脰.[57] 曰, 止, 將爲三軍獲. 不止, 將取其衷.[58] 顧曰, 爲私誓. 州綽曰, 有如日. 乃弛弓而自後縛之. 其右具丙亦舍兵而縛郭最. 皆衿甲面縛.[59] 坐于中軍之鼓下. 隋書. 開皇初, 高祖大舉伐陳, 以韓擒虎爲先鋒. 任蠻奴爲賀若弼所敗, 棄軍降於擒虎. 擒虎以精騎五百, 入朱雀門, 陳人欲戰, 蠻奴撝之曰,[60] 老夫尙降, 諸君何事. 衆皆散走.)

3 **[협주]** '예당'은 첨주에 보인다.[61] 진(晉) 목화(木華)의 <해부(海賦)>에서 "끝없이 흐르고 넘실대니 하늘을 띄우고서 끝이 없다."라고 했다.(倪塘, 見添註. 海賦. 浟湙瀲灩,[62] 浮天無岸.)

[역자주] 瀲灩(염렴) : 물결이 출렁이는 모양. 倪塘(예당) : 지금의 남경시 동쪽을 흐르는 강의 이름이다.

4 **[협주]** 앞의 '왕반(王頒)' 주에 보인다.[63](見上王頒註.)

57) 夾脰(협두) : 목덜미를 끼다. 목덜미를 관통했다는 말이다.
58) 衷(충) : 가운데. 중간.
59) 衿甲(금갑) : 갑옷을 매다. 갑옷을 벗지 않는 것을 말한다. 面縛(면박) : 등 뒤로 두 손을 묶고 얼굴을 앞으로 한 자세. 투항하는 모습이다.
60) 撝(휘) : 질책하다.
61) 권4에는 첨주가 없는데 오류가 있는 것으로 보인다.
62) 浟湙(유역) : 물이 흘러가는 모양.
63) 이 시 주석 1번에 보인다.

[역자주] 叉牙(차아) : 이리저리 어지러운 모양.

5 [역자주] 乾蘆(건로) : 마른 갈대. 이 구는 왕반이 진 무제의 시신을 꺼내 불에 태운 것을 말한다. 이와 달리 수나라 장수 하약필이 진나라 성을 공격하며 불을 지른 것을 말하는 것으로 볼 수도 있다.

6 [역자주] 平蕪(평무) : 황무지.

해설

이 시는 남조 진나라의 황성인 대성에 관해 읊은 것이다. 향락을 일삼다가 결국 수나라의 침략으로 왕은 우물에 숨고 무제는 부관참시당했으며 번화한 도성은 폐허가 되었음을 말했다. 작시 시기는 고찰할 수 없다.

171. 강가에 비 내리는데 최갈에게 부치다

江上雨寄崔碣[1]

春半平江雨,	봄 중간에 너른 강에 비가 내리니
圓文破蜀羅.[2]	둥근 무늬로 촉 땅 비단을 찢는데,
聲眠篷底客,[3]	소리 들으며 잠자는 배 아래의 나그네
寒濕釣來蓑.[4]	추위에 젖은 낚시하는 어부.
暗澹遮山遠,	남몰래 담박하게 산을 가리며 멀게 하고
空濛著柳多.	공연히 부슬부슬 버들가지에 붙어 많다.
此時懷一恨,	이때 한 가지 안타까움을 품었는데
相望意如何.	서로 바라보려 하니 그대 뜻은 어떠한가?

주석

1 [역자주] 崔碣(최갈) : 자는 동표(東標)이다. 진사에 급제하여 우습유(右拾遺)가 되었으며, 하남윤(河南尹), 섬괵관찰사(陝虢觀察使) 등을 역임했다.

2 [역자주] 圓文(원문) : 빗물이 강에 떨어져 생긴 파문을 말한다. 蜀羅(촉라) : 촉 땅의 비단. 여기서는 강물을 비유한다.

3 [역자주] 篷底客(봉저객) : 쑥대로 엮은 배의 지붕 아래에 있는 나그네.

4 [역자주] 蓑(사) : 도롱이. 비를 막는 우의이다.

해설

이 시는 강가에서 비가 올 때 감회를 적어 최갈에게 부친 것이다. 봄 강에 촉촉이 비가 내리는 정경을 묘사한 뒤 이를 같이 감상하고자 하는 의향을 최갈에게 물었다. 작시 시기는 고찰할 수 없다.

172. 종릉의 막부 관리를 마치고 13년 지난 뒤 분포에 와서 정박하며 옛일에 감회가 일어 시를 짓다

罷鍾陵幕吏十三年來泊湓浦感舊爲詩[1]

青梅雨中熟,	푸른 매실이 빗속에 익고
檣倚酒旗邊.	담장은 주점 깃발 옆에 기대어 있는데,
故國殘春夢,	옛 고장을 그리워하는 봄날 꿈이 남아 있어
孤舟一褐眠.[2]	외로운 배엔 거친 옷 입은 이가 잠자네.
搖搖遠堤柳,	흔들리는 먼 제방의 버들가지
暗暗十程煙.	어둑한 십 리 길의 안개.
南奏鍾陵道,[3]	남쪽은 종릉의 길로 들어가는데
無因似昔年.	옛날과 비슷할 수가 없구나.

주석

1 **[협주]** ≪십도지≫에서 “강남도(江南道) 강주(江州)에 분포(湓浦)가 있다.”라고 했다.(十道志. 江南道江州有湓浦.)
[역자주] 鍾陵(종릉) : 지금의 강서성 남창(南昌)으로 강서관찰사(江西觀察使)의 치소(治所)가 있었다. 두목은 태화 2년(828)부터 태화 4년(830)까지 그곳에서 심전사(沈傳師)의 막료로 있었다. 湓浦(분포) : 지금의 강서성 구강(九江)으로 강주의 치소가 있었다.

2 [역자주] 褐(갈) : 거친 베옷으로 비천한 신분을 나타낸다. 여기서는 두목 자신을 가리킨다.

3 **[협주]** ‘주(奏)’는 ‘나아간다’는 뜻이다.(奏, 進也.)

[역자주] 분포에서 남쪽으로 강을 따라가면 종릉이 있으며, 당시 두목은 장강을 거슬러 서쪽 황주(黃州)로 가고 있었다.

해설

이 시는 분포에 정박하면서 옛날 종릉에서 막부 생활하던 때를 그리워하며 지은 것이다. 봄날 비 내리는 포구 주변의 경관을 묘사한 뒤 예전처럼 심전사의 막부에서 인정받으며 생활할 수 없음을 안타까워했다. 대개 시의 내용에 따라서 회창 2년(842) 황주자사(黃州刺史)로 부임하면서 중간에 강주에 도착하여 지은 것으로 추정한다.

173. 상산 마간

商山麻澗[1]

雲光嵐彩四面合,	구름 빛과 남기 빛이 사방에서 합쳐지고
柔桑垂柳十餘家.	부드러운 뽕나무와 드리운 버들이 있는 집 십여 채.
雉飛鹿過芳草遠,	멀리까지 뻗은 향기로운 풀에 꿩이 날고 사슴이 지나가며
牛巷雞塒春日斜.[2]	봄 해가 저무니 소는 골목으로 돌아오고 닭은 횃대에 오르네.
秀眉老父對樽酒,[3]	수려한 눈썹의 늙은이는 술잔을 마주하고
蒨袖女兒簪野花.[4]	붉은 소매의 여자아이는 들꽃을 머리에 꽂았네.
征車自念塵土計,	떠도는 수레로 스스로 세속에서 살 방도를 생각하노라니
惆悵溪邊書細沙.[5]	서글퍼져서 냇가에서 고운 모래에 써보네.

주석

1 **[협주]** ≪통전≫에서 "상락군(上洛郡)은 상주(商州)이며 속현인 상락(上洛)에 상산(商山)과 단수(丹水)가 있다."라고 했다.(通典. 上洛郡, 商州. 領縣上洛, 有商山丹水.)
[역자주] 商山(상산) : 산의 이름으로 지금의 섬서성 상현(商縣) 남동쪽에 있다. 한나라 때 상산사호(商山四皓)가 은거했다. 麻澗(마간) : 상산 인근 웅이산(熊耳山) 아래의 냇물. 삼을 심기에 적합하다고 한다.

2 **[협주]** '시(塒)'에 관해 실명하자면, ≪시경·왕풍(王風)·군자우역(君子于役)≫에서 "닭이 횃대에 깃들었다."라고 했고, 모장(毛萇)의 주에서 "옆의 벽을 뚫어 (기로막대를 걸쳐서 그 위에) 깃들이는 것을 '시'라고 한다."라고 했다.(塒, 詩. 雞棲於塒. 註. 鑿牆而棲曰塒.)

3 **[협주]** ≪후한서·정현전(鄭玄傳)≫에서 “정현은 눈썹이 수려하고 눈은 맑았으며 용의가 온유하고 단아했다.”라고 했다.(後漢. 鄭玄, 秀眉明目, 容儀溫雅.)

4 [역자주] 蒨袖(천수) : 붉은 소매. 또는 예쁜 소매.

5 [역자주] 惆悵(추창) : 서글퍼하는 모양. 書細沙(서세사) : 부드러운 모래에 쓰다. 마간의 모래사장에 이 시를 쓰는 것을 말한다.

해설

이 시는 상산의 마간을 지나면서 느낀 감회를 적은 것이다. 아름다운 그곳의 풍경과 한가로운 마을 사람들의 모습을 묘사한 뒤, 자신은 생계를 위해 이리저리 떠돌아야 하는 상황을 서글퍼하는 마음을 표현했다. 대개 개성 4년(839) 좌보궐에 제수되어 장안으로 갈 때 지은 것으로 추정한다.

174. 상산 부수역

商山富水驛[1]

益戇猶來未覺賢,[2]	우직함을 더했기에 오히려 어짊을 깨닫지 못했으니
終須南去弔湘川.[3]	끝내 남쪽으로 가 상강에 조문했구나.
當時物議朱雲小,[4]	당시 여론에서는 주운이 미천했지만
後代聲華白日懸.[5]	후대의 명망은 흰 태양이 걸린 듯했지.
邪佞每思當面唾,[6]	간사한 이들이 매번 얼굴에 침 뱉을 걸 생각했지만
淸貧長欠一杯錢.[7]	청빈하여 늘 한 잔 술값이 없었구나.
驛名不合輕移改,	역의 이름을 경솔하게 바꾼 것은 합당치 않으니
留警朝天者惕然.[8]	조정으로 가는 자가 두렵도록 경계를 남겨야 하리라.

주석

1 **[협주]** 본집의 주에서 "역의 이름은 본래 간의대부(諫議大夫) 양성(陽城)과 이름이 같았기에 이로 인해 부수역으로 바꾸었다."라고 했다. ≪구당서·양성전≫에서 "자가 항종(亢宗)이고 북평(北平) 사람이다. 간의대부로 옮겼다. 당시 덕종(德宗)이 배연령(裴延齡)을 재상으로 삼으려고 하자 양성이 말하기를, '만일 배연령을 재상으로 삼으면 내가 마땅히 그의 임명장을 가져다가 찢어버리겠다.'라고 했다. 결국 배연령의 일에 연루되어 국자사업(國子司業)이 되었다. 국학(國學)에 도착하자 여러 학생을 모아두고 이르기를, '무릇 배우는 자는 배움으로써 충과 효를 행하고자 하는 것이다 여러 학생 중에 설마 오랫동안 부모님을 뵙지 못한 자가 있는가?'라고 했다. 이튿날 양성에게 고향으로 돌아가 부모님을 공양하겠다고 한 자가 이십여 명이었다. 설약(薛約)이라는 자가 있었는데 일찍이

양성에게 배웠다. 성격이 거칠고 조급했는데 정사를 의론하다가 죄를 얻어 연주(連州)로 쫓겨나게 되었는데 객지에서는 아무런 연고가 없었다. 조정의 관원이 그의 종적을 쫓아 양성의 집안에서 그를 잡았는데, 양성은 문 앞에 조정의 관원을 앉혀놓고는 설약과 함께 술을 마시고 작별했으며 교외 바깥까지 눈물을 흘리며 전송했다. 덕종이 이를 듣고는 양성이 죄인과 결탁했다고 여기고는 도주자사(道州刺史)로 쫓아냈다. 태학생 노군(魯郡)과 계상(季償) 등 이백칠십 명이 궁궐 문에 와서 그를 머물게 해달라고 빌었고, 며칠 후에 관리가 이들을 제지하여 상소문을 올리지 못했다. 도주에서는 집안사람을 대하는 이치로 관리를 대하여 응당 벌줘야 하는 자는 벌을 주고 응당 상을 줘야 하는 자는 상을 주었으며, 관공서의 문서에는 마음을 두지 않았다. 순종(順宗)이 즉위하고 그를 불러들였으나 양성은 이미 죽었기에 사대부 군자들이 애석해했다."라고 했다.(本註. 驛本名與陽諫議同姓名, 因此改爲富水驛. 舊唐書. 陽城, 字元[64]宗, 北平人也云云. 遷諫議大夫. 時德宗欲相延齡, 城曰, 脫以延齡爲相,[65] 城當取白麻壞之.[66] 竟坐延齡事, 改國子司業. 旣至國子, 乃召諸生告之曰, 凡學者所以學爲忠與孝也. 諸生寧有久不省其親者乎. 明日, 告城歸養者二十餘人. 有薛約者, 嘗學於城, 性狂躁, 以言事得罪, 徙連州, 客寄無根蔕.[67] 臺吏以蹤跡求得之於城家. 城坐臺吏於門, 與約飮酒訣別, 涕泣送之郊外. 德宗聞之, 以城黨罪人, 出爲道州刺史. 太學生魯郡[68]季償等二百七十人詣闕乞留, 經數日, 吏遮止之, 疏不得上. 在道州, 以家人法待吏人, 宜罰者罰之, 宜賞者賞之, 不以簿書介意云云. 順宗卽位, 詔徵之, 而城已卒, 士君子惜之.)

[역자주] 商山(상산) : 산의 이름으로 지금의 섬서성 상현(商縣) 남동쪽에 있다.

2 [역자주] 益戇(익당) : 더욱 우직하다. '당'은 우둔할 정도로 강직한 것을 말한다. 이 구는 양성이 우직하게 충간을 했지만 그것이 어진 행동으로 인정받지 못했다는 말이다.

---

64) '元'은 '亢'의 잘못이다.

65) 脫(탈) : 만일.

66) 白麻(백마) : 흰 마로 만든 종이를 뜻한다. 당나라 때는 한림학사가 이 종이에 조서를 작성했기에 천자의 조서를 뜻한다. 壞(괴) : 망가뜨리다. 찢다.

67) 根蔕(근체) : 뿌리와 꼭지. '체'는 잎이나 열매가 줄기에 붙어 있는 부분을 가리킨다. 이로써 근거, 연고를 의미한다.

68) 현재 전하는 ≪구당서≫에는 '魯郡'이 '王魯卿'으로 되어 있다.

3 **[협주]** 권1의 "이것으로 상수에 던지는 부를 대신한다"의 주에 보인다.[69](見一卷以代投湘賦註.)

[역자주] 弔湘川(조상천) : 상강(湘江)에 조문하다. 한나라의 가의(賈誼)가 장사(長沙)로 폄적되어 가던 도중 상강에 이르러서 굴원을 애도하는 글을 지었다. 여기서는 양성이 식언을 하다가 도주로 폄적된 것을 비유적으로 표현했다.

4 **[협주]** 권3의 "주운은 오히려 직언의 깃발을 흔들었다."의 주에 보인다.[70](見三卷朱雲猶掉直言旗註.)

[역자주] 物議(물의) : 대중들의 평판. 朱雲(주운) : 한나라 괴리령(槐里令)으로 있다가 성제(成帝)를 배알하고는 간신인 안창후(安昌侯) 장우(張禹)를 죽여야 한다고 상주했다. 성제가 화를 내며 그를 참수시키려고 하사 그는 궁궐의 난간을 붙잡고 버티며 계속 직언했고 결국 난간이 부러졌다. 주위 대신의 권유로 사면을 받았으며 후에 난간을 수리할 때 성제가 그의 직간을 표창하기 위해 그대로 놔두라고 명했다.

5 **[협주]** ≪진서(陳書)≫에서 "곽면(郭沔)이 말하기를 '너희들은 조착(晁錯)이 신실한 이름을 적은 것을 보지 못했느냐. 마치 해와 달이 하늘에 걸린 듯하니 누가 가릴 수 있겠는가.'라고 했다."라고 했다.[71](陳書. 郭沔曰, 若輩不見晁錯紀信名.[72] 如日月懸空, 誰可掩蔽.)

6 **[협주]** ≪태평광기(太平廣記)≫에서 "누사덕(婁師德)은 온순하고 공경스러우며 조심스럽고 신중했기에 일찍이 사람들과 털끝만큼의 원한도 없었다. 동생이 대주자사(代州刺史)에 제수되자 경계하여 말하기를, '네가 다른 사람과 다툴까 내가 심히 걱정된다.'라고 하니, 동생이 말하기를, '누가 내 얼굴에 침을 뱉으면 그저 스스로 닦고 떠나겠습니다.'라고 했다. 누사덕이 말하기를, '그저 그렇게 하는 걸로는 충분치 않다. 무릇 누가 얼굴에 침을 뱉으면 아마도 반드시 화가 났기 때문일 터인데, 그걸 닦으면 이는 그의 마음을 거스르는 것이니 어찌 그것이 절로 마를 때까지 기다리지 않겠느냐.'라고 했다."라고 했다.

---

69) 두목의 시 <이감을 읊은 시(李甘詩)>이다.

70) 두목의 시 <낙양에서 감찰어사로 있다가 병가가 끝나, 조정으로 돌아가는 습유 위초로를 전송하다(洛中監察病假滿, 送韋楚老拾遺歸朝)>이다.

71) 현재 전하는 ≪진서(陳書)≫에는 이 기록이 보이지 않으며, 다른 전적에서도 찾기 어렵다.

72) 若輩(약배) : 너희들.

(廣記. 婁師德溫恭謹愼, 未嘗與人有毫髮之隙. 弟授代州刺史, 戒云, 吾甚愛[73]汝與人相競. 弟曰, 人唾面, 亦自拭之而去. 師德曰, 只此不了, 凡人唾面, 其必怒也. 拭之, 是逆其心也, 何不待其自乾.)

[역자주] 邪佞(사녕) : 사악하다. 面唾(면타) : 얼굴에 침을 뱉다.

7 [역자주] 欠(흠) : 모자라다. 부족하다.

8 **[협주]** ['척(惕)'은] 음이 타와 력의 반절이다. 두려워하며 근심한다는 뜻이다.(他歷切. 怵惕憂也.[74])

해설

이 시는 상산의 부수역을 지나다가 그 이름을 바꾼 것에 대해 생각을 적은 것이다. 원래 양성역이었는데, 양성은 직언을 일삼다가 폄적된 충신이니 그 이름을 그냥 두어 조정의 관원들을 경계하도록 하는 것이 마땅하다고 했다. 대개 개성 4년(839) 좌보궐에 제수되어 장안으로 갈 때 지은 것으로 추정한다.

73) '愛'는 '憂'의 잘못이다.

74) 怵惕(출척) : 두려워하다.

175. 단수

丹水[1]

何事苦縈廻,[2]	무슨 일로 고통스럽게 휘감아 도는가
離腸不自裁.[3]	헤어진 슬픔을 스스로 없애지 못해서이지.
恨聲隨夢去,	한스러운 소리는 꿈을 따라 떠나가고
春態逐雲來.	봄의 모습은 구름을 좇아 오는구나.
沈定藍光徹,	깊어 조용한 곳에는 푸른빛이 투명하고
喧盤粉浪開.[4]	시끄러운 소용돌이에는 흰 물결이 펼쳐지네.
翠巖三百尺,	비췻빛 바위 삼백 척
誰作子陵臺.[5]	누가 자릉의 돈대를 만들었나?

주석

1 **[협주]** 위 <상산 마간> 시의 주에 보인다.(見上商山廨澗註.)
[역자주] 丹水(단수) : 지금의 섬서성 상현(商縣)에 있는 물의 이름이다.

2 [역자주] 縈廻(영회) : 빙빙 돌다.

3 **[협주]** 사마천(司馬遷)의 <임소경에게 답하는 편지(報任少卿書)>에서 “창자가 하루에 아홉 번 돈다.”라고 했다.(司馬遷, 書. 腸一日而九廻.)

4 [역자주] 喧盤(훤반) : 소리를 크게 내며 빙빙 도는 소용돌이.

5 **[협주]** 권2의 “엄광이 낚시하던 여울이 시끄럽다.”의 주에 보인다.[75](見二卷嚴光釣瀨

75) 두목의 시 <옛날 문황제를 섬긴 일을 읊은 32운의 시(昔事文皇帝三十二韻)>이나.

喧註.)

[역자주] 子陵(자릉) : 후한 엄광(嚴光)의 자이며, 부춘산(富春山)에서 은거했다. 그곳에 그가 낚시하던 대(臺)가 있었고 낚시하던 곳을 엄릉뢰(嚴陵瀨)라고 불렀다.

해설

이 시는 단수를 지나며 본 경물과 감회를 적은 것이다. 빙빙 휘감아 흐르는 것이 마치 이별의 상심으로 아파하는 것 같으며, 깊은 곳의 푸른빛과 소용돌이의 흰 파도가 인상적이라고 했다. 마지막에는 엄광과 같은 이가 은거하기 좋은 곳이라고 말해 자신 역시 은일의 뜻이 있음을 드러냈다. 대개 개성 4년(839) 좌보궐에 제수되어 장안으로 갈 때 지은 것으로 추정한다.

176. 무관에 쓰다

題武關[1]

碧溪留我武關東, 　　푸른 시내가 나를 무관 동쪽에 머물게 하는데
一笑懷王跡自窮.[2] 　　회왕의 행적이 절로 궁박했음을 한번 비웃네.
鄭袖嬌嬈酣似醉,[3] 　　정수는 아름다워서 술에 취한 듯 상기되었고
屈原憔悴去如蓬.[4] 　　굴원은 초췌해져 쑥대처럼 떠나갔지.
山墻谷壍依然在, 　　산의 담장과 계곡의 참호는 여전히 있는데
弱吐强吞盡已空. 　　약육강식의 시대는 모두 이미 사라졌네.
今日聖神家四海,[5] 　　오늘날 성스러운 신령이 사해를 다스리는데
戍旗長卷夕陽中. 　　수자리 깃발이 석양에 오래도록 말려있구나.

주석

1 **[협주]** ≪한서·고조본기(高祖本紀)≫ 응소(應劭) 주에서 "무관(武關)은 진(秦)나라 남쪽의 관문이다."라고 했다. ≪십도지≫에서 "산남도(山南道) 상주(商州)에 무관이 있다."라고 했다.(漢書, 註. 武關, 秦南關也. 十道志. 山南道商州有武關.)

2 **[협주]** ≪사기·굴원열전(屈原列傳)≫에서 "회왕(懷王)이 진(秦)나라 소왕(昭王)과 만나려고 하자 굴원이 말하기를, '진나라는 호랑이와 이리와 같은 나라이니 안 가는 것이 좋습니다.'라고 했다. 왕은 그 말을 듣지 않고 무관으로 들어갔다가 진나라에 붙잡혔으며 결국 진나라에서 죽었다."라고 했다.(史記. 懷王與秦昭王會, 屈原曰, 秦虎狼之國, 不如無行. 王不聽, 入武關, 爲秦所留, 竟死於秦.)

3 **[협주]** ≪사기·초세가(楚世家)≫에서 "근상(靳尙)은 회왕(懷王)이 총애하는 희첩 정수

(鄭袖)를 모실 수 있는데, 정수가 하는 말을 회왕이 따르지 않는 것이 없다."라고 했다. (史記, 楚世家. 靳尙得事懷王幸姬鄭袖, 所言無不從.)

[역자주] 嶠嶢(교요) : 여인이 아름다운 모양.

4 **[협주]** 권1의 "침울한 삼려대부의 혼"의 주에 보인다.[76] (見一卷悅悅三閭魂註.)

[역자주] 憔悴(초췌) : 초췌하다. 굴원은 회왕을 모시다가 참소로 결국 쫓겨나서 멱라강에 몸을 던져 죽었다.

5 [역자주] 聖神(성신) : 당나라 천자를 가리킨다.

해설

이 시는 무관을 지나다가 옛 회왕의 일을 떠올려서 지은 것이다. 회왕이 굴원의 말을 듣지 않고 총애하던 희첩인 정수의 말에 속아 결국 죽게 되었음을 말한 뒤, 무심하게 남아 있는 무관의 경관을 묘사했다. 이를 통해 회왕을 반면교사 삼아 천자가 나라를 잘 다스리기를 바라는 마음을 표현했다. 대개 개성 4년(839) 좌보궐에 제수되어 장안으로 갈 때 지은 것으로 추정한다.

---

76) 두목의 시 <이감을 읊은 시(李甘詩)>이다.

177. 관직을 제수받아 궁궐로 가다가 상산에서 도중에 지은 절구

除官赴闕商山道中絶句[1]

水疊鳴珂樹如帳,	물소리는 울리는 말 장식을 쌓은 듯하고 나무는 휘장 같은데
長楊春殿九門珂.[2]	긴 버들이 있는 봄 궁전의 아홉 겹 문을 지나가리라.
我來惆悵不自決,[3]	내가 와서 구슬퍼하며 스스로 결단하지 못한 채
欲去欲住終如何.	떠나려는 듯 머물려는 듯 끝내 어찌할 것인가.

주석

1 **[협주]** 권3의 <관직을 제수받아 경사로 돌아가는데 목주에는 비가 개다(除官歸京睦州雨霽)> 제목 아래의 주에 보인다.(見三卷除官歸京.)

[역자주] 除官(제관) : 관직을 제수받다. 이전 관직을 없앤다는 뜻으로 새 관직을 받는다는 말이다. 商山(상산) : 산의 이름으로 지금의 섬서성 상현(商縣) 남동쪽에 있다.

2 **[협주]** 한나라 궁의 이름 중에 장양궁이 있다. 초사 <초혼(招魂)>에 대한 왕일(王逸)의 주에서 "천궁(天宮)의 문은 모두 아홉 겹이다."라고 했다. ≪백호통(白虎通)≫에서 "무릇 말의 장식을 '가(珂)'라고 한다."라고 했다.(漢室宮名有長楊宮. 楚辭, 註. 天門凡有九重. 白虎通. 凡馬飾曰珂.)

[역자주] 珂(가) : '과(過)'로 된 판본도 있는데 '물이 겹겹으로 울리며 흘러간다'는 뜻이 된다.

3 [역자주] 惆悵(추창) : 서글퍼하는 모양.

해설

이 시는 개성 4년(839) 좌보궐을 제수받아 궁궐로 가던 도중 장안 인근의 상산을 지나다가 느낀 감회를 적은 것이다. 혼란한 정국에 조정으로 들어가고 싶지 않은 갈등을 묘사했다.

178. 한강

漢江[1]

溶溶漾漾白鷗飛,[2]	넘실넘실 반짝이는 물에 흰 갈매기 날고
綠淨春深好染衣.	푸르고 맑게 봄이 깊어 옷을 잘 물들이네.
南去北來人自老,	남북으로 오가다 사람은 절로 늙어가는데
夕陽長送釣船歸.	석양이 돌아가는 낚싯배를 길이 전송하네.

주석

1 **[협주]** ≪통전≫에서 "산남동도(山南東道) 양주(襄州)의 속현인 양양(襄陽)에 한수(漢水)가 있다."라고 했다.(通典. 山南東道襄州領縣襄陽有漢水.)

2 [역자주] 溶溶(용용) : 물이 많은 모양. 漾漾(양양) : 반짝이는 모양. 물결이 햇빛에 반사되어 빛나는 모양.

해설

이 시는 한수를 지나가면서 느낀 감회를 적은 것이다. 한수의 아름다운 풍광을 묘사한 뒤 관직 생활로 이리저리 떠도는 자신의 신세를 서글프게 생각하고 이러한 곳에서 낚시하며 살고자 하는 바람을 표현했다. 대개 개성 4년(839) 좌보궐에 제수되어 장안으로 갈 때 지은 것으로 추정한다.

179. 양양에서 눈 내리는 밤의 감회
襄陽雪夜感懷[1]

往事起獨念,	지난 일이 고독의 상념을 일으키니
飄然自不勝.	떠도는 삶을 절로 이길 수 없구나.
前灘急夜響,[2]	앞의 여울에서는 밤의 물소리 급하고
密雪映寒燈.	빽빽한 눈은 추위 속의 등불을 비추네.
的的三年夢,[3]	선명한 삼 년의 꿈
迢迢一線絙.[4]	기다란 한 줄기의 동아줄.
明朝楚山上,[5]	내일 초 땅 산을 오를 터
莫上最高層.	제일 높은 곳에는 오르지 말아야지.

주석

1 [역자주] 襄陽(양양) : 지금의 호북성 양양이다.

2 [역자주] 灘(탄) : 여울.

3 [역자주] 的的(적적) : 선명한 모양.

4 [역자주] 迢迢(초초) : 기다란 모양. 絙(긍) : 동아줄. 자신이 살아온 인생길을 비유하는 것으로 보인다.

5 [역자주] 明朝(명조) : 내일. 또는 새벽.

해설

이 시는 양양을 지나다가 눈 온 밤 감회를 적은 것이다. 이곳저곳 떠도는 삶에 대한 애환을 드러내었으며 굳이 부귀영화를 위해 노력하지는 않겠다는 다짐을 했다. 개성 5년(840) 장안에 있다가 심양(潯陽)의 동생을 보러 가던 도중 지은 것이라는 설이 있다.

180. 성스러운 덕을 기리고 노래하며 천보 연간을 돌이켜 생각했기에 관문 정자에 쓴 칠언율시

詠歌聖德追懷天寶, 因題關亭長句四韻[1]

聖敬文思業太平,[2]	선종이 태평성세를 이루시니
海寰天下唱歌行.[3]	세상 천하가 모두 노래로 칭송하네.
秋來氣勢洪河壯,[4]	가을이 오니 너른 황하의 기세가 웅장하고
霜後精神泰華獰.[5]	서리가 온 뒤 큰 화산의 정신이 매섭구나.
廣德者强朝萬國,[6]	덕을 넓힌 자는 강해서 만국을 조회하고
用賢無敵是長城.[7]	어진 이를 기용하니 무적이라 이는 장성과 같네.
君王若悟治皮諭,[8]	군왕이 만약 백성을 편안하도록 다스리는 방도를 깨달았다면
安史何人敢弄兵.[9]	안록산과 사사명 어떤 이가 감히 군사를 일으켰겠는가.

주석

1 **[협주]** 천보(天寶)는 현종(玄宗)의 연호이다.(天寶, 玄宗年號.)
[역자주] 關亭(관정) : 관문의 정자. 대개 동관(潼關)으로 추정한다.

2 **[협주]** 권2의 "선종 황제께서 하황 지역을 수복하셨다."의 주에 보인다.[77] ≪구당서·선종본기(宣宗本紀)≫에서 "사신(史臣)이 말하기를, '황제의 도와 책략은 시종 흠결이 없었

77) 두목의 시 <재상 백민중께서 성스러운 덕이 화평하여 이런 아름다운 운세를 이루었고 연말에 공이 이루어지자 태평성세를 함께 읊어서 세 재상에게 바친 시에 받들어 화답한 칠언율시(奉和白相公聖德和平, 致茲休運, 歲終功就, 合詠盛明, 呈上三相公長句四韻)>이다.

으니 비록 한나라의 문제(文帝)와 경제(景帝)라도 뛰어넘기에 족하지 않다.'라고 했고 찬(贊)에서 '하서와 농우 지역을 수복하여 북방에 사악한 기운이 없어지니 지금까지 유로가 어진 임금을 칭송한다.'라고 했다."라고 했다.(見二卷文思天子復河湟註. 宣宗本紀. 史臣曰, 帝道皇猷,[78] 始終無缺, 雖漢文景, 不足過也. 贊. 河隴歸地, 朔漠消氛, 到今遺老, 歌詠明君.)

[역자주] 聖敬文思(성경문사) : 선종을 가리킨다. 대중(大中) 2년(848)에 여러 신하가 성경문사화무광효황제(聖敬文思和武光孝皇帝)라는 존호를 올렸다.

3 [역자주] 海寰(해환) : 천하를 가리킨다.

4 **[협주]** 권2의 "넓은 황하와 맑은 위수는 천지의 물길이다."의 주에 보인다.[79](見二卷洪河淸渭天池濬註.)

5 **[협주]** ≪산해경(山海經)·서남경(西南經)≫에서 "화산(華山)은 칼로 깎아 만든 듯하여 사방으로 그 높이가 오천 인이고 그 넓이가 십 리이다."라고 했다. '녕(獰)'은 음이 니와 경의 반절이고 흉악하다는 뜻이다.(西山經. 大華之山, 削成而四方其高五千仞, 其廣十里. 獰, 尼耕切. 惡也.)

[역자주] 泰華(태화) : 태화산(太華山)으로 화산을 가리킨다.

6 **[협주]** ≪회남자·원도훈(原道訓)≫에서 "우임금이 천하가 반역할 것을 알고는 덕을 베푸니 해외의 종족이 귀순했고 사방의 이민족이 공물을 바쳤다. 도산(塗山)에 제후를 모으니 규장(圭璋)과 비단 묶음을 든 자가 만 나라였다."라고 했다.(淮南子. 禹知天下之叛, 施之以德, 海外賓伏, 四夷納貢, 合諸侯於塗山, 執玉帛者萬國.)

7 **[협주]** 권2의 "만 리에 긴 성을 쌓았다."의 주에 보인다.[80](見二卷萬里得長城註.)

[역자주] 長城(장성) : 진(秦)나라가 천하를 평정하고 북방에 쌓은 성으로 변방 이민족의 침략을 방비했다. 여기서는 나라를 보위하는 것으로서 어진 신하를 비유한다.

8 [역자주] 治皮論(치피유) : '치안론(治安論)'으로 된 판본도 있는데 이를 따랐다.

---

78) 皇猷(황유) : 황제의 책략이나 교화.

79) 두목의 시 <장안을 주제로 자유롭게 읊은 칠언율시 6수(長安雜題長句六首)> 중 제5수이다.

80) 두목의 시 <하주절도사 최 산기상시가 태자소경으로 있다가 지방으로 나가 절도사 깃발을 인도하게 되었기에 지은 10운의 시(夏州崔常侍自少常亞列出領麾幢十韻)>이다.

9 **[협주]** 안록산(安祿山)과 사사명(史思明)이다.(祿山思明.)

해설

이 시는 당시 천자로 있던 선종의 치덕을 칭송하면서 지은 것이다. 선종이 덕으로 변방 이민족을 교화시키고 어진 이를 등용하여 나라를 튼튼하게 했는데, 이를 황하의 도도한 물결과 화산의 매서운 기상으로 비유했다. 마지막에는 현종이 나라를 잘 다스리지 못해 안사의 난을 초래했음을 말함으로써 선종이 실정하지 않기를 바라는 마음을 드러내었다. 대개 대중 5년(851) 장안에서 고공낭중(考功郎中)으로 있을 때 지은 것으로 추정한다.

181. 도중에 짓다
途中作

綠樹南陽道,[1]　　푸른 나무가 있는 남양의 길
千峰勢遠隨.　　천 개의 봉우리 그 기세가 멀리까지 이어지네.
碧溪風澹態,[2]　　푸른 개울에는 바람에 일렁이는 모습
芳樹雨餘姿.　　향기로운 나무에는 비 온 뒤의 자태.
野渡雲初暖,　　들을 지나가는 구름이 이제 따뜻해지니
征人袖半垂.　　먼 길 가는 이는 소매를 반만 드리웠네.
殘花不一醉,　　꽃이 지도록 한번 취하지 못했으니
行樂是何時.[3]　　행락은 언제나 해볼까.

주석

1 **[협주]** ≪통전≫에서 "남양(南陽)은 등주(鄧州)이다."라고 했다.(通典, 南陽, 鄧州.)
[역자주] 南陽(남양) : 지금의 하남성 남양이다.

2 [역자주] 澹(담) : 바람에 일렁이다.

3 **[현주]** 권3의 "행락은 때에 맞아야 하지만 때가 이미 늦었다"의 수에 보인다.[81](見三卷行樂及時時已晩註.)
[역자주] 行樂(행락) : 노닐며 즐기다.

---

81) 두목의 시 <호주에서 정초에 이영 수재를 조대하다(湖南正初招李郢秀才)>이다.

해설

이 시는 남양을 지나가다가 본 풍광과 느낌을 적은 것이다. 봄날 비 온 뒤 아름다운 자연경관을 보고 있지만 정작 자신은 이를 즐기지 못하고 이리저리 떠돌고 있는 상황을 안타까워하는 마음을 표현했다. 대개 개성 4년(839) 좌보궐에 제수되어 장안으로 갈 때 지은 것으로 추정한다.

182. 다시 양양에 도착해서 죽은 벗 위수붕을 곡하다
重到襄陽, 哭亡友韋壽朋[1]

故人墳樹立秋風,	친구의 무덤가 나무가 가을바람 속에 서 있는데
伯道無兒跡更空.[2]	등유처럼 자식이 없어 종적은 또 텅 비었네.
重到笙歌分散地,	다시 이르렀지만 생황과 노래는 흩어져버렸고
隔江吹笛月明中.[3]	강 건너에서 밝은 달 속에 피리를 불고 있구나.

주석

1 [역자주] 襄陽(양양) : 지금의 호북성 양양이다. 韋壽朋(위수붕) : 이름은 위초로(韋楚老)이고 수붕은 자이다. 장경 4년(798) 진사가 되었고 태화 연간(827-835)에 좌습유(左拾遺)를 지냈다.

2 **[협주]** ≪진서(晉書)·등유전(鄧攸傳)≫에서 "등유는 자가 백도(伯道)이다. 석륵(石勒)이 사수(泗水)를 건너자 등유는 곧장 수레를 부수고는 소와 말에 처자식을 태우고 도망갔는데, 또 도적을 만나서 그 소와 말을 빼앗겨 걸어서 달아났다. 등유는 자신의 아들과 동생의 아들 등수(鄧綏)를 업었는데 두 아이를 온전히 살릴 수 없을 거라 생각하고는, 이에 그의 처에게 말하기를, '내 동생은 일찍 죽었고 오직 자식이 하나 있는데 이치상 그의 대를 끊게 할 수 없으니 그저 응당 우리 아이를 스스로 버릴 수 밖에 없소. 다행히 우리가 살아남으면 우리는 후에 응당 아들을 낳을 수 있을 것이오.'라고 했다. 처는 울면서 그의 말을 따랐으며 이내 아들을 버렸다. 그의 아들은 아침에 버려졌는데 저녁에 쫓아왔으며, 이튿날 등유는 나무에 그 아들을 묶어두고 떠났다. 등유가 아들을 버린 뒤에 처는 다시 임신을 할 수 없었다. 장강을 건너서 첩을 얻었는데 매우 총애했으며, 그녀의 식구에 관해 물어보니 그녀는 바로 등유의 생질이었다. 등유는 이를 듣고는 한탄하면서 이에

다시는 첩을 두지 않았으며 끝내 후사가 없었다. 당시 사람들은 그를 의롭게 여기면서 슬퍼하고는 그를 위해 말하기를, '하늘의 도가 지각이 없어서 등유로 하여금 아이가 없게 했구나.'라고 했다."라고 했다.(晉書. 鄧攸, 字伯道. 石擔其兒及[82]. 攸乃斫壞車,[83] 以牛馬負妻子而逃, 又遇賊, 掠其牛馬, 步走. 勒過泗水, 其弟子綏. 度不能兩全, 乃謂其妻曰, 吾弟早亡, 唯有一息, 理不可絶, 止應自棄我兒耳, 幸而得存, 我後當有子. 妻泣而從之, 乃棄之. 其子朝棄而暮及. 明日, 攸繫之於樹而去. 攸棄子之後, 妻不復孕. 過江, 納妻, 甚寵之, 訊其家屬, 乃攸之甥. 攸聞之感恨, 遂不復畜妾, 卒以無嗣. 時人義而哀之, 爲之語曰, 天道無知, 使鄧伯道無兒.)

3 **[협주]** 진(晉) 상수(向秀) <사구부(思舊賦)> 서(序)에서 "나는 젊어서 혜강(嵇康)과 여안(呂安)과 사는 곳이 서로 가까웠는데, 그 사람들은 모두 세속에 구속되지 않는 뛰어난 재주를 갖고 있었다. 각각 잘못된 일에 연루되어 처벌받게 되었다. 혜강은 여러 기예를 두루 갖추고 있었는데 현악기와 관악기에 특히 뛰어났으며, 죽음을 앞두고도 금(琴)을 찾아 연주했다. 내가 서쪽으로 가는 길에 그들의 옛집을 지나게 되었다. 이웃에 피리를 부는 사람이 있어 소리가 맑게 멀리 퍼져나가니, 예전에 함께 즐기며 놀던 좋은 때가 생각나 피리 소리에 감동하여 탄식했다. 그래서 다음과 같은 부(賦)를 짓는다."라고 했다. (向子期, 思舊賦, 序. 余少與嵇康呂安居止接近, 其人並有不羈之才. 各以事見法. 嵇博綜技藝, 於絲竹特妙, 臨當就命,[84] 索琴而彈之. 逝將西邁, 經其舊廬, 鄰人有吹笛者, 發聲寥亮,[85] 追想曩昔遊讌之好,[86] 感音而歎, 故作賦云.)

해설

이 시는 ≪전당시≫ 권318에 이섭(利涉)의 시로도 수록되어 있다. 이 시는 양양을 지나다

82) '擔其兒及'은 뒤에 있는 '勒過泗水'와 위치가 바뀌어야 한다.
83) 斫壞(작괴) : 쳐서 부수다.
84) 就命(취명) : 죽다.
85) 寥亮(요량) : 소리가 맑게 퍼져나가다.
86) 曩昔(낭석) : 예전.

가 친구인 위초로의 무덤을 조문하며 지은 것이다. 그가 후사도 없이 죽은 것을 애통해하면서, 옛날 함께 즐기던 때의 음악 소리는 사라지고 피리 소리가 강 건너에서 들릴 뿐이라고 하여 그 애상감을 표현했다. 대개 회창 원년(841) 호북에 갔다가 다시 장안으로 돌아오면서 지은 것으로 추정한다.

183. 적벽

赤壁[1]

折戟沈沙鐵未銷,	부러진 창이 모래에 박혀 철이 아직 삭지 않았는데
自將磨洗認前朝.	스스로 가져다가 닦아보니 옛 조대의 것임을 알겠네.
東風不與周郎便,[2]	동풍이 주랑에게 이로움을 주지 않았다면
銅雀春深鎖二喬.[3]	깊은 봄 동작대에 교공의 두 딸이 갇혔겠지.

주석

1 [역자주] 赤壁(적벽) : 지금의 호북성 가어(嘉魚)와 황강(黃岡)에 적벽이 있는데 적벽대전이 있었던 곳은 가어의 적벽이다. 하지만 두목은 황강의 적벽을 그곳으로 착각했던 듯하다.

2 **[협주]** 권2의 “적벽에는 튼튼한 돛이 펼쳐질 터이다”의 주에 보인다.[87](見二卷赤壁健帆開註.)

[역자주] 周郎(주랑) : 오나라의 장군인 주유(周瑜)이다. 그는 황개(黃蓋)의 책략으로 조조(曹操)의 전함에 불을 질러 패퇴시켰다. 당시 바람이 순조롭게 불어 화공이 성공했다.

3 **[협주]** ‘동작’은 이미 권1에 나왔다.[88](銅雀, 已出一卷.)

[역자주] 銅雀(동작) : 조조가 세운 동작대(銅雀臺)로 지금의 하북성 임장(臨漳)에 있었다. 二喬(이교) : 오나라 교공(喬公)의 두 딸로 대교(大喬)는 오나라 손책(孫策)에게 시

---

87) 두목의 시 <이른 봄에 악주자사 이원에게 부치다, 그는 바둑을 잘 두고 술을 좋아했으며 마음이 한가롭고 고아하다(早春寄岳州李使君, 李善棊愛酒, 情地閑雅)>이다.

88) 두목의 시 <두추 아가씨를 읊은 시(杜秋娘詩)> “동작대에서 향을 나눠주는 슬픈 일이 생겼다.(銅雀分香悲.)”의 주에 보인다.

집갔고 소교(小喬)는 주유의 부인이 되었다.

해설

이 시는 ≪전당시≫ 권541에 이상은(李商隱)의 시로도 수록되어 있다. 이 시는 적벽에서 옛날의 창을 발견한 뒤 느낀 감회를 적은 것이다. 옛날 적벽대전을 회상하고는 동풍의 도움이 없었다면 역사가 바뀌었을 것이라고 했다. 회창 2년(842)에서 회창 4년(844) 사이 황주자사로 있을 때 지은 것으로 추정한다.

184. 운몽택

雲夢澤[1]

日旗龍旆想飄揚,[2]	태양 깃발 용 깃발 드날렸던 일을 상상하니
一索功高縛楚王.[3]	밧줄 하나로 초왕을 포박했던 공적이 높았지.
直是超然五湖客,[4]	곧장 초연히 오호의 떠돌이가 되었지만
未如終始郭汾陽.[5]	시종여일했던 곽자의만 못했구나.

주석

1 **[협주]** 이미 권3에 나왔다.89) (已出三卷.)

[역자주] 雲夢澤(운몽택) : 지금의 호북성과 호남성 사이에 걸쳐있는 소택지이다.

2 [역자주] 日旗龍旆(일기룡패) : 태양을 그린 깃발과 용을 그린 깃발로 천자의 의장이다.

3 **[협주]** ≪사기·진승상세가(陳丞相世家)≫에서 "한나라 고조(高祖) 6년(기원전 201) 어떤 이가 글을 올려 초왕(楚王) 한신(韓信)이 모반할 것이라고 알렸다. 고조가 진평(陳平)에게 물으니 진평이 말하기를, '옛날에 천자가 순수하면 (제후와 만났습니다. 폐하께서) 진(陳) 땅에서 제후와 만나십시오. 진 땅은 초 땅의 서쪽 경계에 있는데, 한신이 천자가 호의로 나와 노니니 그 형세에 반드시 별일 없을 것이라는 말을 듣는다면 교외로 나와 맞이하여 배알할 것이니 폐하는 그 틈을 타서 그를 잡으십시오. 이는 그저 장사 한 명이 처리할 일일 따름입니다.'라고 했다. 고조는 그럴듯하다고 생각하고는 사신을 보내 제후에게 진 땅에서 모일 것을 알리면서 '내가 장차 남쪽 운몽택을 노닐 것이다.'라고 했

89) 두목의 시 <제안군에서 우연히 쓰다 2수(齊安郡中偶題二首)> 제2수 "운몽택의 갈대숲에는 초 땅의 비가 거칠다.(夢澤蒹葭楚雨深.)"의 주에 보인다.

다. 주상이 이에 즉시 출발했다. 초왕 한신이 과연 도중에 교외에서 영접했다. 고조는 미리 무사를 대기시켰다가 한신이 오는 것을 보고는 즉각 붙잡아 포박했으며 뒤따르던 수레에 실었다."라고 했다.(史記, 陳平傳. 漢六年, 人有上書告楚王韓信反. 高帝問陳平, 陳平曰, 古者天子巡狩, 會諸侯於陳, 陳, 楚之西界. 信聞天子以好出游, 其勢必無事而郊迎謁而陛下因禽之, 此特一力士之事耳. 帝以爲然, 乃發使告諸侯會陳, 吾將南游雲夢. 上因隨以行. 楚王信果郊迎道中. 高帝豫具武士, 見信至, 卽執縛之, 載後車.)

4 **[협주]** ≪회남자(淮南子)·수무훈(修務訓)≫에서 "초연히 홀로 섰고 우뚝이 세속을 떠났다."라고 했고 고유(高誘)의 주에서 "세속과 무리 짓지 않는다."라고 했다. 권1의 "조각배를 타고 범려를 따랐다."의 주에 보인다.[90](淮南子. 超然獨立, 卓然離世. 註. 不群於俗. 見一卷一舸逐鴟夷註.)

[역자주] 五湖客(오호객) : 춘추시대 월(越)나라의 범려(范蠡)이다. 그는 월나라 왕을 도와 오나라에게 복수를 한 뒤 관직을 버리고 오호(五湖)를 떠돌았다고 한다. 오호에 관해서는 오월 지역의 여러 호수를 가리킨다는 설과 태호(太湖)를 가리킨다는 설 등 여러 가지가 있다.

5 **[협주]** ≪신당서·곽자의전(郭子儀傳)≫에서 "곽자의는 자가 자의(子儀)이다. 승진하여 분양군왕(汾陽郡王)에 봉해졌다. 대종(代宗)은 그의 이름을 부르지 않고 대신(大臣)이라고 불렀다. 그의 몸이 천하의 안위를 위한 것이 24년이었고 중서령(中書令)을 담당했다. 부귀와 장수를 누렸으며 슬픔과 영광이 처음부터 끝까지 함께했으니 신하의 도에서 빠짐이 없었다."라고 했다.(唐書. 郭子儀, 字子儀. 進封汾陽郡王. 代宗不名, 呼爲大臣. 以身爲天下安危者二十年, 校中書令. 富貴壽考,[91] 哀榮終始, 人臣之道無闕焉.)

해설

이 시는 운몽택에 관한 역사 이야기를 엮어서 감개를 표현한 것이다. 진평이 계책을 사용하

90) 두목의 시 <두추 아가씨를 읊은 시(杜秋娘詩)>이다.
91) 壽考(수고) : 상수하다.

여 한신을 손쉽게 붙잡았던 일을 말한 뒤, 범려가 공을 세운 뒤 다 버리고 떠난 것은 시종 나라를 위해 몸 바쳤던 곽자의만 못하다고 했다. 회창 2년(842)에서 회창 4년(844) 사이 황주 자사로 있을 때 지은 것으로 추정한다.

185. 관직을 제수받아 가다가 소응에 이르렀는데 벗이 지방관으로 나간다는 소식을 들었기에 부치다

除官行至昭應, 聞友人出官因寄[1]

賤子來千里,[2]	천한 이가 천 리를 왔는데
明公去一麾.[3]	그대는 깃발을 하나 쥐고 떠나는구나.
不能休涕淚,[4]	눈물 콧물을 멈출 수 없으니
豈獨感恩知.	어찌 홀로 천자의 은혜에 감개하겠는가.
草木秋風後,	초목에는 가을바람이 불었고
山川落照時.	산천에는 석양이 지는 때,
如何望故國,[5]	어찌 고향을 바라보겠는가
驅馬卻遲遲.[6]	말을 몰지만 도리어 느릿느릿하네.

주석

1 **[협주]** ≪통전≫에서 “경조부(京兆府)는 지금의 옹주(雍洲)이며 속현으로 소응(昭應)이 있다.”라고 했다.(通典. 京兆府今雍洲, 領縣昭應.)

[역자주] 昭應(소응) : 지금의 섬서성 임동(臨潼)이다.

2 **[협주]** ‘천자’는 권1에 이미 나왔다.92)(賤子, 已出一卷.)

[역자주] 賤子(천자) : 자신에 대한 겸칭이다.

3 **[협주]** ‘명공’과 ‘일휘’는 모두 권2에 나왔다.93)(明公一麾, 並出二卷.)

92) 두목의 시 <빗속에 짓다(雨中作)> “천한 이가 본디 게으르다.(賤子本幽慵.)”의 주에 보인다.

[역자주] 明公(명공) : 상대방에 대한 존칭이다. 一麾(일휘) : 원래는 '한번 내치다'는 뜻으로 지방 장관으로 쫓아내는 것을 뜻했는데, 두목은 이를 '깃발 하나'라는 뜻으로 사용했다. 의미는 같아서 자사(刺史)가 되어 지방으로 나가는 것을 말한다.

4 [역자주] 涕淚(체루) : 눈물과 콧물을 흘리다.

5 [역자주] 故國(고국) : 고향.

6 [역자주] 遲遲(지지) : 느릿느릿한 모양.

해설

이 시는 지방관으로 있다가 다시 조성으로 올라오던 도중 벗이 지방관으로 나간다고 하기에 지어 부친 것이다. 서로 길이 엇갈려 만나지 못하는데, 홀로 조정에 있을 것을 안타까워하여 차마 길을 떠나지 못하는 심정을 표현했다. 대개 대중 5년 가을(851) 호주자사(湖州刺史)로 있다가 고공낭중(考功郎中)이 되어 장안으로 올 때 지은 것으로 추정한다.

---

93) '명공'은 두목의 시 <이 시랑은 양선리에서 산수를 매우 즐기고 나 또한 양선리에 조잡하게 조그만 재산이 있기에 옛일을 서술하고 감회를 읊어 그 김에 바치는 칠언율시(李侍郎於陽羨里富有泉石, 某亦於陽羨粗有薄産, 敍舊述懷因獻長句四韻)> "그대와 함께 신발 신고 지팡이 짚고자 한다.(欲與明公操履杖.)"의 주에 보이고, '일휘'는 <장차 오흥으로 부임하면서 낙유원에 올라 지은 절구(將赴吳興登樂游原一絶)> "깃발 하나를 쥐고 강해로 떠나고자 한다.(欲把一麾江海去.)"의 주에 보인다.

186. 절동의 한예 평사에게 부치다
寄浙東韓乂評事[1]

一笑五雲溪上舟,[2] 오운계에서 한 번 웃고 배에 오른 뒤
跳丸日月十經秋.[3] 떴다 지는 해와 달 속에 가을을 열 번 보냈네.
鬢衰酒減欲誰泥,[4] 머리칼은 쇠하고 주량은 줄어 누굴 취하게 할까
跡辱魂慚好自尤.[5] 종적은 욕되고 혼은 부끄러워 잘도 나를 허물하네.
夢寐幾迷胡蛺蝶,[6] 꿈속에서 몇 번이나 나비에 혼란스러웠던가
文章應廣畔牢愁.[7] 문장은 응당 <반뢰수>를 보충해야 하리라.
無窮塵土無聊事,[8] 먼지 속에 어찌할 수 없는 일이 끝도 없지만
不得淸言解不休.[9] 청담을 얻지 못했으니 풀어내는 일을 그만두지 못하네.

주석

1 [역자주] 浙東(절동) : 절강(浙江) 동쪽으로 여기서는 절동관찰사의 막부를 가리킨다. 그 치소는 지금의 절강성 소흥(紹興)에 있었다. 韓乂(한예) : 경조(京兆) 사람이며, 태화 연간(827-835)에 진사에 급제했다. 두목과 함께 심전사(沈傳師)의 막부에 있었으며, 당부(唐扶)의 복건(福建) 막부에서는 대리평사(大理評事)를 역임했다. 후에 습유(拾遺), 주객원외랑(主客員外郎), 수주자사(隨州刺史)가 되었다. 評事(평사) : 원래는 궁중 대리시(大理寺)의 관직으로 종팔품상에 해당하는데, 여기서는 지방 절도사의 막료로 있으면서 중앙의 관직을 준 것이다.

2 **[협주]** 월주(越州)의 약야계(若耶溪)는 오운계(五雲溪)라고도 한다.(越州若耶溪, 一名五雲溪.)

3 **[협주]** 한유(韓愈)의 시[94]에서 "해와 달은 구슬 던지는 기예와 같다."라고 했다.(韓公詩. 日月如跳丸.)

[역자주] 跳丸(도환) : 구슬 여러 개를 번갈아 던졌다가 잡는 기예. 여기서는 해와 달이 떴다가 지는 것을 뜻해 세월이 흐르는 것을 의미한다.

4 **[협주]** ['니(泥)'는] 음이 노와 계의 반절이다. 막혀서 통하지 않는다는 뜻이다.(怒計切. 滯阻不通也.)

[역자주] 泥(니) : 곤죽이 되다. 술에 몹시 취한 모습을 형용한 것이다.

5 [역자주] 自尤(자우) : 자신을 탓하다.

6 **[협주]** ≪장자·제물론(齊物論)≫에서 "예전에 장주(莊周)가 꿈에 나비가 되었는데 장주가 꿈에서 나비가 되었는지 나비가 꿈에서 장주가 되었는지 알지 못했다."라고 했다.(莊子. 昔者莊周夢爲胡蝶, 不知周之夢爲胡蝶歟, 胡蝶之夢爲周歟.)

[역자주] 蛺蝶(협접) : 나비. 이 구가 '幾回迷蛺蝶'으로 된 판본도 있는데 뜻은 같다.

7 **[협주]** ≪한서·양웅전(楊雄傳)≫에서 "양웅은 굴원(屈原)의 문장이 사마상여(司馬相如)보다 뛰어나다는 것을 알고는 놀랐는데, 굴원이 왕에게 받아들여지지 않자 <이소(離騷)>를 지은 뒤 스스로 강에 뛰어들어 죽었다는 것에 이르러서는 그 문장을 슬퍼하면서 그것을 읽을 때마다 눈물을 흘리지 않은 적이 없었다. 이에 글을 지어 왕왕 <이소>의 문장을 발췌하여 그것을 반박했으며, 또 <석송(惜誦)> 이하 <회사(懷沙)>에 이르기까지 한 권을 모방하여 <반뢰수(畔牢愁)>라고 이름했다."라고 했고, 이기(李奇)의 주에서 "'반(畔)'은 '헤어지다'는 뜻이고 '뢰(牢)'는 '애오라지'라는 뜻인데, 그대와 헤어진 뒤 근심스러워 어찌할 수 없다는 말이다."라고 했다.(漢書, 楊雄傳. 雄怪屈原文過相如, 至不容, 作離騷, 自投江而死, 悲其文, 讀之, 未嘗不流涕也. 乃作書, 往往摭離騷文而反之.[95] 又旁惜誦以下至懷沙一卷, 名曰畔牢愁. 註. 畔, 離也. 牢, 聊也. 與君相離, 愁而無聊也.)

[역자주] 廣(광) : 넓히다. 보충하다.

8 **[협주]** ≪한서·광천혜왕유월전(廣川惠王劉越傳)≫에서 "사는 것을 의지할 데가 없다."

94) 한유의 시 <가을 상념 11수(秋懷詩十一首)> 중 제9수이다.

95) 摭(척) : 발췌하다.

라고 했고, 안사고의 주에서 "'료(聊)'는 의지하다는 뜻이다."라고 했다. 이릉(李陵)의 <소무에게 답하는 편지(答蘇武書)>에서 "그대와 헤어진 뒤 더욱 또 의지할 데가 없다." 라고 했다.(漢書, 廣川王越傳. 居無聊. 註. 聊, 賴也. 李陵, 書. 與子別後, 益復無聊.)
[역자주] 無聊(무료) : 어찌할 수 없다. 의지할 데가 없다. 정신이 공허하다. 쓸데없다.

9 **[협주]** ≪진서(晉書)·은중감전(殷仲堪傳)≫에서 "은중감은 청담을 잘했는데 매번 '사흘 동안 ≪도덕경(道德經)≫을 읽지 않으면 논변할 때 혀뿌리가 굳은 것을 느낀다.'라고 했다."라고 했다.(晉書. 殷仲堪能淸言, 每云, 三日不讀道德, 論便覺舌本强.)
[역자주] 解(해) : 근심을 해소한다는 말이다. 해소하는 일을 그만둘 수 없다는 말은 계속 근심이 생긴다는 말이다.

해설

이 시는 절동에 있는 한예에게 보내는 것이다. 헤어진 지 10년이 되었는데, 늙고 고생하여 근심을 삭히지 못하고 있는 안타까움을 말하며, 같이 만나 청담으로 이를 해소하고자 하는 바람을 토로했다. 대개 회창 4년(844) 지주자사(池州刺史)로 있을 때 지은 것으로 추정한다.

187. 진회에 정박하다

泊秦淮[1]

煙籠寒水月籠沙,[2]	안개는 차가운 물을 뒤덮고 달빛은 모래를 뒤덮었는데
夜泊秦淮近酒家.	밤에 진회에 정박하니 술집이 가깝네.
商女不知亡國恨,[3]	노래하는 여인은 망국의 한을 모르고서
隔江猶唱後庭花.[4]	강 건너에서 여진히 <옥수후정화>를 부르는구나.

주석

1 **[협주]** 손성(孫盛)의 ≪진양추(晉陽秋)≫에서 "진시황(秦始皇)이 동쪽을 순수할 때 땅의 기운을 살피는 자가 말하기를, '오백 년 후 금릉(金陵)에 천자의 기운이 있습니다.'라고 했다. 이에 진시황은 방산(方山)에서 물길을 파서 서쪽으로 흘러 장강으로 들어가게 하고는 또한 '회(淮)'라고 불렀다. 지금 윤주(潤州) 강녕현(江寧縣)에 있다. 그곳 사람들은 또한 '진회(秦淮)'라고 부른다."라고 했다. ≪시화총귀(詩話總龜)≫에서 "두목은 시의 명성이 많았는데 마음껏 표현하고 표일했다. 여러 차례 나누어 이름난 군을 다스렸다. 임기가 끝나고 금릉에 배를 정박하고는 창루의 노랫소리를 듣고 시를 지어 이렇게 읊었다. 시를 엮은 것이 헤아릴 수 없을 정도였으며 두보와 이름을 나란히 하여 당시 사람들은 대두(大杜), 소두(小杜)라고 불렀다."라고 했다.96) (孫盛晉陽秋. 秦始皇東遊, 望氣者云, 五百年後金陵有天子氣. 於是始皇於方山掘, 流西入江, 亦曰淮. 今在閏97)州江寧縣. 土俗亦號曰秦淮. 詩話總龜. 杜牧綽有詩名, 縱情雅逸. 累分寄98)名郡. 罷任, 於金陵

---

96) 이 조목은 현재 전하는 ≪시화총귀(詩話總龜)≫에는 수록되어 있지 않다.
97) '閏'은 '潤'의 잘못이다.

艤舟, 聞倡樓歌聲, 有詩云云. 風雅編綴, 不可勝紀, 與杜甫齊名, 時人呼爲大杜小杜.)

[역자주] 秦淮(진회) : 지금의 강소성 남경을 흐르는 강이다.

2 [역자주] 籠(롱) : 뒤덮다.

3 [역자주] 商女(상녀) : 노래하는 여인, 가기(歌妓). 또는 술 파는 여인.

4 **[협주]** 위의 "누대 머리에는 장려화."의 주에 보인다.[99] (見上樓頭張麗華註.)

[역자주] 後庭花(후정화) : 남조 진(陳) 후주(後主)가 지은 <옥수후정화(玉樹後庭花)>이다. 그는 향락에 빠져 정사를 돌보지 않아 수나라에 망했다. 장려화는 후주의 귀비(貴妃)이다.

해설

이 시는 금릉의 진회에 정박하면서 느낀 감회를 적은 것이다. 물안개와 달빛이 있는 금릉에 정박했는데 뜻밖에 술집 여인이 <옥수후정화>를 부르는 것을 듣고는 당시 혼란한 정국을 걱정했다. 대개 회창 6년(846) 목주자사(睦州刺史)로 부임할 때 지은 것으로 추정한다.

---

98) '寄'는 '守'의 잘못이다.

99) 두목의 시 <대성의 노래 2수(臺城曲二首)> 중 제1수이다.

188. 추포로 가던 도중에

秋浦途中[1]

蕭蕭山路窮秋雨,[2]	쓸쓸한 산길에 가을비가 그치니
淅淅溪風一岸蒲.[3]	쏴아쏴아 강기슭의 부들에 개울 바람이 부네.
爲問寒沙新到雁,	묻건대, 차가운 모래사장에 새로 온 기러기가
來時還下杜陵無.[4]	올 때 다시 두릉에 내려앉았던가?

주석

1 [역자주] 秋浦(추포) : 지주(池州)의 속현으로 지금의 안휘성 귀지(貴地)이다.

2 [역자주] 蕭蕭(소소) : 쓸쓸한 모양. 비가 내리는 소리.

3 **[협주]** 사혜련(謝惠連)의 시100)에서 "쏴아쏴아 가지를 흔드는 바람"이라고 했다.(謝靈運101)詩. 淅淅振條風.)

[역자주] 淅淅(석석) : 바람이 부는 소리.

4 [역자주] 杜陵(두릉) : 장안 남쪽에 있던 지명으로 두목의 고향이다. 無(무) : 문장 끝에서 의문문을 만든다. 이상 두 구는 기러기가 편지를 전해준다는 속설에 근거해 고향의 소식을 기다리는 마음을 표현했다.

---

100) 남조 송(宋) 사혜련(謝惠連)의 <칠석날 밤에 견우와 직녀를 읊다(七月七日夜詠牛女詩)>이다.
101) '靈運'은 '惠連'의 잘못이다.

해설

이 시는 추포를 지나다가 느낀 감개를 적은 것이다. 가을비 온 뒤의 쓸쓸한 정경을 그린 뒤 고향에서 소식이 오기를 기다리는 마음을 표현했다. 대개 회창 4년(844) 지주자사(池州刺史)로 부임하면서 지은 것으로 추정한다.

189. 도화부인의 사당에 쓰다

題桃花夫人廟[1]

細腰宮裏露桃新,[2]	세요궁 안에 새로 복사꽃이 피었는데
脈脈無言度幾春.[3]	묵묵히 말을 하지 않고 몇 번의 봄을 보냈는가.
至竟息亡緣底事,[4]	결국 식나라가 망한 것은 무슨 일 때문이었나
可憐金谷墜樓人.[5]	금곡에서 누대 아래로 뛰어내린 이가 아름답구나.

주석

1 **[협주]** 본집의 주에서 "바로 식부인(息夫人)이다."라고 했다.(本註. 卽息夫人.)

[역자주] 桃花夫人(도화부인) : 식부인은 춘추시대 진(陳)나라 왕의 딸로 성은 규(嬀)인데, 식나라 왕에게 시집을 가서 식규(息嬀)라고 불렸다. 초나라 문왕(文王)이 그녀의 미모에 관해 듣고는 그녀를 취하고 식나라를 멸망시켰다. 그녀의 묘는 지금의 호북성 황릉(黃陵)에 있다.

2 **[협주]** ≪후어(後語)≫102)에서 "초(楚)나라 왕 부추(負芻)는 허리가 가는 미인을 좋아했는데, 궁을 세우고는 미인과 즐기면서 국정을 돌보지 않았기에 진시황이 그를 토벌하여 초왕을 포로로 삼았다."라고 했다.(後語. 楚王負芻, 好細腰美人, 乃起宮, 與美人宴樂, 不修國政, 秦始皇伐之, 虜楚王.)

[역자주] 細腰宮(세요궁) : 초나라 궁궐의 이름이다. 露桃(노도) : ≪악부시집·상화가사(相和歌辭)·닭이 울다(雞鳴)≫에서 "복숭아나무가 지붕 없는 우물 옆에서 자라고 자두

---

102) ≪후어(後語)≫ : 자세히 고찰할 수 없다. 다만 ≪신당서·예문지(藝文志)≫에 "노장용(盧藏用) ≪춘추후어(春秋後語)≫ 10권"이라는 기록이 있다.

나무가 복숭아나무 옆에서 자란다.(桃生露井上, 李樹生桃旁.)"라고 한 것에서 연유한 것으로 복숭아나무나 복사꽃을 가리킨다.

3 **[협주]** <고시십구수>에서 "아득한 견우성 밝은 은하수의 여인. 넘실거리는 강 하나를 사이에 두고 묵묵히 말을 하지 않네."라고 했고 ≪문선≫ 유량(劉良)의 주에서 "'맥맥(脈脈)'은 스스로 애써 버티는 모양이다."라고 했다. ≪한서·이광전(李廣傳)≫에서 "복숭아나무와 자두나무는 말이 없지만 그 아래에 절로 길이 생긴다."라고 했다.(古詩. 迢迢牽牛星, 皎皎河漢女. 盈盈一水間,[103] 脈脈不得語. 註. 脈脈, 自矜持貌. 漢書, 李廣傳. 桃李無言, 下自成蹊.)

[역자주] 脈脈(맥맥) : 마음속의 감정을 말로 하지 않고 눈으로 전달하는 모양.

4 **[협주]** ≪좌전·장공(莊公) 10년≫에서 "채(蔡)나라 애후(哀侯)가 진(陳)나라에서 부인을 맞이했고 식후(息侯) 또한 진나라에서 부인을 맞이했다. 식규(息嬀)가 시집을 갈 때 채(蔡)나라를 지나갔다. 애후가 말하기를, '나의 처제이다.'라고 하면서 그를 머물게 하고 만나보았는데 예에 맞지 않았다. 식후가 그 말을 듣고는 화를 내며 초(楚)나라 문왕(文王)에게 사신을 보내 말하기를, '나를 정벌해주시오, 내가 채나라에게 구원을 요청하면 채나라를 공격해주시오.'라고 하니, 초나라 문왕이 이를 따랐으며 채나라 군대를 신(莘)땅에서 패배시켰으며 애후 헌무(獻舞)[104]를 붙잡아 돌아갔다."라고 했다. (≪좌전·장공(莊公) 14년≫에서) "채나라 애후가 신 땅에서 패배한 이유로 초나라 문왕에게 식규의 미모를 칭찬했다. 문왕은 식나라로 가서 향례를 베풀면서 식나라를 멸망시켰으며 식규를 데리고 돌아와서 도오(堵敖)와 성왕(成王)을 낳았지만 식규는 말을 하지 않았다. 문왕이 물어보니 대답하기를, '저는 한 명의 부인으로 두 남편을 섬겼으니 설령 죽을 수도 없는데 또 어찌 말하겠습니까.'라고 했다. 문왕은 채나라 애후 때문에 식나라를 멸망시켰기에 마침내 채나라를 정벌했다."라고 했다.(左傳. 蔡哀侯娶于陳, 息侯亦娶焉. 息嬀將歸, 過蔡. 蔡侯曰, 吾姨也. 止而見之, 弗賓.[105] 息侯聞之, 怒, 使謂楚文王曰, 伐我, 吾求救

---

103) 迢迢(초초) : 아득한 모양. 皎皎(교교) : 밝은 모양. 河漢女(하한녀) : 은하수의 여인. 직녀를 가리킨다. 盈盈(영영) : 넘실거리는 모양.

104) 헌무(獻舞) : 애후(哀侯)의 이름이다.

105) 弗賓(불빈) : 예에 어긋나다.

於蔡而伐之. 楚子從之. 敗蔡師于莘, 以蔡侯獻舞歸云云. 蔡侯爲莘故, 繩息嬀以語楚子.[106] 楚子如息,[107] 以食入享, 遂滅息. 以息嬀歸, 生堵敖及成王焉, 未言. 楚子問之, 對曰, 吾一婦人而事二夫, 縱不能死, 其又奚言. 楚子以蔡侯滅息, 遂伐蔡.)

5 **[협주]** ≪진서(晉書)·석숭전(石崇傳)≫에서 "석숭은 자가 계륜(季倫)이다. 녹주(綠珠)라는 기녀가 있었는데 아름다웠으며 피리를 잘 불었다. 손수(孫秀)가 사람을 보내 그녀를 찾으려고 했다. 석숭은 당시 금곡(金谷)의 별관에 있었는데 한창 시원한 누대에 올라 맑은 물을 굽어보고 있었으며 부인이 옆에서 모시고 있었다. 사자가 와서 내용을 아뢰자 석숭은 그의 부인과 첩 수십 명을 나오게 해 그에게 보여주었는데 모두 난초향과 사향을 입혔으며 비단옷을 입고 있었다. 석숭이 '이 중에서 고르시오.'라고 하니 사자가 말하기를, '그대의 여인들이 아름답기는 아름답지만 제가 명을 받은 것은 녹주를 찾는 것인데 누구인지 모르겠습니다.'라고 했다. 석숭이 발끈 화를 내며 말하기를, '녹주는 내가 사랑하는 이이니 데리고 갈 수 없다.'라고 했다. 사자가 말하기를, '그대는 고금에 통달하고 원근을 잘 살피시니 거듭 생각해보시길 바랍니다.'라고 했다. 석숭이 '안 된다.'라고 말했고, 사자가 나갔다가 다시 돌아왔는데 석숭은 결국 허락하지 않았다. 손수가 화를 내고는 사마륜(司馬倫)에게 석숭을 죽이자고 권고했다. 손수는 조서를 위조하여 석숭을 체포하려고 했다. 석숭은 마침 누대 위에서 연회를 즐기고 있었는데 무사가 문에 도달하자 석숭이 녹주에게 말하기를, '내가 지금 너 때문에 죄를 지었다.'라고 하니 녹주가 울면서 말하기를 '마땅히 나리 앞에서 죽어 은혜에 보답하겠습니다.'라고 하고는 스스로 누대 아래로 몸을 던져 죽었다. 석숭이 말하기를, '나는 교광(交廣)[108]으로 유배될 따름이겠구나.'라고 했다. 수레에 실려 동시(東市)에 이르렀을 때 석숭이 탄식하며 말하기를, '노비들이 내 집 재산으로 이익을 보겠구나.'라고 했다. 그를 데리고 가던 이가 말하기를, '재산이 해악을 만들 것을 알면서 어찌 일찍이 다 쓰지 않았는가.'라고 하니 석숭은 답을 할 수 없었다."라고 했다.(晉書. 石崇, 字季倫. 有妓曰綠珠, 美而艶, 善吹笛. 孫秀使人求之. 崇時在金谷別館, 方登涼臺, 臨清流, 婦人侍側. 使者以告, 崇盡出其婦妾數十人

106) 繩(승) : 칭찬하다.
107) 如(여) : 가다.
108) 교광(交廣) : 교지(交趾)와 광동 광서 지역으로 오령 이남 지역을 가리킨다.

以示之, 皆蘊蘭麝,[109] 被羅縠,[110] 曰, 在所擇. 使者曰, 君侯服御麗則麗矣.[111] 然本受命指索綠珠, 不識孰是. 崇勃然曰,[112] 綠珠吾所愛, 不可得也. 使者曰, 君侯博古通今, 察遠照邇,[113] 願加三思. 崇曰, 不然. 使者出而又反, 崇竟不許. 秀怒, 勸倫誅崇. 秀矯詔收崇. 崇正宴於樓上, 介士到門,[114] 崇謂綠珠曰, 我今爲爾得罪. 綠珠泣曰, 當效死於官前. 因自投于樓下而死. 崇曰, 吾不過流徙交廣耳. 及車載詣東市, 崇乃歎曰, 奴輩利吾家財. 收者答曰, 知財致害, 何不早散之. 崇不能答.)

해설

이 시는 도화부인, 즉 식부인의 사당에 쓴 것이다. 식부인은 나라를 망하게 하고 두 남자를 섬겼기에 초나라에서 말을 하지는 않았지만 그래도 살아남았으니, 자신 때문에 패가망신하게 된 석숭을 위해 투신자살한 녹주에는 미치지 못한다고 했다. 대개 회창 2년(842)에서 회창 4년(844)까지 황주자사(黃州刺史)로 있을 때 지은 것으로 추정한다.

109) 蘊(온) : 간직하다. 향을 입히다. 蘭麝(난사) : 난초와 사향. 둘 다 향기가 좋다.
110) 被(피) : 옷을 입다. 羅縠(나곡) : 비단옷.
111) 服御(복어) : 복식과 거마. 사용하는 기물이나 부리는 사람. 여기서는 처첩을 가리킨다.
112) 勃然(발연) : 발끈 화를 내는 모양.
113) 察遠照邇(찰원조이) : 먼 곳을 살피고 가까운 곳을 비춘다. 두루 생각이 미쳐 판단을 잘 한다는 말이다.
114) 介士(개사) : 부사.

190. 초봄 감회가 있어 섭주자사 형 원외랑에게 부치다

初春有感, 寄歙州邢員外[1]

雪溺前溪水,[2]	눈이 앞 개울물에 녹고
啼聲已繞灘.[3]	새소리는 이미 여울을 감돈다.
梅衰未減態,	매화는 시들었지만 아직 그 자태 남아있고
春嫩不禁寒.[4]	봄은 아직 열기에 추위를 참지 못하네.
跡去夢一覺,	발자취 떠나가 꿈에서 한 번 깬 듯하고
年來事百般.[5]	새해가 되니 일이 백 가지구나.
聞君亦多感,	듣자니 그대 또한 감개가 많다는데
何處倚欄干.	어느 곳의 난간에 기대있으려나?

주석

1 [역자주] 歙州(섭주) : 지금의 안휘성 섭현이다. 邢員外(형원외) : 형군(邢群)으로 자는 환사(渙思)이고 하간(河間) 사람이다. 태화 3년(829) 진사에 급제하고 태자교서랑(太子校書郎)이 되었다. 전중시어사(殿中侍御史), 호부원외랑(戶部員外郎)을 지내다가 처주(處州)와 섭주의 자사를 역임했다.

2 [역자주] 溺(닉) : 물에 빠지다. 여기서는 눈이 녹는 것을 말한다. '창(漲)'으로 된 판본도 있는데 물이 붇는다는 뜻이다.

3 [역자주] 繞灘(요탄) : 여울을 휘감다.

4 [역자주] 嫩(눈) : 여리다. 아직 기운이 적다는 뜻이다.

5 [역자주] 百般(백반) : 백 가지. 많다는 뜻이다.

해설

이 시는 섭주자사인 형군에게 초봄의 감회를 적어 보낸 것이다. 봄이 왔지만 아직 쌀쌀한 느낌이 있음을 말한 뒤 지난해 헤어지고 난 뒤 공무에 쫓겨 만나지 못하는 아쉬움을 토로했다. 대개 대중 원년(847) 목주자사(睦州刺史)로 있을 때 지은 것으로 추정한다.

191. 감회를 적어 조정의 동료에게 부치다

書懷寄中朝往還[1]

平生自許少塵埃,	평생 세속의 티끌 적다고 스스로 자부했는데
爲吏塵中勢自廻.	관리가 되어 먼지 속에 있으니 형세가 절로 도는구나.
朱紱久慚官借與,[2]	붉은 인끈으로 관직에 빌붙은 것이 오래도록 부끄럽고
白鬚還歎老將來.	흰 수염으로 늙음이 장차 올 것을 또 탄식하네.
須知世路難輕進,	세상 길 가볍게 나아가기 어려움을 알아야 할지니
豈是君門不大開.	어찌하여 궁궐의 문은 크게 열리지 않았는가.
霄漢幾多同學伴,[3]	높은 하늘에 같이 공부한 동료가 얼마나 많은가
可憐頭角盡卿材.[4]	두각을 내며 경의 재주를 다하는 것이 아름답구나.

주석

1 [역자주] 中朝(중조) : 조정. 往還(왕환) : 교유하다. 여기서는 교유하던 동료를 뜻한다.

2 **[협주]** 유효표(劉孝標)의 <운명에 관해 변별하여 논하다(辯命論)>에서 “장우(張禹)와 환영(桓榮)의 붉은 인끈을 보라.”라고 했고 ≪문선≫의 이선 주에서 말하기를, “≪예기·옥조(玉藻)≫에서 ‘제후는 산현옥(山玄玉)을 차고 붉은 인끈을 찬다.’라고 했다. ≪창힐편(蒼頡篇)≫에서 ‘수(綬)는 불(紱) 즉 인끈이다.’라고 했다.”라고 했다.(劉孝標, 辯命論. 見張桓之朱紱. 李善云, 禮記. 諸侯佩山玄玉而朱組綬. 蒼頡篇曰, 綬, 紱也.)
[역자주] 借與(차여) : 빌려주다. 여기서는 능력보다 높은 관직을 받은 것을 말한다.

3 [역자주] 霄漢(소한) : 하늘. 여기서는 조정을 가리킨다. 幾多(기다) : 얼마나 많은가. 적다는 말이다.

4 **[협주]** ≪좌전·양공(襄公) 26년≫에서 "진(晉)나라의 경(卿)은 초(楚)나라만 못합니다. 그 대부는 뛰어나서 모두 경의 재목입니다. 마치 구기자나무, 가래나무, 가죽이 초나라에서 오는 것과 같습니다."라고 했다.(左傳. 晉卿不如楚, 其大夫則賢, 皆卿材也. 如杞梓皮革, 自楚往也.)

[역자주] 頭角(두각) : 젊은이의 기개나 재능. 뛰어난 재능.

해설

이 시는 조정의 동료들에게 부치는 것이다. 자신은 원래 세속의 공명을 원하지 않았는데 어쩔 수 없이 관원이 되어 늙어가고 있음을 말한 뒤, 동료들의 높은 재능을 칭송하면서 자신은 빈약한 재주로 힘들게 살아가고 있음을 말했다. 작시 시기는 고찰할 수 없다.

192. 최균에게 부치다

寄崔鈞[1]

緘書報子玉,[2] 편지를 봉함해 자옥에게 알리나니
爲我謝平津.[3] 나 대신 평진후에게 안부를 전해 주게.
自愧掃門士,[4] 문 앞을 청소한 선비에 스스로 부끄러운데
誰爲乞火人.[5] 누가 불을 빌릴 사람이 될까?
詞臣陪羽獵,[6] 글 짓는 신하가 수렵을 모시고
戰將騁騈鄰.[7] 전쟁하는 장군이 옆자리에서 말 달리지만,
兩地差池恨,[8] 두 곳으로 떨어져 한스러움이 많으니
江汀醉送君.[9] 강 언저리에서 취한 채 그대에게 보내네.

주석

1 [역자주] 崔鈞(최균) : 자는 병일(秉一)이고 진사에 급제한 뒤 막부의 관료로 일했으며 태상소경(太常少卿), 소주자사(蘇州刺史)를 역임했다.

2 **[협주]** ≪후한서·최원전(崔瑗傳)≫에서 "최원은 자가 자옥(子玉)이다."라고 했다.(後漢書. 崔瑗, 字子玉.)

[역자주] 子玉(자옥) : 여기서는 최원과 성이 같은 최균을 가리킨다. 최원은 한나라 문인으로 서예에 정통했고 학문이 뛰어났으며, 왕부(王符), 마융(馬融), 장형(張衡) 등과 같이 공부하며 교유했다.

3 **[협주]** ≪한서·공손홍전(公孫弘傳)≫에서 "공손홍은 승상이 되었으며 평진후(平津侯)에 봉했다."라고 했다.(前漢書. 公孫弘爲丞相, 封平津侯.)

[역자주] 平津(평진) : 여기서는 당시 최균이 있던 막부의 최고책임자를 가리킨다.

4 **[협주]** 전한 ≪고사전(高士傳)≫에서 "위발(魏勃)은 젊었을 때 제(齊)나라 재상 조참(曹參)을 알현하고자 했지만 집이 가난하여 스스로 찾아볼 수가 없었다. 이에 늘 일찍 일어나서 제나라 재상 사인(舍人)의 문밖 땅을 빗자루로 청소했다. 사인이 이상하게 여기고는 물어보니, 위발이 답하기를 '재상을 알현하고자 하지만 방법이 없어서 그대를 위해 문 앞을 씁니다.'라고 했다. 이에 그는 위발을 위해 조참과 만나게 해주었고 이로 인해 그와 만날 수 있어서 사인이 되었다."라고 했다.[115](前漢, 高士傳. 魏勃少時欲求見齊相曹參, 家貧無以自通, 乃常早起, 掃齊相舍人門外地. 舍人怪而問之, 曰, 願見相君, 無因故爲子掃門. 於是爲勃通參, 因得見以爲舍人.)

5 **[협주]** ≪한서·괴통전(蒯通傳)≫에서 "괴통은 범양(范陽) 사람이다. 안사고의 주에서 '괴통은 본래 연(燕) 땅 사람인데 후에 제나라를 노닐었다. 그래서 고조(高祖)가 제나라의 변사 괴통이라고 했다.'라고 했다. 제나라 도혜왕(悼惠王) 때에 조참이 재상이었는데 어진 선비에게는 예로써 자신을 낮췄으며 괴통을 빈객으로 초청했다. 제왕(齊王) 전영(田榮)은 항우(項羽)에게 원한이 있어서 병사를 일으켜 그를 배반하려고 모의하고는 제나라 사(士)들을 겁박하면서 함께하지 않는 자는 죽였다. 제나라의 처사 동곽선생(東郭先生)과 양석군(梁石君) 역시 겁박을 받아 억지로 따랐다. 전영이 패하자 두 사람은 이를 수치스럽게 여기고는 함께 깊은 산으로 들어가 은거했다. 어떤 빈객이 괴통에게 말하기를, '선생은 조참 재상에게 있어서 과오를 지적하고 어질고 능력 있는 이를 추천함에 제나라에서 선생만 한 이가 없습니다. 선생은 양석군과 동곽선생에 대해 세속에 미칠 수 있는 자가 없음을 알고 있는데 어찌하여 재상에게 추천하지 않으십니까?'라고 했다. 괴통이 말하기를, '그러겠습니다. 신의 마을에 있는 어떤 부인은 마을의 할머니와 사이가 좋습니다. 마을의 부인이 밤에 고기를 잃어버렸는데 시어머니는 그녀가 훔쳐 간 줄 알고 화를 내며 쫓아버렸습니다. 그 부인이 새벽에 떠나면서 평소 사이가 좋던 마을의 할머니 집에 들러서 이러한 일을 이야기하고는 작별 인사를 했습니다. 마을의 할머니가 말하기를, "너는 천천히 가고 있어라, 내가 지금 네 집사람이 널 쫓아가도록 하겠나."라고 하고

115) 여기서 언급한 '前漢高士傳'에 대해서는 고찰할 수 없고, 해당 내용은 ≪한서·제도혜왕세가(齊悼惠王世家)≫에 보인다.

는 솜을 묶어 고기를 잃어버린 집에 가서 불을 청하며 말하기를, "어제저녁에 개가 고기를 얻어서 서로 다투며 죽였는데 불을 얻어서 처리하고자 합니다."라고 했습니다. 고기를 잃어버린 집은 얼른 쫓아가서 그 부인을 불렀습니다. 본디 마을의 할머니는 주장을 펼치는 선비도 아니고, 솜을 묶어서 불을 빌리는 것은 부인을 돌아오게 하는 방도가 아닙니다. 하지만 사물에는 감응하는 바가 있고 일에는 적절히 맞는 때가 있는 법입니다. 신이 조참 재상에게 가서 불을 빌리도록 청하겠습니다.'라고 했다. 이에 재상을 찾아뵙고 말하기를, '부인 중에 남편이 죽은 지 삼 일 만에 재가를 한 자가 있고, 또 외롭게 살면서 수절을 지키며 문밖을 나오지 않은 자가 있습니다. 그대가 부인을 구하고자 한다면 누구를 취하겠습니까?'라고 하니 재상이 말하기를, '재가하지 않는 자를 취하겠다.'라고 했다. 괴통이 말하기를, '그렇다면 신하를 찾는 것도 또한 이와 같습니다. 저 동곽선생과 양석군은 제나라의 뛰어난 선비입니다. 은거한 것은 재가하지 않은 것인데, 여태 절조를 굽히고 뜻을 낮추어서 관직을 구하려고 하지 않았습니다. 바라건대 그대가 사람을 보내 예를 갖추어 초빙하시기 바랍니다.'라고 하니 조참 재상이 말하기를, '명을 공손히 받들겠습니다.'라고 했고 모두 상등의 빈객이 되었다."라고 했다.(前漢書. 蒯通, 范陽人也. 註. 通, 本燕人. 後游於齊, 故高祖云, 齊辯士蒯通. 至齊悼惠王時, 曹參爲相, 禮下賢人,[116] 請通爲客. 初齊王田榮怨項羽, 謀擧兵畔之, 劫齊士, 不與者死. 齊處士東郭先生梁石君在劫中, 强從. 及田榮敗, 二人醜之. 相與入深山隱居. 客謂通曰, 先生之於曹相國, 拾遺擧過,[117] 顯賢進能, 齊國莫若先生者. 先生知梁石君東郭先生世俗所不及, 何不進之於相國乎. 通曰, 諾. 臣之里婦, 與里之諸母相善也.[118] 里婦夜亡肉, 姑以爲盜, 怒向[119]逐之. 婦晨去, 過所善諸母, 語以事而謝之. 里母曰, 女安行, 我今令而家追女矣.[120] 卽束縕請火於亡肉家, 曰, 昨暮夜, 犬得肉, 爭鬪相殺, 請火治之. 亡肉家遽追呼其婦. 故里母非談說之士也, 束縕乞火非還婦之道也, 然物有感, 事有適可. 臣請乞火於曹相國. 迺見相國曰, 婦人有夫死三日而嫁者. 有幽居守寡不出門者,[121] 足下卽

116) 禮下(예하) : 예로써 자신을 낮추다.
117) 拾遺擧過(습유거과) : 습유와 거과는 모두 다른 사람의 과오나 실수를 거론한다는 뜻이다.
118) 諸母(제모) : 어머니뻘 되는 부인.
119) '向'은 '而'의 잘못이다.
120) 而(이) : 너.

欲求婦, 何取. 曰, 取不嫁者. 通曰, 然則求臣亦猶是也. 彼東郭先生梁石君, 齊之俊士也. 隱居不嫁, 未嘗卑節下意以求仕也. 願足下使人禮之. 曹相國曰, 敬受命. 皆以爲上賓.)

6 **[협주]** 한나라 양웅(楊雄)의 <우렵부(羽獵賦)> 서(序)에서 "효성제(孝成帝) 때 화살로 사냥하며 씩씩한 이가 뒤따랐다."라고 했고, ≪문선≫ 여향(呂向)의 주에서 "'우(羽)'는 화살이다. 사졸로 하여금 화살을 메고 사냥하게 한 것을 말한다. '종(從)'은 성제를 따랐다는 말이다."라고 했다.(羽獵賦, 序. 孝成帝時, 羽獵雄從. 註. 羽, 箭也. 言使士卒負箭而獵. 從, 謂從成帝也.)

7 [역자주] 駢鄰(변린) : 이웃. 여기서는 옆에서 모시는 것을 말한다.

8 **[협주]** ≪좌전·양공(襄公) 22년≫에서 "어찌 감히 가지런하지 않은가."라고 했고 두예의 주에서 "'치지(差池)'는 가지런하지 않다는 말이다."라고 했다.(左傳. 何敢差池. 註. 差池, 不齊 .)

[역자주] 差池(치지) : 가지런하지 않은 모양. 여기서는 원망이 불쑥불쑥 생기는 것을 말한다.

9 [역자주] 江汀(강정) : 강가의 평지.

해설

이 시는 최균에게 보내는 것이다. 두목 자신은 변변한 벼슬을 하지 못한 채 이리저리 관직을 구해 보지만 당권자에게 소개해 주는 사람이 없어서 안타까워하고 있으니 대신 최균의 상관에게 말해달라고 했다. 저작 시기는 고찰할 수 없다.

---

121) 幽居(유거) : 홀로 살다. 守寡(수과) : 과부의 절개를 지키다.

193. 초봄 빗속에 배를 화주 횡강에 정박했는데 배주 사군이 나를 맞아주었고 이 수재, 조 수재가 같이 왔기에 율시를 지었으며 아울러 강남의 허혼 선배에게 부치다

初春雨中, 舟次和州橫江, 裴使君見迎, 李趙二秀才同來, 因書四韻, 兼寄江南許渾先輩[1]

芳草渡頭微雨時,	향기로운 풀이 자란 나루터에 가랑비가 내릴 때
萬株楊柳拂波垂.	만 그루 버들가지가 물결을 스치며 드리웠네.
蒲根水暖雁初浴,	부들 뿌리 내린 물은 따뜻해져 기러기가 이제 목욕하고
梅逕香寒蜂未知.	매화 핀 길에 향기는 차가워 벌이 아직 알지 못하네.
辭客倚風吟暗淡,[2]	시 짓는 이는 바람에 기대어 어둑함을 읊조리고
使君廻馬濕旌旗.	사군은 말을 돌릴 때 깃발이 젖었네.
江南仲蔚多情調,[3]	강남의 장중위는 감정이 풍부하니
悵望春陰幾首詩.	봄 그늘을 구슬피 바라보며 시를 몇 수 짓겠지.

주석

1 [역자주] 和州(화주) : 지금의 안휘성 화현이다. 裴使君(배사군) : 배주(裵儔)로 두목의 자형이다. 자는 차지(次之)이며 진사에 급제하여 화주자사, 대리경(大理卿), 강서관찰사(江西觀察使)를 역임했다. '사군'은 자사(刺史)의 호칭이다. 李趙二秀才(이조이수재) : 이씨와 조씨에 대해서는 고찰할 수 없다. '수재'는 한나라 때 관리 선발 제도의 하나였으나, 당송 때는 진사시(進士試)에 응시하는 선비를 일컫는 말로 쓰였다. 許渾(허혼) : 자는 용회(用晦)이다. 태화 6년(832) 진사에 급제했고, 당시에는 당도현(當塗縣)과 태평현

(太平縣)의 현령으로 있었다. 후에 감찰어사(監察御史), 윤주사마(潤州司馬), 목주자사(睦州刺史) 등을 역임했다. 先輩(선배) : 당나라 때 진사 급제자들끼리 상호 부르는 호칭이다.

2 [역자주] 辭客(사객) : 문객. 여기서는 이 수재와 조 수재 두 사람을 가리킨다.

3 **[협주]** 권1의 "쑥이 자라는 삼 무의 거처"의 주에 보인다.[122] (見一卷蓬蒿三畝居註.)

[역자주] 仲蔚(중위) : 진(晉)나라의 은자인 장중위(張仲蔚)이다. 그는 평릉(平陵) 사람이며 은거하면서 관직에 나가지 않았는데 사는 곳에는 늘 쑥에 사람이 파묻혔다고 한다. 여기서는 허혼을 가리킨다.

해설

이 시는 장안으로 가던 중 화주에 정박했을 때 배주와 두 수재가 만나러 왔기에 지은 것이며 아울러 인근의 허혼에게 부치는 것이다. 봄날 비 온 풍경을 묘사한 뒤 배주와 두 수재가 비를 맞으며 찾아온 것에 대해 썼으며 허혼이 또 시를 많이 짓고 있으리라고 생각했다. 대개 개성 4년(839) 봄 좌보궐이 되어 장안으로 올라갈 때 지은 것으로 추정한다.

---

122) 두목의 시 〈선주의 원 처사에게 주다(贈宣州元處士)〉이다.

194. 화주에서 지은 절구

和州絶句[1]

江湖醉渡十年春, 강호에서 취한 채 십 년의 봄을 보내고

牛渚山邊六問津.[2] 우저산 옆에서 여섯 번 나루터를 물었네.

歷陽前事知虛實,[3] 역양의 옛일로 허와 실을 알겠고

高位紛紛見陷人.[4] 높은 지위는 많지만 몰락한 이만 보았네.

주석

1 [역자주] 和州(화주) : 지금의 안휘성 화현이다.

2 **[협주]** 우저(牛渚)는 이미 권3에 나왔다.123) ≪사기·공자세가(孔子世家)≫에서 "공자가 자로(子路)를 시켜 나루터를 묻게 했다."라고 했다. 정현(鄭玄)이 말하기를, "'진(津)'은 강을 건너는 곳이다."라고 했다.124)(牛渚, 已出三卷. 史記. 孔子使子路問津. 鄭玄云, 津, 濟渡處也.)

[역자주] 牛渚山(우저산) : 지금의 안휘성 당도(當塗)에 있다. 장강에서 화주와 마주 보고 있다.

3 [역자주] 역양(歷陽) : 화주의 옛 지명이다.

4 **[협주]** ≪회남자·숙진훈(俶眞訓)≫ (고유(高誘)의 주)에서 "역양(歷陽)에 노파가 살고 있었는데 항상 어진 일을 행했다. 두 선비가 그곳을 지나가다가 노파에게 말하기를, '이

---

123) 두목의 시 <주도령에게 주다(贈朱道靈)> "우저기 남쪽 사산의 북쪽.(牛渚磯南謝山北.)"의 주에 보인다.

124) 송(宋) 배인(裴駰)의 ≪사기집해(史記集解)≫에 인용된 것으로, ≪논어·미자(微子)≫의 해당 내용에 대한 정현의 주석에 보인다.

도시는 마땅히 물에 잠겨 호수가 될 것입니다. 동쪽 성문의 문턱을 보다가 피가 있으면 곧장 북쪽 산 위로 달려가되 절대 돌아보지 마시오.'라고 했다. 이때부터 노파는 성문에 가서 보았는데, 문지기가 묻자 노파는 모두 알려주었다. 그날 저녁 문지기가 일부러 닭을 죽여서 피를 성문에 발랐는데, 노파가 그 피를 보고는 산으로 올라갔으며 하룻저녁에 성이 물에 잠겨 호수가 되었다."라고 했다. ≪십도지≫에서 "화주에 역양호가 있다."라고 했고, 주에서 "≪회남자·숙진훈≫에서 '역양의 땅은 하룻저녁에 호수로 변했다.'라고 했다. 호수 안에 명부어(明府魚), 비어(婢魚)가 있다.[125]"라고 했다. 좌사(左思)의 시[126]에서 "귀족의 자제는 높은 지위에 오르고 영준한 이는 아랫자리로 가라앉았다."라고 했다. (淮南子. 歷陽有老嫗, 常行仁義. 有二生過之, 曰, 此國當沒爲湖. 視東城門閫,[127] 有血, 便走上北山, 勿顧也. 自此往視, 閽者問之,[128] 嫗具以告. 其暮門吏故殺雞, 血涂門閫. 嫗見血, 上山. 一夕國沒爲湖. 十道志. 和州歷陽湖. 註. 淮南子. 歷陽之地, 一夕化爲湖. 湖中有明府魚婢魚. 左思詩. 世胄躡高位,[129] 英俊沈下僚.)

[역자주] 陷人(몰인) : 몰락한 사람.

해설

이 시는 선주(宣州)를 거쳐 장안으로 가던 도중 화주에 머물면서 감회를 적은 것이다. 그곳의 풍광을 말한 뒤 역양이 하루아침에 호수로 변했듯이 세상의 변화는 모르는 것이지만 지금 유능한 이가 고위 관직에 쓰이지 못하는 현실을 안타깝게 여겼다. 대개 개성 4년(839) 봄 좌보궐이 되어 장안으로 올라갈 때 지은 것으로 추정한다.

---

125) 명부어(明府魚), 비어(婢魚) . '명부'는 주나 군의 장관인 자사(刺史)의 호칭이고 '비'는 여자 노비를 말한다. 이들이 모두 물에 빠져 물고기로 변했다는 말이다.

126) 진(晉) 좌사(左思)의 <영사시 8수(詠史詩八首)> 중 제2수이다.

127) 門閫(문곤) : 문턱. 문지방.

128) 閽者(혼자) : 문지기.

129) 世胄(세주) : 권문세가의 후예.

195. 오강정에 쓰다

題烏江亭[1]

勝敗兵家事不期, 전쟁의 승패는 기약할 수 없으니
包羞忍恥是男兒. 수치스러움을 안고 견뎌야 남자이지.
江東子弟多才俊,[2] 강동의 자제 중에 준걸이 많으니
卷土重來未可知.[3] 권토중래할지도 몰랐으리.

주석

1 **[협주]** ≪통전≫에서 "화주(和州)의 오강현(烏江縣)"이라고 했고, 주에서 "본래 오강정(烏江亭)이었다."라고 했다.(通典. 和州之烏江縣. 註. 本烏江亭.)

[역자주] 烏江亭(오강정) : 지금의 안휘성 화현(和縣) 동북쪽의 오강진(烏江鎭)에 있었다. 초나라의 항우가 패배하여 도망가다가 이곳에서 자결했다.

2 **[협주]** ≪사기·항우본기(項羽本紀)≫에서 "항왕의 군대가 해하(垓下)에 주둔했는데 병력은 적고 식량은 다했다. 한나라 군대와 제후의 병사가 겹겹으로 포위했다. 항왕이 밤에 포위를 뚫고 남쪽으로 나가 동쪽으로 오강(烏江)을 건너려고 했다. 오강의 정장(亭長)이 배를 대놓고 기다리고 있었으며 항왕에게 말하기를, '강동(江東)이 비록 적다고 하지만 땅이 사방 천 리이고 무리가 수십만 명이니 또한 왕노릇하기에 충분합니다. 대왕께서는 얼른 건너십시오.'라고 했다. 항왕이 웃으며 말하기를, '나 항적이 강동의 자제 팔천 명과 함께 장강을 건너 서쪽으로 왔다가 지금 한 명도 돌아가지 못하게 되었다. 설령 강동의 부형들이 나를 가여워하면서 나를 왕으로 섬겨도 내가 무슨 면목으로 그들을 보겠느냐.'라고 했다."라고 했다.(史記. 項王軍壁垓下,130) 兵少食盡. 漢軍及諸侯兵圍之數重. 項王夜潰圍南出,131) 欲東渡烏江. 烏江亭長檥船待,132) 謂項王曰, 江東雖小, 地方千里,

衆數十萬人, 亦足王也. 願大王急渡. 項王笑曰, 籍與江東子弟八千人渡江而西, 今無一人還. 縱江東父兄憐而王我, 我何面目見之.)

[역자주] 江東(강동) : 장강이 하류에서 북상하는 곳의 동쪽을 말한다. 대체로 지금의 강소성과 안휘성의 장강 이남 지역이다.

3 **[협주]** 두보의 시133)에 "호랑이와 이리가 중원을 엿보고 있다."라고 했고 소식(蘇軾)의 보주(補註)134)에서 "서서(徐庶)가 말하기를, '지금 호랑이와 이리 무리가 중원을 넘보고 있으니 대비하지 않을 수 없다. 언제라도 혹 무리가 휘파람을 불면서 일어나 흙을 말아 올리며 돌아올 것이다.'라고 했다."라고 했다.(詩史. 虎狼窺中原. 東坡補註. 徐庶曰, 今虎狼輩窺覘中原,135) 不可不備. 一日或衆嘯而起, 卷土歸矣.)

[역자주] 卷土重來(권토중래) : 흙을 말아 올리며 다시 오다. 패배한 군대가 세력을 회복한 뒤 다시 돌아오는 것을 말한다. 이 사자성어는 이 시에서 유래되었다.

해설

이 시는 오강정에서의 감회를 적은 것이다. 항우가 패배하여 이곳에서 최후를 맞이했는데, 수치심을 참고 이후 강동의 훌륭한 자재와 함께 권토중래하지 못한 것에 대해 아쉬워했다. 대개 개성 4년(839) 봄 좌보궐이 되어 장안으로 올라갈 때 지은 것으로 추정한다.

---

130) 壁(벽) : 군영과 보루를 굳게 지키다. 주둔하다.

131) 潰圍(궤위) : 포위를 뚫다.

132) 檥船(의선) : 배를 정박하다.

133) 두보의 시 <영회 2수(詠懷二首)> 중 제2수이다.

134) 대체로 두보 시에 대한 송(宋) 소식(蘇軾)의 주는 후대 사람이 그의 이름을 가탁하여 허구로 지어낸 내용으로 알려져 있으며 송(宋) 황학(黃鶴)의 ≪보주두시(補註杜詩)≫에 많이 실려있다. 하지만 이 주목은 ≪보주두시≫에는 보이지 않고, ≪구가집주두시(九家集注杜詩)≫의 사고(師古) 주로 수록되어 있다.

135) 窺覘(규첨) : 엿보다.

196. 횡강관에 쓰다

題橫江館[1]

孫家兄弟晉龍驤,[2]	손씨 형제와 진나라 용양장군은
馳騁功名業帝王.[3]	말을 달려 공명을 세워 제왕의 공업을 이루었지.
至竟江山誰是主,	결국 강산은 누가 주인이 되었는가?
苔磯空屬釣魚郎.[4]	이끼 낀 물가의 바위는 공연히 낚시꾼의 것이 되었네.

주석

1 **[협주]** 이백(李白)의 <횡강사 6수(橫江詞六首)> 중 제5수에서 "횡강의 역관 앞에 나루터 관리가 나를 맞이한다"라고 했다. ≪오지기(吳地記)≫136)에서 "위(魏)나라 태조(太祖)가 말하기를, '나는 횡강의 나루터를 건너서 손권(孫權) 장군과 함께 고소대(姑蘇臺) 위에서 노닐며 장주원(長洲苑)에서 사냥하기를 원하니, 그러면 내 뜻이 충족될 것이다.' 라고 했다."라고 했다.(李白, 橫江詞. 橫江館前津吏廻137). 吳地記. 魏太祖曰, 孤願越橫江之津,138) 與孫將軍遊姑蘇之臺上, 獵長洲之苑, 吾志足矣.)

[역자주] 橫江館(횡강관) : 지금의 안휘성 화현(和縣)에 있던 역참의 이름이다.

2 [역자주] 孫家兄弟(손가형제) : 삼국시대 동오(東吳)의 손책(孫策)과 손권(孫權)을 가리킨다. 횡강을 점령한 뒤 강동 지역을 제패했다. 晉龍驤(진용양) : 진나라의 용양장군으로 여기서는 왕준(王濬)을 가리킨다. 진나라 무제(武帝)가 오나라를 정벌하기 위해 용양장

---

136) ≪오지기(吳地記)≫ : 당(唐) 육광미(陸廣微)가 지은 지방지(地方志)로 일찍이 산실되었고 송나라 사람이 보록한 것이 1권 있다. 대체로 오현(吳縣)과 오주현(長洲縣)에 관한 기록이 많다.

137) '廻'는 '迎'의 잘못이다.

138) 孤(고) : 고대 제후나 군왕이 자신을 칭하는 호칭이다.

군 왕준과 광무장군(廣武將軍) 당빈(唐彬)을 파견했는데, 이들은 전함을 만들어 장강을 타고 내려가서 횡강에 설치된 쇠사슬을 불태워 끊고 석두성(石頭城)을 함락하여 오나라 왕 손호(孫皓)의 항복을 받아서 진나라의 천하통일을 이루었다. 협주에서는 부견(苻堅)이라고 했는데, 그는 동진(東晉)을 공격하다가 사현(謝玄)에게 패배했다.

3 **[협주]** ≪삼국지(三國志)·오지(吳志)·손견전(孫堅傳)≫에서 "손견은 자가 문대(文臺)이고 오군(吳郡) 부춘(富春) 사람으로 아마도 손무(孫武)의 후손일 것이다. 손견의 네 아들은 손책(孫策). 손권(孫權), 손익(孫翊), 손광(孫匡)이다. 손권이 황제로 칭한 뒤에 손견의 휘호를 무열황제(武烈皇帝)라고 했다."라고 했다. ≪삼국지·오지·손책전≫에서 "손책은 자가 백부(伯符)이다. 사신(史臣)이 평하여 말하기를, '손견은 용맹하고 굳세 비천한 집안 출신이지만 족적을 드러낼 수 있었다. 충성스럽고 성대한 공적이 있었다. 손책은 빼어난 기운이 영걸차서 용맹하기가 세상에 으뜸이었고, 기이한 것을 보고 취함에 그 뜻이 중원을 뛰어넘는 것이었다. 하지만 모두 경솔하고 조급하여 몸을 망치고 패배했다. 잠시 강동을 할거한 것은 손책이 닦은 기초에서 가능했다.'라고 했다."라고 했다. ≪삼국지·오지·손권전≫에서 "손권은 자가 중모(仲謀)이다. 형 손책이 이미 여러 군을 평정했을 때 당시 손권은 나이가 15세였는데 그를 양선현(陽羨縣)의 책임자로 삼았다. 군에서 그를 효렴(孝廉)으로 선발하고 주에서 수재(秀才)로 천거하여 봉의교위(奉義校尉)를 대리했다. 한나라 조정에서는 손책이 멀리서 공물을 바칠 수 있다고 여기고는 사자 유완(劉琬)을 보내 그에게 상을 내리는 조명을 주었다. 유완이 다른 사람에게 말하기를, '내가 손씨 형제를 보건대 비록 각기 재능이 뛰어나고 명민하지만 모두 봉록을 죽을 때까지 유지하지는 못할 것 같다. 오직 둘째인 효렴 손권은 외모가 걸출하고 기골이 남달라 크게 귀해질 상을 가지고 있다. 또 가장 장수할 것이니 네가 한번 알아두어라.'라고 했다."라고 했다. 또 ≪삼국지·오지·손책전≫에서 "조조(曹操)가 표를 올려 손책으로 하여금 토역장군(討逆將軍)에 임명하고 오후(吳侯)에 봉할 것을 청했다. 이때 원소(袁紹)가 한창 강대했고 손책이 강동을 병합했지만 조조의 힘은 여전히 펼칠 수 없어서 잠시 그를 안무하고자 했다. 조조는 동생의 딸을 손책의 동생 손광에게 시집보냈다. 손책이 오군태수(吳郡太守) 허공(許貢)을 죽이자, 허공의 어린 아들이 문객과 함께 도망가서 장강가에 숨었다. 손책이 홀로 말을 타고 나가 결국 문객과 만났지만 문객이 쳐서 손책을 부상입었다. 상처가 심해지자 장소(張昭) 등을 불러 그들에게 말하기를, '중원이 한창 혼란스러

운데 대저 오월 지역의 무리와 삼강(三江)의 견고함을 가지고 있으면 중원의 성패를 관찰하기에 충분할 것이다. 너희들은 내 동생을 잘 보위하라.'라고 했다. 손권을 불러 인끈을 차게 하고는 말하기를, '강동의 무리를 이끌고 두 진영 사이에서 상황에 따라 잘 결단하여 천하와 경중을 다투는 것은 네가 나만 못하다. 하지만 어진 이와 능력 있는 이를 선발하여 각자 그 마음을 다하게 하여 강동을 보위하는 것은 내가 너만 못하다.'라고 했다. 밤이 되자 죽었으니 나이 26세였다."라고 했다. ≪진서(晉書)·부견재기(苻堅載記)≫에서 "부견은 자가 영고(永固)이고 문옥(文玉)이라고도 했다. 어머니 구씨(苟氏)가 일찍이 장수(漳水)를 노닐다가 서문표(西門豹)의 묘당에서 아들을 낳게 해달라고 빌었는데, 그날 밤 꿈에 신과 교접하여 임신했으며 12개월 만에 부견을 낳았다. 신령한 빛이 하늘에서 내려와 그 마당을 비추었다. 등에 붉은 무늬가 있었는데 희미하게 글자를 이루었으며 '철부신우토(艸付臣又土)[139]가 함양(咸陽)의 왕이 될 것이다.'라고 되어 있었다. 할아버지 부홍(苻洪)이 기이하게 여기고는 그를 사랑하면서 이름을 견두(堅頭)라고 했다. 나이가 7세일 때 총명하여 부홍의 옆에서 모셨는데, 매번 부홍의 행동을 헤아려서 기회를 놓치지 않도록 했다. 부홍이 말하기를, '이 아이는 외모가 걸출하고 품성이 남달라서 보통의 관상이 아니다.'라고 했다. 고평(高平) 사람 서통(徐統)은 사람을 알아보는 안목이 있었는데 부견을 길에서 만나고는 그를 기이하게 여겼다. 좌우의 사람에게 말하기를, '이 아이는 패왕이 될 관상을 가지고 있다.'라고 하니 좌우의 사람들이 괴이하게 여겼다. 서통이 말하기를, '너희들이 알 수 있는 것이 아니다.'라고 했다. 후에 다시 그를 만났는데 서통이 수레에서 내리고 주위 사람들을 물리친 뒤 긴밀하게 그에게 말하기를, '그대의 골상은 비범하니 후에 마땅히 크게 귀하게 될 것이다. 하지만 내가 볼 수 없으니 어쩌겠는가.'라고 했다. 부견이 꿈에 천신이 파견한 사자를 보았는데 붉은 옷과 붉은 관을 하고 있었으며 부견에게 용양장군(龍驤將軍)에 임명한다고 명했다. 숙부 부건(苻健)이 눈물을 흘리며 부견에게 말하기를, '네 할아버지가 일찍이 이 칭호를 받았는데 지금 네가 다시 신명의 명을 받았으니 어찌 힘쓰지 않겠는가.'라고 했다. 부견이 검을 휘두르고 말을 채찍질하니 의기가 격발하여 병사들 중 두려워하며 복종하지 않는 자가 없었다. 부견

139) 이는 부견(苻堅)의 이름을 파자한 것이다.

의 아들 부생(苻生)이 반역의 왕위를 계승하자 태원(太原) 사람 설찬(薛讚)과 약양(略陽) 사람 권익(權翼)이 부견에게 말하기를, '지금 주상이 어리석고 포학하여 천하의 민심이 떠나갔습니다. 덕이 있는 자가 창성하고 덕이 없는 자가 재앙을 받는 것이 하늘의 도입니다. 국가 통치의 대업은 중요하니 다른 사람이 가지게 해서는 안됩니다. 군왕이 탕왕(湯王)와 무왕(武王)의 일을 실행하여 하늘과 사람의 마음에 순응하기를 원합니다.'라고 하니 부견이 매우 그러하다고 여겼다. 마침내 부견이 부생을 죽이고 반역의 왕위를 그의 형 부법(苻法)에게 양보했다. 부법은 스스로 서얼이라서 감당할 수 없다고 생각했다. 부견과 어머니 구씨는 모두 대중의 마음이 복종하지 않을까 염려하여 황제의 자리에 머물기를 어려워했는데, 여러 관료가 한사코 청하니 마침내 따랐다. 승평 원년(357)에 대진천왕(大秦天王)을 참칭했다."라고 했다.(吳志. 孫堅, 字文臺. 吳郡富春人. 蓋孫武之後也. 堅四子策權翊匡. 權旣稱尊號. 堅曰武烈皇帝. 策, 字伯符. 評曰, 孫堅勇摯剛毅,140) 孤微發迹.141) 有忠壯之烈. 策142)氣傑濟,143) 猛銳冠世, 覽奇取異, 志陵中夏.144) 然皆輕佻果躁,145) 隕身致敗, 且割據江東, 策之基兆也. 吳主傳. 孫權, 字仲謀. 兄策旣定諸郡, 時權年十五以爲陽羨長. 郡察孝廉, 州與146)茂才, 行奉義校尉.147) 漢以策遠修職貢, 遣使者劉琬加錫命.148) 琬語人曰, 吾觀孫氏兄弟, 雖各才秀明達, 然皆祿祚不終.149) 惟中弟孝廉, 形貌奇偉, 骨體不恒, 有大貴之表. 又最壽, 爾試識之. 又吳志. 曹公表策爲討逆將軍, 封爲吳侯. 是時袁紹方彊, 而策幷江東, 曹公力未能逞, 且欲撫之. 乃以弟女配策150). 策殺吳郡太守許貢. 貢小子與客亡匿江邊, 策單騎出, 卒與客遇, 客擊傷策. 創甚,151) 請張昭等謂曰, 中國方亂, 天152)以吳越之衆, 三江之固, 足

140) 勇摯(용지) : 용맹하고 사납다. 剛毅(강의) : 굳세다.
141) 孤微(고미) : 신분이 미천하다. 發迹(발적) : 업적을 드러내다.
142) 현재 전하는 ≪삼국지≫에는 이 뒤에 '英'이 더 있다.
143) 傑濟(걸제) : 특출나고 왕성하다.
144) 陵(릉) : 뛰어넘다. 中夏(중하) : 중원. 중원을 뛰어넘는다는 것을 천하를 제패한다는 말이다.
145) 輕佻(경조) : 경솔하다. 果躁(과조) : 조급하다.
146) '與'는 '擧'의 잘못이다.
147) 行(행) : 본직 이외에 다른 관직을 대리로 겸하는 것을 말한다.
148) 錫命(석명) : 천자가 하사한다는 조명.
149) 祿祚(녹조) : 봉록과 관작. 不終(부종) : 죽을 때까지 온전히 하지 못하다.
150) ≪삼국지≫에는 이 뒤에 '小弟匡'이 더 있다.

以觀成敗, 公等善相吾弟. 呼權佩以印綬, 謂曰, 擧江東之衆, 決機於兩陳之間,[153] 與天下爭衡,[154] 卿不如我. 擧賢任能, 各盡其心, 以保江東, 我不如卿. 至夜卒, 年二十六. 晉書. 苻堅, 字永固, 一名文玉. 母苟氏嘗游漳水, 祈子於西門豹祠, 其夜夢與神交, 因而有孕, 十二月而生堅焉. 有神光自天燭其庭. 背有赤文, 隱起成字曰艸付臣又土王咸陽. 洪奇而愛之, 名曰堅頭. 年七歲, 聰敏, 侍洪側, 輒量洪擧措,[155] 取與不失機候. 洪曰, 此兒姿貌瓌偉,[156] 質性過人, 非常相也. 高平徐統有知人之鑒, 過堅於路, 異之, 謂左右曰, 此兒有霸王之相. 左右怪之. 統曰, 非爾所及也. 後又遇之, 統下車屛人,[157] 密謂之曰, 苻郞骨相不恒, 後當大貴. 但僕不見, 如何. 夢天神遣使者, 朱衣赤冠, 命拜堅爲龍驤將軍. 健泣謂堅曰, 汝祖昔受此號, 今汝復爲神明所命, 可不勉之. 堅揮劍捶馬,[158] 志氣感勵, 士卒莫不憚服焉.[159] 及苻生嗣僞位,[160] 太原薛讚略陽權翼說堅曰, 今主上昏虐,[161] 天下離心. 有德者昌, 無德者受殃, 天之道也. 神器業重, 不可令他人取之, 願君王行湯武之事, 以順天人之心. 堅深然之. 遂弑生, 以僞位讓其兄法. 法自以庶孼, 不敢當. 堅及母苟氏並慮衆心未服, 難居大位, 群寮固請, 乃從之. 以升平元年僭稱大秦天王.)

4 [역자주] 苔磯(태기) : 이끼 낀 물가의 바위. 횡강관에서 장강 건너편에 채석기(采石磯)가 있다. 채석기는 우저기(牛渚磯)라고도 한다. 釣魚郞(조어랑) : 물고기를 낚는 사람.

---

151) 創(창) : 상처.
152) '天'은 '夫'의 잘못이다.
153) 決機(결기) : 상황을 보고 결단하다.
154) 爭衡(쟁형) : 경중을 다투다. 승패를 본다는 말이다.
155) 擧措(거조) : 행동거지.
156) 瓌偉(괴위) : 체구가 크고 아름답다.
157) 屛人(병인) : 다른 사람을 물러나게 하다.
158) 捶馬(추마) : 말을 채찍질하다.
159) 憚服(탄복) : 두려워하며 복종하다.
160) 嗣(사) : 이어받다. 僞位(위위) : 정통이 아닌 왕조의 제위.
161) 昏虐(혼학) : 어리석고 포악하다.

해설

이 시는 횡강관에서 느낀 감회를 적은 것이다. 옛날 오나라의 땅으로 손씨 형제가 권력을 휘둘렀지만 결국 용양장군에게 멸망한 이야기를 적은 뒤, 결국 그 역사의 회오리가 지난 지금은 낚시꾼이 낚시나 하는 곳으로 바뀌었다고 말했다. 대개 개성 4년(839) 봄 좌보궐이 되어 장안으로 올라갈 때 지은 것으로 추정한다.

197. 예주의 장 사인에게 피리를 부치다
寄澧州張舍人笛[1]

髮均肉好生春嶺,[2]	머리칼처럼 고르고 재질이 좋은 대나무가 봄 고개에서 나는데
截玉鑽星寄使君.[3]	옥을 자르고 별 모양 구멍을 내서 사군에게 부치네.
檀的染時痕半月,[4]	단적으로 물들일 때 반달의 흔적이 남아 있고
落梅飄處響穿雲.[5]	떨어진 매화가 나부끼는 곳에 소리가 구름을 뚫네.
樓中威鳳傾冠聽,[6]	누대의 위엄 있는 봉황이 볏을 기울인 채 듣고
沙上驚鴻掠水分.[7]	모래 위의 놀란 기러기가 물을 스치며 흩어지네.
遙想紫泥封詔罷,[8]	멀리서 생각건대 자줏빛 진흙으로 조서 봉한 일 끝났으니
夜深應隔禁牆聞.[9]	밤이 깊으면 응당 궁궐 담장 너머로 들리리라.

주석

1 [역자주] 澧州(예주) : 지금의 호남성 예현(澧縣)이다. 張舍人(장사인) : 장차종(張次宗)이다. 고공원외랑(考功員外郎), 지제고(知制誥)를 역임했으며, 예주(澧州), 명주(明州), 서주(舒州)의 자사를 지냈다. 당나라 때는 왕의 말을 기록하는 기거사인(起居舍人)과 조견할 때 출입을 담당하는 통사사인(通事舍人)이 있었다. 한편 다른 관직을 하면서 지제고로 있는 이를 사인이라 부르기도 했다.

2 **[협주]** 권2의 "대나무 관은 영윤의 곡이다."의 주에 보인다.162) (見二卷肉管伶倫曲註.)

---

162) 두목의 시 <문하성의 재상이 재상 인장을 겸하여 거느리며 진으로 나가 촉 땅을 온전히 하러 가는 서천 절도사 재상을 송별하며 지은 시에 받들어 화답하다(奉和門下相公送西川相公兼領相印出鎭全蜀)>이다.

[역자주] 髮均肉好(발균육호) : 머리카락처럼 고르고 재질이 좋다. '육'은 중간이 비어 있는 대나무의 껍질 부분을 가리킨다. 좋은 대나무의 모습을 표현한 것이다.

3 [역자주] 截玉(절옥) : 옥을 자르다. 장식을 붙이는 것이다. 鑽星(찬성) : 별 모양의 구멍을 내다. 피리의 구멍을 내는 것을 가리킨다. 使君(사군) : 자사의 호칭이다. 여기서는 장차종을 가리킨다.

4 [역자주] 檀的(단적) : 옛날 여인이 붉은색으로 붙여서 얼굴을 장식하던 것이다. 여기서는 피리에 반달 모양으로 장식한 것을 가리킨다.

5 **[협주]** ≪악부잡록(樂府雜錄)≫에서 "'적(笛)'은 강(羌)족의 악기이다. 옛 곡 중에 <낙매화(落梅花)>가 있다."라고 했다.(樂府雜錄. 笛, 羌樂也. 古曲有落梅花.)

6 **[협주]** ≪한서·선제본기(宣帝本紀)≫에서 "신작 원년(기원전 61) 남군(南郡)에서 위엄 있는 봉황을 잡았다."라고 했고, 주에서 진작(晉灼)이 말하기를, "봉황 중에서 위의(威儀)가 있는 것이다. ≪상서(尙書)≫에서 '봉황이 왔는데 위이가 있다'라고 한 것과 같은 뜻이다."라고 했다. 고개지(顧愷之)의 <봉부(鳳賦)>에서 "붉은 볏이 빛나고 긴 꼬리가 쌍이다."라고 했다.(前漢書, 宣帝記. 神爵元年, 南郡權[163]威鳳. 晉灼曰, 威之有鳳[164]儀者也. 尙書, 鳳皇來儀同意. 顧愷之, 鳳賦. 朱冠赫以雙翹.[165])

[역자주] 威鳳(위봉) : 위엄 있는 봉황. 춘추시대 진(秦)나라 목공(穆公)의 딸 농옥(弄玉)은 소(簫)를 잘 부는 소사(簫史)에게 시집을 가서 소 부는 것을 배워 봉황 울음소리를 내었는데 봉황이 날아와서 지붕에 내려앉았다. 목공은 그들을 위해 봉대(鳳臺)를 지어 살게 했다. 후에 두 사람은 봉황을 타고 하늘로 올라갔다. 傾冠(경관) : 볏을 기울이다. 관심을 가지고 듣는 모습이다.

7 [역자주] 驚鴻(경홍) : 놀란 기러기. 후한(後漢) 마융(馬融)의 <장적부(長笛賦)>에 "그 소리를 들어보면 비슷한 모습이 연상되는데, 형상은 흐르는 물과 같고 또 날아가는 기러기를 닮았다.(聽聲類形, 狀似流水, 又象飛鴻.)"라고 했다. 掠水(약수) : 물을 스치다. 이상 두 구는 피리 소리를 연주하면 봉황과 기러기가 보이는 반응을 묘사한 것인데, 또한

---

163) '權'은 '獲'의 잘못이다.

164) '威'와 '鳳'의 위치가 바뀌어야 한다.

165) 朱冠(주관) : 붉은 관. 볏을 가리킨다. 赫(혁) : 붉다. 翹(교) : 꽁지의 긴 깃.

피리로 부는 음악 소리를 비유적으로 형용한 것이기도 하다.

8 **[협주]** ≪농우기(隴右記)≫에서 "무도(武都)의 자수(紫水)에 진흙이 있는데 그 빛이 붉고 점성이 있다. 공물로 바치면 황제의 조서를 봉하는 데 사용했기에 조서에 자줏빛 진흙의 아름다움이 있게 되었다."라고 했다.(隴右記. 武都紫水有泥, 其色赤而粘, 貢之, 用封璽書.[166] 故詔有紫泥之美.)

9 [역자주] 禁牆(금장) : 궁궐의 담장. 이상 두 구는 이미 조정에서 장차종을 궁궐로 부르는 조서를 작성했으니 조만간 궁궐 안에서 이 피리를 불게 될 것이라는 말이다.

해설

이 시는 예주자사 장차종에게 피리를 부치면서 지은 것이다. 피리를 만든 과정과 그 모습을 형용한 뒤 봉황이 경청하고 기러기가 놀랄 정도로 아름다운 소리를 가졌음을 말했고, 조만간 장차종이 다시 조정으로 들어오기를 바란다고 했다. 대개 대중 원년(847) 겨울 장차종이 폄적된 것에 근거하여 대중 2년(848) 이후에 지은 것으로 추정한다.

166) 璽書(새서) : 원래는 진흙으로 봉인한 문서인데 이후 황제의 조서를 뜻하게 됐다.

198. 양주의 한작 판관에게 부치다

寄楊州韓綽判官[1]

青山隱隱水遙遙,[2]	푸른 산이 이어지고 물은 아득한데
秋盡江南草木凋.	가을이 다한 강남에 초목이 시들었네.
二十四橋明月夜,[3]	이십사교 밝은 달밤에
玉人何處教吹簫.[4]	옥인이 어디에서 소 부는 걸 가르칠까?

주석

1 [역자주] 楊州(양주) : 지금의 강소성 양주이다. 韓綽(한작) : 두목이 태화 7년(833)부터 태화 9년(835) 회남절도사(淮南節度使) 우승유(牛僧孺)의 막부에서 일할 때의 동료이다. 그 외 자세한 것은 알려져 있지 않다. 判官(판관) : 절도사의 부관이다.

2 **[협주]** 후한(後漢) 장형(張衡)의 <서경부(西京賦)>에서 "끊임없이 이어진다."라고 했고, ≪문선≫ 이주한(李周翰)의 주에서 "'은은전전(隱隱展展)'은 서로 이어진 모양이다."라고 했다.(西京賦. 隱隱展展. 註. 隱展, 相連屬貌也.)

3 [역자주] 二十四橋(이십사교) : 양주에 있는 다리이다. <양주고취사(楊州鼓吹詞)>에서 "이 다리는 옛날에 24명의 미인이 이곳에서 소(簫)를 불었기에 이렇게 이름지었다.(是橋因古之二十四美人吹於此, 故名.)"라고 했다.

4 **[협주]** ≪진서(晉書)·배해전(裵楷傳)≫에서 "배해는 기풍이 고매하고 모습이 준수하며 여러 책을 두루 섭렵하여 특히 이치에 정밀했기에 당시 사람들이 옥인(玉人)이라고 불렀다."라고 했다. '취소(吹簫)'는 이미 권3에 나왔다.167)(晉書. 裵叔則, 風神高邁, 容儀俊

167) 두목의 시 <매화(梅)> "농옥을 이끌 수 있었으리.(堪爲弄玉媒.)"의 수에 보인다.

爽, 博涉群書, 特精理義, 時人謂之玉人. 吹簫, 已出三卷.)

[역자주] 玉人(옥인) : 용모가 수려한 사람. 또는 선녀를 가리킨다. 여기서는 한작을 가리키는 것으로 보인다. 教吹簫(교취소) : 소 부는 법을 가르치다. 춘추시대 진(秦)나라 목공(穆公)의 딸 농옥(弄玉)은 소(簫)를 잘 부는 소사(簫史)에게 시집을 가서 소 부는 것을 배워 봉황 울음소리를 내었는데 봉황이 날아와서 지붕에 내려앉았다. 목공은 그들을 위해 봉대(鳳臺)를 지어 살게 했다. 후에 두 사람은 봉황을 타고 하늘로 올라갔다.

해설

이 시는 양주에 있는 한작에게 부치는 것이다. 강남에 가을이 와서 쓸쓸한데 한작은 양주에서 신선 같은 생활을 할 것이라고 했다. 작시 시기는 고찰할 수 없다.

199. 과거 보러 가는 이군옥을 보내다

送李群玉赴擧[1]

故人別來面如雪,[2]	친구가 헤어진 뒤 얼굴이 눈처럼 하얀데
一榻拂雲秋影中.[3]	가을 그림자 사이에서 걸상 하나가 구름을 스쳤구나.
玉白花紅三百首,	옥같이 하얗고 꽃같이 붉은 삼백 수의 시
五陵誰唱與春風.[4]	오릉에서 누가 부르며 봄바람과 함께할까.

주석

1 [역자주] 李群玉(이군옥) : 자는 문산(文山)이고 예주(澧州) 사람이다. 대중 5년(851) 과거에 응시했으나 낙방한 뒤 다시는 응시하지 않았다. 대중 8년(854) 재상 배휴(裴休)의 인정을 받아 추천되어 홍문관(弘文館) 교서랑(校書郎)에 임명되었다. 후에 일에 연루되어 관직을 그만두고 고향으로 돌아갔다.

2 [역자주] 面如雪(면여설) : 얼굴이 눈과 같다. 용모가 아름답다는 말이다.

3 [역자주] 榻(탑) : 걸상. 후한(後漢) 진번(陳蕃)이 예장태수(豫章太守)였는데 서치(徐穉)의 인덕에 감화되어 다른 빈객은 만나지 않았지만 오직 서치가 오면 특별히 의자 하나를 내주었으며 그가 떠나면 벽에 걸어놓았다. 여기서는 자사로 있던 두목이 이군옥을 예우한 것을 비유적으로 표현한 것이다.

4 **[협주]** '오릉(五陵)'은 이미 권2에 나왔다.[168] (五陵, 已出二卷.)
[역자주] 五陵(오릉) : 한나라 다섯 황제의 무덤인데, 여기서는 장안을 가리킨다.

---

168) 두목의 시 <낙유원에 오르다(登樂遊原)> "오릉에는 가을바람 일어날 나무조차 없다.(五陵無樹起秋風.)"의 구에 보인다.

해설

이 시는 장안으로 과거시험에 응시하러 가는 이군옥을 송별하며 지은 것이다. 가을에 아름다운 그와 만난 것을 적은 뒤 장안에서 그의 훌륭한 시를 누가 알아줄까 염려하는 마음을 드러내었다. 대개 대중 4년(850) 호주자사(湖州刺史)로 있을 때 지은 것으로 추정한다.

200. 호남을 노닐러 가는 설종을 보내다

送薛種游湖南[1]

賈傅松醪酒,[2]	가의의 송료주
秋來美更香.	가을이 되면 맛있고 또 향기롭다지.
憐君片雲思,	조각구름처럼 떠돌겠다는 그대의 생각을 좋아하는데
一棹去瀟湘.[3]	한번 노 저어 소상강으로 떠나가는구나.

주석

1 [역자주] 薛種(설종) : 생평에 대해 알려진 바가 없다.

2 **[협주]** 곽수(郭受)의 시169)에서 "송료주가 익어 옆에서 취한 모습을 본다."라고 했다. 소식의 보주170)에서 "사부(謝敷)가 말하기를, '산가의 송료주가 익었지만 보고도 마실 수가 없고 옆에 앉아서 다른 이가 취한 것을 본다.'라고 했다."라고 했다.(詩史. 松醪酒熟旁看醉. 東坡補註. 謝敷曰, 山家松醪酒熟, 看不能飮, 傍坐看子醉.)

[역자주] 賈傅(가부) : 한나라의 가의(賈誼)인데, 폄적되어 장사왕(長沙王)의 태부(太傅)를 역임했다. 松醪酒(송류주) : 송진이나 송홧가루로 만든 술이다. 가의가 장사로 폄적되었을 때 이 술을 마셨다고 한다. 장사는 호남에 있다.

3 [역자주] 瀟湘(소상) : 지금의 호남성에 있는 강의 이름이다.

---

169) 곽수(郭受)가 두보에게 보낸 시 <두 원외 형이 시를 보여주셨기에 이 시를 지어서 부쳐 바치다(杜員外兄垂示詩, 因作此寄上)>이다. 두보의 시집에 두보의 답시 앞에 부록으로 실려 있다.

170) 이 조목의 출처는 고찰할 수 없다. 대체로 두보 시집에 있는 송(宋) 소식(蘇軾)의 주는 후대 사람이 그의 이름을 가탁하여 허구로 지어낸 내용으로 알려져 있다.

해설

이 시는 호남 지역을 노닐러 가는 설종을 송별하며 지은 것이다. 가의가 마셨던 송료주를 마시면서 이리저리 떠돌며 소상강을 노닐 그의 모습을 상상했다. 작시 시기는 고찰할 수 없다.

201. 수안현 감당관 어구에 쓰다
題壽安縣甘棠館御溝[1]

一渠東注芳華苑,[2]	물길 하나가 동쪽으로 방화원으로 흐르는데
苑鎖池塘百歲空.	원림은 닫히고 연못은 백 년 동안 비었구나.
水殿半傾蟾口澀,[3]	물가 궁전은 반쯤 기울고 두꺼비 입은 녹슬었으니
爲誰流下蓼花中.[4]	누구를 위해 여뀌꽃 가운데로 흘러내려 가는가.

주석

1 **[협주]** ≪십도지≫에서 "하남도(河南道) 낙주(洛州)에 수안(壽安)이 있다."라고 했고, 주에서 "한나라 선양현(宣陽縣)인데 후위(後魏) 때 신안(新安) 감당현(甘棠縣)으로 이름을 바꾸었다. 함곡성(函谷城)에 있으며 신안군(新安郡)에 속한다."라고 했다.(十道志. 河南道洛州有壽安. 註. 漢宣陽縣, 後魏名新安甘棠縣, 在函谷城, 屬新安郡.)
[역자주] 壽安縣(수안현) : 지금의 하남성 의양현(宜陽縣)이다. 고종(高宗)과 무후(武后) 때 연창궁(連昌宮)과 흥태궁(興泰宮)을 지었다. 御溝(어구) : 궁궐의 물길을 말한다.

2 [역자주] 芳華苑(방화원) : 수나라 때 낙양에 원림을 만들고 회통(會通)이라고 했는데 후에 방화신도원(芳華神都苑)으로 바꾸었다. 둘레가 126리였다고 한다.

3 **[협주]** ≪위략(魏略)≫에서 "명제(明帝) 청룡(靑龍) 3년(235) 방림원(芳林園)에 연못을 파고는 노를 저으면서 월 땅의 노래를 불렀다. 또 늘어선 궁전 북쪽에 여덟 채의 별실을 만들고 여러 재인(才人)을 등급에 따라 그곳에 머물게 했다. 물길을 티시 곡수(穀水)를 끌어들여 구룡전(九龍殿) 앞을 지나가게 했으며, 옥 장식 우물과 비단 장식 난간을 만들었으며 두꺼비 모형이 물을 뱉고 신룡 모형이 물을 토하도록 하고는 뭍에서 백희(百戲)[171]를 벌였다."라고 했다. '구룡'은 궁전의 이름이다.(魏略. 明帝靑龍三年, 於芳林園

中起陂池, 檝櫂越歌.[172] 又於列殿之北, 立八坊, 諸才人以次序處其中. 通引穀水, 過九龍前, 爲玉井綺欄, 蟾蜍含受,[173] 神龍吐水. 水殿[174]百戲. 九龍, 殿名.)

[역자주] 澀(삽) : 녹슬다.

4 [역자주] 蓼花(요화) : 여뀌꽃.

해설

이 시는 수안현의 궁전 물길을 보고 그 감회를 적은 것이다. 백 년 동안 황제가 행차하지 않아 황폐해진 물길과 녹슨 두꺼비 장식의 모습을 묘사한 뒤 흥망성쇠의 무상함을 토로했다. 대개 개성 원년(836) 낙양에서 감찰어사로 있을 때 지은 것으로 추정한다.

171) 백희(百戲) : 고대 악무와 잡기의 총칭이다.
172) 檝櫂(즙도) : 배를 젓는 노. 여기서는 배를 탄다는 말이다.
173) 蟾蜍(섬서) : 두꺼비.
174) '殿'은 '轉'의 잘못이다.

202. 변하에서 옛일을 생각하다
汴河懷古[1]

錦纜龍舟隋煬帝,[2]	비단 뱃줄의 용선을 탄 수나라 양제
平臺複道漢梁王.[3]	평대까지 복도를 만든 한나라 양왕.
游人閑起前朝念,	나그네가 한가로이 앞 왕조의 생각을 일으키니
折柳孤吟斷殺腸.[4]	버들가지 꺾어 홀로 읊조리며 애간장을 끊는구나.

주석

1 **[협주]** 권3 <수제의 버드나무(隋堤柳)> 제목 아래의 주에 보인다.(見三卷隋堤柳註.)
[역자주] 汴河(변하) : 수(隋)나라 양제(煬帝)가 낙양에서 양주까지 운하를 팠는데, 그 남단을 통제거(通濟渠)라고 하며 변주(汴州) 즉 지금의 하남성 개봉(開封)에서 시작한다. 당나라 때는 이를 변하라고 불렀다. 수나라 양제가 이 운하를 타고 강남으로 갈 때는 화려한 용선을 탔다.

2 **[협주]** ≪대업잡기(大業雜記)≫175)에서 "양제(煬帝)가 강도(江都)로 행차할 때 탄 용선(龍船)은 비단으로 돛과 뱃줄을 만들었다."라고 했다.(大業記. 煬帝幸江都, 所乘龍舟, 錦帆錦纜.)
[역자주] 纜(람) : 뱃줄. 배를 정박시킬 때 묶는 줄.

3 **[협주]** ≪십도지≫에서 "하남도(河南道) 변주(汴州)"라고 했고, 주에서 "전국시대 때 위(魏)나라의 도읍이었다. 한나라 때 황제의 아들 유무(劉武)를 양왕(梁王)에 봉했으며 대

175) ≪대업잡기(大業雜記)≫ : 당(唐) 두보(杜寶)가 지은 전기소설(傳奇小說)로 대개 수나라 양제 대업 연간(605-618)의 역사 사건을 적었다.

량(大梁), 즉 변주에 도읍을 정했다."라고 했다. ≪사기·양효왕세가(梁孝王世家)≫에서 "수양성(睢陽城)은 직경이 70리인데 궁실을 크게 짓고 복도를 만들어 궁궐에서 평대(平臺)까지 연결하니 40여 리였다."라고 했고 서광(徐廣)의 주에서 "수양에 평대리(平臺里)가 있다."라고 했다.(十道志. 河南道汴州. 註. 戰國時, 爲魏都. 漢封皇子武爲梁王都大梁中. 史記, 梁孝王. 廣睢陽城七十里, 大治宮室, 爲複道, 自宮連屬於平臺四[176]十餘里. 註. 睢陽有平臺里.)

4 [역자주] 折柳(절류) : 버들을 꺾다. 수나라 양제가 변하 제방에 버드나무를 많이 심었다.

해설

이 시는 변하를 보며 느낀 감회를 적은 것이다. 수나라 양제와 한나라 양효왕이 온갖 사치를 다 했지만 이제는 그 모습을 볼 수 없다고 하여 격세지감을 표현했다. 두목이 변하를 지나간 건 네 번인데, 이 시의 작시 시기는 고찰할 수 없다.

176) 현재 전하는 ≪사기≫에는 '四'가 '三'으로 되어 있다.

203. 변하에서 얼음에 막히다

汴河阻凍[1]

千里長河初凍時, 천 리 긴 강이 갓 얼어붙은 때
玉珂瑤佩響參差.[2] 옥 장식 패물 부딪히는 소리가 어지럽네.
浮生憐似冰底水, 덧없는 인생 가련하게도 얼음 아래의 물과 같아
日夜東流人不知. 밤낮 동쪽으로 흘러가도 아무도 모르는구나.

주석

1 [역자주] 汴河(변하) : 앞 시 주석에서 자세히 설명했다. 阻凍(조동) : 얼음에 막히다. 강이 얼어서 배가 가지 못한다는 말이다.

2 [역자주] 玉珂(옥가) : 옥으로 만든 말의 장식. 瑤佩(요패) : 옥으로 만든 패물. 參差(참치) : 어지러운 모양. 이 구는 얼음에서 나는 소리를 패옥이 부딪히는 소리에 비유해 표현한 것이다.

해설

이 시는 변하가 얼어서 배를 타고 가지 못해 적은 것이다. 얼어붙은 변하의 모습을 묘사한 뒤 떠도는 나그네의 무상함을 표현했다. 대개 대중 2년(848) 겨울 목주자사(睦州刺史)를 마치고 장안으로 올라가던 도중에 지은 것으로 추정한다.

204. 장호 처사가 내게 부친 시에 답하는 칠언율시

酬張祜處士見寄長句四韻[1]

七子論詩誰似公,[2]	일곱 사람 시를 논하자면 누가 공과 비슷한가?
曹劉須在指揮中.[3]	조식과 유정은 반드시 그대의 지휘 아래 있겠지.
薦衡昔日知文擧,[4]	예형을 천거한 옛날 공융을 알지만
乞火無人作蒯通.[5]	불을 빌리며 괴통이 되어 줄 사람은 없구나.
北極樓臺長挂夢,[6]	북극성의 누대는 오래도록 꿈에 걸려 있고
西江波浪遠呑空.[7]	서강의 물결은 멀리서 하늘을 삼키리.
可憐故國三千里,[8]	가련하구나, "고향에서 삼천 리 떨어졌다"라고
虛唱歌詞滿六宮.[9]	공연히 노래 불러 육궁에 가득하니.

주석

1 [역자주] 張祜(장호) : 자는 승길(承吉)이며 청하(淸河) 사람이다. 관직에 나가지 않고 줄곧 단양(丹陽)에 살았으며 대중 연간(847-860)에 죽었다. 處士(처사) : 관직에 나가지 않고 은거하는 문인을 말한다.

2 **[협주]** 위(魏)나라 문제(文帝)의 ≪전론(典論)≫에서 "오늘날의 문인 중에 노국(魯國) 사람 공융(孔融), 광릉(廣陵) 사람 진림(陳琳), 산양(山陽) 사람 왕찬(王粲), 북해(北海) 사람 서간(徐幹), 진류(陳留) 사람 완우(阮瑀), 여남(汝南) 사람 응양(應瑒), 동평(東平) 사람 유정(劉楨) 이 일곱 사람은 학문에 있어서 빠트린 것이 없고 문장에 있어서 빌릴 것이 없다."라고 했다.(魏文帝, 典論. 今之文人, 魯國孔融, 廣陵陳琳, 山陽王粲, 北海徐幹, 陳留阮瑀, 汝南應瑒, 東平劉楨, 斯七子者, 於學無所遺, 於辭無所假.)

3 **[협주]** 종영(鍾嶸)이 시를 평한 ≪시품(詩品)≫에서 “시의 상품(上品)은 위(魏)나라 진사왕(陳思王) 조식(曹植)과 위나라 문학(文學) 유정(劉楨)이다.”라고 했다.(鍾嶸, 詩評. 詩上品, 魏陳思王曹植, 魏文學劉楨.)

4 **[협주]** 본집의 주에서 “재상 영호초(令狐楚)가 일찍이 표를 올려 처사를 추천했다.”라고 했다. ≪후한서·공융전≫에서 “공융은 자가 문거(文擧)이고 예형(禰衡)을 추천했다.”라고 했다.(本註. 令狐相公曾表薦處士. 後漢書. 孔融, 字文擧, 薦禰衡.)

5 **[협주]** 이미 위에 나왔다.[177](已出上.)

[역자주] 蒯通(괴통) : 한나라 범양(范陽) 사람이다. 제(齊) 도혜왕(悼惠王) 때 조참(曹參)이 재상이었는데 괴통을 예로서 대접하며 빈객으로 초청했다. 제나라 왕 전영(田榮)은 병사를 일으켜 항우(項羽)를 배반하려고 모의하고는 제나라 사(士)들을 겁박하면서 동참하지 않으면 죽였다. 제나라의 처사 동곽선생(東郭先生)과 양석군(梁石君) 역시 겁박을 받아 억지로 따랐다. 전영이 패하자 두 사람은 이를 수치스럽게 여기고는 함께 깊은 산으로 들어가 은거했다. 어떤 빈객이 괴통에게 양석군과 동곽선생을 조참에게 추천해달라고 요청했다. 괴통이 말하기를, “그러겠습니다. 신의 마을에 있는 어떤 부인은 마을의 할머니와 사이가 좋습니다. 마을의 부인이 밤에 고기를 잃어버렸는데 시어머니는 그녀가 훔쳐 간 줄 알고 화를 내며 쫓아버렸습니다. 그 부인이 새벽에 떠나면서 평소 잘 사이가 좋던 마을의 할머니 집에 들러서 이러한 일을 이야기하고는 작별 인사를 했습니다. 마을의 할머니가 말하기를, ‘너는 천천히 가고 있어라, 내가 지금 네 집사람이 널 쫓아가도록 하겠다.’라고 하고는 솜을 묶어서 고기를 잃어버린 집에 가서 불을 청하며 말하기를, ‘어제저녁에 개가 고기를 얻어서 서로 다투며 죽였는데 불을 얻어서 처리하고자 합니다.’라고 했습니다. 고기를 잃어버린 집은 얼른 쫓아가서 그 부인을 불렀습니다. 본디 마을의 할머니는 주장을 펼치는 선비도 아니고, 솜을 묶어서 불을 빌리는 것은 부인을 돌아오게 하는 방도가 아닙니다. 하지만 사물에는 감응하는 바가 있고 일에는 적절히 맞는 때가 있는 법입니다. 신이 조참 재상에게 가서 불을 빌리도록 청하겠습니다.”라고 했고 모두 상등의 빈객이 됐다. 이 구는 장호가 관직을 얻지 못했다는 말이다.

177) 두목의 시 <최균에게 부치다(寄崔鈞)> “누가 불을 빌릴 사람이 될까.(誰爲乞火人.)”의 주에 보인다.

6 [역자주] 北極(북극) : 천자가 있는 궁을 비유한다.

7 [역자주] 西江(서강) : 서쪽에서 내려오는 강이라는 뜻으로 장강을 가리킨다.

8 [역자주] 故國三千里(고국삼천리) : 장호가 지은 <궁사(宮詞)>에서 "고향에서 삼천 리 떨어졌고 깊은 궁에서 이십 년 지냈네. <하만자> 한 곡을 부르고는 두 줄기 눈물을 임금 앞에서 떨어뜨리네.(故國三千里, 深宮二十年. 一聲何滿子, 雙淚落君前.)"라고 했다.

9 **[협주]** 권3의 "천 수의 시로 만 호의 제후를 깔보겠는가."의 주에 보인다.[178)](見三卷千首詩輕萬戶侯註.)

[역자주] 六宮(육궁) : 고대 황후의 침궁(寢宮)을 가리킨다. 이상 두 구는 장호의 <궁사>가 궁궐 안에서 많이 불렸다는 말이다.

해설

이 시는 장호의 시에 답하는 것이다. 그의 문학적 재능이 건안칠자를 뛰어넘는다고 칭송하고는 그의 시가 궁궐에서 많이 읊조려지고 있지만 정작 그는 관직을 하지 못한 채 강호를 떠돌고 있는 상황을 안타깝게 여겼다. 대개 회창 5년(845) 지주자사(池州刺史)로 있을 때 지은 것으로 추정한다.

---

178) 두목의 시 <지주의 구봉루에 올라 장호에게 부치다(登池州九峰樓寄張祜)>이다.

205. 선주의 정 간의대부에게 부치다

寄宣州鄭諫議[1]

大夫官重醉江東,　　대부의 관직은 중요한데 강동에서 취하여
瀟灑名儒振古風.[2]　　쇄탈하게 이름난 유자로 옛 기풍을 드날리시네.
文石陛前辭聖主,[3]　　무늬 있는 섬돌 앞에서 성스러운 군주를 하직하고
碧雲天外作冥鴻.[4]　　푸른 구름의 하늘 바깥에서 높이 나는 기러기가 되셨네.
五言寧謝顔光祿,[5]　　오언시는 어찌 광록대부 안연년보다 못할까
百歲須齊衛武公.[6]　　백 세 장수하여 반드시 위무공과 나란히 하실 것이라네.
再拜宜同丈人行,[7]　　두 번 절하고 의당 어르신과 같이 모시리니
過庭交分有無同.[8]　　마당 지나며 사귀면서 모든 것을 같이 하겠습니다.

주석

1　[역자주] 宣州(선주) : 지금의 안휘성 선성(宣城)이다. 鄭諫議(정간의) : 정씨에 대해서는 알려진 바가 없다. '간의'는 간의대부(諫議大夫)로 간언을 주로 하는 직책이며 정오품상에 해당한다.

2　[역자주] 瀟灑(소쇄) : 규범에 얽매이지 않고 풍속을 초월한 모양.

3　**[협주]** '문석폐(文石陛)'는 이미 권2에 나왔다.[179](文石陛, 已出二卷.)

[역자주] 文石陛(문석폐) : 무늬 있는 돌로 만든 섬돌로 궁궐을 뜻한다.

---

179) 두목의 시 <화청궁을 읊은 시 30운(華淸宮三十韻)> "무늬 있는 섬돌은 푸르름을 압도했다.(文陛壓靑蒼.)"의 주에 보인다.

4 **[협주]** '명홍(冥鴻)'은 이미 권2에 나왔다.[180](冥鴻, 已出二卷.)

[역자주] 冥鴻(명홍) : 하늘 높이 나는 기러기. 세상을 피한 은자를 비유한다.

5 **[협주]** 종영(鍾嶸)이 시를 평한 ≪시품(詩品)≫의 서(序)에서 "사령운(謝靈運)은 원가(元嘉) 연간(424-453) 문인의 최고이며 안연년(顔延年)은 그다음이다. 이들은 모두 오언시의 선두이며 문사로 세상에 이름을 떨쳤다."라고 했다. 또한 평하며 말하기를, "남조 송(宋)나라 광록대부(光祿大夫) 안연년은 자가 연지(延之)이다."라고 했다.(鍾嶸, 詩評序. 謝客爲元嘉之雄, 顔延年爲輔. 此皆五言之冠冕,[181] 文詞之命世也.[182] 又評曰, 宋光祿顔延年, 字延之.)

[역자주] 謝(사) : ~보다 못하다.

6 **[협주]** '무공(武公)'은 이미 권2에 나왔다.[183](武公, 已出二卷.)

[역자주] 衛武公(위무공) : 서주(西周) 말 위(衛)나라의 왕으로 백 세 가까이 살았다.

7 **[협주]** ≪한서·소무전(蘇武傳)≫에서 "천한(天漢) 원년(기원전 100) 차제후(且鞮侯) 선우(單于)가 막 즉위하고는 한나라가 공격할 것을 두려워하여 말하기를, '한나라 천자는 나의 어르신 항렬이다.'라고 했다."라고 했고, 안사고의 주에서 "'장인(丈人)'은 노인을 존경하여 부르는 호칭이고, '항(行)'은 호와 랑의 반절이다."라고 했다.(前漢書, 蘇武傳. 天漢元年, 且鞮侯單于初立, 思漢襲之, 乃曰, 漢天子, 我丈人行也. 註. 丈人, 尊老之稱. 行, 胡浪切.)

8 **[협주]** ≪논어·계씨(季氏)≫에서 "공리(孔鯉)가 종종걸음으로 마당을 가로질러 갔다."라고 했다. ≪삼국지·오지(吳志)·주유전(周瑜傳)≫에서 "주유는 손책(孫策)과 친구가 되고는 당에 올라 어머니께 절을 했고 모든 것을 함께 사용했다."라고 했다.(論語. 鯉趨而過庭. 吳志. 周瑜與孫策爲友, 升堂拜母, 有無通共.)

---

180) 두목의 시 <이 시랑은 양선리에서 산수를 매우 즐기고 나 또한 양선리에 조잡하게 조그만 재산이 있기에 옛일을 서술하고 감회를 읊어 그 김에 바치는 칠언율시(李侍郎於陽羨里富有泉石, 某亦於陽羨粗有薄産, 敍舊述懷因獻長句四韻)> "높이 나는 기러기가 내려 오지 않는 것은 뜻이 없어서가 아니다.(冥鴻不下非無意.)"의 주에 보인다.

181) 冠冕(관면) : 면류관. 으뜸을 비유한다.

182) 命世(명세) : 당대에 저명하다.

183) 두목의 시 <봄날 감회를 말해 괵주 이 산기상시께 부치는 10운의 시(春日言懷寄虢州李常侍十韻)> "바라건대 공이 위무공과 같이 백 세에도 여전히 강건하기를.(願公如衛武, 百歲尙康强.)"의 주에 보인다.

[역자주] 過庭(과정) : 공자가 마당을 가로질러 가는 아들 공리를 불러 시와 예에 대해 가르친 고사를 인용한 것으로, 아버지의 가르침을 받는 것을 말한다. 여기서는 정씨를 아버지뻘로 여기고 그의 가르침을 받는 것을 뜻한다. 有無(유무) : 모든 것.

해설

이 시는 간의대부를 지내다가 은거하고 있는 정씨에게 부친 것이다. 그가 궁궐을 떠나 강동에서 소쇄하게 살고 있음을 말하고는 그의 오언시를 칭송하고 장수를 기원하면서 비록 아버지뻘로 공경하지만 또한 격의 없는 교의를 쌓고 싶다고 말했다. 작시 시기는 추정할 수 없다.

206. 원 처사의 고정에 쓰다

題元處士高亭[1]

水接西江天外聲,[2]　　물은 서강에 이어져 하늘 밖에서 소리 나고
小齋松影拂雲平.　　작은 방엔 소나무 그림자가 펼쳐진 구름을 스치네.
何人教我吹長笛,[3]　　누가 내게 긴 피리 부는 법을 가르쳐
與倚春風弄月明.　　함께 봄바람에 기대어 밝은 달을 희롱할까.

주석

1 **[협주]** 선주(宣州)이다.(宣州.)
[역자주] 元處士(원처사) : 원씨에 대해서는 상세히 알려진 것이 없다. '처사'는 관직에 나가지 않고 은거하는 사람을 말한다.

2 [역자주] 西江(서강) : 장강의 중하류를 일컫는 말이다.

3 **[협주]** 한(漢) 마융(馬融)이 <장적부(長笛賦)>를 지었다.(馬融作長笛賦.)

해설

이 시는 선주에 있는 원 처사의 고정에 대해 지은 것이다. 그곳의 아름다운 풍광을 묘사한 뒤 그에게서 긴 피리 부는 법을 배워 봄날을 즐기고 싶다고 했다. 선주에 있을 때 지은 것인데 작시 시기는 고찰할 수 없다.

207. 정관 협률랑

鄭瓘協律[1]

廣文遺韻留攄散,[2]	정건 광문관이 남겨놓은 시풍을 남겨 흩뿌리고
雞犬圖書共一船.	닭과 개와 서적이 배 한 척을 함께하네.
自說江湖不歸事,	강호에서 돌아가지 않은 일을 스스로 말하며
阻風中酒過年年.[3]	바람에 막혀 술에 취해 여러 해를 보낸다고 하네.

주석

1 **[협주]** 본집의 주에서 "정건(鄭虔) 광문관(廣文官) 박사(博士)의 손자이다."라고 했다.(本註. 廣文孫子.)

[역자주] 鄭瓘(정관) : 생애에 대해 자세히 알려져 있지 않다. 協律(협률) : 태상시(太常寺) 협률랑(協律郎)으로 정팔품상에 해당하고 궁중의 음악을 관장했다.

2 **[협주]** ≪신당서·정건전≫에서 "정건은 천보(天寶) 연간에 광문관 박사가 되었다. 산수를 잘 그렸고 글씨를 잘 썼다. 일찍이 스스로 자신의 시를 쓰고 그림을 그리고서 황제에게 바쳤는데, 황제가 그림 말미에 크게 '정건은 세 가지가 빼어나다[정건삼절(鄭虔三絶)]'라고 썼다."라고 했다. 진(晉)나라 육기(陸機)의 <문부(文賦)>에서 "천 년 동안 남겨진 작품을 채집한다(採千載之遺韻)"라고 했고, ≪문선≫ 장선(張銑)의 주에서 "'유운(遺韻)'은 옛사람이 남겼지만 사용하지 않은 것을 말하며 (이 구는) 그것을 거두어서 채집한다는 말이다."라고 했다. '터(攄)'는 음이 축과 거의 반절이고, 펼쳐서 늘어놓는다는 말이다.(新唐書. 鄭虔, 天寶中爲廣文官博士. 善畵山水, 好書. 嘗自寫其詩幷畵, 以獻帝, 大署其尾曰, 鄭虔三絶. 文賦. 採千載之遺韻. 註. 遺韻謂古人遺而未用者, 收而採之. 攄, 丑居切. 舒張散布也.)

[역자주] 攄散(터산) : 펼쳐서 흩뿌리다. 마음껏 발휘한다는 뜻이다.

3 **[협주]** '중주(中酒)'는 이미 권3에 나왔다.184)(中酒, 已出三卷.)

[역자주] 阻風(조풍) : 바람에 막히다. 바람이 거세서 배를 운항하지 못한다는 말이다. 中酒(중주) : '중'을 평성으로 읽으면 '술을 마시는 중이다', '술에 반쯤 취하다'는 뜻이고 거성으로 읽으면 '술에 취하다'는 뜻이다.

해설

이 시는 협률랑 관직을 지낸 정관에 대해 지은 것이다. 그가 조부인 정건의 재능을 이어받았지만 강남에서 소쇄하게 살고 있음을 칭송했다. 작시 시기는 고찰할 수 없다.

184) 두목의 시 <목주를 읊은 칠언율시(睦州四韻)> "떨어지는 꽃 앞에서 술에 취하다.(中酒落花前.)"의 주에 보인다.

208. 주필역에 쓰다 야인 은잠지
題籌筆驛 野人 殷潛之[1]

江東矜割據,[2]	강동에서는 할거했음을 뻐겼고
鄴下奪孤嫠.[3]	업하에서는 고아와 과부를 빼앗았는데,
霸略非匡漢,[4]	패도의 책략은 한나라를 구제하는 것이 아니니
宏圖欲佐誰.	원대한 계획은 누굴 보좌하고자 했나.
奏書辭後主,	글을 올려 후주를 사직하고
仗劍出全師.[5]	검을 차고 모든 군대를 내서,
重襲褒斜路,[6]	포사로를 거듭 습격하고
懸開反正旗.[7]	올바름으로 돌아가자는 기치를 걸어 올렸다.
欲將苞有截,[8]	장차 포용함에 가지런히 하고자 했고
必使舉無遺.	일을 함에 반드시 빠트림이 없도록 하여,
沈慮經謀際,	심사숙고하여 책략을 세우는 때이고
揮毫決勝時.[9]	붓을 휘둘러 승리를 결정지을 때라서,
圜觚當分畫,[10]	둥근 것과 모난 것을 마땅히 구분하고
前筯比操持.[11]	앞에 놓인 젓가락을 나란히 운용했지.
山秀扶英氣,	산은 빼어나 걸출한 기운을 부추기고
川流入妙思.	강은 흘러 오묘한 생각으로 들어가니,
算成功在彀,[12]	계산이 완성되어 공적은 사정권 안에 있었지만
運去事終虧.[13]	운수가 떠나가 일은 끝내 어그러졌네.

命屈天方厭,[14] 운명이 꺾이고 하늘이 한창 싫증 내니
人亡國自隨.[15] 사람도 죽고 나라도 절로 따라갔네.
艱難推舊姓,[16] 힘들게 세족을 추동시켜
開創極初基.[17] 나라를 세워 처음의 기초를 이루었지만,
總歎曾過地, 결국 일찍이 지나갔던 지역을 탄식했으니
寧探作敎資. 어찌 교화를 이룰 자질을 찾을 수 있었으랴.
若歸新曆數,[18] 만일 새로운 역수로 돌아간다면
誰復顧衰危.[19] 누가 다시 쇠락하고 위대한 나라를 돌볼 수 있을까.
報德兼明道, 덕에 보답하고 또 도를 밝힌 일은
長留識者知. 오래도록 식자가 알게 남겨둬야 하리라.

주석

1 **[협주]** 본집의 주에서 "촉 땅으로 가는 길에 있다. 제갈량(諸葛亮)이 이곳에서 계책을 세웠다. 산수가 매우 아름답다."라고 했다.(本註. 在蜀路. 孔明籌畫於此,185) 山水最秀.) [역자주] 籌筆驛(주필역) : 지금의 사천성 광원(廣元) 북쪽에 있었다. 촉나라의 제갈량이 <출사표(出師表)>를 쓰고 후주(後主)를 떠나 북방을 정벌하러 가다가 이곳에서 계책을 세웠다. 殷潛之(은잠지) : 두목과 교유한 인물로 스스로 야인(野人)이라고 불렀다. 자세한 행적은 알려져 있지 않다.

2 **[협주]** ≪삼국지·오지(吳志)·주유전(周瑜傳)≫에서 "당초 손견(孫堅)이 의병을 일으켜 동탁(董卓)을 토벌했다. 아들 손책(孫策)은 주유와 친했다. 손책이 죽자 손권(孫權)이 정사를 담당했으며 주유는 병사를 이끌고 문상을 갔고 이에 오군(吳郡)에 머물렀다. 주유

185) 籌畫(주획) : 계획을 짜다.

가 말하기를, '장군께서는 용맹하고 씩씩한 재주를 가지고 아버지와 형의 업적에 아울러 의지하여 강동(江東)을 할거하니 땅이 사방 수천 리이며, 병사는 훌륭하고 물자는 풍족하여 영웅들이 공적 이루기를 즐깁니다.'라고 했다."라고 했다. 또 위의 '손가형제' 주에 보인다.[186](吳志, 周瑜傳. 初孫堅興義兵, 討董卓. 子策與瑜友善. 策薨, 權統事, 瑜將兵赴喪, 遂留吳. 瑜曰, 將軍以神虎雄才, 兼杖父兄之烈, 割據江東, 地方數千里, 兵精足用, 英雄樂業. 又見上孫家兄弟註.)

3 **[협주]** ≪통전(通典)≫에서 "업군(鄴郡)은 상주(相州)이다. 위(魏)나라 무왕(武王)이 이곳에 도읍을 세웠다."라고 했고, 주에서 "위씨 왕조의 도읍은 업현(鄴縣)에 있었다."라고 했다. ≪삼국지·위지(魏志)·무제조전(武帝操傳)≫에서 "태조(太祖) 무황제(武皇帝)는 패국(沛國) 초(譙) 사람이다. 성은 조(曹)이고 이름은 조(操)이며 자는 맹덕(孟德)이고 한나라 상국(相國) 조참(曹參)의 후손이다."라고 했다. ≪진서(晉書)·석륵재기(石勒載記)≫에서 "석륵이 말하기를, '대장부가 일을 하면 마땅히 공명정대하고 분명하여 해와 달이 밝은 것과 같아야 하니, 끝내 조조(曹操)나 사마의(司馬懿) 부자처럼 고아와 과부를 속이고 음탕한 술수로 천하를 가져서는 안된다.'라고 했다."라고 했다. '리(嫠)'는 력과 지의 반절이며, ≪설문해자≫에서 "남편을 잃은 자이다."라고 했다.(通典. 鄴郡, 相州. 魏武王建都於此. 註. 魏氏都在鄴縣. 魏志. 太祖武皇帝, 沛國譙人也. 姓曹, 諱操, 字孟德, 漢相國參之後. 晉書, 載記. 石勒曰, 大丈夫行事當磊磊落落,[187] 如日月皎然, 終不能如曹孟德司馬仲達父子, 欺他孤兒寡婦, 狐媚以取天下也.[188] 嫠, 力之切. 說文曰, 無夫也.)

4 [역자주] 覇略(패략) : 패도의 책략. 왕도를 실현하지 않고 세력을 확충하려고 하는 책략을 말한다. 여기서는 위나라와 오나라의 책략을 가리킨다.

5 **[협주]** ≪삼국지·촉지≫에서 "선주(先主)는 성이 류(劉)이고 이름은 비(備)이며 자는 현덕(玄德)이고 탁군(涿郡) 탁현(涿縣) 사람이다. 한나라 경제(景帝)의 아들 중산정왕(中山靖王) 유승(劉勝)의 후손이다."라고 했고, 또 "후주(後主)는 이름이 선(禪)이고 자는

186) 두목의 시 <횡강관에 쓰다(題橫江館)> "손씨 형제와 진나라 용양장군.(孫家兄弟晉龍驤.)"의 주에 보인다.
187) 磊磊落落(뇌뢰락락) : 이리저리 분명한 모양. 광명정대함을 뜻한다.
188) 狐媚(호미) : 음탕한 술수로 사람을 홀리다.

공사(公嗣)이며 선주(先主)의 아들이다."라고 했다. ≪삼국지·촉지·제갈량전(諸葛亮傳)≫에서 "건흥(建興) 5년(227) 여러 군대를 이끌고 북쪽으로 가서 한중(漢中)에 주둔했다. 출발하기 전에 소를 올려 말하기를, '선제께서 창업의 뜻을 반도 이루지 못하시고 중도에 돌아가셨고, 지금 천하는 셋으로 나누어져 익주(益州)가 매우 피폐하니, 이는 참으로 나라의 존망이 위급한 때입니다. 시중(侍中)과 상서(尙書), 장사(長史)와 참군(參軍) 이러한 관직에 있는 이들은 모두 곧고 밝은 자들로 죽음으로 절개를 지킬 신하들입니다. 바라건대 폐하께서는 이들을 가까이 두시고 믿으십시오. 그러면 한나라 왕실의 융성을 날을 헤아리면서 기다릴 수 있을 것입니다. 지금 남쪽 지역은 이미 평정되었고 갑옷 입은 병사는 이미 충분하니 마땅히 원수가 삼군을 이끌고 북쪽으로 가서 중원을 평정시켜야 합니다. 노둔하나마 있는 힘을 다해 간사하고 흉악한 무리를 제거하고 한나라 황실을 일으켜 회복하고 옛 도성으로 돌아가기를 바라니 이것이 소신이 선제께 보답하고 폐하께 충성을 다하는 직분입니다.'라고 했다."라고 했는데, ≪문선≫ 장선(張銑)의 주에서 "'중원(中原)'은 위(魏)나라를 말한다."라고 했고 또 유량(劉良)의 주에서 "'간흉(姦凶)'은 조비(曹丕)를 말한다. 유비가 중산정왕의 후손이기에 한나라 황실을 일으켜 회복한다고 말했다. '구도(舊都)'는 옹주(雍州)와 낙주(洛州)를 말하는데 서한과 동한이 도읍으로 삼았던 곳이다."라고 했다. 또 (제갈량의) 소에서 말하기를, "바라건대 폐하께서는 신에게 역적을 토벌하고 한나라 황실을 일으켜 회복할 일을 이루도록 명하시고, 만일 이루지 못하거든 신의 죄를 엄히 다스리시어 선제의 영전에 알리십시오."라고 했다. ≪한서·진평전(陳平傳)≫에서 "진평이 검을 차고 도망가다가 황하를 건넜다."라고 했다. ≪한서·조충국전(趙充國傳)≫에서 "조충국은 행군을 하면 반드시 전투에 대비했고 멈추면 반드시 군영을 튼튼히 했다. 전체 군대가 승리를 보장했다."라고 했다.(蜀志. 先主, 姓劉, 諱備, 字玄德, 涿郡涿縣人. 漢景帝子中山靖王勝之後也. 後主, 諱禪, 字公嗣, 先主子也. 蜀志, 諸葛亮傳. 建興五年, 率諸軍, 北駐漢中. 臨發, 上疏曰, 先帝創業未半而中道崩殂,[189] 今天下三分, 益州疲弊, 此誠危急存亡之秋也. 侍中尙書長史參軍, 此悉貞亮死節之臣也. 願陛下親之信之, 則漢室之隆可計日而待也. 今南方已定, 甲兵已足, 當帥

189) 崩殂(붕조) : 제왕이 죽다.

將三軍北定中原, 庶竭駑鈍攘除姦凶,[190] 興復漢室, 還于舊都, 此臣所以報先帝而忠陛下之職分也. 註. 中原, 謂魏也. 姦凶, 謂曹丕也. 備中山王後, 故云興復漢室也. 舊都, 謂雍洛二州, 兩漢所都也. 又疏曰, 願陛下託臣以討賊興復之效, 則[191]治臣之罪, 以告先帝之靈. 漢書, 陳平傳. 平仗劍亡, 渡河. 前漢書. 趙充國行必戰備, 止必坐[192]壁. 全師保勝云.)

[역자주] 仗劍(장검) : 검을 차다.

6 **[협주]** ≪춘추석례(春秋釋例)≫에서 "가벼운 복장으로 가서 대비하지 않은 적을 덮치는 것을 '습(襲)'이라고 한다."라고 했다. ≪삼국지·촉지·제갈량전≫에서 "건흥(建興) 6년(228) 봄 사곡도(斜谷道)를 통해 미(郿) 땅을 취하겠다고 공언하고는 조운(趙雲)과 등지(鄧芝)를 보내 적군을 교란시켰으며 기곡(箕谷)을 점거했다. 건흥 12년(234) 봄 제갈량은 큰 무리를 모두 이끌고 사곡도로 나와 유마(流馬)[193]로 물자를 수송하여 무공(武功) 오장원(五丈原)을 차지하여 선왕(宣王) 사마의(司馬懿)와 위수(渭水) 남쪽에서 마주하며 백여 일 동안 대치했다."라고 했다. ≪양주기(梁州記)≫에서 "만석성(萬石城)에서 한수(漢水)를 거슬러 7리를 가면 포곡(褒谷)이 있는데 남쪽 입구는 포(褒)라고 하고 북쪽 입구를 사(斜)라고 했다."라고 했다.(春秋釋例. 輕行掩其不備曰襲. 蜀志. 建興六年春, 揚聲由斜谷道取郿,[194] 使趙雲鄧芝爲疑軍, 據箕谷. 十二年春, 亮悉大衆由斜谷出, 以流馬運, 據武功五丈原, 與司馬宣王對於渭南. 相持百餘日. 梁州記曰, 萬石城泝漢上,[195] 七里有褒谷, 南口曰褒, 北口曰斜.)

[역자주] 褒斜路(포사로) : 옛날 한중(漢中)에 있었던 협곡의 이름으로 남쪽 입구를 '포'라고 하고 북쪽 입구를 '사'라고 했으며 그 길이는 칠백 리 정도였다.

7 **[협주]** ≪한서·예악지(禮樂志)≫에서 "한나라가 일어나서 어지러움을 없애고 올바름으

190) 庶(서) : 바라다. 竭(갈) : 다하다. 駑鈍(노둔) : 능력이 떨어지다. 자신의 재능에 대한 겸손의 표현이다. 攘除(양제) : 물리쳐 제거하다.

191) 이 앞에 '不效'가 더 있어야 한다.

192) '坐'는 '堅'의 잘못이다.

193) 유마(流馬) : 화물을 실어 운반하는 도구로 사람이 끄는 사륜수레이다.

194) 揚聲(양성) : 소리를 크게 내다. 공언하다.

195) 泝(소) : 물길을 거슬러 올라가다.

로 돌아갔다."라고 했고 안사고의 주에서 "어지러운 풍속을 제거하고 올바른 도로 돌아갔다는 말이다."라고 했다.(前漢書, 禮樂志. 漢興, 撥亂反正. 註. 撥去亂俗而還於正道也.[196])

8 **[협주]** '유절(有截)'은 이미 권2에 나왔다.[197](有截, 已出二卷.)

[역자주] 苞(포) : 포용하다. 有截(유절) : 가지런하다.

9 **[협주]** 남조 송(宋) 사장(謝莊)의 <월부(月賦)>에서 "붓을 꺼내고 목판을 바치다."라고 했다.(月賦. 揮毫進牘.[198])

10 **[협주]** ≪한서·혹리전(酷吏傳)≫에서 "한나라가 일어나서 모난 것을 깨서 둥글게 만들었고 화려하게 조각된 것을 잘라서 질박한 것으로 만들었다."라고 했는데, 맹강(孟康)의 주에서 "'고(觚)'는 모난 것이다."라고 했고 또 안사고의 주에시 "엄혹한 형벌을 없애고 간단한 법 제도를 따르며 교묘하고 거짓된 것을 억누르고 돈후함에 힘쓴다는 말이다. '조(琱)'는 깎고 새긴다는 말인데 글자가 '조(雕)'와 같다."라고 했다. ≪통력(通曆)≫에서 "원소(袁紹)의 사람됨은 뜻은 크지만 지혜는 적고 병사는 많지만 구분이 명확치 않다."라고 했다.(漢書, 酷吏傳. 漢興, 破觚爲圜, 斲琱而爲璞. 註. 觚, 方也. 去嚴刑而從簡易, 抑巧僞而務敦厚也. 琱, 謂刻鏤也. 字與雕同. 通曆. 袁紹之爲人也, 志大而智小, 兵多而分劃不明.)

[역자주] 圜觚(원고) : 둥근 것과 모난 것. 규율의 관대함과 엄격함을 뜻한다. 分畫(분획) : 구분하다.

11 **[협주]** '전저(前筯)'는 권2에 보인다.[199](前筯, 見二卷.)

[역자주] 前筯(전저) : 한나라의 장량(張良)이 유방(劉邦)과 식사를 하다가 그에게 계책을 설명하기 위해서 앞에 있던 젓가락을 빌린 데서 유래한 말로, 계책을 세운다는

196) 撥去(발거) : 제거하다.

197) 두목의 시 <문하성의 재상이 재상 인장을 겸하여 거느리며 진으로 나가 촉 땅을 온전히 하러 가는 서천 절도사 재상을 송별하며 지은 시에 받들어 화답하다(奉和門下相公送西川相公兼領相印出鎭全蜀)> "순임금의 의상을 가지런히 하다.(有截舜衣裳.)"의 주에 보인다.

198) '揮'는 '抽'의 잘못이다. 抽毫(추호) : 붓을 꺼내다. 牘(독) : 목판. 그 위에 글을 쓴다.

199) 두목의 시 <황하와 황수가 만나는 지역(河湟)> 의 "원재 상공이 일찍이 계책을 세웠다.(元載相公曾借箸.)"의 주에 보인다.

뜻이다.

12 **[협주]** ≪장자·덕충부(德充符)≫에서 "예(羿)가 활을 쏘는 사정권 안에서 노닐면 그 중앙에 있는 것은 화살이 적중하는 곳이다. 하지만 화살에 맞지 않는 것은 운명이다."라고 했다.(莊子. 遊於羿之彀中, 中央者, 中地也, 然而不中者, 命也.)

[역자주] 彀(구) : 사정권. 여기서는 곧 이룰 수 있었음을 말한다.

13 [역자주] 虧(휴) : 이지러지다. 실패했다는 말이다.

14 **[협주]** ≪좌전·은공(隱公) 11년≫에서 "정백(鄭伯)이 말하기를 '하늘이 이미 주나라의 덕에 싫증났다.'라고 했다."라고 했다.(左傳. 鄭伯曰, 天而旣厭周德矣.)

15 **[협주]** ≪시경·대아(大雅)·첨앙(瞻卬)≫에서 "어진 이가 없으니 나라가 피폐해졌다.(人之云亡, 邦國殄瘁.[200])"라고 했다.

16 **[협주]** 위의 "패도의 책략은 한나라를 구제하는 것이 아니었다." 주에 보인다.[201](見上霸略非匡漢註.)

[역자주] 협주에서는 이 시의 제3구의 주석에 관련 내용이 있다고 했지만 실제 내용이 없으며 그다음 구의 협주에 촉나라를 개국한 양상이 일부 언급되어 있다.

17 **[협주]** 한(漢) 반고(班固) <동도부(東都賦)>에서 "주공(周公)이 처음 기초를 다질 때 먹줄이 곧았고 장홍(萇弘)과 위서(魏舒)가 성곽을 만들어 완성했다."라고 했고, ≪문선≫ 이선의 주에서 "≪상서(尙書)·주서(周書)·강고(康誥)≫에서 '주공이 동쪽 지역에 새로운 도읍을 만들려고 처음 기초를 닦았다.'라고 했다."라고 했고 또 여향(呂向)의 주에서 "'극(極)'은 완성했다는 말이다."라고 했다.(東都賦. 周公初基, 其繩則直, 萇弘魏舒, 是廓是極. 註. 書曰, 周公初[202]基作新大邑於東國. 極, 致也.)

18 **[협주]** ≪논어·요왈(堯曰)≫에서 "하늘의 역수(曆數)가 그대의 몸에 있다."라고 했다.(論語. 天之曆數在爾躬.)

[역자주] 曆數(역수) : 하늘을 대신하여 천자가 나라를 다스리는 순서를 말한다

19 **[협주]** 위의 "패도의 책략은 한나라를 구제하는 것이 아니었다" 주에 보인다.[203](見上霸

---

200) 殄瘁(진췌) : 피폐하다.

201) 이 시의 제3구이다.

202) 이 뒤에 '作'이 더 있어야 한다

略非匡漢註.)

해설

이 시는 두목이 지은 것이 아니고 그의 지인인 은잠지가 주필역에 대해 지은 것이다. 촉나라의 제갈량이 나라를 부흥하기 위해서 주필역에서 책략을 세웠지만 끝내 성공하지 못한 상황을 가슴 아파했다. 이로써 제갈량의 충정을 칭송했으며 아울러 현재 당나라의 위기를 구원할 충신이 없음을 안타까워했다. 작시 시기는 고찰할 수 없다.

203) 이 시의 제3구이다. 해당 협주는 그다음 구에 있다.

209. 야인 은잠지가 주필역에 쓴 시에 화운하여 지은 14운의 시
和野人殷潛之題籌筆驛十四韻[1]

三吳裂婺女,[2] 삼오가 무녀성을 망가뜨렸고
九錫獄孤兒.[3] 구석을 받은 이가 고아를 감옥에 가두었는데,
霸主業未半,[4] 패국의 군주는 왕업을 반도 못 이루었으니
本朝心是誰.[5] 본조에서 마음을 두고 있는 이가 누구였던가.
永安宮受詔,[6] 영안의 궁에서 조서를 받고
籌筆驛沈思.[7] 주필의 역에서 생각을 골똘히 하여,
畫地乾坤在,[8] 땅을 그으니 하늘과 땅이 있고
濡毫勝負知.[9] 붓을 적시니 승부를 알았지.
艱難同草創,[10] 힘겹게 함께 나라를 열었고
得失計毫釐.[11] 득실에는 조그만 것도 계산했으며,
寂默經千慮,[12] 조용히 천 가지 생각을 거쳐
分明渾一期.[13] 분명히 하나의 기약으로 합쳤네.
川流縈智思,[14] 내가 흘러 지혜와 생각을 감돌고
山聳助扶持.[15] 산이 높아 지탱하도록 도우니,
慷慨匡時略,[16] 강개하여 시국을 구제할 책략
從容問罪師.[17] 느긋하게 죄를 묻는 군대.
褒中秋鼓角,[18] 포곡에서 가을 북과 피리를 울려
渭曲晩旌旗.[19] 위수 굽이에서 저녁에 깃발을 올리니,

仗義懸無敵,[20]	의로움에 기대어 무적임을 내걸고
鳴攻固有辭.[21]	북을 울리며 공격하니 진실로 명분이 있었지.
若非天奪去,[22]	만약 하늘이 그의 넋을 빼앗은 것이 아니라면
豈復慮能支.	아마 다시 생각이 지탱할 수 있었으리라.
子夜星纔落,[23]	한밤중 별이 떨어지자
鴻毛鼎便移.[24]	기러기 털처럼 정권이 곧장 옮겨갔네.
郵亭世自換,[25]	역참 정자는 대대로 절로 바뀌지만
白日事長垂.[26]	흰 태양은 매양 길게 드리우네.
何處躬耕者,[27]	몸소 밭 갈던 자는 어디 있는가
猶題殄瘁詩.[28]	여전히 나라가 피폐해졌다는 시를 쓰고 있을까?

주석

1 [역자주] 籌筆驛(주필역) : 지금의 사천성 광원(廣元) 북쪽에 있었다. 촉나라의 제갈량이 <출사표(出師表)>를 쓰고 후주(後主)를 떠나 북방을 정벌하러 가다가 이곳에서 계책을 세웠다. 殷潛之(은잠지) : 두목과 교유한 인물로 스스로 야인(野人)이라고 불렀다. 자세한 행적은 알려져 있지 않다. 이 시 앞에 그가 지은 시가 수록되어 있다.

2 **[협주]** '삼오(三吳)'는 이미 권1에 보인다.[204] 진(晉) 좌사(左思) <오도부(吳都賦)>에 "무[음이 '무'이다]녀(婺女)가 그 밝음을 부치고 익진(翼軫)이 그 정기를 깃들인다."라고 했는데, ≪문선≫ 이선의 주에서 "무녀성은 월(越) 땅의 분야이고 익진성은 초(楚) 땅의 분야이다."라고 했고 또 여향(呂向)의 주에서 "그 땅이 모두 오(吳)나라에 병탄되었기에 그 별의 정기와 밝음이 마치 오나라에 수용되어 깃들이게 된 것과 같다는 말이다."라고

---

204) 두목의 시 <군청의 관사에서 홀로 술을 들다(郡齋獨酌)> "그는 삼오 지역의 가운데에 있다.(三吳當中央.)"의 주에 보인다.

했다.(三吳, 已見一卷. 吳都賦. 婺[音務]女寄其曜, 翼軫寓其精. 註. 婺女星, 越之分野. 軫[205]星, 楚之分. 其地並爲吳所呑, 則其星之精曜, 若容寄于吳.

[역자주] 三吳(삼오) : 시대에 따라 설이 여러 가지인데, 당나라 때는 오흥(吳興), 오군(吳郡), 단양(丹陽)을 가리킨다. 여기서는 옛날 손권이 장악했던 오나라 땅을 가리킨다. 이 구는 삼국시대의 오나라가 월 땅을 점령하여 그 지역에서 패권을 장악했다는 말이다.

3 **[협주]** ≪후한서·헌제본기(獻帝本紀)≫에서 "건안(建安) 18년(237) 조조(曹操)가 자신을 세워 위공(魏公)이라고 하고 구석(九錫)을 더했다."라고 했고, 이현(李賢)의 주에서 "살펴보건대 ≪예함문가(禮含文嘉)≫에서 '구석(九錫)은 첫 번째가 수레와 말, 두 번째가 의복, 세 번째가 악기, 네 번째가 붉은 문, 다섯 번째가 납폐(納陛), 여섯 번째가 용맹한 무사 칠백 명, 일곱 번째가 도끼, 여덟 번째가 활과 화살, 아홉 번째가 찰기장과 창주이다.'라고 했다."라고 했다. '고아(孤兒)'는 위의 '고리(孤嫠)'의 주에 보인다.[206](後漢, 獻帝紀. 十八年, 曹操自立爲魏公, 加九錫. 註. 案, 禮含文嘉曰, 九錫, 謂一曰車馬, 二曰衣服, 三曰樂器, 四曰朱戶, 五曰納陛, 六曰虎賁七百人,[207] 七曰斧鉞, 八曰弓矢, 九曰秬鬯.[208] 孤兒, 見上孤嫠註.)

[역자주] 九錫(구석) : 황제가 대신에게 존중의 뜻을 담아서 내리는 아홉 가지 기물이다. 여기서는 조조가 한나라 헌제로부터 받은 것을 말한다. 孤兒(고아) : 여기서는 헌제 유협(劉協)을 가리킨다. 그의 어머니인 왕미인(王美人)은 하황후(何皇后)에게 해를 당했으며 유협은 9세에 즉위했지만 동탁(董卓)과 조조의 억압을 받았다. 이 구는 조조가 한나라의 헌제를 억압하면서 전권을 행사한 것을 말한다.

4 **[협주]** 위의 "패도의 책략은 한나라를 구제하는 것이 아니었다"의 주에 보인다.[209](見上霸略非匡漢註.)

[역자주] 霸主(패주) : 왕도를 실현하지 않고 세력을 확충하려고 하는 군주를 말한다. 여기서는 위나라의 조조와 오나라의 손권을 가리킨다.

---

205) 앞에 '翼'이 더 있어야 한다.
206) 앞에 있는 은잠지 시의 "업하에서는 고아와 과부를 빼앗았다.(鄴下奪孤嫠.)"의 주에 보인다.
207) 虎賁(호분) : 용맹한 무사.
208) 秬鬯(거창) : 찰기장과 창주(鬯酒). 창주는 향초를 넣어 만든 술이다.
209) 앞에 있는 은잠지 시의 제3구인데, 거기에는 협주가 없고 제2구에 협주가 있다.

5 [역자주] 本朝(본조) : 촉나라를 가리킨다. 이상 두 구는 위나라와 오나라가 천하를 제패하는 일은 아직 멀었고 촉나라에서 그 대업을 염두에 두고 있는 자는 제갈량이라는 말이다.

6 **[협주]** ≪십도지≫에서 "산남(山南) 기주(夔州)의 영안궁(永安宮)"이라고 했고, 주에서 "유비(劉備)가 이 궁을 만들었는데 풍계(豐溪) 남쪽에 있다. 유비가 이곳에서 머물렀다."라고 했다. ≪삼국지·촉지(蜀志)·제갈량전(諸葛亮傳)≫에서 "장무(章武) 2년(222) 봄 선주(先主)가 영안(永安)에 있었는데 병이 위독해지자 제갈량을 성도(成都)에서 불러 후사를 부탁하며 말하기를, '그대의 재주는 조비(曹丕)의 열 배이니 반드시 나라를 안정시키고 끝내 통일을 이룰 수 있을 것이다. 아들은 보좌할 만하면 보좌하고, 만일 그가 재주가 없으면 그대가 왕위를 취해도 된다.'라고 했다. 제갈량이 눈물을 흘리며 말하기를, '신이 다리와 팔의 힘을 감히 디하여 충정의 절개를 바치고 죽음으로 잇겠습니다.'라고 했다."라고 했다.(十道志. 山南夔州永安宮. 註. 劉備作此, 在豐溪南. 備居於此. 蜀志, 諸葛亮傳. 章武二年春, 先主於永安, 病篤, 召亮於成都, 屬以後事, 謂曰, 君才十倍曹丕, 必能安國, 終定大事. 若嗣子可輔, 輔之, 如其不才, 君可自取. 亮涕泣曰, 臣敢竭股肱之力,[210] 効忠貞之節, 繼之以死.

7 **[협주]** 앞의 시의 '주필역(籌筆驛)' 본집의 주에 보인다.(見上籌筆驛本註.)

8 [역자주] 畫地(획지) : 땅을 긋다. 지도를 보며 책략을 짜는 모습이다.

9 [역자주] 濡毫(유호) : 붓을 적시다. 책략을 짜기 위한 동작이다.

10 **[협주]** ≪한서≫의 고제본기(高帝本紀)와 ≪후한서≫의 광무제본기(光武帝本紀)에 보인다.(見兩漢高光本紀.)

[역자주] 草創(초창) : 나라를 처음 열다.

11 **[협주]** ≪금해산법(金海算法)≫[211]에서 "10홀(忽)이 1사(絲)이고 10사(絲)가 1호(毫)이며, 10호(毫)가 1리(釐)이고 10리(釐)가 1분(分)이며 10분(分)이 1촌(寸)이다."라고 했다.(金海算法. 十忽爲絲, 十絲爲毫, 十毫爲釐, 十釐爲分, 十分爲寸.)

12 [역자주] 寂默(적묵) : 조용히.

13 [역자주] 一期(일기) : 하나의 기약. 유비의 유언을 따라 천하를 통일하는 것을 말한다.

---

210) 竭(갈) : 다하다. 股肱(고굉) : 다리와 팔뚝. 신하는 왕의 다리와 팔뚝이라는 말로부터 신하를 뜻한다.

211) ≪금해산법(金海算法)≫ : 수학에 관한 책으로 추정되는데, 자세한 정보는 알 수 없다.

14 [역자주] 縈(영) : 휘감다.

15 [역자주] 聳(용) : 높다.

16 [역자주] 匡時(광시) : 시국을 구제하다.

17 **[협주]** ≪삼국지·촉지·제갈량전≫에서 "건흥(建興) 원년(223) 남중(南中)의 여러 군이 함께 모두 반란을 일으켰다. 건흥 3년(225) 봄 제갈량이 무리를 이끌고 남쪽으로 가서 정벌했으며 그해 가을 모두 평정되었다."라고 했다.(蜀志. 建興元年, 南中諸郡並皆叛亂. 三年春, 亮率衆南征之, 其秋悉平.)

[역자주] 從容(종용) : 느긋한 모양.

18 **[협주]** ≪한서·고제본기(高帝本紀)≫에서 "한왕(漢王)이 송별하며 포중(褎中)에 이르렀다."라고 했고, 안사고의 주에서 "바로 지금의 양주(梁州) 포현(褎縣)이다. 옛날에 포중(褎中)이라고 한 것은 포곡(褎谷)의 안에 머문다는 말이다."라고 했다.(前漢, 高紀. 漢王送至褎中. 註. 卽今梁州之褎縣也. 舊曰褎中, 言居褎谷之中.)

[역자주] 褒中(포중) : 지금의 섬서성 면현(勉縣) 동북쪽에 있었던 긴 계곡이다. 남쪽 입구를 포곡(褒谷)이라고 하고 북쪽 입구를 사곡(斜谷)이라고 했다. 제갈량이 북쪽을 정벌하기 위해 이 계곡을 지나갔다.

19 **[협주]** 권1의 "곧바로 함양으로 달려오다"의 주에 보인다.[212](見一卷直走咸陽註.)

[역자주] 渭曲(위곡) : 위수(渭水)의 물굽이로 제갈량은 사곡을 나가 위수 남쪽에서 사마의와 대치했다.

20 **[협주]** ≪맹자·공손추하((公孫丑上)≫에서 "천하에 적이 없는 자는 하늘의 관리[천리(天吏)]이다."라고 했다.(孟子. 無敵於天下者, 天吏也.)

21 **[협주]** ≪논어·선진(先進)≫에서 "공자가 말하길, '내 제자가 아니다. 너희들은 북을 울리며 그를 공격해도 된다.'라고 하셨다."라고 했고, 정현의 주에서 "북을 울린다는 것은 그 죄를 성토하여 질책한다는 것이다."라고 했다. ≪춘추·환공(桓公) 10년≫의 전(傳)에서 "겨울 제(齊)나라, 위(衛)나라, 정(鄭)나라가 낭(郞) 땅에 와서 전쟁을 했는데, 우리에게는 명분이 있었다."라고 했고, 두예의 주에서 "'침범해서 정벌했다'라고 말하지 않고

212) 두목의 부 <아방궁을 읊은 부(阿房宮賦)>이다.

'전쟁을 했다'라는 표현을 사용한 것은 노(魯)나라가 옳고 제후가 틀렸음을 분명히 하는 것이며 그렇기에 '우리에게는 명분이 있었다.'라고 말한 것이다."라고 했다.(論語. 子曰, 非吾徒也. 小子鳴鼓而攻之, 可也. 註. 鳴鼓, 聲其罪以責之. 春秋. 桓公十年, 傳. 冬, 齊衛鄭來戰于郎, 我有辭也. 註. 不稱侵伐而以戰爲文, 明魯直諸侯曲, 故言我有辭.)

22 **[협주]** ≪좌전·선공(宣公) 15년≫에서 "유강공(劉康公)이 말하기를, '원숙(原叔)은 큰 허물이 있을 것이고 하늘이 그의 혼백을 뺏을 것이다.'라고 했다."라고 했다.(左傳. 劉康公曰, 原叔有大咎. 天奪之魄矣.)

23 **[협주]** ≪진양추(晉陽秋)≫에서 "어떤 별이 붉고 사방으로 빛을 냈으며 북동쪽에서 남서쪽으로 흐르다가 제갈량의 군영에 떨어졌다. 세 번 떨어지고 두 번 돌아갔는데 올 때는 컸지만 돌아갈 때는 작았다. 얼마 후에 제갈량이 죽었다."라고 했다. ≪청상잡기(青箱雜記)≫[213]에서 "이백(李白)에게 <자야가행(子夜歌行)>이 있는데 위순(韋珣)은 '자야(子夜)'가 오경(五更)의 수라고 했다. 혹자는 '오야(午夜)'를 말하는 것인데 한밤중을 말하며 낮의 정오와 같다고 했다."라고 했다.(晉陽秋. 有星赤而芒角,[214] 自東北西南流, 投于亮營, 三投再還, 往大還小. 俄而亮卒. 青箱雜記. 太白有子夜歌行. 韋珣乃以子夜爲五夜之數. 或有謂之午夜者, 謂半夜時, 如日之午也.)

[역자주] 纔(재) : 하자마자. 이 구는 제갈량이 죽은 것을 말한다.

24 **[협주]** ≪연단자(燕丹子)≫[215]에서 "형가(荊軻)가 태자에게 말하기를, '죽음에는 태산보다 무거운 것이 있고 기러기 털보다 가벼운 것이 있습니다.'라고 했다."라고 했다. 권2의 "솥은 무겁고 산은 옮기기 어렵다"의 주에 보인다.[216](燕丹子. 荊軻謂太子曰, 死有重於泰山, 有輕於鴻毛. 見二卷鼎重山難轉註.)

[역자주] 鼎(정) : 하나라의 우임금이 구정(九鼎)을 주조하여 상나라와 주나라로 전해졌

---

213) ≪청상잡기(青箱雜記)≫ : 송(宋) 오처후(吳處厚)가 지은 필기(筆記)로 10권이다. 오대(五代)부터 북송(北宋)까지 잡다한 일을 적었는데 특히 시에 관한 내용이 많다.

214) 芒角(망각) : 빛이 사방으로 퍼지다.

215) ≪연단자(燕丹子)≫ : 전국시대 연(燕)나라 태자 단(丹)이 형가(荊軻)를 보내 진시황을 암살하려던 이야기를 적은 책으로 3권이며 작자와 저작 시기는 알려져 있지 않다. 책은 일찍이 망실되었으며 청나라 기윤(紀昀)이 ≪영락대전(永樂大全)≫에 수록되어 있는 것을 베껴서 책으로 만들었다.

216) 두목의 시 <화청궁을 읊은 시 30운(華淸宮三十韻)>이다.

는데, 이로써 솥은 국가의 정권과 황위를 상징하게 되었다.

25 **[협주]** '사(郵)'는 우와 구의 반절이다. ≪설문해자≫에서 "경계에서 편지를 쓰는 집이다."라고 했다. 어떤 판본에는 '우(郵)'로 되어 있다.(郵, 于求切. 說文. 境上行書舍. 或作郵.)

[역자주] 郵亭(사정) : 우정(郵亭)의 잘못이다. 협주의 내용도 모두 '우(郵)'에 관한 것인데, 마지막에 "어떤 판본에는 '우(郵)'로 되어 있다"라고 한 것으로 보아 아마 이체자를 쓴 것으로 보인다. 여기서는 주필역을 가리킨다.

26 **[협주]** 위의 "후대의 명망은 흰 태양이 걸린 듯했다"의 주에 보인다.[217](見上後代聲華白日懸註.)

[역자주] 백일(白日) : 흰 태양. 영원히 빛나는 존재이며 제갈량을 비유한다.

27 [역자주] 躬耕者(궁경자) : 몸소 밭 가는 사람. 제갈량이 유비를 만나기 전에 남양(南陽)에서 홀로 농사를 지으면서 자신을 와룡선생(臥龍先生)이라고 했다. 여기서는 제갈량을 가리킨다.

28 **[협주]** '진췌(殄瘁)'는 위의 주에 보인다.[218](殄瘁, 見上註.)

[역자주] 殄瘁(진췌) : 피폐해지다. ≪시경·대아(大雅)·첨앙(瞻卬)≫에서 "어진 이가 없으니 나라가 피폐해졌다.(人之云亡, 邦國殄瘁.)"라고 했다.

해설

이 시는 은잠지가 주필역에 쓴 시를 보고 지은 것으로 대체로 제갈량의 이야기를 적었다. 제갈량이 유비의 뜻을 받들어 삼국을 통일하고자 했지만 뜻을 이루지 못하고 죽었다고 했다. 이를 통해 당시 당나라를 구제할 신하가 없음을 한탄했다. 그 이면에는 은잠지 같은 이가 조정으로 나가지 못하는 것을 안타까워하는 마음이 들어있을 것이다. 작시 시기는 고찰할 수 없다.

---

217) 두목의 시 <상산 부수역(商山富水驛)>이다.

218) 앞에 있는 은잠지 시의 "사람도 죽고 나라도 절로 따라갔다.(人亡國自隨.)"의 주에 보인다.

210. 다시 쓴 절구 1수
重題絶句一首

郵亭寄人世,[1]	역참 정자는 인간 세상에 의탁하고
人世寄郵亭.	인간 세상은 역참 정자에 의탁하네.
何如自籌度,[2]	어찌하면 스스로 헤아릴까
鴻路有冥冥.[3]	기러기 나는 길은 높고 높구나.

주석

1 [역자주] 郵亭(우정) : 역참 정자로 여기서는 주필역(籌筆驛)을 가리킨다. 주필역은 앞의 시에서 설명했다.

2 [역자주] 籌度(주탁) : 헤아리다. 생각하다.

3 **[협주]** '명홍(冥鴻)'는 이미 권2에 나왔다.[219] (冥鴻, 已出二卷.)
[역자주] 冥冥(명명) : 높고 먼 모양. 기러기가 사냥꾼의 화살을 피해 높이 나는 것으로 위험을 피해 은거하며 고고하게 사는 것을 비유한다.

---

219) 두목의 시 <이 시랑은 양선리에서 산수를 매우 즐기고 나 또한 양선리에 조잡하게 조그만 재산이 있기에 옛 일을 서술하고 감회를 읊어 그 김에 바치는 칠언율시(李侍郎於陽羨里富有泉石, 某亦於陽羨粗有薄産, 敍舊述懷因獻長句四韻)> "높이 나는 기러기가 내려 오지 않는 것은 뜻이 없어서가 아니다.(冥鴻不下非無意.)"의 주에 보인다.

해설

이 시는 앞의 시에 이어서 자신의 생각을 적은 것이다. 주필역에서 많은 사람이 떠돌며 오고 가지만 고고하게 은일할 길은 요원하다는 뜻을 말했다. 작시 시기는 고찰할 수 없다.

211. 관직을 버리고 동쪽으로 돌아가는 육오 낭중을 보내다
送陸滂郎中棄官東歸[1]

少微星動照春雲,[2]	소미성이 움직여 봄 구름을 비출 때
魏闕衡門路自分.[3]	위궐과 허름한 문에 길이 절로 분명하네.
倏去忽來應有意,[4]	갑자기 갔다가 갑자기 온 것은 응당 뜻이 있었을 터
世間塵土謾疑君.[5]	세상의 티끌이 그대를 제멋대로 의심했으리.

주석

1 [역자주] 陸滂(육오) : 대리평사(大理評事), 습유(拾遺), 사부원외랑(祠部員外郎)을 역임했으며 관직을 버리고 고향으로 갔다가 다시 사훈낭중(司勳郎中)으로 불려 들어왔지만 곧장 관직을 버리고 다시 고향으로 돌아갔다. 郎中(낭중) : 상서성(尙書省)의 관직으로 종오품상에 해당한다.

2 **[협주]** ≪수서(隋書)·천문지(天文志)≫에서 "소미(少微)는 4개의 별로 태미원(太微垣) 서쪽에 있다. 사대부의 자리이며 처사성(處士星)이라고도 한다."라고 했다.(隋書, 天文志. 少微四星, 在太微西. 士大夫之位, 一名處士星.)

3 **[협주]** '위궐(魏闕)'은 이미 권2에 나왔다.[220] ≪시경·진풍(陳風)·형문(衡門)≫에서 "가로 나무로 만든 문 아래에 깃들이어 살 만하네."라고 했다.(魏闕, 已出二卷. 詩. 衡門之下, 可以棲遲.[221])

---

220) 두목의 시 <문하성의 재상이 재상 인장을 겸하여 거느리며 진으로 나가 촉 땅을 온전히 하러 가는 서천 절도사 재상을 송별하며 지은 시에 받들어 화답하다(奉和門下相公送西川相公兼領相印出鎭全蜀)> "붉은 마음은 궁궐의 문에 걸려있다.(丹心懸魏闕.)"의 주에 보인다.

221) 棲遲(서지) : 머물다.

[역자주] 魏闕(위궐) : 궁궐 문 바깥 양쪽에 있는 누관으로 궁궐을 가리킨다. 衡門(형문) : 나무를 가로질러 만든 문으로 은자의 거처를 상징한다.

4 [역자주] 倏(숙) : 갑자기.

5 [역자주] 謾(만) : 제멋대로.

해설

이 시는 육오가 다시 관직을 그만두고 고향으로 돌아가는 것을 송별하며 지은 것이다. 그가 한 번 관직을 그만두고 다시 궁궐로 돌아왔는데 이는 세속 사람들이 험담하는 것과는 달리 다른 뜻이 있었을 것이고 이제 다시 돌아가 은자의 삶을 살 것이라고 했다. 육오의 생평에 맞추어서 개성 5년(840) 선부원외랑으로 있을 때 지은 것으로 추정한다.

212. 우문 사인에게 옥피리를 부치다

寄珉笛與宇文舍人[1]

調高銀字聲還側,[2]	곡조가 높았던 은색 글자 피리는 소리가 또 기울었고
物比柯亭韻校奇.[3]	물건은 가정의 것에 비하면 운치가 더 기이하네.
寄與玉人天上去,[4]	옥인에게 부쳐주니 천상으로 갈 텐데
桓將軍見不敎吹.[5]	환이 상군이 보더라도 불게 하지는 마시게.

주석

1 [역자주] 珉笛(민적) : 옥돌로 만든 피리이다. 宇文舍人(우문사인) : 우문림(宇文臨)으로 태화(太和) 연간(827-835) 진사에 급제하여 예부낭중(禮部郎中), 한림학사(翰林學士), 지제고(知制誥), 중서사인(中書舍人), 복주자사(復州刺史) 등을 역임했다. 중서사인은 종오품상에 해당한다.

2 **[협주]** ≪악부잡록(樂府雜錄)≫에서 "필률(觱栗)은 본래 구자국(龜茲國)의 악기이다. 덕종(德宗) 때 울지청(尉遲靑)이 있었는데 이 악기를 잘 불었다. 유주(幽州)에 왕마노(王麻奴)가 있었는데 하북(河北) 지역에서 최고수라고 꼽혔다. 왕마노가 곧장 가서 그 우열을 정하려고 했다. 울지청이 땅에 자리를 깔고 앉게 하고는 평평한 쟁반에서 은색 글자가 새겨진 피리를 꺼내 곡조를 바꿔가며 스스로 불었다. 왕마노가 눈물을 흘리고는 감사하며 말하기를, '오늘 다행히 하늘의 음악을 듣고서 마침내 이전의 것이 잘못이었음을 깨달았습니다.'라고 하고는 악기를 부수고 이로부터 다시는 피리를 불지 않았다."라고 했다.(樂府雜錄. 觱栗, 本龜茲國樂. 德宗朝有尉遲靑, 善此技. 幽州有王麻奴, 河北推爲第一手. 麻奴卽往定其優劣, 靑席地令坐, 取銀字管於平般, 涉調自吹之. 麻奴泣謝曰, 今日幸聞天樂, 方悟前非. 乃碎樂器, 自此不復吹也.)

[역자주] 銀字(은자) : 피리에 은으로 글자를 새겨서 음의 높이를 표시한 것이다. 여기서는 울지청의 피리를 가리킨다. 이 구는 울지청의 피리도 이 피리에 비하면 소리가 못하다는 말이다.

3 **[협주]** ≪후한서·채옹전(蔡邕傳)≫ 이현(李賢)의 주에서 "상즐(張騭)의 ≪문사전(文士傳)≫에서 '채옹이 오(吳) 땅 사람에게 말하기를, "내가 예전에 회계(會稽) 고천정(高遷亭)을 지나다가 지붕을 보고는 동쪽의 열여섯 번째 대나무가 피리를 만들기에 적합하다고 생각하고는 가져다가 사용해보니 과연 기이한 소리가 났다."라고 했다.'라고 했다. 복도(伏滔)의 <장적부(長笛賦)> 서(序)에서 '가정(柯亭)의 누관은 대나무로 서까래를 했는데 채옹이 가져다 피리를 만드니 기이한 소리가 특히 빼어났다.'라고 했다."라고 했다. (後漢書, 蔡邕傳. 註. 張騭, 文士傳. 邕告吳人曰, 吾昔嘗經會稽高遷亭, 見屋, 東間第十六可以爲笛, 取用, 果有異聲. 伏滔, 長笛賦, 序. 柯亭之觀, 以竹爲椽,[222] 邕取爲笛, 奇聲獨絶.)

[역자주] 柯亭(가정) : 지명으로 고천정(高遷亭)이라고도 하며 지금의 절강성 소흥(紹興) 서남쪽에 있었다. 좋은 대나무의 산지로 유명하다.

4 **[협주]** '옥인(玉人)'은 위에 보인다.[223](玉人, 見上.)

[역자주] 玉人(옥인) : 옥과 같은 사람으로 용모가 수려한 사람을 표현한 것이다. 여기서는 우문림이 신선의 풍모를 가지고 있음을 말한다.

5 **[협주]** 권2의 "한 곡조 연주하는 장군은 어느 곳의 피리를 가졌나?"의 주에 보인다.[224] (見二卷一曲將軍何處笛註.)

[역자주] 桓將軍(환장군) : 진(晉)나라 환이(桓伊)로 공을 세워 영수현후(永修縣侯)에 봉해졌으며 승진하여 우군장군(右軍將軍)으로 불렸다. 환이는 피리 부는 실력이 당대의 최고였는데 채옹의 가정적(柯亭笛)을 가지고 있었다. 왕휘지(王徽之)가 경사로 불려 들어갈 때 우연히 배에서 환이를 만나서는 피리 연주를 청했다. 환이는 신분이 이미 높았

---

222) 椽(연) : 서까래.

223) 두목의 시 <양주의 한작 판관에게 부치다(寄楊州韓綽判官)> "옥인이 어디에서 소 부는 걸 가르칠까.(玉人何處教吹簫.)"의 주에 보인다.

224) 두목의 시 <장안의 큰 거리 서쪽을 읊은 칠언율시(街西長句)>이다.

지만 왕휘지의 명망을 알았기에 기꺼이 세 곡을 연주했다.

해설

이 시는 우문림에게 옥피리를 부치면서 지은 것이다. 그 소리가 고금에 가장 빼어나다고 하면서 신선 같은 우문림이 깊이 간직하기를 바라는 마음을 표현했다. 대개 대중 2년(848) 목주자사(睦州刺史)로 있을 때 지은 것으로 추정하지만 확실치는 않다.

213. 외사촌 형님인 화주자사 최 원외께 부치는 12운의 시

寄內兄和州崔員外十二韻[1]

歷陽崔太守,[2]	역양의 최 태수님
何日不含情.	언제 정을 품지 않겠습니까.
恩義同鐘李,[3]	은혜로운 마음은 종요와 이응과 같고
塤篪實弟兄.[4]	훈과 지와 같아서 실로 형제입니다.
光塵能混合,[5]	빛과 먼지와 함께 섞여 지낼 수 있으시고
擘畫最分明.[6]	계책은 가장 분명하시며,
臺閣仁賢譽,[7]	조정에서는 인자함과 어짊으로 명예가 있고
閨門孝友聲.[8]	가정에서는 효성과 우애로 소문이 났습니다.
西方像教毀,[9]	서방에서 전래한 불교를 탄압함에
南海繡衣行.[10]	남해로 수놓은 옷을 입고 가셨지만,
金橐寧回顧,[11]	황금 주머니를 어찌 되돌아보셨으며
珠簞肯一振.[12]	진주 상자를 한번 만져보려 하셨겠습니까.
祇宜裁密詔,[13]	다만 마땅히 비밀 조서를 만드셔야 하는데
何自取專城.[14]	어찌하여 스스로 성을 다스리는 이가 되셨는지요.
進退無非道,[15]	나아가고 물러남에 도리에 맞지 않는 것이 없으시니
徊翔必有名.[16]	아래위로 돌아 날며 반드시 명성이 있으실 것입니다.
好風初婉軟,	좋은 바람이 이제 온화하고 부드러운데
離思苦縈盈.	헤어짐의 상념이 신성 휘감아 가득합니다.

金馬舊游貴,[17]	금마문의 옛 노닒이 귀한데
桐廬春水生.[18]	동려에는 봄물이 생겨납니다.
雨侵寒牖夢,[19]	빗물이 들어오는 차가운 창에서 꿈을 꾸고
梅引凍醪傾.[20]	매화가 이끄는 얼어붙은 탁주를 기울이면서,
共祝中興主,[21]	함께 중흥의 군주를 축하하며
高歌唱太平.	태평성세를 소리 높여 불러봅니다.

주석

1 **[협주]** ≪의례(儀禮)·상복(喪服)≫에서 "외숙의 아들"이라고 했고, 정현(鄭玄)은 "내형제이다."라고 했다.(儀禮. 舅之子. 鄭玄云, 內兄弟也.)

[역자주] 內兄(내형) : 외사촌 형이다. 손위처남을 뜻하기도 하는데 시의 내용과 맞지 않는다. 和州崔員外(화주최원외) : '화주'는 지금의 안휘성 화현이다. 최씨에 대해서는 자세히 알려진 것이 없다. '원외'는 원외랑(員外郎)으로 상서성(尚書省)의 관직이며 종육품상이다.

2 [역자주] 歷陽(역양) : 화주의 옛 이름이다.

3 **[협주]** 본집의 주에서 "이응(李膺)과 종요(鐘瑤)는 고종사촌과 외사촌 사이로 어려서 서로 친했다."라고 했다.(本註. 李膺鐘瑤, 中外兄弟, 少相友善.)

[역자주] 鐘李(종리) : 종요와 이응으로 동한 사람이며 이응은 종요의 외사촌 형이었다. 여기서는 두목과 최씨를 비유한다.

4 **[협주]** ≪시경·소아(小雅)·하인사(何人斯)≫에서 "맏형은 훈(壎)을 불고 둘째 형은 지(篪)를 분다."라고 했는데, 모장(毛萇)의 주에서 "흙으로 만든 것을 훈이라고 하고 대나무로 만든 것을 지라고 한다."라고 했고, 정현의 전(箋)에서 "'백중(伯仲)'은 형제를 비유한다. 내가 그대에게 은혜를 주는 것은 형제와 같고 서로 응대하고 화합하는 것이 훈과 지와 같다."라고 했다.(詩. 伯氏吹壎, 仲氏吹篪. 註. 土曰壎, 竹曰篪. 箋云, 伯仲喩兄弟也. 我與女恩, 如兄弟. 其相應和, 如壎篪.)

[역자주] 塤篪(훈지) : 훈은 흙을 구워서 만든 관악기이고 지는 대나무를 잘라 만든 관악기이다. 사이 좋은 형제를 비유한다. '훈(塤)'은 '훈(壎)'과 같다.

5 **[협주]** '광진(光塵)'은 권2에 보인다.[225](光塵, 見二卷.)

[역자주] 光塵(광진) : 화광동진(和光同塵)으로 그 빛을 부드럽게 하고 그 먼지와 같이한다는 뜻으로 세속과 함께 어울려 스스럼없이 산다는 말이다.

6 [역자주] 擘畫(벽획) : 계책.

7 [역자주] 臺閣(대각) : 상서성(尙書省)을 가리킨다. 최씨는 상서성의 원외랑이었다.

8 [역자주] 閨門(규문) : 부녀자가 머무는 곳을 뜻하는데 여기서는 집안을 가리킨다.

9 **[협주]** ≪법주경(法住經)≫[226]에서 "부처가 아난(阿難)에게 말하기를, '내가 열반한 후에 정법(正法)[227]이 천 년인데, 여인이 출가한다면 오백 년이 줄어든다. 상법(像法)[228]은 천 년이고 말법(末法)[229]은 만 년이다.'라고 했다."라고 했다. 초(鈔)에서 말하기를, "'상(像)'은 비슷하다는 뜻이다. 가르침이 있고 수행이 있지만, 정법과 비슷할 때이기에 수행하여 득도한 자가 드물다. 말법과 같은 때라면 헛되이 가르침만 있고 수행하는 자는 없다."라고 했다. ≪신당서·무종본기(武宗本紀)≫에서 "회창(會昌) 5년(845) 8월 절을 많이 파괴했으며 승려를 민간인으로 만들었다."라고 했다.(法住經. 佛告阿難, 我涅般後, 正法一千年. 由女人出家故, 減五百年. 像法一千年, 末法一萬年. 鈔云, 像, 似也. 有教有行. 似正法時, 則證果者鮮矣.[230] 若末法時, 空有教無修行者. 新唐書, 武宗紀. 會昌五年八月, 大毀佛寺, 復僧尼爲民.)

[역자주] 西方(서방) : 천축국을 가리킨다. 像教(상교) : 불교를 말한다.

---

225) 두목의 시 <옛날 문황제를 섬긴 일을 읊은 32운의 시(昔事文皇帝三十二韻)>의 "화광동진은 모두 그림자처럼 붙어 있다.(光塵皆影附.)"의 주에 보인다.

226) ≪법주경(法住經)≫ : 부처가 열반 후의 일에 대해 그의 제자인 아난에게 설명한 책이다. 당나라 현장(玄奘)이 번역한 것으로 ≪불임열반기법주경(佛臨涅槃記法住經)≫ 1권이 남아 있다.

227) 정법(正法) : 부처가 열반한 뒤에 그의 도가 여전하여 사람들이 수행하여 득도할 수 있는 시기를 말한다

228) 상법(像法) : 정법(正法) 이후 천 년 동안의 시기로 부처의 도가 비슷하게만 남아 있어서 가르침과 수행은 있지만 득도한 자가 없다.

229) 말법(末法) : 상법(像法) 이후 만 년 동안의 시기로 부처의 도가 남아 있지 않아 가르침만 있을 뿐 수행과 득도가 이루어지지 않는다.

230) 證果(증과) : 불교 용어로 오랜 수행을 통해 오묘한 도를 깨치는 것을 말한다. 鮮(선) : 드물다.

10 **[협주]** 본집의 주에서 "영남(嶺南)에서 절을 부수는 부사(副使)가 되었다."라고 했다. '수의(繡衣)'는 권1에 보인다.[231] (本註. 爲嶺南坼寺副使. 繡衣, 見一卷.)

[역자주] 繡衣(수의) : 수의직지(繡衣直指)이며 수의사자(繡衣使者)라고도 한다. 조정에서 특별히 파견하여 감찰하는 관리를 말한다. 회창 5년 이후에 최씨는 영남으로 불교를 탄압하기 위한 관원의 부관이 되어 파견되었던 것으로 보인다.

11 **[협주]** 권3의 "남월왕의 전대에는 침향이 가득하다."의 주에 보인다.[232] (見三卷越橐水沈堆註.)

[역자주] 金橐(금낭) : 황금이 든 주머니. 한나라 육가(陸賈)가 남월(南越)로 사신을 갔는데 남월왕 조타(趙佗)가 그에게 천금의 보물이 든 주머니를 주었다.

12 **[협주]** ['장(振)'은] 직과 경의 반절로 민진다는 뜻이다. ≪좌전·애공(哀公) 20년≫에서 "조(趙)나라가 오(吳)나라를 포위했다. 진(晉)나라의 조맹(趙孟)이 초융(楚隆)을 사신으로 보내니 그가 오나라 왕에게 말하기를, '지금 임금께서 어려움에 처해 있는데 무휼(無恤, 조맹의 본명)께서 감히 수고로움을 꺼리지는 않으시지만 진나라가 미칠 수 있는 바가 아닙니다.'라고 하니, 오나라 왕이 말하기를, '과인이 월나라를 제대로 처리하지 못해서 이 때문에 그대 나라의 대부를 근심하게 했으니 외람된 명에 절을 하며 사과드립니다.'라고 하고는 진주 한 상자를 주었다."라고 했으며, 두예(杜預)의 주에서 "'단(簞)'은 작은 상자이다."라고 했다.(直庚切, 觸也. 左傳. 越圍吳, 晉趙鞅[233]使楚隆, 告於王曰, 今君在難, 無恤不敢憚勞. 非晉國之所能及也. 王曰, 寡人不能事越, 以爲大夫憂, 拜命之辱. 與之一簞珠. 註. 簞, 小笥.)

[역자주] 珠簞(주단) : 진주가 든 대광주리. 이상 두 구는 최씨가 영남으로 파견 갔을 때 뇌물은 전혀 받지 않고 청렴하게 근무했다는 말이다.

13 [역자주] 祇(지) : 다만. 裁密詔(재밀소) : 은밀한 조서를 작성하다. 대개 한림학사의 업무이다. 이 구는 조정의 관원이 되어야 마땅하다는 말이다.

14 **[협주]** 반악(潘岳)의 <마견 도독을 추모하는 뇌문(馬汧督誄)>에서 "부절을 잘라 가지고

231) 두목의 시 <이감을 읊은 시(李甘詩)> "관리로서 각기 도끼를 들었다.(官班各持斧.)"의 주에 보인다.

232) 두목의 시 <양주 3수(楊州三首)> 중 제2수이다.

233) '鞅'은 '孟'의 잘못이다.

성을 다스리며, 청색 인장을 매고 검은 인끈을 늘어뜨린다."라고 했고, ≪문선≫의 주에서 이선이 말하기를, "≪한서≫에서 '비육백석(比六百石) 이상의 품계는 청동 인장에 검은 인끈이다.'라고 했다. 부절을 잘라 가지고 성을 다스리면 푸른 인장과 검은 인끈이라고 한 것이 바로 이것이다."라고 했다.(潘安仁, 馬汧督誄. 剖符專城, 紆青拖墨. 李善云, 漢書, 比六百石以上銅印墨綬云. 剖符專城則青墨, 是也.)

[역자주] 專城(전성) : 성을 통치하다. 최씨가 조정에서 나가 화주자사가 된 것을 말한다.

15 [역자주] 진퇴(進退) : 나아가고 물러나다. 여기서는 조정으로 들어가서 중앙관원이 되는 것과 지방으로 나가 지방 관원이 되는 것을 말한다.

16 [역자주] 徊翔(회상) : 아래로 날다가 위로 날다가 하다. 관직에 부침이 있음을 비유하는 말이다.

17 **[협주]** ≪한서·양웅전(楊雄傳)≫에서 "양웅의 <해조(解嘲)>에서 '지금 그대는 다행히도 태평성세를 만나 여러 어진 이와 함께 다니며 금문을 지나고 옥당에 오른 지 오래되었다.'라고 했다."라고 했는데, 응소(應劭)의 주에서 "금문은 금마문(金馬門)이다."라고 했고, ≪한서≫ 여순(如淳)의 주에서 "무제(武帝) 때 말의 관상을 보는 사람인 동문경(東門京)이 좋은 골상을 가진 청동 말을 만들어 바치자 노반문(魯班門) 바깥에 그 말을 세워놓았는데, 노반문을 금마문으로 이름을 바꾸었다."라고 했다.(漢書. 楊雄, 解嘲曰, 今子幸得遭明盛之世, 與群賢同行, 歷金門上玉堂有日矣. 註. 金門, 金馬門也. 漢書, 註. 武帝時, 相馬者東門京作銅馬法, 獻之, 立馬於魯班門外, 更名魯班門爲金馬門.)

[역자주] 金馬(금마) : 조정을 가리킨다.

18 **[협주]** 권2의 "엄광이 낚시하던 여울이 시끄럽다" 주에 보인다.[234](見二卷嚴光釣瀨喧註.)

[역자주] 桐廬(동려) : 지금의 절강성 동려현으로 당시 목주(睦州)에 속했다.

19 [역자주] 寒牖(한유) : 추위 속의 창문.

20 [역자주] 凍醪(동류) : 얼어붙은 탁주.

21 [역자주] 中興主(중흥주) : 나라를 중흥시킬 군주로 여기서는 선종(宣宗)을 가리킨다.

234) 두목의 시 <옛날 문황제를 섬긴 일을 읊은 32운의 시(昔事文皇帝三十二韻)>이다.

해설

이 시는 화주태수로 있던 외사춘형 최씨에게 부치는 것이다. 그가 훌륭한 재능과 인품을 가지고 조정에서 명성이 있었고 영남지역으로 파견되어 청렴한 관리로 지냈던 것을 칭송한 뒤, 비록 그가 지방 관원으로 있지만 곧 조정으로 들어가게 될 것이라고 위로하면서 목주에서 그를 그리워하는 마음을 표현했다. 대개 대중 원년(847) 또는 대중 2년(848) 목주자사로 있을 때 지은 것으로 추정한다.

214. 시름을 풀다

遣興

鏡弄白髭鬚,[1]　　거울 보며 흰 수염을 다듬는데
如何作老夫.　　어찌하여 늙은이가 되었는가.
浮生長勿勿,[2]　　떠다니며 사니 늘 바빴고
兒小且嗚嗚.[3]　　아이는 어려서 또 앵앵거리네.
忍過事堪喜,　　참음이 지나가면 일은 좋아할 만하고
泰來憂勝無.[4]　　평안함이 오면 근심은 다 없어지리.
治平心徑熟,[5]　　태평성세에 마음의 길은 익숙하니
不遣有窮途.[6]　　길이 막힐 일은 없게 하리라.

주석

1 [역자주] 髭鬚(자수) : 코밑수염과 수염.

2 **[협주]** ≪청상잡기(青箱雜記)≫[235]에서 말하기를, "≪안씨가훈(顔氏家訓)≫에서 다음과 같이 말했다. '세간의 서신 중에 물물이라 칭하는 것이 많은데 오래도록 사용한 것이 이와 같지만 그 이유를 모르겠다. 혹자는 이는 '홀홀(怱怱)' 글자에서 획이 빠진 것이라고 망령되이 말한다. ≪설문해자≫를 살펴보니 '물(勿)은 향리에서 세운 깃발로 그 깃대에 세 개의 술이 있는 것을 본떴으며 여러 가지 색을 섞은 장식물을 달았는데 깃폭의 절반

235) ≪청상잡기(青箱雜記)≫ : 송나라 오처후(吳處厚)가 지은 책으로 송나라와 오대의 잡사, 시화, 전고 등을 모아놓았으며 10권이다. 하지만 여기 인용된 조목은 현재 전하는 책에는 수록되어 있지 않다.

이 다르다. 이로써 백성들의 일을 재촉했다.'라고 했다. 그래서 다급하다는 것을 '물물'이라고 칭했다. 그러므로 두목의 시에서 '떠다니며 사니 늘 바빴고 아이는 어려서 또 앵앵거린다.'라고 했고 북송(北宋) 경문공(景文公) 송기(宋祁)가 '군대가 바쁘니 염려하는 바가 만 가지이다.'라고 했는데 모두 그 뜻이다."라고 했다.(靑箱雜記. 顔氏家訓云, 世中書翰多稱勿勿, 相承如此, 不知所由. 或有妄言此忽忽之殘缺耳. 按說文, 勿者, 州里所建之旗, 象其柄有三游,[236] 雜帛幅半異,[237] 所以聚民事.[238] 故忽遠[239]者稱爲勿勿. 故樊川詩云浮生長勿勿, 兒小且嗚嗚. 宋景文公云, 軍中勿勿, 所慮萬端. 皆其義也.)

[역자주] 勿勿(물물) : 바쁜 모양.

3 [역자주] 嗚嗚(오오) : 신음하는 소리.

4 [역자주] 泰(대) : 평안하다. 勝(승) : 모두.

5 [역자주] 心徑熟(심경숙) : 마음속의 길이 익숙하다. 자기가 하고 싶은 일이 분명하고 할 수 있다는 말이다.

6 **[협주]** '궁도'는 이미 권3에 나왔다.[240](窮途. 已出三卷.)

[역자주] 不遣(불견) : 하지 않게 하다. 窮途(궁도) : 길이 막히다. 동진(東晉)의 완적(阮籍)이 수레를 몰며 이리저리 다니다가 길이 막히면 통곡을 하고 돌아왔다고 한다. 앞길이 순탄치 않음을 말한다.

해설

이 시는 시름을 풀며 지은 것이다. 떠돌며 힘들게 사는 동안 늙었지만 이제 태평성세에 자신이 해야 할 일을 잘 알겠으니 편히 살 수 있겠다고 했다. 하지만 이는 자신의 시름을 달래기 위한 말일 뿐 사실은 아닐 것이다. 작시 시기는 고찰할 수 없다.

---

236) 游(류) : 깃발의 술.

237) 雜帛(잡백) : 깃발 위에 여러 가지 색의 장식을 가리킨다.

238) 聚(취) : 다그치다.

239) '遠'은 '遽'의 잘못이다. '홀거(忽遽)'는 갑작스럽다는 뜻이다.

240) 두목의 시 <이 기거사인에게 부치는 칠언율시(寄李起居四韻)> "추운 날 막다른 곳에 이른 객을 스스로 불쌍히 여기면서.(自憐窮律窮途客.)"의 주에 보인다.

215. 초가을
早秋

踈雨洗空曠,	가랑비가 하늘을 씻어 주니 드넓고
秋標驚意新.[1]	초가을은 의지를 일깨우니 새로워진다.
大熱去酷吏,[2]	무더위는 가혹한 관리가 떠난 듯이 가버렸고
淸風來故人.[3]	맑은 바람은 친구가 오듯이 불어온다.
樽酒酌未酌,	한 잔의 술을 따르려다 아직 따르지 않았는데
曉花嚬不嚬.[4]	새벽에 핀 꽃은 웃는 듯도 하고 아닌 듯도 하다.
銖秤與縷雪,[5]	미세한 저울로 실 같고 눈 같은 머리카락을 재더라도
誰覺老陳陳.[6]	누가 늙는 것이 점차 쌓여감을 깨닫겠는가.

주석

1 [역자주] 秋標(추표) : 초가을을 가리킨다. '표(標)'는 '시초'의 뜻이다.

2 **[협주]** ≪사기≫에 <혹리전(酷吏傳)>이 있다.(史記有酷吏傳.)

3 **[협주]** 고시(古詩)에서 "맑은 바람은 군자와 같아 닿는 곳마다 사람의 뜻을 알아준다."라고 했다.(古詩. 淸風如君子, 觸處解人意.)

4 **[협주]** ['빈(嚬)'은] 비와 인의 반절이며 웃는 모양이고 눈썹을 찡그리는 것이다.(毗寅切, 笑貌, 嘁眉也.241))

5 [역자주] 銖秤(수칭) : 아주 적은 양을 잴 수 있는 저울이다. '수'는 24분의 1량(兩)이다.

241) 嘁眉(축미) : 눈썹을 찡그리다. 부끄러워하는 모양이다.

與(여) : 사용하다. 여기서는 잰다는 뜻이다. 嫂雪(누설) : '루'는 여자가 품행이 단정하지 않은 것이라는 뜻으로 문맥이 통하지 않는다. 다른 문헌에는 '루(縷)'로 되어 있는데 이를 따른다. 실 같이 가느다랗고 눈 같이 하얗다는 뜻으로 노인의 머리카락을 가리킨다.

6 **[협주]** ≪한서·식화지(殖貨志)≫에 "나라 창고의 곡식이 해가 갈수록 점점 많아졌다."라고 했다.(漢書, 殖貨志. 大倉之粟, 陳陳相因.)

[역자주] 陳陳(진진) : 오래 모아둔 곡식. 여기서는 점점 오래되어 많아지는 모양이다.

해설

이 시는 초가을의 감회를 적은 것으로 더위에 지친 뒤에 바야흐로 찾아온 가을이 반갑고 상쾌해서 좋지만 한편으로는 늙어가는 것이 애달프다는 내용이다. 작시 시기는 고찰할 수 없다.

216. 가을에 이는 생각

秋思

熱去解鉗釱,[1]	더위가 물러가니 형틀을 벗은 듯했는데
飄蕭秋半時.[2]	우수수 바람이 부니 가을도 절반이 지났구나.
微雨池塘見,	가랑비 오는 모습 연못에 보이고
好風襟袖知.	상쾌한 바람은 옷깃과 소매가 아는구나.
髮短梳未足,	머리카락 성글어져 빗질하기에도 부족하지만
枕涼閑且歌.	침상은 시원하여 한가로이 잠시 노래하는데,
平生分過此,	평생 분수가 이렇게 보냈다면
何事不參差.[3]	무슨 일인들 어긋나지 않았으리.

주석

1 **[협주]** ≪한서·진함전(陳咸傳)≫의 안사고 주에서 "'겸(鉗)'은 목에 차고 '체(釱)'는 발에 차는데, 모두 쇠로 만든다."라고 했다. '겸(鉗)'은 기와 염의 반절이고 '체(釱)'는 음이 '제(弟)'이다.(漢書, 陳咸傳, 註. 鉗在頸, 釱在足, 皆以鐵爲之. 鉗, 其炎切, 釱, 音弟.)

2 [역자주] 飄蕭(표소) : 바람이 부는 소리.

3 [역자주] 參差(참치) : 어긋난 모양.

해설

이 시는 가을을 보내며 일어나는 상념을 읊은 것이다. 가을이 오고 더위가 물러나 상쾌하고 한가로운 마음을 표현하고는 평생이 이와 같았다면 잘못된 일은 없었을 것이라고 했다. 작시 시기는 고찰할 수 없다.

217. 길을 가던 중에 지은 절구

途中一絶[1]

鏡中絲髮悲來慣,	거울 속 가늘어진 머리를 슬퍼함도 습관이 되었고
衣上塵痕拂漸難.	옷에 묻은 먼지를 털기도 점점 힘들구나.
惆悵江湖釣竿手,[2]	슬프구나 강호에서 낚시하던 손이
卻遮西日向長安.	오히려 석양을 가리며 장안으로 향하네.

주석

1 **[협주]** ≪군각아담(郡閣雅談)≫[242)]에 "중서사인(中書舍人) 두목이 절서군(浙西郡)에서 면직되어 길을 가던 중에 지은 시가 있다."라고 했다.(郡閣雅談. 杜牧舍人罷任浙西郡, 道中有詩云.)

2 [역자주] 惆悵(추창) : 서글프다. 釣竿(조간) : 낚싯대.

해설

이 시는 장안으로 가던 도중에 심사를 읊은 것으로, 강호에서 낚시하며 늙어가지 못하고 다시 조정의 관원이 되는 것을 슬퍼한다는 내용이다. 호주자사(湖州刺史)에서 면직되어 고공낭중(考功郎中), 지제고(知制誥)로 부임했던 대중(大中) 5년(851) 가을에 상경하면서 지은 것으로 추정한다.

---

242) ≪군각아담(郡閣雅談)≫ : 송(宋) 반약동(潘若同)의 저술인 ≪군각아언(郡閣雅言)≫의 다른 이름이다.

218. 봄이 끝나 가는데 길을 가던 도중에 짓다
春盡途中

田園不事來遊宦,[1]	전원을 가꾸지 않고 벼슬길을 떠도는데
故國誰教爾別離.[2]	누가 그대로 하여금 고향을 떠나게 했나.
獨倚關亭還把酒,	홀로 관문의 정자에 기대어 다시 술을 들면서
一年春盡送春詩.	한 해의 봄이 끝나 감에 봄을 보내는 시를 짓는다.

주석

1 **[협주]** ≪한서·진평전(陳平傳)≫에서 "진평은 가난했지만 생업을 일삼지 않았다."라고 했고, 안사고의 주에서 "생업의 일을 일삼지 않았다는 말이다."라고 했다.(前漢書, 陳平傳. 平貧, 不事事. 註. 不事産業之事.)

[역자주] 遊宦(유환) : 지방관이 되어 떠도는 것을 말한다.

2 [역자주] 古國(고국) : 고향. 爾(이) : 그대. 여기서는 두목 자신을 가리킨다.

해설

이 시는 봄이 끝나 가는 시절에 다른 곳으로 부임하러 가던 도중에 지은 것으로, 고향을 떠나 지방 관원으로 떠도는 신세를 애달파했다. 작시 시기는 고찰할 수 없다.

219. 농가에 쓰다
題村舍

三樹稚桑春未剳,[1]	세 그루 어린 뽕나무를 봄인데도 아직 따지 못하는데
扶牀乳女午啼飢.	침상에 기댄 젖먹이 딸은 정오 되자 배고파 우는구나.
潛銷暗鑠歸何處,[2]	몰래 빼돌리는 재물은 어디로 가는지
萬指侯家自不知.[3]	수많은 노비를 둔 세력가들은 본디 모르리.

주석

1 **[협주]** ['락(剳)'은] 력과 각의 반절이며 '떼내다'의 뜻이다.(曆各切, 剔也.243))

2 [역자주] 潛銷(잠소) : 몰래 줄어들다. 暗鑠(암삭) : 몰래 사라지다.

3 **[협주]** ≪사기·화식열전(貨殖列傳)≫에서 "손가락이 천 개이다."라고 했다. 배인(裴駰)의 주에서 "옛날에는 빈손으로 노는 입이 없었으니 모두 부지런히 일을 했다. 부지런히 일을 함에 손가락이 필요하기 때문에 그래서 손가락을 말해 마소의 발굽 뿔과 구별했다."라고 했다. ≪한서·화식전≫ 안사고의 주에서 "손가락은 정교한 기술을 가진 자를 이른다. 손가락이 천 개이면 사람이 백 명이다."라고 했다.(史記, 貨殖傳. 手指千. 註. 古者無空手遊口, 皆有作務. 作務須手指, 故曰手指, 以別牛馬蹄角也. 註. 手指謂有巧技者. 指千則人百也.)

[역자주] 萬指(만지) : 만 개의 손가락. 고대에 노비의 수를 손가락으로 헤아렸으니 천 명의 노비인데, 대체로 많은 노비를 형용한다.

---

243) 剔(척) : 베다. 여기서는 잎을 뜯다는 말이다.

해설

이 시는 굶주리는 농가의 빈곤에 대해 쓴 것으로, 농가의 궁핍한 상황을 묘사한 뒤 가렴주구하는 관원들은 이를 모른 체한다고 했다. 작시 시기는 고찰할 수 없다.

220. 남을 대신하여 먼 곳에 시를 부치다

代人寄遠[1]

河橋酒旆風軟,[2]	강 다리 옆 주점의 깃발에는 바람이 부드럽고
候館梅花雪嬌.[3]	역참 관사의 매화는 눈 속에 아리땁다.
宛陵樓上瞪目,[4]	완릉의 누대에서 눈을 크게 뜨고 보니
我郎何處情饒.[5]	우리 낭군은 어디에서 정이 너그러우신지.
繡領任垂蓬鬐,[6]	수놓은 옷깃에 흐트러진 머리 제멋대로 드리웠는데
丁香閑結春梢.[7]	정향이 봄날의 나뭇가지에 한가로이 맺혔네.
賸肯新年歸否,[8]	진실로 새해에는 돌아오시려나
江南綠草迢迢.[9]	강남에는 푸른 풀이 무성하구나.

주석

1 **[협주]** 육언시(六言詩)이다.(六言.)

2 [역자주] 酒旆(주패) : 주점을 표시하며 달아놓은 깃발.

3 **[협주]** ≪주례·지관(地官)·유인(遺人)≫에서 “역참의 관사에는 물자를 비축해 둔다.”라고 했다. 또 이르기를, “50리마다 시장이 있고 또 역참의 관사가 있다.”라고 했다.(周禮. 候館有積. 又曰, 五十里有市, 又有候館.)

[역자주] 候館(후관) : 역참에 있는 관사를 가리킨다.

4 **[협주]** ≪통전(通典)≫에서 “선주(宣州) 영현(領縣)은 선성(宣城)이며 한나라 때의 완릉현(宛陵縣)이다.”라고 했다. ‘징(瞪)’은 징과 응의 반절이며 직시하는 모양이다.(通典. 宣州領縣宣城, 漢宛陵縣. 瞪, 澄應切, 直視貌.)

5 [역자주] 情饒(정요) : 정이 많다. 여러 여인을 좋아한다는 말이다.

6 [역자주] 繡領(수령) : 수놓은 옷깃. 任(임) : 내버려두다. 蓬鬐(봉계) : 흐트러진 머리.

7 **[협주]** 두보의 <강가에서 읊은 다섯 영물시(江頭五詠)>에서 “정향은 몸체가 유약하여 어지럽게 맺히니 가지가 오히려 처졌다. 가는 잎은 솜털을 띠었고 성근 꽃은 피어나 깨끗하고 곱다. 작은 서재 뒤에 깊이 심은 것은 은사가 차지하게 되기를 바란 것이니, 늘그막에 난과 사향 가운데 떨어져 몸을 망칠 생각일랑 품지 말라.”라고 했고, ≪보주두시(補註杜詩)≫ 왕수(王洙)의 주에서 “정향이 열매를 맺으면 난과 사향 가운데 떨어져 몸을 망치는 근심이 있게 됨을 말한 것이다.”라고 했다.(詩史. 江頭五詠. 丁香體柔弱, 亂結枝猶墊.[244] 細葉帶浮毛, 踈花披素艶. 深栽小齋後, 庶使幽人占, 晩墮蘭麝中, 休懷粉身念.[245] 註. 丁香結實, 則墮於蘭麝間, 而有粉身之患也.)

8 **[협주]** [‘잉(賸)’은] 신과 증의 반절이며 더하는 것을 잉(賸)이라고 한다.(神證切, 增益曰賸.)

[역자주] 賸肯(잉긍·싱긍) : 진실로 ~하려 하다.

9 **[협주]** 전한(前漢) 유안(劉安)의 <초은사(招隱士)>에서 “왕손이 유람을 떠나서 돌아오지 않는데, 봄풀은 무성하게 자랐구나.”라고 했다.(劉安, 招隱士. 王孫遊兮不歸, 春草生兮萋萋.[246])

[역자주] 迢迢(초초) : 멀리까지 무성한 모양.

해설

이 시는 여인을 대신하여 정인에게 부치는 것이다. 봄날 돌아오지 않는 임을 애타게 기다리는 모습을 묘사했다. 작시 시기는 고찰할 수 없다.

244) 墊(점) : 드리우다. 처지다.

245) 粉身(분신) : 몸을 망치다.

246) 萋萋(처처) : 풀이 무성한 모양.

221. 규방의 그리움
閨情

娟娟卻月眉,[1]	반달 같은 눈썹은 아름다우며
新鬢學鴉飛.[2]	새로 난 귀밑머리는 날아가는 까마귀를 닮았구나.
暗砌均檀粉,[3]	밤에는 섬돌에서 향기로운 분을 고르게 바르고
晴窓畫裌衣.[4]	낮에는 창가에서 겹옷에 그림을 그리는네,
袖紅垂寂寞,	붉은 소맷자락 쓸쓸히 드리우고
眉黛斂依稀.[5]	검은 눈썹 희미한 채 찌푸리네.
還向長陵去,[6]	다시 장릉으로 갔는데
今宵歸不歸.	오늘 밤은 돌아오려나 안 돌아오려나.

주석

1 **[협주]** ≪천보전가록(天寶傳歌錄)≫247)에서 "양귀비가 일찍이 열 가지 새로운 눈썹 화장법을 만들자 궁중에서 따라 하는 이들이 많았다. 연두(連頭), 팔자(八字), 주산(走山), 도훈(倒暈), 횡운(橫雲), 경취(驚翠), 신월(新月), 각월(卻月), 유엽(柳葉), 미미(媚眉)가 그것이다."라고 했다.(天寶傳歌錄. 貴妃嘗作十眉新粧, 宮中多効之. 曰連頭, 曰八字, 曰走山, 曰倒暈, 曰橫雲, 曰驚翠, 曰新月, 曰卻月, 曰柳葉, 曰媚眉.)
[역자주] 娟娟(연연) : 아름다운 모양. 卻月(각월) : 반달. 또는 반달과 같은 모양.

2 [역자주] 鬢(빈) : 귀밑털. 鴉(아) : 까마귀.

247) ≪천보전가록(天寶傳歌錄)≫ . 이 책에 관해서는 고칠할 수 없다.

3 [역자주] 檀粉(단분) : 화장할 때 사용하는 향기 나는 분이다.

4 [역자주] 袷衣(겹의) : 두 겹으로 된 옷으로, 남녀의 사랑을 상징한다.

5 [역자주] 眉黛(미대) : 눈썹먹을 칠한 눈썹. 斂(렴) : 모으다. 여기서는 눈썹을 찌푸린다는 말이다. 依稀(의희) : 희미한 모양.

6 **[협주]** ≪십도지≫에서 "관내도(關內道) 장릉(長陵)"이라고 했고, 주에 이르기를, "한(漢) 고조(高祖)의 능이다."라고 했다. 또 아래의 "장릉의 작은 저자에 산다."의 주에 보인다.[248](十道志. 關內道, 長陵. 註云, 高祖陵. 又見下小市長陵住註.)

해설

이 시는 규방 여인이 임을 그리워하는 마음을 읊은 것이다. 아름답게 단장을 하고 장릉으로 간 임을 기다리지만 밤이 깊어도 오지 않아 쓸쓸해 한다는 내용이다. 작시 시기는 고찰할 수 없다.

248) 두목의 시 <지난날의 교유(舊遊)>이다.

222. 지난날의 교유

舊遊

閑吟芍藥詩,[1]	한가롭게 <작약> 시를 읊조리다
悵望久嚬眉.[2]	서글피 바라보며 오랫동안 눈썹을 찡그렸는데,
盼眄迴眸遠,[3]	예쁜 눈동자 돌려 돌아보는 눈길 그윽했고
纖衫整髻遲.[4]	고운 적삼 입고 쪽머리 다듬는 것이 더뎠지.
重尋春晝夢,	다시 봄날의 꿈을 찾으니
笑把殘花枝.	웃으며 꽃이 지는 가지를 잡는구나.
小市長陵住,[5]	장릉의 작은 저자에 살고 있으니
非郞誰得知.	낭군이 아니면 누가 알 수 있겠소.

주석

1 **[협주]** ≪시경·정풍(鄭風)·주유(溱洧)≫에서 "남자와 여자가 서로 장난치다가 작약을 선물했다."라고 했고, 정현의 주에서 "작약은 향초이다. 남녀가 함께 유수(洧水)가에 가서 유람하는데 장난치면서 부부 행세를 했다. 헤어지게 되자 여자에게 작약을 주면서 사랑의 마음을 맺은 것이다."라고 했다.(詩, 溱洧. 維士與女, 伊其相謔, 贈之以芍藥. 註. 芍藥, 香草. 士女相與往觀洧水之上, 戲謔行夫婦之事. 別則送女以芍藥, 結恩情也.)

2 [역자주] 悵望(창망) : 서글프게 바라보다. 嚬眉(빈미) : 눈썹을 찌푸리다.

3 [역자주] 盼眄(반면) : 바라보다. 迴眸(회모) : 눈동자를 굴리다. 遠(원) : 그윽하다.

4 [역자주] 纖衫(섬삼) : 고운 베로 만든 적삼. 整髻(정계) : 쪽머리를 바로하다.

5 **[협주]** ≪한서·외척전(外戚傳)≫의 기록이다. 효경제(孝景帝)의 왕황후(王皇后)는 무제

(武帝)의 모친이다. 시집가서 김왕손(金王孫)의 부인이 되어 딸을 하나 낳았는데, (왕황후의 모친인 장아(臧兒)가) 김씨에게서 딸을 빼앗아 태자궁에 들여보냈다. 문제가 죽고 경제가 즉위하자 황후로 삼았고 무제를 낳았다. 무제가 즉위하자 황태후가 되었다. 전에 황태후가 평민이었을 때 김왕손에게서 낳은 딸은 이름이 속(俗)이었는데 민간에 살게 했으니 숨긴 것이다. 무제가 막 즉위했을 때 한언(韓嫣)이 그 사실을 아뢰자 무제가 이르기를, "왜 일찍 말하지 않았는가?"라 하고 바로 수레를 타고 직접 찾으러 갔다. 그 집은 장릉의 작은 저자에 있었는데 바로 문 앞에까지 가서 측근에게 들어가 찾게 했다. 집안 사람들이 놀라 두려워했고 딸은 도망쳐 숨었다. 데리고 나와 절을 올리자, 무제가 수레에서 내려서 선 채 말하기를, "누님은 어찌 이리 깊이 숨어 있었소."라고 했다. 수레에 태워 장락궁으로 돌아왔고 함께 태후를 뵙자 태후는 눈물을 흘렸고 딸도 슬피 울었다.(前漢, 外戚傳. 孝景王皇后, 武帝母也. 嫁爲金王孫婦, 生一女矣, 集[249]金氏乃內太子宮. 文帝崩, 景帝卽位, 立爲皇后, 生武帝. 帝卽位, 爲皇太后. 初皇太后微時, 所爲金王孫生女, 名俗, 在民間, 蓋諱之也. 武帝始立, 韓嫣白之. 帝曰, 何爲不早言. 乃車駕自往迎之. 其家在長陵小市, 直至其門, 使左右入求之. 家人驚恐, 女逃匿. 扶將出拜, 帝下車, 立曰, 大姊, 何藏之深也. 載至長樂宮, 與俱謁太后, 太后垂涕, 女亦悲泣.)

해설

이 시는 예전에 교유했던 기녀를 생각하면서 지은 것으로, 지난날 헤어지던 때의 모습을 묘사한 뒤 꿈에서도 만나 그리워하지만 찾지 못해 만날 수 없다고 했다. 작시 시기는 고찰할 수 없다.

249) '集'은 '奪'의 잘못이다.

223. 먼 곳에 시를 부치다

寄遠

隻影隨驚雁,[1]	외로운 그림자는 화살에 놀란 기러기를 따르고
單栖鎖畫籠.[2]	혼자 사는 삶은 화려한 새장에 갇혀있다.
向春羅袖薄,	봄이 다가오니 비단 옷깃은 엷은데
誰念舞臺風.[3]	누가 춤추던 누대의 바람을 생각할까.

주석

1 [역자주] 隻影(척영) : 혼자 있는 그림자. 홀로 있는 자신을 가리킨다. 驚雁(경안) : 날아오는 화살에 놀란 기러기.

2 [역자주] 鎖(쇄) : 잠그다. 갇히다. 畫籠(화롱) : 화려하게 채색한 새장.

3 **[협주]** ≪십도지≫에서 "낙주(洛州)에 가무대가 있다."라고 했다.(十道志. 洛州有歌舞臺)

해설

이 시는 홀로 있는 여인이 옛 임을 그리워하며 보낸 것이다. 화려한 곳에 살지만 마음은 외롭고 고달픈 신세인데 봄이 되었지만 예전에 춤 출 때 하늘거리던 옷자락을 알아주던 이가 없음을 안타까워했다. 작시 시기는 고찰할 수 없다.

224. 주렴
簾

徒云逢剪削,[1]	잘리게 됐다고만 그저 말하니
豈謂見編裝.	어찌 엮어서 장식될 거라 생각했겠는가.
鳳節輕雕日,[2]	대나무 마디에는 가볍게 해를 조각했고
鸞花薄飾香.[3]	다채로운 꽃은 얇게 향기를 퍼뜨리네.
問屛何屈曲,[4]	병풍은 어찌 그리 굽었는가 물어보고는
憐帳解周防.[5]	장막이 사방을 잘 막을 줄 아는 걸 부러워하니,
下漬金階露,[6]	아래로 늘어뜨려 궁중 계단의 이슬에 적셔지고
斜分碧瓦霜.	비스듬히 드리워져 푸른 기와의 서리를 나눠 받네.
沈沈伴春夢,[7]	깊숙한 곳에서 봄 꿈과 짝하며
寂寂侍華堂.	쓸쓸히 화려한 방에 걸려 있으니,
誰見昭陽殿,[8]	누가 보는가, 소양전에 있는
眞珠十二行.[9]	진주 열두 줄의 주렴을.

주석

1 [역자주] 剪削(전삭) : 잘리다.

2 **[협주]** ≪서경잡기(西京雜記)≫에서 “한나라 시기의 여러 왕릉은 모두 대나무로 발을 만들었는데 모두 물결무늬, 용과 봉황의 형상을 넣었다.”라고 했다.(西京雜記. 漢諸陵寢, 皆以竹爲簾, 皆爲水文及龍鳳象.)

[역자주] 鳳節(봉절) : 대나무 가지의 마디. 봉미죽(鳳尾竹)을 가리키는데 가지가 가늘어서 바람이 불면 봉황 꼬리처럼 흔들린다고 한다.

3 [역자주] 鸞花(난화) : 오색으로 화려한 꽃을 가리킨다.

4 **[협주]** 첨주(添註)에 보인다.[250](見添註.)

[역자주] 屛(병) : 병풍. 屈曲(굴곡) : 굽다. 구불구불하다.

5 **[협주]** 첨주(添註)에 보인다.[251](見添註.)

[역자주] 解(해) : 할 줄 알다. 周防(주방) : 두루 막아주다. 이상 두 구는 주렴이 병풍과 장막과는 모습과 기능이 다르다는 말이다.

6 **[협주]** ['지(漬)'는] 전과 사의 반절이며 적신다는 뜻이다.(箭賜切, 浸漚潤漬也.[252])

[역자주] 金階(금계) : 황금 계단. 궁중의 섬돌을 가리킨다.

7 **[협주]** ≪한서·진승전(陳勝傳)≫ 안사고의 주에 인용된 응소(應劭)의 말에서 "'침침(沈沈)'은 궁실이 깊은 모양이다."라고 했다.(前漢, 陳勝傳註. 沈沈, 宮室深邃之貌.[253])

8 [역자주] 昭陽殿(소양전) : 한나라 궁의 이름으로, 성제(成帝)의 총애를 받은 조비연(趙飛燕) 자매가 머물렀다.

9 **[협주]** ≪서경잡기(西京雜記)≫에서 "소양전은 구슬을 엮어 주렴을 만들었기 때문에 바람이 불어오면 소리를 낸다."라고 했다.(西京雜記. 昭陽殿, 織珠爲簾, 風至則鳴.)

해설

이 시는 주렴을 보고 일어난 단상을 읊은 내용이다. 소양전에서 화려하게 장식된 주렴을 묘사한 뒤, 성제의 총애를 받던 조비연 이후로는 아무도 돌아보지 않아 쓸쓸히 지내는 궁녀의 애달픔을 표현했다. 작시 시기는 고찰할 수 없다.

---

250) 권4에는 첨주가 없는데 오류가 있는 것으로 보인다.
251) 권4에는 첨주가 없는데 오류가 있는 것으로 보인다.
252) 浸漚潤漬(침구윤지) : 네 글자 모두 오랫동안 적신다는 뜻이다.
253) 深邃(심수) : 깊다.

225. 감로사의 북쪽 정자에 대해 지어 부치다

寄趙甘露寺北軒[1]

曾上蓬萊宮裏行,[2]	일찍이 봉래산에 올라 절 안을 거닐었는데
北軒欄檻最留情.[3]	북쪽 정자의 난간이 가장 마음에 남네.
孤高堪弄桓伊笛,[4]	고고하게 환이의 피리를 즐길 만했고
縹緲宜聞子晉笙.[5]	은은하게 왕자진의 생을 듣기에 적합했으며,
天接海門秋水色,[6]	하늘은 해문산의 가을 물빛과 맞닿아 있고
煙籠隋苑暮鐘聲.[7]	안개는 수원의 저녁 종소리를 감쌌지.
他年會著荷衣去,[8]	훗날에 모름지기 연잎 옷을 입고 갈 것이니
不向山僧道姓名.[9]	산사의 승려에게 성명을 말하지 않으리.

주석

1 **[협주]** ≪당송분문명현시화(唐宋分門名賢詩話)≫에서 "경구(京口)의 감로사는 장강을 끼고 있다. 높은 곳에 자리 잡아 장강을 내려다본다. 높은 산에 자리 잡고 있어 천하의 절경이다."라고 했다.(唐宋詩話. 京口甘露寺俠乎大江. 踞其崇,[254] 俯大江. 踞崇岡, 天下絶致也.)

[역자주] '趙'는 '題'의 잘못이다. 감로사(甘露寺) : 지금의 강소성 진강(鎭江) 북고산(北固山)에 있다. 삼국시대 오나라 감로 연간(265-266)에 지어졌다고 한다.

2 **[협주]** 봉래(蓬萊)는 이미 권1에 나왔다.[255](蓬萊已出一卷.)

---

254) 踞(거) : 걸터앉다. 자리 잡고 있다는 말이다. 崇(숭) : 높은 곳.

[역자주] 蓬萊(봉래) : 동해에 있다는 전설 속의 산으로 신선이 산다고 한다. 여기서는 감로사가 있는 북고산을 비유한 듯하다.

3 [역자주] 欄檻(난함) : 난간.

4 **[협주]** 이미 권1에 나왔다.[256] (已出一卷.)

[역자주] 桓伊(환이) : 동진(東晉) 초국(譙國) 출신으로 자가 숙하(叔夏)이다. 사현(謝玄)과 함께 부견(苻堅)을 비수(淝水)에서 격파한 공으로 영수현후(永脩縣侯), 우군장군(右軍將軍)을 역임했다. 피리 연주에 뛰어났다.

5 **[협주]** ≪열선전(列仙傳)≫에서 "왕자교는 주(周)나라 영왕(靈王)의 태자인 진(晉)이다. 생을 부는 것을 좋아하여 봉황의 울음소리를 냈다."라고 했다.(列仙傳. 王子喬者, 周靈王太子晉也. 好吹笙, 作鳳凰鳴.)

[역자주] 子晉(자진) : 춘추시대 주나라 영왕의 태자로, 이름이 진(晉)이고 자가 교(喬)이다. 대나무 관악기인 생을 잘 불었다. 부구생(浮丘生)과 함께 숭산(嵩山)으로 들어가 수도한 뒤 30년 후 구씨산(緱氏山)에서 승천했다고 한다.

6 **[협주]** ≪태평광기(太平廣記)≫에서 "오자서가 죽자 시체를 장강에 던져넣었다. (이후로) 해문산에서부터 조수가 세차게 밀려왔는데, 높이가 수백 자가 되어 전당강의 포구에 넘쳤다."라고 했다.(廣記. 伍子胥死, 投尸於江. 自海門山浩頭洶湧,[257] 高數百尺. 越錢塘漁浦.)

7 **[협주]** 외집(外集)의 <수원(隋苑)>의 주에 보인다.[258] (見外集隋苑註.)

[역자주] 籠(롱) : 뒤덮다. 隋苑(수원) : 수(隋) 양제(煬帝)가 양주에 조성한 상림원(上林園)이다.

8 **[협주]** 초사 <이소(離騷)>에서 "마름잎과 연잎을 엮어서 웃옷을 만든다."라고 했다.(楚辭. 製芰荷以爲衣.)

---

255) 두목의 시 <지주에서 맹지 선배를 보내다(池州送孟遲先輩)> "봉래산의 정상에서 바닷물을 퍼 올린다.(蓬萊頂上斡海水.)"의 주에 보인다.

256) 두목의 시 <장안의 큰 거리 서쪽을 읊은 칠언율시(街西長句)> "한 곡조 연주하는 장군은 어느 곳의 피리를 가졌나.(一曲將軍何處笛.)"의 주에 보인다.

257) '浩'는 '潮'의 잘못이다. 洶湧(흉용) : 물살이 거센 모양

258) 두목의 시 <수원(隋苑)> 제목의 주에 보인다.

[역자주] 荷衣(하의) : 연잎으로 만든 옷. 은자를 상징한다.

9 [역자주] 道(도) : 말하다.

해설

이 시는 이전에 찾아갔던 감로사를 추억하면서 지은 것이다. 장강이 내려다보이고 은은한 종소리가 들리는 북쪽의 정자가 가장 마음에 드니 관직을 그만두고 그곳에 가서 은일하고자 하는 마음을 표현했다. 작시 시기는 고찰할 수 없다.

226. 청운관에 쓰다

題青雲館[1]

蚪蟠千仞劇羊腸,[2] 천 길 규룡이 서린 듯 양장산보다 굽이졌으니

天府由來百二强.[3] 하늘의 창고로 예로부터 일당백으로 강한 곳이다.

四皓有芝輕漢祖,[4] 상산사호는 지초를 캐며 한나라 고조를 홀시했고

張儀無地與懷王.[5] 장의에겐 초나라 회왕에게 줄 땅이 없었지.

雲連帳影蘿陰合,[6] 구름에 이어진 장막의 그림자는 여라 그늘과 합쳐지고

枕繞泉聲客夢涼.[7] 베개에 맴도는 샘물 소리에 나그네의 꿈이 시원하네.

深處會容高尚者,[8] 마음속 깊은 곳에 고상한 이들을 받아들일 것이니

水苗三頃百株桑.[9] 삼 경의 땅에서 싹에 물 주고 백 그루의 뽕나무를 심으리.

주석

1 [역자주] 青雲館(청운관) : 지금의 섬서성 상남현(商南縣) 청운진(青雲鎭)에 있었던 관사(館舍)이다.

2 **[협주]** ≪여씨춘추·유시람(有始覽)≫에서 "천지 사이에서 땅에 아홉 개의 산이 있으니, 태항산(大行山)과 양장산(羊腸山)이다."라고 했고, (주에서) 고유(高誘)가 이르기를, "태항산은 하내(河內)의 야왕현(野王縣) 북쪽에 있고 양장산은 그 산이 구불구불하여 양의 창자와 같다."라고 했다. 태원의 진양(晉陽) 북쪽에 있다.(呂氏春秋. 大地之間, 土有九山, 曰大行羊腸. 高誘云, 大行山在河內野王縣北. 羊腸, 其山盤紆,[259] 如羊腸. 在大

259) 盤紆(반우) : 구불구불하다.

原晉陽北.)

[역자주] 虯蟠(규반) : 규룡이 서린 듯 구불구불하다. 劇(극) : 더 심하다.

3 **[협주]** ≪한서·누경전(婁敬傳)≫에서 “진(秦)나라 땅은 산으로 둘러싸이고 황하가 두르고 있으며 사방이 막혀 견고하고, 갑자기 위급한 일이 생기면 백만의 군사를 준비할 수 있는 곳입니다. 진나라의 전례를 따라 매우 훌륭하고 기름진 땅을 기반으로 하십시오. 이 곳은 소위 하늘이 내려준 창고입니다.”라고 했고 안사고의 주에서 “‘부(府)’는 모인다는 뜻이니, 만물이 모이는 곳이다.”라고 했다. ≪사기·고조본기(高祖本紀)≫에서 “진(秦)나라 지역은 지세가 뛰어난 곳입니다. 강으로 둘러싸이고 산으로 막혀 있으며 (제후국들과) 천 리나 멀리 떨어져 있으니, 적의 군사가 100만이라면 진나라 지역은 100분의 2의 군사만 있으면 됩니다.”라고 했고 배인(裴駰)의 주에서 “‘백이(百二)’는 100분의 2이니 2만 명이다. 진나라 지역은 험하고 견고하여 2만 명이면 제후의 100만 명을 당해낼 수 있다.”라고 했다.(前漢, 婁敬傳. 夫秦地, 被山帶河, 四塞以爲固, 卒然有急, 百萬之衆, 可具. 因秦之故, 資甚美膏腴之地.[260] 此所謂天府. 註. 府, 聚也, 萬物所聚. 高紀. 秦, 形勝之國. 帶河阻山, 縣隔千里,[261] 持戟百萬, 秦得百二焉. 註. 百二, 得百中之二, 二萬人也. 秦地險固, 二萬人足當諸侯百萬人.)

[역자주] 天府(천부) : 하늘이 내려준 창고. 땅이 기름진 곳이라는 말이다. 由來(유래) : 예로부터.

4 **[협주]** 황보밀(皇甫謐) ≪고사전(高士傳≫의 기록이다. 상산사호(商山四皓)는 진(秦)나라의 학정을 보고 남전산(藍田山)으로 숨어들었다. 노래를 지어 이르기를, “아득한 높은 산은 깊은 계곡이 구불구불하다. 무성한 자줏빛 지초는 허기를 채울 만하다. 요순시대 멀어졌으니 우리는 장차 어디로 가야 하나. 네 마리 말이 끄는 높은 수레 탄 이들이여 그 근심이 매우 크다. 부귀하면서 남을 두려워하기보다는 가난하면서 내 뜻대로 사는 것이 낫겠다.”라고 했다. ≪한서·장량전(張良傳)≫에서 “생각해보건대 폐하께서 불러오지 못한 자가 4인입니다. 4인이 연로했는데, 모두가 폐하께서 선비들을 무시한다고 여겨 산속에 숨었고 의리상 한나라의 신하가 될 수 없다고 생각하고 있습니다.”라고 했다.(皇甫謐,

---

260) 膏腴(고유) : 땅이 기름지다.
261) 縣隔(현격) : 멀리 떨어져 있다.

高士傳. 四皓見秦政虐, 逃入藍田山, 作歌曰, 漠漠高山, 深谷逶迤,[262] 曄曄紫芝,[263] 可以療饑.[264] 唐虞世遠,[265] 吾將安歸. 駟馬高蓋,[266] 其憂甚大. 富貴而畏人, 不如貧賤而肆志.[267] 張良傳. 顧上不能致者, 四人, 四人年老, 皆以上嫚侮士,[268] 故逃匿山中, 義不爲漢臣.)

[역자주] 四皓(사호) : 진시황 시기에 포악한 정치와 세상의 혼란을 피해 상산(商山)에 은거했던 네 노인으로 상산사호로 불린다. 동원공(東園公), 하황공(夏黃公), 기리계(綺里季), 녹리선생(甪里先生)이다.

5 **[협주]** ≪사기·장의열전(張儀列傳)≫의 기록이다. 장의는 초나라로 가서 재상이 되었다. 초나라 회왕(懷王)은 장의가 온다는 소식을 듣고 상급의 객사를 비워 몸소 그를 객사로 인내하고 말하기를, "이곳은 구석지고 누추한 나라입니다. 선생께서는 무엇을 가르쳐주시겠소?"라고 물었다. 장의가 초나라 임금에게 유세하기를, "대왕께서 진정 신의 말을 따라서 관문을 닫고 제나라와의 맹약을 끊으신다면, 신은 상오(商於) 지역의 땅 600리를 바치겠습니다."라고 했다. 초나라 임금은 매우 기뻐하며 허락했다. 이에 마침내 관문을 닫고 제나라와의 맹약을 끊은 뒤 장군 한 사람을 장의에게 딸려 보냈다. 장의는 초나라의 사신에게 이르기를, "신의 봉읍(奉邑) 6리를 대왕께 바치고자 합니다."라고 하자 초나라의 사신이 말하기를, "신이 우리 군주께 상오의 땅 600리로 명을 받았지 6리라고는 들은 적이 없습니다."라고 했다. (사신이) 돌아가 초나라 임금에게 보고하자 초나라 임금은 몹시 화를 내면서 군사를 일으켜 진나라를 공격했다.(史記. 張儀往相楚. 楚懷王聞張儀來, 虛上舍而自館之曰, 此僻陋之國.[269] 子何以教之. 儀說楚王曰, 大王誠能聽臣, 閉關, 絶約於齊, 臣請獻商於之地六百里. 楚王大說而許之.[270] 於是遂閉關絶約於

---

262) 逶迤(위이) : 구불구불한 모양.
263) 曄曄(엽엽) : 아름답고 무성한 모양.
264) 療饑(요기) : 굶주림을 면하다.
265) 唐虞(당우) : 각각 요임금과 순임금이 봉해진 곳의 명칭인데, 이로써 요순시대를 가리킨다.
266) 駟馬高蓋(사마고개) : 네 마리 말이 끄는 높은 수레 덮개. 고귀한 관원을 가리킨다.
267) 肆志(사지) : 내 뜻대로 마음대로 하다.
268) 嫚侮(만모) : 업신여기다
269) 僻陋(벽루) : 편벽하고 비루하다.
270) 說(열) : 기뻐하다.

齊, 使一將軍隨張儀. 儀謂楚使者曰, 臣奉邑六里, 願以獻大王左右. 楚使者曰, 臣受命於王以商於之地六百里, 不聞六里. 還報楚王, 楚王大怒, 發兵以攻秦.)

[역자주] 張儀(장의) : 전국시대 위(魏)나라 사람으로 진(秦)나라의 재상이 되어 초나라가 제나라와 맹약을 깨게 한 뒤, 초나라 회왕의 화를 돋구어 진나라를 공격하게 했다. 이때 진나라는 제나라와 협공하여 초나라를 물리치고 많은 땅을 차지했다. 장의가 주겠다고 약속한 상오 지역이 청운관이 있던 지역이다.

6 [역자주] 蘿陰(나음) : 여라 덩굴로 이루어진 그늘. 여라는 소나무의 기생식물인데 대체로 은일을 상징한다.

7 [역자주] 繞(요) : 두르다. 감싸다.

8 **[협주]** ≪주역·고괘(蠱卦)·상구(上九)≫에서 "왕후를 섬기지 않고 자신의 일을 고상히 한다."라고 했다.(易. 不事王侯, 高尚其事.)

9 [역자주] 水苗(수묘) : 싹에 물을 주다.

해설

이 시는 두목이 청운관에 머물면서 느낀 감회를 적은 것이다. 천혜의 지형을 가지고 있다는 사실과 상산사호와 장의의 고사를 말하고는, 특히 은거하기 좋은 곳이라 이곳에서 농사 짓고 살겠다는 뜻을 표현했다. 창작 시기는 대개 회창 원년(841) 두목이 장안에서 좌보궐(左補闕)로 있을 때 지은 것으로 추정한다.

227. 군청 안에서 생각이 일어 목주자사 원외랑 형님께 부쳐 드리다

郡中有懷, 寄上睦州員外十三兄[1]

城枕溪流淺更斜,	성곽에 걸쳐 있는 시내는 얕고 비스듬한데
麗譙連帶邑人家.[2]	아름다운 누대가 고을의 인가에 이어져 있습니다.
經冬野菜青青色,	겨울을 지낸 들판의 채소는 푸르고 푸른 빛이고
未臘山梅樹樹花.[3]	납일이 지나지 않았는데 산의 매화는 나무마다 꽃을 피웁니다.
雖免瘴雲生嶺上,[4]	비록 오령 위에 생기는 장기 구름은 피했지만
永無京信到天涯.	하늘 끝에 오는 경사의 소식은 영원히 없습니다.
如今歲宴從羈滯,[5]	올 연말도 비록 객지에서 나그네로 머물지만
心喜彈冠事不賒.[6]	관의 먼지를 터는 일이 멀지 않았음을 마음으로 기뻐합니다.

주석

1 **[협주]** 섭주자사(歙州刺史) 형군(邢羣)이다.(歙州刺史邢郡271).)
[역자주] 睦州員外十三(목주원외십삼) : 목주자사인 두목을 가리킨다. '십삼'은 종형제간의 순서이다. 협주에서 말한 형군(邢羣)은 이 시를 지은 작자를 말한다. 그는 하간(河間) 출신으로 자가 환사(渙思)이며 대리평사(大理評事), 호부원외랑(戶部員外郎), 처주자사(處州刺史), 섭주자사(歙州刺史) 등을 역임했다.

2 **[협주]** ≪한서·진승전(陳勝傳≫의 안사고 주에서 "'초문(譙門)'은 문 위에 높은 누대를

271) '郡'은 '羣'의 잘못이다.

만들어 조망하는 것을 말한다. 누대를 '초(譙)'라고도 하기에 아름다운 누대를 '여초(麗譙)'라고 한다."라고 했다.(前漢, 陳勝傳註. 譙門, 謂門上爲高樓, 以望者耳. 樓一名譙, 故謂美麗之樓爲麗譙.)

3 [역자주] 臘(랍) : 납제(臘祭)를 지내는 납일(臘日)로 음력 12월 8일이다.

4 [역자주] 瘴雲(장운) : 열대의 독기운인 장기瘴氣가 일어나는 구름. 嶺上(영상) : 고개 위. 여기서는 오령(五嶺)으로 이곳을 넘어 남쪽으로 가면 열대 지역의 장기가 있는 곳이다.

5 [역자주] 歲宴(세연) : 연말. '연'은 '안(晏)'과 통한다. 羈滯(기체) : 객지에서 머물다. '기'는 말의 굴레로 지방을 떠도는 것을 상징한다.

6 **[협주]** ≪한서·왕길전(王吉傳)≫에서 "왕길은 자가 자양(子陽)이다. 공우(貢禹)와 친구였는데 세상 사람들이 이르기를, '왕길이 벼슬에 오르니 공우가 관을 턴다.'라고 했다."라고 했고 안사고의 주에서 "'탄관(彈冠)'이라는 것은 조정에 들어가 벼슬한다는 말이다."라고 했다. '사(賒)'는 식과 차의 반절이며 멀다는 뜻이다.(前漢書. 王吉, 字子陽. 與貢禹爲友, 世稱, 王陽在位, 貢公彈冠. 註. 彈冠者, 言入仕也. 賒, 式車切, 遠也.)

해설

이 시는 섭주자사(歙州刺史) 형군(邢羣)이 목주자사(睦州刺史)로 있던 두목에게 보낸 것이다. 다음에 나오는 <정초에 삼가 답하다(正初奉酬)>가 이 시에 대한 두목의 답시인데 형군의 원시를 아울러 수록한 것으로 보인다. 변방에서 지방관으로 근무하는 처지를 안타까워하고는 그래도 곧 경사로 올라가기를 바라는 내용이다. 창작 시기는 대개 대중 원년(847) 두목이 목주자사로 있을 때 지은 것으로 추정한다.

228. 정초에 받들어 답하다

正初奉酬

翠巖千尺倚溪斜,	천 척 높이의 푸른 바위가 시내에 기대어 비스듬한데
曾得嚴光作釣家.[1]	일찍이 엄광을 얻어 낚시하던 곳이 되었지.
越嶂遠分丁字水,[2]	남월의 산줄기는 멀리 '丁' 자 모양의 강을 나누고
臘梅遲見二年花.[3]	납월의 매화는 두 해의 꽃을 보여주길 기다리네.
明時刀尺君須用,[4]	밝은 세상에서 재단함에 그대는 필시 중용되겠지만
幽處田園我有涯.[5]	깊숙이 전원에 머무는 것으로 나는 마무리를 하리라.
一壑風煙陽羨里,[6]	온 골짜기에 바람 일고 안개 끼는 양선리
解龜休去路非賒.[7]	거북 인장 풀어 그만두고 돌아감에 길이 멀지 않도다.

주석

1 [역자주] 嚴光(엄광) : 동한 회계(會稽) 사람으로 자가 자릉(子陵)이며 어려서 광무제(光武帝) 유수(劉秀)와 동문수학했다. 유수가 즉위한 뒤 엄광이 이름과 성을 바꾸고 은둔했다. 유수가 그를 찾아내서 간의대부(諫議大夫)에 제수하려고 했지만 부춘산(富春山)에 은거하면서 낚시를 즐겼다. 그가 낚시하던 곳을 엄릉뢰(嚴陵瀨)라고 불렀다

2 [역자주] 越嶂(월장) : 월 땅의 산줄기. 丁字水(정자수) : 목주의 동양강(東陽江)을 가리킨다. 물의 굽이가 '丁' 자를 닮아 붙여진 이름이다.

3 **[협주]** ['지(遲)'는] 직과 리의 반절이며 기다린다는 뜻이다.(直利切, 待也.)
[역자주] 臘梅(납매) : 섣달에 피는 매화. 二年花(이년화) : 두 해에 걸쳐 피는 꽃이란 뜻으로 겨울과 이듬해 봄까지 피는 꽃을 가리킨다.

4 **[협주]** '도척'은 권2에 보인다.[272](刀尺見二卷.)

[역자주] 刀尺(도척) : 가위과 자. 옷을 지을 때 천을 재단하는 도구이다. 이로부터 인재를 기용하며 품평하는 것을 비유한다.

5 [역자주] 有涯(유애) : 끝이 있다. 생애를 마치겠다는 말이다.

6 **[협주]** ≪한서·서전(叙傳≫의 기록이다. 반사(班嗣)가 환담(桓譚)에게 답한 글에서 "저 엄광이라는 사람은 산골짜기에서 물고기를 낚았으니 만물이 그의 뜻을 간섭할 수 없었고, 산언덕에서 머물렀으니 천하가 그의 즐거움을 바꾸지 못했습니다."라고 했다. '양선'은 권2에 보인다.[273](前漢, 叙傳. 班嗣報桓生書曰, 若夫嚴子者, 漁釣於一壑, 則萬物不干其志, 栖遲於一丘,[274] 則天下不易其樂. 陽羨見二卷.)

[역자주] 陽羨里(양선리) : 상주(常州) 의흥현(義興縣)으로 당시 두목이 은거하려는 집이 있었다.

7 **[협주]** 사령운(謝靈運)의 <처음으로 영가군(永嘉郡)을 떠나며(初去郡)>라는 시에서 "원홍(元興) 연간에 처음 벼슬을 했다가, 경평(景平) 연간에 관직을 떠난다."라고 했고 ≪문선≫ 장선(張銑)의 주에서 "'견사(牽絲)'는 왕명에 이끌려 벼슬을 하게 되었다는 말이다. '원흥'은 동진(東晉) 안제(安帝)의 연호(402-404)이다. '해귀(解龜)'는 차고 있던 거북 인장을 풀어 버린다는 말이다. '경평'은 남조 송나라 소제(少帝)의 연호(423-424)이다. 원흥 연간에 관직을 제수받았고 경평 연간에 사직했다는 말이다."라고 했다. ≪신당서·거복지(車服志)≫에서 "천수(天授) 2년(691)에 물고기 모양의 인장 주머니를 모두 거북 모양으로 바꿨다. 그 뒤에 3품 이상은 거북 모양의 주머니에 금으로 장식했고 4품은 은으로, 5품은 동으로 장식했다. 중종(中宗) 초엽에 거북 모양의 주머니를 폐지하고 다시 물고기 모양의 주머니를 지급했다."라고 했다.(謝靈運, 去郡詩. 牽絲及元興, 解龜在景平. 註. 牽絲, 謂牽王如絲之言而仕也.[275] 元興, 晉安帝年號. 解龜, 謂解去所佩龜印

---

272) 두목의 시 <자신에게 주다(自貽)> "가위와 자로 스스로 재단하지 못한다.(刀尺不由身.)"의 주에 보인다.

273) 두목의 시 <시어사 허혼이 관직을 그만두고 동쪽으로 돌아가 강남에서 깨끗하게 지내며 자못 자적하신다는 소식을 듣고 늦가을에 우러르며 10운의 시를 지어 부치다(許七侍御棄官東歸, 瀟洒江南, 頗聞自適, 高秋企望, 題詩寄贈十韻)> "양선의 내 집을 찾아가리라.(陽羨訪吾廬.)"의 주에 보인다.

274) 栖遲(서지) : 머물다.

275) 如絲之言(여사지언) : 실과 같은 말. 고치의 실이 한번 풀리면 되돌릴 수 없는 것처럼 임금의 말은 한번

也. 景平, 宋少帝年號. 言授官於元興, 謝職於景平. 新唐書志. 天授二年改佩魚皆爲龜. 其後三品以上龜袋飾以金, 四品以銀, 五品以銅. 中宗初罷龜袋, 復給以魚.)

[역자주] 賒(사) : 멀다.

해설

이 시는 앞에 있는 시에 화답한 것이다. 목주의 한적한 경관을 묘사한 뒤 자신은 관직에 뜻이 없고 은거할 것이라고 했다. 창작 시기는 대개 목주자사로 있던 대중 2년(848) 정초에 지은 것으로 추정한다.

나오면 거두어들일 수가 없다는 데에서 임금의 말을 뜻한다.

229. 강가에서 우연히 만나 지은 절구
江上偶見絶句

楚江寒食橘花時,[1]	초 지역 강가의 한식은 귤꽃이 필 때인데
野渡臨風駐彩旗.	들녘 나루터에서 바람을 맞으며 채색 깃발을 멈추네.
草色連雲人去住,[2]	풀빛은 구름에 이어졌고 사람들 오가는데
水紋如縠燕差池.[3]	비단 같은 연못 물결에 제비가 어지럽게 스친다.

주석

1 **[협주]** ≪형초세시기≫에서 "동지에서 105일이 지나면 거센 바람이 불고 많은 비가 내리는데, 그것을 한식(寒食)이라고 한다."라고 했다.(荊楚歲時記. 去冬節一百五日, 有疾風甚雨, 謂之寒食.)

2 [역자주] 去住(거주) : 떠나고 머물다. 사람들이 오고 간다는 말이다.

3 **[협주]** 권2의 "들의 물에는 새로 온 제비가 들쑥날쑥하다."의 주에 보인다.[276](見二卷, 野水差新燕註.)

[역자주] 水紋(수문) : 파문. 縠(곡) : 비단. 差池(치지) : 들쑥날쑥한 모양. 여기서는 제비가 이리저리 나는 모습을 형용한 것이다.

---

276) 두목의 시 <하주절도사 최 산기상시가 태자소경으로 있다가 지방으로 나가 절도사 깃발을 인도하게 되었기에 지은 10운의 시(夏州崔常侍自少常亞列出領麾幢十韻)>이다.

해설

이 시는 유우석(劉禹錫)의 시 <원외랑 두(竇) 사군이 한식일에 송자도(松滋渡)에 머물며 먼저 부쳐 보여준 율시에 답하다(酬竇員外使君寒食日途次松滋渡先寄示四韻)> 중 앞의 4구와 동일하다. 유우석이 낭주사마(朗州司馬)로 있을 때 두상(竇常)에게 보낸 시인데 ≪번천문집≫에 잘못 편입된 것이다. 한식 무렵 초 지역 강가의 경관을 묘사했다.

230. 목란의 사당에 쓰다

題木蘭廟[1]

彎弓征戰作男兒,[2]	활을 당기며 전쟁에 나서 남아 노릇을 하지만
夢裏曾經夢畫眉.[3]	꿈속에서는 일찍이 눈썹을 그리기도 했지.
幾度思歸還把酒,[4]	몇 번이나 돌아가길 생각하며 또 술잔을 들고
拂雲堆上祝明妃.[5]	불운퇴 위에서 왕소군을 향해 기도했을까.

주석

1 [역자주] 木蘭廟(목란묘) : 목란의 사당. 지금의 호북성 황강(黃岡) 목란산 위에 있다. 목란은 북방 이민족 여인의 이름인데 아버지를 대신하여 수자리 살러 나갔으며 10년 후에 돌아왔다. 악부시에 자세한 내용이 있다.

2 **[협주]** 고악부(古樂府) <목란을 읊은 시(木蘭詩)>의 내용이다. 귀뚜라미는 어찌 그리 베 짜기를 재촉하며 귀뚤귀뚤 울어대는가 목란이 문을 마주하고 베를 짜는데, 베틀의 북소리 들리지 않고 단지 여인의 탄식이 들릴 뿐이네. 그녀에게 무엇을 그리워하는지 묻자 그녀는 그리워하는 것도 없다고 하네. 어젯밤 징병 영장을 보니 군주께서 군사를 모집한다네. 징병자 명단 12권 그 안에 아버지의 이름이 있네. 아버지에겐 큰아들이 없으니 목란에게 오빠가 없네. 기꺼이 말 안장을 사고 이제 아버지를 대신해 전쟁터로 나갈 것이네. 아침 일찍 부모님께 하직하고 떠나 저녁에는 황하가에서 밤을 지내네. 딸을 찾는 부모님의 목소리는 들리지 않고 단지 황하가 콸콸 흐르는 소리만 들려오네. 아침에 황하를 떠나 밤에 연연산 옆에서 밤을 지내네. 딸을 찾는 부모님의 목소리는 들리지 않고, 적들의 말 우는 소리만 들려오네. 만 리를 달려 전쟁터에 나서는데 관문과 산을 날듯이 넘어가네. 북방의 찬 기운 속에 징 소리 북 소리가 전해오고 차가운 빛이 철갑옷을 비추네.

장군들은 수많은 전투에서 목숨을 잃었고 장병들은 십 년이 지나서야 돌아가네. 돌아와 천자를 알현하니 천자는 명당에 앉아 있네. 공적을 기록하여 12차례 훈급이 승진했고 하사한 물품이 수백 수천도 넘었네. 군주께서 무엇을 바라냐고 물었지만 목란은 상서랑의 관직도 싫고, 다만 천리마를 달려 자신을 고향으로 돌려보내 주기를 바랄 뿐이라 했네. 부모님은 딸이 온다는 소식을 듣고 성 밖으로 나가 서로 부둥켜안았네. 언니는 동생이 온다는 소리를 듣고 문 앞에서 붉은 화장을 다듬고, 남동생은 누나가 온다는 소리를 듣고 반짝반짝 칼을 갈아 돼지와 양을 향하네. 내 동쪽 방의 문을 열고 내 서쪽 방의 침상에 앉고는, 내 전투복을 벗고 내 옛 치마를 입네. 창가에 앉아 구름 같은 머리를 다듬고 거울을 대하고 장식 꽃잎을 붙이네. 문을 나서 전우들을 만나니 전우들이 모두 놀라서 허둥거리네. 12년을 함께 다니면서 목란이 여자였음을 몰랐네. 수토끼는 다리에 털이 듬성하고 암토끼는 눈이 가느스름하지만 두 마리 토끼가 나란히 달리면 어떻게 암수를 알 수 있겠는가.(古樂府, 木蘭詩. 促織何喞喞,[277] 木蘭當戶織. 不聞機杼聲,[278] 但聞女歎息. 問女何所憶, 女亦無所憶. 昨夜見兵帖,[279] 可汗但點兵.[280] 兵書十二卷, 卷中有爺名.[281] 阿爺無大兒, 木蘭無長兄. 願爲市鞍馬,[282] 從此替爺征. 旦辭爺孃去,[283] 暮宿黃河邊. 不聞爺孃喚女聲, 但聞黃河水濺濺.[284] 旦辭黃河去, 暮宿燕山頭.[285] 不聞爺孃喚女聲, 但聞胡馬鳴啾啾.[286] 萬里赴戎機,[287] 關山度若飛. 朔氣傳金鼓,[288] 寒光照鐵衣, 將軍百戰死, 壯士十年歸. 歸來見天子, 天子坐明堂.[289] 策勳十二轉,[290] 賜

---

277) 促織(촉직) : 베 짜기를 재촉하다. 귀뚜라미의 울음소리를 형용한 것이기도 하여 귀뚜라미를 가리킨다. 喞喞(즐즐) : 귀뚜라미가 우는 소리.

278) 機杼(기저) : 베틀 북. 북은 베를 짤 때 실을 좌우로 옮기는 도구이다.

279) 兵帖(병첩) : 군사 문서. 여기서는 징집 영장을 말한다.

280) 可汗(극한) : 흉노족 우두머리의 명칭이다. 點兵(점병) : 징병하다.

281) 爺(야) : 아버지.

282) 市(시) : 사다.

283) 孃(양) : 어머니.

284) 濺濺(천천) : 물이 빨리 흘러가는 소리.

285) 燕山(연산) : 지금의 몽골에 있는 연연산(燕然山).

286) 啾啾(추추) : 동물이 우는 소리. 여기서는 말 울음소리이다.

287) 戎機(융기) : 전쟁하는 시기.

288) 金鼓(금고) : 징과 북. 군대에서 후퇴와 전진을 알릴 때 사용하는 것이다.

289) 明堂(명당) : 천자가 정사를 돌보는 장소이다.

物百千强.[291] 可汗問所欲, 木蘭不願尙書郞. 願馳千里足, 送兒還故鄕. 爺孃聞女來, 出郭相扶將.[292] 阿姊聞妹來, 當戶理紅妝. 小弟聞姊來, 磨刀霍霍向豬羊.[293] 開我東閣門, 坐我西間床. 脫我戰時袍, 著我舊時裳. 當窓理雲鬢,[294] 對鏡貼花黃.[295] 出門烽火伴,[296] 火伴皆驚怔.[297] 同行十二年, 不知木蘭是女郞. 雄兎脚撲朔,[298] 雌兎眼迷離.[299] 兩兎傍地足[300], 烏能知我是雄雌.[301])

[역자주] 彎弓(만궁) : 활을 당기다.

3 [역자주] 夢畫眉(몽화미) : '몽' 자는 다른 문헌에는 '여(與)'로 되어 있는데, 이것이 옳다.

4 [역자주] 幾度(기도) : 몇 번.

5 **[협주]** ≪십도지≫ 관내도(關內道) 조목에 "승주(勝州)에 불운퇴(拂雲堆)가 있다."라고 했다. 당(唐) 오긍(吳兢)의 ≪악부해제(樂府解題)≫에서 "옛 사서에 의하면, 왕장(王嬙)은 자가 소군(昭君)이다. 한나라 원제(元帝) 시기에 흉노가 천자를 알현하러 오자 조서를 내려 왕장을 배필로 삼아 주었고 호칭을 호연지(胡閼氏)라고 했다. 서진(西晉) 문제(文帝)의 이름 소(昭)를 피해서 진(晉)나라 사람들이 명군(明君)으로 바꿨다."라고 했다.(十道志, 關內道. 勝州有拂雲堆. 樂府解題. 舊史. 王嬙, 字昭君. 漢元帝時匈奴入朝, 詔以嬙配之, 號胡閼氏. 晉文帝諱昭, 故晉人改爲明君.)

[역자주] 拂雲堆(불운퇴) : 지금의 내몽고자치구 포두(包頭)의 북서쪽에 있는 지명이다.

---

290) 策勳(책훈) : 공훈을 기록하다. 轉(전) : 관직을 옮기다. 여기서는 승진한다는 말이다.
291) 强(강) : 남음이 있다. 그보다 많다는 말이다.
292) 扶將(부장) : 껴안다.
293) 霍霍(곽곽) : 빛나는 모양. 豬(저) : 돼지.
294) 理(리) : 다듬다. 雲鬢(운빈) : 구름처럼 풍성한 머리카락.
295) 貼(첩) : 붙이다. 花黃(화황) : 옛날 여인의 얼굴 장식.
296) '烽'은 '看'의 잘못이다. 火伴(화반) : 전우. 고대에는 군인 10명이 같은 아궁이에서 밥을 먹었기에 10명을 '화'라고 했다.
297) 驚怔(경정) : 놀라서 허둥거리다.
298) 撲朔(박삭) : 털이 듬성한 모양.
299) 迷離(미리) : 가느스름한 모양.
300) '足'은 '走'의 잘못이다.
301) 烏(오) : 어찌.

해설

이 시는 두목이 황주(黃州)에 있는 목란의 사당에 들러 목란의 고사를 생각하면서 추모한 것이다. 12년 동안 전쟁터를 전전하던 목란이 밤에는 여인의 본능을 드러내기도 했으며 화친으로 전쟁이 끝나 고향으로 돌아가게 해달라고 간절히 기원했을 것이라고 했다. 창작 시기는 대개 회창 2년(842)에서 회창 4년(844) 두목이 황주자사를 지낼 때 지은 것으로 추정한다.

231. 상산에 들어가다

入商山[1]

早入商山百里雲,	아침에 상산에 들어가니 백 리에 걸친 구름이고
藍溪橋下水聲分.[2]	남계의 다리 아래엔 물소리가 분명하네.
流水舊聲人舊耳,[3]	흐르는 물도 옛 소리이고 사람도 옛 귀인데
此迴嗚咽不堪聞.[4]	이번에는 오열하기에 차마 들을 수가 없구나.

주석

1 **[협주]** ≪십도지≫에서 "상주에 상산이 있다."라고 했고, 주에서 "사호(四皓)는 하내 지(軹) 사람으로 이 산에 은거했다. 초산(楚山)이라고도 한다. 산에 두 수원이 있어 사호의 사당 동쪽으로 나뉘어 흐른다."라고 했다.(十道志. 商州有商山. 註. 四皓, 河內軹人, 隱此山. 一名楚山, 山有兩源, 分流四皓廟東.)

2 **[협주]** ≪삼진기(三秦記)≫에서 "남전현(藍田縣)에 섬이 있는데 사방 30리이다. 그 물이 북쪽으로 흐르는데 옥과 구리와 철광석이 난다."라고 했다.(三秦記. 藍田有洲方三十里, 其水北流, 出玉銅鐵石.)

[역자주] 藍溪(남계) : 지금의 섬서성 상현(商縣)의 진령(秦嶺)에서 발원하여 남전현(藍田縣)으로 흘러드는 하천 이름이다.

3 [역자주] 人舊耳(인구이) : 사람이 옛 귀이다. 이 구는 이곳의 물소리를 예전에도 들은 적이 있다는 말이다. 개성 4년(839) 좌보궐 및 사관수찬으로 임명받아 장안으로 가면서 이곳을 들른 적이 있다.

4 [역자주] 嗚咽(오열) : 여기서는 물이 흘러가는 소리가 매우 구슬픈 것을 말한다.

해설

이 시는 상산을 지나며 남계의 물소리를 들으며 지은 것으로, 예전에도 물소리를 들었지만 이번은 너무 슬프다고 했다. 회창 2년(842) 봄 황주자사로 부임하던 도중에 지은 것으로 추정한다.

232. 우연히 쓰다
偶題

甘羅昔作秦丞相,[1]	감라는 옛날에 진나라의 승상이 되었고
子政曾爲漢輦郎.[2]	유향은 일찍이 한나라의 연랑 벼슬을 했지.
千載更逢王侍讀,	천 년이 지나 다시 왕 시독을 만나니
當時還道有文章.[3]	당시 문장이 좋았다고 여전히 말하네.

주석

1 **[협주]** ≪사기·감라전(甘羅傳)≫의 기록이다. 감라는 감무(甘茂)의 손자이다. 감무가 죽은 뒤 감라는 12세의 나이로 진나라 승상이던 문신후(文信侯) 여불위(呂不韋)를 섬겼다. 시황제가 불러 접견하고 감라를 조(趙)나라에 사신으로 보내자 조나라 양왕(襄王)은 교외에 나가 감라를 영접했다. 감라가 조나라 임금에게 유세했다. 조나라 임금은 즉석에서 직접 5개의 성을 떼어내 진나라에 주어 하간(河間)을 넓히게 했고, 진나라에서는 연나라 태자를 돌려보냈다. 조나라는 연나라를 쳐서 상곡(上谷)의 30개 성을 빼앗았고 그 가운데 12개의 성을 진나라에 주었다. 감라가 돌아와 보고하니 진나라 임금은 감라를 봉하여 상경(上卿)으로 삼고, 또 감무가 소유했던 전답과 저택을 그에게 하사했다.(史記. 甘羅者, 甘茂孫也. 茂既死後, 甘羅年十二事秦相文信侯呂不韋. 始皇召見, 使甘羅於趙, 趙襄王郊迎甘羅. 甘羅說趙王曰. 趙王立自割五城, 以廣河間, 秦歸燕太子. 趙攻燕, 得上谷三十城, 令秦有十二[302]. 甘羅還報, 秦乃封甘羅以爲上卿, 復以甘茂田宅賜之.)

2 **[협주]** ≪한서·유향전(劉向傳)≫에서 "유향은 자가 자정(子政)이고 본명이 갱생(更生)

302) 현재 전하는 ≪사기≫에는 '二'가 '一'로 되어 있다.

이다. 나이 12세에 아버지 유덕(劉德)의 힘으로 연랑에 임명되었다."라고 했고 안사고의 주에서 "지금의 인어연랑(引御輦郎)과 같다."라고 했다.(前漢, 劉向, 字子政, 本名更生. 年十二以父德任爲輦郎. 註. 而今引御輦郎也.)

[역자주] 輦郎(연랑) : 임금의 수레를 끄는 관원이다. 이상 두 구는 왕기를 두 사람에 비기며 칭송하기 위해 말한 것이다.

3 **[협주]** ≪구당서·왕기전(王起傳)≫의 기록이다. 왕기는 자가 거지(擧之)이다. 장경(長慶) 원년(821)에 예부시랑(禮部侍郎)으로 전임되었다. 그 해에 전휘(錢徽)가 인재 선발을 맡고 있었는데 조정 관료들의 청탁을 들어주자 사람들이 너무 많이 선발한다고 여겼다. 조서를 내려 마침내 전휘를 대신하여 예부시랑으로 삼았다. 인재 선발을 맡은 지 2년 만에 인재를 얻는 것이 더욱 정밀해졌다. 장각태자(莊恪太子)가 태자에 오르자 황제가 유학자로 경서를 가르치게 하고자 하여 태자시독(太子侍讀)을 겸했다. 왕기가 전후로 네 차례 인재 선발 업무를 맡았는데 선발된 사들이 모두 당대의 문사들로 당시 사람들에게 명망이 있자 모두가 그의 정밀한 감식안을 칭송했다.(唐書. 王記[303], 字擧之. 長慶元年遷禮部侍郎. 其年錢徽掌貢士,[304] 爲朝臣請託, 人以爲濫. 詔遂代徽爲禮部侍郎. 掌貢二年, 得士尤精. 以莊恪太子登儲,[305] 欲令儒者授經, 乃兼太子侍讀. 起前後四典貢部, 所選皆當代詞藝之士, 有名于時人, 皆賞其精鑒.)

[역자주] 道(도) : 말하다.

해설

이 시는 우연히 왕기의 문장을 다시 읽어본 뒤 그 감회를 적은 것으로 그의 글이 감라와 유향에 비긴다고 감탄했다. 작시 시기는 고찰할 수 없다.

---

303) '記'는 '起'의 잘못이다.

304) 掌貢士(장공사) : 지방에서 추천받은 인재를 시험해서 선발하는 일을 관장하다. '공사'는 지방에서 조정으로 인재를 추천하는 것을 가리킨다.

305) 登儲(등지) : 태자에 오르다.

233. 노 수재를 전송하며 지은 절구 한 수

送盧秀才一絶[1]

春瀨與煙遠,[2]	봄 여울은 안개와 함께 멀리 뻗어 있는데
送君孤棹開.	그대를 보내니 배 한 척이 출발하는구나.
潺湲如不改,[3]	잔잔하게 흐르는 물이 바뀌지 않는다면
愁更釣魚來.	시름이 다시 올 때 낚시하러 오리라.

주석

1 [역자주] 盧秀才(노수재) : 노씨에 대해서는 자세히 알려져 있지 않다. '수재'는 한나라 때 관리 선발 제도의 하나였으나, 당송 때는 진사시(進士試)에 응시하는 선비를 일컫는 말로 쓰였다. 두목의 문장 중에 <노 수재가 과거 보러 가는 것을 전송하는 서문(送盧秀才赴擧序)>이 있다.

2 [역자주] 春瀨(춘뢰) : 봄날의 여울. 칠리뢰(七里瀨)로 엄광(嚴光)이 은거하며 낚시하던 곳이다.

3 [역자주] 潺湲(잔원) : 물이 졸졸 흐르는 소리.

해설

이 시는 노 수재를 송별하며 지은 것이다. 그를 송별하는 상황을 묘사하고는 그가 그리워지면 이곳에 와서 낚시를 하겠다고 했다. 대중 원년(847) 두목이 목주자사(睦州刺史)를 지내던 시기에 지은 것으로 추정한다.

234. 취해서 쓰다
醉題

金鑷洗霜鬢,[1]	금 족집게로 흰머리를 뽑고
銀觥敵露桃.[2]	은 술잔으로 우물가 복숭아나무를 마주했네.
醉頭扶不起,	취한 머리를 부축해도 일어날 수가 없는데
三丈日還高.	세 길이나 해는 여전히 높이 떠 있구나.

주석

1 **[협주]** ['섭(鑷)'은] 니와 첩의 반절이며 족집게이다. ≪설문해자≫에서는 "상자이다."라고 했다.(泥輒切, 鑷子也. 說文, 箱也.)
[역자주] 洗(세) : 제거하다. 霜鬢(상빈) : 서리같이 하얗게 된 귀밑털.

2 **[협주]** ['굉(觥)'은] 고와 횡의 반절이며 뿔로 술잔을 만든 것인데 일곱 되가 들어간다. 잘못을 저지른 자가 한 번에 다 마신다.(古橫切, 角爲酒器, 受七升. 有過者一擧而盡.)
[역자주] 敵(적) : 마주하다. 露桃(노도) : 노정도(露井桃)의 준말로, 뚜껑이 없는 우물가에 자라는 복숭아나무이다. 이로 인신하여 복숭아나무나 복사꽃을 가리킨다.

해설

이 시는 취한 뒤에 지은 것으로, 복사꽃이 핀 날 단장하고 술을 마셨는데 몸을 가누지 못할 정도로 취했지만 아직 대낮이라고 했다. 작시 시기는 고찰할 수 없다.

235. 상산사호의 사당에 쓴 절구 한 수

題商山四皓廟一絶

呂氏强梁嗣子柔,[1]	여씨는 강경했고 태자는 유약했는데
我於天性豈恩讎.[2]	내 어찌 천성에 대해 좋다 나쁘다 하겠는가.
南軍不袒左邊袖,[3]	남군이 좌측 소매를 벗지 않았다면
四老安劉是滅劉.[4]	사호가 유씨를 도운 것이 유씨를 망하게 한 것이었으리라.

주석

1 **[협주]** '강량'은 이미 권1에 나왔다.306)(强梁, 已出一卷.)

[역자주] 强梁(강량) : 강건하다. 嗣子(사자) : 왕위를 계승하는 이. 적장자를 뜻한다.

2 **[협주]** ≪효경·성치장(聖治章)≫에서 "아버지와 자식의 도리는 천성이다."라고 했다.(孝經曰, 父子之道, 天性也.)

[역자주] 恩讎(은구) : 은혜와 원수. 여기서는 은혜롭게 대하는 것과 원수로 대하는 것을 말한다.

3 [역자주] 南軍(남군) : 한나라 초기에 수도를 지키던 군대로, 남군은 궁성(宮城)을 경비했고 북군(北軍)은 경성(京城)을 경비했다. 여태후(呂太后) 시기에 여씨(呂氏)들이 남군을 장악했다. 袒(단) : 소매를 벗어 어깨를 드러내다.

4 **[협주]** ≪한서·고후본기(高后本紀)≫의 기록이다. 고황후(高皇后) 여씨가 혜제(惠帝)를 낳았는데, 고조(高祖)를 도와 천하를 평정했고, 부친과 오빠 중 고조 때에 이르러 제후가

306) 두목의 시 <동짓날에 조카 아의에게 부치는 시(冬至日寄小姪阿宜詩)> "옛사람과 강건함을 다툰다.(與古爭强梁.)"의 주에 보인다.

된 자가 세 명이었다. 혜제가 즉위하자 여후를 태후(太后)로 높였다. 태후는 혜제의 누나인 노원공주(魯元公主)의 딸을 황후로 세웠으나 아들이 없자 후궁 미인(美人)[307]의 아들을 데려다 태자로 정했다. 혜제가 죽자 태자가 황제로 즉위했으나 나이가 어려 태후가 조회에 참여하여 황제를 대신하여 정사를 보았고 천하에 대사면을 내렸다. 이어 조카인 여태(呂台), 여산(呂産), 여록(呂祿)과 여태의 아들인 여통(呂通) 4명을 왕에 봉했으며 여씨(呂氏) 6명을 열후로 봉했다. 고후 4년(기원전 184) 여름, 소제(少帝)는 자신이 황후의 아들이 아니라는 것을 알고 원망하는 말을 하자 황태후는 그를 후궁의 건물인 영항(永巷)에 가두었다. 그리고 조서를 내려 이르기를, "지금 황제는 오랫동안 병을 앓아 정신이 혼미하고 어지러워 제위를 이어 종묘를 받들고 제사를 지켜갈 수 없으니 천하를 맡길 수 없다. 황제를 대신할 계책을 논의하도록 하라."라고 했다. 여러 신하가 모두 아뢰기를, "황태후께서 천하 대계를 위해 종묘와 사직을 안선하게 하실 방법이 깊고 원대하시니 머리를 조아려 조서를 받들겠습니다."라고 했다. 5월에 항산왕(恒山王) 유홍(劉弘)을 황제로 옹립했다. 진작(晉灼)의 주에서 "혜제(惠帝)의 아들이 황제가 되었다."라고 했다. 고후 8년(기원전 180) 7월 황태후가 미앙궁(未央宮)에서 죽었다. 조서를 남겨 천하에 사면령을 내리도록 했다. 상장군 여록(呂祿)과 상국(相國) 여산(呂産)은 군권과 정권을 장악했으나, 자신들이 고조와의 약속을 어긴 것을 알고 있었다. 안사고의 주에서 "유씨(劉氏)가 아니면서 왕이 되고, 공이 있지 않으면서 제후가 된 것이다."라고 했다. 그들은 대신(大臣)과 제후왕(諸侯王)들에 의해 죽임을 당할 것을 걱정하여 난을 일으킬 것을 모의했다. 이때 제(齊) 도혜왕(悼惠王)의 아들인 주허후(朱虛侯) 유장(劉章)은 경사에 있었는데, 여록(呂祿)의 딸이 아내였기 때문에 그 음모를 알고 바로 사람을 시켜 형인 제왕(齊王)에게 알려 군사를 일으켜 서쪽으로 진격하게 했다. 유장은 태위(太尉) 주발(周勃), 승상(丞相) 진평(陳平)과 내응하여 여씨 일족을 제거하려고 했다. 제왕이 마침내 군사를 동원하고서 또 거짓으로 낭야왕(琅邪王) 유택(劉澤)으로 하여금 자신의 군사를 동원하게 하고 함께 인솔하여 서쪽으로 진격했다. 여산과 여록 등은 대장군 관영(灌嬰)을 시켜 군사를 거느리고 공격하게 했다. 관영은 형양(滎陽)에 도착하여 사람을 보내 제

307) 미인(美人) : 비빈의 칭호이다.

왕을 설득하여 연합하여 여씨의 변화를 기다려 함께 토벌하자고 했다. 태위 주발이 승상 진평과 모의하기를, 곡주후(曲周侯) 역상(酈商)의 아들 역기(酈寄)가 여록과 친하니 사람을 보내 역상을 위협하여 역기로 하여금 거짓으로 유세하게 하도록 하자 말하기를, "고조가 여후와 함께 천하를 평정했으며 유씨가 세운 왕이 9명이고 여씨가 세운 왕이 3명인데, 이는 모두 대신들이 협의한 것이다. 이런 일은 모두 제후왕들에게 알렸고 제후왕들도 마땅하다고 생각하고 있다. 지금 태후께서 붕어하시고 황제는 나이가 어린데 족하는 서둘러 봉국에 가서 봉지를 지키지 않고 여전히 상장군으로 군사를 거느리고 머무니 이것이 대신과 제후들에게 의심을 받는 것이다. 어찌 속히 장군의 인장을 반납하고 군대를 태위에게 넘기지 않는가. 양왕(梁王) 여산(呂產)도 상국의 인장을 반환하고 대신들과 약조하여 봉국으로 가도록 청한다면 제(齊)의 군사는 틀림없이 해산하고 대신들은 안심할 수 있을 것이니 족하는 베개를 높이 베고 편안히 천 리에 왕 노릇을 할 것이다. 이것이 만대에 걸친 이익일 것이다."라고 했다. 여록은 그 계책을 옳다고 여겨 사람을 보내 여산과 여씨 집안 노인들에게 알렸다. 어떤 이는 그것이 이롭지 못한 계책이라고 여겨 머뭇거리며 결정을 내리지 못했지만, 여록은 역기를 믿고 있었다. 함께 외출했다가 고모인 여수(呂嬃)의 집에 들렀다. 여수가 화를 내며 말하기를, "너는 장수가 되어 군사를 버리려 하니 여씨는 이제 머물 곳이 없게 되었다."라고 했다. 8월 평양후(平陽侯) 조줄(曹窋)은 어사대부(御史大夫)의 일을 대행하고 있어 상국 여산이 일을 계획하는 것을 알 수 있었다. 낭중령(郎中令) 가수(賈壽)가 사자로 제(齊)에 갔다가 돌아와 여산에게 따지며 말하기를, "왕께서 일찍 봉국에 가지 않으셨는데 지금 가려고 해도 여전히 갈 수 있겠습니까?"라 하고 관영과 제(齊), 초(楚)가 합종한 상황을 여산에게 자세히 알렸다. 평양후 조줄은 그 말을 듣고 승상 진평과 태위 주발에게 달려가서 알렸다. 주발이 북군(北軍)에 들어가려다 들어갈 수 없자 양평후(襄平侯) 기통(紀通)이 부절을 주관하고 있었는데 부절을 가지고 오게 하여 속여서 주발을 북군에 들여보냈다. 주발이 다시 역기와 전객(典客) 유게(劉揭)에게 여록을 유세토록 하니 말하기를, "황제께서 태위로 하여금 북군을 지키게 하고 족하에게 봉국으로 돌아가게 하려 하시니 급히 장군의 인장을 반납하고 출발하시오. 그렇지 않으면 화가 장차 닥칠 것입니다."라고 했다. 여록이 마침내 인장을 풀어 전객에게 넘겼고 병권을[('呂'는) 고문에는 '以'로 되어 있다.] 태위 주발에게 주었다. 주발이 군문에 들어가 군사들에게 명령을 내려, "여씨(呂氏)를 도울 자들은 우측

소매를 벗고 유씨(劉氏)를 도울 자들은 좌측 소매를 벗어라."라고 하자 군사들이 모두 좌측 소매를 벗었다. 주발이 마침내 북군을 통솔하게 되었다. 그러나 아직 남군이 남았다. 승상 진평이 주허후 유장을 불러 주발을 돕도록 하니 주발은 유장에게 군문을 감시하라고 명했고 평양후에게 명하여 궁중 호위관인 위위(衛尉)에게 알려 상국 여산을 궁문에 들여보내지 말게 했다. 여산은 여록이 이미 북군을 떠났다는 것을 알지 못한 채, 미앙궁에 들어가 모반하려 했으나 궁문에서 들여보내지 않아 이리저리 배회하고 있었다. 평양후가 달려가 태위 주발에게 알리자 주발이 주허후 유장에게 말하기를, "급히 미앙궁에 들어가 황제를 지키시오."라고 했다. 유장이 미앙궁 곁문인 액문(掖門)으로 들어가 궁중에서 여산을 만났고 여산을 쫓아가 죽였다. 황제는 전령인 알자(謁者)를 시켜 부절을 지니고 가서 유장을 위로하게 했다. 유장이 부절을 빼앗으려 했으나 알자가 내주려 하지 않자 유장은 바로 알자를 수레에 태우고 부절을 근거로 달려가 장락궁(長樂宮) 위위(衛尉) 여경시(呂更始)를 죽였다. 유장이 다시 북군으로 들어가 태위 주발에게 재차 보고하자 주발은 일어나 유장에게 하례하며 말하기를, "걱정거리는 오직 여산이었는데 지금 이미 주살되었으니 천하가 안정되겠소."라고 했다. 여록을 참수했고 여수를 때려죽였으며, 부대를 나누어 여씨 남녀를 모두 잡아들여 아이 어른을 막론하고 모두 죽였다. 대신들이 함께 비밀리에 의논하여 소제와 왕이 된 세 동생이 모두 혜제의 아들이 아니라 하여 또 다 죽였고 문제(文帝)를 받들어 세웠다. ≪사기·유후세가(留侯世家)≫의 기록이다. 고조가 태자를 폐위하고 척부인(戚夫人)의 아들인 조왕(趙王) 유여의(劉如意)를 세우려고 하자 여후가 유후(留侯) 장량(張良)의 계책을 써서 사람을 보내 이 네 사람을 맞아오게 했다. 연회가 마련되었을 때 태자가 황제를 모시게 되었는데, 네 사람의 은자가 태자를 따랐다. 모두 나이가 80이 넘었고 수염과 눈썹이 희었으며 의관은 매우 위엄이 있었다. 황제가 괴이하게 여겨 묻자, 네 사람이 앞으로 나아가 대답하며 각각 이름을 말했다. 그러자 황제는 크게 놀라면서 말하기를, "번거로우시겠지만 공들께서 끝까지 태자를 잘 돌봐 주기를 바라오."라고 했다. 네 사람이 축수(祝壽)를 마치고 급히 떠나자, 황제는 눈길로 그들을 전송한 뒤에 척부인을 불러 이르기를, "저 네 사람이 보좌하여 날개가 이미 이루어졌으니 그 지위를 동요시키기 어렵겠소."라고 했다.(漢書, 高后紀. 高皇后呂氏生惠帝, 佐高祖, 定天下, 父兄及高祖而侯者, 三人. 惠帝卽位, 尊呂后爲太后. 太后立帝姊魯元公主女爲皇后, 無子, 取後宮美人子, 爲太子. 惠帝崩, 太子立爲皇帝, 年幼, 太

后臨朝稱制,[308] 大赦天下. 迺立兄子呂台產祿台子通四人爲王.[309] 封諸呂六人爲列侯. 四年夏, 少帝自知非皇后子, 出怨言, 皇太后幽之永巷,[310] 詔曰云云. 今皇帝疾久不已, 迺失惑昏亂, 不能繼嗣, 奉宗廟, 守祭祀, 不可屬天下. 其議代之. 羣臣皆曰, 皇太后爲天下計, 所以安宗廟社稷甚深. 頓首奉詔. 五月立恒山王弘. 註. 惠帝子爲皇帝. 八年七月, 皇太后崩于未央宮. 遺詔. 大赦天下. 上將軍祿相國產顓兵秉政,[311] 自知背高皇帝約. 註. 非劉氏而王, 非有功而侯. 恐爲大臣諸侯王所誅, 因謀作亂. 時齊悼惠王子朱虛侯章在京師, 以祿女爲婦, 如[312]其謀, 迺使人告兄齊王, 令發兵西. 章欲與太尉勃丞相平爲內應, 以誅諸呂. 齊王遂發兵, 又詐琅邪王澤, 發其國兵, 并將而西. 產祿等遣大將軍灌嬰, 將兵擊之. 嬰至滎陽, 使人諭齊王與連和, 待呂氏變而共誅之. 太尉勃與丞相平謀以曲周侯酈商子寄與祿善, 使人劫商令寄紿說祿曰,[313] 高帝與呂后共定天下, 劉氏所立, 九王, 呂氏所立, 三王. 皆大臣之議. 事已布告諸侯王, 諸侯以爲宜. 今太后崩, 帝少, 足下不急之國守藩,[314] 迺爲上將, 將兵留, 此爲大臣諸侯所疑. 何不速歸將軍印, 以兵屬太尉. 請梁王亦歸相國印, 與大臣盟而之國, 齊兵必罷, 大臣得安, 足下高枕, 而王千里. 此萬世之利也. 祿然其計, 使人報產及諸呂老人. 或以爲不便計, 猶豫未有所決,[315] 祿信寄, 與俱出游, 過其姑呂嬃, 嬃怒曰, 汝爲將而棄軍, 呂氏今無處矣. 八月, 平陽侯窋行御史大夫事, 見相國產計事. 郎中令賈壽使從齊來, 因數產曰, 王不早之國, 今雖欲行, 尙可得邪. 具以灌嬰與齊楚合從狀告產. 平陽侯窋聞其語, 馳告丞相平太尉勃. 勃欲入北軍, 不得入, 襄平侯紀通尙符節, 迺令持節, 矯內勃北軍.[316] 勃復令酈寄典客劉揭說祿曰. 帝使太尉守北軍, 欲令足下之國, 急歸將軍印辭去. 不然, 禍且起. 祿遂解印屬典客, 而呂(古文以字)兵授太尉勃, 勃入軍門, 行令軍中

308) 稱制(칭제) : 황제의 권한을 대행하다.
309) 迺(내) : 이에.
310) 幽(유) : 가두다.
311) 顓兵(전병) : 군대를 마음대로 하다. 秉政(병정) : 정권을 잡다.
312) '如'는 '知'의 잘못이다.
313) 紿說(태세) : 거짓으로 유세하다.
314) 之國守藩(지국수번) : 봉국으로 가서 지역을 지키다.
315) 猶豫(유예) : 머뭇거리는 모양.
316) 矯(교) : 문서를 위조하다. 內(납) : 받아들이다.

曰, 爲呂氏右袒, 爲劉氏左袒. 軍皆左袒, 勃遂將北軍. 然尙有南軍, 丞相平召朱虛侯章, 佐勃. 勃令章監軍門, 令平陽侯告衛尉, 毋內相國產殿門. 產不知祿已去北軍, 入未央宮, 欲爲亂, 殿門弗內, 徘徊往來. 平陽侯馳告太尉勃, 勃迺謂朱虛侯章曰, 急入宮衛帝. 章入未央宮掖門, 見產廷中, 逐產殺之. 帝令謁者持節勞章, 章欲奪節. 謁者不肯, 章迺從與載, 因節信馳, 斬長樂衛尉呂更始. 還入北軍, 復報太尉勃, 勃起拜賀章曰, 所患獨產, 今已誅, 天下定矣. 斬呂祿, 笞呂嬃, 分部悉捕諸呂男女, 無少長皆斬之. 大臣相與陰謀以爲少帝及三弟爲王者, 皆非孝惠子, 復共誅之, 尊立文帝. 史記. 高祖欲廢太子, 立戚夫人子趙王如意, 呂后用留侯計, 使人迎此四人. 及燕, 太子侍, 四人從太子. 年皆八十有餘. 鬚眉皓白,[317] 衣冠甚偉. 上怪問之, 四人前對, 各言名姓. 上乃大驚曰, 煩公幸卒調護太子. 四人爲壽已畢, 趨去, 上目送之, 召戚夫人曰, 彼四人輔之, 羽翼已成. 難以[318]動矣.)

해설

이 시는 상산사호의 사당에 들러 지은 것이다. 한나라 초기에 장량의 계책으로 상산사호를 불러들여 혜제(惠帝)가 태자의 자리를 지킬 수 있었던 일과 주발(周勃)의 계책으로 여씨(呂氏) 일족을 척결하여 한나라의 기반을 다진 일들을 읊고 있다. 개성(開成) 4년(839) 선주(宣州)에서 좌보궐로 부임하는 도중에 지은 것으로 추정한다.

317) 鬚眉(수미) : 수염과 눈썹. 皓白(호백) : 하얗다.
318) '以'는 연자이다.

236. 은자를 전송하며 지은 절구 한 수
送隱者一絶

無媒逕路草蕭蕭,[1]	주선하는 이가 없어 오솔길엔 풀이 쓸쓸하지만
自古雲林遠市朝.[2]	예로부터 구름 숲은 저자와 조정을 멀리했지.
公道世間唯白髮,	세상에서 공평한 도리는 오직 백발뿐이니
貴人頭上不曾饒.[3]	부귀한 사람의 머리에도 일찍이 너그러운 적이 없었네.

주석

1 [역자주] 無媒(무매) : 이끌어주고 추천하는 이가 없다. 관직을 얻지 못했다는 말이다. 蕭蕭(소소) : 쓸쓸한 모양.

2 [역자주] 雲林(운림) : 은거하는 곳을 일컫는다. 市朝(시조) : 저자와 조정. 세속의 욕망을 충족시키는 곳이다.

3 **[협주]** 두보의 시319)에 "세월이 너그럽지 않다.(日月不相饒.)"라고 했고 ≪보주두시(補注杜詩)≫에서 소식(蘇軾)이 말하기를, "왕헌지(王獻之)가 거울을 보다가 흰머리가 보이자 아이를 돌아보며 말하기를, '세월이 너그럽지 않아 시골 사람도 반백이 모두 빨라지는데, 너희들은 어찌 서둘러 공부하지 않느냐. 시간은 지나가면 다시 얻을 수 없느니라.'라고 했다."라고 했다.320)(詩史. 日月不相饒. 東坡補註. 王獻之覽鏡, 見白髮, 顧兒童曰, 日月不相饒, 村野之人, 二毛俱催矣.321) 子等何汲汲爲覺.322) 寸陰過而不可復

319) 두보의 시 <입추 뒤에 쓰다(立秋後題)>이다.

320) 대체로 두보 시에 대한 송(宋) 소식(蘇軾)의 주는 후대 사람이 그의 이름을 가탁하여 허구로 지어낸 내용으로 알려져 있으며 송(宋) 황학(黃鶴)의 ≪보주두시(補註杜詩)≫에 많이 실려있다.

321) 二毛(이모) : 희끗희끗한 머리.

得也.)

[역자주] 饒(요) : 너그럽다. 관대하다.

해설

이 시는 관직을 얻지 못해 쓸쓸한 은거지로 돌아가는 이를 전송하며 지은 것이다. 부귀공명도 결국 세월 앞에서는 소용없다고 하며 그를 위로했다. 작시 시기는 고찰할 수 없다.

322) ≪보주두시≫에는 '何' 뒤에 '不'이 있다. '覺'은 '學'의 잘못이다. 子等(자등) : 너희들. 汲汲(급급) : 마음이 다급한 모양.

237. 장 처사의 산장을 노닐며 지은 절구 한 수

遊張處士山莊一絶[1]

好鳥疑敲磬,[2]	아름다운 새는 경쇠를 두드리는 듯하고
風蟬認軋筝.[3]	바람 속의 매미는 쟁을 연주하는 듯하다.
修篁與嘉樹,[4]	긴 대나무와 아름다운 나무들이
偏倚半巖生.[5]	이리저리 바위틈에서 자랐구나.

주석

1 [역자주] 張處士(장처사) : '처사'는 관직을 하지 않고 은거하는 이에 대한 호칭이고 장씨에 대해서는 고찰할 수 없다.

2 [역자주] 敲磬(고경) : 경쇠를 두드리다.

3 [역자주] 軋筝(알쟁) : 쟁을 연주하다.

4 [역자주] 修篁(수황) : 긴 대나무.

5 [역자주] 偏倚(편의) : 가지런하지 않은 모양.

해설

이 시는 장 처사의 산장을 방문하여 지은 것으로 주변의 아름다운 경관을 서술했는데 이로써 장 처사의 고아한 풍격을 표현했다. 작시 시기는 고찰할 수 없다.

238. 감회가 있어 곡사 판관을 거듭 전송하다

有懷重送解斯判官[1]

蒼蒼煙月滿川亭,[2]	어슴푸레 몽롱한 달빛이 시냇가 정자에 가득한데
我有勞歌一爲聽.[3]	내가 전송의 노래를 부르리니 한번 들어보시게.
將取離魂隨白騎,[4]	장차 이별의 혼을 지니고 백마를 따르리니
三台星裏拜文星.[5]	삼태성 가운데 문창성에 제수되리라.

주석

1 [역자주] 解斯(곡사) : 복성이다. 누구인지는 고찰할 수 없다. 判官(판관) : 지방 절도사의 속관이다.

2 [역자주] 蒼蒼(창창) : 아득한 모양. 煙月(연월) : 연무가 덮은 달빛. 몽롱한 달빛.

3 [역자주] 勞歌(노가) : 헤어짐을 애석해하는 노래.

4 [역자주] 白騎(백기) : 흰 말. ≪시경·소아·백구(白駒)≫에서 "하얗고 하얀 망아지 저 빈 골짜기에 있네.(皎皎白駒, 在彼空谷.)"라고 했는데 이는 어진 인재가 출사하는 것을 비유한 것이다.

5 **[협주]** ≪진서(晉書)·천문지(天文志)≫에서 "삼태성(三台星)의 여섯 별은 둘씩 자리를 차지하면서 문창성(文昌星)에서 시작하여 차례로 태미(太微)에 이른다. 천주(天柱)라고도 하는데 삼공(三公)의 직위이다. 인간 세계에서는 삼공이라 하고, 하늘에서는 삼태라고 한다."라고 했다. 또 "(삼태성은) 하늘의 계단이다. 태일(太一)이 그것을 밟고 오르내린다."라고 했다. 태계(泰階)라고도 한다. 황제(黃帝)가 지은 ≪태계육부경(泰階六符經)≫[323]에서 "태계는 하늘의 세 계단이다. 상계는 천자의 자리이고 중계는 제후와 공경대부의 자리이며 하계는 백성의 자리이다."라고 했다. 또 ≪진서·천문지≫에서 "동쪽 벼

수(壁宿)의 두 별은 문장(文章)을 주관한다."라고 했다.(晉書, 天文志. 三台六星, 拜[324] 兩而居, 起文昌, 列抵太微. 一曰天柱, 三公之任也. 在人曰三公, 在天曰三台. 又曰, 三台爲天階, 太一躡以上下.[325] 一曰泰階. 黃帝泰階六符經曰, 泰階者, 天之三階也. 上階爲天子, 中階爲諸侯公卿大夫, 下階爲庶人. 又志. 東壁二星主文章.

[역자주] 문성(文星) : 문운(文運)을 주관한다는 별인 문창성(文昌星)으로 큰곰자리의 여섯 별인 삼태성(三台星) 가운데 하나이다.

해설

이 시는 곡사(斛斯) 판관을 전송하면서 지은 것으로 그가 뛰어난 문장으로 관직에 오를 것을 축원했다. 작시 시기는 고찰할 수 없다.

---

323) ≪태계육부경(泰階六符經)≫ : 태계의 여섯 별에 대한 부험(符驗)을 적은 책으로, 전설상의 임금인 황제(黃帝)가 지었다고 전하나 위서(僞書)이다. 위의 내용은 ≪태계육부경(泰階六符經)≫의 응소(應劭) 주이다.

324) '拜'는 '兩'의 잘못이다.

325) 躡(섭) : 밟다. 디디다.

239. 시를 주며 이별하다 2수

贈別二首

제1수

娉娉裊裊十三餘,[1]　　곱고도 가냘픈 열세 살 남짓

荳蔻梢頭二月初.[2]　　두구 가지 끝에 꽃 피는 이월 초.

春風十里楊州過,　　봄바람이 십 리 길 양주를 지나가면서

卷上珠簾總不如.　　주렴 걷어 올려도 보두 너만 못했지.

주석

1　**[협주]** 사령운(謝靈運)의 시[326]에서 "백양나무는 정말로 가냘프네"라고 했다. ['뇨(裊)'는] 노와 료의 반절이며 '뇨뇨(裊裊)'는 연약한 모양이다.((謝靈運詩. 白楊信裊裊. 奴了切, 裊裊, 弱貌.)

[역자주] 娉娉(빙빙) : 자태가 유연하고 아름다운 모양.

2　**[협주]** '두구(荳蔻)'는 권2에 보인다.[327](荳蔻見二卷)

[역자주] 荳蔻(두구) : 식물의 이름이다. 초두구(草荳蔻)라고도 한다.

제2수

多情卻似總無情,　　다정한 것이 도리어 아예 무정한 것과 비슷하니

---

326) 사령운의 시 <위나라 태자가 업중에서 지은 시 모음을 본떠 지은 시 8수(擬魏太子鄴中集詩八首)> 중 평원후(平原侯) 조식(曹植)을 읊은 것이다.

327) 두목의 시 <朱坡(주파)> "은빛 진액을 내는 두구의 씨가 엉겨 붙어 있다.(銀涎荳蔻泥.)"의 주에 보인다.

唯覺樽前笑不成.	그저 술잔 앞에서 웃음 짓지 않음을 깨닫네.
蜡燭有心還惜別,[1]	촛불도 마음이 있어 또한 이별을 슬퍼하는지
替人垂淚到天明.[2]	사람 대신 날이 밝도록 눈물을 떨구는구나.

주석

1 [역자주] 心(심) : 마음. 초의 심지를 뜻하기도 하여 쌍관으로 사용했다.

2 **[협주]** '체(替)는' 타와 계의 반절이며 대신한다는 뜻이다.(他計切, 代也.)

해설

이 시는 두목이 기녀와 헤어지며 지은 것이다. 제1수에서는 기녀의 아름다움을 칭송했고 제2수에서는 본인은 정작 아무렇지도 않은 척 애써 담담하지만 속으로는 눈물을 흘리고 있다고 했다. 양주(揚州)에서 회남절도사 우승유(牛僧孺) 밑에서 일하다가 감찰어사로 장안으로 가게 된 태화 9년(835) 봄에서 여름 사이에 지은 것으로 추정한다.

240. 먼 곳에 있는 이에게 부치다

寄遠

前山極遠碧雲合,[1] 앞산 가장 먼 곳에 푸른 구름 모이는데
淸夜一聲白雪微.[2] 맑은 밤에 <백설>의 소리 희미하네.
欲寄相思千里月,[3] 천 리를 비추는 달에 그리움을 부치려 하지만
溪邊殘照雨霏霏.[4] 낙조 내린 시냇가엔 비만 흩날리네.

주석

1 **[협주]** 남조 송(宋) 강엄(江淹)의 <혜휴의 <헤어짐을 원망하다>를 본뜨다(擬惠休怨別)> 시에서 "해가 지고 푸른 구름이 모이는데, 아름다운 이는 도무지 오지 않는구나."라고 했다.(江文通, 擬惠休怨別詩. 日暮碧雲合, 佳人殊未來.)

2 **[협주]** ≪금보(琴譜)≫에서 "금곡(琴曲)에 <유란(幽蘭)>과 <백설(白雪)>이 있다."라고 했다.(琴譜. 琴曲, 有幽蘭白雪.)

[역자주] 白雪(백설) : 춘추시대 진(晉)나라 사광(師曠)의 작품이라고 전하는 금곡(琴曲)이다. 여기서는 먼 곳에 있는 이가 연주하던 곡을 가리킨다.

3 **[협주]** 남조 송(宋) 사장(謝莊)의 <월부(月賦)>에서 "아름다운 이가 멀리 가서 소식이 없지만 천 리를 사이에 두고 밝은 달을 함께하리."라고 했다.(月賦. 佳人邁兮音塵闕,[328] 隔千里兮共明月.)

4 [역자주] 殘照(잔조) : 석양. 霏霏(비비) : 비가 많이 내리는 모양.

---

328) 邁(매) : 멀리 가다. 音塵(음진) : 소식. 闕(궐) : 없다.

해설

이 시는 멀리 있는 이가 생각나서 지어 부친 것이다. 예전의 음악 소리가 없어 더욱 그리워지는데 달빛에 그리움을 전하려고 하지만 비가 내려 그마저도 못한다고 했다. 작시 시기는 고찰할 수 없다.

241. 중양절

九日[1]

金英繁亂拂蘭香,[2]	금빛 꽃이 무성하게 난간을 스치며 향기롭고
明府辭官酒滿缸.[3]	현령이 관직을 떠난 뒤 술이 항아리에 가득했지.
還有玉樓輕薄女,	화려한 누각엔 여전히 경박한 여인이 있어
笑他寒燕一雙雙.	짝지어 나는 서 가을 제비를 보고 웃는구나.

주석

1 **[협주]** 권3의 “중양절에 백 통의 술을 마신다.”의 주에 보인다.329)(見三卷重陽酒百缸註.)

2 **[협주]** 남조 양(梁) 왕균(王筠)의 <정원의 국화를 따다(摘園菊)> 시에 “국화는 특별히 좋아할 만하니 푸른 잎이 금빛 꽃을 아름답게 한다.”라고 했다.(梁王筠, 摘園菊詩. 菊花偏可喜, 碧葉媚金英.)

[역자주] 金英(금영) : 노란 꽃. 국화를 가리킨다. 繁亂(번란) : 어지럽게 무성하다.

3 **[협주]** ≪진서(晉書)·도잠전(陶潛傳)≫의 기록이다. 도연명이 팽택현(彭澤縣)의 현령이 되었는데 평소에 오만하고 고귀하여 사사로이 고관들을 섬기지 않았다. 군에서 독우(督郵)를 파견하여 이르자, 관대를 매고 그를 뵈어야 한다고 현의 아전이 아뢰었다. 도연명이 탄식하면서 말하기를, “나는 녹봉 다섯 말의 쌀을 위하여 허리를 굽힌 채로 굽실거리며 시골의 소인배를 섬길 수 없다.”라고 하고 관인과 인끈을 풀고 현을 떠났다. 마침내 <귀거래사>를 지었는데, “어린것들 손 잡고 방에 들어가니, 술이 항아리에 가득하다.”라

329) 두목의 시 <늦가을 이른 아침에 신정을 떠나다(秋晚早發新定)>이다.

고 했다. ≪후한서·장담전(張湛傳)≫의 '명부(明府)'에 대한 이현(李賢)의 주에서 "군수가 머무는 곳을 '부(府)'라 하고, '명부(明府)'는 높고 귀함을 일컫는 것이다."라고 했다. 당(唐) 정여경(鄭餘慶)의 ≪정씨담기(鄭氏談綺)≫에서 "현령(縣令)은 자남(子男), 명재(明宰), 명부(明府), 재군(宰君)이다."라고 했다.(晉書. 陶潛爲彭澤令, 素簡貴,[330] 不私事上官. 郡遣督郵至, 縣吏白, 應束帶見之. 潛數[331]曰, 吾不以五斗米折腰, 拳拳事鄉里小人.[332] 解印綬去縣.[333] 乃賦歸去來辭云, 携幼入室, 有酒盈罇. 後漢書, 張湛傳. 明府註. 郡所居曰府, 明府, 尊高之稱. 鄭氏談綺. 縣令, 子男明宰明府宰君.)

[역자주] 明府(명부) : 현령의 호칭이다. 缸(항) : 항아리.

해설

이 시는 두목이 9월 9일 중양절에 감회를 적은 것이다. 도연명이 관직을 그만두고 중양절에 술을 마음껏 마신 사실을 말한 뒤 자신은 화려한 연회에서 여인들과 놀고 있음을 말했는데, 자신이 원하는 것은 도연명과 같은 삶임을 은근히 드러냈다. 작시 시기는 고찰할 수 없다.

330) 簡貴(간귀) : 오만하고 고고하다.
331) '數'는 '嘆'의 잘못이다.
332) 拳拳(권권) : 굽실거리는 모양.
333) 印綬(인수) : 인장과 인끈.

242. 우승유 상공께 부치다

寄牛相公[1]

漢水橫衝蜀浪分,[2] 한수가 마음대로 부딪혀 촉 땅의 물결이 부서지고
危樓點的拂孤雲.[3] 높은 누대는 뾰족하여 외로운 구름이 스칩니다.
六年仁政謳歌去,[4] 육 년간의 어진 정치에 칭송의 노랫소리 퍼져
柳繞春堤處處聞.[5] 버드나무 휘감은 봄날 제방에 곳곳마다 들립니다.

주석

1 [역자주] 牛相公(우상공) : 안정(安定) 출신의 우승유(牛僧孺)로 자가 사암(思黯)이다. 호부시랑(戶部侍郎), 병부상서(兵部尚書), 동평장사(同平章事) 등을 역임했다. 이덕유(李德裕)와 우이당쟁(牛李黨爭)을 일으켰다.

2 [역자주] 蜀浪(촉랑) : 촉 땅에서 흘러오는 장강(長江)을 이르는 말이다.

3 [역자주] 危樓(위루) : 높은 누대. 황학루를 가리킨다. 點的(점적) : 분명하게 점을 찍다. 여기서는 건물 지붕이 뾰족하게 높은 것을 형용한 것으로 보인다.

4 [역자주] 六年仁政(육년인정) : 우승유가 무창군절도사(武昌軍節度使)로 악주(鄂州)를 다스리던 6년을 가리킨다.

5 [역자주] 繞(요) : 휘감다.

해설

이 시는 재상 우승유에게 부친 것으로 장강 옆 황학루의 모습을 묘사한 뒤 그의 정치가 훌

륭함을 칭송했다. 태화 4년(830) 우승유가 무창절도사에서 병부상서동평장사로 부임할 때 지은 것으로 추정한다.

243. 어떤 이를 위해서 써서 주다 2수

爲人題贈二首

제1수

我乏青雲稱,[1]　　나는 높은 벼슬에 걸맞지 않고
君無買笑金.[2]　　그대는 웃음을 살 돈이 없으니,
虛傳南國貌,[3]　　헛되이 남방의 미모를 전할 뿐
爭乃五陵心.[4]　　어찌 오릉의 마음을 가지랴.
桂席塵瑤佩,[5]　　성대한 연회 자리의 옥 패물에는 먼지가 일고
瓊爐燼水沈.[6]　　옥 향로에는 침향도 꺼졌으니,
凝魂空薦夢,[7]　　정을 모아 부질없이 잠자리를 모셨으나
低珥悔聽琴.[8]　　귀고리 늘어뜨리고 금 소리 들은 것을 후회하네.
月落珠簾卷,　　달이 지고 주렴을 걷으니
春寒錦幕深.　　봄 추위에 비단 장막은 깊은데,
誰家樓上笛,　　누구의 집인지 누대 위에서 피리를 불고
何處月明砧.[9]　　어느 곳인지 달 밝은 밤에 다듬이질을 하는구나.
蘭逕飛蝴蝶,　　난초 핀 길에는 나비가 날고
筠籠語翠襟.[10]　　대나무 새장에는 앵무새가 말을 하는데,
和簪抛鳳髻,[11]　　비녀와 함께 쪽머리도 내던지고
將淚入鴛衾.[12]　　눈물 머금은 채 원앙금침에 드네.
的的新添恨,[13]　　또렷하게 한이 새로 더해지니

迢迢絶好音.[14] 오래도록 좋은 음악도 끊었는데,

文園終病渴, 사마상여는 끝내 소갈병을 앓았으니

休詠白頭吟.[15] <백두음>을 읊지는 말아야지.

주석

1 **[협주]** '청운'은 권1에 보인다.[334](青雲, 見一卷.)

[역자주] 青雲稱(청운칭) : 고귀한 신분의 사람에 걸맞다.

2 **[협주]** 권3의 "천금은 밤의 놀이에 좋은 것이다."의 주에 보인다.[335](見三卷千金好暗遊註.)

[역자주] 買笑金(매소금) : 웃음을 사는 데 필요한 돈. 기녀를 데리고 노는 데에 필요한 돈을 가리킨다.

3 **[협주]** 조식(曹植)의 시[336]에서 "남방에 미인이 많은데 고운 얼굴은 복사꽃과 자두꽃 같네."라고 했다.(曹子建詩. 南國多佳人, 容華若桃李.)

4 **[협주]** '오릉'은 권2에 보인다.[337](五陵見二卷.)

[역자주] 爭乃(쟁내) : 어찌. 五陵(오릉) : 장안 부근에 있는 전한(前漢)의 다섯 능묘를 가리키는데, 이 주변에 권세가들이 많이 살아 부귀를 상징하는 말이 되었다.

5 **[협주]** 남조 제(齊) 육궐(陸厥)의 <이부인이 귀인이 된 것을 읊은 노래(李夫人及貴人歌)>에서 "부속 수레가 따르던 계화나무 연회 자리에는 먼지가 일고, 수레 장식 표범 꼬리에는 향기가 사라졌네."라고 했다.(齊陸厥, 李夫人歌. 別事桂席塵,[338] 豹尾各湮

---

334) 두목의 시 <지주에서 맹지 선배를 보내다(池州送孟遲先輩)> "청운에 오를 일은 말에게 뿔이 날 때를 기다려야 했다.(青雲馬生角.)"의 주에 보인다.

335) 두목의 시 <양주 3수(楊州三首)> 중 제1수이다.

336) 조식의 시 <잡시 6수(雜詩六首)> 중 제4수이다.

337) 두목의 시 <낙유원에 오르다(登樂遊原)> "오릉에는 가을바람 일어날 나무조차 없다.(五陵無樹起秋風.)"의 주에 보인다.

338) 대부분의 문헌에는 '別事'가 '屬車'로 되어 있다. 屬車(속거) : 제왕이 출행할 때 뒤따르는 수레.

滅.[339])

[역자주] 桂席(계석) : 계화나무 방석. 성대한 연회를 가리킨다.

6 [역자주] 瓊爐(경로) : 옥 향로. 燼(진) : 불이 꺼지다. 水沈(수침) : 침향(沈香)을 가리킨다.

7 **[협주]** 권3의 "버들잎에 가린 붉은 누각에는 운우지정의 꿈이 많다."의 주에 보인다.[340]) (見三卷. 柳暗朱樓多夢雲註.)

[역자주] 凝魂(응혼) : 정신을 집중하다. 정을 다 쏟다. 薦夢(천몽) : 잠자리에서 시중을 드는 것을 말한다.

8 **[협주]** ['이(珥)'는] 내와 지의 반절이며 귀고리의 옥돌이다. ≪한서·사마상여전(司馬相如傳)≫의 기록이다. 임공현(臨邛縣)의 현령이 사마상여를 맞이해 오게 하자 사마상여는 어쩔 수 없이 억지로 참석했는데 좌중의 사람들이 모두 경모했다. 술자리가 무르익자 임공현령이 앞으로 나와 금(琴)을 연주하게 하며 말하기를, "제가 듣기에 장경(사마상여의 자)께서 금을 좋아한다고 하니 직접 즐겨보시기 바랍니다."라고 했다. 사마상여는 사양하다가 한두 곡을 연주했다. 이때 탁왕손(卓王孫)에게는 탁문군(卓文君)이라는 딸이 있었는데 막 과부가 된 처지였다. 그녀가 음률을 좋아했기 때문에 사마상여는 금 연주에 마음을 담아 그녀를 유혹했다. 탁왕손의 집에서 술을 마시게 되었는데 금을 타니 탁문군이 남몰래 창틈으로 엿보면서 마음으로 기뻐하고 좋아하면서 짝이 될 수 없을까를 걱정했다. 술자리가 끝나자 사마상여는 사람을 시켜 탁문군의 시녀에게 많은 선물을 보내 간절한 뜻을 전하게 했다. 탁문군은 밤에 집을 나와 사마상여에게 달려갔고 사마상여는 그녀를 데리고 서둘러 성도로 돌아갔다.(乃志切, 耳飾璞也. 前漢書, 相如傳. 臨邛令迎相如, 相如不得已而强往, 一坐盡傾. 酒酣, 臨邛令前奏琴曰, 竊聞長卿好之, 願以自娛. 相如辭謝, 爲鼓一再行. 是時卓王孫有女文君, 新寡, 好音, 故相如以琴心挑之.[341]) 及飮卓氏, 弄琴, 文君竊從戶窺, 心說而好之, 恐不得當也. 旣罷, 相如乃使人重賜文君侍者通殷勤. 文君夜亡, 奔相如, 相如與馳歸成都.)

---

339) '各'은 '香'의 잘못이다. 豹尾(표미) : 표범 꼬리. 수거의 장식이다.

340) 두목의 시 <윤주 2수(潤州二首)>의 제2수이다.

341) 挑(도) : 유혹하다.

9 [역자주] 砧(침) : 다듬잇돌.

10 **[협주]** 후한 예형(禰衡)의 <앵무부(鸚鵡賦)≫에서 "녹색 옷에 비취색 옷깃."이라고 했다.(禰衡, 鸚鵡賦. 綠衣翠襟.)

[역자주] 筠籠(균롱) : 대나무로 만든 새장. 翠襟(취금) : 비췻빛 옷깃. 앵무새의 가슴에 난 비췻빛 깃털을 비유하며, 여기서는 앵무새를 말한다.

11 **[협주]** 당(唐)나라 풍감(馮鑒) ≪속사시(續事始)≫의 기록이다. 수인씨(燧人氏)가 머리카락을 묶어 쪽머리를 만들었다. '계(髻)'는 맨다는 뜻으로 여자는 반드시 타인에게 매인다는 말이다. 주(周)나라 문왕 시기에 이르러 쪽머리 위에 진주와 물총새 꽁지깃으로 만든 꽃장식을 올리고 흰색 분을 발랐다. 그 쪽머리를 높게 빗질한 것을 '봉계(鳳髻)'라고 했다.(馮鑒, 續事始. 燧人氏束髮爲髻. 髻者, 結也, 言女子必繫於人也. 至周文王, 於髻上加珠翠翹花, 傅之鉛粉.[342] 其髻高梳, 名爲鳳髻.)

[역자주] 抛(포) : 내던지다.

12 **[협주]** <고시십구수(古詩十九首)> 제18수에서 "손님이 먼 곳에서 와서 나에게 비단 한 단을 전해주었네. 비단 위의 무늬는 한 쌍의 원앙이니 그것을 재단하여 합환 이불 만드네."라고 했다. ≪태평광기(太平廣記)·봉척전(封陟傳)≫에서 "달이 백옥 계단을 비출 때마다 수심에 겨워 봉황 소리 내는 관악기 소리를 들을 수 없고, 풀벌레들이 흰 벽에서 울 때마다 한스러워 원앙금침에서 잠을 이루지 못한다."라고 했다.(古詩. 客從遠方來, 遺我一端綺. 紋彩雙鴛鴦, 裁爲合歡被. 廣記, 封陟傳. 月到瑤階, 愁莫聽其鳳管, 蟲吟粉壁, 恨不寐於鴛衾.)

[역자주] 將淚(장루) : 눈물을 가지고서.

13 [역자주] 的的(적적) : 명백한 모양.

14 [역자주] 迢迢(초초) : 시간이 오래되다.

15 **[협주]** ≪한서·사마상여전(司馬相如傳)≫에서 "사마상여는 말을 더듬었지만 글을 잘 지었다. 일찍이 소갈병을 앓았지만 탁씨와 결혼하여 재물은 풍족했다. 그래서 그는 관직 생활에서 공경들의 국가 대사에 참여하려 하지 않고 늘 병을 핑계로 한가하게 지내며 관직

---

342) 傅(부) : 얇게 바르다. 鉛粉(연분) : 아연 가루. 흰색 분이다.

과 작위를 탐내지 않았다. 문원령(文園令)에 제수되었다."라고 했다. ≪서경잡기(西京雜記)≫에서 "사마상여가 무릉(茂陵)의 여인을 첩으로 삼으려 했다. 탁문군이 <백두음(白頭吟)>을 지어 스스로 인연을 끊으려고 하자 사마상여가 결국 그만두었다."라고 했다. (相如傳. 相如口吃而善著書.[343] 嘗有消渴病, 與卓氏婚, 饒於財[344]. 故其事宦, 未嘗肯與公卿國家之事, 嘗稱疾閑居, 不慕官爵. 拜爲文園令. 西京雜記. 相如將聘茂陵女爲妾. 卓文君作白頭吟, 以自絶, 相如乃止.)

제2수

綠樹鶯鶯語, 초록빛 나무에는 꾀꼬리들이 울어대고

平江燕燕飛. 드넓은 강에는 제비들이 나는데,

枕前聞雁去, 베갯머리에서 기러기 떠나는 소리 듣다가

樓上送春歸. 누대 위에서 가는 봄을 전송하네.

半月縆雙臉,[1] 반달 같은 눈썹은 두 볼 위에 그렸고

凝腰素一團.[2] 탄탄한 허리는 한 아름의 흰 명주인데,

西牆苔漠漠,[3] 서쪽 담에는 이끼가 두텁고

南浦夢依依.[4] 남포는 꿈속에서도 아련하네.

有恨簪花懶,[5] 원망이 있어 꽃을 꽂는 것도 게을러졌고

無憀鬪草稀.[6] 울적하여 투백초 놀이도 드물어졌으며,

雕籠長慘澹,[7] 조각한 새장은 내내 비참하고 처량한데

蘭畹謾芳菲.[8] 난초밭은 부질없이 향기만 무성하네.

鏡斂青蛾黛,[9] 검푸른 눈썹 그리던 거울을 거두고

343) 口吃(구흘) : 말을 더듬다.

344) 饒(요) : 풍부하다.

燈挑皓腕肌.[10]	흰 손목으로 등불을 돋우는데,
避人均迸淚,[11]	사람을 피한 채 항상 눈물을 흘리고
拖袖倚殘暉.[12]	소매를 늘어뜨린 채 석양을 향하네.
有貌雖桃李,	용모가 비록 복사꽃과 자두꽃 같으나
單棲足是非.	홀로 사니 구설수가 많은데,
雲軿載馭去,[13]	구름 수레를 몰고 와서
寒夜看裁衣.	추운 밤에 옷 마름질하는 것을 보시라.

주석

1 [역자주] 半月(반월) : 반달. 여기서는 눈썹 모양을 형용한 것이다. 緪(긍) : 이어지다. 雙臉(쌍검) : 양쪽의 볼.

2 **[협주]** ≪문선≫ 송옥(宋玉)의 <등도자호색부(登徒子好色賦)>에서 "허리는 흰 명주를 묶어 놓은 것 같다."라고 했다.(選, 好色賦. 腰如束素.)

[역자주] 凝腰(응요) : 단단한 허리. 가느다란 허리를 말한다. 素(소) : 흰 명주. 一圍(일위) : 한 아름. 두 손의 엄지와 검지를 연결하여 동그랗게 만든 크기이다.

3 [역자주] 漠漠(막막) : 두터운 모양. 이끼가 있다는 것은 다른 사람의 왕래가 없다는 말이다.

4 **[협주]** 남조 송(宋) 강엄(江淹)의 <별부(別賦)>에서 "남포에서 그대를 떠나보내니 아픔을 어찌하리오."라 했고 ≪문선≫ 장선(張銑)의 주에서 "남포는 송별하는 곳이다."라고 했다.(別賦. 送君南浦, 傷如之何. 註. 南浦, 送別處.)

[역자주] 依依(의의) : 희미한 모양.

5 [역자주] 簪花(잠화) : 꽃을 머리에 꽂다. 懶(라) : 게으르다. 의욕이 없다는 말이다.

6 **[협주]** ['료(憀)'는] 음이 료이며 정돈한다는 뜻이다. ≪형초세시기(荊楚歲時記)≫에서 "5월 5일 사방의 사람들이 함께 온갖 풀을 밟는다. 그래서 투백초(鬪百草) 놀이가 있게

되었다."라고 했다.(音聊, 頓也. 荊楚歲時記. 五月五日四人並蹋百草. 故有鬪百草之戱.)

[역자주] 無憀(무료) : 심사가 울적하다. 鬪草(투초) : 여인들이 풀로 하는 놀이인데, 많은 종류의 풀을 모으면 이기는 것이 한 가지 방식이다.

7 **[협주]** 후한 예형(禰衡)의 <앵무부(鸚鵡賦)>에서 "조각한 새장에 가둬지고 날개가 잘렸다. …… 소리를 길게 늘여 머나먼 고향을 그리워하는데 애절한 울음소리가 비슷한 처지의 사람을 감동시킨다. 그 소리를 듣는 사람들은 슬퍼하고 그 모습을 보는 사람들은 눈물을 떨어뜨린다. 쫓겨난 신하는 이 때문에 거듭 탄식하고 버려진 아내는 이 때문에 흐느낀다."라고 했다.(鸚鵡賦. 閉以雕籠, 翦其翅羽云云.[345] 長吟遠慕, 哀鳴感類. 聞之者悲傷, 見之者隕淚.[346] 放臣爲之屢歎, 棄妻爲之歔欷.[347])

8 [역자주] 蘭畹(난원) : 난초를 심은 정원. 謾(만) : 부질없이. 芳菲(방비) : 향기롭다.

9 [역자주] 靑蛾黛(청아대) : 검푸른 눈썹을 그리는 눈썹먹. '아'는 나방이나. 여기서는 아미(蛾眉)로 나방 더듬이를 닮은 눈썹인데 미인을 상징한다.

10 **[협주]** 조식(曹植)의 <미녀편(美女篇)>에서 "소매를 걷어 올리니 하얀 손이 드러나는데, 흰 손목에는 금팔찌를 두르고 있다."라고 했다. '완(腕)'은 오와 가의 반절이며 손목이다.(美女篇. 攘袖見素手,[348] 皓腕約金環. 腕, 烏叚切, 手腕也.)

[역자주] 皓(호) : 희다.

11 [역자주] 迸淚(병루) : 눈물을 마구 흘리다.

12 [역자주] 拖袖(타수) : 소매를 늘어뜨리다. 殘暉(잔휘) : 석양.

13 **[협주]** ['병(軿)'은] 방과 경의 반절이며, ≪설문해자≫에서 "빠르고 간편한 수레이다."라고 했다.(旁經切. 說文. 輕車也.)

[역자주] 載馭(재어) : 타서 몰다.

345) 翅羽(시우) : 날개.
346) 隕淚(운루) : 눈물을 떨구다.
347) 歔欷(허희) : 흐느끼는 소리.
348) 攘袖(양수) : 소매를 걷다.

해설

이 시는 남자와 헤어져 홀로 있는 여인을 대신하여 지어 남자에게 주는 것이다. 여인이 홀로 남아 외롭고 쓸쓸하게 지내고 있지만 그래도 남자를 원망하지 않는 여인의 마음을 표현했다. 작시 시기는 고찰할 수 없다.

244. 젊은이를 읊은 노래

少年行

官爲駿馬監,[1]	관직으로는 준마감이 되었고
職帥羽林兒.[2]	직책으로는 우림군 병사를 통솔하는데,
兩綬藏不見,[3]	두 개의 인끈은 감추어 드러내지 않은 채
落花何處期.	꽃 질 때 어느 곳에서 만날 것인가.
獵敲白玉鐙,[4]	사냥에 나서 흰 옥의 등자를 두드리고
怒袖紫金椎.[5]	화를 내며 자줏빛 철퇴를 소매에서 꺼내니,
田竇長留醉,[6]	전분과 두영은 오래 머무르며 취하고
蘇辛曲讓岐.[7]	소씨 부자와 신씨 부자는 갈림길에서 완곡하게 양보하네.
豪持出塞節,[8]	변새 나설 때의 부절을 굳세게 지니고
笑別遠山眉.[9]	웃으면서 아름다운 눈썹의 여인과 헤어지는데,
捷報雲臺賀,	승전보를 받은 운대의 축하연에서
公卿拜壽卮.[10]	공경들이 만수무강의 술잔을 받드네.

주석

1 **[협주]** ≪한서 부개자전(傅介子傳)≫의 기록이다. 부개자가 군에 복무하다가 관리가 되었다. 이보다 앞서 구자국(龜茲國)과 누란국(樓蘭國)이 모두 한나라의 사자를 죽인 일이 있었다. 원봉(元鳳) 연간(기원전 80-기원전 75)에 이르러 부개자는 준마감(駿馬監)으로 대원(大宛)에 사신으로 가기를 자청했다. 황제가 이에 조서를 내려 이르기를, "누란왕 안

귀(安歸)는 일찍이 흉노의 간첩이 되어 한나라의 사자를 기다렸다가 길을 막고 군사를 동원하여 죽이고 노략질을 했으니 하늘의 이치를 심히 거역한 것이다. 평락감(平樂監) 부개자에게 부절을 주고 누란왕 안귀의 머리를 베어 북궐에 걸게 했으니, 이는 정도(正道)로 원한을 갚는 것이다."라고 했다.(前漢書. 傅介子以從軍爲官. 先是龜茲樓蘭皆嘗殺漢使者. 至元鳳中介子以駿馬監求使大宛. 上迺下詔曰, 樓蘭王安歸常爲匈奴間, 候遮漢使者, 發兵殺略.[349] 甚逆天理. 平樂監傅介子持節, 使誅斬樓蘭王安歸首, 縣之北闕, 以直報怨.)

2 **[협주]** '우림'은 권1에 보인다.[350](羽林見一卷.)

[역자주] 帥(수) : 통솔하다. 羽林(우림) : 궁정의 근위대인 우림군이다. 의장이 삼엄했다.

3 **[협주]** ≪한서·주매신전(朱買臣傳)≫의 기록이다. 황제가 주매신을 회계태수(會稽太守)에 제수했다. 황제가 주매신에게 이르기를, "부귀해지고서 고향에 가지 않는다면 비단옷을 입고 밤길을 가는 것과 같다."라고 했다. 전에 주매신이 면직되어 조명을 기다릴 때 늘 회계군의 관저 관리자와 함께 기거하며 식사를 했었다. 회계태수를 제수받자 주매신은 예전 옷을 입고 관인과 인끈을 품에 넣은 채 걸어서 군의 관저로 갔다. 방 안에 들어가 관저 관리인과 식사를 하고 배가 부르자 그 인끈을 살짝 보이게 했다. 관저 관리인이 이상히 여기면서 그 인끈을 당겨 인장을 보니 회계태수 인장이었다. 관리인은 놀라서 밖으로 나가 군청 관원인 상계(上計)와 연리(掾吏)에게 말했으나 모두 술에 취한 채 큰 소리로 말하기를, "헛소리로다."라고 했다. 전에 주매신을 평소 업신여기던 자가 들어와 보고는 되돌아가 다급하게 소리 지르기를, "정말이다."라고 했다. 좌중은 모두 놀라 관리 책임자에게 보고했고 모두 뜰에 모여 줄지어 서서 절을 올렸다. 동한 장형(張衡)의 <서경부(西京賦)>에서 "존귀한 신분을 낮추어 비천한 자리로 나아가고, 인장을 품고 인끈을 숨기다."라 했고 ≪문선≫ 이선의 주에서 "'불(紱)'은 인끈이다."라고 했다.(前漢書, 朱買臣傳. 上拜買臣會稽太守. 上謂買臣曰, 富貴不歸故鄕, 如衣繡夜行. 初買臣免待詔, 常從會稽守邸者, 寄居飯食. 拜爲太守, 買臣衣故衣, 懷其印綬, 步歸郡邸. 入室中, 守邸與共食. 食且飽, 少見其綬. 守邸怪之, 前引其綬, 視其印, 會稽太守章也. 守邸驚

---

349) 殺略(살략) : 죽이고 노략질을 하다.

350) 두목의 시 <두추 아가씨를 읊은 시(杜秋娘詩)> "궁녀와 우림군의 의장.(紅粉羽林仗.)"의 주에 보인다.

出, 語上計掾吏, 皆醉, 大呼曰, 子女誕耳.[351] 其故人素輕買臣者, 入視之, 還走, 疾呼曰, 實然. 坐中驚駭,[352] 白守丞, 相推排陳列庭中,[353] 拜謁. 西都[354]賦. 降尊就卑, 懷印藏紱. 註云, 紱, 綬也.)

[역자주] 綬(수) : 관인을 매다는 끈.

4 **[협주]** 후주(後周) 왕포(王褒)의 <말을 하사하신 것에 감사하며 올리는 글(謝賚馬啓)>에서 "황금으로 재갈을 만드니 발이 서하(西河)를 넘고, 흰 옥으로 등자를 만드니 바로 남쪽 나라로 옮겨간다."라고 했다.(周王褒, 謝賚馬啓.[355] 黃金作勒, 足度西河, 白玉爲鐙, 方傳南國.)

[역자주] 鐙(등) : 등자. 말을 타거나 타고 있을 때 발을 디뎌 고정하는 것이다.

5 **[협주]** ≪사기·위공자열전(魏公子列傳)≫에서 "주해(朱亥)가 소매에서 40근이나 되는 철퇴를 꺼내 진비(晉鄙)를 때려죽였다."라고 했다.(史記. 朱亥袖四十斤鐵椎, 椎殺晉鄙.)

6 **[협주]** ≪한서·전분전(田蚡傳)≫의 기록이다. 전분은 효경제(孝景帝) 왕황후(王皇后)의 동복(同腹)동생이다. 두영이 이미 대장군이 되어 한창 잘나갈 때 전분은 그 아래의 낭관 중의 하나였다. 높은 지위가 아니라서 두영의 처소에 왕래하며 모시고 술을 마시면서 꿇어앉고 일어서는 것이 마치 자식 같았다. 경제 말기에 전분은 더욱 지위가 높아지고 총애받아 중대부(中大夫)가 되었다. 무제(武帝)가 막 즉위하자 전분은 외숙으로 무안후(武安侯)에 봉해졌다. 두영은 자가 왕손(王孫)이고, 효문제(孝文帝) 황후의 친척 오라버니의 아들로 빈객을 좋아했다. 효경제 3년(기원전 154)에 두영을 대장군으로 임명했다.(前漢. 田蚡, 孝景王古[356]同母弟也. 竇嬰已爲大將軍, 方盛, 蚡爲諸曹郎.[357] 永[358]貴, 往來時[359]酒嬰所, 起如子姪. 及孝景晚節, 蚡益貴幸, 爲中大夫. 武帝初卽位, 蚡以舅

---

351) '子女'는 '妄'의 잘못이다. '망탄(妄誕)'은 망령되다는 뜻이다.
352) 驚駭(경해) : 놀라다.
353) 推排(추배) : 한데 모이다. 밀치락달치락하다.
354) '都'는 '京'의 잘못이다.
355) 賚(뢰) : 하사하다.
356) '古'는 '后'의 잘못이다.
357) 曹郎(조랑) : 각 부서의 관원.
358) '永'은 '未'의 잘못이다.

封爲武安侯. 竇嬰, 字王孫, 孝文皇后從兄子, 喜賓客. 孝景三年拜嬰爲大安[360]軍.)

7 **[협주]** ≪한서≫ 권69의 <논찬(論贊)>이다. 진(秦)나라와 한나라 이래로 산동에서는 재상이 나오고 산서에서는 명장이 나왔다. 한나라가 건국되자 두릉(杜陵)의 소건(蘇建)과 소무(蘇武), 적도(狄道)의 신무현(辛武賢)과 신경기(辛慶忌)가 모두 용기와 무예로 널리 알려졌다. 소건 부자와 신무현 부자가 절조를 드러냈으니 이들은 모두 칭송하며 열거할 만한 이들이다.(前漢, 贊. 秦漢已來, 山東出相, 山西出將. 漢興, 杜陵蘇建蘇武, 俗[361]道辛武賢慶忌皆以勇武顯聞. 蘇辛父子著節, 此其可稱列者也.)

[역자주] 曲讓(곡양) : 곡진하게 양보하다. 岐(기) : 갈림길.

8 **[협주]** 권1의 "소무는 오히려 살아 돌아왔다"의 주에 보인다.[362](見一卷, 蘇武卻生返註.)

[역자주] 出塞節(출새절) : 변새를 나갈 때 지니고 있는 부절로 변방을 지키거나 주변국에 사신으로 가는 것을 말한다.

9 **[협주]** 한나라 영현(伶玄)의 ≪비연외전(飛燕外傳)≫[363]에서 "조합덕(趙合德)은 옅은 눈썹 화장을 했는데 '원산대(遠山黛)'라고 불렀다."라고 했다. 권2 '무릉의 눈썹'의 주에 보인다.[364](趙后外傳. 合德爲薄晉[365], 號遠山黛. 見二卷, 武[366]陵眉註.)

[역자주] 遠山眉(원산미) : 멀리 보이는 산등성이 모양으로 눈썹을 그린 것이다. 미인을 상징한다.

10 **[협주]** ≪시경·채미(采薇)≫에서 "어찌 감히 편안히 지내리오, 한 달에 세 번 승리할 것이다."라고 했다. ≪후한서≫ 권52의 이십팔장(二十八將)에 대한 기록에서 "명제(明帝)는 마침내 28명 장수의 초상화를 남궁(南宮)의 운대(雲臺)에 그려놓았다."라고 했다. 사

---

359) '時'는 '侍'의 잘못이다.
360) '安'은 '將'의 잘못이다.
361) '俗'은 '狄'의 잘못이다.
362) 두목의 시 <두추 아가씨를 읊은 시(杜秋娘詩)>이다.
363) ≪비연외전(飛燕外傳)≫ : 전한 시기의 영현(伶玄)이 조비연의 일화를 적은 소설류의 책이다.
364) 두목의 시 <오동나무 잎에 쓰다(題桐葉)> "난간 앞의 푸른 산빛은 무릉의 눈썹 같다.(檻前山翠茂陵眉.)"의 주에 보인다.
365) '晉'은 '眉'의 잘못이다.
366) '武'는 '茂'의 잘못이다.

마천(司馬遷) <임소경에게 답하는 편지(報任少卿書)>에서 "이릉(李陵)은 5천 명도 안 되는 보병을 이끌고 오랑캐 땅으로 깊이 들어가서 그들의 왕정(王庭)[367]을 짓밟았다. 마치 호랑이 입에 미끼를 드리운 듯 종횡무진 강한 오랑캐에 도전했고 억만의 적군을 쳐다보며 흉노 우두머리인 선우(單于)와 연이어 싸운 것이 10여 일이 되었다. 이릉이 아직 항복하지 않았을 때 사자를 보내어 한나라의 조정에 승리를 보고하자 공경들과 제후들은 모두 술잔을 받들어 천자의 만수무강을 빌었다."라고 했고 ≪문선≫ 여연제(呂延濟)의 주에서 "'사자를 보내어 한나라의 조정에 보고하게 했다'라고 한 것은 승리를 보고한 것을 이른다. 그러자 여러 신하가 모두 이릉의 공을 기뻐하여 천자에게 경하하면서 술잔을 받들어 만수무강을 빈 것이니 경사스러운 잔치에서 천자에게 술을 올린 것을 말한다."라고 했다.(詩. 豈敢定居, 一月三捷. 後漢, 二十八將傳. 乃圖畫二十八將於南宮雲臺. 司馬子長書. 李陵提步卒不滿五千, 深踐戎馬之地,[368] 足歷王庭. 垂餌虎口, 橫挑彊胡, 仰億萬之師, 與單于連戰, 十有餘日. 陵未沒時, 使有來報漢, 公卿王侯皆奉觴上壽.[369] 註. 有使報漢, 謂報剋捷也,[370] 而羣臣皆喜陵之功, 故賀天子奉觴上壽, 謂喜宴上天子酒也.)

[역자주] 拜壽巵(배수치) : 만수무강을 기원하며 올리는 술잔을 말한다.

해설

이 시는 젊은이의 호방한 기개를 읊은 것이다. 높은 관직에 있지만 남에게 드러내지 않으며 사냥터에서는 용맹하며 호탕하고 예의 바르다고 칭송하고는, 변방에 나가 공을 세우고 돌아온다고 했다. 작시 시기는 고찰할 수 없다.

---

367) 왕정(王庭) : 북서쪽 이민족의 군왕이 장막을 설치하여 조회하는 곳을 가리킨다.
368) 戎馬(융마) : 북방 이민족이 타는 말. 이로써 북방 이민족 군대를 가리킨다.
369) 上壽(상수) : 천자에게 만수무강의 축원을 올리다.
370) 剋捷(극첩) : 적을 제압하여 승리하다.

245. 동이 연못

盆池[1]

鑿破蒼苔地,[2]	이끼 덮였던 땅을 파내고
偸他一片天.[3]	한 조각 하늘을 훔쳐왔구나.
白雲生鏡裏,[4]	흰 구름은 거울 속에 생겨나고
明月落階前.	밝은 달은 계단 앞에 떨어진다.

주석

1 [역자주] 盆池(분지) : 동이를 땅에 묻고 물을 대어 만든 연못이다. 수생 화초를 기른다.

2 [역자주] 鑿破(착파) : 파내다.

3 [역자주] 偸(투) : 훔치다. 이 구는 동이 연못에 하늘이 조그맣게 비친다는 말이다.

4 [역자주] 鏡(경) : 거울. 맑은 연못물을 비유한다.

해설

이 시는 조그맣게 동이로 만들어 놓은 연못을 보면서 일어나는 감흥을 노래한 것이다. 낮에는 구름이 지나고 밤에는 달이 비치는 모습을 표현했다. 작시 시기는 고찰할 수 없다.

246. 뜻을 기탁하다
有寄

雲闊煙深樹,	구름이 드넓으니 안개로 숲이 깊어지고
江澄水浴秋.[1]	강이 맑으니 물에 가을이 잠긴다.
美人何處在,	아름다운 이는 어디에 있는가
明月萬山頭.	밝은 달이 온 산 위에서 빛나네.

주석

1 [역자주] 浴(욕) : 적시다.

해설

이 시는 자신의 감개를 경물에 기탁한 것이다. 안개가 숲에 짙고 강물이 맑은 가을에 달이 온 산을 비춘다고 하면서 멀리 있는 이를 그리워한다고 했다. 작시 시기는 고찰할 수 없다.

≪번천외집협주(樊川外集夾注)≫

247. 반죽으로 만든 대자리

班竹筒簟[1]

血染班班成錦紋,[2] 피가 반점으로 물들어 비단 무늬를 이루니
昔年遺恨至今存. 예로부터 남겨진 한은 지금까지 그대로이다.
分明知是湘妃泣, 상비의 눈물임을 분명코 알기에
何忍將身臥淚痕.[3] 어찌 차마 눈물의 흔적에 몸을 누일 수 있으랴.

주석

1 **[협주]** 서진(西晉) 좌사(左思) <오도부(吳都賦)>에서 "계죽(桂竹), 전죽(箭竹), 사통(射筒)이 있다."라 했고 ≪문선≫ 이선의 주에서 "모두 대나무 이름이다. 사통은 대나무가 가늘고 작으며 뚫려 있다. 길이는 1장 남짓이고 역시 마디가 없어 화살통을 만들 수 있다. 사통 대나무는 교지(交趾)[1]에서 난다."라고 했다.(吳都賦, 掛[2]箭射筒. 註, 皆竹名. 射筒, 竹細小通. 長丈餘, 亦無節, 可以爲射筒. 筒竹出交趾.)

[역자주] 筒簟(통점) : 대나무로 만든 자리.

2 [역자주] 班班(반반) : 반점이 많은 모양.

3 **[협주]** 이백(李白)의 <규정(閨情)> 시에서 "등불을 밝혀보니 눈물 자국이 얼룩졌네."라고 했다. ≪제왕세기(帝王世紀)≫에서 "순임금이 순행하다가 창오(蒼梧)의 들에서 죽었다. 두 왕비가 울면서 상강(湘江)의 상류로 향했는데 눈물이 떨어져 대나무를 적시자 얼룩진 대나무[반죽(班竹)]가 되었다."라고 했다. 장화(張華)의 ≪박물지(博物志)≫에서

1) 교지(交趾) : 중국의 남방지역으로 광동성, 광서자치구, 베트남 북부 지역을 가리킨다.
2) '掛'는 '桂'의 잘못이다.

“순임금의 두 왕비가 눈물을 흘려 대나무를 적시자 바로 얼룩이 졌다. 왕비들이 죽어 상강의 신이 되었기 때문에 상비죽(湘妃竹)이라고 한다.”라고 했다.(李白, 閨情曰. 挑灯淚班班. 帝王世紀. 舜巡狩, 死於蒼梧之野. 二妃哭向湘江之上, 洒淚染竹, 成班竹. 張華, 博物志. 舜二妃淚下染竹, 卽班. 妃死, 爲湘水神, 故曰湘妃竹.)

[역자주] 將(장) : ~을 가지고서.

해설

이 시는 반죽으로 만든 대자리를 읊은 것으로, 옛날 순임금의 두 왕비인 아황(娥皇)과 여영(女英)의 고사가 떠올라 차마 그 위에 누울 수 없다고 했다. 작시 시기는 고찰할 수 없다.

248. 수재 엄운의 <낙화>에 화답하다

和嚴惲秀才落花[1]

共惜流年留不得,	흐르는 세월을 머물게 할 수 없음을 함께 애석해하며
且環流水醉流杯.[2]	또 흐르는 물에 둘러앉아 흘러가는 술잔에 취하네.
無情紅艶年年盛,	무정한 붉은 꽃은 해마다 활짝 피니
不恨凋零卻恨開.[3]	시드는 것이 한스럽지 않고 도리어 피는 것이 한스럽네.

주석

1 [역자주] 嚴惲(엄운) : 자가 자중(子重)이고 오흥(吳興) 사람이다. 여러 차례 과거에 응시했지만 급제하지 못하고 고향에 은거하고 있었다. 두목이 호주자사(湖州刺史)로 있을 때 교유했다. 秀才(수재) : 한나라 때 관리 선발 제도의 하나였으나, 당송 때는 진사시(進士試)에 응시하는 선비를 일컫는 말로 쓰였다.

2 **[협주]** ≪형초세시기≫에서 "3월 3일 네 사람이 함께 물가에 나와 굽이진 물길에 잔을 띄우는 술자리를 갖는다."라고 했다.(荊楚歲時記. 三月三日四人並出水渚, 爲流杯曲水之飮.)

3 [역자주] 凋零(조령) : 시들다.

해설

이 시는 엄운과 함께 유상곡수(流觴曲水)의 술자리를 가지며 그의 <낙화> 시에 화답한 것이다. 흘러가는 세월 속에 늙어가는 것을 한탄하니 봄이 와도 즐겁지 않고 오히려 꽃이 피는 것을 원망한다는 내용이다. 대개 대중 5년(851) 호주자사로 있을 때 지은 것으로 추정한다.

249. 기루에서 장난삼아 주다

倡樓戲贈[1]

細柳橋邊探半春,[2]	여린 버들가지 늘어진 다리 곁에서 절반쯤 온 봄을 찾는데
纈衣簾裏動香塵.[3]	채색 발 드리운 곳 안에 향기로운 먼지가 일어난다.
無端有寄閑消息,	까닭 없이 한가로운 소식 보내오더니
背揷金釵笑向人.	금비녀 뒤에 꽂고서 사람 향해 미소짓네.

주석

1 **[협주]** ≪한서·풍당전(馮唐傳)≫의 안사고 주에서 "기루의 여인이다."라고 했다.(前漢書, 馮唐傳註. 倡樂家之女也.)

2 [역자주] 探(탐) : 봄 경치를 찾아본다는 말이다. '심(深)'으로 된 판본도 있다.

3 [역자주] 纈衣簾(힐의렴) : 아름답게 꾸민 발. '힐'은 채색 무늬로 염색한 것을 말한다.

해설

이 시는 두목이 기루를 찾아 기녀와 희롱한 내용이다. 작시 시기는 고찰할 수 없다.

250. 막 배에 올라 시를 남겨 부치다

初上船留寄

煙水本好尙,	안개 자욱한 물은 본디 좋아하던 것인데
親交何慘凄.[1]	친구는 어찌 슬퍼하는가.
況爲珠履客,[2]	하물며 구슬 장식의 신을 신는 객이 되어
卽泊錦帆堤.[3]	곧 비단 돛단배를 언덕에 정박할 텐데.
沙雁同船去,	모래밭의 기러기는 배와 함께 가 버리고
田鴉遶岸啼.[4]	밭의 까마귀는 강둑을 돌며 울어대는데,
此時還有味,	이때 또한 운치가 있으니
必臥日從西.	해가 서쪽으로 기울면 반드시 누워 쉬어야 하리라.

주석

1 [역자주] 慘凄(참처) : 슬퍼하다.

2 **[협주]** 권2의 <춘신군(春申君)> 제목 아래의 주에 보인다.(見二卷, 春申君註.)
[역자주] 珠履客(주리객) : 구슬로 장식한 신발을 신은 빈객. 전국시대 춘신군에게 빈객이 3천 명이었는데 대우를 잘해주어 구슬 장식 신발을 신었다고 한다.

3 **[협주]** 권4의 "비단 뱃줄의 용선을 탄 수나라 양제"의 주에 보인다.[3](見四卷, 錦纜龍舟隋煬帝註.)
[역자주] 錦帆(금범) : 비단으로 만든 돛.

---

3) 두목의 시 <변하에서 옛일을 생각하다(汴河懷古)>이다.

4 [역자주] 鵶(아) : 까마귀. 遶岸(요안) : 강둑을 휘돌다.

해설

이 시는 친구와 헤어지고 배를 타고 가면서 친구에게 부친 것으로, 헤어짐에 상심하지 말고 경물을 즐기며 유유자적하게 지낼 것을 당부했다. 작시 시기는 고찰할 수 없다.

251. 가을의 강 언덕

秋岸

河岸微退落,[1]　　강 언덕은 물이 좀 줄었고
柳影微凋踈.[2]　　버드나무 그림자도 좀 성글어졌는데,
船上聽呼稚,　　배 위에서 아이 부르는 소리 듣다가
堤南趁漉魚.[3]　　강 언덕 남쪽에서 때맞춰 물고기를 잡네.
數帆旗去疾,　　몇 척의 돛단배는 깃발 단 채 빠르게 가 버리고
一艇箭回初.[4]　　한 척의 거룻배가 화살처럼 돌아오는데,
曾入相思夢,　　일찍이 그리움의 꿈에 보이기에
因憑附遠書.[5]　　그 김에 먼 곳으로 보내는 편지를 부친다.

주석

1　[역자주] 退落(퇴락) : 물러나다. 수위가 낮아졌다는 말이다.
2　[역자주] 凋踈(조소) : 시들어 성글어지다.
3　[역자주] 趁(진) : 달려가다. 또는 몰다. 漉魚(녹어) : 물고기를 잡다.
4　[역자주] 艇(정) : 가벼운 작은 배.
5　[역자주] 因憑(인빙) : 그로 인해.

해설

이 시는 가을이 되어 강 언덕에서 바라본 풍경과 느끼는 감회를 쓴 것으로, 멀리 있는 이를 그리워하는 마음을 표현했다. 작시 시기는 고찰할 수 없다.

252. 대량에 들렀는데 강가 정자에서 한창 연회를 연다는 소식을 듣고 손자단에게 주다

過大梁, 聞河亭方讌, 贈孫子端[1]

築園縱玩歸應小,[2]	양원에서 마음껏 노닐면서 돌아가는 일은 응당 적고
賦雪搜才去必頻.	눈에 대해 읊을 인재를 찾으러 가는 일은 반드시 잦을 터.
枚路豈緣無罰酒,	매승과 노교여는 어찌 벌주를 받지 않겠는가
不教客右更添人.[3]	손님들의 윗자리에 다시 사람을 앉히지 않게 하리라.

주석

1 **[협주]** '대량'은 권4의 '평대까지 복도를 만든 한나라 양왕'의 주에 보인다.[4)](大梁, 見四卷, 平臺複道漢梁王註.)

[역자주] 大梁(대량) : 옛 지명으로 전국시대 위나라의 수도였다. 지금의 하남성 개봉(開封) 지역이다. 손자단(孫子端) : 내력이 자세하지 않다.

2 [역자주] 築園(축원) : '축'이 '양(梁)'으로 된 판본도 있는데 이를 따른다. 양원(梁園)은 한나라 양효왕(梁孝王)이 지은 원림으로 개봉 인근에 있다. 토원(兎園)이라고도 한다. 縱玩(종완) : 마음껏 놀다.

3 **[협주]** ≪서경잡기≫의 기록이다. 한나라 양효왕은 궁실과 정원의 즐거움을 좋아하여, 요화궁(曜華宮)을 짓고 토원(兎園)을 쌓았다. 토원 안에는 백실산(百室山)이 있고 산 위에는 낙원암(落猿巖)과 안지(鴈池)가 있었으며, 안지에는 아주(鵝洲)와 부저(鳧渚)가 있었다. 또 바위와 수목이 있었다. 양효왕이 망우관(忘憂館)에서 놀면서 여러 인사를 불러 모

---

4) 두목의 시 <변하에서 옛일을 생각하다(汴河懷古)>이다.

아 각기 부를 짓게 했다. 매승(枚乘)이 <유부(柳賦)>를 지었고 노교여(路喬如)가 <학부(鶴賦)>를 지었으며 공손궤(公孫詭)가 <문록부(文鹿賦)>를 지었고 추양(鄒陽)이 <주부(酒賦)>를 지었으며 공손승(公孫乘)이 <월부(月賦)>를 지었고 양승(羊勝)이 <병풍부(屛風賦)>를 지었다. 한안국(韓安國)이 <풍부(風賦)>를 짓다가 완성하지 못하자 추양이 대신 지어 벌주 세 되를 마셨고 다른 이들은 각자 비단 10필을 하사받았다. 남조 송(宋)나라 사혜련(謝惠連) <설부(雪賦)>의 기록이다. 양효왕이 울적하여 토원으로 놀러 나가 좋은 술을 차려놓고 손님과 친구들을 불렀다. 추양을 부르고 매승을 초대했는데 사마상여(司馬相如)는 마지막에 도착하여 손님들의 윗자리에 앉았다. 조금 있으니 싸락눈이 흩날리다가 함박눈이 내렸다. 양왕은 마침내 죽간을 사마상여에게 주면서 말하기를, "그대의 비밀스러운 생각을 끌어내고 그대의 아름다운 수사를 구사하여 과인을 위해 부를 지어보시오."라고 했다.(西京雜記. 梁孝王好宮室苑囿之樂,[5] 作曜華宮, 築兎園. 園中有百室山, 山上有落猿巖鴈池, 池間有鶴洲鳧渚. 又巖木. 孝王遊忘憂之館, 集諸遊士, 使各爲賦, 枚乘爲柳賦. 路喬如爲鶴賦, 公孫詭爲文鹿賦. 鄒陽爲酒賦, 公孫乘爲月賦. 羊勝作屛風賦. 韓安國作風賦不成, 鄒陽代之, 罰酒三勝.[6] 餘各賜絹十匹. 謝惠連, 雪賦. 梁王不悅, 遊於兎園, 迺置旨酒,[7] 命賓友. 召鄒生, 迎枚叟, 相如末至, 居客之右. 俄而微霰零,[8] 密雪下. 王迺授簡於司馬大夫曰, 抽子秘思, 騁子姸詞, 爲寡人賦之.)

[역자주] 客右(객우) : 손님 중 윗자리.

해설

이 시는 대량의 연회 소식을 듣고는 손자단에게 준 것으로, 그가 훌륭한 글을 지어 인정받기를 바란다는 내용이다. 작시 시기는 고찰할 수 없다.

---

5) 苑囿(원유) : 정원. 원림.
6) 勝(승) : 용량의 단위로 1되이다. '승(升)'과 통한다.
7) 迺(내) : 이에.
8) 俄(아) : 잠시 후. 微霰(미산) : 조금씩 내리는 싸락눈. 零(령) : 흩어져 떨어지다.

253. 오흥의 소서루에 쓴 12운의 시

題吳興消暑樓十二韻[1]

晴日登攀好,	맑게 갠 날은 오르기에 좋은데
危樓物像饒.[2]	높은 누대는 경치가 다채로우니,
一溪通四境,	한 줄기 시내가 사방으로 통하고
萬岫遶層霄.[3]	수많은 봉우리가 높은 하늘을 둘렀다.
鳥翼舒華屋,[4]	새의 날개처럼 화려한 지붕이 펼쳐져 있고
魚鱗棹短橈.[5]	물고기 비늘처럼 작은 배가 노를 젓고 있으며,
浪花機乍織,[6]	꽃 같은 물결은 베틀에서 잠깐 베를 짜는 듯하고
雲葉匠新彫.	잎 같은 구름은 장인이 새롭게 조각한 듯하다.
臺榭羅嘉卉,[7]	누대에는 상서로운 초목들이 늘어서 있고
城池敞麗譙.[8]	성의 해자에는 아름다운 누대가 솟아있는데,
蟾蜍來有鑒,[9]	달이 떠오르니 거울이 생겼고
蝃蝀引成橋.[10]	무지개를 끌어다 다리를 만들었다.
鷰任隨秋葉,	제비는 마음대로 가을 낙엽 따라 날고
人空集早潮.	사람들은 그저 아침 조수에 모이는데,
楚鴻行盡直,	초 땅의 기러기는 대열이 모두 반듯하고
沙鷺立偏翹.[11]	모래밭의 해오라기는 깃을 기울인 채 서 있다.
暮角悽遊旅,[12]	저녁 무렵 호각 소리는 나그네를 슬프게 하고
淸歌慘泬寥.[13]	맑은 노랫소리는 애처롭고 공허한네,

景牽遊目困,[14] 경치에 이끌려 마음껏 바라보기에도 지쳐
愁託酒腸銷.[15] 시름을 술에 의지해 삭여본다.
遠吹流松韻,[16] 멀리 부는 바람이 소나무에 스치며 소리가 나고
殘陽渡柳橋. 석양이 버드나무 다리를 건너가는데,
時陪庾公賞,[17] 마침 유공을 모시고 감상하니
還悟脫煩囂.[18] 또 깨달아서 번뇌와 시끄러움에서 벗어난다.

주석

1 [역자주] 吳興(오흥) : 호주(湖州)로 지금의 절강성 호주이다. 消暑樓(소서루) : 호주에 있던 누대 이름이다.

2 [역자주] 危樓(위루) : 높은 누대. 物像(물상) : 경물. 饒(요) : 많다.

3 [역자주] 岫(수) : 산줄기. 遶(요) : 두르다. 層霄(층소) : 높은 하늘. 또는 겹겹의 구름 기운.

4 **[협주]** 조식(曹植)의 시9)에서 "살아서 화려한 집에 산다."라고 했다.(曹子建詩. 生存華屋處.)

5 [역자주] 魚鱗(어린) : 물고기 비늘. 빽빽하고 나란히 있는 모습을 비유한다. 棹(도) : 노를 젓다. 短橈(단요) : 작은 배.

6 [역자주] : 乍(사) : 잠깐.

7 **[협주]** 동한 장형(張衡)의 <서경부(西京賦)>에서 "아름다운 초목들이 무성하게 자라나 등림과 같이 울창하다."라고 했다.(西京賦. 嘉卉灌叢, 蔚若鄧林.10))
[역자주] 臺榭(대사) : 누대. 羅(라) : 늘어서 있다. 嘉卉(가훼) : 아름다운 초목.

8 **[협주]** 권4의 "아름다운 누대가 고을의 인가에 이어져 있다."의 주에 보인다.11)(見四卷.

9) 조식의 시 <야전황작행(野田黃雀行)>이다.
10) 灌叢(관총) : 초목이 무성한 모양. 蔚(울) : 울창하다. 鄧林(등림) : 고대 전설에 나오는 숲으로 아주 무성한 숲을 말한다.

麗譙連帶邑人家註.)

[역자주] 敞(창) : 드러나다. 펼쳐지다. 麗譙(여초) : 아름다운 누대.

9 **[협주]** 전한 유향(劉向)의 ≪오경통의(五經通義)≫에서 "달 속에 토끼와 두꺼비가 있다."라고 했다. 남조 양(梁)나라 송균(宋均)의 ≪춘추연공도(春秋演孔圖)≫에서 "두꺼비는 달의 정령이다."라고 했다. <고악부(古樂府)>에서 "짚자리 위의 모탕은 지금 어디에 있을까? 산 위에 다시 산이 있네. 어떻게 큰 칼의 자루를 만날까? 깨진 거울이 하늘에 날 때이겠지."라고 했다.(五經通義. 月中有兎與蟾蜍. 春秋演孔圖. 蟾蜍, 月精也. 古樂府. 藁砧今何在,[12] 山上復有山.[13] 何當大刀頭,[14] 破鑑飛上天云.[15])

[역자주] 蟾蜍(섬서) : 두꺼비. 달을 비유한다. 鑒(감) : 거울. 여기서는 밝은 달을 비유한다.

10 **[협주]** ≪이아(爾雅)≫에서 "'체동(螮蝀)'은 무지개이다."라고 했다. '홍교'는 이미 권4에 나왔다.[16](爾雅. 螮蝀, 虹也. 虹橋已出四卷.)

11 [역자주] 鷺(로) : 해오라기. 偏翹(편교) : 깃을 기울이다.

12 [역자주] 角(각) : 호각 소리. 시각을 알리며 부는 것이다. 遊旅(유려) : 나그네.

13 **[협주]** '혈(泬)'은 호와 결의 반절이며 '료(寥)'는 빈 모양이다. 송옥(宋玉)의 <구변(九辯)>에서 "공허하게 하늘은 높고 공기는 맑다."라 했고 ≪문선≫ 이선의 주에서 "'혈료(泬寥)'는 드넓은 모양이다."라고 했다.(泬, 呼決切. 寥, 空貌. 宋玉, 九辯. 泬寥兮天高而氣淸. 註. 泬寥, 曠蕩貌云云.)

14 **[협주]** 초사(楚辭) <이소(離騷)>에서 "홀연히 머리를 돌려 마음껏 바라본다."라고 했다. (楚辭. 忽反顧而遊目.)

---

11) 형군(邢羣)이 부복에서 보낸 시 <군정 안에서 생각이 일어 목주자사 원외랑 형께 부쳐 드리다(郡中有懷寄上睦州員外十二兄)>이다.

12) 藁砧(고침) : 짚자리와 모탕. 옛날 사형을 집행할 때 죄인을 짚자리 위의 모당에 엎드리게 하고 노끼로 목을 뱄다. 여기서는 도끼인 부(鈇)가 남편인 부(夫)와 발음이 같기에 남편을 가리킨다.

13) 산 위에 산이 있다는 것은 '출(出)' 자를 뜻하며 남편이 나가서 돌아오지 않는다는 말이다.

14) 大刀頭(대도두) : 큰 칼의 머리. 옛날에는 칼자루 끝을 둥근 고리 모양으로 장식했으며 환(環)이라고 했다. 이는 환(還)과 발음이 같아 '돌아오다'는 뜻을 가리킨다.

15) 破鏡(파경) : 깨진 거울. 반달을 가리킨다.

16) 두목의 시 <종릉에서 옛날 노닌 것을 회상하다 4수(懷鍾陵舊游四首)>의 제3수이다.

15 [역자주] 酒腸(주장) : 술을 마시다. 銷(소) : 없애다.

16 [역자주] 松韻(송운) : 솔바람.

17 **[협주]** ≪진서(晉書)·유량전(庾亮傳)≫의 기록이다. 유량이 무창(武昌)에 있을 때 은호(殷浩) 등의 여러 보좌관이 가을밤을 기회로 함께 남쪽 누대에 올랐다. 얼마 후 갑자기 유량이 이르자 모두가 일어나 피하려 했다. 유량이 천천히 말하기를, "그대들은 머물러도 되오. 늙은이도 여기에서 흥취가 또한 얕지 않소."라고 하고는 곧 간이의자에 걸터앉아 은호 등과 이야기를 나누고 시를 읊으면서 밤을 보냈다. 그의 소탈함이 이와 같았다. (晉書. 庾亮在武昌, 諸佐吏殷浩之徒乘秋夜, 共登南樓. 俄而不覺亮至, 諸人將避之. 亮徐曰, 諸君可住. 老子於此處興復不淺. 便據胡床與浩等談詠竟夕. 其坦率如此.[17])

18 [역자주] 煩囂(번효) : 번뇌와 소란.

해설

이 시는 오흥의 소서루에 올라 지은 것으로, 그곳에서 보이는 경물을 묘사하고는 이러한 운치를 어진 상관과 같이 즐기는 마음을 표현했다. 작시 시기는 고찰할 수 없다. 두목이 호주에서 상관을 모신 적이 없다는 사실에 근거하여 두목의 시가 아니라는 설이 있는데 타당한 것으로 보인다.

---

17) 坦率(탄솔) : 너그럽고 솔직하다.

254. 자형인 어사중승 배주께서 대리경에서 강서에 진수하러 나가는 것을 받들어 송별하며 일을 서술하고 회포를 써서 12운의 시를 지었다

奉送中丞姊夫儔自大理卿出鎭江西, 敘事書懷, 因成十二韻[1]

惟帝憂南紀,[2]	생각건대 황제께서 남쪽 지방을 걱정하시어
搜賢與大藩.	현자를 골라 큰 번진을 맡기셨으니,
梅先調步驟,[3]	매복은 걸음걸이를 조절했고
庾亮拂櫜鞬.[4]	유량은 활집과 농개를 떨쳤지.
一室何勞掃,[5]	집 하나를 어찌 수고로이 청소하겠으며
三章自不冤.[6]	법 세 조항에 저절로 억울함이 없어질 터,
精明如定國,[7]	정밀하고 분명함은 우정국과 같고
孤峻似陳蕃.[8]	고고하고 엄격함은 진번과 비슷하다.
灞岸秋猶嫩,[9]	파수 강기슭의 버들은 가을에도 부드럽고
藍橋水始喧.[10]	남교에는 물소리가 이제 시끄러운데,
紅旓罣石壁,[11]	붉은 깃발의 술은 석벽에 걸려 있고
黑矟斷雲根.[12]	검은 창은 산의 바위를 자를 정도구나.
滕閣丹霄倚,[13]	등왕각에 붉은 노을이 기울고
章江碧玉奔.[14]	상상의 푸르고 맑은 물길은 바삐 흐르는데,
一聲仙妓唱,	선녀 같은 기녀의 한 가락 노랫소리에
千里暮江痕.	저녁 강의 자취가 천 리에 걸쳐 있으리.

私好初童稚,[15] 개인적으로 애초 어린아이들을 좋아하시는데
官榮見子孫. 관직이 영예로워진 채 자손들을 만났으니,
流年休掛念, 흐르는 세월을 괘념하지 않고
萬事至無言.[16] 모든 일은 말 없는 경지에 이르셨다.
玉輦君頻過,[17] 황제의 수레가 그대에게 자주 이르렀는데
馮唐將未論.[18] 풍당은 아마 논할 것이 없으리.
庸書酬萬債,[19] 책을 필사해 주고 많은 빚을 갚았는지
竹塢問樊村.[20] 대나무 언덕에서 번천을 물으시겠지.

주석

1 [역자주] 姊夫儔(자부주) : 자형인 배주(裴儔)로 자가 차지(次之)이며 산서(山西) 문희(聞喜) 사람이다.

2 **[협주]** ≪시경·소아(小雅)·사월(四月)≫에서 "도도한 장강과 한수가 남국(南國)의 벼리이다."라고 했다.(詩. 滔滔江漢, 南國之紀云.)

[역자주] 南紀(남기) : 남방 지역을 뜻하는데 여기서는 강서 지역을 가리킨다.

3 **[협주]** '先'은 '仙'의 잘못이다. 첨주(添註)에 보인다.(先, 仙字之誤. 見添註.)

[역자주] 梅先(매선) : 매선(梅仙)의 잘못으로 신선이 된 매복(梅福)을 가리킨다. 그는 한나라 구강(九江) 수춘(壽春) 사람이며 남창위(南昌尉)에 보임되었다가 후에 관직을 떠나 수춘으로 돌아갔다. 왕망(王莽)이 정권을 장악했을 때 하루아침에 처자식을 버리고 구강을 떠났다. 후에 신선이 되었다고 한다. 步驟(보취) : 느리게 걷는 것과 빨리 걷는 것으로 걸음걸이를 뜻한다.

4 **[협주]** ≪진서(晉書)·유량전(庾亮傳)≫의 기록이다. 유량이 마침내 밖의 번진에서 스스로 힘을 다할 것을 청하여 지방관으로 나가 지절도독예주양주지강서선성제군사(持節都督豫州楊州之江西宣城諸軍事)가 되었다. ≪좌전·희공(僖公) 23년≫에 "오른쪽에 활집

과 동개를 맸다."라고 했다. ≪신당서·이소전(李愬傳)≫의 기록이다. 이소가 채주(蔡州)에 들어간 뒤에 배도(裴度)를 기다렸다. 배도가 이르자 이소는 활집과 동개를 맨 채 만났다. 배도가 피하려고 하자 이소가 말하기를, "이곳에서는 지금 상하의 구분을 없앤 지 오래되었습니다. 이 기회에 그것을 보이시기 바랍니다."라고 하자 배도가 재상의 예로 이소의 알현을 받았고 채주 사람들이 까치발을 하고 바라보았다.(晉書. 庾亮乃求外鎭自效, 出爲持節都督豫州楊州之江西宣城諸軍事. 左傳, 右屬櫜鞬. 新唐書. 李愬既入蔡州, 俟裴度. 至, 愬以櫜鞬見. 度將避之. 愬曰, 此方廢上下之分, 久矣. 請因示之, 度以宰相禮受愬謁, 蔡人聳觀.18))

[역자주] 櫜鞬(고건) : 활집과 동개. 동개는 활과 화살을 넣어 등에 매는 물건이다. 이상 두 구는 배주가 신선의 풍모를 가지고 용맹한 모습으로 지방을 진수하게 됐다는 말이다.

5 **[협주]** ≪후한서·진번전(陳蕃傳)≫의 기록이다. 진번은 자가 중거(仲擧)이다. 나이 15살 때 집에서 한가히 지내는데 뜰에 잡초가 무성했다. 부친의 친구인 같은 고을의 설근(薛勤)이 방문했다가 진번에게 말하기를, "어린아이가 어찌 청소도 하지 않고 손님을 맞이하는가."라고 했다. 진번이 대답하기를, "대장부가 세상을 살면서 천하를 청소해야지 어찌 집안일을 하겠습니까."라고 했다. 설근은 그가 세상을 다스릴 뜻이 있음을 알고 매우 기특하게 여겼다.(後漢書. 陳蕃, 字仲擧. 年十五嘗閑處一室, 而庭宇蕪穢.19) 父友同郡薛勤來候之, 謂蕃曰, 孺子何不洒掃,20) 以待賓客. 蕃曰, 大丈夫處世, 當掃除天下, 安事一室乎. 勤知其有淸世志, 甚奇之.)

6 **[협주]** ≪한서·고제본기(高帝本紀)≫에서 "나는 여러 제후와 약속하기를, 먼저 관중에 들어간 자가 왕이 되기로 했다. 내가 장차 관중에서 왕이 될 것이며 여러 어르신과 약속할 것은 법 세 조항뿐이니, 살인자는 사형에 처하고 사람을 다치게 하거나 도둑질을 하면 죄에 따라 처리하겠다."라고 했다. '불원(不冤)'은 아래의 주에 보인다.21)(漢書, 高紀. 吾與諸侯約, 先入關者, 王之. 吾當王關中. 與父老約, 法三章耳. 殺人者死, 傷人及盜

18) 聳觀(용관) : 발을 돋우고 보다. 보는 사람이 많다는 말이다.
19) 庭宇(정우) : 뜰. 蕪穢(무예) : 잡초가 무성하다.
20) 孺子(유자) : 어린아이. 여기서는 진번을 가리킨다. 洒掃(쇄소) : 물 뿌리고 쓸다. 청소하는 것을 말한다.
21) 바로 아래의 협주에 나오는 ≪한서·우정국전(于定國傳)≫에 보인다.

抵罪.[22] 不冤見下註.)

7 **[협주]** ≪한서·우정국전(于定國傳)≫의 기록이다. 우정국은 자가 만천(曼倩)이다. 정위(廷尉)로 있을 때 백성은 저절로 억울해하지 않게 되었다. 우정국은 술을 마실 때 몇 말을 마셔도 어지러워지지 않았으며 겨울에 옥사를 다스리고 판정할 때, (안사고가 주에서 이르기를, "'얼(讞)'은 판정하다는 뜻이며, 어와 열의 반절이다."라고 했다.) 술을 마시면 더욱 정밀하고 분명했다. 정위로 있은 지 18년 만에 어사대부로 승진했다.(漢書. 于定國, 字曼倩. 爲廷尉, 民自以不冤. 定國飮酒, 至數石不亂, 冬月治請讞, (師古曰, 讞, 平議也, 魚列反.) 飮酒益精明. 爲廷尉十八歲, 遷御史大夫.)

8 **[협주]** ≪후한서·진번전(陳蕃傳)≫에서 "진번이 예장태수(豫章太守)가 되었는데, 성격이 반듯하고 엄격하여 빈객을 만나지 않았다. 백성들은 그래서 그 고상함을 두려워하며 존경했다."라고 했다.(後漢書. 陳蕃爲豫章太守, 性方峻, 不接賓客. 士民亦畏其高云.)

9 [역자주] 嫩(눈) : 부드럽다.

10 **[협주]** 권1의 "파수의 강기슭에는 푸른 버들이 드리웠네."의 주에 보인다.[23](見一卷, 灞岸綠楊垂註.)

[역자주] 藍橋(남교) : 지금의 섬서성 남전(藍田)의 남계(藍溪)에 있는 다리 이름이다. 喧(훤) : 시끄럽다.

11 **[협주]** ['소(旓)'는] 소와 교의 반절이며 깃발의 술이다. ['괘(罣)'는] 고와 매의 반절이며 엮다는 뜻이다.(所交切, 旌旗旒也. 古賣切, 罥也.)

[역자주] 罣(괘) : 걸다.

12 **[협주]** '흑삭'은 이미 권2에 나왔다.[24](黑矟, 已出二卷.)

[역자주] 黑矟(흑삭) : 검은 창. 雲根(운근) : 산의 바위를 가리킨다. 바위에서 구름이 피어오른다고 여겼기에 이렇게 표현했다. 이상 두 구는 배주가 행차하는 행렬의 의장을 표현한 것이다.

---

22) 抵罪(저죄) : 죄의 내용에 따라 처벌하다.

23) 두목의 시 <두추 아가씨를 읊은 시(杜秋娘詩)>이다.

24) 두목의 시 <동쪽으로 정벌하는 것을 읊은 칠언시 10운(東兵長句十韻)> "검은 창을 든 장군은 한 마리 새처럼 가볍다.(黑矟將軍一鳥輕.)"의 주에 보인다.

13 **[협주]** 권1의 "높은 누각은 하늘 중간에 기대었다"의 주에 보인다.[25](見一卷, 高閣倚天半註.)

[역자주] 滕閣(등각) : 등왕각(滕王閣)으로 강서성 감수(贛水)가에 있다. 이하 네 구는 배주가 진수하는 강서의 경물을 상상하여 묘사한 것이다.

14 **[협주]** '장강'은 이미 권1에 나왔다.[26] 유종원(柳宗元)의 시[27]에서 "파액산 앞에는 벽옥이 흘러간다."라고 했다.(章江, 已出一卷. 柳宗元詩, 破額山前碧玉流.)

[역자주] 章江(장강) : 예장강(豫章江)으로 강남도(江南道) 홍주(洪州)에 있으며 감수와 합류한다. 碧玉(벽옥) : 보석의 이름인데 맑고 푸른 것을 비유한다.

15 [역자주] 私好(사호) : 개인적으로 좋아하다. 童稚(동치) : 어린아이.

16 [역자주] 無言(무언) : 옛 속담인 "복숭아와 자두는 말을 하지 않아도 그 아래에 절로 길이 생긴다.(桃李無言, 下自成蹊.)"라는 말을 가리킨다. 복숭아와 자두는 그 꽃과 열매와 그늘이 좋기에 사람들이 많이 찾아와서 그 아래에 저절로 길이 생길 정도라는 말인데, 배주의 뛰어난 학식과 고상한 인품을 설명한 것이다.

17 [역자주] 玉輦(옥련) : 황제가 타는 수레이다.

18 **[협주]** 서진(西晉) 반악(潘岳) <적전부(藉田賦)>에서 "천자께서 이에 옥 수레를 타시니 화려한 덮개로 덮었다."라고 했다. ≪한서·풍당전(馮唐傳)≫의 기록이다. 풍당은 낭중서장(郎中署長)으로 문제(文帝)를 섬겼다. 문제가 옥 수레를 타고 방문하여 풍당에게 묻기를, "노인께서는 언제부터 낭중이 되셨으며 집은 어디에 있는지요?"라고 하자 갖추어서 사실대로 대답했다. 문제가 이르기를, "내가 대(代)나라에 있을 때 나의 상식감(尙食監)이었던 고거(高祛)가 나에게 조나라의 장군 이제(李齊)가 현명했고 거록(鉅鹿)에서 전투한 것을 자주 말했었소. 나는 매번 식사 때마다 생각이 늘 거록의 싸움에 있는데, 노인께서도 아시는지요?"라고 하자 풍당이 대답했다. "이제 장군은 염파(廉頗) 장군이나 이목(李牧) 장군만 못합니다." 문제가 물었다. "어째서이지요?" 풍당이 아뢰기를, "신의 조부가 조나라에 계실 때 장수로 근무하면서 이목과 친했습니다. 신의 부친은 이전에 대나

25) 두목의 시 <장호호를 읊은 시(張好好詩)>이다.

26) 두목의 시 <장호호를 읊은 시> "예장강은 푸른 하늘에 나란하다.(章江聯碧虛.)"의 주에 보인다.

27) 유종원의 시 <조 시랑이 상현을 지나다 내게 부친 시에 답하다(酬曹侍郎過象縣見寄)>이다.

라의 승상으로 이제 장군과 친하게 지냈기에 그분의 사람됨을 알고 있었습니다."라고 했다. 문제도 전에 염파와 이목의 사람됨에 대해 들었기에 매우 기뻐서 허벅지를 치며 이르기를, "아! 나는 유독 염파나 이목을 얻어 장군으로 삼지 못했구나. 그런 장수만 있다면 어찌 흉노를 걱정하겠는가."라고 하자 풍당이 아뢰기를, "폐하께서는 비록 염파와 이목이 있어도 등용할 수 없을 것입니다."라고 했다. 문제가 화를 내며 일어나 궁중으로 들어갔다가 한참 뒤에 풍당을 불러 나무라기를, "여러 사람이 있는 곳에서 나를 모욕했는데 어찌 조용한 곳이 없었단 말인가?"라고 했다. 이에 풍당이 사죄하며 아뢰기를, "비루한 사람이 삼갈 줄을 몰랐습니다."라고 했다.(藉田賦. 天子御玉輦, 蔭華蓋.[28] 前漢書, 馮唐本傳. 唐爲郎中署長, 事文帝. 帝輦過, 問唐曰, 父老何自爲郎,[29] 家安在.[30] 具以實言. 帝曰, 吾居代時, 吾尙食監高袪數爲我言趙將李齊之賢. 戰於鉅鹿下, 吾每飮食, 意未嘗不在鉅鹿也, 父老知之乎. 唐對曰, 齊尙不如廉頗李牧之爲將也. 上曰, 何已. 唐曰, 臣大父在趙時, 爲官帥將, 善李牧. 臣父故爲代相, 善李齊, 知其爲人也. 上旣聞廉頗李牧爲人, 良說,[31] 迺附髀曰,[32] 嗟乎. 吾獨不得廉頗李牧爲將. 豈憂匈奴哉. 唐曰, 陛下雖有廉頗李牧, 不能用也. 上怒起, 入禁中. 良久, 召唐, 讓曰,[33] 公衆辱我, 獨亡閒處虖.[34] 唐謝曰, 鄙人不知忌諱.[35])

19 **[협주]** ≪삼국지·오지(吳志)·감택전(闞澤傳)≫에서 "감택은 집이 가난했으나 배우기를 좋아하여 남을 위해 책을 필사해 주고 종이와 붓값을 벌었다. 필사가 끝나면서 옛 전적들을 두루 열람하게 되었다. 관직이 중서령(中書令)에 이르렀다."라고 했다. '수(酬)'는 음이 수이며, 갚는다는 뜻이다.(吳志. 闞澤家貧, 好學, 傭書以供紙筆. 所寫旣畢, 究覽墳典.[36] 位至中書令. 酬, 音酬, 酬報也.)

---

28) 蔭(음) : 그늘을 만들다. 華蓋(화개) : 화려한 수레 덮개.
29) 何自(하자) : 언제부터.
30) 安在(안재) : 어디에 있는가?
31) 說(열) : 기뻐하다.
32) '附'는 '拊'의 잘못이다. '부비(拊髀)'는 허벅지를 친다는 뜻이다. 迺(내) : 이에.
33) 讓(양) : 질책하다.
34) 虖(호) : 문장 끝에 쓰는 어기조사이다.
35) 忌諱(기휘) : 꺼리고 피하다. 삼가다.
36) 墳典(분전) : 삼분(三墳)과 오전(五典)으로 옛 전적을 가리킨다.

[역자주] 庸書(용서) : 책을 베껴서 써 주다.

20 [역자주] 竹塢(죽오) : 대나무 언덕. 여기서는 배주(裴儔)가 부임하는 강서 지역을 가리키는 것으로 보인다. 樊村(번촌) : 두목 집안의 별장이 있는 번천(樊川)을 가리킨다. 이상 두 구는 배주가 부임해서도 번천의 두목을 기억해서 관심을 가져 주기를 바란다는 말이다.

해설

이 시는 자형인 배주가 강서 지역으로 부임하게 된 것을 송별하며 지은 것이다. 그의 능력과 덕을 칭송하고는 부임한 뒤 자연을 즐기며 유유자적하게 살 것을 상상했다. 대개 대중(大中) 3년(849) 장안에 있을 때 지은 것으로 추정한다.

255. 중승께서 군사 전략에 조예가 깊고 뜻이 공명에 있기에 다시 칠언율시 한 수를 받들어 드리고 아울러 권면함으로 자문하다

中丞業深韜略志在功名, 再奉長句一篇兼有諮勸[1]

檣似鄧林江拍天,[2]　　장대는 등림과 비슷하고 강의 물결이 하늘을 치는데
越香巴錦萬千千.[3]　　월 땅의 향과 파 땅의 비단이 수천 수만이며,
滕王閣上柘枝鼓,[4]　　등왕각 위에서 자지무의 북을 치고
徐孺亭西鐵軸船.[5]　　서유자의 정자 서쪽에는 철갑 배가 떠 있으리.
八郡元侯非不貴,[6]　　여덟 군의 우두머리가 귀하지 않은 것은 아니고
萬人師長豈無權.[7]　　만 인의 수령이라 어찌 권세가 없으랴만,
要君嚴重疏歡樂,　　요컨대 그대는 엄중하여 환락을 줄인다면
猶有河湟可下鞭.[8]　　그래도 하황에서 채찍을 드리울 수 있으리.

주석

1 **[협주]** 강태공(姜太公)의 ≪육도(六韜)≫는 첫 번째가 <패전(覇典)>으로 문(文)을 논했고 두 번째가 <문사(文師)>로 무(武)를 논했으며, 세 번째가 <용도(龍韜)>로 주장(主將)에 관한 것이고 네 번째가 <호도(虎韜)>로 편장(偏將)과 비장(裨將)에 관한 것이며, 다섯 번째가 <표도(豹韜)>로 교위(校尉)에 관한 것이고 여섯 번째가 <견도(犬韜)>로 사마(司馬)에 관한 것이다. <용도·여장(厲將)>에서 "무왕(武王)이 말하기를, '내가 삼군의 무리로 하여금 부모처럼 그 장수와 친하게 하여 징소리를 들으면 분노하고 북소리를 들으면 즐거워하게 하고자 하는데 어떻게 하면 되겠는가?'라고 했다."라고 했다.(太公, 六

韜篇, 第一覇典, 文論, 第二文師, 武論, 第三龍韜, 主將, 第四虎韜, 偏裨, 第五豹韜, 校尉, 第六犬韜, 司馬. 龍韜云, 虎[37]王曰, 吾欲令三軍之衆, 親其將如父母[38]. 聞金聲而怒,[39] 聞鼓聲而喜, 爲之奈何.[40])

[역자주] 中丞(중승) : 어사중승(御史中丞)으로 여기서는 당시 어사중승의 신분으로 강서절도사로 파견된 배주(裵儔)를 가리킨다. 韜略(도략) : 군사에 관련된 책략. 諮勸(자근) : 근면함으로 자문하다. 근면하라고 권계한다는 말이다.

2 **[협주]** ≪열자·탕문(湯問)≫에서 "과보(夸父)가 해를 좇으려 하다가 도중에 목이 말라 죽었다. 그 지팡이를 버렸는데 시신의 기름과 살이 스며 들어간 곳에 등림(鄧林)이 생겼으며 광활하여 수천 리였다."라고 했다.(列子, 夸父欲追日影, 未至道, 渴而死, 棄其杖, 尸膏肉所浸生鄧林. 彌廣數千里.[41])

[역자주] 檣(장) : 배에 높이 세운 장대. 신호용 깃발을 매달거나 올라가 관측을 하는 것이다. 이 구는 배주가 거느리는 전함이 많다는 말이다.

3 **[협주]** 본집에 "남월왕의 전대에는 침향이 가득하다."라고 했다.[42] ≪이문집(異聞集)·동성부로전(東城父老傳)≫[43]에서 "강회(江淮) 지역의 비단과 생견, 파촉(巴蜀) 지역의 수놓은 비단."이라고 했다.(本集. 越橐水沈堆. 異聞集, 東城父老傳. 江淮綺縠,[44] 巴蜀錦繡.)

4 **[협주]** 권4의 "등왕각에서 중춘에 비단 자리를 펼치고 자지무에 남방 북을 치니 우르릉 맑은 하늘에 우렛소리."의 주에 보인다.[45](見四卷滕閣中春綺席開, 柘枝蠻鼓殷晴

---

37) '虎'는 '武'가 되어야 한다. 당(唐) 태종(太宗) 이세민(李世民)의 증조부인 이호(李虎)의 이름을 피휘한 것으로 보인다.

38) 현재 전하는 ≪육도≫에는 "吾欲令三軍之衆, 親其將如父母"가 "吾欲三軍之衆, 攻城爭先登, 野戰爭先赴"로 되어 있는데, "내가 삼군의 무리가 성을 공격할 때는 다투어 먼저 오르고 들에서 전쟁할 때는 다투어 먼저 달려가도록 하고자 한다."라는 말이며, 뒤에 징소리와 북소리를 듣는 주체도 삼군의 무리가 된다.

39) 金聲(금성) : 징소리. 군대에서 후퇴를 알릴 때는 징을 치고 진격을 알릴 때는 북을 쳤다.

40) 奈何(내하) : 어떻게 하겠는가.

41) 彌廣(미광) : 광활하다.

42) 두목의 시 <양주 3수(楊州三首)> 중 제2수이다.

43) ≪이문집(異聞集)≫ : 당말 진한(陳翰)이 편찬한 전기집(傳奇集)으로 모두 40여 편이 수록되어 있다. 일찍이 산실되었지만 여러 문헌의 사료를 모아 거의 복원되었다.

44) 綺縠(기곡) : 비단과 생견.

雷註.)

[역자주] 柘枝鼓(자지고) : 자지무(柘枝舞)를 출 때 치는 북이다. 자지무는 당나라 때 서북 변방 이민족의 춤이다.

5 **[협주]** ≪십도지≫에서 "홍주(洪州)에 서유자(徐孺子)의 묘가 있다."라고 했고, 주에서 "태수 하후숭(夏侯崇)이 무덤 옆에 사현정(思賢亭)을 세웠다."라고 했다. 또 "서유자 비탈이 있다."라고 했고, 주에서 "서유자의 집이 있다."라고 했다. 유신(庾信)의 <애강남부(哀江南賦)>에서 "철갑 배와 상아 장대."라고 했다.(十道志. 洪州有徐孺子墓. 註. 太守夏侯崇於塚側立思賢亭. 又有徐孺子陂. 註. 有徐孺子宅. 庾信, 賦. 鐵軸牙檣.)

[역자주] 徐孺(서유) : 동한의 은자인 서치(徐穉)를 가리킨다. 그의 자가 유자(孺子)이다. 鐵軸船(철축선) : 철갑을 두른 배.

6 **[협주]** ≪구당서·지리지(地理志)≫에서 "강남서도관찰사(江南西道觀察使)는 홍주(洪州)에 치소(治所)를 두고 홍주(洪州), 요주(饒州), 길주(吉州), 강주(江州), 원주(袁州), 신주(信州), 건주(虔州), 무주(撫州) 등의 주를 관할한다."라고 했다. 한유(韓愈)의 <등왕각을 새로 짓고 지은 기문(新修滕王閣記)>에서 "태원왕공(太原王公)이 어사중승(御史中丞)에서 강남서도관찰사가 되어 홍주, 강주, 요주, 건주, 길주, 신주, 무주, 원주 여덟 주가 모두 치소에 속했다."라고 했다.(唐書, 地理志. 江南西道觀察使治洪州, 管洪饒吉江袁信虔撫等州. 韓公, 滕王閣記曰, 太原王公自[46]御史中丞觀察江南西道, 洪江饒虔吉信撫袁八州悉屬治所.)

[역자주] 元侯(원후) : 제후의 우두머리. 중요한 신하를 가리킨다.

7 **[협주]** ≪한서·동중서전(董仲舒傳)≫에서 "지금의 군수와 현령은 백성의 우두머리이다."라고 했다.(前漢書, 董仲舒傳. 今之郡守縣令, 民之師帥.)

[역자주] 師長(사장) : 우두머리.

8 **[협주]** 본집의 주에서 "당시 하황(河湟)을 수복했고 또 세 주에 일곱 관문을 세웠다."라고 했다.(本註. 時收河湟, 且立三州七[47]關.)

---

45) 두목의 시 <종릉에서 옛날 노닌 것을 회상하다 4수(懷鍾陵舊游四首)> 중 제2수이다.
46) 현재 전하는 한유의 문집에는 '自'가 '爲'로 되어 있다.
47) '七'은 '六'으로 된 판본도 있다.

[역자주] 河湟(하황) : 황하와 황수의 병칭으로 두 강이 합류하는 지역을 가리킨다. 당시 토번이 점령하고 있었는데, 대중(大中) 3년(849)에 수복했다. 下鞭(하편) : 채찍을 드리우다. 말을 타고 다스린다는 말이다.

해설

이 시는 강남서도관찰사로 나가게 된 배주를 송별하며 지은 것으로, 배주의 위용을 상상하며 칭송하고는 더욱 환락을 줄이고 근면한다면 나라의 난리를 구제할 충신이 될 것이라고 했다. 앞의 시와 같은 시기에 지은 것이다.

256. 배걸 수재의 <새로 딴 앵두> 시에 화답하다

和裴傑秀才新櫻桃[1]

新果眞瓊液,[2] 새로 딴 과일은 진정한 경액이라

來應宴紫蘭.[3] 장차 자란궁의 연회에 갖춰지리니,

圓疑竊龍頷,[4] 둥글어서 용의 턱에서 훔친 것인가 의심하고

色已奪雞冠.[5] 빛은 이미 닭 볏에서 빼앗은 것이구나.

遠火微微辨, 멀리 있는 불빛처럼 희미하게 분별하고

繁星歷歷看.[6] 뭇 별처럼 또렷하게 보이는데,

茂先知味好,[7] 장화는 맛이 좋음을 알고 있었고

曼倩恨偸難.[8] 동방삭은 훔치기 어려웠음을 원망했으리.

忍用烹騂酪,[9] 치즈 만들 때 사용하고자 하고

從將翫玉盤. 옥 쟁반에서 가지고 놀려고 하는데,

流年如可駐, 흘러가는 세월 멈출 수 있을 것 같으니

何必九華丹.[10] 굳이 구화단이 있어야 하겠는가.

주석

1 **[협주]** ≪본초강목(本草綱目)≫에서 "앵두는 맛이 달다. 주로 상복부의 막힘을 없애주고 비장의 기운을 돋운다. 사람의 안색을 좋게 하고 기질을 아름답게 한다."라고 했다.(本草. 櫻桃味甘, 主調中,[48)] 益脾氣, 令人好顔色, 美志氣.)

[역자주] 裴傑(배걸) : 누구인지 자세하지 않다. 秀才(수재) : 한나라 때 관리 선발 제도의

하나였으나, 당송 때는 진사시(進士試)에 응시하는 선비를 일컫는 말로 쓰였다.

2 **[협주]** ≪태평광기(太平廣記)·여선전(女仙傳)≫에서 "무릇 옥태와 경액의 기름이 있다."라고 했다. 이백(李白)의 <수산(壽山)을 대신하여 맹 소부(小府)의 이문(移文)에 답하는 편지(代壽山答孟少府移文書)>에서 "신선의 음료인 경액으로 양치질하게 하고 신선의 단약인 금사를 먹게 한다."라고 했다.(廣記, 女仙傳. 丹[49]有玉胎瓊液之膏. 李白, 書. 嗽之以瓊液, 餌之以金砂.[50])

3 **[협주]** ≪한무내전(漢武內傳)≫에서 "무제가 갑자기 푸른 옷을 입은 여자를 보았는데 그 여자가 '칠월 칠일 서왕모(西王母)가 잠시 오실 것입니다.'라고 했다. 무제가 동방삭에게 '이는 누구인가?'라고 물으니 동방삭이 말하기를, '서왕모 자란궁(紫蘭宮)의 선녀인데 항상 그의 명을 전달합니다.'라고 했다."라고 했다.(漢武內傳. 武帝忽見青衣女子, 曰, 七月七日, 王母暫來. 帝問東方朔, 此何人. 朔曰, 西王母紫蘭宮玉女, 常傳使命.)

4 **[협주]** ≪장자·열어구(列御寇)≫에서 "황하 옆에 집이 가난하여 쑥 자리를 짜서 생계를 유지하는 자가 있었다. 그의 아들이 연못에 들어갔다가 천금의 구슬을 얻었다. 아버지가 말하기를, '반드시 이는 깊은 연못에 있는 검은 용의 턱 아래에 있는 것이니 네가 그 구슬을 얻을 수 있었던 것은 필시 그 용이 자고 있었기 때문이다.'라고 했다."라고 했다.(莊子. 河上有家貧恃緯蕭而食者.[51] 其子沒於淵, 得千金之珠. 必在九中[52]之淵, 驪龍頷下,[53] 子能得珠者, 必遭其睡也.)

5 **[협주]** ≪한시외전≫에서 "무릇 닭은 머리에 볏을 이고 있으니 문아(文雅)한 것이다."라고 했다. 위(魏)나라 태자 조비(曹丕)의 <종요(鍾繇) 대리(大理)에게 주는 글(與鍾大理書)>에서 "아름다운 옥은 붉은 것은 마치 닭의 볏과 같다."라고 했다.(韓詩外傳. 夫鷄, 頭戴冠者, 文也. 魏太子曹丕, 與鍾繇書. 美玉, 赤若雞冠.)

6 **[협주]** <고시십구수·명월교야광(明月皎夜光)>에서 말하기를, "옥형(玉衡)[54]이 차겨운

48) 調中(조중) : 위쪽 복부의 막힘을 해소하다.
49) '丹'은 '凡'의 잘못이다.
50) 嗽(수) : 양치질하다. 餌(이) : 먹다.
51) 恃(시) : 의지하다. 緯蕭(위소) : 쑥대를 짜서 물건을 만들다.
52) '中'은 '重'의 잘못이다. 여기서 '구중(九重)'은 물이 매우 깊다는 뜻이다.
53) 驪龍(여룡) : 검은 용.

을 가리킬 때 여러 별은 얼마나 또렷한가."라고 했고, 옛 시 <농서행(隴西行)>에서 말하기를, "하늘 위에는 무엇이 있나, 백유성(白楡星)이 또렷하네."라고 했다.(古詩曰, 玉衡指孟冬, 衆星何歷歷. 古詩曰, 天上何所有, 歷歷白楡星.)

[역자주] 歷歷(역력) : 또렷한 모양.

7 **[협주]** ≪진서(晉書)·장화전(張華傳)≫에서 "장화는 자가 무선(茂先)이다. ≪박물지(博物志)≫ 10편을 지어서 세상에 퍼졌다."라고 했다.(晉書. 張華, 字茂先. 著博物志十篇, 行於世.)

8 **[협주]** ≪한서·동방삭전(東方朔傳)≫에서 "동방삭은 자가 만천(曼倩)이다."라고 했다. ≪한무고사(漢武故事)≫에서 "동군(東郡)에서 난쟁이를 바쳤는데 무제가 동방삭을 불렀다. 동방삭이 도착하자 난쟁이가 동방삭을 가리키며 주상에게 말하기를, '서왕모가 복숭아를 심었는데 삼천 년에 한 번 열매를 맺습니다. 이 자는 품행이 좋지 않은데 이미 세 번 와서 그것을 훔쳐 먹었습니다.'라고 했다."라고 했다.(前漢書. 東方朔, 字曼倩. 漢武故事. 東郡獻短人. 帝呼東方朔, 朔至. 短人指朔謂上曰, 王母種桃, 三千歲一結子, 此子不良, 已三過偸之矣.)

9 **[협주]** ≪후정록(侯鯖錄)≫에서 "앵두를 치즈에 곁들인다"라고 했고, 주에서 "두목의 <앵두> 시에서 '치즈 만들 때 사용하고자 하고 옥 쟁반에서 가지고 놀려고 한다.'라고 했으니 당나라 사람이 이미 앵두로 치즈에 곁들여 먹었음을 알 수 있다."라고 했다.(侯鯖錄, 櫻桃薦酪.[55] 註. 杜牧之, 櫻桃詩云, 忍用烹騂酪, 從將玩玉盤. 唐人已用櫻桃薦酪矣.)

[역자주] 騂酪(성락) : 치즈.

10 **[협주]** ≪태평광기≫에서 "이진다(李眞多)는 신선 이탈(李脫)의 여동생이다. 이탈이 촉(蜀) 땅 금당산(金堂山) 용교봉(龍橋峰) 아래에서 도를 닦았는데 촉 땅 사람들이 대대로 그를 보았으니 대략 그의 왕래는 8백 년이었기에 그를 이팔백(李八百)이라고 불렀다. 당초 주(周)나라 목왕(穆王) 때 와서 광한(廣漢) 서현산(棲玄山)에 머물렀는데 구화단(九華丹)을 만들었으며 오악과 십동(十洞)을 2백여 년 동안 노닐었다. 바닷가에서 비양군

---

54) 옥형(玉衡) : 북두칠성의 다섯 번째 별인데, 대체로 북두칠성을 가리킨다.

55) 薦酪(천락) : 치즈에 곁들여 먹다.

(飛陽君)을 만나 수옥(水玉)의 도를 전수받고는 다시 이 산으로 돌아와 단련하여 단약이 만들어지자 다시 떠났다. 수백 년 동안 은거하다가 나타났다가 하며 조정과 저자를 노닐었다. 다시 용교봉에 올라 금정(金鼎)을 만들어 아홉 번 단약을 단련했는데 단약이 완성되니 이미 8백 년이 흘렀다. 세 번 이 산에서 도를 수련했기에 세상 사람들은 이 산을 삼학산(三學山)이라고 불렀다."라고 했다. 송나라 송기(宋祁)의 ≪계척집(鷄跖集)≫에서 "중모산(中茅山) 사명군(司命君)이 서호(西胡)의 단사(丹砂) 6천 근을 이곳에 묻었다. 산 아래 샘이 약간 붉은 빛인데 그것을 마시면 사람에게 이로웠다. 위(魏)나라 좌방시(左放時)가 사명군에게 가서 단사를 청해 20근을 얻어 구화단(九華丹)을 만들었는데, 바로 이곳이다."라고 했다.(廣記. 李眞多者, 神仙李脫妹也. 脫居蜀金堂山龍橋峰下修道, 蜀人歷代見之, 約其往來八百餘年, 因號李八百焉. 初以周穆王時來居廣漢棲玄山, 合九華丹成, 夫遊五岳十洞二百餘年. 於海上遇飛陽君, 授水玉之道, 還歸此山, 鍊之, 藥成, 又去. 數百年, 或隱或顯, 遊於市朝. 又登龍橋峰, 作金鼎九月, 丹成已八百年. 三於此山學道, 故世人號此山爲三學山. 鷄跖集. 中茅山司命君埋西胡丹砂六千斤於此. 山下泉小赤, 飮之, 益人. 魏左放時就司命乞丹砂, 得十二斤, 合九華丹, 是也.)

해설

이 시는 갓 딴 앵두를 칭송한 것으로 맛과 효능이 좋아 먹으면 장수한다고 했다. 권덕여(權德輿)의 문집에도 이 시가 수록되어 있는데 누구의 작품인지는 분명치 않다. 작시 시기 역시 고찰할 수 없다.

257. 봄날의 그리움
春思

豈君心的的,[1]	어찌 그대는 마음이 분명한가
嗟我淚涓涓.[2]	안타깝게도 나는 눈물이 줄줄 나네.
綿羽啼來久,[3]	누런 새는 울음 운 지 오래이고
錦鱗書未傳.[4]	비단 물고기는 편지를 전해주지 않네.
獸爐凝冷豔,[5]	짐승 모양 향로는 서늘한 아름다움으로 엉겼고
羅幕蔽晴煙.	비단 장막은 맑은 날의 안개에 가려있네.
自是求佳夢,	본시 아름다운 꿈을 꾸려고 하는 것이니
何須訝晝眠.[6]	낮잠 자는 걸 탓할 필요 없으리.

주석

1 [역자주] 的的(적적) : 분명한 모양.

2 [역자주] 涓涓(연연) : 가느다란 물줄기가 흐르는 모양.

3 **[협주]** ≪시경·면만(綿蠻)≫에서 "면만하며 우는 누런 새가 언덕 골짜기에 있네."라고 했다.(詩. 綿蠻黃鳥, 止於丘阿.)
[역자주] 綿羽(면우) : ≪시경≫의 시로 인해 누런 새를 가리킨다. '면만'은 새 울음소리이다. 이와 달리 작은 새를 뜻한다는 설도 있다.

4 **[협주]** 옛 시 <음마장성굴행(飮馬長城窟行)>에서 "손님이 먼 곳에서 왔는데 내게 한 쌍의 잉어를 주네. 아이를 불러 잉어를 삶으니 뱃속에 한 자 되는 흰 비단에 쓴 편지가 있네."라고 했다.(古詩. 客從遠方來, 遺我雙鯉魚. 呼兒烹鯉魚, 中有尺素書云云.)

[역자주] 錦鱗(금린) : 비단처럼 아름다운 물고기. 물고기의 미칭으로 협주의 전고로 인해 편지를 가져다주는 존재를 말한다.

5 [역자주] 獸爐(수로) : 짐승 모양으로 만든 향로. 冷豔(냉염) : 차가운 느낌을 주지만 아름다운 것을 말한다. 이 구는 향로에 향을 피우지 않는다는 말이다.

6 **[협주]** ['아(訝)'는] 음이 오와 가의 반절이며, 탄식한다는 뜻이다.(五嫁切, 嗟訝.)
[역자주] 訝(아) : 탓하다. 이상하게 여기다.

해설

이 시는 임을 그리워하는 마음을 읊은 것으로 자신에게 관심을 보이지 않는 임이 그래도 소식을 전해주길 기다리며 꿈에서라도 만나고자 낮삼을 자겠다고 했다. 작시 시기는 고찰할 수 없다.

258. 다른 사람을 대신하여 짓다
代人作

樓高春日早,	누대는 높고 봄날 해는 일찍 뜨는 때
屛束麝煙堆.[1]	병풍은 묶어 놓고 사향 연기는 무더기를 지었는데,
盼眄凝魂別,[2]	고대하며 엉겨버린 이별의 넋
依俙夢雨來.[3]	희미하게 꿈속의 비가 내리네.
綠鬟羞妥墮,[4]	검푸른 머리칼은 늘어뜨린 쪽에 부끄러워하고
紅頰思夭偎.[5]	붉은 뺨은 사랑스럽게 그리워 하는데,
鬪草憐香惠,[6]	투초할 때는 향기로운 은혜가 어여쁘고
簪花間雪梅.	비녀의 꽃은 눈 같은 매화를 엇섞었지.
戍遼雖咽切,[7]	요수에 수자리 살며 비록 처절하게 오열하겠지만
游蜀亦遲迴.[8]	촉 땅을 노닐 때는 또한 서성거렸는데,
錦字梭懸壁,[9]	비단에 글자 쓰고는 베틀 북은 벽에 걸어놨고
琴心月滿臺.[10]	금의 마음으로 달빛이 누대에 가득하네.
笑筵凝貝啓,[11]	웃음 짓는 연회에서 단단한 조개가 열리고
眠箔曉珠開.[12]	잠자는 대자리에는 새벽 구슬이 펼쳐지는데,
臘破征車動,[13]	납월이 지나고 정벌 나간 수레가 움직이면
袍襟對淚裁.[14]	군복 옷깃을 눈물로 대하며 마름질하겠지.

주석

1 [역자주] 麝煙(사연) : 사향을 태워 만든 향 연기.

2 [역자주] 盼眄(반면) : 고대하는 모양.

3 **[협주]** '꿈속의 비'는 이미 권3에 나왔다.56) (夢雨, 已出三卷.)

[역자주] 依俙(의희) : 희미한 모양. 夢雨(몽우) : 무산(巫山)의 신녀가 초나라 왕의 꿈에 나타났다가 떠나면서 자신은 아침 구름과 저녁 비가 되어 항상 양대(陽臺)에 머물러 있겠다고 했다.

4 [역자주] 綠鬟(녹환) : 검푸르고 윤기가 흐르는 풍성한 머리로 찐 쪽. 妥髻(타마) : 당시 유행하던 여인의 머리 모양의 이름인데 쪽을 져서 옆으로 비스듬히 늘어뜨린 모양이다.

5 [역자주] 紅頰(홍협) : 붉은 뺨. 젊은 여인을 상징한다. 夭偎(요외) : 젊고 사랑스러운 모양.

6 **[협주]** '투초'는 이미 권4에 나왔다.57) (鬪草, 已出四卷.)

[역자주] 鬪草(투초) : 여인들이 풀로 하는 놀이인데, 많은 종류의 풀을 모으면 이기는 것이 한 가지 방식이다.

7 **[협주]** 강엄(江淹)의 <별부(別賦)>에서 "변방 지역은 아직 화친하지 않아 화살 메고 종군하고, 요수(遼水)는 끝이 없어 안문산(鴈門山)에 구름이 어지럽네."라고 했다.(別賦. 邊郡未和, 負羽從軍. 遼水無極, 鴈山參雲.58))

[역자주] 戍遼(수료) : 요수에서 수자리 살다. 요수는 지금의 요녕성에 있는 강으로 동북쪽 변방이다. 咽切(열절) : 오열하는 소리가 처절하다.

8 **[협주]** ≪한서·사마상여전(司馬相如傳)≫에서 "사마상여는 촉군(蜀郡) 성도(成都) 사람이다."라고 했다. 아래 "금의 마음으로 달빛이 누대에 가득하다"의 주와 권4의 "귀고리 늘어뜨리고 금 소리 들은 것을 후회한다"의 주에 보인다.59) (漢書. 司馬相如, 蜀郡成都

---

56) 두목의 시 <윤주 2수(潤州二首)> 중 제2수 "버들잎에 가린 붉은 누각에는 운우지정의 꿈이 많다.(柳暗朱樓多夢雲.)"의 주에 보인다.

57) 두목의 시 <어떤 이를 위해서 써서 주다 2수(爲人題贈二首)> 중 제2수 "울적하여 투백초 놀이도 드물어졌다.(無憀鬪草稀.)"의 주에 보인다.

58) 參(참) : 어지러이 울쑥불쑥하다.

59) 앞의 것은 이 시의 10번 주석을 가리키고 뒤의 것은 두목의 시 <어떤 이를 위해서 써서 주다 2수> 중 제1수이다.

人也. 見下琴心月滿臺註及四卷低珥悔聽琴註.)

[역자주] 遲迴(지회) : 서성이는 모양.

9 **[협주]** 강엄의 <별부>에서 "비단 짜는 노래에 눈물이 이미 말랐고 빙빙 돌아가며 쓴 시에 모습이 홀로 애달프다."라고 했고, 이선의 주에서 "<비단을 짜서 빙빙 돌아가며 쓴 시(織錦迴文詩)>의 서(序)에서 말하기를, '두도(竇韜)가 진주(秦州)를 다스리다가 사막으로 옮기게 되었다. 그의 부인은 소씨(蘇氏)인데 진주에서 소씨와 헤어져 떠나갈 때 다시는 첩을 들이지 않을 것이며 사막에 가서도 다시 첩을 들이지 않겠다고 맹세했다. 소씨는 비단을 짜서 끝단에 빙빙 돌아가며 이 시를 지어서 그에게 주었다.'라고 했다."라고 했다. 또한 ≪진서(晉書)·두도전≫에도 보인다. ≪진서·도간전(陶侃傳)≫에서 "도간이 젊었을 때 뇌택(雷澤)에서 물고기를 잡았다. 일찍이 그물에서 베틀 북을 하나 얻어 벽에 걸어놨는데 조금 있다가 우레가 치고 비가 오면서 저절로 용으로 변해 날아갔다."라고 했다.(別賦. 織錦曲兮泣已盡, 迴文詩兮影獨傷. 李善註. 織錦迴文詩序曰, 竇韜秦州被徙沙漠. 其妻蘇氏, 秦州臨去別蘇, 誓不更娶, 至沙漠更娶婦. 蘇氏織錦, 端中作此迴文詩, 以贈之. 又見晉書. 晉書. 陶侃少時漁於雷澤, 嘗網得一織梭, 以挂于壁. 有頃雷雨, 自化爲龍而去.)

[역자주] 錦字(금자) : 비단에 글자를 쓰다. 여인이 멀리 떠난 남편을 그리워하며 시를 비단에 적은 것을 말한다. 梭懸壁(사현벽) : 베틀 북을 벽에 걸어놓다. 여인이 베 짜기를 그만두었다는 말이다.

10 **[협주]** 권4 "귀고리 늘어뜨리고 금 소리 들은 것을 후회한다."의 주에 보인다.[60] ≪십도지≫에서 "익주(益州)에 금대(琴臺)가 있다."라고 했고, 주에서 "사마상여(司馬相如)가 탁문군(卓文君)과 함께 성도에서 살았는데 (가난하여) 날다람쥐 가죽옷으로 술을 사서 탁문군과 즐겁게 살았다. 후에 위나라가 촉나라를 정벌할 때 군인이 이 누대 아래를 파다가 큰 항아리 30여 개를 발견했는데 금의 소리가 울렸다. 지금 해공사(海公寺)에 금대가 있다."라고 했다.(見四卷低珥悔聽琴註. 十道志. 益州, 琴臺. 註. 相如與文君居成都, 以驌驦裘貰酒,[61] 與文君爲歡. 後魏伐蜀, 軍人鑿此臺下, 有大瓮三十餘口, 以響琴也.

60) 두목의 시 <어떤 이를 위해서 써서 주다 2수> 중 제1수이다.
61) 驌驦裘(숙상구) : 날다람쥐 가죽으로 만든 옷. 貰酒(세주) : 술을 사다.

今海公寺[62]有琴臺.)

[역자주] 琴心(금심) : 금에 담긴 마음. 사마상여가 일찍이 녹기금(綠綺琴)을 잘 연주하여 탁문군의 마음을 얻었다.

11 [역자주] 笑筵(소연) : 웃음 가득한 연회 자리. 凝貝(응패) : 단단한 조개. 여기서는 여인의 치아를 비유한다.

12 **[협주]** 곽박(郭璞)의 ≪유선시(遊仙詩)>에서 “선녀가 나를 돌아보며 웃는데 반짝반짝 옥 같은 치아가 열리네.”라고 했고 ≪문선≫ 이선의 주에서 “사마표(司馬彪)가 말하기를, ‘치아를 연다는 것은 웃는다는 말이다.’라고 했다.”라고 했다. ≪한서·동방삭전(東方朔傳)≫에서 “해는 공중에 걸린 구슬과 같고 치아는 엮어놓은 조개와 같다.”라고 했다.(郭景純, 遊仙詩. 靈妃顧我笑,[63] 粲然啓玉齒. 選註. 司馬彪曰, 啓齒, 笑也. 東方朔傳. 日若懸珠, 齒如編貝也云.)

[역자주] 眠箔(면박) : 잠을 잘 때 까는 대자리.

13 [역자주] 臘破(납파) : 납월(臘月), 즉 음력 12월이 끝나다.

14 [역자주] 袍襟(포금) : 외투의 옷깃. 여기서는 종군 나간 임에게 전해줄 옷을 가리킨다.

해설

이 시는 여인을 대신하여 지은 것으로, 멀리 원정 나간 정인과 헤어져 애달파하며 그리워하는 여인의 모습을 묘사했다. 작시 시기는 고찰할 수 없다.

62) 문헌에 따라 매안사(梅安寺) 또는 해안사(海安寺)로 되어 있기도 하다.

63) 靈妃(영비) : 대체로 여자 신선을 가리킨다.

259. 우연히 짓다 2수

偶題二首

제1수

勞勞千里身,[1]	근심스러운 천 리 먼 곳의 몸
襟袂滿行塵.[2]	옷깃과 소매에 날리는 먼지가 가득하네.
深夜懸雙淚,	깊은 밤에 두 줄기 눈물 걸리고
短亭思遠人.[3]	단정에서 멀리 있는 이를 그리워하네.
蒼江程未息,	푸른 강에서 여정은 쉬지 못하고
黑水夢何頻.[4]	흑수에서 꿈은 어찌나 잦은가.
明月輕橈去,[5]	밝은 달 아래 가벼이 노 저어 가면서
唯應釣赤鱗.[6]	그저 응당 붉은 물고기를 잡아야 하리.

주석

1 **[협주]** 양(梁)나라 원제(元帝)의 <서쪽으로 돌아가는 궁녀를 보내다(送西歸內人)>에서 "예전에 불만스럽게도 응당 떠나갈 것을 근심했는데 오늘 근심스럽게 영원히 그 사람과 헤어지네."라고 했다.(梁元帝, 送西歸內人. 昔時慊慊愁應去,64) 今日勞勞長別人.)

2 [역자주] 襟袂(금몌) : 옷깃과 소매.

3 **[협주]** '단정'은 권3에 나왔다.65)(短亭, 出三卷.)

64) 慊慊(겸겸) : 불만스러워 하는 모양.

65) 두목의 시 <제안성 성루에 쓰다(題齊安城樓)> "고향까지는 일흔다섯 장정이다.(故鄉七十五長亭.)"의 주에

[역자주] 短亭(단정) : 고대 성 바깥의 큰길에 5리마다 단정을 설치하고 10리마다 장정(長亭)을 설치하여 행인이 쉬거나 송별하는 곳으로 삼았다.

4 **[협주]** ≪상서·우공(禹貢)≫에서 "화산(華山)의 남쪽과 흑수(黑水) 일대가 양주(梁州)이다."라고 했다.(書. 華陽黑水惟梁州.)

[역자주] 黑水(흑수) : 지금의 섬서성 한중(漢中)을 지나는 강이다. 두목의 행적과 비추어 실제 강 이름이 아니라는 설이 있다.

5 [역자주] 輕橈(경요) : 가볍게 노를 젓다.

6 [역자주] 釣赤鱗(조적린) : 붉은 물고기를 낚다. ≪세설신어(世說新語)·규잠(規箴)≫에서 "동쪽으로 향로봉을 바라보고 북쪽으로 구강을 보는데 전해 듣자니 석정(石井)과 방호(方湖)가 있고 그 안에 붉은 물고기가 솟아오른다지.(東望香爐峰, 北眺九江, 傳聞有石井方湖, 中有赤鱗踊出.)"라고 했는데, 여기서는 남방에서 은거하는 삶을 뜻한다. 이상 두 구는 떠도는 삶을 끝내고 유유자적하게 살고 싶은 바람을 적은 것이다.

제2수

有恨秋來極,	원망은 가을에 극단으로 치닫는데
無端別後知.[1]	그것이 어쩔 수 없음을 헤어진 뒤에 알겠으니,
夜闌終耿耿,[2]	밤이 다해도 끝내 불안하고
明發竟遲遲.[3]	날이 밝아도 마침내 머뭇거리네.
信已憑鴻去,[4]	서신은 이미 기러기에 의지해 떠났고
歸唯與鷰期.[5]	돌아감은 오직 제비와 기약하나니,
只應明月見,	그저 응당 밝은 달을 보면서
千里兩相思.[6]	천 리 떨어져 양쪽에서 서로 그리워하네.

보인다.

주석

1 [역자주] 無端(무단) : 어쩔 수 없다.

2 **[협주]** ≪시경·백주(柏舟)≫에서 “불안하여 잠을 자지 못하니 마치 깊은 근심이 있는 듯.”이라고 했다.(詩. 耿耿不寐, 如有隱憂.)

[역자주] 夜闌(야란) : 밤이 끝나가다. 耿耿(경경) : 불안한 모양.

3 **[협주]** ≪시경·소완(小宛)≫에서 “날이 밝아도 잠을 자지 못하니 부모님을 그리워해서라네.”라고 했다.(詩. 明發不寐, 有懷二人.)

[역자주] 明發(명발) : 날이 밝다. 遲遲(지지) : 머뭇거리는 모양.

4 **[협주]** 권1의 “소무는 오히려 살아 돌아왔다.”의 주에 보인다.[66](見一卷蘇武卻生返註.)

[역자주] 憑鴻(빙홍) : 기러기에 의지하다. 한나라의 소무(蘇武)가 흉노족에 억류되어 있었는데 한나라에는 그가 죽었다고 했다. 한나라 황제가 기러기에 보내온 소무의 편지를 얻었다고 이야기를 꾸며서 사신을 보내 결국 소무를 한나라로 데리고 왔다. 이로부터 기러기가 편지를 전해준다는 말이 생겼다.

5 **[협주]** 두보의 시[67]에서 “가을에 제비 서늘할 때를 기약한다.”라고 했다.(詩史. 秋期鷰子凉.)

6 **[협주]** 권4의 “천 리를 비추는 달에 그리움을 부치고자 한다.”의 주에 보인다.[68](見四卷欲寄相思千里月註.)

해설

이 시는 먼 곳을 떠도는 이가 고향의 임을 그리워하는 마음을 읊은 것이다. 떠도는 삶이 힘들고 외로운데 응당 고향으로 돌아가 유유자적하게 살고 싶다는 뜻을 표현했다. 두목의 행적과 맞지 않아 다른 사람의 시라는 설이 있다. 작시 시기는 고찰할 수 없다.

---

66) 두목의 시 <두추 아가씨를 읊은 시(杜秋娘詩)>이다.

67) 두보의 시 <부모님을 뵈러 강녕으로 돌아가는 허습유를 배웅하게 되었는데, 내 예전에 그 고을에서 객지생활을 하다가 허씨의 거처에서 와관사의 유마도를 얻은 적이 있기에 말미에 이를 적어 본다(送許八拾遺歸江寧覲省, 甫昔時嘗客游此縣, 於許生處乞瓦棺寺維摩圖樣, 志諸篇末)>이다.

68) 두목의 시 <먼 곳에 있는 이에게 부치다(寄遠)>이다.

260. 동짓날 경사의 사신이 출발하기에 집안 동생에게 부치다
冬至日遇京使發寄舍弟[1]

遠信初憑雙鯉去,[2]	멀리 보내는 편지 처음 잉어 한 쌍에 의지해 보내는데
他鄕正遇一陽生.[3]	타향에서 한창 양기 하나 생기는 동지를 맞이했다.
罇前豈解愁家國,[4]	술잔 앞에서 어찌 경사에 대한 근심을 풀 수 있으랴
輦下唯能憶弟兄.[5]	황제의 수레 아래에서는 오직 형을 그리워하겠지.
旅館夜雨姜被冷,[6]	여관에 밤비 내리는데 강굉의 이불은 차갑고
暮江寒覺晏裘輕.[7]	해 저무는 강 차갑기에 안영의 가죽옷이 얇음을 느끼네.
竹門風過還惆悵,[8]	대나무 문에 바람이 지나가니 도리어 애달픈데
疑是松窓雪打聲.	소나무 창에 눈이 두드리는 소리인가 해서라네.

주석

1 **[협주]** '집안 동생'은 두의이다.(舍弟, 杜顗.)

2 **[협주]** 위의 "비단 물고기는 편지를 전해주지 않네."의 주에 보인다.69)(見上錦鱗書未傳註.)

[역자주] 雙鯉(쌍리) : 한 쌍의 잉어. 예로부터 잉어가 편지를 전해주다고 했다. 여기서는 경사에서 온 사신이 두목의 편지를 두의에게 전해주는 것을 가리킨다.

3 **[협주]** 권1의 "오늘 하나의 양이 생겨 동지가 되었다." 주에 보인다.70)(見一卷今日生一

69) 두목의 시 <봄날의 그리움(春思)>이다.
70) 두목의 시 <동짓날에 조카 아의에게 부치는 시(冬至日寄小姪阿宜詩)>이다.

陽註.)

[역자주] 一陽生(일양생) : 하나의 양기가 생겨나다. 낮이 길어지기 시작하는 날인 동지를 가리킨다.

4 [역자주] 家國(가국) : 원래는 나라를 뜻하는데 여기서는 동생이 있는 경사를 가리킨다.

5 [역자주] 輦下(연하) : 황제의 수레 아래라는 뜻으로 경사를 가리킨다. 弟兄(제형) : 여기서는 형만 뜻한다.

6 **[협주]** ≪후한서·강굉전(姜肱傳)≫에서 "강굉은 자가 백회(伯淮)이다. 집안이 대대로 명문가였는데 두 동생 중해(仲海) 및 계강(季江)과 함께 모두 효행으로 소문이 났다. 그들의 우애는 천성이었는데 늘 함께 자고 함께 일어났다."라고 했고, 이현(李賢)의 주에서 "사승(謝承)의 글에서 말하기를, '강굉은 본성이 돈독하고 효성스러워서 계모를 모심에도 공경하고 조심스러웠다. 계모가 나이가 어린 데다 엄했지만 강굉은 ≪시경·개풍(凱風)≫에서 말한 효도의 뜻을 느꼈다. 형제가 이불을 함께 덮고 잤는데 내실에는 들어가지 않아 어머니의 마음을 위로했다.'라고 했다."라고 했다.(後漢書. 姜肱, 字伯淮. 家世名族, 與二弟仲海季江, 俱以孝行著聞. 其友愛天至, 常共臥起. 註. 謝承書曰, 肱性篤孝, 事繼母恪勤.[71] 母旣年少, 又嚴厲,[72] 肱感凱風之孝. 兄弟同被而寢, 不入房室, 以慰母心也.)

[역자주] 姜被冷(강피랭) : 강굉의 이불이 차갑다. 여기서는 두목이 동생 없이 홀로 있음을 말한다.

7 **[협주]** ≪안자춘추(晏子春秋)≫에서 말하기를, "안자가 베옷과 사슴 가죽옷을 입고 공에게 조회하니 공이 말하기를, '그대의 집이 이렇게 가난하니 어찌 이리 옷이 남루한가.'라고 했다."라고 했다.[73](晏子春秋曰, 晏子布衣鹿裘以朝, 公曰, 夫子之家若此其貧也, 奚衣之惡也.[74])

[역자주] 晏裘輕(안구경) : 안자의 가죽옷이 가볍다. 이 구는 강남의 두목이 동생이 겨울

71) 恪勤(각근) : 공경하고 삼가다.
72) 嚴厲(엄려) : 엄하고 사납다.
73) 이 조목은 현재 전하는 ≪안자춘추≫에는 보이지 않고 ≪후한서≫의 주에 보인다.
74) 奚(해) : 어찌하여.

에 얇은 옷으로 춥게 지낼까 걱정한다는 말이다.

8 [역자주] 惆悵(추창) : 애달픈 모양. 이하 두 구는 두목이 있는 곳은 바람이 불지만 동생이 있는 곳에서는 눈보라가 칠 것이라는 말이다.

해설

이 시는 강남에 있던 두목이 마침 경사에서 온 사신이 다시 돌아가는 편에 경사에 있는 동생에게 편지를 보내는 것으로 동생의 건강을 걱정하며 그리워하는 마음을 표현했다. 작시 시기는 고찰할 수 없다.

261. 낙양에서 상당의 부름에 달려가는 장만용을 전송하다

洛下送張曼容赴上黨召[1]

歌闋罇殘恨起偏,[2]	노래 끝나고 술동이가 비니 원망이 심히 일어나지만
憑君不用設離筵.	그대 때문에 이별의 연회를 베풀 필요는 없다네.
未趨雉尾隨元老,[3]	원로를 따라 치미선을 좇지 못하고
且驀羊腸過少年.[4]	또 젊은 날이 지난 나이로 양 창자처럼 굽은 길을 가겠구나.
七葉漢貂眞密近,[5]	일곱 세대 한나라 담비 꽂은 재상과 진실로 가까운데
一枝詵桂亦徒然.[6]	한 가지 극선의 계수나무 또한 허사구나.
羽書正急征兵地,[7]	깃 꽂은 문서로 한창 급히 병사를 징발하는 곳
須遣頭風處處痊.[8]	모름지기 두통이 곳곳에서 낫게 하는 글을 남겨야 하리라.

주석

1 [역자주] 洛下(낙하) : 낙양을 가리킨다. 張曼容(장만용) : 당나라 헌종(憲宗) 때 재상을 지낸 장홍정(張弘靖)의 손자이다. 上黨(상당) : 지금의 산서성 장치(長治)로 당시 소의절도사(昭義節度使)의 치소(治所)가 있던 곳이다.

2 [역자주] 歌闋(가결) : 노래가 끝나다. 罇殘(준잔) : 술동이가 비다.

3 **[협주]** 최표(崔豹)의 ≪고금주(古今註)≫에서 "치미선(雉尾扇)은 은(殷)나라 때부터 있었다."라고 했고 또 큰 부채인 장선(障扇)에 대해서도 언급했다.(崔豹, 古今註. 雉尾扇, 起於殷世. 又云障扇.)

[역자주] 雉尾(치미) : 꿩 꽁지로 장식한 부채로 고관의 의장이다.

4 **[협주]** ['맥(驀)'은] 음이 막과 백의 반절이고 말을 타다 또는 뛰어넘는다는 뜻이다. '양

장'은 이미 권4에 나왔다.[75](莫百切, 騎也, 踰也. 羊腸, 已出四卷.)

[역자주] 羊腸(양장) : 양 창자처럼 굽은 길로 지금의 산서성 정락靜樂을 가리킨다. 이상 두 구는 장만용이 조정에서 원로대신을 모시는 신하가 되어야 하는데 지방 막부로 가게 되었다는 말이다.

5 **[협주]** 권1의 "담비 꼬리를 꽂아 일곱 대에 걸쳐 고관을 했다." 주에 보인다.[76](見一卷珥貂七葉貴註.)

[역자주] 漢貂(한초) : 한나라 때 머리에 담비 꼬리를 꽂은 재상을 말한다. 장만용의 고조 장가정(張嘉貞), 증조 장연상(張延賞), 조부 장홍정이 모두 재상을 지냈다.

6 **[협주]** ≪진서(晉書)·극선전(郤詵傳)≫에서 "극선이 옹주자사(雍州刺史)로 옮기게 되자 무제(武帝)가 동당(東堂)에서 송별연을 베풀었다. 무제가 극선에게 묻기를, '그대는 스스로 어떠하다고 생각하는가?'라고 하니, 극선이 대답하여 말하기를, '신은 현량(賢良)과 대책(對策)에서 선발되어 천하의 제일이지만 그래도 계림(桂林)의 한 가닥 나뭇가지이고 곤산(崑山)의 한 조각 옥일 뿐입니다.'라고 했다."라고 했다.(晉書. 郤詵遷雍州刺史. 武帝於東堂會送, 問詵曰, 卿自以爲何如. 對曰, 臣擧賢良對策, 爲天下第一, 猶桂林之一枝, 崑山之片玉也.)

[역자주] 詵桂(선계) : 극선의 계수나무. 과거 급제한 것을 가리킨다. 이 구는 장만용이 과거에 급제했지만 조정으로 들어가지 못한 것을 안타까워한 것이다.

7 **[협주]** ≪한서·고조본기(高祖本紀)≫에서 "내가 깃 달린 격문으로 천하의 병사를 징발했다."라고 했고, 안사고의 주에서 "'격'이라는 것은 목간으로 편지를 만든 것으로 길이는 한 자 두 치인데 징발하거나 초치할 때 사용했다. 긴급한 일이 있으면 새의 깃을 꽂았는데 빨리 보내야 함을 표시했다."라고 했다.(前漢高紀. 吾以羽檄徵天下兵. 註. 檄者, 以木簡爲書, 長尺二寸, 用徵召也. 其有急事, 則加以鳥羽插之, 示速疾也.)

8 **[협주]** ≪삼국지·위지(魏志)≫에서 "진림(陳琳)은 격문을 잘 지었으며 남양(南陽)의 장수(張繡)와 친했다. 조조(曹操)가 진림으로 하여금 격문을 짓게 하여 완성했다. 당시 조

75) 두목의 시 <청운관에 쓰다(題青雲館)> "천 길 규룡이 서린 듯 양장산보다 굽이졌다.(虯蟠千仞劇羊腸.)"의 주에 보인다.

76) 두목의 시 <두추 아가씨를 읊은 시(杜秋娘詩)>이다.

조가 두통을 앓고 있었는데 진림의 격문을 보고 읽고는 '내 두통이 다 나았다.'라고 했다."라고 했다.[77](魏志. 陳琳善書檄, 南陽張繡友. 曹公使琳作檄文成. 時曹患頭風, 見琳檄讀之, 曰痊我頭風也.)

[역자주] 頭風(두풍) : 두통. 痊(전) : 병이 낫다. 이상 두 구는 상당의 막부에서 뛰어난 재능을 펼치라는 말이다.

해설

이 시는 지방의 막부로 떠나가는 장만용을 송별하며 지은 것이다. 그의 가문과 재능이 뛰어나지만 조정에서 관직을 얻지 못하고 지방으로 가는 것을 안타까워했다. 두목이 낙양에 있을 때 상당 지역에 전쟁이 없었다는 이유로 두목의 시가 아니라는 설이 있지만, 마지막 연의 내용은 수사적인 표현일 수도 있다. 두목의 시가 맞다면 태화(太和) 9년(835)부터 개성(開成) 2년(837) 낙양에서 감찰어사로 있던 때 지었을 것이다.

77) 이 조목은 현재 전하는 ≪삼국지≫의 남조 송(宋) 배송지(裴松之)의 주에 비슷한 내용이 보인다.

262. 선주를 떠나며 주다

宣州留贈[1]

紅鉛濕盡半羅裙,[2] 붉고 흰 화장으로 비단 치마 절반이 다 얼룩졌고
洞府人間手欲分.[3] 신선 세계와 인간 세계로 헤어지려고 하네.
滿面風流雖似玉, 얼굴 가득한 풍류는 비록 옥과 같지만
四年夫壻恰如雲.[4] 사 년 같이 지낸 장부는 마치 구름과 같구나.
當春離恨杯長滿, 봄을 맞으면 이별의 원망으로 잔이 늘 가득하고
倚柱關情日漸曛.[5] 기둥에 기대 관문에 대한 정감에 해가 점차 저물겠지.
爲報眼波須穩當,[6] 물결 같은 눈길에 답하려면 모름지기 안온해야 할지니
五陵游宕莫知聞.[7] 오릉에서 유랑한 것 아무도 들어 알지 못하리.

주석

1 [역자주] 宣州(선주) : 지금의 안휘성 선성(宣城)이다.

2 **[협주]** 조식(曹植)의 <낙신부(洛神賦)>에서 "향수를 뿌리지도 않았고 분을 바르지도 않았다."라고 했고, 이선의 주에서 "'연화'는 흰 분이다. ≪박물지(博物志)≫에서 '납을 태워서 오랑캐의 분을 만든다.'라고 했다."라고 했다.(洛神賦. 芳澤無加,78) 鉛華不御 李善云, 鉛華, 粉也. 博物志, 燒鉛成胡粉.)

[역자주] 紅鉛(홍연) : 붉은 연지와 흰색 납 가루분. 여인의 화장이다. 이 구는 눈물이 흘러 화장이 번져 옷까지 얼룩졌다는 말이다.

78) 芳澤(방택) : 향기가 나는 물.

3 [역자주] 洞府(동부) : 신선이 사는 곳으로 여기서는 선주에서 같이 지낸 곳을 가리킨다. 人間(인간) : 인간 세상. 속세. 여기서는 장차 가려는 장안을 가리킨다.

4 [역자주] 四年(사년) : 두목은 태화(太和) 4년(829)부터 태화 7년(832)까지 선주에 있었다. 夫壻(부서) : 남편. 이 구는 구름처럼 이곳에 왔다가 구름처럼 가게 되었다는 말이다.

5 [역자주] 關情(관정) : 관문에 있는 이를 그리워하는 마음. 장안에 있을 두목을 그리워하는 마음이다. 曛(훈) : 해가 지다.

6 **[협주]** 권1의 "물결 같은 눈길을 다른 이가 돌리도록 내버려 두네."의 주에 보인다.[79](見一卷波臉任他橫註.)

[역자주] 眼波(안파) : 물결 같은 눈길. 여인이 정감있게 바라보는 눈길을 가리킨다. 穩當(온당) : 가만히 있는 것을 말한다.

7 **[협주]** ['탕(宕)'은] 음이 도와 랑의 반절이다. 장협(張協)의 <칠명(七命)>에서 "유랑하며 온갖 근심을 가지고 살아가는 사람들."이라고 했고, ≪문선≫ 이선의 주에서 "'유탕(流宕)'은 멀리 떠돈다는 말이다."라고 했다.(徒浪切. 張景陽, 七命. 流宕百罹之疇.[80] 註. 流宕, 謂遠游.)

[역자주] 五陵(오릉) : 한나라 다섯 황제의 무덤으로 장안 인근에 있다. 游宕(유탕) : 떠돌다. 이상 두 구는 여인의 애정에 보답하기 위해서 장안에 가더라도 아무도 자신이 있음을 모를 정도로 조신하게 지내겠다는 말이다.

해설

이 시는 선주에 있다가 장안으로 가면서 같이 지내던 여인에게 남겨 준 것이다. 헤어져 안타까운 마음을 표현하면서 장안으로 가더라도 다른 여인을 좋아하지 않겠다고 했다. 태화 7(832)년에 지은 것이다. 시의 내용이 장안으로 가는 것 같지 않아 두목의 행적과 일치하지 않는다는 이유로 두목의 시가 아니고 허혼(許渾)의 시라고 하는 설이 있다.

---

79) 두목의 시 <선주에서 부임하러 경사로 들어가다가 도중에 선주로 돌아가는 배탄 판관을 만났기에 써서 주다(自宣州赴官入京, 路逢裴坦判官歸宣, 因題贈)>이다.

80) 罹(리) : 근심. 疇(주) : 부류. 무리.

263. 선주 개원사에 대해 지어 부치다

寄題宣州開元寺[1]

松寺曾同一鶴棲,	소나무 절에서 일찍이 학 한 마리와 깃들였는데
夜深臺殿月高低.[2]	밤이 깊은 누대에 달이 높이 떴다가 졌지.
何人爲倚東樓柱,	누가 동쪽 누대 기둥에 기댈까
正是千山雪漲溪.[3]	한창 천 봉우리 산에 눈이 개울에 가득하겠지.

주석

1 [역자주] 宣州(선주) : 지금의 안휘성 선성(宣城)이다. 開元寺(개원사) : 진(晉)나라 때 영안사(永安寺)였는데 당나라 때 이름을 개원사로 바꾸었다.

2 [역자주] 臺殿(대전) : 누대와 전각. 절의 부속건물을 가리킨다.

3 [역자주] 雪漲溪(설창계) : 눈이 개울에 많이 쌓이다. 눈빛은 달빛을 비유한 것으로 볼 수도 있다.

해설

이 시는 예전에 선주 개원사에서 노닐 때를 생각하면서 지어서 부친 것이다. 당시 밤에 본 달빛을 묘사했다. 두목의 시 <선주 개원사에 쓰다(題宣州開元寺)>가 참고할 만하다. 작시 시기는 고찰할 수 없다.

264. 장호에게 주다

贈張祜[1]

詩韻一逢君,	시로써 그대와 한번 만났는데
平生稱所聞.	평소 듣던 대로이네.
粉毫唯畫月,[2]	그림 붓으로 오직 달을 그리고
瓊尺只裁雲.[3]	옥 자로 다만 구름을 재단하니,
黥陣人人慴,[4]	경포의 군진은 사람마다 놀라고
秋星歷歷分.[5]	가을 별은 또렷이 분간할 수 있네.
數篇留別我,	몇 편을 내게 주고는 떠나니
羞殺李將軍.[6]	이릉 장군을 심히 부끄럽게 하겠네.

주석

1 [역자주] 張祜(장호) : 장우(張祐)로 된 판본도 있다. 장호는 청하(淸河) 출신으로 자가 승길(承吉)이다. 영호초(令狐楚)의 추천을 받았으나 원진(元稹)의 배척을 받아 회남(淮南)으로 돌아가 은거했다.

2 [역자주] 粉毫(분호) : 그림을 그리는 붓.

3 [역자주] 瓊尺(경척) : 옥으로 만든 자. 이상 두 구는 장호가 달과 구름을 묘사하는 시를 잘 짓는다는 말이다.

4 **[협주]** '경진'은 이미 권1에 나왔다.[81](黥陣, 已出一卷.)

81) 두목의 시 <지주에서 맹지 선배를 보내다(池州送孟遲先輩)> "경포의 진 때문에 머리털이 놀라 곤두섰지.(黥

[역자주] 黥陣(경진) : 한나라 장군 경포(黥布)의 군진. 경포는 병법에 매우 뛰어났다. 慴(섭) : 두려워하다.

5 **[협주]** 위의 "뭇 별처럼 또렷하게 보인다."의 주에 보인다.[82](見上繁星歷歷看註.)

[역자주] 歷歷(역력) : 또렷한 모양. 이상 두 구는 장호의 시의 격률과 풍격을 비유적으로 표현한 것이다.

6 **[협주]** 이릉(李陵)의 <소무에게 주는 시 3수(與蘇武詩三首)>의 주에 "≪한서·이릉전≫에서 말하기를, '이릉은 자가 소경(少卿)인데 활을 잘 쏘았다. 타인을 사랑하고 겸손하며 선비를 아랫자리에서 섬겨 심히 명예가 높았다. 기도위(騎都尉)가 되어 소무와 친했는데 소무가 장차 흉노로 사신을 가게 되자 이 시를 주었다.'라고 했다. 오언시는 이릉에게서 시작되었다."라고 했다.(李少卿, 與蘇武詩三首. 註. 漢書曰, 李陵, 字少卿. 善射, 愛人謙讓下士,[83] 甚得名譽. 爲騎都尉, 與蘇武善. 武將使匈奴, 故贈此詩. 五言詩自陵始也.)

해설

이 시는 장호를 송별하면서 그에게 준 것으로, 그의 시 풍격을 칭송하고는 떠나가며 자신에게 지어준 시가 이릉의 시보다 훨씬 좋다고 했다. 장호는 회창(會昌) 5년(845) 지주(池州)로 와서 두목과 만났는데, 그 이후 헤어질 때 이 시를 지은 것으로 추정한다.

陣驚毛髮.)"의 주에 보인다.

82) 두목의 시 <배걸 수재의 <새로 딴 앵두> 시에 화답하다(和裴傑秀才新櫻桃)>이다.

83) 謙讓(겸양) : 겸손하며 양보하다. 下士(하사) : 자신의 몸을 굽혀 아랫사람을 섬기다.

265. 늦봄 홀로 남쪽 정자에 왔다가 장호에게 부치다

殘春獨來南亭, 因寄張祜[1]

暖雲如粉草如茵,[2]	따뜻한 구름은 흰 분과 같고 풀은 자리와 같은데
獨步長堤不見人.	홀로 긴 제방을 걷지만 사람이 보이질 않네.
一嶺桃花紅錦黦,[3]	고개 가득한 복사꽃은 붉은 비단이 바래고
半溪山水碧羅新.	개울 절반의 산과 물은 푸른 비단이 새롭네.
高枝百舌猶欺鳥,[4]	높은 가지의 지빠귀는 여전히 다른 새를 기롱하고
帶葉梨花獨送春.	잎을 두른 배꽃은 홀로 봄을 보내네.
仲蔚欲知何處在,[5]	장중위가 어디 있는지 알고자 하는데
苦吟林下拂詩塵.	숲 아래에서 시의 먼지를 떨며 괴롭게 읊조리겠지.

주석

1 [역자주] 張祜(장호) : 앞의 시 주석에 자세하다.

2 [역자주] 茵(인) : 방석. 자리.

3 [역자주] 黦(월) : 변색하다. 이 구는 고개에 가득히 폈던 복사꽃이 진다는 말이다.

4 **[협주]** ≪역통괘험(易通卦驗)≫에서 "'백설'이라는 것은 지빠귀이다. 그 부리를 기묘하게 움직여서 온갖 새 소리를 따라 한다."라고 했다.(易通卦驗. 百舌者, 反舌鳥也. 能反覆其口,84) 隨百鳥之音.)

[역자주] 欺鳥(기조) : 새를 속이다. 이 구는 참언이 심함을 비유적으로 표현한 것이다.

84) 反覆(반복) : 잘 놀린다는 말이다.

5 **[협주]** 권1의 “쑥이 자라는 삼 무의 거처” 주에 보인다.[85](見一卷蓬蒿三畝居註.)

[역자주] 仲蔚(중위) : 한나라 평릉(平陵) 사람 장중위(張仲蔚)이다. 은거하면서 관직에 나가지 않았는데 늘 사는 곳에는 쑥에 사람이 파묻혔다. 여기서는 성이 같은 장호를 가리킨다. 이하 두 구는 장호 역시 홀로 봄을 지내며 괴롭게 읊조릴 것이라는 말인데, 이와 달리 두목 자신이 그렇게 하고 있다고 알려주는 내용으로 보는 설도 있다.

해설

이 시는 늦봄 노닐다가 장호가 생각나서 지어 부친 것으로, 쓸쓸한 늦봄의 경관을 묘사하여 홀로 지내는 심사를 표현했다. 장호는 회창(會昌) 5년(845) 지주(池州)로 와서 두목과 만났는데, 그 이듬해 봄에 지은 것으로 추정한다.

---

85) 누복의 시 <선주의 원 처사에게 주다(贈宣州元處士)>이다.

266. 선주 개원사 남쪽 누대
宣州開元寺南樓[1]

小樓纔受一床橫,	작은 누대는 겨우 의자 하나 가로로 놓을 정도인데
終日看山酒滿傾.	종일 산을 바라보며 술을 가득 기울이네.
可惜和風夜來雨,	애석하게도 온화한 바람에 밤이 되자 비가 오는데
醉中虛度打窓聲.	창문 두드리는 소리를 취중에 공연히 가늠해 보네.

주석

1 [역자주] 宣州(선주) : 지금의 안휘성 선성(宣城)이다. 開元寺(개원사) : 진(晉)나라 때 영안사(永安寺)였는데 당나라 때 이름을 개원사로 바꾸었다.

해설

이 시는 개원사 누대에 대해 읊은 것으로 봄날 술을 마시며 밤새 즐기는 모습을 묘사했다. 대개 개성(開成) 3년(838) 선주 막부에 있을 때 지은 것으로 추정한다.

267. 멀리 있는 이에게 부치다

寄遠人

終日求人卜,[1] 종일 그 사람 점을 쳐보는데
迴迴道好音.[2] 매번 좋은 소식을 말해주네.
那時離別後,[3] 언제 헤어진 뒤로
入夢到如今. 지금까지 꿈에 들어왔던가.

주석

1 [역자주] 求人卜(구인복) : 그 사람에 대한 점을 쳐달라고 청하다.

2 [역자주] 迴迴(회회) : 매번. '회회(回回)'와 같다. 道(도) : 말하다. 好音(호음) : 좋은 소식. 임이 곧 온다는 점괘를 말한다.

3 [역자주] 那時(나시) : 언제.

해설

이 시는 멀리 있는 이를 그리워하며 지어서 부친 것이다. 점괘는 곧 만난다고 하지만 꿈에서도 보이지 않는 것이 원망스럽다고 했다. 작시 시기는 고찰할 수 없다.

268. 심 처사와 헤어지다

別沈處士[1]

舊事參差夢,[2]	옛일은 어지러이 꿈에 나올 것이고
新程邐迤秋.[3]	새 여정은 구불구불한 가을이네.
故人如見憶,[4]	친구를 만일 생각해준다면
時到寺東樓.	때때로 절 동쪽 누대로 오게나.

주석

1 [역자주] 沈處士(심처사) : 심씨에 대해서는 자세하지 않다. '처사'는 관직에 나가지 않고 은일하는 사람을 부르는 말이다.

2 [역자주] 舊事(구사) : 옛일. 두 사람이 같이 지내던 때를 가리킨다. 參差(참치) : 어지러운 모양.

3 [역자주] 邐迤(이이) : 구불구불한 모양.

4 [역자주] 故人(고인) : 친구. 두목을 가리킨다.

해설

이 시는 심씨와 헤어지며 지은 것으로, 함께 지내던 때를 기억하며 그리워할 터인데 두목이 있는 절의 누대로 종종 찾아와 주기를 바란다고 했다. 작시 시기는 고찰할 수 없다.

269. 떠나가며 주다

留贈

舞韡應任閑人看,[1]　　춤 신은 응당 상관없는 사람이 보게 내버려 두더라도
笑臉還須待我開.[2]　　웃는 얼굴은 그래도 반드시 날 기다려서 펴야 하리라.
不用鏡前空有淚,　　거울 앞에서 공연히 눈물 흘릴 필요는 없으니
薔薇花謝卽歸來.[3]　　장미꽃이 지면 곧장 돌아오리라.

주석

1 [역자주] 舞韡(무화) : 춤출 때 신는 신. 任(임) : 내버려 두다. 閑人(한인) : 상관없는 사람.

2 [역자주] 笑臉(소검) : 웃는 얼굴.

3 [역자주] 薔薇(장미) : 꽃 이름. 謝(사) : 시들다.

해설

이 시는 기녀를 떠나면서 지어서 준 것으로 곧 돌아올 터이니 다른 사람 앞에서 춤은 춰도 되지만 웃는 얼굴을 보여주지는 말라고 했다. 작시 시기는 고찰할 수 없다.

270. 복야 상공이 봄비가 다소 내리지 않아 성군이 근심했는데 서설이 갑자기 내려 만물이 소생하기에 눈앞의 경물을 읊어 적은 율시에 받들어 화답하다

奉和僕射相公春澤稍愆, 聖君軫慮, 嘉雪忽降, 品匯昭蘇, 卽事書成四韻[1]

飄來雞樹鳳池邊,[2]	닭이 깃들인 나무와 봉황 연못가로 펄펄 날아 오니
漸壓瓊枝凍碧漣.[3]	점점 옥 나뭇가지를 누르고 푸른 물결을 얼게 하는데,
銀闕雙高銀漢裏,[4]	은빛 누궐이 은하수 속에서 쌍으로 높고
玉山橫列玉墀前.[5]	옥 산이 옥 계단 앞에 가로로 늘어서 있네.
昭陽殿下風迴急,[6]	소양전 아래 바람이 급히 휘돌고
承露盤中月彩圓.[7]	승로반 안에 달이 둥글게 빛나는데,
上相抽毫歌帝德,[8]	고귀한 재상이 붓을 꺼내 황제의 덕을 노래하니
一篇風雅美豐年.[9]	한 편의 시로 풍년을 칭송하네.

주석

1 **[협주]** ≪예기·악기(樂記)≫에서 "겨울잠 자는 벌레가 다시 살아난다."라고 했고 정현(鄭玄)이 주에서 말하기를, "'소(昭)'는 환해진다는 말이다. 겨울잠 자던 벌레가 나와서 환하기에 다시 숨을 쉬니 '살아난다'라고 말한 것이다."라고 했다. 상국(相國) 백민중(白敏中)이다.(禮記. 蟄蟲昭蘇.[86] 鄭玄云, 昭, 曉也. 蟄蟲以發出, 爲曉更息, 曰蘇. 白

86) 蟄蟲(칩충) : 겨울잠을 자는 벌레.

相國.)

[역자주] 僕射(복야) : 상서성(尙書省)의 관직으로 종이품인데, 실제로 최고 책임자이다. 相公(상공) : 재상을 가리킨다. 여기서는 백민중으로 대중(大中) 3년(849)에 상서우복야(尙書右僕射)가 되었다. 春澤(춘택) : 봄에 내리는 비나 눈을 가리킨다. 愆(건) : 어그러지다. 여기서는 봄 가뭄이 든 것을 말한다. 軫慮(진려) : 깊이 근심하다. 嘉雪(가설) : 상서로운 눈. 品匯(품회) : 만물. 昭蘇(소소) : 다시 소생하다.

2 **[협주]** 곽반(郭頒)의 ≪위진세어(魏晉世語)≫에서 "유방(劉放)과 손자(孫資)가 함께 중추 관직을 맡으니 하후헌(夏侯獻)과 조조(曹肇)가 마음이 편치 않았다. 궁전 안에 닭이 깃들인 나무가 있었는데 두 사람이 서로 말하기를, '이것이 정말 오래되었는데 또 얼마나 더 가겠는가.'라고 했다. 이는 중서감(中書監) 유방과 중서령(中書令) 손자를 가리켜 말한 것이다."라고 했다. '봉지(鳳池)'는 이미 권2에 나왔다.[87](郭頒, 魏晉世語. 劉放孫資共典樞要, 夏侯獻曹肇心內不平. 殿中有雞棲樹, 二人相謂, 此亦久矣, 其能復幾. 指謂中書監劉放中書令孫資. 鳳池, 已出二卷.)

[역자주] 雞樹(계수) : 하후헌의 고사로부터 중서성(中書省)을 가리키게 되었다. 鳳池(봉지) : 궁궐 안의 연못으로 특히 중서성을 가리킨다.

3 [역자주] 瓊枝(경지) : 전설 속의 나무인데 여기서는 궁중의 나무를 가리킨다. 옥이 흰색이므로 눈이 쌓인 나무를 뜻하기도 한다. 漣(련) : 물결.

4 **[협주]** 신선 남채화(藍采和)의 <답가(踏歌)>에서 "길고 밝은 햇빛이 하늘가에 있고 금빛 은빛 궁궐이 높이 까마득하다."라고 했다. 조식(曹植)의 <젊은이들이 노니는 곳에서 빈객과 사귀다(結客少年場行)>에서 "한 쌍의 누궐이 마치 하늘에 뜬 구름 같다."라고 했다. ≪백씨육첩(白氏六帖)≫에서 "은하수를 '은한(銀漢)'이라고 한다."라고 했다.(神仙藍采和, 踏歌. 長景明暉在空際, 金銀宮闕高嵯峨[88] 曹子建, 結客少年場行. 雙闕似雲浮. 六帖. 天河, 謂之銀漢.)

---

87) 두목의 시 <문하성의 재상이 재상 인장을 겸하여 거느리며 진으로 나가 촉 땅을 온전히 하러 가는 서천 절도사 재상을 송별하며 지은 시에 받들어 회답하다(奉和門下相公送西川相公兼領相印出鎭全蜀)> "연못에는 옛 봉황이 남았다.(池留舊鳳凰.)"의 주에 보인다.

88) 嵯峨(차아) : 높다란 모양.

[역자주] 銀闕(은궐) : 은빛 궁궐. 원래는 신선이 사는 곳의 궁궐인데 여기서는 눈이 쌓인 누궐을 가리킨다.

5 [역자주] 玉山(옥산) : 용모가 준수한 이를 비유한다. 玉墀(옥지) : 옥으로 장식한 계단. 궁궐의 계단을 가리킨다. 이 구는 훌륭한 대신이 궁궐에 나열한 것을 형용한 것이다.

6 **[협주]** 한나라 궁전 중에 소양전(昭陽殿)이 있다.(漢宮有昭陽殿.)

7 **[협주]** 권2의 "구리 기둥은 지는 해에 담백하다." 구의 주에 보인다.[89](見二卷金莖淡日殘註.)

[역자주] 承露盤(승로반) : 한나라 무제(武帝)가 장안 건장궁(建章宮)에 이슬을 모으기 위해 만들었는데 신선의 손바닥으로 받치는 형상을 만들었다.

8 **[협주]** ≪한서·육가전(陸賈傳)≫에서 "육가가 진평(陳平)에게 말하기를, '그대는 지위가 고귀한 재상이 되었고 식읍이 삼만 호인 제후가 되었다.'라고 했다."라고 했다.(漢書, 陸賈傳. 賈謂陳平曰, 足下位爲上相, 食三萬戶侯.)

[역자주] 上相(상상) : 재상의 존칭이다. 抽毫(추호) : 붓을 빼들다.

9 **[협주]** 사혜련(謝惠連)의 <설부(雪賦)>에서 "한 자나 쌓이니 풍년의 상서로운 징조를 내린다."라고 했다.(雪賦. 盈尺則呈瑞於豐年.[90])

[역자주] 風雅(풍아) : '풍'과 '아'는 원래는 ≪시경≫의 분류 항목인데, 널리 훌륭한 시를 가리킨다.

해설

이 시는 봄 가뭄이 심하다가 눈이 풍성하게 내려 풍년을 예고하자 백민중이 황제의 덕을 칭송하며 지은 시에 화답하는 것이다. 궁궐에 눈이 내린 모습과 재상이 황제의 덕을 기리는 시를 지었다는 내용을 적었다. 대중 4년(850) 봄에 지은 것으로 추정한다.

---

89) 두목의 시 <초봄에 대궐에서 숙직을 서는데 사인 소치 또한 한림원에서 근무하고 있어 감회를 쓴 4운의 시를 보내다(早春閣下寓直, 蕭九舍人亦直內署, 因寄書懷四韻)>이다.

90) 呈瑞(정서) : 상서로운 징조를 보이다.

271. 이파 평사에게 부치다

寄李播評事[1]

子列光殊價,[2] 자렬은 빛이 남달리 고상하니
明時忍自高. 청명한 시절에 스스로 높이기를 참는데,
寧無好舟楫,[3] 어찌 좋은 배가 없으랴만
不泛惡風濤. 험악한 바람과 파도에 띄우지를 못하네.
大翼終難戢,[4] 큰 날개는 끝내 거두기 어려운 법인데
奇鋒且自韜.[5] 기이한 칼날을 잠시 스스로 감추니,
春來煙渚上, 봄이 오면 안개 피는 물가에서
幾淨雪霜毫.[6] 눈과 서리 같은 깃털을 얼마나 깨끗이 할까.

주석

1 [역자주] 李播(이파) : 자가 자렬(子烈)이고 원화(元和) 연간(806-820)에 진사로 급제하여 대리평사(大理評事), 금부원외랑(金部員外郎), 헌주자사(軒州刺史), 비부낭중(比部郎中), 항주자사(杭州刺史) 등을 역임했다.

2 **[협주]** 본집의 <항주에 새로 만든 남쪽 정자의 기문(杭州新造南亭子記)>에서 "자렬 이파는 조정에서 관직을 한 이름난 사람이다."라고 했다.(本集. 杭州南亭記. 李子烈播, 立朝名人也.)

[역자주] 子列(자렬) : 이파의 자를 가리킨다. 殊價(수가) : 특히 뛰어나다.

3 [역자주] 舟楫(주즙) : 배를 젓는 노. 이하 두 구는 이파가 뛰어난 재능을 가지고 있지만 상황이 여의치 않아 발휘를 하지 못하고 있다는 말이다.

4 [역자주] 戢(즙) : 거두다.

5 **[협주]** [‘도(韜)’는] 음이 타와 도의 반절이고, 감춘다는 뜻이다.(他刀切, 藏也.)
[역자주] 이상 두 구는 이파의 큰 재능은 언젠가는 드러날 것이지만 지금은 잠시 뜻을 굽히고 있다는 말이다.

6 [역자주] 雪霜毫(설상호) : 눈과 서리 같이 흰 깃털. 이파의 고고함을 비유한다.

해설

이 시는 이파에게 보낸 것인데, 험난한 때를 만나 높은 관직에 오르지 못해 지방을 전전하지만 고고하게 자신을 수양하고 있을 것이라고 했다. 작시 시기는 고찰할 수 없다.

272. 양주로 나가 진수하는 우승유 재상을 송별하다

送牛相出鎮襄州[1]

盛時常注意,[2]　　성대한 시기에 항상 뜻을 쏟으니
南雍暫分茅.[3]　　남쪽 옹주에 잠시 띠풀을 나눠 받으시고,
紫殿辭明主,[4]　　자신전에서 영명한 군주를 떠나시니
巖廊別舊交.[5]　　조정에서 오랜 친구들과 헤어지시네.
危幢侵碧霧,[6]　　높은 깃대는 푸른 안개를 침범하고
寒旆獵紅旓.[7]　　차가운 기는 붉은 깃발을 낚아채는데,
德業懸秦鏡,[8]　　덕업은 진나라 거울이 걸린 듯하고
威聲隱楚郊.[9]　　위엄의 명성은 초나라 교외에서 두터우리.
拜塵先灑淚,[10]　　수레의 먼지에 절하며 먼저 눈물을 뿌리니
成廈昔容巢.[11]　　큰 건물을 이루어 예전에 둥지를 틀게 해주셔서이고,
遙仰沈碑會,[12]　　비석을 빠트리는 모임을 멀리서 우러를 것이니
鴛鴦玉佩敲.[13]　　원앙 수놓은 띠에 패옥이 부딪히리라.

주석

1 **[협주]** 본집의 <당나라 고 태자소사(太子少師) 기장군(奇章郡) 개국공(開國公)이며 태위(太尉)에 추승된 우공(牛公) 묘지명(唐故太子少師奇章郡開國公贈太尉牛公墓誌銘)>에서 "검교사공평장사(檢校司空平章事) 양주절도사(襄州節度使)가 되어 도성 문을 나갔으며 누런 술병과 용 장식 국자를 하사받았는데, 조서에서 말하기를, '성현된 금

속과 오래된 기물인데 이로써 군자에 비견하는 것이니 뜻이 없는 것이 아니다.'라고 했다."라고 했다.(本集, 牛公墓銘. 檢校司空平章事襄州節度使, 出都門, 賜黃彝鐏龍杓,[91] 詔曰, 精金古器, 用此比況君子, 非無意也.)

[역자주] 牛相(우상) : 재상 우승유(牛僧孺)이다. 개성(開成) 4년(839) 좌복야(左僕射)로 있다가 양주자사(襄州刺史) 산남동도절도사(山南東道節度使)가 되어 나갔다. 襄州(양주) : 지금의 호북성 양양襄陽이다.

2 **[협주]** ≪한서·육가전(陸賈傳)≫에서 "천하가 안정되면 재상에 뜻을 쏟고 천하가 위급하면 장군에 뜻을 쏟는다."라고 했다.(前漢書, 陸賈傳. 天下安, 註意相. 天下危, 註意將.)

3 **[협주]** '옹(雍)'은 위와 용의 반절이다. ≪통전(通典)≫에서 "양양군(襄陽郡)은 양주(襄州)이다. ≪상서·우공(禹貢)≫의 형주(荊州)로 하주(河州)의 남쪽 지역이다. 춘추시대 이래로 초나라 땅이었다. 동진(東晉) 때 옹주(雍州)를 두었다가 남조 송(宋) 문제(文帝)가 형주를 나눠 옹주를 두었다. 서위(西魏) 때 양주(襄州)로 고쳤다가 수나라가 회복하여 후에 양양군(襄陽郡)이 되었으며 당나라에서는 이를 이어받았다."라고 했다. '분모(分茅)'는 이미 권1에 나왔다.[92](雍, 委勇切. 通典. 襄陽郡, 襄州. 禹貢荊, 河州之南境. 春秋以來楚地. 東晉僑置雍州,[93] 宋文帝割荊州置雍州. 西魏改曰襄州, 隋復後爲襄陽郡. 大唐因之. 分茅, 已出一卷.)

[역자주] 分茅(분모) : 띠풀을 나눠 받다. 옛날 천자가 제후를 봉할 때 그 지역의 방위에 맞는 색의 띠풀로 흙을 싸서 나눠 주었는데, 이로부터 지방 장관을 뜻하게 되었다.

4 [역자주] 紫殿(자전) : 자신전(紫宸殿)을 가리킨다.

5 **[협주]** '암랑(巖廊)'은 이미 권1에 나왔다.[94](巖廊, 已出一卷.)

[역자주] 巖廊(암랑) : 높은 복도. 조정을 가리킨다.

---

91) 彝鐏(이준) : 술병. 龍杓(용표) : 용으로 장식한 구기. 구기는 술을 뜨는 국자이다.

92) 두목의 시 <두추 아가씨를 읊은 시(杜秋娘詩)> "장왕은 감금되고 봉지도 삭감되었다.(王幽茅土削.)"의 주에 보인다.

93) 僑置(교치) : 동진이 남하한 뒤 권문세가가 차지한 지역의 이름을 예전 북방에서 차지하던 지역의 이름으로 부른 것을 말한다.

94) 두목의 시 <소주 이 중승의 부름을 받아서 가는 심 처사를 송별하며 이 시를 주어 보내다(送沈處士赴蘇州李中丞招以詩贈行)> "마땅히 조정에 앉으셔야 한다.(當坐巖廊地.)"의 주에 보인다.

6 [역자주] 危幢(위당) : 높은 깃대.

7 [역자주] 旆(패) : 깃발. 獵(렵) : 사로잡다. 치다. 旓(소) : 기의 발에 단 장식.

8 **[협주]** 권1 "진 땅의 누대에서 심장과 쓸개가 깨졌다."의 주에 보인다.95)(見一卷秦臺破心膽註.)

[역자주] 秦鏡(진경) : 진나라 함양궁에 있던 거울로 사람을 비추면 선악을 알아볼 수 있었다고 한다.

9 **[협주]** ≪후한서·오한전(吳漢傳)≫에서 "위엄이 무겁기에 하나의 적국을 얻은 것과 같다."라고 했고, 이현(李賢)의 주에서 "'은(隱)'은 위엄이 무거운 모양이다."라고 했다.(.後漢, 吳漢傳. 隱若一敵國矣. 註. 隱, 威重之貌.)

[역자주] 楚郊(초교) : 초나라의 교외. 양주(襄州)를 가리킨다.

10 **[협주]** ≪진서(晉書)·반악전(潘岳傳)≫에서 "반악은 성격이 경솔하고 급했으며 세상의 이익을 좇았는데, 석숭(石崇) 등과 함께 가밀(賈謐)에게 아첨하며 섬겼다. 매번 그가 나오는 것을 지켜보다가 석숭 등과 함께 번번이 수레의 먼지를 바라보며 절했다."라고 했다.(晉書. 蕃96)岳, 性輕躁, 趨世利, 與石崇等諂事賈謐,97) 每候其出, 與崇等輒望塵而拜.)

[역자주] 灑淚(쇄루) : 눈물을 뿌리다.

11 **[협주]** ≪회남자·설림훈(說林訓)≫에서 "큰 건물이 완성되면 제비와 참새가 경하하고 죽은 사람을 씻기는 뜨거운 물이 마련되면 서캐와 이가 조문한다."라고 했다.(淮南子. 大廈成而燕雀相賀, 湯沐具而蟣虱相弔.98))

[역자주] 成廈(성하) : 큰 건물을 완성하다. 容巢(용소) : 둥지를 용납하다. 이 구는 우승유가 예전에 자신의 막부에 두목을 받아준 것을 말한다.

12 **[협주]** '침비(沈碑)'는 이미 권4에 나왔다.99)(沈碑, 已出四卷.)

---

95) 두목의 시 <지주에서 맹지 선배를 보내다(池州送孟遲先輩)>이다.
96) '蕃'은 '潘'의 잘못이다.
97) 諂事(첨사) : 아첨으로 섬기다.
98) 湯沐(탕목) : 죽은 자의 몸을 씻기는 뜨거운 물을 가리킨다. 蟣虱(기슬) : 서캐와 이.
99) 두목의 시 <왕년에 옛 막부의 오흥공을 따라 무호의 입구에서 밤에 정박했는데 지금 부임하려 서쪽으로 가다가 다시 무호에서 묵게 되어 옛일에 느끼고 감회에 애달파 16운을 짓다(往年隨故府吳興公夜泊蕪湖口,

[역자주] 沈碑會(침비회) : 비석을 물에 빠트리는 모임. 진(晉)나라 장군 두예(杜預)는 후세에 이름 남기기를 좋아했는데 일찍이 "높은 언덕이 골짜기가 되고 깊은 골짜기가 구릉이 된다."라고 말했다. 돌을 깎아 비석 두 개를 만들어 그의 업적을 적은 다음 하나는 만산(萬山) 아래에 묻어두고 하나는 현산(峴山) 위에 세운 뒤 말하기를, "이후에 이곳이 구릉이 되고 저곳이 골짜기가 되지 않을지 어찌 알겠는가."라고 했다. 여기서는 우승유가 지방 장관으로 나가 많은 업적을 세울 것을 말한다.

13 **[협주]** ≪양서(梁書)·복정전(伏挺傳)≫에서 "이곳의 승검초와 여라를 버리고 나가서 조정의 원추와 해오라기를 따른다."라고 했다. 두보의 시[100]에서 "원추와 해오라기 무리에 들어가 구름 누각을 함부로 차지한다."라고 했고, ≪구가집주두시(九家集注杜詩)≫의 주에서 "고시에서 '원추와 해오라기 행렬에서 처신한다.'라고 했는데 황제를 모시며 따르는 대열을 말한다."라고 했다.(梁書, 伏挺傳. 捐此薜蘿,[101] 出從鴛鷺. 詩史. 鴛鷺叨雲閣. 註. 古詩, 厠跡鴛鷺行.[102] 謂侍從列也.)

[역자주] 鴛鴦(원앙) : 원앙 모양을 수놓은 허리띠를 말한다. 협주에서는 '원로(鵷鷺)'로 보았는데, 이는 원추와 해오라기로 줄지어 나는 모습이 조정에 늘어선 대신과 같기에 조정의 대신을 가리킨다. 敲(고) : 두드리다. 패옥이 서로 부딪치는 것을 말한다.

해설

이 시는 양주로 나가는 우승유를 전송하며 지은 것이다. 그가 천자의 인정을 받아 지방으로 나가게 되었음을 말하고는 행차의 화려한 모습과 그의 뛰어난 위엄을 표현했으며, 두목을 일찍이 거두어 주었기에 그 은혜를 잊지 않겠다고 말한 뒤 그의 업적이 융성하여 명성이 영원하기를 기원했다. 개성 4년(839) 좌보궐(左補闕) 사관수찬(史館修撰)으로 있을 때 지은 것이다.

今赴官西去再宿蕪湖, 感舊傷懷因成十六韻)> "먼 포구에 비석을 집어넣었던 모임.(極浦沈碑會.)"의 주에 보인다.

100) 두보의 시 <이 비서와 헤어지며 준 30운의 시(贈李八秘書別三十韻)>이다.

101) 捐(연) : 버리다. 薜蘿(벽라) : 승검초와 여라. 은일하는 곳을 가리킨다.

102) 厠跡(측적) : 발을 들이다. 처신하다.

273. 설규를 송별하다 2수

送薛邽二首[1]

제1수

可憐走馬騎驢漢,[2] 가련하구나 말을 달리고 나귀를 타는 사나이
豈有風光肯占伊.[3] 어찌 풍광이 그대를 차지하려 하겠는가.
只有三張最惆悵,[4] 오직 장씨 삼형제가 가장 구슬프니
下山迴馬尙遲遲.[5] 산에서 내려와 말을 돌리고는 여전히 머뭇거리네.

주석

1 **[협주]** '규(邽)'는 견과 휴의 반절이다.(邽, 涓畦切.)
[역자주] 薛邽(설규) : 생평이 자세하지 않다.

2 [역자주] 騎驢(기려) : 나귀를 타다. 漢(한) : 사나이.

3 [역자주] 風光(풍광) : 풍경. 伊(이) : 그대. 설규를 가리킨다. 이상 두 구는 말을 타고 가는 모습이 그다지 멋지지는 않다는 말로 그가 실의한 채 떠나감을 표현했다.

4 **[협주]** ≪진서(晉書)·장재전(張載傳)≫에서 "장재는 자가 맹양(孟陽)인데 품성이 단아하고 박식하여 문장을 잘했다."라고 했다. ≪진서·장협전(張協傳)≫에서 "동생 장협은 자가 경양(景陽)인데 어려서부터 뛰어난 재주가 있어서 장재와 이름을 나란히 했다."라고 했다. ≪진서·장항전(張亢傳)≫에서 "막냇동생 장항은 자가 계양(季陽)인데 재주가 두 형에게 미치지는 못했지만 그래도 또한 저술이 있고 또한 음악과 기예를 이해했다. 당시 사람들이 장재, 장협, 장항, 육기(陸機), 육운(陸雲)을 이륙삼장(二陸三張)이라고 했다. 사관이 말하기를, '육씨 형제가 낙양(洛陽)에 들어가자 장씨 삼형제의 성가가 줄어들었다.'라고 했다."라고 했다. 두씨 삼형제는 두조(杜慥)103), 두곡, 두의(杜顗)인데 본집

의 <재상께 올려 호주자사를 청하는 두 번째 계(上宰相求湖州第二啓)>에 보인다.(晉書. 張載, 字孟陽. 性閑雅博學, 有文章. 弟協, 字景陽. 少有俊才, 與載齊名. 季弟亢, 字季陽. 才藻不逮二昆, 亦有屬綴,[104] 又解音樂伎術. 時人謂載協亢機雲曰二陸三張. 史臣曰, 二陸入洛, 三張減價. 杜氏三兄弟, 慥牧顗, 見本集求湖州第二啓.)

[역자주] 三張(삼장) : 장재 삼형제인데 여기서는 설씨 삼형제를 가리키는 듯하다. 협주에서는 두목 삼형제를 가리킨다고 보았으나 당시 같이 지내지는 않았다. 惆悵(추창) : 애달파하는 모양.

5 [역자주] 遲遲(지지) : 머뭇거리는 모양. 이 구는 헤어진 뒤 두목이 아쉬워서 머뭇거리는 모습이다.

제2수

小捷風流已俊才,[1]　　풍류를 좀 이루어 이미 준수한 인재이니
便將紅粉作金臺.[2]　　곧장 연지와 분을 바른 여인을 데리고 금대를 만들리라.
明年未去池陽郡,[3]　　내년에도 지주를 떠나지 않는다면
更乞春時卻重來.　　다시 봄날을 빌려 한 번 더 오기를.

주석

1 **[협주]** ≪진서(晉書)·악광전(樂廣傳)≫에서 "왕연(王衍)과 악광은 세상사 바깥에 마음을 두어 당시 중시되었기에, 천하 사람들이 풍류를 아는 자로는 왕연과 악광이 최고라고 말했다."라고 했다.(晉書. 王衍樂廣宅心事外,[105] 見[106]重於時, 天下言風流者, 王樂爲首.)

---

103) 두목의 이 문장 본문에 따르면 두조는 두목의 당형(堂兄)이다.
104) 屬綴(촉철) : 저술.
105) 宅心(택심) : 마음을 두다. 事外(사외) : 세속의 바깥.
106) 현재 전하는 ≪진서≫에는 '見'이 '名'으로 되어 있다.

[역자주] 捷(첩) : 획득하다.

2 **[협주]** '금대(金臺)'는 이미 권1에 나왔다.[107](金臺, 已出一卷.)

[역자주] 將(장) : 거느리다. 紅粉(홍분) : 붉은 연지와 흰 분. 여인을 가리킨다. 金臺(금대) : 화려한 누대로 신선 세계를 가리킨다. 협주에서는 전국시대 연(燕)나라 소왕(昭王)이 인재를 초빙하기 위해 황금을 둔 누대를 가리킨다고 보았는데, '홍분'과 어울리지 않는다.

3 **[협주]** '지양(池陽)'은 지주(池州)이다.(池陽, 池州.)

해설

이 시는 지주자사로 있을 때 찾아온 설규를 송별하며 지은 것이다. 그가 가진 재능은 뛰어나지만 인정받지 못한 것을 안타까워했고 풍류가 있기에 내년에 다시 만나기를 바란다고 했다. 대개 지주자사로 지내던 회창(會昌) 4년(844)에서 회창 6년(846) 사이에 지은 것으로 추정한다.

107) 두목의 시 <지주에서 맹지 선배를 보내다(池州送孟遲先輩)> "내가 비록 황금대에 있었지만.(我雖在金臺.)"의 주에 보인다.

274. 목씨 집안 정원에 석류나무 꽃이 지는 것을 보다
見穆三十宅中庭海榴花謝[1]

矜紅掩素似多才,[2]	붉은빛을 뽐내며 흰빛을 덮으니 재주가 많은 듯한데
不待櫻桃不逐梅.[3]	앵두 익기를 기다리지도 않고 지는 매화를 뒤쫓지도 않네.
春到未曾逢宴賞,	봄이 왔을 때는 일찍이 연회의 감상을 만나지도 못했으니
雨餘爭解免低徊.[4]	비 온 뒤에도 아쉬워함이 없을 줄 어찌 알겠는가.
巧窮南國千般艶,[5]	교묘함을 다하는 남쪽 지방의 수많은 어여쁜 꽃이
趁得春風二月開.[6]	봄바람을 틈타 이월에 피었는데,
堪恨王孫浪游去,[7]	왕손이 떠돌며 가버린 것을 원망할 만하니
落英狼籍始歸來.[8]	떨어진 꽃이 낭자할 때 비로소 돌아왔구나.

주석

1 [역자주] 穆三十(목삼십) : 목씨에 대해서는 자세하지 않다. '삼십'은 종형제간의 순서이다. 海榴(해류) : 석류나무.

2 [역자주] 矜紅(긍홍) : 붉은빛을 뽐내다. 석류꽃은 붉은색인데 다음 구에 있는 앵두도 붉은색이다. 掩素(엄소) : 흰빛을 덮다. 흰색 꽃을 압도한다는 말이다. 다음 구에 있는 매화가 흰색 꽃이다.

3 **[협주]** '앵도(櫻桃)'는 위의 <배걸 수재의 <새로 딴 앵두> 시에 화답하다(和裴傑秀才新櫻桃)>의 주에 보인다. 매실나무에 관해서는 ≪시의소(詩義疏)≫에서 "매실나무는 살구나무 종류이다. 나무와 잎이 모두 살구나무와 비슷한데 검다."라고 했다. ≪서경잡기(西京雜記)≫에서 "처음 상림원(上林苑)을 조성하자 여러 신하가 각기 이름난 과실나무를

바쳤는데, 후매(侯梅), 주매(朱梅), 자화매(紫花梅), 동심매(同心梅), 자엽매(紫葉梅)가 있었다.”라고 했다. ≪이물지(異物志)≫에서 “양매(楊梅)는 탄환과 비슷하게 생겼는데 오월에 익는다.”라고 했다.(櫻桃, 見上裴傑秀才新櫻桃註. 梅, 詩義疏. 梅, 杏類也. 樹及葉皆如杏而黑耳. 西京雜記. 初修上林苑, 群臣各獻名菓, 有侯[108]梅朱梅紫花梅同心梅紫葉梅. 異物志. 楊梅, 似彈丸, 五月熟.)

4 [역자주] 爭解(쟁해) : 어찌 알겠는가. 低徊(저회) : 아쉬워하며 머뭇거리는 모양. 이상 두 구는 봄에는 석류꽃이 피지 않아 연회에서 감상할 수 없었기에 비 온 뒤 떨어져도 아쉬워하는 사람이 없다는 말이다.

5 [역자주] 千般艶(천반염) : 천 가지의 아름다움. 수많은 꽃을 가리킨다.

6 [역자주] 趁(진) : 시기를 활용하다.

7 **[협주]** ‘왕손(王孫)’은 이미 권3에 나왔다.[109](王孫, 已出三卷.)

[역자주] 王孫(왕손) : 상대방에 대한 존칭이다. 초사 <은자를 부르다(招隱士)>에서 “왕손이 떠돌며 돌아오지 않으니 봄풀이 무성하게 자랐다.(王孫遊兮不歸, 春草生兮萋萋.)” 라고 했다. 여기서는 두목 자신을 가리킨다.

8 [역자주] 落英(낙영) : 떨어진 꽃. 狼籍(낭자) : 어지럽게 흩어져 있는 모양.

해설

이 시는 목씨 집안 정원에 석류나무의 꽃이 떨어지는 것을 보고 그 감개를 적은 것이다. 여름에 피었기에 봄날의 연회에서 꽃이 핀 것을 보지 못했고 뒤늦게 지고 난 뒤에 보게 된 것을 안타까워했다. 작시 시기는 고찰할 수 없다.

108) 현재 전하는 ≪서경잡기≫에는 ‘侯’가 ‘猴’로 되어 있다.

109) 두목의 시 <지주의 구봉루에 올라 장호에게 부치다(登池州九峰樓寄張祜)> “그 누가 장공자와 비슷할 수 있을까.(誰人得似張公子.)”의 주에 보인다.

275. 조사 등에게 가르침을 남기는 시

留誨曹師等詩[1]

萬物有醜好,	만물에 추함과 아름다움이 있어서
各一姿狀分.	각각 자태와 모습이 나뉘지만,
唯人卽不爾,[2]	오직 사람만은 그렇지 않으니
學與不學論.	배웠느냐 배우지 않았느냐로 논한다.
學非探其花,	배움은 그 꽃을 찾는 것이 아니라
要自撥其根.[3]	요컨대 스스로 그 뿌리를 다스리는 것이니,
孝友與誠實,	효우와 성실
而不忘爾言.[4]	너희는 이 말을 잊지 말아라.
根本旣深實,	뿌리가 이미 깊고 실하면
柯葉自滋繁.	나뭇가지와 잎은 절로 무성해지리니,
念爾無忽此,[5]	이를 염두에 두고 경시하지 않으면
期以慶吾門.	우리 가문이 잘되길 기약할 수 있으리라.

주석

1 [역자주] 留誨(유회) : 가르침을 남기다. 曹師(조사) : 두목의 장남인 두승택杜承澤의 자이다.

2 [역자주] 不爾(불이) : 그러하지 않다.

3 [역자주] 撥(발) : 다스리다.

4 [역자주] 而(이) : 너.

5 **[협주]** '홀(忽)'은 잊다, 경시하다는 말이다.(忽, 忘也, 輕也.)

해설

이 시는 두목이 자식들에게 마지막으로 가르침을 주며 지은 것인데, 효우와 성실에 힘써 가문을 번성케 하라고 했다. 대개 두목이 죽은 해인 대중(大中) 6년(852)에 지은 것으로 추정한다.

276. 낙양
洛陽

文爭武戰就神功, 문으로 다투고 무로 싸워서 신령의 공덕을 이루니
時似開元天寶中.[1] 시대가 개원 천보 연간과 비슷한데.
已建玄戈收相土,[2] 이미 현과 깃발을 세우고 땅을 살펴보는 일을 거두고는
應迴翠帽過離宮.[3] 응당 물총새 장식 수레를 되돌려 이궁을 들러야 하리라.
侯門草滿置寒兎, 제후의 문에는 풀이 가득해 추위 속의 토끼가 살고
洛浦沙深下塞鴻.[4] 낙수의 포구에는 모래가 깊어 변새의 기러기가 내려오네.
疑有女娥西望處,[5] 여영과 아황이 서쪽으로 바라보는 곳이 있는 듯
上陽煙樹正秋風.[6] 상양궁 안개 속 나무에 한창 가을바람이 부네.

주석

1 **[협주]** 모두 당나라 현종(玄宗)의 연호이다.(並唐玄宗年號.)
[역자주] 開元(개원) : 현종의 연호로 713년부터 741년까지이다. 天寶(천보) : 현종의 연호로 742년부터 756년까지이다. 이 기간은 태평성세로 일컬어진다.

2 **[협주]** 장형(張衡)의 <서경부(西京賦)>에서 "현과(玄戈) 별을 그린 기를 세우고 초요(招搖) 별을 그린 기를 세운다."라고 했고, ≪문선≫ 이선의 주에서 "현과는 북두칠성의 여덟 번째 별의 이름인데 창 머리가 되며 오랑캐 군대를 주관한다. 지금 제왕의 의장대에서 깃발에 그것을 그린 뒤 세워서 선두에서 달린다."라고 했다. ≪서경·낙고(洛誥)≫에서 "주공(周公)이 동쪽 땅 낙양을 전면적으로 살펴보았다."라고 했다.(西京賦. 建玄[110)], 樹招搖. 李善云, 玄戈, 北斗第八星名, 爲矛頭, 主胡兵. 今鹵簿中畫之於旗,[111)] 建樹之

以前驅. 書, 洛誥. 周公大相東土.)

[역자주] 玄戈(현과) : 현익(玄弋)이라고도 하는데 북두칠성의 일곱 번째 별인 초요 남쪽에 있다. 여기서는 그 별을 그린 깃발을 가리킨다. 相土(상토) : 땅을 살펴보다. 도읍지로 적당한지 보는 것이다.

3 **[협주]** 장형의 <서경부>에서 "물총새 깃털 덮개를 위에 이고 금빛 수레 가로막대에 기댄다." 라고 했고, ≪문선≫ 이선의 주에서 "물총새 깃털로 수레 덮개를 만든 것이다."라고 했다. ≪구당서·지리지(地理志)≫에서 "동도 낙양에 궁원이 도성의 서쪽에 있었고 궁원 안에는 이궁(離宮), 정자와 누관이 14곳이었다."라고 했다.(西京賦. 戴翠帽, 倚金較.[112] 李善云, 以翠羽爲車蓋. 唐書, 地理志. 東都禁苑在都城之西, 苑內離宮亭觀一[113]十四所.)

[역자주] 翠帽(취모) : 물총새 깃털로 장식한 수레 덮개로 황제의 수레를 가리킨다. 離宮(이궁) : 경사 외부에 있는 황제의 궁을 말한다.

4 **[협주]** 공치규(孔稚圭)의 <북산이문(北山移文)>에서 "낙수의 포구에서 봉황 울음소리를 내는 생황 부는 소리를 듣는다."라고 했다.(北山移文. 聞鳳吹於洛浦.)

5 **[협주]** 장형의 <서경부>에서 "여영과 아황이 앉아서 길게 노래한다."라고 했고, ≪문선≫ 이선의 주에서 "'여아(女娥)'는 아황(娥皇)과 여영(女英)이다."라고 했다.(西京賦. 女娥坐而長歌. 李善云, 女娥, 娥皇女英.)

[역자주] 女娥(여아) : 요임금의 두 딸인 아황과 여영으로 순임금의 부인이 되었다. 순임금이 남쪽을 순수하다가 죽자 그곳으로 달려가던 중 상강(湘江)에 빠져 죽었다. 이후로 황제를 연모하는 존재를 상징한다. 西望(서망) : 서쪽으로 바라보다. 장안은 낙양의 서쪽에 있다.

6 **[협주]** '상양(上陽)'은 이미 권2에 나왔다.[114](上陽, 已出二卷.)

[역자주] 上陽(상양) : 낙양에 있던 궁궐의 이름이다

---

110) '玄' 뒤에 '戈'가 더 있어야 한다.

111) 鹵簿(노부) : 고대 제왕이 출행할 때 호종하는 의장대.

112) 金較(금교) : 금으로 장식한 수레의 가로막대.

113) 현재 전하는 ≪구당서≫에서 '一'이 '二'로 되어 있다.

114) 두목의 시 <화청궁을 읊은 시 30운(華清宮三十韻)> "오랑캐 장군의 깃발이 상양궁에 걸렸다.(胡牙揭上陽.)"의 주에 보인다.

해설

이 시는 낙양에서의 감회를 적은 것으로, 예전에는 성대한 공업을 이루어 동도(東都)라 칭해졌지만 지금은 쇠락해진 모습을 표현하고는 다시 황제가 찾아오기를 바라는 마음을 드러내었다. 낙양에서 감찰어사(監察御史)로 지내던 태화(太和) 9년(835)에서 개성(開成) 2년(837) 사이에 지은 것으로 보인다.

277. 당주의 이빈 상서께 부치다

寄唐州李玭尙書[1]

累代功勛照世光, 대대로 공업을 세워 세상의 빛을 비추시니

奚胡聞道死心降.[2] 오랑캐에 대해서는 죽어야 마음이 놓인다고 들었습니다.

功書筆禿三千管,[3] 서예에 공력을 들이니 붓은 삼천 자루가 닳았고

領節門排十六雙.[4] 부절을 받아서 문에 창 열여섯 쌍이 늘어서 있습니다.

先揖耿弇聲籍籍,[5] 명성이 자자하시니 먼저 경감 같은 이에게 읍을 하고

今看黃霸事摐摐.[6] 업무가 많으시니 지금 황패를 보는 듯합니다.

時人欲識胸襟否, 요즘 사람들이 가슴에 품은 뜻이 어떤지 알고 싶다면

彭蠡秋連萬里江.[7] 만 리의 강에 연결된 가을 팽려를 봐야겠지요.

주석

1 **[협주]** ['빈(玭)'은] 포와 빈의 반절이다. ≪십도지≫에서 "하남도(河南道)에 당주(唐州)가 있다."라고 했다.(蒲賓切. 十道志. 河南道有唐州.)

[역자주] 唐州(당주) : 지금의 하남성 필양(泌陽)이다. 李玭(이빈) : 명장인 이소(李愬)의 아들로 여러 절도사를 거친 뒤 형부상서(刑部尙書), 봉상절도사(鳳翔節度使), 검교상서좌복야(檢校尙書左僕射)를 역임했다. 이빈이 당주자사를 역임했다는 기록은 없는데, 회창 5년(845) 그가 산남동도절도사(山南東道節度使)를 지낸 것에 근거하여 제목의 당주가 양주(襄州)의 잘못이라는 설이 있다. 혹은 동명이인일 가능성도 있다. 尙書(상서) : 상서성(尙書省) 각 부의 우두머리로 정삼품에 해당한다.

2 **[협주]** ≪신당서 북적전(北狄傳)≫에서 "해(奚)는 동호(東胡)의 종족이다. 흉노에게 패

배한 뒤 오환산(烏丸山)에 숨었다. 한나라 조조(曹操)가 그 우두머리인 답특(蹋頓)의 목을 벴는데 대체로 그 후손일 것이다."라고 했다. ≪시경·소남(召南)·초충(草蟲)≫에서 "내 마음이 진정된다"라고 했다.(北狄傳. 奚, 東胡種, 爲匈奴所破, 保烏丸山. 漢曹操斬其帥蹋頓, 蓋其後也. 詩. 我心則降.)

[역자주] 死心降(사심강) : 죽어서야 마음이 놓인다. 이 구는 이빈과 그 선조들이 오랑캐에 대해서 살아있는 동안 항상 걱정했다는 말이다.

3 **[협주]** ≪진서(晉書)·왕희지전(王羲之傳)≫의 제(制)에서 말하기를, "비록 토끼 천 마리의 털로 만든 붓이 다 닳아도 털 한 오라기의 힘도 모으지 못했고, 만 그루 닥나무 껍질로 만든 종이를 다 써도 반 푼어치 힘도 거두지 못했다."라고 했다.(晉書, 王羲之傳. 制曰, 雖禿千兎之翰, 聚無一毫之筋. 窮萬穀之皮,[115] 歛無半分之骨.)

[역자주] 禿(독) : 털이 다 빠지다.

4 [역자주] 領節(영절) : 부절을 받다. 절도사가 되었다는 말이다. 이 구는 집 앞에 의장으로 늘어놓은 창이 16쌍이라는 말로 권세가임을 뜻한다.

5 **[협주]** ['감(弇)'은] 고와 남의 반절이고 또 나와 함의 반절이다. ≪후한서·경감전(耿弇傳)≫에서 "경감은 자가 백소(伯昭)이다. 경감은 광무제(光武帝)가 노노(盧奴)에 있다는 말을 듣고는 북쪽으로 달려가 배알하니 광무제가 문하리(門下吏)로 일하게 했다. 어떤 일로 광무제에게 말하기를, '의로움으로 정벌하니 호령을 내리면 호응할 것이어서 천하에 격문만 보내도 평정될 것입니다. 천하는 지극히 중요한 것이니 다른 성씨가 가지도록 해서는 안 됩니다.'라고 하니 광무제가 크게 기뻐하면서 경감을 대장군에 임명했다."라고 했고, 논(論)에서 "경감은 하북(河北)에서 계책을 결정하고 남양(南陽)에서 계략을 정했으니 또한 광무의 공업이 성공할 것임을 미리 알고 있었다."라고 했다.(古南, 那含, 二切. 後漢書. 耿弇, 字伯昭. 弇聞光武在盧奴, 乃馳北上謁, 光武留署門下吏. 因說曰, 以義征伐, 發號響應, 天下可傳檄而定. 天下至重, 不可令它姓得之. 光武大說, 乃拜弇爲大將軍. 論曰, 弇決策河北, 定計南陽, 亦見光武之業成矣.)

6 **[협주]** 권1의 "부절을 나누어 받은 영천태수의 정치."의 주에 보인다.[116](見一卷分符穎

115) 穀(곡) : 닥나무. 종이의 원료이다.

116) 두목의 시 <이른 봄에 악주자사 이원에게 부치다, 그는 바둑을 잘 두고 술을 좋아했으며 마음이 한가롭고

川政註.)

[역자주] 黃霸(황패) : 한나라의 관원으로 지방관으로 있으면서 백성들을 위한 훌륭한 정치를 한 것으로 유명하다. 摐摐(창창) : 많은 모양. 이상 두 구는 이빈이 절도사를 지내면서 반란을 진압하고 정치를 잘했기에 경감과 황패에 견주어 칭송한 것이다.

7 **[협주]** ≪십도지≫에서 "강남도(江南道) 강주(江州)에 팽려주(彭蠡州)가 있다."라고 했다.(十道志. 江南道江州有彭蠡州.)

해설

이 시는 당주에 있는 이빈에게 부치는 것이다. 대대로 장군의 집안으로 명성을 떨쳤으며 이빈이 문무를 겸비하고 지방관으로서 훌륭하다고 칭송한 뒤, 그가 후에는 유유자적하게 강남의 호수에서 살 지향을 가지고 있음을 말했다. 작시 시기는 회창 6년(846)으로 보는 설이 있으나 확실치 않다.

고아하다(早春寄岳州李使君, 李善棊愛酒, 情地閑雅)>이다.

278. 남릉에서 도중에 짓다

南陵道中[1]

南陵水面漫悠悠,	남릉의 수면은 유유하게 드넓은데
風緊雲輕欲變秋.	바람 거세고 구름 가벼워 가을로 접어드는 듯.
正是客心孤迥處,[2]	한창 나그네 마음이 외로운 곳인데
誰家紅袖凭江樓.[3]	어느 집의 붉은 소매가 강가 누대에 기대어 있는가?

주석

1 **[협주]** ≪십도지≫에서 "영남도(嶺南道) 남릉군(南陵郡)은 지금의 춘주(春州)이다."라고 했다.(十道志. 嶺南道南陵郡, 今春州.)
[역자주] 南陵(남릉) : 지금의 안휘성 남릉으로 당나라 때는 선주(宣州)에 속했다. 협주에서는 지금의 광동성에 있는 지명으로 설명했으나 두목의 행적과 맞지 않는다.

2 [역자주] 孤迥(고형) : 외롭다.

3 [역자주] 紅袖(홍수) : 붉은 소매. 미인을 상징한다. 여기서는 남릉의 어느 강가 누대에 기대어 멀리 떠난 임을 그리워하는 여인을 가리키는데, 이로 인해 고향에서 자신을 그리워할 가족을 연상했다.

해설

이 시는 길을 가다가 남릉에서 본 경물과 감회를 적은 것이다. 가을로 접어드는 때 고향을 멀리 떠나 있노라니 고향 생각이 난다고 했다. 작시 시기는 추정할 수 없다.

279. 구봉루에 오르다

登九峰樓[1]

晴江灩灩含淺沙,[2] 맑은 강물 반짝이며 얕은 모래 머금었는데
高低遶郭帶秋花. 오르락내리락 휘감는 성곽에는 가을꽃이 둘렀네.
牛酒漁笛山月上,[3] 목동과 어부의 노랫소리와 피리 소리 속에 산의 달이 뜨고
鷺渚鶩梁溪日斜.[4] 해오라기와 무수리 있는 물가와 어량에 강의 해가 기우네.
爲郡異鄉徒泥酒,[5] 낯선 고을을 다스리며 그저 술에 곤죽이 되는데
杜陵芳草豈無家. 향긋한 풀이 있는 두릉에 어찌 집이 없겠는가.
白頭騷殺倚柱遍,[6] 흰 머리 늘어뜨린 채 여기저기 기둥에 기대었으니
歸棹何時聞軋鴉.[7] 돌아갈 배의 노는 언제나 삐걱거리는 소리를 듣게 될까.

주석

1 [역자주] 九峰樓(구봉루) : 지금의 안휘성 귀지(貴地)에 있었으며 당시 지주(池州)성에 있었다.

2 [역자주] 灩灩(염염) : 물이 반짝이는 모양.

3 **[협주]** ≪한서·곽광전(霍光傳)≫에서 "쇠고기와 술에 돈을 들이지 않는다"라고 했다.(漢書, 霍光傳. 不費牛酒.)

[역자주] 牛酒(우주) : 쇠고기와 술을 뜻한다. '주'가 '가(歌)'로 된 판본도 있는데 이것이 맞는 것으로 보인다. 우가(牛歌)는 목동의 노랫소리이다.

4 **[협주]** ≪시경·소아·백화(白華)≫에서 "무수리가 어량에 있다."라고 했다.(詩. 有鶖有梁.)

[역자주] 鶖梁(추량) : 무수리가 있는 어량. 무수리는 황새과의 새 이름이고 어량은 물고기를 잡기 위해 설치한 보이다.

5 [역자주] 爲郡(위군) : 군을 다스리다. 자사(刺史)로 있다는 말이다.

6 [역자주] 騷殺(소살) : 늘어뜨린 채 흔들리는 모양.

7 [역자주] 歸棹(귀도) : 돌아가는 배의 노. 두목이 고향으로 타고 갈 배이다. 軋鵶(알아) : 노를 저을 때 나는 삐걱거리는 소리.

해설

이 시는 지주의 구봉루에 올라 본 경관과 감회를 적은 것이다. 가을날 아름다운 경관 속에 해가 지고 달이 뜨도록 술을 마시다가 고향 생각에 누대의 기둥에 하염없이 기대어 있다고 했다. 대개 지주자사로 있던 회창 4년(844)에서 회창 6년(846) 사이에 지은 것으로 추정한다.

280. 집을 떠나다

別家

初歲嬌兒未識爺,[1]　　설날 귀여운 아이가 아빠를 몰라보고

別爺不拜手吒叉.[2]　　아빠와 헤어지며 절은 하지 못하고 손을 포개네.

拊頭一別三千里,[3]　　머리 쓰다듬고 한 번 헤어져 삼천 리 떠나니

何日迎門卻到家.　　어느 날에야 집으로 돌아올 때 문에서 맞이할까.

주석

1 **[협주]** ['야(爺)'는] 이와 차의 반절이다. 항간에서 아버지를 부르는 말이다.(以遮切. 俗呼父也.)

[역자주] 初歲(초세) : 고대에 납일(臘日)을 세종(歲終)이라고 하고 제사를 지내 한 해를 보냈으며 이튿날을 초세라고 했으니 음력 12월 9일이다. 이후 정초를 뜻하게 되었다. 이와 달리 아이의 나이가 한 살이라고 풀이할 수도 있다.

2 **[협주]** ≪공총자(孔叢子)·논세(論勢)≫에서 "손을 모으고 복종한다."라고 했다.(孔叢子. 叉手服從.)

[역자주] 吒叉(타차) : 손을 포개다.

3 [역자주] 拊頭(부두) : 머리를 쓰다듬다.

해설

이 시는 연초 집을 떠나 멀리 가면서 지은 것이다. 아버지도 아직 모를 정도로 어린 자식을 두고 멀리 떠나가는 애달픔을 표현했다. 작시 시기는 고찰할 수 없다.

281. 집으로 돌아오다

歸家

稚子牽衣問,[1]	어린아이가 옷을 끌며 묻기를
歸來何太遲.	“돌아오는 게 왜 이리 늦었나요?
共誰爭歲月,	누구와 세월을 다투었기에
贏得鬢邊絲.[2]	살쩍에 하얀 실을 얻었어요?”

주석

1 **[협주]** 위(魏) 문제(文帝)의 <배를 끄는 뱃사람 형제가 헤어지는 것을 보고 지은 시(見挽船士兄弟辭別詩)에서 “나를 떠나가는 고향의 손님이 장차 만릿길을 가네. 아내는 옷소매를 당기고는 눈물이 흘러 가슴을 적시네.”라고 했다.(魏文帝, 見挽船士兄弟辭別詩. 舍我故鄕客, 將適萬里道. 妻妾牽衣袂,[117] 落淚霑懷抱.)

[역자주] 稚子(치자) : 어린아이.

2 **[협주]** ‘영(贏)’은 이와 성의 반절이다. ≪한서·화식전(貨殖傳)≫에 나오는 ‘영득(贏得)’의 주에서 “얻은 것이 남는다는 말이다.”라고 했다.(贏, 以成切. 前漢書, 貨殖傳. 贏得. 註. 所獲贏餘.)

117) 衣袂(의몌) : 옷소매.

해설

이 시는 ≪전당시≫에 <집에 도착하다(到家)>라는 제목으로 조하(趙嘏)의 작품으로 수록되어 있기도 하다. 이 시는 먼 곳으로 떠났다가 다시 집으로 돌아와서 지은 것이다. 타향에서 오래도록 있었지만 성과도 없이 고생만 하고 돌아온 모습을 어린아이의 질문을 통해 표현했다. 작시 시기는 고찰할 수 없다.

282. 비

雨

連雲接塞添迢遞,[1]	이어진 구름이 변새와 맞붙어 더욱 아득한데
灑幕侵燈送寂寥.[2]	장막에 뿌리고 등불에 들이닥쳐 적막함을 쫓아내네.
一夜不眠孤客耳,	밤새 잠 못 드는 외로운 나그네의 귀
主人窓外有芭蕉.[3]	주인의 창밖에 파초가 있어서이지.

주석

1 [역자주] 迢遞(초체) : 요원한 모양.

2 [역자주] 灑幕(쇄막) : 장막에 비가 뿌리다. 寂寥(적료) : 조용하다.

3 [역자주] 芭蕉(파초) : 열대성 식물로 잎이 넓고 크다.

해설

이 시는 비가 내리는 밤의 정경을 쓴 것이다. 변새 막부의 밤에 비가 들이치고 커다란 파초 잎에 떨어지는 빗소리에 잠을 이루지 못한다고 했다. 작시 시기는 고찰할 수 없다.

283. 송별하다
送人

鴛鴦帳裏暖芙蓉,[1]	원앙 장막 속에 부용이 따뜻한데
低泣關山幾萬重.[2]	눈물을 떨구니 관문의 산은 몇만 겹이구나.
明鑑半邊釵一股,[3]	밝은 거울 반쪽에 비녀 한 갈래
此生何處不相逢.	이번 생 어디인들 서로 만나지 않을까.

주석

1 **[협주]** ≪태평광기(太平廣記)≫에서 "보력(寶曆) 2년(826) 절동(浙東)에서 무녀 두 명을 바쳤는데 한 명은 비란(飛鸞)이고 한 명은 경봉(輕鳳)이라고 했다. 매일 밤 노래를 하고 춤을 추면 마치 난새와 봉황의 소리와 같아서 온갖 새들이 그 위로 날아와 모였으며 정원 가장자리까지 가득했다. 춤추는 동작이 아름다워서 인간 세상에 있는 것이 아니었다. 매번 노래가 끝나면 주상은 내인을 시켜 그들을 금으로 장식한 집의 보배로운 휘장 안에 숨겨놓게 했다. 이로 인해 궁중에서는 '보배로운 장막에 향기가 자욱한데 한 쌍의 붉은 연꽃이 있다.'라고 말했다."라고 했다.(廣記. 寶曆二年, 淛[118)]東貢舞女二人, 一曰飛鸞, 一曰輕鳳. 每夜歌舞一發, 如鸞鳳之音, 百鳥莫不翔集其上, 及於庭際. 舞態艶逸,[119)] 非人間所有. 每歌罷, 上令內人藏之金屋寶帳. 由是宮中語曰, 寶帳香重重, 一雙紅芙蓉.)

[역자주] 芙蓉(부용) : 연꽃.

---

118) '淛'는 '浙'의 잘못이다.

119) 艶逸(염일) : 아름답고 빼어나다.

2 [역자주] 低泣(저읍) : 눈물을 떨구다.

3 **[협주]** 맹계(孟啓)의 ≪본사시(本事詩)·정감편(情感篇)≫에서 "진(陳)나라 태자사인(太子舍人) 서덕언(徐德言)의 처는 후주(後主) 진숙보(陳叔寶)의 여동생으로 낙창공주(樂昌公主)에 봉해졌는데 재색이 매우 빼어났다. 당시 진나라의 정사가 한창 어지러워 안위를 보장할 수 없음을 알고는 그의 부인에게 말하기를, '그대의 재주와 용모로는 나라가 망하면 반드시 권문세가로 들어갈 테니 그러면 우리는 영원히 헤어지게 된다. 만약 우리 정분의 인연이 끊어지지 않는다면 그래도 서로 만날 것을 기대할 수 있으니 마땅히 신표로 삼을 게 있어야 한다.'라고 하고는 거울 한 개를 깨트려서 나누어 그 절반을 쥐고 약속하여 말하기를, '훗날 반드시 정월 보름에 이것을 도성의 시장에서 파시오. 내가 그곳에 있으면 즉시 그날로 찾아가겠소.'라고 했다. 진나라가 망하자 그의 부인은 과연 월공(越公) 양소(楊素)의 집으로 들어갔고 총애가 매우 두터웠다. 서덕언은 떠돌며 고생하다가 겨우 경사에 올 수 있었다. 이에 정월 보름날 도성의 시장으로 갔다. 거울 반쪽을 파는 노복이 있었는데 그 가격을 높게 부르니 사람들이 모두 그를 비웃었다. 서덕언은 곧장 그 노복을 이끌고 자기가 머무는 곳으로 갔으며 식사를 차려놓고는 그 연유를 다 말하면서 거울 반쪽을 꺼내서 합쳐보았다. 그리고는 시를 지어 말하기를, '거울과 사람이 모두 떠났다가 거울은 돌아왔지만 사람은 돌아오지 못했구나. 다시 항아의 모습이 없으니 공연히 밝은 달의 밝음만 남았구나.'라고 했다. 진씨가 시를 받아보고는 눈물을 흘리면서 밥을 먹지 않았다. 양소가 그 사실을 알고는 안색을 바꾸어 슬퍼했다. 즉시 서덕언을 불러서 그의 부인을 돌려주었으며 후하게 사례했다. 이 이야기를 들은 사람은 모두 감탄했다. 양소는 서덕언과 진씨와 함께 술을 마셨으며 진씨에게 시를 짓게 하니, 그 시에서 '오늘은 무슨 일인가요? 새 남편이 옛 남편을 마주하고 있네요. 웃음과 울음 모두 감히 하지 못하니 사람 노릇 곤란함을 경험하네요.'라고 했다. 이에 서덕언과 함께 강남으로 돌아갔으며 마침내 죽을 때까지 같이 늙었다."라고 했다. ≪신이기(神異記)≫에서 "옛날에 부부가 있었는데 헤어질 때 거울 한 개를 깨서 각각 나눠 가지면서 신표로 삼았다. 그 부인이 후에 난리를 만나자 깨진 거울이 까치로 변해 남편 앞으로 날아갔다. 그래서 훗날 사람들이 이로 인해 거울을 주조할 때 뒷면에 까치를 만들어 놓았다."라고 했다. ≪양비외전(楊妃外傳)≫에서 "방사 양통유(楊通幽)가 스스로 자신에게는 노자의 방술이 있다고 했다. 현종이 양귀비를 데려오라고 명하자 방사의 혼령이 천상세계와 지하세

계를 드나들면서 찾았지만 발견하지 못했다. 동쪽 큰 바다 끝으로 가서 봉호산(蓬壺山)을 넘어가니 동굴이 있었고 그 문에 '옥비태진원(玉妃太眞院)'이라고 쓰여 있었다. 푸른 옷을 입은 시녀가 그가 온 이유를 물으니 방사는 천자의 사자라고 했다. 맞이하여 들어가니 양귀비가 나왔는데, 금빛 연꽃 관을 쓰고 자줏빛 비단옷을 입었으며 봉황 장식 신을 신고 있었다. 황제의 안부를 묻고는 금비녀가 담긴 상자를 가져다가 금비녀를 절반으로 부러뜨리고, 말하기를, '옛 친구를 찾는 것이다'라고 했다."라고 했다.(孟啓, 本事詩, 情感篇. 陳太子舍人徐德言之妻, 後主叔寶之妹, 封樂昌公主, 才色冠絶. 時陳政方亂, 知不相保, 謂其妻曰, 以君之才容, 國亡必入權豪之家, 斯永絶矣. 儻情緣未斷, 猶冀相見, 宜有以信之. 迺破一鏡, 分執其半. 約曰, 他日必以正月望日賣我[120]都市, 我當在, 卽以是日訪之. 及陳亡, 其妻果入越公楊素之家, 嬖寵殊厚.[121] 德言流離辛苦,[122] 僅能至京. 遂以正月望日訪於都市. 有蒼頭賣半鏡者,[123] 大高其價, 人皆笑之. 德言直引至其居, 設食, 具言其故, 出半鏡以合之. 乃題詩曰, 鏡與人俱去, 鏡歸人不歸. 無復常娥影,[124] 空留明月輝. 陳氏得詩, 涕泣不食. 素知之, 愴然改容.[125] 卽召德言, 還其妻, 仍厚遺之. 聞者無不感歎. 乃與德言陳氏偕飮, 令陳氏爲詩曰, 今日何遷次,[126] 新官對舊官. 笑啼俱不敢, 方驗作人難. 遂與德言歸江南, 竟以終老. 神異記. 昔有夫婦, 將別, 破一鏡, 分執之, 以爲信. 其妻後遇難, 破鑑化爲鵲, 飛至夫前. 故後人鑄鑑因爲鵲安背上. 楊妃外傳. 方士楊通幽自云, 有李老君之術. 上皇命致貴妃, 神出天界沒地府求之, 不見. 東絶大海, 跨蓬壺, 有洞戶, 署其門曰玉妃太眞院. 碧衣侍女詰其所從來,[127] 方士稱天子使者. 迎入, 妃出, 冠金蓮, 被紫綃, 曳鳳潟.[128] 問帝安否, 取金釵鈿合,[129] 折其半, 曰, 尋舊好也.)

120) '我'는 '於'의 잘못이다.
121) 嬖寵(폐총) : 총애.
122) 流離(유리) : 이리저리 떠돌다.
123) 蒼頭(창두) : 하인.
124) 常娥(상아) : 항아(姮娥)라고도 한다. 달의 여신인데 여기서는 서덕언의 부인을 가리킨다.
125) 愴然(창연) : 슬퍼하는 모양. 改容(개용) : 안색을 바꾸다.
126) 遷次(천차) : 상황이 바뀌다.
127) 詰(힐) : 심문하다. 물어보다.
128) 曳(예) : 끌다. 여기서는 신고 걸어간다는 말이다. 鳳潟(봉석) : 봉황으로 장식한 신발.

[역자주] 釵一股(차일고) : 비녀의 다리 하나. '차'는 비녀의 일종으로 양 갈래 다리가 있다. 여기서는 그것을 반으로 나눈 한 갈래를 말한다.

해설

이 시는 정인을 멀리 떠나보내는 여인의 심정을 노래했다. 따뜻한 장막 속에서 사이좋게 지내다가 멀리 떠나가게 되어 슬프지만 언젠가는 만날 수 있으리라는 증표를 서로 간직하겠다고 했다. 작시 시기는 고찰할 수 없다.

129) 鈿合(전합) : 귀한 금속이나 조개로 상감하여 장식한 상자.

284. 속마음을 풀다
遣懷

道泰時還泰,	도가 탁 트이고 시기도 또한 탁 트여서
時來命不來.	때는 왔지만 천명은 오지 않네.
何當離城市,	언제나 도성과 저자를 떠나
高臥博山隈.[1]	박산 모퉁이에서 편히 누울까.

주석

1 **[협주]** ≪서경잡기≫에서 "장안의 뛰어난 장인 정완(丁緩)이 9층 박산향로를 만들었다. 금실로 기이한 조수를 만들었고 여러 신령함을 다했는데 모두 저절로 움직일 수 있었다."라고 했다.(西京雜記. 長安巧工丁緩, 作九層博山香爐, 鏤以奇禽怪獸, 窮諸靈異, 皆能自然運動.)

[역자주] 博山(박산) : 바다에 있다고 전하는 산으로 신선 세계이다. 진(秦)나라 소왕(昭王)이 천신과 박희(博戲)를 했다고 전해진다. 여기서는 은일하는 곳을 가리킨다.

해설

이 시는 울직한 심사를 달래기 위해서 지은 것이다. 천명이 오지 않아 자신의 뜻을 제대로 펴지 못하는데 그렇다고 이곳을 떠나 은거하지도 못하는 상황을 표현했다. 작시 시기는 고찰할 수 없다.

285. 취해서 설도봉에게 주다
醉贈薛道封[1]

飲酒論文四百刻,[2]　　술을 마시고 문장을 논한 것이 나흘
水分雲隔二三年.　　물로 나뉘고 구름으로 막힌 지 이삼 년.
男兒事業知公有,　　남자의 공업에 있어 그대가 있음을 알지만
賣與明君直幾錢.[3]　　현명한 군주에게 팔면 몇 푼을 받을까.

주석

1 [역자주] 薛道封(설도봉) : 생애에 관해 알려진 것이 없다.

2 **[협주]** ≪설문해자≫에서 "'물시계[루(漏)]'는 구리그릇에 물을 담아 낮과 밤을 100개의 눈금으로 마디를 새긴 것이다."라고 했다.(說文. 漏, 以銅盛水, 刻節晝夜百刻.)

3 **[협주]** ≪한서·관부전(灌夫傳)≫에서 "정불식(程不識)에게 손해 입힌 것은 한 푼도 되지 않는다."라고 했다.(漢書, 灌夫傳. 毁程不識不直一錢.)
[역자주] 直(직) : 해당한다. 가치가 얼마임을 뜻한다.

해설

이 시는 같이 술을 마시다가 설도봉에게 지어서 준 것이다. 오랜만에 만나 여러 날 같이 지냈는데, 대장부의 공업을 일으킬 재능은 있지만 임금이 알아주지 않음을 한탄했다. 작시 시기는 고찰할 수 없다.

286. 섭주의 노 중승이 내게 이름난 술을 주다

歙州盧中丞見惠名醞[1]

誰憐賤子啓窮途,[2] 누가 비천한 이를 가련히 여겨 막힌 길을 터주는가

太守封來酒一壺. 태수가 술 한 병을 봉해 보내주었구나.

攻破是非渾似夢, 옳고 그름을 깨부수니 거의 꿈과 같고

削平身世有如無. 세상사 깎아 평평하게 만드니 있어도 없는 것 같네.

醺醺若借嵇康懶,[3] 얼큰해지니 마치 혜강의 게으름을 빌린 것 같고

兀兀仍添甯武愚.[4] 흐리멍덩하니 이에 영무자의 우직함을 더했네.

猶念悲秋更分賜,[5] 슬픈 가을에 또 나눠주실 걸 여전히 생각하니

夾溪紅蓼映風蒲.[6] 개울 양쪽에 붉은 여뀌꽃이 바람 부는 부들에 비치겠지.

주석

1 [역자주] 歙州(섭주) : 지금의 안휘성 섭현이다. 盧中丞(노중승) : 노홍지(盧弘止)로 자가 자강(自强)이다. 원화(元和) 연간(806-820)에 진사가 되어 여러 절도사 막부의 장서기(掌書記)를 하다가 궁으로 들어와 감찰어사(監察御史), 시어사(侍御史), 급사중(給事中)을 역임했다. 개성(開成) 연간(836-840)에 섭주자사를 지냈다. 중승은 어사대의 관직으로 정오품상에 해당한다. 見惠(견혜) : 내게 보내주다. 名醞(명온) : 좋은 술을 가리킨다.

2 [역자주] 賤子(천자) : 비천한 이. 두목 자신을 가리킨다.

3 **[협주]** ≪설문해자≫에서 "['훈(醺)'은] 취한다는 뜻이다."라고 했다. ≪문선≫에 수록된 혜강(嵇康)의 <산거원과 절교하는 편지(與山巨源絶交書)>에서 "또 성기고 게으르다."

라고 했다.(說文. 醉也. 選, 嵇康, 與山巨源絶交書. 惟復踈懶.)

[역자주] 醺醺(훈훈) : 술에 취한 모양. 懶(라) : 게으르다.

4 **[협주]** 백거이의 <술을 대하다(對酒)>에서 “이것으로 유령(劉伶)과 완적(阮籍)의 무리가 평생 흐리멍덩하게 취했다.”라고 했다. ≪논어·공야장(公冶長)≫에서 “영무자(甯武子)는 나라에 도가 있으면 지혜로웠고 나라에 도가 없으면 우직했다.”라고 했다.(白樂天, 對酒. 所以劉阮輩, 終年醉兀兀. 論語. 甯武子, 邦有道, 則智. 邦無道, 則愚.)

[역자주] 兀兀(올올) : 흐리멍덩한 모양.

5 **[협주]** ≪문선≫에 수록된 송옥(宋玉)의 <구변(九辯)>에서 “슬프도다, 가을의 기운이여.”라고 했다.(選, 宋玉, 九辯. 悲哉, 秋之爲氣也.)

6 [역자주] 紅蓼(홍료) : 털여뀌. 물가에서 자라며 가을에 붉은 꽃이 핀다.

해설

이 시는 어사중승을 역임했고 지금은 섭주자사로 있는 노씨가 좋은 술을 보내주었기에 지은 것이다. 술을 마시고 시시비비와 세상사를 잊을 수 있음을 말하고 가을에 또 보내주면 강가에서 마시고 싶다는 뜻을 표현했다. 작시 시기는 대개 개성 연간으로 추정한다.

287. 버선을 읊다
詠襪

鈿尺裁量減四分,[1] 상감한 자로 길이를 재서 네 푼을 줄인 뒤
纖纖玉笋裹輕雲.[2] 가녀린 옥빛 죽순을 가벼운 구름으로 감싸네.
五陵年少欺他醉,[3] 오릉의 젊은이가 다른 사람 업신여기며 취했을 때
笑把花前出畫裙.[4] 웃으며 꽃을 화려한 치마 앞으로 꺼내네.

주석

1 [역자주] 鈿尺(전척) : 상감으로 길이를 표시하여 장식한 자. 減四分(감사분) : 4분을 줄이다. '분'은 촌(寸)의 10분의 1이다. 이 구의 해석이 분분하다. 버선을 발의 크기보다 조금 더 작게 만든 것으로 보인다. 이러한 해석으로 전족이 이때 있었다는 설이 있다.

2 [역자주] 玉笋(옥순) : 옥빛 죽순. 하얀 여인의 발을 비유한다. 輕雲(경운) : 가벼운 구름. 버선을 비유한다.

3 **[협주]** 두보의 시에 대한 소식(蘇軾)의 보주130)에서 "진원(陳苑)이 말하기를 '봄의 풍광을 평소 좋아하는데 오릉의 젊은이를 뒤쫓아 다니지 못한 것이 오직 한스러웠기에 오래도록 탄식했다.'라고 했다."라고 했다.(詩史, 東坡補註. 陳苑曰, 青春風物雅好,131) 獨恨不得馳逐五陵年少, 嗟吁久之.132))

130) 송(宋) 황학(黃鶴) ≪보주두시(補註杜詩)≫ <왕 사군을 모시고 회일에 강에서 뱃놀이를 하다가 황씨의 정자로 가다 2수(陪王使君晦日泛江就黃家亭子二首)> 중 제1수의 "즐거움에 있어 흰 머리가 한스럽다.(歡娛恨白頭.)"이 주이다. 소시이 주는 대체로 후인이 그의 이름을 빌린 것으로 지어낸 이야기가 많다.
131) 雅好(아호) : 평소 좋아하다.
132) 嗟吁(차우) : 탄식하다.

[역자주] 五陵(오릉) : 원래는 한나라 다섯 황제의 무덤인데, 이후로 권세가들이 많이 살았다.

4 [역자주] 把花(파화) : 꽃을 가지고서. 꽃은 버선발을 비유한다. 畵裙(화군) : 그림으로 장식한 치마.

해설

이 시는 여인의 버선에 대해 읊은 것이다. 버선을 여인의 아름다운 발에 맞춰 만들어 그 발을 감싸고 있는 모습을 형용한 뒤, 취해 거만한 오릉의 자제들을 희롱하며 치마 밖으로 버선발을 살짝 내미는 장면을 그렸다. 작시 시기는 고찰할 수 없다.

288. 궁사 2수

宮詞二首

제1수

蟬翼輕綃傳體紅,[1]	매미 날개같이 가벼운 비단이 몸에 붉게 붙어 있고
玉膚如醉向春風.	옥같이 흰 피부는 취한 듯 봄바람을 맞고 있네.
深宮鎖閉猶疑惑,[2]	깊은 궁궐 굳게 닫아 놓아도 여전히 의심스러운지
更取丹沙試辟宮.[3]	다시 단사를 가져다가 전갈로 시험해보네.

주석

1 **[협주]** 위(魏) 문제(文帝)의 시에 "얇은 비단은 눈과 같이 흰데 가볍고 아름다운 것이 매미 날개와 같다."라고 했다.(魏文帝詩. 綃綃白如雪, 輕華比蟬翼.)

[역자주] 輕綃(경초) : 얇은 비단.

2 [역자주] 鎖閉(쇄폐) : 자물쇠로 잠가 닫다.

3 **[협주]** ≪한서·동방삭전(東方朔傳)≫에서 "사발 아래에 전갈을 두었다."라고 했고 안사고의 주에서 "수궁(守宮)은 벌레 이름이다. 술법을 하는 사람들이 말하기를, '그릇에 담아서 기르며 단사를 먹인다. 단사를 7근 먹인 뒤 만 번 절구질 해서 빻아 여자의 몸에 점처럼 바르면 죽도록 사라지지 않는다. 만일 성관계를 하면 사라지니 음탕함을 방지할 수 있다. 그래서 '자궁을 지키다[수궁]'라고 한다.'라고 했다. 지금 세속에서는 벽궁(辟宮)이라고 부른다. '벽' 역시 막는다는 뜻이다. '우(盂)'는 식기이다."라고 했다.(漢書, 東方朔傳. 置守宮盂下. 註. 守宮, 虫名也. 術家云, 以器養之, 食以丹砂, 滿七斤, 擣治萬杵,133) 以點女子體, 終身不滅, 若有房室之事則滅矣, 可以防閑淫逸,134) 故謂之守宮. 今俗呼爲辟宮. 辟亦禦扞之義耳,135) 盂, 食器也.)

제2수

監宮引出暫開門, 궁궐 관리가 이끌고 나올 때 잠시 문을 여는데
隨例須朝不是恩. 상례에 따라 반드시 조회하는 것이라 은택은 아니라네.
銀鑰卻收金鎖合,[1] 은 열쇠를 다시 거두어 금 자물쇠가 잠기니
月明花落又黃昏. 밝은 달 아래 꽃은 떨어지고 또 황혼이구나.

주석

1 [역자주] 銀鑰(은약) : 은빛 열쇠. 金鎖(금쇄) : 금빛 자물쇠.

해설

이 시는 오래도록 천자의 간택을 받지 못한 채 궁에 갇혀 지내는 궁녀의 안타까움을 읊은 것이다. 제1수에서는 아름답게 치장한 궁녀가 갇혀 지내면서도 혹 정조를 잃었을까 의심당하는 수모를 겪고 있음을 말했고, 제2수에서는 어쩌다 상례로 조회에 참석하여 천자를 알현할 뿐 은총을 받지 못하고 늙어가고 있음을 말했다. 작시 시기는 고찰할 수 없다.

133) 擣治(도치) : 빻다. 杵(저) : 공이. 여기서는 빻는 횟수를 헤아리는 단위이다.
134) 防閑(방한) : 방지하다. 막다. 淫逸(음일) : 음탕하다.
135) 禦扞(어한) : 방지하다. 막다.

289. 달

月

三十六宮秋夜深,[1]	서른여섯 궁에 가을밤이 깊은데
昭陽歌斷信沈沈.[2]	소양궁엔 노래 끊어져 진실로 적적하네.
唯應獨伴陳皇后,	오직 홀로 진황후와 짝하여
照見長門望幸心.[3]	장문궁에서 은총 바라는 마음을 비춰 보이네.

주석

1 **[협주]** 후한 반고(班固)의 <서도부(西都賦)>에서 "이궁과 별궁 36곳"이라고 했고 ≪후한서≫ 이현(李賢)의 주에서 "≪삼보황도(三輔黃圖)≫에서 '상림원에 건장과 승광 등 11개의 궁이 있었고 평락과 견관 등 25개의 관이 있어 모두 36곳이었다.'라고 했다."라고 했다.(西都賦. 離宮別館三十六所. 註. 三輔黃圖. 上林有建章承光等十一宮, 平樂有[136]繭觀等二十五, 凡三十六所.)

2 **[협주]** 권4 "깊숙한 곳에서 봄 꿈과 짝한다"의 주에 보인다.[137](見四卷沈沈伴春夢註.)
[역자주] 昭陽(소양) : 한나라 궁의 이름. 성제(成帝)의 총애를 받은 조비연(趙飛燕) 자매가 머물렀다. 沈沈(침침) : 적적한 모양. 또는 깊숙한 모양.

3 **[협주]** 권1 "육궁에서 비록 사마상여의 부를 생각하지만."의 주에 보인다.[138](見一卷六宮雖念相如賦註.)

---

136) '有'는 연자(衍字)이다.
137) 두목의 시 <주렴(簾)>이다
138) 두목의 시 <다시 전송하며 지은 1수(重送一首)>이다.

[역자주] 長門(장문) : 한나라 궁의 이름. 효무황제(孝武皇帝)의 진황후(陳皇后)가 총애를 받았지만 질투가 심해서 따로 장문궁에 있게 되었다. 사마상여(司馬相如)가 글을 잘 짓는다는 말을 듣고는 금 백 근을 주면서 글을 지어달라고 하니 주상을 깨우치는 글을 지어 다시 총애를 회복했다.

해설

이 시는 궁원에 뜬 달을 읊었다. 천자의 은총을 받지 못해 궁녀가 외롭게 지내는 궁원을 달이 밤새 비춰주며 그 마음을 위로한다고 했다. 작시 시기는 고찰할 수 없다.

290. 마지막 숨을 쉬시기에 남겨주며 염철전운사 배 상공 아저씨께 바치다

忍死留別獻鹽鐵裴相公二十叔[1]

賢相輔明主, 어진 재상이 밝은 군주를 보좌하여
蒼生壽域開.[2] 백성들에게 태평성세가 열렸는데,
靑春辭白日, 푸른 봄에 흰 태양을 떠나
幽壤作黃埃.[3] 어둑한 땅에서 누런 먼지가 되시겠지.
豈是無多士, 어찌 많은 선비가 없으리오마는
偏蒙不棄才. 버림받지 않은 재주를 오롯이 입었는데,
孤墳三尺土,[4] 외로운 무덤에 석 자 높이의 흙
誰可爲栽培.[5] 누가 북돋울 수 있을까.

주석

1 [역자주] 忍死(인사) : 임종 전에 마지막으로 겨우 숨을 쉬는 것을 말한다. 裴相公二十叔(배상공이십숙) : 재상 겸 염철전운사(鹽鐵轉運使)를 지낸 배휴(裴休)이다. 그는 두목의 자형인 배주(裴儔)의 동생인데, 여기서 '아저씨'라고 칭했기에 오류가 있는 것으로 보인다. '이십'은 종형제간의 순서를 가리킨다.

2 **[협주]** '수역'은 이미 권1에 나왔다.139) (壽域, 已出一卷.)

---

139) 두목의 시 <군청의 관사에서 홀로 술을 들다(郡齋獨酌)> "장수하면서 농작이 부유해지리라.(壽域富農桑.)"의 주에 보인다.

[역자주] 壽域(수역) : 백성들이 천수를 누릴 수 있는 태평성세를 말한다.

3 [역자주] 幽壤(유양) : 어둑한 땅. 무덤을 가리킨다. 黃埃(황애) : 누런 먼지.

4 [역자주] 三尺土(삼척토) : 석 자 높이의 흙무더기. 무덤을 가리킨다.

5 [역자주] 栽培(재배) : 나무를 심고 흙을 북돋우다. 무덤을 관리하는 것이다.

해설

이 시는 곧 임종할 배휴에게 지어 준 것이다. 어진 재상으로 태평성세를 이루었지만 이제 돌아가시게 되었으며 무덤을 관리할 후손이 없음을 안타까워했다. 작시 시기는 고찰할 수 없다.

291. 오나라 왕의 성을 슬퍼하다

悲吳王城[1]

二月春色江上來, 이월의 봄빛이 강가에 왔는데
水精波動碎樓臺.[2] 수정궁의 물결이 일렁이자 누대가 부서지네.
吳王宮殿柳含翠, 오나라 왕의 궁전에 버들은 비췻빛을 머금었고
蘇小宅房花正開.[3] 소소소가 머물던 집에는 꽃이 한창 피었네.
解舞細腰何處往,[4] 춤출 줄 알던 가느다란 허리는 어디로 갔으며
能歌姹女逐誰回.[5] 노래에 능하던 아리따운 여인은 누굴 쫓아 돌아갔는가.
千秋萬古無消息, 천추 만고에 소식이 없으니
國作荒原人作灰. 수도는 황량한 들이 되었고 사람은 재가 되었구나.

주석

1 **[협주]** ≪십도지≫에서 "소주(蘇州)에 옛 오나라의 큰 성이 있다."라고 했다.(十道志. 蘇州有古吳大城.)

2 **[협주]** ≪술이기(述異記)≫에서 "합려(闔閭)가 수정궁을 만들었다."라고 했다.(述異記. 闔閭造水精宮.)
[역자주] 이 구는 물결이 일렁이사 물에 비친 누대의 그림자가 흐트러진다는 말이다.

3 **[협주]** '소소(蘇小)'는 이미 권3에 나왔다.[140](蘇小, 已出三卷.)

---

140) 두목의 시 <선성에서 장안으로 관직에 임명되어 가다(自宣城赴官上京)> "소소소의 문 앞에서 버들이 머리를 스쳤지.(蘇小門前柳拂頭.)"의 주에 보인다.

[역자주] 蘇小(소소) : 남조 제나라 때 전당(錢塘)의 창기(娼妓)인 소소소(蘇小小)이다.

4 **[협주]** '세요(細腰)'는 이미 권4에 나왔다.[141)] (細腰, 已出四卷.)

[역자주] 細腰(세요) : 가느다란 허리. 미인을 가리킨다.

5 **[협주]** '차녀(奼女)'는 이미 권2에 나왔다.[142)] (奼女, 已出二卷.)

[역자주] 奼女(차녀) : 미인을 뜻한다.

해설

이 시는 오나라의 옛 성에 와서 느낀 감회를 적은 것이다. 봄날 옛 성터에 봄이 와서 버들과 꽃이 아름답지만 옛날의 화려함은 간데없다고 하여 부귀성세의 허망함을 토로했다. 작시 시기는 고찰할 수 없다.

---

141) 두목의 시 <도화부인의 사당에 쓰다(題桃花夫人廟)> "세요궁 안에 새 복사꽃이 피었다.(細腰宮裏露桃新.)"의 주에 보인다.

142) 두목의 시 <이 처사에게 주는 칠언율시(贈李處士長句四韻)> "차녀가 창을 마주하고 깃털 옷을 짜고 있으리.(奼女當窓織羽袍.)"의 주에 보인다.

292. 규방의 정감에 관해 대신 짓다
閨情代作

梧桐葉落雁初歸,　　오동잎 떨어지고 기러기 이제 돌아가는데
迢遞無因寄遠衣.[1]　　아득히 멀리 있는 이가 입을 옷을 부칠 길이 없네.
月照石泉金點冷,[2]　　달이 비추는 바위 샘에 금빛 점이 차갑고
鳳酣簫管玉聲微.[3]　　봉황이 혼곤한 소의 관에는 옥 소리가 희미하네.
佳人力杵秋風外,[4]　　아름다운 이가 가을바람 바깥에서 힘써 다듬이질하고
蕩子從征夢寐稀.[5]　　멀리 떠난 이는 정벌을 따르느라 꿈이 드물겠지.
遙望戍樓天欲曉,　　멀리 수자리 누대를 바라보노라니 새벽이 오려 하는데
滿城鼙鼓白雲飛.[6]　　성안 가득한 북소리 속에 흰 구름이 날아가네.

주석

1　[역자주] 迢遞(초체) : 아득한 모양. 遠衣(원의) : 멀리 떠나간 이가 입는 옷.

2　[역자주] 金點(금점) : 금빛 점. 샘에 비친 달 그림자를 가리킨다.

3　**[협주]** ≪제왕세기(帝王世紀)≫에서 "황제(黃帝) 때 봉황이 누대에 둥지를 틀었는데 먹고 마실 때마다 반드시 노래하고 춤을 추었으며 소리가 소(簫)나 생(笙)과 같았다."라고 했다. ≪풍속통(風俗通)≫에서 "순임금이 소를 만들었는데 그 모양이 삐쭉한 것이 봉황의 날개를 본떴다."라고 했다.(帝王世紀. 黃帝時, 鳳巢阿閣,[143] 其飮食也, 必自歌舞, 音如簫笙. 風俗通. 舜作簫, 其形參差, 以象鳳翼.)

143) 阿閣(아각) : 사방에 모두 낙숫물이 흐르는 처마가 있는 누각을 말한다.

4 [역자주] 杵(저) : 다듬이질하는 것을 말한다.

5 **[협주]** <고시십구수·청청하반초(靑靑河畔草)>에서 “멀리 떠난 이가 돌아오지 않으니 빈 침상을 홀로 지키기 어렵네.”라고 했다.(古詩. 蕩子行不歸, 空床難獨守.)
[역자주] 蕩子(탕자) : 멀리 떠도는 이. 夢寐(몽매) : 자면서 꿈을 꾸다.

6 **[협주]** [‘동(鼕)’은] 도와 종의 반절이며 북소리이다. ≪속사시(續事始)·가고(街鼓)≫에서 “정관 10년(636) 마주(馬周)가 설치했으며 소리쳐 전하는 것을 폐지했다. 세속에서는 그 소리 때문에 동동고(鼕鼕鼓)라고 불렀다.”라고 했다.(徒宗切. 鼓聲也. 續事始, 街鼓. 貞觀十年, 馬周置而罷傳呼, 俗因其聲, 號曰鼕鼕鼓.)

해설

이 시는 규방에 있는 여인의 감개에 관해 지은 것이다. 가을이 되어 쌀쌀해지자 멀리 변새에 있는 낭군이 입을 옷을 만들지만 부칠 길이 없어 밤새 근심한다는 내용이다. 작시 시기는 고찰할 수 없다.

293. 심포 수재에게 부치다

寄沈褒秀才[1]

晴河萬里色如刀, 맑은 은하수 만 리에 빛이 칼날과 같고
處處浮雲臥碧桃.[2] 곳곳에 뜬구름은 벽도에 누워 있네.
仙桂茂時金鏡曉,[3] 신선의 계수나무가 무성할 때 금빛 거울이 빛나고
洛波飛處玉容高.[4] 낙수의 물결 날리는 곳에 옥 같은 얼굴이 고아하네.
雄如寶劍沖牛斗,[5] 보배로운 검과 같이 씩씩하여 우수와 두수를 찌르고
麗似鴛鴦養羽毛.[6] 원앙과 같이 아름다워 깃털을 잘 다듬었네.
他日憶君何處望, 훗날 그대를 그리워하면 어디를 바라봐야 하나
九天香滿碧蕭騷.[7] 향기 가득한 높은 하늘 푸른 빛이 흔들리는 곳이리라.

주석

1 [역자주] 沈褒(심포) : 생애에 대해서는 고찰할 수 없다. 秀才(수재) : 한나라 때 관리 선발 제도의 하나였으나, 당송 때는 진사시(進士試)에 응시하는 선비를 일컫는 말로 쓰였다.

2 **[협주]** '벽도(碧桃)'는 이미 권2에 나왔다.144)(碧桃, 已出二卷.)
[역자주] 碧桃(벽도) : 서왕모가 한 무제에게 주었다는 복숭아로 신선세계를 상징한다.

3 **[협주]** 우희(虞喜)의 ≪안천론(安天論)≫에서 "세속에서 전하는 말에 따르면, 달에 신선

144) 두목의 시 <이 처사에게 주는 칠언율시(贈李處士長句四韻)> "자줏빛 동굴의 향기로운 바람이 벽도에 불어오겠지.(紫洞香風吹碧桃.)"의 주에 보인다.

과 계수나무가 있는데, 지금 달이 처음 생겨가는 것을 보면 신선의 발이 점차 모습을 갖추는 것이 보이고 계수나무는 후에 생겨난다."라고 했다. 또 위의 "달이 오니 거울이 생겼다." 주에 보인다.(虞喜, 安天論. 俗傳, 月中有仙人桂樹, 今見其初生, 見仙人之足漸以成形, 桂樹後生焉. 又見上蟾蜍來有鑒註.[145])

[역자주] 仙桂(선계) : 신선의 계수나무. 달 속의 계수나무를 가리킨다. 진(晉)나라 극선(郤詵)이 현량대책(賢良對策)에 급제한 뒤 자신은 계수나무 숲의 한 가지에 불과하다고 말한 데서 시작하여 계수나무는 과거 급제를 상징하게 되었다. 金鏡(금경) : 금빛 거울. 보름달을 비유한다.

4 **[협주]** 조식(曹植)의 <낙신부(洛神賦)>에서 "동작에 일정한 방식이 없어 위태로운 듯 편안한 듯하고, 나아가고 멈춤을 기약하기 어려우니 가는 듯 돌아오는 듯했다. 맑은 눈동자를 움직이니 옥과 같은 얼굴에서 빛이 났다.(曹子建, 洛神賦. 動無常則, 若危若安. 進止難期, 若往若還. 轉眄流精,[146] 光潤玉顔.)

5 **[협주]** 권1의 "어찌하여 두수를 찌르던 기상이." 주에 보인다.[147](見一卷如何牛[148]斗氣注.)

[역자주] 沖牛斗(충우두) : 우수(牛宿)과 두수(斗宿)를 찌르다. 진(晉)나라 장화(張華)가 우수와 두수 사이에 자줏빛 기운이 있는 것을 보고는 풍성(豐城)에서 보검 두 자루를 찾았다. 여기서는 심포의 기상이 높은 것을 비유적으로 표현한 것이다.

6 **[협주]** 금조(琴操) 중의 <왕소군(王昭君)>은 <원광사유지가(怨曠思惟之歌)>라고도 하는데, "새가 산에 있는데 뽕나무 숲에 내려앉았네. 깃털을 고르니 모습에 빛이 나네."라고 했다.(琴操, 王昭君. 一作怨曠思惟之歌. 有鳥處山, 集于苞桑.[149] 養育毛羽, 形容生光.)

7 **[협주]** 초사의 주[150]에서 "하늘이 에둘러 아홉 겹이니 누가 헤아려서 알 것인가."라고 했

---

145) 두목의 시 <오홍의 소서루에 쓴 12운의 시(題吳興消暑樓十二韻)>이다.
146) 轉眄(전면) : 눈동자를 굴리다. 流精(유정) : 움직이는 눈동자.
147) 두목의 시 <이감을 읊은 시(李甘詩)>이다.
148) '牛'는 '干'의 잘못이다.
149) 集(집) : 새가 내려앉다. 苞桑(포상) : 무더기로 자라는 뽕나무.
150) 초사 <천문(天問)>의 "에둘러 아홉 겹이니 누가 헤아릴 것인가.(圜則九重, 孰營度之.)"에 대한 한(漢) 왕일

다.(楚辭, 註. 天圜而九重, 誰營度而知之乎.)

[역자주] 九天(구천) : 하늘 가장 높은 곳. 궁궐을 비유한다. 蕭騷(소소) : 초목이 바람에 흔들리는 소리이다.

해설

이 시는 과거 시험을 보는 심포에게 보낸 것이다. 그가 신선다운 풍모와 높은 기상을 가지고 있음을 칭송한 뒤 반드시 과거에 급제하리라는 바람을 표현했다. 작시 시기는 고찰할 수 없다.

(王逸)의 주이다.

294. 관문을 들어가다

入關

東西南北數衢通,	동서남북으로 여러 길이 통하는데
曾取江西徑過東.[1]	일찍이 강서로 갔다가 동쪽으로 지나갔지.
今日更尋南去路,	오늘 다시 남쪽으로 가는 길을 찾는데
未秋應有北歸鴻.[2]	가을이 못되어 응당 북쪽에서 돌아가는 기러기가 있으리.

주석

1 **[협주]** ≪신당서·두목전≫에서 "심전사(沈傳師)가 표를 올려 강서단련부(江西團練府)의 순관(巡官)이 되었고 또 우승유(牛僧孺) 회남절도사(淮南節度使)의 장서기(掌書記)가 되었다."라고 했다. 또 <장호호를 읊은 시>의 서문에 보인다.(本傳. 沈傳師表爲江西團練府巡官, 又爲牛僧孺淮南節度掌書記. 又見張好好詩序.)

2 **[협주]** ≪관자(管子)≫에서 "무릇 기러기와 큰기러기는 때가 되면 남쪽으로 가고 때가 되면 북쪽으로 간다."라고 했다. ≪예기·월령(月令)≫에서 "초봄에 기러기가 온다."라고 했고 정현이 말하기를, "기러기가 남쪽에서 왔다가 장차 북쪽으로 그 거처로 돌아간다."라고 했다. 또 권1 "소무는 오히려 살아 돌아왔다."의 주에 보인다.[151](管子. 夫鴻鵠有時而南, 有時而北. 禮記. 孟春, 鴻雁來. 鄭玄曰, 雁自南方來, 將北反其居也. 又見一卷蘇武卻生返註.)

[역자주] 이 구는 가을이 되기 전에 다시 북방에 있을 것이라는 말이다.

151) 두목의 시 <두추 아가씨를 읊은 시(杜秋娘詩)>이다.

해설

이 시는 두목이 남쪽 지방으로 옮겨가면서 감회를 읊은 것이다. 예전에는 동서로 떠돌았는데 지금도 여전해서 남북으로 떠돌 신세임을 말했다. 작시 시기는 고찰할 수 없다.

295. 급제한 후에 장안의 친구에게 부치다
及第後寄長安故人[1]

東都放榜未花開,	낙양에서 아직 꽃이 피기 전에 과거 급제 방이 붙어
三十三人走馬迴.	서른세 명이 말을 달려 돌아가게 되었네.
秦地少年多辦酒,[2]	진 땅의 젊은이가 술을 많이 만들었을 터
已將春色入關來.	이미 봄빛을 가지고 관문으로 들어갔네.

주석

1 **[협주]** ≪당송분문명현시화(唐宋分門名賢詩話)≫152)에서 "태화 2년(828) 시랑(侍郎) 최언(崔郾)이 동도 낙양에서 과거 급제자를 발표했으며 서도 장안에서 급제자들을 데리고 재상을 알현했다. 두목은 5등으로 급제했으며 다음과 같은 시를 지었다."라고 했다.(唐宋詩話. 太和二年, 崔郾侍郎東都放榜, 西都過堂.153) 杜紫微第五人及第, 有詩云云.)

2 **[협주]** ['판(辦)'은] '양(釀)'으로 된 판본도 있다.(一作釀.)
[역자주] 秦地(진지) : 진나라 땅으로 여기서는 장안을 가리킨다. 진나라의 수도가 장안 지역이었다. 辦酒(판주) : 술을 담그다.

---

152) ≪당송분문명현시화(唐宋分門名賢詩話)≫ : 북송 시기 편찬된 중국 시에 관한 이론 서적이다. 저자는 미상이며 총 2책 20권이다.

153) 西都(서도) : 장안을 가리킨다. 過堂(과당) : 과거를 주관한 사람이 급제자를 데리고 재상을 알현하는 것을 말한다. 당시 과거 급제자는 주관한 이를 스승으로 모셨다.

해설

이 시는 두목이 낙양에서 과거에 급제한 뒤 장안의 친구에게 부친 것이다. 꽃이 피기 전 과거에 합격했는데 봄에 함께 장안에서 술을 마시며 즐기자는 내용이다. 태화 2년에 지은 것이다.

296. 우연히 짓다

偶作

才子風流詠曉霞,[1]	재덕 있는 이는 풍류가 있어 새벽노을을 읊는데
倚樓吟住日初斜.	누대에 기대어 읊조림을 멈추자 해가 막 기우네.
驚殺東鄰繡床女,[2]	깜짝 놀란 동쪽 이웃 수틀의 여인
錯將黃暈壓檀花.[3]	여기저기 누런빛으로 박달나무 꽃을 수놓네.

주석

1 **[협주]** '풍류(風流)'는 위에 나왔다.[154](風流出上.)

2 [역자주] 驚殺(경살) : 매우 놀라다. '살'은 놀란 정도를 과장해서 표현한 것이다. 繡床(수상) : 자수 놓는 틀.

3 [역자주] 黃暈(황훈·황운) : 누런빛. 여기서는 노을의 빛을 가리킨다. 壓(압) : 누르다. 여기서는 바늘을 천에 찔러 수놓는 행위를 말한다. 檀花(단화) : 박달나무 꽃. 예로부터 여인이 사랑하는 남자를 단랑(檀郎)이라고 했는데, 이와 연관이 있다. 이상 두 구는 새벽부터 황혼 무렵까지 노래하는 남자를 지켜본 여인이 정인(情人)을 상징하는 박달나무 꽃을 노을빛으로 여기저기 수놓았다는 말로, 이를 통해 그녀가 남자를 사랑하게 되었음을 표현했다.

154) 두목의 시 <윤주 2수(潤州二首)> 중 제1수 "가장 풍류스러웠던 동진 사람들이 부럽다.(可憐東晉最風流.)"의 주에 보인다.

해설

이 시는 재주가 출중한 남자가 새벽부터 황혼 무렵까지 풍류를 일삼는데, 이를 지켜보던 여인이 노을의 색으로 박달나무 꽃을 수놓는 모습을 형용했다. 작시 시기는 고찰할 수 없다.

297. 종남산에 있는 사찰의 승려에게 주다

贈終南蘭若僧[1]

北闕南山是故鄕, 북쪽은 궁궐 남쪽은 종남산 이곳이 고향인데
兩枝仙桂一時芳.[2] 두 가지의 신선 계수나무가 한꺼번에 꽃 피웠네.
休公都不知名姓,[3] 휴공은 내 이름을 전혀 알지 못하니
始覺禪門氣味長. 불법의 의취가 유장함을 비로소 알겠네.

주석

1 **[협주]** ≪석씨요람(釋氏要覽)≫에서 "불경에서는 아란야(阿蘭若)라고 하고 ≪사분률(四分律)≫에서는 공정처(空靜處)라고 한다."라고 했다. ≪본사시(本事詩)≫의 기록이다. 두목이 20세에 이름을 이루었고 당시 제책(制策)에서 급제하여 이름이 경사를 뒤흔들었다. 일찍이 급제 동기 몇 명과 함께 장안성 남쪽을 유람하다가 문팔사(文八寺)에 이르렀다. 어떤 선승이 거친 베옷을 입고 홀로 앉아 있었는데 그와 이야기하니 오묘한 말이 모두 의외의 것이었다. 두목에게 이름을 묻자 갖추어서 대답했다. 또 무슨 공부를 하냐고 물으니 옆에 있던 사람이 여러 번 과거급제했다고 자랑했다. 선승은 돌아보고 웃으며 말하기를, "도무지 모르겠다."라고 했다. 두목은 놀라 탄식하며 시를 지었는데, "집이 성남의 두곡 옆에 있는데 두 가지의 신선 계수나무가 한꺼번에 꽃을 피웠네. 선사는 내 이름을 전혀 알지 못하니 불법의 의취가 유장함을 비로소 알겠다."라고 했다.(要覽. 梵云, 阿蘭若. 四分律云, 空靜處. 本事詩. 杜牧弱冠成名, 當年制策登科, 名振京師. 嘗與一二同年城南遊覽,155) 至文八寺. 有禪僧, 擁褐獨坐.156) 與之語, 其玄言妙旨, 咸出意表.

155) 同年(동년) : 과거 급제자들이 서로를 부르는 호칭이다.

問杜姓字, 具以對之. 又言修何業. 傍人以累捷誇之,[157] 顧而笑曰, 皆不知也. 杜歎訝, 因題詩曰, 家在城南杜曲旁, 兩枝仙桂一時芳. 禪師都未知名姓, 始覺空門氣味長.)

[역자주] 蘭若(난야) : 아란야(阿蘭若). 산스크리트어로 원래 조용한 곳이라는 말인데, 후에 절을 뜻하게 되었다.

2 [역자주] 仙桂(선계) : 신선 세계의 계수나무. 진(晉)나라 극선(郤詵)이 현량대책(賢良對策)에 급제한 뒤 자신은 계수나무 숲의 한 가지에 불과하다고 말한 데서 시작하여 계수나무는 과거 급제를 상징하게 되었다. 이 구는 두목이 진사과와 제책 두 번 과거에 급제했다는 말이다.

3 **[협주]** ≪남사(南史)·서담지전(徐湛之傳)≫에서 "당시 혜휴(惠休) 스님이 있었는데 글을 잘 지었다. 서담지가 그와 무척 돈독했으며 효무제가 그를 환속시켰다. 본래의 성은 탕(湯)이고 관직은 양주종사까지 이르렀다."라고 했다.(南史, 徐湛之傳. 時有沙門釋惠休,[158] 善屬文. 湛之甚厚. 孝武使還俗. 本姓湯, 位至楊州從事.)

[역자주] 休公(휴공) : 원래는 승려 혜휴를 지칭하는 말인데, 여기서는 두목이 만난 선승을 가리킨다.

해설

이 시는 종남산의 선승에게 준 것이다. 자신이 두 번 연속 과거에 급제하여 이름을 떨쳤지만 선승은 자기의 이름도 모른 채 오묘한 불법에 통달해 있다고 하여, 자신이 교만했음을 반성하고 선승의 뛰어난 불법을 칭송했다. 대개 과거에 급제한 태화 2년(828)에 지은 것으로 추정한다.

---

156) 擁褐(옹갈) : 거친 베옷을 입다.
157) 累捷(누첩) : 여러 번 과거에 급제하다.
158) 沙門釋(사문석) : '사문'과 '석'은 모두 승려라는 뜻이다.

298. 마음을 달래다
遣懷

落魄江南載酒行,[1]	제멋대로 강남에서 술을 싣고 다녔는데
楚腰腸斷掌中輕.[2]	초 땅의 여인 애가 끊어지도록 손바닥 위에서 가벼웠지.
十年一覺楊州夢,[3]	십 년 만에 양주의 꿈에서 한번 깨니
占得青樓薄行名.[4]	청루에서 박정하다는 이름을 차지했구나.

주석

1 **[협주]** ≪한서·역이기전(酈食其傳)≫에서 "역이기는 독서를 좋아했지만 집이 가난하여 실의했으며 생계를 꾸릴 직업이 없었다."라고 했고, 안사고의 주에서 "낙탁(落魄)은 직업을 잃어 지위가 없다는 말이다."라고 했다.(前漢書. 酈食其好讀書, 家貧落魄, 無衣食業. 註. 落魄, 失業無次也.)

[역자주] 落魄(낙탁) : 방종하여 얽매이지 않는 모양. 이와 달리 곤궁해서 실의한 모양으로 볼 수도 있다.

2 **[협주]** 권4 "세요궁 안에 새 복사꽃이 피었다"의 주에 보인다.[159] ≪습유기(拾遺記)≫에서 "조비연(趙飛燕)은 몸이 가벼워 손바닥 위에서 춤출 수 있었다."라고 했다.(見四卷細腰宮裏露桃新註. 拾遺記. 飛燕體輕, 能於掌上舞.)

[역자주] 楚腰(초요) : 미인을 뜻한다. 초나라 왕이 허리가 가느다란 여인을 좋아하자 초나라 궁에 그런 여인이 많았으며, 많은 여인이 굶어서 허리를 가늘게 했다. 腸斷(장단) : 창자가 끊어지다. 허리를 가늘게 하기에 매우 고통스러웠다는 말이다. '섬세(纖細)'로 된

159) 두목의 시 <도화부인의 사당에 쓰다(題桃花夫人廟)>이다.

판본도 있는데 매우 가늘다는 뜻이다.

3 **[협주]** ['십년(十年)'은] '삼년(三年)'으로 된 판본도 있다.(一作三年.)

[역자수] 十年(십년) : 오랜 시간을 뜻한다.

4 **[협주]** ['점(占)'은] '영(贏)'으로 된 판본도 있다. '영득(贏得)'160)은 이미 위에 나왔다.161) 유장(柳莊)의 <유생곡(劉生曲)>에서 "넓은 길은 붉은 저택으로 통하고 큰길에 푸른 건물이 솟아 있다."라고 했다. ≪진서(晉書)·사마표전(司馬彪傳)≫에서 "사마표는 공부를 열심히 하여 게을리하지 않았지만 여색을 좋아하고 행동이 박정했다."라고 했다. ≪태평광기≫에서 "중서사인 두목은 젊어서 재주가 빼어났고 붓을 대면 시를 이루었다. 약관에 진시 시험에 합격했고 또 제과에도 합격했다. 두목은 젊었을 때 영특했는데 성격이 소탈하고 자유분방했기에 비록 자신을 단속하여 억제했지만 스스로를 참지 못했다. 미침 승상 우승유(牛僧孺)가 양주로 나가 진수했는데 두목을 절도부의 장서기(掌書記)로 불렀다. 두목은 공무를 보지 않을 때는 오직 연회와 유람을 일삼았다. 양주는 경치가 좋은 곳인데 매번 겹성에 밤이 오면 창루 위에 항상 붉은 비단을 씌운 등 수만 개가 있어 불빛이 공중에 늘어서 있었으며 길이가 9리이고 넓이가 30보인 거리에는 진주와 비취로 장식한 여인이 가득 채웠기에 그 모습이 신선 세계와 같았다. 두목은 항상 그곳을 드나들며 활개 쳤는데 처음에는 하루도 거르지 않았다. 또 거리의 군졸 30명이 복장을 바꿔입고는 그의 뒤를 따르면서 몰래 그를 보호했는데 이는 우승유가 몰래 내린 명령이었다. 두목은 스스로 계책이 있어 다른 사람들은 알지 못할 것이라고 생각하고는 가는 곳마다 즐기며 하고 싶은 일을 다 했다. 이렇게 여러 해가 지났다. 시어사를 배수할 때에 이르러서 우승유가 그를 중당에서 전별하면서 경계하며 말하기를, '시어사로서 대체로 멀리 갈 터인데 진정 지극히 평탄한 길을 가게 될 것이지만 항상 풍류를 절제하지 못해서 혹 귀한 몸이 상하게 될까 걱정이오.'라고 했다. 두목이 그에게 거짓말을 하여 말하기를, '저는 다행히 항상 스스로를 잘 단속하니 어르신께 걱정을 끼치지 않을 것입니다.'라고 했다. 우승유는 웃으며 답을 하지 않았다. 곧장 하인에게 명하여 작은 문서 상자를 가져오게 하고는 두목 앞에서 열어 보였다. 그것은 거리의 군졸이 올린 비밀 보고서였다.

160) 영득(贏得) : 얻다.

161) 두목의 시 <집으로 돌아오다(歸家)> "살쩍가에 하얀 실을 얻었다.(贏得鬢邊絲.)"의 주에 보인다.

모두 수십 수백 건이었는데 모두 '며칠 저녁 장서기 두목이 아무개 집에 갔는데 별일이 없었다.', '며칠 저녁 아무개 집에 연회가 있었는데 또한 그와 같았다.'라고 되어 있었다. 두목이 그것을 보고는 크게 부끄러워했고, 울면서 절을 하며 사죄했으며 평생 이에 감동했다. 그래서 우승유가 죽었을 때 두목은 그의 묘지명을 지었으며 그의 훌륭함에 대해 극언을 했으니 이는 자신을 알아봐 준 것에 대한 보답이었다. 두목이 감찰어사가 되어 낙양에서 근무했다. 당시 사도(司徒) 이원(李愿)이 절도사를 그만두고 한가롭게 살고 있었는데 그의 가기(歌妓)는 호화로워서 당시 제일이었다. 낙양의 명사는 모두 그를 알현하러 왔으며 이원은 크게 잔치 자리를 열어 당시 조정의 관리와 유명인사 중 오지 않은 이가 없었다. 그러나 두목은 법을 주관하고 있었기에 이원은 감히 그를 초대하지 못했다. 두목이 문객을 보내 이 모임에 참석하고 싶다는 자신의 뜻을 전달하자 이원은 어쩔 수 없이 편지를 서둘러 보냈다. 한창 두목이 술을 대하고 홀로 마셔 이미 얼큰해졌는데, 오라는 명을 듣고는 급하게 갔다. 당시 연회석에는 이미 술을 마시고 있었고 기녀가 백여 명이 있었는데 모두 기예가 빼어나고 용모가 출중했다. 두목은 남쪽 줄에서 홀로 앉아서 눈을 크게 뜨고 주시하면서 술 석 잔을 가득 채워 마시고는 이원에게 묻기를, '자운(紫雲)이라는 기녀가 있다고 들었는데 누구입니까?'라고 하니 이원이 손으로 가리켜 보여주었다. 두목이 한참 응시하다가 말하기를, '명성을 허투루 얻은 것이 아니군요. 마땅히 제게 보내주시겠지요.'라고 했다. 이원은 고개를 숙이고 웃었으며 여러 기녀도 모두 고개를 돌리고 크게 웃었다. 두목이 또 스스로 석 잔을 마시고는 시를 읊으며 일어났는데, '화려한 집에서 오늘 호사스런 연회가 열렸는데 누가 분사 동도의 어사를 오라고 불렀는가. 갑자기 미친 소리를 하여 자리 가득한 사람을 놀라게 했으니 세 줄로 앉은 분 바른 여인이 한꺼번에 고개를 돌리네.'라고 했다. 그 의기가 빼어나 옆에 아무도 없는 듯 행동했다. 후에 삼 년 동안 친하게 놀고는 시를 지어 말하기를, '제멋대로 강호에서 술을 싣고 다녔는데 초 땅 가느다란 허리의 미녀는 마음을 손바닥에 두었네. 삼 년 만에 양주의 꿈에서 한번 깨니 청루에서 박정하다는 이름을 얻었네.'라고 했다."라고 했다.(一作贏. 贏得, 已出上. 柳莊, 劉生曲. 廣陌通朱邸,[162] 大路起青樓. 晉書. 司馬彪, 篤學不倦, 好色薄行.

162) 廣陌(광맥) : 큰길. 朱邸(주저) : 붉은 저택.

廣記. 中書舍人杜牧, 少有逸才, 下筆成詠, 弱冠擢進士第, 復捷制科. 牧少雋, 性疎野放蕩, 雖爲檢刻而不能自禁.[163] 會丞相牛僧孺出鎭楊州, 辟節度掌書記. 牧供職之外, 唯以宴遊爲事. 楊州, 勝地也, 每重城向夕, 倡樓之上, 常有絳紗燈萬數, 輝羅燿列空中,[164] 九里三十步, 街珠翠塡咽,[165] 邈若仙境.[166] 牧常出沒馳逐其間, 初無虛夕.[167] 復有街卒三十人, 易服隨後潛護之, 僧孺之密敎也, 而牧自謂得計, 人不知之, 所至成歡, 無不會意, 如是且數年. 及徵拜侍御史, 僧孺於中堂餞之, 因戒之曰, 以侍御史槪遠馭, 固當自極夷塗,[168] 然常慮風情不節, 或至尊體乖和.[169] 牧因謬曰,[170] 某幸常自檢守, 不至貽尊憂耳.[171] 僧孺笑而不答, 卽命侍兒取一小書簏,[172] 對牧發之, 乃街卒之密報也. 凡數十百, 悉曰, 某夕杜書記過某家, 無恙.[173] 某夕宴某家, 亦如之. 牧對之大慚, 因泣拜致謝, 而終身感焉. 故僧孺之薨, 牧爲之誌, 而極言其美, 報所知也. 牧旣爲御史, 分務洛陽,[174] 時李司徒聽[175]罷鎭閑居, 聲妓豪華, 爲當時第一. 洛中名士, 咸謁見之. 李乃大開宴席, 當時朝客高流, 無不臻赴.[176] 以牧持憲, 不敢邀置. 牧遣座客達意, 願預斯會, 李不得已馳書. 方對酒獨酌, 亦已酣暢,[177] 聞命遽來. 時會中已飮酒, 女妓百餘人, 皆絶藝殊色. 牧獨坐南行, 瞪目註視,[178] 引滿三卮,[179] 問李云, 聞有紫雲

163) 檢刻(검각) : 단속하고 억제하다.
164) 輝羅燿列(휘라요렬) : '휘라'와 '요렬'은 모두 빛이 나열해 있다는 뜻이다.
165) 珠翠(주취) : 진주와 비취. 또는 진주와 물총새 깃. 화려하게 장식한 여인을 가리킨다. 塡咽(전열) : 막히다. 길을 메우고 있다는 말이다.
166) 邈(모) : 모습.
167) 無虛夕(무허석) : 빈 저녁이 없다. 매일 저녁 갔다는 말이다.
168) 夷塗(이도) : 평탄한 길.
169) 乖和(괴화) : 조화가 어그러지다. 병이 나는 것을 말한다.
170) 謬(류) : 거짓말을 하다.
171) 貽(이) : 주다. 끼치다.
172) 書簏(서록) : 문서를 담은 상자.
173) 無恙(무양) : 탈이 없다.
174) 分務(분무) : 분사(分司)와 같다. 낙양에도 장안과 동일한 행정조직을 갖추었는데, 낙양에서 근무하는 것을 말한다. 황제가 오지 않으면 업무는 없었다.
175) '聽'은 '愿'의 잘못이다.
176) 臻赴(진부) : 도착하다.
177) 酣暢(감창) : 술이 얼큰해지다.
178) 瞪目(징목) : 눈을 크게 뜨다.

者, 孰是. 李指示之. 牧凝睇良久曰,[180] 名不虛得, 宜以見惠.[181] 李俯而笑, 諸妓亦皆迴首破顔.[182] 牧又自飮三爵, 朗吟而起曰, 華堂今日綺筵開, 誰喚分司御史來, 忽發狂言驚滿座, 三行粉面一時迴. 意氣閑逸, 旁若無人. 後三年狎遊,[183] 詩曰, 落魄江湖載酒行, 楚腰纖細掌中情,[184] 三年一覺楊州夢, 贏得靑樓薄行名.)

[역자주] 占得(점득) : 차지하다. 靑樓(청루) : 기루(妓樓)를 뜻한다. 薄行(박행) : 품행이 단정하지 못하다. 박정하다.

해설

이 시는 두목이 양주에서 여색을 탐하며 방탕한 생활을 했던 것을 회상하며 후회하는 마음을 표현한 것이다. 두목이 양주에서 3년 동안 우승유의 막부에 있었으며 '삼년(三年)'으로 된 판본을 채택하여 태화 9년(835) 두목이 양주를 떠나 장안으로 올 때 지은 것으로 추정한다.

---

179) 卮(치) : 술잔.

180) 凝睇(응제) : 주시하다.

181) 見惠(견혜) : 내게 주다.

182) 破顔(파안) : 크게 웃는다는 말이다.

183) 狎遊(압유) : 친하게 지내면서 놀다. 현재 전하는 ≪태평광기≫에는 "後三年狎遊"가 "牧又自以年漸遲暮, 常追賦感舊"로 되어 있는데, "두목이 또 스스로 나이가 노쇠해지자 일찍이 당시를 생각하며 <옛일에 감회가 생기다(感舊)> 시를 읊었다."라는 뜻이다.

184) 掌中情(장중정) : 손바닥 위의 마음. 여인의 마음을 마음대로 했다는 말이다.

299. 가을의 감회
秋感

金風萬里思何盡,[1]	가을바람 만 리에 부니 그리움이 어찌 다할까
玉樹一窓秋影寒.[2]	옥 나무가 창에 가득한데 가을 그림자가 차갑네.
獨掩柴門明月下,[3]	홀로 사립문 닫고 밝은 달 아래서
淚流香袂倚闌干.[4]	향기로운 소매에 눈물 흘리며 난간에 기대네.

주석

1 [역자주] 金風(금풍) : 가을바람. 오행에서 금(金)은 서쪽과 가을을 상징한다.

2 **[협주]** 양웅(楊雄)의 <감천궁부(甘泉宮賦)>에서 "비췻빛 옥수가 푸릇푸릇하다."라고 했다.(楊雄, 甘泉宮賦. 翠玉樹之青葱.[185])

[역자주] 玉樹(옥수) : 나무의 미칭이다.

3 [역자주] 掩(엄) : 닫다. 柴門(시문) : 사립문.

4 [역자주] 香袂(향몌) : 향기로운 소매. 여인의 옷이다.

해설

이 시는 가을의 상념을 읊은 것이다. 스산한 가을바람이 불고 밝은 달이 떴을 때 멀리 떠난 낭군을 기다리며 슬퍼하는 여인의 모습을 묘사했다. 작시 시기는 고찰할 수 없다.

---

185) 青葱(청총) : 청록색.

300. 어부에게 주다
贈漁父

蘆花深澤靜垂綸,[1]　　갈대꽃이 핀 깊은 못에 조용히 낚싯줄 드리우고
月夕煙朝幾十春.　　달 밝은 밤 안개 낀 아침 몇십 년을 보냈네.
自說孤舟寒水畔,　　스스로 말하길, "차가운 물가 외로운 배에서
不曾逢著獨醒人.[2]　　일찍이 홀로 깬 이를 만난 적이 없다."라고 하네.

주석

1 [역자주] 蘆花(노화) : 갈대꽃. 垂綸(수륜) : 낚싯줄을 드리우다.

2 **[협주]** 초사 <어부편>에서 "굴원이 말하기를, '뭇사람이 모두 취했어도 오직 나만 홀로 깨어있다.'라고 했다."라고 했다.(楚辭, 漁父篇. 屈原曰, 衆人皆醉, 唯我獨醒.)

해설

이 시는 낚시하는 어부에게 주는 것이다. 오래도록 낚시를 했지만 굴원과 같이 고고한 인품을 가진 이를 보지 못했다고 했다. 작시 시기는 고찰할 수 없다.

301. 꽃을 탄식하다

嘆花[1]

自恨尋芳到已遲, 꽃을 찾아온 것이 이미 늦었다고 스스로 한탄하노니
往年曾見未開時. 왕년에는 일찍이 꽃이 피지 않은 때를 보았지.
如今風擺花狼籍,[2] 지금은 바람이 뒤흔들어 꽃잎은 낭자하고
綠葉成陰子滿枝. 푸른 잎은 그늘을 이루었으며 열매가 가지에 가득하네.

주석

1 **[협주]** ≪태평광기≫에서 "당나라 중서사인 두목은 젊었을 때 영특했는데 소탈하고 자유분방했으며 자신을 단속하지 못했다. 호주의 풍경이 아름답고 또 빼어난 미인이 많다는 소문을 듣고는 마침내 가서 노닐게 되었다. 자사가 뱃놀이를 베푸니 구경하러 온 자들이 담처럼 둘러쌌다. 무리 지은 사람 중에 십여 세가 된 여자아이가 있었는데 두목이 그를 보고는 '진정 나라 최고의 미색이다.'라고 했다. 그래서 그녀의 어머니에게 말하기를, '내가 십 년이 안 되어 반드시 이 군의 자사가 될 것이다. 십 년이 지나도 오지 않으면 원하는 대로 시집을 보내시오.'라고 했다. 어머니는 허락했고 두목은 후한 폐물로 약속하고 헤어졌다. 두목이 조정으로 돌아온 뒤에도 호주를 염두에 두었다. 관직을 일찍 얻지 못하고 얼마 후 황주자사에 배수되었고 또 지주와 목주로 옮겼으니 모두 자신이 뜻한 바가 아니었다. 대중 5년(851) 비로소 호주자사가 되었다. 호주에 이르렀을 때는 이미 14년이 지났으며 혼인을 약속한 이는 이미 다른 사람에게 시집을 가서 자식 두 명을 낳았다. 그래서 시를 지어 스스로 가슴 아파하면서 '봄을 찾아 군영 떠난 것이 늦었으니 쓸쓸해 하며 꽃 핀 때를 원망할 필요 없네. 거센 바람에 짙붉은 빛이 다 떨어졌고 푸른 잎은 그늘을 이루었으며 열매가 가지에 가득하네.'라고 했다."라고 했다.(廣記. 唐中書舍人杜牧,

少俊, 踈野放蕩, 無檢. 聞湖州風物妍好, 且多奇色, 遂往遊焉. 刺史張水嬉,[186] 觀者如堵.[187] 於叢人中, 有鵶頭女,[188] 年十餘. 牧視之曰, 眞國色也. 因使告其母曰, 吾不十年, 必守此郡. 十年不來, 乃從所適. 母許諾, 因以重幣結之, 而別. 牧歸朝, 以湖州爲念. 秩早不得, 尋拜黃州, 又移池州睦州, 皆非意也. 大中五[189]年, 始授湖州刺史. 比至郡, 已十四年矣, 所約者, 已從人而生二子, 因題詩自傷曰, 自是尋春去校遲,[190] 不須惆悵怨芳時.[191] 狂風落盡深紅色, 綠葉成陰子滿枝.)

2 [역자주] 擺(파) : 뒤흔들다. 狼籍(낭자) : 어지러운 모양.

해설

이 시는 봄날 꽃구경이 늦은 것을 한탄하며 지은 것이다. 예전에는 꽃이 피지 않았을 때 왔는데 이번에는 늦어서 이미 꽃이 다 떨어졌다고 했다. 두목은 대중 4년(840)에 호주자사가 되었는데, ≪태평광기≫의 내용은 두목의 행적과 맞지 않아 대체로 후인이 지어낸 이야기로 추정한다. 작시 시기는 고찰할 수 없다.

---

186) 水嬉(수희) : 수상에서 하는 유희. 노래와 춤, 빨리 물 건너기, 곡예 등을 했다.
187) 如堵(여도) : 담장과 같다. 많은 사람이 둘러쌌다는 말이다.
188) 鵶頭(아두) : 아두(丫頭)와 같다. 머리를 丫자 모양으로 땋은 것으로 어린아이를 가리킨다.
189) 현재 전하는 ≪태평광기≫에는 '五'가 '三'으로 되어 있으며, 내용이 축약되면서 글자가 조금 다르다.
190) 去校(거교) : 군영을 떠나다.
191) 惆悵(추창) : 쓸쓸해하는 모양.

302. 유 수재가 새로 심은 대나무에 쓰다

題劉秀才新竹[1]

數莖幽玉色,	여러 줄기에 그윽한 옥빛
曉夕翠煙分.	아침저녁으로 비췻빛 안개가 선명하네.
聲破寒窓夢,	소리는 차가운 창가의 꿈을 깨우고
根穿綠蘚紋.[2]	뿌리는 푸른 이끼 무늬를 뚫네.
漸籠當檻日,[3]	점차 덮어서 난간의 햇볕을 막아주고
欲礙入簾雲.[4]	가로막으며 주렴에 비친 구름 속으로 들어가려 하네.
不是山陰客,	산음의 나그네가 아니라면
何人愛此君.[5]	누가 이 사람을 사랑하겠는가.

주석

1 [역자주] 劉秀才(유수재) : 유씨에 대해서는 알려진 바가 없다. 수재는 한나라 때 관리 선발 제도의 하나였으나, 당송 때는 진사시(進士試)에 응시하는 선비를 일컫는 말로 쓰였다.

2 [역자주] 蘚紋(선문) : 이끼가 무늬를 이루며 자란 것을 말한다.

3 [역자주] 籠(롱) : 뒤덮다.

4 [역자주] 礙(애) : 막다. 덮다. 簾雲(염운) : 주렴 너머로 보이는 구름.

5 **[협주]** ≪진서(晉書)·왕휘지전(王徽之傳)≫에서 "왕휘지는 자가 자유(子猷)이다. 일찍이 산음(山陰)에서 살았다."라고 했고, 또 "왕휘지가 일찍이 빈집을 빌려서 살았는데 곧장 대나무를 심게 했다. 대나무가 흔들리는 소리를 들으며 흥얼거렸고 대나무를 가리키며

말하기를, '하루라도 이 사람이 없어서는 안 된다.'라고 했다."라고 했다.(晉書. 王徽之, 字子猷. 嘗居山陰. 又曰, 子猷嘗寄居空宅中, 便令種竹. 聞聲嘯咏, 指竹曰, 不可一日無此君.)

[역자주] 此君(차군) : 이 사람. 왕휘지의 고사에 의하여 대나무를 가리킨다.

해설

이 시는 유 수재가 새로 심은 대나무에 대해 지은 것이다. 대나무가 심어진 정취와 풍경을 읊은 뒤 유씨가 왕휘지처럼 고고한 풍취를 가지고 있다고 칭송했다. 작시 시기는 고찰할 수 없다.

303. 산길을 가다
山行

遠上寒山石徑斜,[1]	멀리 차가운 산을 오르나니 돌길이 비스듬한데
白雲生處有人家.	흰 구름 생겨나는 곳에 인가가 있네.
停車坐愛楓林晩,[2]	수레를 세운 것은 단풍 숲의 저녁을 좋아해서이니
霜葉紅於二月花.[3]	서리 맞은 잎이 한창 봄날의 꽃보다 붉네.

주석

1 [역자주] 石徑(석경) : 돌길.

2 [역자주] 坐(좌) : 때문에. 또는 앉다로 보고 이 구를 "수레를 세우고 앉아서 단풍 숲의 저녁을 좋아한다."라고 풀이할 수도 있다. 晩(만) : 저녁. 또는 늦은 절기.

3 [역자주] 霜葉(상엽) : 서리 맞은 잎. 단풍이 든 것을 말한다.

해설

이 시는 가을 산을 지나다가 본 풍경을 읊은 것이다. 흰 구름 피어나는 산에 단풍이 붉게 물든 것을 본다고 했다. 작시 시기는 고찰할 수 없다.

304. 감회를 쓰다

書懷

滿眼青山未得過,	눈에 가득한 푸른 산을 지나갈 수 없고
鏡中無那鬢絲何.[1]	거울 속의 흰 실 같은 귀밑털을 어찌할 수 없구나.
秖言旋老轉無事,[2]	늙어갈수록 점점 일이 없어질 것이라고 말할 뿐이니
欲到中年事更多.	중년이 되니 일이 더 많은 것 같네.

주석

1 **[협주]** ['내(那)'는)] 내와 개의 반절로 어조사이다.(乃介切, 語助也.)
[역자주] 無那何(무내하) : 어찌하겠는가. 어쩔 수 없다는 말이다. 鬢絲(빈사) : 흰 실 같은 귀밑털.

2 [역자주] 秖(지) : 다만. 旋(선) : 점차. 轉(전) : 점점.

해설

이 시는 관직 생활에 얽매인 채 늙어가는 자신을 보고 답답한 마음을 토로한 것이다. 푸른 산에 은거하고 싶지만 실행하지 못한 채 업무량이 점차 늘어가는 현실을 피하고자 하는 바람을 표현했다. 작시 시기는 고찰할 수 없다.

305. 배롱나무의 꽃

紫薇花[1]

曉迎秋露一枝新,	새벽에 가을 이슬을 받아 한 가지가 새로운데
不占園中最上春.[2]	정원에서 가장 이른 봄을 차지하지는 않았네.
桃李無言又何在,[3]	복사꽃 자두꽃 말이 없다지만 또 어디 있는가
向風偏笑艷陽人.[4]	바람을 받으며 봄날의 사람을 유독 비웃네.

주석

1 [역자주] 紫薇(자미) : 배롱나무.

2 **[협주]** 강엄(江淹)의 <별부(別賦)>에서 "비단과 깁이 이른 봄에 아름답다."라고 했다.(江淹, 別賦. 羅與綺兮嬌上春.)

[역자주] 最上春(최상춘) : 가장 이른 봄. '상춘'은 초봄으로 음력 정월을 뜻한다.

3 **[협주]** '도리무언(桃李無言)'은 이미 권4에 나왔다.[192] (桃李無言, 已出四卷.)

[역자주] 桃李無言(도리무언) : 옛 속담인 "복숭아와 자두는 말을 하지 않아도 그 아래에 절로 길이 생긴다.(桃李無言, 下自成蹊.)"라는 말을 가리킨다. 복숭아와 자두는 그 꽃과 열매와 그늘이 좋기에 사람들이 많이 찾아와서 그 아래에 저절로 길이 생길 정도라는 말이다.

4 **[협주]** 포조(鮑照)의 <눈을 읊은 시(詠雪詩)>에서 "이때 절로 아름다우니 마땅히 날이 좋은 때를 피해야 하리. 날이 좋은 때는 복사꽃과 자두꽃의 계절이니 깨끗함으로는 아름

---

192) 두목의 시 <도화부인의 사당에 쓰다(題桃花夫人廟)> "묵묵히 말을 하지 않고 몇 번의 봄을 보냈는가.(脈脈無言度幾春.)"의 주에 보인다.

다움을 이루지 못하네."라고 했고, ≪문선≫ 장선(張銑)의 주에서 "'염양(豔陽)'은 봄이다."라고 했다.(鮑明遠, 詠雪詩. 玆辰自爲美,[193] 當避豔陽年. 豔陽桃李節, 皎潔不成姸.[194] 註. 豔陽, 春也.)

해설

이 시는 배롱나무의 꽃에 대해 읊은 것이다. 가을이 될 때 피어서 아름다움을 과시하는데, 봄날 화려함을 자랑하던 복사꽃이나 자두꽃은 이미 떨어지고 없으니 봄날의 아름다움만 추구하던 이를 비웃는다고 했다. 작시 시기는 고찰할 수 없다.

193) 玆辰(자신) : 이때.

194) 皎潔(교결) : 희고 깨끗하다. 姸(연) : 아름답다.

306. 취한 뒤에 최 대부에게 드리다
醉後呈崔大夫[1]

謝傅秋涼閱管弦,[2]	태부 사안이 서늘한 가을에 관현악기를 돌아보시며
徒教賤子侍華筵.[3]	그저 비천한 이 몸을 시켜 화려한 연회를 모시게 하셨네.
溪頭正雨歸不得,	개울가에 마침 비가 와서 돌아갈 수 없으니
辜負南窓一覺眠.[4]	죄송스럽게도 남쪽 창에서 한숨 자야겠습니다.

주석

1 [역자주] 崔大夫(최대부) : 최씨에 대해서는 고찰할 수 없다. 당나라 때 어사대부(御史大夫), 간의대부(諫議大夫) 등의 관직이 있었고, 산관(散官)으로 광록대부(光祿大夫) 등의 칭호가 있었다.

2 **[협주]** ≪진서(晉書)·사안전(謝安傳)≫에서 "사안은 동쪽 지역에서 머물렀다. 통솔하고 지휘한 공으로 진급하여 태보(太保)에 봉해졌으며 죽었을 때 태부(太傅)에 추증되었다."라고 했다.(晉書. 謝安棲遲東土.[195] 以總統功, 進封太保. 薨, 贈太傅.)

[역자주] 謝傅(사부) : 원래는 태부에 추증된 사안을 가리키는데, 여기서는 최 대부를 비유한다.

3 [역자주] 賤子(천자) : 비천한 이. 자신에 대한 겸칭이다.

4 **[협주]** 이릉(李陵)의 <소무에게 답하는 편지(答蘇武書)>에서 "이릉의 마음에 면목이 없다."라고 했고, 또 "이릉이 비록 은혜를 저버렸지만 한나라 또한 덕을 저버렸다."라고 했다.(李少卿, 答蘇武書. 辜負陵心. 又曰, 陵雖孤恩,[196] 漢亦負德.)

---

195) 棲遲(서지) : 머물다.

[역자주] 辜負(고부) : 면목이 없다는 말이다. 覺眠(교면) : 잠을 자다.

해설

이 시는 연회에 참석해 취한 뒤에 최 대부에게 준 것이다. 좋은 연회에서 최 대부를 모시게 되었는데 비가 와서 잠시 자겠다고 했다. 작시 시기는 고찰할 수 없다.

---

196) 孤恩(고은) : 천자의 은택을 저버리다.

307. 선주의 심 대부가 북쪽 누대에 올라 감회를 적은 시에 화답하다

和宣州沈大夫登北樓書懷[1]

兵符嚴重辭金馬,[2]　병부가 엄중하기에 금마문을 떠났으며
星座光芒射斗牛.[3]　별자리가 빛나니 우수와 두수를 쏘신 것이라네.
筆落青山飄古韻,　붓을 푸른 산에 대니 예스런 운치가 드날리고
帳開紅旆照高秋.[4]　장막에서 붉은 깃발을 내거니 높은 하늘을 비추네.
香連日彩浮綃幕,[5]　향기는 햇살에 이어져 비단 장막에 떠 있고
溪逐歌聲遶畵樓.[6]　시내는 노랫소리를 쫓으며 화려한 누대를 휘감네.
可惜登臨佳麗地,　안타깝게도 아름다운 곳에 올라 굽어보시는데
羽儀須去鳳池游.[7]　깃털 장식 의장은 반드시 떠나가 봉지에서 노니셔야 하리라.

주석

1　**[협주]** 심전사이다.(沈傳師.)
[역자주] 沈大夫(심대부) : 심전사는 태화 4년(830)부터 태화 7년(833)까지 선섭관찰사(宣歙觀察使)가 되어 선주(宣州)에 머물렀으며, 두목은 그의 막부에서 근무했다.

2　**[협주]** '병부(兵符)'는 권1에 나왔다.[197] '금마(金馬)'는 권4에 나왔다.[198](兵符, 出一卷.

197) 두목의 시 <사 장군 2수(史將軍二首)> 중 제2수 "병부를 호랑이 같은 신하에게 주나.(兵符授虎臣.)"의 주에 보인다.

198) 두목의 시 <외사촌 형님인 화주자사 최 원외께 부치는 12운의 시(寄內兄和州崔員外十二韻)> "금마문에서

金馬, 出四卷.)

[역자주] 兵符(병부) : 황제가 지방 장관에게 주는 것으로 병사를 마음대로 할 수 있는 부절이다. 金馬(금마) : 한나라 궁궐 문의 이름으로 여기서는 조정을 가리킨다.

3 **[협주]** 권2의 "교지와 별자리가 같다."의 주에 보인다.[199] 또 권1의 "어찌하여 두수을 찌르던 기상이."의 주에 보인다.[200] (見二卷交趾[201]同星座註. 又一卷如何斗[202]牛氣註.)

[역자주] 射斗牛(사두우) : 진(晉) 장화(張華)가 두수(斗宿)와 우수(牛宿) 사이에 자줏빛 기운이 있는 것을 보고는 천문에 해박한 뇌환(雷煥)의 말을 듣고 예장(豫章) 풍성(豐城)에서 간장검(干將劍)과 막야검(莫邪劍)을 찾았으며 각자 한 자루씩 가졌다. 여기서는 심전사의 기상이 높은 것을 비유한다.

4 [역자주] 紅旆(홍패) : 붉은 깃발. 관찰사의 의장이다.

5 [역자주] 綃幕(초막) : 비단 장막.

6 [역자주] 遶(요) : 두르다. 畵樓(화루) : 채색으로 화려하게 장식한 누대.

7 **[협주]** '우의(羽儀)'는 이미 권1에 나왔다.[203] '봉지(鳳池)'는 이미 권2에 나왔다.[204] (羽儀, 已出一卷. 鳳池, 已出二卷.)

[역자주] 羽儀(우의) : 깃털로 장식한 깃발로 의장의 일종이다. 鳳池(봉지) : 봉황지(鳳凰池)로 원래는 중서성(中書省)을 가리켰는데, 당나라 때 재상을 동중서문하평장사(同中書門下平章事)라고 했기에 재상을 가리키기도 한다.

의 옛 노닒이 귀하다.(金馬舊游貴.)"의 주에 보인다.

199) 두목의 시 <진으로 부임하는 용주의 중승을 보내다(送容州中丞赴鎭)>이다.

200) 두목의 시 <이감을 읊은 시(李甘詩)>이다.

201) '趾'는 '阯'의 잘못이다.

202) '斗'는 '干'의 잘못이다.

203) 두목의 시 <군청의 관사에서 홀로 술을 들다(郡齋獨酌)> "깃털 장식 의장은 난새와 학이 날아가는 듯하다.(羽儀鸞鶴翔.)"의 주에 보인다.

204) 두목의 시 <문하성의 재상이 재상 인장을 겸하여 거느리며 진으로 나가 촉 땅을 온전히 하러 가는 서천절도사 재상을 송별하며 지은 시에 받들어 화답하다(奉和門下相公送西川相公兼領相印出鎭全蜀)> "연못에는 옛 봉황이 남았다.(池留舊鳳凰.)"의 주에 보인다.

해설

이 시는 심전사가 누대에 올라 감회를 읊은 시에 화답한 것이다. 그가 궁궐을 떠나 지방을 다스리다가 높은 누대에 올라 훌륭한 시를 지었음을 찬미한 뒤 다시 궁궐로 돌아가 재상을 지내야 할 것이라고 말했다. 대개 태화 4년(830)부터 태화 6년(832)까지 심전사의 막부인 선주에 있을 때 지은 것으로 추정한다.

308. 밤비

夜雨

九月三十日,	9월 30일
雨聲如別秋.	빗소리가 가을과 작별하는 것 같네.
無端滿階葉,[1]	어쩔 수 없이 계단에 낙엽이 가득하니
共白幾人頭.	몇 사람의 머리를 함께 하얗게 할까.
點滴侵寒夢,[2]	추위 속의 꿈에 방울방울 스며들어
蕭騷著淡愁.[3]	담담한 근심에 처량하게 붙어 있네.
漁歌聽不唱,[4]	어부의 노래는 들으려 해도 노래하지 않고
蓑濕棹迴舟.[5]	도롱이 젖은 채로 노를 저어 배를 돌리네.

주석

1 [역자주] 無端(무단) : 어쩔 수 없이.

2 [역자주] 點滴(점적) : 점점이 방울지다.

3 [역자주] 蕭騷(소소) : 처량한 모습.

4 [역자주] 漁歌(어가) : 어부의 노래. 초사의 <어부사(漁父辭)>에서 어부가 "창랑의 물이 맑으면 내 갓끈을 씻을 만하고, 창랑의 물이 탁하면 내 발을 씻을 만하다.(滄浪之水淸兮, 可以濯吾纓. 滄浪之水濁兮, 可以濯吾足.)"라고 노래했다.

5 [역자주] 蓑(사) : 도롱이. 비옷의 일종이다. 棹(도) : 노를 젓다.

해설

이 시는 밤비가 내릴 때의 풍경과 감회를 적은 것이다. 가을의 마지막 날 내리는 밤비 속에 쓸쓸하고 처량함이 더해가는 감회를 적었다. <어부사>에서 어부가 세상의 추이에 동화되어 살아갈 것을 노래했는데, 그렇게 살지 못하는 자신의 신세를 탄식했다. 작시 시기는 고찰할 수 없다.

309. 방향

方響[1]

數條秋水挂琅玕,[2] 몇 줄기 가을 물로 낭간을 걸어두고

玉手丁當怕夜寒.[3] 옥 같은 손으로 댕댕 치니 밤 추위인 양 두렵네.

曲盡連敲三四下,[4] 곡이 다해 잇달아 서너 번 치니

恐驚珠淚落金盤.[5] 구슬 눈물이 금 쟁반에 떨어진 것인가 놀라네.

주석

1 **[협주]** ≪유설(類說)≫의 ≪악부잡록(樂府雜錄)≫ "방향(方響)" 조목의 주에서 "호부(胡部)205)에 방향이 없었다. 소리가 새되어 여러 음조에 조응하지 않았다. 태종의 궁중 창고에 별도로 한 조각의 철이 보관되어 있었는데 방향이었고 28음조의 쟁에 조응하게 했다. 다만 궁, 상, 각, 치 4음조만 있었지만 임시로 지지대를 이동하여 28음조에 조응하게 했다."라고 했다. ≪통전≫에서 "방향은 철로 만드는데 길이가 9촌이고 넓이가 2촌이며 윗부분은 둥글고 아랫부분은 네모나다. 틀은 경(磬)과 같지만 위쪽 가로대를 두지 않고 틀 위에 기대놓았으며, 종과 경을 대신했다. 민간에서 사용하는 것은 겨우 3, 4촌에 불과하다."라고 했다.(類說. 樂府雜錄. 方響註. 胡部無方響, 緣直板206)聲, 不應諸調. 太宗內庫別收一片鐵, 有方響, 應二十八調之箏, 只有宮商角徵四調, 臨時移柱, 應二十八調. 通典. 方響, 以鐵爲之, 修九寸, 廣二寸, 圓上方下. 架如磬而不設業, 倚於架上, 以伐207)鐘磬. 人間所用者纔三四寸.)

---

205) 호부(胡部) : 당나라 때 서역의 음악인 호악(胡樂)을 관장하던 관청의 이름이다.
206) '板'은 '拔'의 잘못이다. 직발(直拔)은 새되다는 뜻이다.

2 [역자주] 數條秋水(수조추수) : 몇 줄기 가을 물. 여기서는 방향의 철편을 걸어놓은 줄을 비유하는 것으로 보인다. 琅玕(낭간) : 주옥(珠玉)과 비슷한 광석인데 여기서는 방향의 철편을 비유한다.

3 [역자주] 丁當(정당) : 옥석이나 쇠를 두드려서 나는 소리이다. 怕夜寒(파야한) : 밤의 추위가 두렵다. 방향을 칠 때 나는 소리의 느낌이 서늘하다는 뜻이다.

4 [역자주] 下(하) : 횟수를 헤아리는 단위이다.

5 [역자주] 恐驚(공경) : 두려워하며 놀라다.

해설

이 시는 방향이라는 악기에 관해 묘사한 것이다. 그 소리가 마치 소름이 돋을 듯하고 금쟁반에 구슬이 떨어지는 듯하다고 했다. 작시 시기는 고찰할 수 없다.

207) '伐'은 '代'의 잘못이다.

310. 관문을 나가다가 층봉역에 묵으면서 이 간의대부에게 다시 부치다

將出關宿層峰驛, 卻寄李諫議[1]

孤驛在重阻,[2]	외로운 역이 험한 곳에 있는데
雲根掩柴扉.[3]	구름 생기는 바위가 사립문을 가리고 있네.
數聲暮禽切,	몇 가닥 울음소리 저녁 새가 처절하고
萬壑秋意歸.	수많은 골짜기는 가을빛으로 돌아가네.
心馳碧泉澗,[4]	마음은 푸른 강물로 치닫지만
目斷靑瑣闈.[5]	눈길은 청쇄문과는 단절되었네.
明日武關外,	내일이면 무관 바깥에 있을 터
夢魂勞遠飛.[6]	꿈속의 혼이 수고로이 멀리 날아가겠지.

주석

1 [역자주] 出關(출관) : 관문을 나가다. 여기서 관문은 본문에 나오는 무관(武關)을 가리킨다. 무관은 지금의 섬서성 상락시(商洛市) 단봉현(丹鳳縣) 동쪽 무관하(武關河) 북안에 있다. 진나라 4대 관문 중 하나이다. 層峰驛(층봉역) : 지금의 섬서성 상남현(商南縣) 조각포(皂角鋪)에 있던 역참이다. 李諫議(이간의) : 이씨 성을 가진 간의대부(諫議大夫)인데 누구인지는 알려져 있지 않다.

2 [역자주] 重阻(중조) : 산이 겹겹이 있고 험하다.

3 [역자주] 雲根(운근) : 구름의 뿌리라는 뜻으로 큰 바위를 말한다. 옛사람들은 큰 바위에서 구름이 생겨난다고 생각했다. 掩(엄) : 가리다. 柴扉(시비) : 사립문.

4 [역자주] 泉澗(천간) : 물줄기. 강.

5 **[협주]** 후한 장형(張衡)의 <서경부(西京賦)>에서 "푸른 사슬 무늬 붉은 섬돌"이라고 했고, ≪문선≫ 이선의 주에서 "≪한서≫에서 '붉은 벽과 푸른 사슬 무늬'라고 했으며 ≪음의(音義)≫에서 '(청쇄는) 푸른색으로 문 가장자리의 새김장식 안쪽을 칠한 것이다.'라고 했다."라고 했다. 위굉(衛宏)의 ≪한구의(漢舊儀)≫에서 "황문랑(黃門郎)은 황문령(黃門令)에게 소속되어 있는데 해가 지면 들어와서 배알하면서 청쇄문에서 절을 하기에 석랑(夕郎)이라고 한다."라고 했다. ≪이아(爾雅)≫에서 "궁중의 문을 '위(闈)'라고 한다."라고 했다.(西都賦. 青瑣丹墀.[208] 註. 赤壁青瑣. 音義曰, 以青畫戶邊鏤中. 衛宏, 漢舊儀曰, 黃門郎, 屬黃門令. 日暮入對, 青瑣門拜, 名曰夕郎. 爾雅. 宮中門, 謂之闈.)

[역자주] 青瑣闈(청쇄위) : 궁중 문의 사슬 무늬를 푸르게 칠한 것으로, 여기서는 궁중을 상징한다.

6 [역자주] 夢魂(몽혼) : 꿈속의 넋. 이 구는 꿈에서라도 넋이 장안으로 날아가 이씨를 만나겠다는 말이다.

해설

이 시는 무관을 나가다가 층봉역에 묵으면서 장안에 있는 이 간의대부에게 부친 것이다. 쓸쓸한 관문의 경관을 묘사한 뒤 보고 싶어 하는 마음을 표현했다. 두목이 무관을 나간 적은 여러 번 있지만 가을에 나간 적이 없다는 사실에 근거하여 두목의 작품이 아닌 것으로 추정하는 설이 있다.

208) 丹墀(단지) : 붉게 칠한 계단. 궁중의 섬돌이다.

311. 사신이 돌아가면서 당주 최 사마의 편지를 전해주고 아울러 율시를 부쳤기에 이에 화답하다

使迴枉唐州崔司馬書, 兼寄四韻因和[1]

淸晨候吏把書來,[2]	새벽에 역참 관리가 편지를 가지고 오니
十載離憂得暫開.	십 년간 헤어졌던 근심이 잠시 사라졌습니다.
痴叔去時還讀易,[3]	바보 숙부는 떠나실 때 여전히 ≪주역≫을 읽으셨고
仲容多興索銜杯.[4]	완함 같은 저는 흥이 많아 술 마실 일을 찾았습니다.
人心計日殷勤望,	사람 마음은 날을 헤아리며 간절히 바라는데
馬首隨雲早晩迴.	말 머리는 구름 따라 언제나 돌아올지요.
莫爲霜臺愁歲暮,[5]	상대에서 근심 속에 세모를 보내지 말아야 할지니
潛龍須待一聲雷.[6]	잠룡은 모름지기 우레 한 소리를 기다려야 합니다.

주석

1 [역자주] 枉(왕) : 외람되이. 상대방으로부터 어떤 행위를 당한 것을 겸손하게 말하는 표현이다. 唐州(당주) : 지금의 하남성 당하(唐河) 일대이다. 崔司馬(최사마) : 사마는 지방 장관의 보좌관. 최씨에 대해서는 알려져 있지 않다.

2 [역자주] 候吏(후리) : 역참의 관리이다. 把書(파서) : 편지를 쥐다.

3 **[협주]** ≪진서·왕담전(王湛傳)≫에서 "왕담의 자는 처충(處沖)이며 사도(司徒) 왕혼(王渾)의 동생이다. 어려서 식견과 풍도가 있었으며 키가 7척 8촌이고 이마가 높고 코가 컸으며 말이 적었다. 숨겨놓은 품덕이 있었지만 다른 사람이 알 수 없어서 형제들과 친척들은 모두 그를 바보라고 여겼지만 그의 아버지 왕창(王昶)은 유독 그를 기이하게 여겼

다. 부친상을 당했을 때 묘지 옆에서 머물렀으며 복상이 끝나서는 문을 닫고 청정함을 지키며 세상 사람들과 교유하지 않았다. 형의 아들인 왕제(王濟)가 일찍이 왕담을 뵈러 갔을 때 책상머리에 ≪주역≫이 있는 것을 보고 묻기를 '숙부님은 이걸로 뭘 하십니까?' 라고 하니 왕담이 말하기를, '몸이 좋지 않을 때 아마도 다시 보겠지.'라고 했다. 무제 또한 왕담을 바보로 여겼는데, 매번 왕제를 볼 때마다 조롱하며 말하기를, '그대 집안의 바보 숙부는 죽었는가?'라고 했다. 왕제가 늘 답을 하지 않았는데 무제가 또 처음처럼 묻자 왕제가 말하기를, '신의 숙부는 전혀 바보스럽지 않습니다.'라고 했다. 무제가 말하기를 '누구에 비길 수 있는가?'라고 하니, 왕제가 말하기를, '산도(山濤)보다는 아래지만 위서(魏舒)보다는 위입니다.'라고 했다."라고 했다.(晉書, 王湛傳. 湛, 字處沖. 司徒渾之弟也. 少有識度, 身長七尺八寸, 龍顙大鼻,[209] 少言語. 有隱德, 人莫能知, 兄弟宗族皆以爲癡, 其父昶獨異焉. 遭父喪, 居于墓次. 服闋,[210] 閤門守靜,[211] 不交當世,. 兄子濟嘗詣湛, 見床頭有周易, 問曰, 叔父何用此爲. 湛曰, 體中不佳時, 脫復看耳.[212] 武帝亦以湛爲癡, 每見濟, 輒調之, 曰, 卿家癡叔死未.[213] 濟常無以答, 帝又問如初, 濟曰, 臣叔殊不癡. 帝曰, 誰比. 濟曰, 山濤以下魏舒以上.)

[역자주] 痴叔(치숙) : 바보 숙부. 여기서는 최씨를 가리킨다.

4 **[협주]** ≪진서(晉書)·완함전(阮咸傳)≫에서 "완함은 자가 중용(仲容)이다. 법규에 얽매이지 않고 제멋대로 행동했는데 숙부인 완적(阮籍)과 죽림의 노닒을 행했다. 여러 완씨가 모두 술을 마시는데, 완함이 오면 집안사람들이 사이사이에 함께 모여서 술잔에 술을 따르지 않고 큰 대야에 술을 담아 마셨다."라고 했다.(晉書. 阮咸, 字仲容. 任達不拘,[214] 與叔父爲竹林之游. 諸阮皆飮酒, 咸至, 宗人間共集, 不復用杯觴斟酌,[215] 以大盆盛酒飮之.[216])

---

209) 龍顙(용상) : 높은 이마.
210) 服闋(복결) : 상복을 입는 상례 기간이 끝나다.
211) 閤門(합문) : 문을 닫다.
212) 脫(탈) : 혹시. 아마.
213) 未(미) : 문장 끝에서 의문문을 만든다.
214) 任達(임달) : 성격이 제멋대로이다. 不拘(불구) : 예법에 얽매이지 않다.
215) 斟酌(짐작) : 술을 따르다.
216) 盆(분) : 대야. 盛(성) : 그릇에 담다.

[역자주] 仲容(중용) : 완함의 자이다. 숙부 완적과 함께 죽림칠현에 속했다. 여기서는 두목 자신을 가리킨다.

5 **[협주]** ≪직관서(職官書)≫[217]에서 "어사부(御史府)에 상대(霜臺), 백대(柏臺), 오대(烏臺)가 있다."라고 했다. ≪당서(唐書)·직관지(職官志)≫에서 "한나라 무제 원광(元光) 5년(기원전 130) 천하를 나누어 13주를 두고 여러 군을 나누어 통치했는데, 주마다 사자 1명을 파견하여 관리의 청렴함을 감독하게 했다. 이를 '13주 자사'라고 했다. 후한에 비로소 이 신하를 이름하여 자사라고 했고 주와 군의 정치를 전담하게 했다. 또 별가(別駕)를 두어 정사와 관련한 문서를 담당하게 했는데 여러 관서의 관속들은 이를 외대(外臺)라고 불렀다."라고 했다.[218] ≪진서·진군전(陳頵傳)≫에서 "진군이 말하기를, '자사가 명을 받은 것은 나라의 외대(外臺)이다.'라고 했다."라고 했다.(職官書. 御史府有霜臺柏臺烏臺. 唐書, 職官志. 漢武, 元光五年, 分天下置十三州, 分統諸郡. 每州遣使者一人, 督察官吏淸濁, 謂之十三州刺史, 後漢遂以名臣爲刺史, 專州郡之政. 仍置別駕, 治中,[219] 諸曹椽屬,[220] 號曰外臺. 晉書. 陳頵曰, 刺史銜命, 國之外臺.)

[역자주] 霜臺(상대) : 어사대(御史臺)를 가리킨다. 이 시가 두목의 작품이라면 감찰어사로 재직하던 것을 말한다.

6 **[협주]** 진(晉)나라 좌사(左思)의 <위도부(魏都賦)>에서 "봄 우레가 울리자 겨울잠을 깨워 다투어 날아다니고, 잠룡이 햇빛 속에서 날아다니다 그윽한 샘에서 높이 거울을 비추어본다."라고 했고 ≪문선≫의 주에서 이선이 말하기를, "봄 우레가 울리자 겨울잠에서 깨서 어지러이 다투어 날고, 용이 아름다워 그윽한 샘에 환하게 비친다."라고 했다. ≪여씨춘추≫에서 "봄에 처음 우레 치는 소리를 들으면 겨울잠 자던 벌레가 움직이게 된다."라고 했다.(魏都賦. 春霆發響而驚蟄飛競,[221] 潛龍浮景而幽泉高鏡. 註. 李善云, 春霆發響, 驚蟄紛然而競飛, 龍彩, 幽泉煥然而照也. 呂氏春秋曰, 聞春始雷則蟄蟲動矣.)

---

217) 직관서(職官書) : 사서에서 관직의 체계를 서술한 부분일 터인데, 대체로 직관지(職官志)로 되어 있다. 이 조목의 내용도 현재 전하는 사서에는 보이지 않는다.

218) 이 조목은 현재 전하는 ≪당서≫에는 보이지 않는다.

219) 治中(치중) : 정사와 관련된 문서를 처리하다.

220) '椽'은 '掾'의 잘못이다. '연속(掾屬)'은 부서의 관원을 뜻한다. '조(曹)'는 관서를 뜻한다.

221) 春霆(춘정) : 봄 우레. 驚蟄(경칩) : 겨울잠 자던 벌레를 깨우다.

[역자주] 이상 두 구는 두목이 어사대에서 홀로 세모를 보내고 있는데, 최씨가 조만간 조정으로 돌아와 만나기를 바란다는 말이다.

해설

이 시는 당주사마로 있던 최씨가 편지와 시를 보내왔기에 화답한 것이다. 시의 내용으로 보아 두목과는 숙질간으로 보이는데 성이 다른 것으로 인해 다른 사람의 작품으로 보는 설도 있다. 10년간 헤어졌다가 편지를 받게 되어 기쁘다는 말과 얼른 중앙 관직으로 발탁되어 만나기를 바란다는 바람을 적었다.

312. 가을밤 군의 관청에서 당시 상황을 읊어서 곡사 처사와 허 수재에게 부치다

郡齋秋夜卽事, 寄斛斯處士許秀才[1]

有客誰人肯夜過,	나그네가 있지만 누가 밤에 들리려 할까
獨憐風景奈愁何.[2]	홀로 풍광을 아끼니 근심을 어찌할까.
邊鴻怨處迷霜久,	변방의 기러기 원망하는 곳에서 서리에 미혹된 지 오래
庭樹空來見月多.	정원의 나무에 공연히 와서 달을 본 지 여러 번.
故國杳無千里信,[3]	고향은 아득하여 천 리에서 오는 소식이 없고
綵弦時伴一聲歌.[4]	채색한 현악기를 때때로 짝하여 한번 노래해보네.
馳心秖待城烏曉,[5]	치달리는 마음은 그저 성 위 까마귀에 새벽 오길 기다리며
幾對虛簷望白河.[6]	몇 번이나 빈 처마를 대하며 은하수를 바라보네.

주석

1 [역자주] 卽事(즉사) : 당시 상황에 대해 읊다. 斛斯處士(곡사처사) : '처사'는 관직에 나아가지 않은 문인을 가리키며, '곡사'는 복성(複姓)으로 누구인지는 알려져 있지 않다. 許秀才(허수재) : '수재'는 한나라 때 관리 선발 제도의 하나였으나, 당송 때는 진사시(進士試)에 응시하는 선비를 일컫는 말로 쓰였다. 허씨가 누구인지는 알려져 있지 않다.

2 [역자주] 奈何(내하) : 어찌할까. 어찌할 수 없다는 말이다.

3 [역자주] 故國(고국) : 고향. 杳(묘) : 아득하다. 千里信(천리신) : 천 리 먼 곳에서는 오는 편지. 고향에서 오는 편지를 말한다.

4 [역자주] 綵弦(채현) : 채색으로 장식한 현악기.

5 **[협주]** ≪좌전·양공(襄公) 18년≫에서 "숙향(叔向)이 말하기를, '성 위에 까마귀가 있으니 제나라 군대가 도망갔겠구나.'라고 했다."라고 했다.(左傳. 叔向曰, 城上有烏, 齊師其遁.)

[역자주] 馳心(치심) : 상대방에게 달려가서 얼른 만나고 싶어 하는 마음을 말한다. 秖(지) : 다만. 城烏(성오) : 성 위의 까마귀. 악부시에 <오야제(烏夜啼)>가 있는데, 까마귀가 울면 좋은 일이 생긴다는 고사에서 기원한 것이다. 협주에서는 성 위에 까마귀가 있는 것은 적군이 후퇴하여 성이 비어있음을 알려준다는 내용인데, 이 시와는 관련이 없어 보인다.

6 **[협주]** 두보의 시[222]에서 "힘들게 붉은 대문 걸어 닫을 것 없으며 은하수 저물기를 스스로 기다린다."라고 했다.(詩史. 不勞朱戶閉, 自待白河沈.)

[역자주] 白河(백하) : 은하수.

해설

이 시는 자사의 집무실에서 곡사씨와 허씨를 보고 싶어 하는 마음을 적어 보낸 것이다. 가을날 기러기가 울고 달이 뜬 밤을 홀로 보내기 아쉽지만 아무도 찾아오지 않아 쓸쓸해 하는 모습을 서술한 뒤 그들을 만나고 싶어 밤새 은하수를 바라보며 좋은 소식이 오기를 기다리는 심정을 적었다. 작시 시기는 고찰할 수 없다.

222) 두보의 시 <엄시랑을 면주까지 배웅하고 함께 두사군의 강루에 올라 연회를 열면서 '심'자를 운자로 얻다(送嚴侍郎到綿州同登杜使君江樓宴得心字)>이다.

313. 조하와 함께 장 명부의 교외 거처를 방문하여 시를 이어가며 짓다

同趙二十二訪張明府郊居聯句[1]

陶潛官罷酒缾空,[2] 도연명은 관직을 그만두고 술병이 비었는데
門掩楊花一夜風.(牧) 문을 닫으면 버들개지가 밤 바람에 날리네.(두목)
古調詩吟山色裏, 산의 풍경 속에서 옛 곡조를 시로 읊조리니
無絃琴在月明中.[3](嘏) 줄이 없는 금이 밝은 달 아래 있네.(조하)
遠簷高樹宜幽鳥, 심원한 처마의 높은 나무는 한가로운 새와 어울리고
出岫孤雲逐晚虹.[4](牧) 산 동굴을 나온 외로운 구름은 저녁 무지개를 쫓네.(두목)
別後東籬數枝菊,[5] 헤어진 뒤 동쪽 울타리의 몇 줄기 국화는
不知閑醉與誰同.(嘏) 한가롭게 취하는 일을 누구와 함께할지 모르리라.(조하)

주석

1 **[협주]** '명부(明府)'는 이미 권4에 나왔다.223)(明府, 已出四卷.)
[역자주] 趙二十二(조이십이) : 조하(趙嘏)이며 '이십이'는 종형제간의 순서이다. 초주(楚州) 산양(山陽) 사람으로 자가 승우(承祐)이다. 회창(會昌) 4년(844) 진사에 급제했으며 대중 연간(847-860)에 위남위(渭南尉)가 되어 세상 사람들은 그를 조위남이라고 불렀다. 張明府(장명부) : '명부'는 현령(縣令)의 호칭이며 장씨에 대해서는 알려진 것이 없

223) 두목의 시 <중양절(九日)> "현령이 관직을 떠난 뒤 항아리엔 술이 가득하다.(明府辭官酒滿缸.)"의 주에 보인다.

다. 시의 내용으로 보아 현령을 지내다가 그만두고 은거한 것으로 보인다. 聯句(연구) : 두 사람 이상이 번갈아 가면서 시를 지어 한 편을 완성하는 것이다.

2 **[협주]** 권4의 “현령이 관직을 떠난 뒤 항아리엔 술이 가득하다.” 주에 보인다.[224](見四卷明府辭官酒滿缸註.)

[역자주] 陶潛(도잠) : 동진(東晉)의 문인인 도연명으로 팽택현령을 지내다가 그만두고 은거하며 국화와 술을 아끼며 전원생활을 했다. 여기서는 장 명부를 비유한다.

3 **[협주]** ≪진서(晉書)·도잠전(陶潛傳)≫에서 “도연명은 음악을 모르면서 소박한 금 한 대를 가지고 있었는데, 줄도 없고 음의 높이를 표시한 점도 없었다. 매번 벗과 술을 마실 때면 그것을 어루만지며 화창했는데, ‘그저 금의 흥취만 알 뿐이지 왜 수고스럽게 현에다 소리를 입히는가.’라고 했다.”라고 했다.(晉書. 陶潛, 不解音而畜素琴一張, 絃徽不具,[225] 每朋酒之會, 則撫而和之, 曰, 但識琴中趣, 何勞絃上聲.)

4 **[협주]** 권3의 “무심하여 본래 재능이 없는 듯하네” 주에 보인다.[226](見三卷無心都大似無才註.)

[역자주] 岫(수) : 산굴. 산을 가리킨다. 도연명의 <귀거래사(歸去來辭)>에서 “구름은 무심히 산에서 나온다.(雲無心而出岫.)”라고 했다.

5 [역자주] 東籬(동리) : 동쪽 울타리. 도연명의 <음주(飮酒)> 20수 중 제5수에서 “동쪽 울타리 아래에서 국화를 따다가 아득히 남산을 보네.(彩菊東籬下, 悠然見南山.)”라고 했다.

해설

이 시는 장씨의 교외 거처를 조하와 함께 방문하여 같이 지은 것이다. 도연명과 관련된 고사를 엮어 지어서 그가 도연명처럼 운치 있게 지내는 모습을 묘사했다. 작시 시기는 고찰할 수 없다.

---

224) 두목의 시 <중양절(九日)>이다.
225) 徽(휘) : 금 위에 음높이를 표시한 점을 가리킨다.
226) 두목의 시 <구름(雲)>이다.

314. 이른 봄 진 스님의 방에 쓰다
早春題眞上人院[1]

淸羸已近百年身,[2]	마르고 노쇠하여 이미 백 년을 사신 몸인데
古寺風煙又一春.	오래된 절의 풍광에 또 한 번의 봄이 왔네.
寰海自成戎馬地,[3]	온 나라가 절로 전마가 짓밟는 땅이 되었는데
唯師曾是太平人.	오직 대사만이 일찍 태평성세의 사람이었네.

주석

1 **[협주]** 본집의 주에서 "천보 연간(742-756) 초에 태어났다."라고 했다.(本註. 生天寶初.)
[역자주] 眞上人(진상인) : 법명에 '진'이 들어가는 승려이다. '상인'은 승려의 칭호이다.

2 [역자주] 淸羸(청리) : 깡마르고 병약하다.

3 [역자주] 寰海(환해) : 온 나라. 戎馬(융마) : 전마(戰馬). 전쟁을 상징한다.

해설

이 시는 진 스님의 방에 써서 적은 것이다. 그가 천보 연간 초의 태평성세에 태어나서 지금까지 백 년을 살았음을 말하고는 현재는 온 나라가 전쟁으로 어지러워졌기에 이에 탄식하는 뜻을 표현했다. 작시 시기는 고찰할 수 없다.

315. 꽃을 대했지만 가벼운 병이 있어 술을 못 마셨기에 좌중의 여러 공에게 주다
對花微疾不飮, 呈座中諸公

花前雖病亦提壺,[1]	꽃 앞에서 비록 병들었지만 또한 술병을 들었는데
數調持觴興有無.	술잔 쥐고 몇 가락 읊어도 흥이 있는가 없는가.
盡日臨風美人醉,[2]	온종일 바람 쐬며 아름다운 이는 취했는데
雪香空伴白髭鬚.[3]	눈 속의 향기가 공연히 흰 수염을 짝하네.

주석

1 **[협주]** 유령(劉伶)의 <술의 덕을 칭송하다(酒德頌)>에서 "술 동이를 끌어당기고 술병을 잡는다."라고 했다.(劉伶, 酒德頌. 挈榼提壺.227))

2 [역자주] 美人醉(미인취) : 아름다운 이가 취하다. 술자리의 여러 공이 취했다는 말이다. '미'가 '선(羨)'으로 된 판본도 있는데, '다른 이들이 취한 것이 부럽다'는 뜻이다.

3 [역자주] 雪香(설향) : 눈같이 흰 꽃이 핀 속에 나는 술의 향기를 가리킨다. 이와 달리 꽃의 향기를 가리킨다고 보는 설도 있다. 髭鬚(자수) : 수염.

해설

이 시는 봄날 꽃구경하는 연회 자리에서 병이 있어 술을 마시지 못해 그 느낌을 적어 좌

---

227) 挈榼(설합) : 술통을 쥐다. 提壺(제호) : 술병을 들다.

중의 사람들에게 준 것이다. 꽃놀이를 하면서 비록 술은 못 마시지만 그래도 술병과 술잔을 놀리며 흥을 돋우는데 결국 흥취가 나지 않아 아쉽다는 뜻을 적었다. 작시 시기는 고찰할 수 없다.

316. 왕 수재가 도화원에 관해 지어 내게 부친 시에 답하다
酬王秀才桃花園見寄[1]

桃滿西園淑景催,	복숭아나무 가득한 서쪽 동산이 좋은 경관을 재촉하니
幾多紅艶淺深開.[2]	얼마나 많은 붉은 꽃이 여기저기에 피었는가.
此花不逐溪流出,	이 꽃은 시냇물 흐름 따라 나가지 않을 테니
晉客無因入洞來.[3]	진나라 나그네가 동굴로 들어올 수 없겠구나.

주석

1 [역자주] 王秀才(왕수재) : '수재'는 한나라 때 관리 선발 제도의 하나였으나, 당송 때는 진사시(進士試)에 응시하는 선비를 일컫는 말로 쓰였다. 왕씨에 대해서는 알려진 바가 없다.

2 [역자주] 淺深(심천) : 얕은 곳과 깊은 곳. 모든 곳을 뜻한다.

3 **[협주]** 도연명의 <도화원기(桃花源記)>에서 "진(晉)나라 태강(太康) 연간(280-289)에 무릉 사람 황진(黃眞)은 물고기 잡는 것을 생업으로 삼았다. 시냇물을 따라가다가 얼마나 멀리 왔는지 잊었는데 갑자기 복사꽃이 핀 숲을 만났다. 향기로운 꽃이 아름다웠고 떨어지는 꽃잎이 분분했다. 숲이 다한 곳에 산이 하나 있었고 산에 조그만 입구가 있었다. 처음에는 무척 좁았지만 수십 보 걸어가니 탁 트여 환했다. 집들이 질서정연했고 닭과 개 울음소리가 들렸으며, 남녀가 입은 옷은 모두 외지인과 같았다. 어부를 보더니 크게 놀랐으며 그를 위해 음식과 술을 차려주고는 말하기를, '앞 세대에서 진(秦)나라의 난리를 피해 처자식을 끌고 들어왔다.'라고 말하고는 '지금이 어느 시대인가?'라고 물었는데, 한나라를 몰랐으니 위나라와 진나라는 물론이었다. 어부가 나온 뒤 태수에게 가서 이와 같은 일을 말하니, 태수가 사람을 파견해 가서 찾게 했지만 길을 헤맸으며 그 길을

다시는 찾지 못했다."라고 했다.(陶潛, 桃源記. 晉太康[228]中, 武陵人黃眞捕魚爲業. 沿溪行, 忘路之遠近. 忽逢桃花林, 芳華鮮美, 落英繽紛.[229] 林盡, 得一山, 山有小口, 初極狹, 行數十步, 豁然開朗.[230] 屋舍儼然, 雞犬相聞. 男女衣著, 悉如外人. 見漁人, 大驚. 爲設酒食. 云, 先世避秦亂, 率妻子來. 問, 今是何世. 不知有漢, 無論魏晉. 旣出, 詣太守,[231] 說如此. 太守遣人往尋, 迷, 不復得路.)

해설

이 시는 왕 수재가 도화원에 관해 지은 시를 보내왔기에 그에 답한 것이다. 그가 묘사한 도화원의 아름다운 경관을 묘사한 뒤, 이곳에는 옛날 진나라의 어부처럼 외지인이 절대 오지 못할 곳이라고 했다. 태화 원년(827) 호남 지역을 유람할 때 지은 것으로 추정하는 설이 있다.

---

228) '康'은 현재 전하는 <도화원기>에는 '元'으로 되어 있다. 태원은 동진 효무제의 연호로 376년부터 397년까지이고, 태강은 서진 무제의 연호로 280년부터 289년까지이다.

229) 落英(낙영) : 떨어지는 꽃잎. 繽紛(빈분) : 많아 어지러운 모양.

230) 豁然(활연) : 탁 트인 모양. 開朗(개랑) : 환히 열리다.

231) 詣(예) : 도착하다. 이르다.

317. 서둘러 시를 지어 경사로 돌아가는 두씨를 보내다
走筆送杜十三歸京[1]

煙鴻上漢聲聲遠,[2]　안개 속 기러기는 하늘로 솟아 소리 소리가 멀어지고
逸驥尋雲步步高.[3]　표일한 준마는 구름을 찾아 걸음 걸음이 높구나.
應笑內兄年六十,[4]　응당 비웃겠지, 외사촌 형의 나이가 예순이 되어
郡城閑坐養霜毛.　군의 성에서 한가로이 앉아 서리 내린 머리 기르는 것을.

주석

1 [역자주] 走筆(주필) : 붓을 빠르게 휘갈기다. 시를 즉석에서 급하게 지었다는 말이다. 杜十三(두십삼) : 두목을 가리킨다. '십삼'은 종형제간의 순서이다.

2 [역자주] 上漢(상한) : 하늘로 올라가다.

3 [역자주] 逸驥(일기) : 표일한 준마.

4 **[협주]** '내형(內兄)'은 이미 권4에 나왔다.232)(內兄, 已出四卷.)
[역자주] 內兄(내형) : 외사촌 형. 또는 손위 처남.

해설

이 시는 두목의 작품이 아니라, 두목의 외사촌 형이 장안으로 가는 두목을 송별하면서 지은 것이다. 기을에 준마가 구름을 찾듯이 기세등등하게 가는 모습을 표현한 뒤 자신은 시골에서 조용히 늙어갈 것이라고 했다.

---

232) 두목의 시 <외사촌 형님인 화주자사 최 원외께 부치는 12운의 시(寄內兄和州崔員外十二韻)>의 제목 아래 주석에 보인다.

318. 포중으로 가는 왕씨를 보내면서 그 김에 상서에게 부치다

送王十至褒中, 因寄尚書[1]

闕下經年別,[2]	궁궐에서 해를 보내면서 맞이한 작별
人間兩地情.	인간 세상에서 양쪽으로 떨어져 있는 마음.
壇場新漢將,[3]	단을 차지한 새로운 한나라 장수
煙月古隋城.[4]	안개 낀 달이 뜬 옛 수나라 성.
雁去梁山遠,[5]	기러기 떠나간 양산은 멀고
雲高楚岫明.[6]	구름이 높은 초 땅의 산은 밝구나.
君家荷藕好,[7]	그대에게는 연뿌리가 좋으니
緘恨寄遙程.	한스러움을 봉하여 먼 여정에 부치네.

주석

1 **[협주]** ≪통전(通典)≫에서 "산남서도(山南西道)에 한중군(漢中郡)이 있는데 지금의 양주(梁州)이다. 딸린 현에 포성(褒城)이 있는데 한나라의 포중현(褒中縣)이며 포수(褒水)와 포곡(褒谷)이 있다."라고 했다.(通典. 山南西道, 漢中郡, 今之梁州, 領縣, 褒城, 漢褒中縣, 有褒水褒谷.)

[역자주] 王十(왕십) : 왕씨가 누구인지는 고찰할 수 없다. '십'은 종형제간의 순서이다. 褒中(포중) : 지금의 섬서성 면현(勉縣)이다. 尙書(상서) : 상서성 각부의 책임자로 정삼품에 해당한다. 여기서는 누구인지 고찰할 수 없으며, 상서의 신분으로 산남서도절도사로 나간 이를 가리키는 듯하다.

2 [역자주] 闕下(궐하) : 궁궐. 장안을 가리킨다. 經年(경년) : 해를 보내다.

3 **[협주]** 권2의 “제단에 오른 예와 악의 최고 담당자” 주에 보인다.[233](見二卷壇登[234]禮樂卿註.)

[역자주] 壇場(단장) : 의식을 거행하기 위해 단을 설치한 장소. 한나라 유방이 한중의 남정(南鄭)에서 단을 쌓고 절을 하고는 한신을 장군에 봉했다. 新漢將(신한장) : 새로운 한나라 장수라는 뜻으로 원래는 한신을 가리키는데 여기서는 상서를 가리키는 것으로 보인다.

4 **[협주]** ≪혼천제왕도(渾天帝王圖)≫[235]에서 “수(隋)나라 고조(高祖)인 문제(文帝)는 용수산(龍首山)에 도읍을 정했으며 또한 장안성(長安城)이 있었다.”라고 했다. 또 ≪통전(通典)≫ 동도(東都) 조목의 주에서 “지금의 도성은 수나라 양제(煬帝)가 대업(大業) 원년(605)에 지은 것이다.”라고 했다.(渾天帝王圖. 隋高祖文帝都龍首山, 亦有長安城. 又通典. 東都. 註. 今都城則隋煬帝大業元年所築.)

[역자주] 古隋城(고수성) : 옛 수나라의 성으로 여기서는 포성을 가리킨다.

5 **[협주]** 한중군에 딸린 현 남정(南鄭)에 양산(梁山)이 있다. ≪양주기(梁州記)≫에서 “양주현 안에 안산(雁山)이 있다. 전하는 바에 따르면 이 산에 큰 못이 있는데 기러기가 이곳에 깃들이며 모인다고 해서 안새(雁塞)라고 이름했다고 한다.”라고 했다.(漢中郡領縣南鄭有梁山. 梁州記. 梁州縣界有雁山. 傳云, 此山有大池水, 雁棲集之, 因名曰雁塞.)

6 [역자주] 楚岫(초수) : 초 땅의 산. 여기서는 지금 두목과 왕씨가 헤어지는 장소로 보인다.

7 [역자주] 君家(군가) : 상대방에 대한 존칭이다. 荷藕(하우) : 연뿌리. 대개 ‘우’는 ‘우(耦)’와 발음이 같아서 쌍관의 의미를 갖는데, 의기투합하는 짝이라는 뜻이다. 하지만 여기서도 이런 뜻으로 사용했는지는 의문이다.

---

233) 두목의 시 <하주절도사 최 산기상시가 태자소경으로 있다가 지방으로 나가 절도사 깃발을 인도하게 되었기에 지은 10운의 시(夏川崔常侍白少常亜列山領麾幢 | 韻)>이다.

234) ‘壇登’은 ‘登壇’의 잘못이다.

235) ≪혼천제왕도(渾天帝王圖)≫ : 이 책에 대해서는 고찰할 수 없다.

해설

이 시는 포중으로 가는 왕씨를 보내면서 지은 것인데 대부분의 내용은 그곳의 상서에 관한 것이다. 상서와 예전에 장안에서 헤어지고 지금 두목은 초 땅에 있고 상서는 포중에 있는데, 그동안 헤어져서 그리워하던 차에 지금 왕씨가 가게 되어 이곳의 좋은 연뿌리를 같이 보내준다고 했다. 작시 시기는 고찰할 수 없다.

319. 뒷못에서 배를 띄우며 왕씨를 보내다

後池泛舟送王十[1]

相送西郊暮景和,	저녁 경치가 온화할 때 서쪽 교외에서 그대를 보내는데
青蒼竹外繞寒波.	짙푸른 대나무 바깥으로 차가운 물결이 휘감네.
爲君蘸甲十分飮,[2]	그대 위해 손톱이 완전히 잠기게 따라 마시니
應見離心一倍多.	응당 헤어짐의 마음이 두 배로 더 많음을 볼 것이리라.

주석

1 [역자주] 王十(왕십) : 왕씨가 누구인지는 고찰할 수 없다. '십'은 종형제간의 순서이다.

2 **[협주]** ['잠(蘸)'은] 장과 함의 반절이다. 물건을 물에 담그는 것이다. 백거이(白居易)의 시[236]에서 "완전히 손톱이 잠기게 술을 따른다"라고 했다.(莊陷切. 以物沒水也. 樂天詩. 十分蘸甲酌.)

해설

이 시는 뱃놀이로 왕씨를 전송하며 지은 것이다. 뱃놀이하는 광경을 묘사한 뒤 술을 가득 따라 준다고 하여 아쉬움의 정을 표현했다. 작시 시기는 고찰할 수 없다.

236) 백거이의 시 〈아침에 호주의 술을 마시다가 최 사군에게 부치다(早飮湖州酒寄崔使君)〉이다.

320. 거듭 왕씨를 보내다

重送王十[1]

分袂還應立馬看,[2] 헤어짐에 다시 응당 말을 멈추고 봐야 하니
向來離思始知難. 이제야 이별의 그리움이 어려움을 비로소 알겠네.
雁飛不見行塵滅,[3] 기러기 날아가 보이지 않고 먼지 사라졌는데
景下山遙極目寒. 태양 아래 산은 멀어 눈길 닿는 곳까지 싸늘하구나.

주석

1 [역자주] 王十(왕십) : 왕씨에 대해서는 고찰할 수 없다. '십'은 종형제간의 순서이다.
2 [역자주] 分袂(분몌) : 소매를 분리하다. 헤어진다는 말이다.
3 [역자주] 行塵(행진) : 수레나 말이 가며 내는 먼지. 여기서는 왕씨가 떠나가는 뒷모습을 말한다.

해설

이 시는 왕씨를 보내면서 거듭 지은 것이다. 헤어지기 전에 또 얼굴을 마주 보며 아쉬워하는 마음을 표현하고, 그가 떠나간 뒤에도 눈 닿는 곳까지 멀리 바라보는 모습을 묘사했다. 작시 시기는 고찰할 수 없다.

321. 낙양의 가을 저녁
洛陽秋夕

冷冷寒水帶霜風,	차갑디차가운 물에 서리 바람이 부는데
更在天橋夜景中.[1]	다시 천진교 밤 경관 중에 있게 되었네.
淸禁漏閑煙樹寂,[2]	궁중의 물시계는 한가롭고 안개 낀 나무는 고요한데
月輪移在上陽宮.[3]	수레바퀴 같은 달은 옮겨가 상양궁에 있구나.

주석

1 **[협주]** ≪당서≫에 따르면 낙양(洛陽)에 천진교(天津橋)가 있다.(唐書. 洛陽有天津橋.)

2 [역자주] 淸禁(청금) : 청정하고 엄숙하다는 뜻으로 궁궐을 가리킨다. 漏(루) : 물시계.

3 [역자주] 上陽宮(상양궁) : 당나라 때 낙양에 있던 궁의 이름이다.

해설

이 구는 낙양에서 가을밤의 정취를 적은 것이다. 서늘한 밤에 한가롭고 고요한데 궁궐에 둥근 달이 떴다고 했다. 태화 9년(835)에서 개성 2년(837)까지 낙양에서 간찰어사로 있을 때 지은 것으로 추정한다.

322. 말 탄 사냥꾼에게 주다

贈獵騎

已落雙雕血尙新,[1]	이미 떨어진 한 쌍의 독수리에 피가 아직 새로운데
鳴鞭走馬又翻身.	채찍 울리며 말을 달려 또 몸을 날리네.
憑君莫射南來雁,[2]	부탁하나니, 그대는 남쪽으로 온 기러기는 쏘지 말게나
恐有家書寄遠人.[3]	멀리 떠난 이에게 부치는 집안 편지가 있을지도 모르니.

주석

1 **[협주]** 권2의 "독수리를 쏴 떨어뜨린 도위는 만인을 대적한다."의 주에 보인다.237) (見二卷落雕都尉萬人敵註.)

[역자주] 雕(조) : 독수리.

2 [역자주] 憑(빙) : 부탁하다. 君(군) : 그대. 사냥꾼을 가리킨다. 南來雁(남래안) : 남쪽으로 온 기러기. 한나라의 소무(蘇武)가 흉노족에 억류되어 있었는데 한나라에는 그가 죽었다고 했다. 한나라 황제가 기러기에 보내온 소무의 편지를 얻었다고 이야기를 꾸며서 사신을 보내 결국 소무를 한나라로 데리고 왔다. 이로부터 기러기가 편지를 전해준다는 말이 생겼다.

3 **[협주]** 권1의 "소무는 오히려 살아 돌아왔다"의 주에 보인다.238) (見一卷蘇武卻生返註.)

[역자주] 遠人(원인) : 멀리 떠나간 사람.

---

237) 두목의 시 <동쪽으로 정벌하는 것을 읊은 칠언시 10운(東兵長句十韻)>이다.

238) 두목의 시 <두추 아가씨를 읊은 시(杜秋娘詩)>이다.

해설

이 시는 말을 타고 사냥하는 이에게 지어 준 것이다. 날렵하게 사냥을 잘하는 것을 칭송한 뒤에 멀리 떠난 이에게 부치는 편지를 전해주는 기러기는 잡지 말라고 하여, 고향을 그리워하는 마음을 표현했다. 작시 시기는 고찰할 수 없다.

323. 오중의 풍 수재를 생각하다

懷吳中馮秀才[1]

長洲苑外草蕭蕭,[2]	장주원 바깥의 풀이 서걱거릴 터
卻算游程歲月遙.[3]	노닐었던 일을 돌이켜 계산하니 세월이 오래되었네.
唯有別時今不忘,	헤어질 때를 지금도 잊지 못하나니
暮煙秋雨過楓橋.[4]	저녁 안개 속 가을비가 풍교를 지나갔지.

주석

1 [역자주] 吳中(오중) : 지금의 강소성 소주시 오현(吳縣)이다. 馮秀才(풍수재) : '수재'는 한나라 때 관리 선발 제도의 하나였으나, 당송 때는 진사시(進士試)에 응시하는 선비를 일컫는 말로 쓰였다. 풍씨에 대해서는 알려진 바가 없다.

2 **[협주]** ≪통전(通典)≫에서 "오군(吳郡)의 소주(蘇州)에 딸린 현으로 장주(長洲)가 있는데 오나라의 장주원(長洲苑)이 있기에 이로써 이름을 삼았다."라고 했다.(通典. 吳郡, 蘇州, 領縣長洲, 有吳之長洲苑, 因以爲名.)

[역자주] 蕭蕭(소소) : 바람에 풀이 흔들리는 소리. 또는 드문드문한 모양.

3 [역자주] 游程(여정) : 노닐었던 일정.

4 **[협주]** 소식(蘇軾)의 <소주 요씨의 삼서당(蘇州姚氏三瑞堂)> 시에서 "풍교의 세 가지 상서로운 일이 모두 절로 드러났다."라고 했다.(東坡. 蘇州姚氏三瑞堂詩. 楓橋三瑞皆自[239)]見.)

[역자주] 楓橋(풍교) : 지금의 강소성 소주에 있던 다리의 이름이다.

239) 현재 전하는 소식의 시집에는 '自'가 '目'으로 되어 있다.

해설

이 시는 ≪전당시≫에 장호(張祜)의 <풍교(楓橋)>로 수록되어 있지만, 이는 잘못이고 두목의 작품이 맞다. 이 시는 오중에 있는 풍 수재를 그리워하며 지은 것이다. 오래전에 그곳에서 헤어졌는데 아직 그때를 잊지 않고 생각한다고 했다. 작시 시기는 고찰할 수 없다.

324. 동탑의 스님에게 부치다

寄東塔僧[1]

初月微明漏白煙,	초승달 희미한 빛이 흰 안개 사이로 새어 나오고
碧松梢外挂青天.	푸른 소나무 가지 끝이 푸른 하늘에 걸렸네.
西風靜起傳深業,	서풍이 조용히 일어나 깊은 불법을 전하니
應送愁吟入夜蟬.[2]	응당 근심스러운 소리는 밤 매미에게 보내버리리라.

주석

1 [역자주] 東塔僧(동탑승) : '동탑'은 동쪽에 있는 절이라는 뜻으로 보이고, 이 승려가 누구인지는 고찰할 수 없다.

2 **[협주]** 진(晉) 반악(潘岳)의 <추흥부>에서 "매미가 스르륵 처량히 운다."라고 했다.(秋興賦. 蟬嘒嘒以寒吟.240))

해설

이 시는 동탑의 승려에게 부치는 것이다. 거처 주위의 청량한 경관을 묘사한 뒤 불법을 전해 얻으니 근심을 떨칠 수 있다고 말했다. 작시 시기는 고찰할 수 없다.

---

240) 嘒嘒(혜혜) : 매미가 우는 소리.

325. 가을 저녁
秋夕

紅燭秋光冷畫屛,	붉은 촛대 가을에 밝히니 그림 병풍은 차가운데
輕羅小扇撲流螢.[1]	얇은 비단으로 만든 조그만 부채로 반딧불이를 치네.
瑤階夜色涼如水,	옥 계단의 밤빛은 물과 같이 차가운데
坐看牽牛織女星.[2]	앉아서 견우성과 직녀성을 바라보네.

주석

1 **[협주]** ['박(撲)'은] 보와 목의 반절이며, 떨어낸다는 뜻이다.(普木切. 拂著也.)

2 **[협주]** 오균(吳筠)의 ≪속제해기(續齊諧記)≫에서 "계양성(桂陽城)의 무정(武丁)에게 신선의 도가 있었는데 갑자기 그의 동생에게 말하기를, '7월 7일 직녀가 마땅히 은하수를 건널 것이다.'라고 했다. 동생이 묻기를, '직녀가 무슨 일로 은하수를 건넙니까?'라고 하니 답하기를, '잠시 견우를 만나러 간다.'라고 했다. 세상 사람들이 지금까지 직녀가 견우에게 시집간다고 하는 것이 바로 이것이다."라고 했다. ≪장한가전(長恨歌傳)≫241)에서 "7월 7일은 견우와 직녀가 서로 만나는 저녁이다. 진(秦)나라 사람의 풍속에 이날 밤 수놓은 비단을 펴고 음식을 차린 후 마당에 향을 사르는데 이를 '걸교(乞巧)'라고 했다. 궁중에서 더욱 이를 숭상했다."라고 했다. 조식(曹植)의 <구영(九詠)>에 대한 주에서 "견우가 남편이 되고 직녀가 부인이 되었는데 직녀성과 견우성은 각기 다른 쪽에 떨어졌다가 7월 7일에 한 번 만나 같이 있게 된다."라고 했다.242)(吳筠, 續齊諧記. 桂陽城武丁

---

241) ≪장한가전(長恨歌傳)≫ : ≪장한전(長恨傳)≫이라고도 하는데, 당나라 진홍(陳鴻)이 지은 전기소설로 당나라 현종과 양귀비의 사랑 이야기를 적은 것이다.

有仙道, 忽謂其弟曰, 七月七日織女當渡河. 弟問, 織女何事渡河. 答曰, 暫詣牽牛.243) 世人至今云織女嫁牽牛. 是也. 長恨歌傳. 七月七日牽牛織女相見之夕. 秦人風俗, 是夜張錦繡, 陳飮食, 焚香於庭, 號爲乞巧. 宮掖間尤尙之也. 曹植, 九詠. 註. 牽牛爲夫, 織女爲婦. 織女牽牛之星, 各處一方, 七月七日, 得一會同矣.)

해설

이 시는 왕건(王建)의 시집에도 수록되어 있다. 이 시는 칠석날 경물과 감회를 적은 것이다. 서늘한 가을밤의 한가로운 정경을 묘사한 뒤 쓸쓸히 견우성과 직녀성을 바라본다고 했다. 이를 통해 임을 그리워하는 여인의 모습을 형상화했다. 작시 시기는 고찰할 수 없다.

---

242) '조식(曹植)의' 이하 내용은 ≪문선≫에 수록된 조식 <낙신부(洛神賦)> "견우가 홀로 있음을 읊는다.(詠牽牛之獨處.)" 구에 대한 이선의 주에 보인다.

243) 詣(예) : 도착하다. 이르다.

326. 옥 장식 슬

瑤瑟

玉仙瑤瑟夜珊珊,[1]　옥 같은 신선의 옥 장식 슬이 밤에 찰랑찰랑거리고
月過樓西桂燭殘.[2]　달이 누각 서쪽을 지나가자 계수나무 등불이 꺼지네.
風景人間不知此,　인간 세상에서는 이런 풍취를 모를 것인데
動搖湘水徹明寒.[3]　상수를 뒤흔들며 밝고 차가운 물을 관통하네.

주석

1 [역자주] 玉仙(옥선) : 선녀를 뜻하며 미인을 가리킨다. 珊珊(산산) : 원래는 옥이 울리는 소리인데 여기서는 슬의 연주 소리를 가리킨다.

2 **[협주]** '계촉(桂燭)'은 이미 권3에 나왔다.[244](桂燭, 已出三卷.)
[역자주] 桂燭(계촉) : 달을 가리킨다. 달에 계수나무가 있다고 한다. 이 구는 달이 서쪽으로 졌다는 말이다.

3 **[협주]** 초사 <원유(遠游)>에서 "상수의 신령으로 하여금 슬을 연주하게 하고 낙수의 신령인 복비로 하여금 춤추게 한다."라고 했다.(楚詞. 使湘靈鼓瑟兮,[245] 令宓妃舞.)

---

244) 두목의 시 <심포 수재에게 부치다(寄沈褒秀才)> "신선의 계수나무가 무성할 때 금빛 거울이 빛난다.(仙桂茂時金鏡曉.)"의 주에 보인다. 그런데 이 시는 권3이 아니라 외집에 있다.

245) 湘靈(상령) : 상수의 신령으로 상비(湘妃)를 가리킨다. 이들은 요임금의 두 딸인 아황(娥皇)과 여영(女英)으로 순임금의 부인이 되었는데, 순임금이 남방을 순수하다가 죽자 상수까지 갔다가 그곳에 빠져 죽었다. 鼓瑟(고슬) : 슬을 연주하다.

해설

이 시는 슬 연주에 관해 지은 것이다. 아름다운 슬 연주를 밤새 들었는데 인간 세상에서는 들을 수 없는 것이라고 했다. 작시 시기는 고찰할 수 없다.

327. 산으로 돌아가는 친구를 보내다
送故人歸山

三淸洞裏無端別,[1]	삼청의 신선 세계로 어쩔 수 없이 헤어지니
又拂塵衣欲臥雲.[2]	또 먼지 묻은 옷을 떨며 구름 속에 눕고자 하는구나.
看着挂冠迷處所,[3]	보아하니 관을 걸어 놓으려 해도 장소를 못 찾겠으니
北山蘿月在移文.[4]	북산의 여라와 달빛이 이문에 적혀 있었지.

주석

1 **[협주]** ≪영보탁인경(靈寶度人經)≫에서 "공력이 가득해지고 덕이 이루어지면 상청으로 날아오른다."라고 했고, 주에서 "≪용교경(龍蹻經)≫을 살펴보니, 사범천(四梵天)이 위에 있고 그 아래에 삼청(三淸)이 있다. 태청 12천은 9명의 신선이 사는 곳이고, 상청 12천은 9명의 진인(眞人)이 사는 곳이며 옥청 12천은 9명의 성인이 사는 곳인데 36천이 모두 불멸의 경지이다."라고 했다.(靈寶度人經. 功滿德就, 飛升上淸. 註. 按龍蹻經, 四梵以上, 次有三淸. 太淸十二天, 九仙之居. 上淸十二天, 九眞所居. 玉淸十二天, 九聖所居. 三十六天, 並不滅之境.)

[역자주] 無端(무단) : 어쩔 수 없이.

2 **[협주]** ≪문선≫에서 말하기를, "수양산에서 곡식을 사양하고 옷을 떨치며 고아하고 사양한다."라고 했다.246)(選曰, 辭粟首陽, 拂衣高謝.)

3 **[협주]** '괘관(挂冠)'은 이미 권2에 나왔다.247)(挂冠, 已出二卷.)

---

246) 이 내용은 ≪문선≫에 수록된 진(晉) 은중문(殷仲文)의 <상서직 해임을 청하는 표(解尙書表)>에 보인다.
247) 두목의 시 <주파(朱坡)> "관을 끝내 걸어두고 떠날 계책이 있다.(有計冠終挂.)"의 주에 보인다.

[역자주] 挂冠(괘관) : 관을 걸어놓다. 관직을 그만둔다는 뜻이다.

4 **[협주]** 남조 공치규(孔稚珪)의 <북산이문(北山移文)>에서 "가을의 계수나무도 바람을 버리고 봄의 여라도 달을 되돌린다."라고 했다.(北山移文. 秋桂遺風, 春蘿罷月.)

[역자주] 移文(이문) : 관공서 사이에 보내는 문서의 종류이다. 여기서는 공치규의 <북산이문>을 가리킨다. 그는 종산(鍾山) 신령의 입을 빌려 그곳에서 은거하다가 관직을 위해 나간 은자 주옹(周顒)을 비판하면서, 그가 산을 버리고 떠난 뒤에 산의 경물들이 자신들의 운치를 잃어버렸다고 말했다.

해설

이 시는 산으로 돌아가 은거하는 친구를 송별하며 지은 것이다. 지금 그가 다시 은거하기 위해 옛 산으로 돌아가려 하기에 헤어지게 되었음을 말한 뒤 자신은 관직을 그만두지 못해 결국 <북산이문>과 같은 비판을 받게 되었다고 했다. 작시 시기는 고찰할 수 없다.

328. 뿔피리 소리를 듣다

聞角[1]

曉樓煙檻出雲霄,[2] 새벽 누대 안개 낀 난간이 구름 하늘 위로 솟았는데

景下林塘已寂寥.[3] 햇볕 아래 숲과 연못은 이미 쓸쓸하구나.

城角爲秋悲更遠, 성의 뿔피리 소리는 가을이 되자 슬픔이 더욱 심원하니

護霜雲破海天遙.[4] 서리를 기르고 구름은 깨져 하늘과 바다가 멀어지네.

주석

1 **[협주]** 권3의 "채색한 뿔피리로 강북을 떠돌아다니기를 좋아한다." 주에 보인다.248)(見三卷畵角愛飄江北去註.)

[역자주] 角(각) : 뿔피리. 성이나 병영에서 경계하기 위해 불었다.

2 [역자주] 雲霄(운소) : 높은 하늘.

3 [역자주] 林塘(임당) : 숲과 연못. 寂寥(적료) : 쓸쓸하다.

4 [역자주] 護霜(호상) : 서리를 보호하다. 서리가 잘 내리게끔 기상이 도와준다는 말이다.

해설

이 시는 성에서 부는 뿔피리 소리를 듣고 그 감회를 적은 것이다. 높은 성루에서 부는 뿔피리 소리에 가을 경물이 더욱 쓸쓸하게 느껴진다고 했다. 작시 시기는 고찰할 수 없다.

---

248) 누복의 시 <윤주 2수(潤州二首)> 중 제2수이다.

329. 병기와 갑옷을 갖추고 곡구에서 출발하면서 여러 공에게 부쳐 드리다

押兵甲發谷口, 寄呈諸公[1]

曉澗靑靑桂色孤,[2]	새벽 냇물 푸릇푸릇 계화나무 빛이 외로운데
楚人隨玉上天衢.[3]	초 땅 사람이 옥에 의지해 경사의 거리로 갑니다.
水辭谷口山寒少,	물길로 곡구를 떠나니 산의 한기가 적어졌는데
今日風頭校暖無.[4]	오늘 바람은 비교적 따뜻한지요?

주석

1 [역자주] 谷口(곡구) : 옛 지명으로 지금의 섬서성 예천현(禮泉縣) 북동쪽에 있었으며 한문(寒門)이라고도 했다.

2 **[협주]** ≪신농본초(神農本草)≫에서 "계화나무 잎은 겨울과 여름에도 항상 푸르고 시들지 않는다."라고 했다.(神農本草. 桂葉冬夏常靑不枯.)

[역자주] 桂色孤(계색고) : 다른 나무는 다 시들었지만 계화나무만 푸르게 있다는 뜻으로 작자의 변치 않는 절개와 높은 지조를 상징한다.

3 **[협주]** 권1의 "형 땅의 옥은 아무렇게나 내팽개져 있다"의 주에 보인다.[249](見一卷荊璧橫拋擲註.)

[역자주] 楚人隨玉(초인수옥) : 초 땅 사람이 옥에 의지하다. 춘추시대 초나라 사람인 변화(卞和)가 박옥(璞玉)을 캐서 초나라 왕에게 바쳤지만 인정받지 못하고 형산 아래에서 울고 있었다. 문왕이 그 박옥을 가공하여 보물을 얻었다. 여기서는 작자가 풍운의 뜻을

---

249) 두목의 시 <지주에서 맹지 선배를 보내다(池州送孟遲先輩)>이다.

품고 경사로 가는 것을 비유적으로 표현한 것이다. 天衢(천구) : 경사의 큰길을 뜻한다.

4 [역자주] 風頭(풍두) : 바람의 기세를 뜻한다. 校(교) : 비교하다. 無(무) : 문장 끝에서 의문문을 만든다.

해설

이 시는 무장을 갖추고 곡구를 출발해 경사로 가면서 그 감회를 적어 여러 공에게 부친 것이다. 추위 속에서 출발했지만 따뜻해졌다고 하여 이번 여행의 결과가 좋을 것임을 암시했다. 무장을 하고 경사로 가는 것이 두목의 행적과 맞지 않기에 다른 사람의 작품으로 보는 설이 있다.

330. 영호 시어가 혜초를 감상하며 지은 시에 화답하다

和令狐侍御賞蕙草[1]

尋常詩思巧如春,[2]	평소 시상이 교묘하여 봄과 같은데
又喜幽亭蕙草新.	또 그윽한 정자에 새로 난 혜초를 좋아했구나.
本是馨香比君子,[3]	본시 자욱한 향기는 군자에 비유하나니
遶欄今更爲何人.[4]	난간을 에도는 이는 지금 또 누구이겠는가.

주석

1 [역자주] 令狐侍御(영호시어) : '시어'는 당나라 때 전중시어사(殿中侍御史)나 감찰어사(監察御史)를 지칭하는 말이었으며, 영호씨에 대해서는 알려진 바가 없다.

2 [역자주] 尋常(심상) : 평소.

3 **[협주]** 굴원(屈原)의 <이소경(離騷經)>에서 "혜초를 백 무에 심는다."라고 했고, ≪문선≫의 주에서 이선이 말하기를, "'수(樹)'는 심는다는 뜻이다. 자신은 비록 쫓겨나 떠돌지만 그래도 여러 향초를 심어서 인의를 수양하고 스스로 근신에 힘쓰는 것을 아침저녁으로 나태하지 않겠다는 말이다."라고 했다.(屈原, 離騷經. 樹蕙之百畝. 李善云, 樹, 種也. 言己雖見放流,250) 猶種蒔衆香,251) 修行仁義, 勤身自勉, 朝暮不倦.)

[역자주] 馨香(형향) : 향기가 자욱한 모양.

4 [역자주] 遶欄(요란) : 난간을 에돌다.

---

250) 放流(방류) : 쫓겨나 떠돌다.

251) 種蒔(종시) : 심다.

해설

이 시는 영호 시어가 혜초를 감상하며 지은 시에 화답하는 것이다. 원래 시를 잘 지었는데 혜초를 감상하면서 또 군자의 기품을 담은 훌륭한 시를 지었음을 칭송했다. 작시 시기는 고찰할 수 없다.

331. 우연히 쓰다
偶題

道在人間或可傳,	도가 인간 세상에 있다면 혹 전해질 수 있을 터인데
小還輕變已多年.[1]	소환 만들며 조금 변함에 이미 많은 해가 지나갔네.
今來海上昇高望,	지금 바닷가로 와서 높이 올라 바라보니
不到蓬萊不是仙.[2]	봉래산에 도달하지도 못했고 신선도 아니구나.

주석

1 **[협주]** ≪회남자(淮南子)≫에서 "해가 양곡(暘谷)에서 나와 함지(咸池)에서 목욕을 한다. 부상(扶桑)을 스치면 이때를 신명(晨明)이라고 하고 부상(扶桑)까지 오르면 이때를 비명(朏明)이라고 한다. 해가 곡아(曲阿)에 이르면 이때를 단명(旦明)이라고 하고 형양(衡陽)에 이르면 이때를 우중(隅中)이라고 하며 곤오(昆吾)에 이르면 이때를 정중(正中)이라고 한다. 조차(鳥次)에 이르면 이때를 소환(小還)이라고 하고 비곡(悲谷)에 이르면 이때를 포시(晡時)라고 하며 여기(女紀)에 이르면 대환(大還)이라고 한다. 연우(淵虞)에 이르면 이때를 고용(高舂)이라고 하고 연석(連石)에 이르면 이때를 하용(下舂)이라고 한다. 우연(虞淵)에 이르면 이때를 황혼(黃昏)이라고 하고 몽곡(蒙谷)에 이르면 이때를 정혼(定昏)이라고 한다."라고 했다.(淮南子. 日出暘谷, 浴于咸池. 拂于扶桑, 是謂晨明. 登于扶桑, 是謂朏明. 至于曲阿, 是謂旦明. 至于衡陽, 是謂隅中. 至于昆吾, 是謂正中. 至于鳥次, 是謂小還. 至于悲谷, 是謂晡時. 至于女紀, 是謂大還. 至于淵虞, 是謂高舂. 至于連右[252], 是謂下舂. 至于虞淵, 是謂黃昏. 至于蒙谷, 是謂定昏.)

---

252) '右'는 '石'의 잘못이다.

[역자주] 小還(소환) : 도교에서 말하는 장생불사약인 태을소환단(太乙小還丹)으로 수은과 유황 등을 100일 동안 단련하면 만들어진다고 한다. 輕變(경변) : 약간 변하다. 단약을 만드는 데 약간의 진전이 있다는 말이다.

2 [역자주] 蓬萊(봉래) : 신선이 산다고 하는 동해의 산이다.

해설

이 시는 연단에 오랫동안 힘썼지만 성과가 없음을 한탄하는 내용이다. 작시 시기는 고찰할 수 없다.

332. 삼천역에서 좌주 사인께서 써서 남긴 글을 삼가 바라보다
三川驛伏覽座主舍人留題[1]

舊跡依然已十秋,	옛 자취는 그대로이지만 이미 십 년이 지났는데
雪山當面照銀鉤.[2]	설산이 얼굴 앞에 있어 은빛 고리에 비칩니다.
懷恩淚盡霜天曉,	은혜를 생각하며 눈물이 마른 서리 내린 새벽
一片餘霞映驛樓.[3]	한 조각 남은 노을이 역의 누대에 비칩니다.

주석

1 **[협주]** '좌주사인(座主舍人)'은 <아방궁을 읊은 부(阿房宮賦)>의 주에 보인다.253)(座主舍人, 見阿房宮註.)

[역자주] 三川(삼천) : 지금의 하남성 낙양(洛陽)을 가리킨다. 座主舍人(좌주사인) : '좌주'는 당나라 때 진사에 합격한 이가 자신의 과거 감독관을 부르는 말인데 두목의 좌주는 최언(崔郾)이었다. '사인'은 기거사인(起居舍人)으로 왕명을 기록하는 관원인데 최언은 두목이 급제한 이후에 사인을 역임한 적이 없다.

2 **[협주]** 이백의 시254)에서 "눈 덮인 산이 회칠한 벽에 그려져 있고 묵객들이 새로운 글을 많이 지었다."라고 했다. ≪진서(晉書)·색정전(索靖傳)≫에서 "색정은 자가 유안(幼安)이다. 초서로 상주하는 문서를 작성했는데 구부러진 것은 은 갈고리와 같았다."라고 했다. ≪감주집(紺珠集)≫ '철점은구(鐵點銀鉤)' 조목에서 "점은 견고하고 곧은 것이 쇠와

---

253) 두목의 부 <아방궁을 읊은 부> 맨 뒤의 주에 최언이 두목을 선발하게 된 일화가 적혀 있다. 이때 최언의 관직은 시랑(侍郞)으로 되어 있다.

254) 이백의 시 <양원으로부터 경정산에 이르러 회공을 만났는데, 능양의 산수에 대해 말하고 아울러 함께 노닐 것을 기약했기에 이 시를 지어 주다(自梁園至敬亭山, 見會公, 談陵陽山水, 兼期同遊, 因有此贈)>이다.

같고, 삐침은 생동감 있고 힘찬 것이 은과 같다."라고 했다.(李白詩. 雪山掃粉壁,[255] 墨客多新文. 晉書. 索靖, 字幼安. 草書之狀, 婉若銀鉤.[256] 紺珠集. 鐵點銀鉤. 點欲堅直如鐵, 鉤欲活而有力如銀.)

[역자주] 銀鉤(은구) : 은빛 고리. 여기서는 좌주가 써놓은 글씨를 비유적으로 표현한 것이다.

3 **[협주]** 사조(謝朓)의 시[257]에서 "남은 노을이 흩어져 비단을 이루었다."라고 했다.(謝朓詩. 餘霞散成綺.)

해설

이 시는 두목의 좌주인 최언의 관직에 비추어 두목의 작품이 아닌 것으로 보인다. 이 시는 사인 관직을 한 좌주가 삼천역에 써 놓은 글을 보고 그 감회를 적은 것이다. 십 년이 지났지만 그 묵적이 여전히 아름답다고 칭송하고, 은혜에 보답하지 못한 채 헤어져서 늙어가는 상황을 애달파했다.

---

255) 掃粉壁(소분벽) : 흰색으로 칠한 벽. 벽에 그림을 그리기 전에 바탕을 칠한 것이다.

256) 婉(완) : 구부러지다. 필획은 만한 것이다.

257) 사조의 시 <저녁에 삼산에 올라 멀리 경사를 바라보다(晚登三山還望京邑)>이다.

333. 섬주에서 취해서 급제 동기 배씨에게 주다

陝州醉贈裴四同年[1]

凄風洛下同羈思,[2]	차가운 바람 부는 낙양성에서 마찬가지로 객지 떠도는 심사
遲日棠陰得醉歌.[3]	길어진 봄날 팥배나무 그늘에서 취해 노래하게 되었네.
自笑與君三歲別,	스스로 비웃나니, 그대와 삼 년간 헤어진 뒤
頭銜依舊鬢絲多.[4]	관직은 여전한데 실 같은 귀밑털이 많아졌음을.

주석

1 **[협주]** ≪통전(通典)≫에서 "하남도(河南道)에 섬주(陝州)가 있다."라고 했다. ≪사기·연소공세가(燕召公世家)≫에서 "성왕(成王)이 재위할 때 소공(召公)은 재상이 되었는데, 섬 땅 서쪽은 소공이 다스렸고 섬 땅 동쪽은 주공(周公)이 다스렸다."라고 했다.(通典. 河南道有陝州. 史記, 召公世家. 在成王時, 召公爲三公, 自陝以西, 召公主之. 自陝以東, 周公主之.)

[역자주] 陝州(섬주) : 지금의 하남성 삼문협(三門峽)이다. 裴四(배사) : 배소(裵素)이다. '사'는 종형제간의 순서이다. 보력(寶曆) 원년(825) 진사에 급제했으며 태화 2년(828) 두목과 함께 현량방정과(賢良方正科)에 급제했다. 사봉원외랑(司封員外郎), 한림학사(翰林學士), 중서사인(中書舍人) 등을 역임했다. 同年(동년) : 당나라 때 과거 급제 동기가 상호 부르는 호칭이다.

2 **[협주]** 위에 있는 <급제한 후에 장안의 친구에게 부치다>의 주에 보인다.(見上及第後寄長安故人註.)

[역자주] 洛下(낙하) : 낙수 아래라는 뜻으로 낙양성을 가리킨다. 羈思(기사) : 떠도는 심사. '기'는 굴레이다.

3 **[협주]** 권2의 "지나간 일에 대해 팥배나무를 구슬퍼 할 것이다" 주에 보인다.[258](見二卷往事愴甘棠註.)

[역자주] 遲日(지일) : 길어진 낮. 봄날을 가리킨다. 棠陰(당음) : 팥배나무 그늘. ≪시경·소남(召南)·감당(甘棠)≫은 소공이 정치 잘한 것을 팥배나무로 칭송한 것인데, 이로부터 선정을 베푸는 것을 상징하게 되었다. 여기서는 소공이 다스린 섬주 지역을 가리키기 위해서 사용했다.

4 **[협주]** 이백의 시[259]에서 "봄바람은 며칠이나 남았나? 양쪽 귀밑털이 각기 실같이 되었네."라고 했다.(李白詩. 春風餘幾日, 兩鬢各成絲.)

[역자주] 頭銜(두함) : 관함(官銜)과 같은 말로 관원의 직위 명칭을 가리킨다. 依舊(의구) : 여전하다. 鬢絲(빈사) : 실 같은 귀밑털.

해설

이 시는 3년 만에 만난 배소와 함께 술을 마시고 취해서 지어 준 것이다. 낙양에서 떠돌며 관직 생활을 하다가 섬주에서 만나 술을 마시게 되었음을 말한 뒤, 자신은 아직 감찰어사 관직에 머물면서 나이만 먹고 있다고 한탄했다. 개성 2년(837) 낙양에서 감찰어사로 있다가 눈병이 난 동생을 보러 갔다 오던 도중 섬주에서 지은 것으로 추정한다.

---

258) 두목의 시 <문하성의 재상이 재상 인장을 겸하여 거느리며 진으로 나가 촉 땅을 온전히 하러 가는 시천 절도사 재상을 송별하며 지은 시에 받들어 화답하다(奉和門下相公送西川相公兼領相印出鎭全蜀)>이다.

259) 이백의 시 <징군 전소양에게 주다(贈錢徵君少陽)>이다.

334. 깨진 거울
破鏡

佳人失手鏡初分,	아름다운 이가 잘못하여 거울이 막 깨졌는데
何日團圓再會君.[1]	언제 단란하게 다시 낭군과 만날까.
今朝萬里秋風起,	오늘 아침 만 리에 가을바람이 이는데
山北山南一片雲.	산 북쪽과 산 남쪽에 한 조각 구름이 있구나.

주석

1 **[협주]** 위의 "밝은 거울 반쪽에 비녀 한 갈래"의 주에 보인다.[260](見上明鑑半邊釵一股註.)

[역자주] 團圓(단원) : 둥글다. 가족이나 친구들이 모두 만나는 것을 상징한다.

해설

이 시는 깨진 거울에 관해 적은 것이다. 아름다운 여인이 실수로 거울을 깼는데, 이는 임과 헤어지게 되었음을 비유한다. 가을바람 소슬하게 부는데 구름마저 산의 남쪽과 북쪽으로 떨어져 있다고 하여 자신의 신세를 투영했다. 작시 시기는 고찰할 수 없다.

---

260) 두목의 시 <송별하다(送人)>이다.

335. 장안에서 눈이 내린 뒤에
長安雪後

秦陵漢苑參差雪,[1] 진 땅의 능원과 한 땅의 원림에 눈이 어지러이 날리자
北闕南山次第春.[2] 북쪽의 궐문과 남쪽의 산에 차례차례 봄이 왔구나
車馬滿城原上去,[3] 수레와 말이 성에 가득 언덕 위로 오르는데
豈知惆悵有閑人.[4] 구슬프게 상관없는 사람이 있는 줄 어찌 알리오.

주석

1 [역자주] 秦陵漢苑(진릉한원) : 진나라의 능원과 한나라의 원림. 여기서는 모두 당나라의 장안을 가리킨다. 세 나라의 수도가 모두 비슷한 위치에 있었다. 參差(참치) : 어지러운 모양.

2 [역자주] 次第(차제) : 순서대로.

3 [역자주] 原(원) : 장안성 남쪽에 낙유원(樂遊原)이 있는데 봄놀이를 많이 했다.

4 [역자주] 惆悵(추창) : 슬프다. 閑人(한인) : 상관없는 사람. 여기서는 봄놀이를 하지 못해 이들과 상관없는 사람을 뜻한다. 두목 자신을 가리킨다.

해설

이 시는 장안에서 눈이 내린 뒤의 광경과 감회를 적은 것이다. 눈이 온 뒤 봄이 왔으며 많은 사람이 봄놀이를 하지만 정작 자신은 그러지 못하는 상황을 안타까워한다고 했다. 작시 시기는 고찰할 수 없다.

336. 화청궁

華清宮[1]

零葉翻江萬樹霜,[2]	시든 잎이 강에 날리고 수많은 나무에 서리가 내리지만
玉蓮開蕊暖泉香.[3]	옥련은 꽃을 피워 따뜻한 샘물이 향기로웠지.
行雲不下朝元閣,[4]	지나가는 구름이 내려오지 않는 조원각
一曲淋鈴淚數行.[5]	<우림령> 한 곡에 눈물은 여러 줄기.

주석

1 **[협주]** 권2의 <화청궁을 읊은 시 30운(華清宮三十韻)>에 보인다.(見二卷華清宮註.)

[역자주] 華淸宮(화청궁) : 당나라 때 장안 여산(驪山)에 있던 행궁(行宮)으로 온천이 있어서 현종이 양귀비와 함께 목욕을 즐겼다.

2 [역자주] 零葉(영엽) : 시든 잎.

3 **[협주]** ≪개원천보유사(開元天寶遺事)≫에서 "화청궁 황제의 목욕탕 안에 흰 연꽃이 있었고 온천이 솟아나서 못을 이루었다. 항상 양귀비와 함께 화려하게 상감한 작은 배를 타고 그곳에서 장난쳤다."라고 했다.(天寶遺事. 華淸宮御湯中有玉蓮, 湯泉湧以成池. 常與貴妃施鈒鏤小舟,261) 戲玩於其間.)

[역자주] 玉蓮(옥련) : 흰 연꽃. 開蕊(개예) : 꽃이 피다. '예'는 꽃술이다.

4 **[협주]** '행운(行雲)'은 이미 권3에 나왔다.262) ≪청쇄고의(靑瑣高議)≫263)에서 "여산(驪

---

261) 鈒鏤(삽루) : 금과 은으로 기물에 꽃모양으로 상감을 하다. 호화로운 것을 비유한다.

262) 두목의 시 <윤주 2수(潤州二首)> 중 제2수 "버들잎에 가린 붉은 누각에는 운우지정의 꿈이 많다.(柳暗朱樓多夢雲.)"의 주에 보인다.

263) ≪청쇄고의(靑瑣高議)≫ : 송나라 유부(劉斧)가 편집한 지괴소설 모음집이다. 전집 10권, 후집 10권, 별집

山)의 화청궁은 황폐해진 지 이미 오래되었으며 조원각은 북쪽 고개 위에 있었다."라고 했다.(行雲, 已出三卷. 靑瑣高議. 驪山華淸宮毁廢已久. 朝元閣在北嶺之上.)

[역자주] 行雲(행운) : 송옥(宋玉)의 <고당부(高唐賦)>에 나오는 무산(巫山) 신녀의 이야기에서, 신녀가 초나라 왕과 하룻밤을 보낸 뒤 떠나면서 자신은 아침의 구름이 되고 저녁의 비가 되겠다고 했다. 구름이 내려오지 않는다는 것은 두 사람이 만나지 못하는 것을 뜻하는데, 여기서는 현종과 양귀비가 만나지 못하는 것을 말한다.

5 **[협주]** ≪명황잡록(明皇雜錄)≫에서 "주상이 막 사곡(斜谷)에 들어갔을 때 장맛비를 만났는데 열흘이 지났다. 잔도에서 방울 소리를 들었는데 그 소리가 산과 서로 호응했다. 주상은 양귀비를 추도하면서 그 소리를 취해 <우림령(雨淋鈴)> 곡을 만들어 그 한을 기탁했다."라고 했다.(明皇雜錄. 上初入斜谷屬霖雨涉旬,264) 於棧道聞鈴,265) 聲與山相應, 上悼念貴妃, 因採其聲爲雨霖鈴曲, 以寄恨焉.)

해설

이 시는 화청궁에 관해 읊은 것이다. 현종이 양귀비와 같이 노닐 때는 한겨울에도 꽃이 피는 곳이었는데, 양귀비가 죽고 난 뒤에는 현종이 그녀를 그리워하며 <우림령>을 지었다고 했다. 작시 시기는 고찰할 수 없다.

7권이 있으며 148편의 작품이 수록되어 있다.

264) 屬霖雨(촉림우) : 장마를 만나다. 涉旬(섭순) : 열흘이 지나다.

265) 鈴(령) : 방울.

337. 겨울날 지문사 북쪽 누대에 쓰다
冬日題智門寺北樓[1]

滿懷多少是恩讎,	가슴 가득히 얼마나 많은 은혜와 원수가 있는가
未見功名已白頭.	공명을 보여주지 못하고 이미 흰 머리가 되었구나.
不爲尋此試筋力,	이곳을 찾아 근력을 시험하기 위해서가 아니라면
豈能寒上背雲樓.[2]	어찌 추위에 배운루에 오를 수 있겠는가.

주석

1 [역자주] 智門寺(지문사) : 어디에 있는 절인지 고찰할 수 없다.

2 [역자주] 背雲樓(배운루) : 지문사 북쪽 누대의 이름일 것이다.

해설

이 시는 지문사의 북쪽 누대에 관해 지은 것이다. 풍파를 겪으며 나이가 들었지만 공명을 이루지 못했음을 한탄한 뒤에, 아직도 근력이 있음을 시험하기 위해 겨울의 추운 누대에 올랐다고 했다. 작시 시기는 고찰할 수 없다.

338. 왕씨와 헤어진 후 경사의 사신으로 파견되어 길을 가다가 편지를 부치다

別王十後遣京使累路附書[1]

重關曉度宿雲寒,[2]	겹겹의 관문을 새벽에 지나니 어젯밤 구름이 차가운데
羸馬緣知步步難.[3]	힘없는 말이 이를 알고는 걸음걸음이 힘겹네.
此信的應中路見,[4]	이 편지는 분명코 길을 가다가 볼 터인네
亂山何處拆書看.[5]	어지러운 산속 어느 곳에서 편지를 뜯어 볼까?

주석

1 [역자주] 王十(왕십) : 왕씨에 대해서는 고찰할 수 없다. '십'은 종형제간의 순서이다. 累路(누로) : 길을 가던 도중에. 附書(부서) : 편지를 부치다.

2 [역자주] 曉度(효도) : 새벽에 지나가다. 宿雲(숙운) : 지난 밤의 구름 기운.

3 [역자주] 羸馬(이마) : 쇠약한 말.

4 [역자주] 的應(적응) : 분명히. 中路(중로) : 길을 가던 도중에.

5 [역자주] 拆書(탁서) : 편지의 봉함을 뜯다.

해설

이 시는 경사의 사신으로 파견되어 가게 되어 왕씨와 헤어진 뒤 도중에 지어 편지와 함께 부친 것이다. 행로가 춥고 험난하다고 말한 뒤, 왕씨 역시 길을 가다가 이 편지를 읽어 볼 것이라고 하여 그의 행로 또한 힘들 것이라고 위로했다. 작시 시기는 고찰할 수 없다.

339. 허 수재가 외람되게도 이 기주자사의 절구를 가지고 와서 술을 끊은 정황을 묻기에 부치다

許秀才至辱李蘄州絶句問斷酒之情因寄[1]

有客南來話所思,	손님이 남쪽에서 와서 그리운 이에 대해 말하는데
故人遙枉醉中詩.[2]	친구가 멀리서 취중에 지은 시를 외람되게도 보내주었네.
暫因微疾須防酒,[3]	잠시 가벼운 병으로 술을 끊어야 한 것이지
不是歡情減舊時.	즐기는 감정이 옛날보다 줄어서는 아니라네.

주석

1 [역자주] 許秀才(허수재) : '수재'는 한나라 때 관리 선발 제도의 하나였으나, 당송 때는 진사시(進士試)에 응시하는 선비를 일컫는 말로 쓰였다. 허씨가 누구인지는 알려져 있지 않다. 두목의 시 중에 <가을밤 군의 관청에서 당시 상황을 읊어서 곡사 처사와 허 수재에게 부치다(郡齋秋夜卽事寄斛斯處士許秀才)>가 있는데 같은 인물일 수도 있다. 辱(욕) : 상대가 자신에게 해준 것에 대해 공손하게 표현하는 것이다. 李蘄州(이기주) : 기주는 지금의 호북성 황강(黃岡)이며, 이씨는 이파(李播)이다. 그의 자는 자렬(子烈)이며 원화(元和) 연간(806-820)에 진사에 급제하여 대리평사(大理評事), 기주자사, 비부낭중(比部郎中), 항주자사(杭州刺史) 등을 역임했다.

2 [역자주] 枉(왕) : 상대가 자신에게 해준 것에 대해 공손하게 표현하는 것이다.

3 [역자주] 防酒(방주) : 술을 방비하다. 술을 금하다.

해설

이 시는 허 수재가 이파의 시를 가지고 와서 술을 끊은 이유를 묻는 것에 답하며 지은 것이다. 시에서는 이런 정황을 말한 뒤 그저 가벼운 병으로 술을 끊었지 즐기려는 정이 줄어든 건 아니라고 했다. 이파가 개성 3년(838)부터 개성 5년(840)까지 기주자사를 역임한 것에 근거하여 당시 지었다고 보는 설이 있다. 당시 두목은 장안에서 좌보궐(左補闕) 등의 관직에 있었다. 두목의 시 중에 <꽃을 대했지만 가벼운 병이 있어 술을 못 마셨기에 좌중의 여러 공에게 주다(對花微疾不飲呈座中諸公)>가 있는데 같은 시기에 지었을 수도 있다.

340. 고향으로 돌아가서 아울러 악주 대부를 배알하는 장 판관을 보내다

送張判官歸兼謁鄂州大夫[1]

處士聞名早,[2]	처사는 일찍부터 이름이 알려져
游秦獻疏迴.[3]	진 땅을 노닐다가 상소문을 바치고 돌아가네.
腹中書萬卷,[4]	뱃속에는 책이 만 권
身外酒千杯.	몸 바깥으로는 술이 천 잔.
江雨春波闊,	강에 비 내려 봄 물결이 드넓은데
園林客夢催.	원림이 나그네의 꿈을 재촉했네.
今君拜旌戟,[5]	지금 그대가 깃발과 창을 배알하면
凜凜近霜臺.[6]	차디찬 상대가 가까우리라.

주석

1 [역자주] 張判官(장판관) : 판관은 지방 절도사나 관찰사의 부관이다. 장씨에 대해서는 고찰할 수 없는데, 시의 내용으로 보면 장안에서 관직을 구하다가 악주관찰사의 막부로 가게 된 것으로 보인다. 鄂州大夫(악주대부) : 악주는 지금의 호북성 무창(武昌)이며 대부는 어사대부(御史大夫)를 가리킨다. 여기서는 조정에서 어사대부를 하다가 악주관찰사로 나간 이를 말하는데 누구인지는 알 수 없다.

2 [역자주] 處士(처사) : 관직에 나아가지 않은 지식인을 말하며, 여기서는 장 판관을 가리킨다.

3 [역자주] 游秦(유진) : 진 땅을 노닐다. 여기서는 장안에 머문 것을 말한다.

4 **[협주]** ≪세설신어(世說新語)≫에서 "학륭(郝隆)은 자가 좌치(佐治)이다. 칠월칠석에 해가 남중했을 때 뜰에서 배를 위로 한 채 누워 있었다. 어떤 사람이 그 이유를 물으니 답하기를, '나는 배 안의 책을 말리고 있다.'라고 했다."라고 했다.(世說. 郝隆, 字位[266]治. 七月七日, 日中, 仰臥於中庭, 人問其故, 答曰, 我曬腹中書耳.[267])

[역자주] 腹中書(복중서) : 배 안의 책. 옛날 사람들은 책을 읽으면 지식이 배에 저장된다고 생각했다.

5 **[협주]** 한나라와 위나라 이래로 여러 군수의 문에 창을 늘어놓았다.(漢魏以來, 諸郡守門施棨戟.[268])

[역자주] 旌戟(정극) : 깃발과 창. 지방 장관의 관서 앞에 세워놓은 의장을 가리킨다. 여기서는 악주의 대부를 가리킨다.

6 **[협주]** 위의 "상대에서 근심 속에 세모를 보내지 말아야 한다"의 주에 보인다.[269](見上臭爲霜臺愁歲暮註.)

[역자주] 凜凜(늠름) : 차가운 모양. 또는 위엄 있는 모양. 霜臺(상대) : 어사대(御史臺)를 가리킨다.

해설

이 시는 고향으로 돌아가서 악주절도사이자 어사대부를 배알하러 가는 장 판관을 송별하며 지은 것이다. 그가 장안에서 학식과 호기로 이름을 떨쳤음을 말하고는 악주절도사를 배알하면 그 위엄을 보게 될 것이라고 했다. 작시 시기는 고찰할 수 없다.

---

266) '位'는 '佐'의 잘못이다.

267) 曬(쇄) : 햇볕에 말리다.

268) 棨戟(계극) : 비단으로 싸거나 기름칠을 한 나무 창. 고대 관원의 의장인데 평소에는 문 앞에 세워놓고 행차할 때는 앞에서 인도했다.

269) 두목의 시 <사신이 돌아가면서 당주 최 사마의 편지를 전해주고 아울러 율시를 부쳤기에 이에 화답하다(使迴枉唐州崔司馬書兼寄四韻因和)>이다.

341. 장경사에 묵다

宿長慶寺[1]

南行步步遠浮塵, 남쪽으로 가는 걸음걸음 세속의 먼지와 멀어지고
更近青山昨夜鄰. 다시 푸른 산을 가까이하며 어젯밤에 이웃했네.
高鐸數聲秋撼玉,[2] 고아한 풍경 몇 번 소리 내니 가을에 옥을 울리는 듯
霽河千里曉橫銀.[3] 맑은 은하 천 리에 뻗어 새벽에 은빛이 가로지른 듯.
紅渠影落前池淨,[4] 붉은 연꽃 그림자가 지는 앞의 연못은 깨끗하고
綠稻香來野徑頻.[5] 푸른 벼의 향기가 불어오니 들의 길을 자주 건네.
終日官閑無一事, 종일 관청이 한가해 일이 하나도 없어
不妨長醉是游人.[6] 노니는 이 사람이 오래도록 취해도 무방하구나.

주석

1 [역자주] 長慶寺(장경사) : 어디에 있는 절인지 고찰할 수 없다.

2 [역자주] 高鐸(고탁) : 고아한 풍경소리. 또는 목탁 소리로 볼 수도 있다. 撼(감) : 흔들다.

3 [역자주] 霽河(제하) : 맑게 갠 하늘의 은하수를 뜻한다.

4 **[협주]** ≪집운(集韻)≫에서 "'거(蕖)'는 '거(渠)'와 통해 사용한다. 구와 어의 반절이다." 라고 했다. ['정(淨)'은] '만(晚)'으로 된 판본도 있다.(集韻. 蕖通作渠. 求於切. 一作晚.) [역자주] 渠(거) : 여기서는 '거(蕖)'와 통해서 연꽃을 뜻한다.

5 [역자주] 稻(도) : 벼.

6 **[협주]** "오래도록 조용히 노니는 사람이 되어도 무방하리라(不妨長是靜游人)"로 된 판본도 있다.(一作不妨長是靜游人.)

해설

이 시는 장경사에서 묵으면서 지은 것이다. 남쪽 산속의 절에 어제 와서 다시 묵게 되었는데 풍경소리와 은하수가 아름답다고 했으며, 관청의 업무가 없어서 연꽃이 핀 연못과 푸른 벼가 향기로운 들판에서 한가롭게 지내는 생활이 즐겁다고 했다. 작시 시기는 고찰할 수 없다.

342. 소화산을 바라보다 3수

望少華三首[1]

제1수

身隨白日看將老,	몸은 흰 태양을 따라 장차 늙어가는 것을 보는데
心與青雲自有期.[2]	마음은 푸른 구름과 절로 기약이 있구나.
今對晴峰無十里,	지금 맑은 봉우리를 대하니 십 리도 안 되는데
世緣多累暗生悲.[3]	세상의 인연에 연루된 일이 많아 남몰래 슬픔이 생기네.

주석

1 **[협주]** 동한 장형(張衡)의 <동경부(東京賦)>에서 "서쪽으로 소화산을 오른다."라고 했고, 주[270]에서 "서원(西園)에 소화산이 있다."라고 했다.(東京賦. 西登少華. 註. 西園中有少華山.)

[역자주] 少華(소화) : 협주에서는 낙양에 있다고 했는데, 지금의 섬서성 위남(渭南) 화산의 봉우리이기도 하다. 이와 달리 강서성 덕흥(德興)에 있는 산으로 보는 설도 있다.

2 **[협주]** 권1의 "청운에 오를 일은 말에게 뿔이 날 때를 기다려야 한다"의 주에 보인다.[271] (見一卷青雲馬生角註.)

[역자주] 青雲(청운) : 여기서는 은일을 상징한다.

3 [역자주] 暗(암) : 남몰래.

---

270) ≪육신주문선(六臣注文選)≫의 종왈(綜曰) 부분이다.

271) 두목의 시 <지주에서 맹지 선배를 보내다(池州送孟遲先輩)>이다.

제2수

文字波中去不還,	시문은 물결 속에서 떠나가 돌아오지 않고
物情初與是非問.	물정은 막 옳음과 그름 사이를 함께하네.
時名竟是無端事,[1]	당세의 명성은 결국 이룰 수 없는 일이 되어
羞對靈山道愛山.[2]	부끄럽게도 신령한 산을 대하고 산을 사랑한다고 말하네.

주석

1 [역자주] 時名(시명) : 당시의 명성. 無端事(무단사) : 어찌할 수 없는 일. 이룰 수 없는 일.

2 [역자주] 道(도) : 말하다.

제3수

眼看雲鶴不相隨,[1]	눈으로 구름 속 학을 보면서도 따르지를 못하는데
何看塵中事作爲.	어찌 세속의 먼지 속을 보면서 일을 하겠는가.
好伴羽人深洞去,[2]	깊은 동굴로 가는 날개 달린 신선을 잘 짝하여
月前秋聽玉參差.[3]	가을에 달 앞에서 옥 생황 소리를 들어야 하리라.

주석

1 **[협주]** ≪장자 천지(天地)≫에서 "세속이 싫어 신선이 되어 올라가니 저 흰 구름을 타고 천제의 고을에 이르렀다."라고 했다. 권3의 "한 마리 학이 막 하늘 높이 오르는 날" 주에 보인다.[272](莊子. 厭世上仙, 乘彼白雲, 至于帝鄉. 見三卷獨鶴初沖太虛日註.)

---

272) 두목의 시 <낙양에서 감찰어사로 있다가 병가가 끝나, 조정으로 돌아가는 습유 위초로를 전송하다(洛中監察病假滿, 送韋楚老拾遺歸朝)>이다.

[역자주] 雲鶴(운학) : 구름 속의 학. 또는 구름과 학. 신선이 타고 다니는 것이다.

2 **[협주]** 초사 <원유(遠游)>에서 "단구(丹丘)[273]에서 날아다니는 신선을 만나고 죽음이 없는 옛 고을에서 머문다."라고 했다.(楚詞. 仍羽人於丹丘, 留不死之舊鄕.)

[역자주] 羽人(우인) : 신선.

3 **[협주]** ≪악부잡록≫에서 "생이란 악기는 여와가 만든 것으로 봉황의 날개를 본뜬 것이다. 참치라고도 한다."라고 했다.(樂府雜錄. 笙, 女蝸造也, 象鳳翼. 一名參差.)

[역자주] 參差(참치) : 생(笙). 길이가 다른 여러 대나무를 엮어서 만든 관악기.

해설

이 시는 소화산을 바라보며 그 감회를 적은 것이다. 십 리밖에 보이는 소화산에 은거하면서 신선의 삶을 살고자 하지만 관직에 얽매여 그러지 못하는 안타까운 마음을 표현했다. 작시 시기는 고찰할 수 없다.

273) 단구(丹丘) : 신선이 산다는 전설의 지명이다.

343. 예주 역참 누대에 올라 경조윤 위씨에게 부치다
登澧州驛樓, 寄京兆韋尹[1]

一話涔陽舊使君,[2]	잠양의 옛 사군에 대해 한번 말하면
郡人迴首望青雲.	군의 사람들이 고개를 돌려 푸른 구름을 바라보네.
政聲長與江聲在,	정치의 명성이 길이 강물 소리와 함께 있으니
自到津樓日夜聞.	절로 나루터 누대에 와서 밤낮으로 듣게 되네.

주석

1 **[협주]** 본집의 주에서 "경조윤 위씨는 일찍이 이 군을 다스렸다."라고 했다. ≪통전≫에서 "예양군(澧陽郡)은 예주(澧州)인데 지금은 예양현(澧陽縣)을 다스린다."라고 했다. (本註. 尹曾典此郡. 通典. 澧陽郡, 澧州, 今理澧陽縣.)

[역자주] 澧州(예주) : 지금의 호남성 예현이다. 京兆韋尹(경조위윤) : 경조윤은 장안 지역을 다스리는 최고 관직이다. 위씨에 대해서는 고찰할 수 없는데 이 시에 따르면 일찍이 예주자사를 역임했다.

2 **[협주]** 본집의 <당형 두조(杜慥)를 대신하여 지은 예주의 관직을 구하는 글(爲堂兄慥求澧州啓)>에서 "잠양에서 받아들여져서 온 가족이 살게 된다면 감동하여 눈물을 흘리지 않을 수 없을 것입니다."라고 했다.(本集, 爲堂兄慥求澧州啓. 授以涔陽, 活於闔門,274) 無不感涕.)

[역자주] 涔陽(잠양) : 예주의 강인 잠수(涔水) 북쪽. 여기서는 예주를 가리킨다. 使君(사군) : 주의 책임자인 자사(刺史)의 호칭이다. 여기서는 위씨를 가리킨다.

---

274) 闔門(합문) : 온 집안.

해설

두목이 예주에 간 것은 태화 원년(827)뿐인데 태화 7년(833)까지 예주에는 위씨 경조윤이 없었다는 사실에 근거하여 두목의 작품이 아니라고 하는 설이 있다. 또한 ≪전당시속보유(全唐詩續補遺)≫에는 이 시가 이군옥(李群玉)의 작품으로 수록되어 있다. 이 시는 예주의 역참에서 경조윤 위씨에게 부친 것이다. 예주에 오니 예전에 이곳을 잘 다스리던 명망을 들었다고 하여 그의 치정을 칭송했다.

344. 장안에서 맑게 갠 날 바라보다
長安晴望

翠屛山對鳳城開,[1]	푸른 병풍 같은 산이 봉성을 대하고 펼쳐졌는데
碧落搖光霽後來.[2]	비가 갠 뒤 푸른 하늘이 빛을 흔들며 오네.
迴識六龍巡幸處,[3]	여섯 용을 타고 순행하신 곳을 돌이켜 알겠으니
飛煙閑繞望春臺.[4]	날리는 안개가 한가로이 망춘대를 감싸고 있네.

주석

1 **[협주]** 동진 손작(孫綽)의 <유천태산부(遊天台山賦)>에서 "벽처럼 서 있는 푸른 바위 병풍을 쥔다."라고 했다.(天台山賦. 搏壁立之翠屛.[275])

[역자주] 翠屛(취병) : 푸른 병풍이란 뜻으로 병풍처럼 늘어선 산줄기를 말한다. 鳳城(봉성) : 장안성을 가리킨다.

2 **[협주]** ≪영보탁인경(靈寶度人經)≫에서 "예전 애초에 푸른 하늘 벽락 공중의 노래"라고 했고, 주에서 "이미 하늘이 푸르고 기운이 푸르러 푸른 구름 노을이 확 트였기에 '벽락'이라고 했다."라고 했다.(靈寶度人經. 昔於始青天中碧落空歌. 註. 旣天蒼氣青, 則碧霞廓落,[276] 故云碧落.)

[역자주] 碧落(벽락) : 푸른 하늘. 霽(제) : 비가 개다.

3 **[협주]** ≪회남자≫에서 "여섯 마리 용이 끄는 수레를 탄다."라고 했다.(淮南子. 乘車駕以六龍.)

275) 搏(박) : 손으로 쥐다.
276) 廓落(곽락) : 탁 트인 모양.

[역자주] 六龍(육룡) : 천자의 수레를 가리킨다. 말이 6척이면 용이라고 불렀다. 巡幸(순행) : 황제가 순유(巡遊)하며 행차하는 것을 말한다.

4 **[협주]** ‘비(飛)’는 ‘비(非)’의 잘못이다. 첨주에 보인다.(飛, 非字之誤, 見添註.)

[역자주] 飛煙(비연) : 날리는 안개. 협주에서는 ≪사기·천관서(天官書)≫의 “안개 같지만 안개가 아니고 구름 같지만 구름이 아닌 것이 빽빽하고 어지럽다가도 드문드문 서리게 되니 이를 경운(卿雲)이라고 한다. 경운은 상서로운 기운이다.(若煙非煙, 若雲非雲, 郁郁紛紛, 蕭索輪囷, 是謂卿雲. 卿雲喜氣也.)”라는 내용을 인용하여 ‘非煙’이 맞다고 했는데, 시의 의미상에는 큰 차이가 없다. 繞(요) : 감싸다. 望春臺(망춘대) : 장안에 있던 망춘궁(望春宮)이다.

해설

이 시는 장안에서 비가 갠 뒤 멀리 바라보며 그 경관과 감회를 적은 것이다. 푸른 산이 장안을 두르고 있으며 황제가 계신 곳에 상서로운 기운이 감돌고 있다고 했다. 작시 시기는 고찰할 수 없다.

345. 설날 조회하고 돌아오다

歲月朝迴[1]

星河猶在整朝衣,	별과 은하수가 아직 있을 때 조회 의관을 정제하고
遠望天門再拜歸.	멀리 황궁의 문을 바라보며 두 번 절하고 돌아오네.
笑向春風初五十,	봄바람 향해 비웃나니, 갓 오십이 되었지만
敢言知命且知非.[2]	어찌 감히 천명을 알고 그릇되었음을 안다고 말하겠는가.

주석

1 **[협주]** 입으로 읊어 즉석에서 지은 것이다.(口號.)

[역자주] 歲月(세월) : 다른 문헌에는 '월'이 '旦' 또는 '日'로 되어 있는데, 시의 내용으로 보아 '월'은 틀린 것으로 보인다. 세단(歲旦)과 세일(歲日)은 모두 정월 초하루를 뜻한다.

2 **[협주]** ≪논어·위정(爲政)≫에서 "공자가 말하기를, '50세가 되면 천명을 안다.'라고 했다."라고 했다. 권2의 "그릇되었음을 아는 것이 늦었기에 거백옥을 비웃는다." 주에 보인다.[277](論語. 子曰, 五十而知天命. 見二卷知非晚笑蘧註.)

[역자주] 知非(지비) : 그릇되었음을 알다. ≪회남자(淮南子)≫에서 "거백옥(蘧伯玉)은 나이 50에 49년이 그릇되었음을 알았다.(蘧伯玉年五十而知四十九年非.)"라고 했다. 지난날 살아온 인생이 모두 그릇되었음을 알게 되었다는 말이다.

277) 두목의 시 <스스로 위로하다(自遣)>이다.

해설

이 시는 설날 조회에 참석하고 돌아오면서 느낌 감회를 적은 것이다. 동이 트기도 전에 의관을 정제하고 궁에 가서 천자께 배알했음을 말한 뒤, 이제 쉰 살이 되었지만 무엇이 잘못인지도 모른 채 관직에 매여 살고 있다고 자조했다. 대중 6년(852) 고공낭중(考功郎中)으로 있을 때 지은 것이다.

346. 숙상의 비탈길

驌驦坂[1]

瑤池罷游宴,[2]	요지에서 연회는 끝났고
良樂委塵沙.[3]	왕량과 백락은 먼지 속에 버려졌네.
遭遇不遭遇,[4]	알아주는 이를 만나거나 못 만나거나
鹽車與鼓車.[5]	소금 수레와 북 수레구나.

주석

1 **[협주]** ≪좌전·정공(定公) 3년≫에서 "당성공(唐成公)에게 숙상마가 두 마리 있었다."라고 했다.(左傳. 唐成公有兩驌驦278)馬.)

[역자주] 驌驦(숙상) : 준마의 이름이다.

2 **[협주]** 권1의 "요지에 앉아서 연회에 배석했다" 주에 보인다.279)(見一卷侍宴坐瑤池註.)

[역자주] 瑤池(요지) : 전설상의 인물인 서왕모(西王母)가 사는 곤륜산(崑崙山)에 있는 지명으로, 주목왕(周穆王)이 왔을 때 이곳에서 연회를 베풀었다. 주목왕은 준마를 타고 천하를 돌아다닌 것으로 유명하다.

3 **[협주]** ≪여씨춘추≫에서 "옛날에 말의 관상을 잘한 이로는 조나라의 왕량(王良)과 진(秦)나라의 백락(伯樂) 같은 이가 특히 그 오묘함을 다했다."라고 했다.280) ≪회남자·남명훈(覽冥訓)≫에서 "왕량과 조보(造父)가 수레를 모는 것을 말하자면, 수레에 올라 고

---

278) 현재 전하는 ≪좌전≫에는 '숙상(驌驦)'이 '숙상(肅爽)'으로 되어 있는데 같은 뜻이다.

279) 두목의 시 <두추 아가씨를 읊은 시(杜秋娘詩)>이다.

280) 현재 전하는 ≪여씨춘추≫에는 이 내용이 없다.

삐를 당기면 말이 발을 드는 것이 균일하여 힘껏 달릴 때나 천천히 달릴 때가 하나같았다."라고 했다.(呂氏春秋. 古之善相馬者, 若趙之王良, 秦之伯樂, 尤盡其妙矣. 淮南子. 王良造父之御也, 上車攝轡,[281] 投足調均, 勞逸若一.[282])

[역자주] 良樂(양락) : 왕량과 백락. 준마를 잘 알아보는 사람들이다. 委塵沙(위진사) : 먼지 속에 버려지다. 죽었다는 말이다.

4 **[협주]** 진(晉) 유곤(劉琨)의 <노심에게 답하다(答盧諶)> 시의 서문에서 "옛날 녹기마가 오(吳)나라 산비탈에서 수레 끌채에 기대고 있다가 왕량과 백락을 보고 울었는데 이는 자신을 알아주는 사람과 알아주지 못하는 사람을 구별했기 때문이고, 백리해(百里奚)가 우(虞)나라에서는 어리석은 체했지만 진(秦)나라에서는 지혜를 발휘했는데 이는 자신을 인정한 군주를 만나고 못 만난 차이 때문이었다."라고 했다.(劉越石詩. 亭[283]騄驥倚輈於虞[284]坂,[285] 鳴於良樂, 知與不知也. 百里奚非[286]愚於虞而智於秦, 遇與不遇也.)

5 **[협주]** ≪전국책·초책(楚策)≫에서 "한명(汗明)이 춘신군(春申君)을 만나서 말하기를, '천리마가 나이가 많아져서 소금 수레를 끌고 태항산을 오르는데 산비탈 중간에서 주춤거리며 끌채를 메고는 올라가지 못하고 있었습니다. 백락이 이를 보고는 수레에서 내려 고삐를 당기면서 울고는 모시옷을 벗어서 덮어주었습니다. 천리마는 이에 고개를 숙여 기운을 내뿜더니 고개를 들어 울부짖었는데 그 소리가 하늘에 닿을 정도였습니다. 백락이 자기를 알아봐 주었기 때문입니다.'라고 했다."라고 했다. ≪후한서·순리전(循吏傳)≫에서 "애초에 광무제(光武帝)는 민간에서 자랐기에 진정과 거짓에 대해 잘 알고 있었다. 건무(建武) 13년(37) 외국에서 명마를 바친 자가 있었는데 하루에 천 리를 달렸다. 또 보검을 바쳤는데 가치가 백 금에 달했다. 조서를 내려 그 말은 북을 실은 수레를 끌게 하고 검은 기병에게 주게 했다."라고 했다.(戰國策. 汗明見春申君曰, 夫驥之齒至矣,[287] 伏

281) 攝轡(섭비) : 고삐를 당기다.
282) 勞逸(노일) : 고생하는 것과 편안한 것. 여기서는 빨리 달릴 때와 천천히 달릴 때를 말한다.
283) '亭'은 '昔'의 잘못이다.
284) '虞'는 '吳'의 잘못이다.
285) 騄驥(녹기) : 준마의 이름이다. 倚輈(의주) : 수레 끌채에 의지하다. 준마가 짐수레를 끌고 다닌다는 말로 제대로 인정받지 못함을 뜻한다.
286) ≪육신주문선(六臣註文選)≫에는 '非'가 있지만 원래 ≪문선≫에는 없다.
287) 驥(기) : 천리마. 齒至(치지) : 나이가 많다.

鹽車而上太行, 中坂遷延,[288] 負轅不能上, 伯樂遭之, 下車攀而哭之, 解紵衣以冪之.[289] 於是俯而噴, 仰而鳴, 聲達於天. 伯樂, 知己也. 漢書, 循吏傳. 初, 光武長於民間, 頗達情僞. 建武十三年, 異國有獻名馬者, 日行千里, 又進寶劍, 賈兼百金, 詔以馬駕鼓車, 劍賜騎士.)

[역자주] 鼓車(고거) : 북을 실은 수레로, 천리마가 끌기에는 하찮은 수레이다. 광무제의 경우는 사치스러운 생활을 하지 않기 위한 조치였지만 본질적으로 천리마의 적합한 사용과는 거리가 멀다.

해설

이 시는 소금 수레를 끌고 비탈을 힘들게 올라가고 있는 숙상에 대해 읊은 것이다. 주목왕을 섬기며 천하를 주유하던 때도 지났고 천리마를 알아보는 왕량과 백락도 죽고 없으니, 이제 천리마는 그저 소금 수레나 북 수레를 끌 처지가 될 뿐이라고 했다. 작시 시기는 고찰할 수 없다.

---

288) 遷延(천연) : 주춤거리는 모양.

289) 解(해) : 옷을 벗다. 紵衣(저의) : 모시옷. 冪(멱) : 덮다.

347. 길을 가다가 용구에서

龍丘途中[1]

漢苑殘花別,[2]	한나라 궁원에서 시든 꽃잎과 헤어지고
吳江盛夏來.[3]	오 땅의 강에 한여름에 왔네.
唯看萬樹合,	오직 보이는 건 수많은 나무가 모여 있는 것일 뿐인데
不見一枝開.	한 가지도 꽃 핀 것이 보이질 않네.
水色饒湘浦,[4]	물빛은 상강 포구에 넉넉하고
灘聲怯建溪.[5]	여울 소리는 건계를 겁나게 할 터,
淚流迴月上,	돌아온 달이 뜨자 눈물이 흐르는데
可得更猿啼.[6]	어찌하여 다시 원숭이 울음소리를 얻었는가.

주석

1 **[협주]** ≪통전≫에서 "강남도(江南道) 구주(衢州)의 딸린 현이 용구(龍丘)이다."라고 했다.(.通典. 江南道衢州, 領縣龍丘.)

[역자주] 龍丘(용구) : 지금의 절강성 용유(龍遊)이다.

2 [역자주] 漢苑(한원) : 한나라의 궁원으로 여기서는 당나라의 장안을 가리킨다.

3 [역자주] 吳江(오강) : 오 땅의 강으로 오송강(吳淞江)을 가리킨다.

4 **[협주]** ≪영릉기(零陵記)≫에서 "상수(湘水)는 영주(永州)에 있다."라고 했다.(零陵記. 湘水在永州.)

[역자주] 饒(요) : 넉넉하다. 湘浦(상포) : 상강의 포구. 상강은 호남성 영주에서 발원하여 장사(長沙)를 지나 동정호에서 장강으로 들어간다.

5 **[협주]** ≪통전≫에서 "건안군(建安郡)은 지금의 건주(建州)이다. 당나라 지덕(至德) 4년(759)에 설치했다. 건주는 건계(建溪) 때문에 이름 지어졌다."라고 했다.(通典. 建安郡, 今建州. 大唐至德四年置, 建州以建溪爲名.)

[역자주] 怯(겁) : 겁을 내다. 建溪(건계) : 협주에서는 지금의 복건성 민강(閩江)의 지류라고 했는데 지리적으로 용구나 상강과 맞지 않아 다른 곳의 지명인 것으로 보인다.

6 **[협주]** ≪형주기(荊州記)≫에서 "파동(巴東)의 삼협(三峽)에는 원숭이 소리가 슬피 우는데, 세 번 울게 되면 듣는 사람이 눈물을 흘린다."라고 했다.(荊州記. 巴東三峽, 猿聲哀啼, 至三聲, 聞者垂淚.)

해설

이 시는 ≪전당시≫에 이상은(李商隱)의 시로도 수록되어 있으며, 오언절구 2수의 연작시로 수록된 곳도 있다. 두목이 장안에서 용구를 거쳐 간 적이 없다는 사실을 들어 두목의 시가 아니라고 하는 설이 있다. 이 시는 장안을 떠나 용구를 지나면서 적은 것인데, 남방을 떠도는 애환을 묘사했다.

348. 궁녀의 무덤
宮人冢

盡是離宮院中女,[1]	모두 이궁에 있던 여인들인데
苑牆城外冢纍纍.[2]	궁원 담장 성 바깥에 무덤이 겹겹이구나.
少年入內敎歌舞,	어렸을 때 궁에 들어와 춤과 노래를 배웠지만
不識君王到死時.	죽을 때까지 군왕을 뵙질 못했네.

주석

1 [역자주] 離宮(이궁) : 경사 바깥에서 제왕이 순수할 때 머무는 궁실이다.

2 **[협주]** 권2의 "겹겹의 가을 무덤은 쑥대를 탄식하네" 주에 보인다.290)(見二卷纍纍秋塚嘆蓬蒿註.)

[역자주] 纍纍(누루) : 겹겹이 쌓여 있는 모양.

해설

이 시는 궁녀의 무덤을 보고 느낀 감회를 적은 것이다. 궁궐 바깥에 빽빽하게 궁녀의 무덤이 있는데 어릴 때 궁에 들어와서 온갖 기예를 배웠지만 임금의 사랑을 받지 못한 채 쓸쓸히 죽어버렸다고 했다. 작시 시기는 고찰할 수 없다.

---

290) 두목의 시 <이 처사에게 주는 칠언율시(贈李處士長句四韻)>이다.

349. 절서의 이 판관에게 부치다

寄浙西李判官[1]

燕臺上客意何如,[2]　연나라 황금대의 높은 빈객이 되니 기분이 어떠한가
四五年來漸漸踈.　사오 년 동안 점점 소원해졌네.
直道莫抛男子業,[3]　도를 바로 하여 남자의 공업을 팽개치지 말 것이며
遭時還與故人書.　때를 만나 다시 옛사람의 글을 함께해야 하리라.
青雲滿眼應驕我,　청운이 눈에 가득하면 응당 내게 자랑해야 하고
白髮渾頭少恨渠.[4]　백발이 머리에 가득해도 그것을 한탄하지 말게나.
誰念賢哉崔大讓,[5]　최씨의 사양이 현명하다고 누가 생각하겠는가
可憐無事不歌魚.[6]　일이 없어도 생선 달라고 노래하지 않은 것이 가련하구나.

주석

1　[역자주] 浙西(절서) : 여기서는 절서관찰사의 막부를 가리킨다. 절서관찰사의 치소는 지금의 강소성 진강(鎭江)에 있었다. 李判官(이판관) : 판관은 지방 장관의 부관을 말하고, 이씨에 대해서는 고찰할 수 없다.

2　**[협주]** 권1의 "내가 비록 황금대에 있지만."의 주에 보인다.[291] (見一卷我雖在金臺注.)
[역자주] 燕臺(연대) : 전국시대 연(燕)나라 소왕(昭王)이 천하의 인재를 등용하기 위해 설치한 누대이다. 소왕은 곽외(郭隗)의 주장을 받아들여 그를 극진히 우대하고는 황금을 둔 누대를 설치했다. 이에 소왕에게 진정 인재를 우대할 의사와 능력이 있음을 확인한

291) 두목의 시 <지주에서 맹지 선배를 보내다(池州送孟遲先輩)>이다.

전국의 인재들이 연나라로 모여들었다. 여기서는 절서관찰사가 인재를 우대하고 있음을 말한다.

3 [역자주] 抛(포) : 내버리다.

4 [역자주] 少(소) : 하지 마라. 渠(거) : 그것. 여기서는 백발을 가리킨다.

5 [역자주] 崔大讓(최대양) : 무슨 뜻인지 알기 어렵다. 아마 최씨가 일을 사양한 고사가 있을 것인데 고찰하기 어렵다. '대'는 크다는 뜻인데 종형제 중에서 맏이를 뜻하기도 한다.

6 **[협주]** ≪사기·맹상군열전(孟嘗君列傳)≫에서 "풍훤(馮驩)은 맹상군이 빈객을 좋아한다는 말을 듣고는 짚신을 신고 알현했다. 맹상군이 그를 객사에 머물게 하자 풍훤은 자신의 검을 두드리며 노래하기를, '긴 칼아 돌아가자, 음식에 생선이 없구나.'라고 했다."라고 했다.(史記. 馮驩聞孟嘗君好客, 躡屩而見之.[292] 孟嘗君置傳舍, 驩彈其劍而歌曰, 長劍歸來乎, 食無魚.)

[역자주] 歌魚(가어) : 풍훤의 고사를 인용한 것으로 빈객의 대우가 시원찮아서 부른 노래이다.

해설

이 시는 절서관찰사의 막부에 있는 이 판관에게 부친 것이다. 앞으로 일과 학문에 정진할 것을 당부하는 내용으로 보인다. 작시 시기는 고찰할 수 없다.

292) 躡屩(섭교) : 짚신을 신다.

350. 두씨에게 부치다 2수

寄杜子二首[1]

제1수

不識長楊事北胡,[2]	장양궁에서 북쪽 호인을 섬긴 일은 알지 못하고
且教紅袖醉來扶.[3]	잠시 붉은 옷 소매 여인으로 하여금 취하면 부축하게 하네.
狂風烈焰雖千尺,[4]	미친 듯한 바람에 맹렬한 불꽃이 비록 천 척일지라도
豁得平生俊氣無.[5]	평생의 빼어난 기운을 싹 없앨 수 있겠는가.

주석

1 [역자주] 杜子(두자) : 누구인지 알려져 있지 않다.

2 **[협주]** 권1의 "장양궁에서 곰을 사냥했다." 주에 보인다.293)(見一卷長楊射熊羆註.)

[역자주] 長楊(장양) : 한나라 원림으로 황제가 사냥하던 곳이었다. 양웅(楊雄) <장양부(長楊賦)> 서문에서 "황제가 장차 금수(禽獸)가 많음을 호인(胡人)들에게 크게 자랑하려고 하여, 가을 우부풍(右扶風)에 명령을 내려 백성들을 징발하여 종남산(終南山)으로 들어가 사냥하게 했다. 여러 가지 그물을 치고, 곰, 큰곰, 호저, 호랑이, 표범, 긴꼬리원숭이, 큰 원숭이, 여우, 토끼, 사불상, 사슴을 잡아서 함거(檻車)에 싣고 장양궁(長楊宮)의 사웅관(射熊館)으로 운반했다. 호인(胡人)들로 하여금 맨손으로 쳐서 그 잡은 짐승을 스스로 가져가게 했으며 황제가 참석하여 관람했다.(上將大誇胡人以多禽獸, 秋命右扶風發民入南山. 張羅罔罝罘, 捕熊羆豪豬, 虎豹狖玃, 狐兎麋鹿, 載以檻車, 輸長楊射熊館. 令胡人手搏之, 自取其獲, 上親臨觀焉.)"라고 했다. 이 구는 사냥과 같이 힘이 드는

---

293) 두목의 시 <두추 아가씨를 읊은 시(杜秋娘詩)>이다.

유락 행위는 하지 않는다는 말이다.

3 [역자주] 教(교) : 하게 하다.

4 [역자주] 烈焰(열염) : 맹렬한 불꽃.

5 [역자주] 無(무) : 문장 끝에서 의문문을 만든다.

제2수

武牢關吏應相笑,[1]	무뢰관의 관리가 응당 비웃을 터
箇底年年往復來.[2]	어찌하여 해마다 갔다가 다시 오냐고.
若問使君何處去,[3]	만약 사군이 어디로 갔냐고 묻는다면
爲言相憶首長迴.	그리워하면서 머리를 늘 돌리고 있다고 말해주게.

주석

1 [역자주] 武牢關(무뢰관) : 호뢰관(虎牢關)이다. 당나라 고조 이연(李淵)이 할아버지인 이호(李虎)의 이름을 피하여 이름을 바꾸었다. 지금의 하남성 형양(滎陽) 북서쪽에 있다.

2 [역자주] 箇底(개저) : 무엇 때문에. 이상 두 구는 두목이 지방관과 중앙관을 자주 번갈아 하며 관문을 왔다 갔다 하는 상황을 표현한 것이다.

3 [역자주] 使君(사군) : 지방 장관인 자사(刺史)의 호칭이다. 여기서는 두목을 가리킨다.

해설

이 시는 두씨에게 부치는 것이다. 제1수는 비록 웅대한 향락은 하지 않고 그저 여인과 즐기며 술에 취할 뿐이지만 여전히 빼어난 기상을 가지고 있다고 했고, 제2수는 자주 지방으로 파견되어 떠도는 신세를 한탄하고는 자신이 늘 그곳을 생각하고 있다고 했다. 작시 시기는 고찰할 수 없다.

351. 노 수재가 장차 왕옥산을 나가 힘찬 발걸음으로 명성을 다투고자 했는데 강남에서 서로 만나 헤어지며 주다

盧秀才將出王屋高步名場, 江南相逢贈別[1]

王屋山人有古文,[2]	왕옥산의 사람에겐 옛 문장이 있기에
欲攀青桂弄氛氳.[3]	푸른 계수나무에 올라 짙은 향기를 즐기려 하네.
將携健筆干明主,[4]	장차 굳센 붓을 가지고 밝은 임금님을 뵐 터이니
莫向山壇問白雲.[5]	신의 제단을 향해 흰 구름에 관해 묻지 말기를.
馳逐寧教爭處讓,[6]	치달리면서 어찌 자리다툼에 양보하게 할 것이며
是非偏忌衆中分.	시시비비에 유달리 무리가 나뉘는 걸 싫어하겠지.
交遊話我憑君道,	교유하며 내게 말할 때 군주의 도리에 근거했으니
除卻鱸魚更不聞.[7]	농어에 관한 말을 제외하고는 다시 듣지 않으리.

주석

1 [역자주] 盧秀才(노수재) : 수재는 한나라 때 관리 선발 제도의 하나였으나, 당송 때는 진사시(進士試)에 응시하는 선비를 일컫는 말로 쓰였다. 노씨는 노매(盧霈)이다. 자가 자중(子中)이고 범양(范陽) 사람이다. 개성 3년(838) 진사 시험에 응시했고 이듬해 대주(代州)를 노닐었으며 남쪽으로 돌아와서 피살되었다. 두목의 문집에 <고 당나라 범양 노 수재 묘지(唐故范陽盧秀才墓誌)>가 있다. 王屋(왕옥) : 지금의 산서성 양성(陽城)에 있는 산으로 도가의 명산이다. 名場(명장) : 명성을 다투다. 과거시험을 보러 간다는 말이다.

2 **[협주]** 왕옥산은 이미 권3에 나왔다.[294)](王屋山已出三卷.)

3 **[협주]** ≪신선본기(神仙本記)≫의 내용이다. 초백(楚伯)은 열 번 넘게 낙제했다. 7월 7일 돌아가다가 상락산(商洛山)에서 서글퍼하며 말하기를, "달 속의 계수나무 한 가지를 어찌하면 꺾을까, 어찌하여 낙제하여 슬퍼하는가."라고 했다. 그날 밤 꿈에 푸른 관을 쓰고 푸른 옷을 입은 사람이 나타나서 말하기를, "너에게는 신선의 인연이 있으니 반드시 계수나무를 꺾을 수 있을 것이다."라고 했다. "어떻게 하면 됩니까?"라고 하니 대답하여 말하기를, "내일 새벽 태양이 막 빛날 때 시냇가로 내려가면 푸른 관을 쓴 사람이 있을 텐데 얼른 올라타거라."라고 했다. 이튿날 시냇가로 가니 과연 푸른 관을 쓴 사람이 한 명 있어서 올라탔다. 푸른 관을 쓴 사람은 구름을 탔으며 이에 살펴보니 푸른 몸을 한 오색용이었다. 달 안에 들어가자 용에서 내려 황금굴로 올라가니 계수나무가 있었다. 21일 밤에 초백은 제일 좋은 가지를 꺾었으며 다시 구름에 올라타고 세상으로 내려왔다. 낙양 사람들이 말하기를, "제일 좋은 가지이니 급제할 것이다."라고 했다.(神仙本記. 楚伯十上落第. 七月七日, 歸, 商洛山中惆悵曰,[295] 月中一枝如可折兮, 胡愴乎落第.[296] 其夜, 夢一人青冠青衣來曰, 汝有仙分, 必可折桂. 曰, 如何. 對曰, 翌日晨曦初艶,[297] 下溪行有青冠人, 急騎之. 翌日, 行溪過, 果逢一人青冠, 則騎之. 青冠人升雲, 乃視之, 青身五色龍也. 入月中, 下之, 上一黃金窟, 有桂樹. 二十一夜, 伯乃折甲枝, 復騎升雲下來. 洛人謂之曰, 甲枝卽登第矣.)

[역자주] 青桂(청계) : 푸른 계수나무. 진(晉)나라 극선(郤詵)이 현량대책(賢良對策)에 급제한 뒤 자신은 계수나무 숲의 한 가지에 불과하다고 말한 데서 시작하여 계수나무는 과거 급제를 상징하게 되었다. 氛氳(분온) : 짙은 향기.

4 [역자주] 干(간) : 간알하다.

5 [역자주] 山壇(산단) : 왕옥산을 천단산(天壇山)이라고도 한다. 이 구는 과거에 급제하여 관직을 하면서 왕옥산에 다시 은거할 생각은 하지 말라는 말이다.

6 [역자주] 馳逐(치축) : 일정한 목적을 향해 분주히 노력한다는 말이다.

---

294) 두목의 시 <구계에서 여름날 왕옥산으로 돌아가 장차 과거에 응시하려는 수재 노패를 전송하다(句溪夏日送盧霈秀才歸王屋山將欲赴擧)> 제목 아래의 주에 보인다.

295) 惆悵(추창) : 서글퍼하는 모양.

296) 胡(호) : 어찌하여. 愴(창) : 슬퍼하다.

297) 翌日(익일) : 다음날. 晨曦(신희) : 새벽 태양.

7 **[협주]** 권2의 "차가운 회는 계응의 농어이다." 주에 보인다.[298](見二卷寒鱠季膺魚註.)
[역자주] 除卻(제각) : 제외하다. 鱸魚(노어) : 물고기 이름으로 농어이다. 진(晉)나라 장한(張翰)의 고사를 인용한 것으로 관직을 그만두고 귀향하는 것을 상징한다. 장한은 자가 계응(季鷹)으로 오군(吳郡) 사람이다. 고결한 자질을 지녔고 분방하여 구애되는 것이 없었다. 제(齊)나라 왕 사마경(司馬冏)이 초빙하여 대사마(大司馬)의 동조연(東曹掾)으로 삼았다. 장한은 마침 가을바람이 일어나는 것을 보자, 오 지방의 순채국과 농어회가 그리워져 마침내 고향으로 돌아갔다.

해설

이 시는 왕옥산에 은거하다가 과거시험을 보기 위해 가는 노 수재를 만났다가 헤어지며 지은 것이다. 그가 뛰어난 문장력을 가지고 있어 과거에 급제할 것이라고 하고는, 군주의 도리에 근거하여 분란에 휩싸이지 않고 잘 보필한 뒤 욕심을 부리지 말고 은퇴하라고 당부했다. 개성 3년(838) 선주에서 <구계에서 여름날 왕옥산으로 돌아가 장차 과거에 응시하려는 수재 노패를 전송하다(句溪夏日送盧霈秀才歸王屋山將欲赴擧)>를 지은 적이 있는데, 그 이후 같은 해에 지은 것으로 추정한다.

298) 두목의 시 <시어사 허혼이 관직을 그만두고 동쪽으로 돌아가 강남에서 깨끗하게 지내며 자못 자적하신다는 소식을 듣고 늦가을에 우러르며 10운의 시를 지어 부치다(許七侍御棄官東歸, 瀟洒江南, 頗聞自適, 高秋企望, 題詩寄贈十韻)>이다.

352. 궁궐로 가는 유삼복 낭중을 보내다

送劉三復郎中赴闕[1]

橫溪辭寂寞,[2]	횡계의 적막함을 사양하고
金馬去追游.[3]	금마문으로 지방 관직을 떠나네.
好是鴛鴦侶,[4]	좋게도 원앙의 짝이 되고
正逢霄漢秋.[5]	마침 푸른 하늘의 가을을 만났네.
玉珂聲瑣瑣,[6]	옥 장식 소리가 짤랑거리고
錦帳夢悠悠.[7]	비단 장막의 꿈은 길겠지.
微笑知今是,[8]	미소 지으며 지금이 옳음을 알았으니
因風謝釣舟.[9]	바람 타고 낚싯배를 떠나네.

주석

1 [역자주] 劉三復(유삼복) : 윤주(潤州) 구용(句容) 사람으로 장경(長慶) 연간(821-824)에 윤주(潤州) 금단위(金壇尉)가 되었고 이덕유(李德裕)의 막부에 있었다. 주객원외랑(主客員外郎), 간의대부(諫議大夫), 급사중(給事中), 형부시랑(刑部侍郎) 등을 역임했다. 郎中(낭중) : 상서성의 관직으로 종오품상에 해당한다.

2 [역자주] 橫溪(횡계) : 지금의 강소성 강녕(江寧)이다.

3 **[협주]** '금마(金馬)'는 이미 권4에 나왔다.[299](金馬已出四卷.)

---

299) 두목의 시 <외사촌 형님인 화주자사 최 원외께 부치는 12운의 시(寄內兄和州崔員外十二韻)> "금마문에서의 옛 노닒이 귀하다.(金馬舊游貴.)"의 주에 보인다.

[역자주] 金馬(금마) : 궁궐에 있는 금마문(金馬門)을 가리킨다. 追游(추유) : 따라다니며 지방 관직을 전전하는 것을 뜻한다. 여기서는 유삼복이 이덕유의 막부에 있는 것을 말한다.

4 **[협주]** 위의 “원앙 수놓은 띠에 패옥이 부딪히리라.” 주에 보인다.[300](見上鴛鴦玉佩敲註.)

[역자주] 鴛鴦(원앙) : 협주에서는 원로(鵷鷺)와 같은 것으로 보고 궁궐의 신하를 비유한다고 했는데, 반드시 그렇게 볼 필요는 없다.

5 [역자주] 霄漢(소한) : 하늘.

6 **[협주]** 권3의 “금줄로 장식한 독수리를 들어 날려 보낸다.” 주에 보인다.[301](見三卷金絡擎雕去註.)

[역자주] 玉珂(옥가) : 옥으로 만들어 말의 굴레를 장식하는 것이다. 瑣瑣(쇄쇄) : 옥이 울리는 소리이다.

7 **[협주]** ‘금장(錦帳)’은 이미 권3에 나왔다.[302](錦帳已出三卷.)

[역자주] 錦帳(금장) : 비단 장막으로 낭중(郎中) 관직을 뜻한다. 한나라 때 상서랑(尙書郎)이 숙직을 하면 비단 이불과 비단 장막을 제공했다. 이상 두 구는 유삼복이 궁궐에서 낭중 관직을 수행하는 모습을 상상하여 묘사한 것이다.

8 **[협주]** 도연명의 <귀거래사>에서 “지금이 옳고 예전이 틀렸음을 깨닫는다.”라고 했다. 또 ≪장자≫에도 보인다.(陶潛, 歸去來辭. 覺今是而昨非. 又見莊子.)

9 [역자주] 釣舟(조주) : 낚싯배. 대체로 은거 생활을 상징하는데 여기서는 막부 생활을 가리킨다.

---

300) 두목의 시 <양주로 나가 진수하는 우승유 재상을 송별하다(送牛相出鎭襄州)>이다.

301) 두목의 시 <양주 3수(楊州二首)> 중 제2수이다.

302) 두목의 시 <관직에 제수되어 경사로 돌아가는데 목주에는 비가 개었다(除官歸京睦州雨霽)> “다시 낭관으로 삼았다.(還爲錦帳郎.)”의 주에 보인다.

해설

이 시는 지방의 막부에 있던 유삼복이 낭중이 되어 궁궐로 가는 것을 전송하면서 지은 것이다. 좋은 가을에 때맞추어 궁궐로 가게 되었음을 말했다. 유삼복이 낭중이 되었을 때는 개성 2년(837) 5월인데 당시 두목은 절서 지방에 있지 않았기에 두목의 시가 아니라고 하는 설이 있다. 하지만 두목이 그해에 양주의 동생을 만나러 갔는데 이때 그를 만났을 가능성도 있다.

353. 양란포에서 밤에 연회를 모시다

羊欄浦夜陪宴會[1]

戈檻營中夜未央,[2]　　창을 우리같이 늘어세운 군중에 밤은 끝이 없고
雨霑雲惹侍襄王.[3]　　비에 젖고 구름을 끌며 양왕을 모시네.
毬來香袖依俙暖,[4]　　공이 오니 향기로운 소매는 따뜻한 듯하고
酒凸觥心泛灩光.[5]　　술이 불룩한 술잔 가운데는 광채가 떠 있네.
紅弦高緊聲聲急,[6]　　붉은 현을 바짝 조여 음악 소리는 급하고
珠唱鋪圓裊裊長.[7]　　구슬 같은 노래는 둥글게 깔아놓은 듯 가녀리게 기네.
自比諸生最無取,[8]　　가장 쓸모없는 유생에 스스로 비교하나니
不知何處亦升堂.[9]　　어디서 또 당에 올라야 할지 모르겠구나.

주석

1　[역자주] 羊欄浦(양란포) : 어디의 지명인지 고찰할 수 없다.

2　[역자주] 戈檻(과함) : 창을 세워서 늘어놓아 우리같이 해 놓은 것으로 군영의 방비 태세가 엄중함을 보여준다.

3　**[협주]** 권3이 "무산 여인이 사당 안에서는 낮게 처져 비를 머금는다." 주에 보인다.[303] (見三卷巫娥廟裏低含雨註.)

[역자주] 霑(점) : 젖다. 惹(야) : 이끌다. 襄王(양왕) : 초나라의 왕으로 송옥(宋玉)의 <고당부(高唐賦)>에 따르면, 그가 고당을 노닐 때 꿈에 무산 신녀가 와서 하룻밤을 모시고

---

303) 두목의 시 <버들을 읊은 칠언율시(柳長句)>이다.

는 아침에는 구름이 되고 저녁에는 비가 되어 양대에 있겠다고 했다. 여기서는 연회의 주인을 가리킨다.

4 [역자주] 毬(구) : 둥근 공. 여기서는 안에 향료를 넣은 것으로 보인다. 依俙(의희) : 마치.

5 [역자주] 觥(굉) : 술잔. 泛灩(범렴) : 광채가 일렁이는 모양.

6 **[협주]** ≪상서대전≫에서 "큰 금에 붉은 현."이라고 했다.(尙書大傳. 大琴朱絃.)

[역자주] 高緊(고긴) : 악기 소리가 높게 나도록 줄을 바짝 조이다.

7 **[협주]** ≪예기·악기(樂記)≫에서 "노래하는 자가 줄줄이 꿰어놓은 구슬처럼 반듯하다."라고 했다.(禮記. 歌者纍纍乎,[304] 端如貫珠.)

[역자주] 珠唱(주창) : 옥구슬이 굴러가는 듯한 노랫소리. 鋪圓(포원) : 둥글게 깔아놓다. 또는 둥근 구슬을 깔아놓다. 裊裊(요뇨) : 가느다란 모양.

8 **[협주]** ≪한서·숙손통전(叔孫通傳)≫에서 "신은 노나라 유생들을 징벌하고 신의 제자와 함께 조회 의례를 일으키고자 합니다."라고 했다.(漢書, 叔孫通傳. 臣願徵魯諸生, 與臣弟子共起.)

[역자주] 無取(무취) : 취할 바가 없다. 재주가 없다는 말이다.

9 **[협주]** 권2의 "사마상여는 불려와 당에 올라가겠지"의 주에 보인다.[305](見三[306]卷犬子召升堂註.)

[역자주] 升堂(승당) : 원래는 학문에 입문하는 것을 뜻하는데, 여기서는 연회 자리에 배석하는 것을 말한다.

해설

이 시는 양란포의 연회에 배석하여 지은 것이다. 군영에서 화려한 연회가 열렸는데 자기와 같이 비천한 이가 연회에 배석하게 되어 외람되다고 했다. 작시 시기는 고찰할 수 없다.

---

304) 纍纍(누루) : 첩첩이 있는 모양.

305) 두목의 시 <문하성의 재상이 재상 인장을 겸하여 거느리며 진으로 나가 촉 땅을 온전히 하러 가는 서천 절도사 재상을 송별하며 지은 시에 받들어 화답하다(奉和門下相公送西川相公兼領相印出鎭全蜀)>이다.

306) '三'은 '二'의 잘못이다.

354. 윤주의 막부로 가는 두의를 보내다

送杜顗赴潤州幕[1]

少年才俊赴知音,[2] 젊은이의 재주가 뛰어나 자신을 알아주는 이를 찾아가니
丞相門欄不覺深.[3] 승상의 문지방이 깊은 줄을 모르겠구나.
直到事人男子業, 곧장 가서 사람을 섬기는 것이 남자의 일이고
異鄉加飯弟兄心.[4] 낯선 고장에서 밥 많이 먹으라는 것은 형제의 마음이네.
還須整理韋弦佩,[5] 또 모름지기 가죽과 활줄 차고 마음을 단속하고
莫獨矜誇玳瑁簪.[6] 대모의 비녀를 유독 자랑하지 말거라.
若去上元懷古去,[7] 만약 상원을 떠나 옛일을 회상하러 간다면
謝安墳下與沈吟.[8] 사안의 무덤 아래에서 함께 낮은 소리로 읊조리거라.

주석

1 **[협주]** ≪신당서·이덕유전(李德裕傳)≫에 따르면 이덕유는 검교상서좌복야, 윤주자사, 진해군 절도사, 소주 상주 항주 윤주의 관찰사 등이 되었다. 본집의 <당나라의 돌아가신 회남지사 대리평사 겸 감찰어사 두군의 묘지명(唐故淮南支使試大理評事兼監察御史杜君墓誌銘)>에서 "승상 이덕유가 지방으로 나가 진해군 절도사가 되었을 때 두의를 불러 협률랑으로 삼아 순관이 되었다."라고 했다.(新唐書, 李德裕傳. 裕爲檢校尙書左僕射潤州刺史鎭海軍節度蘇常杭潤觀察等使. 本集, 杜顗墓銘. 李丞相德裕出爲鎭海軍節度, 辟召試協律郎, 爲巡官.)
[역자주] 杜顗(두의) : 두목의 동생이다. 태화 6년(832) 과거에 급제하여 비서성(秘書省) 정자(正字), 궤사판관(匭使判官)을 역임했으며, 후에 이덕유의 막부에서 협률랑이 되었

다. 潤州(윤주) : 지금의 강소성 진강(鎭江)이다.

2 **[협주]** ≪삼국지·위지(魏志)·왕찬전(王粲傳)≫에서 “옛날에 백아가 종자기 때문에 현을 끊은 것은 자신을 알아주는 자를 만나기 어렵다는 것에 마음 아파한 것이다.”라고 했다.(魏志, 王粲傳. 昔者伯牙絶絃於鍾期, 痛知音之難遇.)

3 [역자주] 門欄(문란) : 문지방.

4 **[협주]** <고시십구수> 중 <가고 가고 또 가고 간다(行行重行行)>에서 “버림받았다고 다시는 말하지 말고 힘써 밥을 많이 먹어야지.”라고 했고, ≪문선≫ 여연제(呂延濟)의 주에서 “‘힘써 밥을 많이 먹어야지’는 스스로 면려하는 말이다.”라고 했다.(古詩. 棄捐勿復道,[307] 努力加餐飯. 註. 努力加餐飯, 自勉之辭.)

5 **[협주]** ≪한비자·관행(觀行)≫에서 “서문표(西門豹)는 성격이 급해서 가죽을 차고서 자신을 늦추었고, 동안우(董安于)는 마음이 느긋해서 팽팽한 활줄을 차고서 스스로 급하게 했다. 그러므로 여유로운 것으로 부족함을 보충하고 장점으로 단점을 잇는다면 이를 일러 현명한 군주라고 한다.”라고 했다.(韓非子. 西門豹之性急, 故佩韋以緩己. 董安于之心緩, 故佩絃以自急. 故以餘補不足, 以長續短謂之[308]明主.)

6 **[협주]** 권2 <춘신군>의 주에 보인다.(見二卷春申君註.)

[역자주] 矜誇(긍과) : 자랑하다. 玳瑁簪(대모잠) : 대모 껍질로 만든 비녀로 화려하게 치장한 의복을 상징한다. 대모는 거북의 일종이다.

7 **[협주]** ≪십도지≫에서 “윤주에 상원(上元)이 있다.”라고 했고, 주에서 “초나라가 오나라를 멸망시킨 뒤 금릉읍(金陵邑)을 두었다. 진시황은 그 기운을 싫어하여 말릉(秣陵)으로 바꾸었다. 진(晉)나라 태강(太康) 2년(281)에 강녕(江寧)으로 바꾸었고 지금은 상원이 되었다.”라고 했다.(十道志. 潤州有上元. 註. 楚滅吳, 置以金陵邑. 秦始皇忌其氣, 改秣陵. 晉太康二年, 改爲江寧. 今爲上元.)

[역자주] 上元(상원) : 지금의 강소성 남경(南京)이다. 당시 윤주에 속했다.

8 [역자주] 謝安(사안) : 동진(東晉)의 유명한 신하로 지금의 남경에 그의 무덤이 있다.

---

307) 棄捐(기연) : 버림받다. 道(도) : 말하다.

308) ‘謂之’는 ‘之謂’의 잘못이다.

해설

이 시는 윤주에 있는 이덕유의 막부로 가는 동생 두의를 전송하며 지은 것이다. 자신의 능력을 알아주는 이가 불러서 가니 좋은 일이고, 가서 열심히 일하고 겸손하게 생활하며 사안과 뜻을 같이할 것을 당부했다. 태화 9년(835) 봄 우승유 막부에서 장서기로 있을 때 지었다.

355. 감개가 있다

有感

宛溪垂柳最長枝,[1]	완계의 능수버들 가장 긴 가지
曾被春風盡日吹.	일찍이 봄바람이 온종일 불어댔지.
不堪攀折猶堪看,[2]	당겨 꺾을 수는 없어도 볼 만했기에
陌上少年來自遲.[3]	길 가던 젊은이가 와서 절로 느긋했지.

주석

1 **[협주]** 완계(宛溪)는 권3의 <선주 개원사 물가의 누각에 쓰다. 누각의 아래가 완계이고 완계를 사이에 두고 사람들이 거주한다(題宣州開元寺水閣, 閣下宛溪, 夾溪居人)> 시의 주에 보인다.(宛溪, 見三卷宣州開元寺水閣詩註.)

[역자주] 宛溪(완계) : 지금의 안휘성 선주(宣州)에 있다.

2 [역자주] 攀折(반절) : 잡아 당겨 꺾다.

3 [역자주] 陌(맥) : 길. 遲(지) : 느긋하다. 천천히 걷다.

해설

이 시는 완계의 버들에 관해 읊은 것이다. 봄날 긴 버들가지에 바람이 불어 하늘거리며 날리면 젊은 두목이 와서 느긋하게 감상했다고 했다. 작시 시기는 고찰할 수 없다.

356. 감회를 써서 여주자사에게 부치다
書懷寄盧州[1]

謝山南畔州,[2]	사산은 주의 남쪽 경계에 있는데
風物最宜秋.	풍경이 가을에 가장 어울리니,
太守懸金印,[3]	태수는 금 인장을 걸어두고
佳人敞畫樓.[4]	아름다운 이는 그림 같은 누대를 활짝 열었겠지.
凝釭暗醉夕,[5]	엉겨 붙은 등불은 취한 저녁에 어두워지고
殘月上汀洲.[6]	지려고 하는 달이 물가섬에 떠 있는데,
可惜當年鬢,[7]	안타깝게도 한창나이의 귀밑털이지만
朱門不得游.[8]	붉은 문을 노닐지 못하는구나.

주석

1 **[협주]** '로(盧)'는 마땅히 '려(廬)'가 되어야 한다.(盧, 當作廬.)
[역자주] 盧州(노주) : 당나라 행정구역에 노주는 없으므로 제목에 오류가 있다. 협주에서는 여주(廬州)가 되어야 한다고 했다. 이와 달리 '노주수(瀘州守)'로 된 판본도 있으며, '노섭수(盧歙州)'라고 주장하는 설도 있다. 여주는 지금의 안휘성 합비(合肥)이고, 노주(瀘州)는 지금의 사천성 노주이다. 섭주는 지금의 안휘성 황산(黃山)이며 노씨는 노홍지(盧弘止)이다. 시의 내용으로 보아 여주가 맞는 것으로 보인다.

2 **[협주]** 권3의 "우저기 남쪽 사산 북쪽"의 주에 보인다.309)(見三卷牛渚磯南謝山北註.)

309) 두목의 시 <주도령에게 주다(贈朱道靈)>이다.

[역자주] 謝山(사산) : 남조 제나라의 문인 사조(謝朓)가 머물던 청산(靑山)으로 지금의 안휘성 당도(當塗)에 있었다. 당도는 여주의 남쪽과 선주의 북쪽 경계에 있었다.

3 [역자주] 太守(태수) : 여기서는 여주자사를 가리킨다.

4 [역자주] 敞(창) : 활짝 열다.

5 **[협주]** ['강(釭)'은] 고와 쌍의 반절이며 등불이다.(古雙切, 燈也.)

6 [역자주] 汀洲(정주) : 물섬.

7 [역자주] 當年(당년) : 한창나이.

8 [역자주] 朱門(주문) : 고위 관원의 집을 뜻하는데, 여기서는 여주자사의 거처를 가리킨다.

해설

이 시는 가을에 여주자사에게 부치는 것이다. 가을의 경관이 그곳에 가장 좋아 정무를 멈추고 마음껏 즐기고 있을 것을 상상하고는, 홀로 외로운 밤을 지새우며 가서 만나지 못하는 안타까움을 말했다. 작시 시기는 고찰할 수 없다.

357. 최 대부와 최 정자를 축하하다

賀崔大夫崔正字[1]

內擧無慚古所難,[2]	친족 천거에 부끄러움이 없는 것은 예로부터 어려운 것
燕臺遙想拂塵冠.[3]	연 땅의 누대를 멀리서 생각하고 먼지 묻은 관을 털었네.
登龍有路水不峻,[4]	용문에 오르기에 길이 있어 물이 험하지 않지만
一雁背飛天正寒.	기러기 한 마리 등지고 나니 하늘이 한창 차갑네.
別夜酒餘紅燭短,	작별의 밤 술은 남지만 붉은 초는 짧고
映山帆去碧霞殘.	산을 비추며 돛대 떠나면 푸른 노을은 사라지리라.
謝公樓下潺湲響,[5]	사공루 아래 물 흐르는 소리
離恨詩情添幾般.[6]	이별의 한이 시의 정감을 얼마나 더하는가.

주석

1 [역자주] 崔大夫(최대부) : 대부는 어사대부(御史大夫)나 간의대부(諫議大夫)를 가리킨다. 최씨는 회창 연간(841-846)에 선섭관찰사(宣歙觀察使) 겸 어사대부를 지낸 최귀종(崔龜從)으로 추측하는 설이 있다. 崔正字(최정자) : 정자는 비서성(秘書省)의 관직으로 정구품하에 해당한다. 최 대부의 친속으로 그의 추천을 받아 관직에 기용된 것으로 보인다.

2 **[협주]** ≪좌전·양공(襄公) 21년≫에서 "대부 기해(祁奚)는 친족 바깥의 사람을 추천할 때 원수라고 빼지 않았으며 친족 안쪽의 사람을 추천할 때 친하다고 빼지 않았다."라고 했다.(左傳. 祁大夫, 外擧不棄讎, 內擧不失親.)

3 **[협주]** '연대(燕臺)'는 이미 권1에 나왔다.[310] (燕臺已出一卷.)

[역자주] 燕臺(연대) : 전국시대 연나라 소왕(昭王)이 여러 인재를 기용하기 위해 황금을 놓아둔 누대를 말한다. 拂塵冠(불진관) : 먼지 묻은 관을 털다. 출사 준비를 하는 것이다. 이상 두 구는 친족 간의 추천은 공정하다고 평가받기 어려운 일이지만 최 대부의 추천으로 최씨가 정자의 관직을 받게 되었다는 말이다.

4 **[협주]** 권2의 "공공의 의론은 왕궁의 문을 두려워했다"의 주에 보인다.[311](見二卷公議怯應門註.)

[역자주] 登龍(등룡) : 후한의 이응(李膺)은 풍도를 갖추고 명성이 높았는데 선비 중에 그의 눈에 든 자가 있으면 용문에 올랐다고 했다. 이하 두 구는 최 대부의 추천을 받으면 용문에 오르는 것이 쉬운 일이지만, 두목 자신은 그러지 못해 어렵게 지내고 있다는 말이다.

5 **[협주]** '사루(謝樓)'는 이미 권1에 나왔다.[312](謝樓, 已出一卷.)

[역자주] 謝公樓(사공루) : 남조 제나라의 사조(謝朓)가 선주(宣州)를 다스릴 때 세운 누대이다. 潺湲(잔원) : 물이 흘러가는 소리.

6 [역자주] 幾般(기반) : 얼마나. 많다는 말이다.

해설

이 시는 최 대부의 친척인 최씨가 정자 관직을 받은 것을 축하하는 것이다. 최 대부의 공정한 추천으로 관직을 받은 것을 축하하면서 자신은 그런 추천을 받지 못한 것을 안타까워했다. 그러기에 관직을 받아 떠나가는 이를 송별하는 마음이 더욱 아프다. 작시 시기는 고찰할 수 없다.

---

310) 두목의 시 <지주에서 맹지 선배를 보내다(池州送孟遲先輩)> "내가 비록 황금대에 있었지만.(我雖在金臺.)"의 주에 보인다.

311) 두목의 시 <옛날 문황제를 섬긴 일을 읊은 32운의 시(昔事文皇帝三十二韻)>이다.

312) 두목의 시 <장호호를 읊은 시(張好好詩)> "서리는 사공루의 나무를 시들게 한다.(霜凋謝樓樹.)"의 주에 보인다.

358. 강남에서 좌 스님을 보내다
江南送左師[1]

江南爲客正悲秋,	강남에서 나그네가 되어 정말 가을이 슬픈데
更送吾師古渡頭.	게다가 옛 나루터에서 우리 스님을 보내네.
惆悵不同塵土別,[2]	애달픈 마음은 세속의 이별과 다르니
水雲蹤跡去悠悠.[3]	물과 구름 같은 자취가 아득히 떠나가겠지.

주석

1 [역자주] 左師(좌사) : '사'는 승려의 존칭이며, 법명에 '좌'가 들어가는 승려에 대해서는 자세히 고찰할 수 없다.

2 [역자주] 惆愴(추창) : 애달프다. 塵土(진토) : 세속. 이 구는 세속의 이별과 달리 헤어짐의 슬픔이 담담하다는 말이다.

3 [역자주] 水雲(수운) : 행각승(行脚僧)이 흘러가는 물처럼 떠가는 구름처럼 산천을 떠도는 것을 말한다.

해설

이 시는 강남에서 좌 스님을 송별하며 지은 것이다. 이여의 가을이라 슬픈데 게다가 스님과 작별하니 더 슬프다고 하고는, 고아한 행각승이 불도를 닦기 위한 고행 때문에 헤어지는 것이라 속세의 이별과는 느낌이 다르다고 했다. 작시 시기는 고찰할 수 없다.

359. 잠자리에 든 밤

寢夜

蛩唱如波咽,[1]	귀뚜라미 노래는 물결인 듯 흐느끼고
更深似水寒.[2]	밤 시간은 깊어 물처럼 차갑구나.
露華驚弊褐,[3]	이슬로 해진 털옷을 놀라게 하고
燈影掛塵冠.	등불 그림자 속에 먼지 묻은 관을 걸어놓았네.
故國初離夢,[4]	고향을 갓 떠나와 꾸는 꿈
前溪更下灘.[5]	앞 시내에는 이어서 내려가는 여울.
紛紛毫髮事,[6]	많고 많은 자잘한 일
多少宦游難.[7]	지방 관원의 어려움은 얼마나 많을까.

주석

1 [역자주] 蛩(공) : 귀뚜라미.

2 [역자주] 更(경) : 밤 시각을 나타내는 단위이다.

3 [역자주] 露華(노화) : 이슬. 弊褐(폐갈) : 낡은 털옷.

4 [역자주] 故國(고국) : 고향.

5 [역자주] 更下灘(갱하탄) : 이어져 흘러가는 여울.

6 [역자주] 紛紛(분분) : 많은 모양. 毫髮(호발) : 머리카락. 자잘한 것을 비유한다.

7 [역자주] 宦游(환유) : 지방을 떠돌며 관직 생활을 하다.

해설

이 시는 밤에 잠 못 들고 느낀 감회를 적은 것이다. 고향을 떠나와 지방 관직을 하는 쓸쓸한 감회를 적었다. 작시 시기는 고찰할 수 없다.

360. 친척 형님의 군 누대에서 연회가 있었는데 병이 있어서 가지 못하다

十九兄郡樓有宴，病不赴[1]

十二層樓敞畫檐,[2]	열두 겹 층층 누대에 화려한 처마를 열고는
連雲歌盡草纖纖.[3]	구름에 닿는 노래가 가느다란 풀에까지 이르렀겠지.
空堂病怯階前月,	빈방에서 병이 나서 계단 앞의 달을 겁내는데
鷰子嗔垂一桁簾.[4]	제비가 가로대의 주렴을 드리웠다고 화를 내네.

주석

1 [역자주] 十九兄(십구형) : 종형제 중 열아홉 번째의 형인데 누구인지는 고찰할 수 없다.

2 **[협주]** ≪십주기(十洲記)≫에서 "곤륜산에 12옥루가 있다."라고 했다. 포조의 시에서 "봉루가 12겹이다."라고 했다.(十洲記. 崑崙山有十二玉樓. 鮑照詩. 鳳樓十二重.)

[역자주] 十二層樓(십이층루) : 층층 누각이 12겹이라는 말이다. 이와 달리 12층 누각을 의미할 수도 있다. '십이'는 정도가 심함을 표현하는 허수인 경우가 많다. 敞(창) : 열다. 畫檐(화첨) : 그림으로 화려하게 장식한 처마.

3 **[협주]** ≪열자·탕문(湯問)≫에서 "진청(秦靑)이 박자를 치며 구슬프게 노래했는데 소리가 숲의 나무를 흔들었고 울림이 지나가던 구름에 가득했다."라고 했다.(列子. 秦靑撫節悲歌, 聲振林木, 響遏行雲.)

[역자주] 纖纖(섬섬) : 가느다란 모양.

4 **[협주]** 항(桁)은 하와 랑의 반절이며 옷걸이다.(桁, 下浪切. 衣施也.)

[역자주] 嗔(진) : 화를 내다. 桁(항) : 여기서는 주렴을 걸기 위해 설치한 가로막대를 말한다.

해설

이 시는 친척 형님이 연 연회에 병이 나서 참석하지 못했기에 지은 것이다. 화려한 누대에서 아름다운 음악이 연주될 것이라고 상상하고는 병이 나서 밖에 나가지 못하고 주렴을 드리우고 있다고 했다. 작시 시기는 고찰할 수 없다.

361. 근심
愁

聚散竟無形, 모였다 흩어져도 결국 형체가 없지만
迴腸自結成.[1] 창자를 비비 꼬며 절로 맺혀 생겼구나.
古今留不得, 고금에 머무르게 할 수 없어서
離別又潛生. 헤어졌다가도 또 몰래 생기지.
降虜將軍思,[2] 오랑캐에게 항복한 장군의 그리움
窮秋遠客情. 가을이 다하도록 멀리 떠도는 나그네의 마음.
何人更憔悴,[3] 어떤 이가 또 초췌하게
落第泣秦京.[4] 낙제하여 진나라 경사에서 울고 있구나.

주석

1 **[협주]** 권4의 "헤어진 슬픔을 스스로 없애지 못한다"의 주에 보인다.[313)] (見四卷離腸不自裁註.)
[역자주] 迴腸(회장) : 빙글빙글 도는 창자. 근심이나 비통함이 마음에 맺히는 것을 비유한다.

2 **[협주]** ≪한서·이릉전(李陵傳)≫에서 "이릉은 천한(天漢) 2년(기원전 99) 5천 명을 이끌고 변새를 나가 흉노와 싸웠는데 힘이 꺾여 마침내 흉노에게 항복했다."라고 했다.(漢書. 李陵天漢二年率五千人, 出塞, 與匈奴戰, 力屈, 乃降匈奴中.)

313) 두목의 시 <단수(丹水)>이다.

[역자주] 降虜(항로) : 오랑캐에게 항복하다. 이 구는 이릉 장군이 흉노에게 항복하여 고국을 그리워했다는 말로 작자 자신도 낙제한 뒤 이역에서 고향을 그리워한다는 뜻을 표현한 것이다.

3 [역자주] 憔悴(초췌) : 초췌하다.

4 [역자주] 秦京(진경) : 진나라의 수도. 원래는 함양인데, 여기서는 당나라의 수도인 장안을 가리킨다.

해설

이 시는 ≪전당시≫에 허혼(許渾)의 작품으로 수록되어 있는데, 몇몇 글자가 다르다. 두목은 젊은 나이에 쉽게 급제했으며 허혼은 40세가 넘도록 급제하지 못한 사실에 근거하여 허혼의 작품이라는 설이 있다. 이 시는 인간이 근심을 떨쳐 버릴 수 없음을 말한 뒤, 낙제한 뒤 고향을 그리워하며 객지를 떠도는 애달픔을 묘사했다.

362. 수원
隋苑[1]

紅霞一抹廣陵春,[2]	붉은 노을이 광릉의 봄을 한번 쓰다듬을 때
定子當筵睡臉新.[3]	정자가 연회석에서 잠자는 얼굴이 새롭구나.
卻笑丘墟隋煬帝,	도리어 수나라 양제의 폐허를 비웃나니
破家亡國爲誰人.[4]	나라를 망친 것이 누구 때문이었나.

주석

1 **[협주]** ≪통전≫에서 "회남도(淮南道) 광릉군(廣陵郡)은 지금의 양주(楊州)이며 강도(江都)와 강양(江陽) 두 현을 다스린다. 수나라 초에 양주가 되었으며 총관부를 두었다. 양제(煬帝) 초에 또 강도군이 되었는데 후에 황제가 도읍을 옮기고 나라가 망했다."라고 했다.(通典. 淮南道廣陵郡, 今之楊州, 理江都江陽二縣. 隋初, 爲楊州, 置總管府, 煬帝初, 又爲江都郡, 後帝徙都而喪國焉.)

[역자주] 隋苑(수원) : 수나라 양제가 만든 원림으로 상림원(上林苑)이라고도 했다. 지금의 강소성 양주에 있었다.

2 [역자주] 抹(말) : 스치다. 스다듬다.

3 **[협주]** 본집의 주에서 "혹자가 말하기를 정자는 재상 우승유(牛僧孺)의 젊은 여자 종이라고 했다."라고 했다.(本註. 一云, 定子, 牛相小青.314))

[역자주] 當筵(당연) : 연회 자리에서. 睡臉(수검) : 잠자는 얼굴.

4 [역자주] 破家(파가) : 가읍(家邑)을 망치다. 나라를 망하게 한다는 말이다.

---

314) 小青(소청) : 젊은 여자 하인. 대개 푸른 옷을 입었다.

해설

이 시는 이상은(李商隱)의 시집에 <정자(定子)>라는 제목으로 수록되어 있기도 하다. 주석에 따르면 정자는 재상을 지낸 우승유의 노비 이름인데, 두목은 우승유의 막부에서 장서기(掌書記)를 지냈지만 이상은은 우승유를 만난 적이 없다는 데 근거하여 두목의 작품으로 판정한다. 이 시는 수원의 연회에 참석해서 지은 것이다. 봄날 저녁 무렵 잠든 여자 노비의 얼굴을 묘사한 뒤, 이곳을 지었다가 나라를 망친 수나라 양제를 비판했다. 태화 8년(834) 회남절도사(淮南節度使) 우승유의 막부에 있을 때 지은 것이다.

363. 파초
芭蕉

芭蕉爲雨移,	비 때문에 파초를 옮기니
故向窓前種.	일부러 창 앞에다 심었네.
憐渠點滴聲,[1]	좋구나, 네게서 물방울 떨어지는 소리가
留得歸鄕夢.	고향으로 돌아갈 꿈을 남겨줄 수 있으니.
夢遠莫歸鄕,	꿈이 길어도 고향으로 돌아갈 수 없기에
覺來一翻動.[2]	깨어보니 한 번 요동치는구나.

주석

1 [역자주] 渠(거) : 너. 파초를 가리킨다. 點滴(점적) : 방울이 듣다.

2 [역자주] 覺(교) : 잠에서 깨다.

해설

이 시는 파초를 옮겨 심은 뒤 지은 것이다. 비가 오기에 창가로 파초를 옮겨심으니 큰 잎에서 물방울 떨어지는 소리에 고향에 돌아온 듯한 느낌이 들었다가도 이내 환상인 걸 알고 안타까워한다는 내용이다. 작시 시기는 고찰할 수 없다.

364. 변수에서 배를 타고 가다가 장호에게 답하다

汴水舟行, 答張祜[1]

千萬長河共使船, 천 리 만 리 긴 강을 함께 배 타고 가다가
聽君詩句倍愴然.[2] 그대의 시를 들으니 구슬픔이 배가 되네.
春風野岸名花發, 봄바람 부는 들 기슭에 이름난 꽃이 피고
一道帆檣畫柳煙.[3] 돛대 하나 가는데 안개 같은 버들이 그려져 있네.

주석

1 **[협주]** 권4의 <변하에서 옛일을 생각하다(汴河懷古)> 시의 주에 보인다.(見四卷汴河懷古註.)
[역자주] 汴水(변수) : 수(隋)나라 양제(煬帝)가 낙양에서 양주까지 운하를 팠는데, 그 남단을 통제거(通濟渠)라고 하며 변주(汴州) 즉 지금의 하남성 개봉(開封)에서 시작한다. 당나라 때는 이를 변하(汴河)라고 불렀다. 張祜(장호) : 자는 승길(承吉)이며 청하(清河) 사람이다. 관직에 나가지 않고 줄곧 단양(丹陽)에 살았으며 대중 연간(847-860)에 죽었다.

2 [역자주] 愴然(창연) : 구슬프다.

3 [역자주] 道(도) : 길이가 긴 물건을 헤아리는 단위이다. 帆檣(범장) : 돛대

해설

이 시는 변수에서 같이 배를 타고 가다가 장호가 지은 시에 답하는 것이다. 장호가 지은

시가 나그네의 시름을 돋우는 훌륭한 시임을 칭송하고는 봄날 주위 경관이 아름답다고 했다. 두목이 장호를 알고 난 뒤 변수를 지나간 것이 세 번인데 모두 봄이 아니라는 근거에 의해 두목의 시가 아니라는 설이 있다.

365. 내가 소응의 노 낭중과 함께 강서 선주에서 지금의 이부 시랑 심공의 막부에서 보좌했는데, 막부일을 마치고 일 년이 지난 뒤 노공은 소응을 다스리고 나는 회남에서 일에 얽매여 있었기에, 옛일을 서술하여 22운을 이루어 이를 부치다

牧陪昭應盧郎中在江西宣州佐今吏部沈公幕, 罷府周歲, 公宰昭應, 牧在淮南縻職, 敍舊成二十二韻, 用以投寄[1]

燕雁下楊州,[2]	제비와 기러기가 양주로 내려오고
涼風柳陌秋.	서늘한 바람이 버드나무 길목에 부는 가을,
可憐千里夢,	가련한 천 리 먼 곳의 꿈
還是一年愁.	또다시 일 년의 근심.
宛水環朱檻,[3]	완수가 붉은 난간을 두르고
章江敞碧流.[4]	장강이 푸른 시내를 열었는데,
謬陪吾益友,[5]	외람되게도 나의 좋은 친구와 함께
祗事我賢侯.[6]	우리의 어진 나리를 공손하게 모셨지.
印組縈光馬,[7]	인장의 끈은 말을 빛내며 둘렀고
鋒鋩看解牛.[8]	날카로운 칼끝은 소를 해체하는 것을 보았네.
井閭安樂易,[9]	우물 있는 마을은 화락함과 평이함에 편안했고
冠蓋愜依投.[10]	복식을 차린 관원은 의지함과 기탁함에 즐거웠으니,
政簡稀開閣,[11]	정치가 간명하여 드물게 관청을 열었고
功成每運籌.[12]	공업이 이루어진 것은 매번 책략을 잘 세워서였지.

送春經野塢,[13]	봄을 보내며 들판의 두둑을 지나가고
遲日上高樓.[14]	길어진 봄날에 높은 누대에 올랐는데,
玉裂歌聲斷,	옥을 찢는 듯한 노랫소리는 끊어지고
霞飄舞帶收.	노을이 날리는 듯한 무희의 띠는 거두어졌지.
泥情斜拂印,[15]	끈끈한 정에 인장을 비스듬히 어루만지고
別臉小低頭.[16]	이별의 얼굴로 고개를 조금 숙이니,
日晩花枝爛,	꽃 가지 찬란한데 날은 저물고
釭凝粉彩稠.[17]	여인의 화장 짙은데 등불은 엉겨 붙었지.
未曾孤酩酊,[18]	일찍이 홀로 술에 취한 적 없었는데
剩肯隻淹留.[19]	게다가 홀로 남겨지려고 했겠는가.
重德俄徵寵,[20]	크나큰 덕이 갑자기 불러 총애하시니
諸生苦宦游.[21]	여러 부하는 진실로 떠돌며 관직을 하게 되어,
分途之絶國,[22]	헤어져 먼 고장으로 가게 되자
灑淚拜行輈.[23]	눈물을 뿌리며 떠나가는 수레에 절을 했네.
聚散眞漂梗,[24]	모였다 흩어지니 진정 떠다니는 나무토막 같고
光陰極轉郵.[25]	세월은 파발마를 돌리는 것보다 빠른데,
銘心徒歷歷,[26]	마음에 새긴 것은 헛되이 또렷하고
屈指信悠悠.	손가락을 꼽아 헤아리니 진실로 아득하네.
君作烹鮮用,[27]	그대는 생선을 삶는 것과 같은 능력을 가졌는데
誰膺仄席求.[28]	누가 자리를 기울이며 찾으려고 하는가.
卷懷能憤悱,[29]	뜻을 말아 감추고서 말로도 마음으로도 풀지 못하니
卒歲且優游.[30]	해를 마치며 잠시 느긋하게 노닐어야 하리.

去矣時難遇,[31]	떠나야지, 때는 만나기 어려우니
沽哉價莫酬.[32]	팔아야지, 좋은 가격을 받을 수 없구나.
滿枝爲鼓吹,[33]	나뭇가지에 가득히 군가가 울리지만
衷甲避戈矛.[34]	갑옷을 속에 입고 창을 피해야 하리.
隋帝宮荒草,[35]	수나라 황제의 궁원에는 풀이 황폐하고
秦王土一丘.[36]	진나라 왕의 땅에는 무덤이 하나구나.
相逢好大笑,	서로 만나 크게 웃으면 좋을 텐데
除此總雲浮.[37]	이를 제외하면 모두 뜬구름이구나.

주석

1 **[협주]** 권1의 <장호호를 읊은 시 및 서문>의 주에 보인다.[315] 권4의 <관직을 제수받아 가다가 소응에 이르렀는데 벗이 지방관으로 나간다는 소식을 들었기에 부치다(除官行至昭應聞友人出官因寄)> 주에 보인다.[316] ≪구당서·두목전≫에서 "우승유(牛僧孺) 회남 절도사의 막부에서 장서기가 되었다."라고 했다.(見一卷張好好詩序及[317]註. 見四卷除官行昭應府註. 唐書, 杜牧傳. 牛僧孺淮南節度府掌記[318].)

[역자주] 宰(재) : 현령으로 있는 것을 뜻한다. 昭應(소응) : 지금의 섬서성 임동(臨潼)이다. 盧郎中(노낭중) : 노홍지(盧弘止)로 자가 자강(自强)이다. 원화(元和) 연간(806-820)에 진사가 되어 여러 절도사 막부의 장서기(掌書記)를 하다가 궁으로 들어와 감찰어사(監察御史), 시어사(侍御史), 급사중(給事中)을 역임했다. 개성(開成) 연간(836-840)에 섭주자사를 지냈다. 낭중은 상서성의 관직으로 종오품상에 해당한다. 宣州(선주) : 지금이

315) 두목의 시 서문 아래의 주에 '심전사의 강서 막부'에 관한 내용이 있다.
316) 두목의 시 제목 아래의 주에 '소응'에 관한 내용이 있다.
317) '序及'은 '並序'의 잘못이다.
318) '記' 앞에 '書'가 더 있어야 한다.

안휘성 선주이다. 沈公(심공) : 심전사(沈傳師)로 소주(蘇州) 출신이며 자가 자언(子言)이다. 강서관찰사(江西觀察使), 이부시랑(吏部侍郎) 등을 역임했다. 周歲(주세) : 일 년. 公(공) : 여기서는 노홍지를 가리킨다. 宰(재) : 다스리다. 대체로 현령이 된 것을 말한다. 淮南(회남) : 여기서는 두목이 재직했던 회남절도사 우승유의 막부를 가리킨다. 縻職(미직) : 업무에 얽매여 있다.

2 **[협주]** 앞의 <수원(脩苑)> 시의 주에 보인다.(見上脩苑註.)

[역자주] 楊州(양주) : 지금의 강소성 양주이다. 당시 두목이 있던 곳이다.

3 **[협주]** 권3 <선주 개원사 물가의 누각에 쓰다. 누각의 아래가 완계이고 완계를 사이에 두고 사람들이 거주한다(題宣州開元寺水閣, 閣下宛溪, 夾溪居人)>에 보인다.(見三卷宣州開元寺水閣詩題閣下宛溪夾溪居人.)

[역자주] 宛水(완수) : 지금의 안휘성 선성(宣城)에서 발원하여 장강으로 흘러드는 시내이다.

4 **[협주]** ≪십도지≫에서 "홍주(洪州)에 예장강(豫章江)이 있다."라고 했고 주에서 "예장강은 구강(九江)과 이어진다."라고 했다.(十道志曰, 洪州有豫章江. 註. 江連九江.)

5 **[협주]** ≪논어·계씨(季氏)≫에서 "득이 되는 세 종류의 벗이 있는데, 곧은 자를 벗하고 신실한 자를 벗하며 많이 들은 이를 벗하면 득이 된다."라고 했다.(論語曰, 益者三友, 友直, 友諒, 友多聞, 益矣.)

[역자주] 謬(류) : 그릇되다. 자신의 행동을 겸손하게 표현하는 것이다. 益友(익우) : 자신에게 도움이 되는 친구로 여기서는 노홍지를 가리킨다.

6 **[협주]** 한유의 시[319]에서 "영남 다섯 지역을 다 다녀도 어진 나리가 없다."라고 했다.(韓公詩. 五管歷徧無賢侯.[320])

[역자주] 祗事(지사) : 공손하게 모시다. 賢侯(현후) : 어진 제후. 여기서는 심전사를 가리킨다.

7 [역자주] 印組(인조) : 관인을 매다는 끈. 縈(영) : 두르다.

---

319) 한유의 시 <유선생(劉生)>이다.

320) 五管(오관) : 당나라 때 영남의 광주중도독부(廣州中都督府), 계주하도독부(桂州下都督府), 용주하도독부(容州下都督府), 옹주하도독부(邕州下都督府), 안남도독부(安南都督府)를 가리킨다.

8 **[협주]** ≪장자·양생주(養生主)≫에서 "포정(庖丁)이 문혜왕을 위해 소를 해체했는데 3년 후 일찍이 온전한 소를 본 적이 없었다."라고 했다.(莊子. 庖丁爲文惠君解牛, 三年之後, 未嘗見其全牛也.)

[역자주] 鋒鋩(봉망) : 날카로운 칼의 끝. 이 구는 심전사가 정치를 잘했다는 말이다.

9 **[협주]** ≪모시전(毛詩傳)≫에서 "'개제(豈弟)'는 화락하고 평이하다는 뜻이다."라고 했고, 또 "화락함으로 힘써 가르치고 평이함으로 즐겁고 편하게 한다."라고 했다.(毛萇詩傳. 豈弟, 樂易. 樂以强敎之, 易以說安之.[321])

[역자주] 井閭(정려) : 우물과 마을의 큰 대문인데, 인신하여 고을을 가리킨다.

10 [역자주] 冠蓋(관개) : 머리에 쓰는 관과 수레 덮개인데, 인신하여 관원을 가리킨다. 愜(협) : 즐거워하다. 依投(의투) : 의지하고 기탁하다.

11 **[협주]** ≪한서·공손홍전(公孫弘傳)≫에서 "공손홍이 승상이 되어 평진후에 봉해졌는데 객관을 세우고 동각(東閣)을 열어서 어진 이를 맞았다."라고 했다.(漢書, 公孫弘傳. 弘爲丞相, 封平津侯, 起客館, 開東閣, 以迎賢人.)

[역자주] 開閣(개각) : 협주에서는 어진 이를 맞이하기 위해 누각을 여는 것으로 보았는데, 여기서는 백성들의 소송을 처리하기 위해 관청 문을 여는 것으로 보인다. 이 구는 정치가 간명하게 잘 이루어져 백성들의 소송이 거의 없었다는 뜻이다.

12 **[협주]** 권1의 "산가지를 들고도 계획하는 바에 부끄럽다."의 주에 보인다.[322](見一卷捧籌慙所畵註.)

[역자주] 運籌(운주) : 산가지를 운용하다. 책략을 잘 세운다는 말이다.

13 [역자주] 經(경) : 지나가다. 野塢(야오) : 들판의 두둑.

14 [역자주] 遲日(지일) : 길어진 날. 봄날을 가리킨다.

15 [역자주] 泥情(이정) : 정에 얽매이나.

16 [역자주] 別臉(별검) : 헤어지는 이의 얼굴.

17 [역자주] 缸(강) : 등불. 粉彩(분채) : 분의 빛깔로 여인의 화장을 가리킨다. 稠(조) : 짙다.

18 [역자주] 酩酊(명정) : 술에 무척 취한 모양.

---

321) 說安(열인) : 즐겁고 편안하다.

322) 두목의 시 <우연히 석앙사를 노닐다(偶游石盎僧舍)>이다.

19 [역자주] 剩(잉) : 게다가. 隻(척) : 홀로. 淹留(엄류) : 머물다. 남겨지다.

20 **[협주]** ≪구당서·문종본기(文宗本紀)≫에서 "태화 7년(833) 심전사를 이부시랑으로 삼았다."라고 했다.(舊唐書, 文宗本紀. 太和七年, 以傳師爲吏部侍郎.)

[역자주] 重德(중덕) : 큰 덕. 천자를 가리킨다. 徵寵(징총) : 불러서 총애하다. 여기서는 천자가 심전사를 다시 궁으로 부른 것을 말한다.

21 [역자주] 諸生(제생) : 여러 선비. 심전사의 강서 막부에 있는 막료들을 말한다. 宦游(환유) : 지방을 전전하며 관직을 하다. 이상 두 구는 심전사가 조정으로 들어가자 막부의 막료들이 흩어지게 되었다는 말이다.

22 [역자주] 分途(분도) : 헤어지다. 之(지) : 가다. 絶國(절국) : 아주 먼 지역.

23 [역자주] 灑淚(쇄루) : 눈물을 뿌리다. 行輈(행주) : 떠나가는 수레. '주'는 수레의 끌채이다.

24 **[협주]** 두보의 시[323]에서 "떠다니는 나무토막에게 편안한 땅이 없다."라고 했고, ≪구가집주두시(九家集注杜詩)≫의 주에서 "백성을 잡목처럼 부리니 떠돌아다니며 편안히 머물지 못한다."라고 했다.(詩史. 漂梗無安地. 註. 用民如榛梗,[324] 漂泊不遑寧處也.[325])

[역자주] 漂梗(표경) : 물에 떠다니는 나무토막. 정처 없이 떠도는 신세를 비유한다.

25 **[협주]** ≪맹자·공손추상(公孫丑上)≫에서 "덕이 흘러가는 것은 파발마를 두고 명령을 전하는 것보다 빠르다."라고 했다.(孟子. 德之流行, 速於置郵而傳命.)

[역자주] 光陰(광음) : 세월. 極(극) : ~보다 심하다. 轉郵(전우) : 파발마를 돌리다.

26 [역자주] 銘心(명심) : 마음에 새기다. 歷歷(역력) : 또렷한 모양.

27 **[협주]** ≪노자≫에서 "큰 나라를 다스리는 것은 작은 생선을 삶는 것과 같다."라고 했다.(老子. 治大國, 若烹小鮮.)

[역자주] 烹鮮用(팽선용) : 생선을 삶는 능력. 큰 나라를 운용할 수 있는 훌륭한 능력을 말한다.

28 **[협주]** ≪후한서·장제본기(章帝本紀)≫에서 "짐은 곧은 선비를 만나서 자리를 기울여

---

323) 두보의 시 <먼곳을 떠도는 사람(征夫)>이다.

324) 榛梗(진경) : 덤불로 자라는 잡목.

325) 漂泊(표박) : 떠돌다. 遑寧(황녕) : 편안하다.

새로운 지식을 듣고자 한다."라고 했다. 진(晉) 양호(羊祜)의 <개부를 사양하며 올리는 글(讓開府表)>에서 "자리를 기울여 어진 이를 구함에 있어 미천한 이를 빠트려서는 안 됩니다."라고 했다.(漢書. 朕思望直士, 側席異聞.[326] 羊祜表曰, 側席求賢, 不遺幽賤.[327])

[역자주] 膺(응) : 생각을 가지다. 仄席(측석) : 자리를 기울이다. 군주나 윗사람이 인재에게 관심을 보이는 행동이다.

29 **[협주]** 권2의 "뜻을 말아 감추고서 기개가 오그라들었다."의 주에 보인다.[328] ≪논어·술이(述而)≫에서 "말로 표현할 수가 없지 않다", "마음을 통할 수가 없지 않다."라고 했다.(見二卷卷懷頭角縮註. 論語. 不悱, 不憤.)

[역자주] 卷懷(권회) : 뜻을 말아서 감춘다는 말로, 자신의 재능을 적극적으로 드러내며 높은 관직을 구하지 않는다는 말이다. 憤悱(분비) : 마음의 응어리를 말로 표현할 수 없어 막혀 있는 것을 말한다.

30 **[협주]** ≪공자가어≫에서 "여유롭게 노닐면서 아쉬우나마 한 해를 마친다."라고 했다.(孔子家語. 優哉, 游哉. 聊以卒歲.)

[역자주] 卒歲(졸세) : 한 해를 마치다. 優游(우유) : 느긋하다. 한가하다.

31 **[협주]** ≪한서·회음후열전(淮陰侯列傳)≫에서 "괴통(蒯通)이 한신(韓信)에게 유세하여 말하기를, '무릇 공업은 이루기는 어려워도 무너지기는 쉽고 때는 만나기는 어려워도 잃기는 쉽습니다. 때여, 때는 다시 오지 않습니다.'라고 했다."라고 했다.(漢書. 蒯通說韓信曰, 夫功者難成而易敗. 時者難値而易失也. 時乎, 時不再來.)

32 **[협주]** ≪논어·자한(子罕)≫에서 "자공(子貢)이 말하기를, '아름다운 옥이 여기 있는데 상자에 넣어놓고 보관해야 할까요? 아니면 좋은 가격을 구해 팔아야 할까요?'라고 하니 공자가 말하기를, '팔아야지, 팔아야지, 나는 좋은 가격을 기다리고 있는 자이다.'라고 했다."라고 했다.(論語. 子貢曰, 有美玉於此, 韞櫝而藏諸.[329] 求善賈而沽諸. 子曰, 沽之

326) 側席(측석) : 자리를 기울이다. 관심을 표명하며 사람을 대하는 태도이다. 異聞(이문) : 새로운 견해를 듣다.
327) 幽賤(유천) : 신분이 미천하다.
328) 두목의 시 <주파 절구 3수(朱坡絶句三首)> 중 제3수이다.
329) 韞櫝而藏(온독이장) : 궤에 담아서 감추다. 諸(저) : 대명사 '之'와 의문조사 '乎'의 합성어이다.

哉, 沽之哉. 我待賈者也.)

[역자주] 沽(고) : 팔다. 價莫酬(가막수) : 좋은 가격을 받을 수 없다. 자신의 재능을 제대로 인정받지 못한다는 말이다.

33 **[협주]** (≪송서(宋書)·악지(樂志)≫에서) 채옹(蔡邕)이 말하기를 "고취가(鼓吹歌)는 군대의 음악이다."라고 했다.(蔡邕曰, 鼓吹歌, 軍樂也.)

34 **[협주]** ≪좌전·양공(襄公) 27년≫에서 "초나라 군인은 갑옷을 옷 안에 입었다."라고 했고, 두예의 주에서 "갑옷이 옷 안에 있다는 말이다."라고 했다. ≪후한서·동탁전(董卓傳)≫에서 "이숙(李肅)이 창으로 찔렀지만 옷 안에 갑옷을 입고 있어서 창이 들어가지 않았다."라고 했고, 이현(李賢)의 주에서 "옷 안에 갑옷을 입었다는 말이다."라고 했다. (左傳曰, 楚人衷甲. 註. 甲在衣中. 後漢書, 董卓傳. 李肅以戟刺之, 卓[330]衷甲, 不入. 註. 施鎧於衣中.[331])

[역자주] 衷甲(충갑) : 갑옷을 옷 안에 입다. 戈矛(과모) : 창.

35 **[협주]** 앞의 <수원(脩苑)> 시의 주에 보인다. 두목이 회남에서 일에 얽매여 있었기에 이렇게 말했다.(見上脩苑註. 牧在淮南縻職, 故云)

36 **[협주]** ≪사기≫에서 "진(秦)나라는 2세에서 망했다."라고 했다. 노 낭중이 소응을 다스리고 있었기에 이렇게 말했다.(史記. 秦二世而亡. 盧郎中宰昭應, 故云.)

[역자주] 이상 두 구는 수나라와 진나라가 흥성했지만 모두 일찍 쇠락하고 말았다는 말인데, 이를 통해 수나라 때 흥성했던 양주의 두목과 진나라 땅인 소응의 노홍지가 모두 재능을 인정받지 못한 채 쓸쓸히 지내고 있음을 표현했다.

37 **[협주]** ≪논어·술이(述而)≫에서 "공자가 말하기를, '내게는 뜬구름과 같다.'라고 했다."라고 했다.(論語. 子曰, 於我如浮雲.)

[역자주] 除此(제차) : 이를 제외하다. '차'는 두 사람이 만나 즐기는 것을 말한다.

---

330) 현재 전하는 ≪후한서≫에는 '卓'이 없으며, 여포(呂布)와의 이야기이다.

331) 施鎧(시개) : 갑옷을 입다.

해설

이 시는 두목이 양주에서 우승유의 막부에 있으면서, 지난날 노홍지와 함께 선주에서 심전사를 모시던 때를 회상하며 지은 것이다. 당시 심전사가 잘 통치했기에 백성들과 관원들이 편안했음을 말하고는, 심전사가 궁으로 돌아감에 따라 관원들이 흩어지게 되었고 노홍지나 두목이 모두 재능을 가지고 있지만 인정받지 못하고 있는 상황을 애달파했다. 태화 8년(834) 가을에 지은 것이다.

◗ 첨주(添注)

1. <반죽으로 만든 대자리(班竹筒簟)> 시 "피가 반점으로 물들어 비단 무늬를 이루다."
班竹筒簟詩. 血染班班成錦紋.

[협주] ≪술이기(述異記)≫에서 "상수(湘水) 강기슭에서 30리쯤 떨어진 곳에 상사궁(相思宮)과 망제대(望帝臺)가 있다. 옛날 순임금이 남쪽 지역을 돌아보다가 창오(蒼梧)의 들에 장사지냈는데. 요임금의 두 딸인 아황(娥皇)과 여영(女英)이 그를 뒤쫓아갔지만 이르지 못했다. 서로 함께 통곡하니 눈물이 떨어져 대나무를 적셨다. 대나무의 무늬가 모두 이 때문에 얼룩덜룩해졌다."라고 했다.(述異記. 湘水去岸三十里許,[332] 有相思宮望帝臺. 昔舜南巡而葬於蒼梧之野, 堯之二女娥皇女英追之, 不及. 相與慟哭, 淚下沾竹, 竹紋悉爲之班班然)

2. <가을의 강 언덕(秋岸)> "한 척의 거룻배가 화살처럼 돌아온다."
秋岸詩. 一艇箭迴初.

[협주] 권4의 첨주와 <적벽> 시의 "동풍이 주랑에게 이로움을 주지 않았다면"의 주에 보인다.[333](見四卷添註. 赤壁詩, 東風不與周郎便註.)

3. <낙양에서 상당의 부름에 달려가는 장만용을 전송하다(洛下送張曼容赴上黨召)> "일곱 세대 한나라 담비 꽂은 재상과 진실로 가깝다."
送張曼容詩. 七葉漢貂眞密近.

[협주] ≪국어(國語)·오어(吳語)≫에서 "천자에 가깝다."라고 했고 위소(韋昭)의 주에서 "'밀(密)'은 나란하다는 뜻이고 '이(邇)'는 가깝다는 뜻이다."라고 했다.(吳語. 密邇於天子. 註. 密, 比也. 邇, 近也.)

---

332) 許(허) : 대략의 수를 나타낸다.
333) 권4에는 첨주가 없고 그 다음의 주석에도 이 구절과 관련된 내용이 없는데 오류가 있는 것으로 보인다.

4. <섬주에서 취해서 급제 동기 배씨에게 주다(陝州醉贈裴四同年) > "관직은 여전한데 실 같은 귀밑털이 많아졌다."
贈四同年詩. 頭銜依舊鬢絲多.

[협주] ≪설림(說林)≫에서 "관함(官銜)이란 명칭에 대해 말하자면 근대에 관원을 선발해 보임할 때 먼저 앞에 옛 관직을 갖추어 쓰고 다음에 뒤에 앞으로 할 관직을 써서 새 관직과 옛 관직이 서로 맞물리기 때문에 관함이라고 했고 또한 두함(頭銜)이라고도 한다. 마치 사람의 입이 물건을 물고 있는 것과 같아서 그 이어져 있다는 뜻을 취한 것이다. 또 말이 재갈을 물고 있어서 그 머리를 제어할 수 있다는 것과 같다. 옛사람이 '재갈과 꼬리가 서로 이어졌다.'라고 했는데 바로 이러한 뜻이다."라고 했다.(說林. 官銜之名, 近代選曹補授, 先具舊官於前, 次書擬官於後, 新舊相銜, 故曰官銜, 亦曰頭銜. 如人口銜物, 取其連續之意. 又如馬之有銜, 以制其首. 古人謂之銜尾相屬, 卽其義也.)

5. <자형인 어사중승 배주께서 대리경에서 강서에 진수하러 나가는 것을 받들어 송별하며 일을 서술하고 회포를 써서 12운의 시를 지었다(奉送中丞姊夫儔自大理卿出鎭江西, 敍事書懷, 因成十二韻) > 신선 매복(梅福)
梅仙

[협주] ≪당서·지리지(地理志)≫에서 "강남도(江南道) 홍주(洪州)에 딸린 현으로 남창(南昌)이 있다."라고 했다. 강남서도관찰사가 홍주를 다스린다. ≪한서·매복전(梅福傳)≫에서 "구강(九江) 수춘(壽春) 사람이며 남창위(南昌尉)에 보임되었다가 후에 관직을 떠나 수춘으로 돌아갔다. 왕망(王莽)이 정권을 장악했을 때 하루아침에 처자식을 버리고 구강을 떠났다. 현재 전하는 바에 따르면 신선이 되었다고 한다. 그 후에 어떤 사람이 회계(會稽)에서 매복을 보았다는 자가 있었는데 이름을 바꾸고 오현(吳縣) 저자 문의 나졸이 되었다고 한다."라고 했다.(唐書, 地理志. 江南道, 洪州領縣南昌云云. 江南西道觀察使理洪州. 漢書, 梅福, 九江壽春人. 補南昌尉, 後去官歸壽春. 王莽顓政,[334] 一朝棄妻子去九江. 至今傳以爲仙. 其後有人見福於會稽者, 變名姓, 爲吳市門卒.)

---

334) 顓政(선성) : 정권을 독차지하다.

6. <장안에서 맑게 갠 날 바라보다(長安晴望) >의 '飛煙'이 '非煙'이어야 한다는 주장

非煙

[협주] ≪사기·천관서(天官書)≫에서 "안개 같지만 안개가 아니고 구름 같지만 구름이 아닌 것이 빽빽하고 어지럽다가도 드문드문 서리게 되니 이를 경운(卿雲)이라고 하고 경운은 상서로운 기운이다."라고 했다.(史記. 若煙非煙, 若雲非雲, 郁郁紛紛, 蕭索輪囷, 是謂卿雲. 卿雲喜氣也.)

발문(跋文)

정통 5년(1440, 세종 12년) 6월 모일 전라도 금산 간행

두목의 시는 예로부터 본받을 만하다고 칭해졌지만 좋은 판본이 매우 드물고 세상에 남아 있는 것은 글자에 잘못 쓰인 것이 많아서 배우는 자들이 병폐로 여겼다. 감사 권극화(權克和)[335]께서 경력조산대부(經歷朝散大夫) 이축(李蓄)[336]과 더불어 의론하신 뒤 지금산군사(知錦山郡事) 이뢰(李賴)[337]에게 지시하여 이전 판본의 잘못을 상세히 교감하여 간행하도록 했다. 경신년(1440) 3월에 시작하여 몇 개월이 지난 뒤 완성했다고 알려왔다. 권공이 배우는 자들에게 은혜를 베푼 것을 어찌 헤아릴 수 있겠는가. 전 통정대부(通政大夫) 성균관대사성(成均館大司成) 지제교(知製教) 정곤(鄭坤)[338]이 발문을 쓰다

관찰출척사(觀察黜陟使) 통정대부(通政大夫) 겸 감창안집전수(監倉安集轉輸) 권농(勸農) 관학사(官學士) 제조형옥(提調刑獄) 병마공사(兵馬公事) 권극화(權克和)

---

335) 권극화(權克和, ?-?) : 본관은 안동(安東)이며 자는 용부(庸夫)이고 호는 습재(習齋)이다. 1411년(태종 11) 생원에 입격했고 1414년(태종 14)에 정시(庭試) 을과(乙科) 2등으로 급제하여 형조참판(刑曹參判)이 되었다. 1430년(세종 12) 낙안군수(樂安郡守), 1433년(세종 15) 경주부윤(慶州府尹), 1439년(세종 21) 전라도관찰사(全羅道觀察使)를 거쳐 이듬해인 1440년(세종 22) 예조참의(禮曹參議)가 되었다. 1446년(세종 28) 평안도도관찰사(平安道都觀察使)에 임명되었으나, 당시 평안도 일대의 기근을 잘 구제하지 못했다는 이유로 이듬해 장성현(長城縣)으로 유배를 당했다. 1448년(세종 30) 충청도도관찰사(忠淸道都觀察使)로 복직했고 문종이 즉위한 1450년에 전제와 전세 등의 실상을 아뢰는 상서에서 세종 대에 제정된 전분육등법(田分六等法)과 연분구등법(年分九等法)의 폐단을 지적하고 다시 답험손실법(踏驗損實法)을 시행할 것을 주장했다.

336) 이축(李蓄, ?-?) : 본관은 한산(韓山)이며 자는 윤보(潤甫)이다. 이색(李穡)의 증손으로 할아버지는 이종학(李種學)이고 아버지는 광주목사(光州牧使) 이숙야(李叔野)이다. 16세 때 처음으로 벼슬길에 올라 계성전직(啓聖殿直)이 되었고, 사선주부(司膳主簿)를 거쳐 외직으로 광주판관(廣州判官)을 지냈다. 사헌부의 간찰과 호소의 좌랑 및 정랑, 전농시(典農寺)의 소윤을 지냈으며, 사헌부장령·지사간원사·판선공감사(判繕工監事)·봉상시사(奉常寺事)·전지승주부사 겸 지병조사를 거쳐 이조참의에 올랐다. 1453년(단종 1)에는 황해도 관찰사에 제수되었다. 그해 9월에 사직하고 고양(高陽)으로 내려가 여생을 마쳤다.

337) 이뢰(李賴, ?-?) : 1405년(태종 5) 식년시(式年試) 동진사(同進士) 18위로 급제했다.

338) 정곤(鄭坤, ?-?) : 본관은 동래(東萊)이며 호는 복재(復齋)이다. 이색(李穡)의 문하에서 학문을 배웠고 1386년(우왕 12)에 과거에 급제했다. 조선 1414년(태종 14) 전주교수관(全州教授官)으로 있으면서 생원(生員) 한성시(漢城試) 향시(鄉試)의 법을 행하도록 건의하여 채택되었다. 직제학(直提學), 성균관대사성지제교(成均館大司成知製教)를 지냈고, ≪고려사(高麗史)≫ 편찬에 공이 있었다. 은퇴 후 벽골(碧骨)의 시골집에 낙향하여 후진을 양성했다.

경력조산대부(經歷朝散大夫) 이축(李蓄)
지군사(知郡事) 봉렬대부(奉列大夫) 겸 권농(勸農) 병마단련부사(兵馬團練副使) 이뢰(李賴)
교정(校正) : 통사랑(通仕郎) 유학교도(儒學教導) 공석(孔碩)
감고(監考) : 전 선무랑(宣務郎) 증약도역승(增若道驛丞) 윤기종(尹起宗)

正統五年六月 日, 全羅道錦山開刊

小杜詩, 古稱可法, 而善本甚罕, 世所有者, 字多魯魚,[339] 學者病之. 監司權公克和, 與經歷李君蓄議之, 符下知錦山郡事李君賴,[340] 令詳校前本之訛謬而刊之.[341] 始於庚申三月, 歷數月而告成. 公之嘉惠學者, 其可量哉. 前通政大夫成均館大司成知製教鄭坤跋.

觀察黜陟使通政大夫兼監倉安集轉輸勸農官學士提調刑獄兵馬公事 權克和
經歷朝散大夫 李蓄
知郡事奉列大夫兼勸農兵馬團練副使 李賴
校正 通仕郎儒學教導 孔碩
監考 前宣務郎增若道驛丞 尹起宗

---

339) 魯魚(노어) : '魯'와 '魚'가 글자가 비슷해서 일어나는 현상과 같은 것으로 글을 베끼거나 간행할 때 글자가 잘못되는 것을 말한다.

340) 符下(부하) : 아랫사람에게 명령하거나 지시하다.

341) 校(교) : 교감하다. 訛謬(와류) : 오류

◗ 두목의 생평

덕종(德宗) **정원(貞元) 19년(803)** 경조부 만년현 출생.

문종(文宗) **태화(太和) 2년(828)** 낙양 진사과와 제책(制策)에 합격, 홍문관(弘文館) 교서랑(校書郎)과 좌무위병조참군(左武衛兵曹參軍) 역임, 심전사(沈傳師)의 홍주(洪州) 막부에서 강서단련순관대리평사(江西團練巡官代理評事) 역임.

태화 4년(830) 9월 심전사가 선섭관찰사(宣歙觀察使)가 되어 같이 선주(宣州)로 이동.

태화 7년(833) 4월 심전사가 이부시랑(吏部侍郎)이 되어 장안으로 가자 회남절도사(淮南節度使) 우승유(牛僧孺)의 양주(楊州) 막부로 가서 장서기(掌書記), 절도추관(節度推官), 관찰어사이행서기(觀察御史裏行書記) 역임.

태화 9년(835) 감찰어사(監察御史)가 되어 장안으로 이동. 7월 시어사 이감(李甘)이 정주(鄭注)와 이훈(李訓)의 농단을 문책하다 봉주사마(封州司馬)로 폄적되자 병을 구실로 낙양 동도분사(東都分司)에서 감찰어사 직무 수행.

개성(開成) 2년(837) 동생 두의(杜顗)가 눈병으로 앞을 못 보자 양주 선지사(禪智寺)에 요양 중인 그를 보러 감. 겨울 선섭관찰사(宣歙觀察使) 최단(崔鄲)의 부름으로 선주단련판관(宣州團練判官)이 되어 동생과 함께 선주로 이동.

개성 3년(838) 겨울 좌보궐(左補闕) 및 사관수찬(史館修撰)에 임명되어 장안으로 이동하여 이듬해 봄에 도착함.

개성 5년(840) 선부원외랑(膳部員外郎) 역임. 겨울 휴가를 얻어 동생을 만나러 심양(潯陽)으로 이동.

무종(武宗) **회창(會昌) 원년(841)** 비부원외랑(比部員外郎) 역임.

회창 2년(842) 봄 황주자사(黃州刺史)로 전임.

회창 4년(844) 지주자사(池州刺史)로 전임.

회창 6년(846) 목주자사(睦州刺史)로 전임.

선종(宣宗) **대중(大中) 2년(848)** 9월 사훈원외랑(司勳員外郎) 사관수찬이 되어 장안으로 이동.

대중 3년(849) 이부원외랑(吏部員外郎) 역임.

대중 4년(850) 동생을 부양하기 위해 봉록이 높은 외관을 청탁하여 가을 호주자사(湖州刺史)로 전임.

대중 5년(851) 가을 고공낭중(考功郎中) 지제고(知制誥)가 되어 장안으로 이동.

대중 6년(852) 중서사인(中書舍人) 역임. 번천 별장에서 요양하다가 별세함.

제목 찾아보기

가

나

다

라

마

바

사

아

자

◗ 시 구절 찾아보기

가

나

다

라

마

바

사

차

타

파

역해자 소개

이남종 서울교육대학, 방송통신대학교 중문학과를 졸업했으며, 서울대학교에서 석사학위와 박사학위를 취득했다. 서울대학교 규장각 책임연구원, 臺灣 國立中山大學 객원교수, 전주대 한문교육과 교수를 역임했다. 주요 저역서로 『孟浩然詩 硏究』(서울대학교 출판부), 『何遜詩選』(문이재), 『荷江詩譯註』(역락), 『醉菴實記』, 『方齋集』(당진문화원), 『白潭集』(당진문화원), 『두보근체시명편』(공역, 서울대학교출판문화원), 『소현심양일기』(공역, 민속원), 『유원총보역주』(공역, 서울대학교출판문화원) 등이 있다.

김창환 서울대학교 사범대학 불어과를 졸업했다. 민족문화추진회(현 고전번역원) 국역연수원에서 유가 경전, 제자백가 등을 공부한 뒤에 서울대학교 중문과에서 석사학위와 박사학위를 받았다. 서울대학교 사범대학 초빙교수, 서울대학교 인문대학 중국어문학연구소 책임연구원을 역임했다. 지금은 정암학당에서 동양고전을 강의하고 있다. 주요 저역서로 『도연명의 사상과 문학』(을유문화사), 『장자』(을유문화사), 『중국의 명문장 감상』(한국학술정보), 『논어집주』(명문당), 『대학장구·중용장구』(명문당), 『도연명시집』(연암서가), 『도연명산문집』(연암서가), 『유원총보역주』(공역, 서울대학교출판문화원) 등이 있다.

임도현 서울대학교 금속공학과와 영남대학교 중문과를 졸업하고 서울대학교 중문과에서 박사학위를 받았다. 이화여대 중문과 박사후과정, 서울대 중문과 강사를 역임하고 지금은 영남대학교 인문과학연구소 학술연구교수로 있다. 주요 저역서로 『쫓겨난 신선 이백의 눈물』(서울대학교출판문화원), 『건재한시집 – 오리는 잘못이 없다』(학고방), 『당시삼백수』(문학과지성사), 『하늘이 내린 내 재주 반드시 쓰일 것이니 – 이백의 시와 해설』(학고방), 『이태백시집』(공역, 학고방), 『한유시전집』(공역, 역락), 『두보전집 초기시역해, 기주시기시역해』(공역, 서울대학교출판문화원), 『유원총보역주』(공역, 서울대학교출판문화원) 등이 있다.

고려인이 주석한 두목의 시집

번천문집협주樊川文集夾注

초판 인쇄 2025년 9월 15일
초판 발행 2025년 9월 25일

저 자 두 목
역 해 자 이남종·김창환·임도현
펴 낸 이 이대현

편 집 이태곤·권분옥·임애정·강윤경
디 자 인 안혜진·최선주·김다윤
마 케 팅 박태훈

펴 낸 곳 도서출판 역락
출판등록 1999년 4월 19일 제303-2002-000014호
주 소 서울시 서초구 동광로 46길 6-6 문창빌딩 2층(우06589)
전 화 02-3409-2060
팩 스 02-3409-2059
홈페이지 www.youkrackbooks.com
이 메 일 youkrack@hanmail.net

I S B N 979-11-7396-270-7 93820

* 정가는 뒤표지에 있습니다.
* 잘못된 책은 바꿔드립니다.

• 이 저서는 서울대학교 규장각한국학연구원의 2020년도 및 2023년도 21세기 신규장각자료구축사업의 지원을 받아 수행된 연구임(과제번호 : KIKS-2020-452-22101 및 KIKS-2023-452-22101, 연구과제명 : 규장각 소장『樊川文集夾註』역주).